Günther Zink

OLDTIMER KATALOG 19

Europas größter Marktführer

HEEL

Impressum

HEEL Verlag GmbH
Gut Pottscheidt
53639 Königswinter
Tel.: 0 22 23 / 92 30-0
Fax: 0 22 23 / 92 30-26
E-Mail: Info@heel-verlag.de
Internet: www.heel-verlag.de

© 2005 HEEL Verlag GmbH, Königswinter

Alle Rechte der Vervielfältigung und Verbreitung einschließlich Film, Funk und Fernsehen sowie der Fotokopie und des auszugsweisen Nachdrucks vorbehalten.

Wir sind bei der Auswahl der Fotos mit Umsicht vorgegangen, um keine Rechte Dritter zu verletzen. Falls dies dennoch geschehen sein sollte, bittet die Redaktion um kurze Nachricht.

Verantwortlich für den Inhalt:
Günther Zink

Redaktion:
Günther Zink (Leitung)
Astrid Fries

Umschlaggestaltung:
Collibri Prepress GmbH, Königswinter

Gestaltung, Satz und Lithographie:
Collibri Prepress GmbH, Königswinter

Druck und Verarbeitung:
Ellwanger Bayreuth

Anzeigendisposition:
Heike Becker, Tel.: 0 22 23/92 30 29, Fax: 0 22 23/92 30 13

Es gilt die Preisliste für Anzeigen Nr. 19

Printed in Germany

ISBN 3-89880-391-0

Liebe Leserin, lieber Leser,

herzlich willkommen in der Oldtimer-Saison 2005! Mit dem neuen Oldtimer Katalog, den wir gründlich überarbeitet und erweitert haben, wollen wir Ihnen alle Informationen zur Verfügung stellen, die bei der Auswahl und der Bewertung eines Klassikers helfen können. Wir haben Lücken geschlossen, Fehler korrigieren können, die Preise aktualisiert und neue Details hinzugefügt. Von Jahr zu Jahr bietet der Oldtimer Katalog mehr. Damit bleibt er, was er seit Jahren ist: Europas größter Marktführer für klassische Automobile.

Wenn Sie durch diese 19. Ausgabe des Oldtimer Katalogs blättern, werden Sie sich vermutlich drei Dinge von Herzen wünschen: Geld, um sich die Klassiker Ihrer Träume kaufen zu können, Platz, um sie zu parken – und Zeit, damit sie dort nicht nur stehen. Vielleicht werden auch schöne Erinnerungen an früher wach, als Sie noch zur Schule gingen und zur ersten Ferienreise in die Berge oder ans Meer aufbrachen. Und an das Auto, das die Eltern damals

Erinnerungen an Zuhause und die erste Urlaubsreise: Die Zeit kehrt nicht wieder. Aber wie wär's mit dem Auto von einst als Klassiker für heute?

fuhren. Vielleicht wollen Sie nochmals auf diesen Spuren wandeln? Dann schlagen Sie nach: Vielleicht ist die Erfüllung dieses Wunsches gar nicht so teuer.

Wir hoffen, dass Sie im Oldtimer Katalog finden, was Sie suchen. Wir freuen uns auf Ihre Anregungen und Kritik. Wenn Sie uns schreiben, helfen Sie nicht nur uns, sondern allen Lesern. Wie Sie uns erreichen, lesen Sie auf Seite 6.

Stets guten Öldruck wünscht
Günther Zink

Inhalt

von A bis Z

Abarth	15
AC	17
Adler	20
Aero	21
Alfa Romeo	21
Alpine	30
Alvis	31
AMC	32
Amphicar	33
Armstrong-Siddeley	34
Arnolt Bristol	35
ASA	35
Aston Martin	36
Audi	39
Austin	43
Austin-Healey	47
Autobianchi	48
Avanti	50
AWS	50
Bentley	51
Berkeley	53
Bitter	54
Bizzarrini	55
BMW	56
Bond	65
Borgward	66
Bristol	69
Bugatti	71
Buick	72
Cadillac	73
Canadur	75
Caterham	75
Champion	76
Checker	76
Chevrolet	77
Chrysler	80
Citroën	82
Clan	88
Cord	88
DAF	89
Daihatsu	90
Daimler	90
Datsun	92
DeLorean	93
DeSoto	94
DeTomaso	94
Diva	96
DKW	96
Dodge	100
Duesenberg	100
Edsel	101
Elva	102
Enzmann	103
Excalibur	103
Facel-Vega	104
Fairthorpe	105
Ferrari	106
Fiat	111
Ford (D)	123
Ford (F)	130
Ford (GB)	131
Ford (USA)	134
Fuldamobil	137
Gilbern	137
Ginetta	138
Glas	139
Goliath	142
Gordon-Keeble	143
Gutbrod	144
Hansa	144
Healey	145
Heinkel	146
Hillman	147
Hispano-Suiza	148
Honda	148
Horch	150
Hudson	152
Humber	152
IFA	153
Innocenti	156
Intermeccanica	157
Iso-Rivolta	158
Isotta-Fraschini	159
Jaguar	160
Jensen	167
Jowett	168
Kleinschnittger	169
Lagonda	170
Lamborghini	171
Lancia	173
Ligier	179
Lincoln	179
Lloyd	180
Lotus	182
Maico	185
Marcos	185
Maserati	186
Matra	190
Maybach	191
Mazda	192
McLaren	193
Mercedes-Benz	194
Mercury	207
Messerschmitt (Fend, FMR)	208
MG	209
Midas	213
Mini	214
Mitsubishi	216
Monteverdi	217
Morgan	218
Morris	220
Nash	221
NSU	222
NSU-Fiat	224
Oldsmobile	226
Opel	227
Packard	237
Panhard	238
Panther	239
Peerless	241
Pegaso	241
Peugeot	242
Plymouth	246
Pontiac	246
Porsche	247
Rambler	254
Reliant	255
Renault	257
Riley	262
Rolls-Royce	263
Rometsch	266
Rover	267
Saab	269
Shelby	272
Siata	272
Simca	273
Singer	276
Skoda	277
Standard	277
Steyr-Puch	278
Studebaker	279
Subaru	280
Sunbeam	281
Suzuki	283
Swallow	283
Talbot (1979-1986)	284
Talbot Sunbeam Lotus	285
Tatra	285
Thurner	286
Toyota	287
Trident	290
Triumph	291
Tucker	296
Turner	297
TVR	297
Vanden Plas	300
Vauxhall	301
Veritas	303
Victoria (Bayrische Autowerke, Spatz)	304
Vignale	304
Volkswagen	305
Volvo	312
VW-Porsche	317
Warwick	318
Wolseley	318
Zündapp	319

DEUTSCHLAND

Adler	20
Amphicar	33
Audi	39
AWS	50
Bitter	54
BMW	56
Borgward	66
Canadur	75
Champion	76
DKW	96
Ford	123
Fuldamobil	137
Glas	139
Goliath	142
Gutbrod	144
Hansa	144
Heinkel	146
Horch	150
IFA	153
Kleinschnittger	169
Lloyd	180
Maico	185
Maybach	191
Mercedes-Benz	114
Messerschmitt	208
NSU	222
NSU-Fiat	224
Opel	227
Porsche	247
Rometsch	266
Thurner	286
Veritas	303
Victoria (Bayrische Autowerke, Spatz)	304
Volkswagen	305
VW-Porsche	317
Zündapp	319

FRANKREICH

Alpine	30
Bugatti	71
Citroën	82

Facel-Vega	104
Ford	130
Ligier	179
Matra	190
Panhard	238
Peugeot	242
Renault	257
Simca	273
Talbot	284

GROSSBRITANNIEN 🇬🇧

AC	17
Alvis	31
Armstrong-Siddeley	34
Aston Martin	36
Austin	43
Austin-Healey	47
Bentley	51
Berkeley	53
Bond	65
Bristol	69
Caterham	74
Clan	88
Daimler	90
Diva	96
Elva	102
Fairthorpe	105
Ford	131
Gilbern	137
Ginetta	138
Gordon-Keeble	143
Healey	145
Hillman	147
Humber	152
Jaguar	160
Jensen	167
Jowett	168
Lagonda	170
Lotus	182
Marcos	185
McLaren	193
MG	209
Midas	213
Mini	214
Morgan	218
Morris	220
Panther	239
Peerless	241
Reliant	255
Riley	262
Rolls-Royce	263
Rover	267
Singer	276
Standard	277
Sunbeam	281
Swallow	283
Talbot Sunbeam Lotus	272
Trident	290
Triumph	291
Turner	297
TVR	297
Vanden Plas	300
Vauxhall	301
Warwick	318
Wolseley	318

ITALIEN 🇮🇹

Abarth	15
Alfa Romeo	21
ASA	35
Autobianchi	48
Bizzarrini	55
DeTomaso	94
Ferrari	106
Fiat	111
Innocenti	156
Intermeccanica	157
Iso-Rivolta	158
Isotta Frascini	159
Lamborghini	171
Lancia	173
Maserati	186
Siata	272
Vignale	304

HOLLAND 🇳🇱

DAF	89

JAPAN 🇯🇵

Daihatsu	90
Datsun	92
Honda	148
Mazda	192
Mitsubishi	216
Subaru	280
Suzuki	283
Toyota	287

ÖSTERREICH 🇦🇹

Steyr-Puch	278

SCHWEDEN 🇸🇪

Saab	269
Volvo	312

SCHWEIZ 🇨🇭

Enzmann	103
Monteverdi	217

SPANIEN 🇪🇸

Hispano Suiza	148
Pegaso	241

CSFR 🇨🇿

Aero	21
Skoda	277
Tatra	285

USA 🇺🇸

AMC	32
Arnolt Bristol	35
Avanti	50
Buick	72
Cadillac	73
Checker	76
Chevrolet	77
Chrysler	80
Cord	88
DeLorean	93
DeSoto	94
Dodge	100
Duesenberg	100
Edsel	101
Excalibur	103
Ford	134
Hudson	152
Lincoln	170
Mercury	207
Nash	221
Oldsmobile	226
Packard	237
Plymouth	246
Pontiac	246
Rambler	254
Shelby	272
Studebaker	279
Tucker	296

Dank

Alfa Romeo
c/o Fiat Automobil AG, Frankfurt

Aston Martin
Aston Martin Lagonda Limited,
Roger Stowers, Newport Pagnell, England

Audi
Audi Tradition, Christina Fuchs, Ingolstadt

Bentley
Rolls-Royce & Bentley Motor Cars, European Head Office, Annette Koch, Berlin

BMW
BMW Mobile Tradition München;
BMW Veteranen Club e.V. Krefeld,
Bernhard Kurzaj, Dormagen

Buick
General Motors Corporation Detroit, USA;
Buick Club of Germany, Rainer Häusgen,
Erkrath

Cadillac
General Motors Corporation, Detroit, USA

Caterham
Caterham Cars Ltd. c/o Seven Cars &
Parts Automobile GmbH, Düsseldorf

Chevrolet
General Motors Corporation, Detroit, USA

DAF
DAF Club Deutschland e.V.

Datsun
Nissan Motors
Deutschland GmbH, Neuss

De Tomaso
Peter Haußmann, Bernau

Ferrari
Ferrari SpA Modena, Italien

Fiat
Fiat Automobil AG, Frankfurt

Ford (D)
Ford-Werke AG, Köln

Ford (GB)
Ford Motor Company Ltd., Essex, England

Glas
Andreas Schey, Düsseldorf

Jaguar
Jaguar Deutschland GmbH
Jutta Schmidt, Kronberg;
KFZ-Sachverständigenbüro
Leinwather, Castrop-Rauxel;
Jörg Schultze, Neubrandenburg;
Norbert Kober, Bremen

Lamborghini
Automobili Lamborghini SpA,
Sant' Agata Bolognese, Italien

Lancia
c/o Fiat Automobil AG, Frankfurt

Maico
Automuseum Engstingen, Martin Sauter

Marcos
Swiss & German Marcos Club, Bruno
Meier Künten, Schweiz;
Christian Schiesser, Glarus, Schweiz

Maserati
Maserati SpA, Modena, Italien

Mercedes-Benz
DaimlerChrysler AG, Stuttgart;

Mercedes-Benz 300 SL Club e.V.,
Robert Bayer Ehingen/Donau;
Mercedes-Benz 190 SL Club,
Wilfried Steer Celle
Mercedes-Benz, Rolf Grever,
Cloppenburg

MG
Ian Hodkinson
www.hodkinson.force9.co.uk

NSU
Ro 80-Club e.V.;
Christian von Klösterlein, Nigtevecht,
Niederlande

Oldsmobile
General Motors Corporation, Detroit, USA

Opel
Adam Opel AG Rüsselsheim

Panhard
Panhard Club Deutschland, Thomas Flach
Wallerfangen

Panther
Panther Car Club Deutschland, Bodo
Möhrke, Dortmund

Peugeot
Peugeot Deutschland GmbH,
Bernhard Voß, Saarbrücken;
Peugeot 504 Coupé/Cabrio-Club e.V.,
Michael Fraczek, Homburg;
Peugeot Karlheinz Pflesser, Niefern

Pontiac
General Motors Corporation, Detroit, USA

Porsche
Porsche Classic GmbH, Klaus Boizo,
Ludwigsburg

Reliant
Reliant Scimitar Owners Club Germany,
Dr. W. Feige, Undenheim

Renault
Regie National des Usines Renault S.A.,
Boulogne, Frankreich;
Deutsche Renault AG, Rainer Hübner,
Brühl

Riley
Ian Hodkinson
www.hodkinson.force9.co.uk

Rover
Rover Freunde IG, H. V. Brecke, Bonn

Saab
Saab Deutschland GmbH,
Bad Homburg

Simca
Club Simca Deutschland,
Frank Lendeckel, Göttingen

Steyr-Puch
Steyr-Puch Freundeskreis,
Georg Hummel, Karlsruhe

Sunbeam
Sunbeam Club, Deutschland
Lothar Ditter, Breisach

Suzuki
Suzuki Auto Deutschland GmbH,
Oberschleißheim

Tatra
TATRA-Freunde International e.V.,
Manfred Haspel, www.tatraclub.at

Toyota
Toyota Deutschland GmbH, Köln

Triumph
TR-Register Deutschland e.V.,
Dieter Wünsch, Gilching

Tucker
The Tucker Automobile Club of America
Inc., Jay A. Follis

Vauxhall
Vauxhall Motors Limited, Luton, England

Volkswagen
Stiftung Auto Museum Volkswagen
Marianne Rettig Wolfsburg,
Volkswagen AG,
Claudia Nieke Wolfsburg,

Volvo
Buckelvolvo-Club
Michael Peterka, Rodgau

FOTOGRAFEN
Andreas Beyer, Wiesbaden
Michael Herbold (+), Ludwigshafen

ARCHIVE
Wolfgang Kraus, Langen

Die Redaktion des Oldtimer Kataloges dankt für die freundliche Unterstützung mit Informationen und Fotos, durch die dieses Nachschlagewerk erst möglich gemacht wurde.

SCHNIERLE -Autosattlerei

**Polsterei-Meisterbetrieb · Oldtimer-Restaurierung
Auto-Fertigverdecke · Schiebedächer-Einbau**

Großes Lager von Restaurierungsmaterial in Originalstoffen
Wir fertigen zu günstigen Stundensätzen sämtliche
Fahrzeuginnenausstattungen und Kutschenrenovierungen

86156 Augsburg
Ulmer Str. 128
Tel. 0821/403844

86368 Gersthofen bei Augsburg
Dieselstr. 43
Tel. 0821/29993-0
Fax 0821/471705

**Sie haben einen Fehler entdeckt?
Sie haben Anregungen?**
Trotz großer Sorgfalt bleibt es nicht aus, dass sich hier und da ein Fehler in diesen Oldtimer Katalog eingeschlichen hat. Die Redaktion freut sich über alle Hinweise, die helfen, den nächsten Oldtimer Katalog noch ein bisschen besser zu machen. Unter allen Einsendungen mit konstruktiven Vorschlägen verlosen wir 20-mal den aktuellen Oldtimer Katalog! Wir freuen uns über Ihre Mithilfe!

Sie haben ein schöneres Foto?
Besonders von den raren Stücken in diesem Oldtimer Katalog ist es nicht immer einfach, gutes Bildmaterial zu bekommen. Wenn Sie ein schöneres Motiv haben, dann freuen wir uns, wenn Sie es uns zur Ansicht schicken – bitte notieren Sie unbedingt Ihre Adresse auf dem Material. Ein abgedrucktes Foto honorieren wir einmalig mit einem Freiexemplar des aktuellen Oldtimer Katalog.

Unsere Adresse:
HEEL Verlag GmbH,
Redaktion Oldtimer Katalog
Gut Pottscheidt, 53639 Königswinter
Fax: 02223/923026
E-Mail: Info@heel-verlag.de

 **0234-904869-0**

Sachverständige für klassische Fahrzeuge - bundesweit
Olditax-Partner nach Postleitzahlen sortiert

01219 Dresden	Wienerstr. 45 • Ingenieurbüro • Jens Seyfarth • 0351-4794650
01309 Dresden	Bertolt-Brecht-Allee 24 • Kfz-Sachverständigenb. Gunter Hauke • 0351-2139730
06116 Halle	Käthe-Kollwitz-Str. 50 • Köhler & Partner GbR Reinhard Köhler • 0345-575757
09113 Chemnitz	Borssenanger 18 • Kfz-Sachverständigenb. Ing. Uwe Neumann • 0371-9097980
09376 Oelsnitz	Hartensteiner Str. 165 • Ingenieurbüro Hans-Peter Friedrich • 037296-7310
12203 Berlin	Hindenburgdamm 58a • Ingenieurbüro Matthias Hantschel • 030-85999242
12623 Berlin	Pfalzgrafenweg 45 • Kfz-Sachverständigenb. Björn Linkowitz • 030-68302300
12683 Berlin	Elisabethstraße 111 • Ingenieurbüro Burckhard Lehmann • 030-5499590
15711 Königs Wusterh.	Am Windmühlenberg 33 • Kfz-Sachverständigenb. Dipl.-Ing. Winkler • 03375-290557
18069 Rostock	Hundsburgallee 12 • Kfz-Sachverständigenb. Christian Schirrmacher • 0381-4905243
21409 Embsen	Butenkampsweg 11 • Kfz-Sachverständigenb. Franke • 04134-7933
21423 Winsen/Luhe	Lindenstraße 1a • Kfz-Sachverständigenb. Schweigert GmbH • 04171-781178
21614 Buxtehude	Rudolf-Diesel-Str. 2 • Ingenieurbüro Nehring & Krause • 04161-733655
21684 Stade	C.-v.-Ossietzky-Weg 2 • Ingenieurbüro Krause & Dammann • 04141-535900
21709 Himmelspforten	Schmiedestr. 12 • Ingenieurbüro Krause & Dammann • 04144-23120
21745 Hemmoor	Hauptstr. 111 • Ingenieurbüro Krause & Dammann • 0800-75253883
22145 Hamburg	Bei der Neuen Münze 5 • Kfz-Sachverständigenb. Peter Nerdel • 040-67998135
22457 Hamburg	Alte Franzosenheide 11 • Kfz-Sachverständigenb. Kohn & Thomas • 040-5591060
22926 Ahrensburg	Große Straße 10 • Ingenieurbüro Volker Siebenhaar • 04102-30535
23562 Lübeck	Siegfriedstraße 5 • Sachverständigenbüro Sbm Modrach GmbH • 0451-501528
23795 Bad Segeberg	Dahlienstraße 4 • Kfz-Sachverständigenstation Hügle • 04551-967277
23966 Wismar-Rothen.	Flinkerskoppel 4 • Ingenieurbüro Gerth Butzirus • 03841-762176
24113 Kiel	Hamburger Ch. 48-52 • Kfz-Sachverständigenb. Bernhard Loof • 0431-6470764
26871 Aschendorf	Zu den Wallwiesen 4 • Ingenieurbüro Dipl.-Ing. J.-H. Funke • 04962-99580
27248 Ehrenburg	Im Windmühlenfeld 3 • Kfz-Sachverständigenb. Manfred Rademacher • 04275-1043
27313 Dörverden	Dörverdener Straße 9 • Ingenieurbüro Andreas Rose • 04239-943880
27404 Elsdorf	Poststraße 30 • Ingenieurbüro Horst Vellguth • 04286-95107
27474 Cuxhaven	Brockeswalder Ch. 27 • Kfz-Sachverständigenb. Kock GmbH • 04721-63500
27607 Langen	Leher Landstraße 68a • Kfz-Sachverständigenb. Sieghardt Reinhardt • 04743-959955
28207 Bremen	Alfred-Nobel-Straße 6 • Kfz-Sachverständigenb. Knoche & Vendt GbR • 0421-440044
28844 Weyhe-Melch.	Gartenstraße 30 • Die Prüfstelle Dipl.-Ing. C. Wolters • 0421-805253
30900 Wedemark-Mellendorf	Bissendorfer Str. 34 • Ing.-Büro Kessemeier • 05130-925092
31162 Bad Salzdetfurth-Lech.	Goldener Winkel 1 • Kfz-Sachverständigenb. Michael Reipsch • 05064-1590
31535 Neustadt	Hachlandweg 8 • Ingenieurbüro Lothar Reinhardt • 05032-66887
31655 Stadthagen	Gartenstraße 1 • Kfz-Sachverständigenb. Berndt Casselmann • 05721-6706
31789 Hameln	Otto-Körting-Str. 4 • KPH-Ingenieurbüro Dan Rückert • 05151-923515
32425 Minden	Schraplauweg 2 • Kfz-Sachverständigenb. Franke & Johanning • 0571-6482520
32457 Porta Westf.	Portastraße 110 • Kfz-Sachverständigenb. Ulf-Wilhelm Zorn • 0571-20315
32778 Lage	Wellentruper Straße 1 • Kfz-Sachverständigenb. Dipl.-Ing. S. Zimbal • 05232-9771-0
34119 Kassel	Gilsastraße 19 • Kfz-Sachverständigenb. Rapprich-Hoffmann GbR • 0561-3160315
36093 Künzell	Geisaer Straße 5 • Kfz-Sachverständigenb. Alfred Fischer • 0661-93392-66
36251 Bad Hersfeld	Sandweg 13-17 • Ingenieurbüro Zilch • 06621-77001
37339 Worbis	Bodenfeldstraße 3 • Ingenieurbüro Redemann • 036074-30287
38518 Gifhorn	Braunschweiger Str.43 • Kfz-Sachverständigenb. Klaus Wichmann • 05371-58321
38855 Wernigerode	Benzingeröder Ch. 58 • Kfz-Sachverständigenb. Carsten Heindorf • 03943-553390
39116 Magdeburg	Alt Ottersleben 36 • Ingenieurbüro Dipl.-Ing. Peter Franke • 0391-635220
40217 Düsseldorf	Bilker Allee 181 • Kfz-Sachverständigenb. Michael Endler • 0211-334418
40882 Ratingen	Brachter Straße 7 • Kfz-Sachverständigenb. Dirk Mokwa • 0211-7338640
41352 Kleinenbroich	Fuggerstraße 1a • IHM Ing.-Büro Höfel & Mönch GmbH • 02161-671944
42349 Wuppertal	Neukuchhausen 5 • Kfz-Sachverständigenb. Jürgen Siebel • 0202-473098
42781 Haan	Flurstraße 48 • Kfz-Sachverständigenb. Wünnemann & Beune • 02129-959577
44625 Herne	Regenkamp 29 • Kfz-Sachverständigenb. Michael Laugisch • 02323-944461
44803 Bochum	Altenbochumer Straße 5 • Olditax Deutschland GmbH www.olditax.de • 0234-9048690
45134 Essen-Rellinghausen	Ardeystraße 7 • Ingenieurbüro Werner Ludzay • 0201-471691
45721 Haltern am See	Hellweg 278 • Kfz-Sachverständigenb. Jörg Pospiech • 02364-507989
46049 Oberhausen	Roonstraße 69 • Ingenieurbüro H. Lindermann • 0208-842517
46238 Bottrop	Gabelsberger Str. 10 • Ingenieurbüro W. Müller-Mecking • 02041-180700
46414 Rhede	Butenpaß 8 • Ingenieurbüro Rudi Inkmann • 02872-936-3
46562 Voerde	Lohmannskath 8 • Kfz-Sachverständigenb. Vogt • 02855-850040
47228 Duisburg	Hochstraße 204 • Ingenieurgemeinschaft Werner Becker • 02065-23322
47441 Moers	Düsseldorfer Straße 7 • Ingenieurbüro H. Hüsges Inh. Bernd Hüsges • 02841-3727
47533 Kleve	Stelzenweg 9 • Kfz-Sachverständigenb. Friedhelm Zschiesche • 02821-91028
47877 Willich	Krefelder Straße 297 • Ingenieurbüro Helmut Hüsges • 02154-428888
48155 Münster	Wolbecker Straße 130 • Ingenieurbüro Jens-Peter Krukow • 0251-65623
48291 Telgte	Wolbecker Str. 10 • Kfz-Sachverständigenb. Heiner Harenbrock • 02504-2895
48485 Neuenkirchen	Dieselstraße 29 • Kfz-Sachverständigenb. Dipl. Ing. Bickel • 05973-96734
49661 Cloppenburg	Thujaweg 1 • Ingenieurbüro Rädel und Partner • 04471-81088

Inserentenverzeichnis

ALT-OPEL IG v. 1972 e.V.
Flattichstraße 1
D-74348 Lauffen am Neckar
Seite 229

Das Autobuch
Herrn Jürgen Bold
Hintere Kirchstraße 7
D-72184 Eutingen i.G.
Seite 41

Autosattlerei Schäfer
Alte Dorfstraße 6
D-39167 Ochtmersleben
Seite 195

Herrn Michael Cahsel
Mindener Straße 57-59
D-32547 Bad Oeynhausen
Seite 61

DaLux
Schwarzachstraße 15
D-88348 Bad Saulgau
Seite 25

Del Priore
Zum Roden 5
D-31275 Aligse/Lehrte
Seite 29/119

Leo Dümpert
KOLBEN
Haus Nr. 24
D-29487 Bülitz
Seite 49

F & E Design
Elsestraße 92
D-32278 Kirchlengern
Seite 199

GODAI Buchhandelsges.m.b.H.
Buchhandlung Prachner
Kärntner Straße 30
A-1010 Wien
Österreich
Seite 33

Michael Groß
Service und Vollrestauration
Im Meilenwerk Berlin
Wiebestraße 36-37
D-10553 Berlin
Seite 161

Heaven´s Gate Garage
Herrn Claus F. Erbrecht
Zum Bahnhof 10
D-21698 Brest
Seite 265

Jaguar Association Germany e.V.
JAG Präsident/Herrn Zorn
Zur Schleie 5
D-88662 Überlingen
Seite 163

Jaguar-Center
Oldtimer Veteranen Shop GmbH
Am Kalkofen 6
D-65510 Idstein
Seite 165

KA-JA Tacho-Dienst
Industriestraße 4
D-91077 Neunkirchen
Seite 9

Kienle Automobiltechnik GmbH
Max-Planck-Straße 4
D-71254 Heimerdingen/Stuttgart
Seite 7

Mannheimer Versicherungs AG
Augustaanlage 66
D-68165 Mannheim
2. Umschlagseite

K. Marke & Ertel
En de Mett 40-42
D-41748 Viersen
Seite 293

Mechatronik
Fahrzeug & Motorentechnik GmbH
Stuifenstr. 54
D-74385 Pleidelsheim
4. Umschlagseite

Medidenta Schramm
GmbH & Co. KG
Elektronische- und Metallwarenfabrik
Brems- und Fahrzeugtechnik
Gattenhöferweg 33
D-61440 Oberursel
Seite 201

Mercedes-Benz IG e.V.
Herrn Helmut Hansen
An der Ohligsmühle 10
D-53127 Bonn
Seite 197

Meyer Mercedes Oldtimer-Teile
Sötener Straße 12
D-55767 Meckenbach/Birkenfeld-Nahe
Seite 205

Mr. Monkey & Dr. Dax
Honda-Spezialteile
Scheibenstandsweg 5c
D-30559 Hannover
Seite 149

Münchner Oldtimer Reifen GmbH
Gewerbering 14
D-83607 Holzkirchen
Seite 55

Fa. Heinrich Niemöller
Markircher Straße 6
D-68229 Mannheim
Seite 201

OCC Oldie Car Cover
Wielandstr. 14 b
D-23558 Lübeck
Seite 3

OELDRUCK
buch & technik
Wiebestraße 36-37
10553 Berlin
Seite 37

OLD CARS & PARTS SHOP
Bucher Straße 2
D-85614 Kirchseeon
Seite 125

OLDIE-DATA
Ganghoferstraße 46
D-83043 Bad Aibling
Seite 295

OLDTEMA
Pfarrer-Friedrich-Straße 9
D-67071 Ludwigshafen
Seite 19

P & P
KFZ - Ausstattungen
Krautgartenweg 12
D-89179 Beimerstetten
Seite 307

Dr. Ing. h.c.F. Porsche AG
Porschestr. 15-19
D-71634 Ludwigsburg
Seite 251

Schnierle Autosattlerei
Dieselstraße 43
D-86368 Gersthofen bei Augsburg
Seite 6

SLS Import- und Export
Handelsgesellschaft
Industriestraße 2-4
D-22885 Barsbüttel
Seite 203

Street Motor Publishing GmbH
Theaterstr. 8
D-30159 Hannover
Seite 14

VF Verlagsgesellschaft mbH
Lise-Meitner-Str. 2
D-55129 Mainz
3. Umschlagseite

Vereinigte Motor-Verlage GmbH & Co KG
Leuschnerstr. 1
D-70174 Stuttgart
Beilage

VW-Teile
Firma Dieter Schmidt-Lorenz
Havighorster Weg 14
D-21031 Hamburg
Seite 309

Reparatur von Kfz.-Instrumenten aller Art. Speziell auch ausländische Instrumenten. Restauration, Nach- und Umbau
Tachoumbau von Meilen in Kilometer
Zifferblätter – Tachowellen in PVC u. Metall
KA-JA Tacho-Dienst · 91077 Neunkirchen
Industriestr. 4 · Tel.: 0 91 34/99 33 68 · Fax 92 82
www.Ka-Ja-Tacho.de · Ka-Ja-Tacho@t-online.de

ZUSTANDSNOTEN
Die Preise staffeln sich in fünf Stufen, die sich nach dem Zustand des Fahrzeugs richten. Ihre Abstufung von eins bis fünf folgt dem Schulnotensystem.

Zustand 1
Mängelfreier Zustand in Bezug auf Technik und Optik. Seltene Fahrzeuge der Spitzenklasse.

Zustand 2
Fahrzeuge in gutem Zustand. Entweder seltener, unrestaurierter Originalzustand oder fachgerecht restauriert. Technisch einwandfrei mit leichten Gebrauchsspuren.

Zustand 3
Fahrzeuge in gepflegtem, fahrbereiten Gebrauchtzustand ohne größere technische oder optische Mängel.

Zustand 4
Fahrzeuge mit deutlichen Gebrauchsspuren, aber noch fahrbereit. Technische und optische Mängel mit dem Restrisiko verdeckter Schäden. Sofortige Maßnahmen zur erfolgreichen Abnahme nach §29 StVZO sind nötig.

Zustand 5
Fahrzeuge in mangelhaftem, nicht fahrbereitem Gesamtzustand. Umfassende Restaurierungsarbeiten erforderlich.

Abkürzungen
Um im Preisteil Platz zu sparen, sind die Karosserievarianten mit folgenden Abkürzungen notiert:

Bus	Kleinbus
Cab	Cabriolet
Cal	Cabriolimousine
Cpe	Coupé
Glw	Geländewagen
Klw	Kleinwagen
Kom	Kombi
L2t	Limousine, zweitürig
L4t	Limousine, viertürig
Rds	Roadster
HD	Herausnehmbares Dachteil

 **0234-904869-0**

Sachverständige für klassische Fahrzeuge - bundesweit
Olditax-Partner nach Postleitzahlen sortiert

PLZ / Ort	Adresse
50968 Köln	Schönhauser Str. 10-16 • Ingenieurbüro Mückl & Reimann GbR• 0221-934649-0
51379 Leverkusen	Bonner Straße 2d • Ingenieurbüro Hecken & Freitag GmbH • 0170-9032514
51465 Berg. Gladbach	Schlodderdicher Weg 9 • Ingenieurbüro Hecken & Freitag GmbH • 02202-242860
53474 Bad Neuenahr	Ehlinger Straße 46 • Kfz-Sachverständigenb. Karl-Heinz Witsch • 02641-27255
53619 Rheinbreitenbach	Im Kettelfeld 14 • Kfz-Sachverständigenb. Johannes Hüsing • 02224-931083
54497 Morbach	Bernkasteler Strasse 12 • Kfz-Sachverständigenb. Adolf Neuhofen • 06533-2055
54634 Bitburg	Wiesenstraße 2 • Ingenieurbüro Thiel und Pinter • 06561-96420
56070 Koblenz	August-Thyssen-Str. 19 • Ingenieurbüro Brockmann • 0261-809000
56130 Bad Ems	Schlesierweg 20 • Ingenieurbüro H. Wagner u. Kollegen • 02603-2011
56332 Oberfell	Koblenzer Weg 18 • Kfz-Sachverständigenb. Jörg Schreiber • 02605-952044
56479 Salzburg / WW	Neue Straße 2 • Kfz-Sachverständigenb. Grisse • 02667-318
56727 Mayen	Polcherstraße 41 • Kfz-Sachverständigenb. Görgen • 02651-494700
57537 Wissen	Im Hirtenseifen 1 • Kfz-Sachverständigenb. Mathias Geimer • 02742-2883
58452 Witten	Rauendahlstraße 71 • Kfz-Sachverständigenb. Peter Biermann • 02302-33443
58507 Lüdenscheid	Am Drostenstück 35 • Kfz-Sachverständigenb. Roland Bracht • 02351-63001
58675 Hemer	Am Sonnenhang 31 • Kfz-Sachverständigenb. Dirk Barfs GmbH • 02372-12000
59192 Bergkamen	Am Schlagbaum 21 • Kfz-Sachverständigenb. Michael Blank • 02307-973430
59757 Arnsberg	Füchtener Str. 12 • Sachverständigencenter Herdieckerhoff • 02932-53663
63538 Großkrotzenbrg	Kirchstraße 3 • Kfz-Sachverständigenb. Peter Kraus • 06186-900555
63872 Heimbuchenthal	Am Steinberg 27 • Kfz-Sachverständigenb. Bernhard Zang • 06092-7755
64297 Darmstadt	Heidelberger Landstr. 5 • Ingenieurbüro Kappes GmbH • 06151-956023
64743 Beerfelden	Friedrich-Ebert Str. 20 • SBB Kfz-Sachverständigenbüro • 06068-1286
65929 Frankfurt	Wasgaustraße 6 • Ingenieurbüro Rüdiger Blenskens • 069-302581
66111 Saarbrücken	Mainzer Straße 39 • Ingenieurbüro Breier • 0681-61686
66121 Saarbrücken	Bismarckstraße 100 • Kfz-Sachverständigenb. R.J. Wener • 0681-8317700
67059 Ludwigshafen	Bruchwiesenstraße 6 • Kfz-Sachverständigenb. Thomas Rössler • 0621-571314
68169 Mannheim	Untermühlaustraße 73 • Kfz-Sachverständigenb. G. Hedderich GmbH • 0621-311413
69151 Neckargemünd	Ortstraße 28/1 • Ingenieurbüro Fischer • 06223-862858
70182 Stuttgart	Olgastraße 68 b • Kfz-Sachverständigenb. Hofrichter & Sporer • 0711-8602940
70469 Stuttgart	Klagenfurter Str. 46 a • Ingenieurbüro Wolfgang Fischer • 0711-858287
71131 Jettingen	Nagolder Str. 39 • Fzg.-Gutachten GmbH Hagen & Fischer • 07452-810330
71640 Ludwigsburg	Brühlstraße 22 • Kfz-Sachverständigenb. Martin Reinhardt • 07141-8510864
72488 Sigmaringen	Landeshausstraße 1 • Ingenieurbüro Junker Inh. Bernhard Bantle • 07571-7414-16
73037 Göppingen	Reutlingerstr. 4 • Kfz-Sachverständigenb. FUCHS-Sachverständige • 07161-67400
73663 Berglen	Bärenstraße 49 • Kfz-Sachverständigenb. Manfred Hutterer • 07181-410075
73525 Schwäbisch-Gmünd	Lorcher Str. 110 • FUCHS Expert GmbH • 07171-928089
74172 Neckarsulm	Im Klauenfuß 14 • Kfz-Sachverständigenb. Jürgen Förster • 07132-951500
76287 Rheinstetten	Lupinenstr. 30 • Büro für SV-Wesen Jörg Kassel • 0721-853660
76530 Baden-Baden	Pulversteinstraße 50 • Ingenieurbüro Wolfgang Steiner • 07221-35350
76855 Annweiler	Landauer Straße 56 • Kfz-Sachverständigenb. H.-J. Brandt • 06346-928607
77855 Achern	Martinstraße 2 • Kfz-Sachverständigenbüro Dipl.-Ing. Gerd Hoppe • 07841-21097
78052 VS-Pfaffenweiler	Jurastraße 18 • Kfz-Sachverständigenbüro Dirk Hoffmann • 07721-90096
79595 Rümmingen	Wittlinger Str. 17 • Kfz-Sachverständigenb. Hans Geling • 07621-550550
79276 Reute	Keltenstraße 12 • Sachverständigenbüro Peter Zelm • 07641-9542054
80687 München	Agnes-Bernauer-Str. 94 • Ingenieurbüro Thomas Eschenbach • 089-58958500
81476 München	Ammerlandstr. 16 • Kfz-Sachverständigenb. Dipl.-Ing. (FH) M. Wolf • 089-7192142
83527 Haag	Wasserburgerstr. 19 • Kfz-Sachverständigenb. Herbert Schmid • 08072-371451
83530 Schnaitsee	Kreuzstraße 8 • Kfz-Sachverständigenb. Georg Lederer GmbH • 08074-9216
83624 Otterfing	Dietramszeller Str. 9 • Kfz-Sachverständigenb. Alexander Monn-Weiss • 08024-48721
84088 Neufahrn	Goldbachstraße 35 • Kfz-Sachverständigenb. Fischer & Partner GmbH • 08773-343
84478 Waldkraiburg	Daimler Straße 24 • Ingenieurbüro Konrad Hell • 08638-82808
85391 Allershausen	Kohlstattweg 10 • Kfz-Sachverständigenb. Carsten Krukenkamp • 08166-9949292
86169 Augsburg	Staudenweg 4 • Kfz-Sachverständigenb. Rudolf Eggert • 0821-706100
86666 Burgheim	Gewerbering 5 • Kfz-Sachverständigenb. Fritz Rucker • 08432-1498
89077 Ulm	Blaubeurer Str. 78 • Kfz-Sachverständigenb. FUCHS Expert GmbH • 0731-37333
90427 Nürnberg	Mühlweg 21 • Kfz-Sachverständigenb Jochem Reim • 0911-5400650
90571 Schwaig	Laufer Str. 42 • Sachverständigenbüro Soller • 0911-5074946
91126 Schwabach	Reichenbacher Str. 19 • Ingenieurbüro Bernd Weiß • 09122-83770
92263 Ebermannsdorf	Leitenweg 3 • Kfz-Sachverständigenb. Erwin Sobiella • 09438-902063
93449 Waldmünchen	Stefanstraße 1 • Kfz-Sachverständigenb. Walter Zistler • 09972-3536
94256 Drachselsried	Schusterhöhe 4 • Ingenieurbüro Armin Herzig • 09945-905060
95191 Leupoldsgrün	Neue Heimat 14 • Kfz-Sachverständigenb. Thomas Winkler • 0170-6943259
95326 Kulmbach	Georg-Thiel-Straße 5 • Kfz-Sachverständigenb. Dipl.-Ing. (TH) U. Bär • 09221-67952
95448 Bayreuth	Brandenburger Str. 21 • Ingenieurbüro Dipl.-Ing. Willi Knopf • 0921-20263
96476 Bad Rodach	Brunnwiesenweg 7 • Kfz-Sachverständigenb. Frank Kräusslein • 09564-800581
97074 Würzburg	Gneisenaustr. 6 • Kfz-Sachverständigenb. Bauereis und Kollegen • 0931-797060
98544 Zella-Mehlis	Rennsteigstraße 2-6 • Ingenieurbüro André Reichelt • 03682-486060

Sachverständige für klassische Fahrzeuge

Ihr Plus an Sicherheit durch Kurzgutachten und Bewertungen:

- preiswerte Kurzgutachten zur Versicherungseinstufung
- Sonderkonditionen für DEUVET Mitglieder
- einheitliches Bewertungsschema
- bundesweit mehr als 130 Partnerbüros
- anerkannt von führenden Oldtimer Versicherungen *

* z.B. ADAC, AXA, Belmot, Gerling, OldieCarCover, Württembergische, Zürich u.a.

Für einen Sachverständigen in Ihrer Nähe rufen Sie uns an oder besuchen Sie unsere Website unter:

www.olditax.de

- Termine
- News
- Oldtimerpreise
- Clubadressen
  ...und mehr !

Olditax Deutschland GmbH
44803 Bochum, Altenbochumer Straße 5
Tel.: 0234 / 904869-0 • Fax: 0234 / 904869-9

Klassiker von HEEL · Klassiker von HEEL · Klassike

Referenzwerke mit vielen wertvollen Informationen für eine originalgetreue Restaurierung – Typengeschichte mit Besonderheiten und Änderungen der jeweiligen Baureihe, begleitet von brillanten Detailaufnahmen. Jeder Band mit vierfarbigen Fotos, im Format 232 x 302 mm, gebunden mit farbigem Schutzumschlag.

je € 39,90
€ (A) 41,10 / CHF 67,-

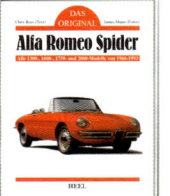
Chris Rees/James Mann
Alfa Romeo Spider
ISBN 3-89880-085-7

Clausager/Debois
Austin Healey
ISBN 3-89365-390-2

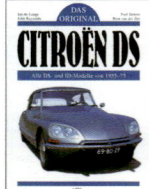
Feynolds/de Lange & van der Zee/Debois
Citroen DS
ISBN 3-89365-616-2

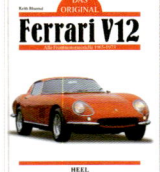
Keith Bluemel
Ferrari V 12
ISBN 3-89880-215-9

Porter & Andrew
Jaguar E
ISBN 3-89365-255-8

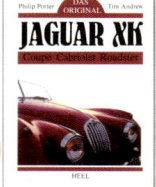
Porter & Andrew
Der Jaguar XK
ISBN 3-89365-197-7

Thorley/Debois
Jaguar MK I / MK II
ISBN 3-89365-923-4

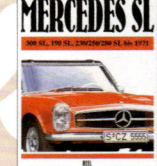
Meredith/Rebmann, Isaac
Mercedes SL
ISBN 3-89365-540-9

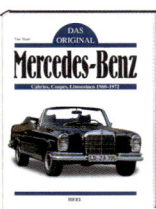
Tim Slade
Mercedes – Cabrios, Coupés, Limousinen
ISBN 3-89880-345-7

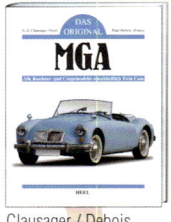
Clausager / Debois
MGA
ISBN 3-89880-107-1

Worrall/Turner
Morgan
ISBN 3-89365-292-2

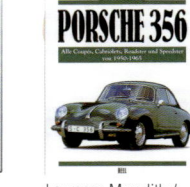
Clausager/Colley
MGB, MGC, V8 GT & Roadster
ISBN 3-89365-391-0

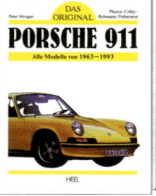
Laurence Meredith / Rowan Isaac
Porsche 356
ISBN 3-89365-743-6

Morgan, Colley u. a.
Porsche 911
ISBN 3-89365-462-3

Piggott/Debois (Fotos)
Triumph TR
ISBN 3-89365-291-4

Laurence Meredith / Isaac, Rebmann
VW Bus
ISBN 3-89365-707-X

Abarth
ISBN 3-89880-203-5
€ (D) 99,– / € (A) 101,80 / CHF 157,–

Christian Petzoldt
Oldtimerpflege
ISBN 3-89880-371-6
€ (D) 9,95 / € (A) 10,30 / CHF 17,50

Jörg Walz
Alfa Romeo Typenhandbuch
ISBN 3-89880-114-4
€ (D) 14,95 / € (A) 15,40 / CHF 25,90

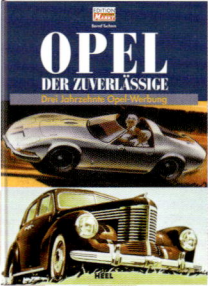
Bernd Tuchem
Opel – Der Zuverlässige
ISBN 3-89880-426-7
€ (D) 19,95 / € (A) 20,50 / CHF 33,70

SONDERAUSGABE

George C. Monkhouse
Mercedes-Benz GP 1934–1955
ISBN 3-89880-113-6
€ (D) 29,90 / € (A) 30,80 / CHF 49,–

Das 911er Schrauber-handbuch
ISBN 3-89880-201-9
€ (D)35,– / € (A) 36,– / CHF 57,80

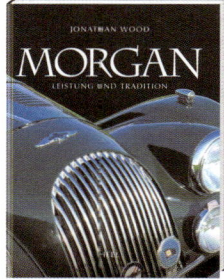
Jonathan Wood
Morgan
ISBN 3-89880-420-8
€ (D)35,– / € (A) 36,– / CHF 57,80

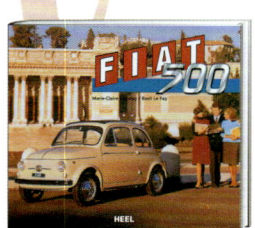
Lauvray / Le Fay
Fiat 500
ISBN 3-89880-009-1
€ (D) 20,– / € (A) 20,60 / CHF 33,80

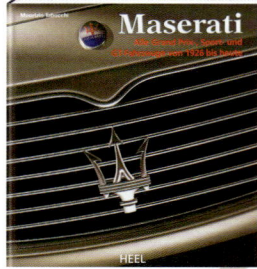
Lauvray / Le Fay
Maserati
ISBN 3-89880-211-6
€ (D) 69,90 / € (A) 71,90 / CHF 113,–

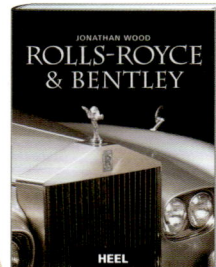
Jonathan Wood
Rolls-Royce & Bentley
ISBN 3-89880-106-3
€ (D) 35,– / € (A) 36,– / CHF 57,80

David Knowles
MGB
Eine Hommage an die britischen Sportwagenklassiker
ISBN 3-89880-344-9
€ (D) 35,– / € (A) 36,– / CHF 57,80

Bill Piggott
Triumph TR
Eine Hommage an die britischen Sportwagenklassiker
ISBN 3-89880-267-1
€ (D) 35,– / € (A) 36,– / CHF 57,80

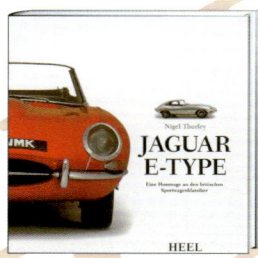
Nigel Thorley
Jaguar E-Type
Eine Hommage an die britischen Sportwagenklassiker
ISBN 3-89880-108-X
€ (D) 35,– / € (A) 36,– / CHF 57,80

Bill Piggott
Austin Healey
Eine Hommage an die britischen Sportwagenklassiker
ISBN 3-89880-209-4
€ (D) 35,– / € (A) 36,– / CHF 57,80

Nigel Thorley
Jaguar XJ Serie I bis III
Das komplette Begleitbuch
ISBN 3-89880-200-0
€ (D) 24,95 / € (A) 25,70 / CHF 42,–

Bestellhotline: (05 31) 79 90 79 · Bestellfax: (05 31) 79 59 39

Klassiker von HEEL · Klassiker von HEEL · Klassiker

Heribert Hofner
**Mercedes Benz:
Die Strich-8-Modelle**
ISBN 3-89365-440-2
€ (D) 20,– /
€ (A) 20,60 / CHF 33,80

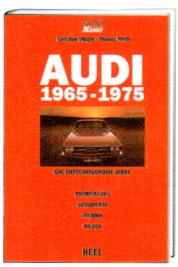
Steiger/Wirth
Audi 1965 - 1975
ISBN 3-89365-445-3
€ (D) 20,– /
€ (A) 20,60 / CHF 33,80

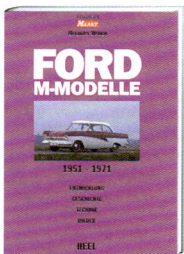
Alexander Weinen
Ford M-Modelle
ISBN 3-89365-439-9
€ (D) 20,– /
€ (A) 20,60 / CHF 33,80

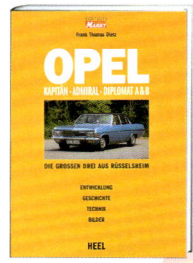
Frank Thomas Dietz
Opel Kapitän, Admiral, Diplomat A & B
ISBN 3-89365-463-1
€ (D) 20,– /
€ (A) 20,60 / CHF 33,80

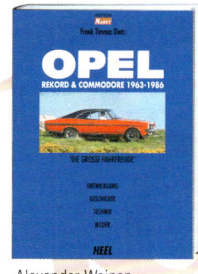
Alexander Weinen
Opel Rekord & Commodore
ISBN 3-89365-620-0
€ (D) 20,– /
€ (A) 20,60 / CHF 33,80

Bernd Tuchen
Sprich zuerst mit Ford
ISBN 3-89880-109-8
€ (D) 20,– /
€ (A) 20,60 / CHF 33,80

Jan-Henrik Muche
Porsche 924 & 944
Mit vier Zylindern zum Erfolg
ISBN 3-89880-105-5
€ (D) 27,90 / € (A) 28,70 / CHF 46,90

Bernd Tuchen
Typenhandbuch Klassische Ford-Modelle
ISBN 3-89880-212-2
€ (D) 9,95 / € (A) 10,30 / CHF 17,50

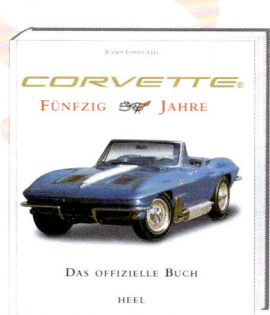
Randy Leffingwell
Corvette – 50 Jahre
Das offizielle Geburtstagsbuch
ISBN 3-89880-156-X
€ (D) 49,90 / € (A) 51,30 / CHF 81,50

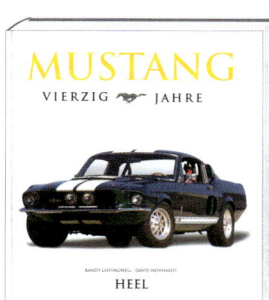
Randy Leffingwell
40 Jahre Ford Mustang
ISBN 3-89880-266-3
€ (D) 49,90 / € (A) 51,30 / CHF 81,50

Karsten Rehmann
Sportwagenlegenden
ISBN 3-89880-297-3
€ (D) 24,95 / € (A) 25,70 / CHF 42,–

Matthias Röcke
Die Trabi-Story
ISBN 3-89880-294-9
€ (D) 20,– / € (A) 20,60 / CHF 33,80

Manfred Peter
Polizeifahrzeuge aus Deutschland und Europa
ISBN 3-89880-159-4
€ (D) 19,95 / € (A) 20,50 / CHF 33,70

Peter Burgess/David Gollan
Zylinderköpfe
ISBN 3-89880-349-X
€ (D) 24,95 / € (A) 25,70 / CHF 42,–

Mischa Berghoff/Siegfried Drescher
Autopflege
Tipps & Tricks von Profis
ISBN 3-89880-265-5
€ (D) 14,95 / € (A) 15,40 / CHF 25,90

Kurt Lammon
Professionelle Kunststoffreparaturen
ISBN 3-89880-263-9
€ (D) 24,95 / € (A) 25,70 / CHF 42,–

P. u. J. Wallage
Oldtimer-Bauteile
ISBN 3-89880-157-8
€ (D) 24,95 / € (A) 25,70 / CHF 42,–

Des Hammill
Holley-Vergaser
ISBN 3-89880-210-8
€ (D) 24,95 / € (A) 25,70 / CHF 42,–

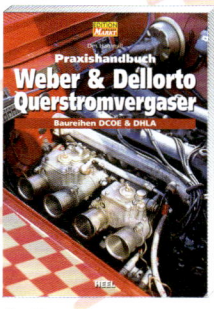
Des Hammill
Weber & Dellorto Querstromvergaser
ISBN 3-89365-922-6
€ (D) 24,95 / € (A) 25,70 / CHF 42,–

Des Hammill
Praxishandbuch SU-Vergaser
ISBN 3-89880-129-2
€ (D) 24,90 / € (A) 25,60 / CHF 42,–

Martin Kahlscheuer
Oldtimer Adressen Lexikon Nr. 13
ISBN 3-89880-049-0
€ (D) 10,– / € (A) 10,30 / CHF 17,60

Bestellhotline: (05 31) 79 90 79 · Bestellfax: (05 31) 79 59 39

Abarth (I) • 1949-1971

Zahllose Rekorde und Siege begründeten den weltweiten Ruhm von Abarth. Schon 1949 hatte der gebürtige Wiener Karl „Carlo" Abarth eine kleine Automobilschmiede in Turin gegründet. Der frühere erfolgreiche Motorradrennfahrer und italienische Porsche-Vertreter besaß durch seine Tätigkeit bei Cisitalia zwischen 1946 und 1949 große Erfahrung im Bau von Renn- und Sportwagen. Schließlich übernahm er mit einem Partner das bankrotte Unternehmen.

Sein erstes eigenes Auto stellte Carlo Abarth 1950 vor. Der Abarth 204 erreichte mit einem getunten Motor aus dem Fiat 1100 bereits Tempo 190 – auch, weil Abarths Schöpfung sich durch gute Aerodynamik und geringes Gewicht auszeichnete. Carlo Abarth schuf seine giftigen Sportgeräte hauptsächlich auf Fiat-Basis. Für die populären Baureihen – beispielsweise Fiat 500 und 600 – bot er Tuning in verschiedenen Leistungsstufen an. Einige Abarth-Modelle basierten auch auf Modellen von Alfa Romeo, Simca und Porsche.

Oft steuerten die Piloten ihre Abarth-Rennwagen als Sieger über die Ziellinie, die Archive berichten von bis zu 600 Renn- und Klassensiegen jährlich. Diese Erfolge ließen die Marke auch außerhalb Italiens zum Mythos werden. So stieg auch die Nachfrage aus dem Ausland: Carlo Abarth konnte sich über eine gute Exportquote seiner schnellen Kleinwagen-Derivate freuen.

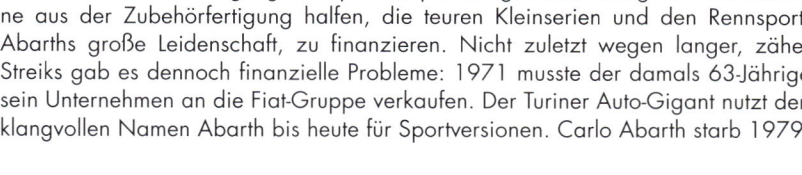

Der Skorpion ist Abarths Markenzeichen

Sein Stern- und Markenzeichen, den Skorpion, nutzte Carlo Abarth auch bei der Fertigung von Sport-Auspuffanlagen und Tuning-Kits. Die Gewinne aus der Zubehörfertigung halfen, die teuren Kleinserien und den Rennsport, Abarths große Leidenschaft, zu finanzieren. Nicht zuletzt wegen langer, zäher Streiks gab es dennoch finanzielle Probleme: 1971 musste der damals 63-Jährige sein Unternehmen an die Fiat-Gruppe verkaufen. Der Turiner Auto-Gigant nutzt den klangvollen Namen Abarth bis heute für Sportversionen. Carlo Abarth starb 1979.

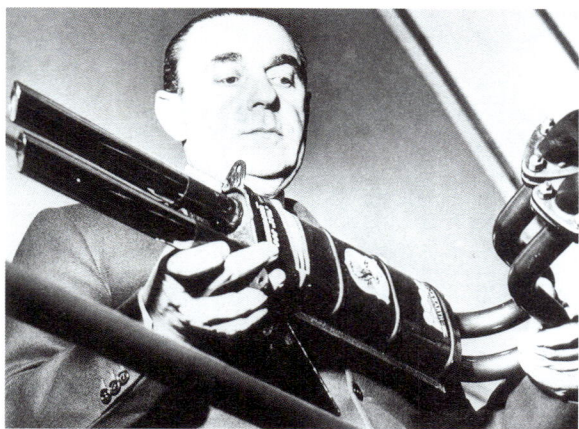

Vater schneller Kleinwagen und Zubehör-König:
Karl „Carlo" Abarth (1908 - 1979)

Fiat 600 Derivazione Abarth 750, Fiat Abarth 850 TC, Fiat Abarth 1000 TC
(Radiale S1, Radiale S2) 1957-1971

Die bekannteste aller Abarth-Kreationen startete 1959 ganz dezent: Unter unscheinbaren, allerdings oft zweifarbig lackierten Fiat 600-Karosserien verbargen sich anfangs die auf 41,5 PS getunten Fiat-Vierzylinder, die den in der Gran-Turismo-Klasse homologierten Wagen auf über 130 km/h beschleunigten. Zahlungskräftige Kunden bekamen auf Wunsch auch sportliche Coupé-Karosserien, die von Viotti und Zagato geschneidert wurden. Die Leistungsschraube zog Abarth bis 1971 stetig an. Zuletzt verfügten die inzwischen oft mit martialisch geformten Kunststoffteilen umbauten Kleinwagen über eine erstaunliche Potenz: Mit bis zu 112 PS Leistung touchierten sie sogar die 200-km/h-Marke. Es gab den Abarth in zahllosen Varianten, heute kommen eine Menge Fälschungen dazu. Besonders wegen der hohen Preise, die für gute Exemplare gefordert werden, ist eine genaue Prüfung der Historie zu empfehlen.

Für Slalom statt Einkauf:
Fiat Abarth 850 TC (1960 bis 1961)

Motor/Antrieb					
Bauart					Vierzylinder (Reihe)
Lage/Antrieb					Heck/Heck
Hubraum in cm³					747, 847, 982
Leistung in PS bei U/min				41,5 bei 4800 bis 112 bei 8200	
Vmax in km/h					130 bis 210
Karosserie					
Bauart					Limousine (2-türig)
Tragstruktur					selbsttragend
Material					Stahlblech
Stückzahl und Marktsituation					
Produktionszahl					k.A.
Verfügbarkeit					schlecht
Teilesituation					schwierig
Unterhaltskosten					mittel
Preise in Euro	1	2	3	4	5
Fiat 850 TC, L2t	17.500	12.000	7.600	3.800	2.100
Fiat 1000 TC, L2t	18.500	13.100	8.200	3.800	2.100

Fiat Abarth Coupé Record Monza GT, Fiat Abarth Bialbero
(Bialbero 700, Bialbero 1000) 1960-1966

Die bürgerliche Basis ist dem sportlichen Coupé mit dem knappen Blechkleid von Karosserie-Couturier Zagato nicht mehr anzusehen: Auch der ursprünglich Fiat Abarth Coupé Record Monza GT genannte Bialbero stammt vom biederen Fiat 600 ab. Allerdings verfügt der Turiner Kleinwagen nach der Kur bei Carlo Abarth über zwei obenliegende Nockenwellen. Mit knapp 700 und 1000 Kubikzentimeter waren die Hubraum-Volumina exakt auf die damals aktuellen Sportklassements abgestimmt. Das Potenzial, das Abarth den kleinen Triebwerken entlockte, raubte den Sportwagen-Piloten der sechziger Jahre den Atem.

Bereits im ersten Baujahr wurde das Coupé mit seinem gerade ein Liter großen, aber bereits auf 91 PS erstarkten Aggregat jenseits der 200 km/h-Marke gestoppt – eine Aufgabe für geübte Reiter: Der Abarth kämpfte sich auf beängstigend schmalen 135/13-Reifen voran.

Ein elegantes Zagato-Kleid für den Fiat 600:
Fiat Abarth Bialbero

Motor/Antrieb					
Bauart					Vierzylinder (Reihe)
Lage/Antrieb					Heck/Heck
Hubraum in cm³					695, 982
Leistung in PS bei U/min				64 bei 7900 bis 104 bei 8000	
Vmax in km/h					180 bis 218
Karosserie					
Bauart					Coupé
Tragstruktur					Rohrrahmen
Material					Aluminium
Stückzahl und Marktsituation					
Produktionszahl					k.A.
Verfügbarkeit					gegen null
Teilesituation					sehr schwierig
Unterhaltskosten					mittel
Preise in Euro	1	2	3	4	5
Fiat 1000 GT (Bialbero), Cpe		Für Spitzenfahrzeuge bis zu 80.000 Euro			

Abarth (I)

Fiat Abarth 595 (595, 595 SS, 695, 695 SS) — 1963-1971

Carlo Abarth nahm sich auch der Kleinsten an: Fiat hatte 1957 den kompakten Nuova 500 vorgestellt. Nach anfänglichen Tuningmaßnahmen ohne tiefe Eingriffe am Motor bohrte die Turiner Sportwagen-Manufaktur das Aggregat ab 1963 auf, änderte die Nockenwelle und das Ansaugrohr. Die Verdichtung wuchs von 7 auf 9,5:1, und ein größerer Vergaser ließ die Leistung steigen: 27 statt 18 PS sorgten für eine Höchstgeschwindigkeit von 130 km/h – das Basis-Modell von Fiat überwand mühsam die 90 km/h-Marke. Damit fuhren die handlichen Abarth 595 auch weit stärkeren Konkurrenten davon. Dabei blieb das Äußere dezent: Unter der hinteren Stoßstange ragten lediglich zwei freche Endrohre der legendären Abarth-Auspuffanlage hervor, und die Stahlfelgen waren den heute sehr raren Leichtmetall-Exemplaren von Campagnolo gewichen.

Fahrspaß braucht nur innere Größe:
Fiat Abarth 595

Motor/Antrieb	
Bauart	Zweizylinder (Reihe)
Lage/Antrieb	Heck/Heck
Hubraum in cm³	594, 695
Leistung in PS bei U/min	27 bei 5000 bis 38 bei 5200
Vmax in km/h	120 bis 140
Karosserie	
Bauart	Limousine (2-türig)
Tragstruktur	selbsttragend
Material	Stahlblech
Stückzahl und Marktsituation	
Produktionszahl	k.A.
Verfügbarkeit	gegen null
Teilesituation	schwierig
Unterhaltskosten	mittel

Preise in Euro	1	2	3	4	5
Fiat 595 SS, L2t	12.000	7.600	4.900	2.700	1.300

Simca Abarth 1150 (1150, S, SS und Corsa) — 1963-1965

Nicht nur italienische Kleinwagen fanden Carlo Abarths Gefallen. Auch die kompakte, viertürige Limousine, die als Simca 1000 ab 1961 gebaut wurde, hatte es dem Tuner angetan, weil sie – wie die kleinen Fiat – den Motor im Heck trug. Nach der Leistungskur bei Carlo Abarth mobilisierte das wassergekühlte Vierzylinder-Aggregat des Franzosen zwischen 55 und 85 PS. Die schnellen Simca Abarth entstanden nur in kleiner Stückzahl. Als ganz besondere Leckerbissen gelten die raren Coupés auf der Basis des Simca 1000: Unter den eleganten Karosserien verbergen sich wilde Triebwerke, die aus bis zu zwei Liter Hubraum über 200 PS mobilisieren – erst bei 270 km/h geht ihm die Puste aus. Später übernahm Simca selbst das Tunen der kleinen Viertürer und bot die schnellen Versionen des Kleinwagens unter dem Namen „Rallye" an.

Starker Franzose mit Italo-Power:
Simca Abarth 1150

Motor/Antrieb	
Bauart	Vierzylinder (Reihe)
Lage/Antrieb	Heck/Heck
Hubraum in cm³	1137
Leistung in PS bei U/min	55 bei 5600 bis 85 bei 6500
Vmax in km/h	150 bis 175
Karosserie	
Bauart	Limousine (4-türig)
Tragstruktur	selbsttragend
Material	Stahlblech
Stückzahl und Marktsituation	
Produktionszahl	k.A.
Verfügbarkeit	gegen null
Teilesituation	sehr schwierig
Unterhaltskosten	mittel

Preise in Euro	1	2	3	4	5
Simca 1150, L4t	15.300	10.400	6.900	3.500	1.600

Abarth OT 1000
(OT 1000 Coupé und Spider, OTS 1000 Coupé, OTR 1000 Coupé) — 1966-1969

Das bürgerliche Fiat 850 Coupé lieferte die Basis für den athletischen Abarth OT 1000, der in verschiedenen Motor-Ausführungen angeboten wurde: Als OT (Omologato Turismo), OTS und OTR. Die beiden leistungsstärkeren Modelle tragen den Wasserkühler in der Front der Coupé-Karosserie. Einige Exemplare verfügen über Kotflügelverbreiterungen, unter der auch extreme Rennbereifung Platz findet. Teilweise platzierte Abarth das Reserverad aus Gewichtsgründen im Bug, wo es nach vorne herausragte und somit gleichzeitig auch als Rammschutz fungierte. Die OTR-Versionen besitzen Abarth-Hochleistungszylinderköpfe, mitunter wurden auch andere Motoren im Heck der Fiat-Karosserie montiert. In der Basisausführung gab es den Abarth OT 1000 auch mit der offenen Karosserie des Fiat 850 Spider.

Auf Basis des zahmen Fiat 850 Coupé:
Abarth OT 1000

Motor/Antrieb	
Bauart	Vierzylinder (Reihe)
Lage/Antrieb	Heck/Heck
Hubraum in cm³	982
Leistung in PS bei U/min	68 bei 6400
Vmax in km/h	160
Karosserie	
Bauart	Coupé
Tragstruktur	selbsttragend
Material	Stahlblech
Stückzahl und Marktsituation	
Produktionszahl	k.A.
Verfügbarkeit	schlecht
Teilesituation	schwierig
Unterhaltskosten	mittel

Preise in Euro	1	2	3	4	5
Fiat OT 1000, Cpe	16.400	10.900	7.600	3.700	2.000

Fiat Abarth 1300 Scorpione (Scorpione S, Scorpione SS) — 1968-1971

Das 1968 als Lombardi Grand Prix präsentierte Coupé wurde von Abarth in Scorpione umgetauft – der Skorpion ist das Abarth-Wappentier. Der Zweisitzer besitzt eine selbsttragende Karosserie aus Aluminium und Kunststoff, deren Linien ganz dem entsprachen, was Ende der Sechziger modern war: kantig und weniger fließend, als es die Mode in den Jahren zuvor noch vorgeschrieben hatte. Die Scheinwerfer blieben unter Klappen im flachen Bug verborgen. Als Basis diente dem Scorpione der Fiat 850 Sport, im Heck allerdings rumorte ein auf 1,3 Liter aufgebohrter Fiat-124-Motor und sorgte für eine Spitze von rund 180 km/h. Preislich bewegt sich das Coupé heute noch nicht in den hohen Abarth-Regionen – vielleicht auch, weil das Triebwerk mit seiner seitlichen Nockenwelle technisch weniger aufwändig ist und lediglich die SS-Version über vier Scheibenbremsen verfügt.

Mit eigener Karosserie:
Fiat Abarth 1300 Scorpione

Motor/Antrieb	
Bauart	Vierzylinder (Reihe)
Lage/Antrieb	Heck/Heck
Hubraum in cm³	1280
Leistung in PS bei U/min	75 bei 6000
Vmax in km/h	185
Karosserie	
Bauart	Coupé
Tragstruktur	Plattformrahmen
Material	Kunststoff / Aluminium
Stückzahl und Marktsituation	
Produktionszahl	k.A.
Verfügbarkeit	schlecht
Teilesituation	sehr schwierig
Unterhaltskosten	mittel

Preise in Euro	1	2	3	4	5
Fiat 1300 Scorpione, Cpe			keine Notierung		

BITTE BENUTZEN SIE DIESE KARTE FÜR IHRE BESTELLUNG

BESTELLUNG

Anzahl	Artikel/Bestellnummer	Preis €	Anzahl	Artikel/Bestellnummer	Preis
	Oldtimer Adressen Lexikon 13	10,—			
	Motorrad Oldtimer Katalog Nr. 10	14,95			
	Motor-Literatur-Katalog 2004/2005	0,—			
	Gleich vormerken:				
	Oldtimer Adressen Lexikon 14	10,—			
	Oldtimer Katalog Nr. 20	17,90			
	Motorrad Oldtimer Katalog Nr. 11	14,95			

Zahlung: ☐ Rechnung ☐ Scheck liegt bei ☐ gegen Nachnahme

Datum/Unterschrift

BITTE BENUTZEN SIE DIESE KARTE, UM ANREGUNGEN, KRITIK ODER LOB ZU ÄUSSERN.

Ich vermisse im Oldtimer Katalog folgende Autotypen:

_____

_____

_____

_____

Kritik & Anregungen:

_____

_____

_____

☐ Bitte nehmen Sie mich kostenlos und unverbindlich in Ihren Adressverteiler auf und informieren Sie mich über Ihre Neuigkeiten.

BITTE BENUTZEN SIE DIESE KARTE FÜR IHRE ABONNEMENT-BESTELLUNG

Ferrari **WORLD ABONNEMENT**

☐ **Ja,** ich abonniere FERRARI WORLD ab der nächsten möglichen Ausgabe für mindestens sechs Ausgaben, d.h. 18 Monate bei quartalsmäßigem Erscheinen, zum Preis von € 33,30 inkl. Versand (im Ausland zzgl. Versand).

☐ **Ja,** ich möchte bereits erschienene Ausgaben zum Preis von € 6,50 je Ausgabe zzgl. Porto u. Versand nachbestellen. Gewünschte Ausgabe(n) bitte eintragen!

☐ Ausgabe Nr. _____   ☐ Ausgabe Nr. _____
☐ Ausgabe Nr. _____   ☐ Ausgabe Nr. _____
☐ Ausgabe Nr. _____   ☐ Ausgabe Nr. _____

Gewünschter Zahlungsweg (bitte ankreuzen).

☐ Bankeinzug   ☐ gegen Rechnung

BLZ ☐☐☐ ☐☐☐☐

Name, Vorname _____ Alter _____

Straße, Hausnummer oder Postfach _____

PLZ, Ort _____ Telefon _____

Geldinstitut _____

Kontonummer _____

Datum/Unterschrift _____

Datum, Unterschrift

Absender

Name, Vorname

Straße, Hausnummer oder Postfach

PLZ, Ort

Antwortkarte

Bitte ausreichend frankieren!
Vielen Dank!

HEEL Verlag GmbH

Bestell-Service
Gut Pottscheidt
53639 Königswinter

OK 19

Mit dieser Postkarte können Sie einfach und bequem die anderen Bücher des HEEL-Verlages bestellen.

Natürlich auch die älteren Oldtimer- und Motorrad-Oldtimer-Kataloge.

Zu Ostern, Geburtstagen, Weihnachten oder nur so ...

Absender

Name, Vorname

Straße, Hausnummer oder Postfach

PLZ, Ort

Antwortkarte

Bitte ausreichend frankieren!
Vielen Dank!

HEEL Verlag GmbH

Redaktion Oldtimer Katalog
Gut Pottscheidt
53639 Königswinter

OK 19

Peter Braun (Hrsg.)
Armbanduhren Katalog 2005
400 Seiten, ca. 1500 farb. Abb., 210 x 297 mm, Paperback
Bestell-Nr.: 665-330
€ **19,90**
€ (A) 21,90 / CHF 38,90

Bestell-Hotline: (05 31) 79 90
Bestell-Fax: (05 31) 79 59 39

Absender

Name, Vorname

Straße, Hausnummer oder Postfach

PLZ, Ort

Antwortkarte

Bitte ausreichend frankieren!
Vielen Dank!

HEEL Verlag GmbH

Ferrari World Leserservice
Gut Pottscheidt
53639 Königswinter

OK 19

Peter und John Wallage
Oldtimer-Bauteile
selbst repariert und restauriert
160 Seiten, ca. 280 größtenteils farbige Abbildungen, 215 x 275 mm, kaschierter Festeinband
Bestell-Nr.: 665-157
€ **24,95**
€ (A) 25,70 / CHF 42,-

Bestell-Hotline: (05 31) 79 90
Bestell-Fax: (05 31) 79 59 39

Abarth (I) • AC (GB)

Fiat 124 Abarth Rally 1972-1977

Der 1966 vorgestellte Fiat 124 Spider bildete die Basis für das potente Rallye-Fahrzeug. Allerdings inspirierte der von Altmeister Pininfarina entworfene zweisitzige Spider nicht mehr Carlo Abarth, der zwei Jahre zuvor sein Werk an den Turiner Großserienhersteller Fiat verkauft hatte. Sein berühmter Name lebte allerdings weiter: Mit Überrollbügel und Hardtop ausstaffiert, mauserte sich der Schönling zum ernst zu nehmenden Sportgerät. Sofort zu erkennen waren die für den Renneinsatz präparierten Spider an den fehlenden Stoßstangen und den beiden mattschwarz lackierten Hauben. Der in seiner ersten Version von 105 auf 128 PS erstarkte Spider verdankte seine Leistungssteigerung unter anderem zwei Weber-Doppelvergasern, einem Fächerkrümmer und dem Abarth-Doppelauspuff. Hinten ersetzte eine McPherson-Einzelradaufhängung die Spider-Starrachse.

Rallyepiste statt Flaniermeile: Fiat 124 Abarth Rallye

Motor/Antrieb					
Bauart					Vierzylinder (Reihe)
Lage/Antrieb					Front/Heck
Hubraum in cm³					1756
Leistung in PS bei U/min			128 bei 5200, 180 bei 7000, 200 bei 7200		
Vmax in km/h					über 190
Karosserie					
Bauart					Hardtop
Tragstruktur					selbsttragend
Material					Stahlblech
Stückzahl und Marktsituation					
Produktionszahl					k.A.
Verfügbarkeit					schlecht
Teilesituation					schwierig
Unterhaltskosten					hoch
Preise in Euro	1	2	3	4	5
Fiat 124 Rally, Cab	23.000	15.800	9.800	4.900	2.700

AC (GB) • seit 1901

Ein offenes Lastendreirad mit dem schlichten Namen Auto-Carrier (AC) markiert 1905 den Ursprung des Herstellers aus dem britischen Thames Ditton in Surrey. Automobilgeschichte schrieb AC jedoch erst einige Jahrzehnte später mit Sportwagen wie der AC Cobra.
Ein erstes Automobil hatte AC schon 1913 vorgestellt, und sechs Jahre später begann das Werk mit der Fertigung eines Sechszylindermotors aus Leichtmetall, der über zwei Liter Hubraum verfügte. Das Triebwerk konnte, kaum verändert, bis 1963 in Produktion bleiben.
Nach dem Zweiten Weltkrieg versuchte AC, im Massenmarkt Fuß zu fassen. Der Kleinwagen Petite erinnerte mit seinen drei Rädern an die Anfänge von 1905, blieb aber ein erfolgloses Intermezzo. Mehr Fortune hatte AC mit der cleveren Entscheidung, die Sportwagen-Tradition fortzusetzen. Der Ace führte ab 1953 das fort, was bereits in den zwanziger Jahren begonnen hatte. AC war damals durch Erfolge im Motorsport populär geworden.
Der Ace wurde zum Vorläufer der Cobra, die sich zu einer der großen Sportwagen-Ikonen der Automobilgeschichte entwickelte. Die Briten hatten sie in Zusammenarbeit mit dem legendären Amerikaner Carroll Shelby entwickelt. Heute lebt die Cobra in zahlreichen mehr oder weniger gelungenen Nachbauten weiter. Eine Version trägt sogar den authentischen Markennamen AC, der zwischen 1987 und 1992 der Ford Motor Company gehörte. Anschließend hatten Privatiers die Rechte an AC übernommen, seit 1996 gehört die Marke zur Pride Automotive Group.

AC Ace, Ace Bristol 1953-1963

Rennwagen-Konstrukteur John Tojeiro entwickelte dieses automobile Meisterstück, das weitgehend in Handarbeit zusammengesetzt wurde: Der Gitterrohrrahmen trug eine leichte Aluminiumkarosserie, deren harmonische Form die stilistische Ähnlichkeit zur Ferrari 166 Barchetta nicht verhehlen konnte. Die Räder waren rundum einzeln aufgehängt, als Antrieb hatte AC den altbekannten Sechszylindermotor wiederbelebt, der nach einer Überarbeitung nun 86 PS bei 4500 Touren leistete. Damit lief das Ace (zu deutsch: As) 160 km/h. Wer schnell unterwegs sein wollte, konnte sich ab 1956 auch für einen Zweiliter-Sechszylinder von Bristol entscheiden, der auf dem berühmten BMW 328-Triebwerk basierte. Mit diesem 130 PS starken Triebwerk verbuchte der Ace zahllose Rennerfolge für AC. Heute erreichen die raren frühen Modelle ein hohes Preisniveau.

Der Cobra-Urahn: AC Ace

Motor/Antrieb					
Bauart					Sechszylinder (Reihe)
Lage/Antrieb					Front/Heck
Hubraum in cm³					1991, 1971
Leistung in PS bei U/min				86 bei 4500 bis 130 bei 5750	
Vmax in km/h					160 bis 200
Karosserie					
Bauart					Roadster
Tragstruktur					Rohrrahmen
Material					Aluminium
Stückzahl und Marktsituation					
Produktionszahl					226, 466
Verfügbarkeit					schlecht
Teilesituation					sehr schwierig
Unterhaltskosten					mittel
Preise in Euro	1	2	3	4	5
AC Ace, Rds	98.000	73.000	48.500	33.000	20.500
AC Ace Bristol, Rds	108.000	82.500	55.600	39.000	24.500

AC Aceca, Aceca Bristol 1954-1963

Ebenfalls zu den großen automobilen Raritäten zählt die in nur rund 320 Exemplaren gebaute Coupé-Version des AC Ace. Die eleganten Linien stammen aus der Hand von AC-Direktor Alan Turner. Überaus praktische Attribute kennzeichneten das Coupé, das wie der Roadster eine Karosserie aus Aluminium trug: Eine große Heckklappe garantierte guten Zugang zum Gepäckabteil. Zudem konnte der Aceca auch sportlich überzeugen, speziell, wenn er das potente Bristol-Triebwerk unter der Haube trug. Mit dem knapp zwei Liter großen Aggregat beschleunigte das Coupé, trotz der Gewichtszunahme gegenüber der offenen Version, auf respektable 200 km/h – nicht zuletzt auch dank der besseren Aerodynamik der geschlossenen Karosserie. Ab 1957 offerierte das Werk wahlweise auch Scheibenbremsen an der Vorderachse, eine sinnvolle Maßnahme.

Den AC Ace gab es auch als Coupé: AC Aceca

Motor/Antrieb					
Bauart					Sechszylinder (Reihe)
Lage/Antrieb					Front/Heck
Hubraum in cm³					1991, 1971
Leistung in PS bei U/min				86 bei 4500 bis 130 bei 5750	
Vmax in km/h					160 bis 200
Karosserie					
Bauart					Coupé
Tragstruktur					Rohrrahmen
Material					Aluminium
Stückzahl und Marktsituation					
Produktionszahl					150, 169
Verfügbarkeit					schlecht
Teilesituation					schwierig
Unterhaltskosten					mittel
Preise in Euro	1	2	3	4	5
AC Aceca, Cpe	62.000	44.500	33.000	18.500	12.400
AC Aceca Bristol, Cpe	67.000	49.500	36.000	22.700	15.500

AC (GB)

AC Greyhound 1959-1963

AC trug dem Wunsch nach mehr Platz und Komfort mit dem Greyhound Rechnung, den der englische Hersteller 1959 präsentierte. Seine Karosserie bot Platz für vier Passagiere, doch aufgrund seiner Größe wirkte er nicht so kompromisslos wie das knapper geschnittene Coupé Aceca. Dafür hatte AC die antiquierten Querblattfedern an der Vorderachse ausgemustert und durch Schraubenfedern ersetzt, hinten führten Längslenker die Achse exakter als bisher. Für den Antrieb sorgten die bewährten AC-Sechszylinder oder – für kurze Zeit – die kräftigeren Bristol-Maschinen. Für die gebotene Leistung verlangte AC einen hohen Preis, der viele potentielle Interessenten der Konkurrenz in die Arme trieb. Mit nur 80 gebauten Exemplaren ist der Greyhound sehr rar, trotzdem liegen die Preise – gemessen an einer Rarität wie dieser – auf günstigem Niveau.

Gran Turismo-Luxus für vier Passagiere: AC Greyhound

Motor/Antrieb					
Bauart					Sechszylinder (Reihe)
Lage/Antrieb					Front/Heck
Hubraum in cm³					1971, 2198
Leistung in PS bei U/min					126 bei 6000
Vmax in km/h					185 bis 200
Karosserie					
Bauart					Coupé
Tragstruktur					Rohrrahmen
Material					Aluminium
Stückzahl und Marktsituation					
Produktionszahl					80
Verfügbarkeit					gegen null
Teilesituation					schwierig
Unterhaltskosten					mittel
Preise in Euro	A	B	C	D	E
AC Greyhound, Cpe	3.700	27.400	19.500	12.000	7.800

AC Ace 2,6 L 1961-1963

Neue Konkurrenz im Markt der knappen Roadster zwang Anfang der sechziger Jahre AC zum Handeln: Der taufrische Jaguar E-Type war nicht nur stärker, sondern auch deutlich billiger als die bisher angebotenen Ace und Aceca. Ken Rudd, Tuner und Rennfahrer, nahm im Auftrag von AC die Überarbeitung der Modelle in Angriff. Als Basis der neuen Motoren diente der Reihensechszylinder aus dem Ford Zephyr, aus dem Rudd bis zu 170 PS zauberte. In insgesamt fünf Varianten bot AC das 2,6 Liter große Triebwerk an, das als Ruddspeed-Motor bekannt wurde. Der Sechszylinder passte ohne große Änderungen an der Karosserie unter die langgestreckte vordere Haube. Mit ihrer niedrigeren Front lassen sich die 2,6 Liter-Modelle jedoch klar von ihren Vorgängern unterscheiden. Mit nur 36 gebauten Exemplaren zählt das Zwischenmodell heute zu den großen Raritäten.

Erste Kraftkur: AC Ace 2,6 L

Motor/Antrieb					
Bauart					Sechszylinder (Reihe)
Lage/Antrieb					Front/Heck
Hubraum in cm³					2553
Leistung in PS bei U/min					90 bei 4400 bis 170 bei 5500
Vmax in km/h					155 bis 220
Karosserie					
Bauart					Roadster
Tragstruktur					Rohrrahmen
Material					Aluminium
Stückzahl und Marktsituation					
Produktionszahl					36
Verfügbarkeit					gegen null
Teilesituation					schwierig
Unterhaltskosten					hoch
Preise in Euro	1	2	3	4	5
AC Ace 2,6 L, Rds			keine Notierung		

AC Cobra 260/289 1962-1965

Das As aus Thames Ditton lief 1962 modifiziert zu neuer Bestform auf: Die bulligere Aluminium-Karosserie, die AC auf ein verstärktes Chassis schraubte, ließ schon optisch keinen Zweifel an der Leistungskur. Herzstück der Cobra war ein Ford V8-Motor, der mit 4,3 und 4,7 Liter Hubraum für den Aufbruch in eine neue Leistungswelt sorgte. Bis zu 339 PS katapultierten den Roadster auf 280 km/h – damals raubte dieser Wert noch mehr den Atem als heute. Verantwortlich für die Leistungsexplosion war kein Geringerer als Carroll Shelby, der seit Jahren von der prickelnden Symbiose aus europäischem Fahrwerk und potentem US-V8 träumte. Gefertigt wurde die Cobra weiterhin in Großbritannien, allerdings montierte Shelbys Werkstatt den Motor in Los Angeles. Rennsportfans aus aller Welt lief das Wasser im Mund zusammen – und für AC wurde die Cobra trotz geringer Stückzahlen ein wirtschaftlicher Erfolg.

Mit V8-Power aus Amerika: AC Cobra 289

Motor/Antrieb					
Bauart					V8
Lage/Antrieb					Front/Heck
Hubraum in cm³					4260, 4727
Leistung in PS bei U/min					264 bei 5800 bis 339 bei 6000
Vmax in km/h					240 bis 280
Karosserie					
Bauart					Roadster
Tragstruktur					Rohrrahmen
Material					Aluminium
Stückzahl und Marktsituation					
Produktionszahl					75, 590
Verfügbarkeit					schlecht
Teilesituation					schwierig
Unterhaltskosten					hoch
Preise in Euro	1	2	3	4	5
AC Cobra 260, Rds	165.000	129.000	93.000	6.700	46.500
AC Cobra 289, Rds	175.000	140.000	100.000	70.000	48.500

AC 428 1965-1973

1965 bemühte sich AC um einen Nachfolger, der die giftige Cobra beerben sollte. Der AC 428 gab sich wesentlich zivilisierter und komfortabler – ab Werk war sein Gestühl beispielsweise mit Leder überzogen. Die Aluminium-Karosserie des neuen AC, der als Coupé und Cabrio angeboten wurde, zeichnete der Italiener Pietro Frua. Das erklärt auch die formale Ähnlichkeit mit dem Maserati Mistral. Trotz seiner eleganten Form fuhr sich der neue AC-Hoffnungsträger nicht in die Herzen der Fans, obwohl die technischen Daten viel versprachen: Sieben Liter Hubraum und stattliche 425 PS Leistung ermöglichten eine Höchstgeschwindigkeit von rund 240 Stundenkilometer. Doch den Cobra-Piloten war der Neue zu verweichlicht geraten. Sie liebten ihre brachiale Cobra und wollten keinen Gran Turismo, wie ihn der AC 428 verkörperte.

Pietro Frua schneiderte vergebens: AC 428

Motor/Antrieb					
Bauart					V8
Lage/Antrieb					Front/Heck
Hubraum in cm³					6989, 7033
Leistung in PS bei U/min					350 bei 4600 bis 425 bei 6000
Vmax in km/h					230 bis 240
Karosserie					
Bauart					Coupé, Cabriolet
Tragstruktur					Rohrrahmen
Material					Aluminium
Stückzahl und Marktsituation					
Produktionszahl					51, 29
Verfügbarkeit					schlecht
Teilesituation					ausreichend
Unterhaltskosten					hoch
Preise in Euro	A	B	C	D	E
AC 428 (Frua), Rds			keine Notierung		

AC (GB)

AC Cobra 427 (Shelby Cobra) — 1965-1967

Durch das stete Weiterdrehen an der Leistungsspirale entwickelte sich der einst schlichte AC Ace endgültig zur Sportwagenlegende. Aus rund sieben Liter Hubraum stellte der bis zu 485 PS starke Ford-V8 ein nahezu grenzenloses Drehmoment zur Verfügung. Mit dieser Motorisierung knackte die Cobra auch erstmals die 300 km/h-Marke. Endlich ersetzten die Konstrukteure auch die antiquierte Lösung mit vorderer Querblattfeder durch Schraubenfedern, zudem gab es weitere Modifikationen am Fahrwerk: die ultrabreiten Reifen, von bauchigen Kotflügeln verdeckt, sorgten in den sechziger Jahren für Verzückung. Um die gewaltige Leistung zu verkraften, musste das Chassis abermals verstärkt werden. Doch der Aufwand hatte sich gelohnt – der Konkurrenz blieb im Rauch der durchdrehenden Reifen nur das Nachsehen. Vorsicht: Heute befinden sich viele Nachbauten im Angebot.

Der Gipfel der Genüsse: AC Cobra 427

Motor/Antrieb	
Bauart	V8
Lage/Antrieb	Front/Heck
Hubraum in cm³	6989
Leistung in PS bei U/min	425 bei 6000 bis 485 bei 6500
Vmax in km/h	280 bis 300
Karosserie	
Bauart	Roadster
Tragstruktur	Rohrrahmen
Material	Aluminium
Stückzahl und Marktsituation	
Produktionszahl	410
Verfügbarkeit	schlecht
Teilesituation	schwierig
Unterhaltskosten	hoch

Preise in Euro	1	2	3	4	5
AC Cobra 427, Rds	257.000	190.000	124.000	77.000	62.000

AC 289 Sports — 1966-1968

Im Schatten der wilden Cobra fuhr der AC 289 Sports. Der mit einem 4,7 Liter großen V8-Triebwerk bestückte Roadster wirkte gegen sie fast brav, trotz seiner 275 PS und den 240 km/h Höchstgeschwindigkeit, die ihm immer noch einen vorderen Platz in den Sportwagen-Charts der sechziger Jahre bescherten. Trotz der guten Werte war der schwächeren Ausgabe der Cobra kein Erfolg auf dem Markt beschieden, obwohl er ebenfalls von den Modifikationen profitiert hatte, die AC der Cobra hatte angedeihen lassen. Der AC 289 Sports wurde, im Gegensatz zur Cobra, komplett in Großbritannien gefertigt. Mit nur 27 gefertigten Exemplaren zählt er zu den rarsten AC-Modellen überhaupt – ein Leckerbissen für Sammler, die Geduld beim Suchen und das nötige Kapital für den seltenen Roadster haben.

Kleiner Bruder: AC 289 Sports

Motor/Antrieb	
Bauart	V8
Lage/Antrieb	Front/Heck
Hubraum in cm³	4727
Leistung in PS bei U/min	275 bei 6000
Vmax in km/h	240
Karosserie	
Bauart	Roadster
Tragstruktur	Rohrrahmen
Material	Aluminium
Stückzahl und Marktsituation	
Produktionszahl	27
Verfügbarkeit	gegen null
Teilesituation	ausreichend
Unterhaltskosten	hoch

Preise in Euro	1	2	3	4	5
AC Cobra 289, Rds			keine Notierung		

AC 3000 ME — 1979-1984

Einen letzten Versuch startet AC Ende der Siebziger mit dem 3000 ME. Die Kunststoffkarosserie des Coupés besaß einen traditionellen Kastenrahmen. Herausnehmbare Dacheinsätze sorgten für Cabrio-Feeling. Formal folgt der 3000 ME dem Diablo, einer Studie, die AC auf mehreren Auto-Salons gezeigt hatte. Doch die Fans, noch berauscht von Cobra & Co., wandten sich gähnend ab: ein müder Dreiliter-Essex-V6 von Ford produzierte magere 138 PS, das Spitzentempo pendelte um 210 Stundenkilometer – kein Thema für die leistungsverwöhnte AC-Klientel. Als zusätzliche Schwierigkeit trug der hohe Preis zur absoluten Erfolglosigkeit bei. Den AC-Verantwortlichen in Thames Ditton gelang lediglich der Verkauf von 82 Exemplaren. Auch der Versuch der neuen Firmen-Eigner scheiterte, das Coupé in Schottland als Ecosse Signature weiter zu bauen.

Kein Happy end: AC 3000 ME

Motor/Antrieb	
Bauart	V6
Lage/Antrieb	Front/Heck
Hubraum in cm³	2994
Leistung in PS bei U/min	138 bei 5000
Vmax in km/h	210
Karosserie	
Bauart	Coupé
Tragstruktur	Kastenrahmen
Material	Kunststoff
Stückzahl und Marktsituation	
Produktionszahl	82
Verfügbarkeit	schlecht
Teilesituation	schwierig
Unterhaltskosten	hoch

Preise in Euro	1	2	3	4	5
AC 3000 ME, Cpe	29.000	20.000	13.500	7.900	4.500

---

www.Oldtema.de
Markt in Erfurt & Leipzig

Adler (D) • 1900 - 1939

Wie viele andere Automobil-Pioniere fertigten die Frankfurter Adler-Werke zunächst Schreibmaschinen und Fahrräder – sehr erfolgreich übrigens. Im Jahr 1900 entschied sich der Unternehmer und Adler-Eigentümer Hans Kleyer zum Bau von Automobilen.

In den zwanziger und dreißiger Jahren genossen die Adler-Modelle einen hervorragenden Ruf. Neben Vier- und Sechszylindermotoren baute Adler ab 1938 auch einen Reihenachtzylinder, der unter anderem mit Karosserien angeboten wurde, die der Bauhaus-Architekt Walter Gropius entworfen hatte. Adler verfügte über keinen eigenen Karosseriebau, sondern ließ alle Aufbauten von renommierten Firmen wie Ambi-Budd oder Karmann anfertigen.

Berühmtheit erlangte Adler mit dem populären Modell Trumpf, das bereits über Frontantrieb und Schwingachsen verfügte. Ab 1936 gab es den Trumpf auch mit einer fortschrittlichen Stromlinienkarosserie, die formal das umsetzte, was das zu jener Zeit entstehende Autobahnnetz forderte: Geschwindigkeit.

1937 stellte Adler mit dem 2,5 Liter Sport das letzte Modell vor, das ebenfalls eine aerodynamisch günstige Karosserie besaß. Der Antrieb des bis zu 150 Stundenkilometer schnellen Sechszylinder-Wagens lag allerdings wieder im Heck.

Der Zweite Weltkrieg war das Aus für die berühmte Marke. Bomben hatten das Werksgelände zum Teil zerstört, und eine ursprünglich geplante Wiederbelebung des Trumpf nach dem Krieg wurde verworfen – Adler beschränkte sich wieder auf den Bau von Schreibmaschinen. Viele treue Kunden, über Jahre zufriedene Adler-Besitzer, trauerten dem Ende der Adler-Automobile nach.

Adler Trumpf, Primus, Trumpf Junior — 1932-1941

Mit dem Adler Trumpf gelang dem Frankfurter Hersteller ein großer Erfolg: Über 100.000 Exemplare verließen die Werkshallen. Der kleine Wagen verfügte mit Frontantrieb und Einzelradaufhängung über revolutionäre technische Merkmale. Angetrieben wurde er zunächst von einem 32 PS starken und 1,5 Liter großen Vierzylinder-Motor. Das Schwestermodell Primus war gleich motorisiert, verfügte aber über einen konventionellen Heckantrieb. Adler bot den Trumpf in verschiedenen Karosserievarianten an: Die Kunden konnten im Laufe der Bauzeit zwischen Limousine, Roadster, Cabrio und Cabriolimousine wählen. Nur anfangs bestand der Aufbau aus Sperrholz und Kunstleder, bereits ab 1935 verwendete Adler Stahlblech.

Ein großer Publikumserfolg: Adler Trumpf als Cabriolet

Motor/Antrieb	
Bauart	Vierzylinder (Reihe)
Lage/Antrieb	Front/Front
Hubraum in cm³	995, 1504, 1645
Leistung in PS bei U/min	25 bei 4000, 32 bei 4000, 38 bei 3800
Vmax in km/h	90 bis 100
Karosserie	
Bauart	Limousine (2-türig), Roadster, Cabriolet
Tragstruktur	Kastenrahmen
Material	Stahlblech
Stückzahl und Marktsituation	
Produktionszahl	100.000
Verfügbarkeit	schlecht
Teilesituation	schwierig
Unterhaltskosten	mittel

Preise in Euro	1	2	3	4	5
Adler Trumpf, L2t	23.000	16.500	10.500	5.500	2.500
Adler Trumpf Junior (1E), L2t	20.000	14.500	9.700	4.900	2.000
Primus, L2t	26.500	18.000	12.000	6.500	3.000

Adler 2,5 Liter („Adler Autobahn") — 1937-1940

Das letzte Adler-Modell wurde 1937 dem Publikum vorgestellt. Der 2,5 Liter große Motor der Limousine, die wieder eine – für damalige Verhältnisse – futuristische Karosserie in Stromlinienform trug, ersetzte zwei der bislang eingesetzten Triebwerke: Der Trumpf hatte ein 1,7 Liter großes Aggregat besessen, der Diplomat ein Dreiliter-Triebwerk. Angetrieben wurde der Adler, der in der Standardausführung 58 PS leistete, wieder konventionell im Heck. Während die Höchstgeschwindigkeit dieser Version bei 125 km/h lag, war die Ausführung Sport über 150 km/h schnell – mit einem Motor, der 80 PS leistete. Das als Adler Autobahn bekannt gewordene Modell galt 1937 als eine der modernsten Automobilkonstruktionen und stieß auf großes Interesse. Karosseriebauer Karmann lieferte als besondere Spezialität ein zweitüriges Cabriolet.

Der letzte Flug: Adler 2,5 Liter

Motor/Antrieb	
Bauart	Sechszylinder (Reihe)
Lage/Antrieb	Front/Heck
Hubraum in cm³	2499
Leistung in PS bei U/min	55 bei 3800
Vmax in km/h	125
Karosserie	
Bauart	Limousine (4-türig), Cabriolet (2-türig)
Tragstruktur	Plattformrahmen
Material	Stahlblech
Stückzahl und Marktsituation	
Produktionszahl	5300
Verfügbarkeit	schlecht
Teilesituation	sehr schwierig
Unterhaltskosten	hoch

Preise in Euro	1	2	3	4	5
Adler 2,5 Liter, L4t	für gute Fahrzeuge ca. 35.000 Euro				

Aero (CS) • 1929-1939

Die Aero-Werke in Prag, ein ehemaliger Flugzeughersteller, starteten in den zwanziger Jahren mit der Automobilfertigung. Verantwortlich für die Entwicklung war der tschechische Ingenieur Bratislav Novotny.
1928 erschien der erste Aero als Modell 10 auf dem Markt, der zuvor jedoch bereits als ENKA angeboten worden war. Der kleine Roadster besaß einen 499 Kubikzentimeter großen Einzylinder-Zweitakter und nur eine Tür – nicht nur, um Kosten zu sparen, sondern auch aus Gründen der Stabilität. Robust, anspruchslos und langlebig war auch der Aero 18, der zwischen 1931 und 1934 in Prag gebaut wurde. Sein Zweizylindermotor hatte einen Hubraum von 662 Kubikzentimetern und leistete 18 PS. Beide Modelle waren einfachst ausgestattet: Bremsen gab es nur hinten, und gestartet wurde der Motor mit einem Zugseil.
Mehr Verbreitung als diese kleinen Modelle fand der Aero 20, dessen 999 Kubikzentimeter großer Motor zunächst 28 PS leistete. Mit dem Aero 30, der wenig später erschien, kletterte die Leistung auf 28 PS. Damit waren die frontgetriebenen Cabriolets und Limousinen wesentlich agiler als ihre Vorgänger. 1940 endete die Produktion, allerdings sind einzelne Aero 30 auch noch in den Jahren 1946 und 1947 gefertigt worden.

Aero 30 *1934-1940*

Der Aero 30 bleibt der Firmentradition treu: Seine Technik ist vergleichsweise simpel, dafür zuverlässig. Vorbild für die Tschechen waren die kleinen DKW. Der Aero 30 besitzt einen ein Liter großen Zweizylinder-Zweitaktmotor, der 30 PS leistet. Der Antrieb erfolgt über die Vorderräder, die inzwischen auch über Bremsen verfügen. Einen elektrischen Anlasser gibt es bei den Aero-Modellen noch nicht, statt dessen wird der Motor mit einem Zugseil gestartet, das neben dem Fahrersitz endete – die Prozedur ähnelt einem Außenbordmotor. Die Kunden konnten unter verschiedenen Karosserievarianten wählen: Neben einem Roadsteraufbau gab es den Aero 30 auch als Cabriolet mit hohen Türen und als Cabrio-Limousine mit einer Karosserie von Sodomka. Alle Versionen boten Platz für vier Personen.

Zuverlässiger Zweitakter aus Tschechien: Aero 30

Motor/Antrieb	
Bauart	Zweizylinder (Reihe)
Lage/Antrieb	Front/Front
Hubraum in cm³	998
Leistung in PS bei U/min	30 bei 3200
Vmax in km/h	85 bis 100
Karosserie	
Bauart	Roadster, Cabriolet, Cabrio-Limousine
Tragstruktur	Kastenrahmen
Material	Stahlblech
Stückzahl und Marktsituation	
Produktionszahl	8000
Verfügbarkeit	schlecht
Teilesituation	sehr schwierig
Unterhaltskosten	mittel

Preise in Euro	1	2	3	4	5
Aero 30, Rds	22.500	16.000	10.300	5.400	2.000

Alfa Romeo (I) • seit 1910

Die Societá Anonima Lombarda Fabbrica Automobili, kurz A.L.F.A., war 1910 aus dem hochmodernen, allerdings konkursnahen Werk des französischen Automobilfabrikanten Alexandre Darracq hervorgegangen, der sich in Mailand niedergelassen hatte. 1915 übernahm der neapolitanische Ingenieur Nicola Romeo die Leitung des Werks. Die Produktion von Kriegsgerät hatte ihn finanziell unabhängig gemacht.
Nach den ersten Erfolgen um 1918 nannte sich das Unternehmen Alfa Romeo. Zwei Symbole Mailands, dem Sitz des Unternehmens, prägen bereits seit 1910 das Firmenzeichen: Das rote Kreuz stammt aus dem Mailänder Stadtwappen, die Schlange geht auf den Visconti-Clan zurück.

Das Alfa-Wappen gilt als eines der ältesten Markenzeichen der Automobilbranche

Durch zahllose Sporterfolge bekam der Name bald einen magischen Klang, und 1925 gewann ein Alfa Romeo sogar die erste Weltmeisterschaft. Die Mailänder kümmerten sich mit teuren, exklusiven, technisch avancierten und stets sportlichen Fahrzeugen ausschließlich um das obere Segment des Marktes. Schon 1924 prügelten unerschrockene Piloten den Alfa-Rennwagen P2 mit über 220 km/h über die staubigen Pisten.
Der Aufbruch in die fünfziger Jahre gelang nur mit einem radikalen Umdenken. Die noblen Kleinstserien der 6C-Modelle liefen gegen 1950 langsam aus, abgelöst vom ersten in Serie hergestellten Alfa, dem 1900 mit seinem hochmodernen Vierzylindermotor. Das Publikum respektierte diesen Schritt, auch weil Alfa Romeo sich stets mit interessanten Coupé- und Cabriomodellen gut in Szene zu setzen wusste.
Später, ab den Siebzigern, wurde es schwierig: Der Alfasud, als Retter des Unternehmens propagiert und konzeptionell wie technisch überzeugend, geriet für das Unternehmen zur Falle. Die wirtschaftliche und politische Krise im Italien jener Jahre führte zu massiven Streiks und Boykott, dazu gesellte sich eine unglückselige Konzerndoktrin, nachdem Alfa Romeo – nach vergeblichem Schulterschluss mit Nissan – 1986 von Fiat einverleibt worden war: Die neue Plattformstrategie zwängte den sportlichen Alfa Romeo-Modellen fortan Frontantrieb auf.
Da war es erstaunlich, dass den Norditalienern nach nüchternen, emotionslosen Jahren abermals eine radikale Kehrtwende gelang. Alfa Romeo begeistert heute wieder seine italophile, sportlich anspruchsvolle Klientel mit agilen und gut designten Modellen. Die Schwäche von Fiat Auto, zu der Alfa Romeo gehört, sorgt jedoch für eine unklare Zukunft – auch wenn sich durch die Kooperation mit Maserati im Februar 2005 neue Optionen ergeben haben. Selbst eine Übernahme wird nicht mehr ausgeschlossen.

Er gab dem Kunstnamen Alfa ein Gesicht: Nicola Romeo (1876 - 1938)

Alfa Romeo (I)

Alfa Romeo 6C 1750 — 1929-1933

Gleich im Jahr seiner Präsentation feierte der 6C 1750 einen triumphalen Erfolg: Er siegte bei der Mille Miglia, jenem harten Straßenrennen in Italien, das damals seine dritte Auflage feierte. Sein Reihensechszylinder ist eine Entwicklung von Vittorio Jano, den Enzo Ferrari als Chefkonstrukteur für Alfa Romeo verpflichtet hatte. In den Sport-Versionen besaßen die Triebwerke zwei Nockenwellen, als Super Sport (später Gran Sport) erlebte die sportliche Alfa Romeo-Baureihe ihre Krönung: Mit Kompressor leisteten die aufgeladenen Motoren 102 PS, in jenen Jahren eine beeindruckende Zahl. Um die Karosserien kümmerten sich neben Alfa auch Spezialisten wie Castagna, Touring oder Viotti – teilweise mit langen Fahrgestellen als Basis. Besonders kompromisslos geriet der knapp geschnittene, zweisitzige Roadster von Zagato, der heute als einer der großen Kult-Klassiker der Automobilgeschichte gilt.

Hier mit einer Karosserie von Castagna: Alfa Romeo 6C 1750

Motor/Antrieb	
Bauart	Sechszylinder (Reihe)
Lage/Antrieb	Front/Heck
Hubraum in cm³	1752
Leistung in PS bei U/min	46 bis 102
Vmax in km/h	110 bis 170
Karosserie	
Bauart	Limousine (4-türig), Cabriolet, Coupé, Roadster
Tragstruktur	Kastenrahmen
Material	Stahlblech oder Stahlblech/Aluminium
Stückzahl und Marktsituation	
Produktionszahl	2259
Verfügbarkeit	schlecht
Teilesituation	sehr schwierig
Unterhaltskosten	hoch

Preise in Euro	A	B	C	D	E
6C 1750	Bis zu 500.000 Euro, extrem abhängig von Karosserie und Historie				

Alfa Romeo 6C 2500 — 1939-1953

Alfa Romeo baute ab 1939 die Modelle 6C 2500, zunächst als Limousine, ab 1939 auch als Cabrio. Die zahllosen Karosserien entwarfen und lieferten verschiedene Spezialisten, unter anderem kamen sie von Touring aus Mailand. Die fast 2,5 Liter großen Sechszylindermotoren leisteten zwischen 87 und 110 PS. Alfa setzte nach 1946 die Produktion dieser Modelle fort, der 6C 2500 wurde bis 1953 angeboten. Insgesamt sollen allerdings weniger als 2000 dieser großen, aber überaus eleganten Gran Turismo-Wagen gebaut worden sein. Heute sind sie deswegen teuer und aufgrund der schlechten Ersatzteilversorgung nur mit viel Engagement zu unterhalten. Doch diese Herausforderung wird mit einem grandiosen Fahrvergnügen belohnt. Die Ausstrahlung des 6C 2500, des letzten Alfa Romeo mit Wurzeln in der ruhmreichen Vorkriegsepoche der Marke, fasziniert heute mehr denn je.

Gran Turismo par excellence: Alfa Romeo 6C 2500 Touring

Motor/Antrieb	
Bauart	Sechszylinder (Reihe)
Lage/Antrieb	Front/Heck
Hubraum in cm³	2443
Leistung in PS bei U/min	87 bis 110
Vmax in km/h	155 bis 170
Karosserie	
Bauart	Limousine (4-türig), Coupé, Cabriolet
Tragstruktur	Kastenrahmen
Material	Stahlblech
Stückzahl und Marktsituation	
Produktionszahl	2594
Verfügbarkeit	schlecht
Teilesituation	sehr schwierig
Unterhaltskosten	hoch

Preise in Euro	1	2	3	4	5
6C 2500, Cab	130.000	105.000	75.000	45.000	25.000
6C 2500 Freccia d'Oro, Cpe	85.000	60.000	35.000	20.000	15.000

Alfa Romeo 1900 (Berlina und Coupé) — 1950-1959

Ende der vierziger Jahre stellte Alfa Romeo eine Neukonstruktion mit moderner Technik vor, die als viertürige Limousine, als Coupé und Cabriolet aufwarten konnte. Der Alfa 1900 markiert den Wendepunkt der Marke vom exklusiven Kleinserienhersteller mit Produkten wie dem 6C 2500 zum Serien- und später sogar Großserienproduzenten. Der Viertürer mit seiner unauffällig-eleganten Karosserie in selbsttragender Bauweise, sein einfaches, aber effektives Fahrwerk und natürlich der klassische Doppelnockenwellen-Vierzylinder mit einem Zylinderkopf aus Leichtmetall wussten das Herz der Alfisti zu rühren. Gerne nahmen prominente italienische Karosserieschneider wie beispielsweise Touring, Pinin Farina oder Zagato diese Basis an und stellten attraktive Sonderaufbauten her – sie sind heute sehr gesucht und entsprechend teuer. Bis zu 100 verschiedene Karosserievarianten soll es gegeben haben.

Neuer Anfang nach dem Krieg: Alfa Romeo 1900, hier als Coupé von Touring

Motor/Antrieb	
Bauart	Vierzylinder (Reihe)
Lage/Antrieb	Front/Heck
Hubraum in cm³	1884, 1975
Leistung in PS bei U/min	90 bei 5200 bis 115 bei 5500
Vmax in km/h	150 bis 180
Karosserie	
Bauart	Limousine (4-türig), Coupé, Cabriolet
Tragstruktur	Rohrrahmen/selbsttragend
Material	Stahlblech oder Stahlblech/Aluminium
Stückzahl und Marktsituation	
Produktionszahl	17.243, 1796
Verfügbarkeit	schlecht
Teilesituation	sehr schwierig
Unterhaltskosten	mittel

Preise in Euro	1	2	3	4	5
1900, L4t	20.500	14.100	8.800	4.900	2.200
1900 CSS Touring, Cpe	63.000	45.800	32.000	17.000	9.800

Alfa Romeo Giulietta Sprint, Giulia Sprint — 1954-1965

Auf eine lange Produktionszeit kann das Giulietta Sprint Coupé zurückblicken – elf Jahre waren in einer Ära jährlich wechselnder Karosseriedesigns eine Ewigkeit. Dennoch sind zwischen 1954 und 1965 nur rund 36.000 Exemplare entstanden. In seiner 1,3-Liter-Version leistete der dohc-Vierzylinder zunächst 65 PS, später wurden daraus in der Veloce-Variante agile 90 PS. Wegen seines überzeugenden Gesamtkonzepts genoss das kompakte Coupé schon bald legendären Ruf. Wesentlich beteiligt daran war auch Bertone, der die harmonische Form entworfen hatte. Einen gravierenden Kritikpunkt jedoch gab es: die Bremsen. Erst kurz vor Produktionsende rüstete Alfa Romeo einige hundert Modelle mit Scheibenbremsen aus. Die im gleichen Jahr eingeführte, äußerlich nahezu gleiche 1,6-Liter-Version namens Giulia wirkte nicht mehr ganz so lebhaft wie die 1300er, ist aber heute kaum weniger beliebt.

Vollendete Harmonie der Form: Alfa Romeo Giulietta Sprint

Motor/Antrieb	
Bauart	Vierzylinder (Reihe)
Lage/Antrieb	Front/Heck
Hubraum in cm³	1290, 1570
Leistung in PS bei U/min	65 bei 6100 bis 92 bei 6200
Vmax in km/h	150 bis 180
Karosserie	
Bauart	Coupé
Tragstruktur	selbsttragend
Material	Stahlblech
Stückzahl und Marktsituation	
Produktionszahl	36.149
Verfügbarkeit	ausreichend
Teilesituation	schwierig
Unterhaltskosten	mittel

Preise in Euro	A	B	C	D	E
Giulietta Sprint (1959-1962), Cpe	27.900	21.200	14.000	8.100	4.000
Giulia Sprint (1962-1963), Cpe	27.300	20.500	13.100	7.800	3.800

Alfa Romeo (I)

Alfa Romeo Giulietta Berlina 1955-1965

Nicht ganz so elegant wie beim Coupé wirkte die Formgebung der Giulietta Berlina. Die Kundschaft störte dies kaum: Der Mittelklasse-Viertürer fand über 130.000 Käufer und vermittelte dem Markencredo entsprechend genügend sportlichen Touch, ohne eine familiäre Nutzung einzuschränken. Besonders leistungsfreudig (und heute entsprechend teuer) war die 1957 eingeführte TI-Version, die zunächst 65 PS und später sogar 74 PS leistete. Mit ihren Fahrleistungen bot sie weit größeren Kalibern Paroli und sicherte Alfa ein begeistertes Publikum. Für das nötige Sicherheitspolster sorgte ein spurtreues Fahrwerk, das auch heißblütige Piloten nicht vor unlösbare Aufgaben stellte. Neben den reizvollen Alfa-Coupés und Cabrios ist diese kompakte Limousine eine interessante Alternative, die oft für Überraschung sorgt – schöne Exemplare sind allerdings rar geworden.

Familiensport:
Alfa Romeo Giulietta Berlina, Serie I

Motor/Antrieb					
Bauart					Vierzylinder (Reihe)
Lage/Antrieb					Front/Heck
Hubraum in cm³					1290
Leistung in PS bei U/min					53 bei 5200 bis 74 bei 6200
Vmax in km/h					140 bis 165
Karosserie					
Bauart					Limousine (4-türig)
Tragstruktur					selbsttragend
Material					Stahlblech
Stückzahl und Marktsituation					
Produktionszahl					131.876
Verfügbarkeit					schlecht
Teilesituation					sehr schwierig
Unterhaltskosten					mittel
Preise in Euro	1	2	3	4	5
Giulietta (1955-1959), L4t	18.300	12.400	6.800	3.900	1.300
Giulietta Ti (1957-1959), L4t	20.500	13.900	7.700	4.500	1.500
Giulietta Ti (1961-1963), L4t	16.000	11.000	6.200	3.400	1.000

Alfa Romeo Giulietta Spider, Giulietta Spider Veloce, Giulia Spider, Giulia Spider Veloce 1955-1965

Die Giulietta war Alfas erstes Großserien-Cabrio, und Pinin Farina lieferte mit der Gestaltung ein weiteres Meisterwerk italienischer Auto-Mode. Mit einer sportlichen, kompakten und eleganten Karosserie überzeugte das offene Julchen die Fans. Das einfach zu bedienende Verdeck verschwand im geöffneten Zustand hinter den Passagieren. Die Modellentwicklung des Spider entspricht der Sprint-Chronologie weitgehend: Zunächst gab es leistungsgesteigerte Veloce-Modelle, ergänzt ab 1962 durch die 1,6-Liter-Version Giulia Spider. Diesem Triebwerk fehlte zwar die begeisternde Spritzigkeit, die der 1300er bot, gab sich insgesamt aber alltagstauglicher. Besonders selten, da dem Spider vorbehalten, blieb die Variante mit dem 112 PS starken 1,6-Liter-Veloce-Aggregat, das nur in den Jahren 1964 und 1965 erhältlich war.

Ein Werk von Pinin Farina:
Alfa Romeo Giulietta Spider

Motor/Antrieb					
Bauart					Vierzylinder (Reihe)
Lage/Antrieb					Front/Heck
Hubraum in cm³					1290, 1570
Leistung in PS bei U/min					65 bei 6100 bis 112 bei 6500
Vmax in km/h					155 bis 180
Karosserie					
Bauart					Cabriolet
Tragstruktur					selbsttragend
Material					Stahlblech
Stückzahl und Marktsituation					
Produktionszahl					26.346
Verfügbarkeit					ausreichend
Teilesituation					schwierig
Unterhaltskosten					mittel
Preise in Euro	1	2	3	4	5
Giulietta Spider (1955-1959), Cab	35.000	26.000	19.000	10.000	4.500
Giulietta Spider Veloce (1960-1962), Cab	37.000	27.500	20.000	10.500	4.700
Giulia Spider (1962-1965), Cab	32.500	23.900	17.300	9.500	4.200
Giulia Spider Veloce (Ser. 1964-1965), Cab	34.000	25.000	18.300	9.700	4.400

Alfa Romeo Giulietta Sprint Speciale („Giulietta SS") Giulia Sprint Speciale („Giulia SS") 1957-1966

Extravaganter und weniger populär war die Formgebung bei den von Bertone gezeichneten Spezialausführungen des Giulietta Coupés, die nach dem Übergang zur 1,6-Liter-Maschine Giulia Sprint Speciale genannt wurden. Dieses exklusive und individuelle Spitzenmodell der Baureihe blieb mit einer Stückzahl von knapp 2800 sehr selten. Durch Leistungssteigerungen und ein serienmäßiges Fünfganggetriebe erreichten die Sprint Speciale beeindruckende Fahrleistungen, woran auch die aerodynamisch gezeichneten Karosserien ihren Anteil hatten. Im Motorsport konnten sie sich trotz ihrer Agilität nicht durchsetzen. So nahmen die Sprint Speciale eher die Rolle luxuriöser Sportcoupés ein, obwohl sie im Alltag wegen ihrer ausladenden Formen als unpraktisch galten und sich ihr Innenraum stark aufheizte.

Rares Coupé-Vergnügen:
Alfa Romeo Giulietta Sprint Speciale

Motor/Antrieb					
Bauart					Vierzylinder (Reihe)
Lage/Antrieb					Front/Heck
Hubraum in cm³					1290, 1570
Leistung in PS bei U/min					100 bei 6500 bis 112 bei 6500
Vmax in km/h					200
Karosserie					
Bauart					Coupé
Tragstruktur					selbsttragend
Material					Stahlblech
Stückzahl und Marktsituation					
Produktionszahl					2766
Verfügbarkeit					gegen null
Teilesituation					schwierig
Unterhaltskosten					mittel
Preise in Euro	1	2	3	4	5
Giulietta SS, Cpe	40.000	29.000	19.400	10.200	4.900
Giulia SS, Cpe	37.000	26.800	17.800	9.500	4.500

Alfa Romeo 2000 Berlina, 2000 Spider 1958-1961

1957 stellte Alfa den Nachfolger des gealterten 1900 vor, dessen Technik er aber weitgehend übernahm. Der Spider mit seinem um 22 Zentimeter verkürzten Fahrgestell trägt die gleiche Typbezeichnung wie der spätere Fastback-Spider der siebziger Jahre. Seine 2+2-sitzige Karosserie, die mit ruhigen Linien und ausgewogenen Proportionen überzeugte, stammte von Touring. Selbst für diese schweren Modelle griff Alfa unverständlicherweise wieder auf Trommelbremsen zurück, die Fahrsicherheit litt darunter erheblich. Über dieses Manko vermochte auch das neue, vollsynchronisierte Fünfganggetriebe nicht hinwegzutrösten. Schon 1962 kam mit der Modellreihe 2600 die Ablösung, die mit sechs statt nur vier Zylindern deutlich agiler war.

Schön, aber nur mäßig agil:
Alfa Romeo 2000 Spider

Motor/Antrieb					
Bauart					Vierzylinder (Reihe)
Lage/Antrieb					Front/Heck
Hubraum in cm³					1975
Leistung in PS bei U/min					105 bei 5300 bis 115 bei 5700
Vmax in km/h					165 bis 180
Karosserie					
Bauart					Limousine (4-türig), Cabriolet, Coupé
Tragstruktur					selbsttragend
Material					Stahlblech
Stückzahl und Marktsituation					
Produktionszahl					2799, 3443
Verfügbarkeit					schlecht
Teilesituation					sehr schwierig
Unterhaltskosten					hoch
Preise in Euro	1	2	3	4	5
2000 Berlina (1958-1961), L4t	20.000	13.700	7.600	4.300	1.900
2000 Spider (1958-1961), Cab	46.500	35.300	25.000	13.700	6.500

Alfa Romeo (I)

Alfa Romeo 2000 Sprint, 2600 Sprint — 1959-1966

Einen stilistischen Vorgriff auf künftige Baureihen zeigte das Alfa-Coupé der frühen sechziger Jahre. Die Front mit den später für Alfa charakteristischen Doppelscheinwerfern zeugt davon. Der 2000 Sprint wurde 1962 vom 2600 Sprint abgelöst und parallel zu den offenen Modellen angeboten. Der Karosserieentwurf des Coupés stammt ebenfalls von Bertones Zeichenbrettern. Erneuter Kritik an den bislang unzureichenden Bremsen war Alfa Romeo ausgewichen und stattete zumindest die Sechszylinder-Variante jetzt mit standesgemäßen Scheibenbremsen an allen vier Rädern aus. In der Karosserie unterschied sich das 2000 vom 2600 Coupé noch weniger als die beiden Spider-Modelle. Die preisliche Distanz zwischen den Sechszylinder- und Vierzylinder-Coupés ist heute nicht allzu groß. Probleme gibt es allerdings mit der Ersatzteilversorgung.

Der Weg in die Moderne: Alfa Romeo 2000 Sprint

Motor/Antrieb					
Bauart			Vierzylinder (Reihe), Sechszylinder (Reihe)		
Lage/Antrieb					Front/Heck
Hubraum in cm³					1975, 2584
Leistung in PS bei U/min			115 bei 5900 bis 145 bei 5900		
Vmax in km/h					180 bis 200
Karosserie					
Bauart					Coupé
Tragstruktur					selbsttragend
Material					Stahlblech
Stückzahl und Marktsituation					
Produktionszahl					704, 6999
Verfügbarkeit					schlecht
Teilesituation					schwierig
Unterhaltskosten					hoch
Preise in Euro	1	2	3	4	5
2000 Sprint (1959-1962), Cpe	28.000	21.000	13.900	7.800	3.600
2600 Sprint (1962-1966), Cpe	29.500	22.300	14.600	8.400	4.000

Alfa Romeo Giulietta SZ — 1960-1962

Eine ganz andere Linie als der von Bertone gestaltete Sprint Speciale vertrat der auf gleicher Basis entstandene Alfa Romeo SZ. Die glattflächige, kompakte Karosserie mit den verschalten Frontscheinwerfern lädt ein zum liebevollen Darüberstreicheln, war aber für den harten Rennsport konzipiert. Aus diesem Grund zeigte sich der Innenraum mit abgespeckter Ausstattung, was für ein geringeres Kampfgewicht sorgte. In der Praxis sah der SZ nicht nur kompakter und handlicher aus, sondern überzeugte im Vergleich zu den Sprint Speciale-Modellen und den Serien-Coupés auf der Rennstrecke überaus nachhaltig und erwies sich als fast unschlagbare Waffe, sofern Könner am Lenkrad saßen. Die letzten 30 gebauten Fahrzeuge ließen sich dank Scheibenbremsen wirkungsvoller verzögern und sind an einer gestreckteren Karosserie mit Abrisskante am Heck zu erkennen. Ein absoluter Traum, sogar für verwöhnte Gourmets!

Julchen im Sportdress: Alfa Romeo Giulietta SZ

Motor/Antrieb					
Bauart					Vierzylinder (Reihe)
Lage/Antrieb					Front/Heck
Hubraum in cm³					1290
Leistung in PS bei U/min					100 bei 6500
Vmax in km/h					200
Karosserie					
Bauart					Coupé
Tragstruktur					Plattformrahmen
Material					Aluminium
Stückzahl und Marktsituation					
Produktionszahl					210
Verfügbarkeit					gegen null
Teilesituation					schwierig
Unterhaltskosten					mittel
Preise in Euro	1	2	3	4	5
Giulietta SZ, Cpe			keine Notierung		

Alfa Romeo 2600 Berlina, 2600 Spider, 2600 SZ (Zagato) — 1962-1968

Von außen können sie nur Experten unterscheiden: Der Spider mit dem 2,6-Liter-Sechszylinder-Motor wird gerne mit dem 30 PS schwächeren Vorgänger verwechselt, dem 2000 Spider. Kleine Modifikationen an der Front und der Motorhaube künden von der neuen Motortechnik, die Alfa Romeo im Jahr 1962 auf dem Markt einführte. Die zwei Zylinder mehr sorgten nicht nur für ein deutliches Leistungs- und Drehmomentplus, auch der Auspuffklang verbesserte sich – der neue Sound war unvergleichlich. Die resultierenden 145 PS ließen den mit langen Überhängen gezeichneten Wagen die 200-km/h-Schallmauer erreichen und so den sportlichen Ruf der Marke unterstreichen. Der bis 1968 gebauten Limousine dagegen mussten 130 PS genügen, während die SZ genannte Coupé-Version von Zagato sogar bis zu 175 PS leistete. Die Leistungskur konnte den Verkauf allerdings nicht beflügeln.

Rückkehr in die große Klasse: Alfa Romeo 2600 Spider

Motor/Antrieb					
Bauart					Sechszylinder (Reihe)
Lage/Antrieb					Front/Heck
Hubraum in cm³					2584
Leistung in PS bei U/min					145 bis 175
Vmax in km/h					175 bis 210
Karosserie					
Bauart					Limousine (4-türig), Cabriolet, Coupé
Tragstruktur					selbsttragend
Material					Stahlblech
Stückzahl und Marktsituation					
Produktionszahl			2038 (Berlina), 2255 (Spider), 105 (Zagato Coupé)		
Verfügbarkeit					schlecht
Teilesituation					schwierig
Unterhaltskosten					hoch
Preise in Euro	1	2	3	4	5
2600 Berlina, L4t	22.000	14.800	8.500	4.900	2.300
2600 Spider, Cab	52.000	40.000	28.200	15.400	8.000

Alfa Romeo Giulia (Giulia, Giulia Nuova) — 1962-1978

Mit der Giulia gelang Alfa Romeo die seltene Symbiose aus Erfolg und Sympathie. Sportliche Technik, eine Linie voller Charakter und italienisches Flair bescherten der Limousine mit den markanten Doppelscheinwerfern ein Image, auf das sich Alfa Romeo selbst heute noch gerne beruft. Dabei sah es 1962 noch nicht nach dem großen Wurf aus: Kritiker bemängelten eine zu kantige, emotionslose Form und die vorderen Trommelbremsen. Die stehenden Pedale und der Schalthebel am Lenkrad – für das immerhin fünfgängige Getriebe – waren ihnen ebenfalls suspekt. Alfa nahm sich die Kritik zu Herzen und pflegte die Giulia über die Jahre zu einem begehrenswerten Modell, das in zahllosen Leistungsstufen mit 1,3- und 1,6-Liter-Motoren zu ordern war. Die geglättete (allerdings auch von ihren ursprünglichen Charakterzügen befreite) Giulia Nuova leitete 1974 das letzte Kapitel der erfolgreichen Modellreihe ein.

Sportsfreund mit Charakter: Alfa Romeo Giulia

Motor/Antrieb					
Bauart					Vierzylinder (Reihe)
Lage/Antrieb					Front/Heck
Hubraum in cm³					1290, 1570
Leistung in PS bei U/min			78 bei 6000 bis 112 bei 6500		
Vmax in km/h					160 bis 185
Karosserie					
Bauart					Limousine (4-türig)
Tragstruktur					selbsttragend
Material					Stahlblech
Stückzahl und Marktsituation					
Produktionszahl					k.A.
Verfügbarkeit					gut
Teilesituation					ausreichend
Unterhaltskosten					mittel
Preise in Euro	1	2	3	4	5
Giulia 1300 (1964-1971), L4t	13.000	8.300	5.000	2.000	900
Giulia Super (1965-1971), L4t	14.900	9.800	5.900	2.400	1.100
Giulia Nuova 1300 (1974-1978), L4t	10.200	6.600	3.900	1.600	600
Giulia Nuova 1600 (Ser. 1974-1978), L4t	10.500	6.900	4.100	1.700	700

Alfa Romeo (I)

Alfa Romeo Giulia Sprint GT (GTC, GTA, GTV), GT 1300 Junior, 1750 GTV, 2000 GTV („Bertone-Coupé") 1963–1977

Den komfortableren und alltagstauglichen Nachfolger der kleinen Giulietta/Giulia Sprint-Coupés stellte Alfa Romeo 1963 vor. Basis war die im Vorjahr präsentierte Giulia 1600 TI, allerdings mit verkürztem Radstand und stärkeren Motoren. In die Alfa-Geschichte gingen die in insgesamt 16 Versionen gebauten Coupés kurz als „Bertone" ein – die genauen Typenbezeichnungen wechselten ständig. Der elegante, schnörkellose und dabei kraftvolle Entwurf gelang Bertone meisterlich. Besonders begehrt sind heute die frühen Modelle mit der auffälligen Kantenhaube. In vier Hubraum-Varianten gab es die kraftvollen wie robusten Reihenvierzylinder, die alle über zwei obenliegende Nockenwellen verfügten. Besonders rar und begehrt sind die GTC genannten Cabrioversionen und die GTA, die als Sportderivate mit Doppelzündung und Aluminiumkarosserie an den Start gingen.

Coupé-Ikone von Bertone: ein später GTA

Motor/Antrieb	
Bauart	Vierzylinder (Reihe)
Lage/Antrieb	Front/Heck
Hubraum in cm³	1290, 1570, 1779, 1962
Leistung in PS bei U/min	87 bei 6000 bis 131 bei 5500
Vmax in km/h	170 bis 200
Karosserie	
Bauart	Coupé, Cabriolet
Tragstruktur	selbsttragend
Material	Stahlblech
Stückzahl und Marktsituation	
Produktionszahl	222.805
Verfügbarkeit	gut
Teilesituation	ausreichend
Unterhaltskosten	mittel

Preise in Euro	1	2	3	4	5
Giulia Sprint GT (1963-1966), Cpe	18.800	14.100	9.500	4.900	2.000
GT 1300 Junior (1966-1970), Cpe	16.500	12.300	8.500	4.200	1.700
1750 GT (1967-1969), Cpe	21.000	15.800	10.900	5.400	2.700
2000 GTV (Ser. 1971-1977), Cpe	20.000	14.800	10.300	5.100	2.400

Alfa Romeo Spider 1600, Spider 1750, Spider 1300 („Duetto", „Osso di Sepia") 1966–1970

Die lange und erfolgreiche Geschichte des Alfa Spider begann im März 1966 in Turin. Erst später wurde aus dem zunächst offiziell „Osso di Sepia", zu deutsch Tintenfischschulp, genannten Sportwagen der Duetto. In Europa hagelte es wegen des hübschen, aber als verweichlicht geschmähten Hecks zunächst harsche Kritik an dem Pininfarina-Entwurf. Die Amerikaner dagegen nahmen den Frischluft-Alfa begeistert auf: Nach einer tragenden Rolle im Kino-Klassiker „Die Reifeprüfung" mit einem jugendlichen Dustin Hoffman avancierte der Alfa als Graduate Car zum passenden Abitur-Geschenk reicher Westküsten-Familien. 1968 ersetzte Alfa den 1600er-Ur-Duetto durch den heute besonders gesuchten 1750 Spider Veloce mit 113 PS. Als Spar-Modell trat später sogar eine 1300er Variante an, die direkt gegen den preiswerteren Konkurrenten Fiat 124 Spider positioniert war.

Aufbruch in eine neue Welt: Alfa Romeo Duetto

Motor/Antrieb	
Bauart	Vierzylinder (Reihe)
Lage/Antrieb	Front/Heck
Hubraum in cm³	1290, 1570, 1779
Leistung in PS bei U/min	87 bei 6000 bis 113 bei 5000
Vmax in km/h	170 bis 190
Karosserie	
Bauart	Cabriolet
Tragstruktur	selbsttragend
Material	Stahlblech
Stückzahl und Marktsituation	
Produktionszahl	6325
Verfügbarkeit	schlecht
Teilesituation	ausreichend
Unterhaltskosten	mittel

Preise in Euro	1	2	3	4	5
Spider 1300 Junior (1968-1970), Cab	21.500	15.600	11.000	5.800	2.700
1600 Duetto Spider (1966-1967), Cab	24.000	17.300	12.400	6.600	3.000
1750 Spider Veloce (1967-1969), Cab	26.500	19.000	14.000	7.200	3.200

Alfa Romeo 1750 und 2000 Berlina 1967–1977

Den Weg aus dem Schatten der erfolgreichen Giulia hat die etwas geräumigere und leistungsfähigere Limousine nie geschafft. 1967 löste sie – mit der traditionsreichen Chiffre 1750 – etwas verspätet die bereits Jahre zuvor eingestellte 2000 Berlina ab. Das Design des 1750 Berlina orientierte sich zwar an der Giulia, geriet aber glattflächiger und wirkte insgesamt wuchtiger. Nach dem Debüt mit dem knapp 1,8 Liter großen Vierzylinder legte Alfa Romeo 1971 mit einer noch agileren Zwei-Liter-Variante nach. Beide Motoren gab es in der Giulia nicht – ein Grund für den durchaus beeindruckenden Erfolg: Mit insgesamt mehr als 190.000 Exemplaren verkaufte sich die größte Limousine im damaligen Alfa-Programm wesentlich besser als alle bisherigen Alfa-Viertürer. Die beiden Versionen galten als ausgereift – nur der Rost schlug auch hier fast immer gnadenlos zu und dezimierte den Bestand drastisch. Das macht die Suche heute schwierig, wie auch ständig steigende Preise beweisen.

Brot und Spiele: Alfa Romeo 1750 Berlina

Motor/Antrieb	
Bauart	Vierzylinder (Reihe)
Lage/Antrieb	Front/Heck
Hubraum in cm³	1779, 1962
Leistung in PS bei U/min	115 bei 5500 bis 131 bei 5500
Vmax in km/h	180 bis 195
Karosserie	
Bauart	Limousine (4-türig)
Tragstruktur	selbsttragend
Material	Stahlblech
Stückzahl und Marktsituation	
Produktionszahl	101.880, 89.840
Verfügbarkeit	schlecht
Teilesituation	schwierig
Unterhaltskosten	mittel

Preise in Euro	1	2	3	4	5
1750 Berlina (1967-1972), L4t	14.500	10.100	6.200	2.900	1.100
2000 Berlina (1971-1977), L4t	16.000	10.900	6.800	3.200	1.400

KFZ Meisterbetrieb
DaLux

- Ersatzteilhandel
- Restaurationen
- Reparaturen

Firma DaLux
Schwarzachstr. 15
D-88348 Bad Saulgau

Fon: +49(0)7581 4998
Fax: +49(0)7581 5739
www.Alfaparts.de
E-Mail: info@alfaparts.de

Alfa Romeo (I)

Alfa Romeo Junior Zagato, Zagato 1.6   1969-1975

1969 erinnerte sich Alfa Romeo an die Tradition der fünfziger Jahre und knüpfte mit einem neuen, sportlich-individuellen Coupé an die imageträchtige Ära an. Das Coupé füllte mit seiner modernen Linie eine kleine Nische und wurde nur in geringer Stückzahl produziert. Dennoch hat es eine Weile gedauert, bis der Wert dieses Wagens auf dem Klassiker-Markt die Seltenheit widerspiegelte. Nicht auf den ersten Blick war erkennbar, dass der üppig verglaste Aufbau aus der Feder Zagatos stammte: Der Karossier hatte auf einige seiner sonst typischen Stylingelemente verzichtet. Technisch basierte der Zagato Junior auf den üblichen 1,3- und 1,6-Liter Bertone-Coupés. Gute Exemplare sind kaum zu finden und inzwischen recht teuer. Vor nicht kompletten Schnäppchen warnen Experten: Ersatzteile für den Junior Zagato werden inzwischen mit Gold aufgewogen.

Rare Schöpfung von Zagato: Alfa Romeo Junior

Motor/Antrieb	
Bauart	Vierzylinder (Reihe)
Lage/Antrieb	Front/Heck
Hubraum in cm³	1290, 1570
Leistung in PS bei U/min	87 bei 6000 bis 109 bei 6000
Vmax in km/h	180 bis 195
Karosserie	
Bauart	Coupé
Tragstruktur	selbsttragend
Material	Stahlblech
Stückzahl und Marktsituation	
Produktionszahl	1106, 403
Verfügbarkeit	schlecht
Teilesituation	schwierig
Unterhaltskosten	mittel

Preise in Euro	1	2	3	4	5
Junior Zagato 1300, Cpe	29.000	22.000	14.500	8.600	4.000
Junior Zagato 1600, Cpe	30.000	23.000	15.100	9.000	4.300

Alfa Romeo Spider 1750, Spider 1300, 2000 Spider Veloce, Spider Junior 1600 („Fastback")   1969-1982

Mit einem satten Schnitt retuschierte Altmeister Pininfarina seinen eigenen Entwurf: Das rundliche Heck war passé, der hintere Abschluss geriet sehr kantig, was dem Spider der zweiten Serie den Beinamen Fastback einbrachte. Auch die Traditionalisten unter den Fans, die das Duetto-Styling als zu verweichlicht empfunden hatten, wurden durch die markantere Optik der zweiten Spider-Auflage wieder versöhnt. Alfa Romeo bot ab 1971 den 2000 Spider Veloce an, mit 131 PS markierte er die Krönung der Modellreihe. Wie in den kleineren Triebwerken übernehmen zwei obenliegende Nockenwellen das Öffnen und Schließen der Ventile. Bis 1982 boten die verschiedenen Motorisierungen immer Fahrspaß pur – die Fans lieben den knackigen Fastback-Spider bis heute ganz besonders, nicht zuletzt, weil er zu vertretbaren Preisen viel Gegenleistung bietet.

Neu eingekleidet: Alfa Romeo Spider „Fastback"

Motor/Antrieb	
Bauart	Vierzylinder (Reihe)
Lage/Antrieb	Front/Heck
Hubraum in cm³	1300, 1570, 1750, 1962
Leistung in PS bei U/min	87 bei 6000 bis 131 bei 6000
Vmax in km/h	170 bis 195
Karosserie	
Bauart	Cabriolet
Tragstruktur	selbsttragend
Material	Stahlblech
Stückzahl und Marktsituation	
Produktionszahl	ca. 56.000
Verfügbarkeit	gut
Teilesituation	gut
Unterhaltskosten	mittel

Preise in Euro	1	2	3	4	5
Spider 1300 Junior (1974-1977), Cab	32.000	24.500	16.000	9.000	4.500

Alfa Romeo Montreal   1970-1975

Noch heute erscheint dieses Coupé attraktiv: Die Form mit ihren verspielten Details, der leistungsstarke, 2,6 Liter große und 200 PS starke Achtzylindermotor machen den extravaganten Montreal begehrenswert. Die Karriere des Supersportlers war jedoch glücklos verlaufen: Er verkaufte sich schlecht. Das Konzept verfehlte seine Wirkung, weil es statt des geplanten Mittelmotors das Triebwerk unter der vorderen Haube trug – die üppigen Lufteinlässe hinter den Türen wurden so zur Farce. Die Basis des Fahrwerks stammt aus der Giulia, die hintere Starrachse erwies sich allerdings schnell als überfordert. Äußerst interessant ist dagegen die Geschichte des Triebwerks, das Alfa Romeo erfolgreich aus dem reinrassigen Rennmotor des legendären Tipo 33 extrahierte und es sogar schaffte, ihm weitgehend alltagstaugliche und kultivierte Manieren beizubringen.

Faszinierend, nicht nur von vorne: Alfa Romeo Montreal

Motor/Antrieb	
Bauart	V8
Lage/Antrieb	Front/Heck
Hubraum in cm³	2593
Leistung in PS bei U/min	200 bei 6500
Vmax in km/h	220
Karosserie	
Bauart	Coupé
Tragstruktur	selbsttragend
Material	Stahlblech
Stückzahl und Marktsituation	
Produktionszahl	3925
Verfügbarkeit	ausreichend
Teilesituation	schwierig
Unterhaltskosten	hoch

Preise in Euro	1	2	3	4	5
Montreal, Cpe	17.000	12.400	9.200	4.500	2.000
1600 Spider (1974-1982), Cab	16.000	11.700	8.600	4.300	2.100
1750 Spider Fastback (1969-1971), Cab	19.500	14.200	10.500	5.400	2.400
2000 Spider Veluce (1971-1975), Cab	20.100	13.000	10.900	5.600	2.500

Alfa Romeo Alfasud   1972-1983

Radikal neu, richtig gut und trotzdem im Verdacht, Alfa Romeo als unabhängiger Marke das Genick gebrochen zu haben. Die Form war ihrer Zeit zwar Jahre voraus, das Konzept mit Frontantrieb, drehfreudigem wie laufruhigem Boxermotor, großem Raumangebot, hervorragenden Fahreigenschaften und temperamentvoller Leistung exzellent; besonders begeisterte die Sport-Variante Alfasud ti. Doch der im neuen süditalienischen Werk gebaute Kompakte scheiterte an Misswirtschaft, an der politisch-gesellschaftlichen Krise in Italien mit ihren zahllosen Streiks – und nicht zuletzt an purer Ignoranz: Die Werker nebelten den Lack auf angerostete Rohkarossen. Rasch war der Ruf ruiniert. Schade, denn die Alfasud-Mechanik galt als gelungen: Die einst große Alfasud-Flotte hat sich schnell auf nahezu null dezimiert. Spuren hinterließen nur noch die Boxermotoren – in den Nachfolgemodellen Alfa 33 und 145 haben sie bis 1996 überlebt.

Gutes Konzept, katastrophale Umsetzung: Alfasud

Motor/Antrieb	
Bauart	Vierzylinder (Boxer)
Lage/Antrieb	Front/Front
Hubraum in cm³	1186, 1286, 1351, 1490
Leistung in PS bei U/min	63 bei 6000 bis 105 bei 6500
Vmax in km/h	160 bis 185
Karosserie	
Bauart	Limousine (2-türig), Limousine (4-türig)
Tragstruktur	selbsttragend
Material	Stahlblech
Stückzahl und Marktsituation	
Produktionszahl	715.170
Verfügbarkeit	schlecht
Teilesituation	ausreichend
Unterhaltskosten	mittel

Preise in Euro	A	B	C	D	E
Alfasud 1.2 (1972-1977), L4t	4.500	2.600	1.200	500	100
Alfasud 1.3 (1981-1982), L2t	4.200	2.400	1.000	400	100

Alfa Romeo (I)

Alfa Romeo Alfetta 1972–1975

Technik vom Feinsten erhielt der neue, aufwändig konstruierte viertürige Alfa. Auch optisch konnte die glattflächig-schnörkellose Limousine mit dem ruhmreichen Namen der Vierziger-Jahre-Monoposti reichlich punkten. Dennoch war der Erfolg eher verhalten: Nach gut 100.000 gebauten Wagen in drei Jahren stellte Alfa Romeo die Alfetta wieder ein. Als Manko des 1750-Berlina-Nachfolgers – der 2000er wurde parallel zur Alfetta weitergebaut – galt seine hakelige Schaltung. Den Fahrspaß trübte auch die Tatsache, dass hohe Drehzahlen dem Doppelnockenwellen-Motor mit seinen 1,8 Liter Hubraum nur schwer abzuringen waren. Dafür galten seine 121 PS in jener Zeit durchaus als üppig. Zu den technischen Delikatessen zählte die Transaxle-Bauweise und die DeDion-Hinterachse. So zeigte sich die Limousine im Fahrbetrieb dann doch ausgesprochen sportlich – ideal für Familienväter mit Esprit.

Kein großer Erfolg trotz interessanter Technik: Alfetta

Motor/Antrieb					
Bauart				Vierzylinder (Reihe)	
Lage/Antrieb				Front/Heck	
Hubraum in cm³				1779	
Leistung in PS bei U/min				121 bei 5500	
Vmax in km/h				185	
Karosserie					
Bauart				Limousine (4-türig)	
Tragstruktur				selbsttragend	
Material				Stahlblech	
Stückzahl und Marktsituation					
Produktionszahl				102.960	
Verfügbarkeit				schlecht	
Teilesituation				ausreichend	
Unterhaltskosten				mittel	
Preise in Euro	1	2	3	4	5
Alfetta, L4t	6.700	4.000	2.000	700	200

Alfa Romeo Alfetta GT, GTV 2000 1974–1986

Eine Zeitlang baute Alfa Romeo die Alfetta GT und GTV parallel zum Coupé auf Giulia-Basis. Trotz des größeren Erfolgs und der längeren Karriere, die dem Coupé im Vergleich zur Alfetta-Limousine vergönnt war, akzeptierten die Alfa-Fans den kantigen, von Giugiaro gestylten Zweitürer nie als den wahren Nachfolger des geliebten Bertone-Coupés. Zu wenig Emotion, zudem fehlte es dem Alfetta-Coupé – wie auch der Limousine – an dynamischen Qualitäten. Alfa Romeo rüstete die Alfetta GT in ihren immerhin zwölf Jahren Bauzeit mit verschiedenen Vierzylindermotoren aus, denen auch Turbolader zur Leistungssteigerung verhalfen. Das heutige Preisniveau liegt deutlich unter den Bertone-Coupés, allerdings schreckt die große Rostanfälligkeit der Karosserie viele Alfisti ab. Gut erhaltene Exemplare sind die große Ausnahme.

Zeitlebens im Schatten von Giulia & Co: Alfetta GT

Motor/Antrieb					
Bauart				Vierzylinder (Reihe)	
Lage/Antrieb				Front/Heck	
Hubraum in cm³				1570, 1779, 1962	
Leistung in PS bei U/min				109 bei 5600 bis 150 bei 5500	
Vmax in km/h				180 bis 210	
Karosserie					
Bauart				Coupé	
Tragstruktur				selbsttragend	
Material				Stahlblech	
Stückzahl und Marktsituation					
Produktionszahl				120.000	
Verfügbarkeit				ausreichend	
Teilesituation				ausreichend	
Unterhaltskosten				mittel	
Preise in Euro	1	2	3	4	5
Alfetta GT 1800 (1974–1976), Cpe	8.300	4.400	2.200	700	250
Alfetta GTV 2000 (1976–1980), Cpe	8.900	4.800	2.600	960	300

Alfa Romeo Alfasud Giardinetta 1975–1981

Alfasud-Modelle sind inzwischen aus dem Straßenbild nahezu völlig verschwunden – der Rost ist daran Schuld. Das gilt verstärkt für die in nur 5899 Exemplaren gebaute Kombi-Variante des Frontantriebs-Boxers, die den traditionellen Beinamen Giardinetta trug. Unter den Kunden war auch die italienische Polizei. Technisch unterschied sich der Alfasud Kombi nicht von seinen Limousinen-Brüdern, und das kastenförmige Heck mit der langen Seitenscheibe wirkte stilistisch durchaus harmonisch. Die Modellentwicklung unterschied sich von der Schrägheck-Limousine: Mehr als 71 PS waren ab Werk nicht zu bekommen. Allein die geringe Stückzahl macht den Alfasud Giardinetta heute schon zum sammelnswerten Wagen, der zudem mit einem hohen Praxisnutzen und robuster Technik überzeugen kann. Allerdings liegt die Chance, ein solides Exemplar zu finden, nahezu bei null.

Seltene Variante: Alfasud Giardinetta

Motor/Antrieb					
Bauart				Vierzylinder (Boxer)	
Lage/Antrieb				Front/Front	
Hubraum in cm³				1186, 1286, 1351	
Leistung in PS bei U/min				63 bei 6000 bis 71 bei 6000	
Vmax in km/h				153 bis 155	
Karosserie					
Bauart				Kombi (3-türig)	
Tragstruktur				selbsttragend	
Material				Stahlblech	
Stückzahl und Marktsituation					
Produktionszahl				5899	
Verfügbarkeit				schlecht	
Teilesituation				ausreichend	
Unterhaltskosten				mittel	
Preise in Euro	1	2	3	4	5
Alfasud Giardinetta, Kom		keine Notierung			

Alfa Romeo Alfasud Sprint, Sprint Veloce 1976–1987

Das im Stil der siebziger Jahre kantig gestylte, ausgewogen proportionierte Coupé, das eher ein Vier- denn ein 2+2-Sitzer war, litt unter heftiger Korrosion. Erst kurz vor Ende seiner Bauzeit griff Alfa Romeo mit Rostschutzmaßnahmen ein – die letzten Baujahre gelten somit als etwas resistenter. Die Coupé-Version baute Alfa Romeo immerhin fünf Jahre länger als den kompakten Schrägheck-Alfasud, der seine gesamte Technik dem Sprint zur Verfügung stellte. In der schwächsten Sprint-Version tat ein 1,3 Liter großer Boxer mit 75 PS Dienst, nach oben setzte mit 1,5 Litern Hubraum und 105 PS der vibrationsarme, besonders drehfreudige Motor im Sprint Veloce das Limit – das entsprach dem Niveau der GTI-Klasse jener Jahre. Ein Facelift, das Alfa dem Sprint angedeihen ließ, bedauern die Fans heute besonders: Die Modelle der späten Jahre müssen mit Plastik- statt Chromstoßstangen leben. Immerhin ist das Rost-Risiko etwas kleiner.

Hübsch, doch ein starker Roster: Alfasud Sprint

Motor/Antrieb					
Bauart				Vierzylinder (Boxer)	
Lage/Antrieb				Front/Front	
Hubraum in cm³				1286, 1351, 1490	
Leistung in PS bei U/min				75 bei 6000 bis 105 bei 6000	
Vmax in km/h				170 bis 190	
Karosserie					
Bauart				Coupé	
Tragstruktur				selbsttragend	
Material				Stahlblech	
Verfügbarkeit					
Produktionszahl				ca. 100.000	
Verfügbarkeit				ausreichend	
Teilesituation				ausreichend	
Unterhaltskosten				mittel	
Preise in Euro	1	2	3	4	5
Alfasud Sprint 1.3 (1976–1979), Cpe	6.100	3.200	1.700	800	200
Alfasud Sprint Veloce (1979–1983), Cpe	6.400	3.400	1.800	800	200

Alfa Romeo (I)

Alfa Romeo Giulietta (1.3, 1.6, 1.8, 2.0) 1977–1985

Trotz des süßen Klangs des Namens, der zudem an frühere Erfolge erinnerte, musste sich die kantige Giulietta ihren Durchbruch mühsam erkämpfen. Die Technik des neuen Julchens hatte Alfa Romeo von der Alfetta weitgehend übernommen, allerdings startete die Giulietta-Palette mit einem 1,3 Liter großen Motor. Für heftige Diskussionen hatte 1977 der optische Auftritt des neuen Alfa-Modells gesorgt: Die extreme Keilform mit dem hohen, kurzen Stummelheck war zwar – wie wir heute wissen – richtungsweisend, aber noch völlig ungewohnt. Ein weiteres Problem für Alfa Romeo war die geringe Abgrenzung zum Schwestermodell Alfetta: Nicht nur die Charakteristik, auch die Technik und das Raumangebot waren weitgehend identisch. Besonders in Italien stieß der ab 1983 angebotene, zwei Liter große Turbodiesel auf großes Interesse. Übler Rost, nonchalante Verarbeitung und wilde Alfa-Jockeys haben die Giulietta-Modelle inzwischen nachhaltig eliminiert.

Ein Stummelheck als Markenzeichen: Alfa Romeo Giulietta

Motor/Antrieb					
Bauart					Vierzylinder (Reihe)
Lage/Antrieb					Front/Heck
Hubraum in cm³					1290, 1570, 1779, 1962
Leistung in PS bei U/min					87 bei 6000 bis 130 bei 5500
Vmax in km/h					165 bis 190
Karosserie					
Bauart					Limousine (4-türig)
Tragstruktur					selbsttragend
Material					Stahlblech
Stückzahl und Marktsituation					
Produktionszahl					370.028
Verfügbarkeit					gut
Teilesituation					gut
Unterhaltskosten					mittel
Preise in Euro	1	2	3	4	5
Giulietta 1,6 (1981–1986), L4t	–	2.800	1.200	500	–
Giulietta 2,0 (1981–1986), L4t	–	3.100	1.500	600	–

Alfa Romeo Alfa 6 („Alfa Sei") 1979–1986

Sechs Zylinder, sechs Vergaser: Mit einem neuen 2,5-Liter-V6-Motor wollte Alfa Romeo in der gehobenen Mittelklasse ein Wort mitsprechen. Es gelang jedoch nicht einmal ein Achtungserfolg: Keine 10.000 Kunden konnten die Italiener von ihrem Alfa 6 überzeugen. Das lag nach einem rostreichen Jahrzehnt am miserablen Ruf der Marke, aber auch am wuchtigen, wenig eleganten Auftritt des großen Viertürers. An den enttäuschenden Verkaufszahlen konnte auch die Modellpflege nichts mehr ändern: Weder der Einspritz-Motor noch das 2,5-Liter-Dieselaggregat sorgten für steigendes Interesse. Die große Limousine ist heute allenfalls für besonders markentreue Liebhaber oder leidensfähige Liebhaber skurriler Raritäten eine gute Wahl. Ein Trost: Auch die meist besser erhaltenen Einspritzmodelle der letzten Baujahre sind relativ günstig zu haben.

Bekam keinen Fuß in die Türe des Oberhauses: Alfa 6

Motor/Antrieb					
Bauart					Vierzylinder (Reihe), V6
Lage/Antrieb					Front/Heck
Hubraum in cm³					1997, 2492, 2494
Leistung in PS bei U/min					107 bei 4800 bis 160 bei 5600
Vmax in km/h					175 bis 190
Karosserie					
Bauart					Limousine (4-türig)
Tragstruktur					selbsttragend
Material					Stahlblech
Stückzahl und Marktsituation					
Produktionszahl					9827
Verfügbarkeit					schlecht
Teilesituation					schwierig
Unterhaltskosten					hoch
Preise in Euro	1	2	3	4	5
Alfa 6 2,5 (1979–1983), L4t	–	4.500	2.400	900	–

Alfa Romeo GTV 2.0, GTV 6 2.5 1980–1986

Alfa Romeo wertete 1980 die sportliche GTV-Baureihe deutlich auf. Nach einer gründlichen Modellpflege erhielt das neue Spitzenmodell den neuen 2,5 Liter großen V6-Motor, der aus dem Alfa Sei stammte und mit 158 PS für jede Menge Dynamik sorgte. Der Buckel auf der Motorhaube stellte die Potenz nach außen dar, war aber auch konstruktiv nötig: Das Aggregat baute zu hoch für die flache GTV-Front. Nicht nur Kraft und große Laufkultur, auch der sonore Sound des brillanten V6-Motors begeisterte die Fans. So blieb das etwas schwächere Zweiliter-Aggregat deutlich farbloser, war aber in Italien wegen der dortigen Steuergesetzgebung trotzdem sehr beliebt. Heute gilt besonders der agile GTV 6 2.5 als gesuchter Klassiker der Zukunft. Daran hindert auch der in späteren Baujahren üppige Plastik-Einsatz rund um die Karosserie nichts.

Ein Youngtimer mit Wertzuwachs: Alfetta GTV 6 2.5

Motor/Antrieb					
Bauart					Vierzylinder (Reihe), V6
Lage/Antrieb					Front/Heck
Hubraum in cm³					1962, 2492
Leistung in PS bei U/min					130 bei 5400 bis 158 bei 5200
Vmax in km/h					190 bis 210
Karosserie					
Bauart					Coupé
Tragstruktur					selbsttragend
Material					Stahlblech
Stückzahl und Marktsituation					
Produktionszahl					k.A.
Verfügbarkeit					gut
Teilesituation					gut
Unterhaltskosten					hoch
Preise in Euro	1	2	3	4	5
Alfetta GTV 6 2.5, Cpe	11.500	6.200	3.500	1.200	500

Alfa Romeo Spider („Spoiler-Spider", „Gummilippe") 1982–1990

Alfa testete nach dem großen Fastback-Erfolg die Nerven der Fans. Eine mächtige Spoilerlippe am Heck beschwor den Zeitgeist der Achtziger. Auch an der Front montierten die Italiener aerodynamische Formteile. Die Plexiglas-Kappen, die beim Vorgänger die Scheinwerfer elegant verkleideten, entfielen dagegen. Besonders die deutschen Fans störten sich massiv an dem neuen Plastik-Zierrat: Es gab verschiedene Umbausätze im Zubehörhandel, mit denen nach dem Abbau der Heckspoiler die Narben im Blech abgedeckt werden konnten. Auch die Motoren waren entzaubert: Sie gaben sich zugeschnürter als früher, weil der wichtige US-Markt mit seinen Abgasbestimmungen die Leistung immer weiter beschnitt. Noch heute ist der „Spoiler-Spider" der unbeliebteste aller offenen Alfa-Modelle, was sich auch in den günstigen Preisen niederschlägt.

Streitfall Ästhetik: Alfa Romeo Spider

Motor/Antrieb					
Bauart					Vierzylinder (Reihe)
Lage/Antrieb					Front/Heck
Hubraum in cm³					1570, 1962
Leistung in PS bei U/min					103 bei 5500 bis 127 bei 5300
Vmax in km/h					180 bis 190
Karosserie					
Bauart					Cabriolet
Tragstruktur					selbsttragend
Material					Stahlblech
Stückzahl und Marktsituation					
Produktionszahl					ca. 34.000
Verfügbarkeit					üppig
Teilesituation					gut
Unterhaltskosten					mittel
Preise in Euro	A	B	C	D	E
Spider 1600, Cab	11.200	8.000	4.100	2.300	–
Spider 2000, Cab	12.500	8.800	4.500	2.500	–

Alfa Romeo (I)

Alfa Romeo Arna 1.2, Arna L, Arna SL, Arna TI 1984–1986

Anfang der achtziger Jahre kooperierte Alfa Romeo mit dem japanischen Autoriesen Nissan. Ziel war die gemeinsame Entwicklung und wirtschaftliche Fertigung eines populären Kompaktwagens hoher Qualität. Als Alfa Romeo Arna stand das Ergebnis auf der IAA 1983. Die Japaner hatten eine schlichte und moderne, jedoch völlig emotionslose Karosserie auf Basis des erfolgreichen Cherry konstruiert. Alfa Romeo steuerte das Gros der Technik bei. Im Arna 1,2 mussten zunächst 63 PS reichen, deutlich attraktiver war der im zweiten Modelljahr verfügbare 1,35 Liter große Boxer mit 86 PS. Der Arna war mit seinem modernen Fahrwerk und serienmäßigem Fünfganggetriebe auf der Höhe seiner Zeit. Viele Freunde fand der Italo-Japaner jedoch nicht: Keine 40.000 Kunden griffen in den drei Produktionsjahren zu. Nach der Alfa Romeo-Übernahme durch Fiat endete die Zusammenarbeit mit Nissan wieder.

Ein Japaner spricht Italienisch: Alfa Romeo Arna

Motor/Antrieb					
Bauart					Vierzylinder (Boxer)
Lage/Antrieb					Front/Front
Hubraum in cm³					1178, 1337, 1350
Leistung in PS bei U/min					60 bei 6000 bis 86 bei 5000
Vmax in km/h					152 bis 172
Karosserie					
Bauart					Limousine (3-/5-türig)
Tragstruktur					selbsttragend
Material					Stahlblech
Stückzahl und Marktsituation					
Produktionszahl					38.587
Verfügbarkeit					ausreichend
Teilesituation					gut
Unterhaltskosten					niedrig
Preise in Euro	1	2	3	4	5
Arna 1.2, L3t			keine Notierung		

Alfa Romeo Alfa 90 1984–1987

Unter der weitgehend neuen Karosserie des Alfa 90 lebte die Alfetta auch nach 1984 fort. Das galt neben dem Fahrwerk auch für die Motoren: Die sportlichen Vierzylinder-Triebwerke wurden ergänzt durch den seidenweich laufenden, überaus agilen V6 und einen drehmomentstarken Diesel. Einen grundlegenderen Ansatz für das neue Modell verboten die knappen finanziellen Mittel. Trotzdem gönnten die Alfa Romeo-Konstrukteure dem neuen Modell einen teuren Gag: Ein selbsttätig ausfahrender Frontspoiler sollte für dezente Sportlichkeit sorgen. Mehr als eine Spielerei war dies jedoch nicht. Mit über 44.000 verkauften Exemplaren in vier Jahren stimmte der Kundenzuspruch optimistisch, trotzdem konnte Alfa Romeo seine Eigenständigkeit nicht sichern. Die Übernahme durch Fiat folgte und führte bald zu einer völligen Neuorientierung aller Alfa Romeo-Modelle.

Reizvolle Technik in plumper Verpackung: Alfa 90

Motor/Antrieb					
Bauart					Vierzylinder (Reihe), V6
Lage/Antrieb					Front/Heck
Hubraum in cm³					1779, 1962, 2393, 2492
Leistung in PS bei U/min					100 bei 4200 bis 158 bei 5600
Vmax in km/h					170 bis 200
Karosserie					
Bauart					Limousine (4-türig)
Tragstruktur					selbsttragend
Material					Stahlblech
Stückzahl und Marktsituation					
Produktionszahl					44585,0
Verfügbarkeit					schlecht
Teilesituation					ausreichend
Unterhaltskosten					mittel
Preise in Euro	1	2	3	4	5
Alfa 90, L4t	–	3.500	1.500	500	

Alfa Romeo S.Z., R.Z. 1989–1994

Zagato schuf für Alfa Romeo diese Vision, die heute, im Rückblick, einen Moment des Aufbruchs kennzeichnet. Die Mailänder begannen, wieder an sich und ihre alten Werte zu glauben: Moderne Technologien, faszinierendes Design und Sportlichkeit verbanden sich im S.Z. zum spannendsten Alfa seit langem. Basis für das zunächst als Coupé (S.Z.), später als Roadster (R.Z.) angebotene Modell war der Alfa 75 mit seinem 3.0-V6-Motor, der hier 210 PS freisetzte. Die extrem keilförmige, bewusst experimentell auftretende Karosserie bestand aus modernen Kunststoffmaterialien, das Fahrwerk senkte sich bei zunehmender Geschwindigkeit ab. Das respektvolle Kopfnicken einiger Fans reichte allerdings nicht für einen durchschlagenden Erfolg des 1989 auf dem Genfer Salon präsentierten Modells: Trotz limitierter Auflage standen viele Exemplare über Jahre unverkäuflich in den Schaufenstern treuer Alfa Romeo-Händler.

Zagato schuf die exaltierte Form: Alfa Romeo R.Z.

Motor/Antrieb					
Bauart					V6
Lage/Antrieb					Front/Heck
Hubraum in cm³					2959
Leistung in PS bei U/min					207 bei 6200, 210 bei 6200
Vmax in km/h					245; Roadster: 230
Karosserie					
Bauart					Coupé, Roadster, Kombi
Tragstruktur					selbsttragende Struktur
Material					Kunststoff
Stückzahl und Marktsituation					
Produktionszahl					1000 (R.Z.)
Verfügbarkeit					gut
Teilesituation					ausreichend
Unterhaltskosten					hoch
Preise in Euro	1	2	3	4	5
S.Z., Cpe	40.000	29.000	–	–	–
R.Z., Rds	50.000	36.000	–	–	–

Del Priore Alfa Romeo

original Teile

– neu – original – preiswert –
Blechteile, Chrom, Beleuchtung, Technik, Handbücher (Kopie) etc.

Bezahlung mit Visa-Card & Master-Card möglich!

Täglicher Versand In- und Ausland
Katalog im Internet unter
www.del-priore.com

Zum Roden 5 • 31275 Aligse/Lehrte
Tel.:0 51 32/82 50 60 • Fax: 82 50 70

Alfa Romeo (I) • Alpine (F)

Alfa Romeo Spider („Nuovo") 1990-1993

In seine letzte Runde schickte Alfa Romeo 1990 den Spider, der immerhin seit 1966 in den Prospekten der Italiener zu finden war. Die verantwortlichen Stylisten hatten nach dem Gummilippen-Desaster die klassischen Linien wiederentdeckt. Alfa Romeo offerierte seinen inzwischen zum Klassiker avancierten Zweisitzer zwar modernisiert, doch mit einem Schuss Retro-Appeal: Spoiler waren kein Thema mehr, und die Form erinnerte an die erfolgreiche Fastback-Version der siebziger Jahre. Unter dem überarbeiteten Blechkleid blieben jedoch die zugeschnürten 1,6- und 2,0-Liter-dohc-Motoren des Spoiler-Modells erhalten. Der Facelift-Spider war der Letzte der alten Alfa-Garde, die noch über traditionellen Heckantrieb und längs eingebaute Motoren verfügte: Seinen keilförmiger Nachfolger setzte Alfa Romeo auf eine Fiat-Plattform – mit Frontantrieb.

Ciao amici: Alfa Romeo Spider

Motor/Antrieb					
Bauart					Vierzylinder (Reihe)
Lage/Antrieb					Front/Heck
Hubraum in cm³					1570, 1962
Leistung in PS bei U/min					109 bei 6000 bis 120 bei 5800
Vmax in km/h					180 bis 195
Karosserie					
Bauart					Cabriolet
Tragstruktur					selbsttragend
Material					Stahlblech
Verfügbarkeit					
Produktionszahl					k.A.
Verfügbarkeit					üppig
Teilesituation					sehr gut
Unterhaltskosten					mittel
Preise in Euro	1	2	3	4	5
Spider 2,0, Cab	–	9.000	6.500	3.000	–

Alpine (F) • 1955–1995

Mit einem gewöhnlichen Kleinwagen begann 1955 die Geschichte des kleinen Sportwagenherstellers Alpine. Jean Rédélé, Sohn des Renault-Händlers in Dieppe und begeisterter Rennfahrer, nahm erstmals 1952 mit einer Eigenkonstruktion an Rennen Teil. Als Basis diente ihm ein Renault 4 CV, die GFK-Karosserie hatte der italienische Auto-Designer Michelotti entworfen.

Respektable Rennerfolge ließen die Nachfrage steigen, so dass Rédélé mit Renault-Unterstützung eine Kleinserie auflegte. Der Typ 106 soll, so die Chroniken, in rund 650 Exemplaren gebaut worden sein. Im Rennsport wurde Alpine zu einer festen Größe.

Der Nachfolger A 108 wurde nicht nur in Frankreich, sondern auch im brasilianischen Willys-Werk als Lizenzbau gefertigt. Mit dem A 110 und dem A 310 reagierte Alpine ab 1963 auf die stetig steigende Nachfrage und erreichte zum ersten Mal auch größere Stückzahlen.

In den siebziger Jahren übernahm Renault die Kontrolle über den kleinen Hersteller, dessen Heckmotor-Coupés immer wieder als französische Porsche apostrophiert worden waren – nicht nur wegen ihrer Fahrleistungen, sondern auch wegen ihres teilweise tückischen Verhaltens.

Alpine A 110 1963-1976

Die niedrige Kunststoffkarosserie des A 110 umschloss einen steifen Zentralrohrrahmen und war lediglich 113 Zentimeter hoch. Marcel Hubert hatte die Form entworfen, unter der zunächst die Mechanik des Renault 8 Platz gefunden hatte. In seiner mildesten Form leistete das serienmäßige Triebwerk mit 956 cm³ nur 48 PS, doch rüstete Alpine schnell auf: besonders die Variante mit dem 1300-cm³-Vierzylinder war überaus beliebt und brillierte nicht nur auf den Rallye-Pisten, sondern machte auch im Straßenbetrieb Spaß – das Fahrverhalten und die Spontaneität des Heckmotor-Coupés begeisterten die Fans, mit dem Lärm und der Enge im Cockpit konnten sie leben. Eine Herausforderung liebten sie besonders: In schnellen Kurven neigte der A 110 zunehmend zum typischen Heckmotor-Übersteuern, das auch der stark negative Sturz der Hinterachse nicht verhindern konnte.

Klein und gemein: Alpine A 110

Motor/Antrieb					
Bauart					Vierzylinder (Reihe)
Lage/Antrieb					Heck/Heck
Hubraum in cm³					956, 1108, 1255 bis 1565
Leistung in PS bei U/min					48 bei 5200 bis 140 bei 6100
Vmax in km/h					160 bis 215
Karosserie					
Bauart					Coupé
Tragstruktur					Rohrrahmen
Material					Kunststoff
Stückzahl und Marktsituation					
Produktionszahl					7160
Verfügbarkeit					ausreichend
Teilesituation					ausreichend
Unterhaltskosten					mittel
Preise in Euro	1	2	3	4	5
A 110 (V 70), Cpe	25.000	18.900	11.400	6.300	3.100
A 110 (1300G), Cpe	27.600	20.700	12.500	7.000	3.700
A 110 (1600S), Cpe	30.900	23.300	14.400	8.700	4.500

Alpine A 310 1971-1976

Auf dem Genfer Salon im Frühjahr 1971 präsentierte Alpine den Nachfolger des etwas ungehobelten A 110. Unter der Kunststoffkarosserie, die ganz im Stil der frühen Siebziger recht kantig gezeichnet war, fanden die Passagiere deutlich mehr Raum als in der Ur-Alpine. Der vom Renault 16TX abgeleitete Motor mit 1,6 Liter Hubraum saß weiterhin im Heck und leistete 127 PS, gab sich aber etwas rau. Nicht besonders begeistert zeigten sich die Fans, die von der neuen Alpine mehr Sportlichkeit und weniger Luxus erwartet hatten – doch Alpine hatte an die Verkaufszahlen gedacht und die Wünsche der Sportfahrer in den Hintergrund gerückt. Trotzdem griffen nur rund 2300 Käufer zu. Heute steht die Vierzylinder-Variante des A 310 im Schatten ihres potenten Nachfolgers, der die Karosserieform übernahm und aufgrund zahlreicher Detailverbesserungen das rundum empfehlenswertere Auto ist.

Weniger radikal als sein Vorgänger: Alpine A 310

Motor/Antrieb					
Bauart					Vierzylinder (Reihe)
Lage/Antrieb					Heck/Heck
Hubraum in cm³					1605
Leistung in PS bei U/min					127 bei 6250
Vmax in km/h					205
Karosserie					
Bauart					Coupé
Tragstruktur					Rohrrahmen
Material					Kunststoff
Stückzahl und Marktsituation					
Produktionszahl					2340
Verfügbarkeit					schlecht
Teilesituation					ausreichend
Unterhaltskosten					mittel
Preise in Euro	1	2	3	4	5
A 310 (1600VE), Cpe	20.100	14.700	9.200	5.900	2.200
A 310 inj. (1600VF), Cpe	16.900	12.800	7.500	4.900	1.500

Alpine (F) • Alvis (GB)

Alpine A 310 V6 — 1977-1985

Mit dem Einbau des leistungsgesteigerten V6 aus dem Renault 30 veränderte der A 310 zwar nicht sein Gesicht, aber sein Charakter gewann an Stärke: Das knapp 2,7 Liter große Triebwerk leistete 150 PS und beschleunigte das Coupé auf rund 230 km/h. Renault hatte inzwischen die Kontrolle über Alpine übernommen. Damit waren auch die Anforderungen an die Fertigungsqualität der Fahrzeuge gestiegen. So verbesserten die neuen Hausherren den Korrosionsschutz erheblich, auch in Sachen Zuverlässigkeit konnten die neuen Alpine besser überzeugen. Bis 1985 verkaufte sich die französische Antwort auf den Porsche 911 in immerhin knapp 11.000 Exemplaren. Durch stete Modellpflege blieb der Hecktriebler bis zuletzt technisch auf der Höhe seiner Zeit. Heute ist er wegen der akzeptablen Preise ein guter Tipp für Sportwagen-Fans mit frankophiler Neigung.

Unbekanntes Juwel: Alpine A 310 V6

Motor/Antrieb	
Bauart	V6
Lage/Antrieb	Heck/Heck
Hubraum in cm³	2667
Leistung in PS bei U/min	150 bei 6000
Vmax in km/h	235
Karosserie	
Bauart	Coupé
Tragstruktur	Zentralträgerrahmen
Material	Kunststoff
Stückzahl und Marktsituation	
Produktionszahl	10.749
Verfügbarkeit	üppig
Teilesituation	sehr gut
Unterhaltskosten	hoch

Preise in Euro	1	2	3	4	5
A 310 V6 (2700VA), Cpe	17.600	13.500	8.100	5.300	1.900

Alvis (GB) • 1920 - 1967

Das erste Auto der Marke Alvis war 1920 auf den Markt gekommen. Zudem stellte die Firma Armeefahrzeuge und Flugmotoren her. Besonders mit ihren leistungsfähigen Sportwagen und luxuriösen Limousinen erwarb sich Alvis einen guten Ruf. Auch die Qualität der Fahrzeuge aus dem englischen Coventry galt als vorbildlich.

Trotz der Zerstörung der Werksanlagen im Zweiten Weltkrieg konnte die Produktion bereits 1946 wieder aufgenommen werden. Zunächst fertigte Alvis nur die viertürige Limousine Typ 14, deren Wurzeln noch in den dreißiger Jahren lagen. Die erste Nachkriegskonstruktion wurde 1950 vorgestellt. Der Schweizer Karossier Hermann Graber verhalf mit seinen klaren Ponton-Entwürfen der Marke zu besonderer Identität.

Alvis Chef-Konstrukteur war übrigens Alec Issigonis, der später mit dem Entwurf des Mini unsterblich wurde. 1965 kaufte Rover die Marke Alvis, allerdings ohne große Ambitionen, sie weiterleben zu lassen: Bereits zwei Jahre später stellten die neuen Hausherren die Personenwagen-Produktion ein.

Alvis 14, 14 Sports, 14 Special Sports — 1946-1950

Eine klassische viertürige Limousine mit konservativer Linienführung war das erste Nachkriegsmodell der britischen Nobelmarke und kam bereits 1946 auf den Markt. Die Entwicklung war freilich nicht neu, sondern stammte noch aus der Vorkriegszeit. Der 1,9-Liter-Vierzylindermotor war eine Alvis-Eigenentwicklung und wurde in verschiedenen Leistungsstufen angeboten. Der stabile Kastenrahmen und die beiden Starrachsen waren typisch für die einfache, aber zuverlässige Konstruktion. Das Modell 14 Sports leistete zwei PS mehr, und der Special Sports kam mit seinem 71 PS starken Motor sogar auf beachtliche 140 Stundenkilometer Höchstgeschwindigkeit.

Solides Handwerk: Alvis 14

Motor/Antrieb	
Bauart	Vierzylinder (Reihe)
Lage/Antrieb	Front/Heck
Hubraum in cm³	1892
Leistung in PS bei U/min	66 bei 4000 bis 71 bei 4000
Vmax in km/h	120 bis 140
Karosserie	
Bauart	Limousine (4-türig), Cabriolet
Tragstruktur	Kastenrahmen
Material	Stahlblech
Stückzahl und Marktsituation	
Produktionszahl	3311
Verfügbarkeit	schlecht
Teilesituation	sehr schwierig
Unterhaltskosten	mittel

Preise in Euro	1	2	3	4	5
TA 14, L4t	27.300	20.700	13.700	6.800	2.900
TA 14, Cab	37.100	28.500	18.900	10.500	5.100

Alvis TC 108/G, TD 21, TF 21 — 1956-1967

Als kleiner Hersteller leistete sich Alvis den Luxus zahlreicher Karosserie-Varianten. Das Kastenrahmenchassis mit dem Radstand von 2,83 Meter blieb dabei unverändert. Alvis bot seine Coupés und Cabriolets mit Karosserien an, die der Schweizer Hermann Graber entworfen hatte. Die Linien waren klar und zurückhaltend, sie wirken noch heute in ihrer zeitlosen Schönheit. Der grazile Dachaufbau mit den schmalen Fensterpfosten über dem kompakten Pontonkörper gilt als Meisterwerk. Gebaut wurden die Karosserien von Hermann Graber und, zum größten Teil, von Rolls-Royce-Lieferant Park Ward. Der stilvolle Innenraum war mit viel Holz und Leder ausstaffiert, er bot Platz für vier bis fünf Passagiere. Der recht moderne Alvis-Reihensechszylinder mit drei Litern Hubraum erhielt mit den Jahren stetig mehr Leistung — bis zu kräftigen 150 PS.

Dezent trotz seiner großen Klasse: Alvis TD 21

Motor/Antrieb	
Bauart	Sechszylinder (Reihe)
Lage/Antrieb	Front/Heck
Hubraum in cm³	2993
Leistung in PS bei U/min	104 bei 4000 bis 150 bei 4750
Vmax in km/h	165 bis 200
Karosserie	
Bauart	Coupé, Cabriolet
Tragstruktur	Kastenrahmen
Material	Aluminium/Stahlblech
Stückzahl und Marktsituation	
Produktionszahl	1548
Verfügbarkeit	ausreichend
Teilesituation	schwierig
Unterhaltskosten	hoch

Preise in Euro	1	2	3	4	5
TC 21, L4t	31.700	24.000	15.900	8.000	3.300
TD 21, L2t	38.400	32.400	22.600	13.400	5.700
TE 21, L2t	41.800	35.300	25.000	14.800	6.700

AMC (USA) • 1954 - 1988

Die American Motors Corporation war 1954 in Detroit durch die Verbindung von Hudson und Nash entstanden. 1957 ließ AMC diese beiden Markennamen auslaufen und gab allen Modellen den Namen Rambler. Dieser Name hatte bereits zwischen 1900 und 1913 eine Rolle gespielt – als Vorläuferfirma von Nash.

1968 geriet AMC unter Druck, ausgelöst von den großen Konkurrenten auf dem amerikanischen Markt. Aus dieser Lage konnte sich der Konzern mit Kompaktwagen befreien, die auf dem US-Markt erst Jahre später angeboten wurden. 1970 kam Jeep unter das AMC-Dach, in den 1980er Jahren kooperierte AMC mit Renault. Schließlich übernahmen die Franzosen die Amerikaner – nur Jeep ging zurück nach Detroit zu Chrysler.

AMC Rambler Marlin — 1965-1967

Mit einem weitgefassten Motorenangebot versuchte AMC das Modell Rambler Marlin erfolgreich zu vermarkten. Reihensechszylindermotoren kamen dabei ebenso zum Einsatz wie V8-Triebwerke mit über 5,6 Litern Hubraum. Das Leistungsspektrum der Aggregate reichte von maßvollen 147 PS bis hin zu standesgemäßen 284 PS. Attraktion des ausschließlich zweitürig lieferbaren Marlin war das schnittige Dach, das insbesondere sportlich wirkte, wenn es mit schwarzem Vinyl bezogen war. Technisch bot der Wagen konventionelle US-Kost mit einem simplen, für niedrige Geschwindigkeiten ausgelegten Fahrwerk. Nachfolger wurde der mit über 235.000 Exemplaren weitaus erfolgreichere Javelin, der weniger Limousinenstil an den Tag legte und dem Trend zu mehr Leistung mit bis zu 330 PS starken Motoren folgte.

Schnittiges Dach, große Motorenpalette: Rambler Marlin

Motor/Antrieb	
Bauart	Sechszylinder (Reihe), V8
Lage/Antrieb	Front/Heck
Hubraum in cm³	3799, 4706, 4744, 5354, 5622
Leistung in PS bei U/min	147 bei 4300 bis 284 bei 4800
Vmax in km/h	160 bis 200
Karosserie	
Bauart	Hardtop
Tragstruktur	selbsttragend
Material	Stahlblech
Stückzahl und Marktsituation	
Produktionszahl	17.419
Verfügbarkeit	ausreichend
Teilesituation	ausreichend
Unterhaltskosten	hoch

Preise in Euro	1	2	3	4	5
Marlin V8 (Hardtop), Cpe	18.500	12.900	7.400	3.600	1.500

AMC Gremlin — 1970-1978

Auch bei dem kleinen, 1970 lancierten AMC Gremlin war die Bandbreite möglicher Motorisierungen groß. Neben den bei amerikanischen Herstellern üblichen Sechs- und Achtzylindertriebwerken mit bis zu fünf Litern Hubraum und 152 PS wurden auch zwei Liter große Vierzylindertriebwerke installiert, die Audi beisteuerte. Das gefällige, von unnötigem Schnörkel freie Styling konnte sogar den europäischen Geschmack halbwegs treffen, praktischer Nutzwert bis hin zur separat zu öffnenden Heckscheibe wusste zu gefallen. Besonders beliebt waren die Sondermodelle „X" und „Levi's". 1978 ließ AMC dem Gremlin ein grundlegendes Facelift angedeihen: Anschließend hieß der Wagen dann Spirit und zeigte sich mit einer deutlich retuschierten Karosserie, deren Styling wesentlich konventioneller ausgefallen war.

Ungewöhnlicher Ami: AMC Gremlin

Motor/Antrieb	
Bauart	Vierzylinder (Reihe), Sechszylinder (Reihe), V8
Lage/Antrieb	Front/Heck
Hubraum in cm³	1984 bis 4981
Leistung in PS bei U/min	81 bei 5000 bis 152 bei 4200
Vmax in km/h	145 bis 175
Karosserie	
Bauart	Limousine (2-türig)
Tragstruktur	selbsttragend
Material	Stahlblech
Stückzahl und Marktsituation	
Produktionszahl	k.A.
Verfügbarkeit	gegen null
Teilesituation	ausreichend
Unterhaltskosten	hoch

Preise in Euro	1	2	3	4	5
Gremlin, L2t	8.800	5.900	3.400	1.700	400

AMC Pacer — 1975-1980

Große Hoffnungen setzte AMC in den neuen Pacer, den der Konzern 1975 als „the first wide small car" – zu deutsch: der erste große Kleinwagen – vorstellte. Die Verantwortlichen hofften, damit auf Fords Pinto und den Chevrolet Vega die richtige Antwort gefunden zu haben. Besonders ambitioniert waren die Pläne hinsichtlich der Technik: Der kompakte Schrägheck-Wagen sollte von einem Wankel-Motor angetrieben werden, den General Motors in den frühen siebziger Jahren entwickelt hatte. Doch dazu kam es nicht, und die kurzfristig eingesetzten Komponenten verwässerten das ursprüngliche Konzept: Der schwere und durstige Sechszylinder konnte nicht überzeugen, er beeinträchtigte zudem das Handling. So blieb das zukunftsweisende Design mit den ins Dach greifenden Türen ohne technische Entsprechung – 1980 wurde der erfolglose Pacer eingestellt.

Knubbel-Design aus Amerika: AMC Pacer

Motor/Antrieb	
Bauart	Sechszylinder (Reihe), V8
Lage/Antrieb	Front/Heck
Hubraum in cm³	4235, 4981
Leistung in PS bei U/min	112 bei 3200 bis 127 bei 3200
Vmax in km/h	140 bis 170
Karosserie	
Bauart	Limousine (2-türig), Kombi
Tragstruktur	selbsttragend
Material	Stahlblech
Stückzahl und Marktsituation	
Produktionszahl	280.858
Verfügbarkeit	gut
Teilesituation	schwierig
Unterhaltskosten	mittel

Preise in Euro	A	B	C	D	E
Pacer, L3t	7.400	4.700	2.600	1.000	200

Amphicar (D) • 1961 – 1968

Der Ingenieur Hanns Trippel befasste sich bereits in den dreißiger Jahren mit der Konstruktion von Schwimmwagen. Eine erste Serienfertigung startete er während des Zweiten Weltkriegs im Elsaß. Zu Beginn der sechziger Jahre erhielt er einen Entwicklungsauftrag der amerikanischen Amphicar Corporation: Trippel baute einen dreisitzigen Prototyp, der zwar nicht in Serie ging, aber das Interesse der Quandt-Gruppe weckte. Quandt erwarb eine Lizenz, ließ den Schwimmwagen weiterentwickeln und beauftragte die Industrie-Werke Karlsruhe mit der Fertigung. Ab 1961 lief in deren Zweigwerken in Lübeck und Berlin die Serienproduktion an. Ende 1962 wurde die Fertigung ganz an die Spree verlagert. Befriedigende Absatzzahlen erreichte der Amphicar allerdings nie. Das letzte Exemplar rollte im März 1968 vom Band.

Amphicar (Modell 770) — 1961-1968

Nur etwa 3000 Käufer begeisterten sich für das Unikum, das der Autotester Fritz B. Busch einmal als „schlechtes Automobil und ebenso schlechtes Boot" bezeichnete. Ursprünglich sollte der Amphicar auf dem amerikanischen Zweit- und Drittwagen-Markt auftrumpfen, er enttäuschte aber mit mäßigen Fahrleistungen, hohem Preis, dünnem Servicenetz und zahlreichen Kinderkrankheiten. Den Motor kaufte Amphicar aus England zu: Er stammte aus dem Triumph Herald, saß bei dem Amphibien-Cabriolet allerdings im Heck und trieb wahlweise die Hinterräder oder zwei Flügelschrauben aus Kunststoff an. Nach 1965 wurde der Amphicar nur noch in geringen Stückzahlen auf Bestellung gefertigt.

Unterwegs zu Lande und zu Wasser: Amphicar

Motor/Antrieb	
Bauart	Vierzylinder (Reihe)
Lage/Antrieb	Heck/Heck
Hubraum in cm^3	1147
Leistung in PS bei U/min	38 bei 4750
Vmax in km/h	115
Karosserie	
Bauart	Cabriolet
Tragstruktur	selbsttragend
Material	Stahlblech
Stückzahl und Marktsituation	
Produktionszahl	3500
Verfügbarkeit	gegen null
Teilesituation	sehr schwierig
Unterhaltskosten	mittel

Preise in Euro	1	2	3	4	5
Mod. 770, Cab	24.500	16.100	9.500	4.400	2.000

---

godai MOTOR

Österreichs grösste Motor-Buchhandlung!
Ihr Spezialist für Auto und Zweirad.

Internationales Angebot!
Deutschsprachige, amerikanische, englische, französische und italienische Spezialliteratur.

Reparaturanleitungen!
Lieferbare und vergriffene internationale Manuals für über 1000 Auto- und Motorradtypen.

Motorbücher international - täglich Postversand!

Fachbuchhandlung godaiMOTOR
1150 Wien, Mariahilfer Strasse 169
Tel. +43-1-892 91 60, Fax-DW 17
e-Mail: info@godai.at

Über 3000 Titel im Internet:
www.godai.at

Gratis-Katalog anfordern!

prachner&godai
wir lesen unsere bücher

Armstrong-Siddeley (GB) • 1919 – 1960

Die Marke Armstrong-Siddeley war bereits 1919 aus einer Fusion hervorgegangen, nachdem sich die Armstrong-Whitworth-Werke mit Siddeley-Deasy zu einem Konzern zusammenschlossen. Sie gehörte zur Hawker-Siddeley-Gruppe, die hauptsächlich im Flugzeugbau tätig war.
In den zwanziger und dreißiger Jahren bot die englische Marke solide Tourenwagen an. Nach dem Zweiten Weltkrieg fasste die Marke schnell wieder Fuß: Schon 1945 präsentierte Armstong-Siddeley mit dem Modell Lancaster eine Neukonstruktion auf dem Markt. In Kooperation mit renommierten Designern entstanden einige Sonderkarosserien, beispielsweise das Ghia Coupé auf der Basis des Lancaster. Auch der italienische Karossier Michelotti lieferte exklusive Entwürfe.
Mitte 1960 musste Armstrong-Siddeley die Autoproduktion aus Kostengründen einstellen. Gemeinsam mit der Rootes-Gruppe war der Hersteller allerdings noch an der Produktion des Sunbeam Alpine beteiligt.

Sapphire 346, Star Sapphire — 1952-1960

Als luxuriöser Wagen im konventionellen britischen Knife-and-edge-Style – zu deutsch: Messerkanten-Stil – machte der Armstrong-Siddeley eine würdige Figur neben der Konkurrenz von Daimler, Bentley und Jaguar. Die konservative Gestaltung verbarg den damals modernen Sechszylindermotor, der bereits halbkugelförmige Brennräume aufwies. Als erste britische Marke führte Armstrong-Siddeley 1956 eine hydraulische Servolenkung ein. Die Sapphire Limousine bot mit ihrer verlängerten Karosserie sogar Platz für sieben Passagiere. 1959 kam der Star Sapphire ins Programm, er besitzt einen etwas flacheren Kühler und einen vier Liter großen Motor, der mit 167 PS für überaus akzeptable Fahrwerte sorgt. Armstrong-Siddeley zählte, trotz des Qualitätsanspruchs, nie zu den besonders teuren Marken. Das gilt auch heute noch: Ein cleverer Kauf für Anglophile.

Konservative Hülle:
Armstrong-Siddeley Sapphire 346

Motor/Antrieb	
Motor	Sechszylinder (Reihe)
Lage/Antrieb	Front/Heck
Hubraum in cm³	3435 bis 3990
Leistung in PS bei U/min	121 bei 4200, 167 bei 4250
Vmax in km/h	140 bis 165
Karosserie	
Bauart	Limousine (4-türig)
Tragstruktur	Kastenrahmen
Material	Stahlblech
Stückzahl und Marktsituation	
Produktionszahl	7207, 180
Verfügbarkeit	schlecht
Teilesituation	schwierig
Unterhaltskosten	hoch

Preise in Euro	1	2	3	4	5
Sapphire 346, L4t	19.200	14.300	8.600	4.300	2.300
Star Sapphire, L4t	22.500	16.900	10.200	5.100	2.500

Sapphire 234, 236 — 1955-1957

Im Oktober 1955 präsentierte Armstrong-Siddeley ein völlig neues Modell. Die moderne Karosserie orientierte sich an der modischen Pontonform, zitierte aber gleichzeitig noch die klassischen Kotflügelrundungen des Sapphire 346, von dem auch Rahmen und Fahrwerk stammten. Neben einem leistungsstarken Vierzylinder mit 2,3 Liter Hubraum, der 122 PS leistete, konnten die Kunden auch einen nahezu gleich großen Sechszylinder ordern, der mit 86 PS die deutlich schwächere Variante darstellte – dafür aber besonders komfortorientiert war. Nach nur drei Jahren und rund 600 gebauten Exemplaren endete die Produktion des Sapphire 234 und 236 bereits Ende 1957. Einen Nachfolger gab es nicht mehr: Den Auftrag an Giovanni Michelotti, der ursprünglich das neue Modell entwerfen sollte, zog Armstrong-Siddeley wieder zurück.

Sanfter Modernisierungsversuch:
Armstrong-Siddeley Sapphire 234

Motor/Antrieb	
Bauart	Vierzylinder (Reihe), Sechszylinder (Reihe)
Lage/Antrieb	Front/Heck
Hubraum in cm³	2290, 2309
Leistung in PS bei U/min	86 bei 4500 bis 122 bei 5000
Vmax in km/h	140 bis 160
Karosserie	
Bauart	Limousine (4-türig)
Tragstruktur	Kastenrahmen
Material	Stahlblech
Stückzahl und Marktsituation	
Produktionszahl	603
Verfügbarkeit	gegen null
Teilesituation	sehr schwierig
Unterhaltskosten	mittel

Preise in Euro	1	2	3	4	5
Sapphire 234, L4t	15.300	10.000	6.900	3.400	1.500
Sapphire 236, L4t	14.500	9.300	6.400	3.100	1.400

Arnolt Bristol (USA) • 1949-1971

Stanley Harold „Wacky" Arnolt war als Automobilhersteller kein Neuling mehr, als er 1953 auf der International Motor Show den Bristol-Stand besuchte. Der Amerikaner, ein ehemaliger Händler und Hersteller von Fahrzeugzubehör, hatte die Jahre zuvor immerhin rund 100 Sportcoupés und Cabrios bauen lassen und verkauft. Seine Arnolt MG basierten auf MG TD-Fahrgestellen und -Technik, die er mit einer individuellen Karosserie versah, die er bei Bertone in Auftrag gegeben hatte.

Arnolt verfolgte große Pläne: Er wünschte sich seine eigene Sportwagenmarke, und das Bristol-Chassis sollte als Basis dienen. Die Briten zeigten Interesse, denn Bristols Verkaufsleiter James Watt sah die Chance, auf diese Weise endlich auf dem wichtigen US-Markt Fuß zu fassen. Basis des von Wacky Arnolt favorisierten Roadsters sollte der Bristol 404 werden. Der Wegfall der teuren und schweren englischen Karosserie versprach überschaubare Fertigungspreise und Gewichtsersparnis. Für Arnolt standen gute Fahrleistungen und ein sportlicher Auftritt im Mittelpunkt seines Konzepts. Wo er Blech knackig formen lassen konnte, wusste er schließlich – bei Bertone. Dort hatte er, dank des Erfolgs seiner Arnolt MG-Serie, inzwischen den Posten des Vize-Präsidenten inne.

Arnolt-Bristol de Luxe, Arnolt-Bristol Bolide — 1955-1960

Was für eine kuriose Mischung: Englische Bristol-Technik, die auf deutschen BMW-Entwicklungen basiert, eine italienische Karosserie von Bertone und amerikanischer Unternehmungsgeist formten 1953 den spektakulären Prototyp des Arnolt-Bristol. Ab 1955 ging das Projekt nach und nach in Produktion, von Serie darf bei 142 gebauten Exemplaren kaum gesprochen werden. Eine bestechende Leistung war Designer Franco Scaglione gelungen, der damals in Bertone-Diensten stand: Denn einer flachen, sportlichen Karosserie stand stets die turmähnliche Architektur jenes berühmten Vorkriegs-Reihensechszylinders im Weg, der einst schon den BMW 328 beflügelt hatte. Mit messerscharfen Kanten in den hochgezogenen Kotflügeln löste er das Problem. Neben der zahmeren Version namens „de Luxe" offerierte Wacky Arnolt auch den rennfertigen „Bolide" und ein Coupé, das allerdings nur sechs Mal gebaut wurde.

Aufregende Verpackung für den Ex-BMW-Motor: Arnolt-Bristol

Motor/Antrieb	
Bauart	Sechszylinder (Reihe)
Lage/Antrieb	Front/Heck
Hubraum in cm³	1971
Leistung in PS bei U/min	132 bei 5500
Vmax in km/h	185
Karosserie	
Bauart	Coupé, Roadster
Tragstruktur	Kastenrahmen
Material	Stahlblech
Stückzahl und Marktsituation	
Produktionszahl	142 (davon 6 Coupés)
Verfügbarkeit	schlecht
Teilesituation	ausreichend
Unterhaltskosten	hoch

Preise in Euro	1	2	3	4	5
Arnold Bristol, Cab			keine Notierung		

ASA (I) • 1962 – 1967

Nur fünf Jahre lang, zwischen 1962 und 1967, existierte die Marke ASA. Das große Ziel, einen konkurrenzfähigen kleinen Sportwagen auf dem europäischen und amerikanischen Markt zu etablieren, hatte der Hersteller aus Mailand nicht erreicht. Wesentlich beteiligt an der Entwicklung der kompakten Sportwagen war Enzo Ferrari, der die Modelle allerdings nicht unter seinem Markennamen vertreiben wollte.

Bereits 1961 war auf dem Genfer Salon ein erster Prototyp vorgestellt worden, für den Bertone die Karosserie gezeichnet hatte. Kurz darauf kam ASA ins Spiel, und bereits Ende 1962 stand das fertige ASA 1000 GT Coupé auf dem Autosalon in Turin.

Der große Erfolg ließ jedoch auf sich warten. Die Produktion der hübschen Coupés und Cabrios geriet teurer als erwartet – ASA musste 1967 die Produktion wieder einstellen.

ASA 1000 GT („Mille") — 1962-1967

Unter der von Bertone gezeichneten Karosserie, die beste italienische Styling-Tradition ausdrückt, findet sich zwar nur ein kleiner Vierzylinder mit einem guten Liter Hubraum. Doch das kleine, von Ferrari entworfene Aggregat leistet üppige 91 PS – genug, um den kompakten Sportler auf rund 190 Stundenkilometer zu beschleunigen. Eine Literleistung von nahezu 100 PS galt in den frühen sechziger Jahren als hoch respektabel. Das Getriebe bot neben seinen vier Gängen noch einen zusätzlichen Overdrive an. Fahrwerksseitig ging ASA keine Experimente ein: Neben der vorderen Einzelradaufhängung gab es hinten eine traditionelle Starrachse mit Längslenkern. Die Verzögerung übernahmen rundum Scheibenbremsen. Den ASA Mille – Mille ist das italienische Wort für Tausend – gab es neben der Coupé- auch in einer Spider-Version mit Kunststoff-Karosserie.

Ferrari en miniature: ASA 1000 GT

Motor/Antrieb	
Bauart	Vierzylinder (Reihe)
Lage/Antrieb	Front/Heck
Hubraum in cm³	1032
Leistung in PS bei U/min	91 bei 6800
Vmax in km/h	185
Karosserie	
Bauart	Coupé, Cabriolet
Tragstruktur	Rohrrahmen
Material	Stahlblech/Kunststoff
Stückzahl und Marktsituation	
Produktionszahl	k.A.
Verfügbarkeit	gegen null
Teilesituation	sehr schwierig
Unterhaltskosten	hoch

Preise in Euro	1	2	3	4	5
1000 GT, Cpe	38.000	27.000	18.000	10.000	5.000

Aston Martin (GB) • seit 1914

Mehrere Male hatte Lionel Martin beim Bergrennen von Aston Clinton gesiegt, bevor er seine zusammen mit Robert Bramford konstruierten Wagen Aston Martin nannte. Schnelle Sport- und Rennfahrzeuge waren ab 1914 das Metier der Partner. Ab 1920 begann die Produktion, und ab 1925 wechselte sie mehrere Male die Besitzer.

Nach dem Zweiten Weltkrieg kämpfte der angesehene Hersteller wie bereits zuvor mit finanziellen Schwierigkeiten, die 1947 im Verkauf der Firma an den Industriellen David Brown gipfelten. Brown, der auch die angeschlagene Marke Lagonda erworben hatte, bezog die Karosserien für seine Modelle von Tickford – auch diese Firma gehörte ihm. Cabriolet-Karosserien entstanden auch bei dem Schweizer Hermann Graber und dem italienischen Spezialisten Zagato. Später baute Aston Martin Karosserien nach einer Touring-Lizenz in Superleggera-Art.

1964 siedelte die Firma nach Newport Pagnell um. Mit dem James-Bond-Film „Goldfinger", in dem Sean Connery einen DB5 fuhr, errang die Marke weltweite Bekanntheit. In den neunziger Jahren übernahm Ford die Marke und führt sie unter dem Dach der Ford Motor Corporation weiter.

Aston Martin DB2
(DB2, DB2 Vantage, DB2/4 MkI, DB 2/4 MkII, DB2/4 MkIII)   **1950-1959**

Bei Aston Martin bediente man sich bereits 1949 nur der feinsten Zutaten. Den 2,5 Liter großen Reihensechszylinder hatte Walter Owen Bentley persönlich entworfen, und ein Rohrrahmen trug die Aluminiumkarosserie, deren spannungsvolle Kurven kein Zweifel an der Potenz des Sportwagens ließen. Auch als Cabriolet und in einer Hardtop-Version bot Aston Martin den DB2 an. Richtig heiß dagegen waren die Vantage getauften Sportversionen mit 120 PS, die 1950 bereits über 200 km/h schnell waren. Die Erfolge im Motorsport sorgten für ein gutes Image und kurbelten den Verkauf an. Ab 1953 bot Aston Martin den DB2/4 an: Er war bei gleichem Radstand etwas länger und garantierte mit seinem zunächst auf Wunsch erhältlichen Dreiliter-Motor Leistung im Überfluss. Mit leicht retuschierter Karosserie verfügt der DB2/4 MkIII ab 1957 abermals über mehr Leistung.

Top-Image durch Erfolge im Motorsport: Aston Martin DB2

Motor/Antrieb	
Bauart	Sechszylinder (Reihe)
Lage/Antrieb	Front/Heck
Hubraum in cm³	2580, 2922
Leistung in PS bei U/min	106 bei 5000 bis 180 bei 5000
Vmax in km/h	175 bis 200
Karosserie	
Bauart	Coupé, Cabriolet
Tragstruktur	Rohrrahmen
Material	Aluminium
Verfügbarkeit	
Produktionszahl	1725
Verfügbarkeit	gegen null
Teilesituation	schwierig
Unterhaltskosten	hoch

Preise in Euro	1	2	3	4	5
DB 2, Cpe	84.500	65.000	48.000	32.500	20.000
DB 2/4 Mk I, Cpe	82.000	64.500	46.000	27.000	13.500
DB 2/4 Mk II, Cpe	87.000	66.000	46.500	27.500	14.000
DB 2/4 Mk III, Cpe	95.000	71.500	53.000	31.000	17.000

Aston Martin DB4, DB4 GT Touring, DB4 GTZ   1958-1963

Verfeinerte Karosserielinien mit italienisch wirkenden Akzenten kennzeichneten den DB2/4-Nachfolger. Einen markanten Fortschritt markierte der DB4 auch technisch: Er ist komplett neu konstruiert – inklusive Fahrwerkstechnik und Aluminium-Motor. Dieses 3,7 Liter große Aggregat mit zwei obenliegenden Nockenwellen leistete zunächst 240 PS und ermöglichte den Sprung in das von den italienischen Marken dominierte Sportwagen-Oberhaus. Eine selten gebaute GT-Version mit 13 Zentimeter kürzerem Radstand leistete gar stolze 302 PS. Der DB4 war mit seiner Alu-Karosserie in Superleggera-Bauweise nicht nur teuer, sondern auch gut. Aufpreis wurde für die Cabriolet-Version mit dem Namen Volante verlangt. Eine Sonderkarosserie schneiderte Zagato: Dieses Modell hieß DB4 GTZ.

Schnell, gut, schön und richtig teuer: Aston Martin DB4 Touring

Motor/Antrieb	
Bauart	Sechszylinder (Reihe)
Lage/Antrieb	Front/Heck
Hubraum in cm³	3670
Leistung in PS bei U/min	243 bei 5500 bis 302 bei 6000
Vmax in km/h	225 bis 240
Karosserie	
Bauart	Coupé, Cabriolet
Tragstruktur	Plattformrahmen
Material	Aluminium
Stückzahl und Marktsituation	
Produktionszahl	1212
Verfügbarkeit	schlecht
Teilesituation	ausreichend
Unterhaltskosten	hoch

Preise in Euro	1	2	3	4	5
DB 4, Cpe	110.000	75.500	55.000	35.000	20.000
DB 4, Cab	165.000	108.000	81.500	53.500	35.000

Aston Martin DB5   1963-1965

Besonders schwer haben es meist die Nachfolger eines erfolgreichen Sportwagen-Modells: Mit mehr Gewicht lassen eben auch die Fahrleistungen nach. Dennoch zählt der DB5 unter den Kennern zu den begehrenswertesten der späteren Aston Martin-Modelle: Zum einen benutzte es Sean Connery imageträchtig als Agent 007 im Kino-Welthit „Goldfinger". Doch nicht nur James Bond sorgte für die wohlwollende Aufnahme des DB5: Sein Stil, Leistungsvermögen und seine Reife überzeugten eindrucksvoll. Mit der gegenüber dem DB4 leicht geänderten Front- und Heckpartie sowie dem auf volle vier Liter vergrößerten Hubraum sind heute die offenen Volante-Versionen besonders gesucht. Nach Abklingen der spektakulären Preisschübe gegen Ende der achtziger Jahre haben sich die DB5-Preise auf stattlichem Niveau stabilisiert.

In Kleinstserie auch als Shooting Brake: Aston Martin DB5

Motor/Antrieb	
Bauart	Sechszylinder (Reihe)
Lage/Antrieb	Front/Heck
Hubraum in cm³	3995
Leistung in PS bei U/min	286 bei 5500 bis 330 bei 5750
Vmax in km/h	240 bis 260
Karosserie	
Bauart	Coupé, Cabriolet
Tragstruktur	Plattformrahmen
Material	Aluminium
Stückzahl und Marktsituation	
Produktionszahl	1063
Verfügbarkeit	schlecht
Teilesituation	ausreichend
Unterhaltskosten	hoch

Preise in Euro	1	2	3	4	5
DB 5, Cpe	130.000	92.000	64.500	41.000	29.000

Aston Martin DB6 MkI, MkII, Volante, Vantage　　　1965-1970

Mit einem etwas veränderten Charakter trat der DB6 das Erbe des DB5 an: Mehr Komfort und Platz machten das Fahrzeug schwerer und unhandlicher. Weil dies schon nicht zu den großen Tugenden des Vorgängers gezählt hatte, nahmen ihm die Kunden das nicht sonderlich übel. Mit seiner Spoilerkante am Heck wich der DB6 etwas vom klassischen Erscheinungsbild ab. Die Motorleistung blieb zwar auf dem Papier gleich, auf Wunsch lieferbare Luxusaccessoires wie Klimaanlage und Servolenkung machten das Fahrzeug aber unsportlicher und deutlich behäbiger – der US-Exportmarkt forderte seinen Tribut. Allein die gestiegenen Verkaufszahlen sprechen für das modifizierte Konzept.

Der Komfort wird immer wichtiger: Aston Martin DB6

Motor/Antrieb					
Bauart					Sechszylinder (Reihe)
Lage/Antrieb					Front/Heck
Hubraum in cm³					3995
Leistung in PS bei U/min				286 bei 5500 bis 330 bei 5750	
Vmax in km/h					240 bis 260
Karosserie					
Bauart					Coupé, Cabriolet
Tragstruktur					Plattformrahmen
Material					Aluminium
Stückzahl und Marktsituation					
Produktionszahl					1755
Verfügbarkeit					schlecht
Teilesituation					ausreichend
Unterhaltskosten					hoch
Preise in Euro	1	2	3	4	5
DB 6 Mk I/Mk II, Cpe	92.000	65.000	47.500	30.000	15.500
DB 6 Mk I/Mk II Volante, Cab	200.000	145.000	93.000	60.000	40.000

Aston Martin DBS, DBS Vantage, DBS V8　　　1967-1972

Bereits zwei Jahre nach der Einführung des DB6 stellte Aston Martin den DBS vor. Die völlig neuen Karosserielinien waren der aktuellen Mode gefolgt – in den späten Sechzigern diktierte die scharfe Kante den guten Geschmack. Unter der Haube montierte Aston Martin weiterhin den alten Reihensechszylinder mit vier Litern Hubraum. 1969 erfolgte dann der sensationelle Umstieg auf einen Achtzylinder-V-Motor, dessen Konstruktion auf ein von Eric Broadley entworfenes Rennaggregat zurückgeht. Mit üppigen 5,3 Litern Hubraum mangelte es weder an Drehmoment noch an Leistung: Rund 340 PS stellte der Motor bei 5800 Umdrehungen zur Verfügung, was für eine Höchstgeschwindigkeit von 270 Stundenkilometern ausreichte. Die Benzineinspritzung besitzt allerdings einige gewöhnungsbedürftige Eigenarten – unter 2500/min geht nichts, trotz Hubraum und Leistung. Der Ruf des DBS litt zudem unter vielen Pannen enorm.

Kantig in die Siebziger: Aston Martin DBS

Motor/Antrieb					
Bauart					Sechszylinder (Reihe), V8
Lage/Antrieb					Front/Heck
Hubraum in cm³					3995, 5340
Leistung in PS bei U/min				286 bei 5500 bis 340 bei 5800	
Vmax in km/h					240 bis 270
Karosserie					
Bauart					Coupé
Tragstruktur					Plattformrahmen
Material					Aluminium
Stückzahl und Marktsituation					
Produktionszahl					405 (V8)
Verfügbarkeit					ausreichend
Teilesituation					ausreichend
Unterhaltskosten					hoch
Preise in Euro	A	B	C	D	E
DBS, Cpe	43.700	33.100	21.800	14.200	5.900
DBS V8, Cpe	47.200	34.500	22.800	15.500	7.000

DAS BUCH ZUM AUTO

Nationale und internationale Bücher, Zeitschriften, Kalender über Autos, Motorräder und Nutzfahrzeuge

OELDRUCK
buch & technik

im MEILENWERK Berlin
Wiebestr. 36 - 37
D - 10553 Berlin

Tel.: 030 / 364 11 88 5
Fax: 030 / 364 11 87 6
eMail info@oeldruck.de

www.oeldruck.de
www.motorbuchladen.de

Aston Martin (GB)

Aston Martin V8
1969-1989

Der Rückzug David Browns aus der Firma bescherte dem kleinen Hersteller schwere Zeiten: Die allgemeine Wirtschaftskrise sorgte für Absatzschwierigkeiten, zudem trug der Besitzerwechsel einige Unruhe in die Belegschaft – aber man hielt tapfer durch. Die Finanzmittel waren knapp, und so reichte es nur für ein paar dezente Modifikationen. Die wenig begeisternde Einspritzung des Vorgängermodells DBS V8 hatte Aston Martin verbannt und die Gemischaufbereitung einer soliden und überaus zuverlässigen Weber-Vergaserbatterie übertragen – das mag nach technologischem Rückschritt klingen, doch Nutzwert und Fahrspaß profitierten von der traditionellen Form der Gemischaufbereitung. Zudem mobilisierte der potente V8 durch diese Maßnahme noch ein paar PS mehr als sein pannengeplagter Vorgänger. Die einigermaßen guten Stückzahlen verdankt der Aston Martin V8 vor allem seiner langen Präsenz am Markt.

Viel Kraft, doch schwere Zeiten: Aston Martin V8

Motor/Antrieb	
Bauart	V8
Lage/Antrieb	Front/Heck
Hubraum in cm³	5340
Leistung in PS bei U/min	375 bei 5900
Vmax in km/h	275
Karosserie	
Bauart	Coupé
Tragstruktur	Plattformrahmen
Material	Aluminium
Stückzahl und Marktsituation	
Produktionszahl	1600
Verfügbarkeit	gut
Teilesituation	gut
Unterhaltskosten	hoch

Preise in Euro	1	2	3	4	5
V8 (Ser. 1972-1979), Cpe	54.000	40.600	27.000	18.200	11.000

Aston Martin Lagonda
1976-1991

Nach extrem langer Anlaufzeit kam 1976 ein außergewöhnlich ambitioniertes Projekt zur Serienfertigung. Aston Martin hatte sich in den Jahren zuvor finanziell voll auf die Entwicklung des Lagonda konzentriert. Das Ergebnis fiel kompromisslos aus und überzeugte so nicht jeden: Die Überlegungen im Hause Aston Martin hatten eine viertürige Super-Luxuslimousine ergeben, die zahlreiche futuristische Features aufwies und sündhaft teuer war. Die tiefe, gestreckte Karosserie zeigte sich in kantigem Design mit langen Überhängen vorn und hinten. Trotz der äußeren Größe ging es im Innenraum, der mit edelsten Materialien ausgestattet war, nicht sehr geräumig zu. Der Lagonda brachte Aston Martin keinen großen Erfolg. Zumindest am Motor lag es nicht: Es kam der Achtzylinder aus dem DBS V8 zum Einsatz, der allerdings nicht ganz so herzhaft wie im Coupé zubeißen durfte.

Zukunft mit Ecken und Kanten: Aston Martin Lagonda

Motor/Antrieb	
Bauart	V8
Lage/Antrieb	Front/Heck
Hubraum in cm³	5340
Leistung in PS bei U/min	304 bei 5000
Vmax in km/h	230
Karosserie	
Bauart	Limousine (4-türig)
Tragstruktur	Rohrrahmen
Material	Aluminium
Stückzahl und Marktsituation	
Produktionszahl	k.A.
Verfügbarkeit	ausreichend
Teilesituation	gut
Unterhaltskosten	hoch

Preise in Euro	1	2	3	4	5
Lagonda, L4t	60.000	48.000	30.000	15.000	–

Aston Martin V8 Volante
1978-1989

Die letzte klassische Neuerscheinung brachte Aston Martin 1978 auf den Markt. In Newport Pagnell hatten die Konstrukteure aus dem 2+2-sitzigen V8-Coupé ein optisch sehr ansprechendes, überzeugendes Cabriolet geschneidert, den V8 Volante. Als Motorisierung tat weiterhin der potente Achtzylinder seinen Dienst, und trotz des zusätzlichen Gewichts wirkte der Motor auch hier niemals angestrengt. Aston Martin ließ auch die übrige Technik unberührt. Das Verdeck konnte der Volante-Eigner per Knopfdruck öffnen und schließen lassen. Es schützte dank dicker Fütterung auch im Winter gut vor den Unbilden des Wetters. Das exklusive Vergnügen, einen V8 Volante zu fahren, ließ sich der britische Hoflieferant – auch Prinz Charles liebt seinen Volante – auch fürstlich entlohnen. 1978 kostete die offene V8-Variante immerhin knapp 135.000 Mark – das war Rolls-Royce-Niveau.

Nur fliegen ist schöner: Aston Martin V8 Volante

Motor/Antrieb	
Bauart	V8
Lage/Antrieb	Front/Heck
Hubraum in cm³	5340
Leistung in PS bei U/min	300 bei 5000
Vmax in km/h	235
Karosserie	
Bauart	Cabriolet
Tragstruktur	Plattformrahmen
Material	Aluminium
Stückzahl und Marktsituation	
Produktionszahl	ca. 800
Verfügbarkeit	gut
Teilesituation	sehr gut
Unterhaltskosten	hoch

Preise in Euro	1	2	3	4	5
V8 Volante, Cab	118.000	83.000	62.000	41.000	29.000

Audi (D) • 1909 - 1939, seit 1965

1965 reaktivierte der Volkswagen-Konzern die damals schon weitgehend vergessene Vorkriegsmarke Audi aus dem sächsischen Zwickau, deren letzte Personenwagen-Neukonstruktion im Jahr 1938 erschienen war.
Die Gründung der Marke Audi geht auf den Autopionier August Horch zurück: Horch hatte sich 1909 von seinen bisherigen Geschäftspartnern trennen müssen und durfte laut Gerichtsbeschluss seinen eigenen Familiennamen nicht mehr als Marke benutzen. Der zehnjährige Heinrich Fikentscher, Sohn eines Freundes von Horch, kam auf die geniale Idee, „Horch" ins Lateinische zu übersetzen: „Audi".

Erfand 1909 den Namen Audi: der zehnjährige Heinrich Fikentscher (zweiter von links)

Horch begann, Audi-Modelle zu bauen. Sein drittes Modell, der Typ C, gewann von 1912 bis 1914 in Folge die Österreichische Alpenfahrt und machte die Marke bekannt. Die wirtschaftliche Krise Ende der zwanziger Jahre traf auch Audi, und 1928 übernahm DKW das angeschlagene Unternehmen. 1932 folgte die Zwangsfusion mit Horch und der Autosparte von Wanderer zur Auto Union – vier Ringe symbolisierten fortan die vier beteiligten Marken. Den Zweiten Weltkrieg überlebte DKW als einziger des Quartetts: Ein neuer Start glückte in Ingolstadt. Doch 1958 übernahm Daimler-Benz das finanzschwache Unternehmen, um es bereits 1965 an Volkswagen weiterzuveräußern.

Unter der VW-Führung fand die DKW-Ära mit ihren teils innig geliebten, teils verspotteten Zweitaktmotoren schnell ihr Ende: Mit modernen Mittelklassemodellen und neuen Viertakt-Mitteldruckmotoren – interessanterweise ursprünglich vom Mercedes-Benz-Techniker Ludwig Kraus für die Stuttgarter entwickelt – sicherte sich die wieder belebte Marke Audi schnell Erfolge.

Als Hersteller fungierte jedoch weiterhin die Auto Union, die sich 1969 mit NSU zur NSU Auto Union AG zusammenschloss. Erst seit 1985 heißt auch das Unternehmen Audi AG. Die vier Ringe jedoch sind bis heute geblieben – obwohl DKW, Horch und Wanderer längst Geschichte sind.

Erfolg mit dem dritten Modell: Audi 14/35 PS Typ C (1912)

Audi Typ R Imperator — 1928-1932

Keine Innovationen, sondern schiere Größe forderte im Jahr 1928 August Horch, Direktor der Firma Audi, von seinem neusten Modell. Um das zu werden, was die Ziffer Eins als Symbol auf dem Kühlerdeckel versprach, ließ der Automobilpionier einen Reihenachtzylinder entwickeln. Es war der erste Achtzylinder für Audi, der mit knapp fünf Liter Hubraum und 100 PS Leistung seinen Führungsanspruch untermauerte. Dafür war seine Konstruktion konservativer ausgefallen als der kleinere Sechszylinder, den Audi im Programm hatte und der mit seiner obenliegenden Nockenwelle schon damals für Audi einen Vorsprung durch Technik bedeutete. Der üppig dimensionierte Imperator trat Ende der 1930er Jahre hauptsächlich gegen die Konkurrenz von Horch an, ohne großen Erfolg freilich. Die Situation spiegelte die Ironie des Schicksals: August Horch hatte seine Firma Horch 1909 im Streit verlassen müssen.

Der erste Audi-Achtzylinder: Audi Typ R Imperator

Motor/Antrieb	
Bauart	Achtzylinder (Reihe)
Lage/Antrieb	Front/Heck
Hubraum in cm³	4872
Leistung in PS bei U/min	100 bei 3300
Vmax in km/h	120
Karosserie	
Bauart	Limousine (4-türig), Cabriolet (2-/4-türig)
Tragstruktur	Kastenrahmen
Material	Holz, Aluminium und Stahlblech
Stückzahl und Marktsituation	
Produktionszahl	145
Verfügbarkeit	gegen null
Teilesituation	sehr schwierig
Unterhaltskosten	hoch
Preise in Euro	1 2 3 4 5
Imperator	keine Notierung

Audi Front (Typ UW, 225, 225 Luxus) — 1933-1938

Anfang der 1930er Jahre war in Deutschland der Frontantrieb in Mode gekommen. Neben DKW offerierten Adler und NAG, Stoewer und Tornax kleine bis mittelgroße Modelle mit angetriebener Vorderachse. Nachdem 1932 die Auto Union aus Audi, DKW, Horch und Wanderer entstanden war, gab es für die in finanzielle Not geratene Firma Audi neue Hoffnung: Aus dem Know-how des Firmenverbundes konstruierte man ein neues Mittelklasse-Modell. DKW hatte seit 1931 Erfahrungen mit dem Frontantrieb sammeln können, Wanderer einen geeigneten Motor im Programm, den Ferdinand Porsche konstruiert hatte. Horch dagegen konnte Karosserien liefern. Die moderne Technik jedoch fand in den wirtschaftlich zunehmend schwierigen Zeiten der ausgehenden 1930er Jahre nur wenig Zuspruch bei den Käufern, belegt heute jedoch die lange Frontantriebstradition der Marke Audi.

Audi treibt die Vorderräder an: Audi Front, hier mit rarer Gläser-Karosserie

Motor/Antrieb	
Bauart	Sechszylinder (Reihe)
Lage/Antrieb	Front/Front
Hubraum in cm³	1950, 2257
Leistung in PS bei U/min	40 bei 3500, 50 bei 3300, 55 bei 3800
Vmax in km/h	100 bis 105
Karosserie	
Bauart	Limousine, Cabriolet, Roadster (Einzelstück)
Tragstruktur	Zentralkastenrahmen
Material	Holz, Stahlblech
Stückzahl und Marktsituation	
Produktionszahl	4408 (davon: 25 Spezial-Cabriolets, 1 Roadster)
Verfügbarkeit	schlecht
Teilesituation	sehr schwierig
Unterhaltskosten	hoch
Preise in Euro	A B C D E
Front	keine Notierung

Audi (D)

Audi 920 — 1938-1940

Mit dem Modell 920 endete die erste Ära der Audi-Geschichte in schwierigen Zeiten. Trotz vieler Versuche, zunächst alleine, seit 1932 im Verbund der Auto Union, gelang es der Marke von August Horch nicht mehr, an die frühen Erfolge anzuknüpfen. Auch der Audi Front hatte die Wende nicht geschafft. Als dann 1938 Audi das Modell 920 präsentierte, hoffte das Werk mit den kleinsten Produktionszahlen im Auto Union-Verbund noch auf steigende Akzeptanz beim Publikum. Vergeblich, denn der Zweite Weltkrieg begann. In Friedenszeiten hätte das gehobene Mittelklassen-Modell mit seinem 3,2 Liter großen ohc-Sechszylinder sicher gute Chancen gehabt.

Geboren in schwierigen Zeiten: Audi 920

Motor/Antrieb					
Bauart					Sechszylinder (Reihe)
Lage/Antrieb					Front/Heck
Hubraum in cm³					3281
Leistung in PS bei U/min					75 bei 3000
Vmax in km/h					130
Karosserie					
Bauart					Limousine, Cabriolet
Tragstruktur					Kastenrahmen
Material					Holz, Stahlblech
Stückzahl und Marktsituation					
Produktionszahl					1281
Verfügbarkeit					schlecht
Teilesituation					sehr schwierig
Unterhaltskosten					hoch
Preise in Euro	1	2	3	4	5
920			keine Notierung		

Audi (Audi, Audi 75, Audi 80, Audi Super 90, Audi 60) — 1965-1972

Aus dem glücklosen DKW-Mittelklassemodell F 102 entstand 1965 der erste Nachkriegs-Audi. Für seine Konstruktion zeichnete der ehemalige Mercedes-Ingenieur Ludwig Kraus verantwortlich: Noch im Daimler-Benz-Auftrag brachte er die Viertakt-Version des Audi zur Serienreife. Als „Mitteldruckmotor" erregte das Triebwerk mit einer hohen Verdichtung von 1:11,2 Aufsehen. Der neue Audi, der keine weitere Modellbezeichnung trug, war vom Start weg ein Erfolg. Aus ihm entwickelte der Ingolstädter Hersteller eine weit verzweigte Modellfamilie: Zur zwei- und viertürigen Limousine kam 1966 ein Kombi namens Variant sowie die stärkeren Typen Audi 80 und Super 90. 1968 ersetzte der Audi 75 das Urmodell mit 72 PS. Besonders populär war das preiswerte Einsteigermodell Audi 60, das sich rund 230.000 Mal verkaufen ließ.

Neuanfang im Viertakt-Rhythmus: Audi

Motor/Antrieb					
Bauart					Vierzylinder (Reihe)
Lage/Antrieb					Front/Front
Hubraum in cm³					1496, 1696, 1770
Leistung in PS bei U/min					55 bei 4750 bis 90 bei 5200
Vmax in km/h					137 bis 163
Karosserie					
Bauart					Limousine (2-türig), Limousine (4-türig), Kombi
Tragstruktur					selbsttragend
Material					Stahlblech
Stückzahl und Marktsituation					
Produktionszahl					416.852
Verfügbarkeit					ausreichend
Teilesituation					schwierig
Unterhaltskosten					mittel
Preise in Euro	1	2	3	4	5
Audi (1965-1968), L4t	7.400	5.700	3.400	1.600	500
Audi 60 (1968-1970), L4t	5.100	3.600	2.100	700	100
Audi 75, L4t	5.800	4.400	2.400	800	100
Audi Super 90 (Ser. 1966-1970), L4t	6.500	4.800	2.600	800	150

Audi 100 Limousine (Werkscode C1) — 1968-1976

In die gehobene Mittelklasse drang Audi im Spätherbst 1968 mit der ersten Auflage des 100 ein: Die neue Limousine füllte mit großem Erfolg eine Marktlücke, die sich damals zwischen Opel, Ford und Mercedes auftat, und brachte es in acht Jahren auf fast 900.000 Verkäufe. Anfangs bot Audi den 100 nur als Viertürer an, eine elegante Zweitürer-Limousine folgte 1969. Drei Ausstattungs- und Leistungsstufen enthielt die frühe Modellpalette: Die Motoren, deren Layout vom Super 90 abstammte, leisteten 80, 90 und 100 PS. Im September 1971 erschien das Spitzenmodell 100 GL mit üppiger Serienausstattung und dem 112-PS-Motor des Coupés. Gleichzeitig löste ein 85-PS-Aggregat die beiden schwächsten Varianten ab. Die 100-PS-Version wurde bis zum Serienende im August 1976 angeboten. Eine sanfte Modellpflege im Herbst 1973 hatte die Attraktivität des Audi 100 erhalten.

Er füllte keine Nische, sondern fand eine große Lücke: Audi 100

Motor/Antrieb					
Bauart					Vierzylinder (Reihe)
Lage/Antrieb					Front/Front
Hubraum in cm³					1760, 1871
Leistung in PS bei U/min					80 bei 5000 bis 112 bei 5700
Vmax in km/h					156 bis 180
Karosserie					
Bauart					Limousine (2-türig), Limousine (4-türig)
Tragstruktur					selbsttragend
Material					Stahlblech
Stückzahl und Marktsituation					
Produktionszahl					k.A.
Verfügbarkeit					gut
Teilesituation					gut
Unterhaltskosten					mittel
Preise in Euro	1	2	3	4	5
Audi 100 1,8 (1968-1971), L4t	5.500	3.100	1.700	700	100
Audi 100 1,9 GL, L4t	5.900	3.400	1.900	700	100

Audi 100 Coupé S — 1970-1976

Auf der IAA 1969 stellte Audi ein Coupé auf Basis der 100er-Reihe vor, das Mitte Oktober 1970 in Serie ging. Die Karosserie des Spitzenmodells erinnerte an zeitgenössische Sportwagen wie Maserati Ghibli oder Fiat Dino, unter dem eleganten Blech steckte allerdings die fast unveränderte Technik der Limousine. Den Motor hatten die Audi-Ingenieure auf 1,9 Liter Hubraum aufgebohrt und mit einer Solex-Zweivergaseranlage veredelt: Das Coupé erreichte damit eine Leistung von 115 PS, die 1972 jedoch um drei PS reduziert wurde – die Zweivergaseranlage lieferte zu schlechte Abgaswerte. Mit einer Gesamtauflage von 30.680 Exemplaren war das Coupé, das 1970 stolze 14.000 Mark kostete, kein Markterfolg. Als Imageträger rentierte er sich für Audi dennoch. Mit dem Erscheinen der zweiten Audi 100-Generation im August 1976 endete auch die Produktion des Coupés, das vorerst keinen Nachfolger fand.

Sport aus Ingolstadt: Audi 100 Coupé S

Motor/Antrieb					
Bauart					Vierzylinder (Reihe)
Lage/Antrieb					Front/Front
Hubraum in cm³					1871
Leistung in PS bei U/min					112 bei 5700, 115 bei 5500
Vmax in km/h					185
Karosserie					
Bauart					Coupé
Tragstruktur					selbsttragend
Material					Stahlblech
Stückzahl und Marktsituation					
Produktionszahl					30.680
Verfügbarkeit					gut
Teilesituation					gut
Unterhaltskosten					mittel
Preise in Euro	1	2	3	4	5
100 Coupé S (1971-1975), Cpe	10.000	5.700	3.400	1.100	300

Audi (D)

Audi 80
1972-1978

Mit dem ersten Audi 80 wird ein Auto-Meilenstein zum Sammlerstück: Der kantige Mittelklassewagen war der Wegbereiter eines Baukasten-Systems, das später die Erfolgsmodelle VW Passat, Golf und Scirocco möglich machte und den kränkelnden VW-Konzern aus der Krise rettete. Der Audi 80 kam im Sommer 1972 als komplette Neukonstruktion auf den Markt. Es gab ihn mit sechs verschiedenen Ausstattungspaketen (Audi 80 sowie L, S, LS, GL, GT) sowie vier Motorvarianten von 55 bis 100 PS. Besonderen Anklang fanden neben der unprätentiösen, modernen Form die guten Fahreigenschaften des Audi 80: Als eines der weltweit ersten Serienautos wies er mit dem Lenkrollradius null eine bremsstabile Lenkung auf. Heute sind die Audi 80 der ersten Serie fast vergessen – zu Unrecht, wenn man ihren automobilhistorischen Stellenwert berücksichtigt.

Mit ihm begann die Ära des VW-Audi-Baukastens: Audi 80

Motor/Antrieb	
Bauart	Vierzylinder (Reihe)
Lage/Antrieb	Front/Front
Hubraum in cm³	1297, 1471, 1588
Leistung in PS bei U/min	55 bei 5500, 100 bei 6000, 110 bei 6100
Vmax in km/h	147 bis 181
Karosserie	
Bauart	Limousine (2-türig), Limousine (4-türig)
Tragstruktur	selbsttragend
Material	Stahlblech
Stückzahl und Marktsituation	
Produktionszahl	1.103.766
Verfügbarkeit	üppig
Teilesituation	sehr gut
Unterhaltskosten	mittel

Preise in Euro	1	2	3	4	5
80 (1972-1976), L4t	3.900	2.200	900	200	–
80 (1976-1978), L4t	2.900	1.400	700	150	–

Audi 50
1974-1978

Unter dem Einfluss der Ölkrise wurde 1974 der neue Audi 50 sofort zum Verkaufsschlager – und ein halbes Jahr nach Serienanlauf im September 1974 adoptierte ihn die Konzernmutter VW als optisch identischen VW Polo. Damit war sein weiteres Schicksal besiegelt: Volkswagen stellte die Produktion des kompakten Audi 50 im Juli 1978 nach nur 181.000 Exemplaren ein. Damit ist der Audi 50 ein interessantes Stück Automobilgeschichte: Als erster deutscher Kleinwagen erschloss er jene Marktlücke, die neben dem VW Polo heute von Ford Fiesta und Opel Corsa dominiert wird. Es gab den Audi 50 in den zwei Ausstattungsversionen LS und GLS, seine Motoren leisteten 50 oder 60 PS. Gute, rostfreie Exemplare sind zwar bereits große Raritäten, ohne jedoch teuer zu sein: Die Nachfrage ist immer noch gleich null. Gerade deswegen lohnt sich das Aufheben.

Er war der erste Deutsche seiner Klasse: Audi 50

Motor/Antrieb	
Bauart	Vierzylinder (Reihe)
Lage/Antrieb	Front/Front
Hubraum in cm³	1093, 1272
Leistung in PS bei U/min	50 bei 5800, 60 bei 6000, 60 bei 5600
Vmax in km/h	142, 152
Karosserie	
Bauart	Limousine (2-türig)
Tragstruktur	selbsttragend
Material	Stahlblech
Stückzahl und Marktsituation	
Produktionszahl	180.812
Verfügbarkeit	üppig
Teilesituation	sehr gut
Unterhaltskosten	niedrig

Preise in Euro	1	2	3	4	5
50, L2t	4.500	2.800	1.800	600	300

Audi 80 GTE
1975-1978

Audi konnte auch etwas flotter. Gegen das eher bürgerliche Image der Audi 80-Modelle hatten die Ingolstädter bereits 1973 den sportlichen Audi 80 GT positioniert, den es nur als Zweitürer gab. Mit 100 PS, attraktiver 70er-Bereifung und sportlichen Accessoires hat Audi zwei Jahre vor dem Golf GTI erahnt, wohin der Trend laufen würde. Im Herbst 1975 ließ Audi dann den 80 GTE: Die Aufrüstung des 80 GT mit einer Bosch K-Jetronic unterstrich das agile Image der Limousine, die es ab Januar 1976 sogar als Viertürer gab. Mit 110 PS erreichte der familientaugliche Audi eine Spitze von 181 km/h. Damit bestand er auch gegen potente Wettbewerber wie den Ford Escort RS oder den Opel Ascona Sport. Im Herbst 1976 fielen zur Modellpflege die Rundscheinwerfer den damals modernen Rechteckleuchten zum Opfer.

Urahn schneller Audi-Limousinen: Audi 80 GTE

Motor/Antrieb	
Bauart	Vierzylinder (Reihe)
Lage/Antrieb	Front/Front
Hubraum in cm³	1588
Leistung in PS bei U/min	110 bei 6100
Vmax in km/h	178
Karosserie	
Bauart	Limousine (2-türig), Limousine (4-türig)
Tragstruktur	selbsttragend
Material	Stahlblech
Stückzahl und Marktsituation	
Produktionszahl	k.A.
Verfügbarkeit	schlecht
Teilesituation	gut
Unterhaltskosten	mittel

Preise in Euro	1	2	3	4	5
80 GTE, L2t	4.800	2.700	1.200	400	50

Das Autobuch

Jürgen Bold
Hintere Kirchstr. 7
72184 Eutingen i. G.
Tel.: 07459 / 405374
Fax 07459 / 405351

www.das-autobuch.de

Neuheiten und Antiquariat - Besuch des Lagerverkaufs nach Vereinbarung möglich

Audi (D)

Audi 100 (Werkscode C43) 1976-1982

Der Audi 100 der ersten Generation ist längst zum Oldtimer geworden, aber auch sein kantiger Nachfolger ist sehr selten geworden. Bei der Weiterentwicklung zur zweiten Serie, die Audi intern C43 nannte, standen die beiden Aspekte Sicherheit und Komfort im Mittelpunkt. Die Kunden konnten unter zwei Vierzylindern mit 1,6 und 2 Litern sowie einem 2,2 Liter großen Fünfzylinder wählen, für einen länger bauenden Sechszylinder hätte es bei dem Fronttriebler nur bei Quereinbau Platz gegeben. So wurde Audi nicht müde, die Vorteile der ungewohnten Zylinderzahl zu unterstreichen: In Laufruhe, Dynamik und Wirtschaftlichkeit entsprach er einem prestigeträchtigen Sechszylinder, ohne dessen Kosten in Fertigung und Wartung zu verursachen.

Gerät leise in Vergessenheit: Audi 100

Motor/Antrieb					
Bauart			Vierzylinder (Reihe), Fünfzylinder (Reihe)		
Lage/Antrieb					Front/Front
Hubraum in cm³				1588, 1984, 2144	
Leistung in PS bei U/min		85 bei 5600, 115 bei 5500, 136 bei 5700			
Vmax in km/h					160 bis 190
Karosserie					
Bauart			Limousine (2-türig), Limousine (4-türig)		
Tragstruktur					selbsttragend
Material					Stahlblech
Stückzahl und Marktsituation					
Produktionszahl					896.299
Verfügbarkeit					gut
Teilesituation					gut
Unterhaltskosten					niedrig
Preise in Euro	1	2	3	4	5
100 2,0 (C43), L4t	–	2.000	900	100	–
100 Avant 2,0 (C43), L5t	–	2.500	1.100	150	–

Audi 200 (Werkscode 5E, 5T) 1980-1982

Audis erster Vorstoß in die Oberklasse geriet zwar nicht unambitioniert, wurde aber auch kein Erfolg: Der Marke fehlte es Anfang der achtziger Jahre noch am Image, zudem wirkte das Design des neuen 200 weit bürgerlicher als seine Technik. Für oberflächliche Beobachter unterschied er sich nur durch die vier kleinen Rechteck-Scheinwerfer vom billigeren Audi 100. Es gab von Februar 1980 bis August 1982 zwei Versionen des Audi-Topmodells, nämlich einmal den 200 5E mit dem 136-PS-Motor des Audi 100 und zum anderen den 200 5T mit Abgas-Turbolader und einer Leistung von 170 PS. Beiden fielen durch ihre ungewöhnlich reichhaltige Serienausstattung auf – es war die Zeit, als sich Mercedes noch jede Petitesse extra bezahlen ließ. Ein gut erhaltener 200 5T hat als Klassiker des neuen Jahrtausends Potenzial. Technik-Defekte kommen allerdings teuer zu stehen.

Das Flaggschiff im Audi-Programm

Motor/Antrieb					
Bauart					Fünfzylinder (Reihe)
Lage/Antrieb					Front/Front
Hubraum in cm³					2144
Leistung in PS bei U/min			136 bei 5700 bis 170 bei 5300		
Vmax in km/h					184 bis 203
Karosserie					
Bauart					Limousine (4-türig)
Tragstruktur					selbsttragend
Material					Stahlblech
Stückzahl und Marktsituation					
Produktionszahl					ca. 50.000
Verfügbarkeit					gut
Teilesituation					gut
Unterhaltskosten					hoch
Preise in Euro	1	2	3	4	5
200 5E, L4t	–	3.100	1.200	300	–
200 5T, L4t	–	3.800	1.500	500	–

Audi Coupé 1980-1987

Die bürgerliche Variante des Quattro erschien im September 1980 mit dem Audi Coupé, das die Form des feudalen Vierradlers mit der sanften Technik des Audi 80 verband. Das Coupé – Grundpreis ab 22.000 Mark – profitiert bis heute von der engen stilistischen Verwandtschaft: Laien halten es mitunter für das ehemalige Audi-Spitzenmodell. Dabei erreichte es bis zum Serienende 1987 mit einer Gesamt-Stückzahl von 207.000 Exemplaren die fast 20-fache Verbreitung des Quattro und wird heute noch meist zum Billigpreis verramscht. Die Modellpalette reichte vom GL-Coupé mit mageren 75 PS bis zum 136 PS starken Allrad-Modell, das 1984 ins Programm kam. Es durfte den klangvollen Beinamen Quattro tragen. Besonders interessant für Youngtimer-Jäger: Die ersten G-Kat-Versionen des Audi Coupés kamen 1985 auf den Markt.

Im Sog des Quattro zum Erfolg: Audi Coupé

Motor/Antrieb					
Bauart			Vierzylinder (Reihe), Fünfzylinder (Reihe)		
Lage/Antrieb					Front/Front
Hubraum in cm³				1781, 1921, 1944, 2226	
Leistung in PS bei U/min		75 bei 4500 bis 90 bei 5200, 115 bei 5900 bis 136 bei 5700			
Vmax in km/h					170 bis 200
Karosserie					
Bauart					Coupé
Tragstruktur					selbsttragend
Material					Stahlblech
Stückzahl und Marktsituation					
Produktionszahl					207.657
Verfügbarkeit					üppig
Teilesituation					sehr gut
Unterhaltskosten					hoch
Preise in Euro	1	2	3	4	5
Coupé GT (1980-1984), Cpe	–	2.500	1.300	400	–

Audi quattro 1980-1990

Seine eigene Legende kreierte der Ur-Quattro in den achtziger Jahren mit unzähligen Siegen und dem Gewinn der Rallye-Weltmeisterschaft der Jahre 1982 und 1983. Als Sammlerstück ist er unter dem Eindruck hoher Versicherungsprämien und Steuerklassen dagegen noch günstig zu haben – ein Youngtimer mit Zukunft. Seine Karriere begann auf dem Genfer Salon im März 1980. Im November des gleichen Jahres startete Audi die Serienproduktion des 200-PS-Coupés mit Turbomotor, Ladeluftkühlung und permanentem Allradantrieb. Sein Grundpreis von 50.000 Mark verdoppelte sich bis zum Produktionsstopp im Herbst 1991, dazwischen lagen immer wieder dezente Retuschen: 1982 etwa kamen serienmäßige LED-Instrumente zum Einsatz, 1984 gab es breitere Reifen, ein härteres Fahrwerk und das Anti-Blockiersystem ABS.

Das ist der Urknall des Allrad-Booms: Audi quattro

Motor/Antrieb					
Bauart					Fünfzylinder (Reihe)
Lage/Antrieb					Front/4x4
Hubraum in cm³					2144
Leistung in PS bei U/min					200 bei 5800
Vmax in km/h					235
Karosserie					
Bauart					Coupé
Tragstruktur					selbsttragend
Material					Stahlblech
Stückzahl und Marktsituation					
Produktionszahl					11.429
Verfügbarkeit					gut
Teilesituation					gut
Unterhaltskosten					hoch
Preise in Euro	1	2	3	4	5
Quattro Coupé (1984-1987), Cpe	–	10.700	6.800	3.000	–
Coupé GT (1984-1987), Cpe	–	2.200	1.100	300	–

Austin (GB) • 1905 - 1970

Im Jahr 1905 gründete Herbert Austin sein eigenes Unternehmen, zuvor hatte er bei Wolseley gearbeitet. Die Firma Austin in Birmingham wuchs rasch zu einem der größten Autohersteller Englands. 1952 schloss sich die Austin Motor Co mit der Nuffield Group (mit Morris, MG, Wolseley und Riley) zur British Motor Company zusammen.

Schon 1958 präsentierte man ein kompaktes Modell mit praktischer Heckklappe, dessen Design von Pinin Farina stammte. Aus der Modellreihe Princess wurde ab 1958 eine eigene Marke. 1959 kam der Mini auf den Markt, der zwar als sensationell galt, doch niemand wagte, einen über Jahrzehnte anhaltenden Erfolg vorauszusagen.

Die für Laien kaum mehr nachvollziehbaren Fusionen gingen 1966 weiter: Damals entstand die British Motor Holding BMH aus dem Zusammenschluss von BMC mit Jaguar und Daimler. 1968 ging diese Gruppe in der BLMC auf, der British Leyland Motor Corporation. Leyland hatte Triumph und Rover mitgebracht. Dass aber damit kaum Probleme gelöst waren, zeigt der Branchenspott, der die Firma in British Elend umtaufte... Heute gehören Jaguar und Daimler zu Ford, Rover dagegen ist nach dem BMW-Intermezzo wieder selbständig, allerdings zusammen mit MG.

Austin Seven — 1922-1939

Schon 1922 führte Austin das Modell Seven ein, ein bald sehr beliebter Kleinwagen mit knapp 750 ccm großem Vierzylindermotor, der als Limousine bis zu vier Personen Platz bot. Lizenzausführungen baute unter anderem Dixi in Deutschland, Rosengart in Frankreich und Bantam in Amerika. Nachdem BMW die Eisenacher Firma Dixi übernommen hatte, boten ihn die Bayern zunächst als 3/15 an. Es gab ihn mit verschiedenen Aufbauten als Tourer, Roadster und Limousine mit jeweils 10 PS. Die Leistung stieg jedoch stetig: Der Nippy Tourer, zwischen 1933 und 1934 gebaut, kam bereits auf 23 PS, der bis 1935 gebaute Speedy Tourer machte seinem Namen mit 30 PS alle Ehre. Zusätzlich bereicherten zahlreiche Sonderkarosserien das Angebot. Der Big Seven, von 1934 bis 1939 im Verkauf, galt als relativ modernes Auto.

Vater einer Familie von Lizenzbauten: Austin Seven Swallow Saloon

Motor/Antrieb					
Bauart					Vierzylinder (Reihe)
Lage/Antrieb					Front/Heck
Hubraum in cm³					748,5
Leistung in PS bei U/min					10 bei 3200, 15 bei 3000
Vmax in km/h					75
Karosserie					
Bauart					Limousine (2-türig), Cabriolet, Roadster
Tragstruktur					Kastenrahmen
Material					Stahlblech
Stückzahl und Marktsituation					
Produktionszahl					290.000
Verfügbarkeit					gut
Teilesituation					gut
Unterhaltskosten					niedrig
Preise in Euro	1	2	3	4	5
Seven Chummy (1922-1929), Tou	18.200	13.000	9.000	4.700	2.300
Seven Swallow (1929-1932), L2t	21.500	15.800	10.700	5.500	3.000
Seven Ruby (1934-1939), L2t	12.100	8.400	4.900	2.700	1.200

Austin A 135 Princess — 1947-1956

An noble Gefährte von Bentley, Daimler oder gar Rolls-Royce erinnert die üppige Linienführung des großen Austin, der wie eine Chauffeur-Limousine erscheint. Für die nach Understatement strebenden Briten war er eine charaktervolle Alternative zu den etwas größeren, dabei aber wesentlich teureren Modellen der Konkurrenz. Sachliche Gründe waren gegen den A 135 kaum anzubringen: Er bot Luxus in Hülle und Fülle – seine herrschaftlichen Dimensionen überzeugten nicht nur außen, sondern auch innen. Als Antrieb diente dem Austin A 135 Princess ein mit 132 PS überaus potenter Reihensechszylinder mit vier Litern Hubraum, der eine Höchstgeschwindigkeit von rund 130 km/h ermöglichte. So fehlt dem großen Austin bis heute eigentlich nichts – außer Prestige. Die Preise blieben deswegen auf erfreulichem Niveau.

Luxus zum Tiefpreis: Austin A 135 Princess

Motor/Antrieb					
Bauart					Sechszylinder (Reihe)
Lage/Antrieb					Front/Heck
Hubraum in cm³					3995
Leistung in PS bei U/min					132 bei 3700
Vmax in km/h					130
Karosserie					
Bauart					Limousine (4-türig)
Tragstruktur					Kastenrahmen
Material					Stahlblech
Verfügbarkeit					
Produktionszahl					6000
Verfügbarkeit					schlecht
Teilesituation					schwierig
Unterhaltskosten					hoch
Preise in Euro	1	2	3	4	5
A 135 Princess, L4t	21.000	15.800	9.500	4.200	1.600

Austin A 90 Atlantic — 1949-1952

Mit den großen Blechflächen und seinem dritten Scheinwerfer besitzt der A 90 Atlantic die Anmutung eines Zyklopen. Die eigenwillige Gestaltung ist sicher Teil des Reizes bei diesem Klassiker, der vor allem für den große Stückzahlen fassenden amerikanischen Markt entwickelt wurde. Dort fand das zweitürige Coupé allerdings kaum Anklang, nicht einmal für die fortschrittliche Cabrio-Version konnten sich die Amerikaner erwärmen, obwohl die sogar bereits über ein elektrisches Dach verfügte. Während der Austin A 90 Atlantic nach kaum 10.000 gebauten Exemplaren sang- und klanglos aus dem Programm gestrichen wurde, durfte der Motor noch Karriere machen: Der 2,7 Liter große Vierzylinder, der 89 PS leistete und den Atlantic auf immerhin 140 Stundenkilometer beschleunigte, weckte im Austin-Healey 100/4 sportliche Ambitionen.

Stromlinie meets Ponton: Austin A 90 Atlantic

Motor/Antrieb					
Bauart					Vierzylinder (Reihe)
Lage/Antrieb					Front/Heck
Hubraum in cm³					2660
Leistung in PS bei U/min					89 bei 4000
Vmax in km/h					140
Karosserie					
Bauart					Coupé, Cabriolet
Tragstruktur					Kastenrahmen
Material					Stahlblech
Verfügbarkeit					
Produktionszahl					ca. 10.000
Verfügbarkeit					gegen null
Teilesituation					schwierig
Unterhaltskosten					mittel
Preise in Euro	1	2	3	4	5
A 90 Atlantic, L2t	20.000	14.000	8.700	4.200	1.900
A 90 Atlantic, Cab	31.900	22.500	14.500	7.200	3.700

Austin (GB)

Austin A 30, A 35 — 1951-1959

In einer Zeit, in der Autos generell als Luxus galten, durften Kleinwagen aussehen wie miniaturisierte Großlimousinen – und niemand nahm Anstoß daran oder lachte darüber. Heute wirkt der A 30 dagegen skurril, weil er so klein ist und doch alle formalen Attribute der Großen an sich trägt. Doch der kleine Austin wurde aufgrund seiner robusten Konstruktion und des ansprechenden Raumangebots durchaus ernst genommen. Rund 600.000 Verkäufe in achtjähriger Marktpräsenz sprechen für seinen Erfolg. Allein die starke Konkurrenz verhinderte noch bessere Ergebnisse, beispielsweise konkurrierte der kompakte Austin mit dem Morris Minor. Die kurzen Viertürer A 30 und A 35 konnten damals wie heute mit guter Alltagstauglichkeit überzeugen. Die Motorisierung lässt allerdings keine überschwängliche Fahrfreude aufkommen.

Als wäre er zu heiß gewaschen: Austin A 30

Motor/Antrieb	
Bauart	Vierzylinder (Reihe)
Lage/Antrieb	Front/Heck
Hubraum in cm³	803, 948
Leistung in PS bei U/min	30 bei 4800 bis 35 bei 4750
Vmax in km/h	105 bis 110
Karosserie	
Bauart	Limousine (2-türig), Limousine (4-türig), Kombi (3-türig)
Tragstruktur	selbsttragend
Material	Stahlblech
Stückzahl und Marktsituation	
Produktionszahl	225.000, 375.000
Verfügbarkeit	schlecht
Teilesituation	schwierig
Unterhaltskosten	niedrig

Preise in Euro	1	2	3	4	5
A 30, L4t	6.500	4.500	3.000	1.500	650
A 35, L4t	7.000	4.800	3.300	1.600	700

Austin A 40 Sports Tourer — 1951-1953

Eine Seltenheit mit außergewöhnlichen Merkmalen ist dieses Modell des Massenherstellers Austin. Die recht ansprechend gestaltete Karosserie aus Aluminium erinnert manchen Betrachter an frühe Jensen-Modelle und sitzt auf einem Kastenrahmen. Noch eleganter sieht der zweitürige Brite mit geöffnetem Verdeck aus: Das Klappdach ist in umgelegtem Zustand voll in der Karosserie versenkt. Mit dem 1,2 Liter großen Vierzylinder ist die Motorisierung nicht besonders üppig ausgefallen. Sammler reizt besonders die geringe Stückzahl, zudem machen günstige Unterhalts- und Anschaffungskosten den A 40 Sports Tourer weiter interessant. Problematischer ist es allerdings, an eines der raren überlebenden Exemplare zu kommen. Karosseriearbeiten sind materialbedingt aufwändig, allerdings stellt dafür die Technik den Restaurator nicht vor unlösbare Probleme.

Rare Schönheit: Austin A 40 Sports Tourer

Motor/Antrieb	
Bauart	Vierzylinder (Reihe)
Lage/Antrieb	Front/Heck
Hubraum in cm³	1200
Leistung in PS bei U/min	50 bei 4400
Vmax in km/h	125
Karosserie	
Bauart	Cabriolet
Tragstruktur	Kastenrahmen
Material	Aluminium
Stückzahl und Marktsituation	
Produktionszahl	3800
Verfügbarkeit	gegen null
Teilesituation	schwierig
Unterhaltskosten	niedrig

Preise in Euro	1	2	3	4	5
A 40 Sports, Cab	16.000	11.200	7.700	3.800	1.700

Austin A 40 Somerset — 1952-1954

Auf Effekthascherei konnte Austin verzichten: Als solide Konstruktion der unteren Mittelklasse bediente das 1952 präsentierte Modell A 40 Somerset die Kundschaft auf ehrliche Weise. Das biedere Mobil wurde von dem bewährten 1,2-Liter-Vierzylindermotor angetrieben, was den Ansprüchen der damaligen Käuferschaft in Sachen Fahrleistungen denn auch völlig genügte. Trotzdem war der A 40 Somerset mit seiner gefälligen Stahlblechkarosserie, die auf einem Kastenrahmen montiert war, kein Erfolg. Er verschwand nach nur zwei Jahren Bauzeit wieder von der Bildfläche – heute ist er rar.

Nur keine Experimente: Austin A 40 Somerset

Motor/Antrieb	
Bauart	Vierzylinder (Reihe)
Lage/Antrieb	Front/Heck
Hubraum in cm³	1200
Leistung in PS bei U/min	43 bei 4300
Vmax in km/h	115
Karosserie	
Bauart	Limousine (4-türig)
Tragstruktur	Kastenrahmen
Material	Stahlblech
Stückzahl und Marktsituation	
Produktionszahl	k.A.
Verfügbarkeit	gegen null
Teilesituation	schwierig
Unterhaltskosten	niedrig

Preise in Euro	1	2	3	4	5
A 40 Somerset, L4t	8.200	5.400	2.900	1.200	400

Austin A 40 Farina — 1958-1967

Irgendwie misstrauten die entscheidenden Köpfe im BMC-Konzern den heimischen Designern, die bei der automobilen Massenware so manche Stilblüte hervorgebracht hatten. So hatte sich Austin Ende der fünfziger Jahre an den italienischen Meister Pinin Farina gewandt. Das Ergebnis dieser Zusammenarbeit zeigte ansehnliche Resultate: Der neue Austin A 40 überzeugte im Frühjahr 1958 mit glatten, klaren Linien, die eine erfreuliche Abkehr von der alten, schwülstigen Form bedeuteten. Fortschritt brachte auch die Variabilität des Innenraums mit Durchlademöglichkeit. Beim Modell „Countryman" gab es sogar eine zweigeteilte Hecktür – die Scheibe schwenkte nach oben, das Unterteil nach unten, so konnte das Heck komplett geöffnet werden. Dieser interessante Wagen, einer der ersten Schrägheck-Kleinwagen, konnte immerhin zehn Jahre am Markt bestehen.

Styling aus dem Süden: Austin A 40 Farina

Motor/Antrieb	
Bauart	Vierzylinder (Reihe)
Lage/Antrieb	Front/Heck
Hubraum in cm³	948, 1098
Leistung in PS bei U/min	34,5 bei 4750 bis 48 bei 5100
Vmax in km/h	115 bis 130
Karosserie	
Bauart	Kombi (3-türig)
Tragstruktur	selbsttragend
Material	Stahlblech
Stückzahl und Marktsituation	
Produktionszahl	340.000
Verfügbarkeit	ausreichend
Teilesituation	ausreichend
Unterhaltskosten	niedrig

Preise in Euro	1	2	3	4	5
A 40 Farina, L2t	6.500	4.200	2.200	1.000	300
A 40 Farina Countryman, Kom	7.200	4.700	2.500	1.200	500

Austin (GB)

Austin A 55, A 60 — 1959-1969

Bis Ende der fünfziger Jahre waren alle mittleren BMC-Modelle bei Pinin Farina gestylt worden – also auch die Schwestermodelle A 55 und A 60. Diese Versionen konnten auch als MG und Wolseley geordert werden: Badge engineering nennt sich das bis heute, wenn mit einem anderen Emblem aus einem bekannten ein neues Auto gemacht wird. Die modischen Heckflossen an dem etwas hochbeinig auftretenden Viertürer wirkten überzogen, und auch der farbig abgesetzte Zierstreifen verhindert die zeitlose Eleganz, die einen Entwurf wie den des Mini auszeichnet. Auf technische Experimente wurde in guter Austin-Tradition verzichtet, die BMC-Einheitsmotoren in Kombination mit der robusten Fahrwerkstechnik fanden den Beifall der Käufer. Rostvorsorge war allerdings noch ein kaum verbreitetes Fremdwort: So haben nur wenige A 55 und A 60 überlebt.

Wenige haben es bis heute geschafft: Austin A 55

Motor/Antrieb	
Bauart	Vierzylinder (Reihe)
Lage/Antrieb	Front/Front
Hubraum in cm³	1489, 1622
Leistung in PS bei U/min	56 bei 4400 bis 62 bei 4500
Vmax in km/h	125 bis 135
Karosserie	
Bauart	Limousine (4-türig), Kombi (5-türig)
Tragstruktur	selbsttragend
Material	Stahlblech
Stückzahl und Marktsituation	
Produktionszahl	k.A.
Verfügbarkeit	schlecht
Teilesituation	ausreichend
Unterhaltskosten	niedrig

Preise in Euro	1	2	3	4	5
A 55 Cambridge (1959-1961), L4t	7.400	5.000	2.800	1.100	300
A 60 Cambridge (1961-1969), L4t	7.800	5.300	3.000	1.200	300

Austin Seven, Austin Mini 850, Morris 850 („Mini") — 1959-1967

Von innen nach außen habe BMC-Chefkonstrukteur Alec Issigonis den neuen Kleinwagen entwickelt, war 1959 in der Werbung zu lesen. Auf nur etwas mehr als drei Metern Länge fanden vier Personen Platz – das hatte es bisher noch nicht gegeben. Um den Kleinwagen möglichst kurz bauen zu können, hatte Issigonis den knapp 850 cm³ großen Vierzylinder nicht längs, sondern quer unter die vordere Haube gesetzt. Die 37,5 PS reichten für spritzige 120 Stundenkilometer Höchstgeschwindigkeit, und besonders reizvoll war für viele Besitzer, dass sich die Motoren leicht tunen ließen. Das geringe Gewicht und das durchdachte Fahrwerk mit hinterer Einzelradaufhängung machten den kleinen Fronttriebler sehr fahraktiv und sicher. Der zunächst Austin Seven 850 und Morris Mini Minor genannte Kleinwagen machte als Mini eine Jahrzehnte währende Karriere.

Eine neue Ära beginnt: Austin Seven 850

Motor/Antrieb	
Bauart	Vierzylinder (Reihe)
Lage/Antrieb	Front/Front
Hubraum in cm³	848, 998
Leistung in PS bei U/min	34,5 bei 5500
Vmax in km/h	120
Karosserie	
Bauart	Limousine (2-türig), Kombi (3-türig), Pick-Up
Tragstruktur	selbsttragend
Material	Stahlblech
Stückzahl und Marktsituation	
Produktionszahl	k.A.
Verfügbarkeit	schlecht
Teilesituation	gut
Unterhaltskosten	hoch

Preise in Euro	1	2	3	4	5
Seven („Mini"), L2t	9.000	6.900	3.600	1.500	850

Austin 1100, Austin 1300 — 1963-1974

Einen Welterfolg vom Schlage des Mini zu wiederholen, fällt auch einer anerkannten Größe wie Alec Issigonis schwer. Dem Austin 1100 war zwar ein beachtlicher Erfolg gegönnt, doch er erreicht nicht die Zeitlosigkeit und den sprühenden Charme des Originals. Der ideenreiche Wagen zeigte technisch klare Parallelen zum Mini, gewährte jedoch deutlich mehr Platz im Innenraum und bot sich daher als ideales Aufsteiger-Fahrzeug für Mini-Besitzer an. Parallel bot der englische BMC-Konzern wieder weitgehend identische MG- und Wolseley-Versionen an, die sich hauptsächlich in der Ausstattung unterschieden. Als edelste Fassung glänzt der Vanden Plas Princess im Innenraum mit einer von Holz und Leder dominierten, typisch englischen Atmosphäre. Diese Ausführung ist jedoch gesuchter und entsprechend teuer.

Der große Bruder: Austin 1100

Motor/Antrieb	
Bauart	Vierzylinder (Reihe)
Lage/Antrieb	Front/Front
Hubraum in cm³	1098, 1275
Leistung in PS bei U/min	48 bei 5100 bis 71 bei 6000
Vmax in km/h	130 bis 155
Karosserie	
Bauart	Limousine (2-türig), Limousine (4-türig), Kombi (3-türig)
Tragstruktur	selbsttragend
Material	Stahlblech
Stückzahl und Marktsituation	
Produktionszahl	1052000,0
Verfügbarkeit	gut
Teilesituation	ausreichend
Unterhaltskosten	niedrig

Preise in Euro	1	2	3	4	5
1100, L4t	5.000	3.300	1.600	800	200
1300, L4t	5.200	3.500	1.800	800	200

Austin 1800 — 1964-1975

Mit einer Schrägheck-Limousine versuchte Austin, das Marktsegment oberhalb der 1100 und 1300 zu erobern. Das Layout mit seinem schicken Fließheck galt im Herbst 1964 als letzter Schrei und bot zudem ein außergewöhnliches Raumangebot im Inneren. Die werksintern als ADO 17 bezeichneten Modelle gab es nur als Viertürer. Austin bot sie in einer Standard- und einer Luxusversion an. Den Antrieb übernahm ein quer eingebauter Vierzylinder, der seine 84 SAE-PS über ein Vierganggetriebe an die Vorderräder weitergab. Als Federung hatten die Engländer das aus den Mini-Modellen bekannte Hydrolastic-System gewählt. Große Verbreitung fand der Austin 1800 trotz seines überaus zeitgemäßen Auftretens jedoch nicht – auf dem Kontinent fehlten ihm Händlernetz und Reputation.

Insel-Lösung: Austin 1800

Motor/Antrieb	
Bauart	Vierzylinder (Reihe)
Lage/Antrieb	Front/Front
Hubraum in cm³	1798
Leistung in PS bei U/min	84 bei 5300
Vmax in km/h	145
Karosserie	
Bauart	Limousine (4-türig)
Tragstruktur	selbsttragend
Material	Stahlblech
Stückzahl und Marktsituation	
Produktionszahl	ca. 210.000
Verfügbarkeit	ausreichend
Teilesituation	ausreichend
Unterhaltskosten	niedrig

Preise in Euro	1	2	3	4	5
1800, L4t	7.200	4.900	2.900	1.300	400

Austin (GB)

Austin 3 Litre 1968-1971

Nur drei Jahre währte Austins Ausflug in die automoblie Oberklasse: Der Dreiliter hatte weder Vorgänger noch Nachfolger. Letzteres darf bei nur rund 10.000 Exemplaren, die Austin absetzen konnte, auch nicht verwundern. Vielleicht hat es an den Fahrleistungen gelegen: Von einem Drei-Liter-Sechszylinder erwartete man auch Ende der 1960er Jahre mehr als 125 SAE-PS und 160 km/h. Mehr überzeugen konnten dagegen Goodies wie serienmäßige Armstrong-Niveauregulierung und Servolenkung, auf Wunsch gab es sogar ein automatisches Getriebe – das hörte sich schon besser an. Auch die Optik galt durchaus als gelungen. Austin blieb auch beim 3 Litre der Hydrolastic-Verbundfederung mit Gummifederkissen treu. Heute hat Austins Großer in England seine Fangemeinde – auf den Kontinent wurde er nicht offiziell exportiert und blieb bis heute weitgehend unbekannt. Für Freunde rarer Reisewagen exzellent!

Auf dem Kontinent unbekannt: Austin 3 Litre

Motor/Antrieb	
Bauart	Sechszylinder (Reihe)
Lage/Antrieb	Front/Front
Hubraum in cm³	2912
Leistung in PS bei U/min	125 bei 4750
Vmax in km/h	160
Karosserie	
Bauart	Limousine (4-türig)
Tragstruktur	selbsttragend
Material	Stahlblech
Stückzahl und Marktsituation	
Produktionszahl	ca. 10.000
Verfügbarkeit	schlecht
Teilesituation	ausreichend
Unterhaltskosten	mittel

Preise in Euro	1	2	3	4	5
3.0 Litre, L4t	10500	6.800	4.400	1.800	700

Austin Maxi 1500, Maxi 1750 1969-1981

Mit dem Maxi brachte Austin nach seinem Debüt am 24. April 1969 neue Bewegung in die Mittelklasse, zumindest in Großbritannien. Der Name Maxi spielt mit dem Erfolg des Kleinsten, des Mini. Gleichzeitig zeigt er den Anspruch an das Konzept: Maximaler Raum auf überschaubarer Gesamtlänge. Das Karosserielayout mit Schrägheck und großer Heckklappe garantiert das, zudem sorgte der lange Radstand für guten Komfort. Unter der Haube arbeitete zunächst ein 1,5 Liter großer, quer eingebauter Vierzylinder mit obenliegender Nockenwelle. Der Frontantrieb war so selbstverständlich wie die bekannte Hydrolastic-Verbundfederung, die alle Austin jener Jahre auszeichnet. Dabei verfügt jedes Rad über ein eigenes Gummifederelement, die der vorderen und hinteren Räder sind auf jeder Seite über Rohrleitungen miteinander verbunden.

Modernes Schrägheck-Layout: Austin Maxi

Motor/Antrieb	
Bauart	Vierzylinder (Reihe)
Lage/Antrieb	Front/Front
Hubraum in cm³	1485, 1721
Leistung in PS bei U/min	74 bei 5500 und 72 bei 4900
Vmax in km/h	140 und 148
Karosserie	
Bauart	Limousine (3-türig), Limousine (5-türig),
Tragstruktur	selbsttragend
Material	Stahlblech
Stückzahl und Marktsituation	
Produktionszahl	ca. 472.000
Verfügbarkeit	ausreichend
Teilesituation	ausreichend
Unterhaltskosten	niedrig

Preise in Euro	1	2	3	4	5
Maxi, L5t	6.500	4.400	2.500	1.000	300

Austin (Morris) Princess 1800 HL, Princess 2200 HLS 1975-1979

Mit neuer, keilförmiger Karosserie präsentierte sich im Frühjahr 1975 der Princess als neues Mittelklasse-Modell des Leyland-Konzerns – gleichzeitig als Austin und Morris Princess. Ende des Jahres fielen die Markennamen weg, die Princess-Modelle liefen fortan quasi als eigene Marke. Der Austin-typische Frontantrieb mit quer eingebautem Motor – weltbekannt durch den Mini – wurde beibehalten. Zwei grundverschiedene Maschinen standen zur Wahl: der 1800 HL erhielt einen Vierzylinder mit seitlicher Nockenwelle, den 2200 HLS trieb ein OHC-Sechszylinder an. Besonderheit beider Prinzessinen war jedoch die Hydragas-Federung. Die Zusätze HL und HLS wiesen auf die Luxusausstattungen hin. Im kontinentalen Europa waren die Princess zwar erhältlich, spielten jedoch keine Rolle – damals hatte der Markt kein Interesse, heute keine Chance: der Rost hat sie fast alle geholt.

Zerfressen und vergessen: Austin Princess

Motor/Antrieb	
Bauart	Vierzylinder (Reihe), Sechszylinder (Reihe)
Lage/Antrieb	Front/Front
Hubraum in cm³	1798, 2227
Leistung in PS bei U/min	82 bei 5200, 110 bei 5250
Vmax in km/h	158 bis 171
Karosserie	
Bauart	Limousine (4-türig)
Tragstruktur	selbsttragend
Material	Stahlblech
Stückzahl und Marktsituation	
Produktionszahl	k.A.
Verfügbarkeit	schlecht
Teilesituation	ausreichend
Unterhaltskosten	mittel

Preise in Euro	A	B	C	D	E
Princess 1800 HL, L4t	5.500	3.600	1.800	800	100
Princess 2200 HLS, L4t	7.500	5.000	2.700	1.100	300

Austin Healey (GB)

Austin-Healey (GB) • 1953-1971

Nach einer Karriere als Werkstattchef und Werksrennfahrer bei Invicta kam Donald Healey 1934 zu Triumph. Seinen Traum vom eigenen Sportwagen erfüllte er sich 1952 mit dem Healey 100. Die große Resonanz auf den hinreißenden wie kräftigen Roadster rief mit Austin einen starken Partner aufs Parkett.

Sir Leonard Lord schloss mit Healey einen Vertrag, der vorsah, den Sportwagen unter dem Label Austin-Healey zu vermarkten. Austin stellte dafür Produktionskapazitäten in Longbridge zur Verfügung. 1958 ergänzte der Sprite die Palette nach unten. Das Ende nahte 1968, als der BMC-Konzern entschied, den „Big Healey" aufzugeben, um dem Triumph TR 5 die Zukunft zu sichern. Mit einem Sprite endete 1971 die Produktion des letzten Austin-Healeys. Genau genommen war der Markenname schon kurz zuvor gestorben: Weil die Namensrechte entfallen waren, durften die letzten Exemplare nur noch Austin Sprite heißen.

Austin-Healey 100 („100/4", „Hundred") 1953-1956

„Hundred" hatte der Visionär Donald Healey sein Meisterstück getauft, um allen die Potenz des Wagens schmackhaft zu machen: 100 Meilen war der knapp geschnittene Roadster schnell, rund 160 Stundenkilometer. Auf der London Motor Show strömten 1952 die Besucher in Scharen zu Healeys Stand. Einer von ihnen war Sir Leonard Lord, der Healey sofort einen Vertrag über die Fertigung in den Austin-Werken in Longbridge anbot. Der in Austin-Healey umgetaufte Roadster trägt unter seiner langen Front den 2,7 Liter großen Vierzylinder aus dem Austin A90 Atlantic. Ein Dreiganggetriebe mit Overdrive gibt die 90 PS an die Hinterräder weiter. Rennerfolge führten zum Sondermodell Austin-Healey 100 S, das mit Scheibenbremsen, 132 PS Leistung und einer modifizierten Leichtmetall-Karosserie zu den absoluten Leckerbissen für Automobil-Gourmets zählt.

Sein Name war Programm: Austin-Healey 100

Motor/Antrieb					
Bauart					Vierzylinder (Reihe)
Lage/Antrieb					Front/Heck
Hubraum in cm³					2660
Leistung in PS bei U/min					91 bei 4000 bis 134 bei 4700
Vmax in km/h					160 bis 200
Karosserie					
Bauart					Roadster
Tragstruktur					Kastenrahmen
Material					Stahlblech
Stückzahl und Marktsituation					
Produktionszahl					12.853
Verfügbarkeit					gegen null
Teilesituation					ausreichend
Unterhaltskosten					hoch
Preise in Euro	1	2	3	4	5
100/4 BN1, Rds	45.000	31.000	20.800	14.000	9.400
100/4 BN2, Rds	50.000	35.000	24.500	16.200	11.000

Austin-Healey 100/6 („Big Healey", „The Pig") 1956-1959

Der Erfolg ließ nicht lange auf sich warten. Besonders die Amerikaner liebten den „Big Healey", und ab 1956 taten sie es noch mehr: Mit einem Morris-Sechszylinder, der ebenfalls über 2,6 Liter Hubraum verfügte, verbesserte sich die Laufkultur des Sportlers. Der große Healey wurde allerdings schwerer und sein Radstand länger – durch Notsitze wuchs er sogar zum 2+2. Die Amerikaner allerdings goutierten diese Kompromisse, besonders, als Austin-Healey 1957 die Leistung auf 118 PS angehoben hatte. In der Tiefe seines Herzens blieb der kernige Brite das, was er ursprünglich sein wollte: „The Pig", die Sau, lautete sein Spitzname wegen seines mitunter Furcht einflößenden Fahrverhaltens. Noch mehr galt das für die Sportversionen, die üppige 150 PS auf die Pisten der späten fünfziger Jahre brachten.

Mehr Leistung für die Sau: Austin-Healey 100/6

Motor/Antrieb					
Bauart					Sechszylinder (Reihe)
Lage/Antrieb					Front/Heck
Hubraum in cm³					2639
Leistung in PS bei U/min					103 bei 4600 bis 118 bei 4750
Vmax in km/h					170 bis 175
Karosserie					
Bauart					Roadster
Tragstruktur					Kastenrahmen
Material					Stahlblech
Stückzahl und Marktsituation					
Produktionszahl					14.436
Verfügbarkeit					ausreichend
Teilesituation					ausreichend
Unterhaltskosten					hoch
Preise in Euro	1	2	3	4	5
100/6 BN4, Rds	38.000	26.500	18.000	12.000	8.200
100/6 BN6, Rds	41.000	28.500	19.300	12.800	8.900

Austin Healey Sprite Mk I („Frog", „Frosch") 1958-1961

Nach den großen Erfolgen mit dem „Big Healey" folgte 1958 der zweite Streich der jungen Marke. Der Markt sei reif für einen preisgünstigen, kleinen Roadster, befanden Donald Healey und Sir Leonard Lord – der Sprite (zu deutsch: Kobold) war geboren. Das passte, doch die knubbligen Lampen auf der Motorhaube begründeten mit Frog (zu deutsch: Frosch) einen anderen Kosenamen. Beliebt war die eigenständig geformte Front damals nicht, wie zahllose Umbausätze bewiesen. Mit seinen 42,5 PS flitzte der preiswerte und überaus agile Volkssportler in die Herzen der nicht ganz so betuchten Sportwagen-Fans, die gerne den Schraubenschlüssel in die Hand nahmen: Tuning war kein Problem bei den technisch simplen Konstruktionen jener Jahre. Ab Werk offerierte Austin-Healey sogar einen Shorrock-Kompressor, der die Leistung auf über 60 PS pushte.

Können diese Augen lügen? Austin-Healey Sprite MkI

Motor/Antrieb					
Bauart					Vierzylinder (Reihe)
Lage/Antrieb					Front/Heck
Hubraum in cm³					948
Leistung in PS bei U/min					42,5 bei 5000
Vmax in km/h					130
Karosserie					
Bauart					Roadster
Tragstruktur					selbsttragend
Material					Stahlblech
Verfügbarkeit					
Produktionszahl					38.999
Verfügbarkeit					ausreichend
Teilesituation					ausreichend
Unterhaltskosten					niedrig
Preise in Euro	1	2	3	4	5
Sprite Mk I, Rds	18.400	13.800	7.800	4.200	2.400

Austin-Healey (GB) • Autobianchi (I)

Austin-Healey 3000
1959-1968

Mit dem Austin-Healey 3000 wurde die Sau gesellschaftsfähig. Statt der flattrigen Plastikplane der frühen Tage trug er ein bequemes Klappverdeck und bediente so eine Klientel, die nicht den harten Roadster von einst, sondern mehr ein sportliches, aber auch bequemes Cabriolet suchte. Das tat dem Erfolg des mit einem drei Liter großen Sechszylindermotor ausgestatteten Austin-Healey 3000 keinen Abbruch: Stetige Modellpflege, relativ gute Verarbeitungsqualität und eine Leistungssteigerung bis auf 148 PS sorgten für Begeisterung bei den Fans – bis 1968 der Schock kam: Der BMC-Konzern stoppte die Produktion des „Big Healey". Er musste Platz machen für den Triumph TR5, denn für zwei Konkurrenzmodelle im eigenen Konzern sahen die Verantwortlichen keinen Platz. Einen Nachfolger hat es nie gegeben.

Die gelungene Sozialisierung eines Schweins: Austin-Healey 3000

Motor/Antrieb	
Bauart	Sechszylinder (Reihe)
Lage/Antrieb	Front/Heck
Hubraum in cm³	2912
Leistung in PS bei U/min	124 bei 4600 bis 148 bei 5250
Vmax in km/h	180 bis 195
Karosserie	
Bauart	Roadster, Cabriolet
Tragstruktur	Kastenrahmen
Material	Stahlblech
Stückzahl und Marktsituation	
Produktionszahl	42.917
Verfügbarkeit	ausreichend
Teilesituation	ausreichend
Unterhaltskosten	hoch

Preise in Euro	1	2	3	4	5
3000 Mk I BT7, Rds	44.600	31.000	20.900	13.700	9500
3000 MkII BJ7, Rds	54.000	37.400	25.000	16.500	11.400
3000 MkII BT7, Rds	45.900	31.800	21.300	14.000	9900
3000 MkIII BJ8, Rds	54.500	37.900	25.600	17.000	12.000

Austin-Healey Sprite MkII, Mk III, Mk IV, Austin Sprite Mk IV
1961-1971

In die zweite Runde schickte Austin-Healey einen deutlich gestrafften Sprite, der viel von seiner Schrulligkeit verloren hatte. Die Lampen saßen brav in den Kotflügeln, sein Grill grinste nicht mehr so frech wie beim Vorgänger. Selbst das Heck war erwachsener geworden und trug jetzt eine Kofferklappe. Mit dem Gewicht stieg auch die Leistung, und in seiner letzten Version mit dem 65 PS starken 1300er Motor blieb der Sprite trotz seines kompakten Äußeren stets ein Brite mit echtem Sportsgeist – selbst als Kurbelscheiben und Klappverdeck von den Segnungen des Fortschritts berichteten. Über 80.000 Käufer entschieden sich für den Sprite. So ist das Angebot heute reichlich, die Preise sind moderat und die Ersatzteillage hervorragend. 1971 lief der letzte Sprite vom Band. Das Schwestermodell MG Midget überlebte ihn um acht Jahre.

Fahrspaß muss nicht teuer sein: Austin-Healey Sprite

Motor/Antrieb	
Bauart	Vierzylinder (Reihe)
Lage/Antrieb	Front/Heck
Hubraum in cm³	948, 1098, 1275
Leistung in PS bei U/min	46 bei 5000 bis 65 bei 6000
Vmax in km/h	140 bis 155
Karosserie	
Bauart	Cabriolet
Tragstruktur	selbsttragend
Material	Stahlblech
Stückzahl und Marktsituation	
Produktionszahl	80.363
Verfügbarkeit	gut
Teilesituation	gut
Unterhaltskosten	niedrig

Preise in Euro	1	2	3	4	5
Sprite Mk II (1962-1964), Rds	14.900	10.400	7.300	4.000	1.800
Sprite MkIII (1964-1966), Rds	13.600	9.300	6.400	3.400	1.700
Sprite MkIV (1966-1969), Rds	11.500	7.800	5.400	3.000	1.500
Sprite MkIV (1969-1971), Rds	11.000	7.000	4.800	2.500	1.300

Autobianchi (I) • 1955-1971

Die Fabrikanlagen der Marke Bianchi, 1899 gegründet, waren im Zweiten Weltkrieg weitgehend zerstört worden. An eine Wiederaufnahme der Produktion war zunächst nicht zu denken.

Erst ab 1950 gab es erste Prototypen einer Limousine, die jedoch nicht in Serie ging. 1955 gründeten Fiat und Pirelli gemeinsam die Autobianchi S.p.A., um einen neuen Kleinwagen zu bauen. Er erschien im Herbst 1957 als Bianchina 500 und basierte auf dem Fiat 500 Nuova. Einen Aufschwung erlebte Autobianchi mit dem Modell Primula, der erste Vierzylinder, der noch heute gültige Prinzipien der Kompaktklasse vorwegnahm: Frontantrieb, quer installierter Motor, Schrägheck mit großer Klappe.

Fiat übernahm nach und nach die gesamten Autobianchi-Aktien. Ab 1975 gehörte Autobianchi zur Fiat-Marke Lancia, die Fahrzeuge wurden jedoch nur noch in Italien als Autobianchi vermarktet – in allen Exportländern hießen sie Lancia, auch wenn noch das alte Firmensignet montiert war.

Autobianchi Bianchina
1957-1977

Auf der Basis des neuen Fiat 500 baute Autobianchi seine Bianchina. Die Technik entsprach weitgehend dem Massenmodell, allerdings spendierten die Designer der Front und dem Heck des Kleinwagens ein neues Design. Neben dem knapp geschnittenen Bianchina Coupé gab es die geräumige Berlina Quattroposti, eine viersitzige Limousine. Allerdings fiel das beim Fiat 500 Nuova serienmäßige Faltdach weg, doch Frischluft-Fans konnten zum Bianchina Cabriolet greifen: ein außergewöhnlich hübsches offenes Auto, das immerhin 8000 Liebhaber fand. Auch in einer Kombi-Version war die Bianchina erhältlich: Die Nobelausführung hieß Panoramica und bot große Fensterflächen und eine praktische Heckklappe. Nach 1970 baute Autobianchi zwar noch die einfache Bianchina Giardinera, doch die Karosserie entsprach jetzt weitgehend dem Fiat 500.

Die Nobelversion des Fiat 500: Autobianchi Bianchina Cabriolet

Motor/Antrieb	
Bauart	Zweizylinder (Reihe)
Lage/Antrieb	Heck/Heck
Hubraum in cm³	479, 499
Leistung in PS bei U/min	18 bei 4000 bis 21 bei 4600
Vmax in km/h	90 bis 95
Karosserie	
Bauart	Limousine (2-türig), Coupé, Cabriolet, Kombi
Tragstruktur	selbsttragend
Material	Stahlblech
Stückzahl und Marktsituation	
Produktionszahl	k.A.
Verfügbarkeit	gut
Teilesituation	gut
Unterhaltskosten	niedrig

Preise in Euro	A	B	C	D	E
Bianchina, L2t	7.100	4.300	2.900	1.100	400
Bianchina, Cab	12.500	8.700	7.100	4.100	2.100

Autobianchi (I)

Autobianchi Primula   1964-1970

Zu einer Zeit, als der Käfer noch sehr munter krabbelte, hatten sich die Italiener schon auf weit fortschrittlichere Konzepte besonnen. Ein wenig beachteter Trendsetter war der Autobianchi Primula, der 1964 der Öffentlichkeit vorgestellt wurde. Mit quer eingebautem Frontmotor, Vorderradantrieb, großer Heckklappe und variablem Innenraum setzte er die Maßstäbe in der Kompaktklasse, die bis heute gültig sind. Für ein Auto seiner Klasse bot er besonders viel Platz. Um auch die konservativere Kundschaft zu bedienen, stellte Autobianchi der Schrägheckversion auch eine klassische Limousine zur Seite. Ergänzt wurde die Baureihe durch ein von Touring karossiertes Coupé, optisch besonders attraktiv und mit herkömmlichem Kofferraumdeckel bestückt. Hier sorgte der 1,4-Liter-Motor des Fiat 124 für bessere Fahrleistungen.

Fortschrittliches Konzept mit vielen Ideen: Autobianchi Primula

Motor/Antrieb	
Bauart	Vierzylinder (Reihe)
Lage/Antrieb	Front/Front
Hubraum in cm³	1197, 1221, 1438
Leistung in PS bei U/min	59 bei 5400 bis 75 bei 5500
Vmax in km/h	135 bis 155
Karosserie	
Bauart	Limousine (3-türig), Limousine (5-türig), Coupé
Tragstruktur	selbsttragend
Material	Stahlblech
Stückzahl und Marktsituation	
Produktionszahl	k.A.
Verfügbarkeit	gegen null
Teilesituation	sehr schwierig
Unterhaltskosten	mittel

Preise in Euro	1	2	3	4	5
Primula 1200, L3t	4.900	3.300	2.000	800	200
Primula 1200, Cpe	5.800	3.700	2.400	900	200

Autobianchi A111   1969-1973

Autobianchi war mit der Entwicklung neuer Modelle wohl zu beschäftigt, um phantasievollere Typenbezeichnungen zu finden. So tauften die Italiener ihre neue Mittelklasselimousine schlicht A111. Die große formale Ähnlichkeit zum Fiat 124 machte den Wagen unauffällig, dabei glänzte er nicht nur durch eine deutlich bessere Ausstattung. Auch auf technischer Seite hatte Autobianchi gewirkt: Der 75 PS starke Reihenvierzylinder gab seine Kraft an die Vorderräder ab. In vielen Exportmärkten hatte Citroën den Vertrieb übernommen. Auf deutschen Straßen blieb er im Gegensatz zum weit verbreiteten Fiat-Modell dennoch ein Außenseiter. Nach nur vierjähriger Produktionszeit stellte Autobianchi die Produktion des A111 wieder ein. Heute sind nur wenige Exemplare nicht völlig vom Rost zerfressen – und die sind schwer zu finden.

Vergessener Fronttriebler: Autobianchi A111

Motor/Antrieb	
Bauart	Vierzylinder (Reihe)
Lage/Antrieb	Front/Front
Hubraum in cm³	1438
Leistung in PS bei U/min	75 bei 5500
Vmax in km/h	155
Karosserie	
Bauart	Limousine (4-türig)
Tragstruktur	selbsttragend
Material	Stahlblech
Stückzahl und Marktsituation	
Produktionszahl	k.A.
Verfügbarkeit	gegen null
Teilesituation	schwierig
Unterhaltskosten	mittel

Preise in Euro	1	2	3	4	5
A 111, L4t	5.000	2.900	1.600	700	200

Autobianchi A112, A112 Abarth, A112 Junior   1969-1986

Die Zählweise bei Autobianchi hat niemand so recht verstanden: Der A112 war um Klassen kleiner als der ebenfalls 1969 vorgestellte A111. Vor der Entwicklung des Kompaktwagens mag sich Autobianchi das erfolgreiche Konzept des damals bereits zehn Jahre alten Austin Mini genau angesehen haben. Die Umsetzung gelang ihnen entsprechend moderner: Mit praktischer Heckklappe, raumökonomisch sinnvoll quergestellten Motoren und Frontantrieb wusste der Kleine zudem mit spritzigen, sparsamen Motoren zu überzeugen. In der Tradition des Mini Cooper stellten die Italiener dem Basismodell eine dynamische Abarth-Version mit 58 PS zur Seite, die mit ihrer mattschwarz lackierten Motorhaube auch optisch vom Leistungszuwachs kündete. Die Eingliederung in die Marke Lancia brachte motorseitige Veränderungen, und der Erfolg des 1980 überarbeiteten Modells hielt bis 1986 an.

Mini auf Italienisch: Autobianchi A112

Motor/Antrieb	
Bauart	Vierzylinder (Reihe)
Lage/Antrieb	Front/Front
Hubraum in cm³	903, 982
Leistung in PS bei U/min	44 bei 6000 bis 70 bei 6600
Vmax in km/h	140 bis 160
Karosserie	
Bauart	Limousine (2-türig)
Tragstruktur	selbsttragend
Material	Stahlblech
Stückzahl und Marktsituation	
Produktionszahl	k.A.
Verfügbarkeit	ausreichend
Teilesituation	ausreichend
Unterhaltskosten	niedrig

Preise in Euro	1	2	3	4	5
A 112 (44 PS), L2t	3.500	2.000	1.200	500	100
A112 Junior, L2t	3.200	1.700	900	400	100

KOLBEN
für Veteranen und andere Motoren
Preisliste gegen Rückporto von € 2,65
LEO DÜMPERT
Haus Nr. 24 · 29487 Bülitz
Tel. (0 58 44) 18 62 · Fax (0 58 44) 18 35

Avanti (USA) • 1965-1991

Der Werdegang der kleinen Firma Avanti zeugt von einer der vielen Skurrilitäten, die das vergangene Jahrhundert zum Thema Automobilgeschichte geschrieben hat.

1965 wurde das Unternehmen in Amerika gegründet. Sein Ziel war klar definiert: Die Firma sollte den Studebaker Avanti weiterbauen. Mit dessen Ende hatten sich Kenner und Liebhaber nicht abfinden wollen, nachdem Studebaker 1964 die Tore geschlossen hatte. Der Avanti II, den die Firma nun in der Studebaker-Heimatstadt South Bend baute, war äußerlich eine Replik, unter dem Blech saß jedoch Chevrolet-Technik. Die weitgehend auf Handarbeit beruhende Produktion konnte bis Ende der achtziger Jahre fortgesetzt werden.

Avanti II — 1969-1990

Weil sich zwei ehemalige Studebaker-Vertragshändler mit dem Produktionsende des Avanti nicht abfinden wollten, gründeten sie einfach eine neue Firma, die das interessante Coupé weiterbauen sollte. Der Plan gelang überraschenderweise. Die Form der von Stardesigner Raymond Loewy entworfenen Karosserie blieb nahezu unberührt, nur Details passte Avanti an: So trug der Avanti II beispielsweise integrierte Stoßfänger. Ein größerer Wandel vollzog sich unter dem Blech. Die Produktion der Original-Motoren war ebenfalls beendet worden, weshalb der Avanti II mit großvolumigen Achtzylindermotoren von Chevrolet ausgerüstet wurde. Im Zuge der Modellentwicklung, die nach außen nicht immer sofort sichtbar wurde, ergänzte ab 1985 eine Cabrioversion das charaktervolle Coupé. Erst 1990 endete die Fertigung.

Neuauflage des Loewy-Designs: Avanti II

Motor/Antrieb	
Bauart	V8
Lage/Antrieb	Front/Heck
Hubraum in cm³	5354, 5733, 6573, 5001
Leistung in PS bei U/min	152 bei 4000 bis 304 bei 4800
Vmax in km/h	170 bis 200
Karosserie	
Bauart	Limousine (2-türig), Cabriolet
Tragstruktur	Kastenrahmen
Material	Kunststoff
Stückzahl und Marktsituation	
Produktionszahl	k.A.
Verfügbarkeit	ausreichend
Teilesituation	ausreichend
Unterhaltskosten	hoch

Preise in Euro	1	2	3	4	5
Avanti II bis 1984, Cpe	25.000	17.200	9.700	4.300	1.900

AWS (D) • 1971-1974

Mitte der 1960er-Jahre startete der Autohändler Walter Schätzle in Oberhöchstadt/Taunus die Produktion von etwa 150 neuen Borgward Isabella-Limousinen aus alten Ersatzteilbeständen. Als diese zur Neige gingen, begann er mit der Entwicklung eines Kleinwagens auf Goggomobil-Basis. 1971 begann unter dem Markenzeichen AWS (Autowerk Walter Schätzle) die Serienfertigung in Oberbessingen, die im September 1973 ausgebaut und nach Berlin-Rudow verlagert wurde. Im Juli 1974 ging AWS in Konkurs. Walter Schätzle war später Peugeot-Händler in Oberhöchstadt.

AWS Shopper 250 — 1973-1974

Der Shopper war ein Primitiv-Automobil mit Motor und Chassis des Goggomobil, versehen mit einer Karosserie aus kunststoffbeschichteten Stahlblechen, Alu-Winkeln und Steckverbindungen, die eine kostengünstige Kleinserien-Produktion ohne Blechpressen und Lackiererei ermöglichten. Beworben wurde der Shopper als preiswerter Einkaufs- und Freizeit-Zweitwagen für junge Leute. Tatsächlich bestand die AWS-Klientel vorwiegend aus betagten Herrschaften, die ihre alten Goggomobile ersetzen wollten, nicht aber ihre Führerscheine der Klasse IV. Diese Kundschaft war auch am ehesten bereit, für den Shopper stolze 5700 Mark zu bezahlen. So wurden immerhin 1400 Shopper abgesetzt, die meisten allerdings nicht als Cabriolet, sondern als Kombi-Limousine mit Hecktürchen. Heute sind die AWS Shopper nur für Kleinwagen-Sammler von Interesse.

Ästhetik stand nicht im Lastenheft:
AWS Shopper 250

Motor/Antrieb	
Bauart	Zweizylinder-Zweitaktmotor
Lage/Antrieb	Heck/Heck
Hubraum in cm³	247
Leistung in PS bei U/min	13,6 bei 5400
Vmax in km/h	80
Karosserie	
Bauart	Limousine (2-türig), Cabriolet
Tragstruktur	Plattformrahmen
Material	Alu-Steckrahmen, Stahlblechverkleidung
Stückzahl und Marktsituation	
Produktionszahl	1400
Verfügbarkeit	schlecht
Teilesituation	schwierig
Unterhaltskosten	niedrig

Preise in Euro	1	2	3	4	5
Shopper 250, Cab	3.000	1.700	800	200	50

Bentley (GB) • seit 1919

W.O. Bentley (1888 - 1971)

1919 präsentierte Walter Owen Bentley, den alle Welt stets voller Respekt W.O. nannte, sein erstes Automobil. Der damals 31-Jährige stammte aus einer gut situierten wie kinderreichen Familie. Er liebte Motorräder, ließ sich in einem Lokomotiv-Werk ausbilden und importierte, zusammen mit einem Bruder, Automobile ins Vereinigte Königreich. Und er galt als Perfektionist.

Sein Plan war, den ersten ernst zu nehmenden Sportwagen Großbritanniens zu bauen. 1921 kam der erste Bentley auf den Markt: 80 PS leistet der drei Liter große Vierzylinder, der bereits vier Ventile pro Brennraum und eine oben liegende Nockenwelle aufweist. Doch die neuen Bentley waren nicht nur schnell, sondern überzeugten auch mit guten Fahreigenschaften.

Schwere Tourenwagen und Limousinen folgten, doch es waren die Rennwagen, deren großartige Erfolge bei den 24 Stunden von Le Mans und anderen Rennen die Marke Bentley berühmt machten. Wie so oft in jenen Jahren, verliert der Gründer immer mehr Macht im eigenen Unternehmen. Investoren hatten das Sagen, ohne das Unternehmen vor den Wirren der weltweiten Wirtschaftskrise Ende der zwanziger Jahre retten zu können.

Über eine unbekannte Subfirma kauft Rolls-Royce 1931 den bankrotten Konkurrenten Bentley auf. Der Markenname Bentley durfte unter dem neuen Dach zwar bleiben, mit der Eigenständigkeit der technischen Entwicklung jedoch war es vorbei: Die neuen Bentley-Modelle basierten fortan auf Rolls-Royce-Technik, und statt Sport und Leistung standen überlegene Qualität und Zuverlässigkeit im Vordergrund. Für W.O. Bentley eine schwere Zeit: Bis 1935 muss er noch bei Rolls-Royce arbeiten, bevor er zu Lagonda wechselt. Etwas kleiner und billiger als der entsprechende Rolls-Royce, ging 1946 der Bentley Mk VI als erstes Nachkriegsmodell in Serie. Immer ähnlicher wurden sich Bentley und Rolls-Royce in den folgenden Jahren, bis sie sich letztlich nur noch durch ihre markentypischen Kühlergesichter unterschieden. Die Bentley wurden jedoch weiterhin als eher sportliche Wagen für den Selbstfahrer positioniert, sie wirkten zudem diskreter als die Schwestermodelle von Rolls-Royce, hinter deren Lenkrädern sich oft Chauffeure fanden.

Als die beiden Marken in den späten neunziger Jahren zum Verkauf standen, rangelten sich BMW und Volkswagen um die mondänen wie prestigeträchtigen Namen. Das Tauziehen zwischen Ferdinand Piëch, damals VW-Chef in Wolfsburg, und Bernd Pischetsrieder, der BMW in München vorstand, zählt zu einer höchst spannenden Anekdote der Automobilgeschichte. Heute hat Bentley unter dem VW-Dach Unterschlupf gefunden, während die Bayern bei Rolls-Royce das Sagen haben. So endete nach rund 70 Jahren die Zwangsehe von Bentley und Rolls-Royce: Gemeinsam ist beiden nur noch die Geschichte.

Handarbeit für außergewöhnliche Automobile: Bentley-Werk in Cricklewood

Bentley 3.5 Litre — 1933-1936

Die Bentley-Modelle aus den Jahren nach 1933, zwei Jahre nach der Übernahme der Marke durch Rolls-Royce, sind solide gebaut und mit Karosserien verschiedener Hersteller versehen. Der 3.5 Litre verfügt über einen Sechszylindermotor, der wie die restliche Technik recht robust ist. Das 115 PS starke Aggregat schöpft seine Kraft unter anderem aus zwei Kompressoren – mit einer Höchstgeschwindigkeit von knapp 150 Stundenkilometern verband der Bentley die Agilität eines Sportwagens mit äußerst angenehmem Komfort. Das Werk bewarb den 3.5 Litre als „The Silent Sports Car", den ruhigen Sportwagen. Es gab ihn als Cabriolet oder Saloon, als Tourer oder Shooting Brake. Wie üblich wird heute für die offenen Versionen erheblicher Aufpreis im Vergleich zu den geschlossenen gezahlt.

Flüsterndes Kraftwerk: Bentley 3.5 Litre

Motor/Antrieb	
Bauart	Sechszylinder (Reihe)
Lage/Antrieb	Front/Heck
Hubraum in cm³	3669
Leistung in PS bei U/min	115 bei k.A.
Vmax in km/h	148
Karosserie	
Bauart	Cabriolet, Limousine (4-türig), Tourer
Tragstruktur	Kastenrahmen
Material	Stahlblech
Stückzahl und Marktsituation	
Produktionszahl	1177
Verfügbarkeit	gegen null
Teilesituation	sehr schwierig
Unterhaltskosten	hoch

Preise in Euro	1	2	3	4	5
3,5 Litre, L4t	61.500	43.500	28.100	13.800	9.200
3,5 Litre, Cab	112.500	89.500	61.400	35.800	17.900

Bentley Mk VI — 1946-1952

Auch in der Nobelklasse hieß es nach 1945 Verzicht zu üben. Einen Beitrag der ganz speziellen Art dazu lieferte das relativ kompakt gehaltene Modell Mk VI, das ebenso wie das Schwestermodell Silver Dawn der Marke Rolls-Royce mit zwei Motoren antrat, die über 4,3 und 4,6 Liter Hubraum verfügten. Sparen hieß auch, eine Karosserie von der Stange zu verbauen: Standard Steel presste die Bleche in weiterhin opulente Formen. Leider hat sich das Blech auf Dauer als wenig resistent gegen Rost erwiesen. Das ist bis heute an den Preisen zu merken, die für das sonst übliche Niveau dieser Marke etwas moderater ausfallen. Eine Ausnahme machen dagegen die Sonderkarosserien der verschiedenen Spezialisten, die deutlich höher gehandelt werden. Wie üblich werden zudem auch beim Bentley Mk VI die offenen Versionen mit deutlichen Aufschlägen belegt.

Bescheidenheit auf hohem Niveau: Bentley Mk VI

Motor/Antrieb	
Bauart	Sechszylinder (Reihe)
Lage/Antrieb	Front/Heck
Hubraum in cm³	4257, 4566
Leistung in PS bei U/min	k.A.
Vmax in km/h	150 bis 160
Karosserie	
Bauart	Limousine (4-türig), Cabriolet
Tragstruktur	Kastenrahmen
Material	Stahlblech
Verfügbarkeit	
Produktionszahl	5201
Verfügbarkeit	gegen null
Teilesituation	schwierig
Unterhaltskosten	hoch

Preise in Euro	1	2	3	4	5
Mk VI 4,3 Litre, L4t	47.000	36.500	25.000	13.500	6.000

Bentley (GB)

Bentley R Continental — 1952-1955

Schon 1949 hatte H. J. Mulliner einen Bentley mit Fließheckkarosserie entworfen. Diese Idee tauchte Anfang 1952 wieder auf: Als Continental Sports Saloon besaß er einen mit 1:7,25 höher verdichteten und daher leistungsstärkeren Motor. Bentley wie auch Rolls-Royce schwiegen jedoch weiterhin beharrlich, wenn es um Leistungsangaben ging. Jedenfalls reichte die Kraft für ordentliche Fahrleistungen, rund 200 Stundenkilometer Höchstgeschwindigkeit erreichte der aerodynamische Stromlinien-Bentley, der so zum schnellsten serienmäßig gebauten viersitzigen Sportwagen der Welt wurde. Der Name Continental war ein Hinweis auf die höheren Geschwindigkeiten, die auf dem Festland gefahren wurden. Die eleganten Fastback-Bentleys mit ihrer sportlich-schlanken Erscheinung erzielen heute sehr hohe Preise.

Mit Flossen dem Zeitgeist hinterher: Bentley R Continental

Motor/Antrieb					
Bauart				Sechszylinder (Reihe), V8	
Lage/Antrieb				Front/Heck	
Hubraum in cm³				4566, 6230	
Leistung in PS bei U/min				k.A.	
Vmax in km/h				190 bis 200	
Karosserie					
Bauart		Limousine (2-türig), Limousine (4-türig), Coupé, Cabriolet			
Tragstruktur				Kastenrahmen	
Material				Stahlblech	
Stückzahl und Marktsituation					
Produktionszahl				207	
Verfügbarkeit				ausreichend	
Teilesituation				ausreichend	
Unterhaltskosten				hoch	
Preise in Euro	1	2	3	4	5
R Continental, Cpe	180.000	140.000	100.000	–	–

Bentley R-Type (B7) — 1952-1955

Auf eine nur dreijährige Bauzeit kann der R-Type zurückblicken. Kein Wunder, denn im Grunde waren die Unterschiede zum Mk VI kaum zu bemerken: Der Kundengunst leistete der vergrößerte Gepäckraum ebenso wenig Vortrieb wie die neue, elektrisch beheizbare Heckscheibe oder das auf Wunsch lieferbare General-Motors-Automatikgetriebe Hydramatic, das Rolls-Royce überarbeitet und seinen Anforderungen angepasst hatte. Den Antrieb besorgte nun ausschließlich das 4,6 Liter große Aggregat, das mit 1:6,4 denkbar niedrig verdichtet war. Es lief ruhig und komfortabel, allerdings war die auch hier als ausreichend angegebene Leistung nicht allzu üppig vorhanden: die Fahrleistungen waren nicht berauschend. Folglich hielt sich die Kundschaft zurück, und Bentley fand weniger Interessenten als noch für den Mark VI.

Keine großen Neuerungen: Bentley R-Type

Motor/Antrieb					
Bauart				Sechszylinder (Reihe)	
Lage/Antrieb				Front/Heck	
Hubraum in cm³				4566, 4887	
Leistung in PS bei U/min				k.A.	
Vmax in km/h				160 bis 190	
Karosserie					
Bauart				Limousine (4-türig)	
Tragstruktur				Kastenrahmen	
Material				Stahlblech	
Stückzahl und Marktsituation					
Produktionszahl				2320	
Verfügbarkeit				gegen null	
Teilesituation				schwierig	
Unterhaltskosten				hoch	
Preise in Euro	1	2	3	4	5
R-Type, L4t	45.000	35.000	24.000	12.900	5.600

Bentley S1, S2, S3 — 1955-1966

Zunächst war es nur eine neue Karosserie, die den S 1 wesentlich vom bisher gebauten R-Type unterschied. Das war immerhin ein deutlicher Fortschritt. Die Erscheinung war jetzt moderner und glattflächiger, dennoch blieb das markentypische, konservative Erscheinungsbild erhalten. Unter dem edlen Blech hatte sich zunächst allerdings kaum etwas getan: Beim Modell S 1 übernahm wieder die alte Sechszylindermaschine den Vortrieb, allerdings war der Hubraum jetzt auf knapp 4,9 Liter gestiegen. Ab 1959 kam in der S2-Serie der 6,2 Liter große V-Achtzylinder zum Einsatz. Das hob die Fahrleistungen der 5,25 bis 5,38 Meter langen Luxuswagen endlich auf ein standesgemäßes Niveau an – auf bis zu 180 Stundenkilometer konnten die Chauffeure beschleunigen. Neben dem Saloon gab es Limousinen auf verlängerten Chassis und Drophead Coupés genannte Cabriolets.

Die klassische Form war modern genug: Bentley S1

Motor/Antrieb					
Bauart				Sechszylinder (Reihe), V8	
Lage/Antrieb				Front/Heck	
Hubraum in cm³				4566, 6230	
Leistung in PS bei U/min				k.A.	
Vmax in km/h				165 bis 180	
Karosserie					
Bauart				Limousine (4-türig), Tourer	
Tragstruktur				Kastenrahmen	
Material				Stahlblech	
Stückzahl und Marktsituation					
Produktionszahl				7357	
Verfügbarkeit				ausreichend	
Teilesituation				ausreichend	
Unterhaltskosten				hoch	
Preise in Euro	1	2	3	4	5
S1, L4t	50.000	36.700	26.200	14.000	6.100
S2, L4t	48.500	35.600	24.500	12.900	5.600
S3, L4t	54.500	39.000	29.000	15.600	6.700

Bentley Series T — 1965-1980

Den Übergang zu modernen Konstruktionsmethoden vollzog Bentley analog zu Rolls-Royce bei dem Modell T-Saloon: Selbsttragende Karosserie, Einzelrad-Aufhängung und Scheibenbremsen an allen vier Rädern vermittelten ein neues Fahrgefühl. Die pontonförmige Karosserie wirkte trotz deutlicher Straffung weiterhin recht konservativ gestylt und wurde vom Publikum gut angenommen. Von einer eigenen Markenidentität war beim Bentley T im Vergleich zum Rolls-Royce Silver Shadow außer dem typischen Bentley-Kühlergesicht nichts übrig geblieben. Unter der vieldiskutierten Karosserie von 5,17 Meter Länge ähnelten sich die beiden Modelle wie ein Ei dem anderen. Die kontinuierliche Weiterentwicklung umfasste 1969 schließlich auch das Armaturenbrett mit Polsterumrahmung und versenkt angeordneten Schaltern.

Für Stammkunden ein völlig neues Gefühl: Bentley Series T

Motor/Antrieb					
Bauart				V8	
Lage/Antrieb				Front/Heck	
Hubraum in cm³				6230, 6750	
Leistung in PS bei U/min				260	
Vmax in km/h				190	
Karosserie					
Bauart				Limousine (4-türig)	
Tragstruktur				selbsttragend	
Material				Stahlblech	
Stückzahl und Marktsituation					
Produktionszahl				1712 (bis 1976)	
Verfügbarkeit				ausreichend	
Teilesituation				ausreichend	
Unterhaltskosten				hoch	
Preise in Euro	1	2	3	4	5
T1 6,8 Litre, L4t	36.800	23.900	15.500	6.700	4.300
T2, L4t	37.800	24.900	16.100	7.200	4.400

Bentley (GB) • Berkley (GB)

Bentley Series T Corniche — 1966-1977

Ohne technische Änderungen platzierte Bentley auch die zweitürigen Coupé- und Cabriolet-Versionen auf Basis der T-Limousine. Auch sie entsprachen den entsprechenden Rolls-Royce-Varianten, nur die Kühlermaske präsentierte sich im markentypischen Stil. Den sportlicheren Auftritt der Zweitürer dokumentierte ein dezenter Hüftknick nach außen, ansonsten blieb es bei der strengen und konservativen Formgebung. Von der sehr viel größeren optischen Eigenständigkeit der alten Continental-Modelle war bei der modernen Baureihe leider nichts übrig geblieben. Die selbsttragenden Karosserien ließen die große Individualität, wie sie einst üblich war, nicht mehr zu. Immer noch beruft sich Bentley auf die große Sportwagen-Tradition der Marke, die in den Rennerfolgen der zwanziger und dreißiger Jahre gründet.

Mit einem Hauch an Sportlichkeit: Bentley Series T Corniche

Motor/Antrieb	
Bauart	V8
Lage/Antrieb	Front/Heck
Hubraum in cm³	6230, 6750
Leistung in PS bei U/min	260
Vmax in km/h	190
Karosserie	
Bauart	Coupé, Cabriolet
Tragstruktur	selbsttragend
Material	Stahlblech
Stückzahl und Marktsituation	
Produktionszahl	k.A.
Verfügbarkeit	schlecht
Teilesituation	ausreichend
Unterhaltskosten	hoch

Preise in Euro	1	2	3	4	5
Corniche, Cpe	43.000	32.000	19.000	11.000	7.000
Corniche, Cab	68.000	47.500	31.500	17.600	9.400

Berkeley (GB) • 1956 - 1961

Berkeley begann 1956 mit dem Bau von kleinen Sportwagen. Der Wohnwagen-Hersteller präsentierte ein leichtes und preiswertes Fahrzeug, das optisch überzeugen konnte. Konstruiert hatte es Lawrence Bond. Berkeley bot verschiedene Zwei- und Viertaktmotoren an, die Schwächsten leisteten gerade 15 PS. Den größten Erfolg verbuchte Berkeley mit dem Excelsior, einem ab 1958 gebauten Dreirad mit einem 328 Kubikzentimeter großen Motor. Es wurde mit rund 900 Exemplaren der Bestseller von Berkeley. Lange währte der bescheidene Erfolg nicht: Schon 1960 geriet Berkeley in Schwierigkeiten. Mit dem neuen Modell Bandit, das mit einem Ford-Anglia-Motor in Serie gehen sollte, hatte sich die kleine Marke finanziell übernommen.

Das Berkeley-Logo zierte die kleinen Sportler

Berkeley 328, SE 492, Sports B 90 — 1956-1959

Eine Kunststoffkarosserie mit einlaminierter Metallverstärkung sowie rundum einzeln aufgehängte Räder kennzeichnen die ungewöhnliche Kleinwagenkonstruktion, die Berkeley 1956 präsentiert hatte. Mit kleinen Zweitaktmotoren von Anzani und Excelsior kam das Leichtgewicht auf ansehnliche Fahrleistungen – mit bis zu 130 Stundenkilometern Höchstgeschwindigkeit überraschte die Leistungswilligkeit der lediglich zwischen 328 und 500 cm³ großen Triebwerke. Zwei Erwachsene und notfalls auch zwei Kinder durften mitfahren, zudem gab es ein Coupédach aus Polyester als Extra. Das Reserverad fand sich unter dem Armaturenbrett vor dem Beifahrer. Berkeley konnte vor allem junge Leute für den offenen Sportwagen gewinnen, der noch in die Ära vor dem Austin-Healey Sprite fiel: Die günstigen Preise konnten damals viele Interessenten überzeugen.

Skurriler Kleinst-Sportler aus England: Berkeley Sports (Prototyp)

Motor/Antrieb	
Bauart	Zweizylinder-Zweitaktmotor, Dreizylinder-Zweitaktmotor
Lage/Antrieb	Front/Heck
Hubraum in cm³	322, 328, 492
Leistung in PS bei U/min	15 bei 5000, 18 bei 5000, 30 bei 5500
Vmax in km/h	100 bis 130
Karosserie	
Bauart	Roadster
Tragstruktur	teilw. selbsttragend
Material	Kunststoff
Stückzahl und Marktsituation	
Produktionszahl	666 (Typ 492); 350 (Typ 328)
Verfügbarkeit	gegen null
Teilesituation	sehr schwierig
Unterhaltskosten	mittel

Preise in Euro	1	2	3	4	5
Berkeley B 65, Rds	9.000	5.600	3.100	1.500	450

Berkeley B 90 — 1959-1960

Nicht mehr ganz so minimalistisch gab sich Berkeleys zweites Modell. Mit 3,33 Metern Länge blieb der B 95 zwar enorm kurz, obwohl allein sein Radstand um 20 Zentimeter gewachsen war. Formal konnte das Foursome genannte Coupé nicht mehr so überzeugen wie die knackige Ur-Variante – dafür bot es sogar vier Personen Platz. Insgesamt wirkte der leichte Berkeley mit dem Royal Enfield-Viertakter viel erwachsener: Knapp 700 Kubikzentimeter Hubraum reichten, um ihn auf bis zu rund 170 km/h zu katapultieren – beachtlich! Doch der Konkurrenzdruck auf Berkeley nahm zu, beispielsweise durch den Austin-Healey Sprite, der fürs gleiche Geld zwar weniger Individualität bot, jedoch professioneller gefertigt wurde.

Eine Idee wächst: Berkeley 90 Foursome

Motor/Antrieb	
Bauart	Zweizylinder (Reihe)
Lage/Antrieb	Front/Heck
Hubraum in cm³	692
Leistung in PS bei U/min	41 bei 5500 bis 51 bei 6250
Vmax in km/h	150 bis 170
Karosserie	
Bauart	Coupé
Tragstruktur	teilw. selbsttragend
Material	Kunststoff
Verfügbarkeit	
Produktionszahl	k.A.
Verfügbarkeit	gegen null
Teilesituation	schwierig
Unterhaltskosten	niedrig

Preise in Euro	1	2	3	4	5
B 95 Foursome, Cpe			keine Notierung		
B 105 Foursome, Cpe			keine Notierung		

Berkeley (GB) • Bitter (D)

Berkeley B 95, 105 Twosome — 1959-1960

Keine besonders glückliche Hand scheint Berkeley bei der Umgestaltung der Wagenfront bei dem Nachfolger des Ur-Roadsters gehabt zu haben. Der neue Berkeley Twosome trug jetzt einen stehenden Kühlergrill und normale, stehende Scheinwerfer, die nicht mehr unter aerodynamischen Plastikhauben verborgen waren. Was allerdings blieb, war das sensationell niedrige Gewicht von nur rund 350 Kilogramm. Daher konnte der kleine Fronttriebler überraschende Fahrleistungen bieten. Den Antrieb übernahmen Royal Enfield-Motoren: der Meteor beim B 95, der Constellation beim B 105. In Anbetracht der knappen Abmessungen bot der Berkeley ein geräumiges Cockpit und konnte auf Wunsch sogar mit einem Hardtop aus Kunststoff ausgerüstet werden. Heute tauchen Berkeleys nur vereinzelt auf dem Klassikermarkt auf, am häufigsten natürlich in Großbritannien – und die Preise sind durchaus attraktiv.

Sprite & Co. besiegelten sein Ende: Berkeley B 95 Twosome

Motor/Antrieb	
Bauart	Zweizylinder (Reihe)
Lage/Antrieb	Front/Heck
Hubraum in cm³	692
Leistung in PS bei U/min	41 bei 5500 bis 51 bei 6250
Vmax in km/h	155 bis 170
Karosserie	
Bauart	Roadster
Tragstruktur	teilw. selbsttragend
Material	Kunststoff
Stückzahl und Marktsituation	
Produktionszahl	60 (Typ B 95); 40 (Typ B 105)
Verfügbarkeit	gegen null
Teilesituation	schwierig
Unterhaltskosten	niedrig

Preise in Euro	1	2	3	4	5
B 95 Twosome, Rds	9.500	6.100	3.400	1.800	500
B 105 Twosome, Rds	10.000	6.500	3.500	1.900	550

Bitter (D) • 1971-1986

Als kleinste Automobilfabrik Deutschlands machte seit 1971 die Sportwagen-Manufaktur des ehemaligen Rennfahrers Erich Bitter von sich reden. Bitter, der gute Beziehungen zu Opel unterhielt, entwickelte einen Coupé-Prototyp des Designers Pietro Frua auf Diplomat-V8-Basis zur Serienreife weiter.

In Schwelm, einer Kleinstadt in Westfalen, baute er 1973 seine eigene Automarke auf. Als die Diplomat-Serie 1977 einschlief, präsentierte der alerte Einzelunternehmer ein neues Coupé auf Basis des Opel Senator A 3.0 E. 1986 geriet Bitter in wirtschaftliche Schwierigkeiten und musste die Produktion des SC einstellen, obwohl die Nachfrage überraschend kräftig ausgefallen war. Erich Bitter plante vor Jahren ein Comeback: Auf der IAA 1995 stellte er den Prototyp einer Luxus-Limousine mit Omega MV6-Technik aus. Bis heute hört man im regelmäßigen Rhythmus Gerüchte über sein Comeback.

Bitter CD — 1973-1979

Mit dem Bitter CD erhielt Opel ohne allzu große eigene Investitionen ein Topmodell der Exklusiv-Klasse. Vertrieben wurde das Gran-Turismo-Coupé über ausgewählte Opel-Händler. Die Herstellung des Bitter CD hatte die Karosseriefabrik Baur in Stuttgart übernommen. Unter dem Designer-Kleid befand sich die Serientechnik des damaligen Diplomat V8 mit 230-PS-Chevrolet-Motor und 3-Gang Turbo-Hydramatic-Automatikgetriebe. Feines Leder und edle Hölzer untermauerten den Oberklasse-Anspruch des Autos, zu dessen prominentesten Fahrern die Fußball-Legende Paul Breitner zählte. Der Kaufpreis war nicht niedrig: Immerhin 60.000 Mark verlangte Erich Bitter für das exklusive Coupé. Insgesamt entschieden sich 395 Kunden für einen Bitter CD. Heute ist die Nachfrage gedämpft: Mit etwas Glück lässt sich ein gutes Exemplar zu vernünftigem Preis auftreiben.

Luxus-Coupé mit problemloser Großserientechnik: Bitter CD

Motor/Antrieb	
Bauart	V8
Lage/Antrieb	Front/Heck
Hubraum in cm³	5354
Leistung in PS bei U/min	230 bei 4700
Vmax in km/h	210
Karosserie	
Bauart	Coupé
Tragstruktur	selbsttragend
Material	Stahlblech
Stückzahl und Marktsituation	
Produktionszahl	395
Verfügbarkeit	schlecht
Teilesituation	ausreichend
Unterhaltskosten	hoch

Preise in Euro	1	2	3	4	5
CD, Cpe	23.500	18.000	12.500	6.400	2.500

Bitter SC — 1981-1986

Weniger glücklich verlief die Karriere des Bitter SC auf der Basis des Senator 3.0 E. Dieses Coupé ließ Erich Bitter bei Giovanni Michelotti entwerfen, der sich sichtlich von den Linien des Ferrari 400 inspirieren ließ. Die gediegene Linie des SC fand speziell auf dem US-Markt große Resonanz, allerdings hatte Erich Bitter mit massiven Qualitätsproblemen zu kämpfen: Weil Baur mit der Fertigung des BMW M1 ausgelastet war, wurden die Karosserien in Italien gefertigt und in Schwelm endmontiert. Das Finish wurde besser, als Steyr-Puch in Graz die Montage übernahm. Rund 600 Exemplare entstanden bis 1986, die meisten mit dem 3,9-Liter-Motor, der 15.000 Mark Aufpreis kostete und den Preis des SC auf die 100.000 Mark-Grenze trieb. Es gab außerdem etwa 20 Cabriolets, eine Handvoll Viertürer-Limousinen und einige Bitter SC mit Ferguson-Allradantrieb.

Massive Qualitätsprobleme: Bitter SC

Motor/Antrieb	
Bauart	Sechszylinder (Reihe)
Lage/Antrieb	Front/Heck
Hubraum in cm³	2968, 3849
Leistung in PS bei U/min	180 bei 5800, 210 bei 5100
Vmax in km/h	200 bis 225
Karosserie	
Bauart	Coupé, Cabriolet, Limousine (4-türig)
Tragstruktur	selbsttragend
Material	Stahlblech
Stückzahl und Marktsituation	
Produktionszahl	ca. 600
Verfügbarkeit	gut
Teilesituation	gut
Unterhaltskosten	hoch

Preise in Euro	1	2	3	4	5
SC, Cpe	28.000	20.500	14.000	7.500	3.000

Bizzarrini (I) • 1964 - 1969

Dr. Giotto Bizzarrini arbeitete als Ingenieur bei Alfa Romeo und Ferrari. 1961 machte er sich selbständig und gründete die Firma Autostar, die sich mit der Motorenentwicklung beschäftigte. Ab 1964 hieß sein Betrieb Prototipi Bizzarrini. Vor allem in Amerika verkauften sich seine Wagen gut, doch die Stückzahlen waren stets gering. Noch 1968 präsentierte Bizzarrini die Studie Manta, die Giorgetto Giugiaro gezeichnet hatte. 1969 bereits musste Bizzarrini jedoch die Produktion in Livorno aufgrund der schlechten Finanzlage einstellen. Der Ingenieur arbeitete zukünftig an anderen Produkten mit.

Bizzarrini 5300, GT Strada 5300   1965-1969

Ein vielversprechendes Konzept stellte Bizzarrini auf die Räder: Mit der Erfahrung aus der Entwicklung des Ferrari 250 GTO baute die kleine Firma aus Livorno den GT 5300, der wie eine supersportliche Version des Iso Grifo anmutet. Die schwungvolle und kraftvoll wirkende Karosserie aus Aluminium basierte auf einem halbselbsttragenden Rahmen, das Fahrwerk mit einer DeDion-Hinterachse wies rundum Scheibenbremsen auf. Zur Gewichtsersparnis trug auch die spartanische Ausstattung bei. Die großvolumigen Chevrolet-Motoren sorgten für herausragende Fahrleistungen, doch im Wettbewerb war der Wagen trotz leichterer Kunststoffkarosserie nicht besonders konkurrenzfähig. Im Alltag fehlte der anspruchsvollen Klientel dagegen ein Mindestmaß an Komfort.

Mit großem US-V8: Bizzarrini 5300

Motor/Antrieb	
Bauart	V8
Lage/Antrieb	Front/Heck
Hubraum in cm³	5351
Leistung in PS bei U/min	350 bei 5800 bis 425 bei 6000
Vmax in km/h	270 bis 290
Karosserie	
Bauart	Coupé, Cabriolet
Tragstruktur	Plattformrahmen
Material	Aluminium/Kunststoff
Stückzahl und Marktsituation	
Produktionszahl	149
Verfügbarkeit	gegen null
Teilesituation	schwierig
Unterhaltskosten	hoch

Preise in Euro	1	2	3	4	5
Bizzarrini 5300, Cpe			keine Notierung		

Bizzarrini 1900 Europa   1966-1969

Auch ein zweites Projekt von Bizzarrini baute auf Großserienkomponenten auf. Das 1966 vorgestellte Modell 1900 Europa wurde von dem 1,9-Liter-Vierzylindermotor aus dem Opel GT angetrieben. Die Karosserie aus Kunststoff wies praktisch die gleichen, wenn auch etwas verkleinerten Linien des potenten GT 5300 auf. Mit Einzelradaufhängung und Scheibenbremsen rundum betrieb der kleine italienische Sportwagenhersteller auch beim Fahrwerk großen Aufwand. Im Renneinsatz blieb der 1900 Europa allerdings erfolglos: in der Zwei-Liter-Klasse dominierten die Produkte anderer Hersteller. Auch der 1900 SS mit 120 PS half der Marke Bizzarrini nicht weiter. Die Verkaufszahlen blieben weit hinter den Erwartungen zurück, obwohl das Preisniveau auf erträglicher Höhe lag.

Ein engagierter Versuch, doch ohne Erfolg: Bizzarrini 1900 Europa

Motor/Antrieb	
Bauart	Vierzylinder (Reihe)
Lage/Antrieb	Front/Heck
Hubraum in cm³	1897
Leistung in PS bei U/min	110 bei 5600 bis 120 bei 5800
Vmax in km/h	195 bis 225
Karosserie	
Bauart	Coupé
Tragstruktur	Plattformrahmen
Material	Kunststoff
Stückzahl und Marktsituation	
Produktionszahl	15
Verfügbarkeit	gegen null
Teilesituation	ausreichend
Unterhaltskosten	mittel

Preise in Euro	1	2	3	4	5
1900 Europa, Cpe			keine Notierung		

Kompetenz rund um´s Rad

MÜNCHNER OLDTIMER REIFEN GMBH

Gewerbering 14 • 83607 Holzkirchen/Obb.
Tel.: (08024) 6794 und 5832
Fax: (08024) 49634
info@oldtimer-reifen.com
www.oldtimer-reifen.com

BMW (D) • seit 1916 (Automobilbau seit 1928)

Europa ist im Ersten Weltkrieg. Erstmals finden Kämpfe nicht nur in Schützengräben statt, sondern auch am Himmel. Die Maschinenbauunternehmen nutzen ihre Absatzchancen: In München nennen sich die Rapp Motorenwerke ab 1917 Bayerische Motorenwerke.

Das erste BMW-Produkt ist ein Flugmotor, und schon 1919 stellen die Münchner mit 9760 Metern einen neuen Höhenflugrekord auf. Zum Markenzeichen wird der weißblaue Propellerkreis – Symbol des Fliegens – kombiniert mit den bayerischen Landesfarben.

1922 übernehmen die Bayerischen Flugzeugwerke (BFW) – ehemals Gustav Otto Flugmaschinenfabrik – den Namen BMW samt dem Motorenbau. Aufgrund der komplexen Unternehmensverflechtungen wird der 9. März 1916 rückwirkend zum eigentlichen Gründungsdatum von BMW festgelegt.

Nach dem Ende des Ersten Weltkriegs untersagen die Versailler Verträge dem Deutschen Reich als Kriegsverlierer den Bau von Flugzeugen. BMW denkt um: Bereits 1920 entsteht ein erster Boxermotor, den zahlreiche Motorradhersteller für ihre Modelle einkaufen. Drei Jahre später präsentiert BMW das erste eigene Fahrzeug, das Motorrad R 32. Der Boxermotor und der Antrieb über Kardanwelle ist noch heute typisch für BMW-Motorräder.

Der symbolisierte Propeller: frühes BMW-Logo

1928 stieg BMW mit einem cleveren Schachzug ins Automobilgeschäft ein. Die Münchner hatten den engagierten, in der Weltwirtschaftskrise jedoch ins Straucheln geratenen Hersteller Dixi in Eisenach übernommen. Die großen Modelle fanden zu wenig Käufer, doch Dixi hatte zu spät die Zeichen der Zeit erkannt und auf die Lizenzproduktion des in England bereits sehr erfolgreichen Austin Seven gesetzt.

Der kleine Dixi konnte das Unternehmen nicht mehr retten, bot aber BMW die Chance, im Automarkt Fuß zu fassen. Schnell entwickelte sich die ehrgeizige Eisenacher BMW-Filiale zum Hersteller anspruchsvoller Sportwagen und Limousinen der gehobenen Mittelklasse.

Zum durchschlagenden Erfolg geriet 1936 der schnelle BMW 328. Auf seine sportlichen Glanzleistungen auf dem Nürburgring, in Le Mans und bei der Mille Miglia beruft sich BMW bis heute.

Schwer geriet der Neubeginn nach dem Zweiten Weltkrieg. Das Automobilwerk in Eisenach lag unerreichbar in der damaligen Sowjetzone, das Stammwerk in München-Milbertshofen wurde komplett demontiert. Die fünfziger Jahre verbrachte BMW am Existenzminimum, denn weder mit den barocken Repräsentationslimousinen noch mit den Sportwagen 507 und 503 verdienten die Münchner Geld. Die Kleinstwagen BMW Isetta und 600 generierten – wie einst der Dixi – dagegen zwar Umsatz, aber sie boten kein Image. 1959 stand BMW vor dem Ruin, Daimler-Benz wollte übernehmen. Doch die Aktionäre wussten es zu verhindern.

Mit großem Ehrgeiz gelang der kontinuierliche Aufschwung in den frühen sechziger Jahren. Die „Neue Klasse" machte Furore: Der BMW 1500 füllte die Marktlücke, die Borgward vor seinem Konkurs mit der Isabella besetzt hatte. 1966 bliesen die Münchner endgültig zum Aufbruch. Der neue BMW 1600-2 zeigte erstmals Muskeln in der Mittelklasse, zudem kaufte BMW die Dingolfinger Automobilfabrik von Hans Glas.

Mit der 5er-Reihe (ab 1972), den 3er-Modellen (ab 1975) und der 7er-Serie (ab 1977) setzte BMW weiter konsequent auf Modernität und Dynamik. Es waren die richtigen Fundamente, wie die bis heute andauernde Erfolgsstory beweist.

Keine Fahrräder, keine Schreibmaschinen: das BMW-Know how gründet auf Flugzeugen

Olympia 1972 – die Welt blickt auf München: das BMW-„Vierzylinder"-Hochhaus und die Museums-Schüssel sind fertig

BMW 3/15, 3/20 („BMW Dixi") 1929-1932

Die Verwirrung ist bis heute geblieben: Den oft als BMW Dixi bezeichneten Kleinwagen gab es nie. Richtig ist, dass der Eisenacher Automobilhersteller Dixi in seiner Palette auch einen sogenannten 3/15 PS DA1 im Programm hatte – was nichts anderes war als die „Deutsche Ausführung" (daher das Kürzel „DA") des englischen Austin Seven. 1928 jedoch hatte BMW den thüringischen Hersteller übernommen und somit auch die deutschen Lizenzrechte der nur rund 560 Kilogramm schweren Konstruktion, die es ab Werk als viersitzige Limousine gab, jedoch auch mit verschiedenen Spezialkarosserien geordert werden konnte. Sogar eine Vierradbremse bot der nur drei Meter lange Ur-BMW, der rund 75 Stundenkilometer schnell war. Und aller Historie zum Trotz steht fest: Der BMW 3/15 wird weiterhin als Dixi gehandelt werden.

Auch als Sportcabriolet zu haben: BMW 3/15

Motor/Antrieb	
Bauart	Vierzylinder (Reihe)
Lage/Antrieb	Front/Heck
Hubraum in cm³	749
Leistung in PS bei U/min	15 bei 3000
Vmax in km/h	75
Karosserie	
Bauart	Limousine (2-türig), Roadster, Cabriolet
Tragstruktur	Kastenrahmen
Material	Stahlblech
Stückzahl und Marktsituation	
Produktionszahl	16.948
Verfügbarkeit	schlecht
Teilesituation	schwierig
Unterhaltskosten	mittel

Preise in Euro	1	2	3	4	5
3/15 DA 2, L2t	19.500	14.800	11.700	5.500	2.900
3/15 DA 2, Cab	27.000	20.500	15.000	9.000	5.000
3/20, L2t	22.000	17.000	13.500	6.200	3.000
3/20, Cab	30.000	23.000	16.500	10.000	5.500

BMW (D)

BMW 315 — 1934–1937

Schon 1933 hatte BMW mit dem Modell 303 den Aufstieg in die Sechszylinder-Liga gewagt. Auf der Basis dieser 1,2 Liter großen Konstruktion entstanden in den kommenden Jahren eine ganze Reihe an Motoren, die BMW berühmt machten: Die kleinen Sechszylinder mit 1,5 und zwei Liter Hubraum überzeugten durch temperamentvolle Leistungsabgabe und erlaubten in Verbindung mit einem leichten (und dennoch stabilen) Rahmen sowie kompakten Karosserien Fahrleistungen, die im damaligen Vergleich durchaus als sportlich einzustufen waren. In ihrer Klasse mussten die kleinen BMW-Modelle kaum Konkurrenz fürchten. Ein Problem blieb jedoch: Die 240 Zentimeter Radstand waren für zweisitzige Sportwagen ausreichend, doch Karosserien für vier Personen ließen sich nur mit Kompromissen realisieren.

Sechszylinder mit gutem Ruf: BMW 315

Motor/Antrieb					
Bauart					Sechszylinder (Reihe)
Lage/Antrieb					Front/Heck
Hubraum in cm³					1490
Leistung in PS bei U/min					34 bei 4000
Vmax in km/h					100
Karosserie					
Bauart		Limousine (2-türig), Cabriolimousine, Cabriolet, Roadster			
Tragstruktur					Rohrrahmen
Material					Stahlblech
Stückzahl und Marktsituation					
Produktionszahl					k.A.
Verfügbarkeit					schlecht
Teilesituation					schwierig
Unterhaltskosten					mittel
Preise in Euro	1	2	3	4	5
315, Cab	45.000	35.000	20.000	10.000	7.000

BMW 326 — 1936–1939

Den zweiten Schritt ihrer Evolution beschritten die in Eisenach ansässigen Münchner Autobauer mit dem 326, der 1936 debütierte. Er war von Grund auf neu konzipiert. Mit 287 Zentimeter Radstand zeigte er sich wesentlich erwachsener als seine kompakten Vorgänger. Der von zwei Solex-Vergasern versorgte Sechszylinder baute sehr kurz und begeisterte durch Drehmoment und Elsatizität. Er bot viel Potenzial: Auf ihm basierte der berühmte BMW 328, jener Meilenstein der BMW-Geschichte. Als Ableitung des Modells 326 bot BMW den etwas schwächeren 321 mit nur einem Vergaser.

Neu konzipierte Sechszylinder-Modelle: BMW 326

Motor/Antrieb					
Bauart					Sechszylinder (Reihe)
Lage/Antrieb					Front/Heck
Hubraum in cm³					1971
Leistung in PS bei U/min					50 bei 3750
Vmax in km/h					120
Karosserie					
Bauart		Limousine (4-türig), Cabriolet (2-türig), Cabriolet (4-türig), Coupé			
Tragstruktur					Kastenrahmen
Material					Stahlblech
Stückzahl und Marktsituation					
Produktionszahl					k.A.
Verfügbarkeit					gegen null
Teilesituation					schwierig
Unterhaltskosten					mittel
Preise in Euro	1	2	3	4	5
326, Cab	85.000	60.000	42.000	25.000	18.000

BMW 328 — 1936–1940

Viele Rennerfolge gingen auf das Konto des BMW 328, dem berühmtesten Vorkriegsmodell der Marke. Auf dem Nürburgring triumphierte bereits 1936 ein BMW 328, und 1937 stellte der bayerische Hersteller die Serienversion der Öffentlichkeit vor. Den Sechszylindermotor hatten die Konstrukteure aus dem Vorgängermodell 326 entlehnt, nicht ohne ihn kräftig zu überarbeiten: Die Motorleistung war um stolze 30 PS auf jetzt 80 PS gestiegen. Möglich war das durch drei statt bisher zwei Vergaser und schräg hängende Ventile, die einen optimierten, beinahe halbkugelförmigen Brennraum ermöglichten. Die Nockenwelle war allerdings im unteren Teil des Blocks geblieben – die Kosten, die eine obenliegende Konstruktion verschlungen hätte, hatten die Münchner gescheut. Nur rund 400 Exemplare des nicht nur sportlichen, sondern auch überaus kultivierten Roadsters waren bis 1940 entstanden.

Die BMW-Ikone aus der Vorkriegszeit: BMW 328

Motor/Antrieb					
Bauart					Sechszylinder (Reihe)
Lage/Antrieb					Front/Heck
Hubraum in cm³					1971
Leistung in PS bei U/min					80 bei 4500
Vmax in km/h					160
Karosserie					
Bauart					Roadster
Tragstruktur					Kastenrahmen
Material					Stahlblech
Stückzahl und Marktsituation					
Produktionszahl					400
Verfügbarkeit					gegen null
Teilesituation					sehr schwierig
Unterhaltskosten					hoch
Preise in Euro	1	2	3	4	5
328, Rds		für Spitzenfahrzeuge werden bis zu 280.000 Euro gezahlt			

BMW 327 — 1937–1939

Als sportliches Cabriolet stellte BMW kurz nach der Präsentation des 328 Roadster den neuen 327 vor. Er war der zivilere Nachfolger des BMW 326 und übernahm ebenfalls dessen Reihensechszylinder, dessen Leistung die Konstrukteure allerdings nur milde auf 55 PS angehoben hatten. Etwas verändert zeigte sich das Chassis des 327, auch das Fahrwerk hatte BMW überarbeitet: Die Torsionsstäbe hatten ausgedient, und wie beim neuen 328 übernahmen Halbelliptikfedern mit hydraulischen Stoßdämpfern die Aufgabe. Die Form des nur 1939 auch als Coupé angebotenen 327 galt damals zu Recht als eine der vollkommensten Serienkarosserien. Zudem lagen die Fahrleistungen mit 125 km/h Höchstgeschwindigkeit fast auf Sportwagen-Niveau. Einige wenige Exemplare baute BMW als 327/28 auch mit dem 80 PS starken Motor aus dem 328.

Luxuriöser, sportlicher Reisewagen: BMW 327

Motor/Antrieb					
Bauart					Sechszylinder (Reihe)
Lage/Antrieb					Front/Heck
Hubraum in cm³					1971
Leistung in PS bei U/min					55 bei 4000
Vmax in km/h					125
Karosserie					
Bauart					Cabriolet, Coupé
Tragstruktur					Kastenrahmen
Material					Stahlblech
Verfügbarkeit					
Produktionszahl					k.A.
Verfügbarkeit					schlecht
Teilesituation					sehr schwierig
Unterhaltskosten					hoch
Preise in Euro	1	2	3	4	5
327, Cpe	68.000	48.000	29.000	15.000	9.000
327, Cab	110.000	75.000	50.000	28.000	20.000

BMW (D)

BMW 501
(501, 501 A, 501 B, 501 Sechszylinder, 501 Cabriolet und Coupé) 1952-1958

Der BMW 501 kam als erster Nachkriegs-BMW relativ spät, nämlich im Herbst 1951, auf den Markt. Von seinem Hersteller als „Visitenkarte der Gesellschaft" apostrophiert, verband er den Karosserie-Stil der späten 30er-Jahre mit der gleich alten Motortechnik des Vorkriegs-BMW 326. Mit 65 PS aus zwei Litern Hubraum war das 1350 Kilogramm schwere Auto allerdings überfordert, Motoren-Probleme zehrten an seinem Ruf. Begeistern konnte allerdings die gute Verarbeitung des Oberklasse-BMW und sein kultiviertes Interieur. Bis 1958 blieb der BMW 501 im Programm, ab 1955 lautete die Werks-Bezeichnung – zur Unterscheidung vom neuen V8 – offiziell „501 Sechszylinder". Das Karosseriewerk Baur fertigte 45 Cabriolets, die heute unter BMW-Fans besonders gesucht sind.

Die Linie brachte ihm den Spitznamen „Barockengel" ein: BMW 501

Motor/Antrieb					
Bauart				Sechszylinder (Reihe)	
Lage/Antrieb				Front/Heck	
Hubraum in cm³				1971, 2077	
Leistung in PS bei U/min				65 bei 4400, 72 bei 4500	
Vmax in km/h				135, 145	
Karosserie					
Bauart				Limousine (4-türig)	
Tragstruktur				Kastenrahmen	
Material				Stahlblech	
Stückzahl und Marktsituation					
Produktionszahl				8936	
Verfügbarkeit				gegen null	
Teilesituation				schwierig	
Unterhaltskosten				mittel	
Preise in Euro	1	2	3	4	5
501, L4t	34.000	22.000	13.500	6.000	2.000
501 B, L4t	36.000	24.000	15.200	7.000	2.900

BMW 501 V8 (501 V8, 502, 2600, 3200 L, 3200 S) 1954-1964

Zu wahrem Ansehen kamen die „Barockengel" ab 1954 mit ihrem neuentwickelten V8-Motor. In seiner frühesten Version leistete er milde 95 PS und ermöglichte 160 km/h Höchstgeschwindigkeit. Zu erkennen waren die V8-Modelle an ihren integrierten Nebellampen, dem reicheren Chromschmuck, Blinkern statt Winker und – ab Modelljahr 1956 – einer vergrößerten Heckscheibe. Die kontinuierliche Modellpflege gipfelte in den Spitzenmodellen 3,2 Super von 1959 und 3200 S von 1961, die als schnellste Limousinen ihrer Zeit exzellenten Ruf genossen; dennoch zahlte BMW bei jedem Fahrzeug rund 4000 Mark zu. Ihre Exklusivität ließ sich mit Hilfe der Karossiers Baur und Authenrieth steigern, die den V8 zum Cabriolet und Coupé umbauten. Diese wenigen Exemplare zählen heute zu den Hochpreis-Klassikern.

V8-Power für die barocke Limousine: BMW 501 V8

Motor/Antrieb					
Bauart				V8	
Lage/Antrieb				Front/Heck	
Hubraum in cm³				2580, 3168	
Leistung in PS bei U/min				100 bei 4800 bis 160 bei 5600	
Vmax in km/h				162 bis 190	
Karosserie					
Bauart			Limousine (4-türig), Cabriolet (2-türig), Cabriolet (4-türig), Coupé		
Tragstruktur				Kastenrahmen	
Material				Stahlblech	
Stückzahl und Marktsituation					
Produktionszahl				ca. 13.224	
Verfügbarkeit				schlecht	
Teilesituation				sehr schwierig	
Unterhaltskosten				hoch	
Preise in Euro	1	2	3	4	5
501 V8, L4t	44.000	28.800	18.000	8.000	2.500
502 3,2 Liter, L4t	51.000	32.000	20.000	8.500	3.500
2600, L4t	50.000	31.000	19.000	8.000	3.500
3200 S, L4t	55.000	36.000	22.500	10.000	4.000

BMW 507 1955-1959

Auch der BMW 507 war mit nur 252 gebauten Wagen ein wirtschaftlicher Misserfolg, brachte BMW aber einen beachtlichen Imagegewinn. Auto-Kenner zählen ihn zu den schönsten Sportwagen, die je gebaut wurden – und seinen Designer Albrecht Graf Goertz machte der BMW 507 weltberühmt. Die deutschen Exemplare des luxuriösen Sport-Cabriolets lieferte BMW mit einem 150 PS starken V8-Motor aus. Die Exemplare für den Export in die USA waren etwas höher verdichtet und leisteten 195 PS. Die letzten 507 stattete BMW mit Scheibenbremsen an der Vorderachse aus. Entgegen einer verbreiteten Legende war Elvis Presley übrigens nie BMW 507-Besitzer: Während seiner Stationierung bei der US-Army in Deutschland wurde ihm von BMW lediglich ein weißer 507 zur Verfügung gestellt, den der King jedoch vor seiner Heimreise zurückgeben musste.

Einer der schönsten Sportwagen überhaupt: BMW 507

Motor/Antrieb					
Bauart				V8	
Lage/Antrieb				Front/Heck	
Hubraum in cm³				3168	
Leistung in PS bei U/min				150 bei 5000	
Vmax in km/h				190 bis 220	
Karosserie					
Bauart				Cabriolet	
Tragstruktur				Kastenrahmen	
Material				Aluminium	
Stückzahl und Marktsituation					
Produktionszahl				252	
Verfügbarkeit				gegen null	
Teilesituation				sehr schwierig	
Unterhaltskosten				hoch	
Preise in Euro	1	2	3	4	5
507, Cab	290.000	240.000	180.000	100.000	80.000

BMW Isetta 250, Isetta 300 1955-1962

Ursprünglich war die Isetta eine Konstruktion des italienischen Kühlschrank-Herstellers ISO. Die deutsche Nachbau-Lizenz sicherte sich 1954 BMW. Als Antriebsaggregat wählte BMW den Einzylinder-Motor des Motorrads R 25, der auf der rechten Fahrzeugseite eingebaut wurde. Mit der Spurweite von nur 52 Zentimetern sparte BMW das Differenzial; Export-Modelle für Österreich und England hatten nur drei Räder. Ab Anfang 1956 gab es die Isetta auch mit 300 cm³-Motor, und ab Herbst 1956 legte BMW eine verfeinerte Isetta auf, die bis zum Serienende in Produktion blieb. Unterscheiden lassen sich beide Bauformen an den Scheiben: Frühe Isetta tragen eine hintere Panoramascheibe, spätere haben seitliche Schiebefenster.

Motorradfahrers Traum: BMW Isetta 300

Motor/Antrieb					
Bauart				Einzylinder-Viertaktmotor	
Lage/Antrieb				Heck/Heck	
Hubraum in cm³				245, 298	
Leistung in PS bei U/min				12 bei 5800, 13 bei 5200	
Vmax in km/h				85, 95	
Karosserie					
Bauart				Coupé	
Tragstruktur				Rohrrahmen	
Material				Stahlblech	
Stückzahl und Marktsituation					
Produktionszahl				161.360	
Verfügbarkeit				gut	
Teilesituation				ausreichend	
Unterhaltskosten				niedrig	
Preise in Euro	1	2	3	4	5
Isetta 250, MCpe	14.100	9.600	5.100	2.900	1.800
Isetta 300, MCpe	14.800	9.900	5.200	3.000	1.800

BMW (D)

BMW 503 Coupé und Cabriolet — 1956-1959

Sein Preis von fast 30.000 Mark machte den BMW 503 auch für gut betuchte Kunden nicht unbedingt erschwinglich. BMW lancierte den 503 zur IAA 1955 als eleganten Reisesportwagen und milderes Pendant zum neuen 507. Beide Karosserien hatte der Industriedesigner Albrecht Graf Goertz entworfen. Anders als der 507 war der BMW 503 nicht nur als Cabriolet, sondern auch als Coupé lieferbar. Die Serienausstattung war überaus üppig ausgefallen: So zählten elektrische Fensterheber und ein automatisches Verdeck zu den aufwändigen Extras. Unter der langen Motorhaube arbeitete der BMW-V8-Motor mit 140 PS, in der späteren Version waren es 150 PS. Der 503 blieb stets eine große Rarität und steht bis heute im Schatten des legendären 507, was sich auch im deutlich niedrigeren Preisniveau niederschlägt.

Kam nie aus dem Schatten des 507 heraus: BMW 503 Cabriolet

Motor/Antrieb					
Bauart					V8
Lage/Antrieb					Front/Heck
Hubraum in cm³					3168
Leistung in PS bei U/min				140 bei 4800,	150 bei 5000
Vmax in km/h					190
Karosserie					
Bauart					Coupé, Cabriolet
Tragstruktur					Kastenrahmen
Material					Aluminium
Stückzahl und Marktsituation					
Produktionszahl					412
Verfügbarkeit					gegen null
Teilesituation					schwierig
Unterhaltskosten					hoch
Preise in Euro	1	2	3	4	5
503, Cpe	66.500	50.400	29.200	17.600	13.300
503, Cab			keine Notierung		

BMW 600 — 1957-1959

Steigende Kaufkraft und wachsende Ansprüche bei Kleinwagen-Käufern führten BMW zur Entwicklung einer Stretch-Isetta mit vier Sitzplätzen. Die Produktion des BMW 600 lief 1957 an: Auch er besaß die prägnante Fronttür à la Isetta, aber zusätzlich noch eine zweite Einstiegsmöglichkeit auf der rechten Wagenseite. Angetrieben wurde der 600er von einem Zweizylinder-Boxermotor, der rund 20 PS leistete. Der Auftritt des BMW 600 war wesentlich erwachsener und kultivierter als die Erscheinung der kugeligen Isetta. Zum Verhängnis wurde dem kompakten BMW aber der hohe Preis von 3985 Mark: Dafür gab es Ende der fünfziger Jahre schon einen VW Käfer — und der war noch wesentlich geräumiger als der BMW 600, auch, was den Kofferraum betraf: Der fehlte dem Isetta-Nachfolger ganz.

Aus dem Kleinstmobil Isetta sollte ein Auto werden: BMW 600

Motor/Antrieb					
Bauart					Zweizylinder (Boxer)
Lage/Antrieb					Heck/Heck
Hubraum in cm³					582
Leistung in PS bei U/min					19,5 bei 4500
Vmax in km/h					103
Karosserie					
Bauart					Coupé
Tragstruktur					Rohrrahmen
Material					Stahlblech
Stückzahl und Marktsituation					
Produktionszahl					34.813
Verfügbarkeit					schlecht
Teilesituation					ausreichend
Unterhaltskosten					niedrig
Preise in Euro	1	2	3	4	5
600, Klw	12.500	8.800	5.000	2.600	1.600

BMW 700 Coupé (700 Coupé, LS Coupé, 700 Sport, 700 CS Coupé) — 1959-1965

Ein Vierteljahr vor der 700 Limousine präsentierte BMW bereits das 700 Coupé, das den selben Motor erhielt und so auch nicht mehr Leistung bot. Allerdings war das Platzangebot durch die schrägstehende Heckscheibe stark eingeschränkt. Rund 300 Mark Aufpreis verlangte BMW für den Sport-Appeal des Kleinwagens. Erst 1960 emanzipierte sich das Coupé als die schärfere Version des 700ers: Als 700 Sport leistete der Zweizylinder-Boxer jetzt 40 PS und beschleunigte das Coupé auf 135 Stundenkilometer — zu einem unbescheidenen Preis von immerhin 5850 Mark. Ab 1963 hieß die schnelle Version 700 CS. Sie blieb bis Mai 1964 im Programm; anschließend gab es das gelängte LS Coupé auf Wunsch mit dem 40-PS-Aggregat. Die Karosserien der LS-Coupés fertigte übrigens die Karosseriefirma Baur in Stuttgart.

Weniger Platz und deutlich teurer: BMW 700 als Coupé

Motor/Antrieb					
Bauart					Zweizylinder (Boxer)
Lage/Antrieb					Heck/Heck
Hubraum in cm³					697
Leistung in PS bei U/min				30 bei 5000	bei 40 bei 5700
Vmax in km/h					125 bis 135
Karosserie					
Bauart					Coupé
Tragstruktur					selbsttragend
Material					Stahlblech
Stückzahl und Marktsituation					
Produktionszahl					31.062
Verfügbarkeit					gegen null
Teilesituation					ausreichend
Unterhaltskosten					niedrig
Preise in Euro	1	2	3	4	5
700, Cpe	10.600	6.600	4.200	2.300	900
700 Sport/CS, Cpe	11.200	7.200	4.600	2.400	900
700 LS, Cpe	12.600	8.200	5.400	2.500	900

BMW 700 Limousine (700, LS) — 1959-1965

Großen Anteil am Aufschwung der Marke BMW hatte der BMW 700, ein kerniger Kleinwagen, dessen Karosserie der italienische Designer Giovanni Michelotti entworfen hatte. Sein Zweizylinder-Boxermotor stammte prinzipiell vom glücklosen BMW 600, leistete hier aber 30 PS. Obwohl der BMW 700 mit 4760 Mark nicht billig war, wurde er nach seinem Debüt im Dezember 1959 sofort zum Markterfolg: Er galt als sportlichster Kleinwagen seiner Zeit, was zahlreiche Rennsport-Erfolge untermauerten. Ab März 1962 hieß der 700er BMW LS: Der Wagen war 32 Zentimeter länger und wesentlich geräumiger geworden, aber nicht teurer. Ein ursprünglich vorgesehener Vierzylinder-Motor kam allerdings nicht zum Einsatz. Bei ihrer Einstellung Ende 1965 wirkte die 700-Serie bereits arg altbacken: Im Jahr darauf erschien als Nachfolger bereits der 02.

Italo-Design für den kompakten Bajuwaren: BMW 700 Limousine

Motor/Antrieb					
Bauart					Zweizylinder (Boxer)
Lage/Antrieb					Heck/Heck
Hubraum in cm³					697
Leistung in PS bei U/min				30 bei 5000,	32 bei 5000
Vmax in km/h					120
Karosserie					
Bauart					Limousine (2-türig)
Tragstruktur					selbsttragend
Material					Stahlblech
Verfügbarkeit					
Produktionszahl					154.557
Verfügbarkeit					gut
Teilesituation					ausreichend
Unterhaltskosten					niedrig
Preise in Euro	1	2	3	4	5
700, L2t	7.600	5.100	3.200	1.800	400
700 LS, L2t	7.900	5.200	3.400	1.800	400

BMW (D)

BMW 1500 und 1600 („Neue Klasse") 1961-1966

Sogar sein selbstbewusster Preis von 8990 Mark stand dem großen Erfolg des BMW 1500 nicht im Weg: Mit diesem Auto hatte der Münchner Automobilproduzent wieder zu seiner Vorkriegs-Form zurückgefunden. BMW präsentierte den 1500 auf der IAA 1961. Er zeigte sich als sportlich-elegante Limousine der gehobenen Mittelklasse. Im Februar 1962 hatte die Produktion begonnen, und bereits nach einem Jahr hatten die Bayern – trotz teilweise verheerender Kinderkrankheiten des neuen Modelles – mehr als 20.000 Wagen verkauft. Die Fertigung des 1500 endete bereits im Dezember 1964 zugunsten des Nachfolgers BMW 1600, der identisch aussah und drei PS mehr leistete – vor allem aber war er ein rundum ausgereiftes Auto. Weil es mittlerweile auch den stärkeren 1800 gab, lief die Produktion des 1600 nur bis 1966.

Auf dem Weg zum Erfolg: BMW 1500

Motor/Antrieb	
Bauart	Vierzylinder (Reihe)
Lage/Antrieb	Front/Heck
Hubraum in cm³	1499, 1573
Leistung in PS bei U/min	80 bei 5700, 83 bei 5500
Vmax in km/h	148 bis 155
Karosserie	
Bauart	Limousine (4-türig)
Tragstruktur	selbsttragend
Material	Stahlblech
Stückzahl und Marktsituation	
Produktionszahl	k.A.
Verfügbarkeit	schlecht
Teilesituation	schwierig
Unterhaltskosten	mittel

Preise in Euro	1	2	3	4	5
1500, L4t	9.000	6.100	2.700	1.300	500
1600, L4t	9.400	6.500	2.800	1.300	500

BMW 3200 CS 1961-1965

Als neues Spitzenmodell etablierte BMW auf der IAA 1961 das Luxus-Coupé 3200 CS. Es war als Nachfolger des 503 gedacht, brachte es aber wiederum nur zu einer Kleinst-Serie – nur 587 Exemplare konnte BMW verkaufen. Nicht nur die Form stammte vom italienischen Karossier Nuccio Bertone, das Blechkleid wurde auch in dessen Werk in Turin gefertigt. Im Konkurrenz-Vergleich jener Jahre wirkte sie erstaunlich schlicht und zurückhaltend. Sie zeigt allerdings zum ersten Mal ein Stilmittel, das später zum BMW-Kennzeichen werden sollte: den typischen Fenster-Knick in der C-Säule, den der bayerische Hersteller noch heute zitiert. Ein letztes Mal kam im 3200 CS der berühmte V8-Motor in seiner finalen Leistungsstufe mit 160 PS zum Einsatz. Er beschleunigte das Anderthalb-Tonnen-Auto auf 200 Stundenkilometer.

Schöner Bertone-Entwurf, vergleichsweise preiswert: BMW 3200 CS

Motor/Antrieb	
Bauart	V8
Lage/Antrieb	Front/Heck
Hubraum in cm³	3168
Leistung in PS bei U/min	160 bei 5600
Vmax in km/h	200
Karosserie	
Bauart	Coupé
Tragstruktur	Kastenrahmen
Material	Stahlblech
Stückzahl und Marktsituation	
Produktionszahl	587
Verfügbarkeit	schlecht
Teilesituation	schwierig
Unterhaltskosten	hoch

Preise in Euro	1	2	3	4	5
3200, Cpe	46.000	33.000	20.700	12.000	6.000

BMW 700 Cabriolet 1961-1964

Die gesuchteste und wertvollste Variante des BMW 700 ist heute das Cabriolet: Es erzielt Liebhaberpreise bis zu 15.000 Euro. Seine Karosserie, die von Giovanni Michelotti entworfen worden war, fertigte der Blech-Spezialist Baur in Stuttgart, den 40-PS-Motor nahm BMW vom Band der Sport-Modelle. Mit seinem Grundpreis von beinahe 7000 Mark stieß das kleine Cabriolet, das nur mit dem kurzen Radstand der Ur-700er zu haben war, allerdings bereits in die Preisregionen der damaligen Mittelklasse vor – zu teuer für den kleinen Wagen, der mit 135 km/h Höchstgeschwindigkeit nicht zu den schnellsten im Land zählte. Die Nachfrage hielt sich deshalb in engen Grenzen: Mehr als zu einer sehr bescheidenen Gesamtauflage von 2592 Wagen reichte das Käuferinteresse nicht.

Mit kleinen Flossen im Stil der Zeit: BMW 700 Cabriolet

Motor/Antrieb	
Bauart	Zweizylinder (Boxer)
Lage/Antrieb	Heck/Heck
Hubraum in cm³	697
Leistung in PS bei U/min	40 bei 5700
Vmax in km/h	135
Karosserie	
Bauart	Cabriolet
Tragstruktur	selbsttragend
Material	Stahlblech
Stückzahl und Marktsituation	
Produktionszahl	2592
Verfügbarkeit	gegen null
Teilesituation	ausreichend
Unterhaltskosten	niedrig

Preise in Euro	1	2	3	4	5
700 Cabriolet, Cab	17.500	13.100	8.800	5.000	1.900

BMW 1800 (1800, 1800 TI, 1800 TI/SA) 1963-1971

Die nächste Runde im Milbertshofener Powerplay läutete auf der IAA 1963 der BMW 1800 ein: Von seinem Vorgänger unterschied er sich nur durch die umlaufende Chromleiste an der Gürtellinie – und durch den überarbeiteten Motor mit verlängertem Hub und 90 PS Leistung. Doch das war nur der Anfang: Im Februar 1964 kam der 1800 TI mit zwei Doppel-Flachstromvergasern und 110 PS. Als Topmodell erschien Ende des gleichen Jahres der 1800 TI/SA (Sport-Ausführung) mit abermals höherer Verdichtung und 130 PS, der sich in einer Kleinserie von 200 Wagen an private Sportfahrer wandte. Den heute extrem hoch gehandelten 1800 TI/SA gab es nur bis 1965, der TI verschwand 1968 aus den Preislisten. Mit überarbeitetem Motor und zuletzt auch mit Rechteck-Scheinwerfern blieb das Basismodell 1800 bis Ende 1971 im Programm.

Festigte den sportlichen Ruf: BMW 1800

Motor/Antrieb	
Bauart	Vierzylinder (Reihe)
Lage/Antrieb	Front/Heck
Hubraum in cm³	1773, 1766
Leistung in PS bei U/min	90 bei 5250, 110 bei 5800, 130 bei 6100
Vmax in km/h	162 bis 186
Karosserie	
Bauart	Limousine (4-türig)
Tragstruktur	selbsttragend
Material	Stahlblech
Stückzahl und Marktsituation	
Produktionszahl	k.A.
Verfügbarkeit	schlecht
Teilesituation	schwierig
Unterhaltskosten	mittel

Preise in Euro	A	B	C	D	E
1800 (1963-1970), L4t	9.800	6.600	3.200	1.400	500
1800 (1971), L4t	10.000	7.000	3.300	1.400	500
1800 TI, L4t	16.700	11.700	6.100	2.300	1.100

BMW (D)

BMW 2000 C und 2000 CS — 1965-1970

Nachdem BMW die Produktion des 3200 CS beendet hatte, etablierten die Münchner ein neues Gran-Turismo-Coupé im untersten Preisbereich der damaligen Oberklasse. Die Karosserie entwarf die BMW-Designabteilung selbst, für die Produktion zeichnete Karmann verantwortlich. Die Motoren der späteren 2000-Limousinen sorgten hier bereits ab Juni 1965 für Vortrieb: Der C leistete 100 PS, der CS entwickelte 120 PS. Doch wirklich sportlich waren die Fahrleistungen beider Versionen nicht, obwohl sich die erzielbaren Höchstgeschwindigkeiten mit bis zu 185 Stundenkilometern durchaus sehen lassen konnten. Besonders auffällig war die extravagante Gestaltung des Coupé-Interieurs. Umstritten blieb dagegen das Design der Front mit ihren eigentümlich geformten Breitband-Scheinwerfern: Sie gaben dem 2000 C/CS den despektierlichen Biertisch-Namen „Schlitzaugen-Coupé".

Chinese Eyes: BMW 2000 C

Motor/Antrieb					
Bauart					Vierzylinder (Reihe)
Lage/Antrieb					Front/Heck
Hubraum in cm³					1990
Leistung in PS bei U/min				100 bei 5500,	120 bei 5500
Vmax in km/h					168 bis 185
Karosserie					
Bauart					Coupé
Tragstruktur					selbsttragend
Material					Stahlblech
Stückzahl und Marktsituation					
Produktionszahl					2837, 8883
Verfügbarkeit					schlecht
Teilesituation					ausreichend
Unterhaltskosten					mittel
Preise in Euro	1	2	3	4	5
2000 C, Cpe	16.800	12.500	7.400	3.800	1.900
2000 CS, Cpe	17.800	12.900	7.900	4.000	1.900

BMW 1600-2, 1602, 1802, 2002, 1502 („02er Reihe") — 1966-1977

Jahrelang warteten deutsche Autokäufer vergeblich auf eine teutonische Version der Alfa Romeo Giulia. BMW stellte sie auf dem Genfer Salon 1966 vor – und landete mit der 02er-Reihe einen durchschlagenden Markterfolg. Die 02-Modelle eroberten eine Marktlücke, die BMW mit der aktuellen Dreier-Reihe bis heute erfolgreich verteidigt. Populär wurden die 02 durch ihre klare, unprätentiöse Form, ihr leichtfüßiges Fahrverhalten und die gute Verarbeitung. Das Urmodell 1600-2 leistete 85 PS und kostete 8650 Mark, schon zweieinhalb Jahre später gab es die Topversion 2002 ti mit stolzen 120 PS (ab 1971: 2002 tii, 130 PS). Erst 1975 dachte BMW wieder an eine Abrundung nach unten: Als die erste Dreier-Serie schon in den Startlöchern stand, debütierte der 1502 mit 75 PS und einfacher Ausstattung, der noch bis 1977 erfolgreich gebaut wurde.

Die deutsche Antwort auf die Alfa Giulia: BMW 02er Reihe

Motor/Antrieb					
Bauart					Vierzylinder (Reihe)
Lage/Antrieb					Front/Heck
Hubraum in cm³					1573 bis 1990
Leistung in PS bei U/min				75 bei 5800,	100 bei 5500
Vmax in km/h					157 bis 173
Karosserie					
Bauart					Limousine (2-türig)
Tragstruktur					selbsttragend
Material					Stahlblech
Stückzahl und Marktsituation					
Produktionszahl					753.000
Verfügbarkeit					ausreichend
Teilesituation					gut
Unterhaltskosten					mittel
Preise in Euro	1	2	3	4	5
1502, L2t	7.000	4.100	2.500	1.200	200
1600-2, L2t	7.500	4.500	2.700	1.300	300
1602, L2t	7.300	4.300	2.600	1.300	300
1802, L2t	8.900	5.200	3.200	1.600	400

BMW 2000 (2000, 2000 TI, 2000 tilux, 2000 tii) — 1966-1972

Mit der Zwei-Liter-Version fanden die Limousinen der Neuen Klasse 1966 zum Höhepunkt ihrer bemerkenswerten Karriere. Zu erkennen waren sie zunächst nur an ihren Rechteck-Scheinwerfern – und an ihren erstaunlichen Fahrleistungen. Den Anfang machten im Januar 1966 die Modelle 2000 (100 PS) und 2000 ti (120 PS). Der Basis-2000 wurde bis Juni 1972 produziert, während der 2000 ti bereits 1968 durch den verfeinerten 2000 tilux ersetzt wurde. Im gleichen Jahr erhielten alle 2000-Modelle eine Diagonal-Zweikreisbremsanlage. Den 2000 tilux wiederum löste Anfang 1970 der 2000 tii mit 130 PS-Motor und Kugelfischer-Benzineinspritzung ab. Mit nur 1952 gebauten Exemplaren ist er heute besonders rar. Die sportlichen Varianten sind sehr gesucht und in gutem Zustand nur schwer zu finden – zu viel Spaß hat das Schnellfahren mit diesen Autos gemacht.

Die Zweiliter-Modelle trugen Breitbandscheinwerfer: BMW 2000

Motor/Antrieb					
Bauart					Vierzylinder (Reihe)
Lage/Antrieb					Front/Heck
Hubraum in cm³					1990
Leistung in PS bei U/min			100 bei 5500,	120 bei 5500,	130 bei 5800
Vmax in km/h					164 bis 185
Karosserie					
Bauart					Limousine (4-türig)
Tragstruktur					selbsttragend
Material					Stahlblech
Stückzahl und Marktsituation					
Produktionszahl					329.626
Verfügbarkeit					schlecht
Teilesituation					ausreichend
Unterhaltskosten					mittel
Preise in Euro	1	2	3	4	5
2000, L4t	11.600	7.400	4.200	1.700	600
2000 TI, L4t	16.700	12.200	6.700	3.300	1.600
2000 tii, L4t	14.300	9.700	5.000	2.500	1.000
2000 tilux, L4t	13.200	9.100	4.800	2.400	1.000

Ihr BMW 02 Spezialist

• An- & Verkauf •
• Autos & Ersatzteile •
• Service & Beratung •

Michael Cahsel
Mindener Str. 57-59 · D-32547 Bad Oeynhausen
Tel.: 05731 / 75 55 77 · Fax: 05731 / 75 55 22
Mobil: 0171/2 13 32 90
Internet: www.cahsel.de · E-Mail: info@cahsel.de

BMW (D)

BMW 1600 GT — 1967-1968

Der einzige ernsthafte Versuch von BMW, ein Glas-Produkt ins eigene Programm einzugliedern, war diese Weiterentwicklung des GT. Motor, Getriebe und Hinterachse stammten vom BMW 1600-2 ti, dazu durfte sich das hübsche Dingolfinger Coupé jetzt mit der BMW-Doppelniere schmücken. Der Preis allerdings war auf 15.850 Mark gestiegen, außerdem stand der BMW 1600 GT in dem unguten Ruf, ein Auslaufmodell zu sein. Tatsächlich blieb er nur von Juni 1967 bis August 1968 im Programm. Zwar wurden noch zwei Cabriolets in Handarbeit gefertigt, doch sie erreichten nie einen offiziellen Status im BMW-Verkaufsprogramm. Der Ausverkauf des 1600 GT schleppte sich noch bis zum Ende des Jahres 1968 hin. Zuletzt war der Preis des BMW-Glas-Zwitters sogar auf 10.990 Mark gesunken.

Zwitter aus BMW und Glas: BMW 1600 GT

Motor/Antrieb					
Bauart				Vierzylinder (Reihe)	
Lage/Antrieb				Front/Heck	
Hubraum in cm³				1573	
Leistung in PS bei U/min				105 bei 6000	
Vmax in km/h				185	
Karosserie					
Bauart				Coupé	
Tragstruktur				selbsttragend	
Material				Stahlblech	
Stückzahl und Marktsituation					
Produktionszahl				1259	
Verfügbarkeit				schlecht	
Teilesituation				schwierig	
Unterhaltskosten				mittel	
Preise in Euro	1	2	3	4	5
1600 GT, Cpe	21.500	14.700	9.800	5.400	2.300

BMW 1600-2 Cabriolet, 2002 Cabriolet — 1967-1971

Ein elegantes Cabriolet mit voll versenkbarem Verdeck schmückte den BMW-Stand auf der 1967er IAA. Der gelungene Umbau stammte – natürlich – vom Stuttgarter Karossier Baur und zog noch im gleichen Jahr für 11.980 Mark ins offizielle BMW-Programm ein. Leider standen Finish-Probleme der größeren Verbreitung im Weg: Die Festigkeit der Karosserien ließ anfangs ebenso zu wünschen übrig wie ihr Korrosionsschutz. So blieben die vollständig geöffneten 02er-BMW eine große Rarität: Nur 1682 Cabriolets entstanden auf der Basis des 1600-2, dazu kam 1971 eine Serie von lediglich 256 offenen 2002, die mit ihren zusätzlichen Karosserie-Verstärkungen etwas stabiler waren. Ihre Seltenheit hat zu relativ hohen Preisen geführt – und Versuchen, nachträglich aufgeschnittene 2002-Limousinen als teure Originale zu verkaufen.

Hübsch, doch Probleme mit der Stabilität: BMW 1600-2 Cabriolet

Motor/Antrieb					
Bauart				Vierzylinder (Reihe)	
Lage/Antrieb				Front/Heck	
Hubraum in cm³				1573 bis 1990	
Leistung in PS bei U/min				85 bei 5700 bis 100 bei 5500	
Vmax in km/h				162 bis 173	
Karosserie					
Bauart				Cabriolet	
Tragstruktur				selbsttragend	
Material				Stahlblech	
Stückzahl und Marktsituation					
Produktionszahl				1938	
Verfügbarkeit				gegen null	
Teilesituation				gut	
Unterhaltskosten				mittel	
Preise in Euro	1	2	3	4	5
1600, Cab	19.000	13.700	9.500	5.500	2.100
2002, Cab	22.500	16.500	11.700	6.300	2.900

BMW CS (2800 CS, 3,0 CS, 3,0 CSL, 3,0 CSi, 2,5 CS) — 1968-1975

Zum Kult-Auto wurde die zweite Auflage des CS-Coupés, die BMW zusammen mit den E3-Limousinen präsentierte. Der BMW 2800 CS besaß die prinzipiell gleiche Karmann-Karosserie wie sein Vorgänger, er profitierte aber von Retuschen wie dem geänderten Bug mit konventionellem Grill und Doppellampen. Vor allem überzeugten nun die Fahrleistungen von Sportwagen-Format: Sein 170-PS-Motor ermöglichte 206 Stundenkilometer Höchstgeschwindigkeit und eine Zehn-Sekunden-Beschleunigung von null auf 100. Für die CS-Coupés entschieden sich über 30.000 Käufer, nicht zuletzt dank zahlloser Motorsport-Erfolge. 1971 erschienen die Modelle 3 CS und 3 CSi (180 und 200 PS) sowie das Rennsport-Basismodell 3,0 CSL, das zuletzt 206 PS leistete. Der 2,5 CS von 1974/75 war – kurz vor Serienende – ein Sparmodell mit 150 PS und abgemagerter Ausstattung.

Ein Traum der Siebziger: BMW CS

Motor/Antrieb					
Bauart				Sechszylinder (Reihe)	
Lage/Antrieb				Front/Heck	
Hubraum in cm³				2494 bis 3153	
Leistung in PS bei U/min				150 bei 6000 bis 206 bei 5600	
Vmax in km/h				201 bis 220	
Karosserie					
Bauart				Coupé	
Tragstruktur				selbsttragend	
Material				Stahlblech	
Stückzahl und Marktsituation					
Produktionszahl				30.546	
Verfügbarkeit				gut	
Teilesituation				gut	
Unterhaltskosten				hoch	
Preise in Euro	1	2	3	4	5
2,5 CS, Cpe	16.300	10.000	5.600	2.200	900
2800 CS, Cpe	17.400	10.900	6.300	2.900	1.000
3,0 CS, Cpe	18.500	11.900	6.800	3.200	1.200
3,0 CSi, Cpe	22.400	15.200	8.700	4.200	1.800

BMW E3 Limousine (2500, 3,0 S, 3,0 Si, 2,8 L, 3,0 L, 3,3 L, 3,3 Li) — 1968-1977

Nach fünfjähriger Oberklassen-Abstinenz stellte BMW im Herbst 1968 wieder eine Limousine im Premium-Format vor. Das Duo BMW 2500 und 2800 reichte zwar in puncto Verarbeitung und Image nie an die Stuttgarter S-Klasse heran, wirkte aber stets jugendlich-straffer, fuhr sich agiler und betörte mit der Turbinen-Charakteristik seiner Sechszylindermotoren. Die beiden Urmodelle der intern E3 getauften Reihe unterschieden sich in ihrer Leistung (150 und 170 PS), aber auch in der Ausstattung: Der 2800 wurde serienmäßig mit Niveauregulierung und Sperrdifferenzial ausgestattet. 1971 erschienen der BMW 3,0 S (180 PS) und der 3,0 Si (200 PS), den 2800 stellte BMW ein. Als Spitzenmodell der E3-Reihe kam 1973 der 3,3 L mit verlängertem Radstand und aufgewerteter Ausstattung. Ab 1975 waren alle BMW-Großlimousinen auch mit längerem Radstand zu haben.

BMW meldet sich im Oberhaus zurück: BMW E 3-Limousine

Motor/Antrieb					
Bauart				Sechszylinder (Reihe)	
Lage/Antrieb				Front/Heck	
Hubraum in cm³				2494 bis 3295	
Leistung in PS bei U/min				150 bei 6000 bis 200 bei 5500	
Vmax in km/h				190 bis 210	
Karosserie					
Bauart				Limousine (4-türig)	
Tragstruktur				selbsttragend	
Material				Stahlblech	
Stückzahl und Marktsituation					
Produktionszahl				ca. 222.000	
Verfügbarkeit				ausreichend	
Teilesituation				gut	
Unterhaltskosten				hoch	
Preise in Euro	1	2	3	4	5
2500, L4t	11.500	7.100	4.400	2.500	800
2,8 L, L4t	9.700	6.600	4.300	2.300	900
3,0 S, L4t	12.000	7.600	4.900	2.500	1.000
3,3 Li, L4t	19.500	10.900	8.700	3.800	1.400

BMW (D)

BMW 2002 Baur Cabriolet 1971-1975

Als „Targa-Cabriolet" sind diese Versionen des kompakten 02er bis heute bekannt, obwohl das Targa-Label seit 1965 von Porsche geschützt ist. Im BMW-Programm hieß die überarbeitete Open-Air-Version des 2002 offiziell schlicht „Cabriolet". Doch die Ära des 02-Vollcabriolets war endgültig vorbei, zu groß waren die Probleme mit der sich verwindenden Karosserie gewesen. Nun sorgte ein Überroll-Bügel für mehr Schutz und einen steiferen Aufbau, doch die Optik trübte den Open-Air-Genuss vieler Cabrio-Fans. Andererseits entsprach der blecherne Henkel voll und ganz dem Sicherheits-Trend jener Jahre. Die Fertigung hatte wieder der Stuttgarter Cabrio-Spezialist Baur übernommen. Obwohl das Cabriolet fast 15.000 Mark teuer war, fand es immerhin 2272 Käufer. Gesuchter bleibt aber das uneingeschränkt geöffnete Vorgänger-Modell.

Teilweise geöffnet: BMW 2002 Baur Cabriolet

Motor/Antrieb					
Bauart					Vierzylinder (Reihe)
Lage/Antrieb					Front/Heck
Hubraum in cm³					1990
Leistung in PS bei U/min					100 bei 5500
Vmax in km/h					173
Karosserie					
Bauart					Cabriolet
Tragstruktur					selbsttragend
Material					Stahlblech
Stückzahl und Marktsituation					
Produktionszahl					2272
Verfügbarkeit					ausreichend
Teilesituation					gut
Unterhaltskosten					mittel
Preise in Euro	1	2	3	4	5
2002 Baur-Cabrio, HD	18.000	11.500	7.700	3.600	1.200

BMW touring
(1600 touring, 1800 touring, 2000 touring, 2000 tii touring) 1971-1974

Bereits Anfang 1971 erschien der ideelle Vorgänger der heutigen Compact-Modelle: Hinter der Bezeichnung touring standen 02er mit leicht verkürzter Karosserie, Fließheck und dritter Tür. Den üppigen Preisaufschlag von rund 700 Mark fanden viele Kunden unverständlich und blieben bei der konventionellen Stufenheck-Variante. So konnte BMW nur 30.000 Exemplare bauen und nahm schon 1974 diese Karosserie-Spielart wieder aus dem Programm. Den 1600 touring gab es nur bis September 1972, ab 1973 änderten sich die Modellbezeichnungen in BMW Touring 1802, 2002 und 2002 tii. Die höhere Seitenwindempfindlichkeit der Schrägheck-Versionen war in Testberichten stets kritisiert worden. Noch heute ist die Stufenheck-Limousine in Fan-Kreisen populärer als die ungewohnte Schrägheck-Optik.

Seiner Zeit noch voraus: BMW touring

Motor/Antrieb					
Bauart					Vierzylinder (Reihe)
Lage/Antrieb					Front/Heck
Hubraum in cm³					1573 bis 1990
Leistung in PS bei U/min					85 bei 5700 bis 130 bei 5800
Vmax in km/h					162 bis 190
Karosserie					
Bauart					Limousine (2-türig)
Tragstruktur					selbsttragend
Material					Stahlblech
Stückzahl und Marktsituation					
Produktionszahl					30.206
Verfügbarkeit					ausreichend
Teilesituation					gut
Unterhaltskosten					mittel
Preise in Euro	1	2	3	4	5
1600 touring, Kom	9.500	5.900	3.700	2.400	500
1800 touring, Kom	9.900	6.100	3.800	2.400	500
2000 touring, Kom	10.600	6.500	4.200	2.700	600

BMW 5er-Reihe, Werkscode E12
(518, 520, 520i, 525, 528, 528i, 530i, M 535i) 1972-1981

Nach zehn Jahren im Zeichen der „Neuen Klasse" trat die 5er-Reihe ein schweres Erbe an: Puristen warfen dem BMW 520 anfangs vor, zu groß und unhandlich geworden zu sein. Offensichtlich gewöhnten sie sich dann doch schnell an die neuen Limousinen, unter deren modernem Blech die leicht veränderte Technik des BMW 2000 steckte: Der E12 verkaufte sich 700.000 mal und gilt bis heute als Sinnbild einer fortschrittlichen Siebziger-Jahre-Limousine. Im Premierenjahr bot BMW nur den 520 und 520i an, bis 1977 noch mit Vierzylindermotor. 1973 kam der Sechszylinder 525i dazu, 1974 das Vierzylinder-Einsteigermodell 518, 1975 der 528 (bis 1977 noch ohne i). Eine Modellpflege brachte 1976 eine sanft überarbeitete Karosserie. Ein Sammlerstück ist heute der erste M 535i mit satten 218 PS, eine Rennsport-Basis mit Straßenzulassung.

Mit ihm begann die BMW-Neuzeit: BMW 5er-Reihe

Motor/Antrieb					
Bauart					Vierzylinder (Reihe), Sechszylinder (Reihe)
Lage/Antrieb					Front/Heck
Hubraum in cm³					1766 bis 3453
Leistung in PS bei U/min					90 bei 5500 bis 218 bei 5200
Vmax in km/h					160 bis 222
Karosserie					
Bauart					Limousine (4-türig)
Tragstruktur					selbsttragend
Material					Stahlblech
Stückzahl und Marktsituation					
Produktionszahl					699.094
Verfügbarkeit					gut
Teilesituation					sehr gut
Unterhaltskosten					hoch
Preise in Euro	1	2	3	4	5
518 (1974-1976), L4t	–	2.600	1.300	300	–
520 (1972-1976), L4t	–	2.800	1.400	350	–
525 (1973-1976), L4t	–	3.100	1.700	500	–
528 (1975-1977), L4t	–	3.500	2.000	600	–

BMW 2002 turbo 1973-1974

Kaum einem Kompaktwagen war es beschieden, Traum und Trauma gleichermaßen zu sein – der 2002 turbo hat es geschafft. Als Technologieträger mit KKK-Abgasturbolader und 170 PS preschte er direkt in die Zeit der Ölkrisen-Fahrverbote und blieb deshalb nur ein Jahr lang im BMW-Programm. Der Kompakt-Sportler galt aus mehreren Gründen als unzeitgemäß: Einmal verbrauchte er laut damaligen Testberichten zu viel Supersprit, zum anderen wurde die ursprünglich vorgesehene Turbo-Spiegelschrift auf dem Frontspoiler als Provokation gewertet, die sogar der Deutsche Bundestag erörterte. In der Serie blieb die Frontschürze deswegen unbeschriftet. Der hohe Preis von fast genau 20.000 Mark und das unschickliche Krawall-Image sorgten dafür, dass der 2002 turbo eine Kleinserien-Kostbarkeit in einer Auflage von nur 1670 Exemplaren blieb.

Traum und Trauma: BMW 2002 turbo

Motor/Antrieb					
Bauart					Vierzylinder (Reihe)
Lage/Antrieb					Front/Heck
Hubraum in cm³					1990
Leistung in PS bei U/min					170 bei 5800
Vmax in km/h					211
Karosserie					
Bauart					Limousine (2-türig)
Tragstruktur					selbsttragend
Material					Stahlblech
Stückzahl und Marktsituation					
Produktionszahl					1670
Verfügbarkeit					schlecht
Teilesituation					ausreichend
Unterhaltskosten					hoch
Preise in Euro	1	2	3	4	5
2002 turbo, L2t	24.000	18.000	13.000	–	–

BMW (D)

BMW 3er-Reihe (315, 316, 318, 318i, 320, 320i, 323i, Werkscode E21) 1975-1983

Die 3er-Reihe löste 1975 die populären 02-Modelle ab und avancierte zum damals erfolgreichsten BMW-Wurf aller Zeiten. Obwohl seine Karosserie größer, kantiger und repräsentativer geraten war, galt der Ur-3er wiederum als Maßstab der sportlichen Mittelklasse. Kritisiert wurde im Premierenjahr 1975 nur das allzu schlicht ausgefallene Heck, woraufhin BMW eine schwarze, geriffelte Kunststoffblende zwischen den Rückleuchten nachreichte. Den Anfang machten die Modelle 316 und 318 mit runden Einzel-Scheinwerfern und die Typen 320 und 320i mit Doppellampen. 1977 fiel der 320i weg, der 320 erhielt den neuen Sechszylindermotor. Im Jahr darauf brachte BMW das 143 PS starke Topmodell 323i – für viele Jahre die Chiffre der sportlichen Limousine schlechthin. Neu ins Programm kamen 318i (1989) und der 75 PS starke BMW 315 (1981).

BMW baute die einstige Nische kräftig aus: BMW 3er-Reihe

Motor/Antrieb	
Bauart	Vierzylinder (Reihe), Sechszylinder (Reihe)
Lage/Antrieb	Front/Heck
Hubraum in cm³	1563, 1754, 1766, 1977, 1990, 2315
Leistung in PS bei U/min	75 bei 5800 bis 143 bei 6000
Vmax in km/h	160 bis 195
Karosserie	
Bauart	Limousine (2-türig)
Tragstruktur	selbsttragend
Material	Stahlblech
Stückzahl und Marktsituation	
Produktionszahl	ca. 1,36 Mio
Verfügbarkeit	gut
Teilesituation	sehr gut
Unterhaltskosten	hoch

Preise in Euro	1	2	3	4	5
316, L2t	4.800	2.500	1.400	350	–
318i, L2t	4.900	2.600	1.300	300	–
320i, L2t	5.500	2.800	1.600	400	–
323i, L2t	7.100	4.100	2.300	650	–

BMW 6er-Reihe (628 CSi, 630 CS, 633 CSi, 635 CSi, M 635 CSi) 1976-1989

Als gediegenes Gran-Turismo-Coupé mit vier Sitzplätzen und souveräner Leistung verteidigte die 6er-Reihe ein typisches BMW-Terrain. Auf dem Genfer Salon 1976 wurden die Oberklasse-Coupés, die auf der Technik der 5er-Reihe basierten, zum ersten Mal gezeigt – sie ließen sich trotz hoher Preise und anfänglicher Verarbeitungsmängel gut verkaufen. Als Sammlerstück fasziniert heute speziell der M 635 CSi, der 1983 mit dem 286-PS-Motor des M1 auf den Markt kam und zuletzt die üppige Summe von 110.000 Mark kostete. Das Gros im heutigen Angebot stellen dagegen die milderen Modelle 630 CS, 633 CSi, 628 CSi und vor allem der ausgewogene 635 CSi. Er und der M 635 CSi waren ab 1985 bis zum Serienstopp 1989 auch mit G-Kat lieferbar. Allerdings leisteten sie in der abgasgereinigten Version sieben bzw. 26 PS weniger.

13 Jahre lang im Angebot: BMW 6er-Reihe

Motor/Antrieb	
Bauart	Sechszylinder (Reihe)
Lage/Antrieb	Front/Heck
Hubraum in cm³	2788 bis 3453
Leistung in PS bei U/min	184 bei 5800 bis 286 bei 6500
Vmax in km/h	210 bis 255
Karosserie	
Bauart	Coupé
Tragstruktur	selbsttragend
Material	Stahlblech
Stückzahl und Marktsituation	
Produktionszahl	86.216
Verfügbarkeit	üppig
Teilesituation	sehr gut
Unterhaltskosten	hoch

Preise in Euro	1	2	3	4	5
630 CS, Cpe	8.500	5.200	2.800	1.100	350
633 CSi, Cpe	9.800	5.800	3.100	1.300	450
635 CSi, Cpe	10.900	6.400	3.500	1.400	500

BMW 7er-Reihe (Baureihe E23; 728, 728i, 730, 732i, 733i, 735i, 745i) 1977-1986

Selten sind sie geworden, aufgebraucht und weggeworfen, obwohl frühe Vertreter der ersten 7er-Reihe bereits mit rotem Sammler-Kennzeichen betrieben werden können. Im Vergleich zur Mercedes S-Klasse jener Jahre wirken die 7er-Modelle weniger konservativ und wuchtig. Sie waren zwar nicht ganz so präzise verarbeitet, dafür überzeugten sie als Fahrer-Autos mit kultivierten, drehfreudigen und elastischen Sechszylinder-Motoren. Die Produktion startete mit den Vergaser-Modellen 728 und 730 sowie dem Einspritzer 733i. Schon zwei Jahre später präsentierte BMW die optimierten Typen 728i, 732i und 735i. Als Topmodell fungierte ab 1980 der 745i mit 3,2 Liter Hubraum. Ein KKK-Turbolader mobilisierte 252 PS, die immerhin gut für 226 km/h waren. Ab 1984 ließ sich dessen üppige Serienausstattung mit den Extra-Paketen Highline (weißes Lederinterieur) und Executive (Büffelleder-Ausstattung) aufwerten – heute kultige Youngtimer. Gleichzeitig erhielten alle Versionen serienmäßig ABS.

Youngtimer mit hohen Qualitäten: BMW 7er-Reihe

Motor/Antrieb	
Bauart	Sechszylinder (Reihe)
Lage/Antrieb	Front/Heck
Hubraum in cm³	2788 bis 3430
Leistung in PS bei U/min	170 bei 5800 bis 252 bei 4900
Vmax in km/h	195 bis 230
Karosserie	
Bauart	Limousine (4-türig)
Tragstruktur	selbsttragend
Material	Stahlblech
Stückzahl und Marktsituation	
Produktionszahl	285.000
Verfügbarkeit	schlecht
Teilesituation	sehr gut
Unterhaltskosten	hoch

Preise in Euro	1	2	3	4	5
728i, L4t	–	3.600	1.500	650	–
732i, L4t	–	4.000	1.700	800	–
735i, L4t	–	4.600	2.100	900	–

BMW Baur Topcabriolet (Werkscode E21) 1977-1982

In alter BMW-Tradition steuerte Baur auch zum ersten Dreier-Modell ein Cabriolet bei. Wie sein Vorgänger trug es einen massiv wirkenden Überrollbügel mit breitem, mattschwarzem Zierbalken an der Seite. Ein herausnehmbares Dachteil, das über den Passagieren montiert werden konnte und im herausgenommenen Zustand im Kofferraum verstaut werden konnte, sowie ein Faltverdeck für den hinteren Teil des Wagens boten Frischluft-Genuss mit unterschiedlichen Variationen: Bei geschlossenem Heckteil ließ es sich zugfrei reisen. Die Baur-Cabriolets waren etwa 6000 Mark teurer als ihre geschlossenen Serien-Pendants, dennoch fertigte der schwäbische Spezialbetrieb rund 3000 Exemplare des offenen E21. Der Vertrieb erfolgte über das offizielle BMW-Händlernetz. Heute ist das Baur-Cabriolet kaum gesucht – Schnäppchen sind möglich.

Cabrio-Feeling der Siebziger: BMW Baur Topcabriolet

Motor/Antrieb	
Bauart	Vierzylinder (Reihe), Sechszylinder (Reihe)
Lage/Antrieb	Front/Heck
Hubraum in cm³	1563 bis 2315
Leistung in PS bei U/min	75 bei 5800 bis 143 bei 6000
Vmax in km/h	160 bis 192
Karosserie	
Bauart	Cabriolet
Tragstruktur	selbsttragend
Material	Stahlblech
Stückzahl und Marktsituation	
Produktionszahl	ca. 3000
Verfügbarkeit	ausreichend
Teilesituation	gut
Unterhaltskosten	mittel

Preise in Euro	1	2	3	4	5
Baur Cabriolet (E 21), Cab	8.000	4.900	3.100	1.500	400

BMW (D) • Bond (GB)

BMW M1 — 1978-1981

Schon als Neuwagen war der BMW M1 ein Klassiker: Die Marke hielt sich den Supersportwagen als Versuchs- und Imageträger – das Reizvolle war, dass er bei jedem BMW-Händler erhältlich war. Die Karosserie hatte Giorgio Giugiaro entworfen, produziert werden sollte der M1 ursprünglich bei Lamborghini. Kurz vor Serien-Anlauf kam es allerdings zum Bruch zwischen den beiden Marken; Baur in Stuttgart sprang für die Italiener ein. Seine Premiere erlebte der M1 auf dem Pariser Salon im Herbst 1978, der Listenpreis betrug anfangs exakt 100.000 Mark. Die Straßenversion leistete 277 PS; BMW produzierte außerdem zwei Rennsport-Varianten mit 470 und 850 PS. Die letzten der 450 Exemplare verkauften sich nur noch schleppend und unter dem späteren Listenpreis von 113.000 Mark, so dass der M1 ohne Nachfolger blieb.

Kein Wunsch nach Kompromissen: BMW M1

Motor/Antrieb	
Bauart	Sechszylinder (Reihe)
Lage/Antrieb	Mitte/Heck
Hubraum in cm³	3453
Leistung in PS bei U/min	277 bei 6500
Vmax in km/h	260
Karosserie	
Bauart	Coupé
Tragstruktur	Rohrrahmen
Material	Kunststoff
Stückzahl und Marktsituation	
Produktionszahl	450
Verfügbarkeit	schlecht
Teilesituation	sehr gut
Unterhaltskosten	hoch

Preise in Euro	1	2	3	4	5
M1, Cpe	125.000	95.000	75.000	–	–

BMW Z1 — 1988-1991

Zum Spekulationsobjekt geriet der Z1 bei seiner Premiere im Juni 1988: Über 5000 Bestellungen lagen bereits vor, als das erste Z1-Exemplar vom Band rollte. Die meisten Kaufverträge hatten allerdings Spekulanten unterzeichnet, die meist vergeblich versuchten, den BMW-Roadster mit deftigen Aufpreisen weiterzuverkaufen. Nach dem ersten Boom beruhigte sich schließlich die Nachfrage – BMW brauchte die vorbestellten Teile auf und stoppte 1991 die Serienproduktion. Der Z1 war ein klassischer Roadster mit der Technik des 325i, einfachem Klappverdeck und – als besonderem Gimmick – elektrisch versenkbaren Türen. Die Karosserie bestand aus einem selbsttragenden Stahlblech-Gerüst, das mit Kunststoffteilen beplankt war. Einige der 8000 Z1-Exemplare wurden von Sammlern nie zugelassen – immer wieder tauchen heute gut konservierte Fahrzeuge mit Blanko-Brief auf.

Erahnte schon die Roadster-Welle der Neunziger: BMW Z1

Motor/Antrieb	
Bauart	Sechszylinder (Reihe)
Lage/Antrieb	Front/Heck
Hubraum in cm³	2494
Leistung in PS bei U/min	170 bei 5800
Vmax in km/h	220
Karosserie	
Bauart	Roadster
Tragstruktur	Kastenrahmen
Material	Stahlblech
Stückzahl und Marktsituation	
Produktionszahl	8000
Verfügbarkeit	üppig
Teilesituation	sehr gut
Unterhaltskosten	hoch

Preise in Euro	1	2	3	4	5
Z1, Cab	39.000	28.000	20.000	–	–

Bond (GB) • 1949 - 1974

Die Firma Sharp's Commercial Ltd. in Preston erwarb mit der Herstellung dreirädriger Kleinstfahrzeuge einen guten Ruf. Vom Konstrukteur Lawrence Bond kamen Ideen und der Name. Erst im Frühling 1963 lief die Fertigung des ersten vierrädrigen Sportwagens an. Ab Herbst 1965 firmierte der Hersteller als Bond Cars Ltd. Bis 1971 wurden schließlich die Vierrad-Sportwagen gebaut, das Dreirad Bond Bug gab es bis 1975 noch neu. Bond schloss sich 1969 mit dem ehemaligen Konkurrenten Reliant zusammen.

Bond Equipe (GT 2+2, GT 4 S, 2 Litre GT) — 1963-1971

Mit einer selbst entwickelten Kunststoffkarosserie nahm Bond 1963 die Fertigung des Equipe auf. Zunächst kam der Equipe GT 2+2 auf den Markt, gefolgt vom GT 4 S, der später als einzige Version weitergebaut wurde. Chassis, Türen und Frontscheibe entliehen die Bond-Konstrukteure vom Triumph Herald, der Motor versah üblicherweise im Spitfire seinen Dienst. Beim späteren 2 Litre GT, der eine neue Karosserie erhalten hatte, sorgte der Motor des Triumph Vitesse mit sechs Zylindern für einen adäquaten Vortrieb. Mit seinem lang auslaufenden Heck sah der Equipe recht eigenwillig aus, doch konnte man ihm eine gewisse Ausstrahlung nicht absprechen. Besonders reizvoll war das Interieur: Es glänzte mit klassischer britischer Aufmachung. Hierzulande sind die preiswerten Equipe-Modelle nahezu unbekannt.

Triumph-Technik unter einer Kunststoffkarosserie: Bond Equipe

Motor/Antrieb	
Bauart	Vierzylinder (Reihe), Sechszylinder (Reihe)
Lage/Antrieb	Front/Heck
Hubraum in cm³	1147, 1296, 1998
Leistung in PS bei U/min	63 bei 5750 bis 105 bei 5300
Vmax in km/h	150 bis 170
Karosserie	
Bauart	Coupé, Cabriolet
Tragstruktur	Rohrrahmen
Material	Stahlblech
Stückzahl und Marktsituation	
Produktionszahl	571, 1431
Verfügbarkeit	schlecht
Teilesituation	schwierig
Unterhaltskosten	mittel

Preise in Euro	1	2	3	4	5
Equipe GT 4 S, Cpe	7.600	4.900	2.800	1.400	500
Equipe 2 Litre GT, Cpe	9.200	6.300	3.800	1.600	700

Bond (GB) • Borgward (D)

Bond Bug 700 (700, 700 E, 700 ES) — 1971-1975

Schräger geht's kaum: Wer die Mischung aus Smart und Klassiker sucht, wird hier fündig. Englands Steuergesetzgebung, die Dreiräder bevorzugte, sorgte für Entwürfe wie den Bond Bug, der die konservativen Dreirad-Vehikel der fünfziger und sechziger Jahre weit hinter sich gelassen hat und meist in dem schrillen Orange der Siebziger auftrat. Zum Einsteigen muss die große Klappe geöffnet werden – viel Platz bietet der Innenraum nicht: Der Bug sitzt eng wie ein Sportschuh und fasst nur zwei Personen. Angetrieben wird das Dreirad von einem 701 cm³ großen Reihenvierzylinder, der von Reliant zugeliefert wurde. 29 PS leistet das kleine Aggregat, das den Bug auf immerhin 122 Stundenkilometer beschleunigt – ein beeindruckendes Erlebnis, für die Insassen ebenso wie für Außenstehende. Sammler können in England durchaus fündig werden.

Skurriles Dreirad von der Insel: Bond Bug 700

Motor/Antrieb					
Bauart					Vierzylinder (Reihe)
Lage/Antrieb					Heck/Heck
Hubraum in cm³					701
Leistung in PS bei U/min					29 bei 5000
Vmax in km/h					122
Karosserie					
Bauart					Kleinwagen
Tragstruktur					Kastenrahmen
Material					Kunststoff
Stückzahl und Marktsituation					
Produktionszahl					k.A.
Verfügbarkeit					gegen null
Teilesituation					schwierig
Unterhaltskosten					niedrig
Preise in Euro	1	2	3	4	5
Bond Bug 700, Klw	7.000	5.400	3.000	1.100	300

Borgward (D) • 1939 - 1961

Zum nationalen Rührstück geriet 1961 der Zusammenbruch der Bremer Borgward-Gruppe: Mit ihr verschwand einer der innovativsten Automobilkonzerne mit einem Schlag vom Markt. An seiner Spitze stand bis kurz vor Schluss ein einzelner Mann: Carl F. W. Borgward, Jahrgang 1890, gelernter Schlosser und Automobilkonstrukteur mit legendärem Gespür für die Bedürfnisse des Marktes.

Seine Karriere hatte 1919 mit einem Zulieferbetrieb für Kühler und Kotflügel begonnen. 1925 präsentierte er den „Blitzkarren", ein Liefer-Dreirad, das prädestiniert war für Handwerker und Händler. Vier Jahre später gelang es Borgward und seinem Partner Wilhelm Tecklenborg, den renommierten Hansa-Lloyd-Konzern aufzukaufen. Ab 1930 entstanden Personenwagen aus eigener Konstruktion, 1939 erstmals unter dem Markennamen Borgward. Inzwischen war Borgward der alleinige Besitzer seiner Unternehmen.

Nach dem Zweiten Weltkrieg erhielt der einstige Rüstungsfabrikant nach einem anfänglichen Verbot bereits 1948 von den Alliierten die Erlaubnis zurück, seine Werke zu führen. Es folgten dreizehn triumphale Jahre. Von Borgward stammte mit dem Hansa das erste deutsche Auto mit wegweisender Pontonkarosserie und oben gesteuertem Motor nach Kriegsende.

Visionärer Automobilkonstrukteur und großer deutscher Unternehmer: Carl F. W. Borgward (1890 - 1963)

1954 begann die Isabella ihre große Karriere, zudem engagierte sich Borgward mit beachtlichem Erfolg im Motorsport – allerdings nur bis 1958, das Geld wurde knapp. In die Arabella setzte Borgward große Hoffnungen – der moderne, schicke Kleinwagen besaß die richtigen Anlagen und musste doch scheitern. Die zu große Eile bei der Entwicklung wurde der Arabella wie dem gesamten Unternehmen zum Verhängnis.

Als Folge einer Kapitalschwäche kam 1961 das jähe Aus für Borgward. Die Tragik dieses Scheiterns nach törichten Rettungs- und Übernahmeversuchen wird noch heute heiß diskutiert. Carl F. W. Borgward zerbrach nach dem Niedergang seines Lebenswerks. Er starb im Juli 1963.

Automobilbau in Bremen: Stapellauf eines Borgward Hansa 1500 (um 1950)

Borgward 2300 Cabriolet — 1939-1942

Im Oktober 1939 stellte Carl F. W. Borgward den 2300 vor, den es mit vier Türen als Limousine und Cabriolimousine sowie als zweitüriges Cabriolet gab. Borgward war, nachdem er sich von seinem Teilhaber getrennt hatte, Alleininhaber der Firma und nannte die neuen Modelle nicht mehr Hansa, sondern Borgward. Der 2300 sollte den erst zwei Jahre alten 2000 ablösen. Das neue Modell erhielt einen 2,3 Liter großen Sechszylindermotor, der solide 55 PS leistete. Es kostete in seiner Standardausführung als Limousine 4350 Reichsmark – und war somit kein Sonderangebot. Nur rund 1000 Exemplare des 2300 verließen bis zum Jahr 1942 die Bremer Fertigungshallen. Ende des Jahres musste die Produktion der Personenwagen in Deutschland wegen des Zweiten Weltkriegs ganz eingestellt werden, um Fertigungskapazitäten für kriegswichtige Transportmittel frei zu halten.

Sechszylinder-Modell mit neuem Namen: Borgward 2300 Cabriolet

Motor/Antrieb					
Bauart					Sechszylinder (Reihe)
Lage/Antrieb					Front/Heck
Hubraum in cm³					2247
Leistung in PS bei U/min					55 bei 3800
Vmax in km/h					100
Karosserie					
Bauart					Limousine (4-türig), Cabrio-Limousine, Cabriolet
Tragstruktur					Kastenrahmen
Material					Stahlblech
Stückzahl und Marktsituation					
Produktionszahl					ca. 1000
Verfügbarkeit					gegen null
Teilesituation					sehr schwierig
Unterhaltskosten					hoch
Preise in Euro	1	2	3	4	5
2300 Cabriolet, Cab			keine Notierung		

Borgward (D)

Borgward Hansa (Hansa 1500, Hansa 1800, Hansa 1800 Diesel) 1949-1954

Drei Superlative umgaben die Premiere des Borgward Hansa 1500 auf der Hannover Messe von 1949: Er war das erste komplett neu konstruierte deutsche Nachkriegs-Automobil, er trug die erste Ponton-Karosserie der jungen Republik und zeigte Fahrtrichtungs-Änderungen erstmals mit Blinkleuchten statt Winkern an. Ab 1950 gab es den Hansa 1500 zudem noch mit Automatik-Getriebe – auch diese Innovation führte Borgward auf dem deutschen Markt ein. Das Auto behauptete sich aber tapfer in jener kleinen Marktlücke, die sich zwischen Opel und Mercedes auftat. Typisch für Borgward war die besondere Modell-Vielzahl: Es gab zwei- und viertürige Limousinen, einen Kombi, ein Viersitzer-Cabriolet und eine offene Sportversion mit „Carrera"-Motor und zwei Vergasern.

Innovationsträger im jungen Nachkriegsdeutschland: Hansa 1500

Motor/Antrieb					
Bauart					Vierzylinder (Reihe)
Lage/Antrieb					Front/Heck
Hubraum in cm³					1498 bis 1758
Leistung in PS bei U/min					42 bei 3700 bis 66 bei 4400
Vmax in km/h					105 bis 150
Karosserie					
Bauart				Limousine (2-/4-türig), Kombi (2-türig), Cabriolet	
Tragstruktur					Plattformrahmen
Material					Stahlblech
Stückzahl und Marktsituation					
Produktionszahl					231.40, 8531, Diesel: 3490
Verfügbarkeit					gegen null
Teilesituation					sehr schwierig
Unterhaltskosten					mittel
Preise in Euro	1	2	3	4	5
Hansa 1500, L2t	14.000	9.200	7.100	3.200	1.900
Hansa 1800, L4t	15.000	9.700	7.600	3.200	1.900

Borgward Hansa 2400, Hansa 2400 Pullman 1952-1958

Borgwards Versuche in der Oberklasse waren in den 50er-Jahren ambitioniert, aber erstaunlich glücklos. Den Anfang machte im November 1952 der Borgward Hansa 2400 mit selbsttragender Fließheckkarosserie und 82-PS-Sechszylindermotor. Zur Serienausstattung zählte anfangs ein automatisches Getriebe, das aber durch seine Kinderkrankheiten auffiel. Später hielt Borgward auch eine konventionelle Viergang-Schaltung bereit. Selbst eine Pullman-Version mit 20 Zentimeter längerem Radstand brachte die Verkaufszahlen ab 1953 nicht auf Trab: Nach nur rund 1000 Wagen erschien 1955 der Nachfolger mit stärkerem Motor und gefälligerem Design. Auch dieser Wagen hieß Borgward Hansa 2400 Pullman, er war ausgereift, aber chancenlos gegen Mercedes 220 und Opel Kapitän: Bis 1958 verließen nur 356 handgebaute Exemplare das Bremer Werk.

Glücklos in der deutschen Oberklasse: Borgward Hansa 2400

Motor/Antrieb					
Bauart					Sechszylinder (Reihe)
Lage/Antrieb					Front/Heck
Hubraum in cm³					2337 bis 2238
Leistung in PS bei U/min					82 bei 4500 bis 100 bei 5000
Vmax in km/h					145 bis 155
Karosserie					
Bauart					Limousine (4-türig)
Tragstruktur					selbsttragend
Material					Stahlblech
Stückzahl und Marktsituation					
Produktionszahl					1032, 356
Verfügbarkeit					gegen null
Teilesituation					schwierig
Unterhaltskosten					mittel
Preise in Euro	1	2	3	4	5
Hansa 2400 Pullmann (1955-1958), L4t	22.000	17.300	11.400	5.900	2.800

Borgward Isabella
(Isabella, Isabella TS, Isabella de luxe, Isabella Combi) 1954-1961

Sein erfolgreichstes Automobil präsentierte Carl F. W. Borgward im Juni 1954: die Isabella. Ursprünglich hieß sie schlicht Hansa 1500 – Isabella war anfangs nur ein Tarnname. Er passte gut zur femininen Form des Mittelklasse-Autos, aber nicht zur etwas rustikalen Technik und zum herzhaften Laufgeräusch des 60-PS-Motors. Die Isabella kostete knapp 7000 Mark und bot damit enorm viel Auto fürs Geld, wenngleich Kinderkrankheiten ihren guten Ruf verdunkelten. Dennoch ließ sie sich prächtig verkaufen und gründete eine attraktive Modellfamilie: 1955 kam die TS-Version mit 75 PS und ein Combi (tatsächlich mit C am Anfang!), 1957 erschien die besonders luxuriöse TS de luxe-Version. 1958 wurde der Rhombus im Kühlergrill kleiner, zudem gab es elegantere Rückleuchten. Kurz vor Serienende im Sommer 1961 legte Borgward noch ein „Modell 1962" auf Band – es ist heute besonders rar.

Carl F. W. Borgwards größter Erfolg: Borgward Isabella

Motor/Antrieb					
Bauart					Vierzylinder (Reihe)
Lage/Antrieb					Front/Heck
Hubraum in cm³					1493
Leistung in PS bei U/min					60 bei 4700 bis 75 bei 5200
Vmax in km/h					135 bis 150
Karosserie					
Bauart					Limousine (2-türig), Kombi (2-türig)
Tragstruktur					selbsttragend
Material					Stahlblech
Stückzahl und Marktsituation					
Produktionszahl					202.872
Verfügbarkeit					ausreichend
Teilesituation					ausreichend
Unterhaltskosten					mittel
Preise in Euro	1	2	3	4	5
Isabella (1954-1958), L2t	15.000	10.100	7.500	2.700	800
Isabella (1958-1961), L2t	14.000	9.100	6.800	2.500	700
Isabella TS (1954-1958), L2t	16.500	11.700	9.000	3.400	900
Isabella TS (1958-1961), L2t	16.000	11.200	8.700	3.200	900

Borgward Isabella Cabriolet 1956-1959

Sowohl die Coupé- wie die Limousinenvariante der Isabella waren auch als Cabriolet-Versionen lieferbar, für deren Produktion der Kölner Karosseriebaubetrieb Karl Deutsch sorgte. Deutsch erhielt Rohkarosserien aus Bremen, schnitt das Dach ab, schweißte Verstärkungen ein und besorgte die Endmontage. Das Finish der Umbauten war Deutsch-typisch lasch: Cabrio-Isabellen rosteten wesentlich schneller als ihre Großserien-Pendants. Wie viele offene Isabellen zwischen 1955 (Coupé: 1957) bis 1961 entstanden, ist heute nicht mehr nachvollziehbar: Experten schätzen ihre Zahl auf etwa 20 Coupés und 500 bis 800 Limousinen. Häufig handelt es sich aber bei Exemplaren, die heute auf Treffen erscheinen, nicht um Originale, sondern um Nachbauten, mit deren Produktion sich bislang mindestens drei verschiedene Anbieter befassten.

Nobler Spaß, damals wie heute: Borgward Isabella Cabriolet

Motor/Antrieb					
Bauart					Vierzylinder (Reihe)
Lage/Antrieb					Front/Heck
Hubraum in cm³					1493
Leistung in PS bei U/min					60 bei 4700 bis 75 bei 5200
Vmax in km/h					135 bis 150
Karosserie					
Bauart					Cabriolet
Tragstruktur					selbsttragend
Material					Stahlblech
Stückzahl und Marktsituation					
Produktionszahl					n.a.
Verfügbarkeit					gegen null
Teilesituation					ausreichend
Unterhaltskosten					mittel
Preise in Euro	1	2	3	4	5
Isabella Cabriolet, Cab			keine Notierung		

Borgward (D)

Borgward Isabella Coupé — 1957-1961

Die ersten beiden Isabella Coupés entstanden 1956 in der Borgward-Entwicklungsabteilung, eines davon erhielt Carl Borgwards Gattin zu Weihnachten zum Geschenk. Die Serienfertigung begann Anfang 1957, und obwohl Borgward den Preis im letzten Moment von 10.500 auf 10.925 Mark erhöhte, wurde das Coupé sofort zum Markterfolg. Besonders gut verkaufte es sich in Nordamerika: Zwar war es dort teurer als ein Cadillac de Ville, doch die Amerikaner liebten die elegante Erscheinung der Isabella. Insgesamt entstanden bis 1961 rund 11.000 Coupés; entgegen anderer Quellen waren sie allesamt mit dem 75-PS-Motor der Isabella TS ausgestattet. Bis heute ist das Coupé das gesuchteste und populärste Fahrzeug der Borgward-Gruppe. Nicht wenige Exemplare wurden von Fans aus den USA nach Deutschland zurück importiert.

Überaus beliebt in den späten Fünfzigern: Borgward Isabella Coupé

Motor/Antrieb	
Bauart	Vierzylinder (Reihe)
Lage/Antrieb	Front/Heck
Hubraum in cm³	1493
Leistung in PS bei U/min	75 bei 5200
Vmax in km/h	135 bis 150
Karosserie	
Bauart	Coupé
Tragstruktur	selbsttragend
Material	Stahlblech
Stückzahl und Marktsituation	
Produktionszahl	k.A.
Verfügbarkeit	schlecht
Teilesituation	ausreichend
Unterhaltskosten	mittel

Preise in Euro	1	2	3	4	5
Isabella Coupé (1957-1958), Cpe	27.000	20.000	10.500	5.800	2.900
Isabella Coupé (1958-1961), Cpe	26.200	19.700	10.200	5.700	2.900

Lloyd (Borgward) Arabella (Arabella, Arabella 34, Arabella de luxe) — 1959-1963

Als DKW auf der IAA 1957 den Prototyp des Junior zeigte, gab Carl F. W. Borgward seinen Lloyd-Leuten den Auftrag zum Bau eines Konkurrenzmodells. So entstand die Arabella unter großem Zeitdruck, was sich mit verheerenden Kinderkrankheiten rächte: Der Mittelklasse-Lloyd war nicht wasserdicht (Volksmund: „Aqua Bella"), die Getriebe laut und schwach synchronisiert. Außerdem litt die Arabella unter der starken Konkurrenz in der 900-Kubik-Klasse. Die Arabella war elegant, geräumig und technisch auf der Höhe ihrer Zeit. Zur Serienausstattung gehörten unter anderem Verbundglas-Frontscheibe, umklappbare Rückbank und eine Warnleuchte für defekte Rücklichter! Ab November 1960 trug die Arabella den prestigeträchtigeren Borgward-Schriftzug am Kühlergrill, gleichzeitig erschienen das Magermodell Arabella 34 und die Luxusversion Arabella de luxe. 1961 endete die Produktion, aber bis 1963 wurden noch 1493 de luxe-Modelle aus vorhandenen Teilen montiert.

Elegant, aber stets kränkelnd: Borgward Arabella

Motor/Antrieb	
Bauart	Vierzylinder (Boxer)
Lage/Antrieb	Front/Front
Hubraum in cm³	897
Leistung in PS bei U/min	34 bei 4700, 38 bei 4800, 45 bei 5300
Vmax in km/h	120 bis 133
Karosserie	
Bauart	Limousine (2-türig)
Tragstruktur	Zentralträgerrahmen
Material	Stahlblech
Stückzahl und Marktsituation	
Produktionszahl	47.042
Verfügbarkeit	ausreichend
Teilesituation	schwierig
Unterhaltskosten	niedrig

Preise in Euro	1	2	3	4	5
Arabella, L2t	8.600	6.000	4.400	2.000	700

Borgward P 100 („Der große Borgward") — 1960-1961

Eine kurze Karriere war dem letzten neuen Borgward-Modell vergönnt, das in der Werbung schlicht „Der große Borgward" hieß. 1959 wurde der Prototyp dieses Mercedes-220-Rivalen auf der IAA präsentiert, im Herbst 1960 lief die Produktion an: Inzwischen hatte der Sechszylinder ein Luftfederungs-System erhalten, das Borgward zusammen mit Bosch und Firestone-Phönix entwickelt hatte. Der Absatz lief sehr gut, bis sich Anfang 1961 dunkle Wolken über der Borgward-Gruppe zusammenzogen. Der Konzern galt als insolvent, die Verkäufe rutschten ab. Es blieb bis Juli 1961 bei 2587 Exemplaren des Großwagens, der heute ein besonders warnendes Beispiel mühsamer Teilebeschaffung darstellt. Der Konkursverwalter verkaufte die Fertigungsanlagen 1963 nach Mexiko, wo von 1967 bis 1970 noch einmal 2500 Wagen in Kleinserie montiert wurden.

Noblesse zum traurigen Finale: Borgward P 100

Motor/Antrieb	
Bauart	Sechszylinder (Reihe)
Lage/Antrieb	Front/Heck
Hubraum in cm³	2238
Leistung in PS bei U/min	100 bei 5000
Vmax in km/h	160
Karosserie	
Bauart	Limousine (4-türig)
Tragstruktur	selbsttragend
Material	Stahlblech
Stückzahl und Marktsituation	
Produktionszahl	2587
Verfügbarkeit	schlecht
Teilesituation	ausreichend
Unterhaltskosten	hoch

Preise in Euro	1	2	3	4	5
2,3 Liter P 100, L4t	21.400	16.100	10.400	5.300	2.900

Bristol (GB) • seit 1945

Die Idee des Automobilbaus hatte der britische Flugzeughersteller Bristol schon während des Zweiten Weltkriegs, doch erst zu Friedenszeiten kam es zu einer Vereinbarung mit dem Sportwagenhersteller Frazer-Nash.
Offizielles Debüt des ersten Bristol war dann im Frühling 1947 auf dem Genfer Salon. Die Ähnlichkeiten zu BMW-Modellen ist historisch begründet: Als Reparationsleistungen hatte Bristol-Generaldirektor H. J. Aldington die Pläne der BMW-Modelle 326, 327 und 328 erhalten.
1959 begann Bristol eine Zusammenarbeit mit Zagato. Im Herbst 1960 verkaufte die Bristol-Siddeley-Gruppe die Bristol-Autoabteilung an den bisherigen Geschäftsführer George White und den Rennfahrer Tony Crook. Bald hatten die BMW-Motoren ausgedient, und Bristol setzte zukünftig auf großvolumige V8-Motoren, die der amerikanische Chrysler-Konzern zulieferte. Bristol wurden und werden stets in nur kleinsten Stückzahlen gebaut.

Bristol 400 — 1947-1950

Richtig neu war der erste Bristol nicht: Sein gesamtes Layout entsprach dem Vorkriegs-BMW 326. So stellte sich der erste Bristol als facegeliftetes Exemplar der deutschen Limousine dar. Sogar der nierenartig geformte Grill entsprach dem deutschen Vorbild. Auch der epochale Sechszylindermotor – eine BMW-Entwicklung für den 328 – mit zwei Liter Hubraum fand wieder Verwendung. Die 81 und 86 PS starken Aggregate sorgten für eine Höchstgeschwindigkeit von rund 145 km/h. Eine Zentralschmierung bot Komfort. Die aufwändige Handarbeit bei der Bristol-Produktion und ein hohes Qualitätsniveau erfuhren ihren Niederschlag in hohen Preisen, die jedoch das Publikum nicht abschreckten. Es ließen sich genügend Käufer für die Produkte mit der exquisiten Ausstrahlung finden.

Ein Bayer im Exil: Bristol 400

Motor/Antrieb	
Bauart	Sechszylinder (Reihe)
Lage/Antrieb	Front/Heck
Hubraum in cm³	1971
Leistung in PS bei U/min	81 bei 4500 bis 86 bei 4500
Vmax in km/h	135 bis 145
Karosserie	
Bauart	Limousine (2-türig)
Tragstruktur	Plattformrahmen
Material	Aluminium, Stahlblech
Stückzahl und Marktsituation	
Produktionszahl	680
Verfügbarkeit	schlecht
Teilesituation	sehr schwierig
Unterhaltskosten	hoch

Preise in Euro	1	2	3	4	5
400, L2t	45.500	31.700	21.000	11.000	6.100

Bristol 401, 402, 403 — 1948-1954

Mit nochmals verfeinerten Linien trat der Bristol 401 ab 1948 an die Seite des Bristol 400. Die in noch geringerer Stückzahl als die Limousine gefertigten Cabriolets hießen Bristol 402, ihre Karosserie hatte der italienische Designer Pinin Farina gestaltet. Auch der 403, der über eine stärker dimensionierte Kurbelwelle und größere Ventile verfügte, dokumentierte die Erfahrungen von Bristol aus dem Flugzeugbau mit seiner aerodynamisch wohlgeformten Karosserie. Selbst an komplizierte Techniken wagten sich die Engländer: Sie stellten Aluminium-Karosserien in Superleggera-Leichtbauweise her, die Lizenzrechte dazu hatten sie vom Patentinhaber Touring gekauft. Am Bristol-Bug prangte immer noch eine Doppelniere, ein Relikt aus der Vorkriegszeit – auch diese Bristol-Modelle gehen noch auf die BMW 327-Basis zurück.

Mit großem Know-how gefertigt: Bristol 401

Motor/Antrieb	
Bauart	Sechszylinder (Reihe)
Lage/Antrieb	Front/Heck
Hubraum in cm³	1971
Leistung in PS bei U/min	86 bei 4500 bis 107 bei 5000
Vmax in km/h	160 bis 170
Karosserie	
Bauart	Limousine (2-türig), Cabriolet
Tragstruktur	Plattformrahmen
Material	Aluminium
Stückzahl und Marktsituation	
Produktionszahl	650, 300
Verfügbarkeit	schlecht
Teilesituation	schwierig
Unterhaltskosten	hoch

Preise in Euro	1	2	3	4	5
401, L2t	40.000	28.100	18.700	9.700	5.100
402, Cab	54.000	38.300	25.600	13.500	7.700
403, L2t	40.000	28.100	18.700	9.700	5.100

Bristol 404, 405 — 1953-1957

Der 404 ist eine Weiterentwicklung des Typs 403, die mit einer glattflächigeren Karosserie und neuer Front noch schnittiger wirkte. Der Radstand wurde gegenüber dem 401 um 45 Zentimeter auf 2,45 Meter verkürzt, die Technik änderte sich nur im Detail. Als verlängerter 404 kam 1954 das erste viertürige Modell der Marke unter der Bezeichnung 405 auf den Markt. Das Interesse an dem hochpreisigen Produkt hielt sich in Anbetracht der zahlreichen Konkurrenz in Grenzen. Der Motor wirkte leicht angestrengt und außer der eigenständigen Karosserielinie boten die Bristol keine nennenswerten Vorteile mehr gegenüber ihren Mitbewerbern.

Motor/Antrieb	
Bauart	Sechszylinder (Reihe)
Lage/Antrieb	Front/Heck
Hubraum in cm³	1971
Leistung in PS bei U/min	107 bei 5000 bis 127 bei 5000
Vmax in km/h	175 bis 190
Karosserie	
Bauart	Limousine (2-/4-türig)
Tragstruktur	Plattformrahmen
Material	Aluminium, Stahlblech
Stückzahl und Marktsituation	
Produktionszahl	297
Verfügbarkeit	gegen null
Teilesituation	schwierig
Unterhaltskosten	hoch

Preise in Euro	1	2	3	4	5
404, Cpe	71.000	51.500	35.300	18.900	9.500
405, L4t	35.000	24.000	15.800	8.100	4.300

Der erste Bristol-Viertürer: Bristol 405

Bristol (GB)

Bristol 405 Cabriolet 1954-1955

Ob als Drophead-Coupé oder Cabriolet bezeichnet, der Bristol 405 wirkte besonders von vorn mit dem lochartigen Lufteinlass etwas ungelenk gestylt. Unglücklich auch das riesige Verdeck mit kleiner Rückscheibe und sichtbehinderndem Bereich zur Seite. Zudem war es bei diesem, wie bei den wenigen anderen Cabriolets der Marke, um die Verwindungssteifigkeit des Chassis nicht zum Besten bestellt. Das entsprach nicht dem hohen Qualitätsanspruch der sonstigen Bristol-Produkte, die preislich am obersten Ende der Preisskala angesiedelt waren. Technisch basierte das Cabrio auf dem Limousinen-Modell.

Exklusiv, doch teuer und einst wenig beliebt: Bristol 405 Cabriolet

Motor/Antrieb					
Bauart					Sechszylinder (Reihe)
Lage/Antrieb					Front/Heck
Hubraum in cm³					1971
Leistung in PS bei U/min					107 bei 5000
Vmax in km/h					170
Karosserie					
Bauart					Cabriolet
Tragstruktur					Plattformrahmen
Material					Aluminium, Stahlblech
Stückzahl und Marktsituation					
Produktionszahl					43
Verfügbarkeit					gegen null
Teilesituation					schwierig
Unterhaltskosten					hoch
Preise in Euro	1	2	3	4	5
405 D, Cab	51.500	37.300	24.500	12.800	7.200

Bristol 406 1958-1961

Im Herbst 1957 debütierte der Bristol 406 als viersitziges Stufenheck-Coupé. Gegenüber dem 405 hatte sich die Karosserie nur gering geändert, doch der auf 2,2 Liter vergrößerte Motor, vier Dunlop-Scheibenbremsen und eine neue Hinterachse dokumentierten den technischen Fortschritt. Der 406 kann als Urvater aller Bristol-Modelle der nächsten zwanzig Jahre gelten – auf den 406 bauen sie alle auf. Die Form des 406 geht auf einen Entwurf der Firma Beutler zurück, der jedoch von den Bristol-Designern neu interpretiert wurde. Die Produktion blieb jedoch hinter den Erwartungen zurück: Keine 300 Exemplare konnte Bristol von seinem Modell 406 verkaufen.

Viel neue Technik unter dem Blech: Bristol 406

Motor/Antrieb					
Bauart					Sechszylinder (Reihe)
Lage/Antrieb					Front/Heck
Hubraum in cm³					2216
Leistung in PS bei U/min					107 bei 4700
Vmax in km/h					170
Karosserie					
Bauart					Limousine (2-türig)
Tragstruktur					Plattformrahmen
Material					Aluminium
Stückzahl und Marktsituation					
Produktionszahl					292
Verfügbarkeit					schlecht
Teilesituation					schwierig
Unterhaltskosten					hoch
Preise in Euro	1	2	3	4	5
406, L2t	33.000	22.800	14.900	7.500	4.000

Bristol 407 1961-1963

Die gestiegenen Ansprüche einer reichen Kundschaft, die bereit war, für ihre Automobile viel Geld auszugeben, konnten mit dem ausgereizten ehemaligen BMW-Triebwerk nicht weiter befriedigt werden. So suchte und fand Bristol einen geeigneten Ersatz: Die Engländer griffen zu einem schlicht aufgebauten Stoßstangen-V8 von Chrysler. Mit dem US-Aggregat waren alle Leistungssorgen beseitigt. Die Kundschaft hatte damit glücklicherweise keine Probleme und akzeptierte den Hybriden. Mit viel Hubraum und ordentlicher Leistung stieß der 407 in neue Geschwindigkeitsbereiche vor: bis zu 200 km/h waren möglich. Fahrwerksmodifikationen mit Schraubenfedern an der Vorderachse sorgten dafür, dass Bristol um seine 407-Kundschaft selbst dann nicht bangen musste, wenn diese etwas mehr Gas gegeben hatte.

Jetzt neu mit US-V8: Bristol 407

Motor/Antrieb					
Bauart					V8
Lage/Antrieb					Front/Heck
Hubraum in cm³					5130
Leistung in PS bei U/min					250 bei 4400
Vmax in km/h					200
Karosserie					
Bauart					Limousine (2-türig)
Tragstruktur					Plattformrahmen
Material					Aluminium
Stückzahl und Marktsituation					
Produktionszahl					300
Verfügbarkeit					schlecht
Teilesituation					ausreichend
Unterhaltskosten					hoch
Preise in Euro	1	2	3	4	5
407, L2t	34.500	23.500	15.600	7.900	4.200

Bristol 411 1970-1975

Bristol blieb sich treu: Mit typischer Linienführung trat auch der ab 1970 angebotene Typ 411 an. Außer geänderten Zierleisten an der Wagenflanke hatte sich aber noch mehr getan: Stolze 6,6 Liter Hubraum bescherten kräftige 340 PS, über die Benzinverbräuche dachte man zu jener Zeit noch nicht intensiv nach. Diese Power-Version erfreute sich bei Liebhabern eines weiterhin wachsenden Zuspruchs, der vor allem dadurch erleichtert wird, dass die Firma Bristol immer noch existiert und dem Restaurierer mit Know-how und Teilen unterstützend zur Seite steht.

Viel Power unter einer dezenten Hülle: Bristol 411

Motor/Antrieb					
Bauart					V8
Lage/Antrieb					Front/Heck
Hubraum in cm³					6556
Leistung in PS bei U/min					340 bei 5200
Vmax in km/h					225
Karosserie					
Bauart					Limousine (2-türig)
Tragstruktur					Plattformrahmen
Material					Aluminium
Stückzahl und Marktsituation					
Produktionszahl					600
Verfügbarkeit					ausreichend
Teilesituation					ausreichend
Unterhaltskosten					hoch
Preise in Euro	1	2	3	4	5
411/411 S2, L2t	36.500	25.200	16.700	8.600	4.500
411 S 3/S 4/S 5, L2t	38.300	26.600	17.400	9.000	4.800

Bugatti (F) • 1909-1956, 1991-1995, seit 1998

„Nichts ist zu schön, nichts ist zu teuer" lautete Ettore Bugattis Motto. Der Sohn einer italienischen Künstlerfamilie, 1881 in Mailand geboren, liebte Technik und Mechanik schon als Jugendlicher. Nach einem kurzen Besuch der Mailänder Kunstakademie ließ er sich beim Fahrradhersteller Prinetti & Stucchi ausbilden. Mit 17 Jahren schraubte Ettore Bugatti zwei Motoren an ein Dreirad und nahm an seinen ersten Rennen teil – der Start einer großen Karriere.

1898 baute er für Prinetti & Stucchi den Typ 1, das erste vierrädrige Motorfahrzeug von Bugatti. Drei Jahre später wurde Baron de Dietrich auf den Typ 2 aufmerksam, der auf dem Mailänder Automobilsalon eine Medaille gewann. Der elsässische Fahrzeugbauer nahm Bugatti sofort unter Vertrag. Zwischen 1902 und 1904 entstanden unter dem Namen de Dietrich-Bugatti rund 100 Automobile der Typen 3, 4 und 5.

Die Typen 6 und 7 entstanden 1904 unter dem Namen Hermes in Kooperation mit Emil Mathis. 1907 wechselte Bugatti zur Gasmotorenfabrik Deutz nach Köln und entwickelte dort zwei langhubige Vierzylinder (Typ 8 und 9). Viel Ehrgeiz trieb Bugatti: Auf eigene Rechnung konstruierte er in seinem Keller ein kleines Chassis mit einem Vierzylindermotor und Kardanwellenantrieb.

1909 startete seine Molsheimer Zeit. Alle seine Automobile trugen das ovale Bugatti-Emblem, und auf dem Salon in Paris staunte das Publikum 1910 über die fortschrittliche Technik, die hohe Qualität und das beeindruckende Design der elsässischen Entwürfe.

Wichtig wurden die Rennerfolge für Bugatti: Durch sie wurde Bugatti berühmt. Zugleich lieferten die Sporteinsätze wichtige Erfahrungen für den Bau von Straßenfahrzeugen. 1924 startete der erste Bugatti Typ 35 beim Grand Prix von Lyon. In den Folgejahren errang dieser Rennwagen mehr Siege als jeder andere dieser Epoche.

Zwischen 1926 und 1930 baute Bugatti den kleinen Typ 40 Tourer mit Vierzylindermotor, der aus 1,5 Liter Hubraum 45 PS mobilisierte. Der charakteristische, hufeisenförmige Kühlergrill fand sich auch an den Achtzylindermodellen, sei es der zwischen 1927 und 1931 gebaute Typ 44 Tourer mit Dreiliter-Achtzylindermotor und 80 PS oder der zwischen 1929 und 1935 gebaute Typ 46 Roadster mit fast 5,4 Litern Hubraum und 140 PS. Edle, filigrane Technik kennzeichnet auch die Typ 55 Roadster (1932 bis 1935) mit ihren 2,3 Liter großen Achtzylindern, die 160 PS freisetzen.

Berühmt wurde auch der T 57, der zwischen 1934 und 1940 als Limousine und Cabriolet offeriert wurde. Dessen 3,25 Liter großer Achtzylinder leistete 135 PS. Der nach dem Krieg gebaute Typ 101 mit pontonförmiger Karosserie blieb äußerst selten. Bis heute unvergessen sind der legendäre Royale (Typ 41) von 1926 und die Bugatti-Ikone schlechthin, das Atlantic Coupé (Typ 57 S) von 1936.

1939 beendete der Krieg die Produktion. Zaghafte Versuche, nach 1945 in Molsheim die Produktion wieder aufzunehmen, scheiterten, zudem starb Ettore Bugatti 1947. Auch der Versuch, 1956 mit einem Rennwagen an alte Erfolge anzuknüpfen, scheiterte. Nach 7950 Exemplaren übernahm die Rüstungsgruppe Hispano-Suiza-Mercier die Rechte.

1991 flammte das Bugatti-Fieber kurz auf: Im norditalienischen Modena entstanden unter der Regie des Unternehmers Romano Artioli 139 Exemplare des EB 110, seinerzeit der schnellste Sportwagen der Welt. Doch schon 1995 stand die Firma vor der Pleite.

Seit 1998 hält Volkswagen die Markenrechte. Der nächste Versuch, Ettore Bugattis Erbe mit einem neuen Modell wieder zu beleben, steht unmittelbar bevor.

Bugatti Typ 50 — 1930-1934

Mit dem Typ 50 gelang Ettore Bugatti auf dem Pariser Salon von 1930 eine Überraschung. Das neue Modell besaß – ein Novum bei Bugatti – einen Reihenachtzylinder-Motor mit zwei obenliegenden Nockenwellen, wie es Experten bereits von Alfa Romeo- und Maserati-Rennmotoren kannten. Angetrieben wurden die beiden Nockenwellen von einem Kunstwerk aus Zahnrädern. Ettore Bugatti hatte den Typ 50 als starken Tourensportwagen entworfen, und so ähnelte der konstruktive Aufbau von Rahmen, Achsen und Bremsen dem Typ 46, der 1929 vorgestellt worden war. Bis zu 190 Stundenkilometer schnell waren die exklusiven Fahrzeuge aus dem Elsass. Einige der vielen Karosserievarianten hatte Jean Bugatti entworfen, der Sohn Ettores – sie waren mitunter sehr progressiv ausgefallen.

Besaß bereits zwei obenliegende Nockenwellen: Bugatti Typ 50

Motor/Antrieb	
Bauart	Achtzylinder (Reihe)
Lage/Antrieb	Front/Heck
Hubraum in cm³	4972
Leistung in PS bei U/min	225 bei 4000
Vmax in km/h	170 bis 190
Karosserie	
Bauart	Coupé, Cabriolet
Tragstruktur	Kastenrahmen
Material	Stahlblech
Stückzahl und Marktsituation	
Produktionszahl	k.A.
Verfügbarkeit	gegen null
Teilesituation	sehr schwierig
Unterhaltskosten	hoch

Preise in Euro	1	2	3	4	5
Typ 50, L2t			keine Notierung		

Bugatti Typ 57 — 1934-1940

Mit dem Typ 57, den Ettore Bugatti 1933 auf dem Pariser Automobilsalon vorstellte, begann für die kleine Firma im Elsass das letzte Kapitel: Nach dem Typ 57 produzierte Bugatti kein Auto mehr in Serie. Unter der langen Haube fand sich ein 3,3 Liter großer Reihenachtzylinder, dessen traumhaft ruhige, grafische Form bis heute bewundert wird. Er leistete rund 135 PS und besaß zwei obenliegende Nockenwellen, die von Zahnrädern angetrieben wurden. Vorne montierte Bugatti wieder eine hohlgeschmiedete Starrachse, und alle vier Räder wurden von extrem großen, stark verrippten Trommelbremsen verzögert, die über aufwändig geführte Seilzüge betätigt wurden. Die Serienkarosserien hatte wiederum Jean Bugatti entworfen, deren Formen nach Alpenpässen benannt wurden. Gefertigt hat sie der Karosseriebauer Gangloff in Colmar.

Luxuriöser Tourenwagen mit sportlichem Anspruch: Bugatti Typ 57

Motor/Antrieb	
Bauart	Achtzylinder (Reihe)
Lage/Antrieb	Front/Heck
Hubraum in cm³	3257
Leistung in PS bei U/min	135 bei 5000
Vmax in km/h	160
Karosserie	
Bauart	Coupé, Cabriolet
Tragstruktur	Kastenrahmen
Material	Stahlblech
Stückzahl und Marktsituation	
Produktionszahl	725
Verfügbarkeit	gegen null
Teilesituation	sehr schwierig
Unterhaltskosten	hoch

Preise in Euro	1	2	3	4	5
Typ 57 (Ventoux), L2t	300.000	210.000	150.000	–	–
Typ 57 (Galibier), L4t	200.000	140.000	100.000		

Bugatti (F) • Buick (USA)

Bugatti EB 110, EB 110 SS — 1991-1993

Am 22. September 1995 war der Traum von Romano Artioli geplatzt. Der Italiener hatte als Händler für Suzuki, Lotus und Ferrari ein Vermögen verdient und einen Teil davon in einem Projekt versenkt, das hätte funktionieren können – aber gescheitert ist. 1991 hatte Artioli seinen ersten Bugatti präsentiert, den EB 110. Mit zwölf Zylindern und Allradantrieb hatte er seinen Entwicklern eine gewaltige Aufgabe gestellt. Der EB 110 beeindruckte mit Leistung und Daten, nicht jeder jedoch wollte an seinem Design gefallen finden. Als extravagante italienische Lösung mit wohlklingendem französischen Traditionsnamen konnte er sich auf dem kleinen Nischenmarkt der Supersportwagen nicht gegen Ferrari oder Lamborghini durchsetzen – auch, weil Sporterfolge fehlten. Artioli, der von 1993 bis 1996 auch Lotus besaß, muss aber nicht darben: Volkswagen hat ihm den Namen Bugatti gut bezahlt.

Kurz flammte der Traum: Bugatti EB 110

Motor/Antrieb	
Bauart	V12
Lage/Antrieb	Mitte/4x4
Hubraum in cm³	3500
Leistung in PS bei U/min	560 bei 8000
Vmax in km/h	342
Karosserie	
Bauart	Coupé
Tragstruktur	Karbon
Material	Leichtmetall
Stückzahl und Marktsituation	
Produktionszahl	30 oder 154
Verfügbarkeit	schlecht
Teilesituation	schwierig
Unterhaltskosten	hoch
Preise in Euro	1 2 3 4 5
	für Spitzenfahrzeuge ca. 300.000 Euro

Buick (USA) • seit 1903

Buick wurde 1903 vom ehemaligen schottischen Installateur und späteren Wasserbauingenieur David Dunbar Buick gegründet. Misserfolge kosteten den durch Aktienspekulation reich gewordenen Buick schnell viel Geld. So kam schon 1904 William Durant an die Spitze des Unternehmens. Ab 1908 wurde rund um Buick der General Motors-Konzern aufgebaut. Auch Charles Nash und Walter P. Chrysler sorgten nun für Erfolg der Marke Buick. So kam es, dass Buick-Automobile immer erfolgreicher wurden, während David Duncan Buick 1929 verarmt starb.

Meilensteine für das Unternehmen waren der voluminöse Reihenachtzylinder, der 1931 erschien und bis 1953 im Programm blieb. Mit dem Roadmaster erschien 1948 das erste amerikanische Automobil mit Automatikgetriebe, und noch heute gilt Buick als der „Pionier des Drehmomentwandlers".

Heute steht Buick innerhalb der GM-Marken im Ranking zwar unter Cadillac, aber mit seinem konservativen, gehobenen Mittelstandsluxus oberhalb Chevrolets. Für gewisses Aufsehen hatten Anfang der 1980er-Jahre die 1,8 Liter großen Vierzylinder mit Turbolader gesorgt.

Luxuriöse Studie mit Zukunftsappeal: Buick Y-Job (1938)

Buick Series 40 — 1951-1954

Wahrlich keine Revolutionen gab es bei Buick zu Beginn der fünfziger Jahre: Die altbekannten, überaus soliden Reihenachtzylinder fanden weiterhin Platz unter dem voluminös geformten Blech. Das Baukasten-System bei Buick umfasste seit 1946 drei Modellreihen: Series 40 Special, Series 50 Super und Series 70 Roadmaster, die über unterschiedliche Radstände verfügten. Erst 1954 wurde das Programm erweitert. Die unterschiedlichen Karosserievarianten ergaben die exakte Modellbezeichnung. Das billigste Modell war 1951 der Buick 41, eine viertürige Limousine, die auch als Special four-door Sedan bezeichnet wurde. Dagegen markierte der Buick 48 D als zweitüriger DeLuxe Sedan das obere Ende der 40er-Reihe. Typisch für Buick waren die „portholes" oder „VentiPorts" genannten Lufteinlassatrappen ab den Flanken.

Solide Hausmannskost in modischer Verpackung: Buick 48 D

Motor/Antrieb					
Bauart				Achtzylinder (Reihe)	
Lage/Antrieb				Front/Heck	
Hubraum in cm³				4068	
Leistung in PS bei U/min				108 bei 3600	
Vmax in km/h				140	
Karosserie					
Bauart			Limousine (4-türig), Limousine (2-türig), Coupé		
Tragstruktur				Kastenrahmen	
Material				Stahlblech	
Stückzahl und Marktsituation					
Produktionszahl				k.A.	
Verfügbarkeit				schlecht	
Teilesituation				schwierig	
Unterhaltskosten				mittel	
Preise in Euro	1	2	3	4	5
Special De Luxe (1951-1953), L2t	21.800	14.600	9.200	4.400	1.900
Special De Luxe, L4t	20.000	13.300	8.400	4.100	1.700
Special De Luxe HT Coupé (1951-53), Cpe	27.000	18.500	12.000	5.500	2.500

Buick Skylark (Convertible Coupé) — 1953-1954

Aus Anlass des 50-jährigen Firmenjubiläums begrenzte Buick die Stückzahl des üppigen Skylark Convertible Coupés und hoffte, durch diese Maßnahme den soeben neu eingeführten V-Achtzylindertriebwerken zusätzliche Publizität zu verschaffen. Der Reihenmotor war also out, prächtiger Chromschmuck und verspieltes Design allem Anschein nach in. Der reich verzierte Skylark wollte eine Kombination aus Coupé und Cabriolet sein, doch die Angelegenheit hatte einen stolzen Preis: Der angestrebte Prestigegewinn für die Marke wurde erreicht, auch wenn die Stückzahlen klein blieben: Nur rund 2500 Interessenten fanden sich für das Modell. Das weniger attraktive 54er-Modell war noch schwieriger an den Mann zu bringen: nur 836 Kunden griffen zu.

Jubiläums-Modell: Buick Skylark Convertible Coupé

Motor/Antrieb					
Bauart				V8	
Lage/Antrieb				Front/Heck	
Hubraum in cm³				5276	
Leistung in PS bei U/min				188 bei 4000 bis 200 bei 4100	
Vmax in km/h				165	
Karosserie					
Bauart				Cabriolet	
Tragstruktur				Kastenrahmen	
Material				Stahlblech	
Stückzahl und Marktsituation					
Produktionszahl				2526	
Verfügbarkeit				gegen null	
Teilesituation				schwierig	
Unterhaltskosten				hoch	
Preise in Euro	1	2	3	4	5
Skylark Ser. 100 (1954), Cab	70.000	48.500	32.000	18.500	7.500
Roadmaster Skylark (1953), Cab	75.000	52.000	34.500	19.500	8.000

Buick (USA) • Cadillac (USA)

Buick Riviera — 1963-1965

Noch 1963 fertigte Buick seine Fahrzeuge nach dem traditionellen Prinzip, bei dem die Karosserie auf einem Kastenrahmen ruht. Das war auch bei dem eleganten, von GM-Chefstylist Bill Mitchell entworfenen Modell Riviera so. Der Modellname hatte auch nach 1965 weiterhin Bestand, doch gerade dieses erste Modell mit seinen selbstbewussten 6,6 und 7 Liter großen Achtzylindern, die weit über 300 PS freisetzten, überzeugt den Freund großvolumiger US-Klassiker. Der Name sollte die Ambitionen widerspiegeln, auf dem europäischen Luxus-Markt Fuß zu fassen, doch das Fahrwerk zeigte sich typisch kontinentalamerikanisch: simpel aufgebaut und von der Power ebenso schnell überfordert wie die wenig standfesten Bremsen.

Großes Volumen für gepflegtes Cruisen: Buick Riviera

Motor/Antrieb					
Bauart					V8
Lage/Antrieb					Front/Heck
Hubraum in cm³					6569, 6970
Leistung in PS bei U/min				325 bei 4400 bis 365 bei 4400	
Vmax in km/h					180 bis 190
Karosserie					
Bauart					Hardtop
Tragstruktur					Kastenrahmen
Material					Stahlblech
Stückzahl und Marktsituation					
Produktionszahl					112.144
Verfügbarkeit					schlecht
Teilesituation					schwierig
Unterhaltskosten					hoch
Preise in Euro	1	2	3	4	5
Rivera, Cpe	20.000	14.500	8.500	4.000	1.500

Cadillac (USA) • seit 1902

Wer weiß heute, dass bei Cadillac eigentlich Henry Ford seine Finger im Spiel hatte? Er war es, der mit der Henry Ford Company die Grundlagen schuf. Als er das Unternehmen 1903 verließ, um die Ford Motor Company zu gründen, übernahm ein gewisser Henry M. Leland seine Anteile. Fortan gab es die Marke Cadillac, dem Gründer Detroits zu Ehren, der 1701 die Stadt gegründet hatte: Antoine de la Mothe Cadillac.
Das erste Modell erschien 1902. Sieben Jahre später wurde Cadillac zur dritten Marke bei General Motors – neben Buick und Oldsmobile. 1917 zog sich Henry Leland zurück und gründete Lincoln.
Cadillac war auf verschiedenen Gebieten ein Pionier: 1912 gab es Cadillac-Modelle bereits mit elektrischer Beleuchtung und Anlasser, ein in jener Zeit unglaublicher Luxus. Ab 1915 bot das Unternehmen V8-Motoren an und schuf sich zunehmend eine Position im Luxus-Segment. Vierradbremsen kamen 1924 dazu, synchronisierte Getriebe gab es ab 1928. Großvolumige V12-Motoren (ab 1931) und V16-Triebwerke (ab 1930) ergänzten das exklusive Angebot.

Designer Harley Earl am Steuer eines LaSalle (1927). Neben ihm steht Cadillac-Manager Lawrence Fisher

Gigantomanie zieht sich wie ein roter Faden durch die Cadillac-Geschichte: 1948 erfand der von Flugzeugen inspirierte Chef-Stylist Harley Earl die Heckflossen, die als Mode bis in die 1960er-Jahre aktuell sein sollten. Klimaanlagen bot Cadillac ab 1953, vier Jahre später gab es den Eldorado Brougham auf Wunsch mit Luftfederung.
Groß blieben die Modelle der Luxus-Division des GM-Konzerns: Mit einem 8,2 Liter großen V8 sollte das Modell Eldorado 1967 zum größten Fronttriebler der Welt werden. Etwas hilflos verknappte Cadillac die Hubräume, als die Energiekrise an ein Überdenken alter Leitlinien gemahnte – auf sieben Liter … Ein Vierzylinder mit Cadillac-Logo kam erst in den 1980er-Jahren. Der heute kleinste Cadillac basiert übrigens auf dem Opel Omega und wird in Rüsselsheim nach spezieller US-Spezifikation gebaut.

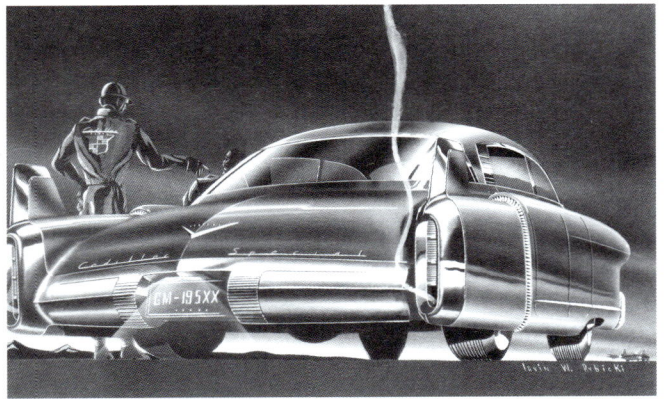

Aufbruch ins Übermorgen: Von Harley Earl stammte die Idee, einem Automobil Heckflossen wachsen zu lassen (Designskizze 1949)

Cadillac Eldorado Convertible Coupé — 1953

Wahrlich ungehemmt präsentiert sich dieses Luxus-Cabriolet, das mit einer wahren Orgie in Chrom und Zierrat dem Ideal des amerikanischen Straßenkreuzers doch recht nahe kommt. Von der übereilten Einführung moderner Baumethoden wie etwa selbsttragenden Karosserien hielt man bei Cadillac nichts, warum auch? Auf dem schweren Kastenrahmen ließ es sich viel schöner spielen – jährlich kamen zu Beginn der fünfziger Jahre neue Modelle auf den Markt. Im deutlichen Kontrast zu der wuchtigen Karosserie des Cadillac Eldorado stand die flache, geradezu zierliche Panorama-Windschutzscheibe. Der Hubraum-Boom war 1953 erst bei 5,4 Liter angekommen, doch auch die daraus geschöpften 210 PS sorgten für guten Vortrieb, der ja in Amerika nur teilweise ausgekostet werden konnte. Das 1953er Modell blieb jedenfalls mit nur 532 gebauten Exemplaren eine wahre Rarität.

Eine wahre Wucht: Cadillac Eldorado Convertible Coupé

Motor/Antrieb					
Bauart					V8
Lage/Antrieb					Front/Heck
Hubraum in cm³					5424
Leistung in PS bei U/min					210 bei 4000
Vmax in km/h					170
Karosserie					
Bauart					Cabriolet
Tragstruktur					Kastenrahmen
Material					Stahlblech
Stückzahl und Marktsituation					
Produktionszahl					532
Verfügbarkeit					gegen null
Teilesituation					schwierig
Unterhaltskosten					hoch
Preise in Euro	1	2	3	4	5
Eldorado Ser. 62, Cab	110.000	79.500	53.500	30.000	15.500

Cadillac (USA)

Cadillac Eldorado Brougham 1957-1958

Die Heckflossenmode strebte stetig und unaufhaltsam ihrem Höhepunkt entgegen, doch kurz bevor es soweit war, stellte Cadillac zum Modelljahrgang 1957 diesen auffälligen Viertürer vor. Die Hardtop-Limousine mit dem unlackierten Edelstahldach sollte alles in sich vereinen, was gut und teuer ist. Von den Trinkbechern im Handschuhfach bis hin zur aufwändigen Luftfederung steckte Cadillac alles Erdenkbare an Ausstattung und Luxus in den Eldorado Brougham, der in der Folge extrem teuer war und nur geringen Absatz fand. Mit insgesamt nur gut 700 Fahrzeugen aus den Jahren 1957/58 gehört er zu den größten Raritäten auf dem Markt amerikanischer Klassiker. Die Folgemodelle der nächsten Jahre sahen dann schon wieder anders aus.

Nobler geht es kaum: Cadillac Eldorado Brougham

Motor/Antrieb	
Bauart	V8
Lage/Antrieb	Front/Heck
Hubraum in cm³	5972
Leistung in PS bei U/min	310 bei 4800 bis 330 bei 4800
Vmax in km/h	190
Karosserie	
Bauart	Hardtop
Tragstruktur	Kastenrahmen
Material	Stahlblech
Stückzahl und Marktsituation	
Produktionszahl	400, 304
Verfügbarkeit	gegen null
Teilesituation	schwierig
Unterhaltskosten	hoch

Preise in Euro	1	2	3	4	5
Eldorado Brougham, Cpe	61.500	41.000	25.500	15.500	8.000

Cadillac Series 62 Convertible und Eldorado Biarritz 1959

Da waren sie nun endlich, die schier unendlichen Heckflossen der amerikanischen Autowelt. So hoch wie hier streckten sie sich nirgendwo, weder zuvor noch danach. Doch statt raketenhafter Aerodynamik waren sie nicht mehr als ein optischer Gag, der allerdings weite Kreise gezogen hatte. Auch motorseitig erfasste den amerikanischen Autokonzern die Gigantomanie, doch der Hubraum des Achtzylindermotors war mit 6,4 Litern noch von der höchsten Blütezeit entfernt. Mit über sechs Metern Länge wäre der Series 62 Cadillac auf europäischen Straßen kaum vorstellbar gewesen. Die üppige Karosserie ruhte noch immer auf dem althergebrachten Kastenrahmen und das Fahrwerk mit seiner deutlichen Auslegung in Richtung Komfort war für flottes Fahren kaum geeignet. Heute gilt der 1959 Cadillac als Ikone des Fünfziger-Jahre-Stylings.

King of fins: Cadillac Series 62

Motor/Antrieb	
Bauart	V8
Lage/Antrieb	Front/Heck
Hubraum in cm³	6384
Leistung in PS bei U/min	309 bei 4600 bis 350 bei 4800
Vmax in km/h	175 bis 185
Karosserie	
Bauart	Cabriolet
Tragstruktur	Kastenrahmen
Material	Stahlblech
Stückzahl und Marktsituation	
Produktionszahl	12.450
Verfügbarkeit	ausreichend
Teilesituation	ausreichend
Unterhaltskosten	hoch

Preise in Euro	1	2	3	4	5
Ser. 62, Cab	69.000	48.500	28.600	18.400	9.700
Eldorado Biarritz, Cab	79.500	53.700	31.200	19.500	10.000

Cadillac Fleetwood Eldorado Hardtop Coupé 1967-1970

Die jährlichen Modellwechsel hatten den Vorteil, dass die Heckflossenmode nicht ewig beibehalten wurde. Der Trend zu mehr Hubraum hielt jedoch weiterhin an. Fünf oder sechs Liter davon waren bald nicht mehr genug für eine standesgemäße Cadillac-Motorisierung, sieben Liter sollten es wenigstens sein, besser 7,7 oder gar 8,2 Liter. Mit 345 bis 406 PS kämpften sie sich gegen das Gewicht der höchst komfortabel ausgestatteten Coupés durch. Trotz Beibehaltung des Kastenrahmens war auch eine technische Umorientierung bemerkenswert: Der Eldorado dürfte einer der größten je gebauten Fronttriebler sein. Mit fast 100.000 gebauten Exemplaren war der Verkaufserfolg dieser opulenten Modelle beträchtlich.

Der größte Fronttriebler der Welt: Cadillac Fleetwood Eldorado

Motor/Antrieb	
Bauart	V8
Lage/Antrieb	Front/Front
Hubraum in cm³	7025, 7729, 8194
Leistung in PS bei U/min	345 bei 4600 bis 406 bei 4400
Vmax in km/h	185 bis 195
Karosserie	
Bauart	Hardtop
Tragstruktur	Kastenrahmen
Material	Stahlblech
Stückzahl und Marktsituation	
Produktionszahl	k.A.
Verfügbarkeit	ausreichend
Teilesituation	ausreichend
Unterhaltskosten	hoch

Preise in Euro	1	2	3	4	5
Fleetwood Eldorado, Cpe	20.000	14.000	7.500	3.800	1.700

Canadur (D) • 1965

Der Plattform-Rahmen des VW Käfer war in den fünfziger und sechziger Jahren das Lieblings-Objekt aller Tüftler und Hobby-Karossiers: Sie ersetzten die Serien-Karosserie gegen ihre meist sportlichen Eigenbau-Kreationen. Zumeist blieb es bei Unikaten – es existierten Hunderte solcher Hausmacher-Sportwagen –, einige wenige Schöpfungen gingen in Serie. Zu ihnen gehörte das Sport-Cabriolet des jungen Berliner Designers Lutz („Luigi") Colani.
Colani startete 1964 zuerst die Produktion von Karosserien in einem Berliner Fachbetrieb: Seine Kunden konnten sie als Bausatz ordern und selbst komplettieren. 1965 gründete Colani zusammen mit zwei Partnern die Firma Canadur GmbH & Co. KG in Hessisch-Lichtenau, die sich mit der Montage kompletter Colani-Roadster befasste. Weil sie nicht kostendeckend fertigen konnte, kam schon nach 261 gebauten Exemplaren das Aus.

Colani GT — 1964

Formal erzählt die GFK-Karosserie des Colani-Roadsters bereits von den späteren Entwürfen des Designers: Sie war ultraflach, aufregend gerundet und so aerodynamisch, dass der Colani GT rund 20 Stundenkilometer schneller war als der Serien-Käfer – bei gleicher Technik. Die beiden Sitzschalen des Sportwagens waren ohne zusätzlichen Unterbau direkt auf dem Fahrzeugboden montiert. Als Wetterschutz diente entweder ein einfaches Klappverdeck oder ein Hardtop aus Plexiglas. Nicht überliefert ist der genaue Neupreis des Colani GT: Er soll bei rund 8000 Mark gelegen haben, weil Canadur offiziell keine fabrikneuen Chassis von VW beziehen konnte. Der Kleinhersteller musste fabrikneue Käfer kaufen, behielt das Chassis und schlug die Karosserie auf dem Gebrauchtteilemarkt los.

Organische Karosserie auf Käfer-Chassis: Colani GT

Motor/Antrieb	
Bauart	Vierzylinder (Boxer)
Lage/Antrieb	Heck/Heck
Hubraum in cm³	div.
Leistung in PS bei U/min	div.
Vmax in km/h	n.a.
Karosserie	
Bauart	Roadster
Tragstruktur	Plattformrahmen
Material	Kunststoff
Stückzahl und Marktsituation	
Produktionszahl	261
Verfügbarkeit	gegen null
Teilesituation	ausreichend
Unterhaltskosten	mittel

Preise in Euro	1	2	3	4	5
Colani GT, Rds			keine Notierung		

Caterham (GB) • seit 1974

Lotus-Händler Graham Nearn war sich nach der Einstellung des Lotus Seven sicher, dass es auch weiterhin eine begierige Käuferschaft für den Roadster gab. Von Colin Chapman erwarb er Rechte und Werkzeuge zur Neuauflage als Super Seven.
Ab 1974 wurde sie in verschiedenen Varianten angeboten. 1994 präsentierte Caterham der staunenden Fachwelt und einem beeindruckten Publikum ein domestiziertes, doch gut aussehendes Cabrio auf Seven-Basis.

Caterham Super Seven — 1974-heute

Flach, offen, hart und ehrlich – der Super Seven ist erste Wahl, wenn es um pures Fahrvergnügen geht. Ihm gebührt das Prädikat des einzigen Motorrads mit vier Rädern, ein Freizeitspaß mit Tradition. Der echte Seven aus Lotus-Produktion besaß noch eine sehr treue Fangemeinde, die nach Fertigungsende des Originals schließlich von Caterham bedient wurde. Firmenbesitzer Graham Nearn hatte von Colin Chapman die Rechte zur Neuauflage des S III-Modells mitsamt Werkzeugen erworben. Dank stetiger Modellpflege konnte der reizvolle Super Seven sogar schwierigste Typzulassungshürden passieren.

Purismus auf der Straße: Caterham Super Seven

Motor/Antrieb	
Bauart	Vierzylinder (Reihe)
Lage/Antrieb	Front/Heck
Hubraum in cm³	1599
Leistung in PS bei U/min	84 bei 5500
Vmax in km/h	165
Karosserie	
Bauart	Roadster
Tragstruktur	Rohrrahmen
Material	Kunststoff, Aluminium
Stückzahl und Marktsituation	
Produktionszahl	ca. 4000
Verfügbarkeit	üppig
Teilesituation	sehr gut
Unterhaltskosten	mittel

Preise in Euro	1	2	3	4	5
Super Seven, Rds	–	21.000	16.000	8.000	–

Für Neufahrzeuge werden je nach Ausstattung und Motorvariante bis zu 35.000 Euro bezahlt.

Champion (D) • 1947-1954

Die Geschichte der Champion-Kleinwagen wirkt wie eine Verkettung von Pleiten, Pech und Pannen. Sie begann damit, dass der ehemalige BMW-Ingenieur Hermann Holbein 1948 die Lizenz für ein Kleinst-Cabriolet namens Champion 250 erwarb. Die Konstruktion stammte vom Friedrichshafener Getriebehersteller ZF.

Das erste Champion-Werk stand in Herrlingen bei Ulm, Holbein suchte aber nach weiteren Geldgebern und stieß auf eine westfälische Investorengruppe, zu der unter anderem die Benteler-Werke und der Backpulver-Konzern Dr. Oetker zählten. So zog die Champion-Fabrik 1951 nach Paderborn-Mönkeloh um und startete dort die Produktion des neuen, zweisitzigen Champion 400. Nach einem Jahr folgte der Konkurs, aber zwei Champion-Händler verpflanzten die Fabrik 1952/53 nach Ludwigshafen am Rhein. Ihrer „Rheinischen Automobil Fabrik" (RAF) ging jedoch bereits Ende 1953 das Geld aus. Ein Hochstapler namens Henning Thorndahl wagte in Ludwigshafen den vierten Versuch – er verschwand 1954 spurlos und hinterließ ebenfalls nur Schulden. Die Motorradfabrik Maico in Pfäffingen übernahm die Fertigungs-Einrichtungen und baute den Champion 400 von 1955 bis 1956 unter eigenem Namen weiter.

Champion 250, 400, 400 H, 500 G und Maico MC 400 H, 500 G — 1948-1956

Der Champion 250 war ein Zweisitzer von simpelster Konstruktion, der es es von 1948 bis 1951 auf immerhin 400 Kaufverträge brachte. Im Rücken des Fahrers brüllte ein 250er Triumph-Einzylindermotor mit sechs PS, später gab es auch einen Doppelkolbenmotor mit 10 PS. Wesentlich verfeinert trat 1951 der Champion 400 an, eine Eigen-Konstruktion des Firmenchefs, die sich ideell am Fiat Topolino orientiert hatte. Hier sorgte ein ILO-Twin mit 14 PS für Vortrieb. Die rundliche Cabrio-Limousine galt als Kleinwagen für gehobene Ansprüche, bot aber wiederum nur zwei Sitzplätze. Die Rheinische Automobil Fabrik fertigte den Champion 400 H mit Heinkel-Motor und 15 PS sowie das Modell 500 G, einen viersitzigen Kombi mit 452-cm³-Motor. Maico fertigte beide Modelle bis 1956 weiter; allerdings entstanden insgesamt nur 41 Exemplare des Kombis.

Glückloses Kleinwagen-Konzept: Champion 400

Motor/Antrieb	
Bauart	Einzylinder-Zweitaktmotor u. Zweizylinder-Zweitaktmotor
Lage/Antrieb	Heck/Heck
Hubraum in cm³	250, 398, 452
Leistung in PS bei U/min	6 bei 4700 bis 18 bei 4000
Vmax in km/h	60 bis 92
Karosserie	
Bauart	Roadster, Cabrio-Limousine, Limousine (2-türig), Kombi (3-türig)
Tragstruktur	Zentralträgerrahmen
Material	Stahlblech
Stückzahl und Marktsituation	
Produktionszahl	ca. 5500 (250, 400)
Verfügbarkeit	gegen null
Teilesituation	schwierig
Unterhaltskosten	niedrig

Preise in Euro	1	2	3	4	5
Champion 250, Cal	–	14.000	–	5.000	–
Champion 400, Cal	–	15.000	–	5.000	–

Checker (USA) • 1923-1982

Checker war seit 1923 auf Taxis spezialisiert, der Name stammt vom schachbrettartigen Muster der Taxi-Markierung. Die Karosserieform der fünfziger Jahre blieb lange weitgehend unverändert, die Vorteile der alten Karosserie waren offenkundig: gutes Raumangebot, bequemer Zustieg. Stückzahlmäßig ist Checker aus Kalamazoo in Michigan aber stets eine auch für europäische Verhältnisse kleine Firma geblieben, die ihr Überleben nur bis 1982 sichern konnte.

Checker Marathon — 1960-1963

Der besondere Vorzug des Checker Marathon war seine schier unerschöpfliche Robustheit. Darum wurde ihm in Taxifahrerkreisen jahrzehntelang der Vorzug vor anderen Marken gegeben. Doch anfangs der achtziger Jahre hatte die Zeit auch diese Konstruktion eingeholt. Mit dem archaischen Konzept, die Karosserie von einem Kastenrahmen tragen zu lassen, ging doch auch das unkomfortable Lastwagenfeeling einher, zumal sich die Marke um Bedienungsfeinheiten oder anderen Schliff im Laufe der langen Baujahre kaum gekümmert hatte. Für Privatleute konnte der Checker also kaum in die engere Wahl des Kaufs einbezogen werden, woran auch das parallel angebotene, sehr große Kombimodell nichts änderte. Als Motoren wurden in beide Versionen Chevrolet-Sechs- und Achtzylindertriebwerke installiert, die bis zu 250 PS stark waren.

Legendäres New York-Taxi: Checker Marathon

Motor/Antrieb	
Bauart	Sechszylinder (Reihe), V8
Lage/Antrieb	Front/Heck
Hubraum in cm³	3703 bis 5210
Leistung in PS bei U/min	95 bei 3800 bis 250 bei 4400
Vmax in km/h	135 bis 165
Karosserie	
Bauart	Limousine (4-türig)
Tragstruktur	Kastenrahmen
Material	Stahlblech
Stückzahl und Marktsituation	
Produktionszahl	k.A.
Verfügbarkeit	schlecht
Teilesituation	ausreichend
Unterhaltskosten	hoch

Preise in Euro	1	2	3	4	5
Marathon, L4t	19.000	13.500	7.400	3.800	1.600

Chevrolet (USA) • seit 1911

Hätte es um 1890 im schweizerischen Uhrenhandel nicht gekriselt, hätte es nie Automobile der Marke Chevrolet gegeben. Doch die Familie Chevrolet, heimisch im Jura, floh nach Burgund, in der Hoffnung, dort Arbeit zu finden. Sohn Louis liebte die Mechanik. Da der Weg zu Uhren ihm in der neuen Heimat versperrt blieb, heuerte er in einer Fahrradwerkstatt an. Als er die ersten Automobile reparieren durfte, hatte er seine Bestimmung gefunden.

Mit 22 Jahren wanderte er 1900 nach Amerika aus. Er fand Arbeit in den Dependancen von Fiat America und De Dion-Bouton und startete 1905 als Rennfahrer. Er soll, so berichten die Annalen, einer der kühnsten und besten Piloten der Welt gewesen sein.

1908 begann Chevrolet mit seinem Bruder, für William C. Durant, dem Gründer von General Motors, an der Entwicklung der Marke Buick zu arbeiten. Zwei Jahre später entstand die „Chevrolet Motor Company Of Michigan". Schon 1913 kriselte die Kooperation: Louis Chevrolet stieg aus seinem Unternehmen aus, überließ aber alle Markenrechte dem cleveren Durant. Ein rasanter Erfolg schlug sich auch kommerziell nieder und sicherte ihm in Folge die Kontrolle der General Motors Gruppe – einschließlich Chevrolet. Das Glück jedoch blieb nicht lange auf seiner Seite.

Chevrolet lieferte die Basisfahrzeuge des Konzerns, entwickelte sich weiterhin sehr gut und konnte zeitweise sogar Ford den ersten Rang unter den Automobilherstellern streitig machen – zum Beispiel 1927, als Ford die Tin Lizzy-Produktion einstellte und Chevrolet erstmalig über eine Million Autos im Jahr verkaufen konnte.

Den ersten großen Schritt nach dem Zweiten Weltkrieg machte Chevrolet 1953 mit der Corvette. Damit gelang ein großer Wurf, es war das erste rein amerikanische Cabriolet der Nachkriegszeit. Zu eigenen V8-Motoren entschloss sich das Unternehmen erst 1955, und bis 1960 sollte es noch dauern, bis Chevrolet die alte Rahmenbauweise abschrieb und selbsttragende Karosserien entwickelte. Unrühmlich entwickelte sich das 1959 präsentierte Modell Corvair mit seinem luftgekühlten Boxermotor im Heck. Seine mangelnde Sicherheit schrieb in den Folgejahren Geschichte: Verbraucheranwalt Ralph Nader hatte in spektakulären Prozessen ein Exempel statuiert.

Zukünftig werden vermutlich wieder Chevrolet-Modelle auf deutschen Straßen rollen. General Motors hat angekündigt, die ebenfalls hauseigene Marke Daewoo aufzugeben und die südkoreanischen Modell unter dem Label Chevrolet anzubieten. What a shame.

Gebürtiger Schweizer, ruhmreicher Rennfahrer und unermüdlicher Konstrukteur: Louis Joseph Chevrolet (1878 - 1941)

Chevrolet Corvette 1953-1955

Der ehrenwerte Versuch von Chevrolet, ein kompaktes, offenes Auto in europäischem Format für amerikanische Käufer zu bauen, schlug in seiner ersten Fassung fehl. Man hatte eine eigentümliche Mischung zusammengebraut: optisch außen wie innen ein verspielter Ami, mit einer leichten Kunststoff-Karosserie auf dem Kastenrahmen, dem knapp geschnittenen Verdeck nach Art britischer Roadster und einem trägen Sechszylindertriebwerk aus Gusseisen. Mit Mühe verkaufte man über 4500 dieser ersten Corvette in drei Jahren. Dem Bedürfnis nach standesgemäßer Motorleistung suchte man durch Hubraumerweiterung entgegen zu kommen, doch auch der 4,3-Liter-Reihensechszylinder mühte sich mit dem Sportler ab – mit nicht zufriedenstellendem Ergebnis.

Noch nicht ideal motorisiert: Chevrolet Corvette

Motor/Antrieb	
Bauart	Sechszylinder (Reihe)
Lage/Antrieb	Front/Heck
Hubraum in cm³	3859, 4342
Leistung in PS bei U/min	150 bei 4200 bis 195 bei 5000
Vmax in km/h	165 bis 175
Karosserie	
Bauart	Roadster
Tragstruktur	Kastenrahmen
Material	Kunststoff
Stückzahl und Marktsituation	
Produktionszahl	4640
Verfügbarkeit	schlecht
Teilesituation	ausreichend
Unterhaltskosten	hoch

Preise	1	2	3	4	5
Corvette 1953, Rds	77.000	56.500	37.800	19.500	12.800
Corvette (1954-1955), Rds	61.000	44.900	27.200	15.100	9.900
Corvette V8 1955, Rds	63.500	47.000	29.100	16.500	10.300

Chevrolet Bel Air Nomad 1955

Für amerikanische Verhältnisse trug der Bel Air Nomad ein geradezu sportlich anmutendes Kleid, das gleichzeitig als Urvater eines neuen Konzepts angesehen werden kann. Sportliche Kombis mit zwei Türen hatte die Welt noch nicht gesehen – und im Grunde auch nicht gebraucht. Die Kombination des großen Gepäckraums mit der zweitürigen Bauweise überzeugte so auch nur relativ wenige Kunden, doch setzte Chevrolet auch in den beiden Folgejahren auf das Konzept, dem stärkere Motoren gut zu Gesicht gestanden hätten. So blieb es bei dürftigen 121 bis 182 PS amerikanischer Norm, die aus 3,8 bis 4,3 Liter großen Sechszylinder- und V8-Motoren geschöpft wurden. Später erhielten auch konventionelle Kombis den Beinamen Nomad.

Zum schnöden Umherziehen zu schade: Chevrolet Nomad

Motor/Antrieb	
Bauart	Sechszylinder (Reihe), V8
Lage/Antrieb	Front/Heck
Hubraum in cm³	3859 bis 4342
Leistung in PS bei U/min	121 bei 3800 bis 182 bei 4600
Vmax in km/h	135 bis 165
Karosserie	
Bauart	Kombi (3-türig)
Tragstruktur	Kastenrahmen
Material	Stahlblech
Stückzahl und Marktsituation	
Produktionszahl	8386
Verfügbarkeit	schlecht
Teilesituation	schwierig
Unterhaltskosten	hoch

Preise	1	2	3	4	5
Bel Air Nomad, Kom	32.500	22.500	12.900	6.300	3.700

Chevrolet (USA)

Chevrolet Corvette — 1956-1962

Besseren Einklang mit der sportlichen Ausstrahlung versprach die Corvette ab 1956. Die komplett überarbeitete Kunststoffkarosserie barg nun ausschließlich Achtzylindermotoren, die mit 225 bis 360 PS für stramme Fahrleistungen sorgten — der erste Ford Thunderbird hatte es Chevrolet gezeigt, wie man mit einem ähnlichen Konzept Erfolg haben konnte. Nun verkaufte sich auch der Sport-Chevy ordentlich. Dem einheimischen Publikum wurde eine sehr große Auswahl an Sonderausstattungen angeboten, doch das Fahrwerk zeigte sich trotz üppiger Motorleistung ernsthaften Anforderungen kaum gewachsen. Die blattgefederte Starrachse im Heck und rundum Trommelbremsen machten ein Ausnutzen der gebotenen Leistung im Zweifelsfall höchst riskant.

Langsam kommt Kraft unter die Haube: Chevrolet Corvette

Motor/Antrieb					
Bauart					V8
Lage/Antrieb					Front/Heck
Hubraum in cm³					4342, 5359
Leistung in PS bei U/min					225 bei 5200 bis 360 bei 6000
Vmax in km/h					185 bis 230
Karosserie					
Bauart					Cabriolet
Tragstruktur					Kastenrahmen
Material					Kunststoff
Stückzahl und Marktsituation					
Produktionszahl					64.375
Verfügbarkeit					ausreichend
Teilesituation					ausreichend
Unterhaltskosten					hoch
Preise in Euro	1	2	3	4	5
Corvette (1956-1957), Cab	60.000	44.000	26.500	14.200	9.400
Corvette (1958-1960), Cab	50.000	37.300	22.500	11.200	8.300
Corvette (1961-1962), Cab	48.000	35.500	21.300	10.700	8.000

Chevrolet Bel Air Convertible — 1957

Die unbeschwerte Zeit des Größen-, Flossen- und Hubraumwachstums hatte begonnen: Das normale amerikanische Auto war zwar nicht unbedingt ein Cabriolet, doch konstruktiv ähnelte es diesem Modell: mit schwerem Kastenrahmen und schlichtem Fahrwerk, zweifarbiger Lackierung, chromschwelgender Wagenfront und reichlich Verzierungen samt Panoramascheibe. Die Wahl des Bel Air-Motors konnten Interessenten nur zwischen einem gut 3,8 Liter großen Sechszylinder, der allerdings nur 138 PS leistete, und einem gut 4,6 Liter großen V-Achtzylinder mit 274 PS treffen. Doch auch bei dem stärkeren Modell blieben die Fahrleistungen bescheiden, und das komfortbetont abgestimmte Starrachsfahrwerk verbot eine schnittig-europäische Fahrweise von selbst.

Einer der großen Klassiker der Fifties: Chevrolet Bel Air Convertible

Motor/Antrieb					
Bauart					Sechszylinder (Reihe), V8
Lage/Antrieb					Front/Heck
Hubraum in cm³					3859 bis 4637
Leistung in PS bei U/min					138 bei 4200 bis 274 bei 6000
Vmax in km/h					140 bis 179
Karosserie					
Bauart					Cabriolet
Tragstruktur					Kastenrahmen
Material					Stahlblech
Stückzahl und Marktsituation					
Produktionszahl					47.562
Verfügbarkeit					ausreichend
Teilesituation					ausreichend
Unterhaltskosten					hoch
Preise in Euro	1	2	3	4	5
Bel Air, Cab	65.000	45.500	26.000	12.500	7.500

Chevrolet Impala — 1958-1985

Die Modellbezeichnung Impala erschien schon 1958 bei Chevrolet, sie zählte zu den normalen, großen Varianten, die als Biscayne, Bel Air und Impala mit Sechs- und Achtzylindermotoren angeboten wurden. Beeindruckende Heckflossen in horizontaler Anordnung zeigte beispielsweise das 1959er Modell Impala Sport-Sedan. Nach praktisch jährlichen Karosseriemodifikationen gab es zu Anfang der 1970er auch recht geradlinig gezeichnete Modelle wie das hier abgebildete Impala Cabrio, das mit einem elektrisch betätigten Verdeck, Zentralverriegelung, elektrischer Sitzverstellung und vier Fensterhebern die komfortable Art des Offenfahrens gewährleistete. Sein knapp 6,5 Liter großer V8-Motor leistet 212 PS. Die Modellbezeichnung Impala hielt sich bis 1985, obwohl das Auto schon lange auf den Namen Caprice hörte.

Lange im Programm: Chevrolet Impala Convertible (1969)

Motor/Antrieb					
Bauart					Sechszylinder (Reihe), V6, V8
Lage/Antrieb					Front/Heck
Hubraum in cm³					3856 bis 7443
Leistung in PS bei U/min					137 bei 4000 bis 395 bei 4800
Vmax in km/h					150 bis 230
Karosserie					
Bauart					Limousine (2-/4-türig), Kombi (5-türig), Coupé, Cabriolet
Tragstruktur					Kastenrahmen
Material					Stahlblech
Stückzahl und Marktsituation					
Produktionszahl					k.A.
Verfügbarkeit					ausreichend
Teilesituation					gut
Unterhaltskosten					hoch
Preise in Euro	1	2	3	4	5
Impala (1969), Cab	22.500	15.000	8.600	4.000	1.900
Impala Sport Sedan (1959-1960), L4t	16.000	11.300	7.100	3.400	1.500

Chevrolet Corvair (Serie 1) — 1959-1964

Als der Käfer in Europa und Amerika noch quicklebendig war, Ende der fünfziger Jahre, sahen sich die Chevrolet-Mannen dazu hingerissen, ebenfalls ein Fahrzeug mit Heckmotor nach dem Boxerprinzip zu bauen. Das luftgekühlte Sechszylindertriebwerk wurde hinter der Hinterachse angeordnet. Damit erreichte man trotz nicht allzu großer Abmessungen ein großzügiges Raumangebot für die Passagiere, doch das Fahrverhalten litt unter der unausgewogenen Gewichtsverteilung. Kritik rief auch die mangelhafte Standfestigkeit der 2,3 bis 2,7 Liter großen Motoren hervor. Überzeugen konnte jedoch die gelungene Karosserie, die besonders das Cabriolet sehr gut kleidete, aber auch die zwei- und viertürige Limousine ebenso wie den Kombi adrett aussehen ließ.

Das Käfer-Prinzip: Chevrolet Corvair

Motor/Antrieb					
Bauart					Sechszylinder (Boxer)
Lage/Antrieb					Heck/Heck
Hubraum in cm³					2287, 2371, 2688
Leistung in PS bei U/min					80 bei 4400 bis 150 bei 4000
Vmax in km/h					140 bis 175
Karosserie					
Bauart					Limousine (2-/4-türig), Kombi (5-türig), Cabriolet
Tragstruktur					selbsttragend
Material					Stahlblech
Stückzahl und Marktsituation					
Produktionszahl					1.271.089
Verfügbarkeit					schlecht
Teilesituation					schwierig
Unterhaltskosten					hoch
Preise in Euro	1	2	3	4	5
Corvair Monza (1960-1964), Cpe	11.500	8.400	5.100	2.500	1.300
Corvair Monza (1962-1964), Cab	16.500	12.000	6.900	3.700	1.800

Chevrolet (USA)

Chevrolet Corvette Sting Ray — 1963-1967

Nach ungewöhnlicher Modellkonstanz schob Chevrolet 1963 die nächste Corvette-Generation in die Verkaufsräume. Diesmal wurde neben dem Cabriolet auch ein Coupé angeboten, das sich in seinem ersten Modelljahr durch das unterteilte Rückfenster auszeichnete. Neben mehr Hubraum und mehr Leistung machten sich die Ingenieure Gott sei Dank auch auf die Suche nach einem besseren Fahrwerk. Mit einer hinteren Einzelradaufhängung und Scheibenbremsen wurden sie schließlich auch fündig. Die weiterhin aus Kunststoff gefertigten Karosserien fanden unverändert Platz auf einem Kastenrahmen. Insgesamt fast 120.000 verkaufte Corvette waren mehr als ein Achtungserfolg – das Cabriolet war dabei deutlich beliebter als das Coupé.

Aufregender Rücken:
Chevrolet Corvette Sting Ray

Motor/Antrieb	
Bauart	V8
Lage/Antrieb	Front/Heck
Hubraum in cm³	5359, 6997
Leistung in PS bei U/min	250 bei 4400 bis 335 bei 5800
Vmax in km/h	190 bis 240
Karosserie	
Bauart	Coupé, Cabriolet
Tragstruktur	Kastenrahmen
Material	Kunststoff
Stückzahl und Marktsituation	
Produktionszahl	45.546 (Coupé), 72.418 (Cabriolet)
Verfügbarkeit	ausreichend
Teilesituation	ausreichend
Unterhaltskosten	hoch

Preise in Euro	1	2	3	4	5
Corvette Sting Ray (Split Window), Cpe	45.000	33.800	20.200	10.500	6.700
Corvette Sting Ray (1964-1966), Cpe	37.900	28.300	17.100	9.200	5.700
Corvette Sting Ray (1963-1966), Cab	42.200	31.400	19.100	10.000	6.000
Corvette Sting Ray (1967), Cab	43.800	32.400	19.700	10.400	6.700

Chevrolet Corvair (Serie 2) — 1965-1969

Chevrolet nahm sich die Kritik zu Herzen und überarbeitete nach immerhin fünfjähriger Produktion das Fahrwerk des Corvair. Die Karosserie des Heckmotorwagens zeigte sich in neuer Form, konnte aber nicht so überzeugen wie beim noch gefälligeren Vorgänger. Hier wurde der Boxermotor nur noch mit 2,7 Litern Hubraum verwendet, der Topversion pustete ein Turbolader die Leistung ein. Doch damit war längst nicht alles gut. Anwalt Ralph Nader hatte den Corvair berechtigterweise angegriffen und eine Prozesslawine ausgelöst, in der es um Schadenersatzansprüche ging für mit dem Corvair erlittene Verkehrsunfälle, deren Ursache in der unzureichenden Konstruktionsqualität des Wagens gesehen wurde. Das Vertrauen der Kunden war verloren, und nach zehn Jahren und über 1,5 Millionen verkauften Exemplaren war das Heckmotorabenteuer von Chevrolet beendet.

Chevrolet hatte viele Fehler ausgemerzt:
Chevrolet Corvair

Motor/Antrieb	
Bauart	Sechszylinder (Boxer)
Lage/Antrieb	Heck/Heck
Hubraum in cm³	2688
Leistung in PS bei U/min	95 bei 3600 bis 180 bei 4400
Vmax in km/h	145 bis 185
Karosserie	
Bauart	Limousine (2-türig), Limousine (4-türig), Hardtop, Cabriolet
Tragstruktur	selbsttragend
Material	Stahlblech
Stückzahl und Marktsituation	
Produktionszahl	387.923
Verfügbarkeit	schlecht
Teilesituation	schwierig
Unterhaltskosten	hoch

Preise in Euro	1	2	3	4	5
Corvair Monza (Ser. 2), Cpe	12.000	9.000	5.500	2.900	1.400
Corvair Monza (Ser. 2), Cab	18.000	12.900	7.500	4.100	2.000

Chevrolet Camaro — 1967-1969

Pony-Cars nannten die Amis sie, weil sie so kompakt und niedlich waren: Doch für europäische Verhältnisse waren es bombastische Autos, das galt besonders beim Blick auf den Motor. Ausgelöst hatte den Trend Ford mit dem Mustang, Chevrolet nutzte den Sog mit dem Camaro. Der Verkaufserfolg kam schnell, eine große Zahl von Motorversionen traf fast jeden Geschmack – die Palette reichte bis zu 330 PS aus 6,5 Liter Hubraum. Damit waren die Einfach-Fahrwerke zwar hoffnungslos überfordert, doch um Kurven ging es Camaro-Fans noch nie: Auf der Quartermile schnell zu sein, das zählte für die Muscle Cars. Simple Technik macht das Abenteuer kalkulierbar. Neben dem 2+2-sitzigen Coupé bot Chevrolet auch ein Cabriolet an, mit dem die Show noch ein bisschen besser gelang. Kleinere Retuschen hielten die Karosserie über die Jahre auf der Höhe des amerikanischen Geschmacks.

Die Antwort auf den Mustang:
Chevrolet Camaro

Motor/Antrieb	
Bauart	Sechszylinder (Reihe), V8
Lage/Antrieb	Front/Heck
Hubraum in cm³	3769 bis 6489
Leistung in PS bei U/min	142 bei 4200 bis 330 bei 4800
Vmax in km/h	145 bis 210
Karosserie	
Bauart	Hardtop, Cabriolet
Tragstruktur	selbsttragend
Material	Stahlblech
Stückzahl und Marktsituation	
Produktionszahl	k.A.
Verfügbarkeit	ausreichend
Teilesituation	ausreichend
Unterhaltskosten	hoch

Preise in Euro	1	2	3	4	5
Camaro, Cpe	16.800	12.500	7.600	4.100	2.500
Camaro, Cab	21.500	16.100	9.800	5.000	3.200

Chevrolet Corvette — 1967-1974

1967 nahm nun die vierte Corvette-Generation Formen an – und sie waren aufregend gelungen. Was die schwungvoll gezeichnete Hülle mit den betonten Radhäusern schon im Stand versprach, wurde auf der Straße Wirklichkeit: Fahrdynamik satt dank viel Leistung aus Hubraum. Mit bis zu 7,4 Litern Volumen waren die Motoren nicht nur üppig dimensioniert, sondern mit 465 PS (allerdings nach SAE-Norm) auch bullenstark. Neben dem Cabriolet wurde wiederum ein Coupé angeboten, dessen Dach aber mit herausnehmbaren Hälften nicht dazu zwang, auf Frischluftspaß völlig zu verzichten. Mit rund 150.000 gebauten Wagen war das Konzept weiterhin sehr erfolgreich, als der Konkurrent Thunderbird schon die Flügel eingeklappt hatte.

Weiter auf der Erfolgsspur:
Chevrolet Corvette

Motor/Antrieb	
Bauart	V8
Lage/Antrieb	Front/Heck
Hubraum in cm³	5359 bis 7440
Leistung in PS bei U/min	300 bei 4800 bis 465 bei 5200
Vmax in km/h	200 bis 250
Karosserie	
Bauart	Coupé, Cabriolet
Tragstruktur	Kastenrahmen
Material	Kunststoff
Stückzahl und Marktsituation	
Produktionszahl	ca. 150.000
Verfügbarkeit	gut
Teilesituation	sehr gut
Unterhaltskosten	hoch

Preise in Euro	1	2	3	4	5
Corvette Stingray (1968-1969), Cpe	31.000	24.000	15.000	7.900	4.600
Corvette Stingray (1968-1969), Cab	38.500	29.700	18.600	9.800	6.100
Corvette Stingray (1970-1972), Cpe	30.200	23.400	14.600	7.700	4.500
Corvette Stingray (1970-1972), Cab	37.400	28.900	18.200	9.600	6.000

Chevrolet (USA) • Chrysler (USA)

Chevrolet Camaro — 1970-1974

Mit noch gefälligerem Styling nach geradezu europäischem Geschmack trat ab 1970 eine neue Generation des Camaro an. Diesmal war die Basis-Motorisierung bereits 4,1 Liter groß, das stärkste Aggregat kam auf 300 PS aus 6,6 Litern. Die deutlich bessere Aerodynamik sorgte für höhere Spitzengeschwindigkeiten, doch mit der sogenannten Ölkrise brach das Geschäft für die leistungsstarken Dinosaurier mit dem großen Durst rasch zusammen. Eine offene Ausführung des hier gezeigten Camaro wurde nicht angeboten, und die Preise für das auch in Europa recht erfolgreiche Modell liegen erheblich unter denen der Vorgänger. Die treue Fangemeinde wird es freuen.

Mehr Leistung für das Massen-Coupé: Chevrolet Camaro

Motor/Antrieb	
Bauart	Sechszylinder (Reihe), V8
Lage/Antrieb	Front/Heck
Hubraum in cm³	4094, 5028, 5733, 6590
Leistung in PS bei U/min	100 bei 3600 bis 300 bei 6000
Vmax in km/h	160 bis 220
Karosserie	
Bauart	Coupé
Tragstruktur	selbsttragend
Material	Stahlblech
Stückzahl und Marktsituation	
Produktionszahl	ca. 150.000
Verfügbarkeit	ausreichend
Teilesituation	ausreichend
Unterhaltskosten	hoch

Preise in Euro	1	2	3	4	5
Camaro (1970-1973), Cpe	11.900	8.800	5.200	2.700	1.500
Camaro V8 (1970-1973), Cpe	14.000	10.400	6.100	3.200	1.900

Chevrolet Corvette — 1978-1982

Die charakteristische Wespentaillen-Form war der Corvette nach dem Modellwechsel im Jahr 1978 geblieben. Hubraum und Leistung dagegen hatte Chevrolet erheblich reduziert – die Corvette war wieder zahm geworden. Die neue Devise: das neue Modell habe sicherer, sparsamer und umweltfreundlicher zu sein. Die einst zierlichen Chromstoßstangen waren nachgiebigen Plastikprallschürzen gewichen, die zwar alle gesetzlichen Forderungen wirkungsvoll umsetzten, der zuvor eleganten Optik aber ein Ende setzten. Dennoch verkaufte sich die Corvette besser als je zuvor. Über 210.000 Fahrzeuge in knapp fünf Jahren waren ein beachtlicher Erfolg. Wie bisher ruhte die Kunststoffkarosserie auf einem schweren Kastenrahmen. Wer eine wirklich leistungsstarke Version suchte, musste fortan den Tuningspezialisten seines Vertrauens fragen.

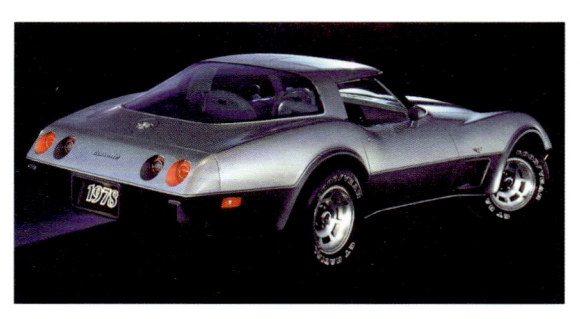

Etwas zahmer nach all den Jahren: Chevrolet Corvette

Motor/Antrieb	
Bauart	V8
Lage/Antrieb	Front/Heck
Hubraum in cm³	5657, 5733
Leistung in PS bei U/min	180 bei 4000 bis 220 bei 5200
Vmax in km/h	185 bis 200
Karosserie	
Bauart	Coupé, Cabriolet
Tragstruktur	Kastenrahmen
Material	Kunststoff
Stückzahl und Marktsituation	
Produktionszahl	212.235
Verfügbarkeit	üppig
Teilesituation	sehr gut
Unterhaltskosten	hoch

Preise in Euro	1	2	3	4	5
Corvette (1978-1981), Cpe	23.000	17.700	11.100	5.600	3.200

Chrysler (USA) • seit 1924

Als Walter Percy Chrysler 1924 mit dem Bau eigener Automobile startete, war er alles andere als ein draufgängerischer Entrepreneur. Im Gegenteil: Er besaß viel Erfahrung in der Branche, war Präsident von Buick sowie stellvertretender Direktor von General Motors gewesen, hatte an der Sanierung anderer Hersteller wie Willys-Overland und Maxwell-Chalmers gearbeitet.

Drei Ingenieure hatten 1923 den Auftrag Chryslers erhalten, ein Automobil nach seinen Vorstellungen zu entwickeln. Wie gut Chryslers Gespür für die Bedürfnisse des Marktes waren, zeigte der schnelle Erfolg: Bestellungen für 50 Millionen Dollar gingen ein, und schon ein Jahr später rollten 32.000 Fahrzeuge mit dem Chrysler-Logo über Amerikas Highways. Die Kunden ließen sich von den Vorzügen des neuen Chrysler Six leicht überzeugen: die damals noch unübliche Vierradbremse, Komfort durch Stoßdämpfer und dazu ein sensationell günstiger Preis von 1335 Dollar initiierte den Erfolg von Chrysler als Marke.

1928 baute Walter P. Chrysler sein Imperium aus. Er kaufte Dodge und schuf mit Plymouth und De Soto zwei neue Marken unter dem gemeinsamen Dach. Mit dem Airflow, der eine Stromlinienkarosserie trug, war Chrysler seiner Zeit allerdings voraus. Das Modell floppte.

Nach dem Zweiten Weltkrieg baute Chrysler zunächst die alten Modelle weiter, optisch nur leicht verändert. 1951 ging es dann voran: Der erste Hemi-V8 kam auf den Markt, zwei Jahre später folgten mit dem Power Flite ein automatisches Getriebe sowie eine erste Klimaanlage. Bis 1960 hingegen hielt Chrysler an der Rahmenbauweise fest, riesige Karosserien, üppige Leistung und bequeme Bedienung schienen wichtiger als innovative Fahrzeugtechnik. Doch die Marschrichtung stimmte, wie der Erfolg bewies.

Die Amerikaner übernahmen Simca/Talbot in Frankreich sowie die englische Rootes-Gruppe, die über die Marken Hillman, Humber und Sunbeam verfügte. Doch die siebziger Jahre wandten sich gegen Chrysler, der Abschwung war dramatisch. Die großangedachte europäische Offensive scheiterte, Chrysler stand am Abgrund. Nach wenigen Jahren stieß der Konzern seine Einkäufe an den Peugeot-Citroën-Konzern ab. 1983 schrieb er wieder schwarze Zahlen – die Einführung der kompakteren K-Modelle hatte sich gerechnet.

1988 kehrte Chrysler schließlich auf den deutschen Markt zurück – mit dem Jeep Cherokee, dem Voyager und dem LeBaron Cabriolet. Zu Beginn der Neunziger schaffte die Marke dann die Wende. Rekordgewinne bescherten positive Schlagzeilen.

Richtig große Lettern in den Zeitungen bescherte Chrysler allerdings erst der im Mai 1998 angekündigte Zusammenschluss mit Daimler-Benz zum neuen Konzern DaimlerChrysler. Die Diskussionen über die Chancen und Risiken der Megafusion sind bis heute nicht verebbt.

Das erste Auto mit seinem Namen erschien 1924: Walter P. Chrysler (1875-1940)

Chrysler (USA)

Chrysler 300 Hardtop Coupé — 1955

Ein großes Luxuscoupé mit kraftstrotzendem Motor stellte sich Chrysler 1955 in die Verkaufsräume: Das 300 Hardtop Coupé zeigte ein dem amerikanischen Geschmack entsprechend barockes Blechkleid, das auf einem Kastenrahmen ruhte. Die zurückhaltende Eleganz mit dem harmonischen Dachaufbau lockte zwar nur 1725 Käufer, die aber durften genießen: Das V8-Triebwerk war mit 5,4 Liter Hubraum zwar noch nicht rekordverdächtig groß, doch sie genossen eine Leistungsausbeute von 306 PS. Damit ließ der Chrysler 300 sich äußerst kraftvoll beschleunigen, und wenn es sein musste, war erst bei 200 km/h Schluss. Aufgrund seiner halbkugelförmigen — hemisphärischen — Brennräume werden Motor und Modell gerne kurz und prägnant „Hemi" genannt.

Luxus und Leistung: Chrysler 300 Hardtop Coupé

Motor/Antrieb					
Bauart					V8
Lage/Antrieb					Front/Heck
Hubraum in cm³					5426
Leistung in PS bei U/min					306 bei 5200
Vmax in km/h					200
Karosserie					
Bauart					Hardtop
Tragstruktur					Kastenrahmen
Material					Stahlblech
Stückzahl und Marktsituation					
Produktionszahl					1725
Verfügbarkeit					schlecht
Teilesituation					schwierig
Unterhaltskosten					hoch
Preise in Euro	1	2	3	4	5
300 Hardtop, Cpe	46.000	32.300	18.400	8.000	4.300

Chrysler New Yorker Wagon — 1958

Kombis gab es schon früh in Amerika, doch 1958 wusste noch niemand so richtig etwas anzufangen mit der Kombination aus Limousine und Lastwagen. Bauern fuhren ihre Pickups, Familienväter dagegen Limousinen. Der Chrysler New Yorker Wagon kombinierte Raum und Komfort, und die Marketing-Strategen hatten eine Art Landedelmann als typischen Kunden im Visier. Der große Kombi wurde von einem V8-Motor angetrieben, der in der De Luxe-Version über 5,4 Liter Hubraum verfügt und rund 210 PS freisetzt – das reicht immerhin für eine Höchstgeschwindigkeit von rund 170 km/h. Bei diesem Tempo zeigt sich das Fahrwerk allerdings deutlich überfordert. Wichtig war das nicht, ist es bis heute nicht: Kultig sind hier Größe, Chrom und Flossen. Schnell sollen andere fahren.

Ideal für ein opulentes Familienpicknick: Chrysler New Yorker Wagon

Motor/Antrieb					
Bauart					V8
Lage/Antrieb					Front/Heck
Hubraum in cm³					5426
Leistung in PS bei U/min					208 bei 4400
Vmax in km/h					150 bis 170
Karosserie					
Bauart					Kombi
Tragstruktur					Kastenrahmen
Material					Stahlblech
Stückzahl und Marktsituation					
Produktionszahl					k.A.
Verfügbarkeit					gegen null
Teilesituation					schwierig
Unterhaltskosten					hoch
Preise in Euro	1	2	3	4	5
New Yorker Town & Country Wagon, Kom	28.000	19.700	10.300	5.000	2.600

Chrysler Imperial Crown Southampton — 1961

Sechs Jahre später wandelte Chrysler auf eigentümlichen Pfaden. Das Design des Imperial Crown Southampton zeigte eine Fülle grotesk anmutender Gimmicks. Die riesigen Flossen am Heck wiesen ein ähnliches Format auf wie die des Cadillac Biarritz Convertible, doch Designer Virgil Exner hatte auch der Front Auffälligkeiten verpasst: Die Doppelscheinwerfer standen frei zwischen einem sorgsam integrierten Grill. Mit satten 6,8 Litern Hubraum und 350 PS war dieses lange, schwere Modell sogar recht flott. Spätere Imperial Crown traten übrigens weit schlichter auf und waren auch als Zweitürer zu haben. Die Motoren wuchsen dabei stetig weiter: erst bei über 7,2 Liter Hubraum war Schluss.

Skurrile Erscheinung: Chrysler Imperial Crown Southampton

Motor/Antrieb					
Bauart					V8
Lage/Antrieb					Front/Heck
Hubraum in cm³					6768
Leistung in PS bei U/min					350 bei 4600
Vmax in km/h					180
Karosserie					
Bauart					Limousine (4-türig), Coupé, Cabriolet
Tragstruktur					Kastenrahmen
Material					Stahlblech
Stückzahl und Marktsituation					
Produktionszahl					12.258
Verfügbarkeit					schlecht
Teilesituation					schwierig
Unterhaltskosten					hoch
Preise in Euro	1	2	3	4	5
Imperial Crown Southampton HT (4-türig), Cpe	14.700	10.300	5.900	2.900	1.700
Imperial Crown South. HT (2-türig), Cpe	15.800	11.000	6.400	3.100	1.800
Imperial Crown, Cab	21.800	15.200	8.800	4.500	2.400

Citroën (F) • seit 1919

Mit 29 Jahren hatte der Ingenieur André Citroën 1908 die Leitung des französischen Automobilherstellers Mors übernommen. Schon 1904 hatte er mit Partnern eine Zahnradfabrik gegründet, die sich auf Winkelverzahnungen spezialisiert hatte. Ab 1913 baute er Spezialgetriebe für Automobile und Schiffe – einschließlich der Titanic. Der Doppelwinkel, der die Technik symbolisierte, wurde so zu seinem Markenzeichen. André Citroën hatte die Entwicklung zum Patent angemeldet.

Als er im Ersten Weltkrieg an der Front feststellen musste, dass der Nachschub zu wenige Granaten liefern konnte, offerierte er der Regierung einen Plan. Auf einem Gelände am Quai Javel in Paris produzierte der Unternehmer Citroën bald über 50.000 Granaten – am Tag.

André Citroën kopierte amerikanische Fertigungstechnologie und wollte Fords Erfolge im Automobilbau in Europa wiederholen. Zudem trieb ihn der Ehrgeiz, Louis Renault zu übertreffen. 1919 verkaufte Citroën mit dem Typ A sein erstes Automobil. Schnell konnte sich die Marke mit fortschrittlichen Produkten neben Peugeot und Renault etablieren. Auch die Fließbandfertigung, die Citroën tatsächlich als erster europäischer Automobilhersteller einführte, war zukunftsorientiert.

Initiierte neue Fertigungsmethoden in Europa: André Citroën (1878-1935)

Die Firma wuchs schnell. 1922 erschien der B2 sowie der kleine, schnell sehr beliebte Typ C. Für Furore sorgten die Publicity-Aktionen Citroëns: Neben einer großen Leuchtreklame am Eiffelturm faszinierten das Publikum die abenteuerlichen Afrika-Durchquerungen und China-Fahrten mit speziell für diesen Zweck konstruierten Halbkettenfahrzeugen auf Basis des Typs 10 HP B2.

Mit dem Traction Avant gelang Citroën 1934 schließlich ein automobiler Meilenstein, der selbst nach dem Zweiten Weltkrieg noch zeitgemäßer war als viele Modelle der Konkurrenz. Komfort und Handhabung waren dieser um viele Jahre voraus. Doch selbst die in einem halben Jahr verkauften 20.000 Exemplare halfen nicht, die drohende Pleite abzuwenden – zu viel hatte André Citroën in Innovationen gesteckt. Und sein privates Vermögen hatte er inzwischen in Casinos verspielt.

Am 21. Dezember 1934 war Citroën pleite. Anfang 1935 übernahm Michelin das Steuer. Im Sommer darauf stirbt André Citroën als gebrochener Mann.

Den großen Aufstieg seiner Firma zu erleben blieb ihm so verwehrt: Der Traction Avant geriet zu einem großen Erfolg, und 1935 kam die Idee, einen stabilen, bequemen und dennoch anspruchslosen Kleinwagen zu entwickeln. Der Krieg verschob den Start des 2CV zwar auf 1949 – dem Erfolg der minimalistischen Revolution tat dies aber keinen Abbruch. Über Jahrzehnte blieb das Konzept gültig. Auch avantgardistischen Lösungen verschrieb man sich, wie 1955 der DS 19 bewies – ein weiteres Modell, mit dem die Franzosen ein Kapitel Automobilgeschichte schrieben. Der Erfolg hielt bis in die siebziger Jahre. Dann geriet Citroën abermals in Bedrängnis, und 1976 schlug ein lauernder Löwe zu: Die neue Gruppe PSA Peugeot Citroën war entstanden. Und irgendwo in diesem Gemenge scheint bedauerlicherweise die einstige Energie Citroëns zur Innovation verpufft zu sein.

Große Werbung am Eiffelturm: Citroën setzte auf Innovation

Citroën AC 4   1929-1932

Gut und preiswert waren die frühen Citroën-Modelle, von denen besonders der Trefle, ein offiziell C3 und steuerlich 5 HP bezeichneter Dreisitzer, große Popularität genoss. Er wurde zwischen 1922 und 1926 mit 856 ccm großem Vierzylinder, der elf PS leistete, angeboten. Der B 12/14 genannte Tourer wurde von 1926 bis 1929 verkauft. Mit 1539 ccm Hubraum, auf vier Zylinder verteilt, kam er auf 22 PS. Erfolg hatte auch der anschließend bis 1932 gebaute AC 4, eine viertürige Limousine mit 1628 ccm Hubraum und 30 PS. Dessen Nachfolger, der 8 CV, erhielt den Spitznamen Rosalie. 1929 stellte Citroën den ersten Sechszylinder vor, den C6 mit 2442 ccm Hubraum und vergleichsweise mageren 42 PS. Dieses Modell blieb bis 1934 im Angebot und wurde vom 15 CV abgelöst, der auch nach dem Krieg noch weitergebaut wurde.

Robust und erfolgreich: Citroën AC 4

Motor/Antrieb					
Bauart					Vierzylinder (Reihe)
Lage/Antrieb					Front/Heck
Hubraum in cm³					1628
Leistung in PS bei U/min					30 bei 3000
Vmax in km/h					90
Karosserie					
Bauart					Limousine (4-türig)
Tragstruktur					Kastenrahmen
Material					Stahlblech
Stückzahl und Marktsituation					
Produktionszahl					65.000
Verfügbarkeit					schlecht
Teilesituation					sehr schwierig
Unterhaltskosten					mittel
Preise in Euro	1	2	3	4	5
AC 4, L4t	14.000	10.000	6.500	3.500	1.900

Citroën 11 CV („Traction Avant")   1934-1957

Moderne Technik ließen den 11 CV zum Dauerbrenner werden. Auch heute noch sind Konstruktionsprinzipien gültig, die bei diesem Modell schon ab 1934 zu haben waren: selbsttragende Karosserie, Frontantrieb, ohv-Motor, Torsionsstab-Federung. Als „Gangsterwagen" ging die Konstruktion in die Geschichte ein: Die Konstruktion des 11 CV soll sich dank guter Leistung und Straßenlage am besten als Fluchtauto geeignet haben. Sehr rar blieben die Coupé- und Cabrio-Versionen, die heute zu deutlich höheren Preisen gehandelt werden. Den Traction Avant genannten 11 CV gab es in zahlreichen verschiedenen Ausführungen, unter anderem als Modelle légère mit 2,91 Meter Radstand und als large mit 3,09 Meter Radstand. Der längste war jedoch der Familiale mit 3,27 Meter langer Basis bei 4,82 Meter Außenlänge. Die Limousinen sind bei guter Auswahl immer noch recht günstig zu haben.

Außergewöhnliche Lösungen unter dem Blech: Citroën 11 CV

Motor/Antrieb					
Bauart					Vierzylinder (Reihe)
Lage/Antrieb					Front/Front
Hubraum in cm³					1911
Leistung in PS bei U/min					56 bei 3800 bis 63 bei 4000
Vmax in km/h					115 bis 130
Karosserie					
Bauart					Limousine (4-türig), Kombi (5-türig), Coupé, Cabriolet
Tragstruktur					selbsttragend
Material					Stahlblech
Stückzahl und Marktsituation					
Produktionszahl					530.315
Verfügbarkeit					ausreichend
Teilesituation					ausreichend
Unterhaltskosten					mittel
Preise in Euro	1	2	3	4	5
11 B (1947-1952), L4t	16.400	12.200	8.500	4.000	1.800
11 B Koffer (1953-1955), L4t	15.500	11.700	8.100	3.700	1.600
11 Commerciale (1955-1957), Kom	20.900	14.800	9.400	5.000	2.400
11 BL (47-52), L4t	15.000	11.100	7.800	3.500	1.600

Citroën (F)

Citroën 15 CV („Traction Avant") 1938-1955

Das auch Citroën 15 Six genannte Modell entspricht weitgehend dem 11 CV large, doch übertraf es ihn um elf Zentimeter an Außenlänge. Wie alle Citroën nach dem Krieg wurde auch der 15 CV zunächst nur in schwarz ausgeliefert. Ab 1950 kamen Luxusversionen mit Chrom und farbiger Lackierung auf den Markt, technische Verbesserungen betrafen besonders die Bremsen. Nach langjähriger Entwicklungsarbeit erhielten für den Inlandsmarkt bestimmte 15 CV die Gas-Flüssigkeits-Federung Hydropneumatik, die aber zunächst nur an der Hinterachse eingesetzt wurde. Die Sechszylinder-Gangster-Citroën sind heute wesentlich schwieriger zu bekommen als ihre kleinen Brüder, entsprechend höher fallen die Preisforderungen aus.

Länger und teurer als der kleine Bruder: Citroën 15 CV

Motor/Antrieb					
Bauart					Sechszylinder (Reihe)
Lage/Antrieb					Front/Front
Hubraum in cm³					2867
Leistung in PS bei U/min					7 bei 3800 bis 80 bei 4000
Vmax in km/h					130 bis 135
Karosserie					
Bauart					Limousine (4-türig)
Tragstruktur					selbsttragend
Material					Stahlblech
Stückzahl und Marktsituation					
Produktionszahl					50.602
Verfügbarkeit					schlecht
Teilesituation					ausreichend
Unterhaltskosten					hoch
Preise in Euro	1	2	3	4	5
15 Six (D) (1947-1952), L4t	24.000	18.000	12.200	6.300	2.600
15-six Koffer (1952-1954), L4t	22.800	17.100	11.500	5.900	2.500
15-six (H) (1954-1955), L4t	26.500	19.800	13.500	6.800	2.900

Citroën 2 CV („Wellblechente"; A, AZ, AZ Berline, AU, AZU, AZLP) 1949-1960

Schon vor dem Zweiten Weltkrieg hatte die Entwicklung des 2 CV begonnen, vorgestellt hat Citroën das Modell allerdings erst auf dem Pariser Salon 1948. Dort war die anfängliche Skepsis groß: Die französische Presse goss zunächst kräftig Häme über den als primitiv und hässlich empfundenen Entwurf aus, was die Franzosen nicht daran hinderte, schnell in großer Liebe zu entbrennen – 1,3 Millionen Besucher will Citroën auf seinem Messestand gezählt haben. Die Ente wurde in den Fünfzigern zum Volkswagen der Franzosen, kein Wunder bei den Vorteilen des pragmatisch konstruierten und gezeichneten Viertürers: Eine Mininmalmotorisierung machte Betrieb und Unterhalt denkbar günstig, Platzangebot und Nutzwert waren hoch, aber vor allem überzeugte die selbst auf miserablen Strecken weich und sensibel ansprechende Federung. Die Ente war schon damals auf dem Weg zur Legende.

Wellblech vor der Hütte: Die Ente bewegte das Nachkriegsfrankreich

Motor/Antrieb					
Bauart					Zweizylinder (Boxer)
Lage/Antrieb					Front/Front
Hubraum in cm³					375, 425, 602
Leistung in PS bei U/min					9 bei 3500 bis 29 bei 5750
Vmax in km/h					65 bis 115
Karosserie					
Bauart					Cabriolimousine (4-türig), Kombi (3-türig)
Tragstruktur					Plattformrahmen
Material					Stahlblech
Stückzahl und Marktsituation					
Produktionszahl					676.504 (ohne Kombi)
Verfügbarkeit					ausreichend
Teilesituation					schwierig
Unterhaltskosten					niedrig
Preise in Euro	1	2	3	4	5
2 CV AZ (1955-1957), Cal	10.000	6.500	4.100	2.000	1.000
2 CV AZL (1957-1961), Cal	9.000	5.800	3.700	1.800	900

Citroën DS 19 1955-1968

Wenn eine Autoneuheit das Prädikat sensationell wirklich verdiente, dann war es der DS 19, der im Oktober 1955 vorgestellt wurde. Viele begeisterte Käufer fanden sich sofort. Die Skeptiker sahen in den technischen Eigenarten Probleme, was sich als voreilig herausstellte. Die hydropneumatische Federung für die vier einzeln aufgehängten Räder machte wenig Sorgen, der Motor, in der Grundkonstruktion mit der 11 CV-Maschine gleich, war völlig unproblematisch. Allerdings erforderten automatische Kupplung, hydraulische Getriebebetätigung und hydraulisches Bremssystem ebenso einiges an Gewöhnung wie die Lenkung oder auch die Eigenarten der Interieur-Gestaltung. Und besonders der Federungskomfort war wirklich göttlich und passte damit zum Namen – Deesse ist das französische Wort für Göttin.

Göttlich in Design und Technik: Citroën DS 19

Motor/Antrieb					
Bauart					Vierzylinder (Reihe)
Lage/Antrieb					Front/Front
Hubraum in cm³					1911
Leistung in PS bei U/min					75 bei 4500 bis 84 bei 5250
Vmax in km/h					150 bis 160
Karosserie					
Bauart					Limousine (4-türig)
Tragstruktur					Plattformrahmen
Material					Stahlblech
Stückzahl und Marktsituation					
Produktionszahl					1.415.719
Verfügbarkeit					ausreichend
Teilesituation					gut
Unterhaltskosten					mittel
Preise in Euro	1	2	3	4	5
DS 19 (1962-1965), L4t	17.800	11.700	7.800	3.700	1.500
DS 19 (1965-1967), L4t	16.700	11.000	7.500	3.500	1.400
DS 19 (1967-1968), L4t	15.600	10.300	7.000	3.300	1.300

Citroën (F)

Citroën ID 19 — 1957-1969

Mit der Einstellung der 11 CV-Modelle im Mai 1957 startete Citroën eine abgespeckte Version des DS 19. Als ID 19 – sprich Idee 19! – hatte diese auch technisch vereinfachte Ausführung einen günstigeren Preis. Die Bremse war nicht mehr an die Hydraulik gekoppelt und der Kupplungsautomat wich einer üblichen Betätigung. Der Motor wurde auf 62 PS gedrosselt. Bis auf den fehlenden Chromschmuck blieb die avantgardistische Karosserie unangetastet und auch das Federungssystem des DS wurde unverändert beibehalten. 1958 ergänzte das fast fünf Meter lange Kombimodell mit dem traditionellen Beinamen Break die Modelle Normale und Luxe.

Eine Idee mehr: Citroën ID 19

Motor/Antrieb					
Bauart					Vierzylinder (Reihe)
Lage/Antrieb					Front/Front
Hubraum in cm³					1911, 1985
Leistung in PS bei U/min					62 bei 4000 bis 84 bei 5250
Vmax in km/h					135 bis 150
Karosserie					
Bauart					Limousine (4-türig), Kombi (5-türig)
Tragstruktur					Plattformrahmen
Material					Stahlblech
Stückzahl und Marktsituation					
Produktionszahl					k.A.
Verfügbarkeit					ausreichend
Teilesituation					gut
Unterhaltskosten					mittel
Preise in Euro	1	2	3	4	5
ID 19 (1962-1966), L4t	14.500	9.500	6.300	3.000	1.300
ID 19 (1967-1969), L4t	12.700	8.200	5.600	2.600	1.100
ID 19 Break (1967-1969), Kom	15.500	10.000	6.500	3.100	1.500

Citroën 2 CV 4X4 Sahara — 1958-1966

Für Aufsehen sorgte 1958 der 2 CV Sahara, der entsprechend seinem Beinamen für die Wüste entwickelt worden war. Zwei unabhängig voneinander eingebaute Motoren mit jeweils 13 bis 16 PS trieben die Vorder- und Hinterräder an. Das Reserverad auf der Motorhaube verriet die spezielle Konstruktion, die immerhin bis zu 110 Stundenkilometer schnell war. Auf den gewohnten Gepäckraum im Heck musste hier verzichtet werden. Auch die geänderten Radausschnitte hinten und ein Tankstutzen in der Beifahrertür ließen die Besonderheit dieses Fahrzeugs erahnen. Trotz geringer Nachfrage blieb das Modell immerhin gut acht Jahre im Markenprogramm. Heute lässt die rare Allrad-Version der Ente die Augen der Fans leuchten – bei nur 694 gebauten Exemplaren ist jedoch die Chance, ein Exemplar kaufen zu können, äußerst gering.

Grenzenloser Kletterspaß: Citroën 2CV Sahara

Motor/Antrieb					
Bauart					2xZweizylinder (Boxer)
Lage/Antrieb					Front/Heck/4x4
Hubraum in cm³					2x425
Leistung in PS bei U/min					26 bei 4500, 32 bei 5000
Vmax in km/h					100 bis 110
Karosserie					
Bauart					Limousine (4-türig)
Tragstruktur					Plattformrahmen
Material					Stahlblech
Stückzahl und Marktsituation					
Produktionszahl					694
Verfügbarkeit					gegen null
Teilesituation					schwierig
Unterhaltskosten					niedrig
Preise in Euro	1	2	3	4	5
2 CV Sahara, L4t			keine Notierung		

Citroën DS und ID 19 Cabriolet — 1958-1965

Zur Krönung französischen Fahrgefühls laden die Cabrios auf DS/ID-Basis ein. 1958 hatte Henri Chapron, ein exquisiter französischer Karossier, seine Frischluft-Version der extravaganten Citroën-Limousine präsentiert. Die zweitürigen Cabriolets kosteten ein kleines Vermögen, was zu recht bescheidenen Stückzahlen führte. Dafür erfüllte Chapron seinen Kunden beinahe jeden Wunsch – er baute eine Klimaanlage ebenso ein wie ein hydraulisches Verdeck. Ab 1960 entstanden dann die sogenannten Werks-Cabrios mit reduzierter Ausstattung zu moderateren Preisen. Zudem gab es noch eine Reihe kleinerer Serien offener DS/ID. Noch rarer als die Cabrios sind dagegen die eigentümlich geformten Coupés, die ebenfalls Chapron für einen betuchten Kundenkreis fertigte.

Savoir vivre unter freiem Himmel: Citroën Cabriolet

Motor/Antrieb					
Bauart					Vierzylinder (Reihe)
Lage/Antrieb					Front/Front
Hubraum in cm³					1911, 1985
Leistung in PS bei U/min					75 bei 4500 bis 84 bei 5250
Vmax in km/h					150 bis 160
Karosserie					
Bauart					Cabriolet
Tragstruktur					Plattformrahmen
Material					Stahlblech
Stückzahl und Marktsituation					
Produktionszahl					k.A.
Verfügbarkeit					gegen null
Teilesituation					ausreichend
Unterhaltskosten					mittel
Preise in Euro	1	2	3	4	5
DS 19 „Usine" (1961-1965), Cab	51.000	37.500	26.000	14.500	7.700

Citroën 2 CV („Ente"; AZ, AZLP, AZU, AZL, AZA, AZAM, AZAM Export, AK, 4, 6, AZ L4, AZ L6, AKS 400, 4 AZU, Special, Spot, 6 Special, 6 Club, Charleston), 3CV (AK) — 1960-1990

Bis 1990 gab es die Ente als Neuwagen. Längst war sie ein Anachronismus, wirkte wie die Replica eines Klassikers, der sie doch selbst war. Optisch blieb sie über die Jahrzehnte fast unverändert, abgesehen vom Ersatz der Wellblechhaube 1960. Andererseits gab es knapp ein Dutzend Varianten, die sich meist in Technik und Ausstattung unterschieden. Nachdem die Ente Frankreich motorisiert hatte, entdeckte sie die alternativ-studentische und linksintellektuelle Szene. Die Ente wurde so schon zu Lebzeiten zum Kultobjekt: Als Fanal gegen Macht und Materialismus schenkte sie Genuss im Kleinen. Schon deswegen wird sie ohne Nachfolger bleiben – leider.

Ein geniales Konzept: Citroën 2CV, die legendäre Ente

Motor/Antrieb					
Bauart					Zweizylinder (Boxer)
Lage/Antrieb					Front/Front
Hubraum in cm³					425, 435, 597, 602
Leistung in PS bei U/min					12,5 bei 4200 bis 29 bei 5750
Vmax in km/h					70 bis 113
Karosserie					
Bauart					Cabriolimousine (4-türig), Kombi (3-türig)
Tragstruktur					Plattformrahmen
Material					Stahlblech
Stückzahl und Marktsituation					
Produktionszahl					3.198.779 (ohne Kombi)
Verfügbarkeit					gut
Teilesituation					gut
Unterhaltskosten					niedrig
Preise in Euro	1	2	3	4	5
2CV6 (1979-1990), L4t	6.900	4.400	2.300	800	200

Citroën (F)

Citroën Ami (Ami 6, Ami 8, Ami Super) 1961-1977

Als die Ente Anfang der sechziger Jahre auf der Champs-Elysées etwas zu bäuerlich wirkte, präsentierte Citroën ein neues Modell, das dem Chique der Großstadt Rechnung trug: den Ami 6, oder auf französisch l'Ami 6. Das klang wie „la missis", ein eigensinniger wie komfortabler Entwurf auf der Basis des 2CV, der neben seinem Plattformrahmen und dem schaukeligen Fahrwerk auch den Zweizylinder-Boxer spendierte. Im Ami 6 stellte der jetzt 602 cm³ große Motor stadtgerechte 22 PS zur Verfügung. Das skurrile Äußere gipfelte in einer Motorhaube, die gut durchgeknetet wirkte, und einer Heckscheibe, die entgegen aller Regeln nach innen gekippt war — Ford hatte Ähnliches beim Anglia versucht. 1969 löste der Ami 8 mit einer leicht korrigierten Karosserie den erfolgreichen Vorgänger ab. Er besaß vordere Scheibenbremsen und war auf 32 PS erstarkt.

Hässlich oder schön? Einmalig jedenfalls: Citroën Ami 6

Motor/Antrieb	
Bauart	Zweizylinder (Boxer), Vierzylinder (Boxer)
Lage/Antrieb	Front/Front
Hubraum in cm³	602, 1015
Leistung in PS bei U/min	22 bei 4500, 24 bei 4750, 32 bei 5750, 54 bei 6500
Vmax in km/h	105 bis 140
Karosserie	
Bauart	Limousine (4-türig), Kombi (5-türig)
Tragstruktur	Plattformrahmen
Material	Stahlblech
Stückzahl und Marktsituation	
Produktionszahl	1.840.159
Verfügbarkeit	schlecht
Teilesituation	schwierig
Unterhaltskosten	niedrig

Preise in Euro	1	2	3	4	5
Ami 6, L4t	5.800	4.000	2.300	900	400
Ami 8, L4t	4.700	3.200	1.700	700	300
Ami Super, L4t	5.200	3.600	1.800	800	300

Citroën Dyane 4, Dyane 6 1967-1981

Ende 1967 versuchte Citroën, das Konzept der Ente zu modernisieren. Die in ihren Gesichtszügen gestraffte Karosserie saß auf dem 2 CV-Fahrgestell, die Motoren kamen aus der Ente und dem Ami 6. Wie das Original hatte auch der Dyane ein Rolldach, das man für den Transport sperriger Güter auch samt Heckklappe komplett entfernen konnte. Vorteile hatte der Dyane auch im Innenraum zu bieten, denn es gab ein vollständigeres Instrumentarium, eine bessere Lüftung und aufwändigere Sitze. Selbst in Frankreich sind gute Dyane inzwischen knapp geworden, obwohl Citroën bis zum Produktionsstopp im Jahr 1981 immerhin über 1,1 Millionen dieser Luxus-Enten gebaut hatte.

Über-Ente, heute fast vergessen: Citroën Dyane

Motor/Antrieb	
Bauart	Zweizylinder (Boxer)
Lage/Antrieb	Front/Front
Hubraum in cm³	425, 435, 602
Leistung in PS bei U/min	18 bei 4750 bis 28 bei 5750
Vmax in km/h	100 bis 115
Karosserie	
Bauart	Limousine (4-türig), Kombi (3-türig)
Tragstruktur	Plattformrahmen
Material	Stahlblech
Stückzahl und Marktsituation	
Produktionszahl	1.104.145
Verfügbarkeit	ausreichend
Teilesituation	gut
Unterhaltskosten	niedrig

Preise in Euro	1	2	3	4	5
Dyane (1969-1975), L4t	6.100	3.900	2.800	1.200	600
Dyane6 (1969-1984), L4t	5.700	3.500	2.500	1.000	500

Citroën 6 Méhari 1968-1988

Nicht nur als Freizeitauto, das an den südlichen Küsten Frankreichs Urlauber mobil machte, sondern auch als vielseitiges Arbeitstier stellte Citroën bereits im Mai 1968 den Méhari vor, der auf der Plattform des 2 CV und Dyane stand. Der tür- und dachlose Aufbau der äußerst widerstandsfähigen Kunststoffkarosserie erinnerte an den Mini-Moke, doch deutsche Typprüfer sahen ernste Gefahren fürs Leben: Die als leicht brennbar abgewertete Hülle fand hierzulande keine Gnade. Dach, Türen und Seitenscheiben wurden ebenfalls angeboten. Erst nach rund 20 Jahren endete die Bauzeit des leichten Fronttrieblers.

Die Ente, konsequent weitergedacht: Citroën 6 Méhari

Motor/Antrieb	
Bauart	Zweizylinder (Boxer)
Lage/Antrieb	Front/Front
Hubraum in cm³	602
Leistung in PS bei U/min	28 bei 5750, 32 bei 5750
Vmax in km/h	110 bis 120
Karosserie	
Bauart	Roadster
Tragstruktur	Plattformrahmen
Material	Kunststoff
Stückzahl und Marktsituation	
Produktionszahl	k.A.
Verfügbarkeit	ausreichend
Teilesituation	gut
Unterhaltskosten	niedrig

Preise in Euro	1	2	3	4	5
Méhari (1968-1978), Tou	6.500	4.000	2.700	1.200	500

Citroën GS 1970-1987

Im Jahr 1970 führte Citroën als neues Modell in der Mittelklasse den GS ein. Seine funktionelle Schrägheck-Karosserie war weit weniger ausgefallen gestaltet als beim großen Bruder. Bemerkenswert aber das Fahrwerk, denn in dieser Klasse hatte niemand mit der inzwischen ausgereiften Hydropneumatik gerechnet. Dem überragenden Fahrkomfort standen jedoch einige Ungereimtheiten in der Bedienung gegenüber, auch der schwachbrüstige Boxermotor konnte allenfalls in Sachen Drehfreude überzeugen. Kaltstartschwierigkeiten plagten das geräumige Auto, das im Zuge späterer Modellpflege auch mit Heckklappe ausgerüstet wurde. Im extravaganten Cockpit leuchtete anfangs ein Lupentacho mit der zusätzlichen Angabe des Anhaltewegs, die Handbremse war ins Armaturenbrett integriert.

Mit Schrägheck in die Mittelklasse: Citroën GS

Motor/Antrieb	
Bauart	Vierzylinder (Boxer), Wankelmotor
Lage/Antrieb	Front/Front
Hubraum in cm³	1015, 1299
Leistung in PS bei U/min	54 bei 6500 bis 65 bei 5500
Vmax in km/h	145 bis 160
Karosserie	
Bauart	Limousine (4-türig), Kombi (5-türig)
Tragstruktur	selbsttragend
Material	Stahlblech
Stückzahl und Marktsituation	
Produktionszahl	k.A.
Verfügbarkeit	schlecht
Teilesituation	schwierig
Unterhaltskosten	mittel

Preise in Euro	1	2	3	4	5
GS 1,0 (1972-1977), L4t	4.000	2.300	1.200	500	—
GS 1,3 (1973-1977), L4t	4.100	2.400	1.300	500	—

Citroën (F)

Citroën SM — 1970-1975

Aus der Kooperation, die Ende 1967 zwischen Maserati und Citroën beschlossen worden war, wurde sogar eine 60-prozentige Mehrheitsbeteiligung. Von einem GT-Wagen mit sechs Zylindern wurde schon lange gemunkelt, 1970 stand dann der SM in Genf vor der Fachwelt. Das viersitzige Coupé hatte eine sehr windschlüpfige Karosserie, die hydropneumatische Federung und einen 90-Grad-V6-Motor mit vier obenliegenden Nockenwellen. Citroën-Charakteristika wie das Einspeichen-Lenkrad oder die Knopfbremse und die extrem direkte Servolenkung erforderten viel Einfühlungsvermögen. Die komplexe Mechanik überforderte sogar gestandene Citroën-Mechaniker-Meister, und das geriet wegen der nicht gerade überragenden Zuverlässigkeit zur großen Tücke dieses Projekts.

Citroëns wilde Ehe mit Maserati: Citroën SM

Motor/Antrieb					
Bauart					V6
Lage/Antrieb					Front/Front
Hubraum in cm³					2670
Leistung in PS bei U/min					170 bei 5500 bis 178 bei 5500
Vmax in km/h					225
Karosserie					
Bauart					Coupé
Tragstruktur					Plattformrahmen
Material					Stahlblech
Stückzahl und Marktsituation					
Produktionszahl					12.920
Verfügbarkeit					schlecht
Teilesituation					schwierig
Unterhaltskosten					hoch
Preise in Euro	1	2	3	4	5
SM, Cpe	25.000	16.700	10.000	5.300	2.700
SM inj., Cpe	25.600	17.200	10.500	5.600	2.700

Citroën GS Birotor — 1974-1975

Innovation war Tradition bei Citroën. Und so kooperierten die Franzosen schon ab 1964 abseits der Öffentlichkeit mit den Wankel-Spezialisten NSU. Auch die Franzosen waren der Meinung, der Rotationskolbenmotor würde gut in die zukünftige Mittelklasse passen. Im Saarland wurde eigens ein Werk errichtet, wo zunächst, wiederum heimlich, eine Testserie von Wankel-Ami 8 enstanden. Endlose Versuchsreihen später präsentierte man auf der IAA 1973 den Birotor als GS-Topmodell. Doch der Rotarier kam nicht an. Zu teuer war der optisch kaum vom Basis-GS unterscheidbare Birotor. Noch mehr schreckte in der Ölkrise 1973/74 der Verbrauch von 14 Liter. So wurde der Birotor nach einem Jahr vom Markt zurückgezogen — gewaltsam und beispiellos: Citroën ließ die 874 verkauften Wankel-GS zurückkaufen und verschrotten. Nur gut 300 Stück, von Kunden und Händlern zurückgehalten, überlebten.

Blieb ohne Zukunft: Citroën GS Birotor

Motor/Antrieb					
Bauart					Zweischeiben-Wankel
Lage/Antrieb					Front/Front
Hubraum in cm³					2 x 497,5 cm³ Kammer-Volumen
Leistung in PS bei U/min					106 bei 6500
Vmax in km/h					175
Karosserie					
Bauart					Limousine (4-türig)
Tragstruktur					selbsttragend
Material					Stahlblech
Stückzahl und Marktsituation					
Produktionszahl					k.A.
Verfügbarkeit					gegen null
Teilesituation					sehr schwierig
Unterhaltskosten					hoch
Preise in Euro	1	2	3	4	5
GS Birotor			keine Notierung		

Citroën CX — 1975-1989

Längst nicht so revolutionär wie die 20 Jahre zuvor eingeführte DS, trat der CX ein schweres Erbe an. Citroëns Großer war längst nicht frei von Kinderkrankheiten, und auf einen Sechszylindermotor musste die Klientel weiterhin verzichten. Dabei hätte ein weniger rauer Motor gut zum komfortablen CX gepasst, doch die Franzosen beschieden sich auf das technisch Bewährte. Dazu zählte immerhin die Hydropneumatik, und als zusätzliche Portion Extravaganz setzte das Armaturenbrett Akzente. Auf selbsttätig zurückstellende Blinker galt es weiterhin zu verzichten, gute Material- und Fertigungsqualität zählte nicht zu den Prioritäten der Citroën-Macher. Rost raffte die frühen CX daher schon früh dahin — merke: wer sich rar macht, wird noch schneller kultig. Frühe, originale Exemplare gibt es kaum noch auf dem Markt.

Konzept für Individualisten: Citroën CX

Motor/Antrieb					
Bauart					Vierzylinder (Reihe)
Lage/Antrieb					Front/Front
Hubraum in cm³					1975, 1981, 1985, 2150, 2175, 2331, 2482
Leistung in PS bei U/min					66 bei 4500 bis 115 bei 5600
Vmax in km/h					146 bis 186
Karosserie					
Bauart					Limousine (4-türig)
Tragstruktur					selbsttragend
Material					Stahlblech
Stückzahl und Marktsituation					
Produktionszahl					k.A.
Verfügbarkeit					schlecht
Teilesituation					ausreichend
Unterhaltskosten					mittel
Preise in Euro	1	2	3	4	5
CX 2000 (1974-1979), L4t	5.200	2.700	1.400	600	100
CX 2200 (1975-1978), L4t	5.400	2.800	1.500	700	100

Citroën CX GTI, Turbo, Prestige — 1975-1989

Neben den doch etwas mager geratenen Basisversionen des CX brachte Citroën in der Folge auch attraktivere Versionen ihres großen Modells heraus. Mit verlängertem Radstand konnte er als Prestige nicht nur als Staatslimousine überzeugen, sondern fand sich auch in privater Hand nicht selten wieder. Auch der GTI, zunächst mit 2,4 Liter, später mit 2,5 Liter großem Vierzylinder, kombinierte das etwas straffer abgestimmte Fahrwerk mit sportlichen Fahrleistungen — das Interieur war diesem neuen Auftritt angepasst. 1985 erschien dann die nochmals kräftigere Turbo-Variante, die das Gefühl von Leistungsmangel nie aufkommen ließ, aber auch brav mit reichlich Superbenzin gefüttert werden musste. Die späten Versionen sind noch häufiger auf dem Markt vertreten, und ab und an ist auch ein gutes Exemplar darunter. Fans suchen längst intensiv.

Luxus und Leistung für das Spitzenmodell: Citroën CX GTI

Motor/Antrieb					
Bauart					Vierzylinder (Reihe)
Lage/Antrieb					Front/Front
Hubraum in cm³					2347 bis 2482
Leistung in PS bei U/min					115 bei 5750 bis 168 bei 5000
Vmax in km/h					185 bis 220
Karosserie					
Bauart					Limousine (4-türig)
Tragstruktur					selbsttragend
Material					Stahlblech
Stückzahl und Marktsituation					
Produktionszahl					k.A.
Verfügbarkeit					ausreichend
Teilesituation					ausreichend
Unterhaltskosten					mittel
Preise in Euro	1	2	3	4	5
CX GTi, L4t	6.300	3.500	1.900	1.000	300
CX GTi Turbo, L4t			keine Notierung		

Citroën (F)

Citroën CX Break 1976-1989

Dass ein Kombi auch jenseits der Handwerkstransporter im Edel-Segment positionierbar ist, erkannte Citroën schon vor Mercedes-Benz. So war der Break dann auch schärfster Konkurrent des Stuttgarter T-Modells, wenn es darum ging, Golfausrüstung und Schalenkoffer stadesgemäß zu transportieren — wobei der wuchtige Franzose den größeren Laderaum bot. In punkto Fahrsicherheit und Verarbeitung fiel der Citroën zwar zurück, war aber gut ausgestattet und trotzdem rund 25 Prozent billiger als der Kollege mit dem Stern — für viele Kunden kaufentscheidend. Die Modellpalette reichte vom 66 PS-Diesel bis zum 138 PS-Einspritzer im CX 25 der späten 1980er Jahre — natürlich schon mit Katalysator. Für Großfamilien hielt Citroën eine Spezialversion bereit: Der Familiale bot auf drei Sitzbänken acht Personen Platz.

War nie Handwerker-Lastesel: Edelkombi CX Break

Motor/Antrieb					
Bauart				Vierzylinder (Reihe)	
Lage/Antrieb				Front/Front	
Hubraum in cm³			1972, 1981, 2162, 2332, 2482, 2331		
Leistung in PS bei U/min			66 bei 4500 bis 138 bei 4800		
Vmax in km/h				146 bis 192	
Karosserie					
Bauart				Kombi (5-türig)	
Tragstruktur				selbsttragend	
Material				Stahlblech	
Stückzahl und Marktsituation					
Produktionszahl				k.A.	
Verfügbarkeit				ausreichend	
Teilesituation				ausreichend	
Unterhaltskosten				mittel	
Preise in Euro	1	2	3	4	5
CX 2.0 Break (76-79), Kom	7.500	5.000	2.400	1.100	300
CX 2500 Diesel (78-82), Kom	8.500	5.700	3.000	1.500	400

Citroën LN, LNA 1976-1986

Wie funktioniert der Auto-Baukasten eines Konzerns? Bei PSA nahm Citroën Karosserie und Fahrwerk des Peugeot 104, änderte Front und Heck etwas ab und setzte den Zweizylinder-Boxer der Dyane ein — fertig war der Kleinwagen Citroën LN. Der in der Werbung „Spatz von Paris" genannte LN bewährte sich zwar als robuster Einkaufswagen, Fahrspaß kam mit der etwas überforderten 600er Maschine kaum auf. Daran änderte auch der 1979 nachgeschobene LNA mit nur 50 Kubikzentimeter respektive zwei PS mehr nichts. Erst der 1981 präsentierte neue LNA wurde seinem Namen — das A stand für Athlétique — gerecht. Der kleine Franzose, inzwischen optisch leicht modernisiert, besaß nun einen Reihenvierzylinder, der aus 1,1 Litern 50 PS leistete, der ihm Geschwindigkeitswelten über 140 km/h erschloss.

Wenig eigenständig: Citroën LN

Motor/Antrieb					
Bauart				Vierzylinder (Reihe)	
Lage/Antrieb				Front/Front	
Hubraum in cm³				597, 647, 1008, 1116	
Leistung in PS bei U/min			23,5 bei 5750 bei 5500 bis 54 bei 6500		
Vmax in km/h				120 bis 145	
Karosserie					
Bauart				Limousine (3-türig)	
Tragstruktur				selbsttragend	
Material				Stahlblech	
Stückzahl und Marktsituation					
Produktionszahl				k.A.	
Verfügbarkeit				gut	
Teilesituation				gut	
Unterhaltskosten				niedrig	
Preise in Euro	1	2	3	4	5
LN			keine Notierung		

Citroën Visa, Visa Special, Visa Super, Cisa Club, Visa GT, Visa RD, Visa TRS, Visa GTI 1978-1988

Zunächst war der Visa, der verspätete Ami 8-Nachfolger, Citroëns Sorgenkind. Erst mit dem 1981 gelifteten Gesicht und nach dem Auslaufen seines Hauptkonkurrent Peugeot 104 (im Rahmen des Peugeot-Konzernbaukastens waren beide konstruktiv identisch!), wurde der Visa zum Bestseller. Aus der Vielfalt an Modellen sticht eine Spezialversion heraus: die 1983 vorgestellte Cabrio-Limousine Plein Air. Der viertürige Frischluft-Franzose geriet zur Neuinterpretation der Ente und bot charmanten Fahrspaß. Obwohl er solide und preiswert war, blieb er selten. Ganze zwei Jahre war der Plein Air im Programm, lieblose Vermarktung und das neue 205-Cabrio machten ihm den Garaus.

Wiedergeburt der klassischen Cabrio-Limousine: Visa Plein Air

Motor/Antrieb					
Bauart			Zweizylinder (Boxer), Vierzylinder (Reihe)		
Lage/Antrieb				Front/Front	
Hubraum in cm³			647, 1116, 1351, 1569, 1757		
Leistung in PS bei U/min			36 bei 5500 bis 105 bei 6250		
Vmax in km/h				125 bis 188	
Karosserie					
Bauart				Limousine (5-türig)	
Tragstruktur				selbsttragend	
Material				Stahlblech	
Stückzahl und Marktsituation					
Produktionszahl				2630 (nur Plein Air)	
Verfügbarkeit				gut	
Teilesituation				gut	
Unterhaltskosten				niedrig	
Preise in Euro	1	2	3	4	5
Visa 0.6 (81-85), L5t	–	1.000	500	100	0
Visa 1.1 (82-85), L5t	–	1.400	700	200	0

Citroën BX, BX 14, BX 16, BX 19 1982-1994

Ende 1982 präsentierte Citroën mit dem BX eine Mittelklasse-Baureihe, die die Lücke zwischen dem GSA und den CX-Modellen schloss. Die Optik im kantigen Look der Achtziger war völlig neu — und doch unverwechselbar Citroën. Die Technik ebenso, denn natürlich blieb die hydropneumatische Federung erhalten. Ursprünglich waren drei Typen mit 62 bis 90 PS erhältlich; der Erfolg des BX ließ die Zahl von Ausstattungsvariationen und Motortypen schnell steigen. Der Break (Kombi) und die Sport-Version kamen 1985, im Folgejahr debütierten — zeitgleich mit optischer Modellpflege — der GTI mit 125 PS und die ersten Katalysator-Ausführungen. Gut verkauften sich die attraktiven Diesel-Modelle, die zusammen mit dem Renault 21 erheblich zum Selbstzünder-Boom in der Mittelklasse beitrugen — nicht nur in Frankreich.

Achtziger-Jahre-Ästhetik: Citroen BX

Motor/Antrieb					
Bauart				Vierzylinder (Reihe)	
Lage/Antrieb				Front/Front	
Hubraum in cm³			1360, 1569, 1580, 1891		
Leistung in PS bei U/min			62 bei 5500 bis 125 bei 5500		
Vmax in km/h				155 bis 198	
Karosserie					
Bauart				Limousine (5-türig)	
Tragstruktur				selbsttragend	
Material				Stahlblech	
Stückzahl und Marktsituation					
Produktionszahl				k.A.	
Verfügbarkeit				gut	
Teilesituation				gut	
Unterhaltskosten				mittel	
Preise in Euro	1	2	3	4	5
BX 16V, L4t	–	2.000	1.000	400	0

Clan (GB) • 1971-1974

Nur kurze Zeit währte der Erfolg von zwei ehemaligen Lotus-Mitarbeitern, die sich 1971 zusammentaten, um mit einem Regierungsdarlehen im Rücken ihre eigene Sportwagenproduktion aufzunehmen. Die Einführung der Mehrwertsteuer und die Ölkrise beendeten den Bau des attraktiven Kunststoff-Coupés nach nur gut 300 Exemplaren.

Clan Crusader 1971-1974

Mit der Konstruktionsphilosophie des legendären Colin Chapman im Kopf wurde der Clan Crusader entwickelt. Ein kleiner, im Unterhalt günstiger Reihenvierzylinder-Alumotor aus dem Sunbeam Stiletto sorgte für flotte Fahrleistungen, die aus zwei Teilen bestehende Vollkunststoff-Monocoquestruktur hielt das Gewicht niedrig. Die originelle, windschlüpfige Karosserie barg ein sportliches Cockpit, für ein Heckmotorauto vergleichsweise exzellente Fahreigenschaften erfreuten den engagierten Piloten.

Im Geiste Colin Chapmans: Clan Crusader

Motor/Antrieb					
Bauart					Vierzylinder (Reihe)
Lage/Antrieb					Heck/Heck
Hubraum in cm³					875
Leistung in PS bei U/min					58 bei 6100
Vmax in km/h					160
Karosserie					
Bauart					Coupé
Tragstruktur					selbsttragend
Material					Kunststoff
Stückzahl und Marktsituation					
Produktionszahl					315
Verfügbarkeit					schlecht
Teilesituation					ausreichend
Unterhaltskosten					mittel
Preise in Euro	1	2	3	4	5
Crusader, Cpe	7.500	4.500	2.500	900	400

Cord (USA) • 1929-1932, 1935-1937

Errett Lobban Cord zeichnete bis 1929 verantwortlich für die Marke Auburn, bevor er mit einer technisch von C. W. van Ranst geschaffenen Konstruktion ein Fahrzeug unter eigenem Namen anbot. Doch die Zeiten zur Weltwirtschaftskrise waren nicht gerade dazu angetan, eine neue Marke zu etablieren, die große und luxuriöse Fahrzeuge offerierte. Nach einer Pause, die von 1932 bis 1935 währte, präsentierte Cord das Modell 810, das durch seine moderne Linienführung auffiel. Doch auch dieser Versuch scheiterte: Noch im Sommer 1937 brach die Cord Corporation zusammen. Alle Wiederbelebungsversuche scheiterten.

Cord 810, 812 1936-1937

Schon der Vorgänger des Cord 810, der L 29, hatte den für amerikanische Verhältnisse äußerst ungewöhnlichen und richtungsweisenden Frontantrieb. Mit üppigen 3,49 Metern Radstand gab es diverse Karosserieaufbauten, die sich aber allesamt nicht besonders gut verkauften. Mit 125 bis 132 PS aus 4,9 und 5,3 Litern Hubraum erreichten sie 125 bis 135 Stundenkilometer Spitzentempo. Die L29-Modelle wurden 1936 durch den sehr elegant aussehenden Cord 810 abgelöst. Die Karosserie hatte Gordon Buehrig entworfen. Es gab für den 810 drei Standard-Karosserien. Statt des Reihen-Achtzylinders kam ein V-Motor mit 125 PS aus 4,7 Litern Hubraum zum Einsatz. Als Typ 812 Supercharged war der Wagen dann sogar mit einem Kompressor augerüstet, der die Leistung auf üppige 170 bis 195 PS steigerte.

Futuristisches Design und Frontantrieb: Cord 812

Motor/Antrieb					
Bauart					V8
Lage/Antrieb					Front/Front
Hubraum in cm³					4730
Leistung in PS bei U/min					125 bei 3500, 195 bei 3500
Vmax in km/h					145 bis 170
Karosserie					
Bauart					Limousine (4-türig), Coupé, Cabriolet
Tragstruktur					Kastenrahmen
Material					Stahlblech
Stückzahl und Marktsituation					
Produktionszahl					k.A.
Verfügbarkeit					gegen null
Teilesituation					sehr schwierig
Unterhaltskosten					hoch
Preise in Euro	1	2	3	4	5
810/812 Phaeton, Cab	150.000	115.000	75.000	50.000	–
810/812, L4t	64.000	46.000	33.000	18.000	–

DAF (NL) • 1958 - 1975

Das einzige holländische Automobilwerk, die „van Doorne's Automobielfabrieken", ging aus einer 1928 gegründeten Anhängerfabrik hervor. 1950 begann man mit dem Bau von Lastwagen, bald schon zeigte sich Erfolg.
1958 stellte DAF seinen ersten Kleinwagen vor, den DAF 600: Besonderes Kennzeichen war die stufenlose Kraftübertragung per Keilriemen, die sogenannte Variomatic. Das System wurde perfektioniert und der Kleinwagen etablierte sich recht bald. Die ersten Modelle hatten einen eigens konstruierten Zweizylinder-Boxermotor, beim DAF 55 griff man auf das Triebwerk des Renault 10 zurück. Formal wirkte Giovanni Michelotti mit, wie schon beim 1966 eingeführten DAF 44.
Der ab 1972 gebaute DAF 66 wandelte sich zum Volvo 66, nachdem die Schweden 1973 zunächst 33 Prozent des Kapitals übernommen hatten. Die Anteile erhöhten sich 1975 auf 75 Prozent, der niederländische Staat wurde im Gegenzug Hauptaktionär bei Volvo.

DAF 600, 750, Daffodil, 33 — 1959-1974

Aus dem Blickwinkel der fünfziger Jahre betrachtet wirkt der holländische Kleinwagen gar nicht mehr so skurril, wie er heute anmutet. Hinter dem faltigen Gesicht sorgten kleine Zweizylinder-Boxermotoren für Mobilität von bis zu vier Personen. Die moderne selbsttragende Struktur wies an sich keine Besonderheiten auf, wäre da nicht jenes Variomatic genannte stufenlose Automatikgetriebe. Im Februar 1958 stellte DAF das Modell 600 mit eigens konstruiertem Zweizylinder-Boxermotor vor, 1961 erschien auch eine Pick-up-Version. Im gleichen Jahr kam der stärkere DAF 750 sowie die Daffodil genannte Luxusversion mit geänderter Frontpartie. 1963 folgte zusätzlich ein Kombi, ab Herbst hießen alle Modelle Daffodil, trugen aber noch Zusatzbezeichnungen (Standard, de Luxe). Der wendige Kleinwagen hieß ab 1967 DAF 33.

Faltiges Gesicht: DAF 600

Motor/Antrieb	
Bauart	Zweizylinder (Boxer)
Lage/Antrieb	Front/Heck
Hubraum in cm³	590, 746
Leistung in PS bei U/min	19 bei 4000 bis 32 bei 5000
Vmax in km/h	90 bis 120
Karosserie	
Bauart	Limousine (2-türig), Kombi (3-türig)
Tragstruktur	selbsttragend
Material	Stahlblech
Stückzahl und Marktsituation	
Produktionszahl	312.367
Verfügbarkeit	schlecht
Teilesituation	sehr schwierig
Unterhaltskosten	niedrig

Preise in Euro	1	2	3	4	5
600 (1959-1963), L2t	6.000	4.000	2.300	1.000	350
750 (1961-1963), L2t	4.600	3.000	1.700	750	200
Daffodil (1961-1963), L2t	4.100	2.700	1.500	700	200
Daffodil 33 (1967-1974), L2t	3.800	2.200	1.200	500	100

DAF 44 — 1966-1975

Als Nachfolger des etwas fragilen DAF 33 stellten die Niederländer ein weit gefälligeres Auto auf die Räder. Stylistisch waren große Fortschritte zu erkennen, aber schließlich hatte Giovanni Michelotti dafür gesorgt, dass die 23 Zentimeter längere Neukonstruktion eine attraktivere Blechhülle erhielt, die aber durchaus Anklänge an den Vorgänger aufwies. Der Motor war auf 844 ccm vergrößert worden und leistete nun 34 PS, das Fahrwerk mit hinterer Einzelradaufhängung überarbeitet und den Erfordernissen angepasst. Entsprechend dem Größenwachstum wurde auch der Innenraum entsprechend aufgewertet. Die Variomatic hatte sich bestens bewährt, und Kritiker des Systems hat die Geschichte eines Besseren belehrt: Die stufenlose Automatic steht auch heutigen Kleinwagen gut, besonders im dichten Stadtverkehr.

Trägt Michelottis Handschrift: DAF 44

Motor/Antrieb	
Bauart	Zweizylinder (Boxer)
Lage/Antrieb	Front/Heck
Hubraum in cm³	844
Leistung in PS bei U/min	34 bei 4500
Vmax in km/h	125
Karosserie	
Bauart	Limousine (2-türig), Kombi (3-türig)
Tragstruktur	selbsttragend
Material	Stahlblech
Stückzahl und Marktsituation	
Produktionszahl	167.905
Verfügbarkeit	ausreichend
Teilesituation	sehr schwierig
Unterhaltskosten	niedrig

Preise in Euro	1	2	3	4	5
44 (1966-1974), L2t	3.100	1.900	1.000	300	50
44 (1968-1974), Kom	3.500	2.200	1.200	350	100

DAF 55 und 66, Coupé — 1967-1975

Der kleine Zweizylinder-Boxermotor schien endgültig ausgereizt, zu groß waren die Ansprüche der Kunden geworden. Daher wandte sich DAF an Renault, die für das neue Modell 55 den passenden 1,1-Liter-Vierzylinder aus dem Renault 10 abgaben. Mit dem 55 gelang ab 1967 der Durchbruch zur unteren Mittelklasse, Scheibenbremsen vorn und eine neue Vorderachse verbesserten die Konstruktion. 1972 ersetzte der DAF 66 den 55, seine Merkmale: eine neue Front und eine DeDion-Hinterachse. 1973 erschien die 1,3-Liter-Version unter der Zusatzbezeichnung Marathon als eine Reminiszenz an die Marathon de la Route-Teilnahme auf dem Nürburgring. Das 55 Coupé von 1968 war sieben Zentimeter flacher als die Limousine und wurde erst nach dem Kombimodell eingeführt. Mit gleicher Linie war auch das 66 Coupé am Markt.

Der DAF wird langsam erwachsen: DAF 55 Coupé

Motor/Antrieb	
Bauart	Vierzylinder (Reihe)
Lage/Antrieb	Front/Heck
Hubraum in cm³	1108, 1289
Leistung in PS bei U/min	45 bei 5000 bis 57 bei 5200
Vmax in km/h	135 bis 150
Karosserie	
Bauart	Limousine (2-türig), Coupé, Kombi (3-türig)
Tragstruktur	selbsttragend
Material	Stahlblech
Stückzahl und Marktsituation	
Produktionszahl	164.231, 146.297
Verfügbarkeit	ausreichend
Teilesituation	schwierig
Unterhaltskosten	niedrig

Preise in Euro	1	2	3	4	5
55 (1967-1972), L2t	3.900	2.400	1.300	350	100
55 Coupé (1968-1972), Cpe	5.500	3.200	1.600	500	150
66 (1972-1975), L2t	3.000	1.800	900	300	50
66 1300 Marathon Coupé (1973-1975), Cpe	4.500	2.800	1.400	400	150

Daihatsu (JAP) • seit 1907

Das 1907 als „Hatsudoki Seizo Kabushiki Kaisha Co." in Dai bei Osaka gegründete Unternehmen produzierte zunächst Motoren. 1930 debütierte mit einem Dreiradlaster das erste Fahrzeug.
Ab 1951 stellte die jetzt unter dem Namen „Daihatsu Kyoko Co." auftretende Firma zunächst den Dreiradwagen Bee (Biene) vor, der einen ansehnlichen Erfolg verbuchte. Ab 1963 baute Daihatsu zudem den Personenwagen Compagno, 1966 kam der Gellow hinzu. 1967 stieg Toyota bei Daihatsu ein; die folgenden Modelle Consorte und Charmant basierten auf den zeitgenössischen Toyota Corolla.
Erst die Mitte der 1970er Jahre folgenden Modelle waren wieder eigenständige Daihatsu-Entwicklungen.
Mit dem Charade startete Daihatsu 1978 die Export-Offensive nach Europa.

Das stylisierte D steht für die Stadt Dai

Daihatsu Charade 1000, Charade Coupé 1978-1983

Mit dem Charade war Daihatsu 1978 erstmals auf dem euopäischen Markt vertreten. In Japan war der Kleinwagen gerade zum Auto des Jahres gewählt worden, aber auch bei uns fiel der Charade durch sein cleveres Styling auf, das den Fünftürer im Polo-Format größer und erwachsener wirken ließ als er tatsächlich war. Unverwechselbar geriet das Coupé mit seinen kreisförmigen Bullaugen in der C-Säule. Der mit drei Zylindern bemerkenswert unkonventionelle Motor war eine moderne, sorgfältig konstruierte ohc-Maschine mit vierfach gelagerter Kurbelwelle. Daihatsu erklärte das ungewohnte Dreizylinder-Konzept mit der idealen Zylindergröße von 330 ccm. Tatsächlich erwies sich die Maschine als durchzugskräftig, kultiviert und sparsam. Das relativ geringe Drehzahlniveau ließ sich durch ein optionales Fünfgang-Getriebe weiter senken.

Mit Bullauge: Daihatsu Charade Coupé

Motor/Antrieb	
Bauart	Dreizylinder (Reihe)
Lage/Antrieb	Front/Front
Hubraum in cm³	993 bis 986
Leistung in PS bei U/min	50 bei 5500 bis 52 bei 5600
Vmax in km/h	138 bis 140
Karosserie	
Bauart	Limousine (5-türig), Coupé (3türig)
Tragstruktur	selbsttragend
Material	Stahlblech
Stückzahl und Marktsituation	
Produktionszahl	k.A.
Verfügbarkeit	ausreichend
Teilesituation	schwierig
Unterhaltskosten	niedrig

Preise in Euro	1	2	3	4	5
Charade			keine Notierung		

Daimler (GB) • seit 1897

Die Daimler-Geschichte ist wechselhaft, aber von Dauer. Schon 1891 wurden in England erste Motoren, die Gottlieb Daimler entworfen hatte, in Lizenz gefertigt. 1896 fiel der Startschuss für die Firma, die ihren Sitz im Zentrum allen britischen Automobilbaus nahm: in Coventry. Von Beginn an fungierte Daimler als britischer Hoflieferant, und die Kings und Queens fuhren und fahren bis zum heutigen Tage die noblen Limousinen. Ambitionierten Entwicklungen wie einem V12-Aggregat im Jahr 1927 und einem Drehschiebermotor folgten finanzielle Engpässe. Bereits seit 1910 gehörte Daimler zu BSA, 1931 kaufte man Lanchester dazu. 1960 übernimmt Jaguar den angeschlagenen Hersteller – fortan fungieren die nobelsten Jaguar-Modelle als Daimler. Seit 1989 gebietet Ford über Jaguar und Daimler, der ältesten Automobilmarke des Vereinigten Königreichs.

Daimler Majestic 1958-1962

Als noble Limousine mit klassischen Linien und nicht übertrieben protzigem Auftritt überzeugte der Majestic mehr als nur die Kundschaft am britischen Hof. Dieses 1958 eingeführte Modell wartete mit den Qualitäten auf, die für den Markenruf so typisch waren: mit einer soliden Ausführung in handwerklich einwandfreier Qualität, gediegener Ausstattung sowie traditionellem Interieur mit reichlich Holz und Leder. Auch technisch gab man sich anspruchsvoll, beispielsweise mit der Vierrad-Scheibenbremsanlage. Antiquiert wirkte dagegen der langhubige Reihensechszylinder, doch seine Leistung konnte weitgehend überzeugen.

Solide, gediegen und gar nicht teuer: Daimler Majestic

Motor/Antrieb	
Bauart	Sechszylinder (Reihe)
Lage/Antrieb	Front/Heck
Hubraum in cm³	3794
Leistung in PS bei U/min	147 bei 4400
Vmax in km/h	160
Karosserie	
Bauart	Limousine (4-türig)
Tragstruktur	Kastenrahmen
Material	Stahlblech
Stückzahl und Marktsituation	
Produktionszahl	940
Verfügbarkeit	schlecht
Teilesituation	schwierig
Unterhaltskosten	hoch

Preise in Euro	1	2	3	4	5
Majestic, L4t	20.000	15.000	8.500	4.000	1.500

Daimler (GB)

Daimler Dart, SP 250 — 1959-1964

Als Daimler Dart wurde er vorgestellt, als SP 250 ging er in Serie. Bei diesem zweiten Versuch von Daimler, nach dem Conquest Roadster und Drophead Coupé von 1954 bis 1957 in diesem Marktsegment Fuß zu fassen, wurde erstmals der lange angekündigte, kleine V8-Motor eingesetzt, ein Kurzhuber mit halbkugeligen Brennräumen, der mit einem Vierganggetriebe kombiniert wurde. Die Polyester-Karosserie überraschte ebenso wie die gewagte und übertrieben verspielt wirkende Form des Zweisitzers, daran scheiden sich bis heute die Geister. Ausgeprägte Heckflossen und eine stark abfallende Front mit auffälligem Grill prägen seine Optik.

Roadster mit Heckflossen: Daimler Dart

Motor/Antrieb	
Bauart	V8
Lage/Antrieb	Front/Heck
Hubraum in cm³	2548
Leistung in PS bei U/min	142 bei 5800
Vmax in km/h	200
Karosserie	
Bauart	Roadster
Tragstruktur	Kastenrahmen
Material	Kunststoff
Stückzahl und Marktsituation	
Produktionszahl	2648
Verfügbarkeit	schlecht
Teilesituation	ausreichend
Unterhaltskosten	hoch

Preise in Euro	1	2	3	4	5
SP 250 (Dart), Cab	36.000	26.500	17.400	8.100	3.800

Daimler Majestic Major — 1960-1968

Beliebter noch als der normale Majestic war die Pullman-Version: Daimler hatte ab 1960 den verlängerten, aber ansonsten kaum veränderten Majestic Major im Programm. Dieses nochmals besser ausgestattete Modell gab es auch mit dem normalen Majestic-Radstand und war so schwer, dass der Sechszylindermotor überfordert gewesen wäre. Konsequenterweise setzte der Hersteller daher einen neuen Motor ein. Der selbstkonstruierte Aluminium-Achtzylinder sorgte dann auch für stramme Fahrleistungen, er war drehfreudig und stark. Eine luxuriöse Alternative zu entsprechenden deutschen Liebhaber-Limousinen ist der 1180mal gebaute Majestic allemal.

Länger und luxuriöser als die Basis: Daimler Majestic Major

Motor/Antrieb	
Bauart	V8
Lage/Antrieb	Front/Heck
Hubraum in cm³	4561
Leistung in PS bei U/min	223 bei 5500
Vmax in km/h	185
Karosserie	
Bauart	Limousine (4-türig)
Tragstruktur	Kastenrahmen
Material	Stahlblech
Stückzahl und Marktsituation	
Produktionszahl	1180
Verfügbarkeit	schlecht
Teilesituation	schwierig
Unterhaltskosten	hoch

Preise in Euro	1	2	3	4	5
Majestic Major, L4t	23.000	18.000	10.000	5.000	2.000

Daimler V8 Saloon — 1962-1969

Mit seiner gewissen technischen Eigenständigkeit konnte der V8 Saloon als der letzte in großen Stückzahlen hergestellte Daimler Interesse wecken. Die Probleme sind allerdings vorprogrammiert, weil die Ersatzteilversorgung hohen Einsatz an Geduld, Findigkeit und finanziellen Mitteln bedeuten kann. Mit dem aus dem SP 250 bekannten, kleinvolumigen Achtzylindermotor ließen sich beachtliche Fahrleistungen erreichen, und gerade an dieses Triebwerk erinnern sich Enthusiasten besonders gerne. Die Verkaufszahlen waren recht ansehnlich, wobei viele Exemplare rechtsgelenkt ausgeliefert wurden.

Sieht aus wie ein Jaguar, ist aber keiner: Daimler V8 Saloon

Motor/Antrieb	
Bauart	V8
Lage/Antrieb	Front/Heck
Hubraum in cm³	2548
Leistung in PS bei U/min	142 bei 5800
Vmax in km/h	185
Karosserie	
Bauart	Limousine (4-türig)
Tragstruktur	selbsttragend
Material	Stahlblech
Stückzahl und Marktsituation	
Produktionszahl	17.620
Verfügbarkeit	ausreichend
Teilesituation	schwierig
Unterhaltskosten	hoch

Preise in Euro	1	2	3	4	5
2,5 Litre V8, L4t	32.000	23.000	15.300	7.200	3.300
V8 250, L4t	31.000	22.500	14.900	7.000	3.300

Daimler Limousine — 1968-1992

Hier rollt das Empire in seiner ganzen königlichen Pracht: Von 1968 bis 1992 bot Daimler den stattlichen 5,7 Meter langen Chauffeurswagen an. Bis zu acht Passagiere fanden ausreichend Platz. Der Chauffeur steuert die von Pressed Steel Fisher und Motor Panels geschneiderte, selbsttragende Stahlblechkarosserie vor einer Trennscheibe, darf sich aber am üppigen Wurzelholz des Armaturenbretts erfreuen. Mit seiner Einzelradaufhängung, die im Prinzip der des Jaguar XJ entspricht, schaukelt sich die noble Limousine bei eiligeren Lenkbewegungen zwar unschicklich auf, doch dafür ist sie schließlich nie gebaut worden. Der Reihensechszylinder stammt ebenfalls aus dem Jaguar 420 G, die drei Gänge sortiert eine Borg-Warner-Automatik. 4,2 Liter Hubraum reichen, um den leer rund 2,3 Tonnen schweren Daimler auf bis zu 180 km/h zu beschleunigen.

Einmal König sein: Daimler Limousine

Motor/Antrieb	
Bauart	Sechszylinder (Reihe)
Lage/Antrieb	Front/Heck
Hubraum in cm³	4235
Leistung in PS bei U/min	167 bis 240
Vmax in km/h	175
Karosserie	
Bauart	Limousine (4-türig)
Tragstruktur	selbsttragend
Material	Stahlblech
Stückzahl und Marktsituation	
Produktionszahl	4116
Verfügbarkeit	ausreichend
Teilesituation	gut
Unterhaltskosten	hoch

Preise in Euro	1	2	3	4	5
DS 420 Limousine, L4t	32.000	22.000	14.000	8.000	4.000

Daimler (GB) • Datsun (JAP)

Daimler Sovereign, Double Six 1973-1979

Schon die kleine Daimler-Limousine V8 Saloon glich dem Jaguar Mk II zum Verwechseln. Mit dem Sovereign/Double Six hatte sich die Eigenständigkeit der Marke Daimler – abgesehen von der pompösen Limousine – vollkommen verflüchtigt. Allein die Gestaltung des Kühlergrills und einige Ausstattungsdetails unterschieden die Daimler von den parallel angebotenen Jaguar XJ-Modellen, technische Unterschiede lassen sich nicht ausmachen. Auch die Modellentwicklung erfolgte völlig synchron. Eine Duplizität der Ereignisse blieb nicht aus: An der Verarbeitung und Haltbarkeit blieb besonders bei den ersten Serien einiges zu wünschen übrig. Unterhalt und Instandhaltung sind heute nicht weniger kostspielige Angelegenheiten als damals.

Glich weitgehend dem Jaguar-Schwestermodell: Daimler Sovereign

Motor/Antrieb					
Bauart				Sechszylinder (Reihe), V12	
Lage/Antrieb				Front/Heck	
Hubraum in cm³				4235, 5343	
Leistung in PS bei U/min			186 bei 5200 bis 254 bei 5500		
Vmax in km/h				205 bis 230	
Karosserie					
Bauart				Limousine (4-türig)	
Tragstruktur				selbsttragend	
Material				Stahlblech	
Stückzahl und Marktsituation					
Produktionszahl				k.A.	
Verfügbarkeit				gut	
Teilesituation				sehr gut	
Unterhaltskosten				hoch	
Preise in Euro	1	2	3	4	5
Sovereign S1 4.2 Liter, L4t	15.000	10.500	6.100	3.000	1.300
Sovereign S2, L4t	13.000	8.900	5.200	2.400	1.100
Double Six S1, L4t	15.900	11.200	6.800	3.200	1.300

Datsun (JAP) • seit 1912

Die Geschichte von Nissan beginnt bereits 1912. Als Vorläufer des heutigen Konzerns gelten die Kwaishisha Car Works, das erste Auto hieß D.A.T. 1925 fusionierte man mit Jitsuyo Jidosho, einem kleinen Autohersteller, doch 1931 übernahm die Firma Tobata Imono die Werke.
Das nächste neue Modell trug den Namen Datson, auf deutsch: der Sohn des Dat. Daraus wurde Datsun. Die Firma wechselte 1934 den Namen in Nissan Motor Company, die Autos hießen bis 1960 Datsun.
Nach dem Zweiten Weltkrieg ging es mit Vorkriegsprodukten weiter, ab 1952 gab es ein Lizenzabkommen mit Austin. International baute Nissan auf den amerikanischen Markt, Kanada und Australien folgten. 1966 fusionierte Nissan mit Prince Motors. Erst 1972 kamen Datsun von Nissan auch nach Deutschland, das 123. Exportland für die Japaner. Zu Beginn der achtziger Jahre entwickelte man gemeinsam mit Alfa Romeo das wenig erfolgreiche Modell Arna. Seit 1984 produziert Nissan auch im englischen Sunderland.

Rote Sonne: Das Datsun-Logo ist längst Geschichte

Datsun 240 Z 1969-1974

Schon seit 1969 verkaufte Datsun das zweitürige Sportcoupé 240 Z Fairlady. Erst ab 1973 kam es auch nach Deutschland, wo sich der zweisitzige Hecktriebler allerdings nur geringster Wertschätzung erfreute. Gerade einmal 303 dieser formal so attraktiven Sportler fanden Absatz. Der 2,4 Liter große Reihensechszylindermotor basierte auf dem Triebwerk des Bluebird und leistete 130 PS bei 5600/min. Mit seiner guten Ausstattung, die neben der Verbundglasfrontscheibe eine heizbare Heckscheibe, Drehzahlmesser, Motor- und Gepäckraumbeleuchtung sowie ein Radio enthielt, wurde es für moderate 17.600 Mark angeboten. Das Cockpit war im Alfa-Stil für engagierte Piloten sehr informativ eingerichtet. 1971 und 1973 gewannen diese Wagen die berüchtigte East African Safari – ein weiterer Grund, die Nippon-Coupés in Ehren zu halten.

Sport aus Asien: Datsun 240 Z

Motor/Antrieb					
Bauart				Sechszylinder (Reihe)	
Lage/Antrieb				Front/Heck	
Hubraum in cm³				2393	
Leistung in PS bei U/min				130 bei 5600	
Vmax in km/h				190	
Karosserie					
Bauart				Coupé	
Tragstruktur				selbsttragend	
Material				Stahlblech	
Stückzahl und Marktsituation					
Produktionszahl				15.0076	
Verfügbarkeit				schlecht	
Teilesituation				ausreichend	
Unterhaltskosten				hoch	
Preise in Euro	1	2	3	4	5
240 Z, Cpe	14.800	10.200	6.900	3.400	1.000

Datsun 260 Z 2+2 1975-1979

Auf den ersten Blick erkennbar an der Form des hinteren Seitenfensters, schickte Nissan ab 1975 den verlängerten Z ins Rennen um die Publikumsgunst. Mit mehr Hubraum und leicht reduzierter Leistung, die Katalysatorpflicht in einigen Ländern wollte es so, war der Radstand um 30 Zentimeter verlängert. So entstanden die Notsitze hinten. Front- und Heckspoiler zeigten jedoch auch die sportlichen Ambitionen des Sechszylindermodells, das für knapp 24.000 Mark angeboten wurde und serienmäßig mit Leichtmetallrädern bestückt war. Ab Januar 1977 wird die Motorleistung mit 129 statt 126 PS angegeben. Mit rund 1650 Verkäufen in den Jahren 1975 bis 1979 in Deutschland übte man sich hierzulande aber weiterhin in ausgeprägter Zurückhaltung.

Zweite Auflage mit mehr Platz: Datsun 260 2+2

Motor/Antrieb					
Bauart				Sechszylinder (Reihe)	
Lage/Antrieb				Front/Heck	
Hubraum in cm³				2547	
Leistung in PS bei U/min			126 bei 5500 bis 129 bei 5500		
Vmax in km/h				195	
Karosserie					
Bauart				Coupé	
Tragstruktur				selbsttragend	
Material				Stahlblech	
Stückzahl und Marktsituation					
Produktionszahl				ca. 100.000	
Verfügbarkeit				ausreichend	
Teilesituation				ausreichend	
Unterhaltskosten				mittel	
Preise in Euro	1	2	3	4	5
260 Z, Cpe	10.700	6.900	4.000	2.000	500

Datsun 280 ZX/ZXT 1979-1984

1978 wurde der Nachfolger des 260 Z als 280 ZX vorgestellt. Analog zur Modellbezeichnung war auch hier der Hubraum vergrößert worden, die Leistung stieg jedoch nur unwesentlich auf zunächst 140 PS. Die gelungenen Linien der Vorgänger fanden sich auch bei diesem Modell wieder, doch der Luftwiderstand war erheblich verbessert worden. Mit Einspritztechnik statt SU-Horizontalvergasern und einer Servolenkung war der 280 ZX der damals teuerste japanische Wagen in Deutschland, er kostete 28.500 Mark. 1980 steigt die Motorleistung auf 147 PS, das T-Bar-Roof, herausnehmbare Dachhälften, wird als Option geliefert. Ab 1982 leistet der Wagen 150 PS, 1983 kommt zusätzlich die 200 PS starke Turbo-Version ins Angebot, sie kostet stolze 39.495 Mark. Der normale ZX ohne T-Dach fällt aus dem Programm. Im Juni 1984 wird der Import offiziell eingestellt.

Auch die dritte Serie hatte Erfolg: Datsun 280 ZX

Motor/Antrieb	
Bauart	Sechszylinder (Reihe)
Lage/Antrieb	Front/Heck
Hubraum in cm³	2753
Leistung in PS bei U/min	140 bei 5200 bis 200 bei 5200
Vmax in km/h	200 bis 230
Karosserie	
Bauart	Coupé
Tragstruktur	selbsttragend
Material	Stahlblech
Stückzahl und Marktsituation	
Produktionszahl	ca. 500.000
Verfügbarkeit	gut
Teilesituation	gut
Unterhaltskosten	hoch

Preise in Euro	1	2	3	4	5
280 ZX, Cpe	11.500	7.100	4.000	2.200	500
280 ZXT, HD	12.500	7.900	4.400	2.300	500

DeLorean (USA) • 1980 - 1982

Ein äußerst kurzes und wenig ruhmreiches, dafür publicityträchtiges Dasein führte die Firma DeLorean. Vom ehemaligen GM-Manager John Zachary De Lorean gegründet und mit britischen Regierungsgeldern finanziell üppig ausgestattet, sollte in Nordirland eine Autofabrik für Arbeitsplätze und Zukunftsicherung sorgen.
Doch das Produkt überzeugte den Markt nicht, die erhofften (und benötigten) Stückzahlen wurden nie erreicht. Mit dem Erlös aus Unmengen von Kokain wollte De Lorean seine Firma aus der finanziellen Klemme retten, so schien es. Andere Stimmen sprechen von einem grandiosen Komplott. Was damals wirklich geschah, weiß die Öffentlichkeit bis heute nicht – sicher war nur, dass alles verloren war. Ein weiteres, dramatisches Kapitel Automobilgeschichte ging zu Ende.

DeLorean 1981-1982

Leistungsfähigkeit und lange Lebensdauer durch den Einsatz neuer Materialien waren die Ansprüche, die DeLorean an sein Auto stellte, doch das futuristische Coupé mit seiner Karosserie aus rostfreiem Edelstahl machte keine glänzende Karriere. Geldmangel trieb die neu aus dem irischen Boden gestampfte Fabrik schon 1982 in die Hände eines Zwangsverwalters. Von dem anspruchsvollen Zweisitzer entstanden nur gut 8500 Exemplare. Giugiaro zeichnete für das Design des Flügeltürers verantwortlich, in seinem Heck saß der wenig eloquente Euro-V6-Motor. Mit hochwertiger Ausstattung, wenn auch ohne besondere Ausstrahlung, und einem von Lotus für den Esprit entwickelten Zentralträger-Chassis vermittelte das Projekt zu wenig Reize für einen größeren Erfolg. Die negativen Schlagzeilen schwemmten den Exoten ins Abseits.

Es gab keinen Weg zurück in die Zukunft: DeLorean DMC-2

Motor/Antrieb	
Bauart	V6
Lage/Antrieb	Front/Heck
Hubraum in cm³	2849
Leistung in PS bei U/min	132 bei 5500
Vmax in km/h	200
Karosserie	
Bauart	Coupé
Tragstruktur	Zentralträgerrahmen
Material	Edelstahl
Stückzahl und Marktsituation	
Produktionszahl	8583
Verfügbarkeit	ausreichend
Teilesituation	schwierig
Unterhaltskosten	hoch

Preise in Euro	1	2	3	4	5
DeLorean, Cpe	28.000	21.000	15.000	8.000	–

De Soto (USA) • 1929-1961

Chrysler stellte 1929 die neue Marke De Soto vor, deren Modelle die Lücke zwischen den Dodge- und Chrysler-Modellen schließen sollte. Für einen Newcomer war es jedoch schwer, diese prestigeträchtige Position aus dem Stegreif zu besetzen. Ende der fünfziger Jahre nahm das Kaufinteresse dramatisch ab, und erste Gerüchte um eine Schließung der Firma verdichteten sich 1961 schließlich zur Wahrheit. Nach insgesamt über zwei Millionen gebauten De Soto wurde die Marke aufgegeben.

De Soto Firedome, Fireflite — 1957-1958

Im Konzert der Heckflossen spielte die Chrysler-Nobelmarke De Soto frühzeitig mit. Das 1957 angebotene Modell Fireflite Sportsman bestach mit besonders prächtigen Exemplaren dieses Design-Gags. Der klassische Aufbau des Modells mit stabilem Trägerrahmen ermöglichte problemlos ein breites Angebot an Karosserien – zwei- und viertürige Limousinen, Kombis, Hardtop-Coupés und nicht zuletzt auch Cabrios. Die Gestaltung der Front nahm den im Jahr darauf vorgestellten Ford Thunderbird vorweg. Als Antrieb kamen durchweg voluminöse V8-Triebwerke zum Einsatz: mit 5,3 bis 5,9 Litern Hubraum und 248 bis 345 PS schoben sie die schweren, langen Geräte mit beachtlicher Wirkung voran.

Im Flossenkonzert dabei: De Soto Fireflite Sportsman

Motor/Antrieb	
Bauart	V8
Lage/Antrieb	Front/Heck
Hubraum in cm³	5907
Leistung in PS bei U/min	299 bei 4600, 309 bei 4600
Vmax in km/h	155 bis 180
Karosserie	
Bauart	Limousine (2/4-türig), Hardtop, Cabriolet, Kombi (5-türig)
Tragstruktur	Kastenrahmen
Material	Stahlblech
Stückzahl und Marktsituation	
Produktionszahl	29.430
Verfügbarkeit	schlecht
Teilesituation	schwierig
Unterhaltskosten	hoch

Preise in Euro	1	2	3	4	5
Fireflite Sportsman HT, Cpe	19.500	14.300	9.600	4.900	2.500
Fireflite, Cab	40.000	29.000	17.000	8.100	4.000

De Tomaso (I) • seit 1959

Alejandro de Tomaso, ein Argentinier mit italienisch-spanischen Vorfahren, kam 1955 nach Italien. Er feierte zunächst als Rennfahrer für Maserati und OSCA einige Erfolge. 1959 gründete er die De Tomaso Automobili, die zunächst einen Monoposto-Rennwagen baute. 1962 folgte sogar ein kurzer, ergebnisloser Ausflug in die Formel 1.
Im folgenden Jahr präsentierte De Tomaso sein erstes Modell, den ersten Vallelunga, der viel Beachtung fand. Mitte der Sechziger kaufte sich der amerikanische Elektrokonzern Rowan bei Ghia ein und übernahm gleichzeitig die Mehrheit an De Tomaso. 1970 kaufte Ford von De Tomaso das Konzept zu einem Mittelmotor-Sportwagen, der dann als Pantera Debüt feierte. Zwei Jahre später trennten sich die Partner wieder – Qualitätsmängel wurden als Gründe angeführt. In den folgenden Jahren kaufte De Tomaso die Motorradmarken Moto Guzzi und Benelli, später auch die Auto-Label Maserati und Innocenti, die italienische Leyland-Filiale.
Alejandro de Tomaso starb 2003.

De Tomaso Vallelunga — 1965-1967

Das erste Modell, mit dem De Tomaso auf dem Markt erschien, wurde von einem überarbeiteten 1,5-Liter-Vierzylinder-Triebwerk von Ford befeuert. Ghia entwarf die hübsche Coupé-Karosserie, deren Linien sogar vom Museum of Modern Art in New York gewürdigt wurde. Ein Zentralrohrrahmen mit zusätzlichen Hilfsrohren und mittragendem Motor-/Getriebeblock war leider so wenig verwindungssteif, dass das Fahrverhalten darunter litt. Das attraktive Coupé gewann trotzdem 1965 die italienische Meisterschaft in seiner Klasse – ein großer Erfolg für die aufstrebende Marke. Als Prototyp zeigte De Tomaso auch eine Spider-Version mit dem Namen Pampero. In Serie ging der offene Vallelunga jedoch nie.

Ein hübscher Entwurf von Ghia: De Tomaso Vallelunga

Motor/Antrieb	
Bauart	Vierzylinder (Reihe)
Lage/Antrieb	Heck/Heck
Hubraum in cm³	1499
Leistung in PS bei U/min	105 bei 6000
Vmax in km/h	200
Karosserie	
Bauart	Coupé
Tragstruktur	Zentralträgerrahmen
Material	Kunststoff oder Aluminium
Stückzahl und Marktsituation	
Produktionszahl	50 (Kunststoff), 5 (Aluminium,)
Verfügbarkeit	gegen null
Teilesituation	schwierig
Unterhaltskosten	mittel

Preise in Euro	1	2	3	4	5
Vallelunga, Cpe			keine Notierung		

De Tomaso (I)

De Tomaso Mangusta — 1967-1972

Aggressive Optik, kombiniert mit südländischer Finesse und der schieren Kraft eines Fünf-Liter-V8 von Ford: Der Mangusta bot 1967 eine explosive Mischung zu erstaunlich günstigem Preis. Er sollte vor allem eines sein: schnell. Mit rund sechs Sekunden, die er mit seinem 305-PS-Triebwerk von 0 auf 100 km/h brauchte, stach er fast alle Konkurrenten aus. Unter der flachen Karosserie, die Giorgetto Giugiaro entworfen hatte, saß der Motor hinter den Sitzen. Das aufwändige Chassis, ursprünglich für den Rennsport entwickelt, bot einige Reserven, reagierte im Grenzbereich mitunter aber tückisch. Die geringe Verwindungssteifigkeit sorgte bei den Piloten für Kopfzerbrechen, auch die mangelnde Sorgfalt bei der Verarbeitung machte sie nicht glücklich. Insgesamt verließen nur rund 400 Exemplare das Werk.

US-V8 unter knapper Hülle: De Tomaso Mangusta

Motor/Antrieb	
Bauart	V8
Lage/Antrieb	Heck/Heck
Hubraum in cm³	4728
Leistung in PS bei U/min	305 bei 6200
Vmax in km/h	240
Karosserie	
Bauart	Coupé
Tragstruktur	Zentralträgerrahmen
Material	Stahlblech
Stückzahl und Marktsituation	
Produktionszahl	ca. 400
Verfügbarkeit	gegen null
Teilesituation	schwierig
Unterhaltskosten	hoch

Preise in Euro	1	2	3	4	5
Mangusta, Cpe	55.000	42.000	30.000	19.500	12.000

De Tomaso Deauville — 1970-1986

Eleganz und Höchstleistung verband DeTomaso bei der viertürigen Limousine Deauville, die parallel zum Pantera auf den Markt gekommen war. Mit ihm teilte er auch wesentliche technische Komponenten, nur saß der große V8 unter der vorderen Haube. Immerhin 16 Jahre lang baute De Tomaso den exquisiten Reisewagen. Wohl auch wegen des hohen Preises setzten die Italiener nur 320 Exemplare des Deauville ab — viel zu wenig, um damit Geld verdienen zu können. Vielleicht wäre der Erfolg größer gewesen, wenn etwas mehr Liebe zum Detail in die Fertigung der bis zu 240 km/h schnellen Limousinen investiert worden wäre. So bleibt heute der Einstiegspreis relativ niedrig, der Ärger mit einer gewissen Unzuverlässigkeit ist aus diesem Grund freilich vorprogrammiert.

Rarer Viertürer: De Tomaso Deauville

Motor/Antrieb	
Bauart	V8
Lage/Antrieb	Front/Heck
Hubraum in cm³	5796
Leistung in PS bei U/min	270 bei 5600 bis 330 bei 5400
Vmax in km/h	220 bis 240
Karosserie	
Bauart	Limousine (4-türig)
Tragstruktur	selbsttragend
Material	Stahlblech
Stückzahl und Marktsituation	
Produktionszahl	320
Verfügbarkeit	schlecht
Teilesituation	ausreichend
Unterhaltskosten	hoch

Preise in Euro	1	2	3	4	5
Deauville, L4t	31.000	23.000	13.500	7.000	3.500

De Tomaso Pantera, Pantera L und GTS — 1970-1994

Mit dem Pantera gelang De Tomaso erstmals ein kommerzieller Erfolg. Sein Hubraum war mit knapp 5,8 Litern gewaltig, rund 330 PS brachte der potente Ford-V8 an die Hinterräder. Tom Tjaarda, ein Amerikaner in Ghia-Diensten, entwarf die Coupé-Karosserie, die deutlich mehr Raum bot als die des Vorgängers Mangusta. Obwohl sie Ghia-Wappen trug, entstand sie bei Vignale. Zudem war die von Giampaolo Dallara entwickelte selbsttragende Monocoque-Struktur wesentlich steifer, und aus dem Rennsport entlehnte Elemente der Radaufhängungen bescherten nun eine einwandfreie Straßenlage. Inzwischen kontrollierte Ford die Marke und erwartete für sein Investment Verkaufserfolge. Für den Pantera sprach, dass er Leistung auf Ferrari-Niveau bot, dabei jedoch nur die Hälfte kostete. Dass der dauerhafte Erfolg ausblieb, lag an der zögerlichen Reaktion des amerikanischen Marktes, für den Pantera mit seiner schönen Hülle und seinem V8 maßgeschneidert war. Im Hauptexportmarkt USA bremsten die Energiekrise und strenge Abgasbestimmungen den Absatz erheblich.

Brachte die ersten relevanten Stückzahlen: De Tomaso Pantera

Motor/Antrieb	
Bauart	V8
Lage/Antrieb	Mitte/Heck
Hubraum in cm³	5796
Leistung in PS bei U/min	240 bei 5500 bis 330 bei 6000
Vmax in km/h	235 bis 270
Karosserie	
Bauart	Coupé
Tragstruktur	selbsttragend
Material	Stahlblech
Stückzahl und Marktsituation	
Produktionszahl	ca. 10.000
Verfügbarkeit	gut
Teilesituation	ausreichend
Unterhaltskosten	hoch

Preise in Euro	1	2	3	4	5
Pantera, Cpe	42.500	30.000	19.000	9.500	4.800
Pantera GTS, Cpe	45.000	32.900	21.500	10.400	5.000

De Tomaso Longchamp, GTS und Cabriolet — 1972-1990

Nur zwei Jahre nach dem Pantera-Debüt präsentierte De Tomaso mit dem Longchamp einen weiteren Dauerbrenner. Das kantige Coupé bot etwas Platz für zwei Personen im Fond. Unter der knackig geschnittenen Karosserie sorgte ein 5,8 Liter großer V8 für prächtigen Schub. Trotz der gewaltigen Leistung zwischen 270 und 330 PS war der Longchamp kein reinrassiger Sportwagen. Besonders seine komfortable Ausstattung und das serienmäßige Automatikgetriebe kennzeichneten ihn eher als schnellen Reise-GT. Nur auf Wunsch erhielten die Kunden ein Fünfgang-Schaltgetriebe. Den GTS präsentierte De Tomaso mit einer verbreiterten Karosserie, und ab 1980 gab es sogar ein Cabrio. Trotz der langen Bauzeit eliminierte der Hersteller nie den Hauptkritikpunkt: Die Finishqualitäten blieben bis zuletzt zweifelhaft.

Leider schlecht verarbeitet: De Tomaso Longchamp

Motor/Antrieb	
Bauart	V8
Lage/Antrieb	Front/Heck
Hubraum in cm³	5796
Leistung in PS bei U/min	270 bei 5600 bis 330 bei 5400
Vmax in km/h	220 bis 240
Karosserie	
Bauart	Coupé, Cabriolet
Tragstruktur	selbsttragend
Material	Stahlblech
Stückzahl und Marktsituation	
Produktionszahl	600
Verfügbarkeit	ausreichend
Teilesituation	ausreichend
Unterhaltskosten	hoch

Preise in Euro	1	2	3	4	5
Longchamp (1972-1980), Cpe	30.000	19.500	11.300	5.200	2.500

Diva (GB) • 1965 - 1968

1965 ging aus der Tunex Conversions Ltd. die Marke Diva Cars Ltd. hervor. Deren kleine Kunststoff-Coupés gab es auch als Bausätze. Je nach Kundenwunsch ließen sie sich mit verschiedenen Motoren ausrüsten, zumeist kam Ford-Mechanik zum Einsatz. Mitunter fanden sich auch Hillman-Imp- und Coventry-Climax-Motoren unter den Hauben, seltener kamen großvolumige und potente amerikanische V8-Blocks zur Verwendung. Doch der Erfolg blieb aus: Schon 1968 kam das Ende der Marke.

Diva 1000 GT, GT 10 F 1962-1968

Als Fahrzeug typisch britischen Kleinserienzuschnitts präsentiert sich der Diva als leichtgewichtiges, kompaktes Sportcoupé mit rassiger Linienführung. Zur feinen Technik gehörten Gitterrohrrahmen, Scheibenbremsen und Einzelradaufhängung. Die Karosserie bestand aus glasfaserverstärktem Kunststoff und war je nach Ausführung zwischen 3,43 und 3,60 Meter lang. Neben frisierten Ford-Motoren wurden auch andere Aggregate verwendet. Zwar ließen sich die Diva-Modelle auch für den Straßeneinsatz ordern, doch das geschah nur selten. Die meisten Käufer suchten mit der Diva den Erfolg auf der Rennpiste, was bei einigen nationalen und internationalen Ereignissen auch gelang.

Motor/Antrieb	
Bauart	Vierzylinder (Reihe)
Lage/Antrieb	Front/Heck
Hubraum in cm³	997, 1150
Leistung in PS bei U/min	70 bei 5600
Vmax in km/h	185 bis 220
Karosserie	
Bauart	Coupé
Tragstruktur	Rohrrahmen
Material	Kunststoff
Stückzahl und Marktsituation	
Produktionszahl	65
Verfügbarkeit	gegen null
Teilesituation	sehr schwierig
Unterhaltskosten	hoch

Preise in Euro	1	2	3	4	5
1000 GT, Cpe			keine Notierung		

Feine Technik unter der schnittigen Kunststoffhaut: Diva 1000 GT

DKW (D) • 1928 - 1966

Eigentlich war Jörgen Skafte Rasmussen Däne. Aber nach seinem Ingenieurstudium hatte er sich 1904 in Sachsen selbständig gemacht. In Zschopau begann er 1916 mit Dampfkraftwagen – daher stammt das Kürzel DKW – zu experimentieren. Die Versuche blieben erfolglos, doch drei Jahre später übernahm Rasmussen die Rechte an einem kleinen Zweitaktmotörchen, den er als Spielzeugmotor anbot: Des Knaben Wunsch war die neue Interpretation der drei Buchstaben. Der Motor wuchs an Volumen und Leistung, trieb Fahrräder und ab 1922 Motorräder an – „Das Kleine Wunder" hieß DKW fortan. Das Werk wurde zum weltweit bedeutendsten Motorradhersteller der zwanziger Jahre.

Der Erfolg ermöglichte Rasmussen 1928, mit Audi einen Hersteller gehobener Automobile zu übernehmen. Im gleichen Jahr erschien der erste DKW-Kleinwagen, angetrieben von einem 600 ccm großen Zweizylinder-Zweitakter. 1931 präsentierte DKW den Front (F1). Dieser Kleinwagen mit Frontantrieb wurde zum beliebtesten und meist gekauften Kleinwagen jener Epoche. Ein Jahr später konnte Rasmussen seine Unternehmen DKW und Audi in die neu gegründete Auto Union eingliedern.

Als einziger der vier Auto Union-Marken war es DKW vergönnt, die Nachkriegszeit zu erleben. Sämtliche Werke des Marken-Verbunds lagen nach dem Zweiten Weltkrieg in der Ostzone; sie wurden von den Sowjets enteignet und bis zum letzten Lichtschalter demontiert. Doch zahlreiche der kleinen DKW-Modelle hatten den Krieg überlebt, und ehemalige Werks-Mitarbeiter gründeten in Ingolstadt Ende 1945 das „Zentraldepot für Auto Union Ersatzteile GmbH".

Erfolgreicher Industrieller und DKW-Gründer: Jörgen Skafte Rasmussen (1878 - 1964)

Auf der Hannover Messe 1949 präsentierte DKW bereits eine neue Entwicklung, die erste Nachkriegsdeutschlands: den Schnelltransporter. Zudem war die Produktion von Motorrädern wieder angelaufen, und in Düsseldorf entstand 1950 ein zweites Werk für Personenwagen. Teilweise wurden die Produkte des Zweitakt-Konzerns auch unter dem alten Markennamen Auto Union vertrieben. DKW genoss neue Popularität, war dabei jedoch nie unumstritten. Ende der fünfziger Jahre geriet die Marke durch das strikte Festhalten am umstrittenen Zweitakt-Prinzip ins Abseits. Selbst die Übernahme durch Daimler-Benz im Jahr 1958 brachte DKW nicht mehr in Fahrt. Die Stuttgarter veräußerten den kränkelnden Patienten an Volkswagen, der 1964 mit der Wiederbelebung des Markennamens Audi einen tiefgreifenden wie erfolgreichen Relaunch startete – mit einem Wehmutstropfen freilich: DKW zog für immer in die Annalen der Geschichte ein.

1928 erschien mit dem P15 Roadster das erste DKW-Automobil

DKW (D)

DKW Front, F7, F8 — 1931-1939

1931 sorgte DKW mit dem Modell Front für Wirbel in Deutschland. Der kleine Fronttriebler mit Zweitaktmotor schien als Volks-Automobil geeignet zu sein. Ähnlich konstruiert war der ab 1937 gebaute DKW F7, dem 1938 der F8 folgte. Typisch war die mit Kunstleder bezogene Sperrholzkarosserie, wobei Baur auch Exemplare in Stahl fertigte. Als Reichsklasse besaß der F7 einen 584 cm³ großen Motor mit 18 PS, als Meisterklasse leistete das 692 cm³ große Triebwerk 20 PS. Nur kleine Änderungen an Fahrwerk und Rahmen machten den Unterschied zum F8 aus, der mit 589 cm³ wiederum auf 18 PS kam. Insgesamt sind rund 130.000 dieser Autos entstanden. Sie wurden aufgrund ihres Zweitaktmotors nicht zum Militärdienst herangezogen. In der DDR waren F7 und F8 technische Basis für nach 1945 entstandene Fahrzeuge.

Mit Zweitakter und Frontantrieb: DKW F7 Luxuscabrio

Motor/Antrieb					
Bauart					Zweizylinder (Reihe)
Lage/Antrieb					Front/Front
Hubraum in cm³					584, 692
Leistung in PS bei U/min					15 bei 3500, 20 bei 3500
Vmax in km/h					75 bis 90
Karosserie					
Bauart					Limousine, Kombi, Cabriolet
Tragstruktur					Kastenrahmen
Material					Holz
Stückzahl und Marktsituation					
Produktionszahl					130.000
Verfügbarkeit					schlecht
Teilesituation					schwierig
Unterhaltskosten					hoch
Preise in Euro	1	2	3	4	5
Front, Cab	17.200	12.600	8.600	5.900	3.000
F8 (1931-1939), L2t	12.400	9.400	5.900	3.300	1.400

DKW Sonderklasse — 1932-1940

DKW blieb seinen Konstruktionsprinzipien treu. So basierte auch die Sonderklasse wieder auf einem Chassis, das eine Karosserie aus kunstlederbezogenem Sperrholz trug. Diese Konstruktion bot Vorteile: Sie war leicht und dämpfte Geräusche und Vibrationen wesentlich besser als eine Stahlblechkonstruktion, zudem war sie billiger herzustellen – es brauchte weder Pressen noch Schweißgeräte. Allerdings besaß die rahmenlose Holzhaut den Nachteil des schnellen Alterns: sie quittierte die ständigen Belastungen meist damit, dass sie auseinanderbrach. Erst 1937 erschien die zweite Sonderklasse-Serie, die vom Wanderer W24 abgeleitet war und über eine schwungvoller gezeichnete Stahlblech-Karosserie verfügte. Für den Antrieb sorgte – natürlich – ein Zweitaktaggregat, das in der Sonderklasse vier Zylinder besaß und zunächst 25, später 32 PS leistete.

Luxus im Zweitakt: DKW Sonderklasse Cabriolimousine

Motor/Antrieb					
Bauart					V4
Lage/Antrieb					Front/Front
Hubraum in cm³					990, 1054
Leistung in PS bei U/min					25 bei 3200, 32 bei 3800
Vmax in km/h					90 bis 95
Karosserie					
Bauart					Limousine, Cabriolet
Tragstruktur					Kastenrahmen
Material					Holz, Stahlblech
Stückzahl und Marktsituation					
Produktionszahl					k.A.
Verfügbarkeit					schlecht
Teilesituation					sehr schwierig
Unterhaltskosten					mittel
Preise in Euro	1	2	3	4	5
Sonderklasse (1937-1940), L2t	15.400	12.200	7.300	3.600	2.100
Sonderklasse (1932-1934), L2t			keine Notierung		

DKW Meisterklasse (F 89) — 1950-1954

Mit volkstümlichen Kleinwagen war DKW in den dreißiger Jahren zu Ruhm gekommen. So waren viele treue Kunden von der neuen Meisterklasse enttäuscht: Der neue Fronttriebler war zu groß, mit fast 6000 Mark auch zu teuer, vor allem aber war er zu schwach. Der Zweizylinder-Motor mit 23 PS kämpfte gegen 870 Kilogramm Wagengewicht. Das Triebwerk stammte noch aus dem Vorkriegsmodell F8, die rundliche Karosserie dagegen war bereits um 1939 entwickelt worden. Bis Januar 1953 lieferte DKW die Meisterklasse (Spötter riefen „Kleistermasse") mit Dreigang-, danach mit Viergangetriebe, stets mit dem DKW-typischen Freilauf. Neben der zweitürigen Limousine gab es den Universal, einen Kombi mit Holz-Aufbau nach US-Art. Erst 1953 erhielt der Kasten-DKW eine Ganzstahlkarosserie. Exklusiv waren die von Hebmüller gebauten Coupés sowie die Cabriolets, die Karmann fertigte.

Sehr selten als Kombi: DKW Meisterklasse

Motor/Antrieb					
Bauart					Zweizylinder-Zweitaktmotor
Lage/Antrieb					Front/Front
Hubraum in cm³					684
Leistung in PS bei U/min					23 bei 4200
Vmax in km/h					100
Karosserie					
Bauart					Limousine (2-türig), Coupé, Cabriolet, Kombi (3-türig)
Tragstruktur					Kastenrahmen
Material					Stahlblech
Stückzahl und Marktsituation					
Produktionszahl					59.475
Verfügbarkeit					schlecht
Teilesituation					schwierig
Unterhaltskosten					niedrig
Preise in Euro	1	2	3	4	5
F 89 Meisterklasse, L2t	8.900	6.500	4.100	2.100	900
F 89 Meisterklasse, Cab	16.200	12.400	7.500	3.400	1.300

DKW Sonderklasse (F 91) — 1953-1955

Fast unverändert war die typische DKW-Karosserie geblieben, aber im Bug der Sonderklasse arbeitete ein neuer Dreizylinder-Zweitakt-Motor, der etwas erstarkt war und immerhin 34 PS freisetzte. Jetzt überzeugte der DKW mit zeitgemäßen Fahrleistungen: Mit einer Höchstgeschwindigkeit von 120 km/h galt die Sonderklasse in den frühen fünfziger Jahren als überaus agil. Mit ihrem hohen Preis von 6040 Mark sprachen die DKW-Modelle allerdings mehr Liebhaber als Normalverbraucher an. Sie konnten aus einem fein gestuften Modellprogramm wählen: Es gab die Sonderklasse als Normal- und besser ausgestattete Spezial-Limousine, als Universal sowie als zwei- und viersitziges Cabriolet oder Coupé, das allerdings mehr eine elegante Hardtop-Limousine nach amerikanischem Vorbild war: Seine Seitenfenster ließen sich voll versenken – es gab dazwischen keine störende B-Säule.

Stärker, schneller, aber auch teurer: DKW Sonderklasse

Motor/Antrieb					
Bauart					Dreizylinder-Zweitaktmotor
Lage/Antrieb					Front/Front
Hubraum in cm³					896
Leistung in PS bei U/min					34 bei 4000
Vmax in km/h					120
Karosserie					
Bauart					Limousine (2-türig), Coupé, Kombi (3-türig)
Tragstruktur					Kastenrahmen
Material					Stahlblech
Stückzahl und Marktsituation					
Produktionszahl					57.407
Verfügbarkeit					gegen null
Teilesituation					ausreichend
Unterhaltskosten					niedrig
Preise in Euro	1	2	3	4	5
F 91 Sonderklasse, L2t	9.400	7.000	4.400	2.200	1.000
F 91 Sonderklasse, Cab	17.400	12.900	8.200	3.700	1.400

DKW (D)

DKW 3=6 (F 93/94, „Großer DKW") 1955-1959

Die dritte DKW-Mittelklasse-Generation war im Prinzip eine geliftete Sonderklasse: Zu den Modellpflege-Maßnahmen zählten die um zehn Zentimeter verbreiterte Karosserie und der auf 38 PS erstarkte Motor. Neu war auch die Modellbezeichnung 3=6: Sie sollte anschaulich dokumentieren, dass der ventillose Dreizylinder-Zweitakter so kultiviert wie ein Sechszylinder-Viertaktmotor liefe. Das Modellprogramm rundete DKW mit einem Viertürer ab, der sich mit dem Universal einen um zehn Zentimeter verlängerten Radstand teilte. Werksintern hörten diese beiden Versionen auf den Modell-Code F94. Das Kürzel F93 dagegen kennzeichnete die Zweitürer-Limousinen, Coupés und Cabriolets. 1957 erschien der 3=6 mit 40 PS, und ab dem gleichen Jahr waren die vorderen Türen nicht mehr in der Mitte, sondern an der A-Säule angeschlagen.

DKW versprach Sechszylinder-Laufkultur: DKW 3=6

Motor/Antrieb	
Bauart	Dreizylinder-Zweitaktmotor
Lage/Antrieb	Front/Front
Hubraum in cm³	896
Leistung in PS bei U/min	38 bei 4200, 40 bei 4250
Vmax in km/h	115 bis 123
Karosserie	
Bauart	Limousine (2-türig), Limousine (4-türig), Coupé, Kombi (3-türig), Cabriolet
Tragstruktur	Kastenrahmen
Material	Stahlblech
Stückzahl und Marktsituation	
Produktionszahl	157.331
Verfügbarkeit	schlecht
Teilesituation	ausreichend
Unterhaltskosten	niedrig

Preise in Euro	1	2	3	4	5
3=6, L2t	9.100	6.800	4.300	2.100	900
3=6, Kom	10.900	8.000	5.400	3.100	1.100
3=6, L4t	9.400	7.000	4.500	2.300	900

DKW Munga 1955-1968

Der Name Munga ist ein charmantes Kürzel für das Wort-Ungetüm „Mehrzweck-Universal-Geländefahrzeug mit Allradantrieb". Bis 1962 hieß der Allradler allerdings schlicht DKW Geländewagen. Entwickelt wurde er ab 1953 im Zuge einer Ausschreibung für die damals neu gegründete Bundeswehr. In ausführlichen Tests setzte sich das DKW-Produkt dann gegen Rivalen der Marken Goliath und Porsche durch. Die Technik des Munga, der mit vier, sechs und acht Sitzplätzen lieferbar war, lehnte sich an die DKW-Personenwagen an: Im Laufe seiner Bauzeit machte er alle Entwicklungsstufen des Dreizylinder-Zweitaktmotors mit. Allerdings überlebte der Munga den letzten zivilen DKW um mehr als drei Jahre: Bis Dezember 1968 erfüllte DKW die Produktionsaufträge des Heers. Ab 1957 konnten den Munga auch Privatkäufer ordern, sie taten es jedoch selten.

Im Staatsauftrag gefertigt: DKW Munga

Motor/Antrieb	
Bauart	Dreizylinder-Zweitaktmotor
Lage/Antrieb	Front/Front
Hubraum in cm³	896 bis 980
Leistung in PS bei U/min	38 bei 4200 bis 44 bei 4500
Vmax in km/h	98
Karosserie	
Bauart	Cabriolet
Tragstruktur	Kastenrahmen
Material	Stahlblech
Stückzahl und Marktsituation	
Produktionszahl	46.750
Verfügbarkeit	ausreichend
Teilesituation	ausreichend
Unterhaltskosten	niedrig

Preise in Euro	1	2	3	4	5
Munga, Glw	4.600	3.400	2.000	900	250

DKW 3=6 Monza 1956-1958

Das sportliche Kunststoff-Coupé war im offiziellen DKW-Verkaufsprogramm nie gelistet: Es entstand auf private Initiative eines engagierten Heidelberger Händlers bei den Karossiers Dannenhauer & Stauss (Stuttgart), Maßholder (Heidelberg) und Schenk (Stuttgart). Die Zweisitzer basierten auf den DKW-Modellen 3=6 bzw. Auto Union 1000 S und kosteten rund 10.500 Mark. Mit seiner leichten GFK-Karosserie wog der Monza über 100 Kilogramm weniger als seine Serien-Pendants, damit war er um 10 km/h schneller. Immerhin fanden sich rund 110 Zweitakt-Enthusiasten, die den exklusiven Dreizylinder bestellten. Nachdem DKW den neuen 1000 Sp auf den Markt gebracht hatte, entschied das Werk, die Lieferung von Basis-Fahrgestellen einzustellen.

Eine Händlerinitiative machte es möglich: DKW 3=6 Monza

Motor/Antrieb	
Bauart	Dreizylinder-Zweitaktmotor
Lage/Antrieb	Front/Front
Hubraum in cm³	896, 981
Leistung in PS bei U/min	40 bei 4200 bis 50 bei 4500
Vmax in km/h	135 bis 150
Karosserie	
Bauart	Coupé
Tragstruktur	Kastenrahmen
Material	Kunststoff
Stückzahl und Marktsituation	
Produktionszahl	ca. 110
Verfügbarkeit	gegen null
Teilesituation	schwierig
Unterhaltskosten	niedrig

Preise in Euro	1	2	3	4	5
3=6 Monza, Cpe	Für gute Fahrzeuge werden bis zu 25.000 Euro bezahlt.				

Auto Union 1000 Sp 1958-1965

Das Kürzel „Sp" stand nicht etwa für Sport, sondern für die Spezial-Karosserie des DKW-Topmodells. Gebaut wurde sie bei Baur in Stuttgart. Ihr Design war eine Arbeit der DKW-Gestalter, die sich sichtlich am Traumwagen-Stil des damaligen Ford Thunderbird orientiert hatten. Speziell das Heck mit runden Rückleuchten und spitzen Heckflossen sah dem V8-Sportler zum Verwechseln ähnlich. Dank einer etwas höheren Verdichtung leistete der Dreizylinder-Zweitakt-Motor aus der Limousine jetzt 55 PS, was dem Niveau des damaligen Opel Rekord entsprach – aufregende Fahrleistungen verhieß der 1000 Sp also nicht. So blieb das Topmodell, lieferbar als Cabriolet und Coupé, ein Sonderfall für hartgesottene DKW- und Zweitakt-Fans. Sie mussten sich von 10.750 Mark trennen, um eines der exakt 5000 Coupés oder 1640 Cabriolets besitzen zu können.

Teurer Spaß für Zweitakt-Jünger: Auto Union 1000 Sp

Motor/Antrieb	
Bauart	Dreizylinder-Zweitaktmotor
Lage/Antrieb	Front/Front
Hubraum in cm³	980
Leistung in PS bei U/min	55 bei 4500
Vmax in km/h	140
Karosserie	
Bauart	Coupé, Cabriolet
Tragstruktur	Kastenrahmen
Material	Stahlblech
Stückzahl und Marktsituation	
Produktionszahl	6640
Verfügbarkeit	schlecht
Teilesituation	ausreichend
Unterhaltskosten	niedrig

Preise in Euro	1	2	3	4	5
AU 1000 SP, Cpe	14.900	10.100	6.200	2.800	1.100
AU 1000 SP, Rds	24.800	17.800	9.400	4.500	2.300

DKW (D)

Auto Union 1000 und 1000 S   1958-1963

Das Festhalten am Zweitakt-Prinzip zog DKW immer mehr nach unten: Geräusch und Geruch machten die ventillosen Motoren unpopulär. Gleichzeitig kam die Entwicklung neuer Modelle nur schleppend in Gang. Zur Überbrückung erschien eine optimierte Version des bisherigen 3=6. Um das Image zu heben, trugen die 1000er-Modelle den Vorkriegs-Namen Auto Union. Die Karosserie war anfangs nur sanft retuschiert worden, der Motor leistete nun 44 PS aus 980 cm³. Schon 1959 folgte eine optische Renovierung: Der Auto Union 1000 bekam eine vordere Panoramascheibe und ein Hochkant-Tachometer nach Mercedes-Art angepasst. Endpunkt der Modellreihe war der 1000 S mit 50 PS, der von 1959 bis 1963 gebaut wurde. 1961 erschien der 1000 S mit vorderen Scheibenbremsen und neuentwickelter Frischöl-Automatik.

Perfektionierung des Bestandes: Auto Union 1000

Motor/Antrieb	
Bauart	Dreizylinder-Zweitaktmotor
Lage/Antrieb	Front/Front
Hubraum in cm³	981
Leistung in PS bei U/min	44 bei 4500 bis 50 bei 4500
Vmax in km/h	120 bis 135
Karosserie	
Bauart	Limousine (2-/AO3014-türig), Coupé, Kombi (3-türig)
Tragstruktur	Kastenrahmen
Material	Stahlblech
Stückzahl und Marktsituation	
Produktionszahl	187.429
Verfügbarkeit	schlecht
Teilesituation	ausreichend
Unterhaltskosten	niedrig

Preise in Euro	1	2	3	4	5
AU 1000, L2t	9.300	6.700	4.100	2.100	800
AU 1000, L4t	9.800	7.100	4.300	2.200	850
AU 1000, Cpe	11.500	8.200	5.000	2.400	900

DKW Junior und Junior de Luxe   1959-1963

Erst 1959 begann die Produktion eines neuen, kleinen DKW, den sich angestammte Kunden so lange vergeblich wünschten. Ein Prototyp des Junior war bereits auf der IAA 1957 zu sehen gewesen; allerdings sollte es zwei Jahre dauern, bis die Serie in einem neuen Ingolstädter Werksteil anlief. Der Junior konkurrierte mit dem VW Käfer; er hatte dem Millionseller aber seine modische Linie, die Geräumigkeit seiner Karosserie und das sichere Fahrverhalten voraus. Umstritten blieb jedoch stets der DKW-typische Dreizylinder-Zweitakter im Bug des Fronttrieblers. 1961 kam eine de luxe-Version mit etwas mehr Ausstattung, Hubraum und Drehmoment, vor allem aber mit der neu entwickelten Frischöl-Automatik. Sie ersparte das lästige Öl-Beimischen an der Tankstelle und reduzierte das Mischverhältnis auf 1:100.

Blies vergeblich zum Angriff auf den Käfer: DKW Junior

Motor/Antrieb	
Bauart	Dreizylinder-Zweitaktmotor
Lage/Antrieb	Front/Front
Hubraum in cm³	741, 796
Leistung in PS bei U/min	34 bei 4300
Vmax in km/h	115
Karosserie	
Bauart	Limousine (2-türig)
Tragstruktur	Kastenrahmen
Material	Stahlblech
Stückzahl und Marktsituation	
Produktionszahl	237.587
Verfügbarkeit	schlecht
Teilesituation	schwierig
Unterhaltskosten	niedrig

Preise in Euro	1	2	3	4	5
Junior, L2t	7.600	4.500	2.700	900	200
Junior de Luxe, L2t	8.200	5.000	3.100	1.200	300

DKW F 11, F 12, F 12 Roadster   1963-1965

Ab 1962 musste der Junior gegen harte Konkurrenz kämpfen: Opel Kadett und Ford 12 M P4 machten ihm das Leben schwer. Die Antwort hieß F 12, eine verfeinerte Junior-Version, erkennbar an der eckigeren hinteren Dachlinie. Im Bug näselte ein überarbeiteter Motor mit 889 cm³ Hubraum und 40 PS; zudem war das Interieur gediegener geworden. Der F 12 galt als Mercedes unter den damaligen Kleinwagen, litt aber unter dem unseligen Ölfahnen-Image. Daran änderte 1964 auch der F 12 Roadster nichts, ein Cabriolet mit zwei Sitzplätzen und 50 PS, für das sich in nur einem Jahr Bauzeit ganze 6640 Käufer entschieden. Erfolglos blieb auch das Sparmodell F 11 mit 34 PS-Junior-Technik. Der Volkswagen-Konzern, nach der Übernahme von DKW dazu in der Lage, stellte im Juni 1965 die Produktion des Käfer-Konkurrenten ein.

Mit Zweitakt-Fahne, sonst recht proper: DKW F 12

Motor/Antrieb	
Bauart	Dreizylinder-Zweitaktmotor
Lage/Antrieb	Front/Front
Hubraum in cm³	796, 889
Leistung in PS bei U/min	34 bei 4300 bis 45 bei 4500
Vmax in km/h	116 bis 128
Karosserie	
Bauart	Limousine (2-türig), Cabriolet
Tragstruktur	Kastenrahmen
Material	Stahlblech
Stückzahl und Marktsituation	
Produktionszahl	113.244, Cabrio 6640
Verfügbarkeit	ausreichend
Teilesituation	ausreichend
Unterhaltskosten	niedrig

Preise in Euro	1	2	3	4	5
F 11, L2t	7.700	4.600	2.800	900	200
F 12, L2t	7.900	4.800	2.900	900	200

DKW F 102   1964-1966

Auf der IAA 1963 stand der DKW F 102, der Nachfolger des Auto Union 1000 S: Es war die letzte Zweitakt-Neukonstruktion auf westdeutschem Boden. Ab März 1964 war er lieferbar, doch das Interesse blieb verhalten: DKW-Fans fanden seine Form zu nüchtern, zudem ruinierten Kinderkrankheiten seinen Ruf. Darüber hinaus kosteten Verarbeitungsmängel und hoher Verbrauch viele Sympathiepunkte. Mit dem DKW-Verkauf an Volkswagen bekam der F 102 noch eine zweite Chance: Als Audi, mit gestrafftem Design und Viertakt-Triebwerk startete er in ein zweites Leben. Für den letzten DKW endete das Leben schwierig: Bis weit ins Jahr 1967 dauerte der Abverkauf restlicher Halden-Exemplare, die alle deutlich unter dem Listenpreis von 6850 Mark an die letzten Zweitaktfans gingen.

Der letzte Zweitakter: DKW F 102

Motor/Antrieb	
Bauart	Dreizylinder-Zweitaktmotor
Lage/Antrieb	Front/Front
Hubraum in cm³	1175
Leistung in PS bei U/min	60 bei 4500
Vmax in km/h	135
Karosserie	
Bauart	Limousine (2-türig), Limousine (4-türig)
Tragstruktur	selbsttragend
Material	Stahlblech
Stückzahl und Marktsituation	
Produktionszahl	52-753
Verfügbarkeit	schlecht
Teilesituation	schwierig
Unterhaltskosten	niedrig

Preise in Euro	1	2	3	4	5
F 102, L2t	7.300	4.200	2.500	800	100
F 102, L4t	7.500	4.300	2.600	800	100

Dodge (USA) • 1914 - heute

Am 14. November 1914 gründeten die Gebrüder John und Horace Dodge ein Unternehmen, das sich mit dem Bau von Automobilen beschäftigte. Als Fahrradproduzenten und Zulieferer für Oldsmobile und Henry Ford hatten die Dodge-Brüder bereits ein Vermögen verdient, als sie mit „Old Betsey", ihrem ersten Automobil, einen guten Erfolg verbuchen konnten. Der fünfsitzige Tourer kostete damals 795 Dollar und glänzte durch Robustheit und Zuverlässigkeit. Damit hatte Dodge seine Linie gefunden: kein Luxus, wenig Glamour, dafür kraftvolle und dauerhafte Technik. Bereits 1920 stand Dodge auf Platz zwei der US-Bestsellerliste – direkt hinter Ford. Seit 1916 montierte das in Hamtrack bei Detroit ansässige Werk Stahlkarosserien nach dem Budd-Patent. Tragischerweise starben die beiden Dodge-Brüder im Jahr 1920 an Lungenentzündung, die Leitung des Unternehmens übernahm der bisherige Generaldirektor Frederick J. Haynes.

Dodge wuchs schnell: Bereits 1925 produzierte das Werk rund 1000 Automobile täglich. Trotzdem gab es Finanzprobleme, und so übernahm 1928 der aufstrebende Walter Chrysler den Hersteller. Heute ist Dodge eine Marke im DaimlerChrysler-Konzern – ein eigenständiges Modellprogramm gibt es jedoch nicht mehr. Heutige Dodge-Modelle sind Chrysler-Derivate, und ab 2006, so die Ankündigung, soll der Dodge-Verkauf weltweit anlaufen.

Dodge Custom Royale — 1955-1959

Der Dodge Custom Royale war das Top-Modell des amerikanischen Herstellers. Immer weniger waren Autos nur Autos, immer wichtiger wurde der psychologische Effekt: Größe, Glamour und Show zogen in die Suburbs der boomenden amerikanischen Super-Citys ein. Die schiere Länge half dabei nur dem Ego der Besitzer, ebenso der funkelnde Chrom: Schlimm für sie, dass fast jedes Jahr neue Modelle auf den Markt kamen, durch die die Vorjahreskollektion veraltet aussah. Dodge, eine Marke der Chrysler-Gruppe, gab den 1957er Modellen einen aggressiveren Touch. Sie lagen zudem tiefer, während sich die Heckflossen in einer Gegenbewegung noch ein bisschen weiter gen Himmel streckten. Und trotz der Größe und des Gewichts war ein Schuss Sportlichkeit zu spüren: Zeitgenössische Testberichte dokumentieren einen Sprint von 0 auf 100 in rund zehn Sekunden.

An American Dream: Dodge Custom Royale

Motor/Antrieb	
Bauart	V8
Lage/Antrieb	Front/Heck
Hubraum in cm³	5907
Leistung in PS bei U/min	270 bei 4600
Vmax in km/h	190
Karosserie	
Bauart	Coupé, Cabriolet, Hardtop
Tragstruktur	Kastenrahmen
Material	Stahlblech
Stückzahl und Marktsituation	
Produktionszahl	k.A.
Verfügbarkeit	schlecht
Teilesituation	schwierig
Unterhaltskosten	hoch

Preise in Euro	1	2	3	4	5
Custom Royal Lancer (1955-1956), Cpe	28.000	19.400	12.500	5.600	2.500
Custom Royal (1955-1956), Cab	35.300	25.600	16.900	8.700	4.400

Duesenberg (USA) • 1920 - 1937

Trotz nur rund 1250 gebauten Fahrzeugen galt die amerikanische Marke Duesenberg als erstaunlich erfolgreich. Schließlich konzentrierte sich Duesenberg auf die Herstellung nobelster Luxus-Automobile: Schon die Modelle mit Standard-Karosserie kosteten mehr als die europäischen Spitzenautomobile jener Zeit – und weder Rolls-Royce noch Hispano-Suiza bauten damals preiswerte Autos.

Als Einwanderer waren die deutschen Brüder Fred und August Duesenberg aus dem westfälischen Lippe in den 1880er-Jahren nach Iowa gekommen. Sie fertigten bald Fahrräder und ab 1910 auch Hochleistungsmotoren, zunächst mit vier Zylindern.

Einer der ersten Reihenachtzylinder-Motoren, vermutlich sogar der erste überhaupt, war 1919 fertig. Er verfügte über 4,3 Liter Hubraum und 88 PS, Duesenberg setzte ihn im Modell A ein. 1928 lancierte der Hersteller das Modell J mit sagenumwobenen 265 PS aus 6,9 Litern. Sein Motor verfügte über zwei oben liegende Nockenwellen, damals eine außergewöhnliche technische Delikatesse.

Ab 1932 ergänzte der 310 PS starke SJ mit Kompressor das noble Angebot. Das letzte offiziell fertiggestellte Fahrgestell, ein SJ Speedster, ging an den indischen Maharaja Holkar of Indore. Doch auch nach der Schließung der Werke entstanden noch einige wenige Autos in Chicago.

Duesenberg Model J — 1928-1937

Die Gebrüder Duesenberg hatten sich nicht wenig vorgenommen: Ihr neues Model J, das sie 1928 vorstellten, sollte das „aufwändigste Auto der Welt" werden, hatten sie verkündet. Angetrieben wurde das luxuriöse Cabriolet von einem 6,9 Liter großen Reihenachtzylinder, der bis zu 265 PS freisetzte und das voluminöse Auto auf bis zu 185 Stundenkilometer beschleunigte. Den Motor mit seinen zwei oben liegenden Nockenwellen lieferte Lycoming zu, ein Unternehmen der Cord-Gruppe, zu der Duesenberg seit 1926 ebenfalls gehörte. Der Aufwand bei der Fertigung klingt unglaublich: Jedes Chassis musste eine 500-Meilen-Testfahrt auf dem Rennkurs von Indianapolis absolvieren, bevor es von ausgewählten Karosseriebauern mit einem Aufbau nach Wunsch des Kunden versehen wurde.

„Das aufwändigste Auto der Welt": Duesenberg Model J

Motor/Antrieb	
Bauart	Achtzylinder (Reihe)
Lage/Antrieb	Front/Heck
Hubraum in cm³	6882
Leistung in PS bei U/min	210 bei 4500 bis 265 bei 4500
Vmax in km/h	185
Karosserie	
Bauart	Cabriolet
Tragstruktur	Kastenrahmen
Material	Stahlblech
Stückzahl und Marktsituation	
Produktionszahl	470
Verfügbarkeit	gegen null
Teilesituation	sehr schwierig
Unterhaltskosten	hoch

Preise in Euro	1	2	3	4	5
Mod. J, Cab			keine Notierung		

Edsel (USA) • 1957 bis 1960

Als Marke, die Ford-Kunden den Aufstieg zum noblen Lincoln verkürzen sollte, wurde Edsel 1957 von Marketingstrategen aus der Taufe gehoben. Danach sollte Edsel zwischen Mercury und Lincoln platziert sein.

Die in kürzester Zeit auf insgesamt 18 Einzelmodelle (!) aufgeblähte Produktlinie mit vier Baureihen konnte technisch nichts wesentlich Neues bieten. In gut zweijähriger Produktionszeit ließen sich nur 110.850 Käufer vom Edsel überzeugen – angesichts der geleisteten Investitionen ein Mega-Flop, der mindestens 250 Millionen Dollar gekostet haben soll. Heftiger Spott blieb nicht aus.

Heute hat sich die Stimmung gewandelt. Aus dem ungeliebten Edsel entwickelte sich ein gesuchtes Sammlerstück, das aufgrund seiner unglücklichen Geschichte besonders interessant ist.

Edsel Corsair   1958-1959

Nur zwei Jahre dauerte das Abenteuer Edsel, das sich der Ford-Mutterkonzern gegen Ende der fünfziger Jahre leistete. Die Retortenmarke Edsel bot beispielsweise als kleines Modell den Ranger als zwei- und viertürige Limousine, als Kombi und Cabriolet an, stets mit großvolumigen V-Achtzylindern bestückt, die über 300 PS leisteten. Mit ungewöhnlich schwülstigem Styling und konservativer Technik weckte die Baureihe jedoch keine besonderen Begehrlichkeiten und verkaufte sich weit schleppender als erhofft. Die 1959er-Modelle bekamen dann auch kleinere Sechszylindermotoren ab 3,7 Liter mit nur 145 PS, doch auch damit entwickelte sich Edsel nicht zum Publikumsliebling. So reichte es gerade noch zur Vorstellung des Jahrgangs 1960, der dann als Abgesang nur noch kleinste Stückzahlen erreichte.

Das schwülstige Design half nicht: Edsel Corsair

Motor/Antrieb	
Bauart	V8
Lage/Antrieb	Front/Heck
Hubraum in cm³	5440, 5911
Leistung in PS bei U/min	228 bei 4600, 307 bei 4600
Vmax in km/h	160 bis 175
Karosserie	
Bauart	Limousine, Coupé, Cabriolet
Tragstruktur	Kastenrahmen
Material	Stahlblech
Stückzahl und Marktsituation	
Produktionszahl	k.A.
Verfügbarkeit	schlecht
Teilesituation	schwierig
Unterhaltskosten	hoch

Preise in Euro	1	2	3	4	5
Corsair Hardtop (4-türig), Cpe	19.000	13.300	7.500	3.800	1.600
Corsair Hardtop (2-türig), Cpe	22.300	15.700	9.000	4.500	1.900
Corsair, Cab	34.700	24.400	13.600	7.000	3.100

Edsel Ranger   1958-1960

Corsair nannte Edsel seine zweithöchste Modellreihe. Darüber gab es nur im Modelljahr 1958 noch den Edsel Citation, der noch nobler und aufwändiger ausgestattet war. Den Corsair gab es in insgesamt vier Karosserievarianten: Als viertürige Limousine und Hardtop-Saloon (wie abgebildet), zudem gab es ein Hardtop Coupé und ein Cabriolet. Edsel montierte als Antrieb selbstverständlich einen V8, der mit 5,4 Litern die damals übliche Größe aufwies. Als Super Express V8 trug der Edsel Corsair einen 307 PS starken und 5,9 Liter großen V8 unter der Haube. Erfolg hatte keine dieser Varianten. Daran können das grauenhafte Fahrwerk und die gleichermaßen miserablen Bremsen keine besondere Schuld getragen haben, schließlich bot die Konkurrenz in jenen Jahren kaum Besseres. Doch der Corsair galt, wie die anderen Edsel, als anstößig, weil er den vaginös empfundenen Grill vor sich her trug.

Einer der kleineren im Programm: Edsel Ranger

Motor/Antrieb	
Bauart	Sechszylinder (Reihe), V8
Lage/Antrieb	Front/Heck
Hubraum in cm³	3655, V8: 5440, 6710
Leistung in PS bei U/min	147 bei 4000/min; V8: 303 bei 4600 bis 345 bei 4600
Vmax in km/h	150; V8: 180 bis 195
Karosserie	
Bauart	Limousine (2-/AO3074-türig), Hardtop, Kombi (3-türig)
Tragstruktur	Kastenrahmen
Material	Stahlblech
Stückzahl und Marktsituation	
Produktionszahl	24.049
Verfügbarkeit	schlecht
Teilesituation	schwierig
Unterhaltskosten	hoch

Preise in Euro	1	2	3	4	5
Ranger Hardtop, Cpe	19.800	13.900	7.700	3.800	1.500
Ranger, L4t	14.700	10.500	6.000	3.300	1.300

Elva (GB) • 1955 - 1968

Der Marke Elva war ein relativ kurzes Dasein beschieden. Sie hatte 1955 mit dem Bau von Rennsportwagen begonnen. Unter der Leitung von Frank Nichols in Sussex wurden ab 1958 auch Straßenfahrzeuge angeboten. Ihre Kunststoffkarosserie wurde von einem Rohrrahmen getragen. 1962 übernahm Trojan die Fertigung der Elva-Modelle. Im Oktober 1965 ging die Produktion nochmals in andere Hände über, und 1968 endete die Fertigung nach nur etwas mehr als 660 gebauten Elva.

Elva Courier, Mk II, Mk III, Mk IV, Mk IV S, 4/4 — 1958-1968

Neben Rennwagen baute Elva auch sportliche Straßenmodelle, deren Stückzahlen allerdings relativ bescheiden blieben. Der Kunststoff-Roadster Courier zeigte mit seinem etwas pummeligen Heck nicht rundum ausgewogene Linien. Im Innenraum besaß der Brite, wie damals üblich, zentral angeordnete Rundinstrumente. Während der zehnjährigen Bauzeit kamen MG-, Ford- und BMC-Motoren zum Einsatz, die 1,5 bis 1,8 Liter Hubraum aufwiesen. Die Straßenlage war in jedem Fall überzeugend. Die geringe Stückzahl von rund 670 gefertigten Courier macht die kleinen Sportler heute in einem kleinen Kennerkreis zur begehrten Rarität.

Trotz geringem Erfolg zehn Jahre im Angebot: Elva Courier

Motor/Antrieb	
Bauart	Vierzylinder (Reihe)
Lage/Antrieb	Front/Heck
Hubraum in cm³	1498, 1588, 1622, 1798
Leistung in PS bei U/min	80 bei 5500 bis 98 bei 5400
Vmax in km/h	160 bis 175
Karosserie	
Bauart	Roadster, Coupé
Tragstruktur	Rohrrahmen
Material	Kunststoff
Stückzahl und Marktsituation	
Produktionszahl	ca. 670
Verfügbarkeit	gegen null
Teilesituation	ausreichend
Unterhaltskosten	mittel

Preise in Euro	1	2	3	4	5
Courier/MK II, Rds	19.000	14.100	9.500	4.700	2.100
Courier Mk III/MK IV, Rds	22.100	16.800	11.000	5.700	2.600
Courier Mk III/MK IV, Cpe	17.000	12.600	7.900	3.700	1.000

Elva-BMW GT 160 S — 1964

Eine richtungsweisende Konstruktion mit exzellenten Fahrleistungen war diese Mischung aus Renn- und Sportwagen: Der Elva-BMW in seinem hinreißend schönen, von Trevor Fiore gestylten Gewand. Zwischen den Achsen leistete ein auf zwei Liter aufgebohrter BMW 1600er-Motor stolze 185 PS. Ein Hewland Fünfgang-Getriebe lieferte die Kraft an die Hinterräder. Atemberaubende 270 km/h erzielte die heiße Kombination aus englischen Ideen, deutscher Mechanik und italienischem Formgefühl. Die Serienfertigung auf Rohrrahmenchassis war zwar geplant, wurde aber leider von Elva nie begonnen. Fissore in Italien baute so nur ganze drei Exemplare des Elva-BMW GT 160 S.

Von Fiore gestylt und von BMW befeuert: Elva-BMW GT 160 S

Motor/Antrieb	
Bauart	Vierzylinder (Reihe)
Lage/Antrieb	Mitte/Heck
Hubraum in cm³	1991
Leistung in PS bei U/min	185 bei 7200
Vmax in km/h	270
Karosserie	
Bauart	Coupé
Tragstruktur	Rohrrahmen
Material	Aluminium
Stückzahl und Marktsituation	
Produktionszahl	3
Verfügbarkeit	gegen null
Teilesituation	sehr schwierig
Unterhaltskosten	mittel

Preise in Euro	1	2	3	4	5
BMW GT 160 S, Cpe			keine Notierung		

Enzmann (CH) • 1957-1969

Emil Enzmann, ein Schweizer Arzt mit eigener Praxis, setzte Mitte der fünfziger Jahre seinen Traum vom selbst gebauten Auto in die Realität um. Der Käfer war ein überaus williges Objekt für Sonderkarosserien und Motortuning. Der Bau der Enzmann-Roadster-Karosserie erfolgte in Grandson am Neuenburger See bei der Kunststoff-Spezialfirma Stämpfli. Enzmann erreichte damit sein Ziel, einen erschwinglichen Sportwagen auf den Markt zu bringen. Schon bis 1959 hatten sich 60 Kunden für Enzmanns Käfer-Interpretation entschieden.

Erst 1968 beendete der Firmengründer die Herstellung, weil der Käfer-Boom rückläufig war. Den Prototyp eines Nachfolgers hatte der Arzt zwar noch gebaut, doch in Serie ging der Enzmann 500 nicht mehr.

Doch Freunde des Werks von Emil Enzmann müssen nicht verzweifeln. Denn Kari Enzmann, der Sohn des rührigen Arztes, hat inzwischen eine Neuauflage des Enzmann'schen Speedsters initiiert, die auf die Originalform zurückgreift.

Enzmann 506 — 1957-1968

Die Nummer 506 trug der Enzmann seit der IAA 1957, als die Firma auf einem Stand mit dieser Nummer ausstellte. Auf VW-Käfer-Fahrgestelle setzte der Schweizer Kleinproduzent eine leichte Kunststoff-Karosserie, änderte am Fahrwerk nur wenig und baute auch serienmäßige Motoren ein. Vielfach jedoch haben die Enzmann-Besitzer ihre Triebwerke später auch frisiert: mit Judson-Kompressor, mit Roots-Gebläse oder mit Okrasa-Anlage ließ sich die Boxer-Leistung trefflich steigern. Doch auch schon mit serienmäßigen 45 PS zeigte sich das türlose, nur 550 Kilogramm schwere Gefährt sehr agil. Eine Stufe in der Wagenflanke half beim Einsteigen. Enzmann montierte viele Sicherheitselemente wie Kopfstützen, Sicherheitsgurte oder ein gepolstertes Armaturenbrett. Als Extra war ein nach hinten verschiebbares Hardtop lieferbar.

Offener Traum auf Käfer-Chassis: Enzmann 506

Motor/Antrieb	
Bauart	Vierzylinder (Boxer)
Lage/Antrieb	Heck/Heck
Hubraum in cm³	1192, 1285, 1295
Leistung in PS bei U/min	30 bei 3400 bis 52 bei 4250
Vmax in km/h	120 bis 165
Karosserie	
Bauart	Roadster
Tragstruktur	Plattformrahmen
Material	Kunststoff
Stückzahl und Marktsituation	
Produktionszahl	106
Verfügbarkeit	gegen null
Teilesituation	ausreichend
Unterhaltskosten	niedrig

Preise in Euro	1	2	3	4	5
506 (1200 ccm), Rds	22.000	13.000	10.000	–	–
506 (Porsche), Rds	45.000	34.000	21.000	–	–

Excalibur (USA) • 1964-1993

Rennwagen mit dem Namen Excalibur hatte es bereits seit 1952 gegeben. Firmengründer Brooks Stevens verwirklichte seinen Traum dann 1964: Der Excalibur SS war eine dem Mercedes SS/SSK nachempfundene Replika im Auftrag von Studebaker. Ab 1965 wurde in Kleinserie gefertigt, die technisch auf dem Studebaker Daytona basierte. Der Motor stammte vom Großserienhersteller Chevrolet.

Neben den Roadstern SS und SSK gab es ab 1966 auch einen viersitzigen Phaeton. Immerhin konnte die kleine Selfmade-Marke die Stückzahlen steigern und hielt sich über viele Jahre am Markt. Skurril, doch Tatsache: Die Replika eines Klassikers ist heute selbst ein Klassiker – mit vollem Recht auf Oldtimerzulassung!

Excalibur SS Serie 1 — 1964-1969

Als Nachahmung der Mercedes-Sportwagen-Klassiker SS und SSK präsentierte Excalibur im Frühjahr 1964 sein Modell. Es war zunächst mit einer Aluminium-Karosserie ausgestattet und basierte auf Studebaker-Technik. Bald jedoch griffen die Excalibur-Konstrukteure zu Kunststoff für die dem historischen Vorbild nachempfundene Karosserie und bauten besser verfügbare Chevrolet-Technik ein. Als Basis kam stets ein Kastenrahmen zum Einsatz. Die Serie 1, zwischen 1965 und 1969 gebaut, leistete über 300 PS, die einem 5,4-Liter-V-Achtzylinder entlockt wurden. Das sorgte für sportliche Fahrleistungen und machte den ganzen Wagen mit der insgesamt recht sportlichen Anmutung zu einem harmonischen Angebot. Bis heute sind Excalibur-Modelle in Europa äußerst selten anzutreffen. Skurril: Die Kopie eines Klassikers ist längst selbst zum Klassiker geworden.

Einer der ersten Repliken: Excalibur SS Serie 1

Motor/Antrieb	
Bauart	V8
Lage/Antrieb	Front/Heck
Hubraum in cm³	5351
Leistung in PS bei U/min	304 bei 5000 bis 355 bei 5800
Vmax in km/h	180 bis 195
Karosserie	
Bauart	Roadster
Tragstruktur	Kastenrahmen
Material	Kunststoff
Stückzahl und Marktsituation	
Produktionszahl	k.A.
Verfügbarkeit	gegen null
Teilesituation	ausreichend
Unterhaltskosten	hoch

Preise in Euro	1	2	3	4	5
SS Ser. 1, Rds	44.000	35.000	22.000	11.500	5.000

Facel-Vega (F)

Facel-Vega (F) • 1954-1964

Karosserien und Blechteile für Panhard und Simca stellte Facel schon einige Zeit in der Umgebung von Paris her, bevor das Unternehmen 1954 mit dem Facel-Vega ein erstes eigenes Auto vorstellte. Mit amerikanischer Technik, die von De Soto, Chrysler und Plymouth stammte, trat Facel das Erbe der großen französischen Marken an.
Rohrrahmen mit aufgeschraubter Karosserie, Dunlop-Vierrad-Scheibenbremsen (ab 1960) und ein vornehm-elegantes Styling sind das Markenzeichen aller Facel-Vega. Firmenchef Jean C. Daninos versuchte darüberhinaus, auch mit einem preiswerten Wagen ins Geschäft zu kommen. Mutig schickte er 1959 den Facellia mit einem selbst entwickelten Motor in den Wettbewerb. Seine technischen Unzulänglichkeiten zerstörten jedoch schnell den guten Ruf der Marke und ruinierten sie schließlich. Im Herbst 1964 musste die Produktion jedoch aufgrund finanzieller Probleme eingestellt werden.

Facel-Vega Excellence 1958-1964

Weit amerikanischer als das ebenfalls 1958 vorgestellte Coupé wirkte die 5,23 Meter lange viertürige Limousine, die ohne B-Säule auskam. Ihr technischer Aufbau entsprach dem HK 500. Statt 2,66 Meter betrug sein Radstand allerdings üppige 3,17 Meter. Facel-Vega war der französische Nobelhersteller der frühen sechziger Jahre: Prominenz und Geldadel wählten mit Vorliebe diese Marke. Beeindruckende Leistungsfähigkeit und jeglicher denkbare Luxus kennzeichneten diese Limousine, die ab 1961 mit einem nochmals größeren Motor angeboten wurde – das Chrysler-Triebwerk verfügte jetzt über 6,3 Liter Hubraum. Allerdings lagen die von Facel verlangten Preise auf Rolls-Royce-Niveau – das wäre nicht weiter schlimm gewesen, wenn der Gegenwert gestimmt hätte. Doch über die nonchalante Verarbeitung ärgerten sich viele Kunden.

Viel Luxus, doch zu wenig Qualität: Facel-Vega Excellence

Motor/Antrieb					
Bauart					V8
Lage/Antrieb					Front/Heck
Hubraum in cm³					5907, 6286
Leistung in PS bei U/min					335 bei 4600 bis 355 bei 5300
Vmax in km/h					200 bis 210
Karosserie					
Bauart					Hardtop (4-türig)
Tragstruktur					Rohrrahmen
Material					Stahlblech
Stückzahl und Marktsituation					
Produktionszahl					152
Verfügbarkeit					gegen null
Teilesituation					sehr schwierig
Unterhaltskosten					hoch
Preise in Euro	1	2	3	4	5
Excellence HT (4-türig), Cpe	60.000	43.000	26.000	12.000	7.000

Facel-Vega HK 500 1958-1961

Ähnlichkeiten mit dem ersten Facel-Vega von 1954 besaß der HK 500. Ebenso wie die Karosserie stammte auch das Rohrrahmenchassis aus eigener Fertigung. Für Vortrieb sorgte beim HK 500 wiederum ein bärenstarker V8-Motor aus dem Hause Chrysler, das knapp sechs Liter große Aggregat wurde ursprünglich im De Soto Adventurer verwendet. Wahlweise gab es ihn im Facel kombiniert mit einem Vierganggetriebe oder einer Dreistufen-Automatik. Der HK 500 konkurrierte aufgrund seiner enormen Fahrleistungen mit der etablierten europäischen Konkurrenz, beispielsweise Maserati oder Bentley. Im Innenraum erfreuten zahlreiche Rundinstrumente, reichlich Leder und Edelholzoptik, die in Wahrheit aus bemaltem Blech bestand. Ergonomie und Bedienungsfreundlichkeit ließen jedoch zu wünschen übrig, dafür sorgten die geschmackvollen Karosserien überall für großes Aufsehen.

Kraft und Schönheit: Facel-Vega HK 500

Motor/Antrieb					
Bauart					V8
Lage/Antrieb					Front/Heck
Hubraum in cm³					5907
Leistung in PS bei U/min					360 bei 5200, 355 bei 4600
Vmax in km/h					210 bis 230
Karosserie					
Bauart					Coupé
Tragstruktur					Rohrrahmen
Material					Stahlblech
Stückzahl und Marktsituation					
Produktionszahl					458
Verfügbarkeit					gegen null
Teilesituation					sehr schwierig
Unterhaltskosten					hoch
Preise in Euro	1	2	3	4	5
HK 500, Cpe	51.800	38.100	24.500	10.600	5.800

Facel-Vega Facellia, Facellia F-2 und F-2 S 1959-1963

1959 wurde der Facellia vorgestellt, der das Markenprogramm abrunden und den Hersteller so absichern sollte. Doch es kam ganz anders: Das ambitionierte Projekt litt unter einem selbst entwickelten Motor mit zwei obenliegenden Nockenwellen, der nicht ausgereift war und den Ruf der Marke nachhaltig beschädigte. Den hohen Ölverbrauch und die Eigenschaft, Löcher in die Kolben zu brennen, konnte Facel mit seinen begrenzten Mitteln nicht kurieren. Das zunächst als 2+1-sitziges Cabrio vorgestellte Modell wurde dann 1960 um ein viersitziges Coupé ergänzt. Im Frühjahr 1961 folgte ein knapp bemessenes 2+2-sitziges Coupé. Diese Modelle trugen das Kürzel F-2. Zahlreiche technische Verbesserungen flossen zu diesem Zeitpunkt in die Serie ein. Die Variante F-2 S leistete mit Doppelvergasern und erhöhter Verdichtung 126 PS.

Große Probleme mit dem Motor: Facel-Vega Facellia

Motor/Antrieb					
Bauart					Vierzylinder (Reihe)
Lage/Antrieb					Front/Heck
Hubraum in cm³					1647
Leistung in PS bei U/min					115 bei 6400 bis 126 bei 6400
Vmax in km/h					180 bis 195
Karosserie					
Bauart					Coupé, Cabriolet
Tragstruktur					Rohrrahmen
Material					Stahlblech
Stückzahl und Marktsituation					
Produktionszahl					1258
Verfügbarkeit					schlecht
Teilesituation					sehr schwierig
Unterhaltskosten					mittel
Preise in Euro	1	2	3	4	5
Facellia, Cpe	31.000	19.600	10.300	5.300	2.400
Facellia, Cab	40.800	25.500	13.600	6.900	3.200

Facel-Vega (F) • Fairthorpe (GB)

Facel-Vega Facel II — 1961-1964

Im Herbst 1961 zeigte Facel den Nachfolger des HK 500 in deutlich modernisierter Form, doch beileibe nicht weniger aufregend. Die Panoramascheibe gab es bei diesem schlicht Facel II genannten Modell nicht mehr, insgesamt wirkte das Styling verfeinert. Bei gleichem Radstand von 2,66 Meter war die Außenlänge um 16 Zentimeter auf 4,75 Meter gewachsen. Noch brutaler als bisher packte der knapp 6,3 Liter große und 390 PS starke Chrysler-V8 zu. Auch am Interieur hatte man Hand angelegt und für bessere Alltagstauglichkeit gesorgt. Mehr Komfort brachte eine serienmäßige Klimaanlage. Neben der Automatik war auch ein deutlich teureres Schaltgetriebe lieferbar. Trotz der Verbesserungen verkaufte sich der Facel II viel schlechter als sein Vorgänger: Der Ruf war ruiniert, und die Konkurrenz war stärker geworden.

Mit potentem V8 unter der Haube: Facel-Vega Facel II

Motor/Antrieb	
Bauart	V8
Lage/Antrieb	Front/Heck
Hubraum in cm³	6286
Leistung in PS bei U/min	355 bei 4800 bis 390 bei 5400
Vmax in km/h	215 bis 245
Karosserie	
Bauart	Coupé
Tragstruktur	Rohrrahmen
Material	Stahlblech
Stückzahl und Marktsituation	
Produktionszahl	184
Verfügbarkeit	gegen null
Teilesituation	sehr schwierig
Unterhaltskosten	hoch

Preise in Euro	1	2	3	4	5
Facel II, Cpe	79.000	54.000	33.000	19.000	11.000

Facel-Vega Facel III, Facel 6 — 1963-1964

In dem Versuch, zu retten, was zu retten war, griff man bei Facel auf einen 1,8 Liter großen Motor von Volvo zurück, der den im April 1963 vorgestellten Facel III antrieb. Doch nachdem der Ruf durch die defektanfällige Facellia-Motorentechnik völlig ruiniert war, entschieden sich nur 400 Käufer für den Facel III. Er besaß wieder eine Rohrrahmenkonstruktion mit aufgesetzter Karosserie, die sich jedoch stylistisch an den Facel II anglich. Die große Lücke zwischen dem Facel II und III sollte zuletzt der Facel 6 schließen, der im Mai 1964 vorgestellt wurde. Er war bei gleichem Radstand fünf Zentimeter länger und trug den etwas verkleinerten Sechszylinder aus dem Austin-Healey 3000 unter seiner Haube. Fahrwerk und Chassis hatten die Facel-Konstrukteure verstärkt. Doch das Interesse war gleich null: Nur 32 dieser Modelle konnten noch verkauft werden.

Jetzt mit Volvo-Motor: Facel-Vega Facel III

Motor/Antrieb	
Bauart	Vierzylinder (Reihe), Sechszylinder (Reihe)
Lage/Antrieb	Front/Heck
Hubraum in cm³	1780, 2860
Leistung in PS bei U/min	108 bei 6000 bis 150 bei 5250
Vmax in km/h	180 bis 195
Karosserie	
Bauart	Coupé, Cabriolet
Tragstruktur	Rohrrahmen
Material	Stahlblech
Stückzahl und Marktsituation	
Produktionszahl	432
Verfügbarkeit	gegen null
Teilesituation	schwierig
Unterhaltskosten	mittel

Preise in Euro	1	2	3	4	5
Facel III, Cpe	33.200	20.700	10.900	5.800	2.600
Facel III, Cab	43.000	27.300	15.200	7.900	3.700
Facel 6, Cpe	46.300	34.300	20.100	9.500	4.200
Facel 6, Cab	62.200	45.700	27.800	13.200	7.400

Fairthorpe (GB) • 1954 - 1981

Wenig bekannt ist die 1954 von Fliegergeneral Bennett gegründete Marke Fairthorpe. Das erste Serienmodell kam 1957 mit 650 ccm-BSA-Motorradmotor – auch als Bausatz – auf den Markt. Später wurden auch Standard-, Triumph-, Ford- und Coventry-Climax-Motoren eingebaut. Die Produktion etlicher verschiedener Cabrio- und Coupé-Versionen konnte in Buckinghamshire immerhin bis ins Jahr 1979 weitergeführt werden.

Fairthorpe Electron Minor — 1957-1965

Eine Vielfalt kleiner Roadster und Coupés bot die Firma Fairthorpe an. Die eigentümliche Steuergesetzgebung in England machte es sinnvoll, Fahrzeuge als Bausätze auszuliefern – auch Fairthorpe bot Autos in Teilen an. Die Kleinstserienherstellung gab dem Kunden zudem die Möglichkeit, seinen Electron Minor individuell auszustatten und zu motorisieren. Der Electron Minor besaß einen Rohrrahmen mit Kunststoffkarosserie, deren Erkennungsmerkmal zwei übereinanderliegende, ellipsenförmige Kühlergitter waren. Die Technik übernahm Fairthorpe vom Triumph Herald und Spitfire. Als Nachfolger des Minor fungierten EM Three, Four, Five und Six mit leicht verlängertem Radstand.

Die Technik borgte Triumph aus: Fairthorpe Electron Minor

Motor/Antrieb	
Bauart	Vierzylinder (Reihe)
Lage/Antrieb	Front/Heck
Hubraum in cm³	948, 1098, 1220
Leistung in PS bei U/min	44 bei 4500 bis 94 bei 7000
Vmax in km/h	150 bis 195
Karosserie	
Bauart	Roadster
Tragstruktur	Rohrrahmen
Material	Kunststoff
Stückzahl und Marktsituation	
Produktionszahl	500
Verfügbarkeit	gegen null
Teilesituation	schwierig
Unterhaltskosten	mittel

Preise in Euro	1	2	3	4	5
Electron Minor (1957-1962), Rds	10.200	7.200	4.100	2.200	600
Electron Minor (1962-1964), Rds	9.200	6.100	3.800	2.000	500

Fairthorpe (GB) • Ferrari (I)

Fairthorpe TX-GT, TX-S und TX-SS   1967-1976

Der Ansatz war vielversprechend, doch der Erfolg blieb den TX-Modellen völlig versagt. Fairthorpe wollte ein echtes Sportcoupé in Anlehnung an vergleichbare Lotus- oder TVR-Modelle schaffen. Wie beim Electron Minor setzte der Konstrukteur auf Triumph-Motoren. Die Karosserielinie mit hoher Gürtellinie und kleinen Fensterflächen konnte weitgehend überzeugen. Besonders auffällig zeigte sich die B-Säule, die extrem nach hinten geneigt war. Die Einzelradaufhängung ist eine geschickte Eigenkonstruktion des Fairthorpe-Besitzers Torix Bennett, und sie sorgte für eine sichere, den Geschwindigkeiten von rund 200 km/h angemessene Straßenlage. Dem ansehnlichen Gesamtpaket war dennoch kein Erfolg beschieden – nur rund 50 Exemplare konnte das englische Werk fertig stellen.

Gute Ansätze, doch ohne Erfolg: Fairthorpe TX-GT

Motor/Antrieb					
Bauart					Sechszylinder (Reihe)
Lage/Antrieb					Front/Heck
Hubraum in cm³					1998, 2498
Leistung in PS bei U/min					95 bei 5000 bis 143 bei 5500
Vmax in km/h					180 bis 210
Karosserie					
Bauart					Coupé
Tragstruktur					Rohrrahmen
Material					Kunststoff
Stückzahl und Marktsituation					
Produktionszahl					50
Verfügbarkeit					gegen null
Teilesituation					ausreichend
Unterhaltskosten					mittel
Preise in Euro	1	2	3	4	5
TX-GT, Cpe	10.700	7.700	4.600	2.600	750
TX-S, Cpe	11.200	8.200	4.900	2.800	800
TX-SS, Cpe	12.800	9.200	5.600	3.100	1.000

Ferrari (I) • seit 1946

Gibt es im gesamten automobilen Spektrum einen Namen, der mehr Feuer und Leidenschaft ausdrückt als Ferrari? Das „cavallino rampante", das sich wild aufbäumende Pferd, tragen alle Schöpfungen Enzo Ferraris im Wappen. 1898 geboren, lernte Ferrari zunächst im Kfz-Betrieb seines Vaters und wurde Testfahrer bei Alfa Romeo. Später leitete er die Scuderia Ferrari, die als inoffizielles Werksteam von Alfa Romeo galt und entsprechende Unterstützung genoss.

1946 erschien das erste Fahrzeug mit Ferraris Namen und dem springenden Pferd im Wappen. Zahllose Rennsiege in den fünfziger und sechziger Jahren verbreiteten den Namen rund um die Welt und festigten den Ruf kompromissloser Sportlichkeit und Schnelligkeit. Eine nennenswerte Serienfertigung begann bei Ferrari erst in den späten fünfziger Jahren. Anfangs verließen bescheidene 300 Fahrzeuge pro Jahr die Werkshallen in Maranello, und trotzdem ist die Modellgeschichte überaus komplex und vielschichtig. 1969 geriet Ferrari unter Fiat-Obhut, glücklicherweise ohne die Eigenständigkeit aufgeben zu müssen: Enzo Ferrari behielt weiterhin das Sagen.

Als der eigenwillige Commendatore 1988 starb, galt er bereits als Legende: Nach seinem Tod explodierten die Preise historischer Ferrari-Modelle, gefolgt von einem bislang einmaligen Run auf hochwertige Klassiker anderer Hersteller. Panikartige Käufe lenkten den Fokus der Medien erstmals intensiv auf die internationale Oldtimerszene.

Nicht wenigen Spekulanten freilich brach der bodenlose Sturz der Preise wenig später das Genick.

Sein Name wurde weltweit zum Synonym für schnelle Sportwagen: Enzo Ferrari (1898 - 1988)

Ferrari 166 Inter, 195 Inter   1950-1951

Extrem selten sind die Ferrari der Frühzeit, und trotzdem ist es schwer, sich einen Überblick über die Produktion der ersten Jahre zu verschaffen: die exklusiven Kleinstserien und vielen Einzelstücke führen zu einer kaum zu katalogisierenden Vielfalt. So gab es die Inter-Serie, die ab 1950 bestellt werden konnte, mit Karosserien von Touring, Vignale, Farina und Ghia. Angetrieben wurde die 166 genannte erste Serie der Coupés und Cabriolets von jenem legendären V12-Motor, der gerade über zwei Liter Hubraum verfügte und 110 PS bei 6000/min freisetzte. Im selben Jahr debütierte auch der 2,3 Liter große und jetzt 135 PS starke V12, der bei den 195 Inter-Modellen zum Einsatz kam. Das Inter Ghia Coupé besaß, im Gegenteil zu den von anderen Karossiers gefertigten Aufbauten, eine Außenhaut aus Stahlblech. Die Inter-Modelle siegten bei zahllosen Rennen.

Zwölf Zylinder, traumhaft verpackt: Ferrari 195 Inter Ghia Coupé

Motor/Antrieb					
Bauart					V12
Lage/Antrieb					Front/Heck
Hubraum in cm³					1995, 2341
Leistung in PS bei U/min					110 bei 6000 bis 135 bei 6000
Vmax in km/h					170 bis 190
Karosserie					
Bauart					Coupé, Roadster
Tragstruktur					Rohrrahmen
Material					Stahlblech/Aluminium
Stückzahl und Marktsituation					
Produktionszahl					k.A.
Verfügbarkeit					gegen null
Teilesituation					sehr schwierig
Unterhaltskosten					hoch
Preise in Euro	1	2	3	4	5
166, Cpe			keine Notierung		
195, Cpe			keine Notierung		

Ferrari 212 Inter   1950-1953

Der fantastische V12 blieb, geriet allerdings beim 195-Nachfolger namens 212 größer und stärker. Die Ingenieure in Maranello ließen zunehmend ihre Erfahrungen aus dem Rennsport in die Serie einfließen – wobei das Wort Serie eigentlich falsch ist: Ferrari war eine Manufaktur in jenen Jahren, und die meisten Fahrzeuge, die das Werk verließen, eigneten sich auch für einen Einsatz im Rennsport – und sei es nur zum Spaß am Wochenende. Die Einkleidung der international erfolgreichen 212-Modelle übernahmen Karossiers wie Michelotti, Vignale und Ghia, aber auch Pinin Farina stattete 1952 mit einem Cabriolet-Entwurf seinen ersten Ferrari aus. Es sollte der Beginn einer bis heute währenden Partnerschaft sein.

Mit einer Karosserie von Vignale: Ferrari 212 Export

Motor/Antrieb					
Bauart					V12
Lage/Antrieb					Front/Heck
Hubraum in cm³					2562
Leistung in PS bei U/min					130 bei 6500 bis 170 bei 6600
Vmax in km/h					180
Karosserie					
Bauart					Coupé, Roadster
Tragstruktur					Rohrrahmen
Material					Stahlblech/Aluminium
Stückzahl und Marktsituation					
Produktionszahl					k.A.
Verfügbarkeit					gegen null
Teilesituation					sehr schwierig
Unterhaltskosten					hoch
Preise in Euro	1	2	3	4	5
212 Inter			keine Notierung		

Ferrari 250 GT — 1954-1962

Der Ferrari 250 GT besaß seinerzeit den einzigen Zwölfzylinder-Motor, den die Automobilindustrie produzierte. Er saß vorne, und dort blieb das von Colombo entworfene kurzhubige Dreiliter-Triebwerk auch in den anderen Ferrari-Modellen bis 1975, als der 365 GT 4 eingestellt wurde. Je eine oben liegende Nockenwelle steuerte die Ventile des bis zu 240 PS starken Kraftpakets. Hohe Drehzahlen bereiteten ihm keine Probleme – die maximale Leistung fiel bei 7000 Touren an. Zunächst begnügte sich aber auch dieser Vertreter der sportlichen Weltklasse mit einer hinteren Starrachse, deren Stöße noch von Blattfedern abgefangen wurden. Und Scheibenbremsen zügelten erst ab 1959 das Temperament des bis zu 230 km/h schnellen Coupés. Die ruhigen Linien der 2+2-Karosserie überzeugen mit schlichter, absolut zeitloser Eleganz und stammen aus der Feder Pinin Farinas.

Eleganz und Leistung: Ferrari 250 GT

Motor/Antrieb	
Bauart	V12
Lage/Antrieb	Front/Heck
Hubraum in cm³	2953
Leistung in PS bei U/min	240 bei 7000
Vmax in km/h	210 bis 230
Karosserie	
Bauart	Coupé
Tragstruktur	Rohrrahmen
Material	Stahlblech
Stückzahl und Marktsituation	
Produktionszahl	350
Verfügbarkeit	ausreichend
Teilesituation	schwierig
Unterhaltskosten	hoch

Preise in Euro	1	2	3	4	5
250 GT Boano, Cpe	200.000	155.000	110.000	80.000	–
250 GT Pininfarina, Cpe	120.000	85.000	59.000	40.000	–

Ferrari 250 GT Berlinetta swb — 1959-1962

Die knappe wie legendäre Chiffre „swb" ist eine Zauberformel. Die drei Buchstaben stehen für „short wheel base", also den verkürzten Radstand der Sport-Variante des Ferrari 250 GT. Die bullige Karosserie mit dem kräftigen Hüftschwung hatte ebenfalls Pininfarina entworfen, gebaut wurde sie von Scaglietti – und zwar aus Aluminium, um Gewicht zu sparen und dadurch die Agilität zu verbessern. Durch seine Handlichkeit und den um 40 PS erstarkten Motor fuhr der kurze 250 trotz des weiterhin antiquierten Fahrwerks – hinten besaß der Ferrari weiterhin eine Starrachse – um die zahllose Konkurrenz auf der Rennstrecke oft Kreise. Viele berühmte Rennfahrer steuerten diesen legendären Ferrari zu großen Siegen. Dieser Ruhm schlägt sich heute in extrem hohen Preisen nieder.

Agil, schnell, handlich – und teuer: Ferrari 250 GT Berlinetta swb

Motor/Antrieb	
Bauart	V12
Lage/Antrieb	Front/Heck
Hubraum in cm³	2953
Leistung in PS bei U/min	280 bei 7000
Vmax in km/h	210 bis 270
Karosserie	
Bauart	Coupé
Tragstruktur	Rohrrahmen
Material	Stahlblech/Aluminium
Stückzahl und Marktsituation	
Produktionszahl	175
Verfügbarkeit	gegen null
Teilesituation	schwierig
Unterhaltskosten	hoch

Preise in Euro	1	2	3	4	5
250 GT Berlinetta SWB (Stahlblech), Cpe	Für Spitzenfahrzeuge bis zu 1,3 Mio. Euro				

Ferrari 250 GT Cabriolet, 250 GT California Spyder — 1960-1963

In zwei offenen Versionen bot Ferrari seinen 250 GT an. Das Cabriolet trug Rundscheinwerfer und gab sich etwas komfortorientierter, selbst ein Hardtop konnten die Kunden mitbestellen. Sportlicher fiel der Spyder aus, der an seinen aerodynamischen Scheinwerferabdeckungen zu erkennen war und zwischen vorderem Radhaus und der A-Säule auffällige Entlüftungskiemen trug. Wahlweise lieferte Ferrari den Spyder mit Blech- oder Aluminiumkarosserie. Auf Wunsch gab es sogar eine Version mit kurzem Radstand – in dieser sportlichsten Ausführung nahm der California Spyder sogar an Rennen teil. Wegen der höheren Karosseriesteifigkeit war für diesen Einsatzzweck jedoch die Berlinetta das geeignetere Objekt.

Variationen ohne Dach: Ferrari 250 GT California Spyder

Motor/Antrieb	
Bauart	V12
Lage/Antrieb	Front/Heck
Hubraum in cm³	2953
Leistung in PS bei U/min	280 bei 7000
Vmax in km/h	230 bis 250
Karosserie	
Bauart	Cabriolet
Tragstruktur	Rohrrahmen
Material	Stahlblech/Aluminium
Stückzahl und Marktsituation	
Produktionszahl	k.A.
Verfügbarkeit	gegen null
Teilesituation	schwierig
Unterhaltskosten	hoch

Preise in Euro	1	2	3	4	5
250 GT Ser. 2 Pininfarina, Cab	250.000	200.000	160.000	120.000	–
250 GT SWB Cal.Spyder, Cab	keine Notierung				
250 GT LWB California Spyder, Cab	keine Notierung				

Ferrari 250 GT Lusso — 1962-1964

Eine aufregend-attraktive Form, Leistung satt und ganze 350 Exemplare gebaut: Die Eckdaten eines automobilen Traums. Der Ferrari 250 GT Lusso wird von einem V12 angetrieben, der für diesen Einsatzzweck um 30 PS Leistung beschnitten wurde – es blieben stattliche 250 PS, die bei 7500 Touren freigesetzt wurden. Das elegante Coupé mit dem komfortablen Interieur erreichte damit ein Tempo von 240 Stundenkilometer. Dabei blieb die Straßenlage dank einer vom GTO abstammenden Hinterachsführung stets tadellos. Als der 250 GT Lusso 1962 präsentiert wurde, empfahl ihn Ferrari als Nachfolger der 250 GT Berlinetta swb. Trotz seiner Seltenheit wurde er nicht vor Frevel verschont: Einige der 250 GT Lusso wurden im Laufe der Jahrzehnte zu unechten GTO umfrisiert – deren Preisniveau war deutlich höher.

Rar, und trotzdem oft verstümmelt: Ferrari 250 GT Lusso

Motor/Antrieb	
Bauart	V12
Lage/Antrieb	Front/Heck
Hubraum in cm³	2953
Leistung in PS bei U/min	250 bei 7500
Vmax in km/h	240
Karosserie	
Bauart	Coupé
Tragstruktur	Rohrrahmen
Material	Stahlblech
Stückzahl und Marktsituation	
Produktionszahl	350
Verfügbarkeit	gegen null
Teilesituation	sehr schwierig
Unterhaltskosten	hoch

Preise in Euro	1	2	3	4	5
250 GT Lusso, Cpe	310.000	250.000	190.000	130.000	–

Ferrari (I)

Ferrari 250 GTE — 1962-1963

Der Ferrari 250 GTE ist typisch für eine Entwicklung, die eine erfolgreiche Firma wie Ferrari nahm, deren Fokus auf dem Motorsport lag: Das steigende Renommée brachte neue Kunden, doch die waren anspruchsvoller und forderten mehr Komfort. Das vertrug sich nicht wirklich mit dem Bau von Rennfahrzeugen, doch Ferrari musste dieser Entwicklung folgen: Mit einer überarbeiteten 250 GT-Karosserie präsentierten die Italiener den 250 GTE, der durch ein Fließheck eine elegante, gestreckte Form erhielt. Der V12 im Bug leistete weiterhin 240 PS, was für glänzende Fahrleistungen ausreichte. Mit 950 gebauten Exemplaren zählt der 250 GTE im Vergleich zu anderen Ferrari-Typen beinahe zu einem Massenmodell – auch deswegen liegen seine Preise nicht in deren Schwindel erregenden Höhen.

Das Publikum fragte nach Luxus: Ferrari 250 GTE

Motor/Antrieb					
Bauart					V12
Lage/Antrieb					Front/Heck
Hubraum in cm³					2953
Leistung in PS bei U/min					240 bei 7000
Vmax in km/h					225
Karosserie					
Bauart					Coupé
Tragstruktur					Rohrrahmen
Material					Stahlblech
Stückzahl und Marktsituation					
Produktionszahl					950
Verfügbarkeit					schlecht
Teilesituation					schwierig
Unterhaltskosten					hoch
Preise in Euro	1	2	3	4	5
250 GTE, Cpe	85.000	60.000	45.000	28.000	15.000

Ferrari 250 GTO — 1962-1964

Der Ferrari 250 GTO gilt zu Recht als Ikone. Er ist der letzte in einer Reihe großer Gran Turismo-Sportwagen und birgt das gesamte Wissen, das Anfang der sechziger Jahre über den Sportwagenbau vorhanden war. Auf einen leichten Rohrrahmen aus runden und ovalen Rohren zog Scaglietti eine knappe, sehr dynamisch gezeichnete Coupé-Karosserie aus Aluminium. Der V12-Motor, von Colombo entworfen, saß vorne. Das drei Liter große Aggregat ließ sich von sechs Weber-Zweifachvergaseranlagen kräftig beatmen und leistete dann rund 290 PS bei 7500/min. Vier Scheibenbremsen waren selbstverständlich, weniger dagegen die Tatsache, dass Ferrari weiterhin eine Starrachse ins Heck schraubte. Das „O" hinter dem GT steht übrigens für Omologato, zu deutsch: homologiert. Bis heute ist die Rennpiste die einzige Heimat des GTO.

Der rote Traum: Ferrari 250 GTO

Motor/Antrieb					
Bauart					V12
Lage/Antrieb					Front/Heck
Hubraum in cm³					2953
Leistung in PS bei U/min					290 bei 7500
Vmax in km/h					270
Karosserie					
Bauart					Coupé
Tragstruktur					Rohrrahmen
Material					Stahlblech
Stückzahl und Marktsituation					
Produktionszahl					39
Verfügbarkeit					gegen null
Teilesituation					sehr schwierig
Unterhaltskosten					hoch
Preise in Euro	1	2	3	4	5
250 GTO, Cpe			keine Notierung		

Ferrari 275 GTB und GTB/4 — 1964-1968

Der Nachfolger des 250 erschien mit einigen wesentlichen Veränderungen. Bereits in der Typenbezeichnung spiegelt sich der auf 3,3 Liter angewachsene Hubraum wider. Deutlich modernisiert hat Ferrari auch das Fahrwerk mit hinterer Einzelradaufhängung und einer besseren Gewichtsverteilung – das Fünfganggetriebe war jetzt am Differenzial angeblockt. Von diesen Maßnahmen profitierte das Fahrverhalten nachhaltig, und so steigerte Ferrari mit gutem Gewissen ab 1966 die Leistung von 280 auf 300 PS, die bei respektablen 8000 Umdrehungen anfielen. Doppelte Nockenwellen unterstützten die Drehfreudigkeit des agilen Triebwerks. Die 275 GTB und GTB/4 sind rar und zählen zu den besonders gesuchten Ferrari-Varianten – und sind deswegen sehr teuer.

Jetzt Einzelradaufhängung statt Starrachse: Ferrari 275 GTB/4

Motor/Antrieb					
Bauart					V12
Lage/Antrieb					Front/Heck
Hubraum in cm³					3285
Leistung in PS bei U/min					280 bei 7600 bis 300 bei 8000
Vmax in km/h					245 bis 270
Karosserie					
Bauart					Coupé
Tragstruktur					Rohrrahmen
Material					Stahlblech/Aluminium
Stückzahl und Marktsituation					
Produktionszahl					465, 280
Verfügbarkeit					schlecht
Teilesituation					schwierig
Unterhaltskosten					hoch
Preise in Euro	1	2	3	4	5
275 GTB (Short Nose), Cpe	300.000	250.000	190.000	150.000	–
275 GTB/4, Cpe	500.000	440.000	380.000	300.000	–

Ferrari 365 GT 2+2 — 1967-1971

Der 365 GT 2+2 löste 1967 den 330 GT ab, der seinerzeit den 250 GTE beerbt hatte. Inzwischen war der Hubraum des V12 auf 4,4 Liter angewachsen, die Leistung betrug 320 PS. Das Coupé war inzwischen nahezu familientauglich und bot im Inneren viel Platz und Komfort. Das lag an einer Klimaanlage, servounterstützten Bremsen und Lenkung – sogar elektrische Fensterheber baute Ferrari den verwöhnten Kunden ein. Trotz des Mehrgewichts erreichte der Gran Turismo noch eine Spitze von 250 km/h, nur die wahren Fans schüttelten den Kopf: Als echten Sportwagen mochten sie ihn nicht mehr akzeptieren. An Käufern mangelte es dennoch nicht: Über 800 Exemplare lieferte Ferrari aus. Heute wird der 365 GT 2+2 zu recht moderaten Preisen gehandelt.

Für die Familie: Ferrari 365 GT 2+2

Motor/Antrieb					
Bauart					V12
Lage/Antrieb					Front/Heck
Hubraum in cm³					4390
Leistung in PS bei U/min					320 bei 6600
Vmax in km/h					250
Karosserie					
Bauart					Coupé
Tragstruktur					Rohrrahmen
Material					Stahlblech
Stückzahl und Marktsituation					
Produktionszahl					801
Verfügbarkeit					schlecht
Teilesituation					schwierig
Unterhaltskosten					hoch
Preise in Euro	1	2	3	4	5
365 GT (2+2), Cpe	72.000	49.000	31.000	18.000	10.000

Ferrari 365 GTB/4 („Daytona") — 1968-1973

Unter dem Namen der berühmten Rennstrecke in Florida wurde der 365 GTB/4 bekannt – nur das Werk selbst benutzte ihn nicht. Die Radaufhängungen und das Getriebe, das mit dem Differenzial verblockt war, stammten noch vom 275 GTB. Sechs Weber-Zweifachvergaser beatmeten den 4,4 Liter großen V12, der zwei obenliegende Nockenwellen je Zylinderreihe besaß. 352 PS katapultierten den Zweisitzer bis auf 275 Stundenkilometer — keine einfache Übung für den Piloten: Wer mit dem Ferrari-Klassiker schnell unterwegs sein will, muss nicht nur reaktionsschnell sein, sondern auch Kraft haben: Pedalerie und Schaltung bedürfen herzhaften Zugriffs. Die moderne Karosserie mit den charakteristischen Breitbandscheinwerfern wurde knapp über 1000 mal verkauft, lediglich 122 davon verließen als Cabrios das Werk. Heute kursieren einige nachträglich eröffnete Spider auf dem Markt — der hohe Preis lockt die Fälscher.

Ferrari goes Seventies: Ferrari 365 GTB/4

Motor/Antrieb	
Bauart	V12
Lage/Antrieb	Front/Heck
Hubraum in cm³	4390
Leistung in PS bei U/min	352 bei 7500
Vmax in km/h	275
Karosserie	
Bauart	Coupé
Tragstruktur	Rohrrahmen
Material	Stahlblech
Stückzahl und Marktsituation	
Produktionszahl	1005
Verfügbarkeit	ausreichend
Teilesituation	ausreichend
Unterhaltskosten	hoch

Preise in Euro	1	2	3	4	5
365 GTB/4, Cpe	165.000	125.000	100.000	80.000	55.000

Dino 206 GT, 246 GT und 246 GTS — 1969-1973

1966 hatte Ferrari Dino gegründet. Das unabhängige Unternehmen erhielt seinen Namen nach Ferraris früh verstorbenem Sohn Alfredino, der als Konstrukteur von V6-Motoren bekannt wurde. 1969 erschien der harmonisch gezeichnete Dino 206, der sich in seiner ersten Version mit zwei Litern Hubraum als zu drehmomentschwach für die anspruchsvolle Klientel erwies. Nur 100 Stück dieser ersten Serie entstanden. Der Nachfolger 246 GT überzeugte mit seinen 195 PS aus 2,4 Litern Hubraum und wurde demnach auch knapp 4000 mal verkauft – trotz der fehlenden, imageträchtigen Ferrari-Embleme, die viele Besitzer allerdings nachrüsteten. Einen Konkurrenten sahen die Italiener im Porsche 911, doch ernsthaft gefährden konnte der Dino den deutschen Boxer nie. 1972 präsentierte Ferrari den Dino 246 GTS, der ein herausnehmbares Dachteil besitzt.

Kein Pferdchen, eigentlich: Dino 246 GTS

Motor/Antrieb	
Bauart	V6
Lage/Antrieb	Mitte/Heck
Hubraum in cm³	1987, 2418
Leistung in PS bei U/min	180 bei 8000 bis 195 bei 7500
Vmax in km/h	230 bis 240
Karosserie	
Bauart	Coupé (auch mit entfernbarem Dachteil)
Tragstruktur	Rohrrahmen
Material	Stahlblech/Aluminium
Stückzahl und Marktsituation	
Produktionszahl	100, 3912
Verfügbarkeit	ausreichend
Teilesituation	ausreichend
Unterhaltskosten	hoch

Preise in Euro	1	2	3	4	5
Dino 246 GT, Cpe	93.000	67.500	51.400	33.100	21.400
Dino 246 GTS, Cab	104.000	74.900	58.800	38.500	24.600

Ferrari 365 GTC/4 — 1971-1972

Ganze 500 gefertigte Exemplare und eine kurze Bauzeit kennzeichnen den Ferrari 365 GTC/4, der den Motor des Daytona im Bug trägt. Allerdings fehlen dem ebenfalls 4,4 Liter großen V12 rund 30 PS, was in einer etwas gemäßigteren Charakteristik resultiert. Auch die restliche Technik hat Ferrari leicht modifiziert: Statt der Transaxle-Konstruktion verfügt der 365 GTC/4 über ein am Motor angeflanschtes Fünfgang-Getriebe. Die sanfteren Linien seiner Karosserie nahmen dem geräumigen Coupé gegenüber dem Daytona einiges an Aggressivität. Der 365 GTC/4 gab sich eleganter und wies auch im Innenraum mehr Platz und Komfort auf.

Wieder ein wenig mehr Luxus: Ferrari 365 GTC/4

Motor/Antrieb	
Bauart	V12
Lage/Antrieb	Front/Heck
Hubraum in cm³	4390
Leistung in PS bei U/min	320 bei 6600
Vmax in km/h	245
Karosserie	
Bauart	Coupé
Tragstruktur	Rohrrahmen
Material	Stahlblech
Stückzahl und Marktsituation	
Produktionszahl	500
Verfügbarkeit	schlecht
Teilesituation	ausreichend
Unterhaltskosten	hoch

Preise in Euro	1	2	3	4	5
365 GTC/4, Cpe	95.000	75.000	50.000	30.000	20.000

Ferrari 365 GT 4 2+2, 400, 400i, 412 — 1972-1975

Gediegene Eleganz auf schnellen Reiseetappen versprach der noble Ferrari 365 GT 4. Die Karosserie entstand in den Studios Pininfarinas und überzeugt mit ihren ruhigen, geraden Linien und seiner gestreckten Form. Besonders charakteristisch gerieten die Klappscheinwerfer des 365 GT 4, der mit seinem Stufenheck die klassische Silhouette des 250 GT wieder aufnahm. Im Innenraum bot der Viersitzer erstaunlich viel Platz und verwöhnte seine Passagiere mit reichlichem Komfort. Langsam waren sie nicht unterwegs: Der 4,4 Liter große V12 leistete 340 PS und beschleunigte den 365 GT 4 auf ein flottes Reisetempo von bis zu 240 km/h. 1976 schockierte Ferrari seine Fans, denn mit dem hubraumgesteigerten neuen 400 kam ein Automatikgetriebe als Option – das erste in einem Ferrari! Heute überzeugen die erschwinglichen Einstiegspreise der Modellreihe, die allerdings leicht über die hohen Unterhaltskosten hinwegtäuschen können. Bis 1994 gebaut, waren es die letzten Ferrari-Modelle im klassischen Layout. Kein Ferrari aus dieser Zeit eignet sich besser für automobile Gourmets.

Platz für vier: Ferrari 365 GT 4

Motor/Antrieb	
Bauart	V12
Lage/Antrieb	Front/Heck
Hubraum in cm³	4390, 4823, 4942
Leistung in PS bei U/min	340 bei 6800, 310 bei 3400, 340 bei 6000
Vmax in km/h	240 bis 255
Karosserie	
Bauart	Coupé
Tragstruktur	Rohrrahmen
Material	Stahlblech
Stückzahl und Marktsituation	
Produktionszahl	365 GT 4 2+2: 470; 400/400i: 501; 412: 576
Verfügbarkeit	ausreichend
Teilesituation	ausreichend
Unterhaltskosten	hoch

Preise in Euro	1	2	3	4	5
365 GT4 (2+2), Cpe	40.000	32.000	24.000	13.000	9.000

Ferrari (I)

Ferrari Dino 308 GT/4 — 1973-1979

Im 308 GT/4 fand die Dino-Geschichte ihre Fortsetzung. Bertone entwarf eine deutlich kantigere Karosserie im Stil der Zeit, musste bei allem Formempfinden aber auch den Widerspruch eines möglichst großen Innenraumangebots mit der Platzierung des Motors in der Mitte des Fahrzeugs lösen. Während seinem Vorgänger die Ferrari-Insignien noch verwehrt geblieben waren, durften wenigstens die letzten Exemplare der 308-Baureihe offiziell das springende Pferd auf dem Blech tragen. Seine Leistung rechtfertigte dies auch: Der neue Dreiliter-V8 mobilisierte mit je zwei oben liegenden Nockenwellen 255 PS bei strammen 7700 Touren. Das reichte für 240 Stundenkilometer – der Dino 308 GT/4 war ein Auto zum beherzten Fahren. Dennoch griffen nur rund 2800 Kunden zu dem kleinen Ferrari, der heute trotzdem niedriger notiert als der erste Dino: ein echter Geheimtipp.

Viel Fahrspaß, doch kaum gesucht: Ferrari Dino 308 GT/4

Motor/Antrieb	
Bauart	V8
Lage/Antrieb	Mitte/Heck
Hubraum in cm³	2926
Leistung in PS bei U/min	255 bei 7700
Vmax in km/h	240
Karosserie	
Bauart	Coupé
Tragstruktur	Rohrrahmen
Material	Stahlblech
Stückzahl und Marktsituation	
Produktionszahl	2826
Verfügbarkeit	ausreichend
Teilesituation	ausreichend
Unterhaltskosten	hoch

Preise in Euro	1	2	3	4	5
Dino 308 GT/4, Cpe	36.000	27.000	19.000	11.000	6.000

Dino 208 GT/4 — 1975

Ferrari stellte den 208 GT/4 im Frühjahr 1975 in Genf vor und betrat mit ihm abermals Neuland. Nach vielen Jahren bot der Sportwagen-Hersteller wieder ein Fahrzeug an, dessen Hubraum unterhalb der Zwei-Liter-Grenze lag. Der V8-Motor verfügte über exakt 1991 cm³ und leistete 170 PS, die bei 7700 Umdrehungen anfielen. Wichtig war diese Beschränkung für den italienischen Markt: Ab zwei Liter Hubraum fielen dort Luxussteuern an, was die Nachfrage nach potenten, aber kleinen Triebwerken enorm steigen ließ. Für den Exportmarkt war die abgespeckte Version weniger interessant und wurde deswegen auch nicht außerhalb Italiens angeboten. Außer einer kleineren Zylinderbohrung, einem einzelnen Auspuffendrohr und fehlenden Nebelscheinwerfern ist die kleinere Version vom stärkeren 308 GT/4 nicht zu unterscheiden.

Mit Zwei-Liter-V8: Dino 208 GT/4

Motor/Antrieb	
Bauart	V8
Lage/Antrieb	Mitte/Heck
Hubraum in cm³	1991
Leistung in PS bei U/min	170 bei 7700
Vmax in km/h	200
Karosserie	
Bauart	Coupé
Tragstruktur	Rohrrahmen
Material	Stahlblech
Stückzahl und Marktsituation	
Produktionszahl	840
Verfügbarkeit	ausreichend
Teilesituation	ausreichend
Unterhaltskosten	hoch

Preise in Euro	1	2	3	4	5
Dino 208 GT/4, Cpe	30.000	22.000	15.000	10.000	5.000

Ferrari 208, 308, 328 (GTB, GTS, GTBI, GTSI, Quattrovalvole, Turbo) — 1976-1989

Ferrari-Hausdesigner Pininfarina zeichnete die zeitlos-schöne Linie des neuen 308, den der italienische Sportwagenhersteller auf dem Pariser Salon 1975 präsentierte. Das Modell geriet zum echten Mittelmotor-Sportler, denn Ferrari platzierte das potente V8-Triebwerk dieses Mal unmittelbar hinter den beiden Sitzen: Im Gegensatz zum 308 GT/4, von dem das neue Modell wesentliche technische Komponenten wie Motor und Fahrwerk übernommen hatte, fanden jetzt nur noch zwei Personen Platz. 255 PS leistete das 2,9 Liter große Aggregat zunächst, im Ferrari 328 standen dann 270 PS aus 3,2 Litern Hubraum zur Verfügung, was Höchstgeschwindigkeiten zwischen 250 und 260 km/h garantierte. Ab 1980 regelt eine Bosch K-Jetronic die Gemischaufbereitung. Die Pininfarina-Karosserie entstand zu Beginn der Bauzeit auch aus Fiberglas („vetroresina"), später trug der Gitterrohrrahmen – der letzte, der bei Ferrari entstand – ausschließlich eine Haut aus Stahlblech.

Beliebter Mittelmotor-Sportler: Ferrari 308/328

Motor/Antrieb	
Bauart	V8
Lage/Antrieb	Mitte/Heck
Hubraum in cm³	2926, 3195
Leistung in PS bei U/min	255 bei 7700, 270 bei 7000
Vmax in km/h	250 bis 260
Karosserie	
Bauart	Coupé (auch mit entfernbarem Dachteil)
Tragstruktur	Rohrrahmen
Material	Kunststoff/Stahlblech
Stückzahl und Marktsituation	
Produktionszahl	k.A.
Verfügbarkeit	gut
Teilesituation	gut
Unterhaltskosten	hoch

Preise in Euro	1	2	3	4	5
308 GTB (Ser. 1975-1980), Cpe	45.000	33.000	24.000	13.000	8.000
308 GTS, HD	52.000	39.000	29.000	17.000	9.000
308 GTBi, Cpe	43.000	31.000	23.000	13.000	8.000
328 GTS, HD	60.000	44.000	33.000	19.000	–

Ferrari Mondial 8, Mondial Quattrovalvole — 1980-1988

Der Ferrari Mondial 8 war als Nachfolger des 308 GT/4 im März 1980 auf dem Genfer Salon dem Publikum präsentiert worden. Der einst drehfreudige und potente V8 jedoch gab sich im Mondial eigenartig zugeschnürt: Die Einspritzung sorgte nicht gerade für gesteigerte Agilität des Drei-Liter-Triebwerks, wenn man es mit den früheren Vergaser-Versionen verglich. Ganze 214 PS standen dem Mondial-Piloten noch zur Verfügung. Ferrari reagierte 1982 schließlich auf den Missstand: Der Namenszusatz Quattrovalvole stand für vier Ventile pro Zylinder. Daraus resultierten wieder 240 PS, die dem Dreiliter V8 wieder die alte Farbigkeit zurückgaben.

Ferrari in den Achtzigern: Ferrari Mondial

Motor/Antrieb	
Bauart	V8
Lage/Antrieb	Mitte/Heck
Hubraum in cm³	2926
Leistung in PS bei U/min	214 bei 6600 bis 240 bei 6600
Vmax in km/h	250
Karosserie	
Bauart	Coupé, Cabriolet
Tragstruktur	selbsttragend
Material	Stahlblech
Stückzahl und Marktsituation	
Produktionszahl	k.A.
Verfügbarkeit	üppig
Teilesituation	gut
Unterhaltskosten	hoch

Preise in Euro	1	2	3	4	5
Mondial 8, Cpe	28.000	21.500	15.300	9.200	–
Mondial QV+L584, Cpe	31.700	24.000	17.900	9.700	–
Mondial QV, Cab	40.000	27.600	21.000	12.800	–

Fiat (I) • seit 1899

1899 gründeten finanz- und tatkräftige Turiner die „Fabbrica Italiana Automobili Torino", abgekürzt F.I.A.T. Als Fiat – Ende 1906 ließ man die Punkte weg – schrieb die Firma viele spannende Kapitel Automobil- und Industriegeschichte.

Ihr erster Generaldirektor war Giovanni Agnelli I. Mit den Patenten des Motorwagenherstellers Ceirano sicherte er die Zukunft des Herstellers. Die Marke plante erfolgreich die Motorisierung Italiens, in der Kleinwagen- und Mittelklasse übernahm Fiat schnell die Führung. Legendär bis heute sind die Modelle Balilla und der 500, den alle Welt nur Topolino nennt. Die Popularität von Fiat bei der Masse verhinderte allerdings nachhaltig jeden Erfolg in der Oberklasse – dafür schienen die Produkte nicht exklusiv genug.

In der Nachkriegszeit sorgte Fiat nachhaltig für die Motorisierung nicht nur Italiens. Der Topolino lief in überarbeiteter Form weiter, 1955 kam der 600 dazu, der die Lücke zu dem bereits 1953 vorgestellten Modell 1100 schloss. In Deutschland sicherte man sich in dieser Zeit über die Heilbronner NSU-Werke guten Marktzugang.

1969 übernahm Fiat den italienischen Konkurrenten Lancia, der seine Eigenständigkeit nach und nach verlor. Mehrheitsanteile bei Ferrari kamen ebenfalls 1969 dazu, doch blieben die Sportwagen aus Maranello stets entkoppelt von der Fiat-Entwicklung.

Patriarch, Fiat-Chef und Grandseigneur: Giovanni Agnelli II (1921 - 2003)

1971 kaufte Fiat den kleinen Hersteller Abarth, die Zweitmarke Autobianchi bot Rückendeckung für konstruktive Experimente. 1986 kam schließlich Alfa Romeo in den Konzern, gefolgt von Maserati.

Geholfen hat die breite Diversifizierung nicht: Die Autosparte des Industriemultis Fiat steht heute näher am Abgrund denn je. Welcher der heute zahllos gezogenen Rettungsfallschirme helfen wird, weiß niemand. Nach dem Ende der Agnelli-Ära bleibt Fiat ein spannendes Thema.

Fiat produziert den Balilla nach modernen Methoden

Fiat 514   1929-1932

Innerhalb der 500 genannten Baureihe, die Fiat mit der Vorstellung des Modells 501 im Jahr 1919 gestartet hatte, gehörte der 514 zu den erfolgreichsten Typen. Der Fiat wird von einem 1,5 Liter großen Vierzylinder angetrieben, der in seiner Standardversion 28 PS leistet, stärkere Versionen boten bis zu 37 PS. Das gesamte Fahrzeuglayout entsprach den Gepflogenheiten der Zeit: Stehende Ventile, von einer untenliegenden Nockenwelle angetrieben, vier Seilzug-Trommelbremsen und ein Viergganggetriebe galten als guter Durchschnitt für Fahrzeuge dieser Größe. Fiat bot den 514 in zahllosen Karosserievarianten an: Er konnte als Limousine, Coupé, Cabriolet Royal, Torpedo und Spider geordert werden. Für den kommerziellen Einsatz war der Fiat 514 Commerciale geeignet: Es gab ihn als Lieferwagen auf langem Fahrgestell. Der 514 wurde auch gerne als Taxi eingesetzt.

Der Weg in die Großserie: Fiat 514

Motor/Antrieb	
Bauart	Vierzylinder (Reihe)
Lage/Antrieb	Front/Heck
Hubraum in cm³	1438
Leistung in PS bei U/min	28 bei 3400, 37 bei 3700
Vmax in km/h	82 bis 110
Karosserie	
Bauart	Limousine, Coupé, Roadster
Tragstruktur	Kastenrahmen
Material	Stahlblech
Stückzahl und Marktsituation	
Produktionszahl	k.A.
Verfügbarkeit	schlecht
Teilesituation	sehr schwierig
Unterhaltskosten	hoch

Preise in Euro	1	2	3	4	5
514, L4t	18.500	14.100	9.800	5.600	2.400
514, Tou	28.000	21.500	15.000	8.500	3.500

Fiat 508 Balilla   1932-1937

1932 hatte Fiat das Auto für Jedermann auf dem Mailänder Automobilsalon präsentiert: den Balilla. Der 508 zählt zu den wichtigsten Autos des Turiner Konzerns und war ein überaus guter Erfolg. Zunächst gab es den 508 als zweitürige Limousine, als Spider und Torpedo, wie das viersitzige Cabriolet genannt wurde. Später erweiterte Fiat aber die Modellpalette noch: Es kamen unter anderem verschiedene Lieferwagenaufbauten. Die erste Serie ist an ihrer steil stehenden Kühlermaske zu erkennen, die etwas flachere Version kennzeichnet die zweite Modellreihe, die ab 1934 in Serie ging. Motorisiert wurden die Balilla-Modelle von Reihenvierzylindern mit einem Liter Hubraum, ihre Leistung lag bei den Normalversionen zwischen 20 und 24 PS. Ein Dreiganggetriebe („tre marce") übertrug die Kraft, ab 1934 kam ein Getriebe mit vier Gängen zum Einsatz.

Das Auto für Jedermann: Fiat 508 Balilla

Motor/Antrieb	
Bauart	Vierzylinder (Reihe)
Lage/Antrieb	Front/Heck
Hubraum in cm³	995
Leistung in PS bei U/min	20 bei 3400, 24 bei 3800
Vmax in km/h	80 bis 100
Karosserie	
Bauart	Limousine, Cabriolet, Ko
Tragstruktur	Kastenrahmen
Material	Stahlblech
Stückzahl und Marktsituation	
Produktionszahl	160000,0
Verfügbarkeit	schlecht
Teilesituation	schwierig
Unterhaltskosten	niedrig

Preise in Euro	1	2	3	4	5
508 Balilla Ser. 1, L2t	14.300	10.000	6.200	3.500	1.500
508 Balilla Ser. 1, Tou	25.000	19.000	12.500	7.000	3.000

Fiat (I)

Fiat 508 Balilla Sport — 1933-1934

Auch für sportliche Fahrer bot Fiat einige Varianten der erfolgreichen 508 Balilla-Baureihe an, die in verschiedenen Versionen auch in Rennen eingesetzt wurden. Die Versionen Balilla Sport (die es auch als Berlinetta gab) und Spider überzeugten zudem mit ihren hübschen Karosserien, deren lange Motorhaube keinen Deut Zweifel an der sportlichen Bestimmung der kleinen Wagen ließen. Auch technisch konnten die schnellen Balilla überzeugen: Der Reihenvierzylinder war zwar im Hubraum unverändert geblieben, doch leistete er jetzt 30, später sogar 34 und 36 PS. Wie die gesamte Baureihe verfügte selbstverständlich auch der 508 Balilla Sport bereits über vier hydraulisch betätigte Bremsen. Besonders schnell war der 508 Siata, ein Rennsport-Einsitzer mit Roots-Kompressor, der 1933 gebaut wurde und bis zu 155 Stundenkilometer schnell war.

Krönung einer vielseitigen Baureihe: Fiat 508 Balilla Sport

Motor/Antrieb					
Bauart					Vierzylinder (Reihe)
Lage/Antrieb					Front/Heck
Hubraum in cm³					995
Leistung in PS bei U/min					30 bei 4000, 36 bei 4400
Vmax in km/h					k.A.
Karosserie					
Bauart					Roadster, Coupé
Tragstruktur					Kastenrahmen
Material					Stahlblech
Stückzahl und Marktsituation					
Produktionszahl					k.A.
Verfügbarkeit					gegen null
Teilesituation					sehr schwierig
Unterhaltskosten					hoch
Preise in Euro	1	2	3	4	5
508 Balilla Sport, Rds	37.000	29.500	21.000	12.000	5.000

Fiat 1500 — 1935-1948

Der Fiat 1500, den der Turiner Konzern 1935 vorgestellt hatte, überraschte mit einem mutigen Design, das auf die Stromlinienmode der dreißiger Jahre reagierte und ohne B-Säule auskam. Die schräg stehende Front bot dem Fahrtwind weit weniger Widerstand als die kubischen Karosserieformen, die Fiat bislang bevorzugte. Sogar die Scheinwerfer waren fast flächig in die Kotflügel eingelassen. Doch auch unter dem Blech ließen sich beim Fiat 1500 Innovationen finden: Die Vorderachse hatten die Fiat-Konstrukteure durch eine Einzelradaufhängung ersetzt, die über Schraubenfeder und Druck-zylinder verfügte. Der 1,5 Liter große Sechszylindermotor bot eine angemessene Motorisierung: Das Triebwerk besaß bereits hängende Ventile. Es leistete 45 PS (später 47 PS) bei 4400 Umdrehungen und beschleunigte die Limousine auf beachtenswerte 115 km/h.

Innovation aus Turin: Fiat 1500

Motor/Antrieb					
Bauart					Sechszylinder (Reihe)
Lage/Antrieb					Front/Heck
Hubraum in cm³					1493
Leistung in PS bei U/min					45 bei 4400, 47 bei 4400
Vmax in km/h					115
Karosserie					
Bauart					Limousine, Cabriolet
Tragstruktur					Kastenrahmen
Material					Stahlblech
Stückzahl und Marktsituation					
Produktionszahl					k.A.
Verfügbarkeit					schlecht
Teilesituation					schwierig
Unterhaltskosten					hoch
Preise in Euro	1	2	3	4	5
1500, L2t			keine Notierung		

Fiat 500 (Serie A, „Topolino") — 1936-1948

Der neue Fiat 500 war ungewohnt klein: „Topolino", zu deutsch Mäuschen, tauften die Italiener das neue Modell, das ein großer Erfolg wird. Die Fiat-Designer hatten eine Karosserie entworfen, die sich mit dem schräg nach hinten schwingenden Grill an dem im Jahr zuvor präsentierten Fiat 1500 orientierte und so einen Hauch von Aerodynamik in die kleine Klasse trug. Die beiden Passagiere saßen genau in der Mitte zwischen den Achsen, was ihnen einen akzeptablen Fahrkomfort bescherte. Dahinter lag ein üppiger Gepäckraum, in dem zur Not auch ein Kind Platz finden konnte. Angetrieben wurde der 500 von einem weit vorne eingebauten wassergekühlten Vierzylindermotor mit 569 cm³, der zunächst 13 PS leistete und den Topolino auf 85 km/h beschleunigte. Die vordere Einzelradaufhängung sorgte für eine gute Straßenlage.

Praktisch, dazu goldig wie ein Mäuschen: Fiat 500, genannt „Topolino"

Motor/Antrieb					
Bauart					Vierzylinder (Reihe)
Lage/Antrieb					Front/Heck
Hubraum in cm³					569
Leistung in PS bei U/min					13 bei 4000
Vmax in km/h					85
Karosserie					
Bauart					Limousine (2-türig), Roadster
Tragstruktur					Kastenrahmen
Material					Stahlblech
Stückzahl und Marktsituation					
Produktionszahl					122.000
Verfügbarkeit					schlecht
Teilesituation					schwierig
Unterhaltskosten					niedrig
Preise in Euro	1	2	3	4	5
500 A Topolino, L2t	15.500	10.800	6.800	3.700	1.800

Fiat 500 B („Topolino") — 1948-1949

Wie bei den meisten Firmen bestand das Modellangebot nach 1945 zunächst aus Vorkriegskonstruktionen, die zum Teil modifiziert waren. Nicht anders bei Fiat, die den Ur-Topolino bis 1948 im Programm ließen, und auch danach, als Modell B, hatte sich nicht viel geändert: Der kleine Motor wies nun hängende statt stehende Ventile auf, was aber an dem bescheidenen Temperament wenig änderte. Der Kühlkreislauf wurde mit einer Thermosyphonpumpe in Schwung gehalten. Die Lebensdauer der kleinen Triebwerke konnte überzeugen. Für Cabrio-Feeling sorgte ein großes serienmäßiges Rolldach bei der Limousine, die Giardiniera genannte Kombiversion bot dagegen praktische Vorzüge. Der Kleinwagen ist heute eine durchaus attraktive und symphatische Alternative zu deutschen Nachkriegsklassikern.

Nur sanft überarbeitet: Fiat 500 B „Topolino"

Motor/Antrieb					
Bauart					Vierzylinder (Reihe)
Lage/Antrieb					Front/Heck
Hubraum in cm³					569
Leistung in PS bei U/min					16,5 bei 4400
Vmax in km/h					90 bis 95
Karosserie					
Bauart					Cabrio-Limousine, Kombi (3-türig)
Tragstruktur					Kastenrahmen
Material					Stahlblech
Stückzahl und Marktsituation					
Produktionszahl					k.A.
Verfügbarkeit					gegen null
Teilesituation					schwierig
Unterhaltskosten					niedrig
Preise in Euro	1	2	3	4	5
500 B Topolino, Cal	13.800	9.800	5.600	2.900	1.500
500 B Giardiniera, Kom	15.200	10.600	6.600	3.500	1.700

Fiat (I)

Fiat 500 C („Topolino") 1949-1954

Ein deutliches Facelift führte vom Topolino B zum C: Der Kleinwagen hatte seine typischen Mickey-Mouse-Ohren verloren, die einst für den Spitznamen gesorgt hatten – die bislang frei stehenden Scheinwerfer hatten die Fiat-Stylisten nun in die Kotflügel integriert. Vier Zentimeter mehr Gesamtlänge brachten dem Kofferraum etwas mehr an Format. Glücklicherweise wurde das serienmäßige Rolldach beibehalten, was der Fahrfreude auch heute noch, trotz der mäßigen Fahrleistungen, sehr zuträglich ist. Bei der Technik hatte sich wenig getan: Sie stammte weitgehend aus dem Vorgänger, und vergeblich kratzte der „Topolino" – der Name blieb weiterhin im Sprachgebrauch erhalten – an der 100-km/h-Marke. Neben der viersitzigen Giardiniera-Version, die ab 1951 Belvedere hieß, bot Fiat den 500 C auch als Kastenwagen an.

Der „Topolino" jetzt ohne die typischen Ohren: Fiat 500 C

Motor/Antrieb					
Bauart					Vierzylinder (Reihe)
Lage/Antrieb					Front/Heck
Hubraum in cm³					569
Leistung in PS bei U/min					16,5 bei 4400
Vmax in km/h					90 bis 95
Karosserie					
Bauart					Cabrio-Limousine, Kombi (3-türig)
Tragstruktur					Kastenrahmen
Material					Stahlblech
Stückzahl und Marktsituation					
Produktionszahl					376.368
Verfügbarkeit					schlecht
Teilesituation					schwierig
Unterhaltskosten					niedrig
Preise in Euro	1	2	3	4	5
500 C, Cal	11.100	7.800	5.500	2.800	1.100
500 C Belvedere, Kom	11.800	8.300	5.900	3.000	1.300
500 C Giardiniera, Kom	13.000	9.200	6.600	3.400	1.500

Fiat 1400 1950-1958

Grundlegend neu war der Fiat 1400, den das Werk auf dem Genfer Salon im Frühjahr 1950 vorstellte. Seine Konstruktion beruhte nicht mehr auf einem Kastenrahmen, sondern auf einer selbsttragenden Karosseriestruktur. Die erste Serie, die bis 1954 gebaut wurde, unterscheidet sich von den später gebauten 1400 durch eine andere Gestaltung der Front. Die Pontonform des 1400 ist von bestechender Klarheit und zeigt mit seinen glattflächigen Flanken eine konsequente Umsetzung des neuen Konstruktionsprinzips. Der 1400 war zudem der erste Fiat, der serienmäßig eine Heizung besaß. Angetrieben wurde der 1400 von einem zunächst 44 PS, später 50 PS und 54 PS starken 1,4-Liter-Vierzylinder. Einen 1,9 Liter großen Diesel bot Fiat zwischen 1953 und 1956 an. Besonders überzeugend wirkte das von Fiat entworfene Cabriolet, das bis 1954 angeboten wurde.

Neues Konzept, gute Form: Fiat 1400

Motor/Antrieb					
Bauart					Vierzylinder (Reihe)
Lage/Antrieb					Front/Heck
Hubraum in cm³					1395, 1901
Leistung in PS bei U/min					40 bei 3200, 54 bei 4600
Vmax in km/h					95 bis 120
Karosserie					
Bauart					Limousine (4-türig), Cabriolet
Tragstruktur					selbsttragend
Material					Stahlblech
Stückzahl und Marktsituation					
Produktionszahl					k.A.
Verfügbarkeit					schlecht
Teilesituation					schwierig
Unterhaltskosten					hoch
Preise in Euro	1	2	3	4	5
1400, L4t	11.100	8.400	5.100	2.900	1.000
1400 A, L4t	9.600	7.200	4.300	2.500	900
1400 B, L4t	10.000	7.500	4.600	2.600	950

Fiat 8V („Otto Vu") 1952-1954

Der Genfer Salon besaß 1952 eine besondere Attraktion: Der von Fiat präsentierte 8V – italienisch ausgesprochen hieß das Otto Vu – sorgte für erhebliches Aufsehen. Seine Karosserie bestand aus Stahlblechpressteilen, die als zwei Schalen gegeneinander verschweißt waren. Ein Rohrrahmen trug die Konstruktion. Neben der Werkskarosserie bauten bekannte Firmen wie Ghia, Vignale, Pinin Farina und Zagato Versionen des 8V. 1954 stellte Fiat sogar eine Version mit Kunststoffkarosserie vor – es war das erste italienische Auto, das aus dem neuen Werkstoff gefertigt worden war. Für den Antrieb sorgte ein V8-Motor, der aus zwei Litern Hubraum zunächst 105 PS schöpfte. In zwei weiteren Leistungsstufen mobilisierte das Triebwerk 115 und 127 PS. Der 8V ist eine Fiat-Entwicklung, die ursprünglich für eine Oberklasselimousine gedacht war, die jedoch nie gebaut wurde.

Sensation auf dem Genfer Salon 1952: Fiat 8V

Motor/Antrieb					
Bauart					V8
Lage/Antrieb					Front/Heck
Hubraum in cm³					1996
Leistung in PS bei U/min					105 bei 5600 bis 127 bei 6000
Vmax in km/h					190 bis 210
Karosserie					
Bauart					Coupé
Tragstruktur					Rohrrahmen
Material					Stahlblech/Kunststoff
Stückzahl und Marktsituation					
Produktionszahl					114
Verfügbarkeit					gegen null
Teilesituation					sehr schwierig
Unterhaltskosten					hoch
Preise in Euro	1	2	3	4	5
8V, Cpe			keine Notierung		

Fiat 1100 1953-1969

Viel Neues brachte das 1953 vorgestellte Mittelklassemodell Fiat 1100, nur der Name und der Motor waren gleich geblieben. Trotz moderner Pontonbauweise hatte sich Fiat für eine recht konservative Karosserie entschieden. Die vorderen Türen waren noch an der B-Säule angeschlagen. Ein interessantes Detail war der den sportlichen Modellen vorbehaltene dritte Scheinwerfer, der in der Mitte des Kühlergrills montiert war. Neben der viertürigen Limousine offerierte Fiat ein Kombimodell namens Familiare, das mehr praktischen Nutzwert bot. Etliche Modellpflegemaßnahmen ermöglichten dem Fiat 1100 eine beachtlich lange Bauzeit, die in den Jahren 1962 bis 1966 eine schlichtere Form und einen leicht vergrößerten 1,2-Liter-Motor brachte. In Deutschland wurde der Wagen in Lizenz gefertigt und als NSU-Neckar-Fiat verkauft.

Mit hohem Praxiswert: Fiat 1100 Familiare

Motor/Antrieb					
Bauart					Vierzylinder (Reihe)
Lage/Antrieb					Front/Heck
Hubraum in cm³					1089, 1221
Leistung in PS bei U/min					34 bei 4400 bis 52 bei 5200
Vmax in km/h					115 bis 135
Karosserie					
Bauart					Limousine (4-türig), Kombi (5-türig)
Tragstruktur					selbsttragend
Material					Stahlblech
Stückzahl und Marktsituation					
Produktionszahl					1.700.000
Verfügbarkeit					schlecht
Teilesituation					schwierig
Unterhaltskosten					niedrig
Preise in Euro	1	2	3	4	5
1100-103, L4t	8.000	5.700	3.200	1.500	300
1100-103 D, L4t	7.800	5.500	3.100	1.400	300
1100 D (103), L4t	6.800	4.700	2.400	900	150

Fiat (I)

Fiat 1100-103 E Trasformabile, 1200 Granluce Cabriolet 1955-1959

Ein Versuch von Fiat, in das Marktsegment der kleinen Spezialkarossiers einzudringen, stellt der Entwurf des Trasformabile auf Basis der 1100er/1200er-Modelle dar. Die selbsttragende Bauweise erschwerte die Produktion kleinster Serien, die mit individuellen Karosserien versehen wurden. Ein Erfolg war der sportliche Zweisitzer noch nicht: Mit insgesamt knapp 3400 Exemplaren blieb der ungewöhnlich proportionierte Wagen mit der großen Panoramascheibe und den potent aussehenden Lufthutzen in der Motorhaube ein Außenseiter in dem auf Masse ausgerichteten Fiat-Markenprogramm. Zwischen 50 und 55 PS leisteten die Vierzylindermotoren, die den Trasformabile rund 140 Stundenkilometer schnell fahren ließen. Heute sind die frühen Fiat-Spider selten und teuer – zudem ist das Angebot verschwindend klein.

Der Versuch, eine Nische zu erobern: Fiat 1100 Trasformabile

Motor/Antrieb					
Bauart					Vierzylinder (Reihe)
Lage/Antrieb					Front/Heck
Hubraum in cm³					1089, 1221
Leistung in PS bei U/min					50 bei 5400 bis 55 bei 5300
Vmax in km/h					135 bis 140
Karosserie					
Bauart					Cabriolet
Tragstruktur					selbsttragend
Material					Stahlblech
Stückzahl und Marktsituation					
Produktionszahl					1030, 2363
Verfügbarkeit					gegen null
Teilesituation					schwierig
Unterhaltskosten					mittel
Preise in Euro	1	2	3	4	5
1100-103 E TV, Cab	20.500	15.900	10.200	5.600	2.600
1200 Granluce, Cab	17.900	13.500	8.700	4.600	2.100

Fiat 600 Multipla 1955-1969

Aus heutiger Sicht wirkt der Fiat 600 Multipla als ein Vorläufer der Großraum-Limousinen moderner Prägung: Bis zu sechs Personen konnten in dem eigenwillig gestylten Wagen mitfahren. Weil die Sitze der beiden hinteren Reihen umgelegt werden konnten, war der Innenraum sehr variabel nutzbar. Die technische Basis stammte vom Fiat 600 ab, von dem auch die Motorenpalette stammte. Im 600 D, den Fiat von 1960 bis zur Produktionseinstellung 1967 anbot, kam der größere 767-cm³-Antrieb zum Einsatz, dessen 29 PS den Multipla zwar etwas agiler machten, ihn aber noch nicht beflügelten. Gegenüber der normalen 600-Limousine war der Multipla um 32 Zentimeter verlängert und maß somit insgesamt 3,54 Meter. Wegen ihrer originellen Konzeption sind diese Fahrzeuge heute sehr gesucht und kosten deutlich mehr als ein Fiat 600.

Ein Van der Frühzeit: Fiat 600 Multipla, 600 D Multipla

Motor/Antrieb					
Bauart					Vierzylinder (Reihe)
Lage/Antrieb					Heck/Heck
Hubraum in cm³					633, 767
Leistung in PS bei U/min					19 bei 4600 bis 29 bei 4800
Vmax in km/h					95 bis 110
Karosserie					
Bauart					Limousine (2-türig)
Tragstruktur					selbsttragend
Material					Stahlblech
Stückzahl und Marktsituation					
Produktionszahl					k.A.
Verfügbarkeit					gegen null
Teilesituation					ausreichend
Unterhaltskosten					niedrig
Preise in Euro	1	2	3	4	5
600 Multipla, Bus	9.700	6.500	3.900	2.000	600
600 D Multipla, Bus	10.600	7.200	4.300	2.200	700

Fiat 600, 600 D 1955-1973

Als Dauerbrenner mit 18-jähriger Präsenz erwies sich der 1955 eingeführte Fiat 600. Das Heckmotorfahrzeug bot unter seiner rundlichen Hülle, die in selbsttragender Bauweise ausgeführt war, ein ordentliches Raumangebot auch für vier Erwachsene. Sein Layout bildete das Vorbild für den zwei Jahre später gestarteten Fiat 500. Bei voller Beladung musste sich der zunächst nur 19 PS starke Reihenmotor des 600 abmühen, und die Agilität blieb so eher bescheiden. Das war vielleicht auch besser, denn das Fahrwerk, mit der unausgewogenen Gewichtsverteilung strapaziert, konnte im Grenzbereich für Überraschungen sorgen. Zahllose Modellpflegemaßnahmen ermöglichten dem Fiat 600 ein Leben bis 1973. Mit rund 2,5 Millionen gebauten Exemplaren ist der Markt heute gut gefüllt – selbst wenn der Rost viele 600 früh dahingerafft hat.

Kein Wunder an Raumökonomie: Fiat 600

Motor/Antrieb					
Bauart					Vierzylinder (Reihe)
Lage/Antrieb					Heck/Heck
Hubraum in cm³					633, 767
Leistung in PS bei U/min					19 bei 4600 bis 29 bei 4800
Vmax in km/h					100 bis 110
Karosserie					
Bauart					Limousine (2-türig)
Tragstruktur					selbsttragend
Material					Stahlblech
Stückzahl und Marktsituation					
Produktionszahl					2.500.000
Verfügbarkeit					üppig
Teilesituation					gut
Unterhaltskosten					niedrig
Preise in Euro	1	2	3	4	5
600, L2t	9.000	6.000	3.700	1.900	600
600 D (Ser. 1960-1964), L2t	8.000	5.700	3.100	1.300	300
600 D (Ser. 1965-1969), L2t	7.300	5.100	2.700	1.000	200

Fiat 1200 1957-1960

Die Leistungs- und Luxusvariante zum volksnahen Fiat 1100 trug die simple Modellbezeichnung 1200, die um den Zusatz Grandvue und Grandluce ergänzt wurde. Er ersetzte die potenten TV-Modelle der 1100er-Serie. Neben reichlich verzierenden Elementen an der ansonsten identischen Karosserie, die von einem anderen Grill geprägt wurde, war es vor allem die höhere Motorleistung des zweifarbig lackierten Viertürers, die den Unterschied ausmachte. Auch der Innenraum des 1200 zeigte sich gegenüber der billigeren Modellreihe aufgewertet. Mit bis zu 55 PS erreichte der Fiat 1200 bis zu 135 Stundenkilometer Spitzentempo. Gut 400.000 Käufer fanden an dem Paket allein in der kurzen Bauzeit zwischen 1957 und 1960 Gefallen. Noch 1959 ließ Fiat den 1200er-Modellen eine Modellpflege angedeihen. Heute sind die Fiat-Modelle eine reizvolle Alfa-Alternative.

Agile Mittelklasse: Fiat 1200

Motor/Antrieb					
Bauart					Vierzylinder (Reihe)
Lage/Antrieb					Front/Front
Hubraum in cm³					1221
Leistung in PS bei U/min					55 bei 5300
Vmax in km/h					135
Karosserie					
Bauart					Limousine (4-türig)
Tragstruktur					selbsttragend
Material					Stahlblech
Stückzahl und Marktsituation					
Produktionszahl					400.066
Verfügbarkeit					ausreichend
Teilesituation					schwierig
Unterhaltskosten					niedrig
Preise in Euro	1	2	3	4	5
1200, L4t	7.900	5.700	3.200	1.500	300

Fiat (I)

Fiat 500 Nuova — 1957–1975

Mit dem neuen Fiat 500 entkräftete der italienische Hersteller die Vorwürfe, nach denen er nur noch Autos für Besserverdiener de bauen würde. Der 1957 lancierte 500 Nuova erreichte schnell Popularität und wurde zum würdigen Nachfolger des legendären Topolino. Er bildete den neuen Abschluss der Modellpalette nach unten. Der ursprünglich geplante Zweizylindermotor hatte statt 400 cm³ beim Serienanlauf etwas mehr Volumen erhalten. Der luftgekühlte Viertakter sorgte mit anfangs 13 PS für akzeptable Fahrleistungen. In seiner langen, bis 1975 anhaltenden Karriere machte er zahlreiche Modellpflegemaßnahmen mit. Am Erscheinungsbild und dem offenherzigen Charme des kleinen Fiat änderte sich nur wenig. Sein Wert in der Klassiker-Szene ist heute längst erkannt, der Zuspruch steigt ständig. Nur frühe Exemplare sind heute selten.

Topolinos Erben: Fiat 500 Nuova

Motor/Antrieb	
Bauart	Zweizylinder (Reihe)
Lage/Antrieb	Heck/Heck
Hubraum in cm³	479, 499, 594
Leistung in PS bei U/min	13 bei 4000 bis 22 bei 4800
Vmax in km/h	85 bis 105
Karosserie	
Bauart	Limousine (2-türig), Kombi
Tragstruktur	selbsttragend
Material	Stahlblech
Stückzahl und Marktsituation	
Produktionszahl	3.400.000
Verfügbarkeit	üppig
Teilesituation	gut
Unterhaltskosten	niedrig

Preise in Euro	1	2	3	4	5
500 D, L2t	7.900	5.600	3.000	1.200	300
500 F, L2t	8.300	5.900	3.100	1.100	350
500 Lusso, L2t	8.500	6.000	3.200	1.100	350
500 R, L2t	7.400	5.400	2.900	1.000	300

Fiat 1200 und 1500 Spider, Coupé — 1959–1966

Einen wahren Lichtblick gab es 1959, als Fiat den 1200 Spider vorstellte. Die schnörkellosen, feinen, aber nicht zaghaften Linien der Karosserie stammten aus der Feder Pininfarinas und harmonierten gut mit den zunächst nicht übertrieben sportlichen Fahrleistungen. Das Konzept sah weniger die fahrdynamischen Aspekte im Vordergrund: Besonderen Wert legte Fiat auf leichte Bedienbarkeit und ein hohes Maß an Komfort. Das wurde durch die etwas weiche Fahrwerksabstimmung auch erreicht. Mit der Einführung des 75 PS starken 1,5-Liter-Motors stiegen die Fahrleistungen – bis zu 165 km/h war der Spider jetzt schnell. Vordere Scheibenbremsen hielten ihn im Zaum. Verblüffend ähnlich sah das zwei Jahre später vorgestellte Peugeot 404 Cabrio aus, dessen Styling ebenfalls von Pininfarina stammte.

Start in eine neue Frischluft-Ära: Fiat 1200 Spider

Motor/Antrieb	
Bauart	Vierzylinder (Reihe)
Lage/Antrieb	Front/Heck
Hubraum in cm³	1221, 1481
Leistung in PS bei U/min	58 bei 5300 bis 75 bei 5400
Vmax in km/h	140 bis 165
Karosserie	
Bauart	Coupé, Cabriolet
Tragstruktur	selbsttragend
Material	Stahlblech
Stückzahl und Marktsituation	
Produktionszahl	11.851, 22.630
Verfügbarkeit	ausreichend
Teilesituation	schwierig
Unterhaltskosten	mittel

Preise in Euro	1	2	3	4	5
1200 Cabrio (Ser. 1959-1963), Cab	14.000	10.500	6.700	3.600	1.500

Fiat 1500 S Coupé, 1500 S Cabriolet und 1600 S Coupé, 1600 S Cabriolet — 1959–1966

Mit anderen Ambitionen als die komfortorientierten Brüder startete das auch optisch überarbeitete Modell 1500 S, das als Cabriolet und Coupé angeboten wurde. Vor allem unter der Motorhaube, die jetzt eine Lufthutze trug, hatte sich einiges getan. Der Motor mit zwei oben liegenden Nockenwellen war bei OSCA von den Maserati-Brüdern konstruiert worden, gab sich aber im Serieneinsatz etwas zivilisierter. Die zunächst 75 PS genügten aber durchaus für sportliche Fahrleistungen. Rassiger noch trat der 1963 eingeführte 1600 S mit immerhin 90 PS an, der seine Kraft via Fünfganggetriebe entfalten durfte. Trotz des gelungenen Pakets erreichte Fiat nur niedrige Verkaufszahlen, was nicht zuletzt an den deutlich höheren Einstiegspreisen lag – noch heute sind sie überaus teuer. Die Coupés kamen erst 1964, zwei Jahre vor dem Produktionsende, auf den Markt.

Spider mit Schnellzug-Zuschlag: Fiat 1500 S Coupé

Motor/Antrieb	
Bauart	Vierzylinder (Reihe)
Lage/Antrieb	Front/Heck
Hubraum in cm³	1481, 1568
Leistung in PS bei U/min	75 bei 6000 bis 90 bei 6500
Vmax in km/h	165 bis 175
Karosserie	
Bauart	Coupé, Cabriolet
Tragstruktur	selbsttragend
Material	Stahlblech
Stückzahl und Marktsituation	
Produktionszahl	3089
Verfügbarkeit	schlecht
Teilesituation	schwierig
Unterhaltskosten	mittel

Preise in Euro	1	2	3	4	5
1500 Cabrio (Ser. 1963-1965), Cab	15.700	11.800	7.600	4.000	1.700
1500 S, Cab	20.300	15.200	9.800	5.200	2.800
1600 S, Cab	21.500	16.100	10.400	5.500	3.000

Fiat 1800, 2100 und 2300 — 1959–1968

Nach langjähriger Abstinenz in diesem Segment stieg Fiat 1959 wieder in die obere Mittelklasse ein. Standesgemäßer Antrieb dafür war ein Sechszylindermotor, den die Turiner daher auch brav entwickelten: Mit schräg hängenden Ventilen, hoch im Block liegender Nockenwelle und kurzen Stößeln wusste er in Sachen Kultiviertheit zu überzeugen. Die würdevolle Pininfarina-Karosserie im modischen Trapezlinien-Stil bot fünf bis sechs Personen Platz und wurde daher auch gern als Taxi eingesetzt. 1961 ersetzte der auf 2,3 Liter vergrößerte Motor den kleineren 2,1 Liter. Auch dem kleineren Modell kamen die nun serienmäßigen vier Scheibenbremsen zugute. Mit Einzelradaufhängung vorn und Starrachse hinten war das Fahrwerk in seiner Abstimmung sehr weich geraten. Vor allem wegen des großen Platzangebots konnte die Kombiversion überzeugen.

A Touch of Class: Fiat 2300

Motor/Antrieb	
Bauart	Sechszylinder (Reihe)
Lage/Antrieb	Front/Heck
Hubraum in cm³	1795, 2054, 2279
Leistung in PS bei U/min	75 bei 5000 bis 105 bei 5300
Vmax in km/h	140 bis 160
Karosserie	
Bauart	Limousine (4-türig), Kombi (5-türig)
Tragstruktur	selbsttragend
Material	Stahlblech
Stückzahl und Marktsituation	
Produktionszahl	185.000
Verfügbarkeit	gegen null
Teilesituation	schwierig
Unterhaltskosten	hoch

Preise in Euro	1	2	3	4	5
1800, L4t	10.200	7.400	4.300	2.100	500
2100, L4t	10.900	7.900	4.800	2.200	600
2300, L4t	11.900	9.000	5.600	2.900	800

Fiat (I)

Fiat 1300, 1500, 1500 L und C — 1961-1967

Mit einem ähnlichen Konzept wie bei den Sechszylindermodellen ging Fiat auch in der Mittelklasse auf Erfolgskurs. Die mit Doppelscheinwerfern geschmückte Karosserie bot viel Platz und Komfort, wenngleich die Fahrwerksabstimmung deutlich straffer ausfiel. Das jedoch passte gut zu den ansehnlichen Fahrleistungen, die der Wagen auch mit 60 PS erreichte. Die Vierzylindermotoren waren um zwei Einheiten gekappte Sechszylinder, das Fahrwerk gab sich mit Starrachse hinten recht simpel. Beliebt war der 80 PS starke 1500 aber auch als Kombi oder als Taxi mit um 46 Zentimeter verlängertem Radstand. Doch schon die Normalmodelle boten ein dem großen Fiat vergleichbares Platzangebot. Eine Neukonstruktion war das vollsynchronisierte Vierganggetriebe, und auch das Sicherheitsdenken nahm langsam Formen an. Die Baureihe wurde ein großer Exporterfolg.

Auch außerhalb Italiens ein großer Erfolg: Fiat 1300

Motor/Antrieb	
Bauart	Vierzylinder (Reihe)
Lage/Antrieb	Front/Front
Hubraum in cm³	1295, 1481
Leistung in PS bei U/min	60 bei 5200 bis 80 bei 5200
Vmax in km/h	140 bis 165
Karosserie	
Bauart	Limousine (4-türig), Kombi (5-türig)
Tragstruktur	selbsttragend
Material	Stahlblech
Stückzahl und Marktsituation	
Produktionszahl	600.000
Verfügbarkeit	schlecht
Teilesituation	schwierig
Unterhaltskosten	mittel

Preise in Euro	1	2	3	4	5
1300, L4t	7.400	5.200	2.800	1.300	400
1500, L4t	8.200	5.800	3.400	1.400	500
1500 L (Ser. 1962-1968), L4t	9.500	6.600	3.900	1.600	600

Fiat 2300 Coupé, 2300 S Coupé — 1961-1968

Viel Bewunderung gab es 1960 in Turin und Anfang 1961 in Genf für das Coupé, das Fiat auf der Basis der großen Limousinen entworfen hatte. Dem prestigeträchtigen Modell hatte Ghia eine modisch-elegante Karosserie geschneidert, die über eine große, dreigeteilte Heckscheibe verfügte. Gefertigt wurden die Blechhüllen beim Karosseriespezialisten OSI. Der 2+2-Sitzer zeigte sich nicht nur als luxuriöses, sehr komfortables Coupé, er bot auch eine Motorleistung, die einem sportlichen Gran Turismo dieses Zuschnitts anstand. Ebenso überzeugten die Fahreigenschaften. Besonders flott zeigte sich der 2300 S, der bis 1968 gebaut wurde. Carlo Abarth hatte hier seine geschickten, leistungssteigernden Hände im Spiel, er entlockte dem Triebwerk bis zu 136 PS. Damit erreichte der 2300 S mit rund 190 km/h eine beeindruckende Geschwindigkeit. „Unkompliziert und fahrerisch reizvoll", lobte einst *auto motor und sport* das Coupé.

Mit Ghia-Kleid: Fiat 2300 Coupé

Motor/Antrieb	
Bauart	Sechszylinder (Reihe)
Lage/Antrieb	Front/Heck
Hubraum in cm³	2279
Leistung in PS bei U/min	105 bei 5300 bis 136 bei 5600
Vmax in km/h	175 bis 190
Karosserie	
Bauart	Coupé
Tragstruktur	selbsttragend
Material	Stahlblech
Stückzahl und Marktsituation	
Produktionszahl	k.A.
Verfügbarkeit	schlecht
Teilesituation	schwierig
Unterhaltskosten	hoch

Preise in Euro	1	2	3	4	5
2300, Cpe	17.900	12.800	8.700	3.900	2.100
2300 S, Cpe	19.400	13.800	9.700	4.400	2.300

(Fiat) Ghia 1500 GT — 1962-1967

Auf der technischen Basis des anspruchslosen Fiat 1500 entstand ab 1962 ein sehr attraktives Coupé. Die Turiner Firma Ghia hatte diesen gut aussehenden GT in Eigenregie entwickelt und dabei nicht wenig Aufwand betrieben. So wurde die selbsttragende Karosseriestruktur ein ganzes Stück verkürzt. Zehn Zentimeter weniger Radstand und ein dezent leistungsgesteigerter 1,5-Liter-Vierzylinder sorgten für beachtliche 180 km/h Höchstgeschwindigkeit. Schon damals hatte das attraktive Paket einen hohen Preis. Bis zum Produktionsende in Turin entstanden nur rund 800 dieser kompakten und agilen Wagen. Der Preis liegt heute zwar auf moderatem Niveau, doch angeboten werden Fahrzeuge äußerst selten.

Auf der biederen Basis des 1500: Fiat Ghia 1500 GT

Motor/Antrieb	
Bauart	Vierzylinder (Reihe)
Lage/Antrieb	Front/Heck
Hubraum in cm³	1481
Leistung in PS bei U/min	84 bei 5200
Vmax in km/h	180
Karosserie	
Bauart	Coupé
Tragstruktur	teilw. selbsttragend
Material	
Stückzahl und Marktsituation	
Produktionszahl	ca. 800
Verfügbarkeit	gegen null
Teilesituation	sehr schwierig
Unterhaltskosten	mittel

Preise in Euro	1	2	3	4	5
Ghia 1500 GT, Cpe	17.000	12.000	6.500	3.500	1.500

Fiat 850 Berlina (850 Normal, 850 Super, 850 Special) — 1964-1974

Auf dem Turiner Salon 1964 präsentierte Fiat den neuen 850, einen Zweitürer, der dem Heckmotor-Prinzip treu blieb, das die Italiener in der kleinen Klasse konsequent verfolgten. Konzipiert wurde die Berlina – das italienische Wort, das für Limousine steht – mit dem kecken Stummelheck als preiswerter und kompakter Kleinwagen, gegenüber dem der Fiat 600 bereits antiquiert wirkte. In der Basisversion leistete der wassergekühlte Vierzylinder-Motor des 850 flotte 34 PS. Das reichte immerhin für eine Spitzengeschwindigkeit von 121 km/h. Noch 1965 legte Fiat aber nach: Als 850 Super bot der kleine Fiat drei PS mehr Leistung und wirkte einen Hauch agiler. Ab 1968 kam der 850 Special dazu, dessen 47 PS (später 49 PS) starkes Triebwerk für ein noch deutlich rascheres Vorankommen sorgt.

Die kompakte Form der Sechziger: Fiat 850 Berlina

Motor/Antrieb	
Bauart	Vierzylinder (Reihe)
Lage/Antrieb	Heck/Heck
Hubraum in cm³	843
Leistung in PS bei U/min	34 bei 5000 bis 49 bei 6400
Vmax in km/h	120 bis 136
Karosserie	
Bauart	Limousine (2-türig)
Tragstruktur	selbsttragend
Material	Stahlblech
Stückzahl und Marktsituation	
Produktionszahl	k.A.
Verfügbarkeit	ausreichend
Teilesituation	gut
Unterhaltskosten	niedrig

Preise in Euro	1	2	3	4	5
850, L2t	4.900	3.200	1.800	600	150
850 Special, L2t	5.500	3.400	1.900	600	150

Fiat 850 Coupé 1965-1973

Besonders gelungen zeigt sich das 850 Coupé, das nicht nur eine hübsche Karosserie, sondern auch praktische Talente besitzt. Bei der Technik griff Fiat natürlich auf die Großserienelemente zurück, die das Coupé genauso robust werden ließen wie die Limousinen. Dabei ermöglichten die kleinen Reihenvierzylinder durchaus ansehnliche Fahrleistungen: bis zu 145 km/h schnell waren die bis zu 52 PS starken Zweitürer. Im Innenraum dokumentierten sportliche Armaturen den Anspruch des 850 Coupé. Das fast 350.000 mal gebaute Modell kann bis heute überzeugen, auch liegen seine Preise heute in erträglichem Rahmen. Vorsicht ist allerdings beim Kauf geboten: Ungemein heftiger Rostbefall sorgte bei der gesamten 850er-Baureihe für Verdruss.

Ein überaus hübscher Entwurf: Fiat 850 Coupé

Motor/Antrieb					
Bauart					Vierzylinder (Reihe)
Lage/Antrieb					Heck/Heck
Hubraum in cm³					843, 903
Leistung in PS bei U/min					47 bei 6200 bis 52 bei 6400
Vmax in km/h					140 bis 145
Karosserie					
Bauart					Coupé
Tragstruktur					selbsttragend
Material					Stahlblech
Stückzahl und Marktsituation					
Produktionszahl					342.873
Verfügbarkeit					ausreichend
Teilesituation					ausreichend
Unterhaltskosten					niedrig
Preise in Euro	1	2	3	4	5
850 Coupé, Cpe	6.100	3.800	2.500	900	300
850 Sport Coupé, Cpe	6.500	4.000	2.700	1.000	300

Fiat 850 Spider 1965-1973

Technisch entsprach der 850 Spider dem Coupé der Baureihe. Seine Karosserie dagegen ähnelte nicht den geschlossenen Varianten: Eine komplett eigenständige Gestaltung machte den kleinen Spider zu einem überaus begehrenswerten Angebot. Seine knackigen Linien überzeugen bis heute. Auch die Variabilität des offenen Sportlers kann überzeugen: Mit dem angebotenen Hardtop bot der Spider sogar Coupé-Qualitäten. Zudem besaß das von Bertone gezeichnete Cabrio eine verlässliche und einfache Verdeckkonstruktion. Die beiden Motoren sorgten für einen markant-röhrenden Sound, und rund 50 PS garantierten ordentliche Fahrleistungen. Damals entschieden sich viel mehr Käufer für die geschlossene Version, die heute deutlich geringere Marktpreise erzielt. Beide hatten übrigens, anders als die 850 Limousine, Scheibenbremsen an der Vorderachse.

Die Krönung der kleinen Klasse: Fiat 850 Spider

Motor/Antrieb					
Bauart					Vierzylinder (Reihe)
Lage/Antrieb					Heck/Heck
Hubraum in cm³					843, 903
Leistung in PS bei U/min					49 bei 6400 bis 52 bei 6400
Vmax in km/h					140 bis 145
Karosserie					
Bauart					Cabriolet
Tragstruktur					selbsttragend
Material					Stahlblech
Stückzahl und Marktsituation					
Produktionszahl					124.600
Verfügbarkeit					ausreichend
Teilesituation					ausreichend
Unterhaltskosten					niedrig
Preise in Euro	1	2	3	4	5
850 Spider, Cab	10.700	8.000	5.400	2.900	900
850 Sport Spider, Cab	10.000	7.500	4.900	2.800	800

Fiat 124 Berlina, 124 Familiare 1966-1974

Auf dem Genfer Salon 1966 stellte Fiat den Nachfolger der 1300/1500-Familie vor: Der 124 Berlina, eine völlige Neukonstruktion, setzte sich von Beginn an auf dem Markt durch. So geriet er zum Verkaufserfolg, obgleich die Stilistik polarisierte: die Karosserie wurde vielfach als zu sachlich empfunden, vermied andererseits aber mit ihren klaren Linien alle modischen Schnörkel. Die reduzierte Form führte zu einer gewissen Zeitlosigkeit. Das war gut so, wie wir heute wissen: Als Lada wurde der 124 über Jahrzehnte hinweg in Lizenz gebaut – mit über fünf Millionen Stück ist er in Russland bis heute massiv auf den Straßen vertreten. Auch die Ur-Version von Fiat war volkstümlich: 1,92 Millionen bauten die Turiner. Den Löwenanteil fraß jedoch der Rost; die wenigen übrig gebliebenen Fiat-Originale versinken heute in der Lada-Flut.

Viel gebaut, schnell verrostet: Fiat 124 Berlina

Motor/Antrieb					
Bauart					Vierzylinder (Reihe)
Lage/Antrieb					Front/Heck
Hubraum in cm³					1197
Leistung in PS bei U/min					60 bei 5600
Vmax in km/h					145 bis 147
Karosserie					
Bauart					Limousine (2-/4-türig), Kombi (5-türig)
Tragstruktur					selbsttragend
Material					Stahlblech
Stückzahl und Marktsituation					
Produktionszahl					1,92 Mio (plus Lizenzbauten)
Verfügbarkeit					ausreichend
Teilesituation					ausreichend
Unterhaltskosten					niedrig
Preise in Euro	1	2	3	4	5
124 (66-70), L4t	5300	3400	1700	500	50
124 Familiare (66-70), Kom	6500	4300	2200	800	100

Fiat 1100 R 1966-1969

1966, also drei Jahre vor dem Ende der Baureihe, ließ Fiat seinen 1100er-Typen eine grundlegende Modellpflege angedeihen. Rein äußerlich ist die überarbeitete Version an der anderen Front zu erkennen, das gesamte Layout jedoch blieb unverändert. Auch den 1100 R bot Fiat wieder als Kombi an, der Familiare hieß. Unter der vorderen Haube versah weiterhin der altbekannte 1,1-Liter-Vierzylinder seinen Dienst, der mit seiner untenliegenden Nockenwelle kein Ausbund an Drehfreudigkeit war. 48 PS leistete das Aggregat bei 5200 Umdrehungen, genug für eine Höchstgeschwindigkeit von 132 Stundenkilometer. Der Verbrauch war relativ niedrig, und mit einem Mittelschalthebel – bisher musste der Pilot am Lenkrad schalten – und Gürtelreifen im 155/13-Format gelang dem 1100 R der Anschluss an die Moderne. 1966 sollte ihn der Fiat 124 ablösen.

Nur ein Hauch an Veränderung: Fiat 1100 R

Motor/Antrieb					
Bauart					Vierzylinder (Reihe)
Lage/Antrieb					Front/Front
Hubraum in cm³					1089
Leistung in PS bei U/min					48 bei 5200
Vmax in km/h					132
Karosserie					
Bauart					Limousine (4-türig), Kombi (5-türig)
Tragstruktur					selbsttragend
Material					Stahlblech
Stückzahl und Marktsituation					
Produktionszahl					k.A.
Verfügbarkeit					schlecht
Teilesituation					schwierig
Unterhaltskosten					hoch
Preise in Euro	1	2	3	4	5
1100 R (103), L4t	6.400	4.300	2.400	800	100
1100 R (103), Kom	7.500	5.100	2.700	1.000	150

Fiat (I)

Fiat 124 Spider (124 Sport Spider, Spider 2000) — 1966-1982

Fast zeitgleich mit dem Alfa Romeo Spider präsentierte Fiat sein Angebot an die Frischluft-Fans. Der 124 Sport Spider überzeugte auf Anhieb mit seiner aparten, typisch italienisch gestylten Karosserie, die Pininfarina gezeichnet hatte. Doch Fiat bot das Offenfahr-Vergnügen rund 2000 Mark billiger an als Alfa, ohne dass die Kunden auf viel verzichten mussten: Der Motor besaß zwei obenliegende Nockenwellen, die von einem Zahnriemen angetrieben wurden – eine damals ungewohnte Lösung. Das Getriebe enthielt fünf Fahrstufen, und das Handling begeisterte selbst sportliche Piloten. Der anfänglich nur 1,4 Liter große Motor wuchs bald auf 1,6 und 1,8 Liter, in den späten Siebzigern sogar bis auf zwei Liter Hubraum. Den letzten Versionen spendierte Fiat eine Bosch Motronic, was besonders im Hinblick auf die scharfen US-Abgasbestimmungen geschah.

Sport zum Spartarif: Fiat 124 Spider

Motor/Antrieb					
Bauart					Vierzylinder (Reihe)
Lage/Antrieb					Front/Heck
Hubraum in cm³					1438, 1608, 1758, 1995
Leistung in PS bei U/min					90 bei 6600 bis 118 bei 6000
Vmax in km/h					165 bis 180
Karosserie					
Bauart					Cabriolet
Tragstruktur					selbsttragend
Material					Stahlblech
Stückzahl und Marktsituation					
Produktionszahl					ca. 197.000
Verfügbarkeit					üppig
Teilesituation					sehr gut
Unterhaltskosten					mittel
Preise in Euro	1	2	3	4	5
124 Spider (AS), Cab	14.600	9.800	6.600	3.800	1.300
124 Spider (BS), Cab	13.800	9.300	6.200	3.500	1.000
124 Spider (CS), Cab	12.500	8.200	5.400	3.000	800
124 Spider (CSO), Cab	11.500	7.300	4.900	2.700	700

Fiat Dino Spider — 1966-1972

Es war eine gute Zeit für Pininfarinas Styling-Studio: 1966 präsentierte das Design-Studio neben dem Alfa Romeo Duetto und dem Fiat 124 Spider auch den Dino Spider. Der Über-Sportler sprengte das Fiat-Format, und trotz des begeisternden Sounds des von Ferrari entwickelten Leichtmetall-V6 fanden sich insgesamt nur 1588 Käufer. Das drehfreudige Zweiliter-Triebwerk besaß vier obenliegende Nockenwellen und mobilisierte 160 PS, mitunter etwas zuviel für die hintere Starrachse, die bei entsprechender Gangart zum Trampeln neigte. 1969 überarbeitete Fiat seinen Top-Athleten und gönnte ihm 180 PS aus jetzt 2,4 Liter Hubraum. Auch die hinteren Räder waren jetzt einzeln aufgehängt. Die niedrigen Stückzahlen sorgen bei dem noblen Fiat für ein Maß an Exklusivität, von dem mancher Ferrari-Besitzer träumt – allerdings schlägt sich das auch im Preis nieder, der die Fiat-Maßstäbe sprengt.

Fiat mit Ferrari-Power: Fiat Dino Spider

Motor/Antrieb					
Bauart					V6
Lage/Antrieb					Front/Heck
Hubraum in cm³					1987, 2418
Leistung in PS bei U/min					160 bei 7200 bis 180 bei 6600
Vmax in km/h					200 bis 210
Karosserie					
Bauart					Cabriolet
Tragstruktur					selbsttragend
Material					Stahlblech
Stückzahl und Marktsituation					
Produktionszahl					1168, 420
Verfügbarkeit					schlecht
Teilesituation					schwierig
Unterhaltskosten					hoch
Preise in Euro	1	2	3	4	5
Dino 2000 Spider, Cab	45.400	32.600	24.000	12.600	4.700
Dino 2400 Spider, Cab	48.100	34.600	25.400	13.500	5.100

Fiat 124 Sport Coupé — 1967-1972

Auch ein Coupé entsteht auf der Basis des neuen Fiat 124, der 1966 der Öffentlichkeit vorgestellt worden war. Neben der von Pininfarina entworfenen Spider-Variante konnte so Fiat auch die Coupé-Klientel bedienen – in den ausgehenden sechziger Jahren galten Spider und Cabriolets nur noch als eine stilistische Fingerübung. An eine große oder gar steigende Nachfrage glaubte niemand mehr, die Zukunft lag, so glaubte man, in den geschlossenen Varianten, die sicherer und komfortabler waren. Fiat hatte die Styling-Aufgabe im eigenen Haus gelöst: Die schlichten, etwas kantigen und gestreckten Linien des Coupés entstanden auf den Zeichenbrettern des Centro Stile Fiat in Turin. Fahrwerk und Motor entsprachen ganz der offenen Variante, und so konnte der immerhin 90 PS starke 1,5-Liter-Motor mit ordentlicher Agilität überzeugen, was nicht zuletzt an den beiden obenliegenden Nockenwellen lag.

Mode aus dem eigenen Atelier: Fiat 124 Sport Coupé

Motor/Antrieb					
Bauart					Vierzylinder (Reihe)
Lage/Antrieb					Front/Heck
Hubraum in cm³					1438
Leistung in PS bei U/min					90 bei 6600
Vmax in km/h					170
Karosserie					
Bauart					Coupé
Tragstruktur					selbsttragend
Material					Stahlblech
Stückzahl und Marktsituation					
Produktionszahl					k.A.
Verfügbarkeit					schlecht
Teilesituation					schwierig
Unterhaltskosten					hoch
Preise in Euro	1	2	3	4	5
124 Sport (1967-1969), Cpe	7.700	5.300	3.200	1.500	500
124 Sport (1969-1972), Cpe	7.300	4.900	2.900	1.400	400

Fiat 125, 125 Special — 1967-1972

Unverkennbar sind die Ähnlichkeiten zwischen dem kleineren Fiat 124 und dem in der Mittelklasse angesiedelten Modell 125. Eckige Doppelscheinwerfer an der Front bestimmen sein Gesicht. Die größere Karosserie bot mehr Platz und Ausstattungskomfort. Mit 90 PS im Normalmodell und 100 PS im Special erreichte der Fiat 125 überlegene Fahrleistungen, die trotz blattgefederter Starrachse hinten weitgehend sicher auf die Straße gebracht werden konnten. Ein wenig mehr Feinschliff hätte dem Modell allerdings ebenso gut getan wie eine gründliche Rostvorsorge. So überzeugten die 125er zwar im Alltag, gaben sich aber auch recht raubeinig und verärgerten ihre Besitzer durch Qualitätsmängel.

Mit vier eckigen Augen: Fiat 125

Motor/Antrieb					
Bauart					Vierzylinder (Reihe)
Lage/Antrieb					Front/Heck
Hubraum in cm³					1608
Leistung in PS bei U/min					90 bei 5600 bis 100 bei 5600
Vmax in km/h					170 bis 175
Karosserie					
Bauart					Limousine (4-türig)
Tragstruktur					selbsttragend
Material					Stahlblech
Stückzahl und Marktsituation					
Produktionszahl					k.A.
Verfügbarkeit					schlecht
Teilesituation					schwierig
Unterhaltskosten					mittel
Preise in Euro	1	2	3	4	5
125, L4t	5.100	3.300	1.600	550	100
125 Special, L4t	5.400	3.500	1.800	600	100

Fiat (I)

Fiat Dino Coupé 1967-1972

Mit besonderem Geschick erfüllte Bertone den Auftrag von Fiat, eine passende Coupé-Karosserie für das neue Cabriolet zu entwerfen. Mit sehr ausgewogenen Linien wissen beide Modelle zu überzeugen. Das Coupé mit seiner dynamischen Seitenlinie und dem schnörkellosen Heck wurde von einem zunächst zwei, später 2,4 Liter großen Sechszylindermotor in V-Anordnung befeuert. Er war von Ferrari-Ingenieuren entwickelt worden, die das Triebwerk später an Fiat weiterreichten, um die notwendigen Homologationsstückzahlen für den Motorsport zu erreichen. Dieses Triebwerk verleiht dem Fiat Dino nicht nur eine gehörige Portion Renommee, sondern sorgt auch für herausragende Fahrleistungen. Inzwischen hat sich das auch im Preisniveau niedergeschlagen. Der Unterhalt war und ist, bedingt durch die aufwändige Technik, ebenfalls teuer.

Fiat + Bertone + Ferrari = Fiat Dino Coupé

Motor/Antrieb					
Bauart					V6
Lage/Antrieb					Front/Heck
Hubraum in cm³					1987, 2418
Leistung in PS bei U/min					160 bei 7200 bis 180 bei 6600
Vmax in km/h					200 bis 210
Karosserie					
Bauart					Coupé
Tragstruktur					selbsttragend
Material					Stahlblech
Stückzahl und Marktsituation					
Produktionszahl					3670, 2398
Verfügbarkeit					ausreichend
Teilesituation					schwierig
Unterhaltskosten					hoch
Preise in Euro	1	2	3	4	5
Dino Coupé, Cpe	25.100	18.000	13.300	7.100	2.500

Fiat 128 (Berlina, Familiare, Rally) 1969-1985

Mit dem Fiat 128 stellen die Italiener 1969 in Turin eine neue Baureihe vor, die mit unterschiedlichsten Karosserien ihren Platz am Markt suchte. Es gab den 128 als Limousine, Kombi und als Coupé. Zwei 55 PS und 60 PS starke Motoren mit 1,1 und 1,3 Litern trieben den kompakten Italiener an der Vorderachse an. Damit schlug der 128 ein neues Kapitel in der Firmengeschichte auf, dessen Folgen bis heute wirken: Er war der erste Fronttriebler in der Geschichte des Unternehmens. Fiat griff auf die Erfahrungen mit dem Autobianchi Primula zurück. Unter diesem Label testete Fiat manche neue Entwicklung. Das rundum neu konstruierte Fahrwerk besitzt auch hinten eine unabhängige Radaufhängung. Ab 1972 vertreibt Fiat in Deutschland – parallel zum Steilheck-Kombi – den Schrägheck-Kombi Zastava 101, eine in Jugoslawien gebaute 128-Version. Besonders interessant ist der 128 Rally mit seinem 67 PS starken Motor.

Modernes Konzept unter schlichter Hülle: Fiat 128 Berlina

Motor/Antrieb					
Bauart					Vierzylinder (Reihe)
Lage/Antrieb					Front/Front
Hubraum in cm³					1116 bis 1290
Leistung in PS bei U/min					55 bei 6000 bis 67 bei 6200
Vmax in km/h					140 bis 152
Karosserie					
Bauart					Limousine (2-türig), Limousine (4-türig), Ko
Tragstruktur					selbsttragend
Material					Stahlblech
Stückzahl und Marktsituation					
Produktionszahl					k.A.
Verfügbarkeit					gut
Teilesituation					gut
Unterhaltskosten					niedrig
Preise in Euro	1	2	3	4	5
128 (1969-1976), L4t	4.300	2.700	1.400	550	50
128/1100 (1976-1985), L4t	3.300	2.000	1.000	350	–
128/1300 (1976-1985), L4t	3.600	2.200	1.200	450	–

Fiat 130 Berlina 1969-1976

Nachdem sich Fiat in den vorangegangenen Jahren verstärkt um kleinste und kleine Automobile gekümmert hatte, wollte der Anschluss in der Oberklasse nicht mehr so recht gelingen. Trotz hohen Aufwands mit einem von Ferrari konstruierten V-Sechszylindermotor und einem anspruchsvollen Fahrwerk konnte sich der Fiat 130 nicht durchsetzen. Sein Innenraum bot viel Platz und hochwertige Ausstattung, doch das fehlende Prestige muss die potenzielle Käuferschaft abgeschreckt haben. Damit ging es den Turinern nicht besser als Ford und Opel in Deutschland. Verschreckt von dem Misserfolg des 130, der gleichwohl bis 1976 in Produktion blieb, enthielt sich die Marke in diesem Segment fortan jeglicher Beteiligung.

Der hohe Anspruch war vergebens: Fiat 130

Motor/Antrieb					
Bauart					V6
Lage/Antrieb					Front/Heck
Hubraum in cm³					2866, 3235
Leistung in PS bei U/min					140 bei 5800 bis 165 bei 5600
Vmax in km/h					175 bis 190
Karosserie					
Bauart					Limousine (4-türig)
Tragstruktur					selbsttragend
Material					Stahlblech
Stückzahl und Marktsituation					
Produktionszahl					k.A.
Verfügbarkeit					schlecht
Teilesituation					schwierig
Unterhaltskosten					hoch
Preise in Euro	1	2	3	4	5
130/2800, L4t	8.100	5.600	3.000	1.300	200
130/3200, L4t	8.800	6.100	3.300	1.400	250

Del Priore
124 Spider

Teile von 1966-1985 • original und preiswert
Blechteile, Chrom, Beleuchtung, Technik,
Handbücher (Kopie)

pininfarina

original Teile — Bezahlung mit Visa-Card & Master-Card möglich!

Täglicher Versand In- und Ausland
Katalog im Internet unter
www.del-priore.com

Zum Roden 5 • 31275 Aligse/Lehrte
Tel.: 0 51 32/82 50 60 • Fax: 82 50 70

Fiat (I)

Fiat 124 Special, Special T 1970-1974

Als sportlichste Limousine der überaus erfolgreichen 124-Serie fungierte der Fiat 124 Special T. Das Topmodell wurde zunächst von einem immerhin 80 PS starken 1,4-Liter-Reihenvierzylinder mit zwei obenliegenden Nockenwellen zu beachtlichen Fahrleistungen angetrieben. Allerdings konnte die simple Fahrwerkskonstruktion mit einer trampeligen hinteren Starrachse die Beschaffenheit der Straßenoberfläche kaum verheimlichen. Nach außen trug das Modell die kantige, etwas biedere Karosserie des 124. Genau wie die zivilen Geschwister litt der schnelle 124 unter seiner nachlässigen Verarbeitung. Zudem hat die Rostanfälligkeit den Bestand längst dramatisch reduziert: Originale, gut erhaltene Exemplare dürften nur mit viel Glück noch zu finden sein. Doch selbst die sucht kaum jemand.

Außen bieder, doch ziemlich flott: Fiat 124 Special T

Motor/Antrieb					
Bauart					Vierzylinder (Reihe)
Lage/Antrieb					Front/Heck
Hubraum in cm³					1438, 1592
Leistung in PS bei U/min					80 bei 6000 und 95 bei 6000
Vmax in km/h					165 bis 170
Karosserie					
Bauart					Limousine (4-türig)
Tragstruktur					selbsttragend
Material					Stahlblech
Stückzahl und Marktsituation					
Produktionszahl					k.A.
Verfügbarkeit					gegen null
Teilesituation					ausreichend
Unterhaltskosten					mittel
Preise in Euro	1	2	3	4	5
124 Special T (1970-1972), L4t	5.200	3.200	1.900	550	100
124 Special T (1972-1974), L4t	4.900	3.000	1.800	500	100

Fiat 127 1971-1983

Eine der größten Erfolgsgeschichten in der Fiat-Historie begann 1971 mit dem Debut des Fiat 127. Der völlig neu konstruierte Kompaktwagen lehnte sich stilistisch und konzeptionell an seine großen Brüder an, wenn auch zunächst der Motor vom 850 Sport übernommen wurde. Im Folgejahr erhielt der 127 eine große Heckklappe und gehörte damit zur frühen Garde moderner Kompaktwagen. Der Millionseller war auch auf dem deutschen Markt erfolgreich, zumal deutsche Hersteller dem kleinen Drei- bzw. Fünftürer anfangs nichts entgegenzusetzen hatten. Mit dem 127 Sport debütierte der Kleinwagen mit agilen 70 PS aus 1049 cm³. Ab 1981 war der 127 D der kleinste Diesel-Pkw der Welt (1301 cm³, 45 PS). Fiat Panorama nannte sich ab 1980 der dreitürige Kombi, 127 C der Fünftürer und 127 Fiorino der Kastenwagen. Bei Produktionsende 1983 hatte Fiat gut fünf Millionen kleine Italiener unters Volk gebracht.

Die frühen sind rar geworden: Fiat 127

Motor/Antrieb					
Bauart					Vierzylinder (Reihe)
Lage/Antrieb					Front/Front
Hubraum in cm³					903, 965, 1049, 1301
Leistung in PS bei U/min					40 bei 5400 bis 70 bei 6500
Vmax in km/h					130 bis 162
Karosserie					
Bauart					Limousine (2/4-türig), Kombi (3-türig)
Tragstruktur					selbsttragend
Material					Stahlblech
Stückzahl und Marktsituation					
Produktionszahl					über 5 Mio
Verfügbarkeit					gut
Teilesituation					gut
Unterhaltskosten					niedrig
Preise in Euro	1	2	3	4	5
127 (71-77), L2t	3300	1800	900	350	50

Fiat 128 Coupé und Berlinetta (3P) 1971-1978

Nach der Aufgabe des Heckmotorkonzepts setzte Fiat auch bei den sportlichen Coupés auf den Frontantrieb mit quer installierten Triebwerken. Die Vorteile dieser Platz sparenden Lösung kam den Passagieren zugute. Die Coupé-Version des erfolgreichen 128 zeigte als 1100 und 1300 von 1971 bis 1975 noch einen charakteristischen Hüftknick, die späteren 3P-Modelle wiesen dann eine gerade Seitenlinie auf, die sie etwas langweiliger erscheinen ließ. Der praktische Vorteil des Facelifts zeigte sich jedoch an der großen Heckklappe. Das flotte Äußere ging einher mit einer gelungenen Innenraum- und Armaturenbrettgestaltung. Lebhafte Motoren mit bis zu 75 PS Leistung unterstrichen die Sportlichkeit: Bis zu 160 Stundenkilometer erreichten die kompakten Fiat-Coupés.

Kompakte Coupés auf Großserienbasis: Fiat 128 Coupé

Motor/Antrieb					
Bauart					Vierzylinder (Reihe)
Lage/Antrieb					Front/Front
Hubraum in cm³					1116, 1290
Leistung in PS bei U/min					64 bei 6000 bis 75 bei 6400
Vmax in km/h					150 bis 160
Karosserie					
Bauart					Coupé
Tragstruktur					selbsttragend
Material					Stahlblech
Stückzahl und Marktsituation					
Produktionszahl					330.897
Verfügbarkeit					ausreichend
Teilesituation					ausreichend
Unterhaltskosten					mittel
Preise in Euro	1	2	3	4	5
128 Sport 1,1, Cpe	5.300	3.300	1.700	650	100
128 Sport 1,3, Cpe	5.500	3.500	1.900	700	100
128 3P 1,1, Cpe	4.600	2.800	1.500	500	50
128 3P 1,3, Cpe	4.800	3.000	1.600	550	50

Fiat 130 Coupé 1971-1977

Pininfarina zeichnete die elegant-kantige Silhouette des 130 Coupés ganz im Stil der frühen siebziger Jahre. Der voluminöse Zweitürer war auf Basis der 1969 präsentierten Fiat 130 Limousine entstanden. Statt Doppelscheinwerfer trug er Breitbandleuchten, besonders charakteristisch geriet das weit überhängende Heck. Seine Länge reicht, um auch die Fondpassagiere bequem unterzubringen. Für ausreichend Vortrieb sorgt ein durstiger V6 mit 3,2 Litern Hubraum und 165 PS. Die Benzinknappheit in der Ölkrise sorgte für ein äußerst zurückhaltendes Interesse potenzieller Kunden, die auch durch das vornehm-noble Interieur mit Velours und Holz nicht mehr zum Kauf animiert werden konnten. Noch dazu bei den von Fiat aufgerufenen Preisen, die auf dem Niveau vergleichbarer deutscher Konkurrenten lagen. So war das Fiat 130 Coupé Zeit seines Lebens eine Rarität.

Der Kubismus der frühen Siebziger: Fiat 130 Coupé

Motor/Antrieb					
Bauart					V6
Lage/Antrieb					Front/Heck
Hubraum in cm³					3235
Leistung in PS bei U/min					165 bei 5600
Vmax in km/h					190 bis 195
Karosserie					
Bauart					Coupé
Tragstruktur					selbsttragend
Material					Stahlblech
Stückzahl und Marktsituation					
Produktionszahl					4500
Verfügbarkeit					ausreichend
Teilesituation					schwierig
Unterhaltskosten					hoch
Preise in Euro	1	2	3	4	5
130 Coupé, Cpe	16.400	11.800	6.100	3.100	1.300

Fiat (I)

Fiat X 1/9 — 1972-1989

Auf einer Design-Studie von Bertone basierte der modern gezeichnete Mittelmotorsportler, den Fiat ab 1972 unter der Bezeichnung X 1/9 an die Verkaufsfront schickte. Mit Heckmotor, Klappscheinwerfern und herausnehmbaren Dachteil versehen, mochte er seinen Weg. Vierzylinder-Reihenmotoren mit 75 und ab 1980 mit 85 PS hielten die Unterhaltskosten in Grenzen, konnten aber für flotte Fahrleistungen sorgen. Das Fahrwerk zeigte sich mit Einzelradaufhängung rundum und Scheibenbremsen auf modernem Stand und war entsprechend sicher, wenngleich Konzept bedingt der Grenzbereich schmal war. Fiat besetzte mit dem X 1/9 erfolgreich eine Nische. 1982 ging die Produktion an Bertone über, wo das Auto bis 1989 mit besonders luxuriöser Ausstattung weitergebaut wurde. Lange verkannt und sogar geschmäht, wirkt der X 1/9 heute zunehmend reizvoll.

Keil mit Mittelmotor: Fiat X 1/9

Motor/Antrieb	
Bauart	Vierzylinder (Reihe)
Lage/Antrieb	Mitte/Heck
Hubraum in cm³	1290, 1499
Leistung in PS bei U/min	75 bei 6000 bis 85 bei 6000
Vmax in km/h	170 bis 180
Karosserie	
Bauart	Coupé (Dachteil entfernbar)
Tragstruktur	selbsttragend
Material	Stahlblech
Stückzahl und Marktsituation	
Produktionszahl	ca. 180.000
Verfügbarkeit	üppig
Teilesituation	sehr gut
Unterhaltskosten	mittel

Preise in Euro	1	2	3	4	5
X 1/9, HD	9.500	6.600	4.100	1.700	700
X 1/9 (Fünfgang), HD	9.900	6.800	4.300	1.800	800

Fiat 133 — 1974-1979

Wer kennt den Fiat 133? Fast niemand. Manche meinen, es sei ein Derivat des 127. Andere sehen einen vergrößerten 126. Stimmt alles nicht, obwohl der Vergleich mit dem Heckmotor-126 schon eher stimmt. Seat hatte den 133 entwickelt, um mit ihm ab 1974 die Lücke zu schließen, die man zwischen dem 600 und 127 auszumachen glaubte. Bislang hatte die das Modell 850 gefüllt: Somit ist der mit dem bekannten luftgekühlten Heckmotor bestückte 133 der legitime Nachfolger des charmanten 850, wenn auch von Seat gebaut. Fiat hatte immerhin für einige Märkte das eigene Logo aufs Blech geklebt. Im Raumangebot übertraf er seinen Vorgänger, nicht jedoch in der Leistung, selbst nicht in der Version Seat 133 Especial, die 44 PS aus dem gleichen Hubraum holte. Sie blieb dem spanischen Markt vorbehalten.

Spanischer Erbe des 850: Fiat 133

Motor/Antrieb	
Bauart	Vierzylinder (Reihe)
Lage/Antrieb	Heck/Heck
Hubraum in cm³	843
Leistung in PS bei U/min	34 bei 4800
Vmax in km/h	122
Karosserie	
Bauart	Limousine (2-türig)
Tragstruktur	selbsttragend
Material	Stahlblech
Stückzahl und Marktsituation	
Produktionszahl	k.A.
Verfügbarkeit	ausreichend
Teilesituation	gut
Unterhaltskosten	niedrig

Preise in Euro	1	2	3	4	5
133			keine Notierung		

Fiat 131, 131 Sport, 131 Panorama, 131 Mirafiori, 131 Mirafiori Special, Supermirafiori, 131 Abarth Rally, 131 Diesel, 131 Supermirafiori Compressore — 1974-1983

Auf dem Turiner Salon 1974 begann die Karriere des kantigen Mittelklasse-Typs. Fast ein Jahrzehnt prägte er nicht nur in Italien das Straßenbild, auch in Deutschland war der 131 nicht ohne Erfolg. Verschiedene Typen trugen den Beinamen Mirafiori, so hieß das Fiat-Werk. Als Supermirafiori gingen ab 1978 sportlicher ausgelegte Modelle auf Kundenfang. Seine Motoren besaßen, bei identischen Volumen, jedoch zwei obenliegende Nockenwellen und gaben sich so erheblich drehfreudiger. Im selben Jahr debütierte der 131 Sport mit 115 PS. Bereits zwei Jahre zuvor hatte der 131 Abarth für Furore gesorgt: Er gewann die Rallye-Weltmeisterschaft für Fiat, ein unschätzbarer Image-Gewinn.

Für Stadt und Rallyepiste: Fiat 131

Motor/Antrieb	
Bauart	Vierzylinder (Reihe)
Lage/Antrieb	Front/Heck
Hubraum in cm³	1297, 1367, 1585, 1995; Diesel: 1995, 2445
Leistung in PS bei U/min	55 bei 5000 bis 215 bei 7000
Vmax in km/h	140 bis 190
Karosserie	
Bauart	Limousine (2-türig), Limousine (4-türig), Kombi (5-türig)
Tragstruktur	selbsttragend
Material	Stahlblech
Stückzahl und Marktsituation	
Produktionszahl	k.A.
Verfügbarkeit	schlecht
Teilesituation	gut
Unterhaltskosten	niedrig

Preise in Euro	1	2	3	4	5
131 (Ser. 1), L4t	3.400	1.500	700	200	–
131 (Ser. 2), L4t	3.000	1.200	500	100	1
131 (Ser. 3), L4t	2.900	1.100	500	100	–

Fiat Panda — 1980-1985

Unter den Kleinwagen ist er so unverwechselbar und originär wie kaum ein anderer Entwurf seiner Epoche. Unvergesslich machte sich der Panda schon früh mit einer phantasievollen und damals legendären Werbekampagne, deren Slogan lautete: „Fiat Panda. Die tolle Kiste." Der Minimalismus des Panda ist sein Vorzug, seine Pragmatik der wahre Luxus. Darin näherte sich seine Idee dem R4 von Renault und der Ente an, die Seelenverwandtschaft ist unverkennbar. Und mit diesen Brüdern im Geiste teilt er den nonchalanten Umgang mit der Qualität – es ging um den Genuss am Nutzen im Hier und Heute, nicht ums Aufheben. Ergo: Frühe Panda – mit dem luftgekühlten Motor des Fiat 126 – haben selten überlebt, und finden sich welche, kosten sie fast nichts. Irgendwie schade, dass viele die existenzialistischen Qualitäten des Panda längst vergessen haben.

Die tolle Kiste kommt ins Rentenalter: Fiat Panda

Motor/Antrieb	
Bauart	Zweizylinder (Reihe), Vierzylinder (Reihe)
Lage/Antrieb	Front/Front
Hubraum in cm³	652, 903
Leistung in PS bei U/min	30 bei 5500, 45 bei 5600
Vmax in km/h	115 bis 140
Karosserie	
Bauart	Limousine (2-türig)
Tragstruktur	selbsttragend
Material	Stahlblech
Stückzahl und Marktsituation	
Produktionszahl	ca. 4.000.000
Verfügbarkeit	ausreichend
Teilesituation	sehr gut
Unterhaltskosten	niedrig

Preise in Euro	1	2	3	4	5
Fiat Panda, L2t		1.000	500	100	–

Fiat (I)

Fiat (Bertone) Ritmo Cabrio 1981-1987

Aus dem mutig gestylten Golf-Konkurrenten Fiat Ritmo sollte Bertone ein Cabriolet bauen. Wie beim Golf setzte der Designer auf einen versteifenden Überrollbügel, der sich recht gefällig in die Gesamterscheinung einfügte. Er erreichte zudem, dass sich das Verdeck hinter dem Passagierraum besser verstauen ließ und sich nicht so hoch auf dem Heckdeckel auftürmte wie bei dem deutschen Konkurrenten. Mit 82 bis 101 PS aus 1,5 und 1,6 Litern Hubraum erreichte das Ritmo Cabrio trotz des Gewichtszuwachses im Vergleich zur Limousine immer noch ordentliche Spritzigkeit. Dennoch blieb der Wagen nur fünf Jahre im Verkauf und erreichte bei weitem nicht den Erfolg des Wolfsburger Vorbilds. Daran hatte nicht zuletzt die mangelnde Zuverlässigkeit der italienischen Technik ihren maßgeblichen Anteil — und, wie so meist, die katastrophale Rostanfälligkeit. Restaurieren lohnt sich nicht, und so ist das Ritmo Cabrio reif für ein abgeschlossenes Kapitel Automobilgeschichte.

Offener Viersitzer aus Italien:
Fiat (Bertone) Ritmo Cabriolet

Motor/Antrieb	
Bauart	Vierzylinder (Reihe)
Lage/Antrieb	Front/Front
Hubraum in cm³	1498, 1585
Leistung in PS bei U/min	82 bei 5600 bis 101 bei 6100
Vmax in km/h	160 bis 170
Karosserie	
Bauart	Cabriolet
Tragstruktur	selbsttragend
Material	Stahlblech
Stückzahl und Marktsituation	
Produktionszahl	k.A.
Verfügbarkeit	ausreichend
Teilesituation	gut
Unterhaltskosten	mittel

Preise in Euro	1	2	3	4	5
Ritmo 1,6, Cab	5.000	2.300	1.100	500	–

Fiat Ritmo Abarth 130 TC 1983-1987

Die Italienier wären keine Italiener, hätten sie in der Golf-Klasse keine schnelle Antwort auf das Wolfsburger GTI-Phänomen gefunden. Wenn auch mit etwas Verzögerung. Aber auch das ist irgendwie typisch. Ab Mai 1981 rüstete Fiat den Ritmo genannten Kompaktwagen mit einem neuen Doppelnockenwellen-Motor aus und nannte ihn 105 TC — 105 PS, TC steht für Twin Cam. Schon ein halbes Jahr später, im Herbst 1981, stand auf der Frankfurter IAA der Ritmo Abarth 125 TC. Seine üppige, auf sportliche Fahrer zugeschnittene Ausstattung machte den heißen Italiener begehrlich. Ab 1982 trug der Ritmo das geglättete und vereinheitlichte Fiat-Gesicht mit den fünf diagonalen Stäben, und im Jahr darauf legte Fiat nochmals nach: Mit dem Abarth 130 TC gewinnt der sportliche Ritmo nochmals an Attraktivität. Er war einer der letzten Fiat-Modelle mit zwei Weber-Vergasern — Kult!

Verheizen war reizvoller als Aufheben:
Fiat Ritmo Abarth 130 TC

Motor/Antrieb	
Bauart	Vierzylinder (Reihe)
Lage/Antrieb	Front/Front
Hubraum in cm³	1995
Leistung in PS bei U/min	130 bei 5900
Vmax in km/h	198
Karosserie	
Bauart	Limousine (2-türig)
Tragstruktur	selbsttragend
Material	Stahlblech
Stückzahl und Marktsituation	
Produktionszahl	k.A.
Verfügbarkeit	ausreichend
Teilesituation	gut
Unterhaltskosten	mittel

Preise in Euro	1	2	3	4	5
Ritmo Abarth (130 TC), L2t	–	4000	2500	900	–

Fiat 124 Spider Volumex 1984-1985

Alle Jahrzehnte wieder wird der gute alte Roots-Kompressor für Leistungssteigerungen entdeckt. Was Mercedes 1996 beim SLK einführte, hatte der Pininfarina Spider schon Mitte der achtziger Jahre in Petto. Leistung via dröhnendem Lader hauchte man dem Doppelnockentriebwerk zur Genüge ein, die 135 resultierenden PS trieben das Cabriolet auf über 200 Stundenkilometer Spitzentempo. Breite Leichtmetallfelgen künden vom Tuning, das auch mit feinen Zierlinien und schwarzen Kotflügelverbreiterungen dokumentiert wurde. Die Preise für diesen Über-Spider haben schon vor Jahren angezogen. Die meisten sind heute in Liebhaberhand.

Spider mit Extrapuste:
Fiat 124 Spider Volumex

Motor/Antrieb	
Bauart	Vierzylinder (Reihe)
Lage/Antrieb	Front/Heck
Hubraum in cm³	1995
Leistung in PS bei U/min	135 bei 5600
Vmax in km/h	205
Karosserie	
Bauart	Cabriolet
Tragstruktur	selbsttragend
Material	Stahlblech
Stückzahl und Marktsituation	
Produktionszahl	500
Verfügbarkeit	ausreichend
Teilesituation	gut
Unterhaltskosten	hoch

Preise in Euro	1	2	3	4	5
124 Spider Vol., Cab	18.500	13.000	8.500	5.000	1.500

Ford (D) • seit 1926

Mit seinem legendären T-Modell motorisierte Henry Ford erst ganz Amerika und dann die Welt. Nach Deutschland kam die „Blechliesel" aber erst in der späten Phase ihres Lebens: Im April 1926, anderthalb Jahre vor Produktionsende, eröffnete Ford ein Montagewerk in Berlin. Ab 1931 standen die Ford-Hallen am Rhein: Unter dem Einfluss der Opel-Übernahme durch General Motors hatte sich Henry Ford zur Gründung seines Kölner Zweigwerks entschlossen.

Köln, Rheinland, Eifel und V8 hießen in den dreißiger Jahren die Produkte der deutschen Ford-Dependance, die in jenen Tagen das dunkelblaue Ford-Oval mit dem Zusatz „Deutsches Erzeugnis" trugen. Kurz vor Ausbruch des Zweiten Weltkriegs präsentierte Ford Köln die erste deutsche Eigenentwicklung, den neuen Taunus: Er wurde nur ein halbes Jahr in Serie produziert. Als Rüstungsbetrieb musste Ford statt dessen sein Modellprogramm auf V8-Lastwagen für die Deutsche Wehrmacht konzentrieren.

Mit ihnen begann 1947 auch die Nachkriegs-Fertigung. In den Aufbau-Jahren galt die Kölner Dependance den Konzernherren in Michigan mehr als ungeliebtes Anhängsel, dem anfangs sogar der Export seiner Automobile verboten war. Erst gegen Mitte der fünfziger Jahre gelang den Ford-Managern am Rhein eine sanfte Emanzipation. In der Nachkriegszeit kamen die Ford-Modelle für den deutschen Markt nicht mehr nur aus Köln: Weitere Fertigungsstätten entstanden im belgischen Genk und in Saarlouis.

Ford Model T („Tin Lizzy") (1908) 1926-1927

Tin Lizzy, zu deutsch Blechliesel, hieß Henry Fords Welterfolg. Ab 1926 lief das Model T auch in einem Montagewerk in Berlin vom Band – knapp 20 Jahre nach seinem Debüt war es nicht mehr konkurrenzfähig. Doch seinem Erfolg tat das keinen Abbruch, denn das robust konstruierte und extrem simple Mobil verkaufte sich bis zum Ende seiner Bauzeit unglaubliche 15 Millionen Mal – und schrieb vor allem in den USA Geschichte: Die individuelle Motorisierung beschleunigte erheblich die Entwicklung der ländlichen Gegenden, zudem war es preiswert genug, um auch für breite Schichten der amerikanischen Bevölkerung erschwinglich zu sein. Möglich war das durch den Bau am Fließband, den Henry Ford zwar nicht erfunden hatte, jedoch in dieser Form und diesem Umfang erstmalig realisierte.

Die Blechliesel war der erste Autoerfolg: Ford Model T

Motor/Antrieb	
Bauart	Vierzylinder (Reihe)
Lage/Antrieb	Front/Heck
Hubraum in cm³	2894
Leistung in PS bei U/min	20 bei k.A.
Vmax in km/h	65
Karosserie	
Bauart	Cabriolet
Tragstruktur	Kastenrahmen
Material	Stahlblech
Stückzahl und Marktsituation	
Produktionszahl	weltweit rund 15.000.000
Verfügbarkeit	ausreichend
Teilesituation	ausreichend
Unterhaltskosten	mittel

Preise in Euro	1	2	3	4	5
Mod. T, Tou	23.600	17.800	12.100	6.900	2.800

Ford Model A 1927-1930

Der Erfolg des Vorgängers, der Tin Lizzy, ließ die Erwartungen an den Nachfolger steigen. Doch der simple Ur-Ford war zu clever, zu preiswert und zu universell gewesen, als dass er sich hätte übertreffen lassen. Das spürte auch Ford: Das Model A, das 1928 das Model T ablöste und auch in Deutschland gefertigt wurde, erreichte nie die Popularität des Vorgängers. Ein Erfolg war es dennoch, schließlich konnten über fünf Millionen Exemplare weltweit verkauft werden. Wieder setzte Ford nicht auf revolutionäre Technik, sondern bevorzugte simple Lösungen. Probleme bereitete die Produktionsumstellung, weil das gesamte Werk aus dem Stand auf die neue Produktion umgerüstet werden musste, was zu einem Produktionsausfall von einem halben Jahr führte. Heute gilt der Ford A mit seinem 40 PS starken, 3,3 Liter großen Motor als typischer und robuster US-Klassiker seiner Zeit.

Konnte den Erfolg der Tin Lizzy nicht wiederholen: Ford Model A

Motor/Antrieb	
Bauart	Vierzylinder (Reihe)
Lage/Antrieb	Front/Heck
Hubraum in cm³	3285
Leistung in PS bei U/min	40 bei k.A.
Vmax in km/h	100
Karosserie	
Bauart	Limousine, Cabriolet, Roadster
Tragstruktur	Kastenrahmen
Material	Stahlblech
Stückzahl und Marktsituation	
Produktionszahl	ca. 5.000.000
Verfügbarkeit	ausreichend
Teilesituation	ausreichend
Unterhaltskosten	mittel

Preise in Euro	1	2	3	4	5
Mod. A, L2t	20.000	15.500	10.500	6.000	2.500
Mod. A, Tou	26.000	19.700	13.600	7.600	3.200
Mod. A, Rds	36.000	27.600	19.000	10.800	4.500

Ford Köln 1933-1936

Was so deutsch klingt, war im Ursprung ein Produkt des Vereinigten Königreichs. Im Februar 1932 hatte die englische Ford-Dependance den Typ 19 in London der Öffentlichkeit präsentiert. Im Jahr darauf zog der kleine Brite von der Themse an den Rhein: Ford in Köln baute den Typ 19 als Zweitürer für den deutschen Markt. In England war er nur als Viertürer produziert worden. Um deutscher Politik und Publikum ein bis in alle Fasern hiesiges Produkt vorzugaukeln, erhielt er die Typbezeichnung Köln. Mit nur knapp über 10.000 gebauten Exemplaren geriet er nicht zu einem großen Erfolg, selbst die vereinfachte Ausführung des „Köln Volkstyp" konnte das Ergebnis nicht verbessern. Dieses Modell besaß eine mit Kunstleder überzogene Sperrholz-Karosserie, zudem entfiel einiges an Ausstattung. Trotz des deutlich niedrigeren Preises tat sich der Volkstyp schwer, viele Käufer zu finden – für viele Deutsche war damals selbst ein Motorrad unerschwinglich.

Ford drängt auf den deutschen Markt: Ford Köln

Motor/Antrieb	
Bauart	Vierzylinder (Reihe)
Lage/Antrieb	Front/Heck
Hubraum in cm³	921
Leistung in PS bei U/min	21 bei 3400
Vmax in km/h	90
Karosserie	
Bauart	Limousine (2-türig)
Tragstruktur	Plattformrahmen
Material	Holzrahmen/ Stahlblech
Stückzahl und Marktsituation	
Produktionszahl	ca. 10.000
Verfügbarkeit	ausreichend
Teilesituation	ausreichend
Unterhaltskosten	mittel

Preise in Euro	1	2	3	4	5
Köln, L2t	16.500	12.000	7.900	4.000	1.500

Ford (D)

Ford Eifel — 1935-1939

Der Ford Eifel löste 1935 den Ford Köln ab. Das neue Modell war allerdings keine eigene Entwicklung der deutschen Ford-Werke in Köln, sondern eine Konstruktion der englischen Ford-Tochter. Angetrieben wird der im typischen Design der dreißiger Jahre gezeichnete Eifel von einem seitengesteuerten Vierzylindermotor, der über 1,2 Liter Hubraum verfügt. Durch seine hohe Zuverlässigkeit ist der Ford Eifel sehr beliebt, zudem lässt es sich mit ihm angenehm reisen. Auch der Anschaffungspreis ist mit unter 4000 Reichsmark im reellen Rahmen gehalten, der günstige Benzinverbrauch unterstreicht den vernunftorientierten Gesamteindruck. 1937 verlängert Ford das Heck – das entsprach eher deutschen Vorstellungen.

In England konstruiert: Ford Eifel

Motor/Antrieb					
Bauart					Vierzylinder (Reihe)
Lage/Antrieb					Front/Heck
Hubraum in cm³					1172
Leistung in PS bei U/min					34 bei 4500
Vmax in km/h					100
Karosserie					
Bauart					Limousine (2-türig)
Tragstruktur					Kastenrahmen
Material					Stahlblech
Stückzahl und Marktsituation					
Produktionszahl					k.A.
Verfügbarkeit					schlecht
Teilesituation					schwierig
Unterhaltskosten					mittel
Preise in Euro	1	2	3	4	5
Eifel, L2t	16.000	11.500	7.400	3.500	1.500

Ford Taunus („Buckel-Taunus") — 1948-1952

Fast ohne Modifikationen kehrte im November 1948 der Vorkriegs-Taunus in die Ford-Serienproduktion zurück. Mit seinem seitengesteuerten Motor und vorderer wie hinterer Starrachse zählte er nicht zu den fortschrittlichen Konstruktionen der damaligen Mittelklasse, aber er galt zu recht als verlässlich und sehr gewissenhaft verarbeitet. Sein Plattformrahmen lud zahlreiche Blechschneider zum Bau von Sonderkarosserien ein: Es gab eine unüberschaubare Vielzahl von Cabriolet-, Kombi- und Viertürer-Versionen von längst vergessenen Firmen wie Migö, Plasswilm oder Drauz. Eine verfeinerte Taunus de luxe-Version erschien Anfang 1951. Sie bot eine bessere Ausstattung und schwellenden Chromschmuck nach modischem US-Vorbild. Die Produktion des sogenannten „Buckel-Taunus" endete Anfang 1952 mit der Premiere des neuen 12 M.

Konstruktion aus Vorkriegstagen: Ford „Buckel-Taunus"

Motor/Antrieb					
Bauart					Vierzylinder (Reihe)
Lage/Antrieb					Front/Heck
Hubraum in cm³					1172
Leistung in PS bei U/min					34 bei 4250
Vmax in km/h					95 bis 105
Karosserie					
Bauart					Limousine (2-türig), Kombi (3-türig), Cabriolet, Sonderkarosserie
Tragstruktur					Plattformrahmen
Material					Stahlblech
Stückzahl und Marktsituation					
Produktionszahl					76.590
Verfügbarkeit					gegen null
Teilesituation					sehr schwierig
Unterhaltskosten					niedrig
Preise in Euro	1	2	3	4	5
Taunus, L2t	14.500	9.900	7.000	3.400	1.100

Ford Taunus 12, 12 M (Werkscode G 13, „Weltkugel-Taunus") — 1952-1958

Als „Weltkugel-Taunus" ging der 12 M in die Automobil-Geschichte ein: Er war das erste deutsche Automobil mit selbsttragender Pontonkarosserie. Gestaltet hatte sie die Ford-Zentrale in Dearborn; ihr prägnantestes Merkmal war der emaillierte Globus über dem Kühlergrill. Das M in der Modellbezeichnung stand für „Meisterstück". Obwohl seine Verarbeitung anfänglich enttäuschte, ließ sich das Mittelklasse-Modell 12 M sehr gut verkaufen: Es bot einen großen Innenraum, moderaten Fahrkomfort und niedrige Unterhaltskosten. Unter der Motorhaube arbeitete noch immer das betagte Vorkriegs-Triebwerk mit seitlichen Ventilen. Das 12 M-Programm umfasste die zweitürige Limousine, einen Kombi und ein Cabriolet, das bei Deutsch in Köln-Braunsfeld entstand. Bis 1955 war auch eine sehr karge und daher glücklose Sparversion namens Ford 12 im Angebot.

Den Globus am Bug: Ford 12 M, der „Weltkugel-Taunus"

Motor/Antrieb					
Bauart					Vierzylinder (Reihe)
Lage/Antrieb					Front/Heck
Hubraum in cm³					1172
Leistung in PS bei U/min					38 bei 4250 bis 55 bei 4250
Vmax in km/h					105 bis 130
Karosserie					
Bauart					Limousine (2-türig), Kombi (3-türig), Cabriolet, Sonderkarosserie
Tragstruktur					selbsttragend
Material					Stahlblech
Stückzahl und Marktsituation					
Produktionszahl					430.736
Verfügbarkeit					schlecht
Teilesituation					ausreichend
Unterhaltskosten					niedrig
Preise in Euro	1	2	3	4	5
12 M (Weltkugel), L2t	10.300	7.500	5.200	2.400	550
12 M (Weltkugel), Kom	13.000	9.600	6.300	2.900	700
12 (Basisversion), L2t	9.500	6.800	4.800	2.100	500
12 (Basisversion), Kom	11.800	8.600	5.700	2.600	650

Ford Taunus 15 M, Ford 15 M de luxe (Werkscode G4, G4b) — 1955-1958

Eine Aufsteiger-Version des Weltkugel-Modells hob Ford zum Jahresbeginn 1955 ins Programm. Der 15 M G4 hatte einen anderen Kühlergrill als sein 1,2-Liter-Pendant, er war etwas feiner ausgestattet und besaß einen neu entwickelten 1498-cm³-Motor mit hängenden Ventilen. Damit begab sich Ford ins angestammte Revier seines Hauptkonkurrenten Opel, weshalb sich der 15 M nur zögerlich verkaufte. Zur Standard-Limousine, dem Kombi und dem sehr raren Deutsch-Cabriolet gesellte sich 1955 eine de luxe-Version (G4b) mit Zweifarbenlackierung und üppigen Chrom-Applikationen – aber auch sie brachte die Verkaufszahlen nicht mehr auf Trab. Als der neue Ford 17 M erschien, war die Karriere des 15 M G4 zu Ende.

Neuer Motor und besser ausgestattet: Ford 15 M

Motor/Antrieb					
Bauart					Vierzylinder (Reihe)
Lage/Antrieb					Front/Heck
Hubraum in cm³					1498
Leistung in PS bei U/min					55 bei 4250
Vmax in km/h					120 bis 130
Karosserie					
Bauart					Limousine (2-türig), Kombi (3-türig), Cabriolet
Tragstruktur					selbsttragend
Material					Stahlblech
Stückzahl und Marktsituation					
Produktionszahl					134.127
Verfügbarkeit					schlecht
Teilesituation					ausreichend
Unterhaltskosten					niedrig
Preise in Euro	1	2	3	4	5
15 M, L2t	10.800	7.900	5.500	2.600	650
15 M, Kom	13.000	10.000	6.400	3.100	800

Ford (D)

Ford Taunus 17 M (Werkscode P2, „Barock-Taunus") 1957-1960

Der 17 M von 1957 wirkte wie ein Amischlitten, der beim Waschen eingelaufen war: Er lockte die Autokäufer des deutschen Wirtschaftswunders mit Heckflossen, gezackten Chrom-Zierleisten, buntem Zweifarben-Lack und glänzenden Lurexfäden in den Sitzpolstern. Dazu gab es die modische Lenkradschaltung, einen nierenförmigen Tacho und eine weiche, durchgehende Sitzbank. Seine US-Aura brachte dem 17 M zwar den spöttischen Namen „Barock-Taunus" ein, aber dennoch geriet er mit über 230.000 Verkäufen zum Kassenschlager. Vorgestellt wurde der 17 M P2 auf der IAA 1957, lieferbar war er als Zwei- und Viertürer-Limousine sowie als zweitüriger Kombi. Ford bot eine wenig verlangte Basisversion und die populäre de luxe-Ausstattung mit serienmäßiger Zweifarbigkeit an. Karossier Deutsch steuerte zweitürige Cabriolets bei.

Wie ein zu heiß gewaschener Ami: Ford 17 M, der „Barock-Taunus"

Motor/Antrieb	
Bauart	Vierzylinder (Reihe)
Lage/Antrieb	Front/Heck
Hubraum in cm³	1698
Leistung in PS bei U/min	60 bei 4250
Vmax in km/h	120 bis 130
Karosserie	
Bauart	Limousine (2-türig), Limousine (4-türig), Kombi (3-türig), Cabriolet
Tragstruktur	selbsttragend
Material	Stahlblech
Stückzahl und Marktsituation	
Produktionszahl	239.978
Verfügbarkeit	schlecht
Teilesituation	ausreichend
Unterhaltskosten	niedrig

Preise in Euro	1	2	3	4	5
17 M P2, L2t	11.600	8.600	5.900	2.700	950
17 M P2, L4t	12.100	8.800	6.100	2.800	1.000
17 M P2, Kom	15.000	11.300	7.700	4.000	1.500

Ford Taunus 12 M (Werkscode G 13 ALS, „Seitenstreifen-Taunus") 1959-1962

Die emaillierte Weltkugel landete im Museum, statt dessen trug der 12 M ab August 1959 einen breiten weißen Streifen an der Seite. Als zählebig erwies sich der alte, seitengesteuerte 1,2-Liter-Motor aus den dreißiger Jahren: Bis zum Produktionsende des billigsten Ford im Frühjahr 1962 diente er als Basismotorisierung. Nur wenige Kunden bezahlten 400 Mark Aufpreis für das 1,5-Liter-Aggregat des ehemaligen 15 M; lieber nahmen sie spannende Überholvorgänge in Kauf: Die 38 PS des Ford 12 M kämpften bei vollbesetztem Wagen mit 1215 Kilogramm Lebendgewicht! Dafür galt der sogenannte „Seitenstreifen-Taunus" als Auto mit besonders attraktivem Preis-Leistungs-Verhältnis: Es war mit 5555 Mark nur wenig teurer als ein VW Käfer, bot dafür aber einen vernünftigen Innen- und Kofferraum. Das Modellprogramm bestand aus Limousine, Kombi und Cabriolet.

Weltkugel-Nachfolger: Ford 12 M, der „Seitenstreifen-Taunus"

Motor/Antrieb	
Bauart	Vierzylinder (Reihe)
Lage/Antrieb	Front/Heck
Hubraum in cm³	1172
Leistung in PS bei U/min	38 bei 4250 bis 55 bei 4250
Vmax in km/h	105 bis 130
Karosserie	
Bauart	Limousine (2-türig), Kombi (3-türig), Cabriolet
Tragstruktur	selbsttragend
Material	Stahlblech
Stückzahl und Marktsituation	
Produktionszahl	430.736
Verfügbarkeit	schlecht
Teilesituation	ausreichend
Unterhaltskosten	niedrig

Preise in Euro	1	2	3	4	5
12 M, L2t	9.200	6.600	4.600	2.100	550
12 M, Kom	11.500	8.400	5.600	2.600	800

Ford Taunus 17 M (Werkscode P3, „Badewanne") 1960-1964

Einen Design-Klassiker stellte Ford mit dem 17 M P3 auf die Räder: Er markierte die radikale Abkehr vom schwülstigen US-Stil der Fünfziger. Die klare, rundliche Form seiner Karosserie prägte den Spitznamen „Badewanne". Dazu passte der Slogan der Markteinführung: „Die Linie der Vernunft". Erstmals gelang es Ford in den Jahren 1961/62 mit dem 17 M, den Rivalen Opel in der Verkaufsstatistik vom zweiten Platz hinter VW zu verdrängen. Lieferbar war der 17 M P3 als zwei- und viertürige Limousine, als Kombi (anfangs mit extravaganten Rückleuchten über der Heckklappe) und Deutsch-Cabriolet. Im Premierenjahr wählten 17 M-Käufer aus zwei Motoren mit 55 und 60 PS, verbunden mit Drei- und Vierganggetriebe; 1961 kam der sportliche 17 M TS mit 70 PS dazu, der ab 1963 75 PS leistete. Schon im August 1962 hatten alle 17 M vordere Scheibenbremsen ohne Mehrpreis erhalten.

Die Linie der Vernunft: Ford 17 M, die „Badewanne"

Motor/Antrieb	
Bauart	Vierzylinder (Reihe)
Lage/Antrieb	Front/Heck
Hubraum in cm³	1498 bis 1758
Leistung in PS bei U/min	55 bei 4250 bis 75 bei 4500
Vmax in km/h	136 bis 154
Karosserie	
Bauart	Limousine (2-/4-türig), Kombi (3-türig), Cabriolet
Tragstruktur	selbsttragend
Material	Stahlblech
Stückzahl und Marktsituation	
Produktionszahl	669.731
Verfügbarkeit	ausreichend
Teilesituation	ausreichend
Unterhaltskosten	mittel

Preise in Euro	1	2	3	4	5
17 M P3 Basis (1960-1964), L2t	7.600	4.800	3.400	900	300
17 M P3 TS, L4t	10.000	6.100	4.300	1.100	400
17 M P3 Turnier, Kom	10.600	7.400	5.300	2.300	700

Alles für Deinen FORD...
www.motomobil.com
motomobil
Bucher Straße 2 ★ 85614 Eglharting ★ Fon: +49 (0) 80 91 / 56 44 44

Ford (D)

Ford Taunus 12 M (Werkscode P4) 1962-1966

Er war das Kuckucksei im Kölner Nest: Ursprünglich hätte der 12 M als „Cardinal" den US-Markt sehen sollen, dann aber entschieden die Ford-Oberen anders. In Köln-Niehl wurde er kräftig überarbeitet und im September 1962 auf Band gelegt. Im Kampf gegen VW Käfer und Opel Kadett punktete der Ford vor allem mit seinem großzügigen Raumangebot, er ärgerte aber mit seinen zahlreichen Kinderkrankheiten. Mit dem 12 M führte Ford sein populäres V-Motoren-Konzept auf dem europäischen Markt ein: Es gab den 12 M als 1,2-Liter-Version mit 40 und 50 PS sowie ab 1963 als TS-Variante mit 1,5-Liter-Triebwerk und 55 PS. Ab September 1964 stattete Ford den 12 M TS sogar mit stolzen 65 PS aus. Neben der Limousine und dem Kombi erschien im Herbst 1963 ein Coupé, das Deutsch auch zum Cabriolet umbaute. Serienmäßige vordere Scheibenbremsen kamen 1964 ins Programm.

Wurde an den Rhein geschickt: Ford 12 M Kombi

Motor/Antrieb					
Bauart					V4
Lage/Antrieb					Front/Front
Hubraum in cm³					1183 bis 1498
Leistung in PS bei U/min				40 bei 4500 bis	65 bei 4500
Vmax in km/h					120 bis 144
Karosserie					
Bauart	Limousine (2-/4-türig), Kombi (3-türig), Coupé, Cabriolet				
Tragstruktur					selbsttragend
Material					Stahlblech
Stückzahl und Marktsituation					
Produktionszahl					672.695
Verfügbarkeit					ausreichend
Teilesituation					ausreichend
Unterhaltskosten					niedrig
Preise in Euro	1	2	3	4	5
12 M P4 Basis (1962-1966), L2t	6.600	4.100	2.000	600	100
12 M P4 TS (1964-1966), L4t	7.300	4.600	2.400	700	150
12 M P4 TS (1964-1966), Cpe	8.300	5.200	2.600	800	200

Ford Taunus 17 M, 20 M und 20 M TS (Werkscode P5) 1964-1967

Mit dem Mittelklasse-Duo 17 M/20 M hatte die Vernunft der Badewannen-Ära ein Ende – Hauptattraktion der neuen Modelle war nicht mehr ihre Form, sondern die Technik. Speziell der 20 M brachte es als Preisbrecher der Sechszylinder-Klasse zu großer Popularität. Möglich machte das die kostensparende Herstellung der neuen Ford-V-Motoren: Der 17 M erschien wahlweise mit 60 oder 70 PS und V4-Aggregaten, während die V6-Motoren 85 oder 90 PS leisteten. Dabei stand der billigste 20 M für nur 7990 Mark in der Preisliste: Ein Opel-Sechszylinder kostete mindestens 1400 Mark mehr! Besonders sammelwürdig ist heute der 20 M Turnier als erster Sechszylinder-Kombi auf dem deutschen Markt. Beliebtester P5 bleibt neben den unvermeidlichen Deutsch-Cabriolets das 20 M TS Hardtop-Coupé mit 90-PS-Motor.

Preiswerte Sechszylinder: Ford 20 M

Motor/Antrieb					
Bauart					V4, V6
Lage/Antrieb					Front/Heck
Hubraum in cm³					1498 bis 1998
Leistung in PS bei U/min				60 bei 4500 bis	90 bei 5000
Vmax in km/h					140 bis 161
Karosserie					
Bauart	Limousine (2-/4-türig), Kombi (3-türig), Kombi (5-türig), Coupé, Cabriolet				
Tragstruktur					selbsttragend
Material					Stahlblech
Stückzahl und Marktsituation					
Produktionszahl					710.059
Verfügbarkeit					ausreichend
Teilesituation					ausreichend
Unterhaltskosten					mittel
Preise in Euro	1	2	3	4	5
17 M P5 (1964-1967), L2t	6.400	4.600	3.400	900	200
17 M P5 (1966-1967), Cpe	9.000	6.700	4.800	1.800	500
20 M P5 (1964-1967), L4t	7.700	5.800	4.300	1.000	300
20 M P5 Turnier, Kom	9.600	7.200	5.300	2.000	800

Ford (Taunus) 12 M, 15 M, 15 M TS, 15 M XL, 15 M RS (Werkscode P6) 1966-1970

Einer wurde erwartet, zwei kamen: Zum Nachfolger des 12 M gesellte sich nach achtjähriger Pause wieder ein Ford 15 M. Der 12 M trug runde Scheinwerfer und tropfenförmige Heckleuchten, der 15 M besaß rechteckige Lampen und Rückleuchten. Die wesentliche Neuerung der beiden Modelle war die McPherson-Vorderachse anstelle der antiquierten Querblattfeder des Vorgängermodells. Mit der P6-Baureihe fand das Ford-Motto „So gut wie nötig" dennoch ihren Kulminationspunkt: Es waren verlässliche, aber spröde Automobile ohne jede technische Delikatesse. Das P6-Programm bestand aus Limousine, Kombi und Coupé mit 45, 50, 53, 55, 65 und 75 PS; der 12 M war nur in der Basisversion lieferbar, während sich der 15 M mit dem TS-Ausstattungspaket (ab 1967: XL) verfeinern ließ. 1968 kam der sportliche 15 M RS dazu, das Kölner Pendant zum Rallye-Kadett.

„So gut wie nötig": Ford 12 M und 15 M

Motor/Antrieb					
Bauart					V4
Lage/Antrieb					Front/Front
Hubraum in cm³					1183, 1288, 1498, 1699
Leistung in PS bei U/min				45 bei 4500 bis	75 bei 5000
Vmax in km/h					125 bis 158
Karosserie					
Bauart	Limousine (2-/4-türig), Kombi (3-türig), Coupé				
Tragstruktur					selbsttragend
Material					Stahlblech
Stückzahl und Marktsituation					
Produktionszahl					668.187
Verfügbarkeit					ausreichend
Teilesituation					ausreichend
Unterhaltskosten					niedrig
Preise in Euro	1	2	3	4	5
12 M P6 1.2 Ltr (1966-1968), L2t	5.500	3.500	1.800	500	50
12 M P6 1,7 ltr., L4t	6.400	4.000	2.000	550	100
12 M P6 Turnier, Kom	7.200	4.900	2.200	700	200
15 M P6, Cpe	7.600	5.000	2.400	800	200

Ford 17 M, 20 M, 20 M TS, 20 M RS (Werkscode P7a) 1967-1968

Die sogenannte P7a-Modellreihe war – neben dem Scorpio der neunziger Jahre – der größte Flop der deutschen Ford-Geschichte: Die unveränderte Technik der bisherigen 17/20 M-Modelle hatten die Ford-Designer mit neuen Karosserien verhüllt, deren wuchtiger Stil keinerlei Anklang fand. Nicht einmal der Innenraum war größer geworden. Das glücklose Modellprogramm war markentypisch fein gestuft: Es gab die Limousine mit zwei und vier Türen, den zweitürigen Kombi („Turnier"), Hardtop-Coupé und Deutsch-Cabriolet, lieferbar mit drei Ausstattungs-Paketen und sechs Motor-Varianten von 60 bis 108 PS Leistung. Als Sammlerstück ist besonders der 20 M RS von Interesse, dessen Sport-Paket unter anderem verchromte Felgen, mattschwarze Rallyestreifen, Recaro-Sitze, Halogen-Zusatzscheinwerfer und Zusatz-Instrumente in der Mittelkonsole umfasste.

Scheiterte auch wegen der wuchtigen Form: Ford 20 M

Motor/Antrieb					
Bauart					V4, V6
Lage/Antrieb					Front/Heck
Hubraum in cm³					1498, 1699, 1998, 2293
Leistung in PS bei U/min				60 bei 4800 bis	108 bei 5100
Vmax in km/h					135 bis 170
Karosserie					
Bauart	Limousine (2-/4-türig), Kombi (3-türig), Kombi (5-türig), Coupé, Cabriolet				
Tragstruktur					selbsttragend
Material					Stahlblech
Stückzahl und Marktsituation					
Produktionszahl					155.780
Verfügbarkeit					ausreichend
Teilesituation					ausreichend
Unterhaltskosten					mittel
Preise in Euro	1	2	3	4	5
17 M P7a, L2t	6.100	4.300	1.900	800	100
17 M P7a RS, Cpe	8.600	6.500	3.800	1.500	400
20 M P7a, L2t	9.000	6.100	3.500	1.300	200
20 M P7a RS, Cpe	10.300	7.300	4.100	1.600	400

Ford (D)

Ford OSI 20 M Coupé, 20 M TS Coupé — 1967-1968

Er sah aus wie ein Ferrari, und er kam aus Italien – aber unter der Haube des OSI-Coupés schämte sich der 90-PS-Motor des Ford 20 M und ermöglichte eine Höchstgeschwindigkeit von mageren 165 Stundenkilometer. Die schöne Illusion wurde auf dem Turiner Salon 1966 vorgestellt und traf auf riesigen Zuspruch – Ford entschloss sich zur Serienfertigung. Die Kölner ließen ihr Topmodell bei OSI in Turin montieren und über ihr Händlernetz vertreiben; Kölner Ingenieure wachten über das Finish der Italo-Karosserien. Dennoch erwies sich das glamouröse Coupé als sehr rostempfindlich, und nach einem kurzen Anfangserfolg ließen die Bestellungen nach. Ab Anfang 1968 gab es auf Wunsch auch den neuen 2,3-Liter-Motor mit 108 PS, der das Leistungsmanko etwas dämpfte. Trotzdem war die Karriere des Ford OSI beendet: Der neue Capri näherte sich der Serienreife.

Zähe 90 PS unter dem schnittigen Blech: Ford OSI 20 M Coupé

Motor/Antrieb					
Bauart					V6
Lage/Antrieb					Front/Heck
Hubraum in cm³					1998, 2293
Leistung in PS bei U/min				90 bei 5000 bis 108 bei 5100	
Vmax in km/h					165 bis 175
Karosserie					
Bauart					Coupé
Tragstruktur					selbsttragend
Material					Stahlblech
Stückzahl und Marktsituation					
Produktionszahl					2500
Verfügbarkeit					schlecht
Teilesituation					ausreichend
Unterhaltskosten					mittel
Preise in Euro	1	2	3	4	5
OSI 2000 S, Cpe	15.000	10.000	6.500	3.000	1.400
OSI 2300 S, Cpe	16.000	10.500	7.000	3.200	1.500

Ford 17 M, 20 M, 26 M (Werkscode P7b) — 1968-1971

Nach nur einem Jahr erschien eine kräftig überarbeitete P7-Version, mit der Ford Köln seine alte Marktposition zurückerobern konnte. Die Karosserie erhielt ruhigere, elegantere Linien, Längslenker hielten nun die blattgefederte hintere Starrachse im Zaum. Das überarbeitete Interieur wirkte mit neuem Armaturenbrett und dezenteren Polsterfarben gediegener. Neu im Programm waren eine kleine, preislich attraktive V6-Variante mit 82 PS (ab 9150 Mark) und eine Topversion mit 125 PS aus 2,3 Litern Hubraum (20 M RS, 10.490 Mark). Die gleiche PS-Leistung, aber rund zehn Prozent mehr Drehmoment stemmte ab 1969 der neue 26 M auf die Kurbelwelle: Das als Limousine und Hardtop-Coupé lieferbare Spitzenmodell bot zudem eine komfortablere Ausstattung und war von außen an Doppelscheinwerfern und speziellen Radkappen zu erkennen.

Aus dem Flop gelernt: Ford 26 M

Motor/Antrieb					
Bauart				Vierzylinder (Reihe), V6	
Lage/Antrieb					Front/Heck
Hubraum in cm³			1498, 1699, 1797, 1998, 2293, 2550		
Leistung in PS bei U/min				60 bei 4800 bis 125 bei 5300	
Vmax in km/h					135 bis 180
Karosserie					
Bauart		Limousine (2-/4-türig), Kombi (3-/5-türig), Coupé, Cabriolet			
Tragstruktur					selbsttragend
Material					Stahlblech
Stückzahl und Marktsituation					
Produktionszahl					567.482
Verfügbarkeit					ausreichend
Teilesituation					ausreichend
Unterhaltskosten					mittel
Preise in Euro	1	2	3	4	5
17 M P7b 1500, L2t	5.400	3.800	1.800	700	100
17 M P7b 1700, Cpe	7.500	5.300	3.100	1.200	400
20 M P7b RS 2.3 125 PS, Cpe	9.800	6.900	4.000	1.600	600
26 M P7b, Cpe	11.200	7.800	4.500	1.800	600

Ford Escort I — 1968-1974

Chancenlos stand Ford mit dem Escort I der Konkurrenz von Opel, VW und Fiat gegenüber: Die britische Kompaktwagen-Konstruktion hatte es schwer, sich mit ihrem laxen Finish und dem harten, unkomfortablen Fahrwerk in ihrer Klasse durchzusetzen. Zudem entsprach seine stämmige Figur mit dem skurrilen Hundeknochen-Kühlergrill nicht dem differenzierten deutschen Käufergeschmack. Ford Köln hatte den Escort I im September 1968 auf den deutschen Markt gebracht. Gebaut wurde der gebürtige Brite in Genk und im neuen Ford-Werk Saarlouis: als zwei- und viertürige Limousine und als Kombi. Im Angebot kam und ging bis Ende 1974 eine verwirrende Vielzahl von Vierzylinder-Motoren mit 40, 44, 45, 48, 52, 55, 57, 64 und 72 PS.

Der Hundeknochen: Ford Escort I

Motor/Antrieb					
Bauart					Vierzylinder (Reihe)
Lage/Antrieb					Front/Heck
Hubraum in cm³					1098, 1298, 1993
Leistung in PS bei U/min				40 bei 5300 bis 72 bei 5700	
Vmax in km/h					127 bis 160
Karosserie					
Bauart		Limousine (2-türig), Limousine (4-türig), Kombi			
Tragstruktur					selbsttragend
Material					Stahlblech
Stückzahl und Marktsituation					
Produktionszahl					über 2,14 Mio
Verfügbarkeit					schlecht
Teilesituation					gut
Unterhaltskosten					mittel
Preise in Euro	1	2	3	4	5
Escort (Knochen), L2t	4.200	2.800	1.600	400	100
Escort (Knochen), L4t	4.600	3.100	1.700	450	100

Ford Capri (Serie I) — 1969-1973

Einen Trendsetter schuf Ford mit dem Capri I: Dem Familien-Coupé gelang es auf Anhieb, den durchschlagenden Erfolg des Ford Mustang in Amerika zu wiederholen. Die Entwicklung des Capri hatten sich die Ford-Ingenieure in England und Deutschland geteilt; das neue Coupé wurde in beiden Ländern produziert. Ein Teil seines Erfolgsrezepts war das eng gestufte Modellprogramm: Die schwächste Capri-Version quälte sich mit einem V4-Triebwerk, das 50 PS aus 1,3 Litern Hubraum schöpfte, der stärkste Capri hieß RS 2600 – Leistung: 150 PS. Im Herbst 1972 strich Ford die schwachen V4-Modelle aus dem Programm und bot die neu entwickelten Reihen-Vierzylinder des Knudsen-Taunus an. Zusätzlich gab es das 140 PS starke Drei-Liter-Aggregat des neuen Granada. Zum Triumph des Capri trug auch sein günstiger Preis bei: Ein 2000 GT kostete im Premierenjahr nur 8600 Mark.

Eiferte dem Mustang nach: Ford Capri

Motor/Antrieb					
Bauart				V4, Vierzylinder (Reihe), V6	
Lage/Antrieb					Front/Heck
Hubraum in cm³	1288, 1293, 1498, 1592, 1699, 1998, 2293, 2550, 2637, 2993				
Leistung in PS bei U/min				50 bei 5000 bis 150 bei 5600	
Vmax in km/h					133 bis 205
Karosserie					
Bauart					Coupé
Tragstruktur					selbsttragend
Material					Stahlblech
Stückzahl und Marktsituation					
Produktionszahl				deutsche Produktion: 784.000	
Verfügbarkeit					ausreichend
Teilesituation					sehr gut
Unterhaltskosten					mittel
Preise in Euro	1	2	3	4	5
Capri I 1300, Cpe	6.300	4.100	2.100	700	100
Capri I 2000 GT, Cpe	8.600	5.500	3.000	1.200	300
Capri I RS 2600, Cpe	14.000	9.500	6.500	3.000	1.800

Ford (D)

Ford Taunus (Werkscode TC, „Knudsen-Taunus") 1970-1975

„Knudsen-Taunus" hieß der Nachfolger der P6-Baureihe im Volksmund. Den Namen erhielt er wegen seines prägnanten Blechfalzes im Bug: Sie ging auf den Ford-Manager Bengt Knudsen zurück, der das Design damals nachhaltig mit beeinflusste. Mit dem neuen Mittelklasse-Modell (internes Kürzel: TC) kehrte Ford zur traditionellen Bezeichnung Taunus zurück. Zu den technischen Besonderheiten der Modellreihe gehörten neu entwickelte Reihenvierzylinder-Motoren mit zahnriemengetriebener Nockenwelle. Die Form kam beim Publikum zwar gut an, dafür aber zehrten bis 1973 Verarbeitungsmängel am Image. Die Palette bestand aus zwei- und viertürigen Limousinen, dem Turnier und dem Coupé. Es standen fünf Vierzylinder-Versionen mit 55 bis 88 PS sowie zwei V6-Motoren mit 90 und 108 PS in den Preislisten.

Anfänglich schlampig verarbeitet: Ford „Knudsen-Taunus"

Motor/Antrieb					
Bauart			Vierzylinder (Reihe), V6		
Lage/Antrieb				Front/Heck	
Hubraum in cm³			1285, 1576, 1981, 2274		
Leistung in PS bei U/min			55 bei 5500 bis 108 bei 5000		
Vmax in km/h				135 bis 173	
Karosserie					
Bauart		Limousine (2-/4-türig), Kombi (3-türig), Kombi (5-türig), Coupé			
Tragstruktur				selbsttragend	
Material				Stahlblech	
Stückzahl und Marktsituation					
Produktionszahl				ca. 1,1 Mio	
Verfügbarkeit				ausreichend	
Teilesituation				ausreichend	
Unterhaltskosten				niedrig	
Preise in Euro	1	2	3	4	5
Taunus 1.3 Knudsen, L2t	5.100	3.400	1.500	600	50
Taunus 1.6 Knudsen, L4t	5.400	3.600	1.700	750	50
Taunus 2.0 Knudsen, Kom	6.200	4.500	2.400	900	100
Taunus 2.3 Knudsen, Cpe	6.100	4.400	2.300	900	100

Ford Consul (Consul, Consul L und Consul GT) 1972-1975

Consul und Granada waren optisch und technisch weitgehend identische Wagen der gehobenen Mittelklasse, die sich nur in ihren Ausstattungspaketen und der Motoren-Auswahl unterschieden. Der Consul war das Basismodell des Duos, das Anfang 1972 gemeinsam in Serie ging. Es gab ihn nur in den drei Ausstattungsversionen Consul, Consul L und GT. Die Preisliste begann knapp unter 10.000 Mark für das billigste Modell, das mit einem 1,7-Liter-V4-Motor ausgestattet war. Als stärkste Variante konnten Ford-Kunden eine Dreiliter-Variante ordern, die 138 PS leistete und den Consul auf knapp über 180 Stundenkilometer Höchstgeschwindigkeit beschleunigte. Die Modellreihe lief nur drei Jahre lang und ging dann im Granada-Programm auf.

Rundeten die Granada-Palette nach unten ab: Ford Consul

Motor/Antrieb					
Bauart			V4, Vierzylinder (Reihe), V6		
Lage/Antrieb				Front/Heck	
Hubraum in cm³			1699, 1993, 1998, 2293, 2550, 2993		
Leistung in PS bei U/min			65 bei 4800 bis 138 bei 5000		
Vmax in km/h				136 bis 182	
Karosserie					
Bauart			Limousine (2-/4-türig), Kombi (5-türig), Coupé		
Tragstruktur				selbsttragend	
Material				Stahlblech	
Stückzahl und Marktsituation					
Produktionszahl				k.A.	
Verfügbarkeit				gut	
Teilesituation				gut	
Unterhaltskosten				mittel	
Preise in Euro	1	2	3	4	5
Consul 1700, L2t	4.900	3.400	1.500	600	50
Consul 2000, L4t	5.300	3.600	1.700	650	50
Consul 3000, Cpe	6.700	4.700	2.600	1.100	200
Consul 2.0, Kom	6.600	4.600	2.300	950	150

Ford Granada (Serie I) 1972-1977

Wie kein anderes Auto festigte der Granada den Ruf der Marke Ford als Anbieter preiswerter Sechszylinder-Limousinen. Mit Vierzylinder-Motoren wurde er nur wenig verkauft. Als konkurrenzloses Angebot auf dem Automarkt jener Jahre galt dagegen der Turnier: Kein anderer Hersteller bot diese Kombination aus Laufkultur und verschwenderischem Platzangebot. Im Vergleich zum Erzrivalen Opel Rekord punktete der Granada außerdem mit seiner modernen Schräglenker-Hinterachse. Als Sammlerstücke kommen heute speziell die großen 2,6-, 2,8- und 3,0-Sechszylinder in Betracht, die meist mit den Top-Ausstattungspaketen GXL und Ghia verbunden waren. Das Kürzel S stand für ein zusätzlich erhältliches Sportpaket mit strafferem Fahrwerk, Lederlenkrad und Alufelgen. Eine Modellpflege ersetzte 1975 den Chromglanz der Ur-Modelle gegen mattschwarze Zierteile.

Sechs Zylinder als Sonderangebot: Ford Granada (Serie I)

Motor/Antrieb					
Bauart			V4, Vierzylinder (Reihe), V6		
Lage/Antrieb				Front/Heck	
Hubraum in cm³				1699 bis 2993	
Leistung in PS bei U/min			54 bei 4500 bis 160 bei 5700		
Vmax in km/h				127 bis 193	
Karosserie					
Bauart			Limousine (2-/4-türig), Kombi (5-türig), Coupé		
Tragstruktur				selbsttragend	
Material				Stahlblech	
Stückzahl und Marktsituation					
Produktionszahl			Consul und Granada 1.619.265		
Verfügbarkeit				gut	
Teilesituation				gut	
Unterhaltskosten				mittel	
Preise in Euro	1	2	3	4	5
Granada 2.0 Ser. 1, L2t	5.600	4.000	2.000	750	100
Granada 2.3 Ser. 1, L4t	6.100	4.300	2.100	800	100
Granada 3.0 Ser. 1, Cpe	7.700	5.300	3.000	1.200	200

Ford Escort RS (Serie I) 1973-1974

Das Charakterstück der Escort I-Reihe war im letzten Serienjahr der RS 2000. Sein 1993 cm³ großer Motor aus dem US-Teileregal besitzt im Unterschied zu den im Rennsport eingesetzten Varianten nur eine einfache obenliegende Nockenwelle. Er leistet 100 PS, rund 20 PS weniger als die britische Profi-Variante mit 1,6 Liter-dohc-Triebwerk. Die zivilere Abstimmung sollte die Alltagstauglichkeit erhöhen. Das Fahrwerk hatte die Ford Rallye-Abteilung im englischen Dagenham vom Standard-Escort übernommen: Die hintere Starrachse versah auch im RS ihren Dienst, allerdings war die Abstimmung natürlich deutlich härter geraten. Allerdings fanden die hinteren Trommelbremsen keine Gnade, sie wurden durch Scheiben ersetzt. Der Escort RS feierte viele Renn- und Rallyeerfolge. Ford baute 4000 Exemplare des 100-PS-Racers – die meisten wurden längst verheizt.

Wilder Bursche: Ford Escort RS

Motor/Antrieb					
Bauart				Vierzylinder (Reihe)	
Lage/Antrieb				Front/Heck	
Hubraum in cm³				1601	
Leistung in PS bei U/min				100 bei 5700	
Vmax in km/h				180	
Karosserie					
Bauart				Limousine (2-türig)	
Tragstruktur				selbsttragend	
Material				Stahlblech	
Stückzahl und Marktsituation					
Produktionszahl				4000	
Verfügbarkeit				schlecht	
Teilesituation				schwierig	
Unterhaltskosten				mittel	
Preise in Euro	1	2	3	4	5
Escort RS, L2t	10.000	7.000	4.500	2.500	1.000

Ford (D)

Ford Capri (Serie II) — 1974-1978

Nach der Ölkrise von 1973 ließ der Capri Federn. Das sportliche Coupé wandelte sich zum praktischen Kombi-Coupé mit großer Heckklappe. Seine Formen wurden gestrafft, doch sie verloren dadurch an Eleganz und Unverwechselbarkeit. Das Interesse an dem Capri der zweiten Serie erreichte nicht mehr die Euphorie, die nach der Präsentation der Modellreihe im Herbst 1969 geherrscht hatte: Die Verkaufszahlen blieben weit hinter den Erwartungen zurück. Daran konnte auch eine gründliche Modellpflege im Mai 1976 nicht mehr allzu viel ändern. Das Topmodell der Capri-Serie war nicht mehr der RS 2600, sondern die Drei-Liter-Version, die mit dem Essex-V6-Motor ausgestattet war, den Ford auch im Granada anbot. Er galt als wenig standfest.

Die Luft war raus: Ford Capri (Serie II)

Motor/Antrieb					
Bauart				Vierzylinder (Reihe), V6	
Lage/Antrieb					Front/Heck
Hubraum in cm³			1297, 1593, 1999, 2294, 2993		
Leistung in PS bei U/min				54 bei 5500 bis 138 bei 5000	
Vmax in km/h					140 bis 200
Karosserie					
Bauart					Coupé
Tragstruktur					selbsttragend
Material					Stahlblech
Stückzahl und Marktsituation					
Produktionszahl					k.A.
Verfügbarkeit					ausreichend
Teilesituation					ausreichend
Unterhaltskosten					hoch
Preise in Euro	1	2	3	4	5
Capri II 1.6, Cpe	5.400	3.500	1.600	700	100
Capri II 2.3, Cpe	5.500	3.600	1.700	700	100
Capri II 3.0, Cpe	8.900	6.400	2.600	1.000	300

Ford Escort, Escort RS 2000 (Serie II) — 1975-1980

Auch die zweite Auflage des Escort tat sich stets schwer im Kampf gegen Golf und Kadett. Entwickelt wurde die Kompakt-Baureihe diesmal allein von den Kölner Ford-Werken, vom Band lief sie wiederum in Deutschland und Großbritannien. Der Escort II geriet wesentlich harmonischer als sein Vorgänger, er war ausgereift, geräumig und preiswert, ließ aber nicht nur die modische Heckklappe vermissen, sondern anfangs auch Sicherheits-Details wie Verbundglas-Frontscheibe und aufprallsichere Lenksäule. Es gab ihn als zwei- und viertürige Limousine sowie als Turnier. Besonders rar war und ist das Topmodell RS 2000, eine Sportversion mit 110-PS-Motor und elastischer Bugschürze aus Kunststoff, dem sogenannten „Softface". Sammlerwert hat auch die besonders luxuriös ausgestattete Ghia-Version, deren Preis damals bereits in die Region des Granada vorstieß.

So macht auch der Escort Spaß: Ford Escort RS 2000

Motor/Antrieb					
Bauart					Vierzylinder (Reihe)
Lage/Antrieb					Front/Heck
Hubraum in cm³				1097, 1297, 1598, 1993	
Leistung in PS bei U/min				44 bei 5500 bis 110 bei 5500	
Vmax in km/h					127 bis 178
Karosserie					
Bauart					Limousine (2-/4-türig)
Tragstruktur					selbsttragend
Material					Stahlblech
Stückzahl und Marktsituation					
Produktionszahl					ca. 780.000
Verfügbarkeit					ausreichend
Teilesituation					ausreichend
Unterhaltskosten					mittel
Preise in Euro	1	2	3	4	5
Escort II 1600, L2t	2.300	1.500	600	250	50
Escort II, Kom	2.900	1.900	800	300	100
Escort II RS 2000, L2t	6.400	4.000	1.900	750	400

Ford Fiesta (Serie I) — 1976-1983

Als die Kölner die Klasse der kompakten Dreitürer für sich entdeckten, war diese zwar mit Audi 50 und VW Polo schon besetzt, doch das moderne Design und Konzept des Fiesta – leichtes Handling und einfache, solide Technik – kamen an: Bald nach seiner Markteinführung im Herbst 1976 kletterte der neue Fiesta auf Rang eins in dieser Klasse. Die junge, vorwiegend weibliche Kundschaft schätzte den kleinen Kölner, der auch von englischen und spanischen Ford-Bändern lief, insbesondere in der sparsamen Basismotorisierung: 40 PS aus einem Liter Hubraum reichten – bei kleinsten Unterhaltskosten – im Stadtverkehr aus. Das sahen später ganze Generationen von Fahranfängern genauso: Bis in die 1990er Jahre war der Fiesta der ersten Baureihe eine Massenerscheinung auf deutschen Schul- und Uni-Parkplätzen.

Ford mischt im unteren Segment mit: Ford Fiesta

Motor/Antrieb					
Bauart					Vierzylinder (Reihe)
Lage/Antrieb					Front/Front
Hubraum in cm³				957, 1117, 1297, 1598	
Leistung in PS bei U/min				40 bei 5500 bis 84 bei 5500	
Vmax in km/h					132 bis 172
Karosserie					
Bauart					Limousine (2-türig)
Tragstruktur					selbsttragend
Material					Stahlblech
Stückzahl und Marktsituation					
Produktionszahl					k.A.
Verfügbarkeit					ausreichend
Teilesituation					ausreichend
Unterhaltskosten					niedrig
Preise in Euro	1	2	3	4	5
Fiesta 1.0 (76-79), L3t	–	2.000	900	300	–

Ford Taunus (Serie II) — 1976-1982

Wieder einmal besann sich Ford auf die Linie der Vernunft: Wie 16 Jahre zuvor hatte man den neuen Taunus II – interne Bezeichnung GBTS – radikal von allem stilistischen Barock befreit. Eine klassische Karosserie, mit klaren, glatten Linien: Mit dieser verhaltenen Moderne konnte die konservative Kundschaft gut leben, nur die Jüngeren trauerten um das ersatzlos gestrichene Coupé. Unter dem Blech waltete die alte Knudsen-Technik, immerhin mit breiter Motorenpalette bis hin zum 2,3 Liter-V6; etzterer gerne kombiniert mit der Luxusausstattung, die nun unter dem Namen Ghia (statt bisher GXL) reichlich Holz und Velours sowie Vinyldach und Aluräder bot. Dem Kombi wurde das Ghia-Paket verwehrt – er sollte Lastesel bleiben. Die Modellpflege im September 1979 brachte technische und optische Retuschen – breitere Rücklichter zum Beispiel – sowie einen neuen, attraktiven Zwei-Liter-Vierzylinder mit 101 PS.

Abkehr vom Knudsen-Barock: Taunus II

Motor/Antrieb					
Bauart					Vierzylinder (Reihe), V6
Lage/Antrieb					Front/Heck
Hubraum in cm³			1294, 1593, 1993, 1998, 1999, 2294		
Leistung in PS bei U/min				55 bei 5500 bis 114 bei 53001	
Vmax in km/h					137 bis 176
Karosserie					
Bauart				Limousine (2-/4-türig), Kombi (3-/5-türig)	
Tragstruktur					selbsttragend
Material					Stahlblech
Stückzahl und Marktsituation					
Produktionszahl					
Verfügbarkeit					
Teilesituation					
Unterhaltskosten					
Preise in Euro	1	2	3	4	5
Taunus 2.0 (76-79), L4t	5.700	3.200	1.500	600	50
Taunus 1.6 (79-82), L4t	–	2.100	900	400	–

Ford (D) • Ford (F)

Ford Granada (Serie II) 1977-1985

Mit dem neuen Granada endet für Ford Köln eine grundlegende Überarbeitung des kompletten Modellprogramms. Sämtlicher Barock ist verschwunden, die schwülstigen Formen des schmuckreichen Vorgängermodells strich Ford zugunsten klarer, sachlicher und betont kantiger Linien zusammen. So geriet der neue Granada zu einem der stilistischen Vorboten der achtziger Jahre. Ford liefert den Granada als zwei- und viertürige Limousine und als Kombi aus, der bei Ford weiterhin als Turnier bezeichnet wird. Nicht mehr erhältlich ist die Coupé-Variante. Neun verschiedene Motoren stehen dem Granada-Interessenten zur Verfügung: Die Palette beginnt mit einem Diesel mit 54 PS, die Benziner starten mit dem 70 PS starken 1,7-Liter-Aggregat. Nach oben markiert ein Drei-Liter-V6 das Angebot. 1981 kommt ein kleinerer, aber stärkerer 2,8 Liter Motor aus Kölner Produktion. Er leistet 160 PS und besitzt mit der K-Jetronic bereits eine (allerdings noch mechanische) Benzineinspritzung.

Mit der klaren Linie der Achtziger: Ford Granada (Serie II)

Motor/Antrieb					
Bauart					V4, V6
Lage/Antrieb					Front/Heck
Hubraum in cm³					1699 bis 2993
Leistung in PS bei U/min					54 bei 4500 bis 160 bei 5700
Vmax in km/h					127 bis 193
Karosserie					
Bauart				Limousine (2-/4-türig), Kombi (5-türig)	
Tragstruktur					selbsttragend
Material					Stahlblech
Stückzahl und Marktsituation					
Produktionszahl					k.A.
Verfügbarkeit					gut
Teilesituation					gut
Unterhaltskosten					mittel
Preise in Euro	1	2	3	4	5
Granada 2,0 Ser. II (78-80), L2t	6.900	4.500	2.200	800	100
Granada 2,3 S Ser. II (81-86), L4t	5.500	3.500	1.800	700	100

Ford Capri III 2.0 1978-1987

In seiner dritten Version fand der Capri zu einer überzeugenden Optik zurück, aber nicht mehr zum Verkaufserfolg der frühen Jahre. 1984 endete der Verkauf in Deutschland, nicht aber die Produktion: Englische Käufer konnten den gealterten Trendsetter noch bis 1987 bestellen. Zu erkennen war die dritte Modellreihe an ihrem neuen Kühlergrill mit integrierten Doppelscheinwerfern und am Heckspoiler; serienmäßig gab es zudem das straffere Fahrwerk des S-Pakets für alle Modelle. Die Motoren-Auswahl begann nun mit einem 1,6 Liter großen Aggregat, das 72 PS leistete, 1981 löste der 2,8i die 3-Liter-Topmotorisierung ab. Krönung des Programms war 1981/82 der 2,8 Turbo mit 188 PS Leistung – bis heute das begehrteste aller späten Capri-Modelle.

Von 72 PS bis zu turbogeladenen 188 PS: Ford Capri (Serie III)

Motor/Antrieb					
Bauart					Vierzylinder (Reihe), V6
Lage/Antrieb					Front/Heck
Hubraum in cm³				1593, 1993, 1999, 2294, 2792, 2993	
Leistung in PS bei U/min					72 bei 5500 bis 188 bei 5500
Vmax in km/h					150 bis 220
Karosserie					
Bauart					Coupé
Tragstruktur					selbsttragend
Material					Stahlblech
Stückzahl und Marktsituation					
Produktionszahl					Capri II und III: 568.357
Verfügbarkeit					gut
Teilesituation					sehr gut
Unterhaltskosten					niedrig
Preise in Euro	1	2	3	4	5
Capri III 2.0, Cpe	4.800	3.100	1.500	600	150
Capri III 2.3, Cpe	5.200	3.500	1.900	700	150
Capri III 2.8 i, Cpe	6.200	4.300	2.400	1.000	200

Ford (F) • 1947 - 1954

Die Marke Mathis aus dem Elsass und der französische Ableger des amerikanischen Auto-Multis Ford verbanden sich 1934. Unter der Marke Matford, einem Kunstwort aus Mathis und Ford, liefen V8-Wagen nach amerikanischem Muster vom Band. Ab 1947 entstand in Poissy der neue Vedette nach US-Strickmuster. Das elegante, 1951 präsentierte Modell Comète besaß eine bei Facel gebaute Karosserie. Neue Modelle waren zwar bereits entwickelt, doch Mitte 1954 verkaufte Ford sein französisches Werk an Simca. Während in Frankreich die Typbezeichnung Vedette zum Markennamen des neuen Modells wurde, vertrieb man die Autos im Ausland weiterhin als Ford.

Ford Vedette und Vendôme 1947-1954

Ab 1947 fertigte Ford France die Vedette, eine mit amerikanischer Linienführung gezeichnete, sechsfenstrige Schrägheck-Limousine. Europäischen Ansprüchen angemessen waren die einzeln aufgehängten Räder der Vorderachse. Der kleine V8-Motor kam mit nur 2,2 Litern Hubraum aus. Auch Coupé- und Cabrioversionen waren ab 1949 erhältlich. Im Herbst 1952 erschien die Neuauflage mit ungeteilter Frontscheibe und angesetztem Gepäckraum bei ansonsten unveränderter Dachlinie. Das Vedette-Cabrio wandelte sich zur Cabrio-Limousine. Mit der alten Karosserie erschien dann noch das Modell Vedette Abeille als Kombi. Die Luxus-Version der Vedette hieß Vendôme, erschien im Herbst 1953 und besaß einen fast vier Liter großen Achtzylinder, der 92 PS oder 100 PS leistete. Seine Karosserie zeigte sich in glänzendem Chromornat.

Mit V8 unter der Haube: Ford Vedette und Vendome

Motor/Antrieb					
Bauart					V8
Lage/Antrieb					Front/Heck
Hubraum in cm³					2158, 3923
Leistung in PS bei U/min					60 bei 4000 bis 100 bei 3700
Vmax in km/h					125 bis 145
Karosserie					
Bauart				Limousine (4-türig), Kombi (5-türig), Cabriolet, Coupé	
Tragstruktur					Kastenrahmen
Material					Stahlblech
Stückzahl und Marktsituation					
Produktionszahl					k.A.
Verfügbarkeit					gegen null
Teilesituation					schwierig
Unterhaltskosten					hoch
Preise in Euro	1	2	3	4	5
Vedette, L4t	12.800	9.100	6.300	4.100	1.300
Vendome, L4t	15.100	10.700	7.400	4.800	1.500

Ford Comète und Comète Monte Carlo 1951-1955

Außerordentlich elegant waren die Cabrio- und Coupé-Varianten auf Vedette-Basis. Das geschlossene Modell wurde 1951 vorgestellt und war mit einer von Facel hergestellten Karosserie versehen. Die geöffnete Version kam im Herbst 1952. Beide erhielten Anfang 1953 einen auf 80 PS leistungsgesteigerten Motor mit 2355 ccm. Ab 1954 trug der Comète den Beinamen Monte Carlo und zeichnete sich durch die auf 105 PS gebrachte Vierliter-V8-Maschine aus. Doch auch mit dieser Motorisierung sahen die Wagen sportlicher aus, als sie sich aufgrund des konventionellen Fahrwerks fuhren. Allein das Modell Monte Carlo blieb über 1954 hinaus in Produktion und wurde als Simca Monte Carlo bis zum Frühling 1955 weitergebaut.

Facel baute die Karosserien: Ford Comète

Motor/Antrieb	
Bauart	V8
Lage/Antrieb	Front/Heck
Hubraum in cm³	2159, 2355, 3923
Leistung in PS bei U/min	66 bei 4500 bis 105 bei 3800
Vmax in km/h	130 bis 155
Karosserie	
Bauart	Coupé, Cabriolet
Tragstruktur	Kastenrahmen
Material	Stahlblech
Stückzahl und Marktsituation	
Produktionszahl	k.A.
Verfügbarkeit	gegen null
Teilesituation	schwierig
Unterhaltskosten	hoch

Preise in Euro	1	2	3	4	5
Comète, Cpe	18.900	13.200	9.300	6.000	1.800
Comète Monte Carlo, Cab	25.100	17.800	12.300	8.000	3.000

Ford (GB) • seit 1911

Schon 1911 war der englische Ableger des amerikanischen Ford-Konzerns als Ford Motor Company Ltd. gegründet worden. In Dagenham wurden eigene Wagen, aber auch amerikanische Modelle gebaut. Nach dem Zweiten Weltkrieg ging es mit Vorkriegskonstruktionen weiter, und die Modellpalette wurde sukzessive ausgebaut. Der erste internationale Ford war 1968 der Escort, er wurde sowohl von Ford Deutschland als auch in England gefertigt.

Ford Anglia 1938-1953

Solidität und Zuverlässigkeit bei niedrigen Unterhalts- und Anschaffungskosten machten Fords Vorschlag für ein Massenautomobil in der frühen Nachkriegszeit erfolgreich. Der kleine Anglia bot als Vorkriegskonstruktion all das, was in den Augen der Kundschaft wichtig war – mehr aber auch nicht. Die knapp bemessene und antiquierte Seitenventil-Motorisierung in Kombination mit dem Dreiganggetriebe ließ keine Gedanken an Fahrdynamik aufkommen. Auch bei Bremsen und Fahrwerk genügte das Minimum. Sportliche Coupé- und Cabrio-Karosserien auf technischer Basis des alten Anglia fanden in den fünfziger Jahren noch großen Anklang.

Schlichte Vorkriegstechnik bis weit in die Fünfziger: Ford Anglia

Motor/Antrieb	
Bauart	Vierzylinder (Reihe)
Lage/Antrieb	Front/Heck
Hubraum in cm³	933
Leistung in PS bei U/min	24 bei 4000
Vmax in km/h	90
Karosserie	
Bauart	Limousine (2-türig)
Tragstruktur	Kastenrahmen
Material	Stahlblech
Stückzahl und Marktsituation	
Produktionszahl	166.864
Verfügbarkeit	schlecht
Teilesituation	schwierig
Unterhaltskosten	niedrig

Preise in Euro	1	2	3	4	5
Anglia (1938-1948), L2t	8.000	5.200	3.600	1.800	700
Anglia (Ser. 1948-1953), L2t	6.600	4.300	2.900	1.600	500

Ford Pilot 1947-1950

Das Mutterhaus in Amerika konnte zumindest direkt nach dem Krieg auch die englische Dependance nicht ganz verleugnen. Das auf einem Kastenrahmen basierende Modell Pilot bot den US-Autostil auch für eine europäische Zielgruppe. Mit einem unverwüstlichen Seitenventil-Achtzylindermotor bot er ausreichend Kraft aus dem Drehzahlkeller, allerdings schaffte es das simpel aufgebaute Fahrwerk nur mühsam, die Leistung sicher auf die Straße bringen. Immerhin beschleunigte der V8 den Ford Pilot mit bis zu 86 PS auf rund 130 Stundenkilometer. Eine besonders attraktive Variante war der Kombi, der mit zweigeteilter Heckklappe und Holzaufbau besonders an die amerikanischen Vorbilder erinnerte.

Ein Woody aus England: Ford Pilot

Motor/Antrieb	
Bauart	V8
Lage/Antrieb	Front/Heck
Hubraum in cm³	2535, 3622
Leistung in PS bei U/min	67 bei 4000 bis 86 bei 3500
Vmax in km/h	120 bis 130
Karosserie	
Bauart	Limousine (4-türig), Kombi (5-türig)
Tragstruktur	Kastenrahmen
Material	Stahlblech
Stückzahl und Marktsituation	
Produktionszahl	22.189
Verfügbarkeit	schlecht
Teilesituation	schwierig
Unterhaltskosten	hoch

Preise in Euro	1	2	3	4	5
Pilot 3,6 V8, L4t	17.900	12.300	7.200	3.600	1.900

Ford (GB)

Ford Consul, Zephyr Six — 1950-1956

Das biedere Aussehen des ersten Zephyr-Modells sollte nicht darüber hinwegtäuschen, dass unter dem im Ponton-Stil geformten Blech ausgesprochen fortschrittliche Technik zum Einsatz kam. In der oberen Mittelklasse setzten die Briten modernste Konstruktionsprinzipien in Sachen Karosserie-, Motoren- und Fahrwerksbau ein, während die Konkurrenz noch im Denken an Vorkriegskonstruktionen verhaftet blieb. Der selbsttragende Aufbau der Karosserie, ein Sechszylindermotor (als Ford Zephyr) mit im Kopf hängenden Ventilen und die Einzelradaufhängung vorn bildeten zusammen mit der gewohnt seriösen Konstruktionsweise ein überzeugendes Angebot, bei dem auch ein Cabriolet mit fünf Sitzen nicht fehlte.

Unter dem Blech steckte viel Fortschritt: Ford Consul

Motor/Antrieb					
Bauart			Vierzylinder (Reihe), Sechszylinder (Reihe)		
Lage/Antrieb					Front/Heck
Hubraum in cm³					1508, 2262
Leistung in PS bei U/min				48 bei 4400, 69 bei 4000	
Vmax in km/h					115 bis 130
Karosserie					
Bauart				Limousine (4-türig), Cabriolet	
Tragstruktur					selbsttragend
Material					Stahlblech
Stückzahl und Marktsituation					
Produktionszahl					180.000
Verfügbarkeit					schlecht
Teilesituation					schwierig
Unterhaltskosten					mittel
Preise in Euro	1	2	3	4	5
Zephyr Mk I, L4t	9.500	6.500	4.400	2.100	800
Zephyr Mk I, Cab	20.500	14.000	9.600	4.200	2.100

Ford Zephyr, Zodiac Mk II — 1956-1962

Mit einer viel gestreckteren Karosserie, bei der allein der Grill an den Vorgänger erinnerte, präsentierte Ford die zweite Auflage der Zephyr-/Zodiac-Baureihe. Die Linien wirkten zwar immer noch recht amerikanisch, wohltuend war jedoch der weitgehende Verzicht auf unnötige Schnörkel. Die Vierzylinder-Version nannte Ford zur Unterscheidung Consul. Von der gehobeneren Sechszylinderausführung gab es neben dem Zephyr auch das luxuriöse Modell Zodiac. Zusätzlich zur viertürigen Limousine und einem fünftürigen Kombi bot Ford zudem wieder ein Viersitzer-Cabriolet an. Sogar auf Rallyepfaden schlugen sich die großen Ford erstaunlich tapfer.

A Touch of America: Ford Zephyr und Zodiac Mk II

Motor/Antrieb					
Bauart					Sechszylinder (Reihe)
Lage/Antrieb					Front/Heck
Hubraum in cm³					2553
Leistung in PS bei U/min				87 bei 4200 bis 90 bei 4200	
Vmax in km/h					140
Karosserie					
Bauart			Limousine (4-türig), Kombi (5-türig), Cabriolet		
Tragstruktur					selbsttragend
Material					Stahlblech
Stückzahl und Marktsituation					
Produktionszahl					350.244
Verfügbarkeit					schlecht
Teilesituation					schwierig
Unterhaltskosten					mittel
Preise in Euro	1	2	3	4	5
Zephyr Mk II, L4t	8.500	5.800	3.900	1.900	700
Zodiac Mk II, L4t	8.000	5.500	3.700	1.800	700

Ford Anglia 105E — 1960-1967

Noch ein Jahr vor dem Citroën Ami 6 zeigte der neue Ford Anglia eine aerodynamische Dachform mit nach innen geneigter Heckscheibe. Die Wagenfront erinnert dezent an den Daimler SP 250, die ausgeprägten Heckflossen waren typische Mode. Flott waren nicht nur das Erscheinungsbild, sondern auch die Fahrleistungen, für die ein kurzhubiger Einliter-Motor sorgte. Die Tuningspezialisten Costin und Duckwort entdeckten ihn als leicht frisierbare Kraftquelle, weshalb dieses Triebwerk nicht nur im 105E, sondern auch in diversen Formel-3-Autos auf der Piste auftauchte. Mit knapp einer Million produzierten Fahrzeugen ist der Anglia bis heute keine Seltenheit – und entsprechend üppig ist das Angebot zu vertretbaren Preisen.

Millionseller: Ford Anglia

Motor/Antrieb					
Bauart					Vierzylinder (Reihe)
Lage/Antrieb					Front/Heck
Hubraum in cm³					997
Leistung in PS bei U/min					40 bei 5000
Vmax in km/h					120
Karosserie					
Bauart				Limousine (2-türig), Kombi (3-türig)	
Tragstruktur					selbsttragend
Material					Stahlblech
Stückzahl und Marktsituation					
Produktionszahl					945.713
Verfügbarkeit					gut
Teilesituation					ausreichend
Unterhaltskosten					niedrig
Preise in Euro	1	2	3	4	5
Angila (105E), L2t	5.600	3.900	2.500	1.000	300

Ford Consul Capri — 1961-1964

Zwei Namen, die dem deutschen Publikum in den siebziger Jahren noch sehr vertraut wurden, führt Ford England bereits 1961 ein: beim Coupé Consul Capri. Mit dem hier vorgestellten Coupé-Konzept, wie es der Consul Capri vertrat, war der englische Hersteller seiner Zeit aber wohl zu weit voraus. Der Kundenzuspruch blieb weitgehend aus, weshalb das pfostenlose, zweitürige und an den amerikanischen Thunderbird erinnernde Modell nach kurzer Bauzeit wieder vom Markt genommen wurde. Dabei hätte der modern und elegant gestylte Viersitzer durchaus mehr Beachtung verdient, nicht zuletzt wegen seiner lebhaften Vierzylindermotoren, die aus dem Cortina stammten.

Der Thunderbird stand Pate: Ford Consul Capri

Motor/Antrieb					
Bauart					Vierzylinder (Reihe)
Lage/Antrieb					Front/Heck
Hubraum in cm³					1340, 1498
Leistung in PS bei U/min				55 bei 4900 bis 76 bei 5100	
Vmax in km/h					135 bis 150
Karosserie					
Bauart					Coupé
Tragstruktur					selbsttragend
Material					Stahlblech
Stückzahl und Marktsituation					
Produktionszahl					18.716
Verfügbarkeit					gegen null
Teilesituation					schwierig
Unterhaltskosten					mittel
Preise in Euro	1	2	3	4	5
Consul Capri (109E), Cpe	9.800	6.600	4.400	2.300	950

Ford (GB)

Ford Zephyr und Zodiac MK III — 1962-1966

Den Zeichen der Zeit folgend, ließ Ford die dritte Auflage des Zephyr um einiges größer werden. In der Form zeigte sich dieser Wagen wieder etwas verspielter mit ausgeprägten Heckflossen und einem zerklüfteten Bug. Auf eine Cabriolet-Ableitung – wie sie beiden Vorgängern an die Seite gestellt worden waren – verzichtete Ford beim Mk III leider. Die doch etwas zu modische Gestaltung sorgte für einen verkürzten Modellzyklus von nur vier statt sechs Jahren. Gemindert wurde die Attraktivität des Ford-Topmodells zudem durch die Eingliederung des vierzylindrigen Consul als Zephyr 4 in die Baureihe.

Das Cabrio gab es nicht mehr: Ford Zephyr und Zodiac Mk III

Motor/Antrieb	
Bauart	Vierzylinder (Reihe), Sechszylinder (Reihe)
Lage/Antrieb	Front/Heck
Hubraum in cm³	1703, 2553
Leistung in PS bei U/min	65 bei 4700, 107 bei 4750
Vmax in km/h	140 bis 160
Karosserie	
Bauart	Limousine (4-türig), Kombi (5-türig)
Tragstruktur	selbsttragend
Material	Stahlblech
Stückzahl und Marktsituation	
Produktionszahl	282.117
Verfügbarkeit	schlecht
Teilesituation	schwierig
Unterhaltskosten	mittel

Preise in Euro	1	2	3	4	5
Zephyr 4 Mk III, L4t	6.200	4.200	2.600	1.300	400
Zephyr 6 Mk III, L4t	7.400	5.100	3.100	1.500	600

Ford Lotus Cortina — 1963-1966

Als Ableitung einer gutbürgerlichen Kompaktlimousine nahm dieses Modell das GTI-Konzept vorweg: Im historischen Motorsport ist der Lotus Cortina heute ein vielversprechendes Gerät, entsprechend begehrt und teuer ist er. Der Name deutet schon auf den geistigen Vater des Wagens hin: Colin Chapman, Lotus-Gründer, implantierte seinen berühmten 1,6-Liter-dohc-Motor unter die Haube des biederen Mittelklassewagens und machte ihn mit einem modifizierten Fahrwerk zu einem sehr erfolgreichen Rennwagen. Da der Lotus Cortina als Homologationsmodell für den Sport geplant war, entstanden nur wenig mehr als 4000 Wagen in dieser Spezifikation.

Richtig heiß durch Colin Chapmans Händchen: Ford Lotus Cortina

Motor/Antrieb	
Bauart	Vierzylinder (Reihe)
Lage/Antrieb	Front/Heck
Hubraum in cm³	1558, 1594
Leistung in PS bei U/min	106 bei 6000 bis 140 bei 6500
Vmax in km/h	175 bis 190
Karosserie	
Bauart	Limousine (2-türig)
Tragstruktur	selbsttragend
Material	Stahlblech
Stückzahl und Marktsituation	
Produktionszahl	4012
Verfügbarkeit	schlecht
Teilesituation	ausreichend
Unterhaltskosten	mittel

Preise in Euro	1	2	3	4	5
Lotus Cortina Mk I, L2t	17.500	12.300	6.600	3.600	2.000

Ford GT 40 — 1966-1972

Auch Großserienhersteller sind in der Lage, Sportwagenlegenden zu bauen. Beweis dafür kann der Ford GT 40 sein, dessen ursprünglicher Einsatzzweck es war, die Ferrari-Zwölfzylinder aus Maranello auf der Rennstrecke zu besiegen. Das gelang auch mehrfach, unter anderem in Le Mans. Der GT 40 ist ein aggressiv gestylter Zweisitzer, der über ein 4,7 Liter großes Mittelmotorherz mit acht Zylindern verfügte. Die Konstruktion besorgte Lola-Mitbegründer Eric Broadley, gebaut wurden die Renner in Fords Advanced-Vehicle-Tochterunternehmen in Slough. Die Straßenversion des GT 40 konnten auch wohlhabende Fans ordern. Doch die knappe Schalldämpfung und die permanente Wärmeabstrahlung des Motors forderten – neben einer gut gefüllten Kasse – wahren Sportsgeist.

Ganz laut im Konzert der Schnellen dieser Welt: Ford GT 40

Motor/Antrieb	
Bauart	V8
Lage/Antrieb	Mitte/Heck
Hubraum in cm³	4728
Leistung in PS bei U/min	340 bei 6250
Vmax in km/h	270
Karosserie	
Bauart	Coupé
Tragstruktur	teilw. selbsttragend
Material	Stahlblech
Stückzahl und Marktsituation	
Produktionszahl	107
Verfügbarkeit	gegen null
Teilesituation	sehr schwierig
Unterhaltskosten	hoch

Preise in Euro	1	2	3	4	5
GT 40, Cpe			keine Notierung		

Ford Lotus Cortina Mk II („Twin Cam") — 1967-1970

Die zweite Fassung des Lotus Cortina kostet heute deutlich weniger als die erste Version. Das ist für Interessenten dieser unscheinbaren und dennoch potenten Kompaktlimousine zwar angenehm, im historischen Motorsport spielt diese kurz „Twin Cam" genannte Cortina aber keine große Rolle. Die Kriegsbemalung stand seiner geglätteten Karosserie weniger gut, die Hülle wirkte langweiliger und weit weniger aggressiv. Schlimmer noch: Auch vom herzhaften Biss des Erstauflage-Motors war einiges auf der Strecke geblieben. Ein Trost für Interessenten bleibt jedoch, denn bei weiterhin guten Fahrleistungen und erfreulich agilem Fahrverhalten ist der Twin Cam deutlich alltagstauglicher als der Ur-Cortina.

Ein bisschen von Aschenputtel: Ford Lotus Cortina Mk II

Motor/Antrieb	
Bauart	Vierzylinder (Reihe)
Lage/Antrieb	Front/Heck
Hubraum in cm³	1558
Leistung in PS bei U/min	106 bei 6000
Vmax in km/h	175
Karosserie	
Bauart	Limousine (2-türig)
Tragstruktur	selbsttragend
Material	Stahlblech
Stückzahl und Marktsituation	
Produktionszahl	4000
Verfügbarkeit	schlecht
Teilesituation	ausreichend
Unterhaltskosten	mittel

Preise in Euro	1	2	3	4	5
Lotus Cortina MkII, L2t	11.500	8.100	4.400	2.300	1.200

Ford (USA) • seit 1903

Henry Ford, geboren 1863, erlangte Weltruhm mit dem legendären Model T, seinem ab 1908 gebauten Bestseller. Erst der Käfer schaffte es Jahrzehnte später, die von der Tin Lizzy aufgestellten Rekorde zu brechen: rund 15 Millionen Exemplare des Model T rollten von Fords Fließbändern. 1893 hatte Henry Ford die ersten motorisierten Fahrzeuge auf der Weltausstellung in Chicago gesehen. Die Idee reizte ihn, und schon 1896 präsentierte er mit dem Quadricycle seine erste Konstruktion. 1899 gründete er die Detroit Automobile Company, die allerdings – mangels eines marktfähigen Modells – nur ein Jahr existierte. Ford gab nicht auf: 1901 entstand die Henry Ford Company, doch auch sie scheiterte, weil sich die potenziellen Kunden nicht für Rennwagen wie seinen Arrow oder das Model 999 interessierten.

Erst seiner Ford Motor Company, 1903 gegründet, gelang der Durchbruch mit Zwei-, Vier- und Sechszylinder-Modellen. Fünf Jahre später, Ford war bereits Marktführer in den USA, landete er mit dem Model T einen Treffer ins Schwarze: Zuverlässigkeit statt Luxus lautete sein Credo.

Die hohe Nachfrage konnte Ford nicht mehr durch per Hand zusammengeschraubte Fahrzeuge befriedigen. So kam er auf die Idee, die Fertigung zu automatisieren. Das Fließband, das Ford ab 1913 zunehmend einsetzte, fand als fertigungstechnische Innovation – Ford produzierte bereits 650 Modelle pro Tag – schnell weltweite Nachahmer.

Mit Produktionsstätten in Argentinien, Australien, Brasilien, Deutschland, England, Indien, Neuseeland, Thailand und auch Frankreich baute Ford rund um den Globus Automobile. Heute gehören zum Ford-Konzern unter anderem auch die britischen Traditionsmarken Jaguar und Aston Martin, zudem Volvo, Mazda und Land Rover. Auf dem Heimatmarkt ist Ford außerdem mit Lincoln und Mercury aktiv.

Der Erfinder des „universal car": Henry Ford (1863-1947)

Fords sportliche Wurzeln: der erfolglose Rennwagen 999 (um 1902)

Ford Custom Country Squire — 1950-1951

Die fünfziger Jahre brachten neue Strukturen in das Leben der Menschen – am schnellsten in Amerika. Wachsender Wohlstand führte zu mehr Freizeit, die Familie wurde immer wichtiger. Erstmals spielten deswegen auch Station Wagons, wie die Kombis in Amerika hießen, eine Rolle im privaten Bereich. Bislang waren sie eher als ungeliebte Arbeitspferde auf den harten beruflichen Einsatz beschränkt gewesen. Ford ging 1951 mit dem Custom Country Squire einen anderen Weg. Die Custom-Serie rangierte 1951 als zweite Modellreihe über den DeLuxe-Typen. Der Country Squire war das teuerste aller Ford-Modelle und lag preislich noch über dem Convertible Coupé – ein sicheres Indiz, dass er kaum jemals auf Baustellen eingesetzt wurde. Als Motorisierung bot Ford einen Reihensechszylinder und einen V8. Er war übrigens der letzte Woody von Ford, wie jene typisch amerikanischen, mit Holz verkleideten Kombis hießen.

Zum Arbeiten zu schade: Ford Custom Country Squire

Motor/Antrieb	
Bauart	Sechszylinder (Reihe), V8
Lage/Antrieb	Front/Heck
Hubraum in cm³	3528, 3917
Leistung in PS bei U/min	83 bei 3600, 88 bei 3800
Vmax in km/h	135
Karosserie	
Bauart	Kombi
Tragstruktur	Kastenrahmen
Material	Stahlblech
Stückzahl und Marktsituation	
Produktionszahl	k.A.
Verfügbarkeit	gegen null
Teilesituation	sehr schwierig
Unterhaltskosten	mittel

Preise in Euro	1	2	3	4	5
Custom Country Squire, Kom			keine Notierung		

Ford Fairlane Sunliner Convertible — 1955-1959

Den Sunliner Convertible bot Ford ab 1955 in der neuen Fairlane-Modellreihe an, der über den Mainline und Customline genannten Serien die Spitze der Modellpalette markierte. Mit dem Zusatz Fairlane offerierte Ford darüber hinaus noch drei Victoria Hardtop Coupé genannte Varianten, von denen eine über ein Glasdach verfügte. Zudem gab es mit einem Club Sedan und einem Town Sedan zwei Limousinen im Angebot – die Spitze jedoch markierte der viersitzige Sunliner Convertible. Als Standardmotorisierung bot Ford 1955 für alle Modelle einen Reihensechszylinder mit 3,6 Liter Hubraum an, der 122 PS leistete. Gegen Aufpreis gab es in allen Modellen auch ein standesgemäßes V8-Triebwerk, das mit 164 PS für etwas mehr Agilität sorgte.

Für die Sonnenseite des Lebens: Ford Fairlane Sunliner Convertible

Motor/Antrieb	
Bauart	Sechszylinder (Reihe), V8
Lage/Antrieb	Front/Heck
Hubraum in cm³	3654, 4457
Leistung in PS bei U/min	122 bei 4000, 164 bei 4400
Vmax in km/h	145 bis 160
Karosserie	
Bauart	Limousine, Coupé, Cabriolet
Tragstruktur	Kastenrahmen
Material	Stahlblech
Stückzahl und Marktsituation	
Produktionszahl	k.A.
Verfügbarkeit	schlecht
Teilesituation	sehr schwierig
Unterhaltskosten	hoch

Preise in Euro	1	2	3	4	5
Fairlane Sunliner (1955-1956), Cab	37.500	24.700	14.000	7.500	3.700

Ford (USA)

Ford Thunderbird (Serie I) — 1955-1957

Ford hatte seinen Konkurrenten Chevrolet genau beobachtet, und daher fiel es leicht, die bei der ersten Corvette gemachten Fehler zu vermeiden. Die für amerikanische Verhältnisse sehr schlanke und schnörkellose Karosserie des Thunderbird versprach die sportlichen Fahrleistungen, die seine von Beginn an leistungsstarken Motoren halten konnten. Bis zu 300 PS stark waren die Zweisitzer, deren Stahlkarosserie nach üblichem Muster auf einem Kastenrahmen platziert war. Außerdem gestand Ford den Sportwagenfahrern mit einem soliden Faltverdeck und weiteren Details einen angemessenen Gesamtkomfort zu. Damit war man wesentlich erfolgreicher als der Gegner, der aber rasch zum Konter bereit war.

Der Urknall einer Legende: Ford Thunderbird

Motor/Antrieb	
Bauart	V8
Lage/Antrieb	Front/Heck
Hubraum in cm³	4780, 5113
Leistung in PS bei U/min	193 bei 4400 bis 300 bei 4800
Vmax in km/h	185 bis 210
Karosserie	
Bauart	Cabriolet
Tragstruktur	Kastenrahmen
Material	Stahlblech
Stückzahl und Marktsituation	
Produktionszahl	53.166
Verfügbarkeit	ausreichend
Teilesituation	ausreichend
Unterhaltskosten	hoch

Preise in Euro	1	2	3	4	5
Thunderbird, Cab	62.000	43.000	28.500	16.000	7.500

Ford Fairlane Skyliner Retractable — 1957-1959

Immer wieder wurde versucht, die Vorteile eines stabilen Blechdachs mit denen eines Cabriolets zu kombinieren. Auch der amerikanische Ford-Konzern hatte zwischen 1957 und 1959 ein entprechendes Modell im Angebot, den Fairlane Skyliner. Gut bedacht oder von Frischluft umspült konnten dabei bis zu vier Personen komfortabel reisen, in einem im typischen Geschmack der Jahre gestalteten, großen Wagen mit langen Überhängen. Mit geöffnetem Dach blieb von dem vormals riesigen Kofferraum allerdings nichts übrig. Ein anderer Nachteil der Konstruktion fand sich in der Defektanfälligkeit der Dachkinematik. Außerdem war das Gewicht sehr hoch. Immerhin fast 50.000 Exemplare des Zwitters sorgen bis heute für eine gute Grundversorgung mit diesen skurrilen Cabrio-Coupés.

Bewegtes Blech: Ford Fairlane Skyliner Retractable

Motor/Antrieb	
Bauart	V8
Lage/Antrieb	Front/Heck
Hubraum in cm³	4457 bis 5766
Leistung in PS bei U/min	193 bei 4500 bis 304 bei 4600
Vmax in km/h	155 bis 175
Karosserie	
Bauart	Cabriolet
Tragstruktur	Kastenrahmen
Material	Stahlblech
Stückzahl und Marktsituation	
Produktionszahl	48.394
Verfügbarkeit	ausreichend
Teilesituation	ausreichend
Unterhaltskosten	hoch

Preise in Euro	1	2	3	4	5
Fairlane Skyliner (1957-1959), Cab	45.000	29.000	16.500	8.500	4.000

Ford Thunderbird (Serie II, „Squarebird") — 1958-1960

Die klare, sportliche Linie der ersten Thunderbird-Modelle wurde mit dem Styling der ab 1958 verkauften zweiten Serie verspielt. Mit einer manieristisch verzierten und verspielten Karosserie des sogenannten „Squarebird", die zudem jetzt Platz für 2+2 Passagiere bot, war das Konzept aufgeweicht und längst nicht mehr so reizvoll für Puristen. Dem Durchschnittskäufer aber gefiel es dennoch: Knapp 200.000 Verkäufe kamen in den drei Baujahren zusammen. Neben dem Cabriolet hielt Ford auch ein Coupé im Angebot, das von immer größeren Motoren mit bis über sieben Litern Hubraum und über 300 PS vorangetrieben wurde. Im Gegensatz zur überladenen Karosserie wirkte jedoch die Bauweise in selbsttragender Ausführung recht modern.

Der Verlust der klaren Linie: Ford Thunderbird (Serie II)

Motor/Antrieb	
Bauart	V8
Lage/Antrieb	Front/Heck
Hubraum in cm³	5766, 7056
Leistung in PS bei U/min	304 bei 4600 bis 355 bei 4400
Vmax in km/h	180 bis 200
Karosserie	
Bauart	Cabriolet, Hardtop
Tragstruktur	selbsttragend
Material	Stahlblech
Stückzahl und Marktsituation	
Produktionszahl	198.191
Verfügbarkeit	ausreichend
Teilesituation	ausreichend
Unterhaltskosten	hoch

Preise in Euro	1	2	3	4	5
Thunderbird („Squarebird"), Cpe	27.500	19.000	12.800	7.000	3.500
Thunderbird („Squarebird"), Cab	40.000	28.200	19.800	11.200	5.500

Ford Thunderbird (Serie III, „cigar shape") — 1961-1963

Bei den Thunderbird der Jahrgänge 1961 bis 1963 änderte sich fast nichts an der Technik, doch das Konzept wurde weiter abgeändert. Die Sportlichkeit der ersten Generation schien nun endgültig in den Hintergrund gedrängt, obwohl ein Modell namens Roadster offeriert wurde. Dieses viersitzige Cabrio besaß jedoch lediglich eine Abdeckung über der Rückbank. Das Styling des Donnervogels war etwas weniger verspielt und weit glattflächiger als beim direkten Vorgänger geraten, eine spitz zulaufende Front, halb abgedeckte Hinterräder und durchgehende Kanten von den vorderen bis zu den hinteren Kotflügelspitzen prägten sein Äußeres. In der Publikumsgunst stand der wegen seiner Form „cigar shape" genannte Thunderbird weiterhin gut da, und daran konnte auch noch sein bis 1966 gebauter Nachfolger mit nochmals größeren Motoren anschließen.

Jetzt im „cigar shape"-Styling: Ford Thunderbird (Serie III)

Motor/Antrieb	
Bauart	V8
Lage/Antrieb	Front/Heck
Hubraum in cm³	6348
Leistung in PS bei U/min	304 bei 4400 bis 344 bei 4600
Vmax in km/h	180 bis 200
Karosserie	
Bauart	Cabriolet, Hardtop
Tragstruktur	selbsttragend
Material	Stahlblech
Stückzahl und Marktsituation	
Produktionszahl	214.375
Verfügbarkeit	ausreichend
Teilesituation	ausreichend
Unterhaltskosten	hoch

Preise in Euro	1	2	3	4	5
Thunderbird („cigar shape"), Cpe	23.500	16.100	10.900	6.100	3.000
Thunderbird („cigar shape"), Cab	33.000	23.500	16.300	9.200	4.700

Ford (USA)

Ford Mustang — 1964-1973

Mitten ins Schwarze traf Ford mit dem Modell Mustang. Der Trendsetter in Sachen Pony Car zeigte die typischen Stilelemente dieser Gattung: lange Schnauze, kurzes Heck, Platz für vier und bei Bedarf richtig leistungsstark. Der Mustang hatte jedenfalls eine lange Karriere vor sich, die er mit etlichen Karosseriemodifikationen erfolgreich abritt. Allein in den ersten beiden Jahren wurden weit über 600.000 dieser gelungenen Fahrzeuge verkauft, als Cabriolet, Hardtop und Fastback. Anspruchsvolle Fahrwerke erwartete die Kundschaft dabei nicht – sie bekam sie auch nicht, doch die Motorkraft reichte bei einigen Modellen für den ganz scharfen Ritt: Bis zu sieben Liter Hubraum und fast 400 PS waren auf Wunsch lieferbar. Schade nur, das die Bremsanlage dieser Power nicht gewachsen war. Hinter dem Ganzen stand als geistiger Vater der ideenreiche Lee Iacocca.

Der Traum der amerikanischen Jugend: Ford Mustang

Motor/Antrieb	
Bauart	Sechszylinder (Reihe), V8
Lage/Antrieb	Front/Heck
Hubraum in cm³	2781 bis 6964
Leistung in PS bei U/min	101 bei 4400 bis 390 bei 5400
Vmax in km/h	150 bis 225
Karosserie	
Bauart	Hardtop, Coupé, Cabriolet
Tragstruktur	selbsttragend
Material	Stahlblech
Stückzahl und Marktsituation	
Produktionszahl	k.A.
Verfügbarkeit	üppig
Teilesituation	gut
Unterhaltskosten	hoch

Preise in Euro	1	2	3	4	5
Mustang (1964-1966), Cab	35.000	25.500	16.300	7.500	4.000
Mustang (1967-1968), Cab	32.000	23.700	15.200	7.100	3.500
Mustang (1969-1970), Cab	26.500	19.600	12.500	5.800	3.200
Mustang (1971-1973), Cab	24.600	18.200	11.400	5.200	2.800

Ford Mustang (Serie II) — 1973-1979

Wie sich die Zeiten ändern: Vorbei die Herrlichkeit der dumpf bollernden Big-Block-Triebwerke, der Ölpreisschock bremste auch im Land der unbegrenzten Möglichkeiten die Leistungswelle aus. Im Mustang II waren Gewichts- und Verbrauchsreduzierung wichtigste Vorgaben bei der Konstruktion. Dabei blieb es karosserieseitig bei der Pony-Car-Anmutung, die sich als Stufenheck oder mit großer Heckklappe an individuellen Kaufvorstellungen orientierte. Doch unter der Haube fanden sich plötzlich auch Vierzylindermotoren mit nur 2,3 Litern Hubraum und mageren 89 PS wieder. Erst nach Jahren erholte man sich vom Schock und setzte auch wieder Achtzylindertriebwerke ein, die – garniert mit sportlichen Ausstattungen – durchaus an die herrliche Zeit der Ur-Mustangs erinnern konnten.

Speck an den Hüften, dazu asthmatisch: Ford Mustang (Serie II)

Motor/Antrieb	
Bauart	Vierzylinder (Reihe), Sechszylinder (Reihe), V8
Lage/Antrieb	Front/Heck
Hubraum in cm³	2301, 2793, 3273, 4942
Leistung in PS bei U/min	89 bei 5000 bis 139 bei 3600
Vmax in km/h	160 bis 190
Karosserie	
Bauart	Limousine (2-türig), Coupé
Tragstruktur	selbsttragend
Material	Stahlblech
Stückzahl und Marktsituation	
Produktionszahl	k.A.
Verfügbarkeit	ausreichend
Teilesituation	ausreichend
Unterhaltskosten	hoch

Preise in Euro	1	2	3	4	5
Mustang II, Cpe	7.500	5.300	3.000	1.400	600
Mustang II (2+2), Cpe	7.700	5.400	3.100	1.400	600

Ford Mustang (Serie III) — 1979-1987

Neues Format gewann der Mustang wieder ab 1979, als er mit einer harmonischen Linienführung neu präsentiert wurde. Es blieb bei dem Konzept, mit Stufenheck und Coupé eine Vielzahl der Kundenwünsche aufzufangen, für Frischluftvergnügen sorgten herausnehmbare Dachhälften des Coupés. Nahezu unverändert übernahm Ford auch die Motorenpalette vom Vorgänger, das Publikum hatte sich inzwischen an die niedrigeren Leistungen gewöhnt. Als Ergänzung war ein 2,3-Liter-Vierzylinder mit Turbolader aufgenommen worden, ebenso ein nur 85 PS starker 3,3-Liter-Sechszylinder. Die Kunden sprachen dem neuen Modell trotz der fehlenden Leistung gut zu. Die Preise liegen heute auf erfreulich niedrigem Niveau.

Gelungener Relaunch: Ford Mustang (Serie III)

Motor/Antrieb	
Bauart	Vierzylinder (Reihe), Sechszylinder (Reihe), V6, V8
Lage/Antrieb	Front/Heck
Hubraum in cm³	2301, 2793, 3273, 4942
Leistung in PS bei U/min	85 bei 4800 bis 140 bei 3600
Vmax in km/h	165 bis 195
Karosserie	
Bauart	Limousine (2-türig), Coupé
Tragstruktur	selbsttragend
Material	Stahlblech
Stückzahl und Marktsituation	
Produktionszahl	k.A.
Verfügbarkeit	gut
Teilesituation	gut
Unterhaltskosten	hoch

Preise in Euro	1	2	3	4	5
Mustang III, Cpe	6.800	4.700	2.700	1.200	500
Mustang III Hatchback, Cpe	7.000	4.800	2.700	1.200	500

Fuldamobil (D) • 1950-1969

Die Mobile aus Fulda in Hessen erwiesen sich als langlebigster Kleinstwagen-Entwurf seiner Zeit: Erst 1969 wurde das letzte Exemplar zugelassen. Die Väter des Fuldamobils waren der Elektromaschinen-Fabrikant Karl Schmitt und der Techniker Norbert Stevenson, auf den die Konstruktion des Kleinstwagens zurückgeht. Die Fertigung übernahm Schmitt, der auch Lizenzen an die Nordwestdeutsche Fahrzeugbau GmbH (NWF) in Wilhelmshaven und ins Ausland verkaufte. So gab es Fuldamobil-Kleinserien in Argentinien (Markenname „Bambi"), Holland („Bambino"), Schweden („King"), Griechenland („Attika") und England („Nobel"). Schmitt fertigte in den sechziger Jahren nur noch auf Bestellung treuer Kunden, die zumeist nur den alten Führerschein der Klasse IV besaßen.

Fuldamobil 250, Fuldamobil NWF 200 — 1950-1969

Das Ur-Fuldamobil von 1950 war ein Primitiv-Auto mit 250-cm³-ILO-Motor und rundlicher Sperrholz-Karosserie, die mit Kunstleder überzogen war. Ab 1951 war die Karosserie mit Aluminiumblech beplankt; im Heck saß ein 360-cm³-Motor von Sachs. Auf Wunsch war auch ein Cabriolet lieferbar. Etwa zeitgleich mit der Lizenzvergabe an NWF erhielt das Fuldamobil 1953 eine Ganzstahlkarosserie und einen 200-cm³-Motor von ILO. Ab 1956 umhüllte eine GFK-Karosserie einen 200-cm³-Motor, der wieder von Sachs stammte. Spätere Exemplare soll ein Heinkel-Triebwerk befeuert haben. Die NWF-Version von 1953 bis 1957 ist an eckigen Türunterkanten erkennbar; später gab es halbrunde Türausschnitte.

Seine Karriere dauerte immerhin bis 1969: Fuldamobil

Motor/Antrieb	
Bauart	Zweizylinder-Zweitaktmotor
Lage/Antrieb	Heck/Heck
Hubraum in cm³	191, 250, 360
Leistung in PS bei U/min	10 bei 5200
Vmax in km/h	60
Karosserie	
Bauart	Coupé, Cabriolet
Tragstruktur	Rohrrahmen
Material	Sperrholz/Kunstleder; Aluminium; GFK
Stückzahl und Marktsituation	
Produktionszahl	ca. 2900
Verfügbarkeit	gegen null
Teilesituation	sehr schwierig
Unterhaltskosten	niedrig

Preise in Euro	1	2	3	4	5
Fuldamobil, Klw			keine Notierung		

Gilbern (GB) • 1961-1974

Die Marke Gilbern stammte aus Wales. Die Gilbern Sports Car & Components aus Pontypridd (Glamorgan) bot ab 1961 den GT Mk I mit Kunststoffkarosserie an. Kunden konnten das Fahrzeug auch als Bausatz erwerben. Bald schon erhielt das viersitzige Coupé einen stärkeren Motor, den Gilbern vom MG B adaptiert hatte.
Später fanden Ford-Motoren Verwendung, darunter auch Sechszylinder mit Benzineinspritzung. Zuletzt fertigte Gilbern das Modell Invader. 1974 endete die Fertigung, der handarbeitsintensive Fertigungsprozess war zu teuer geworden.

Gilbern 1800 GT — 1962-1967

Mit einigen positiven Eigenschaften kam 1962 dieses harmonisch geformte 2+2-sitzige Coupé auf den Markt: Es offerierte den zumeist aus England stammenden Interessenten genau jenes Extra an Alltagstauglichkeit und Nutzwert, den so manches Konkurrenzprodukt aus der vielfältigen britischen Kleinserienherstellung vermissen ließ. Die Zutaten des Gilbern waren bewährt: Der Motor stammte aus dem MGB, der wie die leichte Kunststoffkarosserie von einem Rohrrahmen getragen wurde. Solche Handarbeit ließ sich in kleinen Stückzahlen durchaus an den Käufer bringen und ist bis heute attraktiv.

Attraktives Kunststoff-Coupé mit MG B-Motor: Gilbern 1800 GT

Motor/Antrieb	
Bauart	Vierzylinder (Reihe)
Lage/Antrieb	Front/Heck
Hubraum in cm³	1798
Leistung in PS bei U/min	95 bei 5400
Vmax in km/h	165
Karosserie	
Bauart	Coupé
Tragstruktur	Rohrrahmen
Material	Kunststoff/Stahlblech
Stückzahl und Marktsituation	
Produktionszahl	280
Verfügbarkeit	gegen null
Teilesituation	ausreichend
Unterhaltskosten	mittel

Preise in Euro	1	2	3	4	5
1800 GT, Cpe	13.000	8.500	4.000	1.500	300

Gilbern (GB) • Ginetta (GB)

Gilbern Genie — 1966-1969

Italienisch anmutende Karosserielinien und leistungsstärkere Sechszylindermotoren machten den Nachfolger des 1800 GT zu einem weitaus erwachseneren Auto. Der Zweitürer bot im Innenraum mehr Platz und überzeugte durch eine hochstehende Verarbeitungsqualität. Das Modell war auch als steuerbegünstigter Kit erhältlich. Ob ein Eigenbau den Qualitätsmaßstäben des Werkes entspricht, wird sich oft erst bei der Restaurierung herausstellen. Die geringe Stückzahl macht den Genie zur Rarität, die in jedem Fall zu sehr ansprechenden Fahrleistungen in der Lage ist.

Motor/Antrieb					
Bauart				Sechszylinder (Reihe), V6	
Lage/Antrieb				Front/Heck	
Hubraum in cm³				2495, 2994	
Leistung in PS bei U/min				121 bei 4750 bis 138 bei 5100	
Vmax in km/h				180 bis 195	
Karosserie					
Bauart				Limousine (2-türig)	
Tragstruktur				Rohrrahmen	
Material				Kunststoff/Stahlblech	
Stückzahl und Marktsituation					
Produktionszahl				197	
Verfügbarkeit				gegen null	
Teilesituation				ausreichend	
Unterhaltskosten				hoch	
Preise in Euro	1	2	3	4	5
Genie, L2t	14.000	10.000	5.000	1.900	400

Von sechs Zylindern befeuert: Gilbern Genie

Gilbern Invader — 1969-1973

Immerhin 600 Fahrzeuge konnte Gilbern von diesem letzten Modell der Marke absetzen. Der Invader war ein überarbeiteter Genie, den es nur noch als Komplett-Modell und nicht mehr als Bausatz gab, denn das hätte der Qualitätsanspruch der Marke nicht mehr zugelassen. Materialstärke und Verarbeitung der GFK-Karosserie gelten bis heute als vorbildlich. Mit dem drei Liter großen Essex-V6 von Ford erreichte der Wagen ansehnliche Fahrleistungen. Leider aber machte die aufwändige Handarbeit der Gilbern-Fertigung die Fahrzeuge ziemlich teuer, was sie ihrer Marktchancen beraubte.

Motor/Antrieb					
Bauart				V6	
Lage/Antrieb				Front/Heck	
Hubraum in cm³				2994	
Leistung in PS bei U/min				138 bei 5100	
Vmax in km/h				185	
Karosserie					
Bauart				Limousine (2-türig), Kombi (3-türig)	
Tragstruktur				Rohrrahmen	
Material				Kunststoff/Stahlblech	
Stückzahl und Marktsituation					
Produktionszahl				600	
Verfügbarkeit				gegen null	
Teilesituation				ausreichend	
Unterhaltskosten				hoch	
Preise in Euro	1	2	3	4	5
Invader, L2t	15.000	11.000	5.500	2.000	500

Kleinstserie mit gutem Finish: Gilbern Invader

Ginetta (GB) • seit 1957

Mit sportlichen Spidern startete Ende der fünfziger Jahre die Marke Ginetta, die – trotz des italienisch klingenden Phantasienamens – von vier Brüdern namens Walklett in Witham/Essex gegründet worden war. Trotz kleiner Stückzahlen konnte sich Ginetta unter einer Reihe neuer Besitzer bis heute am Markt halten.

Ginetta G 4 — 1961-1970

Immer der Reihe nach: Ginetta begann natürlich mit dem Modell 1, für einen wahren Markterfolg sorgte jedoch erst der G4 der vier Walklett-Brüder. Auch er war nach klassisch britischer Kit-Car-Manier konstruiert und begeisterte mit sensationellen Fahreigenschaften. Der G 4 zeigte aber auch tolle Fahrleistungen – ganz besonders im Renntrimm. In der Regel kamen unter der sehr kompakten und flachen Kunststoffhülle Ford-Motoren mit bis zu 1,5 Litern Hubraum zum Einbau, doch auch Sonderwünsche wurden erfüllt. Ab Serie III war der G 4 zudem als gelungenes Coupé mit einigen stilistischen Änderungen zu haben. Den straßentauglichen G 4 gab es übrigens dank steter Nachfrage als Werks-Replica.

Motor/Antrieb					
Bauart				Vierzylinder (Reihe)	
Lage/Antrieb				Heck/Heck	
Hubraum in cm³				997, 1498	
Leistung in PS bei U/min				39 bei 5000 bis 85 bei 6000	
Vmax in km/h				160 bis 200	
Karosserie					
Bauart				Roadster, Coupé	
Tragstruktur				Rohrrahmen	
Material				Kunststoff/Stahlblech	
Stückzahl und Marktsituation					
Produktionszahl				ca. 500	
Verfügbarkeit				gegen null	
Teilesituation				schwierig	
Unterhaltskosten				mittel	
Preise in Euro	1	2	3	4	5
G4 1500, Rds	36.900	28.900	17.900	9.200	4.600

Eine lange Karriere: Ginetta G4

Ginetta (GB) • Glas (D)

Ginetta G 15 — 1967-1974

Als meistproduziertes Modell der Marke fährt der G 15 vor. Trotz des kleinvolumigen Alu-Heckmotors aus dem Hillman Imp kam die Ginetta flott in Fahrt – das Leichtgewicht war gerade einmal 500 Kilogramm schwer. Wer den G15 mit den kleinen Abarth vergleicht, stellt fest, dass eine Ginetta heute viel billiger ist, aber ähnlich reizvoll. Die britische Motorsportszene mischte das nur knapp über 3,60 Meter messende Wägelchen gehörig auf. Dieses Renommee führt zusammen mit ausgesprochen günstigen Unterhaltskosten zur heute großen Beliebtheit. Bei knapp 800 gebauten Exemplaren ist die Chance, einen G 15 zu entdecken, zwar nicht groß, aber bei etwas Geduld durchaus gegeben.

Motor/Antrieb	
Bauart	Vierzylinder (Reihe)
Lage/Antrieb	Heck/Heck
Hubraum in cm³	875
Leistung in PS bei U/min	55 bei 6000 bis 58 bei 6100
Vmax in km/h	170
Karosserie	
Bauart	Coupé
Tragstruktur	Rohrrahmen
Material	Kunststoff/Stahlblech
Stückzahl und Marktsituation	
Produktionszahl	796
Verfügbarkeit	gegen null
Teilesituation	ausreichend
Unterhaltskosten	niedrig

Preise in Euro	1	2	3	4	5
G 15, Cpe	18.400	11.500	6.800	3.000	1.200

Flott, weil richtig leicht: Ginetta G 15

Ginetta G 21 — 1970-1978

In Anlehnung an die erfolgreiche G15-Karosserielinie zeichnete man bei Ginetta auf verlängertem Fahrgestell ein elegantes Fließheckmodell. Der Motor wanderte dabei vom Heck in den verlängerten Bug. Als G 21 balgte er sich um Marktanteile im Segment der specialized cars. Die Motoren kamen meistens von Rootes, es waren Vierzylinder aus dem Sunbeam Alpine/Rapier oder Sceptre. Doch einige Exemplare erhielten auch den Dreiliter-Essex-Motor mit sechs Zylindern von Ford und, damit verbunden, einige Fahrwerksmodifikationen – immerhin touchierten die potenten G21-Modelle die 200-Stundenkilometer-Marke. Die stärkeren Modelle stehen in der Liebhabergunst heute weitaus besser da als die Vierzylinder mit der schlichten hinteren Starrachse.

Motor/Antrieb	
Bauart	Vierzylinder (Reihe), V6
Lage/Antrieb	Front/Heck
Hubraum in cm³	1725, 2993
Leistung in PS bei U/min	79 bei 5200 bis 138 bei 5100
Vmax in km/h	170 bis 195
Karosserie	
Bauart	Coupé
Tragstruktur	Rohrrahmen
Material	Kunststoff/Stahlblech
Stückzahl und Marktsituation	
Produktionszahl	250
Verfügbarkeit	schlecht
Teilesituation	schwierig
Unterhaltskosten	mittel

Preise in Euro	1	2	3	4	5
G 21, Cpe	15.800	10.000	5.300	2.000	700

Bis zu drei Liter Hubraum unter der Haube: Ginetta G 21

Glas (D) • 1951-1967

Die Landmaschinenfabrik des Hans Glas existierte bereits seit über 100 Jahren, bevor sie neben ihren Isaria-Sämaschinen auch ein Motorfahrzeug hervorbrachte: 1951 begann das Familienunternehmen in Dingolfing mit der Produktion des Goggo-Motorrollers. Die Konstruktion dieses Erstlingsstücks initiierte Glas-Sohn Andreas („Anderl"); benannt war der Goggo-Roller nach dem Kosenamen seines kleinen Sohnes.
1954 entwickelte die Glas-Crew das Goggomobil, aber erst vier Jahre später kam mit dem Isar erstmals der Markenname Glas ins Spiel. Unbeirrt wilderte das Unternehmen in der Mittelklasse, um 1965 sogar ein Luxuscoupé mit V8-Motor zu lancieren.
Diese Investitionen durchbrachen allerdings die dünne Kapitaldecke der Familie Glas. 1967 übernimmt BMW die Werke. Der Münchner Konzern führte einige Glas-Modelle wie den 1700 GT unter dem eigenen Markenzeichen weiter, ließ die Produktion aber nach und nach einschlafen. In Dingolfing wird heute unter anderem die BMW 5er-Reihe produziert.

Goggomobil T 250, T 300, T 400 Limousine — 1955-1969

Im Februar 1955 begann die Serienfertigung des Goggomobils, das seine Käufer vor allem unter den Besitzern des alten Führerscheins der Klasse IV fand. Diese Lizenz – sie konnte bis 1954 erworben werden – war auf Fahrzeuge bis 250 cm³ Hubraum beschränkt. Und der Marktführer dieser Klasse kam bis 1969 aus Dingolfing. Zwar gab es das Goggomobil auch mit 300 cm³- und 400 cm³-Motoren, aber die meisten Exemplare wurden mit dem 250er-Maschinchen geordert, das 13,6 PS entwickelte. Während seiner 14-jährigen Bauzeit blieb das Goggomobil praktisch unverändert: 1957 gab es Kurbel- statt Schiebefenster und geänderte Heckleuchten, 1964 vorn angeschlagene Türen. Auf Wunsch war die Limousine auch mit elektromagnetischer Vorwählschaltung lieferbar. Zuletzt war als Hersteller übrigens BMW in den Fahrzeugpapieren angegeben.

Motor/Antrieb	
Bauart	Zweizylinder-Zweitaktmotor
Lage/Antrieb	Heck/Heck
Hubraum in cm³	247, 296, 395
Leistung in PS bei U/min	13,6 bei 5400 bis 20,0 bei 5000
Vmax in km/h	72 bis 95
Karosserie	
Bauart	Limousine (2-türig)
Tragstruktur	teilw. selbsttragend
Material	Stahlblech
Stückzahl und Marktsituation	
Produktionszahl	210531
Verfügbarkeit	gut
Teilesituation	gut
Unterhaltskosten	niedrig

Preise in Euro	1	2	3	4	5
Goggomobil T 250, Klw	6.500	4.600	2.700	900	200
Goggomobil T 300, Klw	6.700	4.800	2.800	1.000	250
Goggomobil T 400, Klw	7.200	5.000	3.000	1.100	350

Seinen Namen kannte jedes Kind: Goggomobil

Glas (D)

Goggomobil 600/700, Glas Isar — 1957-1965

Der Glas Isar zählt heute zu den vergessenen Autos der deutschen Nachkriegs-Geschichte: Obwohl über 87.000 Stück ausgeliefert wurden, blieben nur wenige Dutzend Exemplare erhalten. Mit dem Isar stieß Glas in die untere Mittelklasse vor. Bei seiner Premiere hieß das pummelige Autochen noch Goggomobil 600/700, zwei Jahre später durfte es den Familiennamen Glas tragen. Die Bezeichnung Isar erinnerte an die Isaria-Landmaschinen des Unternehmens. Unter der Haube saß ein Zweizylinder-Boxermotor mit 20 oder 30 PS. Neben der etwas unbeholfenen Formgebung litt das Fullsize-Goggomobil vor allem an seinen Kinderkrankheiten: Seine Karosserie erwies sich anfangs als viel zu weich. 1959 erschien eine Kombi-Version, 1960 gab es ein vergrößertes Heckfenster und neue Heckleuchten: Fünf Jahre lang lief der Isar noch ohne große Modifikationen vom Band.

Big Goggo: Glas Isar

Motor/Antrieb					
Bauart					Zweizylinder (Boxer)
Lage/Antrieb					Heck/Heck
Hubraum in cm³					584, 688
Leistung in PS bei U/min					19 bei 4800 bis 30 bei 4900
Vmax in km/h					97 bis 110
Karosserie					
Bauart					Limousine (2-türig), Kombi (3-türig)
Tragstruktur					selbsttragend
Material					Stahlblech
Stückzahl und Marktsituation					
Produktionszahl					87585
Verfügbarkeit					gegen null
Teilesituation					schwierig
Unterhaltskosten					niedrig
Preise in Euro	1	2	3	4	5
Isar T 600, L2t	5.900	4.200	2.400	1.100	250
Isar T 700, L2t	6.300	4.400	2.700	1.300	300
Isar K 600, Kom	6.400	4.500	2.900	1.400	300
Isar K 700, Kom	6.700	5.000	3.400	1.600	400

Goggomobil TS 250, TS 300, TS 400 Coupé — 1957-1969

Zur nüchtern gestalteten Limousine kam 1957 die Luxusversion des Goggomobils, ein Coupé mit hinterer Panoramascheibe, Kühlergrill-Attrappe, modischen Kunstleder-Polstern und Zweifarben-Lackierung. Anfangs war es sogar serienmäßig mit der elektromagnetischen Vorwählschaltung ausgestattet. Daß das Coupé mit 3722 Mark bereits auf dem Preisniveau eines VW Käfer lag, tat seinem Erfolg keinen Abbruch: Gekauft wurde es – wie die Limousine – vor allem von älteren Herrschaften mit Führerschein IV. Die meisten von ihnen wählten jedoch konservativ: Nur rund ein Viertel der Goggomobilproduktion entfiel auf das Coupé.

Schick ist keine Frage der Größe: Goggomobil Coupé

Motor/Antrieb					
Bauart					Zweizylinder-Zweitaktmotor
Lage/Antrieb					Heck/Heck
Hubraum in cm³					247, 296, 395
Leistung in PS bei U/min					13,6 bei 5400 bis 20,0 bei 5000
Vmax in km/h					84 bis 100
Karosserie					
Bauart					Coupé
Tragstruktur					teilw. selbsttragend
Material					Stahlblech
Stückzahl und Marktsituation					
Produktionszahl					66511
Verfügbarkeit					ausreichend
Teilesituation					gut
Unterhaltskosten					niedrig
Preise in Euro	1	2	3	4	5
Gogomobil TS 250, Cpe	7.400	5.100	3.000	1.500	500
Gogomobil TS 300, Cpe	7.800	5.300	3.100	1.600	500
Gogomobil TS 400, Cpe	8.100	5.700	3.400	1.800	600

Glas 1004, 1204, 1304 Limousine, Coupé und Cabriolet — 1962-1967

Die 04-Baureihe war ein Technik-Meilenstein im Schlafrock: Hinter ihrer behäbigen, kantigen Karosserielinie verbarg sich der erste Serienmotor der Welt mit obenliegender Nockenwelle, der über einen Zahnriemen verfügte. Den Anfang machte 1962 das skurril aussehende 1004 Coupé mit 42 PS und 992 cm³. Für Freunde des fülligeren Drehmoments bot Glas ab 1963 den 1204 mit 53 PS an, der 1965 vom 1304 mit 60 PS abgelöst wurde. Die Modelle 1004 und 1304 blieben bis 1967 im Angebot – dann strich sie der neue Hausherr BMW aus den Preislisten. Das Coupé entschlief schon 1965, dafür gab es ab 1963 ein Cabriolet, das heutige Glas-Fans besonders mögen.

Der erste Zahnriemen-Motor: Glas 04-Reihe

Motor/Antrieb					
Bauart					Vierzylinder (Reihe)
Lage/Antrieb					Front/Heck
Hubraum in cm³					992, 1189, 1290
Leistung in PS bei U/min					42 bei 4800 bis 60 bei 5000
Vmax in km/h					130 bis 165
Karosserie					
Bauart					Limousine (2-türig), Coupé, Cabriolet
Tragstruktur					selbsttragend
Material					Stahlblech
Stückzahl und Marktsituation					
Produktionszahl					30437
Verfügbarkeit					schlecht
Teilesituation					ausreichend
Unterhaltskosten					niedrig
Preise in Euro	1	2	3	4	5
1004, L2t	7.300	5.400	3.800	1.900	400
1004, Cpe	8.600	6.700	4.800	2.700	900
1204, L2t	7.700	5.600	4.000	2.000	500
1204, Cpe	9.100	6.900	5.000	2.900	1.000

Glas 1004 TS, 1204 TS, 1304 TS Limousine und Cabriolet — 1963-1967

Nicht nur im Rundstrecken-Sport machten die TS-Modelle aus Dingolfing Furore, sondern auch in der Hand privater Fans, die Kraft und Understatement liebten. Kein anderer Hersteller bot damals ein vergleichbares Auto an: Die TS-Modelle wogen höchstens 790 Kilogramm, rannten aber bis zu 170 km/h schnell. Glas bestückte sie serienmäßig mit vorderen Scheibenbremsen, auf Wunsch gab es auch ein Sperrdifferenzial. Dennoch war das Fahrverhalten der Sport-Limousinen mit dem kurzen Radstand ein Abenteuer: Heftiges Untersteuern und Übersteuern wechselten sich jäh ab. Den Anfang machte 1963 der Glas 1004 TS (64 PS); noch im gleichen Jahr erschien der 1204 TS (70 PS). Der 1304 TS (75 PS) stürmte in zwölf Sekunden von null auf 100 km/h. Er kostete 7770 Mark, so viel wie der billigste Opel Rekord.

Gelebtes Understatement: Glas 1304 TS Cabriolet

Motor/Antrieb					
Bauart					Vierzylinder (Reihe)
Lage/Antrieb					Front/Heck
Hubraum in cm³					992, 1189, 1290
Leistung in PS bei U/min					64 bei 5000 bis 75 bei 5500
Vmax in km/h					140 bis 168
Karosserie					
Bauart					Limousine (2-türig), Coupé, Cabriolet
Tragstruktur					selbsttragend
Material					Stahlblech
Stückzahl und Marktsituation					
Produktionszahl					2033
Verfügbarkeit					schlecht
Teilesituation					ausreichend
Unterhaltskosten					niedrig
Preise in Euro	1	2	3	4	5
1004 TS, Cab	14.400	10.000	7.800	4.200	2.000
1204 TS, Cab	15.000	10.400	8.100	4.400	2.200
1304 TS, Cab	15.500	10.900	8.500	4.500	2.200

Glas (D)

Glas 1300 GT 1964-1967

Eine weitere Attraktion der 1963er IAA hieß Glas GT, ein grazielr kleiner Sportwagen mit Frua-Karosserie. Der Turiner Gestalter belieferte Glas auch mit den Rohkarossen der GT-Baureihe, die als Coupé und Cabriolet lieferbar war. Neben der stilsicheren Karosserieform überzeugte der Glas 1300 GT mit seinen sportlichen Fahrleistungen und einem atemberaubend schönen Armaturenbrett, dessen Uhren-Galerie an italienische Nobelmarken erinnerte. Die ersten Wagen wurden im März 1964 ausgeliefert: Sie leisteten erst 75, ab September 1965 schließlich 85 PS. Vordere Scheibenbremsen gab es ohne Aufpreis. Hinderlich war nur der Name Glas, der mehr mit zweitaktenden Goggomobilen verbunden war. Seniorchef Hans Glas drohte Betrachtern, die den neuen GT als „Goggo" bezeichneten, im Scherz Prügel an.

Ein bayerisches Coupé mit Frua-Karosserie: Glas 1300 GT

Motor/Antrieb					
Bauart					Vierzylinder (Reihe)
Lage/Antrieb					Front/Heck
Hubraum in cm³					1290
Leistung in PS bei U/min				75 bei 5500 bis	85 bei 5800
Vmax in km/h					170 bis 174
Karosserie					
Bauart					Coupé, Cabriolet
Tragstruktur					selbsttragend
Material					Stahlblech
Stückzahl und Marktsituation					
Produktionszahl					ca. 3580
Verfügbarkeit					gegen null
Teilesituation					ausreichend
Unterhaltskosten					mittel
Preise in Euro	1	2	3	4	5
1300 GT, Cab	26.600	19.800	13.600	9.000	3.400
1300 GT, Cpe	19.000	14.500	10.000	5.500	2.200

Glas 1700, 1700 TS 1964-1967

Auf der IAA 1963 verblüffte Glas die Fachwelt mit einer schlanken, sportlichen Limousine der oberen Mittelklasse. Der Glas 1700 konkurrierte mit dem BMW 1600/1800, dem Ford 20 M und den besseren Versionen des Opel Rekord, er bot aber den individuellen Touch eines Kleinserien-Autos. Die Karosserie hatte Pietro Frua bereits 1960 entworfen, und zwar im Auftrag des Goliath-Werks in Bremen. Auf der IAA stand das neue Modell noch mit 1500-Kubik-Motor; in der Serie gab es ein 1,7-Liter-Triebwerk mit 80, später 85 PS. Im Juli 1965 kam die wenig verlangte, 100 PS starke TS-Version mit Zwei-Vergaser-Motor auf den Markt, 1966 eine Automatik-Version mit selbst entwickelter, elektrohydraulischer Schalthilfe. BMW verkaufte die Presswerkzeuge 1967 nach Südafrika, wo der Glas 1700 mit BMW-Technik und -Markenzeichen noch bis 1977 gefertigt wurde.

Bis 1977 in Lizenz gebaut: Glas 1700

Motor/Antrieb					
Bauart					Vierzylinder (Reihe)
Lage/Antrieb					Front/Heck
Hubraum in cm³					1682
Leistung in PS bei U/min				80 bei 4800 bis	100 bei 5500
Vmax in km/h					150 bis 165
Karosserie					
Bauart					Limousine (4-türig)
Tragstruktur					selbsttragend
Material					Stahlblech
Stückzahl und Marktsituation					
Produktionszahl					13789
Verfügbarkeit					gegen null
Teilesituation					schwierig
Unterhaltskosten					mittel
Preise in Euro	1	2	3	4	5
1700, L4t	7.700	5.500	3.500	1.700	400
1700 TS, L4t	8.200	6.000	3.800	1.800	400

Glas 1700 GT 1965-1967

Die kräftigere Glas-GT-Version war ab Mai 1965 lieferbar und an der markanten Hutze in der Motorhaube zu erkennen. Darunter arbeitete der Zweivergaser-Motor des 1700 TS, der mit einem Wagengewicht von 920 (Cabriolet: 960) Kilogramm leichtes Spiel hatte: Der 1700 GT beschleunigte in elf Sekunden von null auf 100 km/h. Seine Höchstgeschwindigkeit betrug 183 km/h, das galt in den Mittsechzigern als anerkannter Sportwagen-Wert. Der Aufpreis für den 1,7-Liter-Motor betrug zwar nur 1400 Mark, dennoch verkaufte sich der schwächere 1300 GT doppelt so oft wie das Topmodell.

Mit ausreichend Leistung: Glas 1700 GT

Motor/Antrieb					
Bauart					Vierzylinder (Reihe)
Lage/Antrieb					Front/Heck
Hubraum in cm³					1682
Leistung in PS bei U/min					100 bei 5500
Vmax in km/h					183
Karosserie					
Bauart					Coupé, Cabriolet
Tragstruktur					selbsttragend
Material					Stahlblech
Stückzahl und Marktsituation					
Produktionszahl				ca. 1790 Insges.	363 Cabriolets
Verfügbarkeit					schlecht
Teilesituation					ausreichend
Unterhaltskosten					mittel
Preise in Euro	1	2	3	4	5
1700 GT, Cpe	23.000	15.500	10.500	6.000	3.500
1700 GT, Cab	28.000	21.000	15.000	8.800	4.000

Glas 1004 CL, 1304 CL 1966-1967

Leider kam der Glas CL – das Kürzel stand für Combi-Limousine – erst kurz vor Serienende auf den Markt: Es war das erste deutsche Kompakt-Automobil mit dritter Tür im Heck und nahm damit eine Automode vorweg, die erst zehn Jahre später populär werden sollte. Die Fließheck-Version des Glas war als 1004 und 1304 lieferbar; die Preise begannen bei 6385 Mark. Das neue Karosserie-Konzept des Glas CL lebte in ähnlicher Form ab 1971 übrigens im BMW touring weiter, der allerdings noch ähnlich erfolglos blieb. Bis heute ist der Glas CL nur Insidern bekannt.

Als Kombi ohne Fortune: Glas 1004 CL

Motor/Antrieb					
Bauart					Vierzylinder (Reihe)
Lage/Antrieb					Front/Heck
Hubraum in cm³					992, 1290
Leistung in PS bei U/min				40 bei 4800 bis	85 bei 5800
Vmax in km/h					130 bis 168
Karosserie					
Bauart					Limousine (2-türig), Kombi (2-türig)
Tragstruktur					selbsttragend
Material					Stahlblech
Stückzahl und Marktsituation					
Produktionszahl					8233
Verfügbarkeit					schlecht
Teilesituation					ausreichend
Unterhaltskosten					niedrig
Preise in Euro	1	2	3	4	5
1004 CL, Kom	7.800	6.000	4.300	2.100	500
1304 CL, Kom	8.400	6.500	4.600	2.400	700

Glas (D) • Goliath (D)

Glas V8 2600, Glas V8 3000, BMW V8 3000 — 1966-1968

Die Idee war richtig, sie kam aber zu spät: Mit exklusiven Kleinserien-Coupés ließ sich in den sechziger Jahren hartes Geld verdienen. Also präsentierte Glas auf der IAA 1965 einen Gran Turismo mit Frua-Karosserie und 2,6-Liter-V8-Motor, der aus zwei 1300er-Triebwerken entstanden war. Mit 19.400 Mark war der V8, dessen Serie im Juli 1966 anlief, bemerkenswert preiswert. Die DeDion-Achse und ein serienmäßiger Niveauausgleich durch Boge-Federbeine ließen das Bemühen um Feinschliff erkennen; das Fahrverhalten des Glas V8 litt aber unter seinem kurzen Radstand von nur 2,50 Metern. Schwierig war auch die Positionierung des Kleinwagen-Namens Glas in der Oberklasse. Unter BMW-Regie erhielt der V8 im Herbst 1967 das weiß-blaue Emblem und einen Drei-Liter-Motor, aber schon im Herbst 1968 endete die Karriere des schwer absetzbaren Prestigemodells.

Mit Frua-Karosserie und eigenem V8-Motor: Glas V8

Motor/Antrieb					
Bauart					V8
Lage/Antrieb					Front/Heck
Hubraum in cm³					2580, 2982
Leistung in PS bei U/min				150 bei 5600, 160 bei 5100	
Vmax in km/h					195
Karosserie					
Bauart					Coupé
Tragstruktur					selbsttragend
Material					Stahlblech
Stückzahl und Marktsituation					
Produktionszahl					277 + 389 = 666
Verfügbarkeit					schlecht
Teilesituation					schwierig
Unterhaltskosten					hoch
Preise in Euro	1	2	3	4	5
VB, Cpe	35.000	25.000	20.000	10.000	5.000

Goliath (D) • 1931-1961

Goliath war das kleinste der drei unabhängigen Werke der Borgward-Gruppe. Ursprünglich produzierte das Unternehmen kleine Drei- und Vierradfahrzeuge, darunter viele Lieferwagen — sie waren auch nach dem Zweiten Weltkrieg das Rückgrat der Borgward-Marke.

Speziell das Goliath-Dreirad GD 750 bescherte Borgward gute Gewinne, die Vierrad-Transporter GV und Express blieben dagegen erfolglos. 1950 kam erstmals ein Personenwagen der Mittelklasse dazu, der in seinen besten Zeiten eine tägliche Produktion von 70 Exemplaren erreichte.

Das Goliath-Werk im Bremer Stadtteil Hastedt ging 1961 im Strudel des Borgward-Konkurses unter; ein 1300-ccm-Prototyp erreichte das Serienstadium nicht mehr.

Goliath startete die Karriere mit preiswerten Dreirad-Fahrzeugen

Carl F.W. Borgward (1890 - 1963)

Goliath 700, 700 E, 900, 900 E — 1950-1957

Nach dem Zweiten Weltkrieg heuerte Carl F. W. Borgward eine Gruppe ehemaliger DKW-Techniker an, die ihm einen Mittelklassewagen in bester Auto Union-Manier konstruierten. Mit dem GP 700 entstand ein Fronttriebler mit Zweizylinder-Zweitakt-Motor und geräumiger Pontonkarosserie auf Zentralrohrrahmen. Lieferbar war der GP 700 als zweitürige Limousine, als Cabriolet und Kombi. 1952 erschien er wahlweise mit Bosch-Benzineinspritzung und mauserte sich zum innovativen Automobil, dessen Fehler stets der gleiche blieb: mangelnde Serienreife. Immer wieder gab es Retuschen, Modellpflege-Maßnahmen und neue Motorvarianten, zuletzt auch ein 900-cm³-Modell. Als auch dessen Absatz stockte, beendete Borgward die Zweitakt-Experimente und ließ ein Viertakt-Modell entwickeln. Goliath 700 und 900 sind heute extrem seltene, aber nicht allzu wertvolle Autos.

Innovativ durch Benzineinspritzung: Goliath 700/900

Motor/Antrieb					
Bauart					Zweizylinder-Zweitaktmotor
Lage/Antrieb					Front/Front
Hubraum in cm³					688 bis 886
Leistung in PS bei U/min				24 bei 4000 bis 40 bei 4000	
Vmax in km/h					100 bis 120
Karosserie					
Bauart		Limousine (2-türig), Kombi (2-türig), Cabrio-Limousine, Cabriolet, Coupé			
Tragstruktur					Rohrrahmen
Material					Stahlblech
Stückzahl und Marktsituation					
Produktionszahl					8071 (900)
Verfügbarkeit					gegen null
Teilesituation					schwierig
Unterhaltskosten					niedrig
Preise in Euro	1	2	3	4	5
700, L2t	7.400	5.400	3.200	1.500	500
700, Kom	8.000	5.800	3.600	1.700	700
900, L2t	7.800	5.700	3.500	1.600	600
900, Kom	8.400	6.200	3.800	1.800	700

Goliath 1100 Limousine, Combi, Coupé und Cabriolet — 1957-1958

Einen ersten Achtungs-Erfolg erzielte Goliath mit dem 1100er: Seine hochbordige Karosserie mit langer Schnauze und kurzem Heck stammte in ihren Grundzügen vom GP 900 ab, aber die neue Technik war brillant. Vor der Vorderachse war nun ein Vierzylinder-Viertakt-Boxermotor mit Alugehäuse eingebaut, der 40 PS aus 1100 cm³ Hubraum schöpfte. Der muntere Fronttriebler überzeugte mit seiner sicheren Straßenlage und gab sich genügsam. Im Februar 1957 begann die Serienfertigung; im Herbst debütierten eine Luxus-Version und ein Coupé — beide mit 55 PS-Motor und Doppelvergaser. Daneben bot Goliath einen Kombi und eine Cabrio-Limousine an. Die Produktion endete schon im Sommer 1958: Borgward präsentierte einen Nachfolger mit gestraffter Karosserie und dem neuen Namen Hansa, der weniger nach Lieferdreirädern klang als die Marke Goliath.

Mit agilem Viertakt-Boxer: Goliath 1100 Coupé

Motor/Antrieb					
Bauart					Vierzylinder (Boxer)
Lage/Antrieb					Front/Front
Hubraum in cm³					1093
Leistung in PS bei U/min				40 bei 4200 bis 55 bei 5500	
Vmax in km/h					125 bis 150
Karosserie					
Bauart		Limousine (2-türig), Cabrio-Limousine, Kombi (2-türig), Coupé			
Tragstruktur					Rohrrahmen
Material					Stahlblech
Stückzahl und Marktsituation					
Produktionszahl					14908
Verfügbarkeit					schlecht
Teilesituation					sehr schwierig
Unterhaltskosten					mittel
Preise in Euro	1	2	3	4	5
1100, L2t	8.900	6.500	3.900	1.800	750
1100, Cpe	10.400	7.300	4.800	2.900	1.300

Goliath (D) • Gordon-Keeble (GB)

Hansa 1100 Limousine, Combi, Coupé — 1958-1961

Der Hansa 1100 war eine Weiterentwicklung des ersten Viertakt-Goliath: Hauptunterscheidungsmerkmal waren seine modischen Heckflossen und die geschwungene seitliche Zierleiste. Technisch unterschieden sich die beiden Modelle nicht. Das änderte sich schon ein Jahr nach der Premiere des Hansa 1100 mit der nächsten Modellpflege-Stufe im August 1959: Da erhielt der Mittelklässler ein komplett neues Interieur und Lenkradschaltung statt des vorherigen Krückstock-Hebels. Er galt nun als ausgereiftes Auto und als Geheimtipp der deutschen Mittelklasse, ging aber 1961 mit Borgward unter.

In modischem Dress: Hansa 1100 Coupé

Motor/Antrieb					
Bauart				Vierzylinder (Boxer)	
Lage/Antrieb				Front/Heck	
Hubraum in cm³				1093	
Leistung in PS bei U/min				40 bei 4200 bis 55 bei 5000	
Vmax in km/h				125 bis 135	
Karosserie					
Bauart				Limousine (2-türig), Kombi (2-türig), Coupé	
Tragstruktur				Rohrrahmen	
Material				Stahlblech	
Stückzahl und Marktsituation					
Produktionszahl				28778	
Verfügbarkeit				schlecht	
Teilesituation				sehr schwierig	
Unterhaltskosten				mittel	
Preise in Euro	1	2	3	4	5
Hansa 1100, L2t	9.600	6.800	4.200	2.300	900
Hansa 1100, Cpe	11.900	8.700	5.200	3.000	1.300
Hansa 1100, Kom	10.100	7.300	4.500	2.400	1.000

Gordon-Keeble (GB) • 1964 - 1966

Vor kurzer Dauer erwies sich das Leben der Marke Gordon-Keeble. Die Firma Gordon in Slough/Bucks, die mit dem Bau von Dreirädern befasst war, kündigte 1960 einen Gordon GT mit Bertone-Karosserie an. Jim Keeble hatte einen Fachwerkrahmen dazu entwickelt, das Fahrwerk mit De-Dion-Hinterachse folgte europäischem Standard.
Zum Serienanlauf kam es erst 1964 durch das in Southampton neugegründete Unternehmen Gordon-Keeble. Statt Stahl entstand die Karosserie jedoch nun aus Kunststoff, wohl aus Kostengründen. Ein potenter Chevrolet-V8 sorgte für ausreichende Leistung. Nach 75 gebauten Wagen ging die Firma im September 1965 in Konkurs, der Nachfolger Keeble Cars baute 1966 nochmals 24 Fahrzeuge. Vereinzelt entstanden auch noch später wenige Exemplare.

Gordon-Keeble GK 1 — 1964-1967

Mit den besten Voraussetzungen schickte Gordon-Keeble einen attraktiven und potenten Rivalen ins Rennen um die Käufer hochwertiger Coupés. Es ging dennoch schief, obwohl die Kunststoff-Karosserie im italienischen Bertone-Design sehr elegant aussah. Zudem konnte die hochwertige Fahrwerkstechnik überzeugen, und ein bärenstarker Achtzylinder-Chevrolet-Motor im geschweißten Fachwerkrahmen sorgte für außergewöhnliche Fahrleistungen. Auch die Verarbeitungsqualität konnte sich an etablierten Größen messen. Ob es das fehlende Leder im Interieur war oder nur der unbekannte Markenname — zu schade: Nach nur knapp 100 gebauten Wagen entschlief das Projekt.

Exklusive Pleite: Gordon-Keeble GK 1

Motor/Antrieb					
Bauart				V8	
Lage/Antrieb				Front/Heck	
Hubraum in cm³				5354	
Leistung in PS bei U/min				280 bei 5100	
Vmax in km/h				235	
Karosserie					
Bauart				Coupé	
Tragstruktur				Rohrrahmen	
Material				Kunststoff/Stahlblech	
Stückzahl und Marktsituation					
Produktionszahl				99	
Verfügbarkeit				gegen null	
Teilesituation				schwierig	
Unterhaltskosten				hoch	
Preise in Euro	1	2	3	4	5
GK 1, Cpe			keine Notierung		

Gutbrod (D) • 1949 - 1954

Seniorchef Wilhelm Gutbrod startete im Ludwigsburg der zwanziger Jahre die Herstellung von Motorrädern der Marke Standard. In den dreißiger Jahren verlegte er seine Produktionsstätte zunächst nach Stuttgart, später nach Plochingen.
Neben Motorrädern und Motormähern für die Landwirtschaft fertigte er auch ziemlich primitive Kleinwagen und Transporter mit Heckmotor. Nach Wilhelm Gutbrods Tod übernahm Walter, der älteste Sohn, das Unternehmen und konzentrierte sich auf die Automobilfertigung.
1950 zogen die Produktionsanlagen nach Calw im Schwarzwald um. Neben dem Superior hatte Gutbrod den Kleintransporter Atlas im Angebot, konnte sich aber mit beiden Modellen nicht durchsetzen: 1954 drohte der Konkurs, die Produktion stand bald still.
Die Gutbrod-Werke in Calw und Plochingen wurden daraufhin verkauft, die Gründerfamilie musste das Unternehmen verlassen. Übrig blieb nur das Markenzeichen und ein Zweigwerk im Saarland, das noch in den siebziger Jahren Kleintraktoren namens Gutbrod Superior herstellte.

Gutbrod Superior — 1950-1954

Der Gutbrod Superior galt bei seiner Premiere im Winter 1949/50 als moderner Luxus-Kleinwagen mit sportlicher Note. Sein Zweizylinder-Zweitakt-Motor leistete 20 PS und trieb die Vorderräder an, die Pontonkarosserie folgte der neuesten Nachkriegs-Mode. 1951 verblüffte Gutbrod die Fachwelt mit einer Direkt-Benzineinspritzung, die in Zusammenarbeit mit Bosch entstanden war und in identischer Form auch im Goliath 700 E zum Einsatz kam. Die stärkste Superior-Variante leistete nun 30 PS; gleichzeitig kam auch der Vergaser-Motor dank höherer Verdichtung auf 26 PS. Die Kraftstoff-Einspritzung litt allerdings zeitlebens unter dem hartnäckigen Ruf der Unzuverlässigkeit. Lieferbar war der Superior als zweitürige Cabriolimousine in Standard- und Luxusausstattung sowie als dreitüriger Kombi.

Luxus en miniature: Gutbrod Superior

Motor/Antrieb					
Bauart					Zweizylinder-Zweitaktmotor
Lage/Antrieb					Front/Front
Hubraum in cm³					593, 663
Leistung in PS bei U/min					20 bei 4000 bis 30 bei 4300
Vmax in km/h					100 bis 115
Karosserie					
Bauart					Cabrio-Limousine, Kombi (3-türig)
Tragstruktur					Plattformrahmen
Material					Stahlblech
Stückzahl und Marktsituation					
Produktionszahl					7726, davon 866 Kombi
Verfügbarkeit					gegen null
Teilesituation					sehr schwierig
Unterhaltskosten					niedrig
Preise in Euro	1	2	3	4	5
Superior, Cal	9.000	6.800	5.100	2.300	900
Superior, Kom	9.500	7.100	5.400	2.500	1.000

Hansa (D) • 1905 - 1938

Der Verleger Robert Allmers und der Ingenieur August Sporkhorst gründeten 1905 im oldenburgischen Varel unter dem Namen Hansa Werke einen Versuchsbetrieb zur Herstellung eines selbst entwickelten „Automobilgetriebes mit direktem Eingriff". Als man in die Automobilproduktion einstieg, firmierte man in Hansa-Automobil-Gesellschaft um, später in Hansa Automobilwerke. Aus dieser Epoche stammen Fahrzeuge wie der Hansa Telegram A6 mit 18-PS-Vierzylindermotor. 1914 erfolgte der Zusammenschluss mit Lloyd zu Hansa-Lloyd; unter der Marka Hansa enstanden fortan Personenwagen der Mittel- bis Oberklasse, so beispielsweise das Modell H von 1923 mit dem "Trumpf As"- Motor, dem ersten deutschen Achtzylinder. Sorgfältige Verarbeitung und fortschrittliche Technik begründeten den hervorragenden Ruf der Hansa-Automobile. 1929 gelang es dem aufstrebenden Bremer Automobilfabrikanten Carl F. W. Borgward, die Firma Hansa-Lloyd aufzukaufen. Die Pkw-Produktion wurde in Bremen-Hastedt zusammengefasst, und 1938 baute Borgward in Bremen-Sebaldsbrück ein völlig neues Werk, wo erfolgreiche Typen wie Hansa 1100/1700 oder der große Hansa 2000 vom Band liefen. Mit der 1938 erfolgten Umfirmierung der Hansa-Lloyd-und-Goliath-Werke GmbH in Carl F. W. Borgward Automobil- und Motorenwerke verschwand der Markenname Hansa. Die Namensrechte blieben aber im Konzern, und so diente Hansa als Typenbezeichnung zahlreicher Borgward-Automobile wie dem legendären Borgward Hansa 2400. Nach dem jähen Ende der Borgward-Gruppe im Jahr 1961 enstanden aus Restteilen noch 487 Hansa 1100 – es waren die letzten Autos mit dem großen Namen.

Hansa 1100, Hansa 1700 — 1934-1940

Das moderne Duo Hansa 1100/1700 wurde Borgwards erste großer Erfolg auf dem Mittelklasse-Markt. Und nicht von ungefähr: die beiden Bremer waren mit ihrer frühen Stormlinienform elegant und boten fortschrittliche Technik bei solider Verarbeitung zu moderatem Preis – der zweitürige 1100 kostete beispielsweise 2750 Mark. Die Reihenmotoren waren mit ihren via Stirnrad getriebenen hängenden Ventilen hochmodern und – ein Novum im jungen Borgward-Konzern – selbst entwickelt und gebaut. Beide Hanseaten wurden auch als Cabriolet geliefert. Optisch unterscheidet sich der 1700 vom 1100 durch eine fünfte seitliche Luftklappe an der Motorhaube und einem 17 Zentimeter längeren Radstand. Die vom Nazi-Regime ab 1938 diktierte Typenbeschränkung beendete den Erfolg des Duos; allein der 1100 ging bis 1940 in kleinen Stückzahlen in den Export, zuletzt bereits als Borgward Hansa 1100.

Vergessene Mittelklasse: Hansa 1100 und 1700

Motor/Antrieb					
Bauart					Vierzylinder (Reihe), Sechszylinder (Reihe)
Lage/Antrieb					Front/Heck
Hubraum in cm³					1088, 1634
Leistung in PS bei U/min					27,5 bei 3600 bis 40 bei 3800
Vmax in km/h					90 bis 100
Karosserie					
Bauart					Limousine (2-türig), Cabrio-Limousine, (2-türig)
Tragstruktur					Kastenrahmen
Material					Stahlblech
Stückzahl und Marktsituation					
Produktionszahl					ca. 27.000
Verfügbarkeit					schlecht
Teilesituation					schwierig
Unterhaltskosten					mittel
Preise in Euro	1	2	3	4	5
Hansa ,			keine Notierung		

Healey (GB) • 1946 - 1952

Donald Healey erfüllte sich 1946 den Traum einer eigenen Automobilfabrik. Der ehemalige Rennfahrer, Triumph-Entwickler und Humber-Mitarbeiter gründete nach dem Zweiten Weltkrieg in Warwick die Donald Healey Motor Company. Obengesteuerte Riley-Motoren sorgten für den Antrieb der beiden ersten Healeys, des Elliot Saloons und des Westland Roadsters. Den Rahmen fertigte Healey selbst, die aerodynamischen Karosserieformen versprachen nicht nur einen sportlich-eleganten Auftritt – die Healey galten auch als die schnellsten Wagen der frühen Nachkriegszeit. 1949 erschien der Healey Silverstone, ein sportlicher Roadster, der sich in zahllosen Renneinsätzen einen guten Namen machte. Ab 1950 arbeitete Healey mit dem amerikanischen Hersteller Nash zusammen. Mit dem Healey 100 begann 1952 die Zusammenarbeit mit Austin. Die Marke hieß fortan Austin-Healey.

Healey 2.4 Elliott Saloon — 1946-1950

Healey taufte das Auto zwar Elliott Saloon, doch es war keine Limousine. Das formschöne Coupé basierte auf dem Westland Roadster, eine Verwandtschaft, die von vorn betrachtet trotz anderer Scheinwerferanordnung recht deutlich wird. Dank nochmals besserer Aerodynamik schaffte der Elliott stolze 175 Stundenkilometer Spitze bei gleicher Motorisierung. Er galt damit als schnellster Viersitzer der Insel. Motorsporterfolge im In- und Ausland blieben unter diesen günstigen Voraussetzungen natürlich nicht aus. Die Fahrwerkstechnik blieb mit schraubengefederter Einzelradaufhängung vorn und starrer Hinterachse konventionell, konnte damit aber durchaus den Ansprüchen genügen. Ordentliche Bremsen sorgten dafür, dass der schnelle Healey auch gebührend sicher wieder zum Stehen kam.

Der schnellste britische Viersitzer: Healey 2.4 Elliott Saloon

Motor/Antrieb	
Bauart	Vierzylinder (Reihe)
Lage/Antrieb	Front/Heck
Hubraum in cm³	2443
Leistung in PS bei U/min	105 bei 4500
Vmax in km/h	175
Karosserie	
Bauart	Coupé
Tragstruktur	Kastenrahmen
Material	Stahlblech
Stückzahl und Marktsituation	
Produktionszahl	101
Verfügbarkeit	gegen null
Teilesituation	sehr schwierig
Unterhaltskosten	hoch

Preise in Euro	1	2	3	4	5
Elliott, Cpe			keine Notierung		

Healey Westland Roadster — 1946-1949

Donald Mitchell Healey betrieb nach dem Zweiten Weltkrieg eine erstaunlich umfangreiche Automobilfertigung. Sein Typenprogramm umfasste sportliche Modelle: Roadster, Cabriolets und Coupés. Als Einheitsmotorisierung für alle Typen griff der später mit dem Austin-Healey weltberühmt gewordene Konstrukteur auf den drehmomentstarken 2,4-Liter-Riley-Reihenvierzylinder aus der Vorkriegszeit zurück, dessen Gaswechsel mit hochgelegten Nockenwellen vollzogen wurden. Der Westland Roadster zeichnete sich durch seine sportliche 2+2-sitzige Karosserie und besonders leichte Bauweise aus, und sogar der damals bei der Entwicklung durchaus nicht übliche Windkanal (bei Armstrong Whitworth) half dem Wagen, die angestrebte 100-Meilen-Schallmauer leicht zu durchbrechen.

Im Windkanal entwickelt: Healey Westland Roadster

Motor/Antrieb	
Bauart	Vierzylinder (Reihe)
Lage/Antrieb	Front/Heck
Hubraum in cm³	2443
Leistung in PS bei U/min	105 bei 4500
Vmax in km/h	165
Karosserie	
Bauart	Roadster
Tragstruktur	Kastenrahmen
Material	Stahlblech
Stückzahl und Marktsituation	
Produktionszahl	64
Verfügbarkeit	schlecht
Teilesituation	schwierig
Unterhaltskosten	hoch

Preise in Euro	1	2	3	4	5
Westland, Rds			keine Notierung		

Healey Silverstone — 1949-1951

Kompromissloser als der Westland Roadster oder der Elliott Saloon wirkte der Healey Sportroadster mit dem klangvollen Beinamen Silverstone. Dieses 1949 vorgestellte Modell war speziell für sportliche Einsätze konzipiert, was während der Bauzeit auch eindrucksvoll demonstriert wurde. Das konsequent auf Leichtbau ausgerichtete Fahrzeug wies einen Leiterrahmen auf, mit dem sich sein Handling gegenüber den größeren Westland- und Elliott-Ausführungen verbessert zeigte. Kürzere Beschleunigungszeiten waren der Lohn für einen karg ausstaffierten Innenraum, dem sämtliche Verweichlichungsattribute fehlten. Für den Renneinsatz gab es eine flachere Scheibe. Technischen Rückschritt bedeutete die Verwendung hinterer Halbelliptik-Federn an der Starrachse. Für etliche Klassensiege, unter anderem auf der namengebenden Rennstrecke von Silverstone, reichte es aber allemal.

Ein Leben für den Sport: Healey Silverstone

Motor/Antrieb	
Bauart	Vierzylinder (Reihe)
Lage/Antrieb	Front/Heck
Hubraum in cm³	2443
Leistung in PS bei U/min	105 bei 4500
Vmax in km/h	175
Karosserie	
Bauart	Roadster
Tragstruktur	Kastenrahmen
Material	Stahlblech
Stückzahl und Marktsituation	
Produktionszahl	105
Verfügbarkeit	gegen null
Teilesituation	sehr schwierig
Unterhaltskosten	hoch

Preise in Euro	1	2	3	4	5
Silverstone, Rds	45.000	32.000	23.000	31.000	8.000

Healey (GB) • Heinkel (D)

Healey Abbott Drophead Coupé — 1951-1954

Analog zum Healey Tickford bot der Konstrukteur das klangvoll Abbott Drophead Coupé genannte Cabriolet an. Auch dieses Modell war auf mehr Komfort getrimmt: Mit richtigen Kurbelfenstern statt Steckscheiben und einem aufwändigen Verdeck anstelle eines leichten Flatterzelts stieg das Leergewicht ähnlich wie beim Tickford doch merklich an. Das dämpfte die Fahrleistungen, aber zu den Untermotorisierten musste sich der Abbott Drophead Coupé-Fahrer dennoch nicht zählen. Ende 1954 stellte Donald Healey seine eigenen Aktivitäten ein und arbeitete exklusiv für BMC und Nash. Diese Zusammenarbeit beglückt Klassiker-Freunde bis heute – zumal diejenigen mit einem Faible für englische Fahrzeuge.

Eine Portion mehr Komfort: Healey Abbott Drophead Coupé

Motor/Antrieb	
Bauart	Vierzylinder (Reihe)
Lage/Antrieb	Front/Heck
Hubraum in cm³	2443
Leistung in PS bei U/min	105 bei 4500
Vmax in km/h	165
Karosserie	
Bauart	Cabriolet
Tragstruktur	Kastenrahmen
Material	Stahlblech
Stückzahl und Marktsituation	
Produktionszahl	77
Verfügbarkeit	gegen null
Teilesituation	sehr schwierig
Unterhaltskosten	hoch

Preise in Euro	1	2	3	4	5
Abbott, Cab		keine Notierung			

Healey Tickford — 1951-1954

Im Vergleich zum Silverstone war der Healey Tickford geradezu opulent ausgerüstet. Feines Leder und Wurzelholzambiente verhalfen dem Coupé zu einer komfortableren Ausstrahlung, was nur den einen Nachteil hatte, dass die Fahrleistungen in Mitleidenschaft gezogen wurden. Dem begegnete Healey mit einer kürzeren Übersetzung, doch die hohen Drehzahlen ließen den Motor unwillig brummen. Der so entstandene GT, wie alle Vorgänger mit dem langhubigen Riley-Triebwerk bestückt, verkaufte sich besser als die Modelle zuvor. Tickford ist übrigens der Name einer renommierten Karosseriebau- und Tuningfirma.

Mit Leder und Wurzelholz: Healey Tickford

Motor/Antrieb	
Bauart	Vierzylinder (Reihe)
Lage/Antrieb	Front/Heck
Hubraum in cm³	2443
Leistung in PS bei U/min	105 bei 4500
Vmax in km/h	170
Karosserie	
Bauart	Coupé
Tragstruktur	Kastenrahmen
Material	Stahlblech
Stückzahl und Marktsituation	
Produktionszahl	224
Verfügbarkeit	schlecht
Teilesituation	sehr schwierig
Unterhaltskosten	hoch

Preise in Euro	1	2	3	4	5
Tickford, Cpe		keine Notierung			

Heinkel (D) • 1955 - 1958

Mit dem Viertakt-Motorroller Tourist und den Perle-Mopeds hatte sich die Stuttgarter Ernst Heinkel AG einen soliden Ruf erworben. Für Zweirad-Aufsteiger bot das Unternehmen des Flugzeug-Pioniers Heinkel ab 1956 auch einen Kabinenroller an. Er ähnelte der BMW Isetta, war aber eine völlig eigenständige Konstruktion, die sich allerdings bei weitem nicht so gut absetzen ließ wie das BMW-Ei. Nach nur zwei Jahren verkaufte Heinkel die Produktionsanlagen an ein irisches Unternehmen, das seine Lizenz wiederum an die britische Firma Trojan weitergab. Als Trojan 200 lebte die Heinkel-Kabine bis 1966 weiter. Die meisten Exemplare im heutigen Anbebot sind solche späten Lizenzbauten.

Heinkel Kabine — 1956-1958

Die Heinkel Kabine war rund 25 Zentimeter länger als ihre Hauptkonkurrentin BMW Isetta. Sie bot, im Gegensatz zur Isetta, hintere Notsitze und war 110 Kilogramm leichter, allerdings auch wesentlich schwächer motorisiert. Der Einzylindermotor arbeitete üblicherweise in den Tourist-Motorrollern und sorgte in der Kabine für ein kaum zu ertragendes Geräuschniveau. Daran änderte auch das überarbeitete Modell mit zehn statt 9,2 PS nichts, das bereits nach vier Baumonaten im Oktober 1956 auf den Markt kam. Gleichzeitig erhielt die bis dahin dreirädrige Kabine zwei Hinterräder. Im Juli 1958 stellte Heinkel den Bau der Vierrad-Kabine ein. Einige Auslandsmärkte – etwa England, Österreich, Holland – bediente Heinkel ausschließlich mit Dreirad-Modellen.

Durch Raum und Zeit: Heinkel Kabine

Motor/Antrieb	
Bauart	Einzylinder-Viertaktmotor
Lage/Antrieb	Heck/Heck
Hubraum in cm³	174, 198, 204
Leistung in PS bei U/min	9,2 bei 5000 bis 10,0 bei 5500
Vmax in km/h	82 bis 86
Karosserie	
Bauart	Coupé
Tragstruktur	Rohrrahmen
Material	Stahlblech
Stückzahl und Marktsituation	
Produktionszahl	11975
Verfügbarkeit	schlecht
Teilesituation	schwierig
Unterhaltskosten	niedrig

Preise in Euro	1	2	3	4	5
Kabine 175, Klw	9.000	6.400	3.600	1.700	900
Kabine 200, Klw	9.300	6.700	3.800	1.800	900

Hillman (GB) • 1907-1977

Die Marke Hillman war bereits 1907 vom englischen Rennfahrer William Hillman gegründet worden. 1928 kam der Vertrieb unter die Regie des Handelsunternehmens Rootes. Mit den Marken Singer, Sunbeam, Humber und Hillman zählte Rootes zu den größten englischen Automobilherstellern. Früh wurden nach amerikanischem Muster Synergie-Effekte innerhalb des Konzerns genutzt.
Das erste Großserienmodell mit dem Namen Hillman startete 1932. Für den Kleinwagen Imp baute der Konzern in Schottland eine neue Fabrik, doch 1964 endete dieses Kapitel: die Rootes-Marken gingen an Chrysler und 1978, wiederum umgewandelt, weiter an Peugeot. Automobile mit Hillman-Schriftzügen wurden bis 1977 gebaut.

Hillman Minx Mark I bis Mark VIII, Series I, II, III, IV, V, VI   1946-1977

Der Minx war Hillmans Modell für alle Tage: Schon vor dem Krieg gab es diese Typbezeichnung, und sie lebte nach 1945 wieder auf. In der Nachkriegszeit besaß der Minx allerdings eine selbsttragende Karosserie. Rationalisierung nach amerikanischem Muster bedeutete nicht nur, dass aus wenigen Grundelementen (Fahrgestelle, Motoren, Karosserien) viele Modelle kombiniert wurden, sondern auch, dass die Konzernmarke Sunbeam den Minx als Modell Rapier verkaufen konnte. Der Minx jedenfalls konnte sich als robustes Alltagsfahrzeug in der unteren Mittelklasse gut behaupten.

Robuste Limousine: Hillman Minx (1956-1966)

Motor/Antrieb					
Bauart					Vierzylinder (Reihe)
Lage/Antrieb					Front/Heck
Hubraum in cm³				1184, 1265, 1390, 1494, 1592, 1725	
Leistung in PS bei U/min				36 bei 4100 bis 85 bei 5500	
Vmax in km/h					105 bis 150
Karosserie					
Bauart				Limousine (4-türig), Kombi (5-türig), Cabriolet	
Tragstruktur					selbsttragend
Material					Stahlblech
Stückzahl und Marktsituation					
Produktionszahl					k.A.
Verfügbarkeit					schlecht
Teilesituation					schwierig
Unterhaltskosten					mittel
Preise in Euro	1	2	3	4	5
Minx Ser. I-VI, L4t	8.000	5.300	3.000	1.100	300
Minx Ser. I-III, Cab	11.500	8.300	4.700	2.200	600

Hillman Super Minx Series I, II, III, IV   1962-1966

Mit etwas mehr Leistung und Hubraum sollten die Super-Minx-Modelle das Hillman-Programm nach oben abrunden. Die überarbeitete Karosserie zeigte im Design noch Anklänge an das kleinere Modell und war ebenfalls als viertürige Limousine, fünftüriger Kombi und viersitziges Cabriolet erhältlich. In rascher Folge legte Hillman immer neue Karosserie- und Motorvarianten auf. Als Topmodell fungierte der Super Minx IV GTL mit immerhin 85 PS aus 1,7 Liter. Der Hillman alias Sunbeam Hunter ersetzte ganz im Zeichen einer leicht erratischen Marken- und Modellpolitik des Konzerns Chrysler den Super Minx ab 1966.

Abrundung der Modellpalette nach oben: Hillman Super Minx

Motor/Antrieb					
Bauart					Vierzylinder (Reihe)
Lage/Antrieb					Front/Heck
Hubraum in cm³					1592, 1725
Leistung in PS bei U/min				58 bei 4400 bis 85 bei 5500	
Vmax in km/h					130 bis 155
Karosserie					
Bauart				Limousine (4-türig), Kombi (5-türig), Cabriolet	
Tragstruktur					selbsttragend
Material					Stahlblech
Stückzahl und Marktsituation					
Produktionszahl					k.A.
Verfügbarkeit					schlecht
Teilesituation					schwierig
Unterhaltskosten					mittel
Preise in Euro	1	2	3	4	5
Super Minx, L4t	8.400	5.700	3.200	1.100	300
Super Minx (1962-1964), Cab	13.500	9.300	5.400	2.500	700

Hillman Imp   1963-1976

Als untaugliches Instrument im Kampf um Marktanteile gegen den überaus erfolgreichen Mini scheiterte der Hillman Imp. Dem Namen (übersetzt: Kobold) wird vor allem der lebhafte Motor gerecht: Dieses interessante Triebwerk war im Heck installiert, hatte eine obenliegende Nockenwelle, und war ein kleinvolumiger, kurzhubiger Alu-Vierzylinder, den es in verschiedenen Leistungsstufen gab. Das Konzept stammte von Coventry Climax, selbst gegen Drehzahlen von über 6000/min hatte er nichts einzuwenden. Dennoch wurden die Maschinen ein ums andere Mal überfordert, was dem Imp – zu Unrecht – prompt den Ruf der Unzuverlässigkeit einbrachte. Hillman produzierte den Imp immerhin bis 1976. Besonders gesucht sind heute die kräftigen Rally Imp.

Drehfreudiges Alu-Motörchen: Hillman Imp

Motor/Antrieb					
Bauart					Vierzylinder (Reihe)
Lage/Antrieb					Heck/Heck
Hubraum in cm³					875, 998
Leistung in PS bei U/min				39 bei 5000 bis 60 bei 6200	
Vmax in km/h					125 bis 155
Karosserie					
Bauart					Limousine (2-türig)
Tragstruktur					selbsttragend
Material					Stahlblech
Stückzahl und Marktsituation					
Produktionszahl					440032
Verfügbarkeit					ausreichend
Teilesituation					ausreichend
Unterhaltskosten					niedrig
Preise in Euro	1	2	3	4	5
Imp, L2t	5.700	3.600	1.800	900	200

Hispano-Suiza (E) • 1904 - 1943

Die faszinierende Marke Hispano-Suiza wurde von dem Schweizer Ingenieur Marc Birkigt 1904 in Barcelona gegründet, nachdem dieser bereits erste Erfahrungen im Bau und der Konstruktion von Automobilen gemacht hatte. Der fliegende Storch wurde zum Markenzeichen der bald auch in Genf in Lizenz gefertigten Fahrzeuge. Nichts anderes als die beiden Länder Spanien-Schweiz drückt auch der Name Hispano-Suiza aus.
Neben Personenwagen entstanden ab 1906 auch Busse, Lastwagen und Bootsmotoren. Die Autopalette wurde enorm ausgedehnt, ab 1911 baute die Marke auch in der Nähe von Paris. Bald waren Flugzeugmotoren für den Ersten Weltkrieg wichtiger, Birkigt tüftelte unterdessen an neuen Automodellen.
Vierzylindermotoren mit obenliegender Nockenwelle fertigte Hispano-Suiza bis 1934 (Modelle T16, T30, T48), Sechszylinder ab 1919 für die Modelle H6, Boulogne, Monza, H6c, 46 CV, T56, T49, 20 CV, HS 26 Junior, 26 CV, T64 mit obenliegender Nockenwelle, mit hängenden Ventilen für die zwischen 1932 und 1943 gebauten Modelle T60, K6 und 30 CV.
Herausragend waren die V12-Zylinder-Modelle mit 9,5 und 11,3 Litern Hubraum: J12, 54 CV und T68. Sie entstanden in den Jahren 1931 und 1938. Später wurde das Unternehmen von Pegaso übernommen. Der letzte Hispano-Suiza verließ 1943 das Werk in Barcelona.

Hispano-Suiza T 60, T 60 RL, T 60 RLA — 1932-1943

Hispano-Suiza stellte 1932 den T60 als kleines Modell vor, was einerseits verdeutlicht, wie hoch die Maßstäbe des spanischen Herstellers üblicherweise waren. Andererseits zeigt es, dass der Markt mit großen, luxuriösen Fahrzeugen weitgehend gesättigt schien und damit die eigentliche Kompetenz der Marke nicht mehr so stark gefragt war wie früher. Der Hispano-Suiza T60 erhielt einen drei Liter großen ohv-Sechszylindermotor. Die drei Gänge ließen sich über einen Mittelschalthebel wechseln, die Höchstgeschwindigkeit lag bei rund 110 Stundenkilometern. Ab 1934 entstanden die Nachfolger T60RL und T60RLA, die über einen längeren Radstand und ein 3,4 Liter großes Triebwerk verfügten. Sie besaßen zudem als erwähnenswerte technische Innovation eine Servohilfe, die mit den hydraulischen Bremsen von Lockheed gekoppelt war.

Ein Kleiner unter den Großen: Hispano-Suiza T 60

Motor/Antrieb					
Bauart					Sechszylinder (Reihe)
Lage/Antrieb					Front/Heck
Hubraum in cm³					3016, 3405
Leistung in PS bei U/min					k.A.
Vmax in km/h					110
Karosserie					
Bauart					Limousine, Coupé, Cabriolet
Tragstruktur					Kastenrahmen
Material					Stahlblech
Stückzahl und Marktsituation					
Produktionszahl					k.A.
Verfügbarkeit					gegen null
Teilesituation					sehr schwierig
Unterhaltskosten					hoch
Preise in Euro	1	2	3	4	5
T 60, L4t			keine Notierung		
T 60, Cab			keine Notierung		

Honda (JAP) • seit 1962

Der erfolgreichste Motorradproduzent der Welt, gegründet von Soichiro Honda, bereitete seinen Einstieg in die Welt der Autofabrikanten ab 1962 vor. 1966 begann man mit dem Bau eines kleinen Sportwagens, dem 1967 ein Kleinstwagen folgte. Mit Formel-1-Erfolgen ab 1964 stellte Honda sein Können unter Beweis, doch erst ab 1973 begann mit dem Modell Civic der internationale Erfolg.
Heute ist Honda ein multinationaler Autokonzern, der eigene Forschungs- und Entwicklungsgesellschaften in Japan, Amerika, Großbritannien und Deutschland betreibt. Als einer der größten Automobil- und Motorradhersteller leistet man sich in Nordamerika sogar eine Zweitmarke im Luxussegment: Acura. Außerdem stellt die Marke vielerlei Freizeit- und Hobbygeräte her: vom Außenbordmotor bis zum Rasenmäher.

Honda S 600 — 1964-1966

Aus dem noch etwas unreifen S 500, der im Oktober 1963 eingeführt wurde, entwickelten die Japaner bis März 1964 den S 600, der ab 1965 um eine Coupé-Variante ergänzt wurde. Mit diesen kleinen Sportwagen versuchte der Motorradhersteller Honda auch in Europa erfolgreich zu sein – Konkurrenten wie die kleinen Healey oder Fiat 850 gab es genügend. Skepsis in den Augen der Käufer weckte denn auch die Kraftübertragung auf die Hinterräder mittels zweier Rollenketten oder etwa das ungewohnte Drehzahlniveau von bis zu 8800/min. Die sehr stilsicher gezeichnete Karosserie aus Stahlblech wurde nach traditioneller Methode auf einem Kastenrahmen befestigt. Noch war das deutsche Publikum für solche Kombinationen nicht zu erwärmen, doch mit über 13.000 Exemplaren hatte Honda einen Achtungserfolg gelandet.

Mit Kettenantrieb: Honda S 600

Motor/Antrieb					
Bauart					Vierzylinder (Reihe)
Lage/Antrieb					Front/Heck
Hubraum in cm³					606
Leistung in PS bei U/min					57 bei 8800
Vmax in km/h					155
Karosserie					
Bauart					Coupé, Cabriolet
Tragstruktur					Kastenrahmen
Material					Stahlblech
Stückzahl und Marktsituation					
Produktionszahl					13084,0
Verfügbarkeit					gegen null
Teilesituation					schwierig
Unterhaltskosten					mittel
Preise in Euro	1	2	3	4	5
S 600, Cpe	11.600	8.700	6.000	3.200	800
S 600, Cab	16.100	12.000	8.600	4.300	1.400

Honda (JAP)

Honda N 360, N 500, N 600 — 1966-1973

Dem Motorradhersteller Honda gelang es nicht, im Automobilbau der filigranen Zweiradtechnik ganz zu entsagen, und so startete auch der N 360 als superkompakter Kleinwagen mit knappem Hubraum und heulenden, hochdrehenden Zweizylinder-Reihenmotoren, die ihre Kraft via klauengeschaltetem Getriebe weitergaben. Das war Mitte der sechziger Jahre zuwenig für die zunehmend anspruchsvolle deutsche Kundschaft. 1967 wurde ein Rolldach offeriert, 1970 folgte sogar ein dreitüriger Kombi. Ergänzt wurde das Programm ab Oktober 1970 durch das technisch identische, optisch jedoch pfiffigere Z GT Coupé. Der N 600 war übrigens neben dem englischen Mini der einzige Kleinwagen, den es mit einer Vollautomatik gab.

Kleinmobil aus Fernost: Honda N 500

Motor/Antrieb	
Bauart	Zweizylinder (Reihe)
Lage/Antrieb	Front/Heck
Hubraum in cm³	354, 599
Leistung in PS bei U/min	27 bei 8000 bis 42 bei 6600
Vmax in km/h	115 bis 135
Karosserie	
Bauart	Limousine (2-türig), Kombi (3-türig)
Tragstruktur	selbsttragend
Material	Stahlblech
Stückzahl und Marktsituation	
Produktionszahl	k.A.
Verfügbarkeit	schlecht
Teilesituation	ausreichend
Unterhaltskosten	niedrig

Preise in Euro	1	2	3	4	5
N 360, L2t	4.200	2.200	1.000	450	100
N 600, L2t	4.700	2.600	1.100	500	150

Honda S 800 — 1966-1970

Im Januar 1966 fertiggestellt, zeigte Honda den S 800, das Nachfolgemodell des S 600, auf dem Autosalon in Paris. Der appetitliche dohc-Vierzylinder mit nadelgelagerter Kurbelwelle verfügte nun über knapp 0,8 Liter Hubraum, statt Winkeltrieb und Einzelradketten gab es nun einen üblichen Hypoid-Achsantrieb und Kardanwelle: Das ganze Paket hochentwickelter Technik hatte mehr Feinschliff erhalten. Optisch dokumentierte ein geänderter Kühlergrill die Modellpflege, die technisch mit vorderen Scheibenbremsen komplettiert wurde. Für den Klassiker-Freund von heute ist der S 800 ein zeitgemäßes Konzept, extrem raumökonomisch, technisch hochinteressant und qualitativ vom Feinsten. Echten Fahrspaß bietet der Wagen besonders auf winkligen Landstraßen, und im Winter möchte man den Ultrakompakten am liebsten mit ins Wohnzimmer nehmen.

Hightech aus Fernost: Honda S 800

Motor/Antrieb	
Bauart	Vierzylinder (Reihe)
Lage/Antrieb	Front/Front
Hubraum in cm³	79
Leistung in PS bei U/min	67 bei 7750 bis 70 bei 8000
Vmax in km/h	165
Karosserie	
Bauart	Coupé, Cabriolet
Tragstruktur	Kastenrahmen
Material	Stahlblech
Stückzahl und Marktsituation	
Produktionszahl	11406
Verfügbarkeit	ausreichend
Teilesituation	ausreichend
Unterhaltskosten	mittel

Preise in Euro	1	2	3	4	5
S 800, Cpe	14.700	10.800	7.900	3.900	1.000
S 800, Cab	20.400	15.000	10.700	5.300	1.800

Honda Z GT Coupé — 1970-1971

Eigenartig und skurril mutet heute das Honda Z GT Coupé an, das der größte Motorradproduzent der Welt 1970 auf dem Autosalon in Tokyo vorgestellt hatte. Der ganze 3,20 Meter lange Zweitürer basierte auf dem Kleinwagen N 360, der bereits seit 1966 im Honda-Programm war. Ungewohnt waren auch hier die technischen Merkmale: Der nur 354 cm³ große Reihen-Zweizylinder lieferte dank zweier Keihin-Horizontalvergaser statt 27 PS nun stramme 36 PS an die Vorderräder – und zwar bei einer Drehzahl von 9000/min! Zusammen mit dem serienmäßigen Fünfganggetriebe versprach das kleine Z GT Coupé jede Menge Fahrspaß. Bis zu 120 Stundenkilometer war der Honda schnell. Er wurde nur bis 1971 gebaut, und es dürfte nahezu aussichtslos sein, ein gut erhaltenes Exemplar zu finden.

Kleine Drehorgel: Honda Z GT Coupé

Motor/Antrieb	
Bauart	Zweizylinder (Reihe)
Lage/Antrieb	Front/Front
Hubraum in cm³	354
Leistung in PS bei U/min	36 bei 9000
Vmax in km/h	120
Karosserie	
Bauart	Coupé
Tragstruktur	selbsttragend
Material	Stahlblech
Stückzahl und Marktsituation	
Produktionszahl	k.A.
Verfügbarkeit	gegen null
Teilesituation	sehr schwierig
Unterhaltskosten	hoch

Preise in Euro	1	2	3	4	5
Z GT, Cpe			keine Notierung		

---

monkeyshop.de
Honda Monkey · Honda Dax · Sachs MadAss 
· Ersatz- und Tuningteile
· komplette Motoren 90–150 ccm
· Neufahrzeuge mit Mokick- od. Motorradzulassung
Herzlich willkommen auf 200 m² Shopfläche in Hannover
Mr. Monkey + Dr. Dax · Nikolaus Tams
Scheibenstandsweg 5c · 30 559 Hannover
T: 0511-9 52 33 57 · F: 0511-9 52 33 56

Honda (JAP) • Horch (D)

Honda Accord 1976-1981

Nach dem L 700 Wagon von 1965, der viertürigen Limousine Honda 1300 von 1968 und dem im Juli 1972 präsentierten Civic 1200, der auch als Experimental Safety Car 1973 dargestellt wurde, holte die Marke 1976 zu einem nachhaltigeren Schlag aus. Der im Mai 1976 vorgestellte Accord mit 1,6 Litern Hubraum erschien als zweitüriges Coupé mit durchaus ansehnlichen Formen. Im nächsten Jahr folgte die gleichfalls gelungene viertürige Limousine. Deutschland erreichten diese Modelle, die mit feiner Technik und guter Ausstattung mehr als nur Achtungserfolge erzielten, immer mit einer gewissen Zeitverzögerung. Moderne Technik wie Frontantrieb, quer installierte Motoren, rundum einzeln geführte Räder oder Servolenkung und Automatikgetriebe konnten beeindrucken. 1979 sorgte eine Modellpflege für größere Rückleuchten. Die zweite Accord-Generation beerbte 1981 die gelungene Mittelklasse-Limousine, die als Lizenzfertigung in anderer Form auch als Triumph Acclaim verkauft wurde.

Honda fasst Fuß: Honda Accord

Motor/Antrieb					
Bauart					Vierzylinder (Reihe)
Lage/Antrieb					Front/Front
Hubraum in cm³					1599
Leistung in PS bei U/min					80 bei 5300 bis 82 bei 5900
Vmax in km/h					147 bis 163
Karosserie					
Bauart					Limousine (4-türig), Coupé
Tragstruktur					selbsttragend
Material					Stahlblech
Stückzahl und Marktsituation					
Produktionszahl					k.A.
Verfügbarkeit					ausreichend
Teilesituation					ausreichend
Unterhaltskosten					mittel
Preise in Euro	1	2	3	4	5
Accord, L4t	3.300	1.900	900	300	50
Accord, Cpe	4.100	2.500	1.300	450	50

Honda Prelude 1979-1984

Das sportliche Mittelklasse-Coupé mit dem charakteristischen Stufenheck erschien im Sommer 1979 als Vorspiel einer neuen Honda-Genereration – daher der Name. Spitzen-Feature der reichhaltigen Serien-Ausstattung war von Beginn an das serienmäßig elektrisch betätigte Glasschiebedach. Die Gestaltung des Prelude zeigte im Detail noch deutliche Züge des japanischen Siebziger-Jahre-Barocks, obwohl die Honda-Werbung seinerzeit das „betont sachliche und zeitgemäße Styling" des Prelude anpries. Der ohc-Vierzylinder kam, leicht abgewandelt und geräuschoptimiert, vom Accord, das Fahrwerk hingegen war neu: Schräg- statt Querlenker hinten und eine Offset-Federung sorgten für besseren Fahrkomfort. Die Standard-Bereifung war mit 155 SR 13 eher bescheiden, dafür überzeugte die reichhaltigen Serienausstattung: zusätzlich zum bereits erwähnten Glasschiebedach gab es – aufpreisfrei bei allen Honda-Modellen – Fünfganggetriebe und Metalliclackierung. Beliebter Farbton: Sanktmoritzsilber.

Vorspiel zum Erfolg: Honda Prelude

Motor/Antrieb					
Bauart					Vierzylinder (Reihe)
Lage/Antrieb					Front/Front
Hubraum in cm³					1508, 1602
Leistung in PS bei U/min					80 bei 5300
Vmax in km/h					162
Karosserie					
Bauart					Coupé
Tragstruktur					selbsttragend
Material					Stahlblech
Stückzahl und Marktsituation					
Produktionszahl					k.A.
Verfügbarkeit					ausreichend
Teilesituation					ausreichend
Unterhaltskosten					mittel
Preise in Euro	1	2	3	4	5
Prelude 1.6, Cpe	k.N.	2700	1300	600	200

Horch (D) • 1899 - 1939

August Horch gilt unbestritten als einer der großen Pioniere und Impulsgeber des Automobilbaus. Der Ingenieur arbeitete ab 1896 bei Carl Benz in Mannheim, zunächst im Motorenbau, dann als Abteilungsleiter im Motorwagenbau. 1899 drängte es ihn, der seine zahllosen Ideen bei Benz nicht umsetzen konnte, in die Selbständigkeit.

Zunächst gründete er in Köln die Horch & Cie, und im Jahr 1900 präsentierte er mit dem Modell 1 sein erstes Automobil. Horch verwendete bereits Aluminiumguss für Motor- und Getriebegehäuse, ersetzte anfällige Ketten durch haltbare Kardanwellen und griff zu hochfestem Stahl bei der Fertigung der Getriebezahnräder. 1902 zog es Horch nach Sachsen, und zwei Jahre später ließ er sich in Zwickau nieder.

Die soliden Konstruktionen und sein sportlicher Ehrgeiz brachten dem Namen Horch frühen Ruhm und Glanz: 1906 gewann ein Horch die weltweit anspruchsvollste Langstreckenprüfung, die Herkomer-Fahrt. Doch innerhalb des Unternehmens gab es Probleme. Der Vorstand und der Aufsichtsrat verstanden den Ingenieur Horch nicht mehr und umgekehrt – 1909 verließ der Gründer die Firma, die dennoch weiter seinen Namen tragen wird.

Horch, Audi und Auto Union waren seine Stationen: August Horch (1868 - 1951)

Noble, solide Automobile rollten weiterhin aus dem Zwickauer Werk. Sie trugen immer noch August Horchs Handschrift. Doch jetzt prägten andere, prominente Namen die Horch-Werke: 1923 war Paul Daimler, der Sohn Gottlieb Daimlers, aus Stuttgart-Untertürkheim nach Zwickau gekommen, um dort die technische Leitung zu übernehmen. Ab 1926 traten die Horch-Modelle mit neu konstruiertem Reihenachtzylinder an – dem ersten in deutscher Serienproduktion. Die außergewöhnlich langhubigen Reihenmotoren besaßen zwei obenliegende Nockenwellen, angetrieben von einer Königswelle: Ein technisch aufwändiges Konzept für einen zunächst nur 60 PS leistenden Motor. Kritik ernteten allerdings die schweren, doch wenig verwindungsfesten Kastenrahmen der Horch-Automobile, die in einem labilen, indifferenten Fahrverhalten ihren Ausdruck fanden.

Nach den zwanziger Jahren, in denen Horch eine recht überschaubare Modellpolitik pflegte, reagierten die Zwickauer ab 1930 mit Nachdruck auf die veränderten Forderungen des Marktes. Eine Vielzahl von Typen entstand, dazu gab es nun die Wahl unter Motoren mit unterschiedlichsten Größen, verschiedenen Radständen und Karosserien. Auch elegante, große Sportcabriolets und Roadster entstanden, unter anderem mit Karosserien von Gläser aus Dresden.

Das Programm der leisen, laufruhigen Motoren krönte in den Jahren 1931 bis 1933 ein sechs Liter großer V12. Von ihm sollen allerdings nur rund 80 Exemplare entstanden sein – er war kein lohnendes Geschäft für Horch. 1932 mussten sich die vier großen ostdeutschen Automobilhersteller Horch, Audi, Wanderer und DKW zur Auto Union zusammenschließen. Horch übernahm dabei die Rolle des Primus. Das gekrönte H als Markenzeichen lebte somit noch einige Jahre weiter, auch wenn die Exklusivität nach und nach verloren ging. Daran konnte auch das elegante, wenn auch voluminöse Sportcabriolet 853 nichts mehr ändern.

Nach einem kurzen Aufflackern in der Nachkriegszeit – mit einem Entwurf namens Sachsenring sollte in der frühen DDR wieder ein Horch entstehen – verschwand der große Namen bis heute in den Annalen. Insgesamt stellte Horch rund 18.000 Autos her.

1900 präsentiert August Horch (rechts) das Modell 1, sein erstes Automobil

Horch (D)

Horch 500 1930-1934

Die Nobelmarke des Auto Union-Konzerns lancierte 1930 den Horch 500, der mit 15.000 Reichsmark ein durchaus nicht billiges Angebot war. Geboten bekommt der Horch-Kunde für diese Summe einen Reihenachtzylinder, der knapp fünf Liter Hubraum besitzt und rund 100 PS leistet. Damit schwingt sich der Horch 500 zu 120 Stundenkilometer Höchstgeschwindigkeit auf. Diesen Typ lieferte der deutsche Hersteller serienmäßig in Pullmann-Version – als Limousine und als siebensitziges Cabriolet. Nicht ganz überzeugen konnte das Fahrverhalten, besonders der schlechte Geradeauslauf rief manchen Kritiker auf den Plan.

Ein Platz an der Sonne für sieben: Horch 500 Pullmann-Cabriolet

Motor/Antrieb					
Bauart					Achtzylinder (Reihe)
Lage/Antrieb					Front/Heck
Hubraum in cm³					4944
Leistung in PS bei U/min					100 bei 3400
Vmax in km/h					120 bis 125
Karosserie					
Bauart					Limousine, Cabriolet
Tragstruktur					Kastenrahmen
Material					Stahlblech
Stückzahl und Marktsituation					
Produktionszahl					k.A.
Verfügbarkeit					gegen null
Teilesituation					sehr schwierig
Unterhaltskosten					hoch
Preise in Euro	1	2	3	4	5
500, L4t			keine Notierung		

Horch 830, 830 B, 830 BK/BL, 830 BL, 930, 930 V 1933-1939

Nachdem 1932 der Zusammenschluss von Horch, Audi, DKW und Wanderer zur Auto Union vollzogen war, standen Rationalisierungsmaßnahmen auf dem Programm. Horch stellte die Fertigung seines legendären V12-Motors ein, nutzte aber die gewonnenen Erfahrungen, um ein neues V8-Triebwerk mit 70 PS Leistung und drei Litern Hubraum zu entwickeln, das sich schnell durchsetzte und nach und nach die alten Reihenachtzylinder ablöste. Im 930 und 930 V, der zwischen 1937 und 1939 angeboten wurde, leistete der 3,5 und später 3,8 Liter große V8 zunächst 82 (später 92) PS bei 3600/min und beschleunigte den Horch auf rund 130 km/h. Der Horch 951/951 A, der ebenfalls ab 1937 im Angebot war, besaß dagegen noch den Reihenachtzylinder. Er stellte aus 4,9 Litern 120 PS zur Verfügung. Dieses repräsentative Modell war preislich noch über dem 500 angesiedelt.

Für den besonderen Geschmack: Horch 930 V Cabriolet

Motor/Antrieb					
Bauart					V8
Lage/Antrieb					Front/Heck
Hubraum in cm³				3004, 3249, 3517, 3823, 3517, 3823	
Leistung in PS bei U/min					70 bei 3500 bis 92 bei 3600
Vmax in km/h					110 bis 130
Karosserie					
Bauart					Limousine, Cabriolet
Tragstruktur					Kastenrahmen
Material					Stahlblech
Stückzahl und Marktsituation					
Produktionszahl					k.A.
Verfügbarkeit					gegen null
Teilesituation					sehr schwierig
Unterhaltskosten					hoch
Preise in Euro	1	2	3	4	5
930 V, L4t	80.000	55.000	40.000	25.000	–
930 V, Cab	150.000	110.000	75.000	40.000	–
951, L4t			keine Notierung		

Horch 855 1939-1940

So sahen am Vorabend des Zweiten Weltkriegs die letzten Träume der Superreichen aus: Opulente Formen und fließende Volumen, akzentuiert von glänzenden Linien aus Chrom. Keine Spur von Bescheidenheit legte Horch 1939 an den Tag, um seinen Platz unter den deutschen Luxusherstellern zu verteidigen: Serienmäßiges Autoradio, weißes Leder, spanisches Perl-Mahagoni am Armaturenbrett und ein fünf Liter großer Reihenachtzylinder, der über eine Königswelle verfügte und 120 PS mobilsierte. Soviel Luxus kostete damals 22.000 Reichsmark, eine Summe, für die es auch schon ein Einfamilienhaus gab. Nur sieben Interessenten meldeten sich zum Erwerb eines 855 bei den Horch-Werken in Zwickau, die – längst unter Auto Union-Regie – im Konzern mit diesem Luxusroadster das Gegenstück zum kleinen DKW positionierten. Vier Exemplare sind heute bekannt; das gezeigte Exemplar steht, kürzlich komplett restauriert, im Audi-Museum in Ingolstadt.

Gläser in Dresden schuf die Karosserie: Horch 855

Motor/Antrieb					
Bauart					Achtzylinder (Reihe)
Lage/Antrieb					Front/Heck
Hubraum in cm³					4944
Leistung in PS bei U/min					120 bei 3400
Vmax in km/h					135
Karosserie					
Bauart					Roadster
Tragstruktur					Kastenrahmen
Material					Stahlblech
Stückzahl und Marktsituation					
Produktionszahl					7
Verfügbarkeit					gegen null
Teilesituation					sehr schwierig
Unterhaltskosten					hoch
Preise in Euro	1	2	3	4	5
855, Rds			keine Notierung		

Hudson (USA) • 1909 - 1957

Die Marke Hudson verzeichnete frühe Erfolge. 1909 gegründet, gelang dem nach J. L. Hudson benannten Unternehmen schnell der Aufstieg in die Gruppe der bedeutenden Automobilfabriken: 1929 war die Hudson-Essex-Gruppe Nummer drei in den USA. Die einst beliebten Essex-Modelle wurden jedoch 1934 eingestellt.

Mit ungewöhnlichem Design und fortschrittlicher, teilweise selbsttragender Karosseriestruktur machte Hudson nach dem Zweiten Weltkrieg von sich reden. Von den fünf Baureihen spielten neben der Hornet der Pacemaker und der teure Commodore eine Rolle. Nach stolzen 3,7 Millionen gebauten Exemplaren fusionierte Hudson im Jahr 1954 mit Nash zur American Motors Corporation. Nachdem die Hudson-Modelle zunächst Karosserien von Nash trugen, ließen die Konzernbosse 1957 die Marke Hudson sterben.

Hudson Wasp, Super Wasp — 1948-1954

Bereits 1948 sorgte Hudson mit einer teilweise selbsttragenden Karosserie für Aufsehen – viele Jahre vor der Konkurrenz. Die auffälligen, fließenden Linien entsprachen dem aerodynamischen Stilempfinden der Zeit und wirken heute wie eine Ikone der späten vierziger Jahre. Ein nicht nur optisch tiefer Schwerpunkt setzte Maßstäbe für ein Fahrverhalten des 5,3 Meter langen Sauriers, das die Amerikaner in dieser Qualität bislang nicht gewohnt waren. Sie verehrten die voluminösen Hudsons, die auch als zweitürige Hardtop-Coupés und Cabriolets erhältlich waren. Trotz der altertümlichen Sechszylinder-Triebwerke überzeugte der Hornet mit zahllosen Sporterfolgen – er war immerhin bis zu 160 Stundenkilometer schnell. 1955 erhält der Hudson eine weniger extravagante Karosserie. Erfolg war ihm anschließend nicht mehr beschieden.

Geliebtes Insekt: Hudson Super Wasp

Motor/Antrieb	
Bauart	Sechszylinder (Reihe), Achtzylinder (Reihe)
Lage/Antrieb	Front/Heck
Hubraum in cm³	3298, 5053
Leistung in PS bei U/min	105 bei 4000 bis 172 bei 4000
Vmax in km/h	140 bis 160
Karosserie	
Bauart	Limousine (2-/4-türig), Hardtop, Cabriolet
Tragstruktur	selbsttragend
Material	Stahlblech
Stückzahl und Marktsituation	
Produktionszahl	k.A.
Verfügbarkeit	gegen null
Teilesituation	schwierig
Unterhaltskosten	hoch

Preise in Euro	1	2	3	4	5
Wasp, Super Wasp (Ser. 1952-1954), L4t	18.500	13.000	7.700	4.100	2.000
Hornet (1951-1954), L4t	21.000	15.400	8.600	5.000	2.400

Humber (GB) • 1898 - 1976

1868 gründete Thomas Humber eine Fahrradfabrik. Zur Jahrhundertwende setzte Humber, wie viele seiner Kollegen, zudem auf Autos. 1926 übernahm das Unternehmen die Nutzfahrzeugmarke Commer, zwei Jahre später wurde Humber mit Hillman zusammengeführt. Ebenfalls 1928 kaufte die Rootes-Gruppe das weltweite Verkaufsrecht und erlangte 1932 die völlige Kontrolle über Humber.

Die Marke spezialisierte sich fortan auf gehobene Modelle. Mit der Übernahme der Rootes-Gruppe durch Chrysler wurde ab 1967 nur noch das Modell Sceptre weitergebaut, das allerdings nichts anderes war als ein luxuriöser Hillman oder Sunbeam Hunter. Er blieb bis 1976 im Angebot. Mit ihm erlosch auch der Markenname Humber.

Humber Super Snipe (Series I, II, III, IV, V) — 1958-1967

Das Spitzenmodell von Humber hieß Super Snipe, zu deutsch: Super-Schnepfe, ein im Charakter eher behäbiges Modell. 1958 bekam der Nachfolger des 1949 eingeführten Wagens erstmals eine selbsttragende Karosserie verpasst, bisher hatte es ein Kastenrahmenchassis gegeben. Die noble Ausstattung zeigte zahlreiche luxusorientierte Details: reichhaltige Holzapplikationen, üppige Ledersessel und sogar die beliebten Picknick-Tischchen. Die weich laufenden Sechszylinder-Reihenmotoren sorgten für ansprechende Fahrleistungen, verzichteten jedoch völlig auf Temperamentsausbrüche. Der Imperial ergänzte den Super Snipe ab 1964, beide besaßen eine identische Karosseriestruktur.

Luxuriöses Interieur: Humber Super Snipe

Motor/Antrieb	
Bauart	Sechszylinder (Reihe)
Lage/Antrieb	Front/Heck
Hubraum in cm³	2651, 2965
Leistung in PS bei U/min	110 bei 5000 bis 128 bei 5000
Vmax in km/h	155 bis 160
Karosserie	
Bauart	Limousine (4-türig), Kombi (5-türig)
Tragstruktur	selbsttragend
Material	Stahlblech
Stückzahl und Marktsituation	
Produktionszahl	k.A.
Verfügbarkeit	schlecht
Teilesituation	schwierig
Unterhaltskosten	hoch

Preise in Euro	1	2	3	4	5
Super Snipe SI/SII, L4t	13.500	9.000	5.000	1.900	600
Super Snipe SIII-V, L4t	14.500	10.000	5.500	2.100	700

Humber Sceptre (Series I und II) — 1963-1967

Der Humber war im Vergleich zum Hillman Super Minx bei weitgehend identischer Technik das luxuriöser ausgestattete Modell. Technisch waren die beiden weitgehend identisch, nur optisch zeigten sich Unterschiede: Reicher Chromzierrat, Doppelscheinwerfer vorn und eine höher ins Dach gezogene Frontscheibe sind Erkennungsmerkmale. Overdrive zum Vierganggetriebe gab es serienmäßig, das aber erst ab 1964 vollsynchronisiert war. An den Vorderrädern verzögerten bereits Scheibenbremsen. Die Version Sceptre II erschien im September 1965 mit völlig neuer, schnörkelloser Karosserie, er war der letzte Humber und wurde, auch als Kombiversion, bis 1976 von Chrysler gebaut.

Ein luxuriöser Hillman Super Minx: Humber Sceptre, Series II

Motor/Antrieb					
Bauart					Vierzylinder (Reihe)
Lage/Antrieb					Front/Heck
Hubraum in cm³					1592, 1725
Leistung in PS bei U/min					79 bei 5200 bis 88 bei 5200
Vmax in km/h					145 bis 155
Karosserie					
Bauart					Limousine (4-türig), Kombi (5-türig)
Tragstruktur					selbsttragend
Material					Stahlblech
Stückzahl und Marktsituation					
Produktionszahl					k.A.
Verfügbarkeit					schlecht
Teilesituation					schwierig
Unterhaltskosten					mittel
Preise in Euro	1	2	3	4	5
Sceptre SI/SII, L4t	10.500	6.900	3.800	1.400	400

IFA (DDR) • 1948 - 1991

Unter einem gemeinsamen Logo traten die in der sowjetischen Besatzungszone, der späteren DDR, ab 1947 nahezu alle gebauten Automobile an: IFA stand für Industrieverband Fahrzeugbau, dazu kam oft das Kürzel VEB für Volkseigener Betrieb. Zwischen 1945 und 1991 wurden über 4,9 Millionen Autos gefertigt.
Im Wesentlichen hatten sich die beiden Produktionsstandorte Eisenach und Zwickau etabliert, die schon vor dem Zweiten Weltkrieg Zentren des Automobilbaus gewesen waren.
Bereits 1896 waren die Fahrzeugwerke Eisenach gegründet worden, die später unter der Marke Dixi Automobile produzierten. Nachdem BMW 1928 die Firma übernommen hatte, rollten bis 1945 BMW-Automobile aus den Eisenacher Werkshallen. Auch die Entwicklung der berühmten BMW-Reihensechszylinder fand in Eisenach statt.
Die Vorkriegs-Konstruktionen BMW 321, 327 und 340 führte die staatliche Autovelo SAG (Sowjetische Aktiengesellschaft) weiter. Weil Gerichte den Ostdeutschen die weitere Verwendung des Namens BMW untersagten, wurden die Modelle 327 und 340 zwischen 1952 bis 1955 unter der Marke EMW (Eisenacher Motoren Werke) angeboten. Das freilich klang den Münchnern weiterhin zu ähnlich, die Sozialisten reagierten sachlich: AWE stand fortan für Automobilwerke Eisenach auf den Modellen. Ab 1955 entstanden in Eisenach die Wartburg-Modelle.
In Zwickau dagegen wurde das Erbe der Auto Union fortgeführt. Die Vorkriegsentwicklung DKW Meisterklasse entstand fortan als IFA F8, eine überarbeitete Version folgte als F9. Dieses Modell sollte als einziges Modell sowohl in Zwickau (Kürzel: AWZ, Automobilwerke Zwickau) wie in Eisenach gefertigt werden. Auch die klangvolle Ex-Auto Union-Marke Horch war für einen Wiederbelebungsversuch auserkoren worden. Der als Sachsenring vorgestellte Repräsentationswagen kam jedoch nur auf geringe Stückzahlen.
Mit den kleinen Zweitaktern hatte man mehr Erfolg. Allein vom Trabant 601 produzierten die volkseigenen Betriebe zwischen 1964 und 1991 über 2,8 Millionen Einheiten. Das Ende kam mit dem Niedergang der DDR – da konnten selbst die eilig implantierten, modernen VW-Viertaktmotoren nicht mehr helfen, die Wartburg und Trabant zum Finale erhielten.

IFA stand zu DDR-Zeiten für Industrieverband Fahrzeugbau

Awtovelo BMW 340, EMW 340 — 1949-1955

Die nicht stark beschädigten BMW-Werke in Eisenach konnten ab Oktober 1945 wieder Fahrzeuge herstellen. Als Ableitung des BMW 326 wurde 1949 das Modell 340 vorgestellt. Äußerlich kündet ein wuchtiger Grill mit neun horizontalen Chromstreben vom Neustart, unter der Haube sorgte weiterhin der renommierte Reihen-Sechszylinder für Musik. Auf dem 340-Fahrgestell entstanden jedoch nicht nur viertürige Limousinen, die IFA-Karosseriewerke Halle steuerten auch eine zweitürige Kombi-Hülle sowie Sanitätskraftwagen- und Kastenlieferwagen-Karosserien bei. Der unveränderte BMW 321 ging hauptsächlich in die Sowjetunion. Der 327, zwischen 1949 und 1955 angeblich 505 mal als Cabriolet und Coupé gebaut, hatte eine bei Gläser in Dresden hergestellte Karosserie.

Mit neuer Front: Awtovelo BMW 340, EMW 340

Motor/Antrieb					
Bauart					Sechszylinder (Reihe)
Lage/Antrieb					Front/Heck
Hubraum in cm³					1971
Leistung in PS bei U/min					55 bei 3750
Vmax in km/h					120
Karosserie					
Bauart					Limousine (4-türig), Kombi (3-türig)
Tragstruktur					Kastenrahmen
Material					Stahlblech
Stückzahl und Marktsituation					
Produktionszahl					21250
Verfügbarkeit					schlecht
Teilesituation					schwierig
Unterhaltskosten					mittel
Preise in Euro	1	2	3	4	5
EMW 340-2, L4t	19.400	14.300	8.400	4.400	2.100

IFA (DDR)

AWZ P 70 Zwickau   1955-1959

Der Nachfolger des IFA F8 erschien im Juni 1955 mit verkürztem Radstand, nun 2,38 Meter lang, einem leicht überarbeiteten Zweizylinder-Zweitaktmotor und einer einzigartigen Bauweise: Auf Stahlrahmen, mit Holz und Duroplastschalen waren sowohl die Limousine als auch der Kombi (ab 1956) und das Coupé (ab 1957) karossiert. Der Fronttriebler hatte ein Getriebe mit drei unsynchronisierten Gängen und abschaltbarem Freilauf, die Modelle wogen zwischen 800 und 875 Kilogramm.

Aus Duroplast gefertigt: AWZ P 70 Zwickau

Motor/Antrieb					
Bauart					Zweizylinder-Zweitaktmotor
Lage/Antrieb					Front/Front
Hubraum in cm³					684
Leistung in PS bei U/min					22 bei 3500
Vmax in km/h					90
Karosserie					
Bauart				Limousine (2-türig), Coupé, Kombi (3-türig)	
Tragstruktur					Stahlrahmen
Material					Kunststoff
Stückzahl und Marktsituation					
Produktionszahl					36800
Verfügbarkeit					ausreichend
Teilesituation					ausreichend
Unterhaltskosten					niedrig
Preise in Euro	1	2	3	4	5
AWZ P 70, L2t	6.200	3.900	1.700	550	150
AWZ P 70, Kom	6.800	4.400	1.900	700	200

Wartburg 311, 312   1956-1966

Mit dem Wartburg Typ 311 wurde der IFA F9 abgelöst. Die Serienfertigung startete 1956 mit der Technik des Vorgängers. Die viertürige Limousine und der Kombi waren schwungvoll gezeichnet und bekamen 1958 einen neuen Kühlergrill. Bei einem Radstand von 2,45 Meter war der Wagen 4,3 Meter (Kombi: 4,25 m) lang und wog 960 Kilogramm (Kombi: 1070). Ab 1962 kommt ein aufgebohrter Motor zum Einsatz, der bei gleichzeitig höherer Verdichtung fünf PS mehr als der Vorgänger leistet. Dieser Wartburg 1000 (Typ 312) ist etwas leichter und schneller als der Vorgänger, die optischen Unterschiede sind gering. Ab September 1965 verkürzt der 312/1 mit neuem Fahrwerk und kleineren Rädern die Wartezeit auf den Nachfolger 353.

A la mode: Wartburg 311 und 312

Motor/Antrieb					
Bauart					Dreizylinder-Zweitaktmotor
Lage/Antrieb					Front/Front
Hubraum in cm³					900, 992
Leistung in PS bei U/min					37 bei 4000 bis 45 bei 4200
Vmax in km/h					100 bis 122
Karosserie					
Bauart				Limousine (4-türig), Kombi (3-türig)	
Tragstruktur					Kastenrahmen
Material					Stahlblech
Stückzahl und Marktsituation					
Produktionszahl					292.723 (o. Sport)
Verfügbarkeit					ausreichend
Teilesituation					ausreichend
Unterhaltskosten					mittel
Preise in Euro	1	2	3	4	5
Wartburg 311, L4t	4.500	2.900	1.600	450	50
Wartburg 311, Kom	5.500	3.300	1.800	500	100

Wartburg Cabrio und Reise-Coupé   1956-1966

Gleichzeitig mit der Limousine und dem Kombi wurde 1956 auch das viersitzige Cabriolet vorgestellt. Wie beim VW Käfer lag das aufgeklappte Verdeck hoch aufgetürmt auf dem Wagen. Die Karosserie kam aus Dresden, wo früher Karosserie-Spezialist Gläser gewirkt hatte. Die Karosserie des zwischen 1958 und 1961 gebauten viersitzigen Reise-Coupés mit Panorama-Rückscheibe hingegen kam aus Meerane. Vom Typ 312 gab es dann zwischen 1965 und 1966 einen 2+2-sitzigen Roadster mit Hardtop aus Kunststoff. Hier deutete ein neuer Grill den Übergang zum Modell 353 an.

Luxus im Osten: Wartburg Cabrio

Motor/Antrieb					
Bauart					Dreizylinder-Zweitaktmotor
Lage/Antrieb					Front/Front
Hubraum in cm³					900, 992
Leistung in PS bei U/min					37 bei 4000 bis 45 bei 4200
Vmax in km/h					115 bis 125
Karosserie					
Bauart					Cabriolet, Coupé
Tragstruktur					Kastenrahmen
Material					Stahlblech
Stückzahl und Marktsituation					
Produktionszahl					k.A.
Verfügbarkeit					schlecht
Teilesituation					ausreichend
Unterhaltskosten					mittel
Preise in Euro	1	2	3	4	5
Wartburg 311, Cab	15.000	9.500	6.000	2.500	900
Reise-Coupé, Cpe	6.500	4.000	2.100	900	200

Wartburg Camping Limousine   1957-1963

Ab 1957 wurde der Wartburg auch als Camping Limousine angeboten. Der Viertürer zeigt sich am Heck großzügig verglast, die Seitenscheiben sind bis ins Dach hochgezogen. Gebaut hat diesen 311-5 genannten Wartburg das Karosseriewerk Dresden, wie die einstige Firma Gläser unter sozialistischer Herrschaft hieß. Der noble Kombi wurde bis 1961 gebaut. Auch er machte die Modellpflege 1958 mit: bessere Bremsen mit vergrößerter Belagfläche. Bei einer Länge von 4,21 Metern wog dieses Modell 1040 Kilogramm. In Westdeutschland wurde es für 6900 Mark angeboten. Käufer fand es allerdings kaum. Heute zählen die Camping Limousinen zu den großen Raritäten.

Lichter Luxus für einen Kombi: Wartburg Camping-Limousine

Motor/Antrieb					
Bauart					Dreizylinder-Zweitaktmotor
Lage/Antrieb					Front/Front
Hubraum in cm³					900, 992
Leistung in PS bei U/min					37 bei 4000 bis 45 bei 4200
Vmax in km/h					100 bis 105
Karosserie					
Bauart					Kombi (5-türig)
Tragstruktur					Kastenrahmen
Material					Stahlblech
Stückzahl und Marktsituation					
Produktionszahl					k.A.
Verfügbarkeit					schlecht
Teilesituation					ausreichend
Unterhaltskosten					mittel
Preise in Euro	1	2	3	4	5
Wartburg 312 Camping, Kom	6.600	4.300	2.700	950	400

IFA (DDR)

Wartburg Sport — 1957-1960

Ein viel zu seltenes Highlight im trüben DDR-Alltag blieb der hübsche Wartburg Sport. Dem formal sehr gelungenen Roadster, der sogar in den USA einen Schönheitspreis erhalten hatte, konnte auch ein Coupédach aufgesetzt werden. Die schwungvollen hinteren Kotflügel erinnern ein wenig an das Borgward-Modell Isabella, seitliche Kiemen und die lange Motorhaube an den BMW 507. Der 900-cm³-Motor leistete, dank zwei Vergasern, jetzt 50 PS und gab sich mit elf Litern Sprit auf 100 Kilometer zufrieden. Dieser Typ 313-1 wurde bis 1960 nur 469 mal gebaut.

Schick wie die Isabella: Wartburg Sportcoupé

Motor/Antrieb	
Bauart	Dreizylinder-Zweitaktmotor
Lage/Antrieb	Front/Front
Hubraum in cm³	900
Leistung in PS bei U/min	50 bei 4500
Vmax in km/h	140
Karosserie	
Bauart	Cabriolet
Tragstruktur	Kastenrahmen
Material	Stahlblech
Stückzahl und Marktsituation	
Produktionszahl	469
Verfügbarkeit	schlecht
Teilesituation	ausreichend
Unterhaltskosten	mittel

Preise in Euro	1	2	3	4	5
Wartburg Sport (313), Cab	20.000	17.000	13.000	6.000	2.000

Trabant 500, 600, 601 — 1958-1990

Der Nachfolger des P 70 Zwickau wurde als P 50 ab Juli 1958 gebaut. Bei nur 2,02 Meter Radstand betrug die Gesamtlänge 3,36 Meter. Der 500-cm³-Zweitakter des Fronttrieblers wurde ab Anfang 1963 durch einen 600er abgelöst, der auch im Nachfolger 601 weiter verwendet wurde. Der ab 1960 lieferbare Kombi hieß Universal. Der Modellwechsel zum 601 wurde 1964 vollzogen, die neu gestaltete Karosserie war 3,55 Meter lang, ab 1965 gab es den Universal wieder. Die ständige Modellpflege brachte unter anderem ab Februar 1969 stolze 26 statt 23 PS. Ende Juli 1990 lief der letzte Zweitakt-Trabant vom Band. In Westdeutschland kostete der Ostzwerg rund 3.500 bis 4.000 Mark, konnte sich allerdings nicht gegen Käfer & Co. durchsetzen.

Mobilisierte zäh die DDR: Trabant 600

Motor/Antrieb	
Bauart	Zweizylinder-Zweitaktmotor
Lage/Antrieb	Front/Front
Hubraum in cm³	500, 595
Leistung in PS bei U/min	18 bei 3750 bis 26 bei 4200
Vmax in km/h	90 bis 110
Karosserie	
Bauart	Limousine (2-türig), Kombi (3-türig)
Tragstruktur	Stahlrahmen
Material	Kunststoff
Stückzahl und Marktsituation	
Produktionszahl	ca. 3,088 Mio
Verfügbarkeit	üppig
Teilesituation	sehr gut
Unterhaltskosten	niedrig

Preise in Euro	1	2	3	4	5
Trabant 500, L2t	4.300	2.400	1.000	300	50
Trabant 600, L2t	4.500	2.600	1.200	400	50
Trabant 601 (Ser. 1964-1969), L2t	3.400	1.700	600	200	–

Wartburg 353, 1.3 — 1966-1988

Der Nachfolger des Wartburg 312 hatte den gleichen Motor und das Fahrwerk mit Doppel-Querlenker und Schraubenfedern vorn sowie eine Schräglenker-Hinterachse. Bei gleichem Radstand baute die glattflächige, viertürige Limousine sogar etwas kompakter (Länge 4,22 Meter). Ein vollsynchronisiertes Getriebe kam ab 1969 beim 353/1 zum Einsatz. Lenkrad- oder Knüppelschaltung standen zur Wahl. Den 353 W zeichnet die hydraulische Zweikreis-Bremsanlage aus. Die Karosserie-Varianten beschränkten sich auf die Limousine und den Kombi, beide gab es als Standard- und Luxus-Ausführung. Sie kosteten in West-Geld zwischen 5.500 und 6.035 Mark.

Die Linie der modernen Zeit: Wartburg 353

Motor/Antrieb	
Bauart	Dreizylinder-Zweitaktmotor
Lage/Antrieb	Front/Front
Hubraum in cm³	992
Leistung in PS bei U/min	45 bei 4250 bis 50 bei 4250
Vmax in km/h	125 bis 130
Karosserie	
Bauart	Limousine (4-türig), Kombi (5-türig)
Tragstruktur	Kastenrahmen
Material	Stahlblech
Stückzahl und Marktsituation	
Produktionszahl	1225190
Verfügbarkeit	gut
Teilesituation	gut
Unterhaltskosten	mittel

Preise in Euro	1	2	3	4	5
Wartburg 353, Kom	2.300	900	500	200	–
Wartburg 353, L4t	2.000	800	400	150	–

Innocenti (I) • 1960 - 1997

Die Società Anonima Fratelli Innocenti, 1933 in Lambrate bei Mailand als Metallbaufirma gegründet, verewigte sich durch den Bau von Lambretta-Motorrollern. Mit dem Bau von Automobilen begann das Unternehmen, angeregt durch die Import-Kontingentierung in Italien, erst zu Beginn der sechziger Jahre.
BMC, die British Motor Corporation, hatte einen Lizenzvertrag zum Bau des Austin A 40 und des Morris 1100 angeboten. Im Mai 1972 wurde Innocenti zur offiziellen Leyland-Tochter, drei Jahre später erfolgte bereits die Produktionseinstellung. Der Wiederbelebungsversuch von 1976 brachte die Firma unters Dach des De Tomaso-Konzerns.

Innocenti 950 Sport, Spider S, C Coupé — 1961-1970

Die italienische Alternative zum Austin-Healey Sprite brachte Innocenti 1961 auf den Markt. Als Coupé und Cabriolet zeigten die kompakten Wagen durchaus überzeugende Linien und sind bis heute zu erschwinglichen Tarifen zu haben. Technisch stimmten die Zweisitzer weitgehend mit dem englischen Vorbild überein. Die komplette Bodengruppe wurde vom Sprite übernommen, und kleine Reihenvierzylinder mit 950 und 1100 cm³ und bis zu 55 PS sorgten für Vortrieb. OSI hatte die bis 1970 gebaute Coupé-Version gezeichnet, Ghia war für die Gestaltung des Cabrios verantwortlich gewesen.

Italienisches Kleid für den Sprite: Innocenti 950 Spider

Motor/Antrieb					
Bauart					Vierzylinder (Reihe)
Lage/Antrieb					Front/Heck
Hubraum in cm³					948, 1098
Leistung in PS bei U/min					48 bei 5200 bis 58 bei 5500
Vmax in km/h					140 bis 145
Karosserie					
Bauart					Cabriolet, Coupé
Tragstruktur					Kastenrahmen, selbsttragend
Material					Stahlblech
Stückzahl und Marktsituation					
Produktionszahl					ca. 10.000
Verfügbarkeit					gegen null
Teilesituation					ausreichend
Unterhaltskosten					niedrig
Preise in Euro	1	2	3	4	5
Spider S, Cab	15.000	10.500	6.900	3.800	–

Innocenti Mini Small 90, 120 — 1974-1982

Lange wurde es für unmöglich gehalten, den Mini gewinnbringend zu modifizieren. 1974 zeigte Innocenti eine Lösung, die mit einer proper aussehenden Karosserie dem Konzept treu blieb. Bertone hatte das Styling besorgt und die praktischen Talente mit einer Heckklappe gefördert. Bei weiterhin sehr kompakten Abmessungen zeigte sich der Innenraum sogar etwas vergrößert, mehr Sicherheit (mit Kopfstützen) und mehr Komfort brachte der Kleine gleichfalls. Das Fahrwerk mit 12-Zoll-Rädern wusste zu überzeugen, technisch schimmerte vor allem durch die Präsenz der altbekannten Triebwerke unverändert das Original durch. Die Leistungsbandbreite reichte von 44 bis 74 PS.

Auf italienische Art: Innocenti Mini

Motor/Antrieb					
Bauart					Vierzylinder (Reihe)
Lage/Antrieb					Front/Front
Hubraum in cm³					998, 1275
Leistung in PS bei U/min					44 bei 5600 bis 74 bei 6100
Vmax in km/h					140 bis 165
Karosserie					
Bauart					Limousine (2-türig)
Tragstruktur					selbsttragend
Material					Stahlblech
Stückzahl und Marktsituation					
Produktionszahl					k.A.
Verfügbarkeit					ausreichend
Teilesituation					ausreichend
Unterhaltskosten					niedrig
Preise in Euro	1	2	3	4	5
90, L2t	4.500	2.100	1.000	450	–
120, L2t	4.700	2.300	1.100	500	–

Innocenti Mini DeTomaso, 3 Turbo DeTomaso — 1976-1982

Was den Engländern ihr Mini Cooper war, besorgte in Italien der Innocenti DeTomaso, der 1976 erstmals im Angebot war. Den potenten Kleinwagen auf der Basis des von Bertone gestylten Zweitürers gab es über die Jahre in verschiedenen Versionen. Schon bei seinem ersten Auftritt demonstrierte er seine Kraft mit einer Spoilerstoßstange und einer mattschwarzen Lufthutze auf der Motorhaube. Sein 1275 cm³ großer Vierzylinder leistete stolze 74 PS – genug, um den 3,12 Meter langen Innocenti auf über 160 Stundenkilometer zu beschleunigen. Und 1983, nach der Umstellung auf Dreizylindermotoren, leistete das jetzt nur noch einen Liter große Aggregat mit einer obenliegenden Nockenwelle 72 PS – und besitzt einen Turbolader! Neben dem Cooper war einst der Autobianchi A112 Abarth eine Konkurrenz des Heißsporns gewesen.

Die kleinen Wilden: Innocenti Mini DeTomaso

Motor/Antrieb					
Bauart					Vierzylinder (Reihe), Dreizylinder (Reihe)
Lage/Antrieb					Front/Front
Hubraum in cm³					1275, 993
Leistung in PS bei U/min					74 bei 6100, 72 bei 6200
Vmax in km/h					160 bis 165
Karosserie					
Bauart					Limousine (2-türig)
Tragstruktur					selbsttragend
Material					Stahlblech
Stückzahl und Marktsituation					
Produktionszahl					k.A.
Verfügbarkeit					gut
Teilesituation					gut
Unterhaltskosten					niedrig
Preise in Euro	1	2	3	4	5
DeTomaso, L2t	5.500	3.100	1.500	700	100

Intermeccanica (I) • 1967 - 1975

Die Firma Intermeccanica wurde von einem in Amerika lebenden Ungarn in Italien gegründet: Frank A. Reisner baute ab 1959 in Turin Rennwagen, Prototypen und Karosserien. Bis Ende 1970 hatte das Unternehmen rund 500 Fahrzeuge gefertigt, die unter dem Namen Torino (ab 1968: Italia) mit Plymouth- und Ford-Motoren bestückt waren.
Der Nachfolger Intermeccanica Indra stand im Frühjahr 1971 auf dem Genfer Salon – mit Opel-Mechanik und einer Karosserie, die von Franco Scaglione entworfen worden war. Der Deutschland-Importeur Erich Bitter hatte maßgeblich am Indra mitgewirkt.
1973 kündigte Bitter Intermeccanica die Partnerschaft und begann mit der Entwicklung eigener Autos wie dem Bitter CD. Die letzten Indra verließen 1975 die Werkshallen. Anschließend verlegte die Firma ihren Sitz nach Kalifornien, um dort Replicas zu fertigen.

Intermeccanica Italia — 1967-1970

Verzwickt wie die Vita des Firmengründers liest sich auch die Geschichte des Intermeccanica Italia. Mit immerhin rund 500 gefertigten Modellen in nur gut zwei Produktionsjahren war dem Hybrid-Konzept aus amerikanischer Motortechnik und italienischem Styling mit europäischem Fahrwerk doch ein ansehnlicher Erfolg beschieden. Intermeccanica lieferte Karosserien an den amerikanischen Autohändler Jack Griffith, ein 1964/65 von Robert Cumberford gezeichnetes Coupé, das auch die Firmen Omega und Genser-Forman erhielten. Genser-Forman verkaufte den Wagen dann als Torino, nach 1967 als Italia. Der ab 1969 gebaute Intermeccanica Italia hatte einen Ford-V8 im Bug, es gab ihn auch als Cabriolet. Der Italia IMX von 1969 war gut 20 Zentimeter länger, mit ihm sollte der europäische Markt vermehrt erschlossen werden.

US-V8 unter italienischer Haut: Intermeccanica Italia

Motor/Antrieb					
Bauart					V8
Lage/Antrieb					Front/Heck
Hubraum in cm³					5766
Leistung in PS bei U/min					310 bei 5500
Vmax in km/h					220 bis 265
Karosserie					
Bauart					Coupé, Cabriolet
Tragstruktur					teilw. selbsttragend
Material					
Stückzahl und Marktsituation					ca. 500
Produktionszahl					gegen null
Verfügbarkeit					schwierig
Teilesituation					hoch
Unterhaltskosten					
Preise in Euro	1	2	3	4	5
Italia, Cpe	39.800	30.000	21.300	10.700	5.000
Italia, Cab	58.500	44.800	31.500	15.800	7.000

Intermeccanica Indra — 1971-1975

Beim Nachfolger des Italia verhielt es sich ähnlich: Auch der Indra trug ein extravagantes Blechkleid, das im Gegensatz zum eher rundlichen Vorgänger mit seinen scharfen Konturen und den herausgezogenen Kotflügeln eine deutlich aggressivere Ausstrahlung zeigte. Zur Wahl standen drei Karosserievarianten: die ursprüngliche Stufenheck-Coupé-Version, dazu ein Fastback-Modell und ein Cabrio. Technisch hatten die Italiener auf Betreiben Erich Bitters nun auf Opel-Diplomat-Technik umgestellt. Der Indra mit Sechs- und Achtzylindermotoren des deutschen Herstellers ließ sich besonders in Deutschland ganz ordentlich verkaufen, doch mit der Verarbeitungsqualität war es trotz einiger Routine immer noch nicht zum Besten bestellt.

Die Linien wurden kantiger: Intermeccanica Indra

Motor/Antrieb					
Bauart					Sechszylinder (Reihe), V8
Lage/Antrieb					Front/Heck
Hubraum in cm³					2784, 5354, 5733
Leistung in PS bei U/min					165 bei 5000 bis 280 bei 5600
Vmax in km/h					210 bis 240
Karosserie					
Bauart					Coupé, Cabriolet
Tragstruktur					teilw. selbsttragend
Material					
Stückzahl und Marktsituation					k.A.
Produktionszahl					schlecht
Verfügbarkeit					schwierig
Teilesituation					hoch
Unterhaltskosten					
Preise in Euro	1	2	3	4	5
Indra, Cpe	37.700	27.500	20.200	9.600	4.000
Indra, Cab	54.800	42.900	29.800	14.700	6.000

Iso-Rivolta (I) • 1953 -1976

ISO hatte sich mit der Konstruktion der später von BMW in Lizenz gebauten Isetta einen Namen gemacht. Das erste Luxuscoupé der Marke präsentierte Direktor Renzo Rivolta im Jahr 1962, die Konstruktion stammte von Giotto Bizzarrini.
Im Folgejahr erschien der Iso Grifo. Als Renzo Rivolta 1966 starb, übernahm sein Sohn Piero Barberi Rivolta die Geschäfte. Aus dem Formel-1-Engagement von 1973 entwickelte sich später der Williams-Rennstall. Ende 1973 übernahm Ivo Pera die Mehrheit bei Iso, doch bereits 1974 musste ISO die Fertigung einstellen. Der Anschluss an die Konkurrenten Maserati und Co war auch unter dem Markennamen Ennezeta nicht gelungen.

Iso Rivolta — 1961-1970

Der Traum von der eigenen Nobelmarke lockte Kühlschrank-König Renzo Rivolta auf das Parkett: Mit italienischer Karosserie und Fahrwerkstechnik sowie einem amerikanischen Motor baute er Anfang der sechziger Jahre seinen ersten Spitzen-GT. Der seriöse Hintergrund wurde mit der Verpflichtung Giotto Bizzarrinis als Konstrukteur dokumentiert, und der schöpfte aus dem Vollen: eine aufwändige DeDion-Hinterachse, vier Scheibenbremsen sowie eine vollverschweißte Halbmonocoque-Struktur von Karosserie und Chassis. Das ansehnliche, von Bertone geschnürte Paket bot 2+2 Passagieren ordentlich Platz und erhielt einen Achtzylindermotor von Chevrolet, der einer Leistungskur unterzogen wurde. Mit bis zu 400 PS war Kraft reichlich vorhanden.

Giotto Bizzarrini war der Konstrukteur: Iso Rivolta

Motor/Antrieb					
Bauart					V8
Lage/Antrieb					Front/Heck
Hubraum in cm³					5354
Leistung in PS bei U/min				304 bei 5000 bis	400 bei 6000
Vmax in km/h					210 bis 250
Karosserie					
Bauart					Coupé
Tragstruktur					teilw. selbsttragend
Material					Stahlblech
Stückzahl und Marktsituation					
Produktionszahl					797
Verfügbarkeit					schlecht
Teilesituation					schwierig
Unterhaltskosten					hoch
Preise in Euro	1	2	3	4	5
Rivolta 300, Cpe	33.200	23.000	14.300	6.200	3.900
Rivolta 340, Cpe	36.300	25.100	15.800	6.700	4.100

Iso Grifo, Grifo 7 Litri — 1963-1974

Zwei Jahre nach der Einführung des Rivolta stellte Iso den Grifo vor, der wiederum von Bertone schick in Schale geworfen worden war. Das verkürzte Rivolta-Chassis war die Basis für den Ferrari-Konkurrenten, der für einigen Wirbel im supersportlichen Marktsegment sorgte. Heute noch wirkt die Karosserie bullig, aggressiv und elegant zugleich. Motorseitig setzte Rivolta weiter auf amerikanische Achtzylinderaggregate, die ab 1969 aus satten sieben Litern Hubraum schöpften. Die Fahrleistungen standen den prominenten Zwölfzylindern nicht nach, zeigten aber bei Beanspruchung auch thermische Probleme. Die Bilanz nach langjähriger Produktion war jedoch ernüchternd. Das faszinierende Fahrzeug war in der schwächeren Version – auch mit herausnehmbarem Dachteil – zwar über 400 mal verkauft worden, der monströse, legendäre Siebenliter fand jedoch nur 90 Abnehmer.

Zeitlose Dynamik, Power auf ewig: Iso Grifo 7 Litri

Motor/Antrieb					
Bauart					V8
Lage/Antrieb					Front/Heck
Hubraum in cm³					5354, 6996
Leistung in PS bei U/min				304 bei 5000 bis	406 bei 5200
Vmax in km/h					240 bis 270
Karosserie					
Bauart				Coupé (auch mit	entfernbarem Dachteil)
Tragstruktur					teilw. selbsttragend
Material					
Stückzahl und Marktsituation					
Produktionszahl					414, 90
Verfügbarkeit					schlecht
Teilesituation					schwierig
Unterhaltskosten					hoch
Preise in Euro	1	2	3	4	5
Grifo GL 300, Cpe	76.500	52.300	34.200	17.700	10.000
Grifo GL 350, Cpe	83.500	57.000	37.600	18.900	10.500
Grifo 7 Litre, Cpe	95.000	64.600	42.900	21.700	13.500

Iso Fidia S4 — 1968-1974

Als erstes Modell unter der Leitung Piero Rivoltas erschien im Herbst 1967 das Iso-Thema in viertüriger Form. Das frühe Werk des talentierten Giorgetto Giugiaro wurde bei Ghia realisiert, konnte aber nicht die formale Ausgewogenheit des Rivolta zeigen. Die Technik des Fidia stammte aus dem Rivolta. In den letzten beiden Baujahren wurden allerdings Ford-Motoren verwendet. Auch damit war der Viertürer einer der schnellsten seiner Art, doch die Verkaufszahlen waren mickrig. Der Grund für den Misserfolg mag in dem hohen Preisniveau und der Enge dieser auch von Maserati und De Tomaso bearbeiteten Marktnische gelegen haben.

Der Dritte neben Deauville und Quattroporte: Iso Fidia S 4

Motor/Antrieb					
Bauart					V8
Lage/Antrieb					Front/Heck
Hubraum in cm³					5354
Leistung in PS bei U/min				304 bei 5000 bis	355 bei 5800
Vmax in km/h					220 bis 230
Karosserie					
Bauart					Limousine (4-türig)
Tragstruktur					teilw. selbsttragend
Material					
Stückzahl und Marktsituation					
Produktionszahl					192
Verfügbarkeit					gegen null
Teilesituation					schwierig
Unterhaltskosten					hoch
Preise in Euro	1	2	3	4	5
Fidia 300, L4t	33.000	22.100	13.700	6.200	3.800
Fidia 350, L4t	34.600	23.900	14.800	6.900	4.200

Iso-Rivolta (I) • Isotta-Fraschini (I)

Iso Lele   1969-1974

Ein Jahr nach der Vorstellung des Viertürers zeigte Iso den Lele, der den erfolgreichen Rivolta ablösen sollte. Bertone hielt sich stilistisch in keiner Weise an den Vorgänger und schuf recht eigenwillige Linien, die in einem voluminösen Fließheck endeten. Der Hubraum des Lele war etwas gewachsen, kein Zweifel also an den herausragenden Fahrleistungen. Die luxuriöse Ausstattung des reich bestückten Innenraums kam höchsten Ansprüchen entgegen. Aber die Zeiten für solche Autos waren schwer: die Ölkrise sorgte für Absatzschwierigkeiten, die das Aus der Marke bald besiegelten. Daran konnte auch der ab 1973 mehr Leistung bietende Motor nichts ändern.

Stolperte in die Ölkrise: Iso Lele

Motor/Antrieb					
Bauart					V8
Lage/Antrieb					Front/Heck
Hubraum in cm³					5733
Leistung in PS bei U/min				304 bei 4800 bis 355 bei 5600	
Vmax in km/h					230 bis 250
Karosserie					
Bauart					Coupé
Tragstruktur					teilw. selbsttragend
Material					
Stückzahl und Marktsituation					
Produktionszahl					317
Verfügbarkeit					schlecht
Teilesituation					schwierig
Unterhaltskosten					hoch
Preise in Euro	1	2	3	4	5
Lele 300, Cpe	31.100	20.900	12.500	4.900	2.800
Lele 350, Cpe	32.900	22.000	13.500	5.600	3.000

Isotta-Fraschini (I) • 1900 - 1949

Der Name des italienischen Herstellers ist mit hochkarätigen Luxusfahrzeugen verbunden, die in einem Atemzug mit Hispano-Suiza und Rolls-Royce genannt werden. 1902 präsentierten Cesare Isotta und Vincenzo Fraschini ihr erstes Automobil, dessen starke Anlehnung an Mercedes unverkennbar war.

Achtzylinder-Reihenmotoren mit 5,9 und 74 Litern Hubraum prägten die Zeit zwischen 1919 und 1934. Die Dimension der Konstruktionen wird am Radstand deutlich, der mit 3,70 Meter üppig bemessen war. Nur beim 8ASS Super Spinto fiel er 30 Zentimeter kürzer aus.

Um die Karosserien kümmerten sich zahlreiche Spezialisten nach individuellen Kundenwünschen. Höchste Qualität und vornehme Eleganz waren die Stärken der Marke Isotta-Fraschini – mehr jedenfalls als höchste Leistung oder technischer Fortschritt um jeden Preis. Auch den Beweis von Sportlichkeit sah man nicht als vorrangig an.

Nach dem Krieg versuchte die Marke, die in den zwanziger Jahren ihren Zenith erreicht hatte, einen Neuanfang in den kaum zerstörten Fabrikanlagen. Die neuen Modelle trieben V8-Motoren mit 2,6 bis 3 Litern Hubraum an, die im Heck untergebracht waren. Mit obenliegender Nockenwelle leisteten sie 103 bis 115 PS. Ein nennenswerter Erfolg war ihnen nicht mehr beschert.

Isotta-Fraschini 8 C Monterosa   1946-1948

Mit der Wiederauferstehung der Marke Isotta-Fraschini nach dem Zweiten Weltkrieg hatte niemand ernstlich gerechnet. Doch 1948 zeigten die Italiener auf dem Pariser Autosalon überraschender Weise eine neue Entwicklung: Der Tipo 8C Monterosa folgte in keiner Weise den Standardentwicklungen der Branche, im Gegenteil. Im Heck der Karosserie, die sich der Pontonform und der Stromlinie gleichermaßen verpflichtet fühlte, saß ein überaus leichter, wassergekühlter V8-Motor, der über zwei obenliegende Nockenwellen verfügte. Mit dem Dreiliter-Aggregat erreichte der Monterosa eine Geschwindigkeit von bis zu 170 Stundenkilometern. Selbst das Fahrverhalten des Heckmotorwagens soll nicht allzu kritisch gewesen sein, berichten Quellen. Nur acht Monterosa waren entstanden – vielleicht lag es an dem hohen Preis, der auf dem Niveau des Alfa Romeo 2500 Sport lag.

Eigenwilliges Heckmotor-Konzept: Isotta-Fraschini 8 C Monterosa

Motor/Antrieb					
Bauart					V8
Lage/Antrieb					Heck/Heck
Hubraum in cm³					2982, 2544
Leistung in PS bei U/min				115 bei 4500, 103 bei 4500	
Vmax in km/h					170
Karosserie					
Bauart					Limousine
Tragstruktur					teilw. selbsttragend
Material					Stahlblech
Stückzahl und Marktsituation					
Produktionszahl					8
Verfügbarkeit					gegen null
Teilesituation					sehr schwierig
Unterhaltskosten					hoch
Preise in Euro	1	2	3	4	5
8C Monterosa, L4t			keine Notierung		

Jaguar (GB)

Jaguar (GB) • seit 1945

Mit der Firma Swallow Sidecar, kurz SS, hatte William Lyons schon 1922 Motorrad-Seitenwagen gebaut. Spezialkarosserien auf Fahrgestellen verschiedener Hersteller – unter anderem auch Fiat, Morris und Wolsely – folgten. Bekannt wurde Lyons mit seinem Austin Seven Swallow.

1931 entstand eine Kooperation mit dem Automobilhersteller Standard. Das Ergebnis, der SS1, stand bereits im gleichen Jahr auf der Automobilausstellung in London. Der niedrige Preis sorgte für begeisterte Reaktionen und hohe Nachfrage nach Lyons' erstem Automobil.

Die in SS Cars Ltd umbenannte Firma (SS stand nun für Standard Swallow) entwickelte weitere Karosserievarianten und für 1935 mit dem SS 90 ein neues Modell. Erstmalig taucht hier ein prägnanter Name für den offenen Sportwagen auf: Jaguar hieß das Modell, das schnell vom SS Jaguar 100 abgelöst werden sollte – ein Konkurrent für den BMW 328.

Nach dem Zweiten Weltkrieg war das Kürzel SS nicht mehr tragbar. Coventry, der Sitz der Firma, hatte wie keine andere Stadt Großbritanniens unter den deutschen Angriffen gelitten. Der Jaguar, bislang nur Name für einzelne Modelle, wurde jetzt zum Namen der Firma – Jaguar Cars Ltd.

Schon bald konnte die Marke in Amerika Fuß fassen. Ihr sportlicher Ruf vermehrte sich rasch, unter anderem durch einen Sieg beim 24-Stunden-Rennen in Le Mans. Die XK-Modelle waren sehr beliebt, richtig Furore löste dann der potente E-Type aus, der zudem ein formal überaus gelungener Entwurf war – mit seiner langen Haube gilt er bis heute als Design-Ikone. Zudem garantierte der knapp kalkulierte Preis gute Verkaufszahlen.

1960 übernahm Jaguar die ebenfalls in Coventry beheimateten Daimler-Werke und den Lastwagenhersteller Guy, Anfang 1963 kam der Rennmotorenspezialist Coventry Climax dazu.

1964 endete die Einkaufstour mit der Übernahme der Meadows-Motorenwerke. 1966 erfolgte die Vereinigung mit British Motor Corporation (BMC), zwei Jahre später der Übergang zur British Leyland Motor Corporation (BLMC).

Fertigungs- und Qualitätsprobleme beutelten bis in die Achtziger den Ruf der Jaguar-Modelle. Heute hat die Raubkatze unter dem Dach der Ford Motor Corporation ihre Heimat gefunden und arbeitet recht erfolgreich an ihrer Rehabilitation.

Jaguar wuchs aus der Fertigung von Motorrad-Seitenwagen: Swallow Sidecar hieß die Firma ursprünglich

Als es den Namen Jaguar noch nicht gab: Der SS 1 – hier als Sports Coupé – war das erste Modell von William Lyons

Jaguar 1.5, 2.5 und 3.5 Litre   1938–1948

Auch Jaguar griff nach 1945 wieder bewährte Vorkriegskonstruktionen auf, doch hatte die Firma auch bereits an neuen Konzepten gearbeitet. 1948 wurde daher bereits die Baureihe abgelöst, die trotz altbackenem Underslung-Rahmen und Starrachsen vorn wie hinten, der antiquierten Karosserie und ihren wenig agilen Motoren ein guter Verkaufserfolg wurde. Von der Sportlichkeit späterer Generationen blieb dieses Modell, das als viertürige Limousine und als Cabriolet angeboten wurde, jedoch weit entfernt.

Motor/Antrieb					
Bauart			Vierzylinder (Reihe), Sechszylinder (Reihe)		
Lage/Antrieb					Front/Heck
Hubraum in cm³				1776, 2664, 3486	
Leistung in PS bei U/min				66 bei 4500 bis 126 bei 4500	
Vmax in km/h					120 bis 155
Karosserie					
Bauart				Limousine (4-türig), Cabriolet	
Tragstruktur					Kastenrahmen
Material					Stahlblech
Stückzahl und Marktsituation					
Produktionszahl					25359
Verfügbarkeit					gegen null
Teilesituation					schwierig
Unterhaltskosten					hoch
Preise in Euro	1	2	3	4	5
1,5 Litre, L4t	35.000	26.500	19.500	9.700	4.500
2,5 Litre, L4t	40.000	31.000	23.000	11.500	5.200
3,5 Litre, L4t	47.000	35.500	25.500	13.000	6.000
3,5 Litre, Cab			keine Notierung		

Eher antik: Jaguar 1.5, 2.5 und 3.5 Litre

Jaguar Mk V 2.5 Litre und 3.5 Litre   1948–1951

Modernisert, aber dennoch mit erkennbarer stilistischer Nähe zum Vorgänger, schob Jaguar-Gründer Bill Lyons dieses Modell für eine Übergangszeit ins Programm. Markant waren die Verbesserungen am Fahrwerk: Die vordere Einzelradaufhängung erlaubte nun auch, das Leistungspotenzial etwas nachhaltiger auszuschöpfen, ohne Gefahr für Leib und Seele zu laufen. Der Entfall des kleinen Vierzylindermotors deutete die Richtung an, in die sich Jaguar bewegen wollte. Es waren nur Sechszylinder-ohv-Motoren in zwei Leistungsstufen verfügbar. Bei der Cabriolet-Version ließ sich das Verdeck übrigens nur über den Vordersitzen öffnen – wie bei einem Coupé de Ville.

Motor/Antrieb					
Bauart					Sechszylinder (Reihe)
Lage/Antrieb					Front/Heck
Hubraum in cm³					2664, 3486
Leistung in PS bei U/min				104 bei 4600 bis 126 bei 4250	
Vmax in km/h					145 bis 155
Karosserie					
Bauart				Limousine (4-türig), Cabriolet	
Tragstruktur					Kastenrahmen
Material					Stahlblech
Stückzahl und Marktsituation					
Produktionszahl					10466
Verfügbarkeit					schlecht
Teilesituation					schwierig
Unterhaltskosten					hoch
Preise in Euro	1	2	3	4	5
MK V 2,5, L4t	35.000	26.500	17.500	9.000	4.000
Mk V 3,5, L4t	42.500	30.000	20.000	10.500	4.500
Mk V 3,5, Cab	71.500	52.500	37.000	18.000	8.000

Besseres Fahrwerk, beim Blech keine Revolutionen: Jaguar Mk V

Jaguar (GB)

Jaguar XK 120 — 1948-1954

Mit durchschlagendem Erfolg präsentierte Jaguar den ersten Sportwagen nach dem Krieg. Der XK 120 verschlug den Betrachtern den Atem, weil er mit aufregend gezeichneter, schwungvoller Karosserie, den damals noch raren zwei Nockenwellen im Zylinderkopf und Fahrleistungen aufwartete, die neue Maßstäbe setzen konnten. Die Bestellungen rissen nicht ab, und die Produktion hatte große Mühe, alle Kaufwünsche zu erfüllen. Dem Roadster wurde dann im Frühjahr 1951 das Coupé zur Seite gestellt. Die Preise waren – typisch Jaguar – niedrig: Die Fahrzeuge waren – gemessen an ihrer Leistungsfähigkeit – erschwinglich. Das sorgte vor allem in Amerika für einen sehr guten Verkauf.

Schön, schnell und - einst! - preiswert: Jaguar XK 120

Motor/Antrieb	
Bauart	Sechszylinder (Reihe)
Lage/Antrieb	Front/Heck
Hubraum in cm³	3442
Leistung in PS bei U/min	162 bei 5200 bis 213 bei 5800
Vmax in km/h	190 bis 265
Karosserie	
Bauart	Roadster, Coupé
Tragstruktur	Kastenrahmen
Material	Stahlblech
Stückzahl und Marktsituation	
Produktionszahl	12087
Verfügbarkeit	schlecht
Teilesituation	ausreichend
Unterhaltskosten	hoch

Preise in Euro	1	2	3	4	5
XK 120, Cpe	55.500	44.100	31.200	17.800	8.900
XK 120, Cab	77.200	61.100	43.300	24.800	11.600
XK 120, Rds	83.400	64.900	46.200	25.400	12.100

Jaguar Mk VII, VII M, VIII — 1950-1959

Zusätzlichen Schwung ins florierende Geschäft brachte das neue Modell. Die elegante Formgebung wurde von anmutigen Rundungen und einer langen Motorhaube dominiert. Besonders das Triebwerk machte von sich reden: Der neue Sechszylindermotor mit zwei obenliegenden Nockenwellen verhalf bereits mit den anfangs zur Verfügung stehenden 162 PS zu sportlichen Fahrleistungen: Bis zu 180 Stundenkilometer waren die Limousinen schnell. Darüber hinaus gehörte eine erlesene Innenausstattung zu den Selbstverständlichkeiten, und der Markterfolg ließ aufgrund der Kampfpreise auch nicht auf sich warten. Das war die Grundlage für die sensationelle Entwicklung der Marke aus Coventry.

Hervorragender Gegenwert fürs Geld: Jaguar Mk VII, VII M, VIII

Motor/Antrieb	
Bauart	Sechszylinder (Reihe)
Lage/Antrieb	Front/Heck
Hubraum in cm³	3442
Leistung in PS bei U/min	162 bei 5200 bis 213 bei 5750
Vmax in km/h	170 bis 180
Karosserie	
Bauart	Limousine (4-türig)
Tragstruktur	Kastenrahmen
Material	Stahlblech
Stückzahl und Marktsituation	
Produktionszahl	37181
Verfügbarkeit	schlecht
Teilesituation	schwierig
Unterhaltskosten	hoch

Preise in Euro	1	2	3	4	5
Mk VII, L4t	31.000	21.600	14.400	7.200	3.500
Mk VII M, L4t	33.000	23.000	15.300	7.700	3.600
Mk VIII, L4t	35.800	25.200	16.900	8.500	4.000

Jaguar XK 140 — 1954-1957

Nach rund sechsjähriger Bauzeit modernisierte Jaguar seine Sportwagenbaureihe. Hinter dem Kürzel XK 140 verbarg sich ein Modell mit gesteigertem Komfort, einem geänderten Kühlergrill und wuchtigen Chromstoßstangen. Um das größere Gewicht zu kaschieren, wurde die Motorleistung mit steileren Nocken und damit längeren Ventilöffnungszeiten erhöht. Das Coupé bot nun ein größeres Cockpit mit zusätzlichem Gepäckraum im Fond. Die neue Zahnstangenlenkung vermittelte ein präziseres Gefühl als die bisherige Konstruktion. Für Rennsportfreunde gab es die Special-Equipment-Ausführung mit satten 213 PS. Wer es gemütlicher mochte, konnte auch ein Automatikgetriebe ordern. Heute sind die XK 140-Modelle weniger gefragt als ihre Vorgänger, was nicht heißt, dass sie keine ansehnlichen Preise erzielen würden.

Die Katze wird zahmer: Jaguar XK 140

Motor/Antrieb	
Bauart	Sechszylinder (Reihe)
Lage/Antrieb	Front/Heck
Hubraum in cm³	3442
Leistung in PS bei U/min	192 bei 5500 bis 213 bei 5700
Vmax in km/h	200 bis 225
Karosserie	
Bauart	Roadster, Coupé
Tragstruktur	Kastenrahmen
Material	Stahlblech
Stückzahl und Marktsituation	
Produktionszahl	8884
Verfügbarkeit	ausreichend
Teilesituation	ausreichend
Unterhaltskosten	hoch

Preise in Euro	1	2	3	4	5
XK 140, Cpe	73.500	48.200	34.100	18.700	8.900
XK 140, Cab	92.000	68.600	47.200	26.000	13.100
XK 140, Rds	98.700	73.500	51.200	27.800	14.200

JAGUAR XK & E-Typen
10553 Berlin
Wiebestraße 36–37

Michael Groß
Service und Vollrestauration

Im Meilenwerk Berlin
☎ 0 30/ 4 35 13 51 und 4 35 14 43 · Fax: 4 32 70 50
Internet: www.jaguar-gross.de

Jaguar (GB)

Jaguar 2.4 Litre, 3.4 Litre (Mk I) — 1955-1959

Kompakt und sportlich gaben sich die Limousinen, die unter der Leitung von William Lyons entstanden waren. Sie rundeten ab 1955 die Modellpalette nach unten ab. Die selbsttragenden Karosserien gerieten schwer und solide, ohne dass es ihnen an Eleganz mangelte. Zunächst kam ein 2,4 Liter großer Reihensechszylinder zum Einsatz, der aus dem XK 120-Aggregat abgeleitet worden war. Das Triebwerk mit den zwei obenliegenden Nockenwellen leistete nur 105 PS – zu wenig, um auf dem wichtigen Exportmarkt USA Fuß zu fassen. Prächtigen Details wie einem Wurzelholz-Armaturenbrett stand eine magere Serienausstattung entgegen, die sogar eine Heizung vermissen ließ. Im März 1957 legte Jaguar nach: Die 3,4 Liter große Variante sorgte mit 160 PS und vier Scheibenbremsen für der Marke adäquate Leistungsdaten.

Jetzt zogen die Limousinen nach: Jaguar 3.4 Litre

Motor/Antrieb					
Bauart					Sechszylinder (Reihe)
Lage/Antrieb					Front/Heck
Hubraum in cm³					2483, 3442
Leistung in PS bei U/min					105 bei 5700 bis 160 bei 5500
Vmax in km/h					160 bis 190
Karosserie					
Bauart					Limousine (4-türig)
Tragstruktur					selbsttragend
Material					Stahlblech
Stückzahl und Marktsituation					
Produktionszahl					19.400, 17.340
Verfügbarkeit					schlecht
Teilesituation					ausreichend
Unterhaltskosten					hoch
Preise in Euro	1	2	3	4	5
Mk I 2,4, L4t	36.000	26.800	18.000	8.100	3.500
Mk I 3,4, L4t	38.000	28.500	19.200	8.600	3.700

Jaguar XK 150, XK 150 S — 1957-1961

Schon drei Jahre nach dem Start des XK 140 schickte Jaguar im Mai 1957 erneut einen Nachfolger auf den Markt. Die Grundform des Vorgängers war nur dezent geglättet worden, der Hüftknick vor den Hinterrädern zeigte sich weniger stark ausgeprägt. Kurbelfenster in den Türen, eine durchgehende Windschutzscheibe und Notsitze im Fond zählen zu den Weiterentwicklungen. Eine sinnvolle Neuerung waren die vier Scheibenbremsen, die den Piloten besonders den 268 PS starken 3,8-Liter-Motor unbeschwerter genießen ließen. Die einstigen Holzapplikationen am Armaturenbrett ersetzte jetzt ein Lederbezug. Die XK 150-Modelle, Le Mans-Sieger im Jahr 1957, kurbelten den Absatz kräftig an.

Immer schneller: Jaguar XK 150

Motor/Antrieb					
Bauart					Sechszylinder (Reihe)
Lage/Antrieb					Front/Heck
Hubraum in cm³					3442, 3781
Leistung in PS bei U/min					213 bei 5000 bis 268 bei 5500
Vmax in km/h					220 bis 240
Karosserie					
Bauart					Coupé, Cabriolet, Roadster
Tragstruktur					Kastenrahmen
Material					Stahlblech
Stückzahl und Marktsituation					
Produktionszahl					9395
Verfügbarkeit					ausreichend
Teilesituation					ausreichend
Unterhaltskosten					hoch
Preise in Euro	1	2	3	4	5
XK 150 3,4, Cpe	54.500	43.200	30.400	17.300	8.400
XK 150 3,4, Cab	79.700	63.000	44.800	25.200	11.600
XK 150 3,4, Rds	76.000	59.000	42.400	23.800	11.000

Jaguar Mk IX — 1958-1961

Kleinere Retuschen an der Karosserie und ein auf 3,8 Liter Hubraum vergrößerter Motor mit mehr Leistung waren die Fortsetzung des mit dem Mk V begonnenen Konzepts. Dabei setzte Jaguar unverändert auf den technisch inzwischen überholten Kastenrahmen mit aufgesetzter Karosserie. Dennoch kann der Mk IX als Höhepunkt der klassischen Nachkriegslimousinen-Serie gelten. Mit vier Scheibenbremsen wurde dem neuen Leistungsniveau sicherheitstechnisch Tribut gezollt und auch eine Servolenkung hielt Einzug, um den fast zwei Tonnen schweren Luxuswagen noch einigermaßen handlich fahren zu können. Der Mk IX bietet auch heute noch sehr viel Auto für einen überschaubaren Einsatz – und wirkt durch seine Höhe nobler als sein Nachfolger Mk X, der bereits in den Startlöchern stand.

Die Wucht schlechthin: Jaguar Mk IX

Motor/Antrieb					
Bauart					Sechszylinder (Reihe)
Lage/Antrieb					Front/Heck
Hubraum in cm³					3781
Leistung in PS bei U/min					223 bei 5500
Vmax in km/h					185
Karosserie					
Bauart					Limousine (4-türig)
Tragstruktur					Kastenrahmen
Material					Stahlblech
Stückzahl und Marktsituation					
Produktionszahl					10009
Verfügbarkeit					schlecht
Teilesituation					ausreichend
Unterhaltskosten					hoch
Preise in Euro	1	2	3	4	5
Mk IX, L4t	37.200	26.300	17.500	8.700	4.100

Jaguar Mk II (2.4 Litre, 3.8 Litre, 240, 340) — 1959-1969

Als Mk II schrieb der sportliche Viertürer Automobilgeschichte. Jaguar gelang es, den (so nie genannten) Mk I mit gezielter Modellpflege sanft zu modernisieren und dabei seinen Charakter noch zu unterstreichen – ein Unterfangen, das sonst selten gut geht. Größere Fensterflächen durch schmalere Dachpfosten weiteten optisch den Dachaufbau, ein anderer Kühlergrill und mehr Chrom unterstrichen zusätzlich zu weiteren Verbesserungen den gediegenen Anspruch an die kleine Jaguar-Limousine. Besonders der potente 3.8 Litre sorgte für überlegenen Fahrspaß, die Tachonadel zeigte bei entsprechendem Einsatz stolz auf 200 km/h. Erst mit den 1967 vorgestellten 240 und 340, die einfacher ausgestattet waren, sank der Stern etwas. Am großen Erfolg – Jaguar verkaufte knapp 61.000 Mk II – konnte dies nichts mehr ändern.

Ein Gesamtkunstwerk: Jaguar Mk II

Motor/Antrieb					
Bauart					Sechszylinder (Reihe)
Lage/Antrieb					Front/Heck
Hubraum in cm³					2483, 3442, 3781
Leistung in PS bei U/min					120 bei 5750 bis 223 bei 5500
Vmax in km/h					165 bis 200
Karosserie					
Bauart					Limousine (4-türig)
Tragstruktur					selbsttragend
Material					Stahlblech
Stückzahl und Marktsituation					
Produktionszahl					60940
Verfügbarkeit					gut
Teilesituation					gut
Unterhaltskosten					hoch
Preise in Euro	1	2	3	4	5
Mk II 2,4, L4t	40.000	29.200	18.500	8.300	3.500
Mk II 3,4, L4t	44.500	32.200	20.800	9.700	4.200
Mk II 3,8, L4t	47.000	33.000	22.900	10.500	4.700
240, L4t	34.500	25.200	16.000	7.400	3.000

Jaguar (GB)

Jaguar E-Type 3.8 Litre (Series 1) — 1961-1964

Nicht weniger Aufsehen als der 1948 präsentierte XK 120 erregte im März 1961 der E-Type. Das Coupé (mit nach links öffnender Heckklappe) und das Cabriolet erinnerten an den legendären Le Mans-Gewinner D-Type. Die aufregende Form hatte Malcolm Sayer geschaffen, Sir William Lyons legte anschließend noch Hand an. Die Nähe zu den siegreichen Rennwagen D-Type und die trotz aller Jaguar-üblichen Rundungen sehr maskuline Gestaltung sollten ihre Wirkung nicht verfehlen. Nur beim Motor griff Jaguar auf bewährte Bauteile zurück. Wie gehabt auch die Preisgestaltung: Für das, was der E-Type bot, war er erstaunlich günstig. Diese Zeiten sind jedoch lange vorbei, die Preise steigen von Jahr zu Jahr beharrlich an.

Seine Form wurde zum Symbol: Jaguar E-Type 3.8 Litre (Series 1)

Motor/Antrieb	
Bauart	Sechszylinder (Reihe)
Lage/Antrieb	Front/Heck
Hubraum in cm³	3781
Leistung in PS bei U/min	265 bei 5500
Vmax in km/h	240
Karosserie	
Bauart	Cabriolet, Coupé
Tragstruktur	selbsttragend
Material	Stahlblech
Stückzahl und Marktsituation	
Produktionszahl	7827, 7669
Verfügbarkeit	schlecht
Teilesituation	ausreichend
Unterhaltskosten	hoch

Preise in Euro	1	2	3	4	5
E-Type 3,8, Cpe	56.500	40.700	29.300	15.300	6.200
E-Type 3,8, Cab	73.500	53.000	38.200	19.900	9.600

Jaguar Mk X und 420 G — 1961-1970

Der Übergang zur selbsttragenden Karosserie erfolgte bei Jaguar mit dem Mk X. Viel gestreckter wirkte die modernisierte neue Linie, aber nicht unbedingt sportlicher. Stärken besaß der Mk X eher im Komfortbereich, vor allem das Platzangebot war respektabel. Allerdings konnten die Handlingqualitäten trotz hinterer Einzelradaufhängung nicht überzeugen. Ab 1964 ergänzte ein 4,2 Liter großer Sechszylinder das 3,8 Liter-Triebwerk, mit dem der Mk X 1961 angetreten war. Der 420 G folgte dem Mk X. Oft wird er mit dem kleineren 420 verwechselt, was nicht nur an der Namensähnlichkeit liegt: Auch beide Fronten ähneln sich. Aus dieser Form entwickelte Jaguar auch den später legendären XJ, der 1968 debütierte.

Bezahlbarer Luxus: Jaguar Mk X und 420 G

Motor/Antrieb	
Bauart	Sechszylinder (Reihe)
Lage/Antrieb	Front/Heck
Hubraum in cm³	3781, 4235
Leistung in PS bei U/min	223 bei 5500 bis 269 bei 5400
Vmax in km/h	185 bis 200
Karosserie	
Bauart	Limousine (4-türig)
Tragstruktur	selbsttragend
Material	Stahlblech
Stückzahl und Marktsituation	
Produktionszahl	18.519, 5763
Verfügbarkeit	schlecht
Teilesituation	ausreichend
Unterhaltskosten	hoch

Preise in Euro	1	2	3	4	5
Mk X 3,8, L4t	25.700	17.100	9.800	4.600	2.200
420 G, L4t	26.000	17.400	10.000	4.700	2.300

Jaguar S (3.4 und 3.8) — 1963-1968

Als Mischung aus dem Mark II und dem Mark X sollten beim 1963 lancierten Jaguar S bestimmte Schwächen des kleinen Viertürers ausgemerzt sein. Der S verfügte über ein verlängertes Heck, das an das Gepäckabteil des größeren Mark X erinnerte. Das Fahrwerk war mit hinterer Einzelradaufhängung statt blattgefederter Halbelliptik-Starrachse wesentlich verfeinert. Bessere Fahreigenschaften auf schlechten Straßen waren das positive Resultat. 1968 hatte der S ausgedient: Trotz Verbesserungen gegenüber dem Mark II, der durchaus Schwächen hatte, war das verwässerte Konzept beim S weniger erfolgreich.

The Original S-Type: Jaguar S

Motor/Antrieb	
Bauart	Sechszylinder (Reihe)
Lage/Antrieb	Front/Heck
Hubraum in cm³	3443, 3781
Leistung in PS bei U/min	213 bei 5500 bis 223 bei 5500
Vmax in km/h	200
Karosserie	
Bauart	Limousine (4-türig)
Tragstruktur	selbsttragend
Material	Stahlblech
Stückzahl und Marktsituation	
Produktionszahl	24900
Verfügbarkeit	ausreichend
Teilesituation	ausreichend
Unterhaltskosten	hoch

Preise in Euro	1	2	3	4	5
S-Type 3,4, L4t	28.000	18.500	10.700	5.000	2.400
S-Type 3,8, L4t	29.000	19.000	11.000	5.100	2.500

JAGUAR ASSOCIATION GERMANY e.V.
JAG: der größte Jaguar Club Deutschlands – seit 25 Jahren
JAGMAG - das Jaguar Clubmagazin
2 Probeexemplare und Clubinfo
gegen € 10 + € 5,00 bei Auslandsbezug
http://www.jaguar-association.de
Karl-Heinz Zorn
Zur Schleie 5 • 88662 Überlingen • Tel.: 07551/948147

Jaguar (GB)

Jaguar E-Type 4.2 Litre (Series 1 und 1 1/2) — 1964-1968

Schon nach gut 15.000 gebauten E-Types verfeinerte Jaguar das gelungene Konzept dieses nach wie vor preiswerten Sportlers. Unter der ellenlangen Haube pochte ein vergrößertes Herz — Hubraum war schon damals durch nichts zu ersetzen. Die Modellpflege setzte bei Interieur und Bedienungskomfort an, ließ aber auch die Technik nicht unberührt: Ein neues Getriebe kam zum Einsatz. Die inoffiziell Series 1 1/2 genannte Bauform zeigte sich ab 1967 im Detail weiter überarbeitet: Hier fehlten, als erstes Zeichen um sich greifender amerikanischer Sicherheitsvorstellungen, die charakteristischen Plexiglas-Abdeckungen der Scheinwerfer. Auch die ab Frühjahr 1966 angebotene 2+2-Version auf verlängertem Fahrgestell war eine Reaktion auf starke amerikanische Nachfrage.

Detailarbeit: Jaguar E-Type 4.2 Litre (Series 1 und 1 1/2)

Motor/Antrieb					
Bauart					Sechszylinder (Reihe)
Lage/Antrieb					Front/Heck
Hubraum in cm³					4235
Leistung in PS bei U/min					265 bei 5400
Vmax in km/h					240
Karosserie					
Bauart					Cabriolet, Coupé
Tragstruktur					teilw. selbsttragend
Material					Stahlblech
Stückzahl und Marktsituation					
Produktionszahl					22920
Verfügbarkeit					ausreichend
Teilesituation					ausreichend
Unterhaltskosten					hoch
Preise in Euro	1	2	3	4	5
E-Type S1 4,2, Cpe	52.500	37.300	26.600	13.000	5.600
E-Type S1 4,2, Cab	72.300	51.900	37.000	18.000	7.900
E-Type S1 1/2, Cpe	49.700	34.500	23.900	12.000	4.900
E-Type S1 1/2, Cab	65.500	47.700	33.500	16.400	7.300

Jaguar 420, Daimler Sovereign — 1966-1969

Statt grundlegende Innovationen anzustreben, verzettelte sich Jaguar in Variationen. Der 420 von 1966 ist dafür ein Beispiel. Er war im Prinzip ein verlängerter Jaguar S, bei dem die Front allerdings dem Mk X angenähert war. Der Aufbau dagegen entsprach dem S-Modell. Auf Wunsch gab es den 4,2-Liter-Motor auch mit 255 SAE-PS statt 248 PS. Das Vierganggetriebe konnte wahlweise auch mit Overdrive geordert werden, neue Sitze verbesserten den Komfort. Die Kundschaft akzeptierte das Zwischenmodell nur sehr zögerlich, woran auch die parallel angebotene Luxusversion unter dem Daimler-Signet nichts änderte. Nach drei Jahren stand das Ende der etwas unausgewogenen Zwitter fest.

Eigene Mischung: Jaguar 420

Motor/Antrieb					
Bauart					Sechszylinder (Reihe)
Lage/Antrieb					Front/Heck
Hubraum in cm³					4235
Leistung in PS bei U/min					248 bei 5500 bis 255 bei 5500
Vmax in km/h					195
Karosserie					
Bauart					Limousine (4-türig)
Tragstruktur					selbsttragend
Material					Stahlblech
Stückzahl und Marktsituation					
Produktionszahl					9801, 5831
Verfügbarkeit					ausreichend
Teilesituation					ausreichend
Unterhaltskosten					hoch
Preise in Euro	1	2	3	4	5
420, L4t	25.300	16.900	9.800	4.500	2.100
Daimler Sovereign, L4t	24.500	16.400	9.500	4.400	2.000

Jaguar E-Type (Series 2) — 1968-1971

Mit Rücksicht auf den amerikanischen Markt und das gestiegene Komfortbedürfnis korrigierte Jaguar den Charakter des E-Types der Serie 2. Von der einst kompromisslosen Sportlichkeit war hier längst nicht mehr so viel zu spüren, Kritiker bezeichneten das Modell trotz identischer Leistung und nach wie vor attraktiven Fahrleistungen etwas despektierlich als zahnlos. Doch die siebenjährige Bauzeit war tatsächlich nicht spurlos an dem Jaguar vorbeigegangen. Trotz dieser teilweise heftigen Vorwürfe an den Korrekturen verkaufte sich der E-Type weiterhin blendend — sowohl als Coupé wie auch mit Cabriolet-Karosserie.

240 Stundenkilometer schnell: Jaguar E-Type (Series 2)

Motor/Antrieb					
Bauart					Sechszylinder (Reihe)
Lage/Antrieb					Front/Heck
Hubraum in cm³					4235
Leistung in PS bei U/min					265 bei 5400
Vmax in km/h					240
Karosserie					
Bauart					Cabriolet, Coupé
Tragstruktur					teilw. selbsttragend
Material					Stahlblech
Stückzahl und Marktsituation					
Produktionszahl					18820
Verfügbarkeit					gut
Teilesituation					ausreichend
Unterhaltskosten					hoch
Preise in Euro	1	2	3	4	5
E-Type S2, Cpe	48.500	33.800	23.600	11.900	4.800
E-Type S2, Cab	64.000	46.500	32.200	15.900	7.000

Jaguar XJ 6 2.8 und 4.2 (Series I) — 1968-1972

Einen Neuanfang wagte die XJ-Baureihe, die dem unübersichtlichen Variantenreichtum im Limousinensektor ein Ende machte. Der XJ ersetzte die S-Modelle, doch auch 420 und Mk II hielten sich nicht mehr lange. Die Karosserieform fand auf Anhieb Gefallen. Zwar war der Radstand nur um 3,5 Zentimeter gewachsen, doch insgesamt stand der Wagen mit über 4,80 Meter Länge sehr repräsentativ da. Die bewährte hintere Einzelradaufhängung wurde durch eine neukonstruierte Vorderradführung mit Trapez-Dreiecksquerlenkern und Schraubenfedern ergänzt. Neu im Programm war der 2,8-Liter-Sechszylinder mit zwei obenliegenden Nockenwellen, den es in zwei Leistungsstufen (149 und 186 PS) gab. Mit der Qualität war es aber leider nicht zum Besten bestellt, sodass auch die günstigen Preise Jaguar langfristig nicht den gewünschten Erfolg brachten.

Selten wirklich gut über die Jahre gekommen: Jaguar XJ 6

Motor/Antrieb					
Bauart					Sechszylinder (Reihe)
Lage/Antrieb					Front/Heck
Hubraum in cm³					2791, 4235
Leistung in PS bei U/min					149 bei 6000 bis 248 bei 5500
Vmax in km/h					190 bis 205
Karosserie					
Bauart					Limousine (4-türig)
Tragstruktur					selbsttragend
Material					Stahlblech
Stückzahl und Marktsituation					
Produktionszahl					78891
Verfügbarkeit					ausreichend
Teilesituation					ausreichend
Unterhaltskosten					hoch
Preise in Euro	1	2	3	4	5
XJ 6 2,8 S1, L4t	14.500	9.600	5.500	2.500	1.100
XJ 6 4,2 S1, L4t	16.000	10.700	6.500	2.700	1.200

BRITISH-CAR-CENTER
AUSTIN-HEALEY · BENTLEY · JAGUAR · MG · ROLLS-ROYCE · TRIUMPH

Oldtimer Veteranen Shop GmbH
Am Kalkofen 6 · D-65510 Idstein
☎ 06126/99730 · Fax 06126/4084

oldtimer@t-online.de · www.oldtimer-shop.de

25 Jahre

BRITISH MOTOR HERITAGE APPROVED

Die Ersatzteil-Spezialisten!

Wir liefern jedes erhältliche Ersatzteil für alle klassischen britischen Automobile. Und das seit über 25 Jahren! Dabei ist das Fachwissen unserer durchweg erfahrenen Verkäufer schwerlich zu überbieten. Darüber hinaus erhalten Sie mehr als 50.000 <u>verschiedene</u> Ersatzteile bei uns direkt ab Lager. All das zu äußerst günstigen Preisen. Probieren Sie's aus!

- AUSTIN-HEALEY — 100, 100-6 and 3000 Spare Parts and Restoration Catalog · Edition AHY-07 (Moss)
- JAGUAR-Center Idstein — Ersatzteilkatalog Jaguar XK 150
- JAGUAR-Center Idstein — Ersatzteilkatalog JAGUAR E-Typ Serie 2
- JAGUAR-Center Idstein — Ersatzteilkatalog JAGUAR Mk 2, 3.4/3.8/340
- JAGUAR-Center Idstein — Ersatzteilkatalog JAGUAR XJ6 Serie 2
- MGB 1962-1980 — Parts & Accessories
- TR2-4A — Parts & Accessories

Wir führen Ersatzteilkataloge für fast jeden AUSTIN-HEALEY, JAGUAR, MG oder TRIUMPH. Bei Bedarf bitte unter Angabe des genauen Typs – möglichst mit Fahrgestellnummer – anfordern (selbstverständlich kostenlos!).

Service-Zeiten:
Montag bis Freitag von 8 bis 18 Uhr,
Samstag von 9 bis 13 Uhr.

VISA · AMERICAN EXPRESS · EUROCARD

Bitte senden Sie mir Ihren Ersatzteilkatalog mit Preisliste für das folgende Fahrzeug!

Marke: Modell: Baujahr: Fahrgestell-Nr.:

Meine Adresse:

Größtes JAGUAR-Ersatzteillager auf dem Kontinent!

Jaguar (GB)

Jaguar E-Type V 12 (Series 3) — 1971-1975

Zehn Jahre nach der Vorstellung des legendären Sportlers musste sich Jaguar bemühen, den Anschluss an die damals schockierte Konkurrenz zu halten. Der prestigeträchtige Zwölfzylinder passte problemlos unter die Motorhaube und verlieh dem E-Type nochmals ein Plus an Power und machte ihn zudem recht leise. Auf der Strecke blieben die kompakteren, reinen Zweisitzer – es entstanden nur noch Modelle mit langem Radstand. Darunter litt in formaler Hinsicht vor allem das Cabriolet, weil längst nicht mehr die ursprüngliche Spannung in den Linien steckte. Dennoch wirkte die Technik inzwischen antiquiert, und im Segment der luxuriösen Sportler hatte die Konkurrenz inzwischen auch schlagkräftige Angebote in ihrem Programm, die sich im Alltag weniger anfällig und kapriziös zeigten.

V12-Power für den Sportler: Jaguar E-Type V 12 (Series 3)

Motor/Antrieb					
Bauart					V12
Lage/Antrieb					Front/Heck
Hubraum in cm³					5343
Leistung in PS bei U/min					276 bei 5850
Vmax in km/h					245
Karosserie					
Bauart					Cabriolet, Coupé
Tragstruktur					teilw. selbsttragend
Material					Stahlblech
Stückzahl und Marktsituation					
Produktionszahl					7990, 7297
Verfügbarkeit					gut
Teilesituation					ausreichend
Unterhaltskosten					hoch
Preise in Euro	1	2	3	4	5
E-Type S3, Cpe	50.500	36.600	25.800	12.800	5.200
E-Type S3, Cab	70.600	50.900	36.000	17.700	8.000

Jaguar XJ 12 5.3 (Series I) — 1972-1973

Zwei Jahre nach der Einführung der XJ-Baureihe führte Jaguar eine neue Dimension ein: Zwölfzylinder-Motoren gelten als automobilistischer Leckerbissen, dem hohe Aufmerksamkeit gewiss ist. Über den Zwölfzylinder waren in der Szene schon länger Gerüchte zu hören. Außer Ferrari und Lamborghini bot 1970 kein anderer Hersteller einen Zwölfzylinder an. Nun kam die britische Katze als komfortabel-sportlicher Viertürer dazu. Die einzigartige Kombination aus Fahrkomfort und Laufruhe sowie bei Bedarf stürmischer Leistungsentfaltung entwickelte ganz eigene Reize. Dabei sollte aber nicht übersehen werden, dass der Unterhalt der vielen Zylindereinheiten ein teures Vergnügen ist. Andererseits gilt das Triebwerk als nicht sonderlich anfällig. Unter Ausfallerscheinungen leidet eher die Peripherie.

Maßstab der Dinge: Jaguar XJ 12 5.3

Motor/Antrieb					
Bauart					V12
Lage/Antrieb					Front/Heck
Hubraum in cm³					5343
Leistung in PS bei U/min					254 bei 5500
Vmax in km/h					230
Karosserie					
Bauart					Limousine (4-türig)
Tragstruktur					selbsttragend
Material					Stahlblech
Stückzahl und Marktsituation					
Produktionszahl					ca. 17.000 LHD, ca. 600 RHD
Verfügbarkeit					ausreichend
Teilesituation					ausreichend
Unterhaltskosten					hoch
Preise in Euro	1	2	3	4	5
XJ 12 S1, L4t	18.000	12.500	7.200	3.500	1.500

Jaguar XJ 6 C und XJ 12 C — 1975-1978

Immer beliebter wurden über die Jahre die zweitürigen Coupés auf XJ-Basis. Mit der formal äußerst gelungenen Hardtop-Karosserie, deren ausgewogen-harmonische Linien den perfekten Spannungsbogen zwischen massiger Kraft und graziler Eleganz ziehen, zeigt sich der Jaguar-Zweitürer als echtes Highlight. Besonders als V12 ist das XJ Coupé ein stilvolles Automobil. Nur kann es die üblichen Qualitätsansprüche nicht erfüllen – besonders die C-Modelle litten in der für Jaguar sehr schwierigen Unternehmensphase unter, freundlich ausgedrückt, stark schwankendem Niveau. Kenner warnen zudem vor zu weichen Karosserien, die fehlende B-Säule sorgt oft für Verzug. Für Sammler dagegen ist die recht niedrige Stückzahl dagegen sehr verführerisch. In den Preisen schlägt sich dies noch nicht nieder.

Für mutige Sammler mit Ästhetik-Schwerpunkt: Jaguar XJ 12 C

Motor/Antrieb					
Bauart					Sechszylinder (Reihe), V12
Lage/Antrieb					Front/Heck
Hubraum in cm³					4235, 5343
Leistung in PS bei U/min					171 bei 4750 bis 287 bei 5750
Vmax in km/h					195 bis 235
Karosserie					
Bauart					Coupé
Tragstruktur					selbsttragend
Material					Stahlblech
Stückzahl und Marktsituation					
Produktionszahl					6505, 1873
Verfügbarkeit					schlecht
Teilesituation					ausreichend
Unterhaltskosten					hoch
Preise in Euro	1	2	3	4	5
XJ 6 C, Cpe	22.800	16.400	9.100	4.500	2.000
XJ 12 C, Cpe	27.000	19.700	11.000	5.400	2.550

Jaguar XJ-S — 1976-1981

Weder das Styling des XJ-S noch seine Fahrleistungen konnten viele hartgesottene Markenfans überzeugen. Dem XJ-S fehlte von Beginn an – trotz seiner üppigen Zwölfzylinder-Motorisierung – ein auch nur irgendwie sportlich geartetes Flair, an dem auch einige Erfolge im europäischen Tourenwagensport nichts ändern konnten. Als Motorisierungs- und Modellvarianten wurden in den Folgejahren auch Sechszylinder-Versionen angeboten, dazu kam schließlich ein Cabriolet. Alle Modelle sind heutzutage zu außerordentlich günstigen Preisen zu bekommen, die aber nicht über hohe Unterhaltskosten, defektanfällige und teuer zu reparierende Technik hinwegtäuschen sollten. In den Kreis der Youngtimer ist der XJ-S inzwischen aufgenommen.

Ungeliebter E-Type-Nachfolger: Jaguar XJ-S

Motor/Antrieb					
Bauart					V12
Lage/Antrieb					Front/Heck
Hubraum in cm³					5343
Leistung in PS bei U/min					287 bei 5750
Vmax in km/h					240
Karosserie					
Bauart					Coupé, Cabriolet
Tragstruktur					selbsttragend
Material					Stahlblech
Stückzahl und Marktsituation					
Produktionszahl					k.A.
Verfügbarkeit					üppig
Teilesituation					gut
Unterhaltskosten					hoch
Preise in Euro	1	2	3	4	5
XJ-S, Cpe	17.500	11.800	6.100	2.500	900

Jensen (GB) • 1936-1976

Die Brüder Richard und Alan Jensen führten seit Mitte der zwanziger Jahre in West Bromwich einen Betrieb für Spezialkarosserien. Nebenbei entstanden ab 1936 auch sportliche Luxuswagen auf Basis anderer Fahrzeuge. 1946 erschien der 4 Litre, eine recht konservativ gehaltene Limousine. Aber Jensen wagte auch den Einsatz innovativer Technik: 1956 war der Jensen 541 de Luxe erster Viersitzer mit vier Scheibenbremsen, 1965 überraschte der Hersteller mit dem ersten permanenten Allradantrieb in Serie. Das Modell Jensen-Healey brachte zwar stückzahlmäßig Aufschwung, doch wirtschaftlich war das Unternehmen nicht mehr zu halten. Das Aus folgte 1976. Nur im Herbst 1983 sah man nochmals einen neuen Jensen Interceptor – er stand auf der Motorfair in London.

Jensen 541, 541 de Luxe, 541 S, 541 R, 541 Standard   1953-1963

Nach den recht konservativen Limousinen und Cabriolets mit 3,9-Liter-Meadows-Motor wechselte Jensen ab 1949 zu Austin-Motoren. Mit diesem aus dem Princess stammenden, vier Liter großen Sechszylinder etablierte sich auch ein moderneres Design, das für den ab 1953 angebotenen Jensen 541 nochmals verfeinert wurde. Um Gewicht einzusparen, wurde die Karosserie nun teilweise aus Kunststoff gefertigt – statt 1370 Kilogramm brachte die neue Version nur 1220 Kilogramm auf die Waage. Das wirkte sich besonders aufs Durchzugsvermögen positiv aus. Jensen verlangte relativ hohe Preise, was die Verbreitung der attraktiven Fließheck-Coupés naturgemäß einschränkte.

Leichtbau und Leistung: Jensen 541

Motor/Antrieb	
Bauart	Sechszylinder (Reihe)
Lage/Antrieb	Front/Heck
Hubraum in cm³	3993
Leistung in PS bei U/min	135 bei 3700, 152 bei 4100
Vmax in km/h	175 bis 195
Karosserie	
Bauart	Coupé
Tragstruktur	Kastenrahmen
Material	Kunststoff
Stückzahl und Marktsituation	
Produktionszahl	535
Verfügbarkeit	schlecht
Teilesituation	schwierig
Unterhaltskosten	hoch

Preise in Euro	1	2	3	4	5
541 R, Cpe	31.200	22.000	14.300	7.200	3.100
541 S, Cpe	28.100	19.900	12.800	6.200	2.600

Jensen C-V8, Mk II, Mk III   1962-1966

Trotz optischer Anlehnung an den Jensen 541 zeigte der C-V8 getaufte Nachfolger eine viel aggressiver gestylte Kunststoffkarosserie. Dem wurde das Coupé mit seiner deutlich gestiegenen Leistung gerecht: Unter der Haube saßen nun Hubraumriesen von Chrysler, die Leistung und Drehmoment in Hülle und Fülle boten. Auf dem Londoner Autosalon im Oktober 1965 überraschte Jensen dann mit dem ersten permanenten Allradantrieb. Das Kürzel FF stand für Ferguson Formula. Äußerlich ließ sich diese Technik am zehn Zentimeter längeren Radstand erkennen. Ein viersitziges Cabriolet auf C-V8-Basis blieb dagegen im Prototypen-Stadium stecken.

Dieser Blick! Jensen C-V8

Motor/Antrieb	
Bauart	V8
Lage/Antrieb	Front/Heck
Hubraum in cm³	5916, 6286
Leistung in PS bei U/min	305 bei 4600 bis 335 bei 4600
Vmax in km/h	225
Karosserie	
Bauart	Coupé
Tragstruktur	Kastenrahmen
Material	Kunststoff
Stückzahl und Marktsituation	
Produktionszahl	460
Verfügbarkeit	gegen null
Teilesituation	schwierig
Unterhaltskosten	hoch

Preise in Euro	1	2	3	4	5
C-V8 Mk II, Cpe	26.100	18.400	11.200	5.100	2.400
C-V8 Mk III, Cpe	27.600	19.400	12.300	5.600	2.500

Jensen Interceptor, Interceptor FF und Interceptor SP (Mk I, Mk II, Mk III)   1967-1976

Viel bekannter als die Vorgänger wurde das im Herbst 1966 vorgestellte Modell Interceptor. Das viersitzige Luxuscoupé trug eine markante Glaskuppel am Heck. Mit der von Vignale gezeichneten Karosserie, die nun aus Stahlblech gefertigt wurde, handelte sich der Konstrukteur leider auch Rostprobleme ein. Doch das änderte nichts an seinem beachtlichen Markterfolg. Die Mannen in West Bromwich hielten an den Chrysler-Motoren fest, die zwischen 6,3 und 7,2 Liter Hubraum aufwiesen. Den Interceptor gab es wiederum auch mit Vierradantrieb von Ferguson, und sogar ein mechanisches Antiblockiersystem von Dunlop kam zum Einsatz. Die hohen Unterhaltskosten – besonders der Fahrzeuge, die noch nicht mit einem H-Kennzeichen betrieben werden können – schrecken heute viele Interessenten trotz vergleichsweise niedriger Einstandspreise nachhaltig ab.

Auf Wunsch bereits mit Antiblockiersystem: Jensen Interceptor

Motor/Antrieb	
Bauart	V8
Lage/Antrieb	Front/Heck
Hubraum in cm³	6286, 7217
Leistung in PS bei U/min	330 bei 4600 bis 384 bei 5000
Vmax in km/h	220
Karosserie	
Bauart	Coupé
Tragstruktur	Rohrrahmen
Material	Stahlblech
Stückzahl und Marktsituation	
Produktionszahl	4500
Verfügbarkeit	ausreichend
Teilesituation	ausreichend
Unterhaltskosten	hoch

Preise in Euro	1	2	3	4	5
Interceptor Mk II, Cpe	24.000	17.200	11.100	4.900	1.700
Interceptor SP, Cpe	26.500	18.800	12.500	5.600	2.300
Interceptor Mk III 7,2, Cpe	25.500	18.300	12.000	5.400	2.200

Jensen (GB) • Jowett (GB)

Jensen-Healey, Healey GT 1972-1976

Keinen Erfolg hatte der Versuch, ein Jensen-Modell in populäreren Preisregionen anzusiedeln. Trotz des zugkräftigen Beinamens von Healey scheiterte das anglo-amerikanische Konzept. Das lag weniger an der Technik, die sich mit dem Lotus-Vierventilmotor durchaus anspruchsvoll zeigte, als viel mehr an dem durchschnittlichen, unauffällig-harmlosen Design. Außerdem nervte das Fahrzeug mit Unzulänglichkeiten bei der Verarbeitung. Neben dem offenen Zweisitzer gab es einen GT genannten Sportkombi, der beinahe interessanter ist, weil ihn Jensen nur in geringen Stückzahlen gebaut hat und bei ihm beinahe alle Kinderkrankheiten kuriert waren.

Keine hinreißende Figur: Jensen-Healey

Motor/Antrieb					
Bauart					Vierzylinder (Reihe)
Lage/Antrieb					Front/Heck
Hubraum in cm³					1973
Leistung in PS bei U/min					142 bei 6500
Vmax in km/h					200
Karosserie					
Bauart					Cabriolet, Kombi-Coupé
Tragstruktur					selbsttragend
Material					Stahlblech
Stückzahl und Marktsituation					
Produktionszahl					10926
Verfügbarkeit					gut
Teilesituation					ausreichend
Unterhaltskosten					hoch
Preise in Euro	1	2	3	4	5
Healey, Cab	13.300	9.200	5.900	2.600	1.500
Healey GT, Cpe	12.800	8.400	5.500	2.300	1.400

Jensen Interceptor Cabriolet und Hardtop-Coupé 1974-1976

Erst sieben Jahre nach dem Start des Interceptor modifizierte Jensen das erfolgreiche Modell. Als misslungen muss die Version Hardtop-Coupé gelten, die formal nicht überzeugen konnte – das Glaskuppelheck war origineller. Besser sah das Cabriolet aus, auch wenn sich das elektrisch zu betätigende Verdeck hoch auf dem Heck auftürmte. Die Ausstattung zeigte sich noch weiter verfeinert. Technisch unterschieden sich die beiden in keiner Weise von der Limousine: Die großvolumigen Chrysler-Achtzylinder stellten stets souverän ein üppiges Maß an Leistung zur Verfügung.

In zwei Versionen: Jensen Interceptor

Motor/Antrieb					
Bauart					V8
Lage/Antrieb					Front/Heck
Hubraum in cm³					6287, 7217
Leistung in PS bei U/min					330 bei 4600 bis 384 bei 5000
Vmax in km/h					220
Karosserie					
Bauart					Cabriolet, Coupé
Tragstruktur					Rohrrahmen
Material					Stahlblech
Stückzahl und Marktsituation					
Produktionszahl					267, 60
Verfügbarkeit					schlecht
Teilesituation					gut
Unterhaltskosten					hoch
Preise in Euro	1	2	3	4	5
Interceptor Mk III, Cab	44.000	32.000	21.000	12.000	6.500

Jowett (GB) • 1905 - 1954

Um die Jahrhundertwende gründeten die Brüder Jowett in Bradford die Jowett Cars Ltd. Mitte 1945 hatte das kleine Unternehmen ein komplett neues Fahrzeug fertig entwickelt. Dieser Jowett Javelin sah sehr modern aus und stieß auf weitreichendes Interesse. Zu dem Modell Jupiter steuerte der Konstrukteur Robert Eberan von Eberhorst ein eigens entwickeltes Rohrrahmenchassis bei. Jowetts Problem kam von außen: Ford kaufte aus Kapazitätsgründen die Karosseriefirma Briggs auf, die bis dahin für Jowett geliefert hatte und fortan dem neuen Besitzer diente. Vom Jowett R4, einem Sportroadster in kombinierter Stahlblech-Kunststoffbauweise, konnte Jowett nur noch einen Prototyp bauen.

Jowett Javelin 1947-1953

Wer den Javelin und seine Technik genauer anschaut, kann kaum glauben, dass dieses Auto schon 1947 auf den Markt kam. Der Viertürer war durchaus seriös konstruiert, zeigte zahlreiche technisch interessante Details und eine ansehnliche Schrägheck-Karosserie. In der sechsjährigen Bauzeit konnten sich trotzdem nur knapp 23.000 Kunden für den Javelin erwärmen. Auch heute ist der Dornröschenschlaf noch nicht beendet, obwohl der boxermotorisierte und torsionsstabgefederte Wagen bereits eine moderne 12-Volt-Elektrik aufwies und mit einer guten Aerodynamik gesegnet war. Seine Straßenlage war den Fahrzeugen jener Zeit weit voraus.

Fortschritt ohne Resonanz: Jowett Javelin

Motor/Antrieb					
Bauart					Vierzylinder (Boxer)
Lage/Antrieb					Front/Heck
Hubraum in cm³					1485
Leistung in PS bei U/min					51 bei 4100 bis 53 bei 4100
Vmax in km/h					125
Karosserie					
Bauart					Limousine (4-türig)
Tragstruktur					teilw. selbsttragend
Material					Stahlblech
Stückzahl und Marktsituation					
Produktionszahl					22799
Verfügbarkeit					gegen null
Teilesituation					sehr schwierig
Unterhaltskosten					mittel
Preise in Euro	1	2	3	4	5
Javelin, L4t	11.000	6.500	3.500	1.800	600

Jowett Jupiter
1950-1954

Zusammen mit der Rennwagenfirma ERA entwickelte Jowett auch ein Cabriolet, das allerdings von vorn betrachtet mit seinen eng- und hochstehenden Scheinwerfern etwas unförmig wirkte. Im Jupiter kam ein leistungsgesteigerter, 1,5 Liter großer Boxermotor zum Einsatz. Anders als bei dem mit einer halbselbsttragenden Karosserie versehenen Javelin besaß der Jupiter ein spezielles Rohrrahmenchassis. Die konservativ gehaltene, von Zeitgenossen jedoch erfreut zur Kenntnis genommene Karosserie mit weit geschwungenen Kotflügeln nahm zwei bis drei Passagiere auf. Bei nur 700 Kilogramm Gesamtgewicht hatte der 63 PS starke Boxermotor keine Probleme – die Fahrleistungen waren ansehnlich.

Boxermotor und Rohrrahmen: Jowett Jupiter

Motor/Antrieb	
Bauart	Vierzylinder (Boxer)
Lage/Antrieb	Front/Heck
Hubraum in cm³	1485
Leistung in PS bei U/min	63 bei 4500
Vmax in km/h	145 bis 150
Karosserie	
Bauart	Cabriolet
Tragstruktur	Rohrrahmen
Material	Stahlblech
Stückzahl und Marktsituation	
Produktionszahl	899
Verfügbarkeit	gegen null
Teilesituation	sehr schwierig
Unterhaltskosten	mittel

Preise in Euro	1	2	3	4	5
Jupiter, Cab	24.000	17.500	12.000	6.000	2.000

Kleinschnittger (D) • 1950 - 1957

In Arnsberg, einer Kleinstadt im Sauerland, ließ der Tüftler Paul Kleinschnittger 1950 das Fließband seiner eigenen Automobilfabrik anlaufen. In ihren besten Zeiten, bis Anfang 1955, befassten sich 50 Mann in den Kleinschnittger-Werken mit der Produktion eines kleinen Roadsters, in dessen Bug sich ein 125-ccm-ILO-Motor versteckte.

Paul Kleinschnittger arbeitete an einem neuen, größeren Modell mit 250-ccm-Motor, musste aber 1957 Konkurs anmelden, weil mit Erscheinen des Goggomobils und der Isetta die Nachfrage für sein Minimal-Cabriolet weggebrochen war.

Noch bis in die achtziger Jahre kümmerte sich der Kleinstwagen-Pionier persönlich um die Wartung und Ersatzteilversorgung der originellen Autos, die seinen Namen trugen. Er war auch auf vielen Treffen zugegen. Paul Kleinschnittger starb 1989.

Kleinschnittger F 125
1950-1957

In seiner konsequenten Einfachheit entsprach der Kleinschnittger F 125 durchaus den Bedürfnissen der frühen Nachkriegsjahre. Das Aufkommen komfortablerer Konkurrenz-Modelle ließ den 170 Kilogramm leichten Roadster aber schnell obsolet wirken. Kleinschnittgers Kleinster besaß weder eine Heizung noch einen Rückwärtsgang; als Wetterschutz bot er nur ein dünnes Notverdeck. Bemerkenswert war für die damalige Zeit der Karosserie-Werkstoff Aluminium, der Unfallreparaturen aber noch enorm erschwerte. Entgegen zahlreicher anderer Quellen baute Kleinschnittger nur rund 2000 Exemplare des F 125. Die meisten entstanden in den Jahren 1951 bis 1955.

Der kleine Traum vom Auto: Kleinschnittger F 125

Motor/Antrieb	
Bauart	Einzylinder-Zweitaktmotor
Lage/Antrieb	Front/Front
Hubraum in cm³	123
Leistung in PS bei U/min	4,5 bei 5000
Vmax in km/h	70
Karosserie	
Bauart	Roadster
Tragstruktur	Rohrrahmen
Material	Aluminium
Stückzahl und Marktsituation	
Produktionszahl	ca. 2000
Verfügbarkeit	gegen null
Teilesituation	schwierig
Unterhaltskosten	niedrig

Preise in Euro	1	2	3	4	5
F 125, Rds	15.000	10.000	6.000	4.000	1.500

Lagonda (GB) • 1905 - 1963

Schwere Tourenwagen und Sportmodelle kennzeichneten das Lagonda-Markenprogramm vor dem Zweiten Weltkrieg. Firmengründer Wilbur Gunn jubelte 1935 über den Sieg seiner Marke bei den 24 Stunden von Le Mans.

Den ersten Nachkriegs-Lagonda hatte W. O. Bentley konstruiert. Doch bevor das Geschäft wieder richtig anlaufen konnte, hatten sich finanzielle Probleme angestaut. Der Industrielle David Brown kaufte das Unternehmen 1945 auf und führte es mit Aston Martin in Newport Pagnell zu einer Marke zusammen.

1958 wurde die Lagonda-Produktion eingestellt, doch mit dem Rapide läutete man aber 1961 eine Wiedergeburt ein. Bis 1963 entstanden allerdings nur 55 Exemplare der schnellen Limousine. Als Sondermodell der Marke Aston Martin erschien dann 1974 abermals ein Fahrzeug mit dem Schriftzug Lagonda.

Lagonda 2 1/2 Litre   1947-1953

Dieses Modell wurde ab 1947 gebaut, zuerst in Einzelfertigung und ab 1949 in Serie. Es gab den Wagen als fünfsitzige Limousine und als Cabriolet. Bemerkenswert ist die X-förmige Rahmenkonstruktion mit einer darüberliegenden Plattform. Eine rundum unabhängige Einzelradaufhängung war zu dieser Zeit noch sehr ungewöhnlich, der Lagonda bot jedoch auch dieses Merkmal. Neuheit auf der Insel war auch das halbautomatische Cotal-Getriebe, in der Serie wurden sie allerdings selten eingebaut – übliche Viergang-Modelle dominierten. Der Lagonda-Motor, wie schon der Rahmen von W. O. Bentley konstruiert, wurde später für die Aston-Martin-Modelle übernommen.

Barocke Form: Lagonda 2 1/2 Litre

Motor/Antrieb	
Bauart	Sechszylinder (Reihe)
Lage/Antrieb	Front/Heck
Hubraum in cm³	2580
Leistung in PS bei U/min	105 bei 5000
Vmax in km/h	150
Karosserie	
Bauart	Limousine (4-türig), Cabriolet
Tragstruktur	Kastenrahmen
Material	Stahlblech
Stückzahl und Marktsituation	
Produktionszahl	550
Verfügbarkeit	gegen null
Teilesituation	schwierig
Unterhaltskosten	hoch

Preise in Euro	1	2	3	4	5
2,5 Litre, L4t	35.000	27.000	17.000	8.500	4.500
2,5 Litre, Cab	62.000	47.000	33.000	19.000	8.000

Lagonda 3 Litre   1953-1958

Im Oktober 1953 präsentierte Lagonda den Nachfolger des 2 1/2 Litre mit komplett neuer Karosserie. Mit moderner Coupéform, später auch als Cabriolet und als viertürige Limousine, wurde der 3 Litre von einem etwas leistungsreduzierten Aston Martin DB3 S-Motor befeuert. Ab 1957 gab es nur noch den Viertürer. Die knapp fünf Meter langen, überaus sportlich-noblen Fahrzeuge kamen zu sehr stolzen Preisen auf den Markt. 1958 wurde die Lagonda-Produktion vorläufig eingestellt: der Besitzer, David Brown, wollte sich auf seine zweite Marke, Aston Martin, konzentrieren.

Blieb eine Kleinstserie: Lagonda 3 Litre

Motor/Antrieb	
Bauart	Sechszylinder (Reihe)
Lage/Antrieb	Front/Heck
Hubraum in cm³	2922
Leistung in PS bei U/min	142 bei 5000
Vmax in km/h	165
Karosserie	
Bauart	Coupé, Cabriolet, Limousine (4-türig)
Tragstruktur	Kastenrahmen
Material	Stahlblech
Verfügbarkeit	
Produktionszahl	430
Verfügbarkeit	gegen null
Teilesituation	schwierig
Unterhaltskosten	hoch

Preise in Euro	1	2	3	4	5
3,0 Litre, L4t	38.000	29.000	18.500	9.000	5.000
3,0 Litre, Cab	65.000	49.000	35.000	20.000	8.500

Lagonda Rapide   1961-1964

Ende 1961 stellte Lagonda den luxuriösen Rapide vor. Touring in Mailand fertigte die viertürige Karosserie in Superleggera-Bauweise auf Basis eines verlängerten Chassis des Aston Martin DB 4. Von diesem Modell stammte auch der Motor, der hier 236 bhp leistet. Er war auf besonders weichen Lauf ausgelegt, leistete dafür ein paar PS weniger im Vergleich zum 3,7-Liter-Aston Martin. Hinten sorgte eine De-Dion-Aufhängung für adäquate Straßenlage, eine Zweikreis-Servo-Bremsanlage sicherte gute Verzögerung. Die Kraftübertragung übernahm eine Borg Warner-Dreistufen-Automatik, nur sieben Exemplare erhielten ein Viergang-Schaltgetriebe. Insgesamt ließen sich nur 55 Rapide verkaufen.

Nomen est omen: Lagonda Rapide

Motor/Antrieb	
Bauart	Sechszylinder (Reihe)
Lage/Antrieb	Front/Heck
Hubraum in cm³	3995
Leistung in PS bei U/min	236 bei 5000
Vmax in km/h	200
Karosserie	
Bauart	Limousine (4-türig)
Tragstruktur	Rohrrahmen
Material	Aluminium
Verfügbarkeit	
Produktionszahl	55
Verfügbarkeit	gegen null
Teilesituation	schwierig
Unterhaltskosten	hoch

Preise in Euro	1	2	3	4	5
Rapide, L4t			keine Notierung		

Lamborghini (I) • seit 1963

Aus einer kleinen Reparaturwerkstatt in der Nähe Bolognas baute Ferruccio Lamborghini eine Sportwagenmarke von Weltruf auf. Kurz nach dem Zweiten Weltkrieg hatte er zunächst mit dem Bau von Traktoren begonnen, der Erfolg nahm ab 1952 stetig zu. Das Unternehmen baute eigene Motoren, zudem war der agile Ferruccio Lamborghini mit Heizungen und Klimaanlagen erfolgreich.

Der Unternehmer ärgerte sich der Legende nach über Ferrari und beschloss, einen besseren Sportwagen zu bauen. 1963 präsentierte die Marke mit dem Stier im Wappen – Lamborghinis Sternzeichen – ihren ersten exklusiven Sportwagen mit hochkarätiger Zwölfzylindertechnik. In Sant' Agata Bolognese errichtete Lamborghini ein neues Werk, wo mit Hilfe von Giotto Bizzarrini und Giampaolo Dallara sowie namhaften Zulieferern ein konkurrenzfähiges Projekt entstand. Wenig später sorgte der Miura für weltweites Aufsehen.

1972 verkaufte Lamborghini 51 Prozent seiner Anteile und zog sich wenig später auf sein Weingut zurück. 1978 kam der Konkursverwalter nach Sant' Agata Bolognese, zwei Jahre später wurde eine neue Firma namens Nuova Automobili Ferruccio Lamborghini gegründet. Vor einigen Jahren übernahm Audi die Marke: Spannende Zeiten, denn der Wettlauf mit Ferrari wird weitergehen.

Lamborghini 350 GT — 1963-1966

Ferruccio Lamborghini wusste um die Stärken und Schwächen des von ihm angepeilten Konkurrenten. Wie Ferrari setzte er daher auf Zwölfzylindertechnik bei den Motoren, versuchte aber, den bereits etablierten Konkurrenten mit verfeinerter Technik zu überbieten. Vier obenliegende Nockenwellen bezeugten das Bemühen ebenso wie das Fahrwerk, das auch hinten über Einzelradaufhängung verfügt. So erregte der 350 GT als Cabrio und Coupé durchaus einiges Aufsehen, auch wenn bei der Produktion noch die Routine fehlte und Lamborghini formal mit diesem ersten Fahrzeug noch keine vollendete Ausgewogenheit erreichte. Die neue Sportwagenmarke erwies sich bald als Gegner mit viel Durchhaltewillen – 129 verkaufte 350 GT waren mehr als ein Achtungserfolg.

Auferstanden aus Traktoren: Laborghini 350 GT

Motor/Antrieb	
Bauart	V12
Lage/Antrieb	Front/Heck
Hubraum in cm³	3464
Leistung in PS bei U/min	270 bei 6500 bis 360 bei 8000
Vmax in km/h	260 bis 280
Karosserie	
Bauart	Coupé, Cabriolet
Tragstruktur	teilw. selbsttragend
Material	
Stückzahl und Marktsituation	129
Produktionszahl	gegen null
Verfügbarkeit	sehr schwierig
Teilesituation	hoch
Unterhaltskosten	

Preise in Euro	1	2	3	4	5
350 GT, Cpe	120.000	90.000	65.000	40.000	20.000

Lamborghini 400 GT — 1965-1968

Nach dem 350 GT mit 3,5 Litern Hubraum erschien bereits 1965 der überarbeitete 400 GT. Mit nun vier Litern Hubraum war die Leistung des aufwändigen Zwölfzylindermotors auf satte 320 PS gestiegen. Das Fahrzeug war aber dadurch nicht nur schneller, sondern auch besser geworden. Vor allem in der Detail- und Verarbeitungsqualität zeigten sich die Fortschritte, die auch die Kunden zunehmend honorierten. Äußerlich an Doppelscheinwerfern zu identifizieren, machten ein neu gestaltetes Armaturenbrett und verbesserte Sitze das Leben mit dem Supersportler noch angenehmer. Bis 1968 ließen sich immerhin 260 dieser von Touring gezeichneten und in Superleggera-Bauweise gefertigten Cabriolets und Coupés an den Kunden bringen.

Erste Stufe der Verfeinerung: Lamborghini 400 GT

Motor/Antrieb	
Bauart	V12
Lage/Antrieb	Front/Heck
Hubraum in cm³	3929
Leistung in PS bei U/min	320 bei 6500
Vmax in km/h	270
Karosserie	
Bauart	Coupé, Cabriolet
Tragstruktur	teilw. selbsttragend
Material	
Stückzahl und Marktsituation	273
Produktionszahl	gegen null
Verfügbarkeit	schwierig
Teilesituation	hoch
Unterhaltskosten	

Preise in Euro	1	2	3	4	5
400 GT (2+2), Cpe	105.000	78.000	55.000	35.000	17.000

Lamborghini Miura P 400, Miura S und SV — 1966-1973

Statt den Zwölfzylinder vorn unter der Haube zu tragen, fand sich beim Miura das leistungsstarke Aggregat quer vor der Hinterachse eingebaut. Nicht nur deshalb sorgte der Wagen für Aufsehen. Herausragend war das faszinierende Design der halbselbsttragenden Karosserie, die Bertone entworfen hatte. Der extrem flache Renner zeigte sich sehr handlich und kurvengierig, litt jedoch unter einem nervösen Geradeauslauf, einer hakeligen Schaltung und quälte die Insassen mit einer unbequemen Sitzposition. So ließ der Verkaufserfolg nach anfänglicher Begeisterung nach, auch wenn die Leistung von 350 auf 385 PS gestiegen war und den Miura zu einem der schnellsten Straßensportwagen seiner Zeit machte.

Die Synthese der reinen Sportwagenform: Lamborghini Miura

Motor/Antrieb	
Bauart	V12
Lage/Antrieb	Mitte/Heck
Hubraum in cm³	3929
Leistung in PS bei U/min	350 bei 7000 bis 385 bei 7850
Vmax in km/h	290 bis 300
Karosserie	
Bauart	Coupé
Tragstruktur	teilw. selbsttragend
Material	Aluminium
Stückzahl und Marktsituation	
Produktionszahl	474, 140, 150
Verfügbarkeit	schlecht
Teilesituation	ausreichend
Unterhaltskosten	hoch

Preise in Euro	1	2	3	4	5
Miura P400, Cpe	140.000	110.000	79.000	45.000	22.000
Miura P400 S, Cpe	155.000	125.000	85.000	48.000	25.000
Miura P400 SV, Cpe	180.000	148.000	105.000	65.000	30.000

Lamborghini (I)

Lamborghini Espada — 1968-1978

Lamborghini ließ sich nicht dazu verführen, einen Viertürer zu bauen. Dennoch bot er ein familientaugliches Auto an, den Espada. Den ganz im Gegensatz zum im selben Jahr präsentierten Islero futuristisch wirkenden Wagen hatte Bertone gezeichnet, und er wurde ein großer Erfolg. In gut zehn Baujahren ließ sich der zweitürige Viersitzer über 1200 mal absetzen und war damit viel erfolgreicher als Quattroporte, Fidia oder Deauville. Was für die sportlichen Coupés von Lamborghini galt, stimmt auch für den Espada, der neu einen hohen Preis kostete. Guten Gegenwert bot die extravagante Erscheinung, die dank des bewährten und leistungsstarken Zwölfzylindermotors mit exzellenten Fahrleistungen aufwarten konnte. Heute zählt er zu den individuellsten Klassikern der siebziger Jahre.

Familiencoupé mit Kraft aus zwölf Töpfen: Lamborghini Espada

Motor/Antrieb	
Bauart	V12
Lage/Antrieb	Front/Heck
Hubraum in cm³	3929
Leistung in PS bei U/min	325 bei 6500 bis 350 bei 7500
Vmax in km/h	250
Karosserie	
Bauart	Coupé
Tragstruktur	selbsttragend
Material	Stahlblech
Stückzahl und Marktsituation	
Produktionszahl	1217
Verfügbarkeit	ausreichend
Teilesituation	ausreichend
Unterhaltskosten	hoch

Preise in Euro	1	2	3	4	5
Espada Ser. 1, Cpe	54.000	41.000	27.000	15.000	7.000
Espada Ser. 2, Cpe	48.000	35.000	24.000	12.000	5.000
Espada Ser. 3, Cpe	50.000	37.000	25.000	13.000	6.000

Lamborghini Islero, Islero S — 1968-1969

Das äußerlich geradezu schlicht anmutende Coupé hatte es faustdick unter der Haube: Wie beim Vorgänger, dem 400 GT, sorgte der Zwölfzylindermotor für Musik. Die Marke hatte sich in erstaunlich kurzer Zeit am Markt etabliert und bot mit dem Islero ein perfektes Auto für bekennende Understatement-Jünger. Wem statt eines springenden Pferdes auch ein Kampfstier zusagte, der fand bei Lamborghini neben viel Leistung ein komfortables Interieur mit elektrischen Fensterhebern, leichtgängiger Servolenkung und serienmäßiger Klimaanlage. Das aufwändige Fahrwerk mit vier Scheibenbremsen verdaute auch die Kraftkur von 1969 gut, als der Islero S mit 350 PS eingeführt wurde. Der Motor zeigte sich trotz hoher Drehzahlen inzwischen als recht ausgereift.

No one knows: Lamborghini Islero

Motor/Antrieb	
Bauart	V12
Lage/Antrieb	Front/Heck
Hubraum in cm³	3929
Leistung in PS bei U/min	320 bei 6500 bis 350 bei 7500
Vmax in km/h	260 bis 265
Karosserie	
Bauart	Coupé
Tragstruktur	Rohrrahmen
Material	Stahlblech
Stückzahl und Marktsituation	
Produktionszahl	225
Verfügbarkeit	schlecht
Teilesituation	schwierig
Unterhaltskosten	hoch

Preise in Euro	1	2	3	4	5
Islero GT, Cpe	53.700	40.400	26.100	13.800	6.700
Islero GTS, Cpe	58.800	44.500	28.600	15.400	7.200

Lamborghini Jarama 400 GT, Jarama S — 1970-1978

Ein kürzerer Radstand sorgte beim Nachfolger des Islero für eine weit verbesserte Handlichkeit. Es war wiederum Bertone, der das Blechkleid des Jarama entworfen hatte, doch die langen vorderen und hinteren Überhänge zählen zu den Schwächen der Linienführung. Der knapp geschnittene 2+2-Sitzer hatte den markentypischen Zwölfzylinder mit zunächst 350 PS unter der Haube, das 1973 eingeführte Modell Jarama S kam sogar auf 365 PS. Die zurückhaltende Eleganz verführte jedoch trotz neunjähriger Bauzeit nur 327 Käufer zu diesem Modell, das wie der Espada in selbsttragender Bauweise karossiert war.

327 Exemplare in neun Jahren: Lamborghini Jarama 400 GT

Motor/Antrieb	
Bauart	V12
Lage/Antrieb	Front/Heck
Hubraum in cm³	3929
Leistung in PS bei U/min	350 bei 7500 bis 365 bei 7500
Vmax in km/h	255
Karosserie	
Bauart	Coupé
Tragstruktur	selbsttragend
Material	Stahlblech
Stückzahl und Marktsituation	
Produktionszahl	327
Verfügbarkeit	schlecht
Teilesituation	ausreichend
Unterhaltskosten	hoch

Preise in Euro	1	2	3	4	5
Jarama 400 GT, Cpe	48.100	35.800	23.500	12.300	5.600
Jarama 400 GTS, Cpe	52.700	39.400	25.600	13.300	6.100

Lamborghini Urraco P 250 und 300 — 1970-1979

Zusätzlich zu den in gewisser Weise etablierten Zwölfzylinder-Fahrzeugen bot Lamborghini ab 1970 auch ein kleines Modell mit Achtzylindermotor an. Dieses Triebwerk mit zwei obenliegenden Nockenwellen pro Zylinderbank schwächte allerdings die Markenreputation durch Unausgereiftheit. Zudem belasteten erhebliche Verarbeitungsmängel den Ruf der Marke. Doch die Qualität konnte schnell gesteigert werden: Die Drei-Liter-Version des V8 war schon wesentlich zuverlässiger. Das Mittelmotorcoupé wurde in selbsttragender Bauweise gefertigt und bot zur Not auch vier Personen Platz. Mit 776 gebauten Urracos war Lamborghini allerdings längst nicht so erfolgreich wie Ferrari mit dem Dino 308.

Jetzt mit V8-Antrieb: Lamborghini Urraco

Motor/Antrieb	
Bauart	V8
Lage/Antrieb	Mitte/Heck
Hubraum in cm³	2463, 2996
Leistung in PS bei U/min	220 bei 7500 bis 265 bei 7500
Vmax in km/h	240 bis 260
Karosserie	
Bauart	Coupé
Tragstruktur	selbsttragend
Material	Stahlblech
Stückzahl und Marktsituation	
Produktionszahl	776
Verfügbarkeit	ausreichend
Teilesituation	schwierig
Unterhaltskosten	hoch

Preise in Euro	1	2	3	4	5
Urraco P 250, Cpe	36.700	26.200	16.500	7.900	4.200
Urraco P 300, Cpe	39.000	27.900	17.200	8.400	4.500

Lamborghini Countach LP 400 — 1974-1979

Nichts war von der aufregend rundlichen Erscheinung des Miura geblieben: Der Countach war entsprechend dem Zeitgeschmack äußerst kantig-futuristisch gestylt. Auffällig gerieten die großen Lufteinlässe zur Beatmung und Kühlung des potenten Zwölfzylinders, Aufsehen erregend die vorn in der keilförmigen Karosserie angeschlagenen Flügeltüren. Anders als beim Vorgänger war das Triebwerk nun längs hinter dem Rücken der Passagiere installiert. Die Fahrleistungen lagen mit einer Spitze von 300 Stundenkilometer nochmals über den Werten des Miura, der ja schon nicht von Schwächlichkeit geprägt war. 150 verkaufte Countach sicherten die wirtschaftliche Existenz des Kleinserienherstellers, der bei diesem Modell auf eine Karosserie aus Stahl und Aluminium setzte, die von einem Rohrrahmen getragen wurde.

Ein Keil mit 385 PS: Lamborghini Countach LP 400

Motor/Antrieb					
Bauart					V12
Lage/Antrieb					Mitte/Heck
Hubraum in cm³					3929
Leistung in PS bei U/min					385 bei 8000
Vmax in km/h					300
Karosserie					
Bauart					Coupé
Tragstruktur					Rohrrahmen
Material					Stahlblech/Aluminium
Stückzahl und Marktsituation					
Produktionszahl					150
Verfügbarkeit					schlecht
Teilesituation					ausreichend
Unterhaltskosten					hoch
Preise in Euro	1	2	3	4	5
Countach LP 400, Cpe	81.800	53.700	37.800	25.600	15.400
Countach LP 400 S, Cpe	76.700	50.100	35.800	24.600	15.000

Lamborghini Silhouette, Jalpa — 1976-1986

Ganz aufgeben wollte Lamborghini das Konzept des Achtzylinder-Sportlers nicht. Stark überarbeitet wurde aus dem Urraco zunächst der Silhouette, bei dem auf die doch weitgehend funktionslosen Notsitze verzichtet wurde. Ein herausnehmbares Dachteil sorgte hingegen für mehr Fahrvergnügen, das Interieur zeigte sich komplett überarbeitet. Doch diese Bemühungen schlugen sich nicht in einem Verkaufserfolg nieder. Also gingen die Lamborghini-Entwickler noch einmal in Klausur und präsentierten 1981 den wiederum modifizierten Jalpa, dessen Motor mit 3,5 Litern Hubraum größer und mit 270 PS auch etwas stärker geworden war. Erstaunlicherweise fand sich unter der Haube immer noch eine Vergaseranlage zur Gemischaufbreitung, obwohl die Einspritztechnik in den meisten Motoren längst zum Standard geworden war.

Die V8-Erben: Lamborghini Silhouette und Jalpa

Motor/Antrieb					
Bauart					V8
Lage/Antrieb					Mitte/Heck
Hubraum in cm³					2996, 3485
Leistung in PS bei U/min					255 bei 7000 bis 270 bei 7500
Vmax in km/h					250 bis 265
Karosserie					
Bauart					Coupé
Tragstruktur					selbsttragend
Material					Stahlblech
Stückzahl und Marktsituation					
Produktionszahl					54, 250
Verfügbarkeit					gegen null
Teilesituation					schwierig
Unterhaltskosten					hoch
Preise in Euro	1	2	3	4	5
Urraco Silhouette, HD	70.000	44.000	29.000	19.000	11.000
Jalpa 3500, HD	44.000	30.000	21.000	12.000	7.500

Lancia (I) • seit 1906

Vincenzo Lancia, 1881 geborener Sohn eines reichen Konservenfabrikanten, arbeitete zunächst als Buchhalter und später für Fiat als Rennfahrer und Versuchsleiter. 1906 machte er sich mit einer eigenen Firma selbständig. 1907 konnte er den ersten Wagen, genannt Alfa, vorstellen. Mit fortschrittlicher Technik wurde Lancia schnell berühmt: 1913 besaßen die Lancia bereits elektrische Beleuchtung und Anlasser, 1922 entwickelte die Firma die erste selbsttragende Karosserie der Welt, die mit dem Lambda auch in Serie ging. Mit eleganten, konstruktiv exquisiten Entwürfen erwarb sich Lancia einen hervorragenden Ruf.

In den fünfziger Jahren schrieb Lancia Motorsportgeschichte, bis das Werk 1955 vorläufig die offizielle Beteiligung einstellte. 1959 übernahm der Zementfabrikant Pesenti die finanziell angeschlagene Marke, doch auch ihm fehlte das Glück. 1969 übernahm Fiat das Kommando bei Lancia. Teilweise exquisite Entwürfe brachten keine große Resonanz, nur der Stratos trug den Namen Lancia nochmals in alle Welt.

Lancia Lambda Serie I bis Serie IX — 1923-1931

Lancia stellte das neue Modell Lambda 1922 auf dem Pariser Salon vor, wo man es mit größtem Interesse aufnahm. Kein Wunder: Vordere Einzelradaufhängung und eine leichte, weil selbsttragende Karosserie — Vincenzo Lancia besaß ein Patent für den aus gepressten Blechen gefertigten Rahmen — wiesen weit in die Zukunft. Eine für die damalige Zeit hervorragende Straßenlage und beeindruckende Fahrleistungen sicherten dem Lancia, der in neun Serien gebaut worden ist, dauerhaften Erfolg. Angetrieben wurde er von einem kompakten V4, der einen Zylinderwinkel von nur 13 Grad aufwies. Eine Königswelle trieb die obenliegende Nockenwelle an. Als weiteres, in den frühen Zwanzigern noch nicht selbstverständliches Extra besaß der Lambda Vorderradbremsen.

Epoche machendes Werk: Lancia Lambda

Motor/Antrieb					
Bauart					V4
Lage/Antrieb					Front/Heck
Hubraum in cm³					2120, 2370, 2570
Leistung in PS bei U/min					50 bei 3250, 59 bei 3250, 69 bei 3500
Vmax in km/h					115 bis 120
Karosserie					
Bauart					Tourer, Limousine, Roadster
Tragstruktur					selbsttragend
Material					Stahlblech, Holz/Kunstleder
Stückzahl und Marktsituation					
Produktionszahl					rund 13.000
Verfügbarkeit					gegen null
Teilesituation					sehr schwierig
Unterhaltskosten					hoch
Preise in Euro	1	2	3	4	5
Lambda,			keine Notierung		

Lancia (I)

Lancia Aurelia
1950-1957

Dem technischen Anspruch der Marke folgend, zeigte auch das 1950 eingeführte Modell Aurelia feinste Technik. Der Sechszylinder-V-Motor bot zunächst nur knapp 1,8 Liter Hubraum, wurde jedoch im Laufe der Baujahre bald auf zwei, später auch 2,3 Liter vergrößert. Die Leistung wuchs von 57 auf knapp 85 PS und sorgte für ansehnliche Fahrleistungen. Unter der selbsttragenden Stahlblechkarosserie fanden sich eine aufwändige DeDion-Hinterachse, ein am Differenzial verblocktes Getriebe sowie innenliegende Bremsen. Trotz eleganter Linienführung zeigte die Karosserie mit ihren auffälligen Kotflügelausbuchtungen noch Anklänge an frühere Zeiten. Mit weniger als 13.000 verkauften Wagen scheint das Konzept insgesamt zu fortschrittlich für die damalige Zeit gewesen zu sein.

Feinste Technik, flotter Motor, schöne Linie:
Lancia Aurelia

Motor/Antrieb					
Bauart					V6
Lage/Antrieb					Front/Heck
Hubraum in cm³					1754, 1991, 2266
Leistung in PS bei U/min					57 bei 4700 bis 85 bei 4800
Vmax in km/h					135 bis 160
Karosserie					
Bauart					Limousine (4-türig), Cabriolet
Tragstruktur					selbsttragend
Material					Stahlblech
Stückzahl und Marktsituation					
Produktionszahl					12784
Verfügbarkeit					gegen null
Teilesituation					schwierig
Unterhaltskosten					hoch
Preise in Euro	1	2	3	4	5
Aurelia B 10, L4t	28.000	20.500	13.000	6.900	3.500
Aurelia B 12, L4t	30.000	21.000	14.000	7.500	3.500

Lancia Appia Cabriolet, Appia Coupé
1953-1963

Neben der Limousinen- und der Kombiversion offerierte Lancia auch Coupés und Cabriolets auf der Basis des Appia. In die von Pininfarina, Zagato und Vignale eingekleideten Kompakt-Sportler hatte Lancia leistungsgesteigerte Motoren installiert, die mit 53 bis 60 PS für bessere Fahrleistungen als bei den Standardmodellen sorgten. Die Karosserien, die es — je nach Karossier — in verschiedenen Formen gab, entstanden aus Stahlblech oder teilweise auch Aluminium. Montiert wurden sie auf dem Plattformrahmen der Appia. In den sechs Produktionsjahren sind nur gut 5000 Appia als Coupé, Cabrio oder mit Sonderaufbauten entstanden. Heute ist vor allem das Cabriolet sehr selten.

Exklusiv eingekleidet:
Lancia Appia Cabriolet Vignale

Motor/Antrieb					
Bauart					V4
Lage/Antrieb					Front/Heck
Hubraum in cm³					1090
Leistung in PS bei U/min					53 bei 5200 bis 60 bei 5400
Vmax in km/h					135 bis 150
Karosserie					
Bauart					Cabriolet, Coupé, Sonderkarosserie
Tragstruktur					Plattformrahmen
Material					Stahlblech
Stückzahl und Marktsituation					
Produktionszahl					5161
Verfügbarkeit					gegen null
Teilesituation					sehr schwierig
Unterhaltskosten					mittel
Preise in Euro	1	2	3	4	5
Appia, Cab			keine Notierung		
Appia, Cpe			keine Notierung		

Lancia Appia Serie 1, 2 und 3
1953-1963

Nicht nur optisch war der kleine Lancia Appia ein fortschrittliches Automobil. Die Marke, die schon so manche zukunftsweisende Technik vor allen anderen in Serie gefertigt hatte, motorisierte den kompakten Viertürer mit einem Vierzylinder-V-Motor, der einen sehr kleinen Zylinderwinkel von nur wenig mehr als zehn Grad aufwies. Die Karosserie mit großzügigem Platzangebot präsentierte sich mit einem schlichten, glattflächigen Schrägheck; die hinteren Türen waren an der C-Säule angeschlagen. Die Karosserie war halbselbsttragend gefertigt. Der hohe konstruktive Aufwand schlug sich in stolzen Preisen nieder. In der letzten Serie, die zwischen 1959 und 1963 gebaut wurde, bereicherte ein dreitüriger Kombi das Angebot. Die Leistung war um zehn auf 48 PS gestiegen.

Hohe Preise, exklusive Konstruktion:
Lancia Appia, Serie 1

Motor/Antrieb					
Bauart					V4
Lage/Antrieb					Front/Heck
Hubraum in cm³					1090
Leistung in PS bei U/min					38 bei 4800 bis 48 bei 4800
Vmax in km/h					120 bis 130
Karosserie					
Bauart					Limousine (4-türig), Kombi (3-türig)
Tragstruktur					teilw. selbsttragend
Material					Stahlblech
Stückzahl und Marktsituation					
Produktionszahl					98006
Verfügbarkeit					gegen null
Teilesituation					sehr schwierig
Unterhaltskosten					mittel
Preise in Euro	1	2	3	4	5
Appia C10 Serie 1, L4t	13.000	9.200	5.500	2.500	1.200
Appia C10 Serie 2, L4t	12.500	9.000	5.500	2.500	1.200
Appia Serie 3, L4t	11.000	7.500	4.500	2.100	1.000

Lancia Aurelia B20 GT
1953-1957

Drei Jahre nach der Aurelia Limousine führte Lancia den Aurelia GT ein, ein bis heute sehr harmonisch wirkendes Coupé. Es wurde von Sechszylinder-V-Motoren mit zwei und 2,5 Litern Hubraum angetrieben und bestach durch seine elegante Pininfarina-Karosserie. Dem Renommee zuträglich waren sicher auch die zahlreichen Erfolge bei Rennen und Rallyes, die ihre Fortsetzung heute im historischen Motorsport finden. 185 km/h Spitzentempo galten in den fünfziger Jahren als beeindruckende Leistung, die dank eines sicheren Fahrwerks zuverlässig auf die Straße zu bringen war. Der bullige Auftritt macht die in zahlreichen Versionen gebaute Aurelia GT zur Ausnahmeerscheinung, die ganze 3870 mal die Lancia-Werkshallen verließ.

Für Promenade und Rennstrecke:
Lancia Aurelia B20 GT

Motor/Antrieb					
Bauart					V6
Lage/Antrieb					Front/Heck
Hubraum in cm³					1991, 2451
Leistung in PS bei U/min					80 bei 5000 bis 118 bei 5200
Vmax in km/h					160 bis 185
Karosserie					
Bauart					Coupé
Tragstruktur					selbsttragend
Material					Stahlblech
Stückzahl und Marktsituation					
Produktionszahl					3870
Verfügbarkeit					gegen null
Teilesituation					sehr schwierig
Unterhaltskosten					hoch
Preise in Euro	1	2	3	4	5
Aurelia B20 GT (2500), Cpe	70.000	52.000	40.000	21.000	10.000

Lancia Flaminia Berlina — 1957-1970

Nur wenig öfter als der Aurelia GT wurde die viertürige Limousine Flaminia zwischen 1957 und 1970 gebaut. Warum die Italiener so lange an der sehr aufwändigen, aber leider weitgehend erfolglosen Konzeption festgehalten haben, bleibt eines ihrer Geheimnisse. Beim Serienstart verwendete Lancia den aus dem Aurelia stammenden Motor mit 2,5 Litern Hubraum, dessen Leistung auf 100 PS reduziert worden war. Dadurch stellte er etwas mehr Drehmoment zur Vefügung. 1963 stieg der Hubraum auf 2,8 Liter an, und die daraus resultierenden 128 PS ließen die Spitzengeschwindigkeit auf 160 Stundenkilometer steigen. Das Transaxle-Prinzip und eine DeDion-Hinterachse zeugten vom Anspruch, den Lancia mit der Flaminia verfolgte. Die halbselbsttragende Karosserie bot üppigen Raum: Dank vorderer Sitzbank fanden bis zu sechs Personen Platz.

Noblesse für sechs: Lancia Flaminia Berlina

Motor/Antrieb					
Bauart					V6
Lage/Antrieb					Front/Heck
Hubraum in cm³					2451, 2775
Leistung in PS bei U/min					100 bei 4600 bis 128 bei 5200
Vmax in km/h					155 bis 165
Karosserie					
Bauart					Limousine (4-türig)
Tragstruktur					teilw. selbsttragend
Material					
Stückzahl und Marktsituation					
Produktionszahl					3943
Verfügbarkeit					gegen null
Teilesituation					sehr schwierig
Unterhaltskosten					hoch
Preise in Euro	1	2	3	4	5
Flaminia Berlina (1957-1963), L4t	23.500	16.500	12.600	5.700	2.200
Flaminia Berlina (1963-1970), L4t	24.200	18.300	12.800	5.900	2.300

Lancia Flaminia Coupé — 1959-1967

Nochmals teurer als die ohnehin nicht gerade preisgünstige Flaminia Berlina bot Lancia das Flaminia Coupé an. Es hielt sich allerdings nur bis 1967 im Programm, zeigte sich bei den Verkaufszahlen dennoch führend. Pininfarina hatte aus dem großen Viertürer eine elegante wie exquisite Erscheinung gezaubert: Keinen zierlichen Sportwagen, sondern einen noblen Zweitürer, der auf den glamourösen Boulevards dieser Welt großen Eindruck machte. Die kecken Heckflossen lagen 1959 voll im Trend. Im Innenraum blieb auch, wie in der Limousine, weiterhin genügend Platz. Die Motoren jedoch stellten den Coupés mehr Leistung als den Limousinen zur Verfügung. Sie trieben den Zweitürer schwungvoll an: Mit 190 km/h gehörten die Piloten der Flaminia Coupés schon damals zu den Schnellsten.

Zu Hause auf den glamourösen Boulevards: Lancia Flaminia Coupé Pininfarina

Motor/Antrieb					
Bauart					V6
Lage/Antrieb					Front/Heck
Hubraum in cm³					2451, 2775
Leistung in PS bei U/min					119 bei 5100 bis 140 bei 5600
Vmax in km/h					170 bis 190
Karosserie					
Bauart					Coupé
Tragstruktur					teilw. selbsttragend
Material					
Stückzahl und Marktsituation					
Produktionszahl					5236
Verfügbarkeit					gegen null
Teilesituation					sehr schwierig
Unterhaltskosten					hoch
Preise in Euro	1	2	3	4	5
Flaminia Pininfarina (1959-1963), Cpe	35.000	27.000	16.000	9.000	4.500
Flaminia Pininfarina (1963-1967), Cpe	37.000	29.000	17.000	9.500	4.500

Lancia Flaminia GT — 1959-1965

Karosseriebauer Touring hatte für das hinreißende Kleid der Flaminia GT gesorgt. Die auffälligen Doppelscheinwerfer mit den keck hochgezogenen Augenbrauen sind das markante Erkennungszeichen des als Coupé und Cabrio angebotenen Spitzenmodells mit dem Namen Flaminia GT. Eine leichte Aluminiumkarosserie sparte Gewicht, und so hatten die bis zu 150 PS des Sechszylinders ein leichtes Spiel: Nach einem fulminanten Antritt erreicht die optisch durchaus nicht zierliche Italienerin über 190 Stundenkilometer Spitze. Zur guten Straßenlage trägt auch die durch die Transaxle-Konstruktion optimierte Gewichtsverteilung bei – Lancia montierte bereits damals das Getriebe mit dem Differenzial an der Hinterachse. Trotzdem überzeugte das Coupé die knapp 2900 Kunden mehr durch seinen distinguierten Komfort als mit ungebändigter Sportlichkeit.

Distinguierter Komfort: Lancia Flaminia GT Cabriolet Touring

Motor/Antrieb					
Bauart					V6
Lage/Antrieb					Front/Heck
Hubraum in cm³					2451, 2775
Leistung in PS bei U/min					119 bei 5100 bis 150 bei 5400
Vmax in km/h					170 bis 190
Karosserie					
Bauart					Coupé, Cabriolet
Tragstruktur					teilw. selbsttragend
Material					Aluminium
Stückzahl und Marktsituation					
Produktionszahl					2866
Verfügbarkeit					gegen null
Teilesituation					sehr schwierig
Unterhaltskosten					hoch
Preise in Euro	1	2	3	4	5
Flaminia GT Touring (1959-1963), Cab	75.000	57.000	39.000	22.000	10.000
Flaminia GT Touring, Cpe	46.000	33.000	21.000	12.000	6.000

Lancia Flavia Berlina, Flavia Coupé, Flavia Convertible, Flavia Sport Zagato (Serie I) — 1960-1967

1960 überraschte Lancia mit der Einführung der Flavia. Die Mittelklasse-Limousine wurde von einem komplett aus Aluminiumguss gefertigten, leider nicht allzu zuverlässigen Vierzylinder-Boxermotoren mit 1,5 bis 1,8 Litern Hubraum unter der Haube angetrieben. Mit Vorderradantrieb und vier Scheibenbremsen war das Konzept voll auf der Höhe der Zeit. Die parallel zur Limousine angebotenen Cabriolets und Coupés überzeugten mit ihrer Eleganz. Ungewohnt wirkte das von Zagato eingekleidete Modell, das vor allem für den Einsatz im Motorsport gedacht war. Ein großer Erfolg war den Flavia-Modellen nicht gegönnt: Die Verkaufszahlen in der achtjährigen Bauzeit blieben eher bescheiden.

Der große Erfolg blieb aus: Lancia Flavia (Serie I)

Motor/Antrieb					
Bauart					Vierzylinder (Boxer)
Lage/Antrieb					Front/Front
Hubraum in cm³					1488, 1500, 1800
Leistung in PS bei U/min					75 bei 5600 bis 102 bei 5800
Vmax in km/h					150 bis 170
Karosserie					
Bauart					Limousine (4-türig), Coupé, Cabriolet
Tragstruktur					selbsttragend
Material					Stahlblech
Stückzahl und Marktsituation					
Produktionszahl					41114
Verfügbarkeit					gegen null
Teilesituation					sehr schwierig
Unterhaltskosten					mittel
Preise in Euro	1	2	3	4	5
Flavia 1500 (1960-1966), L4t	9.300	6.500	4.500	2.100	900
Flavia Sport Zagato 1.8, Cpe	27.500	20.000	14.100	8.500	4.500

Lancia (I)

Lancia Fulvia Berlina — 1963-1972

Erfolgreicher noch als die Appia war für Lancia das Nachfolgermodell Fulvia. In seiner knapp zehnjährigen Bauzeit fand die Limousine über 190.000 Käufer. Sie war ein typischer Lancia geblieben: Der Vierzylinder-V-Motor fiel wiederum durch einen sehr kleinen Zylinderwinkel auf, aus seinem knapp bemessenen Hubraum von 1,1 Litern schöpfte er zunächst immerhin 58 PS. Mit dem Hubraumzuwachs auf 1,2 und später 1,3 Liter stieg die Leistung auf bis zu 87 PS. Obwohl das Fahrwerk einfach konstruiert war und noch Blattfedern an der Hinterachse besaß, war es mit der agilen Fulvia nicht überfordert. Der robuste Viertürer überzeugte mit seiner hohen Praxistauglichkeit – seine Besitzer sollen ihn auch im Alltagsbetrieb einst sehr geschätzt haben. Heute punktet er als unprätentiöser, charakterfester Klassiker für Italo-Fans.

Kantigkeit als Stilmittel: Lancia Fulvia Berlina

Motor/Antrieb	
Bauart	V4
Lage/Antrieb	Front/Heck
Hubraum in cm³	1091, 1216, 1298
Leistung in PS bei U/min	58 bei 5800 bis 87 bei 6000
Vmax in km/h	140 bis 160
Karosserie	
Bauart	Limousine (4-türig)
Tragstruktur	selbsttragend
Material	Stahlblech
Stückzahl und Marktsituation	
Produktionszahl	192097
Verfügbarkeit	schlecht
Teilesituation	schwierig
Unterhaltskosten	mittel

Preise in Euro	1	2	3	4	5
Fulvia (1963-1969), L4t	6.900	4.500	2.900	1.400	600

Lancia Fulvia Coupé — 1965-1976

Das elegante Coupé mit dem überaus grazilen, lichtdurchfluteten Dachpavillon bot sich weniger als Sportler, denn als gediegener Reise-Gran-Turismo an. Lancia hatte ihn von der kantigen Fulvia Berlina abgeleitet, als 2+2-Sitzer erhielt er einen kürzeren Radstand und einen stärkeren Motor. Ab 1967 entstand die Karosserie teilweise aus Leichtmetall. Das V4-Triebwerk, das es mit zunächst 1,2 und 1,3 Litern Hubraum gab, fiel durch seinen engen Zylinderwinkel auf. Später stieg das Hubvolumen auf 1,6 Liter. Die mit dem Kürzel HF versehenen Rennversionen glänzten mit zwei Rallye-Weltmeisterschaften und drei Europameister-Titeln. Sie setzten auf Leichtbau durch Verzicht auf Stoßstangen und Einsatz von Plexiglas an den Seiten- und Heckscheiben. Insgesamt genossen rund 140.000 Besitzer den kultivierten Fahrspaß, den ihnen das Fulvia Coupé bescherte.

Kultivierter Fahrspaß statt sportives Hetzen: Lancia Fulvia Coupé

Motor/Antrieb	
Bauart	V4
Lage/Antrieb	Front/Heck
Hubraum in cm³	1216, 1298, 1584
Leistung in PS bei U/min	80 bei 6200 bis 114 bei 6500
Vmax in km/h	160 bis 185
Karosserie	
Bauart	Coupé
Tragstruktur	selbsttragend
Material	Stahlblech
Stückzahl und Marktsituation	
Produktionszahl	140409
Verfügbarkeit	gut
Teilesituation	schwierig
Unterhaltskosten	mittel

Preise in Euro	1	2	3	4	5
Fulvia Coupé, Cpe	10.700	7.100	4.100	2.200	1.000
Fulvia Coupé 2. Ser., Cpe	9.500	6.400	3.900	2.100	900

Lancia Fulvia Sport (Zagato) — 1965-1972

Weit individueller als das Fulvia Coupé präsentiert sich der von Zagato gestylte Fulvia Sport. Lange war das nur gut 6100 mal gebaute Coupé selbst in Klassikerkreisen unterbewertet. Noch heute liegen die Preise auf einem erstaunlich moderaten Niveau. Bereits 1965, also nahezu zeitgleich zum Coupé mit Werkskarosserie, stand der Zagato bei den Händlern. Zunächst trug er eine leichte, empfindliche Aluminium-Karosserie. Später wurde die Hülle aus üblichem Stahlblech geformt – hier hat die Korrosion dann erbarmungslos zugeschlagen. Technisch hatte sich im Vergleich zum Fulvia Coupé nichts verändert, Leistung und Fahrwerte sind daher gleich. Praktischer als das Stufenheck war jedoch die große Heckklappe der Fulvia Sport, die sich außerdem durch eine völlig neue Innenraumgestaltung zu unterscheiden wusste.

Mit individuellem Anspruch: Lancia Fulvia Sport

Motor/Antrieb	
Bauart	V4
Lage/Antrieb	Front/Heck
Hubraum in cm³	1216, 1298, 1584
Leistung in PS bei U/min	80 bei 6200 bis 114 bei 6500
Vmax in km/h	160 bis 185
Karosserie	
Bauart	Coupé
Tragstruktur	selbsttragend
Material	Aluminium/Stahlblech
Stückzahl und Marktsituation	
Produktionszahl	6102
Verfügbarkeit	gegen null
Teilesituation	schwierig
Unterhaltskosten	mittel

Preise in Euro	1	2	3	4	5
Fulvia Sport Zagato 1,3, Cpe	14.200	10.000	6.800	3.700	1.800
Fulvia Sport Zagato 1,6, Cpe	15.800	11.000	7.500	4.000	2.100

Lancia Flavia Berlina (Serie II) — 1967-1972

Die zweite Serie der Flavia Berlina schickte Lancia mit einer geglätteten Front ins Rennen: Jetzt saßen die Doppelscheinwerfer nicht mehr so markant wie bisher in den Kotflügeln, sondern wurden in den Grill integriert. Damit verlor die Flavia ihren barocken Touch, der nie so recht zum schlichten Rest der Karosserielinie passen wollte. Die luxuriöse Mittelklasselimousine blieb in ihrem sonstigen Layout unverändert. Sie besaß wiederum Frontantrieb, angetrieben wurde sie von drei Motoren: Neben dem 1,5 Liter großen Boxermotor gab es eine 1,8 Liter große Version, die 92 PS leistete. Zudem bot Lancia eine Variante des größeren Motors mit einer Kugelfischer-Einspritzung an, die den Motor besser mit Gemisch fütterte – 102 PS leistete das Triebwerk jetzt. Ab 1969 stand für die 1800er-Modelle zusätzlich eine LX genannte Luxusversion in den Preislisten.

Auch mit Einspritz-Motor: Lancia Flavia Berlina (Serie II)

Motor/Antrieb	
Bauart	Vierzylinder (Boxer)
Lage/Antrieb	Front/Front
Hubraum in cm³	1488, 1800
Leistung in PS bei U/min	80 bei 5600, 92 bei 5200, 102 bei 5200
Vmax in km/h	152 bis 170
Karosserie	
Bauart	Limousine (4-türig)
Tragstruktur	selbsttragend
Material	Stahlblech
Stückzahl und Marktsituation	
Produktionszahl	k.A.
Verfügbarkeit	schlecht
Teilesituation	schwierig
Unterhaltskosten	hoch

Preise in Euro	1	2	3	4	5
Flavia Berlina 1,8, L4t	12.000	8.700	5.900	2.500	1.100

Lancia (I)

Lancia Beta — 1972-1975

Die vereinfachende Handschrift des auf Rationalisierung bedachten Fiat-Konzerns war bei dem ersten unter deren Ägide eingeführten Modell zu spüren. Aus dem Hause bereits bekannte Vierzylinder-Reihenmotoren mit 1,4, 1,6 und 1,8 Litern Hubraum verhalfen zu standesgemäßen Fahrleistungen, ließen aber technische Exklusivität völlig vermissen. Die Schrägheck-Limousine mit Vorderradantrieb zeigte ein schlichtes und funktionelles Äußeres, das nicht ohne Schick war. Der Innenraum war mit luxuriösen Zutaten aufgewertet. Ein richtiger Verkaufsrenner wurde die Beta-Limousine trotz vielfältigster Modellpflegemaßnahmen nie, doch erreichte sie durchaus ihren Zweck: Sie sollte die Basis bilden für den geplanten Wiederaufstieg der Traditionsmarke. Nur wenige Beta fanden den Weg in Liebhaberhand.

Fiat hatte rationalisiert: Lancia Beta

Motor/Antrieb					
Bauart					Vierzylinder (Reihe)
Lage/Antrieb					Front/Front
Hubraum in cm³					1438, 1592, 1756
Leistung in PS bei U/min					90 bei 6000 bis 110 bei 6000
Vmax in km/h					165 bis 185
Karosserie					
Bauart					Limousine (4-türig)
Tragstruktur					selbsttragend
Material					Stahlblech
Stückzahl und Marktsituation					
Produktionszahl					k.A.
Verfügbarkeit					schlecht
Teilesituation					ausreichend
Unterhaltskosten					hoch
Preise in Euro	1	2	3	4	5
Beta 1,6, L4t	3.800	2.300	1.300	600	150
Beta 1,8, L4t	4.000	2.500	1.400	600	200

Lancia Beta Coupé, Beta HPE, Beta Spider — 1973-1985

Da Lancia im Fiat-Konzern als Ergänzung zu den Großserienprodukten die elegant-sportlichen Modelle anbieten sollte, wurden auf der Basis des Beta verschiedene Karosserievarianten präsentiert. Obwohl das Coupé mehr Ausstrahlung als die Limousine zeigte, fand es relativ wenig Zuspruch. Einen stilsicheren Auftritt, verbunden mit praktischen Talenten, zeigte eher das Modell HPE, ein Sportkombi, der mit seinem gediegenen Interieur mehr Erfolg verdient gehabt hätte. Als Spider bezeichneten die Marketing-Strategen ein Modell, dessen Dachmittelteil aus Kunststoff herausgenommen werden konnte. Der hintere Teil des Dachs war als Faltverdeck ausgebildet und konnte weggeklappt werden. Besondere Wertschätzung erfahren die seltenen VX-Modelle, die es als Coupé und HPE gab: Ein Kompressor sorgte hier für mehr Leistung.

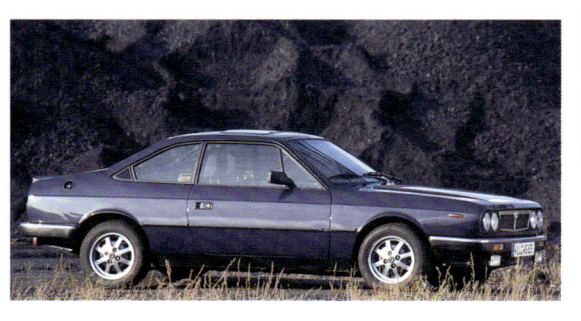

Als VX mit leistungssteigerndem Kompressor: Lancia Beta Coupé

Motor/Antrieb					
Bauart					Vierzylinder (Reihe)
Lage/Antrieb					Front/Front
Hubraum in cm³					1297, 1585, 1992
Leistung in PS bei U/min					82 bei 6200 bis 135 bei 5500
Vmax in km/h					160 bis 195
Karosserie					
Bauart					Kombi-Coupé, Coupé (auch mit entfernbaren Dachteil)+AP742
Tragstruktur					selbsttragend
Material					Stahlblech
Stückzahl und Marktsituation					
Produktionszahl					k.A.
Verfügbarkeit					ausreichend
Teilesituation					ausreichend
Unterhaltskosten					hoch
Preise in Euro	1	2	3	4	5
Beta Coupé 1600, Cpe	5.500	4.100	2.600	1.100	400
Beta HP Executive 2000 i.E., Cpe	6.200	4.700	2.500	1.200	500
Beta Spider 2000 (1976-1982), HD	8.500	5.700	3.300	1.500	600

Lancia Stratos — 1973-1974

Die Erfolge mit dem Fulvia Coupé waren schon ein wenig verblasst, als Lancia den Stratos lancierte. Bereits optisch signalisiert das Modell jene Angriffsbereitschaft, die es viele Rallyeeinsätze siegreich beenden ließ. Tatsächlich wurde der Stratos gezielt für den Einsatz im Sport entwickelt, viel mehr als die für die Homologation notwendigen 500 Exemplare sollten nie entstehen. Mit seinem robusten Rohrrahmen, den aus dem Dino entliehenen starken Motor, seinem kurzen Radstand und den weit aufklappbaren Hauben war die richtige Basis gelegt. Alle wichtigen Technik-Bauteile waren leicht zu erreichen, das aufwändige Fahrwerk ließ sich leicht verstellen. Ablagefächer für Sturzhelme sind der letzte Beweis für die konsequente Sporttauglichkeit des Rallye-Superstars. Heute sind die Stratos bei weitem die teuersten Lancia.

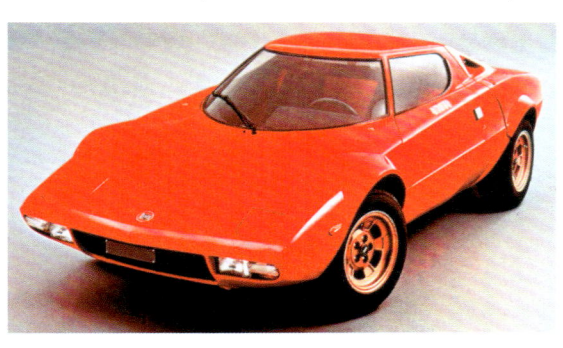

Rallye-Superstar: Lancia Stratos

Motor/Antrieb					
Bauart					V6
Lage/Antrieb					Mitte/Heck
Hubraum in cm³					2418
Leistung in PS bei U/min					190 bei 7000
Vmax in km/h					230
Karosserie					
Bauart					Coupé
Tragstruktur					Rohrrahmen
Material					Kunststoff
Stückzahl und Marktsituation					
Produktionszahl					592
Verfügbarkeit					gegen null
Teilesituation					schwierig
Unterhaltskosten					hoch
Preise in Euro	1	2	3	4	5
Stratos, Cpe	120.000	75.000	55.000	30.000	–

Lancia Beta Montecarlo, Lancia Montecarlo — 1976-1982

Pininfarina schuf mit klaren Linien den Montecarlo für Lancia. Auffällig war der relativ lange vordere Überhang, während das Heck eher kompakt ausfiel. Der Zweisitzer nutzte den Beta als Basis, der zwei Liter große Reihenvierzylinder saß als Mittelmotor direkt hinter den Passagieren. Die dortige Haube klappt seitlich auf, Besitzer wie Werkstätten beklagten die schlechte Zugänglichkeit des Triebwerks. Typisch für die Mittelmotorbauweise war auch das Fahrverhalten: Viel Spaß in Kurven, doch keine Warnung, bevor es zu eng wurde. Als Extra konnten Montecarlo-Kunden ein abnehmbares Stoffdach ordern. Auch auf dem amerikanischen Markt offerierte Lancia den Montecarlo, allerdings vertrauten die Italiener nicht auf den sportlichen Klang des Namens jenseits des Atlantiks: In den USA trat der Montecarlo unter dem Namen Scorpion an.

Schöner Sportler mit klangvollem Namen: Lancia Montecarlo

Motor/Antrieb					
Bauart					Vierzylinder (Reihe)
Lage/Antrieb					Mitte/Heck
Hubraum in cm³					1995
Leistung in PS bei U/min					120 bei 6000
Vmax in km/h					190
Karosserie					
Bauart					Coupé
Tragstruktur					selbsttragend
Material					Stahlblech
Stückzahl und Marktsituation					
Produktionszahl					k.A.
Verfügbarkeit					schlecht
Teilesituation					schwierig
Unterhaltskosten					mittel
Preise in Euro	1	2	3	4	5
Beta Montecarlo, Cpe	15.000	11.000	6.000	3.500	1.500

Lancia (I)

Lancia Gamma Berlina 1976-1984

Nicht nur stilistisch folgte der Lancia Gamma dem kleineren Beta. An ihm orientierte sich auch die Modellbezeichnung, die dem griechischen Alphabet entlehnt war. Der Gamma sollte als Limousine, die auch Designstrukturen der kleineren Modelle aufwies, in der oberen Mittelklasse punkten. Auch er besaß eine große Heckklappe, die jedoch die Käufer in dieser Klasse damals nur selten goutierten. Unübliche Wege ging die Firma bei der Motorisierung: Ein 2,5 Liter großer Boxermotor trieb die Limousine an. Die 140 PS sorgten für standesgemäße Fahrleistungen, doch viele Aggregate gingen durch einen überspringenden Zahnriemen zugrunde. Zusammen mit der nachlässigen Verarbeitung konnte in diesem anspruchsvollen Segment das Klassenziel nicht erreicht werden. So scheiterte auch die letzte Automobilkonstruktion nach klassischer Lancia-Philosophie.

Klassenziel nicht erreicht: Lancia Gamma Berlina

Motor/Antrieb	
Bauart	S4 (Boxer)
Lage/Antrieb	Front/Front
Hubraum in cm³	2848
Leistung in PS bei U/min	140 bei 5400
Vmax in km/h	190
Karosserie	
Bauart	Limousine (4-türig)
Tragstruktur	selbsttragend
Material	Stahlblech
Stückzahl und Marktsituation	
Produktionszahl	k.A.
Verfügbarkeit	ausreichend
Teilesituation	schwierig
Unterhaltskosten	hoch

Preise in Euro	1	2	3	4	5
Gamma 2500, L4t	5.500	3.500	2.100	1.000	250
Gamma 2500/E., L4t	6.000	3.900	2.300	1.100	300

Lancia Gamma Coupé 1976-1984

Eine rare Chance für Kunden mit ausgefallenem Geschmack und ausreichend gefüllten Konten bot Lancia ab 1976. Der von Pininfarina als Coupé karossierte Lancia Gamma war teuer, bot aber repräsentative Eleganz wie kaum ein zweites Coupé jener Zeit. Unter der vorderen Haube fanden die Vierzylinder-Boxermotoren der Limousine mit 2 und 2,5 Litern Hubraum Platz, deren sonorer Sound deutlich mehr begeisterte als ihre Zuverlässigkeit. Unüblich für ein Fahrzeug dieser Größe und Leistung war in jenen Jahren auch der Frontantrieb, der in schnellen Kurven für mangelhafte Traktion des kurveninneren Rades verantwortlich war. Die letzten Jahre reduzierte eine Bosch L-Jetronic den Verbrauch, das Kürzel i.e. trägt diese Botschaft nach außen. Die überarbeitete Version ist auch am Lochdesign der Leichtmetallfelgen zu erkennen.

Elegant, ohne zierlich sein zu wollen: Lancia Gamma Coupé

Motor/Antrieb	
Bauart	Vierzylinder (Boxer)
Lage/Antrieb	Front/Front
Hubraum in cm³	1999, 2484
Leistung in PS bei U/min	120 bei 5500 bis 140 bei 5400
Vmax in km/h	185 bis 195
Karosserie	
Bauart	Coupé
Tragstruktur	selbsttragend
Material	Stahlblech
Stückzahl und Marktsituation	
Produktionszahl	ca. 6800
Verfügbarkeit	ausreichend
Teilesituation	schwierig
Unterhaltskosten	hoch

Preise in Euro	1	2	3	4	5
Gamma 2.500, Cpe	8.600	5.800	3.800	1.600	700
Gamma 2.500 i.E., Cpe	9.500	6.400	4.200	1.800	800

Lancia Trevi 1982-1985

Ein neuer Name, ein ähnliches Schicksal: Der Lancia Beta wurde gegen Ende seiner Bauzeit noch mit einem Stufenheck versehen und als Trevi vermarktet. Die konventionell ausgefallene Limousine war mit üppigen Komfortextras ausgestattet, bot aber ansonsten nur bekannte Technik: Der Reihenvierzylindermotor leistete in der Normalausführung 122 PS, interessanter ist die VX-Ausführung, die dank leistungssteigerndem Kompressor 135 PS leistete. Damit war der unscheinbare Viertürer immerhin 195 km/h schnell. Zwar hatte die Beta-Baureihe im Laufe der Baujahre an Qualität zugelegt, doch auch die letzten Jahrgänge zeigten weiterhin Mängel und eine nachhaltige Rostanfälligkeit – und das galt in gleichem Maße für den Trevi. Seine bis heute nicht veraltet wirkende Form macht ihn zum Undercover-Youngtimer.

Youngtimer mit Undercover-Qualitäten: Lancia Trevi

Motor/Antrieb	
Bauart	Vierzylinder (Reihe)
Lage/Antrieb	Front/Front
Hubraum in cm³	1995
Leistung in PS bei U/min	122 bei 5500 bis 135 bei 5500
Vmax in km/h	185 bis 195
Karosserie	
Bauart	Limousine (4-türig)
Tragstruktur	selbsttragend
Material	Stahlblech
Stückzahl und Marktsituation	
Produktionszahl	k.A.
Verfügbarkeit	ausreichend
Teilesituation	ausreichend
Unterhaltskosten	hoch

Preise in Euro	1	2	3	4	5
Trevi 2000 i.E., L4t	5.800	3.300	1.500	700	–

Lancia Delta HF Integrale 1987-1989

Der HF Integrale war die Topversion der 1979 eingeführten Delta-Baureihe. Giugiaro hatte den sportlichen Viertürer mit seiner kantigen Karosserie entworfen. Er war in zahlreichen Motorversionen mit und ohne Turbolader von 78 bis 140 PS erhältlich – alle mit Frontantrieb. Bereits 1982 stellte Lancia auf dem Turiner Salon unter der Bezeichnung Delta Turbo 4x4 den Prototyp eines vierradgetriebenen Delta vor, aber erst mit der Modellpflege 1986 kam mit dem Delta HF 4WD erstmals ein Delta mit permanentem Allradantrieb auf den Markt; sein 2-Liter-Turbomotor leistete 165 PS. Im Folgejahr ersetzte ihn der Delta HF Integrale. Mit elektronischer Weber-Einspritzung und Garrett-Turbolader mobilisierte der Zweiliter jetzt 185 PS, die ein zentrales Planetendifferenzial mit Viscobremse auf die vier Räder verteilten. Geänderte Front- und Heckpartien sowie breitere Kotflügel sicherten einen gebührenden optischen Abstand zu den schwächeren Brüdern.

Für wilde Ausritte: Lancia Delta HF Integrale

Motor/Antrieb	
Bauart	Vierzylinder (Reihe)
Lage/Antrieb	Front/4x4
Hubraum in cm³	1995
Leistung in PS bei U/min	177 bei 5250 bis 185 bei 5250
Vmax in km/h	215
Karosserie	
Bauart	Limousine (4-türig)
Tragstruktur	selbsttragend
Material	Stahlblech
Stückzahl und Marktsituation	
Produktionszahl	k.A.
Verfügbarkeit	ausreichend
Teilesituation	ausreichend
Unterhaltskosten	mittel

Preise in Euro	1	2	3	4	5
Delta Integrale (185 PS),	–	10.000	6.000	3.000	

Ligier (F) • 1971 - 1977

Das kleine französische Werk trat erst im Jahr 1971 an die Öffentlichkeit. Konstrukteur Guy Ligier war bisher vor allem durch sein Formel-1-Engagement aufgefallen. Bis zum Erscheinen des Renault Alpine 310 V6 war der Ligier der einzige französische Wagen in dieser Klasse. Die Firma Automobiles Ligier war in Vichy beheimatet.

Ligier JS 2 — 1971-1977

Einziges Modell der Marke war ein formschönes Mittelmotorcoupé, das aber aufgrund seines hohen Einstandspreises sehr selten blieb und gegen den viel preiswerteren Renault Alpine V6 schließlich keine Chance mehr hatte. Der JS 2 debütierte im Juli 1971. Während Fahrwerk und Karosserie eigener Entwicklung entstammten, griff Ligier beim Motor auf den V-Sechszylinder zurück, der in Kooperation mit Maserati bei Citroën entstanden ist. Ab Februar 1973 hatte das ursprünglich 2670 cm³ große Triebwerk dann knapp drei Liter Hubraum. Mit beiden Maschinen erreichten die nur 925 Kilogramm leichten Wagen enorme Fahrleistungen. Auf Wunsch gab es neben dem 195 PS starken Dreiliter noch eine 220 PS starke Version. Drei Fallstrom-Weber-Doppelvergaser speisten hier den Motor, der seine Kraft via Fünfganggetriebe an die Hinterräder lieferte.

Motor/Antrieb	
Bauart	V6
Lage/Antrieb	Mitte/Heck
Hubraum in cm³	2670, 2965
Leistung in PS bei U/min	170 bei 5500 bis 220 bei 6500
Vmax in km/h	240
Karosserie	
Bauart	Coupé
Tragstruktur	Plattformrahmen
Material	Kunststoff
Stückzahl und Marktsituation	
Produktionszahl	100
Verfügbarkeit	gegen null
Teilesituation	schwierig
Unterhaltskosten	hoch

Preise in Euro	1	2	3	4	5
JS 2, Cpe			keine Notierung		

Blieb das einzige Modell: Ligier JS 2

Lincoln (USA) • seit 1917

Lincoln wurde 1917 vom ehemaligen Cadillac-Präsidenten Henry Leland gegründet. Ford kaufte die Firma 1922 und baute sie zur Edelmarke des Konzerns aus. In den dreißiger Jahren kamen auch Zwölfzylindermotoren in V-Form zur Verwendung.
In den fünfziger Jahren wählten die US-Präsidenten Lincoln. Sogar Sicherheitselemente setzte die Marke zur Verkaufsförderung ein. Die Stückzahlen von Cadillac erreichte der feine Ford-Ableger nie, und sein Exportanteil blieb immer sehr niedrig.

Lincoln Continental V12 — 1946-1958

Neben dem ganzen Sechs- und Achtzylinderallerlei ragte der Lincoln Continental von 1946 heraus: Sein Triebwerk war aus einem Ford V8-Motor zum Zwölfzylinder verlängert worden, der allerdings aus fünf Litern Hubraum nur bescheidene 130 PS zur Verfügung stellte. Das Nachkriegsmodell basierte technisch auf seinem Vorgänger, und auch optisch zeigte sich noch vieles aus vergangenen Tagen. Mit der hohen Haube und wuchtigen Kotflügeln, garniert mit chromschwelgenden Anbau- und Zierteilen wirkte die solide Karosserie schwerfällig. Getragen wurde das Ganze von einem Kastenrahmen, was die Verwirklichung einer viertürigen Limousine ebenso ermöglichte wie eine Coupé- und Cabriolet-Ausführung. Die Preise liegen heute relativ hoch.

Motor/Antrieb	
Bauart	V12
Lage/Antrieb	Front/Heck
Hubraum in cm³	4990
Leistung in PS bei U/min	130 bei 3600
Vmax in km/h	150
Karosserie	
Bauart	Limousine (4-türig), Coupé, Cabriolet
Tragstruktur	Kastenrahmen
Material	Stahlblech
Stückzahl und Marktsituation	
Produktionszahl	k.A.
Verfügbarkeit	gegen null
Teilesituation	sehr schwierig
Unterhaltskosten	hoch

Preise in Euro	1	2	3	4	5
Continental V12, Cab	80.000	55.000	35.000	18.000	9.000
Continental V12 Club, Cpe	45.000	37.000	25.000	15.000	7.000

Schwere Qualität: Lincoln Continental V12

Lincoln (USA) • Lloyd (D)

Lincoln Continental Mk II — 1956-1957

Trug der Continental V12 von 1946 sein Reserverad noch frei am Wagenheck, so war es beim Modell von 1956 mit großem Aufwand verborgen worden: Der Buckel in der Gepäckraumhaube verrät den Standort auf Anhieb. Vom Zwölfzylinder hatte sich die Marke verabschiedet und einen gut sechs Liter großen V-Achtzylinder installiert, der mit nun 304 PS das Fahrleistungsniveau kräftig angehoben hatte. Mit einem dezenten Hüftknick verstrahlte die glattflächige Karosserie eine dem hohen Preis entsprechende Eleganz, die von einem luxuriösen Interieur und hervorragender Verarbeitung gekrönt wurde. Vielleicht hätte ein protzigeres Aussehen für das damals teuerste amerikanische Auto einen größeren Markterfolg gebracht: Nach nur 1769 Exemplaren stellte Lincoln die Fertigung des Continental MkII wieder ein.

Das teuerste amerikanische Auto: Lincoln Continental Mk II

Motor/Antrieb					
Bauart					V8
Lage/Antrieb					Front/Heck
Hubraum in cm³					6031
Leistung in PS bei U/min					304 bei 4800
Vmax in km/h					180
Karosserie					
Bauart					Hardtop, Cabriolet
Tragstruktur					Kastenrahmen
Material					Stahlblech
Stückzahl und Marktsituation					
Produktionszahl					1769
Verfügbarkeit					schlecht
Teilesituation					schwierig
Unterhaltskosten					hoch
Preise in Euro	1	2	3	4	5
Continental Mk II HT, Cpe	49.000	34.000	20.500	11.300	5.000

Lincoln Continental — 1961-1967

Als viertüriges Cabriolet zählt das Lincoln Continental Convertible zu den automobilen Raritäten. Dabei besaß es keinen Rahmen, sondern erhielt eine selbsttragende Karosserie. Der Lincoln Continental war 1961 erschienen und erlangte zwei Jahre später traurige Berühmtheit, als in diesem Modell US-Präsident John F. Kennedy erschossen wurde. Die hervorragende Qualität, mit strengen Prüfmethoden gesichert, machte den Continental zur ersten Wahl des US-Staatsoberhauptes. Seine ruhige Linienführung verzichtet auf die extremen Auswüchse modischer Gestaltung jener Zeit. Anders verhielt es sich bei den Motoren: Sie glänzten, wie damals allgemein üblich, mit üppigem Hubraum – sie waren über sieben Liter groß. Mit 320 bis 365 PS zeigte der Luxusliner Fahrleistungen auf hohem Niveau: Über 200 km/h schnell waren die Spitzenmodelle amerikanischer Automobilproduktion.

Echter Straßenkreuzer: Lincoln Continental

Motor/Antrieb					
Bauart					V8
Lage/Antrieb					Front/Heck
Hubraum in cm³					7045, 7560
Leistung in PS bei U/min					320 bei 4600 bis 365 bei 4600
Vmax in km/h					190 bis 210
Karosserie					
Bauart					Cabriolet
Tragstruktur					selbsttragend
Material					Stahlblech
Stückzahl und Marktsituation					
Produktionszahl					21347
Verfügbarkeit					ausreichend
Teilesituation					ausreichend
Unterhaltskosten					hoch
Preise in Euro	1	2	3	4	5
Continental (4-türig), Cab	35.000	22.500	11.500	6.100	3.000
Continental, L4t	17.000	11.500	6.200	2.900	1.500

Lloyd (D) • 1906 - 1914, 1950 - 1961

Die Automobilmarke Lloyd existierte von 1906 bis 1914 als Tochterfirma der Schifffahrtsgesellschaft „Norddeutscher Lloyd"; der Automobilfabrikant Carl F. W. Borgward reaktivierte den Markennamen nach dem Zweiten Weltkrieg: Ursprünglich gründete er die Lloyd Motoren Werke freilich nicht als Automobilfabrik, sondern zur Herstellung von Teppichwebe-Maschinen. Seinen Sitz hatte das Unternehmen seit 1949 auf dem Gelände des Bremer Goliath-Werks. Schon Anfang 1950 präsentierten die Lloyd-Leute ihren ersten Kleinwagen, den LP 300, der sich sofort zum Verkaufsrenner entwickelte. Der Nachfolger namens LP 400 rückte 1954 auf den dritten Platz der deutschen Zulassungs-Statistik vor.
Zudem hatte Lloyd seit 1952 einen sechssitzigen Van im Angebot („Großraum-Pkw"). Unter wachsendem Konkurrenzdruck verloren die Lloyd-Kleinwagen nach 1955 an Marktanteil und Bedeutung. Das neue Modell Arabella konkurrierte ab 1959 mit dem Käfer, fuhr aber Verluste ein. 1961 zog der Konkursverwalter den Schlussstrich unter die Lloyd-Geschichte.

Mit einem Lloyd auf Großwildjagd (um 1910)

Carl F.W. Borgward ließ Lloyd 1950 wieder aufleben

Lloyd LP 300, LC 300, LS 300, LK 300 — 1950-1952

Der Ur-Lloyd war ein simples, aber enorm preiswertes Klein-Automobil mit 10-PS-Motor, Frontantrieb und einer Holzkarosserie, die sich unter einer Bespannung aus Filz und Kunstleder verbarg. Er kam im Juni 1950 auf den Markt und galt bald als Wegbereiter des folgenden Kleinstwagen-Booms. Den vielen anderen Konstruktionen hatte der Lloyd sein modernes, erwachsenes Aussehen voraus. Zudem war er in Anschaffung und Unterhalt konkurrenzlos billig: 3334 Mark kostete der LP 300, nur 98 Mark ein Austauschmotor. Im Volksmund hieß er wegen seiner Karosserie-Bauart „Leukoplastbomber", und Verkäufer der Konkurrenz dichteten den Spott-Spruch „Wer den Tod nicht scheut, fährt Lloyd". Borgward fand 18.000 mutige Kunden: Sie hatten die Wahl aus den Modellen LP (Personenwagen), LC (Coupé), LS (Stationswagen) und LK 300 (Kastenwagen).

Wer den Tod nicht scheut: Lloyd LP 300

Motor/Antrieb					
Bauart					Zweizylinder-Zweitaktmotor
Lage/Antrieb					Front/Front
Hubraum in cm³					293
Leistung in PS bei U/min					10 bei 4000
Vmax in km/h					75
Karosserie					
Bauart					Limousine (2-türig)/Kombi (3-türig), Coupé
Tragstruktur					Zentralträgerrahmen
Material					Holz
Stückzahl und Marktsituation					
Produktionszahl					18087
Verfügbarkeit					gegen null
Teilesituation					schwierig
Unterhaltskosten					niedrig
Preise in Euro	1	2	3	4	5
LP 300, L2t	7.600	5.500	2.700	1.300	250
LS 300, Kom	7.800	5.700	3.100	1.500	300
LK 300, Kst	6.400	4.300	2.300	1.100	200

Lloyd (D)

Lloyd LT 500, LT 600 — 1952-1961

Ende 1952 zog ein „Großraum-Pkw" ins Lloyd-Programm ein: Auf Basis des späteren 400ers bot der LT 500 sechs Sitzplätze und wurde so zum Urahn moderner Vans. Der Bug mit dem Teddybär-Blick bestand aus Blech, die restliche Karosserie fertigte Lloyd dagegen noch aus Sperrholz, das mit Blech beplankt wurde. Die Dauerhaltbarkeit litt darunter – heute sind die LT-Modelle extrem selten. 1955 erhielt der LT die Technik aus dem Lloyd 600 und war auf Wunsch auch mit verlängertem Radstand lieferbar. Kurz vor Ende der Bauzeit reagierte Lloyd auf eine neue Mode, auf die VW mit seinem Bus bereits aufgesprungen war: Ab 1959 offerierte die Bremer ein Campingmobil, das auf den Namen Lloyd Theodor hörte.

Ein Van mit Teddybär-Gesicht: Lloyd LT 600

Motor/Antrieb	
Bauart	Zweizylinder (Zwei- und Viertaktmotor)
Lage/Antrieb	Front/Front
Hubraum in cm³	386, 596
Leistung in PS U/min	13 bei 3750 bis 19 bei 4500
Vmax in km/h	70 bis 90
Karosserie	
Bauart	Kleinbus
Tragstruktur	Zentralträgerrahmen/Holzrahmen/Stahlrahmen
Material	Stahlrahmen
Stückzahl und Marktsituation	
Produktionszahl	ca. 40.000
Verfügbarkeit	gegen null
Teilesituation	schwierig
Unterhaltskosten	niedrig

Preise in Euro	1	2	3	4	5
LT 500, Bus	9.000	6.100	4.200	2.500	900
LT 600, Bus	9.500	6.300	4.400	2.600	900

Lloyd LP 400, LC 400, LS 400, LK 400, LP 250 — 1953-1957

Der Lloyd 400 war eine komfortablere Weiterentwicklung des Ur-Modells. Anfänglich besaß auch der 400er eine Holz-Karosserie, aber schon ab März 1953 waren seine Kotflügel und Türen aus Metall, und ab Januar 1954 gab es auch Haube und Heckteil aus Stahlblech. Eine Cabrio-Limousine (LC 400) bereicherte das Lloyd-Programm ab 1955, und für Besitzer des alten Führerscheins IV boten die Bremer das schlicht ausgestattete Billigmodell LP 250 an. Der Lloyd 400 galt als zuverlässiges, haltbares Klein-Automobil mit überschaubaren Unterhaltskosten: Als der VW für den Mittelstand noch unerreichbar war, nahm der Lloyd die Position des wahren Volkswagens ein: 60 Prozent der Produktion gingen an Arbeiter, Beamte und Angestellte. In der DDR diente der LP 400 übrigens als Vorbild des ersten Trabant.

Zuverlässig und haltbar: Lloyd LP 400

Motor/Antrieb	
Bauart	Zweizylinder-Zweitaktmotor
Lage/Antrieb	Front/Front
Hubraum in cm³	250 bis 383
Leistung in PS bei U/min	11 bei 5000 bis 13 bei 3750
Vmax in km/h	75
Karosserie	
Bauart	Limousine (2-türig), Kombi (3-türig), Cabrio-Limousine
Tragstruktur	Zentralträgerrahmen
Material	Holz/Stahl
Stückzahl und Marktsituation	
Produktionszahl	109.878/3768
Verfügbarkeit	gegen null
Teilesituation	schwierig
Unterhaltskosten	niedrig

Preise in Euro	1	2	3	4	5
LP 250 (Basis), L2t	4.800	3.200	2.400	1.000	100
LP 400, L2t	5.200	3.700	2.600	1.200	200
LC 400, Cal	8.100	5.500	4.200	2.200	500
LS 400, Kom	5.500	3.900	2.800	1.300	250

Lloyd LP, LC 600, LS 600, LK 600, Lloyd Alexander — 1955-1961

Auch die Käufer von Kleinstwagen forderten Mitte der fünfziger Jahre mehr Bequemlichkeit und Geltungswert. Als Ergebnis einer Großbefragung unter Lloyd-400-Fahrern brachte das Bremer Werk 1955 den Lloyd LP 600 heraus. Neu war allerdings nur der Motor, ein Viertakt-Twin mit 19 PS. Weil das unveränderte Fahrwerk nach dieser Kraft-Kur an seine Grenzen geraten war, schob Lloyd schon 1957 den weniger straff ausgelegten Alexander nach. Er brachte außerdem ein vollsynchronisiertes Vierganggetriebe und eine verfeinerte Innenausstattung mit. Zudem war der Kofferraum jetzt erstmals von außen zugänglich.

Aufstieg in der Kleinwagenklasse: Lloyd LP und Alexander

Motor/Antrieb	
Bauart	Zweizylinder (Reihe)
Lage/Antrieb	Front/Front
Hubraum in cm³	596
Leistung in PS bei U/min	19 bei 4500
Vmax in km/h	95
Karosserie	
Bauart	Limousine (2-türig), Kombi (3-türig), Cabrio-Limousine
Tragstruktur	Zentralträgerrahmen
Material	Stahlblech
Stückzahl und Marktsituation	
Produktionszahl	176524
Verfügbarkeit	ausreichend
Teilesituation	ausreichend
Unterhaltskosten	niedrig

Preise in Euro	1	2	3	4	5
LP 600, L2t	5.700	4.000	3.000	1.600	400
LC 600, Cal	8.100	5.400	4.100	2.200	500
LS 600, Kom	6.000	4.300	3.100	1.700	450
LK 600, Kst	5.600	4.000	2.800	1.500	350

Lloyd Alexander TS — 1958-1961

Als Kleinwagen mit gediegener Luxus-Ausstattung und munteren Fahrleistungen galt der Alexander TS bei seiner Premiere im Herbst 1958. Das Kürzel TS stand für Touren-Sport; im Alltag ließen sich immerhin 30-PS-Käfer niederringen. Für mehr Überholprestige sorgte der neue, breite Kühlergrill, für eine bessere Kurvenlage die neu entwickelte Schräglenker-Hinterachse. Der Hauptkonkurrent des Alexander TS hieß damals Fiat 600: Ihm hatte der Lloyd das viel liebevollere Finish und deutlich niedrigere Unterhaltskosten voraus.

Munter und luxuriös: Lloyd Alexander TS

Motor/Antrieb	
Bauart	Zweizylinder (Reihe)
Lage/Antrieb	Front/Front
Hubraum in cm³	596
Leistung in PS bei U/min	25 bei 5000
Vmax in km/h	107
Karosserie	
Bauart	Limousine (2-türig), Kombi (3-türig)
Tragstruktur	Zentralträgerrahmen
Material	Stahlblech
Stückzahl und Marktsituation	
Produktionszahl	s.o.
Verfügbarkeit	ausreichend
Teilesituation	ausreichend
Unterhaltskosten	niedrig

Preise in Euro	1	2	3	4	5
Alexander TS, L2t	7.300	5.100	3.600	1.900	500

Lloyd (D) • Lotus (GB)

Lloyd Alexander TS Frua
1958-1959

In einer Mini-Serie von nur 49 Exemplaren baute Lloyd dieses grazile Schaustück auf dem Chassis des Alexander TS. Leider quälte sich unter der großen Haube aber auch dessen unveränderter 25-PS-Motor, so dass die Fahrleistungen weit hinter dem sportlichen Habitus zurückblieben. Die Form war eine gelungene Arbeit des Designers Pietro Frua; ebenso nobel wirkte das Interieur mit Nardi-Lenkrad, Drehzahlmesser und zweifarbigem Kunstleder. Für 7500 Mark ging der Alexander TS Frua hauptsächlich an Lloyd-Händler, die sich das Glanzstück in ihr Schaufenster stellten. Mindestens vier der Nobel-Lloyd haben überlebt.

Grazile Form mit 600 Kubik: Lloyd Alexander TS Frua

Motor/Antrieb					
Bauart					Zweizylinder (Reihe)
Lage/Antrieb					Front/Front
Hubraum in cm³					596
Leistung in PS bei U/min					25 bei 5000
Vmax in km/h					105
Karosserie					
Bauart					Coupé
Tragstruktur					Zentralträgerrahmen
Material					Stahlblech
Stückzahl und Marktsituation					
Produktionszahl					49
Verfügbarkeit					gegen null
Teilesituation					sehr schwierig
Unterhaltskosten					niedrig
Preise in Euro	1	2	3	4	5
Alexander TS Frua, Cpe			keine Notierung		

Lotus (GB) • seit 1952

Als er die Lotus Cars Ltd. 1952 gründete, hatte die Karriere des Gründers Colin Chapman bereits begonnen. Schon 1948 präsentierte er einen später Mk 1 genannten Sportwagen, den er auf der Basis eines 1930 gebauten Austin Seven 750 aufgebaut hatte. Es folgten weitere Umbauten, und die leichten Autos stießen auf großes Interesse.

Mit dem Lotus 6 offerierte das junge Unternehmen ein erstes Kleinserienmodell. Es war nur als Bausatz erhältlich. Das sparte zum einen die hohe Umsatzsteuer, die der britische Staat auf komplette Autos erhob, zum anderen besaß die kleine Firma nicht die Fertigungskapazität für die rund 100 Exemplare, die von diesem ersten Modell entstanden.

Neben weiteren Sport- und Rennsportmodellen wie dem Lotus 8 und seinen Nachfolgern Mk 9, Mk 10, Mk 11 und Mk 12 bot Lotus mit dem bildhübschen Elite auch ein Straßenmodell an. Allen gemein war, dass sie strikt nach Chapmans Leichtbau-Credo gefertigt waren: Statt immer stärkere Motoren einzubauen, verlegte sich Colin Chapman auf kreative Methoden des Abspeckens.

Colin Chapman, der Leichtbau-Papst, und sein Lotus Seven

Das brachte konkurrenzlose Leistungsgewichte, ihm allerdings auch den Vorwurf ein, die Sicherheit seiner Kunden und Fahrer zugunsten des extremen Leichtbaus aufs Spiel zu setzen. Doch gleichermaßen galt er als genialer Konstrukteur, den nicht zuletzt seine späteren Formel-1-Entwicklungen unsterblich gemacht haben. 1982 starb „Mr. Leichtbau" Colin Chapman im Alter von nur 54 Jahren.

Der ruhmreiche Namen ging 1986 an General Motors, um im August 1993 von Romano Artioli, Eigner der neu gegründeten Firma Bugatti, übernommen zu werden. Aus dieser Ära stammt auch der Name Elise: Artioli benannte den Erfolgstyp nach seiner Enkelin. Seit 1996 führt der malaysische Hersteller Proton Regie, nicht ohne Erfolg.

Puzzle für Fortgeschrittene: Lotus lieferte bevorzugt Bausätze

Lotus Elite
1957-1961

Technik-Freunde sind von diesem Wagen seit Jahrzehnten fasziniert. Colin Chapmans außergewöhnliche Ideen sorgten für ein auffallend fahraktives Auto. Es verfügte über eine selbsttragende Karosserie aus Kunststoff und kam ganz ohne einen sonst üblichen Rahmen zur Stabilisierung und Aufnahme der Fahrwerkskomponenten aus. Das machte die Karosseriestruktur ungemein komplex, hatte aber den Vorteil, dass sie federleicht war. In Verbindung mit den kleinen, aber starken Coventry Climax-Motoren und der hochentwickelten Fahrwerkstechnologie ergab sich eine unbändige Fahrdynamik, die besonders auf den Rennstrecken geschätzt wurde. Fast 1000 dieser gewagten Sportcoupés ließen sich absetzen.

Colin Chapmans Werk: Lotus Elite

Motor/Antrieb					
Bauart					Vierzylinder (Reihe)
Lage/Antrieb					Front/Heck
Hubraum in cm³					1216
Leistung in PS bei U/min					76 bei 6100 bis 105 bei 7250
Vmax in km/h					180 bis 210
Karosserie					
Bauart					Coupé
Tragstruktur					selbsttragend
Material					Kunststoff
Stückzahl und Marktsituation					
Produktionszahl					988
Verfügbarkeit					schlecht
Teilesituation					schwierig
Unterhaltskosten					mittel
Preise in Euro	1	2	3	4	5
Elite, Cpe	45.000	35.000	27.000	16.000	10.000

Lotus (GB)

Lotus Seven (Series 1, 2, 3) — 1958-1970

Auch nach über 40 Jahren begeistert das Konzept des Lotus Super Seven. Noch heute profitieren Nachahmer vom Genius des Colin Chapman, der mit dem Seven ein Maximum an Fahrfreude mit einem Minimum an Auto bieten konnte. Die leichtgewichtigen Zweisitzer mit dürftigem Wetterschutz besaßen Fahreigenschaften, die Formel-Rennern ähnelten und wurden in relativ großer Stückzahl produziert. Es gab sie für den handwerklich begabten Fan auch als Bausatz. Für Vortrieb sorgten verschiedene Ford-Motoren, die ganz nach Bedarf in verschiedenen Tuningstufen zu haben waren. Die Ausstattung beschränkte sich auf das Notwendigste. Am interessantesten sind heute die S3-Modelle, besonders als Big-Valve-Ausführung mit 126 PS. Die Originale sind freilich selten: Es entstanden nur 1940 Seven.

Der Urvater zahlloser Repliken: Lotus Seven, Serie 3

Motor/Antrieb	
Bauart	Vierzylinder (Reihe)
Lage/Antrieb	Front/Heck
Hubraum in cm³	1172, 1599, 1558
Leistung in PS bei U/min	40 bei 4500 bis 125 bei 6200
Vmax in km/h	130 bis 172
Karosserie	
Bauart	Roadster
Tragstruktur	Rohrrahmen
Material	Kunststoff/Aluminium
Stückzahl und Marktsituation	
Produktionszahl	1940
Verfügbarkeit	ausreichend
Teilesituation	gut
Unterhaltskosten	mittel

Preise in Euro	1	2	3	4	5
Seven S2, Rds	30.000	23.000	16.500	8.200	3.500
Seven S3, Rds	29.000	22.500	16.000	8.000	3.500

Lotus Elan S1, S2, S3, S4, Sprint — 1962-1973

Auch mit dem optisch noch harmonischeren Modell Elan blieb sich Chapman treu. Das heute teure Kleinod überzeugte mit einem ausgefeilten Fahrwerk, das fahrsicher und handlich war, dazu kamen leistungsstarke Motoren, die in Verbindung mit dem niedrigen Wagengewicht für freudvolle Fahrleistungen sorgten. Auf kleinen Landstraßen ist der Lotus Elan auch heute noch eines der potentesten Autos. Die Weiterentwicklung führte zum Elan Sprint mit 126 PS, der heute gesuchtesten und teuersten Version. Alltagstauglichkeit und Komfort standen nicht allzusehr im Hintergrund, unabhängig davon, ob die Coupé- oder Cabrioversion gewählt wurde. Einen einzigen unbestreitbaren Nachteil besitzt der Elan: In gutem Zustand kostet er heute über 20.000 Euro – ein Trost: Es gibt keine allzu großen Ersatzteilengpässe.

Grenzenlos agil bei Top-Handling: Lotus Elan

Motor/Antrieb	
Bauart	Vierzylinder (Reihe)
Lage/Antrieb	Front/Heck
Hubraum in cm³	1558
Leistung in PS bei U/min	106 bei 5500 bis 126 bei 6500
Vmax in km/h	185 bis 195
Karosserie	
Bauart	Cabriolet, Coupé
Tragstruktur	Zentralträgerrahmen
Material	Kunststoff
Stückzahl und Marktsituation	
Produktionszahl	12224
Verfügbarkeit	gut
Teilesituation	ausreichend
Unterhaltskosten	mittel

Preise in Euro	1	2	3	4	5
Elan S2, Cab	28.700	21.600	14.500	8.100	4.600
Elan S3, Cpe	22.800	17.300	11.400	6.400	3.600
Elan S3, Cab	27.000	20.600	13.600	7.500	4.300
Elan S4, Cpe	21.000	15.900	10.600	5.800	3.400

Lotus Elan +2, +2 S und 130 — 1967-1974

Der Zusatz „+2" signalisiert beim Elan einen verlängerten Radstand, der in Verbindung mit einer gestreckten Karosserie die Alltagstauglichkeit der Baureihe fördern sollte. Als Viersitzer war er aber dennoch nur im äußersten Notfall verwendbar. Der Innenraum des Spitzenmodells im damaligen Lotus-Programm war mit Edelholzfurnieren aufgewertet. Bei dem auf Wunsch auch mit Lederpolsterung bestellbaren Elan +2 kamen als Motorisierung nur die stärksten Aggregate der jeweiligen Entwicklungsstufe zum Einsatz. Eine Cabrio-Version hat es nie gegeben. Die verlängerten +2-Modelle sind – obwohl sie in der Summe ihrer Eigenschaften sehr ausgewogen sind – bei weitem nicht so beliebt wie die kurzen Modelle – und deswegen auch erheblich preiswerter.

Stretching-Programm: Lotus Elan +2

Motor/Antrieb	
Bauart	Vierzylinder (Reihe)
Lage/Antrieb	Front/Heck
Hubraum in cm³	1558
Leistung in PS bei U/min	115 bei 5800 bis 126 bei 6500
Vmax in km/h	185 bis 200
Karosserie	
Bauart	Coupé
Tragstruktur	Zentralträgerrahmen
Material	Kunststoff
Stückzahl und Marktsituation	
Produktionszahl	5200
Verfügbarkeit	ausreichend
Teilesituation	ausreichend
Unterhaltskosten	mittel

Preise in Euro	1	2	3	4	5
Elan +2, Cpe	19.000	13.700	9.000	4.000	1.700
ELan +2 S, Cpe	19.800	14.200	9.500	4.300	1.800
Elan +2S 130, Cpe	21.000	15.200	10.000	4.700	2.200

Lotus Europa S1, S2, TC, Special — 1967-1975

Extrem flach geriet der nur gut einen Meter hohe Lotus Europa, der als Mittelmotorsportler das Markenprogramm der sechziger Jahre ergänzte. Chassis- und Karosseriekonzept mit Zentralträger und Kunststoffhülle entsprechen dem Elan, doch heute erreicht der Flachmann bei weitem nicht dessen Beliebtheit. Dank des niedrigen Leergewichts erreichte der Europa auch mit dem zunächst verwendeten Renault-16-Motor ansehnliche Fahrleistungen, die im Grenzbereich allerdings schwer beherrschbar waren. Das gilt besonders für die stärkeren Ausführungen, die mit Doppelnockenwellenaggregaten auf der Basis von Ford-Triebwerken zum Kunden kamen. Seine kompromisslose Formgebung mit den typischen Heckfinnen und die geringe Bauhöhe schränkten die Alltagstauglichkeit des Lotus Europa drastisch ein.

Unverwechselbarer Flachmann: Lotus Europa

Motor/Antrieb	
Bauart	Vierzylinder (Reihe)
Lage/Antrieb	Mitte/Heck
Hubraum in cm³	1470, 1588, 1565
Leistung in PS bei U/min	78 bei 6000 bis 126 bei 6500
Vmax in km/h	175 bis 200
Karosserie	
Bauart	Coupé
Tragstruktur	Zentralträgerrahmen
Material	Kunststoff
Stückzahl und Marktsituation	
Produktionszahl	9230
Verfügbarkeit	ausreichend
Teilesituation	ausreichend
Unterhaltskosten	mittel

Preise in Euro	1	2	3	4	5
Europa S2, Cpe	17.800	12.800	8.400	3.700	1.500
Europa TC, Cpe	19.900	14.300	9.700	4.500	2.100
Europa Special, Cpe	22.500	16.400	10.700	5.000	2.300

Lotus (GB)

Lotus Super Seven (Series 4, S4) 1969-1972

Durch gezielte Modellpflege erhielt der Lotus-Roadster etwas mehr Komfort, ohne dass bei diesem Auto wirkliche Verweichlichungstendenzen zu befürchten waren. Die Puristen ärgerte es dennoch, was allerdings keine Probleme bereitete: Die 1000 gebauten Exemplare fanden alle ihre Käufer. Heute ist das Angebot an originalen Super Seven der vierten Generation entsprechend dürftig. Als Vorteile im Vergleich zu den Vorgängern gelten ein besserer Wetterschutz, die komfortablere Innenausstattung und gestiegene Verarbeitung. Umstritten war besonders eine Hardtop-Version mit Flügeltüren. Nach drei Jahren Bauzeit lief die Baureihe bei Lotus aus.

Seven, die Vierte: Lotus Super Seven S4

Motor/Antrieb					
Bauart					Vierzylinder (Reihe)
Lage/Antrieb					Front/Heck
Hubraum in cm³					1340, 1498, 1558, 1598
Leistung in PS bei U/min					66 bei 4600 bis 126 bei 6500
Vmax in km/h					155 bis 180
Karosserie					
Bauart					Roadster
Tragstruktur					Rohrrahmen
Material					Kunststoff/Aluminium
Stückzahl und Marktsituation					
Produktionszahl					1000
Verfügbarkeit					ausreichend
Teilesituation					gut
Unterhaltskosten					mittel
Preise in Euro	1	2	3	4	5
Super Seven S4, Rds	28.000	22.000	15.500	7.600	3.200

Lotus Elite, Eclat 1974-1982

Den klangvollen Namen des Elite trug auch ein heute weniger beliebter Nachfolger. Das Design folgte dem Zeitgeist, doch dem Zentralträgerchassis und der Kunststoffkarosserie blieb Lotus treu. Neu unter der Haube war der eigens entwickelte Zweiliter-16V-Motor, der 160 PS zur Verfügung stellte. Dieser Motor kam auch beim Jensen-Healey und dem Sunbeam Lotus zum Einsatz. Gewöhnungsbedürftig, aber nicht unpraktisch, war auch die Formgebung der Karosserie mit ihrem steilen Heck. Ab 1975 ergänzte der Eclat, der eine geänderte Karosserie trug, den Elite S1 mit identischer Technik. Der Elite lief 1980 aus, den Eclat baute Lotus noch zwei Jahre länger.

Eines der ersten Kombi-Coupé: Lotus Elite

Motor/Antrieb					
Bauart					Vierzylinder (Reihe)
Lage/Antrieb					Front/Heck
Hubraum in cm³					1974
Leistung in PS bei U/min					160 bei 6200
Vmax in km/h					195
Karosserie					
Bauart					Coupé
Tragstruktur					Zentralträgerrahmen
Material					Kunststoff
Stückzahl und Marktsituation					
Produktionszahl					2398, 1299
Verfügbarkeit					ausreichend
Teilesituation					ausreichend
Unterhaltskosten					hoch
Preise in Euro	1	2	3	4	5
Elite (Ser. 1974-1982), Cpe	16.500	11.000	7.000	3.500	1.000
Eclat, Cpe	18.000	12.000	8.000	4.000	1.000

Lotus Esprit S1 (Series 1) 1976-1980

Der Name Esprit ist bis heute aktuell bei Lotus. Schon 1976 war die erste Generation präsentiert worden, die formal auf eine Designstudie Giorgio Giugiaros zurückgeht. Mit leichten Retuschen ging die extrem keilförmige Karosserie in Serienfertigung und wirkt immer noch unverändert attraktiv. Wie im Eclat S1 kam hier wiederum der Zweiliter-16V-Motor zum Einsatz, der längs vor der Hinterachse angeordnet ist. Dem anspruchsvollen Ruf der Marke konnte aber die von etlichen Detailmängeln getrübte Verarbeitung nicht standhalten. Und auch mit den Fahrleistungen war die Kundschaft auf Dauer nicht ganz zufrieden – ein großer Erfolg wurde der Esprit der ersten Serie nicht: Nur etwas über 1000 Exemplare sind entstanden – seine weitere Karriere, die schließlich bis heute dauert, hat dies jedoch in keinster Weise beeinträchtigt.

Ein zeitloser Keil: Lotus Esprit S1

Motor/Antrieb					
Bauart					Vierzylinder (Reihe)
Lage/Antrieb					Mitte/Heck
Hubraum in cm³					1974
Leistung in PS bei U/min					160 bei 6200
Vmax in km/h					210
Karosserie					
Bauart					Coupé
Tragstruktur					Zentralträgerrahmen
Material					Kunststoff
Stückzahl und Marktsituation					
Produktionszahl					1060
Verfügbarkeit					ausreichend
Teilesituation					ausreichend
Unterhaltskosten					hoch
Preise in Euro	1	2	3	4	5
Esprit S1/S2, Cpe	17.900	12.900	8.600	3.900	1.700

Lotus Esprit Turbo 1980-1987

Dem Kundenwunsch nach mehr Leistung kam Lotus mit einem Turbolader und mehr Hubraum entgegen. Danach passten die durch das dynamische Outfit geweckten Erwartungen und das Fahrleistungspotenzial besser zusammen. Ein Garrett-Turbolader hauchte dem auf 2,2 Liter vergrößerten Triebwerk über 200 PS ein. Damit stieg die Maximalgeschwindigkeit auf befriedigende 235 Stundenkilometer. Entsprechend modifiziert und verbessert konnte auch das Fahrwerk mit diesem Tempo Schritt halten. Für die passende Aerodynamik sorgten die Spoiler an Front und Heck. Kühl- und Atemluft wurde über Lufteinlässe im Schwellerbereich zugeführt.

Briketts nachgelegt: Lotus Esprit Turbo

Motor/Antrieb					
Bauart					Vierzylinder (Reihe)
Lage/Antrieb					Mitte/Heck
Hubraum in cm³					2174
Leistung in PS bei U/min					205 bei 6500
Vmax in km/h					235
Karosserie					
Bauart					Coupé
Tragstruktur					Zentralträgerrahmen
Material					Kunststoff
Stückzahl und Marktsituation					
Produktionszahl					1658
Verfügbarkeit					üppig
Teilesituation					gut
Unterhaltskosten					hoch
Preise in Euro	1	2	3	4	5
Esprit Turbo, Cpe	24.000	17.000	11.000	5.000	2.500

Maico (D) • 1955 - 1958

Die Motorrad-Fabrik der Gebrüder Maisch im schwäbischen Pfäffingen ging von 1955 bis 1958 unter die Automobil-Bauer. Zum Discountpreis übernahm Maico die Fertigungsanlagen des glücklosen Champion 400, der von Oktober 1955 bis Juni 1956 in Pfäffingen produziert wurde. Sein Nachfolger war der viersitzige Maico 500. Auf dem Zentralrohrrahmen der etwas plump aussehenden Limousine entstanden 1956/57 ganze sieben Sportcabriolets, deren Karrosserie die Schweizer Firma Beutler beisteuerte. Die Brüder Maisch hofften auf Exportaufträge aus Amerika, aber bevor die Serie starten konnte, gab Maico das Abenteuer Automobilbau wieder auf. Die Gründe ähnelten denen anderer Kleinwagen-Produzenten der fünfziger Jahre: zu wenig Geld, zu wenig Know-how – und, daraus resultierend, zu schlechte Autos, die zu wenig Käufer fanden.

Maico 500 — 1956-1958

In seiner letzten Version war der frühere Champion zum brauchbaren Auto geworden. Mit seinem Preis von 3665 Mark konkurrierte er aber vergeblich mit dem VW Standard-Käfer. Zu den Vorzügen des Maico 500 zählten seine geräumige Karosserie, die gute Verarbeitung und sein leidlich komfortables Fahrwerk. Allerdings entpuppte sich der Motor als arger Radaubruder, die Bremsen waren zu schwach und das Kundendienstnetz viel zu dünn. Zudem musste Maico fast alle Baugruppen dazukaufen – der Motor kam von Heinkel, die Karosserie von Baur – und produzierte mit dem 500 vor allem rote Zahlen. Wendler fertigte zudem drei Coupés und zwei Roadster – schmucke, längst vergessene Relikte der deutschen Nachkriegsära.

Mit funkelndem Chrom in die roten Zahlen: Maico 500 Sport mit Wendler-Karosserie

Motor/Antrieb	
Bauart	Zweizylinder (Reihe)
Lage/Antrieb	Front/Front
Hubraum in cm³	452
Leistung in PS bei U/min	18 bei 4000
Vmax in km/h	98
Karosserie	
Bauart	Limousine (2-türig), Coupé, Roadster
Tragstruktur	Zentralträgerrahmen/Holzrahmen/Stahlrahmen
Material	
Stückzahl und Marktsituation	
Produktionszahl	ca. 6301
Verfügbarkeit	gegen null
Teilesituation	schwierig
Unterhaltskosten	niedrig

Preise in Euro	1	2	3	4	5
500, L2t	–	14.000	–	5.000	–
500, Cab		keine Notierung			

Marcos (GB) • 1959 - 1975, 1982

Der Bau der eigenwilligen Marcos-Fahrzeuge startete 1959: Jem Marsh und Frank Costin begannen mit einem aus Holz und Kunststoff gefertigten, selbsttragenden Fahrgestell. Der Hersteller in Luton nannte sich Speedex Castings and Accessoires Ltd., man baute auch Guss- und Zubehörteile für die Autoindustrie.
1973 wurde die Marcos-Produktion vorübergehend eingestellt. Zwei Jahre später ging die Herstellung an Jem Marshs neue Firma Midas Cars über, die 1982 vorübergehend sogar die Produktion der kaum veränderten 1970er-Modelle wieder aufnahm.

Marcos 1800 GT, L, IRS — 1964-1966

Im Januar 1964 stellte Marcos den von Dennis Adams designten Marcos 1800 GT vor. Das nur 1,50 Meter hohe, dramatisch gestylte und kompromisslos zweisitzige Coupé besaß eine Kunststoff-Karosserie auf Holzstruktur – die Dauerhaltbarkeit dieser Bauweise ließ jedoch zu wünschen übrig. Nach gut 500 gebauten „Holz-Marcos" (einschließlich des ersten Marcos GT) verwendete der Hersteller ab 1969 eine Stahlstruktur, die stabiler war. Gepäckraum und Tank konnten dadurch vergrößert werden. Schon 1965 lancierte Marcos das Modell 1800 L, das mit einem 115 SAE-PS starken Volvo-Motor ausgerüstet wurde. Der 1800 IRS erhielt sogar anstelle von Längsschubstreben mit Panhardstab eine hintere Einzelradaufhängung. Außergewöhnlich für die sechziger Jahre waren die serienmäßig montierten Sitze mit Kopfstützen.

Zunächst auf Holzstruktur gebaut: Marcos 1800 GT

Motor/Antrieb	
Bauart	Vierzylinder (Reihe)
Lage/Antrieb	Front/Heck
Hubraum in cm³	1778
Leistung in PS bei U/min	108 bei 5800 bis 115 bei 5800
Vmax in km/h	185 bis 220
Karosserie	
Bauart	Coupé
Tragstruktur	
Material	Kunststoff/Holz, Kunststoff/Stahlblech
Stückzahl und Marktsituation	
Produktionszahl	99
Verfügbarkeit	schlecht
Teilesituation	ausreichend
Unterhaltskosten	mittel

Preise in Euro	1	2	3	4	5
1800 GT, Cpe	20.000	14.900	9.500	4.600	2.100

Marcos (GB) • Maserati (I)

Mini-Marcos 850 GT Mk II, 1300 GT Mk II — 1965-1973

Einen großen sportlichen Erfolg erzielte der Mini-Marcos im zweiten Produktionsjahr: 1966 erreichte das skurril gestylte Coupé in Le Mans einen beachtlichen 13. Platz in der Gesamtwertung. Aber nicht nur das führte zu einer erstaunlichen Nachfrage: Der Marcos GT bediente sich als Kit-Car der billigen und in großen Mengen verfügbaren technischen Komponenten des (Austin) Mini, insbesondere seiner Motor-/Getriebeeinheit sowie der Fahrwerksteile. Die ähnlich wie beim alten Lotus Elite selbsttragend ausgelegte Kunststoff-Karosserie beendete alle Sorgen um Rost ein für alle Mal. Dank seines geringen Gewichts waren gute Fahrleistungen mühelos erreichbar: Mit der 77 PS starken 1,3-Liter-Maschine erreichte der Marcos 170 km/h. Zwischenzeitlich war der Mini-Marcos sogar nochmals als Neuwagen erhältlich gewesen.

Schnelles Mini-Derivat: Mini-Marcos GT

Motor/Antrieb					
Bauart					Vierzylinder (Reihe)
Lage/Antrieb					Front/Front
Hubraum in cm³					848, 1275
Leistung in PS bei U/min					38 bei 5500 bis 77 bei 6000
Vmax in km/h					125 bis 170
Karosserie					
Bauart					Coupé
Tragstruktur					selbsttragend
Material					Kunststoff
Stückzahl und Marktsituation					
Produktionszahl					ca. 800
Verfügbarkeit					schlecht
Teilesituation					ausreichend
Unterhaltskosten					niedrig
Preise in Euro	1	2	3	4	5
850 GT Mini Marcos, Cpe	7.000	4.000	2.100	1.000	300
1300 GT Mini Marcos, Cpe	8.900	5.800	3.400	1.600	400

Marcos 3 Litre — 1969-1972

Kultivierte Motoren mit mehr Power beflügelten das elegante Marcos-Coupé ab 1969. Drei verschiedene Sechszylindermotoren wurden verwendet: der Dreiliter-Essex-Motor von Ford, der 2,5-Liter-Reihensechszylinder von Triumph sowie der Dreiliter-Reihensechszylinder von Volvo, der auch mit einem Getriebeautomaten kombiniert werden konnte. Mit diesen Triebwerken ließen sich exzellente Fahrleistungen erreichen, was auch heute noch für besonders intensive Nachfrage sorgt. Aus Kostengründen und zur Rationalisierung der Fertigung entschloss sich Marcos während der Bauzeit, das Holzchassis aufzugeben und eine Stahlstruktur zu verwenden.

Klein, doch bis zu 200 Stundenkilometer schnell: Marcos 3 Litre

Motor/Antrieb					
Bauart					V6, Sechszylinder (Reihe)
Lage/Antrieb					/Heck
Hubraum in cm³					2494, 2978, 2994
Leistung in PS bei U/min					140 bei 4750 bis 143 bei 5700
Vmax in km/h					200
Karosserie					
Bauart					Coupé
Tragstruktur					Rohrrahmen
Material					Kunststoff
Stückzahl und Marktsituation					
Produktionszahl					180, 11, 250
Verfügbarkeit					schlecht
Teilesituation					ausreichend
Unterhaltskosten					hoch
Preise in Euro	1	2	3	4	5
3,0 Litre, Cpe	24.800	18.600	12.200	5.600	2.600

Maserati (I) • seit 1926

Schon vor dem Ersten Weltkrieg hatten die fünf Brüder Maserati von sich reden gemacht, besonders die Rennfahrer Carlo und Alfieri. In seiner eigenen Werkstatt, der Officine Alfieri Maserati, entwickelte Alfieri Rennwagen, doch erst 1926 setzte der Erfolg ein. Ernesto Maserati führte die Firma 1938 in die Hände des finanzkräftigen Orsi-Konzerns. 1940 folgte der Umzug nach Modena, bis heute Sitz des Unternehmens.
Die drei verbliebenen Maserati-Brüder gründeten 1947 eine neue Firma, die sich auf Rennwagen spezialisierte: OSCA. 1968 begann die Zusammenarbeit zwischen Maserati und Citroën, die Franzosen übernahmen in der Folgezeit 60 Prozent des Kapitals von der Familie Orsi. Citroën trennte sich von Maserati bereits 1975 wieder, und De Tomaso übernahm die Renommiermarke, die heute – wie Ferrari – zu Fiat gehört.

Maserati 3500 GT und GTI — 1958-1964

Bodenständiger und robuster als die Ferrari-Modelle jener Zeit wirken die Schöpfungen aus dem Hause Maserati. Das kam zum einen in der Karosseriegestaltung zum Ausdruck, zeigte sich aber auch in der Technik. Die Sechszylinder-Reihenmotoren mit zwei obenliegenden Nockenwellen gingen – wie das Chassis – auf die erfolgreichen 300S-Rennsportwagen zurück. Sie liefen kultiviert, waren überaus zuverlässig und boten genügend Leistungsreserven. Als Coupé trägt er eine Superleggera-Karosserie von Touring, während die Cabriolet-Version von Vignale stammte. Mit dem 3500 setzte die Modeneser Firma einen Standard in der Gran Turismo-Klasse und war zudem sehr erfolgreich, wie 2000 gebaute Exemplare eindrucksvoll belegen können.

Maserati 3500 GT und GTI

Motor/Antrieb					
Bauart					Sechszylinder (Reihe)
Lage/Antrieb					Front/Heck
Hubraum in cm³					3485
Leistung in PS bei U/min					220 bei 5500 bis 235 bei 5500
Vmax in km/h					215 bis 235
Karosserie					
Bauart					Coupé, Cabriolet
Tragstruktur					Rohrrahmen
Material					Aluminium
Stückzahl und Marktsituation					
Produktionszahl					ca. 2000
Verfügbarkeit					schlecht
Teilesituation					schwierig
Unterhaltskosten					hoch
Preise in Euro	1	2	3	4	5
3500 GT, Cpe	60.400	44.100	29.000	15.700	7.500
3500 GT, Cab	94.000	71.000	48.000	26.000	16.000
3500 GTi, Cpe	51.000	39.200	25.700	13.200	6.900

Maserati (I)

Maserati Sebring — 1962-1965

Getreu der Devise, dass Hubraum durch nichts zu ersetzen sei, außer durch noch mehr Hubraum, bot Maserati dieses für den amerikanischen Markt konzipierte Sebring-Coupé an. Vignale hatte dem 2+2-Sitzer optisch mehr Leichtigkeit verliehen, doch tatsächlich basierte es auf dem schweren Rahmen des 3500 GT Cabriolet. Klimaanlage und Automatikgetriebe machen die Zielsetzung in Übersee deutlich, doch so recht klappen wollte es nicht – nur 446 Exemplare ließen sich absetzen. Überarbeitet wurde der Motor: Mit 3,7 Litern Hubraum stieg die Leistung auf 245 PS, einige wenige Exemplare bekamen auch den gut vier Liter großen Reihensechser mit 255 PS implantiert. Obwohl sie rar sind, werden diese Maserati weit preiswerter als die Ferrari-Modelle dieser Jahre gehandelt.

Spezialmobil für den Export in die USA: Maserati Sebring

Motor/Antrieb	
Bauart	Sechszylinder (Reihe)
Lage/Antrieb	Front/Heck
Hubraum in cm³	3485, 3695, 4014
Leistung in PS bei U/min	235 bei 5500 bis 255 bei 5500
Vmax in km/h	235
Karosserie	
Bauart	Coupé
Tragstruktur	Kastenrahmen
Material	Stahlblech
Stückzahl und Marktsituation	
Produktionszahl	446
Verfügbarkeit	schlecht
Teilesituation	schwierig
Unterhaltskosten	hoch

Preise in Euro	1	2	3	4	5
Sebring, Cpe	65.000	48.000	32.000	17.000	8.000

Maserati Mistral — 1963-1970

Der Nachfolger des 3500 GT und des Sebring wurde ein bildhübsches, eigenständiges Auto. Die feinen Karosserielinien stammen aus der meisterlichen Hand von Pietro Frua, der den langen Vorbau mit einem glaskuppelbewehrten Heck mit großer Klappe kombinierte. Der heiße Wind – denn das ist der Mistral – erhielt die gleichen Motoren wie der Sebring, war aber doch rund 250 Kilogramm leichter und zeigte sich daher als das agilere, handlichere Fahrzeug. Das Chassis war gegenüber dem Vorgänger durch Versteifungsbleche stabilisiert, die Karosserie jedoch aus simplem Stahlblech gearbeitet. Maserati hat den Mistral auch mit einer reizvollen Spider-Karosserie angeboten, die aber mit nur 120 gebauten Exemplaren sehr selten ist.

Mit Karosserie von Pietro Frua: Maserati Mistral

Motor/Antrieb	
Bauart	Sechszylinder (Reihe)
Lage/Antrieb	Front/Heck
Hubraum in cm³	3485, 3693, 4014
Leistung in PS bei U/min	235 bei 5500 bis 255 bei 5500
Vmax in km/h	235 bis 245
Karosserie	
Bauart	Coupé, Cabriolet
Tragstruktur	Rohrrahmen
Material	Stahlblech
Stückzahl und Marktsituation	
Produktionszahl	9648
Verfügbarkeit	schlecht
Teilesituation	schwierig
Unterhaltskosten	hoch

Preise in Euro	1	2	3	4	5
Mistral 3,7, Cpe	38.900	29.100	19.400	9.700	4.600
Mistral 4,0, Cpe	40.900	31.700	21.000	10.700	5.100
Mistral 4,0, Cab	71.600	53.700	34.300	18.900	8.200

Maserati Quattroporte — 1964-1971

Die treffende Modellbezeichnung Quattroporte heißt nichts anderes als „Viertürer". Auch Maserati wagte sich in dieses winzige Marktsegment, das von verschiedenen Anbietern wie Aston Martin oder DeTomaso immer wieder gefüllt wurde. Aus den Händen gerissen wurde den Herstellern keines der Produkte, doch Maserati gelang wenigstens ein Achtungserfolg. Das lag nicht zuletzt am erstmals eingebauten, technisch leicht abgewandelten V8-Motor, den man bisher nur im extrem selten gebauten Renommiermodell 5000 GT gesehen hatte. Die vorne etwas zerklüftete Frua-Karosserie knüpfte stilistisch an den 3500 GT an. Das zunächst mit einer DeDion-Hinterachse ausgestattete Fahrwerk wurde später vereinfacht. Mit 260 bis 300 PS aus 4,1 bis 4,7 Litern Hubraum erreichte der luxuriöse Viertürer bis zu 240 km/h Höchstgeschwindigkeit.

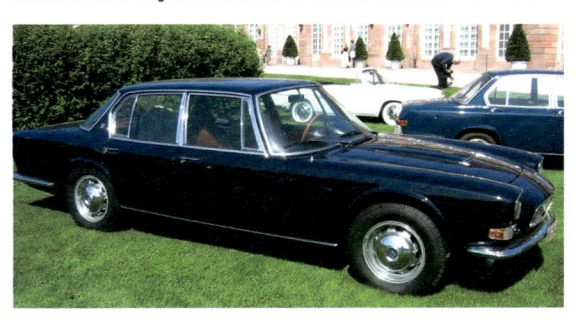

Viertüriger Italo-Express: Maserati Quattroporte

Motor/Antrieb	
Bauart	V8
Lage/Antrieb	Front/Heck
Hubraum in cm³	4136, 4719
Leistung in PS bei U/min	260 bei 5200 bis 300 bei 5000
Vmax in km/h	220 bis 240
Karosserie	
Bauart	Limousine (4-türig)
Tragstruktur	selbsttragend
Material	Stahlblech
Stückzahl und Marktsituation	
Produktionszahl	760
Verfügbarkeit	schlecht
Teilesituation	schwierig
Unterhaltskosten	hoch

Preise in Euro	1	2	3	4	5
Quattroporte 4,7, L4t	35.000	25.000	14.000	8.000	4.000

Maserati Ghibli — 1966-1973

Im gleichen Jahr, in dem das Modell Mexico seinen Marktauftritt feierte, brachte Maserati auch das Modell Ghibli an die Verkaufsfront. Motorseitig zeigte es sich verstärkt. Neben dem 4,7 Liter großen V-Achtzylinder, der 310 PS leistete, kam ab 1970 auch die auf 4,9 Liter vergrößerte Version mit 335 PS zum Einsatz. Diese Alumotoren stemmten wahre Berge von Drehmoment auf die Kurbelwelle und schoben den Ghibli mit bis zu 280 Stundenkilometer durch den Wind. Höchstes Lob verdient auch die gestreckte, elegante Karosserie, die Giugiaro in den Ghia-Werkstätten zu Papier gebracht hat. Neben dem Coupé gab es von diesem potenten Fahrzeug auch einige Cabriolets. Insgesamt über 1200 gebaute Ghibli bedeuteten für die Marke mit dem Dreizack im Wappen einen ansehnlichen Erfolg.

Gewaltiges Leistungspotenzial: Maserati Ghibli

Motor/Antrieb	
Bauart	V8
Lage/Antrieb	Front/Heck
Hubraum in cm³	4719, 4920
Leistung in PS bei U/min	310 bei 5500 bis 300 bei 5000
Vmax in km/h	270 bis 280
Karosserie	
Bauart	Coupé, Cabriolet
Tragstruktur	selbsttragend
Material	Stahlblech
Stückzahl und Marktsituation	
Produktionszahl	1247
Verfügbarkeit	schlecht
Teilesituation	schwierig
Unterhaltskosten	hoch

Preise in Euro	1	2	3	4	5
Ghibli 4,7, Cpe	55.000	42.000	27.000	15.000	6.000
Ghibli SS, Cpe	60.000	44.000	28.000	16.000	7.000
Ghibli 4,9, Cab	100.000	75.000	50.000	30.000	20.000

Maserati (I)

Maserati Mexico — 1966-1972

Drei Jahre nach dem Mistral ergänzte Maserati das Markenprogramm um ein Achtzylinder-Coupé. Technisch ist es nah verwandt mit dem Quattroporte. Es kamen die gleichen Motoren zum Einsatz, selbst die Leistung war identisch. Fahrwerksseitig musste allerdings die simplere Starrachsversion ausreichen. Vignale hatte eine schlichte, an den Iso Rivolta erinnernde Karosserie mit dem typischen Markengesicht geschaffen, doch trotz reduzierter Abmessungen waren die Fahrleistungen nicht besser als beim Viertürer. Weder in Europa noch in Amerika konnte sich der knapp geschnittene Viersitzer richtig in Szene setzen. Nur 250 verkaufte Exemplare, die auf Wunsch auch mit Klimaanlage und Automatikgetriebe bestückt wurden, ließen sich verkaufen. Heute zählt der Mexico zu den raren, dabei nicht übermäßig teuren Maserati-Spezialitäten.

Schlichter Genuss: Maserati Mexico

Motor/Antrieb					
Bauart					V8
Lage/Antrieb					Front/Heck
Hubraum in cm³					4136, 4719
Leistung in PS bei U/min					260 bei 5200 bis 300 bei 5000
Vmax in km/h					220 bis 240
Karosserie					
Bauart					Coupé
Tragstruktur					selbsttragend
Material					Stahlblech
Stückzahl und Marktsituation					
Produktionszahl					250
Verfügbarkeit					schlecht
Teilesituation					schwierig
Unterhaltskosten					hoch
Preise in Euro	1	2	3	4	5
Mexico 4,2, Cpe	36.800	26.100	14.800	8.500	4.600
Mexico 4,7, Cpe	37.800	26.600	15.300	8.700	4.600

Maserati Indy — 1968-1974

Trotz gewisser Ähnlichkeiten zum Ghibli kann der zwei Jahre später eingeführte Indy formal nicht ganz so überzeugen. Dem Vignale-Entwurf fehlt dazu die Spannung, doch insgesamt ist auch er ein beeindruckendes Fahrzeug. Mit den V8-Motoren bestückt, erreichte der Indy erfreuliche Fahrleistungen — bis zu 265 Stundenkilometer war er schnell. Er schöpfte seine 260, 290 und 320 PS aus 4,1, 4,7 und 4,9 Litern Hubraum und wurde ausschließlich als Coupé gebaut. Die Schwächen des Wagens werden am antiquiert ausgefallenen Fahrwerk deutlich, das trotz hoher Motorleistung mit einer simplen Starrachse auskommen musste. Obwohl der Indy geringere Stückzahlen erreichte als der Ghibli, liegt sein Preisniveau heute etwas niedriger.

V8-Power mit etwas indifferentem Styling: Maserati Indy

Motor/Antrieb					
Bauart					V8
Lage/Antrieb					Front/Heck
Hubraum in cm³					4136, 4719, 4930
Leistung in PS bei U/min					260 bei 5500 bis 320 bei 5500
Vmax in km/h					245 bis 265
Karosserie					
Bauart					Coupé
Tragstruktur					selbsttragend
Material					Stahlblech
Stückzahl und Marktsituation					
Produktionszahl					1136
Verfügbarkeit					schlecht
Teilesituation					schwierig
Unterhaltskosten					hoch
Preise in Euro	1	2	3	4	5
Indy 4,2, Cpe	45.500	35.300	22.500	11.700	5.100
Indy 4,7, Cpe	47.000	36.800	23.500	12.300	5.300

Maserati Bora — 1971-1980

Neue Wege beschritt Maserati mit dem 1971 vorgestellten Modell Bora. Zwar blieb es bei den bewährten Achtzylindermotoren mit viel Hubraum und Kraft, doch sie befeuerten ein geradezu zierliches Coupé, das von Ital Design unter der Leitung Giugiaros karossiert worden war. Mit einem modernisierten Fahrwerk, das nun Doppelquerlenker statt der trampelnden hinteren Starrachse brachte, waren einwandfreie Fahreigenschaften geboten. Nicht so recht passen wollte zu diesem italienischen Supersportwagen, dass nun die finanziell beteiligten Franzosen von Citroën einige Bauteile einbrachten. Trotz dieser eigentümlichen Technik-Mischung erzielen die Bora-Coupés heute beachtliche Preise. Bei nur 571 gebauten Exemplaren dürfen sich Interessenten allerdings auf eine längere Suche einstellen.

Mit moderner Hinterachse: Maserati Bora

Motor/Antrieb					
Bauart					V8
Lage/Antrieb					Mitte/Heck
Hubraum in cm³					4719, 4930
Leistung in PS bei U/min					310 bei 5500 bis 335 bei 5500
Vmax in km/h					270 bis 280
Karosserie					
Bauart					Coupé
Tragstruktur					selbsttragend
Material					Stahlblech
Stückzahl und Marktsituation					
Produktionszahl					571
Verfügbarkeit					gegen null
Teilesituation					schwierig
Unterhaltskosten					hoch
Preise in Euro	1	2	3	4	5
Bora 4,7, Cpe	56.700	43.200	27.900	15.500	6.500
Bora 4,9, Cpe	59.600	44.300	28.400	15.800	6.500

Maserati Merak und Merak SS — 1972-1983

Einfach, aber doch etwas zu kurz gedacht war das Bemühen von Maserati, in populärere Preisregionen vorzudringen. Man kürzte das Achtzylindertriebwerk um zwei Einheiten und stülpte über diesen 90-Grad-V6-Motor eine nahezu unveränderte Bora-Karosserie. Aus drei Liter Hubraum leistete diese Maschine 190 PS. Ab 1974 trat der auf 220 PS gesteigerte Merak SS an. Weil es den Merak an Zuverlässigkeit, Durchzugskraft und Laufkultur mangelte, sind sie heute relativ preiswert. Außerdem litt der Merak noch stärker unter dem von Citroën verordneten Griff ins Teileregal der französischen Großserie. Dennoch verkaufte sich der Merak mit 1800 Exemplaren ganz ordentlich. Wenig reizvoll ist die für den italienischen Markt konfigurierte Zweiliter-Version.

Citroën lieferte Teile zu: Maserati Merak

Motor/Antrieb					
Bauart					V6
Lage/Antrieb					Mitte/Heck
Hubraum in cm³					2000, 2965
Leistung in PS bei U/min					170 bei 7000 bis 220 bei 6500
Vmax in km/h					220 bis 250
Karosserie					
Bauart					Coupé
Tragstruktur					selbsttragend
Material					Stahlblech
Stückzahl und Marktsituation					
Produktionszahl					1800
Verfügbarkeit					ausreichend
Teilesituation					schwierig
Unterhaltskosten					hoch
Preise in Euro	1	2	3	4	5
Merak, Cpe	33.200	24.500	16.400	8.700	3.300
Merak SS, Cpe	35.800	26.600	17.900	9.200	3.600

Maserati (I)

Maserati Khamsin — 1974-1982

Als Nachfolger von Ghibli und Indy kann der nur 421 mal gebaute Maserati Khamsin gelten. Er hatte den großvolumigen Achtzylinder noch unter der langen vorderen Haube. Die extravaganten Linien mit ausgeprägter Keilform und kleinen seitlichen Fensterflächen waren bei Bertone unter der Federführung Marcello Gandinis entstanden und verhießen tolle Fahrleistungen. Denn dafür konnte die Power durchaus sorgen, zumal das Fahrwerk nicht mehr mit starrer Hinterachse antreten musste. Für Irritationen sorgten da eher die Citroën-Komponenten wie Lenkung und Bremse, die viel Gewöhnung verlangten. Dennoch ist das Coupé ein verführerisches Angebot aus Hochleistung und Komfort, in den letzten Jahren haben jedoch die Preise deutlich angezogen.

Eine Form von grafischer Reinheit: Maserati Khamsin

Motor/Antrieb	
Bauart	V8
Lage/Antrieb	Front/Heck
Hubraum in cm³	4930, 4822
Leistung in PS bei U/min	320 bei 5500, 275 bei 5200
Vmax in km/h	255 bei 270
Karosserie	
Bauart	Coupé
Tragstruktur	selbsttragend
Material	Stahlblech
Stückzahl und Marktsituation	
Produktionszahl	421
Verfügbarkeit	schlecht
Teilesituation	schwierig
Unterhaltskosten	hoch

Preise in Euro	1	2	3	4	5
Khamsin, Cpe	46.000	36.800	23.000	11.700	5.100

Maserati Kyalami — 1977-1983

Als Alejandro De Tomaso die angeschlagene Firma Maserati übernahm, fand er die Modelle Bora, Merak und Khamsin vor. Er legte den Kyalami nach, der von leistungsreduzierten Achtzylindermotoren angetrieben wurde. Äußerlich glich dieses Modell zwar dem De Tomaso Longchamp zum Verwechseln, doch unter der etwas sehr schlichten Karosserie wurde weiterhin pure Maserati-Technik verbaut. Die Orientierungslosigkeit der Marke, deren Modellprogramm so wenig Klarheit zeigte, schlug sich dann auch in Erfolglosigkeit nieder. Nur 150 gebaute Kyalami in sechs Produktionsjahren zeigen die Trostlosigkeit, in die jene ruhmreiche Marke zur Mitte der siebziger Jahre geschlittert war. Angesichts des moderaten Preisniveaus könnte man ernsthaft über den Erwerb des Understatement-Renners nachdenken – wäre da nicht der Unterhalt ...

Aus einer schwierigen Zeit: Maserati Kyalami

Motor/Antrieb	
Bauart	V8
Lage/Antrieb	Front/Heck
Hubraum in cm³	4136, 4931
Leistung in PS bei U/min	253 bei 6000 bis 257 bei 5800
Vmax in km/h	240
Karosserie	
Bauart	Coupé
Tragstruktur	selbsttragend
Material	Stahlblech
Stückzahl und Marktsituation	
Produktionszahl	150
Verfügbarkeit	ausreichend
Teilesituation	ausreichend
Unterhaltskosten	hoch

Preise in Euro	1	2	3	4	5
Kyalami 4,9, Cpe	32.000	23.000	14.000	7.500	2.000

Maserati Quattroporte, Royale — 1979-1990

Nachdem das Original von 1964 doch einigermaßen erfolgreich war, versuchte Maserati 1979 eine Neuauflage des luxuriösen Viertürers. Er basierte auf dem schlichten Kyalami und hatte eine ausladende, von Giugiaro gezeichnete Karosserie. Mit 255 bis 280 PS – abhängig davon, ob der 4,2 oder der 4,9 Liter große Achtzylinder geordert wurde – kamen ordentliche Fahrleistungen zustande. Neben einem manuellen Getriebe bot Maserati auch eine Automatik an. Und an Prestige und Ausstrahlung fehlte es dem Italiener sowieso nicht. Der Innenraum war mit edelsten Materialien aufs Wohnlichste eingerichtet. Nur die Verarbeitungsqualität ließ zu wünschen übrig. 1986 lief der letzte Quattroporte vom Band, doch zehn Jahre später zeigte Maserati, jetzt unter Fiat-Flagge wieder deutlich im Aufwind, einen Nachfolger des Viertürers.

Voluminöser Viertürer: Maserati Quattroporte

Motor/Antrieb	
Bauart	V8
Lage/Antrieb	Front/Heck
Hubraum in cm³	4136, 4930
Leistung in PS bei U/min	255 bei 6000 bis 280 bei 5600
Vmax in km/h	220 bis 235
Karosserie	
Bauart	Limousine (4-türig)
Tragstruktur	selbsttragend
Material	Stahlblech
Stückzahl und Marktsituation	
Produktionszahl	k.A.
Verfügbarkeit	ausreichend
Teilesituation	ausreichend
Unterhaltskosten	hoch

Preise in Euro	1	2	3	4	5
Quattroporte 4,9, L4t	20.500	13.800	9.200	4.600	2.600

Maserati Biturbo
(Biturbo Coupé, Biturbo Coupé ES, Biturbo Spyder, Biturbo 425) — 1981-1987

Mit einem weiteren Versuch, Maserati-Modelle auch in preislich günstigeren Regionen anzubieten, startete die Marke fünf Jahre nach der Übernahme durch De Tomaso. Das Auto hieß Biturbo, war ein knapp geschnittener Viersitzer mit zwei Türen und limousinenähnlichem Aufbau. Wie aus der Modellbezeichnung schon abzulesen ist, hauchen zwei Turbolader dem Sechszylinder-V-Triebwerk mit zwei Litern Hubraum stolze 180 PS ein, doch der unelastische Dreiventiler ärgerte mit geringer Standfestigkeit. Trotzdem ließen sich eine ganze Menge dieser kompakten und edel ausstaffierten Wagen unters Volk bringen. Allerdings störte die nachlässige Verarbeitung, und das drückt bis heute auf die Preise.

Besser Atmen mit zwei Turbos: Maserati Biturbo

Motor/Antrieb	
Bauart	V6
Lage/Antrieb	Front/Heck
Hubraum in cm³	1995, 2491
Leistung in PS bei U/min	180 bei 6000 bis 200 bei 5500
Vmax in km/h	215
Karosserie	
Bauart	Limousine (2-türig), Limousine (4-türig), Cabriolet
Tragstruktur	selbsttragend
Material	Stahlblech
Stückzahl und Marktsituation	
Produktionszahl	k.A.
Verfügbarkeit	ausreichend
Teilesituation	schwierig
Unterhaltskosten	hoch

Preise in Euro	1	2	3	4	5
Biturbo 2,0, L2t	11.800	7.200	3.800	1.600	400

Matra (F) • 1962 - 2003

Unter ihren Initialen DB hatten sich Charles Deutsch und René Bonnet hohes Ansehen im Automobilbau erworben. 1961 trennten sich die beiden, die Marke ging unter. Ein geplantes, neues Coupé kam als Panhard CD (Charles Deutsch) 1962 auf den Markt. René Bonnet dagegen ging eine Kooperation mit Renault ein und konstruierte unter eigener Marke (Bonnet). Er verkaufte seine Anteile an der Konstruktionsfirma im Jahr 1962 an Matra, einen Spezialisten für Fernlenkwaffen und Raketen.

Ab Herbst 1964 entstand daraus die Marke Matra-Bonnet. Matra-Sports konnte bereits 1965 einen Sportwagen mit Kunststoffkarosserie auf Zentralrohrrahmen und Renault-Motor vorstellen. Mit einem neuen Modell, dem M 530, machte man 1967 weiter auf sich aufmerksam. Durch Beteiligung an der Formel 1, für die Matra leistungsfähige Zwölfzylinder-Motoren lieferte, rückte der Hersteller 1968 weiter ins Rampenlicht.

Matra Djet V, VS, 5, 5S, Jet 6 — 1964-1968

René Bonnets kleiner Renner mit Kunststoff-Karosserie entwickelte sich unter Matra-Regie zum Matra-Bonnet Djet V und VS. Der Renault-Motor dieses weltweit ersten serienmäßigen Mittelmotor-Sportwagens stammte aus dem Renault R 8 und war längs vor der Hinterachse eingebaut. Ab 1965 hießen die Wagen Matra Djet 5 und 5 S, zusätzliche DeLuxe-Modelle waren an einer modifizierten Front und aufgewertetem Innenraum zu erkennen. Während sich motorseitig nichts änderte, gewann die Karosserie zwei Zentimeter an Länge. Als Chassis diente eine Zentralrohrkonstruktion mit Gitterrahmen. Vorn und hinten besaß das Fahrwerk Dreieckslenker und Schraubenfedern. Die ab 1966 gebauten Modelle Jet 6 trugen einen 1255 cm³ großen Gordini-Motor mit anfangs 105, später 103 PS.

Der erste serienmäßige Mittelmotor-Sportwagen: Matra Djet

Motor/Antrieb	
Bauart	Vierzylinder (Reihe)
Lage/Antrieb	Mitte/Heck
Hubraum in cm³	1108, 1255
Leistung in PS bei U/min	72 bei 5800 bis 105 bei 6800
Vmax in km/h	175 bis 210
Karosserie	
Bauart	Coupé
Tragstruktur	Rohrrahmen
Material	Kunststoff
Stückzahl und Marktsituation	
Produktionszahl	1681
Verfügbarkeit	schlecht
Teilesituation	schwierig
Unterhaltskosten	mittel

Preise in Euro	1	2	3	4	5
Djet V, Djet 5, Cpe	17.700	12.500	7.000	3.200	1.400
Djet VS, Djet 5 S, Cpe	18.800	13.500	7.600	3.700	1.600
Djet 6, Cpe	20.400	14.500	8.300	4.000	1.800

Matra M 530, M 530 A, M 530 LX und SX — 1967-1973

Der im März 1967 als Nachfolger des Djet vorgestellte M 530 wirkte längst nicht so harmonisch gestylt. Im Gegensatz zum sportbetonten Vorgänger präsentierte sich hier eher ein Softie mit langen Federwegen, der mit einem in Fahrzeugmitte angeordneten, serienmäßig belassenen 1,7-Liter-Ford-V4-Motor ausgerüstet war. Immerhin: die Scheibenbremsen rundum und Knautschzonen zeugten von Sicherheitsbewusstsein, Komfort und Raumangebot waren deutlich verbessert. Als Sportwagen aber konnte sich der 530 kaum profilieren. Ab 1968 lief der 530 A vom Band, und 1969 wurde die Motorleistung mit Doppelvergaser auf 90 SAE-PS angehoben. Auch die Ausstattung wurde ab 1970 beim 530 LX nochmals aufgewertet. Die Sparausführung SX erschien 1971 ohne das bis dahin übliche herausnehmbare Dachteil. Bei den Fahreigenschaften wussten alle Modelle zu überzeugen.

Viel softer als der Vorgänger: Matra M 530

Motor/Antrieb	
Bauart	V4
Lage/Antrieb	Mitte/Heck
Hubraum in cm³	1699
Leistung in PS bei U/min	70 bei 4800 bis 90 bei 5000
Vmax in km/h	170 bis 175
Karosserie	
Bauart	Coupé (Dachteil entfernbar), Coupé
Tragstruktur	Plattformrahmen
Material	Kunststoff
Stückzahl und Marktsituation	
Produktionszahl	9609
Verfügbarkeit	ausreichend
Teilesituation	ausreichend
Unterhaltskosten	mittel

Preise in Euro	1	2	3	4	5
M 530 LX, Cpe	11.600	8.100	4.600	2.100	900
M 530 SX, Cpe	9.200	6.100	3.800	1.900	800

Matra Bagheera — 1973-1980

Schon der Vorgänger war in die Chrysler/Simca-Verkaufsorganisation eingegliedert gewesen, und der 1973 erschienene Nachfolger namens Bagheera verwendete zudem noch die Technik des Simca. Die Kunststoffkarosserie hatte Matra in Eigenregie entwickelt. Auffällig war das Platzangebot: 3 Sitze nebeneinander. Konzipiert war der Bagheera nach bewährtem Rezept mit Stahlrahmen und Mittelmotor. Die Simca-Triebwerke ließen die Sportlichkeit der ersten Modelle vermissen, sie besaßen zunächst 1,3 Liter, später 1,5 Liter Hubraum. Eine erwartete Zweiliter-Variante erschien nie. Mechanische Teile durften aus Preisgründen nicht vom Simca 1100 abweichen. Trotz dieser Großserientechnik war die Verarbeitungsqualität schlecht, auch das plüschige Interieur hielt sich meist nicht lange in ansehnlichem Zustand.

Skurriles Konzept, leider schlampig verarbeitet: Matra Bagheera

Motor/Antrieb	
Bauart	Vierzylinder (Reihe)
Lage/Antrieb	Mitte/Heck
Hubraum in cm³	1294, 1442
Leistung in PS bei U/min	85 bei 6000 bis 90 bei 5800
Vmax in km/h	175 bis 185
Karosserie	
Bauart	Coupé
Tragstruktur	Stahlrahmen
Material	Kunststoff
Stückzahl und Marktsituation	
Produktionszahl	47.802
Verfügbarkeit	ausreichend
Teilesituation	ausreichend
Unterhaltskosten	mittel

Preise in Euro	1	2	3	4	5
Bagheera 1,3, Cpe	8.700	5.800	3.500	1.700	600
Bagheera 1,5, Cpe	9.000	6.000	3.700	1.800	600

Matra (F) • Maybach (D)

Matra Murena
1980-1984

Auch beim Murena verfolgte die inzwischen zum PSA-Konzern gehörende Marke die Idee der drei vorderen Sitze weiter, doch wirkte sie hier weniger gezwungen. Optisch hatte das Kunststoffcoupé durch eine feinere, ausgewogene Linienführung gewonnen. Die viel kritisierten Schwachstellen hatten sich die Entwickler gezielt vorgenommen und weitgehend eliminiert. Rost war nun aufgrund einer vollverzinkten Bodengruppe kein Thema mehr. Dank neuer Motoren mit 1,6 und 2,2 Liter Hubraum, die aus den Modellen Talbot Solara und Tagora stammten, waren die Fahrleistungen gestiegen. Ihre Kraft wurde per Fünfganggetriebe an die Hinterräder geleitet. Die Verkaufszahlen des Murena blieben trotz allen Fortschritts aber weit hinter denen des Bagheera zurück.

Gereift, doch ohne Erfolg geblieben: Matra Murena

Motor/Antrieb					
Bauart					Vierzylinder (Reihe)
Lage/Antrieb					Mitte/Heck
Hubraum in cm³					1592, 2156
Leistung in PS bei U/min					92 bei 5400 bis 142 bei 6000
Vmax in km/h					180 bis 210
Karosserie					
Bauart					Coupé
Tragstruktur					Plattformrahmen
Material					Kunststoff
Stückzahl und Marktsituation					
Produktionszahl					10.613
Verfügbarkeit					ausreichend
Teilesituation					ausreichend
Unterhaltskosten					hoch
Preise in Euro	1	2	3	4	5
Murena 1,6, Cpe	8.300	5.400	3.300	1.700	500
Murena 2,2, Cpe	10.000	7.100	4.000	1.900	600

Maybach (D) • 1921-1941, seit 2002

Maybach ist ein Name von höchstem Glanz in der Automobilhistorie, oft verglichen mit Rolls-Royce. Wilhelm Maybach, der Namensgeber, war zudem der geniale Schöpfer der Mercedes-Automobile, ein Freund Gottlieb Daimlers, der seine Fähigkeiten einst entdeckt und gefördert hatte. „König der Konstrukteure" war bereits ein zu seinen Lebzeiten oft genannter Titel, ausgesprochen auch aus Bewunderung für Maybachs Gespür für das technisch Machbare.
Maybachs Sohn Karl gründete 1910 am Bodensee die Firma Motorenbau Friedrichshafen. Seine Idee war, sich als Zulieferer ausschließlich auf den Bau hochwertiger Motoren zu konzentrieren, um die Hersteller teurer Automobile von der Last zu befreien, eigene Triebwerke entwickeln zu müssen. Der Plan scheiterte, wohl auch aus Gründen des Renommees – große Namen der Branche sahen es nicht gern, dass die Konkurrenz mit den gleichen Motoren fuhr. Nachdem es an Abnehmern für die Motoren mangelte, fertigte Maybach um 1919 den Typ W1 (Wagen 1). Er war nicht nur Versuchsträger für die Motoren, sondern auch Basis für den Bau eigener Automobile. Inzwischen firmierte das Unternehmen unter dem Namen Maybach Motorenbau.
Für Karl Maybach war die Richtung klar: Seine Automobile müssen ausgereifte Technik, höchste Qualität, komfortable Bedienung und besten Komfort bieten. Unter dem Kürzel W2 entstand ein 5,7 Liter großer Sechszylinder. Als W3 präsentierte 1921 Maybach auf der Berliner Automobil-Ausstellung das erste eigene Modell. Angetrieben wurde es von einer überarbeiteten Version des W2-Motors.
Bis 1929 baute Maybach die Sechszylindermodelle W3 und W5, die mit 5,7 und sieben Litern Hubraum schon recht üppig ausgefallen waren und zwischen 72 und 120 PS leisteten. Den elastischen Triebwerken reichten zunächst zwei Gänge, später wurde ein dritter Schnellgang aufgesetzt.
1929 erschien der erste Zwölfzylinder der Marke im Modell DS, mit sieben Litern in V-Anordnung 150 PS leistend. Die berühmten Zeppelin-Modelle DS7 und DS8 mit sieben und acht Liter großen Zwölfendern erreichten bis zu 200 PS, die beim größeren Modell mit sieben Gängen in Vortrieb umgewandelt wurden. Mit oben liegenden Ventilen wurde dieses prunkvolle Auto bis 1940 gebaut, während parallel Sechszylindermaschinen mit oben liegender Nockenwelle für die Modelle SW 35, SW 38 und SW 42 hergestellt wurden. Zur Wahl standen seit 1930 verschiedene Radstände, die, wie damals üblich und in der Spitzenklasse gefordert, von diversen Karossiers ganz nach Kundenwunsch eingekleidet wurden. Maybach selbst kümmerte sich wenig um die Art der Karossierung – für ihn stand alleine die Technik im Mittelpunkt.
Bis Ende der neunziger Jahre klang die Marke nur noch in den Ohren der kleinen, aber umso aktiveren Sammlerszene. Doch seit 1997 läuft die aktive Wiederbelebung: Daimler-Benz präsentierte in Tokio eine pompöse Studie unter dem alten Namen Maybach. Der heute aus Stuttgart stammende Maybach war der erste im neuen High-Class-Segment, der nach vielen Jahrzehnten wieder den absoluten Luxus als einzigen Maßstab anerkennt. Seit Herbst 2002 wird das Modell in zwei Radständen angeboten. Auf seinem Kühler prangt das altbekannte Signet MM – statt Maybach Motorenbau steht es jedoch heute für Maybach Manufaktur. Zu recht: Die Motoren liefert heute Mercedes-Benz.

Gottlieb Daimler erkannte seine Fähigkeiten: Wilhelm Maybach, (1846-1929)

Maybach W 5
1927-1928

Maybach stellte 1927 den W5 vor, der über einen sieben Liter großen Sechszylindermotor verfügte. 120 PS leistete das Aggregat bei entspannten 2400 Umdrehungen. Das sorgte für beeindruckende Fahrleistungen: Bis zu 120 Stundenkilometer schnell war der W5, der immerhin zwischen 2,5 und drei Tonnen auf die Waage brachte. Maybach verfolgte das Ziel, einen getriebelosen Wagen zu bauen – also ein Auto, das über genügend Drehmoment verfügte, um kein Getriebe mehr zu benötigen. Zum Anfahren bemühte der Maybach den üppig ausgelegten Anlasser. Der Motor wurde von Maybach auch als Antriebsquelle für Lastwagen, Busse und Boote geliefert. Der W5 zählte zu den nobelsten Automobilen der ausgehenden zwanziger Jahre. Schon der Grundpreis seines Chassis betrug 25.000 Mark.

Viel Drehmoment für ein Fahren ohne Schalten: Maybach W 5

Motor/Antrieb					
Bauart					Sechszylinder (Reihe)
Lage/Antrieb					Front/Heck
Hubraum in cm³					6995
Leistung in PS bei U/min					120 bei 2400
Vmax in km/h					120
Karosserie					
Bauart					Cabriolet, Limousine
Tragstruktur					Kastenrahmen
Material					Stahlblech
Stückzahl und Marktsituation					
Produktionszahl					k.A.
Verfügbarkeit					gegen null
Teilesituation					sehr schwierig
Unterhaltskosten					hoch
Preise in Euro	1	2	3	4	5
W 5, L4t			keine Notierung		

Mazda (JAP)

Mazda (JAP) • seit 1960

Aus dem 1920 gegründeten Unternehmen Toyo Cork Kogyo entwickelte sich erst ab 1960 ein Automobilhersteller von Rang. Mit den Wankel-Lizenzrechten entwickelte die Marke ihr erstes Auto mit Drehkolbenmotor, den 1967 vorgestellten Mazda Cosmo. Gut elf Jahre später waren bereits über eine Million Wankelmotoren gebaut worden, viele Entwicklungsstufen später folgte sogar ein Sieg beim Langstrecken-Klassiker Le Mans, der erste für eine japanische Marke und mit Wankelmotor überhaupt.

Die Sumitomo-Bank und das Handelshaus Itoh übernahmen Mitte der 70er-Jahre die Kontrolle über Mazda. Im November 1979 erwarb Ford 25 Prozent der Anteile. Für den wichtigen deutschen und europäischen Markt gründete Mazda 1988 ein Forschungszentrum in Oberursel nahe Frankfurt.

Mazda Cosmo 110 S — 1967-1973

Die Rechte am Wankelmotor hatte Mazda sich bereits 1961 von NSU gesichert. Nach drei Jahren Entwicklungszeit war nicht nur ein elegantes, futuristisch wirkendes Sportcoupé entstanden, auch den Kreiskolbenmotor haben die Japaner perfektioniert. 1964 fanden bereits ausgedehnte Fahrversuchsreihen statt, doch erst im Mai 1967 startete der Verkauf des Cosmo. Dieses erste japanische Wankel-Fahrzeug verbuchte schnelle Erfolge. Laufkultur und Fahrleistungen überzeugten trotz Blattfeder-Fahrwerk auch europäische Tester. Motorausfälle waren nie ein Thema – die Japaner hatten das Dichtungsproblem von Beginn an im Griff. Trotzdem ist der Cosmo 110 heute selbst in seiner Heimat eine gesuchte Rarität – nach Europa wurde er ohnehin nie exportiert.

Erste Wankel-Versuche: Mazda Cosmo 110 S

Motor/Antrieb	
Bauart	Zweischeiben-Wankel
Lage/Antrieb	Front/Heck
Hubraum in cm³	982
Leistung in PS bei U/min	110 bei 6000
Vmax in km/h	185
Karosserie	
Bauart	Coupé
Tragstruktur	selbsttragend
Material	Stahlblech
Stückzahl und Marktsituation	
Produktionszahl	k.A.
Verfügbarkeit	gegen null
Teilesituation	schwierig
Unterhaltskosten	hoch

Preise in Euro	1	2	3	4	5
Cosmo 110 S			keine Notierung		

Mazda 616 Limousine, 616 Coupé — 1970-1979

Das von Mazda 1970 vorgestellte Mittelklasse-Modell Capella kam zwei Jahre später als Mazda 616 auf den deutschen Markt, zunächst als Limousine, kurz darauf auch als Coupé mit identischer Technik. Der gut ausgestattete und verarbeitete 616 besaß einen konventionellen 1,6-Liter-Vierzylinder mit 75 PS. Einziges Manko des 616 war das schwülstige Design des Japaners. Es war auf den amerikanischen Geschmack zugeschnitten, in Deutschland fand der Japan-Barock wenig Freunde. Daran änderten auch die Retuschen der Modellpflege von 1974 nichts. Heute vermag der japanische Zeitgeist zu entzücken – das schrille Design und die grundsolide Technik machen die 616er zum preiswerten Geheimtipp. Kaum zu finden ist dagegen der RX-2, so der Name des 616 in Wankel-Ausführung. Er wurde in die USA exportiert – und in die Schweiz...

Europa akzeptierte den Japan-Barock nicht: Mazda 616

Motor/Antrieb	
Bauart	Vierzylinder (Reihe)
Lage/Antrieb	Front/Heck
Hubraum in cm³	1586
Leistung in PS bei U/min	75 bei 5000
Vmax in km/h	152
Karosserie	
Bauart	Limousine (4-türig), Coupé
Tragstruktur	selbsttragend
Material	Stahlblech
Stückzahl und Marktsituation	
Produktionszahl	k.A.
Verfügbarkeit	ausreichend
Teilesituation	ausreichend
Unterhaltskosten	mittel

Preise in Euro	1	2	3	4	5
616, L4t	–	2500	1600	500	–
616, Cpe	–	2800	1800	600	–

Mazda RX-5 (1800) — 1975-1979

Die mit dem Cosmo gemachten guten Erfahrungen veranlassten Mazda in den frühen 1970er Jahren, alle größeren Modelle wahlweise mit Wankelmotor anzubieten. So auch das sportliche Coupé RX-5, das als Nachfolger des Cosmo galt. Es erhielt den bewährten Zweischeiben-Motor des Cosmo mit nunmehr 2 x 654 cm³ Kammervolumen, was einem Hubraum von 2,6 Liter entspricht. Der Wankel bestach mit Laufruhe, Vibrationen waren kaum zu spüren. Auf der Minus-Liste standen seine relativ geringe Elastizität und der hohe Verbrauch von etwa 17 Litern. Alternativ wurde das Coupé unter dem Namen Mazda 1800 mit Vierzylinder-Ottomotor (1,8 Liter, 83 PS) angeboten. Im Gegensatz zu seinem gelungenen, aber in Europa nicht erhältlichen Vorgänger Cosmo kam der RX-5 auf die hiesigen Märkte. Doch sein wuchtiges amerikanisches Outfit stieß auf wenig Gegenliebe.

Felix Wankels japanische Erben: Mazda RX-5

Motor/Antrieb	
Bauart	Zweischeiben-Wankel
Lage/Antrieb	Front/Heck
Hubraum in cm³	2 x 654 ccm Kammer-Volumen
Leistung in PS bei U/min	115 bei 6000
Vmax in km/h	185
Karosserie	
Bauart	Coupé
Tragstruktur	selbsttragend
Material	Stahlblech
Stückzahl und Marktsituation	
Produktionszahl	k.A.
Verfügbarkeit	gegen null
Teilesituation	schwierig
Unterhaltskosten	hoch

Preise in Euro	1	2	3	4	5
RX-5			keine Notierung		

Mazda (JAP) • McLaren (GB)

Mazda RX-7 — 1978-1986

Erst im November 1972 beginnt die offizielle Geschichte von Mazda Deutschland. Die japanische Mutter hatte bereits 1966 das zweimillionste Fahrzeug gebaut, hierzulande musste man sich 1973 mit bescheidenen 400 Verkäufen zufriedengeben. In diesem Jahr baute Mazda aber rund 600.000 Wankelmotoren. Schon mit dem Cosmo 110 S von 1967 hatte die Marke dieses Prinzip propagiert, dessen späterer Nachfolger, der hier gezeigte RX-7, allerdings wesentlich problemloser und zuverlässiger war. Die ersten in Deutschland verkauften Mazda hießen 616 und 818, mit Reihenvierzylindermotoren, 75 PS stark, als Limousinen und Coupés karossiert. Dazu im Angebot: der RX-3 mit 95 PS starkem Zweischeiben-Wankel. Erst mit dem ab 1977 offerierten Modell 323, damals noch mit Hinterradantrieb, stellte sich nennenswerter Erfolg ein.

Dauerbrenner mit Kreiskolben: Mazda RX-7

Motor/Antrieb					
Bauart					Zweischeiben-Wankel
Lage/Antrieb					Front/Heck
Hubraum in cm³					2 x 573 ccm Kammer-Volumen
Leistung in PS bei U/min					115 bei 6000
Vmax in km/h					195
Karosserie					
Bauart					Coupé
Tragstruktur					selbsttragend
Material					Stahlblech
Stückzahl und Marktsituation					
Produktionszahl					k.A.
Verfügbarkeit					gut
Teilesituation					gut
Unterhaltskosten					hoch
Preise in Euro	1	2	3	4	5
RX-7, Cpe	8.900	5.700	3.000	1.000	200

McLaren (GB) • 1969 - 1971

Firmengründer und Rennfahrer Bruce McLaren versuchte sich auf dem Feld der straßentauglichen Fahrzeuge mit einem leicht modifizierten Can Am-Boliden. Auf Stückzahlen kam das hoffnungsvolle Projekt jedoch nicht; das Ende war tragisch: Bruce McLaren verunglückte 1971 bei Testfahrten tödlich. Die Produktion kam mit dem Tod des Gründers zum Erliegen.

McLaren M6 GT — 1969-1971

Vorläufer des modernen McLaren-Supersportwagens mit Zwölfzylinder-BMW-Motor war ein leicht modifizierter Rennwagen, der seine Abstammung wahrlich nicht verleugnen konnte: Ein Aluminium-Monocoque in bester Renntradition, aufwändige Radführungselemente vorn und hinten sowie ein markant bollernder und individuell nach Kundenwunsch modifizierter Chevrolet-Achtzylinder bildeten das Kerngerüst dieses Boliden. Nach dem tragischen Unfalltod von Bruce McLaren 1971 auf der Strecke von Goodwood wurde das Projekt ad acta gelegt. Die Kenner sind sich heute nicht einmal über die genaue Anzahl der produzierten Premium-Sportwagen im Klaren: Je nach Quellenlage hört man von zwei bis vier Exemplaren.

Frühes Aus für einen Über-Sportler: McLaren M6 GT

Motor/Antrieb					
Bauart					V8
Lage/Antrieb					Mitte/Heck
Hubraum in cm³					div
Leistung in PS bei U/min					k.A.
Vmax in km/h					k.A.
Karosserie					
Bauart					Coupé
Tragstruktur					selbsttragend
Material					Aluminium
Stückzahl und Marktsituation					
Produktionszahl					2 bis 4
Verfügbarkeit					gegen null
Teilesituation					sehr schwierig
Unterhaltskosten					hoch
Preise in Euro	1	2	3	4	5
M6 GT,		keine Notierung			

Mercedes-Benz (D)

Mercedes-Benz (D) • seit 1925

Seit 1925 leuchtet der Stern im Lorbeerkranz. In jenem Jahr fusionierten die bislang eigenständigen Unternehmen Benz & Cie und Daimler-Motoren-Gesellschaft zu Daimler-Benz. Im Jahr zuvor hatten sich beide Firmen bereits zu einer Interessensgemeinschaft zusammengetan und die Mercedes-Benz Automobil GmbH gegründet: Aus den beiden unabhängigen Marken Mercedes und Benz war das neue Konstrukt Mercedes-Benz entstanden. Unter diesem Namen kommen seither alle Modelle auf den Markt.

Nach einer großen Ära mit wichtigen Modellen und großen Sporterfolgen spielte das Unternehmen eine tragende Rolle in der deutschen Rüstungsproduktion. Verheerende Zerstörungen im Zweiten Weltkrieg waren die Folge. Dennoch konnte Daimler-Benz bereits 1947 die Pkw-Produktion wieder aufnehmen.

Die fünfziger Jahre markierten für das Traditionsunternehmen den Weg in die Massenproduktion; Impulsgeber war die so genannte Ponton-Reihe, die erste Mercedes-Benz-Serie mit selbsttragender Karosserie. In den sechziger Jahren machte die florierende Konjunktur die Wagen der ehemaligen Feudal-Marke auch für Käufer des bürgerlichen Mittelstands immer erreichbarer.

Mit der /8-Baureihe erzielte Mercedes-Benz bis 1976 erstmals ein siebenstelliges Produktionsergebnis. Aber der Stern strahlte stets als Leitbild des automobilen Fortschritts. Besonders die Wagen der S-Klasse profilierten sich als Meilensteine der passiven Sicherheit, in denen Details wie die Sicherheits-Fahrgastzelle, das Antiblockiersystem oder der Airbag erstmals zum Einsatz kamen. Das Jahr 1998 markiert für das Unternehmen einen weiteren Meilenstein: Daimler-Benz und Chrysler fusionieren zu einer neuen Gesellschaft, der DaimlerChrysler AG. Die Marke Mercedes-Benz bleibt davon jedoch unberührt, das gilt auch für den Namen Chrysler.

Carl Friedrich Benz (1844-1929)

Gorrlieb Daimler (1834-1900)

Benz und Daimler fusionieren 1925: die Geburtsstunde von Mercedes-Benz

Mercedes-Benz SSK, SSKL — 1928-1932

Auf wenige Modelle der Automobilgeschichte treffen die Begriffe Kult und Ikone so zu wie auf den SSK. Er basierte auf dem Modell SS, dem Super Sport, der ab 1927 in einer Auflage von nur 155 Stück gebaut worden war. Ein Jahr später legte die junge Marke Mercedes-Benz sogar noch nach: Der SSK debütierte auf einem verkürzten Fahrgestell – SSK meint also „Super Sport kurz" und nicht Kompressor. Nur 45 Exemplare entstanden von diesem hauptsächlich für den Sport- und Renneinsatz gedachten Wagen. Noch rarer ist der SSKL, von dem nur sieben Stück gebaut wurden: Das L für leicht meint eine Gewichtsersparnis von 200 kg, erreicht wurde dies unter anderem durch großzügige Bohrungen im Chassis. Knapp gesagt: Mit bis zu 300 PS für 1500 kg Gewicht rannte der von Piloten wie Rudolf Caracciola oder Manfred von Brauchitsch pilotierte Wagen bis zu 235 km/h. Die Szene heute leidet unter zahllosen Fälschungen.

Jenseits aller Konkurrenz: Mercedes-Benz SSK

Motor/Antrieb	
Bauart	Sechszylinder (Reihe)
Lage/Antrieb	Front/Heck
Hubraum in cm³	7068
Leistung in PS bei U/min	170 bei 3200 bis 300 bei 3400
Vmax in km/h	192 bis 235
Karosserie	
Bauart	Speedster, Cabrio
Tragstruktur	Stahl-Niederrahmen
Material	Stahlblech
Stückzahl und Marktsituation	
Produktionszahl	33 oder 38
Verfügbarkeit	gegen null
Teilesituation	schwierig
Unterhaltskosten	hoch

Preise in Euro	1	2	3	4	5
SSK,			keine Notierung		

Mercedes-Benz 500, 500 N, 500 K, 540, 540 K — 1933-1939

Nach den glorreichen Zeiten der S-, SS- und SSK-Modelle blickte Mercedes-Benz erwartungsvoll in die Zukunft. Ein hervorgendes Renommee weltweit schuf die Basis für die ab 1933 – das Jahr Hitlers Machtergreifung – lancierte 500er-Reihe. Ende 1933 arbeiteten die Triebwerksingenieure an der aufgeladenen Version des 100 PS starken Fünf-Liter-Triebwerks, das bei zugeschaltetem Kompressor sogar 160 PS leistete. 1936 stand der 540 K auf dem Salon in Paris — Leistung und Preis waren so enorm wie seine Schönheit. Allein das Fahrgestell des bei zugeschaltetem Kompressor jetzt 180 PS leistenden Mercedes kostete 15.500 Reichsmark. Verschiedene Karossiers realisierten ihre Entwürfe, viele Formen stammen aber auch aus Sindelfingen – zum Beispiel der Spezialroadster, aber auch Stromlinien-Coupés, Cabriolets und Limousinen.

Schon immer ein Fall für die Hautevolee: Mercedes-Benz 500 K Spezialroadster

Motor/Antrieb	
Bauart	Achtzylinder (Reihe)
Lage/Antrieb	Front/Heck
Hubraum in cm³	5019 bis 5401
Leistung in PS bei U/min	100 bei 3400 bis 115 bei 3300 (180 bei 3400)
Vmax in km/h	160 bis 174
Karosserie	
Bauart	Limousine (4-türig), Coupé, Cabriolet, Roadster
Tragstruktur	Kastenrahmen
Material	Stahlblech
Stückzahl und Marktsituation	
Produktionszahl	k.A.
Verfügbarkeit	schlecht
Teilesituation	sehr schwierig
Unterhaltskosten	hoch

Preise in Euro	1	2	3	4	5
500, L4t			keine Notierung		
540 K, Cab			keine Notierung		

Mercedes-Benz (D)

Mercedes-Benz 130 (W 23) — 1934-1936

Angesichts des in den späten 1920er Jahren rückläufigen Geschäfts mit Luxuswagen suchte Mercedes-Benz in der volkstümlichen Klasse Fuß zu fassen: Ein preiswerter Klein-Mercedes sollte helfen, das Volk zu mobilisieren. So entstand in Untertürkheim unter Chefkonstrukteur Hans Nibel der erste Baby-Benz – mit Heckmotor. Dieses Konzept der kompakt im Heck zusammengefassten Technik versprach Kosteneinsparung. Ein Erfolg wurde der 130 allerdings nicht. Das lag nicht am ungewohnten, weil kühlerlosen Gesicht, vielmehr am tückischen Fahrverhalten: Der große, hoch bauende Reihenmotor machte den W 23 zur Heckschleuder. Ferner bot der 130 keinen Gepäckraum und war insgesamt zu teuer. Auch der Nachfolger 170 H brachte es nur auf etwa 1500 Stück. Vom Zwischentyp 150, ein Sportmodell mit Mittelmotor, wurden gar nur einige Dutzend Exemplare gebaut.

Kurze Episode: Mercedes-Benz 130

Motor/Antrieb	
Bauart	Vierzylinder (Reihe)
Lage/Antrieb	Heck/Heck
Hubraum in cm³	1308
Leistung in PS bei U/min	26 bei 3600
Vmax in km/h	92
Karosserie	
Bauart	Limousine, Cabriolimousine, Tourenwagen
Tragstruktur	Zentralrohrrahmen
Material	Stahlblech
Stückzahl und Marktsituation	
Produktionszahl	4298
Verfügbarkeit	schlecht
Teilesituation	sehr schwierig
Unterhaltskosten	mittel

Preise in Euro	1	2	3	4	5
			keine Notierung		

Mercedes-Benz 170 (170 V, 170 D, 170 Va, 170 Da, 170 Vb, 170 Db) — 1946-1953

Bereits 1946 bot Mercedes-Benz den 170 V wieder an, eine praktisch unveränderte Neuauflage des gleichnamigen Vorkriegsmodells (Premiere 1936). Allerdings gab es bis 1947 keine Personenwagen, sondern nur zweisitzige Nutzfahrzeuge mit hölzerner Pritsche im Heck. Eine Nachkriegs-Konstruktion war der Motor des 170 D, der im Mai 1949 ins Programm kam. Im Mai 1950 erschienen die Versionen 170 Va/Da mit mehr Hubraum und Leistung, Fahrwerks-Verbesserungen und verfeinerter Ausstattung. Hinter dem Kürzel 170 Vb/Db verbargen sich ab Mai 1953 die abermals optimierten Versionen mit breiterer hinterer Spur und vergrößerter Frontscheibe. Zu den raren Abarten zählen die Kombis, deren Umbau der Mercedes-Benz-Händler Lueg in Bochum besorgte, sowie eine Kleinserie von 530 Viertürer-Cabriolets auf 170 Da-Basis, die Mercedes an den Bundesgrenzschutz lieferte.

Klassische Form, unverwüstliche Technik: Mercedes-Benz 170 V

Motor/Antrieb	
Bauart	Vierzylinder (Reihe)
Lage/Antrieb	Front/Heck
Hubraum in cm³	1697, 1767
Leistung in PS bei U/min	38 bei 3200 bis 45 bei 3600
Vmax in km/h	100 bis 116
Karosserie	
Bauart	Limousine (4-türig), Cabriolet (4-türig), Kombi (5-türig)
Tragstruktur	Rohrrahmen
Material	Stahlblech
Stückzahl und Marktsituation	
Produktionszahl	83.190
Verfügbarkeit	schlecht
Teilesituation	ausreichend
Unterhaltskosten	mittel

Preise in Euro	1	2	3	4	5
170 V, L4t	28.600	18.000	10.500	5.400	2.400
170 Vb, L4t	26.800	16.800	9.700	5.000	2.200
170 Da, L4t	26.400	16.700	9.600	4.900	2.200
170 Db, L4t	24.100	15.100	8.700	4.400	2.000

Mercedes-Benz 170 S Cabriolet A und B — 1949-1951

Zwei unerschwingliche Luxusgeschöpfe waren zu ihrer Zeit die Cabriolet-Versionen des 170 S: Die viersitzige Variante, Cabriolet B genannt, kostete 12.850 Mark; das Cabriolet A stand als zweisitzige Sportvariante für 15.850 Mark in den Preislisten – zum gleichen Preis gab es damals drei Opel Olympia oder fünf Lloyd-Kleinwagen. Speziell das Cabriolet A mit seinen spektakulär geschwungenen Linien findet bei heutigen Mercedes-Benz-Enthusiasten größte Zuneigung und befindet sich meist in fester Liebhaber-Hand. Gemeinsam war beiden Modellen die exklusive Ausstattung mit feinstem Leder, edlen Hölzern und dem perfekt verarbeiteten Verdeck, das mit zwei verchromten Sturmstangen zu arretieren war.

Schierer Luxus mit 52 PS: Mercedes-Benz 170 S Cabriolet B

Motor/Antrieb	
Bauart	Vierzylinder (Reihe)
Lage/Antrieb	Front/Heck
Hubraum in cm³	1767
Leistung in PS bei U/min	52 bei 4000
Vmax in km/h	122
Karosserie	
Bauart	Cabriolet
Tragstruktur	Rohrrahmen
Material	Stahlblech
Stückzahl und Marktsituation	
Produktionszahl	1606 (Cabriolet B), 830 (Cabriolet A)
Verfügbarkeit	gegen null
Teilesituation	ausreichend
Unterhaltskosten	mittel

Preise in Euro	1	2	3	4	5
170 S Cab A, Cab	86.000	65.000	44.000	28.000	15.000
170 S Cab B, Cab	70.000	52.000	36.000	23.000	12.000

Autosattlerei Schäfer
Meisterbetrieb seit über 30 Jahren

– die spezielle Ausstattung für Ihr Auto –
☞ Anfertigung von Innenausstattungen für alle Fahrzeugtypen
☞ Motorrad-Sitzbänke
☞ Cabrio-Verdecke

Tel.: 039206/51185, Fax 55704

Alte Dorfstr. 6 • 39167 Ochtmersleben
www.autosattler-schaefer.de

Mercedes-Benz (D)

Mercedes-Benz 170 S, 170 Sb, 170 DS, 170 S-V, 170 S-D 1949-1955

Während die ersten deutschen Hersteller zur modernen wie modischen Pontonform übergingen, behielt Mercedes-Benz die konservative Vorkriegs-Linie des 170 bei. Der neue Spitzentyp 170 S wurde im Mai 1949 nur sanft modernisiert: Er erhielt einen stärkeren Motor und eine verbesserte Vorderradaufhängung. Mit dieser Modellpflege sprang der Preis auf 10.100 Mark, was den 170 S zur ersten Wahl der liquiden Nachkriegsoberschicht werden ließ. Im Januar 1952 hob Mercedes-Benz eine weiterentwickelte Version namens 170 Sb ins Programm, zu erkennen an Details wie Lenkradschaltung und Anlasserknopf am Armaturenbrett. Gleichzeitig erschien der 170 DS. Die Baureihen 170 V/D und S/DS verschmolzen 1953 in den neuen Typen 170 S-V und S-D. Es handelte sich um Fahrzeuge mit S-Karosserie und alter V-Technik; wenig geschätzte Billigtypen, die immerhin bis 1955 gebaut wurden.

Die S-Klasse der frühen Aufbau-Jahre: Mercedes-Benz 170 S

Motor/Antrieb					
Bauart				Vierzylinder (Reihe)	
Lage/Antrieb				Front/Heck	
Hubraum in cm³				1767	
Leistung in PS bei U/min				40 bei 3200 bis 52 bei 4000	
Vmax in km/h				105 bis 122	
Karosserie					
Bauart				Limousine (4-türig), Kombi (5-türig)	
Tragstruktur				Rohrrahmen	
Material				Stahlblech	
Stückzahl und Marktsituation					
Produktionszahl				39.980, 27.872	
Verfügbarkeit				schlecht	
Teilesituation				ausreichend	
Unterhaltskosten				mittel	
Preise in Euro	1	2	3	4	5
170 S, L4t	29.700	18.700	10.800	5.600	2.500
170 DS, L4t	25.500	16.000	9.200	4.700	2.000
170 S-D, L4t	23.700	14.700	8.500	4.300	1.900

Mercedes-Benz 220 (W 187) 1951-1955

Mit dem Kapitän sicherte sich Opel einen festen Platz in der Oberklasse; Mercedes-Benz konterte ab Juli 1951 mit dem Typ 220. Fahrwerk und Karosserie stammten vom 170 S, der Motor dagegen war eine hochmoderne Neuentwicklung mit obenliegender Nockenwelle. Das entsprechende Überholprestige auf den Autobahnen der Aufbau-Epoche stellten Retuschen am Bug sicher: Die Scheinwerfer des 220 waren in die Kotflügel eingelassen. Für damalige Begriffe galt die 80-PS-Limousine als temperamentvolles Oberklasse-Automobil; die Beschleunigung von null auf 100 km/h dauerte 21 Sekunden. Während der Motor in immer weiterentwickelter Form noch jahrzehntelang im Mercedes-Benz-Programm blieb, war die Karosserieform des 220 schon beim Erscheinen veraltet. Nach vier Jahren kam deshalb im Juni 1954 ein Nachfolger im glattflächigen Ponton-Design.

Mit zaghaftem Chic in die Premium-Klasse: Mercedes-Benz 220

Motor/Antrieb					
Bauart				Sechszylinder (Reihe)	
Lage/Antrieb				Front/Heck	
Hubraum in cm³				2195	
Leistung in PS bei U/min				80 bei 4850	
Vmax in km/h				140	
Karosserie					
Bauart				Limousine (4-türig)	
Tragstruktur				Rohrrahmen	
Material				Stahlblech	
Stückzahl und Marktsituation					
Produktionszahl				16.154	
Verfügbarkeit				schlecht	
Teilesituation				ausreichend	
Unterhaltskosten				mittel	
Preise in Euro	1	2	3	4	5
220 (W 187), L4t	32.400	20.500	11.800	6.200	2.700

Mercedes-Benz 220 Cabriolet A, 220 Cabriolet B, 220 Coupé 1951-1955

Analog zum 170 S gab es auch den 220er als viersitziges Cabriolet A und zweisitziges Cabriolet B. In den 50ern, der anbrechenden Ära der Massenproduktion, wirkten diese beiden Edel-Versionen bereits wie Relikte der 30er-Jahre und sprachen nur einen kleinen Kreis von betuchten Liebhabern an. So haben nicht wenige der 2275 gebauten Cabriolets überlebt und zählen heute zu den hochpreisigen Mercedes-Benz-Klassikern. Kaum weniger reizvoll, aber wesentlich rarer ist das 220 Coupé: Zum fulminanten Preis von 20.850 Mark entstanden nur 85 Exemplare. Heute zählen beide zu den gesuchtesten, aber auch schwierig zu restaurierenden Mercedes-Benz-Klassikern: Der große Handarbeits-Anteil der Fertigung fordert heute die Kenntnisse des Könners.

Noblesse unter Ausschluss der Öffentlichkeit: Mercedes-Benz 220 Cabriolet

Motor/Antrieb					
Bauart				Sechszylinder (Reihe)	
Lage/Antrieb				Front/Heck	
Hubraum in cm³				2195	
Leistung in PS bei U/min				80 bei 4850 bis 85 bei 4800	
Vmax in km/h				145	
Karosserie					
Bauart				Cabriolet, Coupé	
Tragstruktur				Rohrrahmen	
Material				Stahlblech	
Stückzahl und Marktsituation					
Produktionszahl				Cabriolet A und B: 2275, Coupé: 85	
Verfügbarkeit				gegen null	
Teilesituation				ausreichend	
Unterhaltskosten				mittel	
Preise in Euro	1	2	3	4	5
220 Cab A, Cab	102.000	72.000	53.000	29.000	18.000
220 Cab B, Cab	81.000	57.000	42.000	25.000	15.000

Mercedes-Benz 300 (300, 300 b, 300 c, 300 d) 1951-1957

Zusammen mit dem neuen 220 stand der Spitzentyp 300 auf der IAA 1951. Er war bei seinem Fertigungsbeginn im November 1951 der schnellste und stärkste Serienwagen Deutschlands. Als „Adenauer-Mercedes" ging er in die Geschichte ein, weil ihn der erste deutsche Bundeskanzler zu seinem Dienstwagen auserkoren hatte. Mercedes-Kenner unterscheiden drei Baureihen, die sich eine fast unveränderte Karosserie teilen: Den Ur-Typ 300 gab es bis März 1954; der 300 b wartete mit höherer Leistung (125 statt 115 PS) und verbesserten Bremsen auf. Der 300c erschien im September 1955 mit manuellem Viergang-Getriebe oder Automatik. Ab Juli 1956 gab es auf Wunsch eine Version mit längerem Radstand und Trennscheibe; zum gleichen Zeitpunkt endete die Fertigung des viertürigen 300 Cabriolet D – der große Buchstabe D steht dabei für die Version des Cabriolets.

Neues Selbstbewusstsein, in Blech gepresst: Mercedes-Benz 300 b

Motor/Antrieb					
Bauart				Sechszylinder (Reihe)	
Lage/Antrieb				Front/Heck	
Hubraum in cm³				2996	
Leistung in PS bei U/min				115 bei 4600 bis 125 bei 4500	
Vmax in km/h				155 bis 163	
Karosserie					
Bauart				Limousine (4-türig), Cabriolet (4-türig)	
Tragstruktur				Rohrrahmen	
Material				Stahlblech	
Stückzahl und Marktsituation					
Produktionszahl				7646, 642 (Cabriolet)	
Verfügbarkeit				schlecht	
Teilesituation				ausreichend	
Unterhaltskosten				hoch	
Preise in Euro	1	2	3	4	5
300 a, L4t	48.700	37.900	23.500	15.600	8.000
300 b/c, L4t	50.000	38.800	24.100	16.000	8.000
300 a Cabrio D, Cab	140.000	100.000	82.000	45.000	33.000
300 b Cabrio D, Cab	145.000	107.000	85.000	48.000	35.000

Mercedes-Benz (D)

Mercedes-Benz 300 S, 300 Sc — 1951-1958

Der 300 S war das teuerste deutsche Automobil seiner Zeit. Unverkennbar knüpfte er an das Image der Vorkriegsentwicklungen an. Mindestens 34.500 Mark kostete das Mercedes-Benz-Topmodell, damals der Gegenwert eines Einfamilienhauses – es ist daher kaum verwunderlich, dass sich in sieben Jahren nur 760 Käufer fanden. Die geringe Stückzahl teilte sich in zwei Baureihen und drei Karosserie-Varianten auf: Bis August 1955 bot Mercedes-Benz den 300 S mit 150-PS-Vergasermotor an, danach gab es den 300 Sc mit üppigeren Chromverzierungen und 175-PS-Einspritzmotor. Die Käufer wählten bis zum Serienende im April 1958 zwischen dem Coupé, dem Cabriolet A und dem Roadster mit weniger aufwändigem, voll versenkbarem Verdeck. Zuletzt ließ die Nachfrage nach; heute zählen die 300 S-Modelle zu den begehrenswertesten Klassikern mit dem Stern am Bug.

Prachtvoller Ausklang des Vorkriegs-Designs: Mercedes-Benz 300 S

Motor/Antrieb	
Bauart	Sechszylinder (Reihe)
Lage/Antrieb	Front/Heck
Hubraum in cm³	2996
Leistung in PS bei U/min	150 bei 5000 bis 175 bei 5400
Vmax in km/h	175 bis 185
Karosserie	
Bauart	Cabriolet, Coupé, Roadster
Tragstruktur	Rohrrahmen
Material	Stahlblech
Stückzahl und Marktsituation	
Produktionszahl	760
Verfügbarkeit	gegen null
Teilesituation	ausreichend
Unterhaltskosten	hoch

Preise in Euro	1	2	3	4	5
300 S, Cpe	140.000	100.000	70.000	40.000	25.000
300 S, Cab	220.000	175.000	140.000	80.000	65.000
300 S, Rds	240.000	200.000	150.000	90.000	70.000

Mercedes-Benz 180 (180 a, b, c und 180 D) — 1953-1962

Als einer der letzten deutschen Hersteller vollzog Mercedes-Benz den Schritt von der Rahmen-Konstruktion zur selbsttragenden Karosserie, was die Autos leichter und geräumiger machte. Die sogenannten Ponton-Modelle mit dem sogenannten Three-Box-Design begründeten diese neue Epoche im Juli 1953, sie folgten auf die 170er-Reihe. Das Modell 180 erlebte in seiner neunjährigen Bauzeit eine Fülle von Verbesserungen. Der Ur-180, produziert bis Juli 1957, besaß noch den seitengesteuerten 52-PS-Vorkriegsmotor des alten 170 S. Wesentlichstes Merkmal des 180 a (bis Juli 1959) war der neue 65-PS-Motor mit obenliegender Nockenwelle. Der 180 b (bis August 1961) erhielt lediglich einen breiteren Kühler und kleine Detail-Verbesserungen, und der 180 c (bis Oktober 1962) besaß einen Motor mit modifiziertem Ventiltrieb. Der 40 PS starke 180 Diesel kam im Februar 1954 ins Programm, wurde im Juli 1959 zum 180 Db mit breiterem Kühler und erhielt 1961 als 180 Dc einen stärkeren Motor.

Vorbild ohne Rahmen: Mercedes-Benz 180

Motor/Antrieb	
Bauart	Vierzylinder (Reihe)
Lage/Antrieb	Front/Heck
Hubraum in cm³	1767, 1897, 1988
Leistung in PS bei U/min	40 bei 3200 bis 68 bei 4400
Vmax in km/h	112 bis 136
Karosserie	
Bauart	Limousine (4-türig)
Tragstruktur	selbsttragend
Material	Stahlblech
Stückzahl und Marktsituation	
Produktionszahl	118.234, 152.983 (180 D)
Verfügbarkeit	ausreichend
Teilesituation	ausreichend
Unterhaltskosten	mittel

Preise in Euro	1	2	3	4	5
180, L4t	18.000	12.800	7.400	4.000	1.500
180 b, L4t	16.900	12.000	7.000	3.800	1.400
180 D, L4t	16.100	11.400	6.400	3.500	1.200

Mercedes-Benz 220 a, 219, 220 S, 220 SE Limousine — 1954-1959

Jetzt war der feine Sechszylinder endlich standesgemäß verpackt: Im Juni 1954 lieferte Mercedes-Benz die ersten Ponton-220er aus. Sie waren 23 Zentimeter länger als das gedrungen wirkende Vorgänger-Modell, das noch auf dem 170 basierte. Der 220 leistete fünf PS mehr und passte wesentlich besser zum Zeit- und Stilgefühl der fünfziger Jahre. Entsprechend gut verkauften sie sich – besonders, nachdem Mercedes-Benz die Modellpalette erweitert hatte. Das Urmodell 220 a lief bis April 1956, zwei Nachfolger beerbten ihn. Der 219 behielt den 85-PS-Motor, besaß aber eine Karosserie mit sparsamerem Chromschmuck und der einfachen Ausstattung des 190. Der 220 S kombinierte 100 PS mit der Ausstattung des 220 a und zusätzlichen Glanzteilen. 1957 wurde die Verdichtung beider Motoren angehoben; sie leisteten nun 90 und 106 PS. Als Topmodell kam 1958 der 220 SE mit Benzineinspritzung und 115 PS.

Kenner sprechen vom „großen Ponton": Mercedes-Benz 220a

Motor/Antrieb	
Bauart	Sechszylinder (Reihe)
Lage/Antrieb	Front/Heck
Hubraum in cm³	2195
Leistung in PS bei U/min	85 bei 4800 bis 115 bei 4800
Vmax in km/h	150 bis 160
Karosserie	
Bauart	Limousine (4-türig)
Tragstruktur	selbsttragend
Material	Stahlblech
Stückzahl und Marktsituation	
Produktionszahl	83.190
Verfügbarkeit	ausreichend
Teilesituation	ausreichend
Unterhaltskosten	mittel

Preise in Euro	1	2	3	4	5
220 a (W 180), L4t	25.200	17.800	10.800	5.200	2.300
220 S (W 180), L4t	26.000	18.500	11.000	5.500	2.500
220 SE (W 128), 4tl	27.400	19.500	11.700	5.900	2.800

---

25 Jahre MBIG - Der Club ...für alle Typen

Der Club für klassische Mercedes-Benz Fahrzeuge e.V.
An der Ohligsmühle 10 53127 Bonn
Tel.: 0228/2599-736 Fax: -737
email: info@mbig.de www.mbig.de

Mercedes-Benz (D)

Mercedes-Benz 300 SL Coupé, „Flügeltürer", „Gullwing" (W 198 I) 1954-1957

Seinen eigenen Mythos schuf der 300 SL nicht nur mit rennsportlichem Ruhm, sondern auch mit seinem Auftritt: Die prägnanten Türen öffneten Flügeln gleich nach oben. Der 300 SL war die Straßenversion der gleichnamigen Rennsport-Prototypen und erreichte – für damalige Maßstäbe – geradezu überirdische Fahrleistungen. Zudem war er das weltweit erste Serienautomobil mit Viertakt-Einspritzmotor. Sein Preis von 29.000 Mark lag zwar unter dem Mercedes-Benz 300 S, was nichts an seiner Unerschwinglichkeit änderte: In Deutschland blieben nur 60 Wagen; 1100 von 1400 Exemplaren gingen an kaufkräftige US-Kunden. Speziell im warmen Kalifornien mussten sie leidensfähig sein: Das Wageninnere ließ sich nicht wirksam be- und entlüften; Treibhaus-Temperaturen waren (und sind) der Preis, einen Meilenstein der Automobilgeschichte bewegen zu dürfen.

Auto-Träume bekamen 1954 Flügel: Mercedes-Benz 300 SL

Motor/Antrieb					
Bauart					Sechszylinder (Reihe)
Lage/Antrieb					Front/Heck
Hubraum in cm³					2996
Leistung in PS bei U/min					215 bei 5800
Vmax in km/h					235
Karosserie					
Bauart					Coupé
Tragstruktur					Rohrrahmen
Material					Stahlblech
Stückzahl und Marktsituation					
Produktionszahl					1400 (davon 29 mit Alu-Kar.)
Verfügbarkeit					schlecht
Teilesituation					ausreichend
Unterhaltskosten					hoch
Preise in Euro	1	2	3	4	5
300 SL, Cpe	350.000	260.000	210.000	150.000	110.000

Mercedes-Benz 190 SL 1955-1963

Der Boulevard-Sportler, dessen Karosserieform vom 300 SL abgeleitet war, entstand 1954 auf Initiative des US-Importeurs Max Hoffman. Im Mai 1955 begann die Serienfertigung des Cabriolets, in dem der neu entwickelte Vierzylinder-OHC-Motor sein Debüt abgab. Im 190 SL leistete er 105 PS, die Ponton-Limousinen erhielten gedrosselte Versionen des Aggregats. Der 190 SL kostete 16.500 Mark (mit Hardtop 17.650 Mark) und war damit nicht nur für betuchte US-Kunden erreichbar, sondern auch für die gehobene Gesellschaft des deutschen Wirtschaftswunders. Einer von 25.881 gebauten 190 SL sollte allerdings reichen, das Image zu erschüttern: Er gehörte dem Frankfurter Nobel-Callgirl Rosemarie Nitribitt, die mit ihrem schwarzen 190 SL auf Freier-Fang ging. Als sie 1957 ermordet wurde, ging das Foto der blonden Dame mit ihrem Mercedes-Benz durch die Weltpresse.

Liebling der feinen und weniger feinen Damen: Mercedes-Benz 190 SL

Motor/Antrieb					
Bauart					Vierzylinder (Reihe)
Lage/Antrieb					Front/Heck
Hubraum in cm³					1897
Leistung in PS bei U/min					105 bei 5700
Vmax in km/h					171
Karosserie					
Bauart					Cabriolet
Tragstruktur					selbsttragend
Material					Stahlblech
Stückzahl und Marktsituation					
Produktionszahl					25881
Verfügbarkeit					ausreichend
Teilesituation					ausreichend
Unterhaltskosten					mittel
Preise in Euro	1	2	3	4	5
190 SL, Cab	62.600	41.700	29.600	14.100	7.000

Mercedes-Benz 190 (190 und 190 D) 1956-1961

Die feinere Version der schwäbischen Mittelklasse hieß ab 1956 Mercedes-Benz 190, erkennbar an der Zierleiste unter den Fenstern und der besseren Ausstattung. Die besten Verkaufsargumente waren aber der neue Motor mit obenliegender Nockenwelle und die verbesserten Bremsen. Der Mehrpreis zum 180 hielt sich mit 690 Mark in Grenzen. Auf den 190 folgte 1959 der 190 b mit breitem Kühler und 80 statt 75 PS; im September 1961 endete die Produktion zugunsten der neuen Heckflossen-Baureihe. Seit August 1958 gab es auch eine Diesel-Version mit 50 PS.

Mit 80 PS zählte er zu den Dynamikern im Lande: Mercedes-Benz 190

Motor/Antrieb					
Bauart					Vierzylinder (Reihe)
Lage/Antrieb					Front/Heck
Hubraum in cm³					1897
Leistung in PS bei U/min					50 bei 4000 bis 80 bei 4800
Vmax in km/h					126 bis 144
Karosserie					
Bauart					Limousine (4-türig)
Tragstruktur					selbsttragend
Material					Stahlblech
Stückzahl und Marktsituation					
Produktionszahl					89.808, 81.938 (190 D)
Verfügbarkeit					ausreichend
Teilesituation					ausreichend
Unterhaltskosten					mittel
Preise in Euro	1	2	3	4	5
190, L4t	20.000	14.000	8.300	4.300	1.500
190 D, L4t	16.300	11.500	6.500	3.500	1.200

Mercedes-Benz 220 S und 220 SE Cabriolet und Coupé 1956-1960

In Handarbeit und kleiner Serie entstanden ab 1956 die Edel-Versionen der 220-Ponton-Baureihe. Ihre Verbreitung blieb aber naturgemäß eingeschränkt: 220 S Cabriolet und Coupé waren 9000 Mark teurer als die Limousine! Dabei arbeitete unter ihrem eleganten Blech die unveränderte Technik des Basismodells. Viel verschwenderischer wirkten jedoch die Materialien im Innenraum: Es gab jede gewünschte Holzmaserung auf dem Armaturenbrett, dicke Lederpolster und eine Detailverarbeitung für die Ewigkeit. Die meisten dieser Luxusversionen gingen an kaufkräftige Kunden in Nordamerika, wo Mercedes-Benz und Studebaker damals eine Vertriebsgemeinschaft bildeten. Die Produktion der 220 S Cabriolets und Coupés endete im Oktober 1959; die Einspritzer-Variante blieb bis Ende 1960 im Angebot.

Ein familientaugliches Stück Himmel: Mercedes-Benz 220 S Cabriolet

Motor/Antrieb					
Bauart					Sechszylinder (Reihe)
Lage/Antrieb					Front/Heck
Hubraum in cm³					2195
Leistung in PS bei U/min					100 bei 4800, 115 bei 4800
Vmax in km/h					160
Karosserie					
Bauart					Cabriolet, Coupé
Tragstruktur					selbsttragend
Material					Stahlblech
Stückzahl und Marktsituation					
Produktionszahl					3429 (220 S), 1942 (220 SE), 3290 (Cab.), 2081 (Coupé)
Verfügbarkeit					ausreichend
Teilesituation					ausreichend
Unterhaltskosten					hoch
Preise in Euro	1	2	3	4	5
220 S (W 180), Cpe	60.000	46.000	31.000	15.000	7.000
220 SE (W 128), Cpe	65.000	49.000	34.000	18.000	9.000
220 S (W 180), Cab	90.000	65.000	45.000	28.000	13.000
220 SE (W 128), Cab	95.000	68.000	47.000	29.000	14.000

Mercedes-Benz 300 d — 1957-1962

Nach sechs Jahren wurde der Mercedes-Benz 300 umfassend modifiziert, speziell auch im Hinblick auf den US-Markt, den die Stuttgarter Marke seit 1955 bediente. Es gab offiziell nur die Limousine mit längerem Radstand; der Motor erhielt eine mechanische Bosch-Einspritzung, war höher verdichtet und leistete 160 PS. Die Dreigang-Automatik zählte zur Serienausstattung, während die manuelle Viergang-Schaltung nur auf Wunsch zu haben war. Gleiches galt für die Cabriolet-Version: Sie fand sich nicht auf den Preislisten, konnte aber – zum Preis von 35.500 Mark – geliefert werden: 65 Exemplare verließen das Werk. Etwas modischer gerieten die Karosserielinien des überarbeiteten 300: Das Heck war weniger rundlich, die hinteren Kotflügel liefen in angedeuteten Flossen aus. Zudem waren die Fensterflächen größer geworden.

Als Cabriolet besonders teuer: Mercedes-Benz 300 d

Motor/Antrieb	
Bauart	Sechszylinder (Reihe)
Lage/Antrieb	Front/Heck
Hubraum in cm³	2996
Leistung in PS bei U/min	160 bei 5300
Vmax in km/h	165 bis 170
Karosserie	
Bauart	Limousine (4-türig), Cabriolet (4-türig)
Tragstruktur	Rohrrahmen
Material	Stahlblech
Stückzahl und Marktsituation	
Produktionszahl	3077, Cabriolet 65
Verfügbarkeit	schlecht
Teilesituation	ausreichend
Unterhaltskosten	hoch

Preise in Euro	1	2	3	4	5
300 d, L4t	65.500	50.700	31.500	20.800	11.000
300 d Cab D, Cab	180.000	135.000	105.000	65.000	45.000

Mercedes-Benz 300 SL Roadster — 1957-1963

Die bekannten Schwächen der Flügeltürer-Karosserie führten zur Entwicklung des 300 SL Roadster, der zwar kommoder im Alltag war, aber auch weit weniger spektakulär als der Ur-SL. Der Roadster erschien – bis auf eine geänderte Hinterachse – mit der Technik des Flügeltürers. Die wesentlichste Modellpflege-Maßnahme griff im März 1961: Die bei hartem Einsatz zum Fading neigenden Trommelbremsen wurden durch Scheibenbremsen ersetzt. Ab 1958 war ein Hardtop lieferbar, das den Roadster wetterfest machte. Sechs Jahre blieb der 300 SL Roadster im Programm: Es war die Ironie seines Schicksals, dass er sich im Verhältnis schlechter verkaufte als der Flügeltürer. Er ist noch heute weniger begehrt als sein Vorgänger und daher im Topzustand deutlich billiger zu haben – einer der seltenen Fälle, in denen ein Coupé teurer als die offene Variante gehandelt wird.

Weniger spektakulär als der Flügeltürer: Mercedes-Benz 300 SL Roadster

Motor/Antrieb	
Bauart	Sechszylinder (Reihe)
Lage/Antrieb	Front/Heck
Hubraum in cm³	2996
Leistung in PS bei U/min	215 bei 5800
Vmax in km/h	220 bis 250
Karosserie	
Bauart	Cabriolet
Tragstruktur	Rohrrahmen
Material	Stahlblech
Stückzahl und Marktsituation	
Produktionszahl	1858
Verfügbarkeit	schlecht
Teilesituation	ausreichend
Unterhaltskosten	hoch

Preise in Euro	1	2	3	4	5
300 SL, Rds	280.000	220.000	180.000	120.000	80.000
300 SL (Scheibenbremse), Rds	300.000	240.000	200.000	140.000	100.000

Mercedes-Benz 220b, 220 Sb, 220 SEb (W 111) — 1959-1965

Konservative Mercedes-Benz-Käufer lehnten die Heckflossen-Baureihe anfangs ab, sie sei zu modisch, monierten sie – aber in der heutigen Oldtimer-Szene ist sie aus dem gleichen Grund besonders gefragt. Zu den stilistischen Charaktermerkmalen zählten neben den zeitgeistigen Flossen, die Mercedes-Benz – dann doch ganz Schwaben – verschämt „Peilstege" nannte, die markanten Hochkant-Scheinwerfer und der aufrecht stehende Balkentacho im Armaturenbrett. Die dreistufige Modellpalette war Mercedes-Benz-Käufern vom Vorgängertyp vertraut: Es gab den einfach ausgestatteten 220 b mit 95 PS, den 220 Sb mit 110 PS und den 220 SEb mit Einspritzung und 120 PS. Zu den sparsamen Modellpflege-Maßnahmen zählte der Übergang auf vordere Scheibenbremsen im April 1962 (220 b: August 1963). Ab August 1962 stand ein Viergang-Automatikgetriebe zur Verfügung, dessen harte Gangwechsel allerdings den Spitznamen „Ruckomatik" prägten.

Ein Daimler, der nach Detroit aussieht: Mercedes-Benz 220 Sb

Motor/Antrieb	
Bauart	Sechszylinder (Reihe)
Lage/Antrieb	Front/Heck
Hubraum in cm³	2195
Leistung in PS bei U/min	95 bei 4800, 120 bei 4800
Vmax in km/h	160 bis 172
Karosserie	
Bauart	Limousine (4-türig)
Tragstruktur	selbsttragend
Material	Stahlblech
Stückzahl und Marktsituation	
Produktionszahl	296.896
Verfügbarkeit	ausreichend
Teilesituation	ausreichend
Unterhaltskosten	mittel

Preise in Euro	1	2	3	4	5
220 b (W 111), L4t	22.500	15.600	7.400	3.100	700
220 Sb (W 111), L4t	24.100	17.100	8.000	3.300	700
220 SEb (W 111), L4t	26.000	18.500	8.800	3.800	800

AUTOSATTLEREI F&E DESIGN
macht fahren einfach schöner

- Cabrio-Verdecke und Montagen
- Innenausstattungen-Leder-Stoff
- Sportsitze Recaro
- Teppichsätze und Fußmatten
- Innenhimmel - Faltdächer
- Motorrad-Sitzbänke
- Lederpflege und Reparaturen
- Reparatur und Neubezug von Polstermöbeln
- Bootsverdecke

32278 Kirchlengern · Elsestraße 92
Telefon: 05223/991095 · Fax: 05223/991096
Internet: www.fue-design.de · E-Mail: info@fue-design.de

Mercedes-Benz (D)

Mercedes-Benz 190 c und Dc, 200 und 200 D (W 110) 1961-1968

Die kleinen Heckflossen-Modelle teilten sich ihre Rohkarosse mit den 220 S-Typen, allerdings trugen sie eine kürzere Motorhaube und entsprechende Kotflügel. Auch das Fahrwerk der Vier- und Sechszylinder-Modelle war identisch. Der 80-PS-Motor des Mercedes-Benz 190c kam vom Ponton-Vorgänger, während der 190 D mit einem fünf PS stärkeren Selbstzünder-Triebwerk ausgestattet war. Ab August 1962 gab es den 190c mit Automatik, im Jahr darauf auch den 190 Dc. Gleichzeitig erhielten beide Modelle vordere Scheibenbremsen. Im Juli 1965 kamen die optimierten Modelle 200 und 200 D auf den Markt, erkennbar an neuen, größeren Blinkleuchten unter den vorderen Scheinwerfern und Chromschwingen an den C-Säulen. Der 200 leistete nun 95 PS, das Diesel-Triebwerk blieb unverändert.

Fans sagen einfach „kleine Flosse": Mercedes-Benz 190 c

Motor/Antrieb	
Bauart	Vierzylinder (Reihe)
Lage/Antrieb	Front/Heck
Hubraum in cm³	1897, 1988
Leistung in PS bei U/min	55 bei 4200 bis 95 bei 5400
Vmax in km/h	130 bis 160
Karosserie	
Bauart	Limousine (4-türig), Kombi (5-türig)
Tragstruktur	selbsttragend
Material	Stahlblech
Stückzahl und Marktsituation	
Produktionszahl	588.024
Verfügbarkeit	ausreichend
Teilesituation	ausreichend
Unterhaltskosten	mittel

Preise in Euro	1	2	3	4	5
190 c (W 110), L4t	15.900	11.200	5.200	2.300	400
190 Dc (W 110), L4t	14.700	10.300	4.800	2.000	400
200 (W 110), L4t	16.300	11.700	5.400	2.400	500
200 D (W 110), L4t	15.000	10.800	5.000	2.100	400

Mercedes-Benz 220 SE, 250 SE, 280 SE Coupé und Cabriolet (W 111) 1961-1971

Ein Klassiker war das elegante Mercedes-Benz-S-Klasse-Coupé schon, als es neu in den Läden stand: Es gehörte zu den elegantesten und kultiviertesten Automobilen seiner Zeit. Als Sammlerstück erreicht speziell das Cabriolet in sehr gutem Zustand das Dreifache seines ehemaligen Neupreises. Während der zehnjährigen Produktionsdauer kamen alle Motoren der damaligen S-Klasse-Limousinen zum Einsatz. Den Anfang machten die Coupés und Cabriolets mit 220 SEb-Triebwerk: Ihre Produktion begann im Februar bzw. September 1961. Ab Oktober 1965 waren die Zweitürer mit dem 250 SE-Motor bestückt; jetzt gab es auch hintere Scheibenbremsen. Von Dezember 1967 bis Mai 1971 war serienmäßig das 280 SE-Aggregat im Programm. Einen Nachfolger fand das Coupé im Mercedes-Benz-Programm nicht, daher blieben viele dieser Wagen lange in erster Hand.

Als Coupé beliebt, als Cabriolet eine Pretiose: Mercedes-Benz 220 SE

Motor/Antrieb	
Bauart	Sechszylinder (Reihe)
Lage/Antrieb	Front/Heck
Hubraum in cm³	2195, 2496, 2778
Leistung in PS bei U/min	120 bei 4800 bis 160 bei 5500
Vmax in km/h	172 bis 193
Karosserie	
Bauart	Coupé, Cabriolet
Tragstruktur	selbsttragend
Material	Stahlblech
Stückzahl und Marktsituation	
Produktionszahl	16.902 (220), 6213 (250), 5187 (280)
Verfügbarkeit	ausreichend
Teilesituation	ausreichend
Unterhaltskosten	hoch

Preise in Euro	1	2	3	4	5
220 SE (W 111), Cpe	33.600	26.300	14.500	6.500	3.100
280 SE (W 111), Cpe	38.400	30.200	16.900	7.700	3.500
220 SE (W 111), Cab	80.000	64.000	36.000	16.000	7.000
280 SE (W 111), Cab	85.000	70.000	39.000	18.000	8.000

Mercedes-Benz 300 SE und 300 SE lang 1961-1965

Die Luxusversion der Heckflossen-Reihe sollte den 300er Adenauer-Mercedes-Benz ablösen, brachte es aber niemals auf dessen überragendes Image. Ursache dafür war wohl die wenig prestigeträchtige Einheits-Karosserie, die beim 300 SE mit überreichlicher Chrom-Garnierung auffiel. Vom bisherigen 300 d erbte das neue Topmodell den Sechszylinder-Motor mit 160 PS (ab 1964 mit 170 PS). Ein innovatives Ausstattungsdetail war die serienmäßige Luftfederung, bei der Federbälge aus Gummi die Funktion herkömmlicher Metallfedern übernahmen. Im März 1963 erschien noch der 300 SE lang mit zehn Zentimeter größerem Radstand, blieb aber ohne Bedeutung: Der Mercedes-Benz 600 nahm noch im gleichen Jahr die Position des Spitzenmodells der Stuttgarter Palette ein.

Chrom, Chrom und Chrom für den Flossen-König: Mercedes-Benz 300 SE

Motor/Antrieb	
Bauart	Sechszylinder (Reihe)
Lage/Antrieb	Front/Heck
Hubraum in cm³	2996
Leistung in PS bei U/min	160 bei 5000 bis 170 bei 5400
Vmax in km/h	175 bis 200
Karosserie	
Bauart	Limousine (4-türig)
Tragstruktur	selbsttragend
Material	Stahlblech
Stückzahl und Marktsituation	
Produktionszahl	6748, davon 1546 SEL
Verfügbarkeit	schlecht
Teilesituation	ausreichend
Unterhaltskosten	hoch

Preise in Euro	1	2	3	4	5
300 SE (W 112), L4t	32.700	23.200	11.200	4.600	1.300

Mercedes-Benz 300 SE Coupé und Cabriolet 1962-1967

Eine Exklusiv-Variante der S-Klasse-Coupés und -Cabriolets schob Mercedes-Benz im Februar 1962 nach — mit Motor, Getriebe und dem luftgefederten Fahrwerk der 300 SE Limousine. Mit einem Grundpreis von 33.350 Mark zählte das Auto zur ersten Garnitur der damaligen Premiumklasse. Der Grundpreis entsprach sieben VW Export-Käfern. 300 SE Coupé und Cabriolet überlebten die gleichnamige Heckflossen-Limousine um zwei Jahre; mit 3127 gebauten Exemplaren sind sie die seltenste Spielart ihrer Modellreihe. Wie bei allen W 111-Modellen erreichen die weniger gesuchten Coupés nur etwa die Hälfte der Cabriolet-Notierungen; ein 300 SE Coupé in Topzustand ist demnach für unter 40.000 Euro zu haben.

Luft-Schiff für Sonnen-Anbeter: Mercedes-Benz 300 SE Cabriolet

Motor/Antrieb	
Bauart	Sechszylinder (Reihe)
Lage/Antrieb	Front/Heck
Hubraum in cm³	2996
Leistung in PS bei U/min	160 bei 5000 bis 170 bei 5400
Vmax in km/h	175 bis 200
Karosserie	
Bauart	Coupé, Cabriolet
Tragstruktur	selbsttragend
Material	Stahlblech
Stückzahl und Marktsituation	
Produktionszahl	3127
Verfügbarkeit	gegen null
Teilesituation	ausreichend
Unterhaltskosten	hoch

Preise in Euro	1	2	3	4	5
300 SE (W 112), Cpe	45.000	36.000	20.000	10.500	5.000
300 SE (W 112), Cab	85.000	68.000	40.000	20.000	9.500

Mercedes-Benz (D)

Mercedes-Benz 230 SL, 250 SL, 280 SL 1963-1971

Im Vergleich zum sanfter motorisierten 190 SL begeisterte der 230 SL mit Fahrleistungen auf Sportwagen-Niveau. Sein Motor war eine aufgebohrte Version des 220 SE-Triebwerks und leistete 150 PS. Die Form des SL, der im Juli 1963 erschien, wirkte eher unspektakulär, überzeugte auf Dauer aber mit ihrer eleganten Zeitlosigkeit. Das auffälligste Detail gab dem SL der sechziger Jahre seinen Spitznamen „Pagoden-Mercedes": Die Krümmung seines Hardtops erinnerte Betrachter an die Dachform japanischer Tempelbauten. Den 230 SL gab es bis Anfang 1967, dann löste ihn der 250 SL ab, der ebenfalls 150 PS leistete, aber etwas mehr Drehmoment bot. Schon im Januar 1968 rückte der 280 SL mit 170 PS ins Programm, den Kenner heute für den harmonischsten Pagoden-SL halten.

Ein Sanfter unter den Leistungssportlern: Mercedes-Benz Pagoden-SL

Motor/Antrieb					
Bauart				Sechszylinder (Reihe)	
Lage/Antrieb				Front/Heck	
Hubraum in cm³				2281, 2496, 2778	
Leistung in PS bei U/min				150 bei 5500 bis 170 bei 5750	
Vmax in km/h				190 bis 200	
Karosserie					
Bauart				Cabriolet	
Tragstruktur				selbsttragend	
Material				Stahlblech	
Stückzahl und Marktsituation					
Produktionszahl				48.912	
Verfügbarkeit				ausreichend	
Teilesituation				ausreichend	
Unterhaltskosten				hoch	
Preise in Euro	1	2	3	4	5
230 SL (W 113), Cab	47.100	32.900	22.100	13.600	5.700
250 SL (W 113), Cab	45.800	31.300	21.000	12.600	5.400
280 SL (W 113), Cab	52.000	34.800	23.500	16.000	6.500

Mercedes-Benz 600 (W 100) 1964-1981

Das technisch Machbare bildete für Mercedes-Benz schon immer die interessanteste Herausforderung. Erstmalig nach dem Krieg stellten sich die Stuttgarter wieder dieser Aufgabe. Das Entwicklungsziel des neuen Mercedes 600 war knapp formuliert: Das beste Auto der Welt sollte er werden. Auf der IAA 1963 stand er dann, ein 5,45 Meter langer Technologieträger voller Komfortextras, mit 6,3-Liter-V8-Triebwerk und Luftfederung. Zur gravitätischen Form des 600 kamen die Fahrleistungen eines Sportwagens: Aus dem Stand war in zehn Sekunden die 100-km/h-Marke erreicht. Speziell die Pullman-Version – Länge 6,24 Meter – avancierte nach Auslieferungsbeginn im September 1964 zum bevorzugten Automobil unzähliger Regierungschefs und Prominenter. Sie bekamen von Mercedes-Benz jeden Sonderwunsch erfüllt, laut Prospekt auch rosa Teppiche zu grasgrünem Lack. Erst im Juni 1981 rollte der letzte neue 600 aus der Manufaktur – und direkt ins Museum.

Ganz einfach das beste Auto der Welt: Mercedes-Benz 600

Motor/Antrieb					
Bauart				V8	
Lage/Antrieb				Front/Heck	
Hubraum in cm³				6330	
Leistung in PS bei U/min				250 bei 4000	
Vmax in km/h				200 bis 207	
Karosserie					
Bauart				Limousine (4-türig), Limousine (6-türig), La	
Tragstruktur				selbsttragend	
Material				Stahlblech	
Stückzahl und Marktsituation					
Produktionszahl				2677	
Verfügbarkeit				schlecht	
Teilesituation				ausreichend	
Unterhaltskosten				hoch	
Preise in Euro	1	2	3	4	5
600, L4t	77.000	58.300	44.000	30.800	19.800
600 Pullmann, Plm	99.000	74.800	60.500	38.500	24.000

Mercedes-Benz 230, 230 S 1965-1968

Mit den Modellen 230 und 230 S füllte Mercedes die Lücke, die sich zwischen dem Heckflossen-200er und der brandneuen S-Klasse (W 108), die das Marktsegment ab 2,5 Liter Hubraum besetzte, aufgetan hatte. Der Mercedes 230 war im Prinzip ein 200er-Modell mit 105 PS starkem Sechszylindermotor, der 230 S erschien als einfach ausgestatteter 220 b-Nachfolger mit 120-PS-Vergaser-Triebwerk. Beide Modelle kamen im Juli 1965 auf den Markt; der 230 erhielt Mitte 1966 den 120-PS-Motor. Die Preise lagen bei 11.950 und 14.000 Mark. Mit dem 230 S Universal, umgebaut von der belgischen Spezialfirma IMA, kam 1966/67 erstmals ein Kombi ins offizielle Mercedes-Benz-Programm. Das Aus für das 230-Duo folgte im Januar 1968, als die neue /8-Baureihe auf den Markt kam.

Kleine Flosse, großer Motor, mittlerer Verkaufserfolg: Mercedes-Benz 230

Motor/Antrieb					
Bauart				Sechszylinder (Reihe)	
Lage/Antrieb				Front/Heck	
Hubraum in cm³				2281	
Leistung in PS bei U/min				105 bei 5200 bis 120 bei 5400	
Vmax in km/h				165 bis 175	
Karosserie					
Bauart				Limousine (4-türig), Kombi (5-türig) (230 S)	
Tragstruktur				selbsttragend	
Material				Stahlblech	
Stückzahl und Marktsituation					
Produktionszahl				40.258	
Verfügbarkeit				ausreichend	
Teilesituation				ausreichend	
Unterhaltskosten				mittel	
Preise in Euro	1	2	3	4	5
230 (W 110), L4t	18.200	12.900	6.000	2.400	500
230 S (W 111), L4t	20.200	14.400	6.600	2.700	600

... Die erste Adresse ...
Niemöller
...für Mercedes Benz Veteranen

Vollsortiment 1946-1980

Katalog A (170V..., D..., S..., 220)	160 S.	10 €
Katalog B (300, b, c, d, S, Sc, SL)	320 S.	20 €
Katalog C (180, 190, SL, 220 S)	248 S.	10 €
Katalog D (Bm 108-113)	656 S.	15 €
Katalog E (Bm 100, 600)	128 S.	20 €
Katalog F (Bm 107, 114, 115, 116)	416 S.	13 €
Bildkatalog - Eigene Fertigung	64 S.	gratis
300 SL Flügeltürer-Liste	72 S.	gratis
190 SL - Liste	80 S.	gratis
190 SL - Liste	80 S.	gratis
113er - Liste	144 S.	gratis
/8 - Liste	112 S.	gratis

www.niemoeller.de
Heinrich E. Niemoeller Ing.
Markircher Str. 6, 68229 Mannheim
Tel. 0621 472046 Fax 0621 48 11 51

Veteranenteile und Zubehör Leuchten und Elektroteile

Katalog mit über 60 Seiten gegen € 3,–
Neubelegen von:
▶ Bremsbacken
▶ Bremsbändern
▶ Kupplungsscheiben
▶ Konusen u. Bremsträgern

Restaurationsmaterial, Beschläge, Fahrzeugteile, Fahrzeugelektrik

Medidenta Schramm GmbH & CO. KG
Elektronische- und Metallwarenfabrik
Gattenhöferweg. 33 • 61440 Oberursel
Telefon: 0 61 71 / 5 44 87 • Fax: 30 69
www.medidentaschramm.de

Mercedes-Benz (D)

Mercedes-Benz 250 S, 250 SE, 280 S, 280 SE, 280 SE 3,5, 300 SEb — 1965-1972

Mit dieser S-Klasse landete Mercedes-Benz einen spontanen Verkaufserfolg, obwohl Kinderkrankheiten ihren Ruf verdunkelten. Die 2,5-Liter-Motoren machten Probleme: Sie waren nicht vollgasfest und neigten zu hohem Ölverbrauch. Mercedes-Benz bekam dieses Problem erst mit den überarbeiteten Motoren des 280 S und 280 SE in den Griff. Die Produktion der 250-Modelle begann im Juli 1965 und endete im März 1969; die 280er starteten im November 1967 und liefen bis September 1972. Daneben gab es von 1965 bis 1967 noch den 300 SE mit dem bekannten 170-PS-Motor, aber ohne Luftfederung. Im März 1971 kam noch der 280 SE 3.5 mit dem neuen V8-Motor auf dem Markt. Eine 4,5-Liter-Version gab es nur für Amerika.

Die Kraft und die schöne Schlichtheit der Sechziger: Mercedes-Benz 280 SE

Motor/Antrieb					
Bauart				Sechszylinder (Reihe), V8	
Lage/Antrieb					Front/Heck
Hubraum in cm³				2496, 2778, 2996, 3499	
Leistung in PS bei U/min				130 bei 5400 bis 200 bei 5800	
Vmax in km/h					177 bis 210
Karosserie					
Bauart					Limousine (4-türig)
Tragstruktur					selbsttragend
Material					Stahlblech
Stückzahl und Marktsituation					
Produktionszahl	129.858 (250), 184.986 (280), 11.309 (280 3,5), 2737 (300 SE)				
Verfügbarkeit					ausreichend
Teilesituation					ausreichend
Unterhaltskosten					hoch
Preise in Euro	1	2	3	4	5
250 SE (W 108), L4t	13.200	8.400	4.600	1.900	500
280 SE (W 108), L4t	14.700	9.500	5.300	2.300	600
280 SE 3,5, L4t	21.600	13.900	7.800	3.400	1.200
300 SEb (W 108), L4t	20.100	13.000	7.300	3.100	1.100

Mercedes-Benz 280 SEL, 300 SEL, 300 SEL 6.3, 300 SEL 3.5, 280 SEL 3.5 — 1966-1972

Während der gesamten Bauzeit der W 108-Reihe waren die Mercedes-Benz-typischen Langversionen im Angebot. Sie erhielten das Modell-Kürzel W 109 und einen zehn Zentimeter längeren Radstand, der mehr Fußraum im Fond sicherte. Den Anfang machte ab März 1966 der 300 SEL mit Luftfederung – er war 6500 Mark teurer als der gleich starke 300 SE. Die Produktion endete im Dezember 1967. Als Nachfolger kamen die Typen 280 SEL (160 PS, Schraubenfedern) und 300 SEL (170 PS, Luftfederung) ins Programm. Den 300 SEL gab es nur bis Anfang 1970; ihn löste der ebenfalls luftgefederte 300 SEL 3.5 mit V8-Motor ab. Im März 1971 kam auch das Ende des 280 SEL, für ihn erschien der 280 SEL 3.5. Zum Kult-Automobil wurde der 300 SEL 6.3: Ihn schob der V8-Motor des Mercedes-Benz 600 zu sensationellen Fahrleistungen an. Der 250-PS-Wagen war einmal die schnellste Serien-Limousine der Welt!

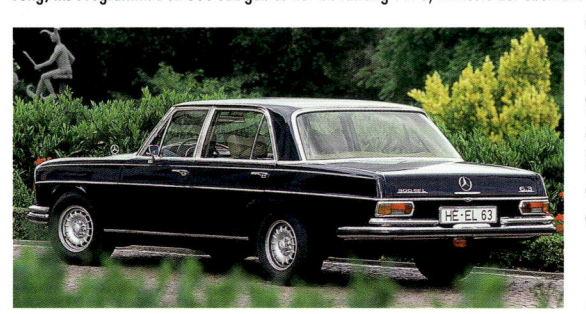

Ein rasendes Chefzimmer: Mercedes-Benz 300 SEL 6.3

Motor/Antrieb					
Bauart				Sechszylinder (Reihe), V8	
Lage/Antrieb					Front/Heck
Hubraum in cm³				2778, 2996, 3499, 6330	
Leistung in PS bei U/min				160 bei 5500 bis 250 bei 4000	
Vmax in km/h					185 bis 221
Karosserie					
Bauart					Limousine (4-türig)
Tragstruktur					selbsttragend
Material					Stahlblech
Stückzahl und Marktsituation					
Produktionszahl				27.829 (plus 10.726 SEL 4.5)	
Verfügbarkeit					schlecht
Teilesituation					ausreichend
Unterhaltskosten					hoch
Preise in Euro	1	2	3	4	5
280 SEL, L4t	15.500	10.100	5.600	2.400	800
280 SEL 3,5, L4t	22.900	14.800	8.300	3.600	1.200
300 SEL 3,5, L4t	29.500	20.500	10.600	5.400	1.800
300 SEL 6,3, L4t	43.000	29.500	15.000	7.300	2.600

Mercedes-Benz 200 D, 220 D, 240 D, 240 D 3.0 (W115, „Strich-8") — 1967-1976

Hinter dem Kennzeichen D verbergen sich die erfolgreichsten Typen der /8-Baureihe: Alleine der 220 Diesel verkaufte sich über 420.000 Mal! Laufleistungen von über 300.000 Kilometern sind völlig alltäglich – allerdings war die Mechanik wesentlich haltbarer als das Blech: Alle /8-Modelle litten in den ersten vier Baujahren unter massiven Rostproblemen. Zum Debüt der Diesel-Baureihe bot Mercedes-Benz nur die sehr schwach motorisierten Modelle 200 D und 220 D an. Erst 1973 rückte als dritter Diesel der 240 D nach, dessen 65 PS etwas zeitgemäßere Fahrleistungen ermöglichten. Ein Meilenstein der Selbstzünder-Entwicklung war 1974 der 240 D 3.0, dessen Fünfzylinder-Motor unter der Ägide des heutigen VW-Chefs Ferdinand Piëch entstanden war. Der 240 D 3.0 war zu seiner Zeit der stärkste und schnellste Diesel-Pkw der Welt und ist heute fast ausgestorben.

Gut für 300.000 Kilometer Laufleistung und mehr: Mercedes-Benz 200 D

Motor/Antrieb					
Bauart				Vierzylinder (Reihe), Fünfzylinder (Reihe)	
Lage/Antrieb					Front/Heck
Hubraum in cm³				1988, 2197, 2404, 2971	
Leistung in PS bei U/min				55 bei 4200 bis 80 bei 4000	
Vmax in km/h					125 bis 149
Karosserie					
Bauart					Limousine (4-türig)
Tragstruktur					selbsttragend
Material					Stahlblech
Stückzahl und Marktsituation					
Produktionszahl					945.206
Verfügbarkeit					gut
Teilesituation					sehr gut
Unterhaltskosten					mittel
Preise in Euro	1	2	3	4	5
200 D (1968-1973), L4t	11.000	6.200	2.800	1.200	150
240 D (1973-1976), L4t	11.300	6.300	2.900	1.300	200
240 D 3,0 (1974-1976), L4t	12.900	7.800	3.800	1.500	300

Mercedes-Benz 200, 220, 230.4, 230.6, 280 E (W114/115, „Strich-8") — 1967-1976

Es ist kaum zu glauben, aber trotz rund 1,8 Millionen gebauter Exemplare – keine Mercedes-Benz-Baureihe war je erfolgreicher – sind exzellente Exemplare dieser Erfolgsbaureihe heute Raritäten. Die Karriere des /8 – das Kürzel dient der Unterscheidung vom Vorgänger und markiert das Premierenjahr – begann mit einer Vorserie im Herbst 1967; die Auslieferung startete im Januar 1968. Anfangs gab es die /8-Benziner als 200 und 220 mit Vierzylinder-Motor sowie als Sechszylinder-Typen 230 und 250. Den 230 gab es ab 1973 auch mit Vierzylinder-Motor (230.4), und der 250er war ab 1969 auch mit 2,8 Litern Hubraum erhältlich. Im April 1972 kamen die 280er-Modelle als Vergaser- und Einspritz-Versionen auf den Markt: Sie erhielten den neu entwickelten Doppelnockenwellen-Motor der S-Klasse. Eine Sonderstellung nehmen heute die sehr raren Langversionen mit drei Sitzreihen ein, die in Kleinserie entstanden.

Diesel-Optik, aber Porsche-Fahrleistungen: Mercedes-Benz 280 E

Motor/Antrieb					
Bauart				Vierzylinder (Reihe), Sechszylinder (Reihe)	
Lage/Antrieb					Front/Heck
Hubraum in cm³				1988, 2197, 2277, 2292, 2496, 2746	
Leistung in PS bei U/min				85 bei 5000 bis 185 bei 6000	
Vmax in km/h					158 bis 200
Karosserie					
Bauart					Limousine (4-türig)
Tragstruktur					selbsttragend
Material					Stahlblech
Stückzahl und Marktsituation					
Produktionszahl					ca. 1,8 Millionen
Verfügbarkeit					gut
Teilesituation					sehr gut
Unterhaltskosten					niedrig
Preise in Euro	1	2	3	4	5
200 (1968-1973), L4t	11.800	7.100	3.300	1.400	200
230.6 (1973-1976), L4t	12.600	7.400	3.400	1.400	200
280 E (1973-1976), L4t	13.900	8.100	3.600	1.500	300

Mercedes-Benz (D)

Mercedes-Benz 250 C, 250 CE, 280 C, 280 CE (C114, „Strich-8") 1968-1976

Den höchsten Sammlerwert aller /8-Modelle erreicht heute die Coupé-Version: Es gab sie nur mit Sechszylinder-Motor und meistens mit großzügiger Sonderausstattung wie Lederpolstern oder Klimaanlage. Mit Preisen bis zu 30.000 Mark war sie im Mercedes-Benz-Programm das Bindeglied zwischen Mittel- und Oberklasse. Die ersten Coupé-Exemplare standen im November 1968 beim Händler. Anfangs gab es nur die Modelle 250 C mit 130 PS und CE mit 150 PS – letztere Spielart wurde in der Limousine nicht angeboten. 1972 kamen die Modelle 280 C und CE hinzu. Die meisten Coupés wurden mit Automatikgetriebe ausgeliefert, was ihrem gravitätischen Charakter besser entsprach als die Schaltgetriebe, die unter einer knochigen Führung litten.

Zwei Türen, sechs Zylinder: Mercedes-Benz 250 C/CE

Motor/Antrieb	
Bauart	Sechszylinder (Reihe)
Lage/Antrieb	Front/Heck
Hubraum in cm³	2496, 2778, 2746
Leistung in PS bei U/min	130 bei 5000 bis 185 bei 6000
Vmax in km/h	175 bis 200
Karosserie	
Bauart	Coupé
Tragstruktur	selbsttragend
Material	Stahlblech
Stückzahl und Marktsituation	
Produktionszahl	67.048
Verfügbarkeit	ausreichend
Teilesituation	gut
Unterhaltskosten	hoch

Preise in Euro	1	2	3	4	5
250 CE (1968-1973), Cpe	14.000	9.100	4.900	2.000	500
280 CE (1973-1976), Cpe	14.700	9.600	5.100	2.200	600

Mercedes-Benz 280 SE 3.5 Coupé und Cabriolet 1969-1971

Einen glanzvollen Endpunkt fand die Ära der viersitzigen S-Klasse-Coupés und Cabriolets mit dem neu entwickelten V8-Motor, der ab 1971 auch den neuen SL der Baureihe 107 antrieb. Sein dunkel brummendes Laufgeräusch erinnerte an amerikanische Spitzen-Automobile – und tatsächlich waren die USA damals der Hauptabsatzmarkt der großen Mercedes-Benz-Modelle. Einige wenige Exemplare der 200-PS-Wagen wurden übrigens nicht mit der üblichen Viergang-Automatik ausgeliefert, sondern mit Schaltgetriebe. Diese typisch europäische Konfiguration ermöglichte Fahrleistungen auf Porsche-911-Niveau und gehört heute zu den ganz raren Funden der Mercedes-Benz-Szene. Wie alle Cabriolets der Baureihe W 111 erfreut sich der 280 SE 3.5 einer deutlich ansteigenden Preiskurve.

In Hollywood liebten sie ihn besonders: Mercedes-Benz 280 SE 3.5

Motor/Antrieb	
Bauart	V8
Lage/Antrieb	Front/Heck
Hubraum in cm³	3499
Leistung in PS bei U/min	200 bei 5800
Vmax in km/h	210
Karosserie	
Bauart	Coupé, Cabriolet
Tragstruktur	selbsttragend
Material	Stahlblech
Stückzahl und Marktsituation	
Produktionszahl	4502
Verfügbarkeit	ausreichend
Teilesituation	gut
Unterhaltskosten	hoch

Preise in Euro	1	2	3	4	5
280 SE 3,5, Cpe	42.000	33.000	18.000	9.500	4.500
280 SE 3,5, Cab	100.000	81.000	48.000	24.000	10.000

Mercedes-Benz 280 SL, 300 SL, 350 SL, 380 SL, 420 SL, 450 SL, 500 SL, 560 SL (R 107) 1971-1989

Die SL-Modelle der Baureihe 107 zählen zu den erfolgreichsten Sportwagen der deutschen Automobilgeschichte. Bemerkenswert ist nicht nur ihre Stückzahl von 237.000 Exemplaren, sondern auch die Bauzeit von 19 Jahren. Den Auftakt bildete im April 1971 der 350 SL mit V8-Motor, im März 1973 kam der 450 SL hinzu. Nach der Ölkrise erschien 1974 die Sechszylinder-Variante 280 SL. Die erste größere Modellpflege griff im März 1980: 380 und 500 SL lösten die Vorgänger 350 SL und 450 SL ab. Zum zweiten und letzten Mal wurde 1985 das Motorenangebot umstrukturiert: Der preiswerteste 107er hieß jetzt 300 SL, der 380er stieg zum 420 SL auf. Für den US-Export gab es neben dem 500 auch einen 560 SL – einige wenige Exemplare kamen auf Initiative von SL-Enthusiasten nach Deutschland zurück.

Noch zu Lebzeiten ein Design-Klassiker: Mercedes-Benz 500 SL

Motor/Antrieb	
Bauart	Sechszylinder (Reihe), V8
Lage/Antrieb	Front/Heck
Hubraum in cm³	2746, 3499, 3818, 4196, 4520, 4973
Leistung in PS bei U/min	177 bei 6000 bis 245 bei 4750
Vmax in km/h	205 bis 225
Karosserie	
Bauart	Cabriolet
Tragstruktur	selbsttragend
Material	Stahlblech
Stückzahl und Marktsituation	
Produktionszahl	237.000
Verfügbarkeit	üppig
Teilesituation	sehr gut
Unterhaltskosten	hoch

Preise in Euro	1	2	3	4	5
280 SL (1980-1985), Cab	24.000	16.500	12.200	7.200	3.000
350 SL (1971-1980), Cab	21.800	15.000	11.000	6.700	2.500
420 SL Kat (1985-1989), Cab	32.700	22.900	16.000	8.900	4.200
450 SL (1973-1980), Cab	23.500	16.200	12.100	7.200	3.000

---

www.sls-hh.de
online Ersatzteilkatalog
190SL, 230-280SL, R/C 107, Limousinen

SLS

SLS Im-& Export Handels-GmbH
Industriestraße 2 - 4
D 22885 Barsbüttel Nähe HH
Tel : 040-656 939-0
Fax: 040-656 939-399

Mercedes-Benz (D)

Mercedes-Benz 280 SLC, 350 SLC, 380 SLC, 450 SLC, 450 SLC 5.0, 500 SLC (C 107)   1971-1981

Die Coupé-Version des SL sollte die S-Klassen-Coupés der Baureihe W 111 ablösen, erreichte aber nie deren Kult-Status. Dabei überzeugten die SLC — wegen ihres 36 Zentimeter längeren Radstands — mit ausgewogeneren Fahreigenschaften als der SL-Roadster und waren mit ihren vier Sitzplätzen auch familientauglich. Weil der Erfolg des SLC dennoch hinter den offenen Varianten zurückblieb, gab Mercedes-Benz diese Oberklasse-Modellreihe 1981 auf. Die Motor-Varianten teilte sich der SLC mit dem SL bis auf eine Ausnahme: 1977 erschien der 450 SLC 5.0, dessen V8-Motor 240 PS leistete. Zu erkennen war dieses Topmodell an seinem serienmäßigen Spoiler auf dem Kofferraumdeckel. Letzterer bestand, wie auch die Motorhaube, aus Aluminium. Es blieb bei einer kleinen, feinen Serie von 2769 Wagen, die heute besonders gesucht sind.

Ein Gran Turismo wie aus dem Bilderbuch: Mercedes-Benz 450 SLC 5.0

Motor/Antrieb					
Bauart			Sechszylinder (Reihe), V8		
Lage/Antrieb					Front/Heck
Hubraum in cm³			2746, 3499, 3818, 3839, 4520, 5025		
Leistung in PS bei U/min			177 bei 6000 bis 240 bei 5000		
Vmax in km/h					205 bis 225
Karosserie					
Bauart					Coupé
Tragstruktur					selbsttragend
Material					Stahlblech
Stückzahl und Marktsituation					
Produktionszahl					62.888
Verfügbarkeit					gut
Teilesituation					sehr gut
Unterhaltskosten					hoch
Preise in Euro	1	2	3	4	5
280 SLC (1974-1981), Cpe	20.100	12.200	8.200	4.300	1.600
350 SLC (1971-1980), Cpe	19.000	11.300	7.600	3.900	1.500
450 SLC (1973-1980), Cpe	19.500	11.600	7.900	4.300	1.600
450 SLC 5,0 (1977-1981), Cpe	24.700	16.100	11.500	6.900	2.300

Mercedes-Benz 280 S, 280 SE, 280 SEL, 350 SE, 450 SE, 450 SEL (W 116)   1972-1980

Als erstes Oberklassen-Automobil durfte sich die S-Klasse mit dem Prädikat „Auto des Jahres" schmücken. Viele Tester jener Zeit gingen noch etwas weiter und nannten den Mercedes-Benz mit dem Kürzel W 116 schlicht „Das beste Auto der Welt". Dabei bot er bei seiner Premiere im September 1972 keine Epoche machenden Neuerungen, sondern beeindruckte mit seiner besonderen Souveränität und Ausgewogenheit, die kein Mitbewerber erreichte. Analog zum Vorgänger-Modell gab es den W 116 anfangs als 280 S, 280 SE und 350 SE. Der 450 SE kam im März 1973 auf den Markt, gleichzeitig debütierte der 450 SEL mit zehn Zentimeter längerem Radstand. Ab 1974 gab es ihn auch mit dem 280er-Motor. Zur umfangreichen Liste von Sonderausstattungen zählte ab 1979, also kurz vor Serienende, auch das neu entwickelte ABS.

Der zielsichere Griff nach der Perfektion: Mercedes-Benz 280 S

Motor/Antrieb					
Bauart					Sechszylinder (Reihe), V8
Lage/Antrieb					Front/Heck
Hubraum in cm³					2746, 3499, 4520
Leistung in PS bei U/min					156 bei 5000 bis 225 bei 5000
Vmax in km/h					190 bis 210
Karosserie					
Bauart					Limousine (4-türig)
Tragstruktur					selbsttragend
Material					Stahlblech
Stückzahl und Marktsituation					
Produktionszahl					437.021
Verfügbarkeit					üppig
Teilesituation					sehr gut
Unterhaltskosten					hoch
Preise in Euro	1	2	3	4	5
280 S, L4t	8.800	5.100	2.400	900	200
280 SEL, L4t	10.700	6.600	3.900	1.100	400
350 SE, L4t	10.300	6.200	3.700	1.000	400
450 SE, L4t	13.400	8.600	5.400	1.600	600

Mercedes-Benz 450 SEL 6.9 (W 116)   1975-1980

Nie mehr danach bot Mercedes-Benz ein Auto mit so üppigem Hubraum und derart gewaltigem Drehmoment an: Die teuerste S-Klasse der siebziger Jahre kam mit 6,9-Liter-Motor auf den Markt und stemmte ein maximales Drehmoment von 560 Newtonmetern. Zur Serienausstattung des 450 SEL 6.9 zählten eine neu entwickelte, hydropneumatische Federung, ein Sperrdifferenzial, der verlängerte Radstand und eine Klimaanlage. Der 6.9 erreichte die 100 km/h-Markierung in nur acht Sekunden und zeigte sich dem damaligen Porsche 911 ebenbürtig. Nicht wenige der 7380 gebauten Exemplare haben überlebt: Weil der 6.9 keinen Nachfolger fand, wurde er schon früh zum Liebhaberobjekt und bringt es auf stabile Preisnotierungen, obwohl das steuermindernde H-Kennzeichen noch nicht erreicht ist.

Mehr Hubraum bot kein Nachkriegs-Stern: Mercedes-Benz 450 SEL 6.9

Motor/Antrieb					
Bauart					V8
Lage/Antrieb					Front/Heck
Hubraum in cm³					6834
Leistung in PS bei U/min					286 bei 4250
Vmax in km/h					225
Karosserie					
Bauart					Limousine (4-türig)
Tragstruktur					selbsttragend
Material					Stahlblech
Stückzahl und Marktsituation					
Produktionszahl					7380
Verfügbarkeit					ausreichend
Teilesituation					sehr gut
Unterhaltskosten					hoch
Preise in Euro	1	2	3	4	5
450 SEL 6,9, L4t	25.000	16.700	10.500	5.100	2.900

Mercedes-Benz 200 D, 220 D, 240 D, 300 D (W 123)   1976-1985

Während der W 123 als Benziner bereits einen gewissen Liebhaber-Status besitzt, leidet der Diesel unter der hohen Fahrzeugsteuer und dem Phlegmatiker-Image. Als Sammler-Fahrzeug ist er daher sehr wenig verbreitet; am ehesten könnte sich die Aufbewahrung eines 240 D oder 300 D in Langversion lohnen. Zu den großen Seltenheiten der Youngtimer-Branche zählen auch Diesel-Modelle mit Vollausstattung, zu der Lederpolster, Klimaanlage und elektrische Fensterheber zählen. Mit Ausnahme des 220 D, der nur bis 1979 lief, gab es alle Diesel-Modelle während der gesamten Bauzeit der W 123-Reihe. Die Leistung des 200 D wurde 1979 von 55 auf 60 PS erhöht, der 240 D leistete nun 72 statt 65 PS, der 300 D 88 statt 80 PS. Nur für den US-Markt bot Mercedes-Benz ab 1981 eine 300er Turbodiesel-Variante mit 125 PS an.

Seltsame Lackfarben waren damals populär: Mercedes-Benz 200 D

Motor/Antrieb					
Bauart					Vierzylinder (Reihe), Fünfzylinder (Reihe)
Lage/Antrieb					Front/Heck
Hubraum in cm³					1988, 2197, 2404, 3005
Leistung in PS bei U/min					55 bei 4200 bis 88 bei 4400
Vmax in km/h					125 bis 155
Karosserie					
Bauart					Limousine (4-türig)
Tragstruktur					selbsttragend
Material					Stahlblech
Stückzahl und Marktsituation					
Produktionszahl					1.297.574
Verfügbarkeit					üppig
Teilesituation					sehr gut
Unterhaltskosten					mittel
Preise in Euro	1	2	3	4	5
200 D (1982-1985), L4t	5.000	2.800	1.600	400	50
240 D (1982-1985), L4t	5.200	2.900	1.800	450	100
300 D, L4t	5.500	3.100	1.900	500	100

Mercedes-Benz (D)

Mercedes-Benz 200, 230, 230 E, 250, 280, 280 E (W 123) 1976-1985

Für manche Markenkenner ist die Baureihe W 123 der letzte Mercedes-Benz klassischer Machart: nicht so gut wie nötig, sondern so gut wie möglich. Trotz der stattlichen Produktionszahl von 2,6 Millionen Exemplaren ist der W 123 auf dem Weg zum Sammlerstück: Sehr gute, originale Exemplare mit geringer Laufleistung sind bereits selten. Die Produktion begann im Januar 1976, das Benziner-Programm bestand aus den Modellen 200, 230, 250, 280 und 280 E. Die Motoren entsprachen konstruktiv dem /8. Sie wirkten Ende der siebziger Jahre nicht mehr zeitgemäß, weshalb es 1980/81 zur gründlichen Modellpflege kam: Unter dem Kürzel M 102 kam eine stärkere, sparsamere Vierzylinder-Generation ins Programm (200, 230 E). 230 und 280 mit Vergasermotor liefen 1981 aus; der 250 blieb ungeliebtes Zwischenmodell. Die Serie endete Anfang 1985.

Ein Bestseller kommt ins klassische Alter: Mercedes-Benz 200

Motor/Antrieb	
Bauart	Vierzylinder (Reihe), Sechszylinder (Reihe)
Lage/Antrieb	Front/Heck
Hubraum in cm³	1988, 1997, 2307, 2299, 2525, 2746
Leistung in PS bei U/min	94 bei 4800 bis 185 bei 5800
Vmax in km/h	160 bis 200
Karosserie	
Bauart	Limousine (4-türig)
Tragstruktur	selbsttragend
Material	Stahlblech
Stückzahl und Marktsituation	
Produktionszahl	ca. 2,6 Mio.
Verfügbarkeit	üppig
Teilesituation	sehr gut
Unterhaltskosten	mittel

Preise in Euro	1	2	3	4	5
200 (1982-1985), L4t	5.100	2.800	1.700	400	50
230 E (1982-1985), L4t	5.400	3.000	1.900	500	100
250 (1982-1985), L4t	4.700	2.500	1.500	400	50
280 E, L4t	5.600	3.200	2.000	500	100

Mercedes-Benz 230 C, 230 CE, 280 C, 280 CE (C 123) 1977-1985

Das W 123-Coupé folgte im Stil seinem /8-Vorgänger: Sechszylinder-Motor, im Detail feinere Ausstattung, etwas niedrigeres Dach und voll versenkbare Seitenfenster ohne B-Säule. Weil die W 123 Coupés noch harmonischer wirkten als ihre Vorläufer, war ihnen der entsprechende Markterfolg sicher. Schon früh zählten diese Fahrzeuge zu akzeptierten Youngtimern. Von den Limousinen aus jenen Jahren unterscheiden sie sich im Wesentlichen durch rechteckige Scheinwerfer-Streuscheiben, wie sie ansonsten zunächst nur das Top-Duo 280/280 E besaß, und Wurzelholz-Einlagen auf dem Armaturenbrett. Im Preis von mindestens 25.100 Mark (Stand 1977) war aber auch das deutlich feinere Image inbegriffen. Das galt sogar für die Modelle 300 CD und 300 CDT, US-Versionen mit Selbstzünder-Triebwerk.

Der diskrete Charme der Bourgeoisie: Mercedes-Benz 280 CE

Motor/Antrieb	
Bauart	Vierzylinder (Reihe), Sechszylinder (Reihe)
Lage/Antrieb	Front/Heck
Hubraum in cm³	2299, 2307, 2746
Leistung in PS bei U/min	109 bei 4800 bis 185 bei 5800
Vmax in km/h	170 bis 200
Karosserie	
Bauart	Coupé
Tragstruktur	selbsttragend
Material	Stahlblech
Stückzahl und Marktsituation	
Produktionszahl	84.375 (ohne Diesel)
Verfügbarkeit	gut
Teilesituation	sehr gut
Unterhaltskosten	mittel

Preise in Euro	1	2	3	4	5
230 C, Cpe	9.800	5.400	2.900	800	100
230 CE, Cpe	10.900	6.100	3.200	900	100
280 C, Cpe	10.300	5.800	3.100	900	100
280 CE, Cpe	1.200	6.900	3.700	1.000	100

Mercedes-Benz 200 T, 230 T, 230 TE, 240 TD, 250 T, 280 TE, 300 TD, 300 TD Turbo (S 123) 1978-1985

Das Kürzel T stand für Touristik und Transport (auch für teuer, wie Fachjournalisten unkten) – dennoch war der erste Serien-Kombi mit Stern vom Start weg ein Markterfolg. Gelobt wurde bei der Premiere im April 1978 seine harmonische Form, das gute Platzangebot und die perfekten Details des Luxus-Lasters. Die T-Modelle waren nicht länger als die W 123-Limousinen, aber etwa 100 Kilogramm schwerer und rund 4000 Mark teurer. Die hydropneumatische Niveauregulierung und breitere Reifen (195/70 statt 175/14) waren im Grundpreis enthalten. Das Kombi-Angebot bestand 1978 aus den Modellen 230 T, 240 TD, 250 T, 280 TE und 300 TD. 1979 kam der 300 TD Turbo mit 125-PS-Diesel ins Programm, 1980 der 200 T. Als Markstein der Mercedes-Benz-Geschichte ist der Kombi für Sammler von Youngtimern besonders interessant.

Perfekte Exemplare gibt es kaum noch: Mercedes-Benz 280 TE

Motor/Antrieb	
Bauart	Vierzylinder (Reihe), Sechszylinder (Reihe)
Lage/Antrieb	Front/Heck
Hubraum in cm³	1988, 1997, 2307, 2299, 2525, 2746
Leistung in PS bei U/min	94 bei 4800 bis 185 bei 5800
Vmax in km/h	160 bis 200
Karosserie	
Bauart	Kombi (5-türig)
Tragstruktur	selbsttragend
Material	Stahlblech
Stückzahl und Marktsituation	
Produktionszahl	1.100.593
Verfügbarkeit	üppig
Teilesituation	sehr gut
Unterhaltskosten	mittel

Preise in Euro	1	2	3	4	5
200 T (1982-1985), Kom	6.700	4.000	1.900	500	100
230 TE (1982-1985), Kom	7.100	4.500	2.200	600	100
240 TD (1982-1985), Kom	7.500	4.700	2.300	600	100
280 TE, Kom	8.100	4.900	2.400	700	100

MEYER MERCEDES OLDTIMER-TEILE

Speziell für 190 SL alles auf Lager

— Außerdem —

Ersatzteil-Service für Mercedes-Cabrios

Tel.: 0 67 82/4 08 33 · Fax 0 67 82/4 09 33

Mercedes-Benz (D)

Mercedes-Benz 230 G, 230 GE, 280 GE, 240 GD, 250 GD, 300 GD, (Baureihe 460; „G-Modell") 1979-1989

Mit dem G-Modell stieß Mercedes-Benz in das Ende der 1970er Jahre fest in englischer Hand befindliche Offroad-Segment vor, allerdings nicht aus eigener Kraft: Den funktionalen, trotzdem gefällig gestalteten Geländewagen hat die Kooperations-Tochter Steyr-Daimler-Puch entwickelt; gebaut wurde er später im Lohnauftrag von Steyr-Puch in Graz. Verschiedene offene und geschlossene Aufbauten sowie zwei Radstände standen zur Wahl, dazu gab es verschiedene Motoren aus den Baureihen W 123 und W 124. Der Absatz hatte zunächst die Erwartungen verfehlt, später erst geriet das G-Modell zum Kult-Modell. Die zweite Serie wird bis heute gefertigt.

Gelände-Legende: Mercedes G-Reihe

Motor/Antrieb					
Bauart		Vierzylinder (Reihe), Fünfzylinder (Reihe), Sechszylinder (Reihe)			
Lage/Antrieb					Front/4x4
Hubraum in cm³			2299, 2307, 2404, 2497, 2746		
Leistung in PS bei U/min			72 bei 4000 bis 156 bei 5250		
Vmax in km/h					115 bis 150
Karosserie					
Bauart				Kombi (3-/5-türig), Cabriolet	
Tragstruktur					Kastenrahmen
Material					Stahlblech
Stückzahl und Marktsituation					
Produktionszahl					ca. 61.000
Verfügbarkeit					gut
Teilesituation					sehr gut
Unterhaltskosten					mittel
Preise in Euro	1	2	3	4	5
300 GD, Glw	–	7.000	4.500	2.400	–
280 GE, Glw	–	6.500	4.000	1.800	–

Mercedes-Benz 260 SE, 280 S/SE/SEL, 300SE/SEL, 380 SE/SEL, 420 SE/SEL, 500 SE/SEL, 560 SE/SEL, (W 126) 1980-1991

Auf der IAA 1979 präsentierte Mercedes-Benz die S-Klasse der achtziger Jahre: weniger wuchtig gestylt als die Vorgänger-Modelle, leichter, sparsamer und kraftvoller. Viele Mercedes-Freunde halten sie für das schönste Stuttgarter Modell der jüngeren Vergangenheit: Mit ihrer eleganten, zeitlosen Linienführung marschiert sie sicher in Richtung Klassiker. Die Baureihe W 126 war ein triumphaler Erfolg; sie hielt sich bis 1991 im Modellprogramm. Das Interesse der Youngtimer-Fans konzentriert sich heute vor allem auf die frühen Modelle, die bis Herbst 1985 produziert wurden. Sie leiden unter den Folgen der hohen Kfz-Steuer, da sie serienmäßig nicht mit G-Kat geliefert wurden, und sind selbst in hervorragendem Ersthand-Zustand nicht teurer als ein neuer VW Lupo. Dafür bieten sie samtige Laufkultur, souveräne Fahrleistungen, eine Verarbeitung für die Ewigkeit und oft auch eine umfangreiche Zusatz-Ausstattung, zu der neben Luxus-Features wie Klimaanlage und Lederpolstern bereits ABS und Airbag zählen. Solche Angebote sind bereits selten.

Zeitloser Chic macht ihn zum Klassiker: Mercedes-Benz 500 SE

Motor/Antrieb					
Bauart				Sechszylinder (Reihe), V8	
Lage/Antrieb					Front/Heck
Hubraum in cm³					2746, 4973
Leistung in PS bei U/min			156 bei 5500 bis 240 bei 4750		
Vmax in km/h					200 bis 225
Karosserie					
Bauart					Limousine (4-türig)
Tragstruktur					selbsttragend
Material					Stahlblech
Stückzahl und Marktsituation					
Produktionszahl					ca. 350.000
Verfügbarkeit					gut
Teilesituation					sehr gut
Unterhaltskosten					hoch
Preise in Euro	1	2	3	4	5
280 S, L4t	7.700	4.100	2.200	1.000	200
380 SE, L4t	8.000	4.400	2.400	1.200	300
500 SE, L4t	9.000	6.200	3.500	1.900	500

Mercedes-Benz 380 SEC, 420 SEC, 500 SEC, 560 SEC (C 126) 1981-1991

Zu den Sammlerstücken der nahen Zukunft zählt sicher das S-Klasse-Coupé der achtziger Jahre. Es knüpfte optisch wie mit seiner Markt-Positionierung an die Mercedes-Benz-Tradition der Fünfziger und Sechziger an und verteidigte über zehn Jahre seine gar nicht so kleine Marktnische. Das Debüt fand im Herbst 1981 auf der IAA statt: Dort stand das Duo 380 SEC und 500 SEC. Die Preise begannen bei rund 65.000 Mark; sie erreichten 1991, gegen Ende der Bauzeit, die 180.000 Mark-Grenze für den 560 SEC mit allen Extras. Dieses Spitzenmodell hatte Mercedes-Benz 1985 nachgeschoben, gleichzeitig wurde der 380 durch den 420 SEC ersetzt. Ihre besondere Eleganz, die souveränen Fahreigenschaften und die hervorragende Verarbeitung sicherten dem SEC bis zuletzt eine ausgezeichnete Nachfrage. Gute Exemplare sind – auch ohne G-Kat, den es ab 1985 gab – nicht ganz billig.

Nur unverspoilerte Originale haben Zukunft: Mercedes-Benz 500 SEC

Motor/Antrieb					
Bauart					V8
Lage/Antrieb					Front/Heck
Hubraum in cm³			3818, 3839, 4196, 4973, 5547		
Leistung in PS bei U/min			218 bei 5500 bis 300 bei 5200		
Vmax in km/h					210 bis 245
Karosserie					
Bauart					Coupé
Tragstruktur					selbsttragend
Material					Stahlblech
Stückzahl und Marktsituation					
Produktionszahl					71.204
Verfügbarkeit					gut
Teilesituation					sehr gut
Unterhaltskosten					hoch
Preise in Euro	1	2	3	4	5
420 SEC Kat, Cpe	–	14.400	8.200	4.300	–
500 SEC (1981-1985), Cpe	–	11.000	6.800	3.900	–
560 SEC Kat (1987-1991), Cpe	–	15.900	9.000	4.700	–

Mercedes-Benz 230 CE, 300 CE, 300 CE-24, E 200, E 220, E 320 Coupé (C 124) 1987-1996

So war es immer: Wenn Mercedes-Benz aus einer Limousine eine Coupé-Version entwickelte, geriet die Kurzversion eleganter und erreichte viel früher Klassiker-Status und entsprechende Preisnotierungen. So auch in der Baureihe 124. Das formal gelungene, ungewohnt sportlich wirkende Coupé C 124 stand erstmals auf dem Genfer Salon 1987. Die Modellpalette umfasste zunächst mit 230 CE und 300 CE nur je einen Vier- und Sechszylinder. Im Folgejahr schöpften die 220 PS des 300 CE-24 aus Vierventiltechnik aus dem Vollen. Die 1993er Modellpflege verjüngte mit dem Plaketten-Kühlergrill die Optik, gleichzeitig wurde die Nomenklatur auf E-Klasse umgestellt. Bereits im Vorjahr war die neue Vierventil-Motorengeneration M 111/112 eingeführt worden.

Klare Linien: Mercedes-Benz C 124

Motor/Antrieb					
Bauart		Vierzylinder (Reihe), Sechszylinder (Reihe)			
Lage/Antrieb					Front/Heck
Hubraum in cm³					2199, 2962, 3199
Leistung in PS bei U/min			136 bei 5100 bis 220 bei 5500		
Vmax in km/h					203 bis 235
Karosserie					
Bauart					Coupé
Tragstruktur					selbsttragend
Material					Stahlblech
Stückzahl und Marktsituation					
Produktionszahl					k.A.
Verfügbarkeit					gut
Teilesituation					sehr gut
Unterhaltskosten					mittel
Preise in Euro	1	2	3	4	5
230 CE, Cpe	–	6.800	3.700	2.100	–
300 CE-24, Cpe	–	8.900	6.800	3.900	–

Mercury (USA) • seit 1938

Die Marke Mercury wurde 1938 von Lincoln gegründet und diente als Bezeichnung von Ford-Versionen. Damit wollte Ford der Konkurrenz begegnen: Zwischen Ford und Lincoln positioniert, sollte Mercury eine Antwort auf Buick, Oldsmobile und Pontiac sein.
Reichte anfangs ein verlängerter Radstand und mehr Chromzier zur Unterscheidung von banalen Ford-Modellen, bekamen die Wagen ab 1949 eine größere Identität mit eigenem Design. Zu Beginn der siebziger Jahre lehnten sich die Formen an die Lincoln-Modelle an.

Mercury Custom und Monterey Sport Coupé — 1951-1954

Zum Modelljahr 1952 präsentierten sich die Mercury-Modelle in neuem Karosseriedesign, dessen Synthese aus Vierziger-Jahre-Rundlichkeit und Fünfziger-Jahre-Futurismus den amerikanischen Autogeschmack jener Zeit gut zu treffen schien. Die Karosserielinie veränderte sich bis 1954/55 jedenfalls nur in den damals üblichen Chrom-Nuancen. Erstmals bot die Ford-Marke ab 1951/52 nicht nur zwei eigenständige Modell-Linien namens Custom und Monterey an, sondern auch ein Hardtop-Coupé mit voll versenkbaren Seitenscheiben und ohne störende B-Säule. Neben dem seltenen Cabriolet gehört es zu den reizvollsten Mercury-Modellen jener Jahre. Bis 1951 waren die Mercury ausschließlich mit Reihen-Sechszylindermotoren lieferbar; zum Modelljahr 1952 rückte ein zeitgemäßer V8 ins Programm. Auf Wunsch gab es eine Vollautomatik namens „Merc-o-matic".

Ein Auto zwischen den Epochen: Mercury Custom Sport Coupé

Motor/Antrieb					
Bauart					V8
Lage/Antrieb					Front/Heck
Hubraum in cm³					4185
Leistung in PS bei U/min					127 bei 3800
Vmax in km/h					145
Karosserie					
Bauart					Hardtop
Tragstruktur					Kastenrahmen
Material					Stahlblech
Stückzahl und Marktsituation					
Produktionszahl					k.A.
Verfügbarkeit					schlecht
Teilesituation					schwierig
Unterhaltskosten					hoch
Preise in Euro	1	2	3	4	5
Custom Sport, Cpe	17.400	12.500	7.000	3.300	1.500
Monterey Hardtop, Cpe	18.000	12.900	7.200	3.400	1.500

Mercury Montclair Hardtop Coupé — 1955-1956

Amerikanisches Design als Vorbild für deutsche Produkte brachte der Montclair von Mercury: Seine Front erinnert nicht ganz zufällig an den Barock-Taunus von 1957. In den USA traf das Modell den Geschmack des sportlich orientierten Kunden. Es wurde in konventioneller Manier auf einem Kastenrahmen aufgebaut und trug einen gut 200 PS starken Achtzylindermotor mit 4,7 Litern Hubraum unter der Haube. Seine Eleganz unterstrich das Hardtop-Coupé wie alle Vertreter seiner damals sehr populären Art durch voll versenkbare Seitenscheiben und den Verzicht auf eine B-Säule. Mit insgesamt über 73.000 gebauten Coupés hatte die Marke im Modelljahr 1955/56 jedenfalls einen beachtlichen Erfolg zu verzeichnen; ein Nischenmodell war es trotzdem: Alle Mercury-Modelle brachten es auf fast 330.000 Verkäufe.

Vorsicht, er beißt: Mercury Montclair Hardtop Coupé

Motor/Antrieb					
Bauart					V8
Lage/Antrieb					Front/Heck
Hubraum in cm³					4785
Leistung in PS bei U/min					201 bei 4400
Vmax in km/h					165
Karosserie					
Bauart					Hardtop
Tragstruktur					Kastenrahmen
Material					Stahlblech
Stückzahl und Marktsituation					
Produktionszahl					73.375
Verfügbarkeit					schlecht
Teilesituation					schwierig
Unterhaltskosten					hoch
Preise in Euro	1	2	3	4	5
Montclair Hardtop, Cpe	19.500	13.800	7.700	3.600	1.600

Mercury Cougar — 1967

Um das Potenzial des von Ford mit dem Mustang begründeten Pony-Car-Segments voll auszuschöpfen, wurde unter der Markenbezeichnung Mercury ein weiterer Vertreter dieser Gattung geschaffen. Der Cougar war nach dem gleichen Schema als 2+2-sitziges Coupé zwar längst nicht so erfolgreich wie das Original, hat aber gerade deshalb als Klassiker seine besonderen Reize. Entsprechend der höheren Positionierung wurden hier nur Achtzylindermotoren mit mindestens 4,7 Litern Hubraum eingesetzt, die nicht weniger als 200 PS leisteten. Das stärkste Paket kam auf 324 PS aus 6,4 Liter. An die scheinbar scheinwerferlose Eleganz des hier gezeigten Modells reichten spätere Nachfolger nicht mehr heran.

In Europa hieß er schlicht XR 7: Mercury Cougar

Motor/Antrieb					
Bauart					V8
Lage/Antrieb					Front/Heck
Hubraum in cm³					4728 bis 6384
Leistung in PS bei U/min					203 bei 4400 bis 324 bei 4800
Vmax in km/h					175 bis 200
Karosserie					
Bauart					Hardtop
Tragstruktur					selbsttragend
Material					Stahlblech
Stückzahl und Marktsituation					
Produktionszahl					150.893
Verfügbarkeit					schlecht
Teilesituation					ausreichend
Unterhaltskosten					hoch
Preise in Euro	1	2	3	4	5
Cougar, Cpe	20.000	14.500	8.100	3.500	1.500

Messerschmitt (Fend, FMR) (D) • 1953 - 1964

Aus einem behelfsmäßigen Versehrten-Fahrzeug entwickelte der ehemalige Flugzeug-Ingenieur Fritz Fend einen der prägnantesten deutschen Nachkriegs-Kleinwagen. Ursprünglich hieß Fends Gefährt Flitzer und hatte Handantrieb; später schraubte der Tüftler aus Rosenheim kleine Einzylinder-Zweitaktmotoren mit 38 und 98 ccm an.
Nach der Weiterentwicklung seines Flitzer gelang es Fend 1953, den Regensburger Flugzeugbauer Messerschmitt für die Fertigung zu interessieren. In drei gemeinsamen Jahren liefen aber vor allem Schulden auf: Daher kaufte Fend zusammen mit dem Autoteile-Fabrikanten Valentin Knott die Produktionsanlagen zurück und gründete die Firma FMR (Fahrzeug- und Maschinenbau GmbH Regensburg). FMR behielt den Kabinenroller bis 1964 im Programm und konzentrierte sich anschließend auf andere Produkte wie etwa Getränkeautomaten.

Messerschmitt KR 175   1953-1955

Mit dem Preis von 2100 Mark unterbot das Duo Messerschmitt/Fend alle anderen deutschen Kleinstwagen-Anbieter. Der KR 175 verkaufte sich deshalb sehr gut, obwohl er nur Minimal-Ansprüchen der Alltagstauglichkeit genügte. Den Volksmund beflügelte vor allem die klappbare Plexiglashaube, die dem KR 175 Spott-Sprüche wie „Menschen in Aspik" oder „Schneewittchensarg" eintrugen. Der Fichtel & Sachs-Einzylinder-Zweitaktmotor saß vor dem Hinterrad, das er über eine Kette antrieb. Die Produktion des KR 175 lief nur von Frühjahr 1953 bis Anfang 1956; dann griffen die bitter notwendigen Verbesserungen. Heute liegen die Preise auf hohem Niveau.

Das Urmodell ist heute extrem rar: Messerschmitt KR 175

Motor/Antrieb	
Bauart	Einzylinder-Zweitaktmotor
Lage/Antrieb	Heck/Heck
Hubraum in cm³	174
Leistung in PS bei U/min	11 bei 5250
Vmax in km/h	80
Karosserie	
Bauart	Kleinwagen
Tragstruktur	Rohrrahmen
Material	Stahlblech
Stückzahl und Marktsituation	
Produktionszahl	8.500
Verfügbarkeit	schlecht
Teilesituation	schwierig
Unterhaltskosten	niedrig

Preise in Euro	1	2	3	4	5
KR 175, Kbr	14.700	11.100	7.700	3.500	2.000

Messerschmitt KR 200, FMR KR 200, KR 201   1955-1964

Zur ausgereiften Konstruktion wurde der Kabinenroller in seiner zweiten, wesentlich überarbeiteten Auflage. Zu erkennen ist sie an ihren Radausschnitten in den vorderen Kotflügeln und am flugzeugähnlichen Steuerknüppel, der den motorradartigen Lenker des KR 175 ablöste. Der Motor, eine Neukonstruktion von Fichtel & Sachs für den Einbau in Rollermobile, hatte 191 cm³ und lieferte etwas mehr Drehmoment als der Vorgänger, vor allem aber ermöglichte er eine Höchstgeschwindigkeit von 90 km/h. Neben der Kabinenroller-Version mit Plexiglashaube gab es ab 1957 einen Roadster namens KR 201. Seine besten Jahre hatte der KR 200 bis 1958 erlebt: Mit steigender Kaufkraft des mittelständischen Publikums sackte die Nachfrage bald ab und ermöglichte nur noch kleinste Stückzahlen. Seine letzten Jahre verbrachte der „Karo" bereits als leicht skurriles Liebhaberstück; ein automobiles Spielzeug, das es fabrikfrisch zu kaufen gab.

Ein Düsenjäger der Landstraße: Messerschmitt KR 201

Motor/Antrieb	
Bauart	Einzylinder-Zweitaktmotor
Lage/Antrieb	Heck/Heck
Hubraum in cm³	191
Leistung in PS bei U/min	9,7 bei 5000 bis 10,2 bei 5250
Vmax in km/h	90
Karosserie	
Bauart	Kleinwagen
Tragstruktur	Rohrrahmen
Material	Stahlblech
Stückzahl und Marktsituation	
Produktionszahl	ca. 25.000
Verfügbarkeit	schlecht
Teilesituation	gut
Unterhaltskosten	niedrig

Preise in Euro	1	2	3	4	5
KR 200, Kbr	14.300	10.800	7.400	3.500	2.000
KR 201, Rds	17.200	13.800	9.300	5.000	2.700

FMR Tg 500   1958-1961

Eigentlich sollte die Sportversion des Kabinenrollers Tiger heißen – aber diesen Namen hatte sich der Lkw-Hersteller Krupp reserviert. Also blieb es beim Kürzel Tg 500, hinter dem sich vier Räder, zwei Zylinder und 19,5 PS Leistung verbargen. In Verbindung mit der fast 1:1 übersetzten Achsschenkellenkung und dem geringen Gewicht von 360 Kilogramm kam uriger Fahrspaß auf. Mit seinem Preis von 3700 Mark erreichte der Tiger allerdings schon VW-Dimensionen. Der Tg 500 war ein Fall für Enthusiasten, und so blieb es bei einer Mini-Serie von 290 Stück; 90 davon gingen in den Export.

Das Kronjuwel der Kleinwagen-Szene: FMR Tg 500, der „Tiger"

Motor/Antrieb	
Bauart	Zweizylinder-Zweitaktmotor
Lage/Antrieb	Heck/Heck
Hubraum in cm³	493
Leistung in PS bei U/min	19,5 bei 5000
Vmax in km/h	130
Karosserie	
Bauart	Kleinwagen
Tragstruktur	Rohrrahmen
Material	Stahlblech
Stückzahl und Marktsituation	
Produktionszahl	290
Verfügbarkeit	schlecht
Teilesituation	sehr schwierig
Unterhaltskosten	niedrig

Preise in Euro	1	2	3	4	5
Tg 500, Kbr	37.000	29.000	20.000	11.000	5.000

MG (GB) • 1923 - 1980, seit 1985

In der Morris Garage, kurz MG, entstand 1923 unter der Leitung von Cecil Kimber das erste Automobil, das den Namen MG trug. Sport- und Luxuswagen machten die Marke mit dem Oktaeder weltberühmt. Cecil Kimber verunglückte bereits 1945 im Alter von 54 Jahren tödlich.
Nach 1945 wurden in Abingdon die TC-Modelle gefertigt, hinter der Marke stand nun der Nuffield-Konzern mit den Marken Morris, MG, Wolseley und Riley. 1952 kam die Nuffield-Gruppe zur BMC, die sich 1968 zur BLMC vergrößerte. Nachdem der Markenname einige Jahre geschlummert hatte, wurde 1995 wieder ein MG-Roadster präsentiert, als Modell der Marke Rover, die bis zum März 2000 zu BMW gehörte. MG ist zusammen mit Rover heute weiter aktiv.

MG TA, TB — 1936-1939

1936 kam der MG TA auf den Markt, ein beliebtes Sportgerät für junge und junggebliebene Leute, das unter Europas Enthusiasten begeisterte Aufnahme fand. Sein fast 1300 cm³ großer Vierzylinder-Motor hatte mit 50 PS durchaus genügend Leistung für viel Fahrspaß auf kurvigen Landstraßchen. Mit 54 PS bot der kurz vor dem Krieg erschienene TB etwas mehr Leistung, an der technischen Grundkonstruktion hatte sich aber auch beim nach dem Krieg gebauten MG TC praktisch nichts geändert. Der bekannte Automobil-Journalist Paul Simsa charakterisierte den Reiz der frühen MG auf unübertreffliche Art: „Würzig wie alter Whiskey" nannte er die knorrigen Automobile, von denen einst eine Generation junger Sportfahrer träumte.

Spaß am Sport: MG TA

Motor/Antrieb	
Bauart	Vierzylinder (Reihe)
Lage/Antrieb	Front/Heck
Hubraum in cm³	1292, 1250
Leistung in PS bei U/min	50 bei 4500, 54 bei 5200
Vmax in km/h	120 bis 125
Karosserie	
Bauart	Roadster
Tragstruktur	Kastenrahmen
Material	Stahlblech
Stückzahl und Marktsituation	
Produktionszahl	3381
Verfügbarkeit	ausreichend
Teilesituation	ausreichend
Unterhaltskosten	niedrig

Preise in Euro	1	2	3	4	5
TA, Rds	40.500	30.600	21.500	10.500	6.400

MG TC — 1945-1949

Mit viel Charme präsentierte sich der erste Nachkriegssportwagen der Marke MG, der schon 1945 auf den Markt kam. Besonders in Amerika entwickelte er sich zu einem sensationellen Verkaufserfolg. Die Konstruktion nach alter Väter Sitte stammte in direkter Linie vom MG TB von 1939 ab: Ein nicht sonderlich steifer Kastenrahmen, der 1250-cm³-Vierzylinder mit 54 PS und die feinen Linien der Roadster-Karosserie im klassischen Stil vermittelten lebhafte Sportwagenfreuden bei recht günstigen Anschaffungs- und Unterhaltskosten. Von seinem erfreulichen Charakter hat der TC bis heute nichts eingebüßt – im Gegenteil. Nur mit dem Preis schaut es nicht so rosig aus: Die seltenen Besitzerwechsel werden heutzutage vom Geknister zahlreicher großer Geldscheine begleitet.

Selbst Amerika entdeckte den Reiz der Askese: MC TC

Motor/Antrieb	
Bauart	Vierzylinder (Reihe)
Lage/Antrieb	Front/Heck
Hubraum in cm³	1250
Leistung in PS bei U/min	54 bei 5200
Vmax in km/h	120 bis 130
Karosserie	
Bauart	Roadster
Tragstruktur	Kastenrahmen
Material	Stahlblech
Stückzahl und Marktsituation	
Produktionszahl	10.000
Verfügbarkeit	ausreichend
Teilesituation	ausreichend
Unterhaltskosten	niedrig

Preise in Euro	1	2	3	4	5
TC, Rds	39.500	30.200	21.100	10.200	6.200

MG YA, YT, YB — 1947-1953

Geschmackssicher führte MG 1947 auch eine kompakte viertürige Limousine ein. Mit an der B-Säule angeschlagenen Türen zeigte sie sich durchaus zeitgemäß, das robuste Fahrwerk mit vorderer Einzelradaufhängung war sogar modern. Auch ein viersitziges Cabriolet wurde angeboten. 1947 repräsentierte die Y-Limousine die sportlich angehauchte untere Mittelklasse, wobei der gute Ruf des Markennamens beim Verkauf half. Ungewöhnlich waren Teile der Ausstattung, beispielsweise die serienmäßig montierten hydraulischen Wagenheber. Mit dem serienmäßigen Sonnendach bot auch die Limousine viel Frischluftvergnügen. 1952 erfolgten geringe Karosseriemodifikationen und es gab kleinere 15-Zoll-Räder. Das Cabriolet erschien erst 1950 auf dem Markt.

Wenn aus Traumpaaren Dreamteams werden: MG YB

Motor/Antrieb	
Bauart	Vierzylinder (Reihe)
Lage/Antrieb	Front/Heck
Hubraum in cm³	1250
Leistung in PS bei U/min	47 bei 4800 bis 54 bei 5200
Vmax in km/h	115 bis 120
Karosserie	
Bauart	Limousine (4-türig), Cabriolet
Tragstruktur	Kastenrahmen
Material	Stahlblech
Stückzahl und Marktsituation	
Produktionszahl	ca. 7035
Verfügbarkeit	schlecht
Teilesituation	schwierig
Unterhaltskosten	niedrig

Preise in Euro	1	2	3	4	5
YA, L4t	15.800	10.900	7.600	4.000	2.100
YB, L4t	16.600	11.400	7.900	4.200	2.200

MG (GB)

MG TD
1949-1953

Der Modellwechsel vom TC zum TD bedeutete einen großen technischen Fortschritt. Das neue, schon bei der kleinen Limousine gezeigte Fahrwerk hatte nun vorn Einzelradaufhängung, die Räder waren 15 Zoll groß, und trotz traditionell gehaltener Linie wirkte das Aussehen durchaus zeitgemäß und modern. Der TD wurde zum meistverkauften T-Serie-MG, heute liegt deswegen sein Preis auch leicht unter seinen Vorgängermodellen. Der TD Mk II besaß acht PS mehr als der Vorgänger und drehte etwas höher.

Der populärste aller kleinen T-Wagen: MG TD

Motor/Antrieb	
Bauart	Vierzylinder (Reihe)
Lage/Antrieb	Front/Heck
Hubraum in cm³	1250
Leistung in PS bei U/min	55 bei 5200 bis 63 bei 5800
Vmax in km/h	120 bis 130
Karosserie	
Bauart	Roadster
Tragstruktur	Kastenrahmen
Material	Stahlblech
Stückzahl und Marktsituation	
Produktionszahl	29.664
Verfügbarkeit	ausreichend
Teilesituation	ausreichend
Unterhaltskosten	niedrig

Preise in Euro	1	2	3	4	5
TD, Rds	35.500	27.900	19.300	9.700	5.800

MG Magnette ZA, ZB
1953-1959

Schon vor dem Krieg hatte es MG-Magnette-Modelle gegeben, und 1953 lebte der Name wieder im Programm auf. Die hübsche, von Garry Palmer entworfene Karosserie gab es schon seit dem Vorjahr als Wolseley 4/44. Unter der Haube fand sich auch nicht ein spezieller MG-Motor, sondern ein BMC-Aggregat mit 1,5 Litern Hubraum und 61 oder 69 PS. Im Innenraum beherrschten großflächige Holztäfelungen und üppige Ledersessel das Bild. Auch an sachlichen Vorzügen hatten die Magnette-Modelle einiges zu bieten: ein gutes Raumangebot, gute Fahreigenschaften und auch tüchtige Fahrleistungen. Hier zu Lande wurden die Magnette-Modelle nicht offiziell vertrieben; sie gehören daher heute zu den absoluten Ausnahme-Klassikern im deutschen Oldtimer-Angebot.

Für Liebhaber appetitlicher Kurven: MG Magnette

Motor/Antrieb	
Bauart	Vierzylinder (Reihe)
Lage/Antrieb	Front/Heck
Hubraum in cm³	1489
Leistung in PS bei U/min	61 bei 4600 bis 69 bei 5400
Vmax in km/h	130 bis 145
Karosserie	
Bauart	Limousine (4-türig)
Tragstruktur	selbsttragend
Material	Stahlblech
Stückzahl und Marktsituation	
Produktionszahl	12.754
Verfügbarkeit	schlecht
Teilesituation	schwierig
Unterhaltskosten	mittel

Preise in Euro	1	2	3	4	5
Magnette ZA, L4t	15.000	9.200	6.000	2.100	600
Magnette ZB, L4t	16.000	9.900	6.500	2.300	700

MG TF
1953-1955

Heute würde der Modellwechsel vom TD zum TF nur als Facelift bezeichnet, denn mehr war es nicht: Eine leicht modernisierte Karosserie, ein anderes Armaturenbrett mit zentral angeordneten Instrumenten und der 1954 eingeführte 1500er-Motor waren hier die Highlights. Speziell der TF 1500 ist heute begehrt und erzielt hohe Preise auf dem Klassikermarkt – er wurde nur rund 3400 mal hergestellt und verbindet die Vorkriegs-Tradition der Marke MG mit den erfüllten Leistungswünschen der Fünfziger. Der TF-Motor sorgte überdies für neue Sporterfolge: Vor dem Einsatz in der Serie hatte Captain George Eyston mit einem MG-Rekordfahrzeug auf dem Salzsee in Utah einige Geschwindigkeitsrekorde mit dem 1500er-Motor aufgestellt. Letztlich verlangte aber speziell der US-Markt nach einem Sportwagen auf der Höhe seiner Zeit: So blieb es für den TF bei einer Fertigungsdauer von nur zwei Jahren.

Der letzte seiner Art – wahre Fans beweinten ihn: MG TF

Motor/Antrieb	
Bauart	Vierzylinder (Reihe)
Lage/Antrieb	Front/Heck
Hubraum in cm³	1250, 1466
Leistung in PS bei U/min	58 bei 5500 bis 64 bei 5000
Vmax in km/h	130 bis 140
Karosserie	
Bauart	Roadster
Tragstruktur	Kastenrahmen
Material	Stahlblech
Stückzahl und Marktsituation	
Produktionszahl	6200, 3400
Verfügbarkeit	ausreichend
Teilesituation	ausreichend
Unterhaltskosten	mittel

Preise in Euro	1	2	3	4	5
TF 1250, Rds	40.500	31.700	22.200	12.000	7.500
TF 1500, Rds	44.000	34.900	25.000	13.000	8.000

MGA Roadster
1955-1962

Mit der schlichten Modellbezeichnung A kam 1955 endlich ein lang gehegtes Projekt des Konstrukteurs Sidney Enever auf den Markt. Der Zusammenschluss zur BMC hatte das Projekt verzögert. Für Erfolg sorgte neben dem gelungenen Aussehen die zweckorientierte Technik mit robusten Motoren und einem narrensicheren Fahrwerk. Zwar war der MG A leistungsmäßig seinen Hauptkonkurrenten, den Triumph-Modellen TR 2 und TR 3, unterlegen, doch überflügelte er diese an der Verkaufsfront deutlich. Er avancierte zum erfolgreichsten britischen Sportwagen in der zweiten Hälfte der fünfziger Jahre. Gezielte Modellpflege sicherte den anhaltenden Erfolg dieses Modells. Wen interessierte da am Ende noch das gequälte Aufstöhnen der MG-Fundamentalisten, die ihn 1955 als Sportwagen für Girlies und Weichlinge gebrandmarkt hatten?

Mit der weichen Linie kam der knallharte Durchbruch: MG A

Motor/Antrieb	
Bauart	Vierzylinder (Reihe)
Lage/Antrieb	Front/Heck
Hubraum in cm³	1489, 1588, 1622
Leistung in PS bei U/min	69 bei 5500 bis 90 bei 5500
Vmax in km/h	155 bis 170
Karosserie	
Bauart	Roadster
Tragstruktur	Kastenrahmen
Material	Stahlblech
Stückzahl und Marktsituation	
Produktionszahl	98.967 (inkl. Coupé)
Verfügbarkeit	gut
Teilesituation	gut
Unterhaltskosten	mittel

Preise in Euro	1	2	3	4	5
MG A 1500, Rds	30.000	22.400	13.500	7.500	4.400
MG A Mk I, Rds	30.600	22.900	14.000	7.800	4.500
MG A Mk II, Rds	31.000	23.500	14.500	8.200	4.800

MG (GB)

MGA Coupé 1956-1962

Dem MG A steht auch das feste Coupédach gut, doch die Freunde britischer Sportwagen bevorzugen heute natürlich den Roadster. Nach den Regeln des Marktes ist das Coupé daher die deutlich preiswertere Alternative, bei der dennoch viel Atmosphäre geboten wird. An der Technik und somit auch an der Fahrdynamik änderte sich im Vergleich zur offenen Version nichts, wohl aber an der Ausstattung. Unter dem rundlichen Dach verwöhnte das A-Coupé mit viel Komfort: mit gepolstertem Armaturenbrett, Teppichboden und seitlichen Ausstellfenstern. Die Komfort-Beigaben ändern aber natürlich nichts daran, dass ein perfektes Coupé mindestens 20 Prozent billiger gehandelt wird als der Roadster.

Mit Blechdach nur mäßig beliebt: MG A Coupé

Motor/Antrieb					
Bauart				Vierzylinder (Reihe)	
Lage/Antrieb					Front/Heck
Hubraum in cm³				1489, 1588, 1622	
Leistung in PS bei U/min				69 bei 5500 bis 90 bei 5500	
Vmax in km/h					155 bis 165
Karosserie					
Bauart					Coupé
Tragstruktur					Kastenrahmen
Material					Stahlblech
Stückzahl und Marktsituation					
Produktionszahl				98.967 (inkl. Roadster)	
Verfügbarkeit					gut
Teilesituation					gut
Unterhaltskosten					mittel
Preise in Euro	1	2	3	4	5
MG A 1500, Cpe	23.200	17.500	10.600	5.700	3.200
MG A Mk I, Cpe	23.500	18.000	11.000	6.100	3.300
MG A Mk II, Cpe	24.000	18.200	11.300	6.300	3.500

MGA Twin Cam 1958-1960

Deutlich geringere Stückzahlen und ein kräftiger Motor sorgen heute für hohe Preise beim MG A Twin Cam. Auch in den Fünfzigern galt er als aufregendes Auto: 108 PS reichten damals aus, um die Überholspuren der Welt souverän dominieren zu können. Ganz gesund war die dohc-Version des doch schon betagten Vierzylinders freilich nicht: Nur drei Kurbelwellenlager bei Drehzahlen bis zu 7000/min sorgten für zahlreiche Motorschäden. Die übergroße Anfälligkeit kratzte am guten Ruf des Zweisitzers, der wie die schwächeren Modelle als Roadster und Coupé offeriert wurde. Da die Konstruktionsschwächen inzwischen durchaus zu besiegen sind, ist der Twin Cam gerade im Hinblick auf den historischen Motorsport heute eine besonders gefragte Ausführung.

Vom Desaster-Auto zum Objekt der Sehnsucht: MG A Twin Cam

Motor/Antrieb					
Bauart				Vierzylinder (Reihe)	
Lage/Antrieb					Front/Heck
Hubraum in cm³					1588
Leistung in PS bei U/min					108 bei 6500
Vmax in km/h					180
Karosserie					
Bauart					Coupé, Roadster
Tragstruktur					Kastenrahmen
Material					Stahlblech
Stückzahl und Marktsituation					
Produktionszahl					2111
Verfügbarkeit					schlecht
Teilesituation					schwierig
Unterhaltskosten					hoch
Preise in Euro	1	2	3	4	5
MG A Twin Cam, Cpe	32.500	24.800	15.500	9.200	5.300
MG A Twin Cam, Rds	40.800	30.700	21.500	11.200	6.700

MG Magnette Mk III und Mk IV 1959-1968

Auch bei diesem Modell rührt die Markenidentität hauptsächlich vom Oktaeder, dem Markenemblem. Die gleichen, von Pinin Farina geschaffenen Karosserie-Linien hatten auch andere BMC-Mittelklassemodelle. Dem sportlichen Image folgend, zeigte der Innenraum des Viertürers einige sportliche Merkmale. Unter der Haube arbeitete im Mk III der bekannte 1,5-Liter-Vierzylinder, der im Mk IV 1,6 Liter Hubraum aufwies. Insgesamt war dies zu wenig, um Markenfreunde wirklich zu überzeugen. Weniger als 30.000 verkaufte Magnette sprechen eine deutliche Sprache.

Hier zu Lande gibt es keine Handvoll: MG Magnette Mk III

Motor/Antrieb					
Bauart				Vierzylinder (Reihe)	
Lage/Antrieb					Front/Heck
Hubraum in cm³					1489, 1622
Leistung in PS bei U/min				67 bei 5200 bis 68 bei 5000	
Vmax in km/h					140
Karosserie					
Bauart					Limousine (4-türig)
Tragstruktur					selbsttragend
Material					Stahlblech
Stückzahl und Marktsituation					
Produktionszahl					15.676, 13.738
Verfügbarkeit					schlecht
Teilesituation					ausreichend
Unterhaltskosten					mittel
Preise in Euro	1	2	3	4	5
Magnette Mk III, L4t	9.000	6.200	3.500	1.300	500
Magnette Mk IV, L4t	9.500	6.500	3.700	1.400	500

MG Midget 1961-1979

Wer den Midget mit einem Austin-Healey Sprite Mk II verwechselt, liegt so falsch nicht. Schließlich unterscheiden sich die beiden fast nur durch einen anderen Kühlergrill, leicht geänderten Chromzierrat und die entsprechenden Markenembleme. Die daraus resultierenden Synergieeffekte – Spridget hatte sich als gemeinsamer Begriff für Sprite und Midget schnell durchgesetzt – mögen für das Unternehmen positiv gewesen sein, doch für die Freunde der Marke blieb es eine bittere Pille. Man schluckte sie dennoch 18 Jahre lang fast eine Viertel Million mal, denn Fahrvergnügen bot der Midget so günstig wie kaum ein anderer – den Sprite mal ausgenommen, doch den gab es nur bis 1971. Zuletzt wanderte sogar noch ein Motor von Triumph unter die Haube: der langhubige 1,5 Liter aus dem Spitfire. Davon war das Publikum weniger begeistert, ebenso stießen die hässlichen Gummistoßstangen auf wenig Gegenliebe, doch die US-Zulassungsbestimmungen hatten sie gefordert.

Der Roadster, der ein Doppelleben führte: MG Midget

Motor/Antrieb					
Bauart				Vierzylinder (Reihe)	
Lage/Antrieb					Front/Heck
Hubraum in cm³				948, 1098, 1275, 1493	
Leistung in PS bei U/min				46 bei 5500 bis 66 bei 5500	
Vmax in km/h					135 bis 160
Karosserie					
Bauart					Roadster
Tragstruktur					selbsttragend
Material					Stahlblech
Stückzahl und Marktsituation					
Produktionszahl					224.839
Verfügbarkeit					üppig
Teilesituation					sehr gut
Unterhaltskosten					mittel
Preise in Euro	1	2	3	4	5
Midget Mk I (1100), Rds	14.300	10.000	7.000	3.800	1.700
Midget Mk II, Cab	13.100	8.900	6.100	3.300	1.500
Midget Mk III, Cab	10.900	7.400	5.100	2.900	1.400
Midget 1500, Cab	9.700	6.200	4.300	2.000	700

MG (GB)

MGB
1962-1980

Erheblich moderner zeigte sich der Nachfolger des MG A. Das folgerichtig MG B genannte Modell zeichnete sich durch eine selbsttragende Karosserie mit gefälligen, klaren Linien und einen stärkeren Motor aus. Die kontinuierliche Weiterentwicklung sorgte denn auch für einen überragenden Markterfolg, der bis 1980 anhielt und ihn zum erfolgreichsten britischen Sportwagen aller Zeiten machte. Heute werden die Modelle mit verchromten Stoßstangen bevorzugt, denn die später verwendeten Gummistoßfänger machten den Wagen nicht gerade attraktiver – und nicht wenige Besitzer haben die Chromschnauze nachgerüstet. Alle Modelle überzeugen mit guter Alltagstauglichkeit und niedrigen Unterhaltskosten: Es gibt praktisch kein MG B-Ersatzteil, das nicht lieferbar wäre! Allerdings ist die Qualität mitunter schlecht.

Urmeter des unproblematischen Open-Air-Klassikers: MG B

Motor/Antrieb					
Bauart					Vierzylinder (Reihe)
Lage/Antrieb					Front/Heck
Hubraum in cm³					1798
Leistung in PS bei U/min					92 bei 5400 bis 95 bei 5500
Vmax in km/h					165 bis 175
Karosserie					
Bauart					Roadster
Tragstruktur					selbsttragend
Material					Stahlblech
Stückzahl und Marktsituation					
Produktionszahl					387.259
Verfügbarkeit					üppig
Teilesituation					sehr gut
Unterhaltskosten					mittel
Preise in Euro	1	2	3	4	5
MG B Mk I (1964-1967), Cab	21.600	14.500	10.000	5.300	2.100
MG B Mk II (1967-1971), Cab	19.500	13.200	9.200	4.900	2.000
MG B Mk III (1971-1974), Cab	19.300	12.900	9.100	4.700	1.900
MG B (1974-1980), Cab	13.500	10.400	7.100	3.400	1.200

MGB GT
1965-1980

Besonders reizvoll wirkt bis heute die Kombination von Sportlichkeit und praktischen Talenten. Der MG B GT bietet beides, weil er die Basis des B-Roadsters mit einer weit öffnenden Heckklappe und umlegbaren Rücksitzen verbindet. Das Modell wurde 1965 eingeführt und kam bis 1980 auf die erstaunliche Produktionszahl von über 125.000 hergestellten Fahrzeugen. Offensichtlich erschloss sich der GT neue Kundenkreise, die in ihm den preiswerten Sportwagen mit ausgeprägten praktischen Qualitäten fanden. Technisch ist der GT mit dem Roadster identisch.

Die alte Geschichte von Hausfrau und Verhältnis: MG B GT

Motor/Antrieb					
Bauart					Vierzylinder (Reihe)
Lage/Antrieb					Front/Heck
Hubraum in cm³					1798
Leistung in PS bei U/min					92 bei 5400 bis 95 bei 5500
Vmax in km/h					170
Karosserie					
Bauart					Coupé
Tragstruktur					selbsttragend
Material					Stahlblech
Stückzahl und Marktsituation					
Produktionszahl					125.621
Verfügbarkeit					üppig
Teilesituation					sehr gut
Unterhaltskosten					mittel
Preise in Euro	1	2	3	4	5
MG B GT Mk I (1965-1967), Cpe	17.800	12.400	8.100	4.200	1.700
MG B GT Mk II (1967-1971), Cpe	16.900	11.600	7.800	4.100	1.600
MG B GT Mk III (1971-1974), Cpe	16.200	11.200	7.700	3.900	1.600
MG B GT (1974-1980), Cpe	11.500	8.600	5.700	2.600	1.000

MGC und GT, MGB GT V8
1967-1976

Nach der Papierform hätte es ein Knaller werden müssen: Als Nachfolger des Austin-Healey hatte der MG C viel Leistung unter der kompakten Karosserie. Enttäuschend jedoch die Praxis: Trotz 15-zölliger Räder und Änderungen an der Vorderachse fuhr sich das Auto zu kopflastig. Das änderte sich zwar mit dem Einsatz des Rover-V8-Motors, half aber den Verkaufszahlen auch nicht mehr auf die Sprünge. Eine Lufthutze auf der Motorhaube kündet beim C-Modell vom Leistungszuwachs gegenüber den Vierzylindern. Die niedrigen Stückzahlen sorgen indes heute für ein stolzes Preisniveau.

Später Ruhm ist ihm sicher: MG C

Motor/Antrieb					
Bauart					Sechszylinder (Reihe), V8
Lage/Antrieb					Front/Heck
Hubraum in cm³					2912, 3528
Leistung in PS bei U/min					145 bei 5250 bis 137 bei 5000
Vmax in km/h					185 bis 195
Karosserie					
Bauart					Coupé, Roadster
Tragstruktur					selbsttragend
Material					Stahlblech
Stückzahl und Marktsituation					
Produktionszahl					8899, 2591
Verfügbarkeit					ausreichend
Teilesituation					gut
Unterhaltskosten					hoch
Preise in Euro	1	2	3	4	5
MG C, Rds	27.500	18.900	13.000	6.900	2.800
MG C GT, Cpe	21.000	14.500	9.800	5.000	2.100
MG B GT V8 (1974-1976), Cpe	18.300	12.800	8.400	5.500	2.500

Midas (GB) • 1975 - 1989

Die Midas Cars wurde von Marcos-Mitbegründer Jem Marsh 1975 gegründet. Als technische Basis des einzigen Modells Midas Bronze diente der Mini, es war als komplettes Auto aber auch als Bausatz zu haben. 1989 zwang ein Großbrand die Firma Midas in den Konkurs, aber gut 350 Wagen sollen immerhin gebaut worden sein.

Midas Bronze — 1978-1989

Längst nicht alle englischen Bausatzautos zeigten die Qualitäten des Midas Bronze. Der bestach nämlich mit einer wohlgeformten Karosserie aus Kunststoff auf einem Monocoque aus gleichem Material, einer hochwertigen Qualität und robuster Technik vom Mini. Der hohe Anteil von Kunststoff und ein vorderer Hilfsrahmen aus verzinktem Blech machten den kleinen Sportwagen fast völlig immun gegen Rost. In zehnjähriger Bauzeit entstanden 350 solcher Wagen, die trotz der niedrigen Stückzahl heute recht preiswert zu finden sind. Schuld daran ist das knuffige Design der Midas-Karosserie, ein etwas kantiger Entwurf im Stil der Siebziger, dessen skurriler Charme nicht unbedingt mehrheitsfähig ist.

Exklusivität für ganz kleines Geld: Midas Bronze

Motor/Antrieb	
Bauart	Vierzylinder (Reihe)
Lage/Antrieb	Front/Front
Hubraum in cm³	998, 1275
Leistung in PS bei U/min	46 bei 5500 bis 72 bei 6000
Vmax in km/h	150 bis 170
Karosserie	
Bauart	Coupé
Tragstruktur	selbsttragend
Material	Kunststoff
Stückzahl und Marktsituation	
Produktionszahl	350
Verfügbarkeit	schlecht
Teilesituation	ausreichend
Unterhaltskosten	mittel

Preise in Euro	1	2	3	4	5
Bronze, Cpe			keine Notierung		

Midas Gold, Gold Cabriolet — 1985-1989

Parallel zum Midas Bronze baute die Firma ab 1985 auch das unter Mithilfe des ehemaligen Brabham Formel-1-Designers Gordon Murray weiterentwickelte Modell Gold. Die knuffige Karosserie mit Respekt heischenden Kotflügelverbreiterungen zeigte zeitgemäße Rundungen. Neben den Bausätzen wurden nun auch – dem wandelnden Käuferverhalten entsprechend – Fertigfahrzeuge angeboten. Angetrieben wurden die Midas Gold vom 1,3-Liter-Vierzylinder aus dem Austin Metro. Das Gold Cabriolet entstand nur in ganz geringer Stückzahl, die niemals genau beziffert werden konnte.

Mit aufgeblähten Backen ins frühe Aus: Midas Gold Cabriolet

Motor/Antrieb	
Bauart	Vierzylinder (Reihe)
Lage/Antrieb	Front/Front
Hubraum in cm³	1275
Leistung in PS bei U/min	69 bei 6000 bis 94 bei 6150
Vmax in km/h	170 bis 190
Karosserie	
Bauart	Coupé, Cabriolet
Tragstruktur	selbsttragend
Material	Kunststoff
Stückzahl und Marktsituation	
Produktionszahl	ca. 150
Verfügbarkeit	schlecht
Teilesituation	ausreichend
Unterhaltskosten	mittel

Preise in Euro	1	2	3	4	5
Gold, Cpe			keine Notierung		
Gold, Cab			keine Notierung		

Mini (GB) • seit 1969

Einem einzigartigen Welterfolg wurde 1969 eigener Markenstatus zuteil. Als Austin und Morris Mini hatte der kleine Fronttriebler seit 1959 Geschichte geschrieben, und auch die Versionen von Innocenti hatten Erfolg. Als Rover Mini wurde dieser klassenlose Liebling bis 2001 gebaut. Sein Erbe, der New Mini, ist unter der Leitung von BMW entstanden. Vom Ur-Mini übernahm er allerdings allein den Namen und einige Design-Zitate.

Mini 850 und 1000 — (1959) 1969-1984

Zehn Jahre nach seiner Markteinführung sahen die Marketingexperten endlich ein, dass man ein im Prinzip gleiches Auto auf Dauer nicht sinnvoll parallel als Morris und Austin (siehe auch dort) vermarkten sollte. Also wurde aus dem Modell Mini die Marke Mini, was aufgrund seiner Eigenständigkeit durchaus als logischer Schritt angesehen werden kann. Kontinuierliche Modellpflege führte jedenfalls zu einer beachtlichen Reife. Mit über vier Millionen gebauten Exemplaren ist er keine Rarität, doch die frühen Baureihen machen Klassikerfreunde besonders im Originalzustand berechtigterweise an. Der 850-cm³-Motor wurde ab 1967 durch den stärkeren Einliter-Motor ergänzt, der im Export dominierte.

Er parkte vor Hütten und Palästen: Mini 850

Motor/Antrieb	
Bauart	Vierzylinder (Reihe)
Lage/Antrieb	Front/Front
Hubraum in cm³	848, 998
Leistung in PS bei U/min	34 bei 5000 bis 41 bei 5000
Vmax in km/h	115 bis 130
Karosserie	
Bauart	Limousine (2-türig)
Tragstruktur	selbsttragend
Material	Stahlblech
Stückzahl und Marktsituation	
Produktionszahl	ca. 4 Mio
Verfügbarkeit	üppig
Teilesituation	sehr gut
Unterhaltskosten	niedrig

Preise in Euro	1	2	3	4	5
Mini (1959-1967), L2t	9.000	6.900	3.600	1.500	850
Mini 1000 Mk 2, L2t	7.000	5.200	2.700	1.100	600

Mini Countryman und Traveller — 1960-1967

Sie sind klein, doch passt viel rein: Die beiden Kombivarianten des Mini hießen Austin Countryman, der Morris trug den Beinamen Traveller. Guten Zugang zu dem erweiterten Gepäck- und Ladeabteil gewährte die zweiflügelige Hecktür. Die Anklänge an klassische Fahrzeuge ergaben sich durch die Holzstruktur. Heute sind die Kombis zum einen selten, weil oft abgewirtschaftet und zweitens recht gesucht von Klassiker-Individualisten. Das macht sie nach den Regeln des Marktes relativ teuer. Ebenso selten sind die fensterlosen Versionen – statt Holz gibt es hier nur Blech. Der meist harte Einsatz bei Handwerkern hat ihren Bestand stark dezimiert.

Holz vor der Hütte macht ihn begehrt: Mini Countryman

Motor/Antrieb	
Bauart	Vierzylinder (Reihe)
Lage/Antrieb	Front/Front
Hubraum in cm³	848, 998
Leistung in PS bei U/min	34 bei 5000 bis 41 bei 5000
Vmax in km/h	115 bis 130
Karosserie	
Bauart	Kombi (3-türig)
Tragstruktur	selbsttragend
Material	Stahlblech
Stückzahl und Marktsituation	
Produktionszahl	k.A.
Verfügbarkeit	ausreichend
Teilesituation	gut
Unterhaltskosten	niedrig

Preise in Euro	1	2	3	4	5
Mini Countryman/Traveller Mk I, Kom	11.500	8.900	4.800	2.100	1.300

Mini Cooper — 1961-1969

John Cooper, der britischen Motorsport-Legende, war es vorbehalten, 1961 den ersten frisierten Mini auf den Markt zu bringen. Unter seiner Hand hatte der Einliter eine Kraftkur auf 56 PS mitgemacht. Die Mehrleistung wurde durch eine vordere Scheibenbremsanlage, die Hydrolastic-Federung und einen sportlicher bestückten Innenraum ergänzt. Das Dach war farblich abgesetzt lackiert. Bei diesem attraktiven Angebot sollte ein noch drehfreudigerer Kurzhubmotor für mehr Spaß sorgen, doch dieses 1964 eingeführte Aggregat setzte sich am Markt nicht durch. Mini-Raritäten mit dieser Maschine sind heute besonders gefragt.

So groß und so klein konnte nur einer sein: Mini Cooper

Motor/Antrieb	
Bauart	Vierzylinder (Reihe)
Lage/Antrieb	Front/Front
Hubraum in cm³	997, 998
Leistung in PS bei U/min	56 bei 5800, 56 bei 6000
Vmax in km/h	145
Karosserie	
Bauart	Limousine (2-türig)
Tragstruktur	selbsttragend
Material	Stahlblech
Stückzahl und Marktsituation	
Produktionszahl	101.242
Verfügbarkeit	schlecht
Teilesituation	gut
Unterhaltskosten	niedrig

Preise in Euro	1	2	3	4	5
Cooper 997, L2t	17.500	13.200	7.000	3.100	1.700
Cooper 998, L2t	17.000	12.900	6.800	3.000	1.700

Mini (GB)

Mini Moke — 1964-1968

Als leichtes Militärfahrzeug wurde die Adaption des Mini nicht akzeptiert. Für den Moke war das die Chance auf eine zivile Karriere: Die aufkommende Freizeitgesellschaft zeigte sich — besonders in den südlichen Ländern — von dem simplen, preiswerten und grenzenlos offenen Viersitzer recht angetan und orderte den Zwerg mit 850- oder 1000-cm³-Motor. Dieser Offenste aller Minis hatte weniger mit dem Rost zu kämpfen als die geschlossenen Brüder, denn er wurde ja hauptsächlich in schneefreien und regenarmen Gebieten eingesetzt — zwischen Jacht und Downtown St. Tropez beispielsweise. Er ist daher weniger rar als befürchtet, wenn auch nicht mehr wirklich billig.

Motor/Antrieb					
Bauart					Vierzylinder (Reihe)
Lage/Antrieb					Front/Front
Hubraum in cm³					848, 998
Leistung in PS bei U/min					34 bei 5000 bis 41 bei 5000
Vmax in km/h					115 bis 130
Karosserie					
Bauart					Roadster
Tragstruktur					selbsttragend
Material					Stahlblech
Stückzahl und Marktsituation					
Produktionszahl					29.393
Verfügbarkeit					schlecht
Teilesituation					ausreichend
Unterhaltskosten					niedrig
Preise in Euro	1	2	3	4	5
Mini Moke, Tou	11.900	8.500	4.500	2.100	1.000

Noch offener geht nicht: Mini Moke

Mini Clubman — 1969-1981

Unter der Leitung des British Leyland Konzerns bekam der Mini 1969 ein Facelift verpasst, das im Nachhinein schlicht missraten wirkt. Damals sollte der kantige Bug mit dem etwas wichtigtuerischen Kühlergrill und den integrierten Scheinwerfern wohl einfach progressiv aussehen — als wenn der Mini jemals rückständig gewesen wäre ... Mit dem weiterhin angebotenen Original konnte der Neue einfach nicht mithalten. Als neuer Motor kam ein 1,1-Liter-Aggregat ins Programm. Doch das Publikum konnte sich nicht mit diesem verwässerten Konzept anfreunden — nur beim Traveller überlebte die kantige Schnauze bis 1981.

Motor/Antrieb					
Bauart					Vierzylinder (Reihe)
Lage/Antrieb					Front/Front
Hubraum in cm³					998, 1098
Leistung in PS bei U/min					38 bei 5250 bis 41 bei 4850
Vmax in km/h					130 bis 135
Karosserie					
Bauart					Limousine (2-türig), Kombi (3-türig)
Tragstruktur					selbsttragend
Material					Stahlblech
Stückzahl und Marktsituation					
Produktionszahl					413.154
Verfügbarkeit					ausreichend
Teilesituation					sehr gut
Unterhaltskosten					niedrig
Preise in Euro	1	2	3	4	5
Clubman, L2t	6.000	4.300	2.000	800	300
Clubman 1,0, Kom	8.000	5.500	2.700	1.100	500

Zwerg Nase, ungeliebt von den Fans: Mini Clubman

Mini 1275 GT — 1970-1980

Heute trifft ihn der Makel, ein Clubman zu sein und nicht unbedingt zu den hübschesten Automobilen aller Zeiten zu zählen. Wer jedoch einen gutgehenden und ausgereiften Mini mit dem großen Motor sucht, kann hier zu Freundschaftspreisen fündig werden. Sein Vierzylinder mit 1275 cm³ präsentierte sich in einer abgerüsteten Form mit nur 61 PS bei zivilen 5300/min. Sportliche Stahlfelgen, Rallyestreifen und eine reichhaltig bestückte Armaturentafel wirken dagegen — durchaus im Stil der Siebziger — ein wenig aufgesetzt. 1970 lagen die Motorsport-Erfolge mit dem Mini Cooper S schließlich schon einige Zeit zurück.

Motor/Antrieb					
Bauart					Vierzylinder (Reihe)
Lage/Antrieb					Front/Front
Hubraum in cm³					1275
Leistung in PS bei U/min					61 bei 5300
Vmax in km/h					140
Karosserie					
Bauart					Limousine (2-türig)
Tragstruktur					selbsttragend
Material					Stahlblech
Stückzahl und Marktsituation					
Produktionszahl					k.A.
Verfügbarkeit					ausreichend
Teilesituation					gut
Unterhaltskosten					niedrig
Preise in Euro	1	2	3	4	5
1275 GT, L2t	7.200	5.000	2.400	900	400

Ein starkes Schnäppchen für Siebziger-Jahre-Fans: Mini 1275 GT

Austin Mini 1000 HLE, Mayfair Sport, Rover Mini, Rover Mini Cooper — 1984-2001

1984 erhielten die Minis 12-Zoll-Räder und vordere Scheibenbremsen. Sieben Jahre lang musste die Einliter-Maschine mit 42 PS genügen, erst ab 1991 konnten sich sportliche Mini-Freunde wieder einen Cooper bestellen, dessen 1,3-Liter-Aggregat zunächst 61 PS leistete. Mit geregeltem Kat erhielt der Cooper eine Zentraleinspritzung, die ungeregelte Version blieb dem SU-Vergaser treu. Der Einliter-Mini war nur ohne oder mit U-Kat zu haben, beide Versionen leisteten mit SU-Vergaser 41 PS. 1993, der kleine Brite trat inzwischen als Rover Mini an, fiel der Einliter-Motor weg. Auch der schwächere Mini erhielt damals das 1275cm³-Aggregat, gedrosselt auf 50 PS, später 53 PS. Der Cooper leistete 63 PS, beide Modelle verfügten jetzt über Zentraleinspritzung und G-Kat. 1996 entfiel die 53 PS-Version. Die letzten fünf Jahre ihrer Karriere fuhren Mini und Mini Cooper einheitlich mit 63 PS. Das ist nicht viel — aber absolut kultig.

Motor/Antrieb					
Bauart					Vierzylinder (Reihe)
Lage/Antrieb					Front/Front
Hubraum in cm³					998, 1274
Leistung in PS bei U/min					42 bei 5000 bis 63 bei 5500
Vmax in km/h					132 bis 148
Karosserie					
Bauart					Limousine (2-türig)
Tragstruktur					selbsttragend
Material					Stahlblech
Stückzahl und Marktsituation					
Produktionszahl					k.A.
Verfügbarkeit					üppig
Teilesituation					sehr gut
Unterhaltskosten					niedrig
Preise in Euro	1	2	3	4	5
Mayfair, L2t	–	3.900	2.000	800	–

Letzte Runde: Mini Cooper

Mini (GB) • Mitsubishi (JAP)

Mini Cooper S 1963-1971

Der Wahlspruch „Mehr Sein als Schein" trifft für den Mini Cooper S in besonderem Maße zu. Unter dieser Bezeichnung traten ab 1963 die sportlichsten Minis an, die einen bis heute würdevollen Begriff für potente Kleinwagen vertreten. Motoren mit 970, 1071 und 1275 cm³ leisteten zwischen 65 und 77 PS. Das reichte für freche Fahrleistungen auf der Straße und erwies sich als taugliche Basis für den Motorsport. Besonders das 1275er-Triebwerk mit mehr Drehmoment und satten 77 PS erfreute in der Praxis. Speziell die hubraumschwächeren Versionen sind heute sehr begehrt und außerordentlich teuer, weil sie nur in geringen Stückzahlen gebaut wurden und sich für die Verwendung im historischen Motorsport eignen.

Pures Vergnügen mit deftigem Preiszuschlag: Mini Cooper S

Motor/Antrieb					
Bauart					Vierzylinder (Reihe)
Lage/Antrieb					Front/Front
Hubraum in cm³					970, 1071, 1275
Leistung in PS bei U/min					65 bei 6500 bis 77 bei 5900
Vmax in km/h					155 bis 165
Karosserie					
Bauart					Limousine (2-türig)
Tragstruktur					selbsttragend
Material					Stahlblech
Stückzahl und Marktsituation					
Produktionszahl					45.438
Verfügbarkeit					schlecht
Teilesituation					gut
Unterhaltskosten					niedrig
Preise in Euro	1	2	3	4	5
Cooper S 1275, L2t	20.500	14.700	7.800	3.300	1.900

Mitsubishi (JAP) • seit 1917

Die große Werft Mitsubishi Dockyard Works im japanischen Kobe ging auf die 1873 von den Samuraifamilien Iwasaki und Yamanouchi gegründete Handelsgesellschaft Mitsubishi Shokai zurück. Ab 1917 entstanden erste Automobile unter dem Markennamen Mitsubishi. Zunächst bot das Unternehmen Kleinwagen nach Fiat-Vorbild an, später auch Lastwagen und Omnibusse. Nach 1945 begann Mitsubishi mit Rollern und Dreirad-Lieferwagen. Erst 1959 folgt der (Wieder-)Einstieg in die Pkw-Produktion.

1977 entschied sich die Marke mit den drei Diamanten – so die deutsche Übersetzung des Namens – für eine Expansion in Richtung Deutschland. Den ersten Auftritt absolvierten die Modelle Galant, Lancer und Sapporo. Zwei Jahres später verbuchte das Kompaktmodell Colt den ersten großen Erfolg für Mitsubishi.

Mitsu = drei, bishi= Diamanten

Mitsubishi Starion 2000 Turbo ECI, Starion 2600 ECI Turbo KAT 1982-1991

Mit seinen Klappscheinwerfern in der auffällig langen Frontpartie war das kantige Sportcoupé Starion ein typischer Vertreter des japanischen Achtziger-Jahre-Designs. 1982 bekam ihn das Publikum in Genf das erste Mal zu Gesicht, zunächst mit einem 180 PS starken Turbo-Vierzylinder und elektronischer Einspritzung. 1984 retuschierte Mitsubishi die Karosserie, ein 200 PS starker Dreiventiler kam hinzu. Eine dritte Variante besaß einen auf 2,6 Liter vergrößerten Hubraum, wobei die Leistung nur 155 PS betrug. Trotzdem ist gerade dieser Starion heute interessant: er besitzt bereits einen geregelten Katalysator. In den USA wurde der Starion übrigens zeitweise auch als Chrysler Conquest verkauft.

Kantiges Nippon-Design: Mitsubishi Starion

Motor/Antrieb					
Bauart					Vierzylinder (Reihe)
Lage/Antrieb					Front/Heck
Hubraum in cm³					1983, 1997, 2555
Leistung in PS bei U/min					155 bei 5000 bis 180 bei 6000
Vmax in km/h					215 bis 230
Karosserie					
Bauart					Coupé
Tragstruktur					selbsttragend
Material					Stahlblech
Stückzahl und Marktsituation					
Produktionszahl					k.A.
Verfügbarkeit					gut
Teilesituation					gut
Unterhaltskosten					mittel
Preise in Euro	1	2	3	4	5
Starion			keine Notierung		

Monteverdi (CH) • 1967-1982

Schon 1957 machte sich der junge Peter Monteverdi einen Namen in Basel: Der aktive Rennfahrer und Sohn eines Werkstattbesitzers eröffnete eine Ferrari-Vertretung. In den kommenden Jahren begann Monteverdi unter dem Namen MBM (Monteverdi-Basel-Motors) Rennsportwagen und Sportcoupés zu konstruieren. 1961 entstand unter seiner Regie der erste schweizerische Grand Prix-Rennwagen.

Im Herbst 1967 präsentierte Peter Monteverdi auf der IAA in Frankfurt ein von Pietro Frua gestaltetes 2+2-sitziges Coupé. Nur für kurze Zeit hieß es MBM GT, bald wurde es in Monteverdi High Speed umgetauft. Der Schöpfer aus Binningen bei Basel erregte mit seinem Wagen verdiente Aufmerksamkeit, und Weiterentwicklungen ließen nicht lange auf sich warten. Großvolumige Motoren amerikanischer Provenienz – meist von Chrysler – sorgten für exzellente Fahrleistungen der Monteverdi-Konstruktionen. Neben Coupés und Cabriolets entstanden auch Limousinen und Geländewagen mit Monteverdi-Logo. Auch auf der Basis der Mercedes-Benz S-Klasse entwickelte und baute Monteverdi luxuriöse Modelle.
1982 stellte Monteverdi die Fertigung eigener Automobile ein. Die Zulassungsanforderungen stiegen, Crash-Tests mussten absolviert werden – dafür waren die Stückzahlen zu klein. 1998 starb Monteverdi.

Er baute exklusive Hochleistungsautomobile in Basel:
Peter Monteverdi (1934-1998)

Monteverdi High Speed 375 S, L, C und Palm Beach — 1967-1977

Mit eleganten Karosserien traten die großvolumigen Sportwagen von Monteverdi an. Von Frua stammten die ersten 50 High Speed-Karosserien, dann übernahm Fissore die Fertigung – mit eigenem Entwurf. Unter den langen Hauben sorgten Chrysler-V8 mit üppigem Hubraum von 7,2 Litern für bulligen Vortrieb bei niedrigen Drehzahlen (und, bis heute, für eine gewisse technische Überschaubarkeit bei Reparaturen und Restaurierungen). Der massive Kastenrahmen, auf dem die Stahlblechhülle mit großen Fensterflächen montiert war, war kombiniert mit einem Fahrwerk, das hinten eine DeDion-Hinterachse und rundum Scheibenbremsen zu bieten hatte. Das zweisitzige Modell hieß 375 S, das Coupé in der 2+2-Version – mit längerem Radstand – kam als Monteverdi 375 L auf den Markt. Selten blieben die 375 C getauften Cabriolets. Lange schien die Szene die Monteverdi-Schöpfungen nicht recht zu würdigen. In den letzten Jahren jedoch haben die Preise spürbar angezogen.

Italo-Design und US-Drehmoment:
Monteverdi High Speed 375 S

Motor/Antrieb	
Bauart	V8
Lage/Antrieb	Front/Heck
Hubraum in cm³	7206
Leistung in PS bei U/min	350 bei 4600
Vmax in km/h	250 bis 255
Karosserie	
Bauart	Coupé, Cabriolet
Tragstruktur	Kastenrahmen
Material	Stahlblech
Stückzahl und Marktsituation	
Produktionszahl	k.A.
Verfügbarkeit	schlecht
Teilesituation	ausreichend
Unterhaltskosten	hoch

Preise in Euro	1	2	3	4	5
375 S (Fissore), Cpe	63.000	47.000	30.000	16.000	9.000

Monteverdi 375/4 — 1971-1977

Bereit zur Erfüllung von Sonderwünschen zeigte sich Monteverdi bei seinem Versuch, einen hochpotenten Viertürer an die betuchte Klientel zu bringen. Neben dem starken Chrysler-Motor mit reichlich Hubraum und vergleichsweise bescheidener Literleistung beeindruckten die gestreckten, wie mit einem Lineal gezogenen Linien der Luxuslimousine. Sie basierte technisch auf dem High Speed, besaß das gleiche Fahrwerk. Der ab 1971 angebotene und serienmäßig mit allem erdenklichen Luxus ausstaffierte Wagen war und ist teuer und wurde zwischen 1971 und 1977 in Minimal-Auflage gebaut. Sein Nachfolger jedenfalls trat mit deutlich bescheidenerer Leistung an – vor allem aber mit weit zurückhaltenderem Design.

Kraft, Kanten und vier Türen:
Monteverdi 375/4

Motor/Antrieb	
Bauart	V8
Lage/Antrieb	Front/Heck
Hubraum in cm³	7206
Leistung in PS bei U/min	310 bei 4600
Vmax in km/h	235
Karosserie	
Bauart	Limousine (4-türig)
Tragstruktur	Kastenrahmen
Material	Stahlblech
Stückzahl und Marktsituation	
Produktionszahl	k.A.
Verfügbarkeit	gegen null
Teilesituation	ausreichend
Unterhaltskosten	hoch

Preise in Euro	1	2	3	4	5
375/4, L4t	50.000	39.000	24.000	12.000	7.000

Monteverdi Berlinetta und 375 L Hemi — 1971-1977

Wem die satten 350 PS der High-Speed-Modelle nicht reichten, dem verlieh Monteverdi mit den Hemi-Versionen noch spannkräftigere Flügel. Dazu wurde dem Chrysler-Achtzylinder ein neuer Zylinderkopf mit hemisphärischen, also halbkugelförmigen Brennräumen verpasst, was die Leistung zusammen mit weiteren Maßnahmen auf 390 PS steigerte. Mit dem Drehzahlniveau kletterten die Fahrleistungen hier nochmals ein ganzes Stück; wenig Zurückhaltung offenbarten die Triebwerke allerdings beim Kraftstoffverbrauch. Und von ihrer Unverwüstlichkeit hatten sie zudem eingebüßt, thermische Probleme sorgten für manchen Kollaps. Diese Ängste halten den Marktwert im Zaum – bis heute.

Mit serienmäßigem Hang zur Hitzköpfigkeit: Monteverdi 375 L Hemi

Motor/Antrieb	
Bauart	V8
Lage/Antrieb	Front/Heck
Hubraum in cm³	6974
Leistung in PS bei U/min	390 bei 5000
Vmax in km/h	275
Karosserie	
Bauart	Coupé
Tragstruktur	Kastenrahmen
Material	Stahlblech
Stückzahl und Marktsituation	
Produktionszahl	k.A.
Verfügbarkeit	schlecht
Teilesituation	ausreichend
Unterhaltskosten	hoch

Preise in Euro	1	2	3	4	5
Berlinetta, Cpe			keine Notierung		
375 L, Cpe	55.000	40.000	25.000	13.000	7.000

Monteverdi (CH) • Morgan (GB)

Monteverdi Safari — 1976-1982

Peter Monteverdi wusste genau, was er wollte. Der schweizerische Automobilproduzent fuhr selbst einen Range Rover und schätzte dessen Luxus, vermisste allerdings ein automatisches Getriebe. 1976 präsentierte er auf dem Automobil-Salon in Genf seine Alternative: Der Safari folgte dem Layout des Range Rover und war eine bemerkenswert gelungene Erscheinung. Trotzdem löste er viele Diskussionen aus: Der Markt war auf große und luxuriöse Geländewagen noch nicht vorbereitet. Monteverdi baute den Safari auf einem eigens konstruierten Kastenrahmenchassis auf, vorne und hinten montierte er Starrachsen und Halbelliptik-Blatfedern. Das Fahrwerk und die Bremsen entlieh er dem robusten International Scout II, die V8-Motoren stammten von Chrysler. Neben einer Automatik bot Monteverdi auch ein Viergang-Schaltgetriebe an. Im Straßenbetrieb lief der Safari, im Gegensatz zum Range Rover, übrigens nur mit Heckantrieb.

Range Rover-Konkurrent: Monteverdi Safari

Motor/Antrieb	
Bauart	V8
Lage/Antrieb	Front/4x4
Hubraum in cm³	5210, 5898, 5653, 7206
Leistung in PS bei U/min	152 bei 4000 bis 305 bei 4200
Vmax in km/h	160 bis 2000
Karosserie	
Bauart	Kombi (3-türig)
Tragstruktur	selbsttragend
Material	Stahlblech
Stückzahl und Marktsituation	
Produktionszahl	k.A.
Verfügbarkeit	schlecht
Teilesituation	ausreichend
Unterhaltskosten	hoch

Preise in Euro	1	2	3	4	5
Safari	–	14.000	9.000	–	–

Monteverdi Sierra — 1977-1984

Etwas steifer als der gestreckte 375/4 sah der 1977 präsentierte Nachfolger des luxuriösen Viertürers aus: Manchen etwas despektierlichen Betrachter erinnerte er an eine seltsame Kreuzung aus Ford Granada und Fiat 130 Limousine. Die Zeit der Supersportwagen schien bei Monteverdi erst einmal vorüber zu sein, und er wollte mit einem preislich weit abgespeckten Oberklassemodell größere Stückzahlen erreichen. Gegenüber der schlagkräftigen Konkurrenz aus dem Hause Mercedes-Benz oder etwa BMW hatte er aber einen schweren Stand. Die Motoren bezogen die Schweizer weiterhin bei Chrysler, der neue Achtzylinder wies indes nur noch 5,2 Liter Hubraum auf und leistete nicht eben herausragende 170 PS bei entspannten 3500/min. Damit fielen auch die Fahrleistungen ins Mittelfeld der Klasse. Fahrwerksseitig enttäuschte der Sierra mit seiner schraubengefederten Starrachse hinten.

Oberklasse-Technik, aber Mittelklasse-Design: Monteverdi Sierra

Motor/Antrieb	
Bauart	V8
Lage/Antrieb	Front/Heck
Hubraum in cm³	5210
Leistung in PS bei U/min	170 bei 3500
Vmax in km/h	195
Karosserie	
Bauart	Limousine (4-türig)
Tragstruktur	selbsttragend
Material	Stahlblech
Stückzahl und Marktsituation	
Produktionszahl	k.A.
Verfügbarkeit	gegen null
Teilesituation	schwierig
Unterhaltskosten	hoch

Preise in Euro	1	2	3	4	5
Sierra, L4t	30.000	22.000	12.000	7.000	4.000

Morgan (GB) • seit 1910

Als Spezialist für Dreiräder hatte sich die Morgan Motor Company seit 1910 etabliert. Das in Malvern Link ansässige Unternehmen von H.F.S. Morgan bot erst ab 1936 einen vierrädrigen Wagen an, einen sportlichen, zweisitzigen Roadster, der nach dem Krieg wieder in Produktion ging. Die Dreiräder wurden noch bis 1952 gefertigt.

Die Motoren für die knorrigen Roadster kaufte Morgan bei Ford, Fiat oder Rover. An der traditionellen Bauweise und Formgebung hat Morgan bis heute weitgehend festgehalten – mit Erfolg. Lange Zeit mussten Interessenten mehrere Jahre auf die Auslieferung ihrer Bestellungen warten. Ein treuer Fankreis steht fest hinter dem britischen Unternehmen, und aus trotzigem Bewahren der eigenen Tradition hat sich längst ein Kult entwickelt.

Morgan F4 und Super (Threewheeler) — 1934-1952

Dreirädrige Fahrzeuge mögen als Schlaglochsuchgeräte mit wirklichen Nachteilen behaftet sein; eine preiswerte Art der Motorisierung waren sie dennoch zumeist. In der kargen Nachkriegszeit hielt Morgan daher folgerichtig an dem bewährten Konzept fest und bot weiterhin Dreiräder an, die F4- und F Super-Modelle nämlich, die mit gut 900 und 1100 cm³ großen Ford-Seitenventil-Motoren unter der klassischen Motorhaube bestückt waren. Mit anderen Triebwerken, die teilweise aus Motorrädern stammten und viel Leistung zeigten, sind die hier vorgestellten Modelle kaum zu vergleichen, doch auch sie schafften rund 120 km/h – im Leistungsspektrum der Vorkriegszeit ein respektabler Wert. Für flotte Kurvenfahrten waren und sind freilich Fingerspitzengefühl und eine gehörige Portion Mut gefragt.

Drei Richtige für knorrigen Fahrspaß: Morgan Super

Motor/Antrieb	
Bauart	Vierzylinder (Reihe)
Lage/Antrieb	Front/Heck
Hubraum in cm³	933, 1172
Leistung in PS bei U/min	36 bei 4400 bis 39 bei 5000
Vmax in km/h	120
Karosserie	
Bauart	Roadster
Tragstruktur	Kastenrahmen
Material	Stahlblech
Stückzahl und Marktsituation	
Produktionszahl	245
Verfügbarkeit	gegen null
Teilesituation	schwierig
Unterhaltskosten	niedrig

Preise in Euro	1	2	3	4	5
F4, Rds	35.000	26.500	18.000	9.900	5.500
F4 Super, Rds	37.800	28.000	19.300	10.500	5.800

Morgan (GB)

Morgan 4/4 Series (Flat Rad) — 1936-1957

Noch länger als die Dreiräder hielten sich die 4/4-Versionen der Marke im Programm. Schon seit 1936 bildeten sie die Basis vierrädriger Morgan-Motorisierung und waren mit Motoren verschiedener Hersteller lieferbar. Die Leistung von 34 bis 40 PS reichte für das niedrige Gewicht und die damaligen Straßenverhältnisse völlig aus. Es gab zwei- und viersitzige Versionen, die als Roadster mit Steckscheiben und Flatterverdeck oder als Drophead mit solidem Faltdach und gerader oberer Türlinie samt Kurbelfenstern ausgeliefert wurden. Charakteristisch für beide Versionen sind die hinten befestigten Ersatzräder und der flache Kühler (flat rad).

Am Kühler sollt ihr ihn erkennen: Morgan 4/4 Flat Rad

Motor/Antrieb	
Bauart	Vierzylinder (Reihe)
Lage/Antrieb	Front/Heck
Hubraum in cm³	1098 bis 1267
Leistung in PS bei U/min	34 bei 4500 bis 40 bei 4300
Vmax in km/h	120 bis 130
Karosserie	
Bauart	Roadster, Cabriolet
Tragstruktur	Kastenrahmen
Material	Stahlblech
Stückzahl und Marktsituation	
Produktionszahl	1084 (1946 bis 50)
Verfügbarkeit	gegen null
Teilesituation	schwierig
Unterhaltskosten	niedrig

Preise in Euro	1	2	3	4	5
4/4 Ser. I, Rds	30.000	23.000	17.000	10.000	5.000

Morgan Plus 4 — 1954-1969

Auf den ersten Blick sind die Plus 4-Modelle von den Morgan 4/4 kaum zu unterscheiden. Bei geöffneter Haube wird es einfacher: Motoren mit rund zwei Liter Hubraum fanden sich im Plus 4 – zunächst der Standard-Vanguard-Vierzylinder mit zwei Liter Hubraum, ein flacher Kühler ist sein Markenzeichen. In der Folgezeit ging Morgan zu den etwas großvolumigeren Triumph-TR-Maschinen und einer geänderten, jetzt abgerundeten Kühlergrillstruktur über. Mit bis zu 104 PS in den Normalversionen waren die leichten Fahrzeuge üppig motorisiert. Lieferbar waren ein leichtes und ein komfortableres (Drophead-) Verdeck.

Nach der Leistungskur: Morgan Plus 4

Motor/Antrieb	
Bauart	Vierzylinder (Reihe)
Lage/Antrieb	Front/Heck
Hubraum in cm³	1991, 2088, 2138
Leistung in PS bei U/min	69 bei 4200 bis 104 bei 4200
Vmax in km/h	135 bis 165
Karosserie	
Bauart	Roadster, Cabriolet
Tragstruktur	Kastenrahmen
Material	Stahlblech
Stückzahl und Marktsituation	
Produktionszahl	3737
Verfügbarkeit	ausreichend
Teilesituation	ausreichend
Unterhaltskosten	mittel

Preise in Euro	1	2	3	4	5
Plus 4 Flat Rad, Rds	37.000	28.000	19.700	9.900	4.500
Plus 4 High Cowl, Rds	39.000	29.500	21.300	11.000	5.000
Plus 4 (1961-1969), Rds	41.000	32.000	22.500	11.600	5.300

Morgan 4/4 Series II, III, IV, V und 1600 (Cowled Rad) — 1955-heute

Bis heute blieb Morgan dieser Linie treu, der 4/4 ist der Dauerbrenner im Programm. Im Detail unterscheiden sich die Modelle von damals natürlich doch erheblich von aktuellen Ausführungen, die klassische Anmutung blieb jedoch zur Freude der Fans erhalten. Unter der geschlitzten Motorhaube kamen bei diesen Modellen Ford-Reihenvierzylinder zum Einsatz. Die gewölbten Kühlerstreben (Cowled Radiator) verhalfen der Baureihe zu einem flotteren Aussehen. Die Drophead-Variante gab es nur in der ersten Bauserie. Am Heck findet sich nur noch ein einzelnes Ersatzrad.

Fabrikfrischer Klassiker: Morgan 4/4

Motor/Antrieb	
Bauart	Vierzylinder (Reihe)
Lage/Antrieb	Front/Heck
Hubraum in cm³	997 bis 1597
Leistung in PS bei U/min	36 bei 4400 bis 88 bei 5500
Vmax in km/h	130 bis 165
Karosserie	
Bauart	Roadster
Tragstruktur	Kastenrahmen
Material	Stahlblech
Stückzahl und Marktsituation	
Produktionszahl	k.A.
Verfügbarkeit	ausreichend
Teilesituation	gut
Unterhaltskosten	mittel

Preise in Euro	1	2	3	4	5
4/4 Ser. II, Rds	26.600	19.100	13.700	7.600	2.400
4/4 Ser. III, Rds	26.100	18.500	12.800	7.500	2.300
4/4 Ser. IV, Rds	29.000	21.100	15.200	8.200	2.600
4/4 Ser. V, Rds	29.500	21.400	15.500	8.500	2.600

Morgan Plus 8 — 1968-2003

1968 hatte der bekannte Rover-Achtzylinder mit dreieinhalb Litern Hubraum aus dem ohnehin nicht schwachbrüstigen Plus 4 einen kraftvollen Sportwagen voller Charakter gemacht. Trotz des enormen Leistungszuwachses hatte Morgan das Fahrwerk kaum verändert, ebensowenig die Karosserie – sie folgte der traditionellen Bauweise. Dennoch ging das Konzept auf: Mit dem knüppelharten Plus 8 wurde Morgan weit über die Grenzen Großbritanniens hinaus bekannt. Das Modell hatte sich optisch bis zur Produktionseinstellung 2003 nur wenig verändert, wagte allerdings den Spagat in die Neuzeit – wer Airbags mochte, konnte sie bestellen. Immer restriktivere Abgasbestimmungen haben dem Plus 8 das Ende gesetzt, ein Erbe ist allerdings bereits angekündigt.

Einer wie keiner: Morgan Plus 8

Motor/Antrieb	
Bauart	V8
Lage/Antrieb	Front/Heck
Hubraum in cm³	3528
Leistung in PS bei U/min	184 bei 5200
Vmax in km/h	200
Karosserie	
Bauart	Roadster
Tragstruktur	Kastenrahmen
Material	Stahlblech
Stückzahl und Marktsituation	
Produktionszahl	k.A.
Verfügbarkeit	üppig
Teilesituation	sehr gut
Unterhaltskosten	hoch

Preise in Euro	1	2	3	4	5
Plus 8 (Moss-Getriebe), Rds	46.000	36.100	24.400	15.900	6.800
Plus 8 (Viergang), Rds	43.600	34.000	23.500	15.000	6.500
Plus 8 (Fünfgang), Rds	44.700	35.000	23.900	15.200	6.600
Plus 8 Inj. (1984-1990), Rds	46.800	35.400	25.000	15.600	7.000

Morris (GB) • 1913 - 1983

William Richard Morris hatte sich früh selbständig gemacht und konnte 1913, mit 36 Jahren, sein erstes Auto vorstellen. Schon Mitte der zwanziger Jahre war Morris Englands größter Autohersteller. 1924 war die Marke MG aus Morris-Bestandteilen gegründet worden, 1926 kam Wolseley zu Morris. 1938 übernahm das Unternehmen auch Riley.
Nach dem Krieg arbeitete Alec Issigonis, der Vater des Mini, als Konstrukteur für Morris. 1952 fusionierten die Nuffield-Marken (Morris, MG, Wolseley und Riley) mit Austin zur British Motor Corporation, später hieß das Dach British Leyland. Morris findet als eigenständige Marke seit 1983 keine Verwendung mehr.
Der zum Lord Nuffield geadelte Morris starb 1963.

Morris Minor Saloon 1948-1971

Dieses Auto muss mehr als gut sein, nämlich fast unverwüstlich, denn noch heute gehört er zum alltäglichen Straßenbild in Großbritannien. Wie für den Mini, zeichnet auch für dieses robuste britische Massenmobil der geniale Alec Issigonis verantwortlich. Seine konventionelle Auslegung zeigt einen längs eingebauten Motor und Hinterradantrieb, ein ordentliches Raumangebot, zuverlässige Technik, geringe Unterhaltskosten und nicht zuletzt ein adrettes Aussehen. Und genau das macht auch heute noch den Reiz des Minor aus. Die Briten haben ihren knuffigen Volkswagen in ihrer kauzigen Art kultiviert: Dort werden die Alten völlig aufgearbeitet und technisch verbessert, um quasi als Neuwagen weiter ihren Zweck zu erfüllen. An Ersatzteilen – durchweg zum günstigen Preis – besteht also überhaupt kein Mangel.

So sah der Käfer des Empire aus: Morris Minor

Motor/Antrieb	
Bauart	Vierzylinder (Reihe)
Lage/Antrieb	Front/Heck
Hubraum in cm³	803, 918, 948, 1098
Leistung in PS bei U/min	27 bei 4400 bis 48 bei 5100
Vmax in km/h	100 bis 125
Karosserie	
Bauart	Limousine (2-/(4-türig)
Tragstruktur	selbsttragend
Material	Stahlblech
Stückzahl und Marktsituation	
Produktionszahl	1.015.218
Verfügbarkeit	üppig
Teilesituation	sehr gut
Unterhaltskosten	niedrig

Preise in Euro	1	2	3	4	5
Minor 1000 S 3, L2t	11.200	7.400	4.900	2.700	1.000
Minor 1000 S 4, L2t	11.600	7.800	5.300	2.800	1.100

Morris Minor Tourer 1948-1971

Nicht alle Morris Minor Cabrio-Limousinen sind original. Die Liebe der Briten zu diesem Automobil hat dazu geführt, dass bis zum heutigen Tag geschlossene Minor mittels Umbausatz in reizvolle Fast-Cabrios umgestrickt werden. Das hat ja auch durchaus seine Reize, Originalitäts-Freaks sollten aber vorgewarnt sein und zu einem der gesuchten und teureren Originale greifen. Technische Unterschiede zwischen der geschlossenen und der offenen Version gab es übrigens nicht, und so gehört der Minor Tourer zu den besten und billigsten Möglichkeiten, einen alltagstauglichen Open-Air-Klassiker zu erstehen. Linksgelenkte Exemplare finden sich am ehesten auf dem US-Markt.

Einer der dankbarsten Cabrio-Klassiker: Morris Minor Tourer

Motor/Antrieb	
Bauart	Vierzylinder (Reihe)
Lage/Antrieb	Front/Heck
Hubraum in cm³	803, 918, 948, 1098
Leistung in PS bei U/min	27 bei 4400 bis 48 bei 5100
Vmax in km/h	100 bis 125
Karosserie	
Bauart	Cabrio-Limousine
Tragstruktur	selbsttragend
Material	Stahlblech
Stückzahl und Marktsituation	
Produktionszahl	74.960 (bis 1968)
Verfügbarkeit	ausreichend
Teilesituation	sehr gut
Unterhaltskosten	niedrig

Preise in Euro	1	2	3	4	5
Minor 1000 Tourer S 3, Cab	17.000	11.400	7.700	4.200	2.300
Minor 1000 Tourer S 4, Cab	17.600	11.900	8.000	4.300	2.300

Morris Minor Traveller 1953-1971

Mit nur gut 215.000 gebauten Wagen ist der Traveller für seine lange Bauzeit von fast zwei Jahrzehnten recht selten geblieben. Als echter Woody mit tragenden Holzkomponenten am Kombiheck repräsentiert der Minor Traveller die praktische und gleichzeitig charmante Spielart dieses Automobils. Das große Ladeabteil ist durch eine zweiflügelige Hecktür leicht zugänglich. Technisch ist er mit den anderen Minor weitgehend identisch. Da die Fraktion der Woody-Freunde nicht gerade klein ist, sind die Kombis heutzutage recht teuer. Auch Restaurierungen können aufgrund der sensiblen Fachwerkstruktur ins Geld gehen, Wasserschäden sind nicht selten. Allerdings sind komplette Holzsätze problemlos lieferbar.

Ein Woody zum Verlieben: Morris Minor Traveller

Motor/Antrieb	
Bauart	Vierzylinder (Reihe)
Lage/Antrieb	Front/Heck
Hubraum in cm³	803, 918, 948, 1098
Leistung in PS bei U/min	27 bei 4400 bis 48 bei 5100
Vmax in km/h	100 bis 125
Karosserie	
Bauart	Kombi (3-türig)
Tragstruktur	selbsttragend
Material	Stahlblech/Holz
Stückzahl und Marktsituation	
Produktionszahl	215.331
Verfügbarkeit	ausreichend
Teilesituation	sehr gut
Unterhaltskosten	niedrig

Preise in Euro	1	2	3	4	5
Minor 1000 Traveller S 3, Kom	15.000	10.700	7.100	3.900	1.800
Minor 1000 Traveller S L1584, Kom	15.500	11.000	7.300	4.000	1.800

Morris (GB) • Nash (USA)

Morris Marina 1300, 1750, 1800, 1800 TC — 1971-1979

Doch, so war es. Der Marina war der Nachfolger des Morris Minor. Zumindest folgte das Modell der unteren Mittelklasse allen Ideen des Minor: Er war preiswert, unkompliziert, robust. So wunderte es nicht, dass Konstruktion und Styling sehr unaufgeregt ausfielen. Hinten musste eine Starrachse und Längsblattfedern genügen, und vorne gab es im Standard-Modell sogar nur Trommelbremsen – Scheiben kosteten Aufpreis. Etwas mehr Freude konnten die eingesetzten Triebwerke auslösen: Immerhin offerierte der von einem Doppelvergaser versorgte stärkste Twin-Cam ordentliche 87 PS. Mit dem Marina hatte übrigens die britische Automobilgeschichte ein weiteres ihrer unverständlichen Kapitel aufgeschlagen: Er war das erste Modell der British Leyland Motors Corporation (BLMC), die sich aus BMC und British Leyland gebildet hatte. Alles klar?

Auf dem Kontinent glücklos: Morris Marina

Motor/Antrieb	
Bauart	Vierzylinder (Reihe)
Lage/Antrieb	Front/Heck
Hubraum in cm³	1256, 1767, 1798
Leistung in PS bei U/min	57 bei 5500 bis 87 bei 5500
Vmax in km/h	138 bis 165
Karosserie	
Bauart	Limousine (2/4-türig), Coupé, Kombi (5-türig)
Tragstruktur	selbsttragend
Material	Stahlblech
Stückzahl und Marktsituation	
Produktionszahl	ca. 660.000
Verfügbarkeit	ausreichend
Teilesituation	ausreichend
Unterhaltskosten	mittel

Preise in Euro	1	2	3	4	5
Marina			keine Notierung		

Nash (USA) • 1916 - 1958

Aus der Thomas B. Jeffery Corporation war 1916 die Nash Motor Co. in Kenosha, Wisconsin, hervorgegangen. Ab 1918 hießen die Wagen dann Nash, die Produktion wurde nach Chicago verlagert. Selbsttragende Karosserien hatte man schon 1940 eingeführt, die Spezialitäten beibehalten: Liegesitze und die besonders wirksame Klimaanlage namens Weather Eye.
In den fünfziger Jahren wirkte Pinin Farina bei der Gestaltung der Karosserien mit. 1954 erfolgte der Zusammenschluss von Nash mit Hudson zur AMC. Das Nash-Modell Rambler bekam eigenen Markenstatus ab Modelljahr 1956 und feierte Erfolge auf dem Markt der amerikanischen Compact Cars. Nash wurde dagegen 1958 als Marke aufgegeben.

Nash Statesman — 1951-1954

Gute technische Ansätze sicherten Nash neben den beherrschenden Großkonzernen in Amerika vorläufig die Existenz. Mit ansprechender Stromlinienform in selbsttragender Bauweise, dem Hudson nicht ganz unähnlich, zeigte der Statesman viel Eigenständigkeit. Er war als zwei- und viertürige Limousine bis 1951 im Angebot. Nash bot den Reihensechszylindermotor mit Hubräumen zwischen schmalen 2,8 und knapp 3,9 Liter an. Mit 83 bis 114 PS reichte das für moderate Fahrleistungen. Der Erfolg stellte sich vor allem über die Preisschiene ein: Die Nash-Wagen waren billiger als die Konkurrenz (die freilich schon V8-Motoren anbot!). Dieses Manko bekam die Marke zu Beginn der Fünfziger immer stärker zu spüren, und es wirkt sich auch noch immer auf die Preise aus: Ein Nash ist selbst im Topzustand nicht allzu teuer.

Verkleidete Räder als Markenzeichen: Nash Statesman

Motor/Antrieb	
Bauart	Sechszylinder (Reihe)
Lage/Antrieb	Front/Heck
Hubraum in cm³	2830, 3855
Leistung in PS bei U/min	83 bei 3800 bis 114 bei 3400
Vmax in km/h	130 bis 145
Karosserie	
Bauart	Limousine (2-/4-türig)
Tragstruktur	selbsttragend
Material	Stahlblech
Stückzahl und Marktsituation	
Produktionszahl	k.A.
Verfügbarkeit	gegen null
Teilesituation	schwierig
Unterhaltskosten	hoch

Preise in Euro	1	2	3	4	5
Statesman (1951), L4t	14.500	9.900	5.800	2.900	1.300
Statesman (1952-1954), L4t	15.000	10.300	6.200	3.000	1.300

Nash-Healey — 1951-1954

Als Wegbereiter für spätere Healey-Erfolge in den Staaten war der Nash-Healey ein erfolgreiches Joint-Venture-Produkt. Der Einstieg in den großen US-Markt fiel schwer, obwohl sich der Brite mit einem heimischen Hersteller verbunden hatte. In drei Jahren wurden nur gut 500 der von Pinin Farina eingekleideten Roadster und Coupés verkauft. Unter deren Hauben wummerte der zunächst 3,9 und später bis 4,2 Liter große Reihensechszylinder von Nash, der in leicht frisiertem Zustand immerhin 126 bis 135 PS zu liefern bereit war. Für einen größeren Verkaufserfolg waren jedoch die Preise viel zu hoch; außerdem boten die großen US-Konkurrenten bereits potente V8-Motoren an, die Nash nicht im Sortiment hatte. So war es an Chevrolet, mit der Corvette den einzig wahren US-Sportwagen anzubieten.

Hübsche Schale, zäher Kern: Nash-Healey (1951)

Motor/Antrieb	
Bauart	Sechszylinder (Reihe)
Lage/Antrieb	Front/Heck
Hubraum in cm³	3855, 4138
Leistung in PS bei U/min	126 bei 4000 bis 135 bei 4000
Vmax in km/h	175
Karosserie	
Bauart	Coupé, Cabriolet
Tragstruktur	Kastenrahmen
Material	Stahlblech
Stückzahl und Marktsituation	
Produktionszahl	506
Verfügbarkeit	gegen null
Teilesituation	sehr schwierig
Unterhaltskosten	hoch

Preise in Euro	1	2	3	4	5
Healey (1952-1954), Cab	52.000	36.000	22.000	12.000	7.000

Nash (USA) • NSU (D)

Nash Metropolitan 1954-1962

Der Versuch, den Amerikanern ein kompaktes zweisitziges Wägelchen mit kleinen Motoren schmackhaft zu machen, schien nicht allzu erfolgreich zu sein — wenn man die relativ niedrigen Stückzahlen betrachtet. Dennoch war der Metropolitan auf dem US-Markt ein geachtetes Kompakt-Automobil, das heute echten Kult-Status genießt und sich steigender Preisnotierungen erfreut. Das britisch anmutende Aussehen des in Birmingham bei Austin gebauten Metropolitan bekam durch die teilweise Abdeckung der Vorderräder skurrile Züge. Die nur 1,2 bis 1,5 Liter großen Reihenvierzylinder von Austin galten als haltbar und (für US-Verhältnisse) sehr sparsam; die rein zweisitzige Auslegung stempelte den Met allerdings zum typischen Zweitwagen. Dreiganggetriebe und Lenkradschaltung galten als kleinwagentypische Details jener Epoche.

Wie ein Karussell-Auto mit Straßenzulassung: Nash Metropolitan

Motor/Antrieb					
Bauart					Vierzylinder (Reihe)
Lage/Antrieb					Front/Heck
Hubraum in cm³					1200, 1489
Leistung in PS bei U/min				43 bei 4500	bei 60 bei 4600
Vmax in km/h					115 bis 135
Karosserie					
Bauart					Coupé, Cabriolet
Tragstruktur					selbsttragend
Material					Stahlblech
Stückzahl und Marktsituation					
Produktionszahl					ca. 100.000
Verfügbarkeit					schlecht
Teilesituation					ausreichend
Unterhaltskosten					mittel
Preise in Euro	1	2	3	4	5
Metropolitan (1954-1956), Cab	14.600	10.300	5.900	3.200	1.700
Metropolitan (1954-1956), Cpe	12.500	8.800	5.000	2.600	1.500
Metropolitan (1956-1962), Cab	15.500	11.000	6.300	3.400	1.800
Metropolitan (1956-1962), Cpe	13.000	9.200	5.200	2.800	1.500

NSU (D) • 1901 - 1977

Die Marke NSU ging 1873 aus einer Strickmaschinenfabrik hervor, die sich später erfolgreich mit der Produktion von Fahrrädern befasste. 1901 kamen Motorräder ins Programm, 1906 entstand das erste NSU-Automobil. Die Pkw-Produktion musste NSU unter dem Einfluss der Weltwirtschaftskrise 1929 aufgeben, die Produktionsanlagen wurden zusammen mit den Namensrechten an Fiat verkauft.

So entstand ein Kuriosum der deutschen Automobilgeschichte: Bis in die sechziger Jahre konnten die Italiener ihre deutschen Personenwagen unter dem Namen NSU-Fiat vertreiben. Erfolgreich blieb NSU als Motorrad-Marke — 1955 stand in Neckarsulm das größte Zweirad-Werk der Welt. Doch die große Motorrad-Dämmerung kündigte sich bereits an, weshalb NSU 1957 zum Bau von Autos zurückkehrte.

Die Erfolgsstory dauerte nur zwölf Jahre. Dann übernahm der VW-Konzern das finanzschwache Unternehmen und gliederte es der Marke Audi an. Der VW K 70 (1970) war ursprünglich eine NSU-Konstruktion und das erste Produkt der Zusammenarbeit. Heute wird in Neckarsulm der Audi A6 montiert.

NSU Prinz (Prinz I, II, III, 30 und 30 E) 1958-1962

Eigentlich hatte NSU einen Dreirad-Kabinenroller geplant, dann erschien der Prinz doch als zeitgemäßerer Vierrad-Kleinwagen. Nur die abgerundete hintere Fensterpartie erinnerte bei der Premiere im Herbst 1957 noch an die Kabinen-Pläne. Die Produktion startete im März 1958 mit den 20-PS-Modellen Prinz I und II. Der Prinz II war etwas besser ausgestattet und erhielt 1959 ein vollsynchronisiertes Getriebe. Gleichzeitig gab es für den Prinz II auf Wunsch einen 30-PS-Motor und die sogenannte E- (Export-) Ausstattung mit Liegesitzen. Der Prinz III mit 23 PS ersetzte 1960 das 20-PS-Modell und bot etwas mehr Drehmoment. Trotz der hausbackenen Form verkaufte sich der erste NSU Prinz recht ordentlich.

Seine Fahrer fühlten sich wie Könige: NSU Prinz

Motor/Antrieb					
Bauart					Zweizylinder (Reihe)
Lage/Antrieb					Heck/Heck
Hubraum in cm³					583
Leistung in PS bei U/min				20 bei 4600	bei 30 bei 5500
Vmax in km/h					105 bis 118
Karosserie					
Bauart					Limousine (2-türig)
Tragstruktur					selbsttragend
Material					Stahlblech
Stückzahl und Marktsituation					
Produktionszahl					94.549
Verfügbarkeit					schlecht
Teilesituation					schwierig
Unterhaltskosten					niedrig
Preise in Euro	1	2	3	4	5
Prinz I, L2t	7.500	5.000	2.800	1.300	300
Prinz II, L2t	7.900	5.400	3.000	1.400	300
Prinz III, L2t	8.100	5.500	3.000	1.400	300
Prinz 30, L2t	8.300	5.700	3.200	1.500	400

NSU Sport-Prinz 1959-1967

Der Sport-Prinz war in den acht Jahren seiner Produktion kein Verkaufsschlager. Er half aber, das Image der jungen Automarke NSU zu heben und war der ersehnte Blickfang in den Schauräumen der Händler. Das Karosserie-Design des Sport-Prinz stammte von Nuccio Bertone, der anfangs auch die Produktion der Blechkleider übernommen hatte. Ab 1962 entstand der Prinzen-Frack bei der Spezialfirma Drauz in Heilbronn. Unter dem chicen Blech steckte die unveränderte Mechanik der Prinz-Typen II, III und 4. Der Preis von anfangs 6550 Mark sank auf 5710 und schließlich 5135 Mark, nachdem NSU den Karossier Drauz übernommen hatte. Gute Sport-Prinzen sind heute auch deshalb rar, weil eine seriöse Restaurierung in keinem Verhältnis zum günstigen Marktwert steht.

Kleiner Schwaben-Sportler von italienischem Adel: NSU Sport-Prinz

Motor/Antrieb					
Bauart					Zweizylinder (Reihe)
Lage/Antrieb					Heck/Heck
Hubraum in cm³					583, 598
Leistung in PS bei U/min				30 bei 5500,	30 bei 5600
Vmax in km/h					120
Karosserie					
Bauart					Coupé
Tragstruktur					selbsttragend
Material					Stahlblech
Stückzahl und Marktsituation					
Produktionszahl					20.831
Verfügbarkeit					schlecht
Teilesituation					ausreichend
Unterhaltskosten					niedrig
Preise in Euro	1	2	3	4	5
Sport Prinz, Cpe	12.000	8.200	5.200	2.800	900

NSU (D)

NSU Prinz 4 (Prinz 4, 4S, 4L) — 1961-1973

Viel weltmännischer als sein gedrungener Vorgänger wirkte der Prinz 4, den NSU auf der IAA 1961 präsentierte. Die Technik blieb im Wesentlichen unverändert, aber die Karosserie war 30 Zentimeter länger und sieben Zentimeter breiter geworden. Formal folgte sie dem damals hochmodernen „Badewannen-Stil" des Chevrolet Corvair. Anfangs lieferte NSU den Prinz 4S mit normaler Ausstattung und das kaum verlangte Mager-Modell Prinz 4 mit lackierten Stoßstangen. 1965 erschien der komfortablere Prinz 4L, 1969 entfielen Prinz 4 und Prinz 4S. Im gleichen Jahr erhielt der erfolgreiche Kleinwagen eine behutsame Modellpflege, erkennbar an der neuen, breiten Alublende am Bug. Diese späten Modelle hatten auf dem Inlandsmarkt aber kaum noch Chancen: Die meisten wurden nach Italien exportiert.

Das Design-Vorbild hieß Chevrolet Corvair: NSU Prinz 4

Motor/Antrieb	
Bauart	Zweizylinder (Reihe)
Lage/Antrieb	Heck/Heck
Hubraum in cm³	598
Leistung in PS bei U/min	30 bei 5600
Vmax in km/h	116
Karosserie	
Bauart	Limousine (2-türig)
Tragstruktur	selbsttragend
Material	Stahlblech
Stückzahl und Marktsituation	
Produktionszahl	570.000
Verfügbarkeit	ausreichend
Teilesituation	ausreichend
Unterhaltskosten	niedrig

Preise in Euro	1	2	3	4	5
Prinz 4, L2t	5.000	3.500	1.900	850	200
Prinz L, L2t	5.100	3.600	2.000	900	200
Prinz S, L2t	4.900	3.400	1.800	800	200

NSU Prinz 1000, NSU 1000 — 1964-1972

Viele Prinz-Fahrer verlangten zu Beginn der sechziger Jahre nach einem größeren NSU. Als Prinz 1000 stand er auf der IAA 1963 und war ab April 1964 offiziell zu haben. Im Prinzip handelte es sich um eine 35 Zentimeter verlängerte Version des Prinz 4 mit neu entwickeltem Vierzylinder-Motor. Das luftgekühlte 43-PS-Triebwerk mit obenliegender Nockenwelle trat gegen ein Leergewicht von nur 650 Kilogramm an, die Fahrleistungen galten für damalige Begriffe als sehr flott. Ohne größere Retuschen blieb der NSU 1000 acht Jahre lang im Programm: 1967 entfiel der Name Prinz, gleichzeitig erhielt er eine neue Alublende am Bug und leistete nur noch 40 PS, um eine günstigere Versicherungsklasse zu erreichen. 1969 wurde das Bordnetz von 6 auf 12 Volt umgestellt.

Die Kundschaft wurde anspruchsvoller: NSU 1000

Motor/Antrieb	
Bauart	Vierzylinder (Reihe)
Lage/Antrieb	Heck/Heck
Hubraum in cm³	996
Leistung in PS bei U/min	40 bis 43 bei 5500
Vmax in km/h	131 bis 135
Karosserie	
Bauart	Limousine (2-türig)
Tragstruktur	selbsttragend
Material	Stahlblech
Stückzahl und Marktsituation	
Produktionszahl	196.000
Verfügbarkeit	ausreichend
Teilesituation	ausreichend
Unterhaltskosten	mittel

Preise in Euro	1	2	3	4	5
Prinz 1000, L2t	5.800	3.800	2.100	900	250
1000, L2t	5.600	3.600	2.000	850	250

NSU Wankel Spider — 1964-1967

Seit den fünfziger Jahren unterstützte NSU die Kreiskolben-Projekte des Motoren-Erfinders Felix Wankel. Bereits 1957 lief in der Neckarsulmer Entwicklungsabteilung der erste Rotarier, und 1963 konnte NSU das erste Wankel-Serienautomobil der Welt präsentieren. Die Karosserie basierte auf dem Sport-Prinz, der Motor leistete 50 PS. Der Kampf um die Alltags-Reife fand in Kundenhand statt, was den Ruf des kleinen Technologieträgers verdüsterte. Viele Spider zerstörten gleich mehrere Austausch-Aggregate. Entsprechend schleppend lief der Absatz des 8500 Mark teuren Autos. Mit der Premiere des Ro 80 endete die Produktion; Restexemplare wurden noch bis 1968 losgeschlagen.

Junger Rotarier mit wankelmütigem Wesen: NSU-Wankel Spider

Motor/Antrieb	
Bauart	1-Scheiben/Wankel
Lage/Antrieb	Heck/Heck
Hubraum in cm³	500 Kam Vol
Leistung in PS bei U/min	50 bei 6000
Vmax in km/h	152
Karosserie	
Bauart	Cabriolet
Tragstruktur	selbsttragend
Material	Stahlblech
Stückzahl und Marktsituation	
Produktionszahl	2375
Verfügbarkeit	schlecht
Teilesituation	schwierig
Unterhaltskosten	mittel

Preise in Euro	1	2	3	4	5
Wankel-Spider, Rds	16.400	11.200	6.500	4.100	1.300

NSU 110, 110 S, 110 SC, 1200, 1200 C — 1965-1973

Die Kaufkraft des typischen NSU-Kunden wuchs in den sechziger Jahren schneller an, als die Schwaben konstruieren konnten. So blieb der NSU 1000 nur ein Zwischenmodell auf dem Weg zum Über-Prinz, der im Herbst 1965 als NSU 110 erschien. Auf den ersten Blick erkennbar war das neue Modell an seiner 17 Zentimeter längeren Schnauze und dem barocken Zierrat am Bug. Große Rechteck-Scheinwerfer sicherten zudem mehr Autobahn-Prestige. Der Motor entsprach anfangs dem TT, leistete aber zwei PS weniger. Der Buchstabe C im Modellnamen kennzeichnete die gegen Mehrpreis erhältliche „Comfort"-Ausstattung. 1966 rückte ein 1,2-Liter-Aggregat mit 60, später 55 PS ins Programm; 1967 wurde das Modell in NSU 1200 umbenannt. Ab 1970 gab es nur noch den 1200 C. Das langnasige Modell überlebte bis 1973.

Zeigte der Kleinwagen-Konkurrenz die lange Nase: NSU 110

Motor/Antrieb	
Bauart	Vierzylinder (Reihe)
Lage/Antrieb	Heck/Heck
Hubraum in cm³	1085, 1177
Leistung in PS bei U/min	53 bei 5600 bis 60 bei 5600
Vmax in km/h	140 bis 150
Karosserie	
Bauart	Limousine (2-türig)
Tragstruktur	selbsttragend
Material	Stahlblech
Stückzahl und Marktsituation	
Produktionszahl	227.938
Verfügbarkeit	ausreichend
Teilesituation	ausreichend
Unterhaltskosten	niedrig

Preise in Euro	1	2	3	4	5
Typ 110, L2t	5.000	3.400	1.800	700	200
1200 C, L2t	5.300	3.600	2.000	800	200

NSU (D) • NSU-Fiat (D)

NSU Prinz 1000 TT, 1000 TTS, 1200 TT 1965-1972

Der Golf GTI der Sechziger kam aus Neckarsulm und war die scharfe Version des 1000er Prinz. Das Kürzel TT erinnerte an die Erfolge der einstigen Zweiradmarke NSU bei der Tourist Trophy auf der Isle of Man. Der Ur-TT war ein Prinz 1000 mit sportlicher Ausstattung und aufgebohrtem Motor, der 12 PS mehr leistete als die Basis-Version. In nur 15 Sekunden beschleunigte der TT auf 100 km/h – ein Wert, der dem damaligen Mercedes-Benz 230 entsprach. Mit dem NSU TTS kam 1967 ein 70 PS starkes Basisgerät für private Rennsportler hinzu, und 1968 erhielt der TT den 1,2-Liter-Motor des neuen Modells 110, gekrönt von zwei Doppel-Fallstromvergasern. Im Juni 1967 fiel der etwas antiquierte Name Prinz weg.

Die aufgestellte Haube war (thermisch notwendiger) Kult: NSU TT

Motor/Antrieb					
Bauart				Vierzylinder (Reihe)	
Lage/Antrieb					Heck/Heck
Hubraum in cm³					1085, 1177
Leistung in PS bei U/min				55 bei 5800 bis 70 bei 6150	
Vmax in km/h					148 bis 160
Karosserie					
Bauart					Limousine (2-türig)
Tragstruktur					selbsttragend
Material					Stahlblech
Stückzahl und Marktsituation					
Produktionszahl				64.269 (TT), 2402 (TTS)	
Verfügbarkeit					ausreichend
Teilesituation					ausreichend
Unterhaltskosten					mittel
Preise in Euro	1	2	3	4	5
1000 TT, L2t	11.000	7.000	4.000	2.000	1.000
1200 TT, L2t	12.000	7.500	4.500	2.000	1.000

NSU Ro 80 1967-1977

Für gewaltiges Aufsehen im Auto-Establishment sorgte 1967 das Debüt des Ro 80. Die mangelnde Standfestigkeit der frühen Zweikammer-Wankelmotoren verhinderte seinen großen Durchbruch. Auf der Haben-Seite verbuchten die Freunde des Ro 80 aber seine revolutionäre Form, die unvergleichliche Laufkultur und seine sicheren Fahreigenschaften. Zur Serienausstattung zählten von Anfang an vier Scheibenbremsen, Zweikreis-Bremssystem und eine Kupplungs-Automatik. Ständige Änderungen am Motor des Ro 80 sorgten ab etwa 1971 zwar für eine befriedigende technische Reife, aber auch für Irritationen bei den Kunden. Zeitlebens blieb der Ro 80 ein Fall für Fans und Individualisten, was ihm zwar einen legendären Ruf einbrachte, aber keinen wirtschaftlichen Erfolg. Deutsche Finanzämter stufen den Ro 80 übrigens nach Gewicht ein – Hubraum besitzt er ja keinen ...

Sein Design war der Zeit um 20 Jahre voraus: NSU Ro 80

Motor/Antrieb					
Bauart					2-Scheiben/Wankel
Lage/Antrieb					Front/Front
Hubraum in cm³					497,5 Kam Vol
Leistung in PS bei U/min					115 bei 5500
Vmax in km/h					176 bis 181
Karosserie					
Bauart					Limousine (4-türig)
Tragstruktur					selbsttragend
Material					Stahlblech
Stückzahl und Marktsituation					
Produktionszahl					37.398
Verfügbarkeit					gut
Teilesituation					ausreichend
Unterhaltskosten					hoch
Preise in Euro	1	2	3	4	5
Ro 80, L4t	11.300	6.800	4.000	2.000	600

NSU-Fiat (D) • 1929 - 1969

Auch wenn es heute wenig bekannt ist: Der italienische Autoriese Fiat zählte eine Zeitlang auch als deutscher Hersteller. Von 1929 bis 1969 unterhielt der Turiner Konzern eine Fertigungsstätte in Heilbronn. Fiat hatte die Hallen 1929 von NSU mitsamt den Markenrechten für Personenwagen übernommen, die fortan als NSU-Fiat angeboten wurden.
In den fünfziger und sechziger Jahren lief am Neckar die Lizenzfertigung der Modelle 500 C, 600 (deutsche Bezeichnung: NSU-Fiat Jagst), 1100 (NSU-Fiat Neckar), 124, 125 und 128. Nachdem NSU wieder zur Automobil-Marke geworden war, benannte Fiat die schwäbische Tochtermarke in Neckar um. 1969 endete die Heilbronner Lizenzfertigung, die eine tägliche Stückzahl von maximal 80 Exemplaren erreichte.

NSU-Fiat Neckar 1953-1966

Mit dem pontonförmigen Fiat 1100 stellte der Turiner Konzern 1953 ein Erfolgsmodell der Mittelklasse vor, das mit modernem Design, großräumiger Karosserie und sportlichen Fahreigenschaften glänzte. Im Deutschland der fünfziger und sechziger Jahre sprach der Millecento vor allem Individualisten an, denen ein VW Käfer oder Ford 12 M einfach zu bürgerlich war. Diese Zielgruppe war groß genug, um eine eigene 1100-Fertigungslinie im Heilbronner Fiat-Montagewerk rentabel zu machen. Die deutschen 1100er unterschieden sich nur in Details vom italienischen Original – und natürlich im Namen: Neckar. Während der 13-jährigen Produktionsdauer erlebte der NSU-Fiat Neckar ein halbes Dutzend Modellpflegen; seine Karosserie wurde kantiger und reicher mit Chrom verziert. Die Technik blieb dagegen weitestgehend unangetastet.

Für Sportfahrer mit Normal-Budget: NSU-Fiat Neckar

Motor/Antrieb					
Bauart					Vierzylinder (Reihe)
Lage/Antrieb					Front/Heck
Hubraum in cm³					1089
Leistung in PS bei U/min				36 bei 4000 bis 48 bei 5000	
Vmax in km/h					120 bis 130
Karosserie					
Bauart					Limousine (4-türig)
Tragstruktur					selbsttragend
Material					Stahlblech
Stückzahl und Marktsituation					
Produktionszahl					k.A.
Verfügbarkeit					schlecht
Teilesituation					ausreichend
Unterhaltskosten					niedrig
Preise in Euro	1	2	3	4	5
Neckar (1953-1956), L4t	7.400	5.100	2.700	1.100	200
Neckar (1966-1969), L4t	6.100	4.100	2.000	700	100

NSU-Fiat (D)

NSU-Fiat Jagst
1956-1969

Zu den populärsten Import-Automobilen auf dem deutschen Markt zählte in den fünfziger Jahren der Fiat 600. Der große Anklang, den er im Land der Käfer fand, führte schließlich zu einer deutschen Version, die nach dem schwäbischen Flüsschen Jagst benannt war und im Heilbronner Fiat-Montagewerk gebaut wurde. Technisch und optisch handelte es sich um einen 600er, der sich von seinen italienischen Brüdern nur durch den Jagst-Schriftzug unterschied. Allzu viele haben übrigens nicht überlebt: Fast alle starben den langen, quälenden Tod des vernachlässigten Low-Budget-Automobils. Auf dem Gebrauchtwagenmarkt waren Jagst beliebt, weil sie zum Preis eines Fiat 500 viel mehr Platz und Leistung boten.

Italienischer Emigrant am Neckar: NSU-Fiat Jagst

Motor/Antrieb					
Bauart					Vierzylinder (Reihe)
Lage/Antrieb					Heck/Heck
Hubraum in cm³					633 bis 767
Leistung in PS bei U/min					21 bei 4600 bis 23 bei 4500
Vmax in km/h					100 bis 110
Karosserie					
Bauart					Limousine (2-türig)
Tragstruktur					selbsttragend
Material					Stahlblech
Stückzahl und Marktsituation					
Produktionszahl					k.A.
Verfügbarkeit					schlecht
Teilesituation					gut
Unterhaltskosten					niedrig
Preise in Euro	1	2	3	4	5
Jagst 600, L2t	9.300	6.200	3.900	1.900	500
Jagst 770, L2t	8.300	5.900	3.600	1.500	400
Jagst 2, L2t	7.500	5.200	2.900	1.100	300

NSU-Fiat Weinsberg 500
1959-1963

Als eigenständiges Modell der deutschen Fiat-Dependance erschien 1959 die Luxusversion des Fiat 500 D. Die Karosseriewerke Weinsberg hatten dem italienischen Kleinwagen ein Luxus-Kleidchen im barocken Stil der 50er-Jahre übergestreift: Das Heck trug Flösschen, die Scheinwerfer saßen unter einem angespitzten Kotflügel-Dach, Zweifarben-Lack und gezackte Zierleisten waren serienmäßig. Es gab zwei Versionen, beide mit Faltdach: einmal die viersitzige Limousette, zum anderen das zweisitzige Coupé mit hinterer Panoramascheibe nach Art des Goggomobils. Die Preisliste begann bei 3990 Mark; damit war der Edel-Cinquecento teurer als ein VW Standard-Käfer.

Ein Cinquecento fürs Wirtschaftswunder: NSU-Fiat Weinsberg 500

Motor/Antrieb					
Bauart					Zweizylinder (Reihe)
Lage/Antrieb					Heck/Heck
Hubraum in cm³					476, 499
Leistung in PS bei U/min					15 bei 4250 bis 15 bei 4400
Vmax in km/h					95 bis 100
Karosserie					
Bauart					Limousine (2-türig), Coupé
Tragstruktur					selbsttragend
Material					Stahlblech
Stückzahl und Marktsituation					
Produktionszahl					4668 (Limousine), 1560 (Coupé)
Verfügbarkeit					schlecht
Teilesituation					ausreichend
Unterhaltskosten					niedrig
Preise in Euro	1	2	3	4	5
Weinsberg 500, Cpe			keine Notierung		
Weinsberg 500, L2t			keine Notierung		

NSU-Fiat 770 Riviera
1961-1964

Auf der Basis des Fiat 500-Nachfolgers 600/770 entstanden zu Anfang der sechziger Jahre schicke Cabriolets und Coupés. Der italienische Karossier Vignale hatte die Linien entworfen, und bei ihm wurde das Wägelchen auch gebaut. „An Individualisten mit Niveau hat der Karossier gedacht, der dieses kleine Meisterwerk schuf", lasen Interessenten im Prospekt. Die deutschen Exemplare wurden unter dem eingeführten Label NSU-Fiat ab Heilbronn vertrieben. Der nur 767 cm³ große Reihenvierzylinder im Heck leistete 25 PS und konsumierte rund sieben Liter Sprit. Sportlicher als die Fahrleistungen war die Knüppelschaltung, mit der sich das teilsynchronisierte Viergang-Getriebe betätigen ließ. Auf deutschen Straßen blieb er ein äußerst rarer Exot, dessen unkonservierte Karosserie empfindlich auf winterliches Streusalz reagierte.

Rare Vignale-Schöpfung: NSU-Fiat 770 Riviera

Motor/Antrieb					
Bauart					Vierzylinder (Reihe)
Lage/Antrieb					Heck/Heck
Hubraum in cm³					767
Leistung in PS bei U/min					25 bei 4800
Vmax in km/h					120
Karosserie					
Bauart					Coupé, Cabriolet
Tragstruktur					selbsttragend
Material					Stahlblech
Stückzahl und Marktsituation					
Produktionszahl					k.A.
Verfügbarkeit					gegen null
Teilesituation					schwierig
Unterhaltskosten					niedrig
Preise in Euro	1	2	3	4	5
770 Riviera, Cab			keine Notierung		

Oldsmobile (USA) • seit 1897

Den ersten Oldsmobile hatte Ransom Eli Olds schon 1897 geschaffen, damit wurde Oldsmobile zur traditionsreichsten Marke von General Motors. Der Gründer hatte das Unternehmen schon 1904 verlassen, später lehnten sich Oldsmobile und Cadillac technisch aneinander an. 1950 lief der dreimillionste Olds vom Band, und die Marke profilierte sich zunehmend als Technik-Vorreiter im Konzern. Auch stilistisch versuchte General Motors, Oldsmobile einen progressiven Zug zu geben, was beispielsweise mit dem Fronttriebler Toronado durchaus gelang.

Oldsmobile 88 und 98 Futuramic — 1948-1953

Ein Oldsmobile – das war bis Ende 1948 das Fuhrwerk der beleibten älteren Herren, ein biederes Dickschiff mit zähem Reihensechszylinder-Motor. Die große Kehrtwende kam zum Modelljahr 1949: Mit dem sogenannten Rocket-Motor hielt endlich ein potentes V8-Triebwerk unter der Haube Einzug. Dazu kam ein neues, gestrafftes Karosseriedesign, das die Oldsmobile zu den attraktivsten US-Automobilen ihrer Zeit machte. Es gab zwei Modell-Linien namens 88 und 98 und – auf Wunsch – das vollautomatische GM-Hydramatic-Getriebe. Die Sechszylinder-Motoren blieben für kostenbewusste Kunden im Sparmodell 76 weiterhin lieferbar. Bis zum Modelljahr 1954 wandelten sich die Olds-Typen nur in unbedeutenden Karosserie- und Technik-Details. Es gab sie wie die meisten US-Großserienautomobile als Limousinen, Hardtop-Coupés, Cabriolets und Station Wagons.

Er entfachte Amerikas großen V8-Boom: Oldsmobile 98 Futuramic

Motor/Antrieb	
Bauart	V8
Lage/Antrieb	Front/Heck
Hubraum in cm³	4947
Leistung in PS bei U/min	157 bei 3600 bis 172 bei 3600
Vmax in km/h	150 bis 160
Karosserie	
Bauart	Limousine (2-/4-türig), Kombi (5-türig), Hardtop, Cabriolet
Tragstruktur	Kastenrahmen
Material	Stahlblech
Stückzahl und Marktsituation	
Produktionszahl	1.529.695
Verfügbarkeit	ausreichend
Teilesituation	gut
Unterhaltskosten	niedrig

Preise in Euro	1	2	3	4	5
88, L4t	22.000	15.800	9.500	4.900	2.300
88 Holiday Hardtop, Cpe	28.000	19.500	12.100	6.900	2.500
98 Fiesta, Cab	80.000	55.000	33.500	16.000	9.000

Oldsmobile Super 88 und 98 — 1958-1959

Zu den spektakulärsten Kreationen der Oldsmobile-Geschichte zählte der Modelljahrgang 1959, ein komplett neuer Styling-Entwurf, der alle Verbindungen zu den Vorläufermodellen rigoros kappte. Es handelte sich um die bis dahin größten und leistungsstärksten Modelle der General-Motors-Marke. Zu den Erkennungszeichen des 59er Jahrgangs zählten die mutig gekrümmte „Vista Panoramic"-Frontscheibe, vordere Doppelscheinwerfer mit dazwischenliegenden Blinkern und mächtige Heckflossen mit integrierten ovalen Rückleuchten. Fast alle der 382.864 gebauten Exemplare des Modelljahrgangs 1959 wurden mit dem Automatikgetriebe namens „Jetaway-Hydramatic" geliefert, das für die günstigeren 88-Modelle nur gegen Aufpreis zu haben war. Den luxuriösen 98 gab es dagegen nur mit Schalthilfe – und auf Wunsch sogar mit Luftfederung.

Barock around the Clock: Oldsmobile Super 88 Holiday Sport Sedan

Motor/Antrieb	
Bauart	V8
Lage/Antrieb	Front/Heck
Hubraum in cm³	6076, 6466
Leistung in PS bei U/min	274 bei 4600 bis 319 bei 4600
Vmax in km/h	165 bis 180
Karosserie	
Bauart	Limousine (2-/4-türig), Kombi (5-türig), Hardtop, Cabriolet
Tragstruktur	Kastenrahmen
Material	Stahlblech
Stückzahl und Marktsituation	
Produktionszahl	382.864
Verfügbarkeit	ausreichend
Teilesituation	gut
Unterhaltskosten	niedrig

Preise in Euro	1	2	3	4	5
88 Holiday Hardtop (4-türig), Cpe	23.000	16.700	9.800	5.200	2.900
88 Holiday Hardtop (2-türig), Cpe	26.500	19.000	11.500	6.300	3.000
98, Cab	38.000	24.700	13.400	7.700	3.500

Oldsmobile Toronado — 1966-1970

Schon in den sechziger Jahren realisierte die US-Marke Oldsmobile, was noch lange später von Kritikern als unmöglich abgetan wurde: die Kombination eines großvolumigen, leistungsstarken Triebwerks mit Frontantrieb. Was jedoch bei Cadillac und dessen Modell Fleetwood Eldorado gelang, schaffte man auch beim Toronado. Mit 7,0 und 7,5 Litern Hubraum und 380 bis 406 PS unterstrich das elegante und große Auto die sportlichen Ambitionen. Das optisch ansprechende und dennoch gewaltige 5,4 Meter lange Coupé hatte der GM-Chefstylist Bill Mitchell entworfen, der auch Schöpfer des Buick Riviera war. Zum Glück ist der Betrieb des hübschen Rückens aufgrund der hiesigen Steuergesetzgebung mittlerweile auch zu finanzieren – dem H-Kennzeichen sei dank!

An seinen Vorderrädern zerren bis zu 406 PS: Oldsmobile Toronado

Motor/Antrieb	
Bauart	V8
Lage/Antrieb	Front/Front
Hubraum in cm³	6995, 7446
Leistung in PS bei U/min	380 bei 4600 bis 406 bei 4800
Vmax in km/h	200
Karosserie	
Bauart	Hardtop
Tragstruktur	Kastenrahmen
Material	Stahlblech
Stückzahl und Marktsituation	
Produktionszahl	143.134
Verfügbarkeit	schlecht
Teilesituation	ausreichend
Unterhaltskosten	hoch

Preise in Euro	1	2	3	4	5
Toronado, Cpe	17.000	12.000	6.800	3.300	1.700

Opel (D) • seit 1898

Die ersten Produkte Adam Opels waren Nähmaschinen, die er ab 1862 an Kunden in aller Welt lieferte. Bald darauf weiteten Adams Söhne die Fertigung auf Fahrräder aus und um 1890 war das hessische Unternehmen bereits die größte Fahrradfabrik der Welt.

Nach Adam Opels Tod 1895 beschlossen seine Söhne, mit dem Automobilbau einen neuen Geschäftszweig zu erschließen. Sie erstanden 1898 die Rechte am System Lutzmann: Friedrich Lutzmann hatte mit seiner Anhaltinischen Motorwagenfabrik seit 1894 Fahrzeuge gebaut. 65 Exemplare lieferte Opel bis 1901 aus. 1902 erschien der Opel-Darracq in Lizenz des französischen Herstellers. Besonderen Erfolg verbuchte Opel mit Fahrzeugen wie dem 4/8 PS „Doktorwagen" von 1909. Mit dem 4/12 PS „Laubfrosch" von 1924 wuchs die Marke zum erfolgreichen Automobilhersteller heran. 1929, im Jahr der Weltwirtschaftskrise, verkaufte die Familie Opel ihr Werk an den US-Konzern General Motors, mit dessen Kapitalkraft sich Opel in den dreißiger Jahren zum größten deutschen Automobilbauer entwickelte.

1947 lief die Produktion des Vorkriegs-Erfolgsmodells Olympia wieder an. Das wichtigste Nachkriegs-Ereignis fand 1962 statt: der Produktionsanlauf des Kadetts im neuen Zweigwerk Bochum. Seit 1948 ist Opel der zweitgrößte deutsche Autohersteller nach VW, wenngleich Qualitäts-Mängel den Ruf der Marke in den letzten Jahren verdunkelt haben. Heute versucht Opel, wieder an die Spitze anzuschließen.

Aus der Frühzeit: Opel-Logo

Er wollte nie Automobilfabrikant werden: Adam Opel (1837 - 1895)

Opel 1,2 Liter, P4 — 1931-1937

Der Opel P4 sah Mitte der Dreißiger zwar aus wie ein kantiges Überbleibsel der späten Zwanziger, dennoch war er das populärste Automobil Deutschlands: Der Hauptgrund dafür war neben seiner anspruchslosen Technik sein sensationell niedriger Preis von nur 1450 Reichsmark, was dem Gegenwert eines besseren Motorrads entsprach. Es war am Ende auch die aggressive Preispolitik der GM-Tochter Opel, die das Aus des Opel P4 besiegelte: Seine Beliebtheit drohte die Volkswagen-Pläne des NS-Regimes zu stören, sodass die Produktion auf Druck von oben zum Jahresende 1937 auslief. Erstaunlich viele der kleinen Limousinen haben die Wirren des Zweiten Weltkriegs überlebt, weil die Wehrmacht sie nicht requirieren mochte.

Motor/Antrieb	
Bauart	Vierzylinder (Reihe)
Lage/Antrieb	Front/Heck
Hubraum in cm³	1073
Leistung in PS bei U/min	23 bei 3400
Vmax in km/h	85
Karosserie	
Bauart	Limousine (2-türig)
Tragstruktur	Rohrrahmen
Material	Stahlblech
Stückzahl und Marktsituation	
Produktionszahl	65.864
Verfügbarkeit	schlecht
Teilesituation	schwierig
Unterhaltskosten	mittel

Preise in Euro	1	2	3	4	5
P4 (1935-1937), L2t	16.900	12.600	8.000	4.400	1.500

Der wahre Volkswagen der Dreißiger: Opel P4

Opel Olympia — 1935-1940

Der Opel Olympia erlebte seine offizielle Vorstellung im Februar 1935; die Serie lief im April an. Aufsehen erregte das neue Mittelklasse-Modell der deutschen General-Motors-Tochterfirma vor allem mit seiner selbsttragenden Karosserie: Er war das erste Großserien-Automobil der Welt, das auf einen stabilisierenden Rahmen verzichtete. Opel bot den Olympia als geschlossene sowie als Cabrio-Limousine an und montierte bis 1940 fast 170.000 Wagen; die weitere Karriere vereitelte der Zweite Weltkrieg mit seiner bedingungslosen Ausrichtung auf die Rüstungsproduktion. Ende 1937 war das Erfolgsmodell noch überarbeitet worden und erhielt einen neuen, kopfgesteuerten 1,5-Liter-Motor sowie einen repräsentativeren Kühlergrill.

Motor/Antrieb	
Bauart	Vierzylinder (Reihe)
Lage/Antrieb	Front/Heck
Hubraum in cm³	1288, 1488
Leistung in PS bei U/min	24 bei 3300 bis 37 bei 3500
Vmax in km/h	100 bis 112
Karosserie	
Bauart	Limousine (2-/4-türig), Cabrio-Limousine
Tragstruktur	selbsttragend
Material	Stahlblech
Stückzahl und Marktsituation	
Produktionszahl	167.974
Verfügbarkeit	gegen null
Teilesituation	schwierig
Unterhaltskosten	mittel

Preise in Euro	1	2	3	4	5
1.5 Olympia (1938-1940), L2t	17.100	12.900	8.400	4.500	1.500
1.5 Olympia (1938-1940), L4t	17.400	13.100	8.500	4.600	1.500
1.5 Olympia (1938-1940), Cal	19.600	14.800	9.400	5.000	2.000

Deutsch-amerikanische Innovation: Opel Olympia

Opel Kadett — 1936-1940

Knapp zwei Jahre nach dem Debüt des erfolgreichen Olympia schob Opel ein neues Einsteiger-Modell namens Kadett nach: ebenfalls mit moderner, selbsttragender Karosserie, aber mit dem 1,1-Liter-Motor des vormaligen P4. Der Kadett entwickelte sich sofort zum Marktführer der Kleinwagen-Klasse und fand bereits im ersten Jahr seiner Karriere mehr als 30.000 Käufer. Ab Dezember 1937 war der Kadett als einfach ausgestattete Normal-Limousine (mit starrer Vorderachse) und als Spezial-Ausführung (mit Synchronfederung und mehr Chrom) lieferbar. Bis die Produktion im Mai 1940 endete, waren mehr als 107.000 Kadett produziert worden.

Motor/Antrieb	
Bauart	Vierzylinder (Reihe)
Lage/Antrieb	Front/Heck
Hubraum in cm³	1073
Leistung in PS bei U/min	23 bei 3400
Vmax in km/h	95
Karosserie	
Bauart	Limousine (2-/4-türig), Cabrio-Limousine
Tragstruktur	selbsttragend
Material	Stahlblech
Stückzahl und Marktsituation	
Produktionszahl	107.608
Verfügbarkeit	schlecht
Teilesituation	schwierig
Unterhaltskosten	mittel

Preise in Euro	1	2	3	4	5
Kadett (1936-1940, Mod. 1937), L2t	13.900	10.400	6.800	3.600	1.200
Kadett (Ser. 1936-1940, Mod. 1937), L4t	14.100	10.600	6.900	3.700	1.200
Kadett (Ser. 1936-1940, Mod. 1937), Cal	16.800	12.500	7.900	4.300	1.400

Der Krieg vereitelte seinen großen Durchbruch: Opel Kadett

Opel (D)

Opel Kapitän
1938-1940

Bemerkenswert amerikanisch sah er aus, der Opel Kapitän, der Ende 1938 erschien, um den deutschen Markt der gehobenen Klasse aufzumischen. Zu diesem Zweck brachte er eine selbsttragende, modisch gestaltete Karosserie, ein komfortbetontes Fahrwerk und einen seidenweichen 2,5-Liter-Sechszylindermotor mit. Die Preisskala begann 1938 bei moderaten 3575 Reichsmark für die zweitürige Limousine; daneben gab es für 3975 RM einen konservativen Viertürer und für 4325 RM ein Cabriolet. Eindrucksvolle Cabrio-Sonderkarosserien der Kleinserien-Hersteller Gläser und Hebmüller waren ebenfalls im Angebot. Im Oktober 1940 musste die Produktion eingestellt werden, „aus kriegswichtigen Gründen", wie es damals hieß. Die meisten Kapitäne wurden von der Wehrmacht eingezogen und an der Front zusammengeschossen; das macht sie heute rar.

Feines Art-Design: Opel Kapitän

Motor/Antrieb					
Bauart					Sechszylinder (Reihe)
Lage/Antrieb					Front/Heck
Hubraum in cm³					2473
Leistung in PS bei U/min					55 bei 3600
Vmax in km/h					126
Karosserie					
Bauart					Limousine (2-/4-türig), Cabriolet
Tragstruktur					selbsttragend
Material					Stahlblech
Stückzahl und Marktsituation					
Produktionszahl					25.374
Verfügbarkeit					gegen null
Teilesituation					schwierig
Unterhaltskosten					mittel
Preise in Euro	1	2	3	4	5
Kapitän (1938-1940), L4t	29.000	21.000	13.000	7.000	3.000

Opel Olympia
1947-1949

Im Dezember 1947 war der Trümmerschutt in Rüsselsheim so weit beiseite geräumt, dass Opel die ersten Nachkriegs-Pkw bauen konnte. Das Mittelklasse-Modell Olympia befand sich bis auf die modifizierte Vorderrad-Aufhängung auf dem Stand des 1938er Modells. Die Innenausstattung war jedoch etwas nüchterner als ehedem, und die Radkappen waren anfangs lackiert statt verchromt. Der Preis betrug nach der Währungsreform stolze 6785 D-Mark, was den Olympia anfangs zum Luxusartikel für gut betuchte Käufer machte. Bestellen durfte ihn bis 1949 sowieso nur, wer einen Bezugsschein der Alliierten vorlegen konnte. Die ersten 30.000 Nachkriegs-Olympia, die bis 1949 produziert wurden, sind heute große Raritäten.

Hurra, wir leben noch: Opel Olympia 1947

Motor/Antrieb					
Bauart					Vierzylinder (Reihe)
Lage/Antrieb					Front/Heck
Hubraum in cm³					1488
Leistung in PS bei U/min					37 bei 3500
Vmax in km/h					112
Karosserie					
Bauart					Limousine (2-türig)
Tragstruktur					selbsttragend
Material					Stahlblech
Stückzahl und Marktsituation					
Produktionszahl					29.952
Verfügbarkeit					gegen null
Teilesituation					schwierig
Unterhaltskosten					mittel
Preise in Euro	1	2	3	4	5
Olympia (1947-1949), L2t	18.800	14.000	9.400	5.000	2.000

Opel Kapitän (Modell 1949)
1948-1951

Die stärkste deutsche Limousine kam in den 40er Jahren nicht aus Stuttgart, sondern hieß Opel Kapitän. Ab Oktober 1948 konnten wohlhabende Käufer die praktisch unveränderte Neuauflage des 1939er Modells bestellen. Stil und Fahrgefühl der Sechszylinder-Limousine folgten amerikanischen Auto-Idealen der dreißiger Jahre; speziell der seidenweiche und drehmomentstarke Motor fand großen Beifall. Drei Fahrstufen reichten aus, um ihn bei Laune zu halten: Ab 1950 wurden sie per modischer Lenkradschaltung sortiert. Der Grundpreis von 9950 Mark machte den Kapitän zum standesgemäßen Automobil der Direktoren, Chefärzte und Großstadt-Bürgermeister. Im Gegensatz zum modischeren Nachfolgemodell sind die frühen Kapitäne praktisch ausgestorben.

Für die Aufsteiger der Aufbau-Epoche: Opel Kapitän

Motor/Antrieb					
Bauart					Sechszylinder (Reihe)
Lage/Antrieb					Front/Heck
Hubraum in cm³					2473
Leistung in PS bei U/min					55 bei 3500
Vmax in km/h					125
Karosserie					
Bauart					Limousine (4-türig)
Tragstruktur					selbsttragend
Material					Stahlblech
Stückzahl und Marktsituation					
Produktionszahl					30.431
Verfügbarkeit					gegen null
Teilesituation					schwierig
Unterhaltskosten					hoch
Preise in Euro	1	2	3	4	5
Kapitän (1948-1951), L4t	27.000	23.000	12.000	6.000	2.500

Opel Olympia
1950-1953

Mit breitem Chrom-Grill und dynamischer geformten Kotflügeln startete der Olympia in die fünfziger Jahre: Im ersten Jahr nach diesem Modellwechsel verdoppelten sich die Verkaufszahlen! Neben den Design-Retuschen wartete der Mittelklasse-Opel mit Verbesserungen wie teilsynchronisiertem Getriebe, Lenkradschaltung und besseren Materialien im Innenraum auf. Zur geschlossenen Version kamen eine Cabrio-Limousine für erste Genießer des Wirtschaftswunders und ein Kastenwagen. Das Modelljahr 1951 brachte dem Olympia zwei PS mehr Leistung, ein vergrößertes Heckfenster und eine Kofferraumklappe. Die zweite Olympia-Auflage seit Kriegsende gab es von Januar 1950 bis März 1953.

Der Chrom der kargen Jahre: Opel Olympia

Motor/Antrieb					
Bauart					Vierzylinder (Reihe)
Lage/Antrieb					Front/Heck
Hubraum in cm³					1488
Leistung in PS bei U/min					37 bei 3500 bis 39 bei 3700
Vmax in km/h					105 bis 112
Karosserie					
Bauart					Limousine (2-türig), Kombi (3-türig), Cabrio-Limousine
Tragstruktur					selbsttragend
Material					Stahlblech
Stückzahl und Marktsituation					
Produktionszahl					157.103
Verfügbarkeit					schlecht
Teilesituation					schwierig
Unterhaltskosten					mittel
Preise in Euro	1	2	3	4	5
Olympia (1950-1953), L2t	14.500	10.500	7.000	3.500	1.800
Olympia (Ser. 1950-1953), Cal	18.100	12.500	7.800	4.000	2.000

Opel (D)

Opel Kapitän (Modell 1951) — 1951-1953

Die Zeit bis zum Erscheinen des Kapitän mit Ponton-Karosserie überbrückte eine retuschierte Version des großen Opel mit modischen US-Stilelementen. Für die Überarbeitung waren die GM-Designer in Detroit verantwortlich; sie orientierten sich am Aussehen der 1948er Chevrolet-Modelle. Abgesehen vom Karosserie-Facelift hielten sich die Veränderungen in Grenzen: Wesentlichstes Merkmal war eine Leistungs-Erhöhung um drei PS, die Opel durch leichtes Anheben der Verdichtung erreichte. Dennoch war der Kapitän kein Auto zum Schnellfahren, sondern mehr ein Cruiser im US-Stil, was vor allem die watteweiche Federung signalisierte. Die Kundschaft hat´s goutiert: Sie bestand aus zumeist bürgerlichen Aufsteigern, denen es hinterm Steuer nach Geborgenheit zumute war.

Mit besten Grüßen aus Detroit: Opel Kapitän

Motor/Antrieb					
Bauart					Sechszylinder (Reihe)
Lage/Antrieb					Front/Heck
Hubraum in cm³					2473
Leistung in PS bei U/min					58 bei 3700
Vmax in km/h					130
Karosserie					
Bauart					Limousine (4-türig)
Tragstruktur					selbsttragend
Material					Stahlblech
Stückzahl und Marktsituation					
Produktionszahl					48.491
Verfügbarkeit					schlecht
Teilesituation					schwierig
Unterhaltskosten					hoch
Preise in Euro	1	2	3	4	5
Kapitän (1951-1953), L4t	26.000	19.000	11.000	6.000	2.500

Opel Kapitän (Modell 1954) — 1953-1955

Wie gut es den Deutschen wieder ging, zeigten Mitte der 50er-Jahre die Absatz-Zahlen des Rüsselsheimer Topmodells: 1954 verkaufte Opel über 44.000 Kapitäne – die Sechszylinder-Limousine rangierte hinter dem Volkswagen und dem Opel Rekord auf dem dritten Platz der Zulassungsstatistik. Den Erfolg verdankte der Kapitän des Modell-Jahrgangs 1954 vor allem seiner neu gestalteten, sehr imposanten Ponton-Karosserie im US-Stil. Die Technik stammte prinzipiell vom Vorgänger-Typ: Der Motor leistete nun aber 68 PS, ab Oktober 1954 sogar 71 PS. Drei Fahrstufen reichten, um das drehmomentstarke Triebwerk bei Laune zu halten. Die Baureihe war von November 1953 bis Juli 1955 erhältlich. Ihre Technik war zwar zäh, aber die Karosserien neigten zum schnellen Rosten, weshalb nicht allzu viele der großen Opel überleben durften.

Auf großer Fahrt in die Hochkonjunktur: Opel Kapitän (1953)

Motor/Antrieb					
Bauart					Sechszylinder (Reihe)
Lage/Antrieb					Front/Heck
Hubraum in cm³					2473
Leistung in PS bei U/min					68 bei 3700 bis 71 bei 3700
Vmax in km/h					140
Karosserie					
Bauart					Limousine (4-türig)
Tragstruktur					selbsttragend
Material					Stahlblech
Stückzahl und Marktsituation					
Produktionszahl					61.543
Verfügbarkeit					schlecht
Teilesituation					schwierig
Unterhaltskosten					hoch
Preise in Euro	1	2	3	4	5
Kapitän (1953-1955), L4t	17.600	11.100	7.300	3.300	900

Opel Olympia Rekord (Modell 1954) — 1953-1954

Opels erste Neukonstruktion nach Kriegsende war auf Anhieb ein Erfolg. Jahrelang rangierte das Rüsselsheimer Mittelklasse-Modell auf dem zweiten Platz der deutschen Zulassungsstatistik – direkt nach dem VW Käfer. Dass der Olympia Rekord so viel Anklang fand, hatte mehrere Gründe: Sein Preis von 6410 Mark war bemerkenswert günstig, seine Verarbeitung solide. Zudem wirkte die Pontonkarosserie mit dem Haifischmaul-Kühlergrill ausgesprochen modern und repräsentativ. Und anders als viele Konkurrenten durchlitt der Rekord keine Kinderkrankheiten: Seine Technik stammte – mit nur leichten Veränderungen – vom Vorgänger-Modell. Neben Limousine, Kombi (der bei Opel CarAVan hieß) und Kastenwagen bot Opel für nur 300 Mark Aufpreis eine Cabrio-Limousine an. Gebaut wurde der erste Ponton-Rekord von März 1953 bis Juli 1954.

Bewährte Technik, modernes Design: Opel Olympia Rekord (1953)

Motor/Antrieb					
Bauart					Vierzylinder (Reihe)
Lage/Antrieb					Front/Heck
Hubraum in cm³					1488
Leistung in PS bei U/min					40 bei 3800
Vmax in km/h					115 bis 120
Karosserie					
Bauart					Limousine (2-türig), Cabrio-Limousine, Kombi (3-türig)
Tragstruktur					selbsttragend
Material					Stahlblech
Stückzahl und Marktsituation					
Produktionszahl					136.028
Verfügbarkeit					schlecht
Teilesituation					schwierig
Unterhaltskosten					mittel
Preise in Euro	1	2	3	4	5
Olympia Rekord (1953-1954), L2t	13.600	10.200	6.500	3.500	1.000

Der Zuverlässige

... das gilt auch für den größten Opel-Markenclub.

Unser Clubmagazin erscheint sechsmal im Jahr für 1.800 Mitglieder in 24 Ländern.

Für EUR 5,- erhalten Sie eine Qualitätsprobe der

ALT-OPEL IG v. 1972 e.V.
Postfach 142
74344 Lauffen/Neckar
www.ALT-OPEL.org

Opel (D)

Opel Olympia Rekord (Modell 1955) — 1954-1955

Nach amerikanischem Vorbild brachte Opel jedes Jahr eine umgestaltete Version der Rekord-Baureihe auf den Markt. Der Facelift sollte wohlhabenden Kunden die Möglichkeit der „sozialen Differenzierung" geben, so Opel-Chef Edward Zdunek. Jede Überarbeitung ließ den Wert der Vorgänger-Modelle sinken, obwohl sich die Technik nur im Detail veränderte. Das Rekord-Modell 1955, gebaut bis Juli 1956, ging mit größerem Rückfenster, einem veränderten Kühlergrill und einer verchromten Motorhauben-Verzierung („Gurkenraspel") an den Start. Das Modellprogramm erweiterte Opel mit der Einfachversion Olympia, deren nüchterne Ausstattung sich speziell an Behörden und andere Großkunden wandte.

Variation eines bekannten Themas: Opel Olympia Rekord (1954)

Motor/Antrieb	
Bauart	Vierzylinder (Reihe)
Lage/Antrieb	Front/Heck
Hubraum in cm³	1488
Leistung in PS bei U/min	40 bei 3800
Vmax in km/h	120
Karosserie	
Bauart	Limousine (2-türig), Cabrio-Limousine, Kombi (3-türig)
Tragstruktur	selbsttragend
Material	Stahlblech
Stückzahl und Marktsituation	
Produktionszahl	131.588
Verfügbarkeit	schlecht
Teilesituation	schwierig
Unterhaltskosten	mittel

Preise in Euro	1	2	3	4	5
Olympia Rekord (1954-1955), L2t	12.700	9.500	5.800	3.100	900

Opel Kapitän (Modell 1956) — 1955-1958

Geschickte Karosserie-Retuschen machten den 1956er Kapitän moderner und weltmännischer als seinen Vorgänger. Dabei beschränkten sich die Überarbeitungen auf den vergrößerten Kühlergrill, runde vordere Nebelleuchten und kantigere hintere Kotflügel. Die Motorleistung stieg auf 75 PS. Nach Erscheinen des Mercedes-Benz 220 a drohte der größte Opel an Marktanteilen zu verlieren, weshalb der Grundpreis um 150 Mark sank. Mitte 1957 kam der Kapitän L mit üppigerer Ausstattung ins Programm, zudem gab es für 650 Mark einen zuschaltbaren Overdrive. Kapitäne mit Schongang waren an einem kleinen Glasschildchen auf der Hutablage zu erkennen. 1957/58 sackten die Kapitän-Verkaufszahlen ab, und es kam zu einem einmaligen Vorgang in der Opel-Geschichte: Im Februar 1958 endete die Kapitän-Produktion; erst vier Monate später kam der Nachfolger.

Als Gold-Stück ein Unikat für die Werbung: Opel Kapitän (1955)

Motor/Antrieb	
Bauart	Sechszylinder (Reihe)
Lage/Antrieb	Front/Heck
Hubraum in cm³	2473
Leistung in PS bei U/min	75 bei 3900
Vmax in km/h	140
Karosserie	
Bauart	Limousine (4-türig)
Tragstruktur	selbsttragend
Material	Stahlblech
Stückzahl und Marktsituation	
Produktionszahl	92.555
Verfügbarkeit	schlecht
Teilesituation	schwierig
Unterhaltskosten	hoch

Preise in Euro	1	2	3	4	5
Kapitän (1955-1958), L4t	16.900	10.800	7.000	3.200	900

Opel Olympia Rekord (Modell 1956) — 1955-1956

Die Änderungen des Rekord-Jahrgangs 1956 beschränkten sich auf einen neuen Kühlergrill, den Wegfall der Hauben-Verzierung und der Stoßstangen-Hörner sowie eine leichte Verdichtungs-Erhöhung. Der ansonsten unveränderte Motor leistete 45 PS und sicherte eine etwas gestiegene Höchstgeschwindigkeit. Neu an Bord war auch eine leichtgängigere Kugelumlauf-Lenkung. Zum letzten Mal war bis Juli 1956 eine Cabrio-Limousine im Angebot, die sich jedoch nur schleppend verkaufte – heute ist sie das gefragteste Olympia-Rekord-Modell. Opel-Freunde, die eines der raren Exemplare an Land ziehen konnten, lassen sich meistens weder für Geld noch gute Worte wieder zur Trennung überreden.

Am Bug kehrte Ruhe ein: Opel Olympia Rekord (1955)

Motor/Antrieb	
Bauart	Vierzylinder (Reihe)
Lage/Antrieb	Front/Heck
Hubraum in cm³	1488
Leistung in PS bei U/min	45 bei 3900
Vmax in km/h	120
Karosserie	
Bauart	Limousine (2-türig), Cabrio-Limousine, Kombi (3-türig)
Tragstruktur	selbsttragend
Material	Stahlblech
Stückzahl und Marktsituation	
Produktionszahl	144.587
Verfügbarkeit	schlecht
Teilesituation	schwierig
Unterhaltskosten	mittel

Preise in Euro	1	2	3	4	5
Olympia Rekord (1955-1956), L2t	12.200	9.100	5.500	3.000	800

Opel Olympia Rekord (Modell 1957) — 1956-1957

Zu vielgepriesener Eleganz kam der Rekord in seiner 1957er Version mit vergrößertem Kühlergrill, angedeuteten Heckflossen, etwas flacherem Dach und überarbeiteter Innenausstattung. Zudem bot der Rekord ab Juli 1956 ein vollsynchronisiertes Dreigang-Getriebe. Käufer des Vorgänger-Modells ärgerten sich nicht nur darüber, dass ihr Auto über Nacht uralt aussah: Opel senkte den Preis des neuen Modells um satte 300 Mark! Dennoch wirkte der Bestseller im Konkurrenz-Vergleich allmählich zu hochbeinig und pummelig, weshalb auch er nach einem Jahr aus den Preislisten gestrichen wurde.

Facelift, die Dritte: Opel Olympia Rekord (1956)

Motor/Antrieb	
Bauart	Vierzylinder (Reihe)
Lage/Antrieb	Front/Heck
Hubraum in cm³	1488
Leistung in PS bei U/min	45 bei 3900
Vmax in km/h	122
Karosserie	
Bauart	Limousine (2-türig), Kombi (3-türig)
Tragstruktur	selbsttragend
Material	Stahlblech
Stückzahl und Marktsituation	
Produktionszahl	169.721
Verfügbarkeit	schlecht
Teilesituation	schwierig
Unterhaltskosten	mittel

Preise in Euro	1	2	3	4	5
Olympia Rekord (1956-1957), L2t	11.500	8.500	5.000	2.700	700

Opel (D)

Opel Olympia Rekord P1 — 1957-1960

Das Design des Rekord P1 traf ab August 1957 punktgenau den Geschmack des deutschen Mittelstands: Der neue Opel sah aus wie ein verkleinerter Buick Roadmaster. Besonders fortschrittlich wirkten die beiden Panoramascheiben, die Heckflossen und das modisch gestaltete Interieur des Rekord P1. Kleine Unpässlichkeiten nahmen die Opel-Kunden dabei gern in Kauf: Der Ausläufer der Vollsicht-Scheibe zielte beim Einsteigen direkt auf die Kniescheibe. Unverändert war anfangs die Technik des Rekord geblieben; ab Juli 1959 hatten Rekord-Käufer aber die Wahl aus zwei Motoren (1500 mit 45 PS, 1700 mit 55 PS) und konnten auf Wunsch auch einen Viertürer ordern. Gleichzeitig entfiel das Sparmodell Olympia. Auf Wunsch gab es die automatische „Olymat"-Kupplung. Raritäten blieben die Cabrio- und Coupé-Umbauten von Autenrieth in Darmstadt.

Spötter nannten ihn „Bauern-Buick": Opel Olympia Rekord P1

Motor/Antrieb					
Bauart					Vierzylinder (Reihe)
Lage/Antrieb					Front/Heck
Hubraum in cm³					1488, 1680
Leistung in PS bei U/min					45 bei 3900 bis 55 bei 4000
Vmax in km/h					125 bis 132
Karosserie					
Bauart					Limousine (2-/4-türig), Kombi (3-türig), Coupé, Cabriolet
Tragstruktur					selbsttragend
Material					Stahlblech
Stückzahl und Marktsituation					
Produktionszahl					817.003
Verfügbarkeit					schlecht
Teilesituation					schwierig
Unterhaltskosten					mittel
Preise in Euro	1	2	3	4	5
Olympia Rekord P1 (1959-1960), L2t	11.900	8.900	5.300	2.900	800
Olympia Rekord P1, L4t	12.400	9.200	5.500	3.000	900
Olympia Rekord P1, Kom	13.400	10.100	6.100	3.200	1.000

Opel Kapitän P — 1958-1959

Einen Fehlstart par excellence legte im Sommer 1958 der neue Kapitän hin: Den GM-Designern glückte zwar eine imposante Form, viele Kunden ärgerten sich aber über den knappen Kopfraum im Fond und die kleinen hinteren Türen. Tadellos blieb hingegen der Fahrkomfort und die Laufruhe des Sechszylinder-Motors, der es nun auf 80 PS brachte. Das Modellprogramm bestand – wie beim Vorgänger – aus dem Standard-Kapitän und der luxuriösen L-Version; auf Wunsch gab es das bewährte Overdrive-Getriebe. In den Jahren 1958 und 1959 verkaufte Opel jeweils 20.000 Kapitäne weniger als 1954: Daher wurde das glücklose Modell schon nach einem Jahr abgelöst. Seine Seltenheit macht es heute zum besonders gesuchten Modell unter den klassischen Opel-Großwagen.

Die Fond-Passagiere meuterten ihn ins Abseits: Opel Kapitän P

Motor/Antrieb					
Bauart					Sechszylinder (Reihe)
Lage/Antrieb					Front/Heck
Hubraum in cm³					2473
Leistung in PS bei U/min					80 bei 4100
Vmax in km/h					145
Karosserie					
Bauart					Limousine (4-türig)
Tragstruktur					selbsttragend
Material					Stahlblech
Stückzahl und Marktsituation					
Produktionszahl					34.842
Verfügbarkeit					gegen null
Teilesituation					schwierig
Unterhaltskosten					hoch
Preise in Euro	1	2	3	4	5
Kapitän P (1958-1959), L4t	18.600	13.100	8.200	4.100	1.300

Opel 1200 — 1959-1962

Als Konkurrent des Ford 12 M und Nachfolger des allzu einfachen Olympia lancierte Opel im August 1959 das Modell 1200. Es teilte sich die Karosserie mit dem stärkeren Rekord, trug aber weniger aufwändige Chromverzierung und leistete nur 40 PS. Unter seiner Haube saß der Rekord-Motor mit 72 statt 80 Millimeter Bohrung und 40 PS. Der 1200 war geräumig und zuverlässig, er bot viel Auto fürs Geld, aber nur schwächliches Drehmoment. In der heutigen Oldtimer-Szene spielt das fast ausgestorbene Modell keine Rolle: Die Restaurierung eines Rekord P1 ist schließlich nicht teurer, und der Mager-Ausstattung des 1200 fehlt viel vom Fünfziger-Jahre-Flair des größeren Modells.

Mit Buchhalter-Ausstattung gegen den Käfer: Opel 1200

Motor/Antrieb					
Bauart					Vierzylinder (Reihe)
Lage/Antrieb					Front/Heck
Hubraum in cm³					1196
Leistung in PS bei U/min					40 bei 4400
Vmax in km/h					120
Karosserie					
Bauart					Limousine (2-türig)
Tragstruktur					selbsttragend
Material					Stahlblech
Stückzahl und Marktsituation					
Produktionszahl					67.952
Verfügbarkeit					gegen null
Teilesituation					schwierig
Unterhaltskosten					mittel
Preise in Euro	1	2	3	4	5
1200 (1959-1962), L2t	10.100	7.600	4.600	2.400	600

Opel Kapitän P-LV — 1959-1963

Zur alten Hochform fand Opels Spitzenmodell im Sommer 1959 zurück. Die Karosserie des Kapitän wirkte weniger verspielt und wurde etwas länger, im Fond herrschten großzügige Platzverhältnisse – damit qualifizierte sich der teuerste Opel wieder als der Chauffeurwagen, den die Kundschaft wünschte. Der Hubraum wurde auf 2,6 Liter vergrößert, die Leistung stieg auf 90 PS, das maximale Drehmoment auf 187 Nm bei 1900/min. Niedriger wurde nur der Preis: Das Standard-Modell kostete 9975 statt zuvor 10.250 Mark. Im Programm blieben L-Paket und Overdrive, während später noch zwei Technik-Spezialitäten dazukamen: Ab Dezember 1960 gab es das automatische Hydra-Matic-Getriebe, und ab Juli 1962 war der Kapitän mit Servolenkung lieferbar. Mit diesen Extras festigte er seinen Ruf als amerikanischster Großwagen Europas.

Ein waschechter Ami aus Südhessen: Opel Kapitän L (1959)

Motor/Antrieb					
Bauart					Sechszylinder (Reihe)
Lage/Antrieb					Front/Heck
Hubraum in cm³					2605
Leistung in PS bei U/min					90 bei 4100
Vmax in km/h					150
Karosserie					
Bauart					Limousine (4-türig)
Tragstruktur					selbsttragend
Material					Stahlblech
Stückzahl und Marktsituation					
Produktionszahl					145.618
Verfügbarkeit					schlecht
Teilesituation					ausreichend
Unterhaltskosten					hoch
Preise in Euro	1	2	3	4	5
Kapitän P-LV, L4t	14.000	10.100	6.400	3.000	900

Opel (D)

Opel Rekord P2 — 1960-1963

Dem Trend zur neuen Sachlichkeit folgte nicht allein der Kapitän, sondern — im Sommer 1960 — auch der Opel Rekord. Die Statur der Karosserie blieb stämmig mit hoher Gürtellinie. Moderner wirkte der Mittelklasse-Opel aber durch den Wegfall der Panoramascheiben, den verbreiterten Kühlergrill und die flacheren Heckflossen. Besonderes Erkennungsmerkmal waren die vier warzenförmigen Heckleuchten. Opel setzte mit dem P2 den Ausbau des Modellprogramms fort: Neben Limousinen und CarAVans mit 50 und 55 PS gab es ab August 1961 ein Coupé und ab Juni 1962 den komfortableren Rekord L. Die beiden teureren Typen erhielten den 1,7-Liter-S-Motor mit 60 PS. Autenrieth steuerte Cabriolet-Umbauten und einige frühe Coupés bei. Als erster Rekord war der P2 auf Wunsch auch mit Viergang-Getriebe lieferbar. Die Bauzeit dauerte bis Februar 1963.

Die sanfte Sachlichkeit der Sechziger: Opel Rekord P2

Motor/Antrieb	
Bauart	Vierzylinder (Reihe)
Lage/Antrieb	Front/Heck
Hubraum in cm³	1488, 1680
Leistung in PS bei U/min	50 bei 4000 bis 60 bei 4100
Vmax in km/h	125 bis 140
Karosserie	
Bauart	Limousine (2-/4-türig), Kombi (3-türig), Coupé, Cabriolet
Tragstruktur	selbsttragend
Material	Stahlblech
Stückzahl und Marktsituation	
Produktionszahl	787.684
Verfügbarkeit	schlecht
Teilesituation	schwierig
Unterhaltskosten	mittel

Preise in Euro	1	2	3	4	5
Rekord P2 1500, L2t	9.000	6.500	4.100	2.000	500
Rekord P2 1700, L2t	9.500	7.000	4.200	2.100	600
Rekord P2 1700 S, Cpe	11.800	8.900	5.400	2.900	900

Opel Kadett (Serie A) — 1962-1965

Zum Angriff auf VW blies Opel 1962 mit dem A-Kadett: Für dessen Fertigung war in Bochum ein eigenes Zweigwerk entstanden. Der kantige, heckgetriebene Kleinwagen heizte dem Käfer mit dem Temperament seiner 40 PS und seiner geräumigen Karosserie ein — überhaupt war er der erste Opel, der sich dem weichen Fahrwerk entsagte und auch sportliche Fahrer ansprach. Als enorm standfest und genügsam erwies sich der kleine Ein-Liter-Motor des Kadett, dessen Karosserie dagegen bald als Rostfalle berüchtigt war. Im Oktober 1962 begann die Produktion von Kadett Limousine und CarAVan; ein Jahr später legte Opel das Kadett Coupé nach. Dessen sogenannter S-Motor leistete flotte 48 PS und beflügelte auf Wunsch auch Limousinen und Kombis. Trotz ungebrochen hoher Nachfrage brachte Opel zur IAA 1965 den Nachfolger ins Spiel.

Kraft und Kofferraum lockten Käfer-Müde: Opel Kadett A

Motor/Antrieb	
Bauart	Vierzylinder (Reihe)
Lage/Antrieb	Front/Heck
Hubraum in cm³	993
Leistung in PS bei U/min	40 bei 5000 bis 48 bei 5400
Vmax in km/h	120 bis 133
Karosserie	
Bauart	Limousine (2-türig), Kombi (3-türig), Coupé
Tragstruktur	selbsttragend
Material	Stahlblech
Stückzahl und Marktsituation	
Produktionszahl	649.512 (inkl. Coupé)
Verfügbarkeit	schlecht
Teilesituation	ausreichend
Unterhaltskosten	mittel

Preise in Euro	1	2	3	4	5
Kadett A, L2t	8.000	5.000	2.800	800	150
Kadett A, Cpe	9.700	6.200	3.500	1.100	200

Opel Rekord (Serie A) — 1963-1965

Der Opel-Absatz litt zu Beginn der sechziger Jahre unter dem großen Erfolg des Konkurrenz-Modells Ford 17 M. Die Antwort aus Rüsselsheim war Anfang 1963 der Opel Rekord A (anfangs auch Rekord R 3 genannt), dessen Design vom erfolgreichen US-Modell Chevrolet II inspiriert war. Der Rekord A wirkte schlanker und sportlicher als seine Vorgänger, griff aber auf deren bewährtes technisches Layout zurück: Vierzylinder-Motor mit seitlicher Nockenwelle (55 und 60 PS), Vorderachse mit Querlenkern und Schraubenfedern, starre Hinterachse mit Blattfederpaketen. Erst nach und nach kam Pep ins Programm: mit dem eleganten Coupé und der L-Version mit 67 PS (ab September 1963), vor allem aber mit dem Opel Rekord L-6. Dieser Commodore-Vorläufer kam im März 1964 mit dem 2,6-Liter-Motor des Kapitän. Opel löste den Rekord A nach gut zwei Jahren ab.

Als Sechszylinder besonders reizvoll: Opel Rekord A

Motor/Antrieb	
Bauart	Vierzylinder (Reihe), Sechszylinder (Reihe)
Lage/Antrieb	Front/Heck
Hubraum in cm³	1488, 1680, 2605
Leistung in PS bei U/min	55 bei 4500 bis 100 bei 4600
Vmax in km/h	130 bis 170
Karosserie	
Bauart	Limousine (2-/4-türig), Kombi (3-türig), Coupé, Cabriolet
Tragstruktur	selbsttragend
Material	Stahlblech
Stückzahl und Marktsituation	
Produktionszahl	887.488
Verfügbarkeit	schlecht
Teilesituation	schwierig
Unterhaltskosten	mittel

Preise in Euro	1	2	3	4	5
Rekord A 1500, L2t	7.700	4.600	2.800	900	200
Rekord A 1700, L4t	8.300	5.300	3.200	1.000	300
Rekord A 1700 S, Cpe	10.000	6.500	4.000	1.300	600

Opel Kapitän, Admiral, Diplomat, Diplomat V8 (KAD A) — 1964-1968

Mit dieser Modellreihe entglitt Opel die Vormachtstellung in der Sechszylinder-Klasse. Das Oberklasse-Dreigestirn KAD (für Kapitän, Admiral, Diplomat) war gut gelungen und ausgereift, blieb im Ansehen aber hinter den Mercedes-Benz-Typen jener Jahre zurück. Viele Kunden lehnten inzwischen das wuchtige Opel-Design im US-Stil ab. Kapitän und Admiral teilten sich bis 1965 den 2,6-Liter-Motor des Kapitän P-LV; dann kam ein 2,8-Liter-Triebwerk mit 125 und später 140 PS zum Einsatz. Als Power-Pack hielt Opel ab Ende 1964 einen 4,6-Liter-Chevrolet-V8 mit 190 PS bereit, ab 1966 sogar mit 5,4 Liter und 230 PS. Im September 1967 griff eine Modellpflege mit kleineren Detail-Retuschen, im September 1968 wurden die letzten Exemplare gebaut.

Gutes Auto, schütteres Image: Opel Admiral A

Motor/Antrieb	
Bauart	Sechszylinder (Reihe), V8
Lage/Antrieb	Front/Heck
Hubraum in cm³	2605, 2784, 4638, 5354
Leistung in PS bei U/min	100 bei 4600 bis 230 bei 4700
Vmax in km/h	155 bis 200
Karosserie	
Bauart	Limousine (4-türig), Coupé
Tragstruktur	selbsttragend
Material	Stahlblech
Stückzahl und Marktsituation	
Produktionszahl	89.277
Verfügbarkeit	schlecht
Teilesituation	ausreichend
Unterhaltskosten	hoch

Preise in Euro	1	2	3	4	5
Kapitän A 2.6 100 PS, L4t	13.200	8.800	5.600	2.700	800
Admiral A 2.8 140 PS, L4t	13.900	9.400	5.800	2.800	800
Diplomat 4.6, L4t	16.400	10.800	6.700	3.200	1.000

Opel (D)

Opel Diplomat V8 Coupé
1965-1967

Ein Exot im Programm des Großserien-Anbieters Opel war das Diplomat V8 Coupé. Die Produktion übernahm Karmann im neuen Werk Rheine, den Motor lieferte Konzernmutter GM: einen 5,4-Liter-V8-Block von Chevrolet. Sein stämmiges Drehmoment von 435 Nm gab er serienmäßig an ein Powerglide-Automatikgetriebe weiter, wie es auch auf Wunsch auch für die Sechszylinder-Limousinen erhältlich war. Das Interesse an dem 25.500 Mark teuren Coupé flaute ab, als das 230-PS-Aggregat gegen Mehrpreis auch in die Diplomat V8 Limousine einzog – es blieb daher bei einer Kleinst-Auflage von 304 Wagen. Darunter war übrigens auch ein Cabriolet-Prototyp, der sich heute in vollrestauriertem Zustand im Besitz eines Opel-Sammlers befindet.

Ein Glamour-Stück der Sechziger: Opel Diplomat V8 Coupé

Motor/Antrieb	
Bauart	V8
Lage/Antrieb	Front/Heck
Hubraum in cm³	5354
Leistung in PS bei U/min	230 bei 4700
Vmax in km/h	210
Karosserie	
Bauart	Coupé
Tragstruktur	selbsttragend
Material	Stahlblech
Stückzahl und Marktsituation	
Produktionszahl	304
Verfügbarkeit	gegen null
Teilesituation	schwierig
Unterhaltskosten	hoch

Preise in Euro	1	2	3	4	5
Diplomat V8 (1965-1967) 5.4 ltr, Cpe	31.000	22.000	14.500	7.000	2.700

Opel Kadett (Serie B)
1965-1973

Zu außergewöhnlicher Modell-Konstanz fand Opel mit dem volkstümlichen Kadett B: Er blieb acht Jahre lang im Programm und begründete eine vielköpfige Modellfamilie. Zum ersten Mal präsentiert wurde er auf der IAA 1965, wo speziell das neue, elegant geratene Kadett Coupé für Aufsehen sorgte. Daneben gab es jetzt auch eine Viertürer-Limousine, ab 1967 kamen ein viertüriger Kombi und die Fließheck-Limousine LS dazu. Zum Vorläufer späterer GSI-Modelle wurde der sportlich aufgepeppte Rallye-Kadett, ein Coupé mit 1,1-Liter-Doppelvergaser-Motor (60 PS) oder 1,9-Liter-Rekord-Triebwerk (90 PS). Zeitweilig war der Kadett auch mit dem 75-PS-Aggregat des Rekord erhältlich. Die meisten der 2,69 Millionen gebauten Exemplare trieb dagegen der 1,1-Liter-Motor mit 45 oder 55 PS an. Heute ist der Opel Kadett einer der dankbarsten Alltags-Klassiker.

Sie galten als unkaputtbare Alltags-Autos: Opel Kadett B

Motor/Antrieb	
Bauart	Vierzylinder (Reihe)
Lage/Antrieb	Front/Heck
Hubraum in cm³	1078, 1196, 1698, 1897
Leistung in PS bei U/min	45 bei 5000 bis 90 bei 5100
Vmax in km/h	125 b is 165
Karosserie	
Bauart	Limousine (2-/4-türig), Kombi (3-/5-türig), Coupé
Tragstruktur	selbsttragend
Material	Stahlblech
Stückzahl und Marktsituation	
Produktionszahl	2.691.300
Verfügbarkeit	gut
Teilesituation	gut
Unterhaltskosten	mittel

Preise in Euro	1	2	3	4	5
Kadett B 1100, L2t	5.500	3.300	1.800	500	50
Kadett B 1100 S, L4t	6.200	3.700	2.300	550	50
Kadett B 1200 S, Cpe	8.300	5.200	3.000	800	100
Kadett B LS 1100 S, Cpe	8.000	5.000	2.800	700	100

Opel Rekord (Serie B)
1965-1966

Er war von vornherein als Zwischenmodell gedacht und lebte deshalb nur ein kurzes Jahr: Der Rekord B war ein sanft modifizierter A-Rekord mit neuen Motoren. Bis Mitte der 80er-Jahre blieben diese Triebwerke im Opel-Programm; sie liefen unter dem Kürzel „cih", was „camshaft in head" bedeutet und auf eine technische Besonderheit hindeutet: Ihre Nockenwelle rotiert zwar im Zylinderkopf, aber unterhalb der Ventile. Den Rekord B gab es als 1500 (60 PS), 1700 S (75 PS) sowie 1900 S (90 PS); eine Sonderstellung nahm nach wie vor der L-6 mit 100 PS ein. Erstmals wurden alle Rekord-Modelle ohne Aufpreis mit vorderen Scheibenbremsen geliefert, der 1900 S war als erster Mittelklasse-Opel auch mit Automatik zu haben. Optische Erkennungsmerkmale des Rekord B (Bauzeit August 1965 bis Juli 1966) sind rechteckige Front-Scheinwerfer und vier runde Heckleuchten.

Attraktive Verpackung für moderne Motoren: Opel Rekord B

Motor/Antrieb	
Bauart	Vierzylinder (Reihe), Sechszylinder (Reihe)
Lage/Antrieb	Front/Heck
Hubraum in cm³	1492, 1698, 1897, 2605
Leistung in PS bei U/min	60 bei 4800 bis 100 bei 4600
Vmax in km/h	135 bis 170
Karosserie	
Bauart	Limousine (2-/4-türig), Kombi (3-türig), Coupé
Tragstruktur	selbsttragend
Material	Stahlblech
Stückzahl und Marktsituation	
Produktionszahl	296.627
Verfügbarkeit	schlecht
Teilesituation	schwierig
Unterhaltskosten	mittel

Preise in Euro	1	2	3	4	5
Rekord B 1500, L2t	7.400	4.100	2.500	800	200
Rekord B 1700, L4t	7.900	4.700	3.000	900	200
Rekord B 1700 S, Cpe	9.500	6.000	3.600	1.100	400
Rekord B 1700, Kom	8.600	5.400	3.400	950	300

Opel Rekord (Serie C)
1966-1971

Opels C-Klasse war rekordverdächtig erfolgreich: Als erstes Mittelklasse-Modell der Marke entwickelte sich der C-Rekord zum Millionseller. Diesen Erfolg verdankte die Baureihe ihrer mustergültigen Modellkonstanz: Der Rekord C blieb viereinhalb Jahre ohne größere Modifikationen im Programm. Zu den neu entwickelten cih-Motoren des Vorgängers passte nun auch die repräsentative Karosserie des Rekord C mit modischem Hüftschwung als besonderem Erkennungszeichen. Außerdem lösten Schraubenfedern die Blattfedern an der Hinterachse ab. Opel setzte mit dem C-Rekord auf die Erweiterung des Modellprogramms: Es gab nun auch eine viertürige CarAVan-Version, eine Sechszylinder-Variante mit 2,2 Liter Hubraum und die sportlich aufgemachten Sprint-Modelle mit 106 PS. Sie sind heute besonders rar und gesucht.

Der Hüftschwung war damals en vogue: Opel Rekord C Coupé

Motor/Antrieb	
Bauart	Vierzylinder (Reihe), Sechszylinder (Reihe)
Lage/Antrieb	Front/Heck
Hubraum in cm³	1492, 1698, 1897, 2239
Leistung in PS bei U/min	58 bei 4800 bis 106 bei 5600
Vmax in km/h	130 bis 175
Karosserie	
Bauart	Limousine (2-/4-türig), Kombi (3-/5-türig), Coupé, Cabriolet
Tragstruktur	selbsttragend
Material	Stahlblech
Stückzahl und Marktsituation	
Produktionszahl	1.276.681
Verfügbarkeit	gut
Teilesituation	ausreichend
Unterhaltskosten	mittel

Preise in Euro	1	2	3	4	5
Rekord C 1500, L2t	7.500	4.100	2.500	900	200
Rekord C 1700, L4t	7.900	4.600	2.900	1.000	200
Rekord C 1900 S, L4t	9.000	5.600	3.500	1.100	300
Rekord C Coupé Sprint, Cpe	11.000	7.100	4.600	1.400	400

Opel (D)

Opel Commodore, Commodore GS, Commodore GS/E, Commodore GS 2800 (Serie A)   1967–1971

Der große Bruder des erfolgreichen Rekord hieß Commodore und kam im Februar 1967 ins Opel-Programm. Beide Modelle teilten sich die gleiche Karosserie, der Commodore hob sich aber durch reichhaltigeren Zierrat, bessere Ausstattung und serienmäßige Sechszylinder-Motoren vom Rekord ab. Auch war kein Kombi im Angebot: Die Baureihe bestand aus zwei- und viertüriger Limousine sowie dem Coupé. Die Basis-Version war mit 95 PS aus 2,2 Litern Hubraum mild motorisiert. Ab Herbst 1967 unterstrich der GS mit zwei Vergasern und 130 PS den sportlichen Charakter der Commodore-Modelle; ab März 1970 kam der GS/E mit 150 PS und elektronischer Kraftstoff-Einspritzung dazu. Mit dem Commodore etablierte sich Opel erfolgreich im angestammten Marktsegment von Mercedes-Benz und BMW: Opel bot das Image seriöser Sportlichkeit zum viel günstigeren Preis.

Herr Biedermann treibt Breitensport: Opel Commodore A

Motor/Antrieb	
Bauart	Sechszylinder (Reihe)
Lage/Antrieb	Front/Heck
Hubraum in cm³	2239, 2490, 2784
Leistung in PS bei U/min	95 bei 4800 bis 150 bei 5800
Vmax in km/h	160 bis 195
Karosserie	
Bauart	Limousine (2-türig), Limousine (4-türig), Coupé, Cabriolet
Tragstruktur	selbsttragend
Material	Stahlblech
Stückzahl und Marktsituation	
Produktionszahl	156.330
Verfügbarkeit	ausreichend
Teilesituation	ausreichend
Unterhaltskosten	hoch

Preise in Euro	1	2	3	4	5
Commodore (Ser. 1967-1971, 95 PS), L2t	8.900	5.800	3.800	1.200	300
Commodore (Ser. 1967-1971, 95 PS), Cpe	11.000	7.400	4.600	1.500	500
Commodore (Ser. 1967-1971, 115 PS), L4t	9.400	6.000	4.000	1.300	300
Commodore (Ser. 1967-1971, 145 PS), L4t	9.800	6.400	4.100	1.300	300

Opel Olympia   1967–1970

Als Vorläufer des Ascona hob Opel 1967 den Olympia ins Programm: Er sollte die Lücke zum Rekord schließen. Es handelte sich um eine verfeinerte Version des viertürigen Kadett LS mit Fließheck-Karosserie; zudem bot Opel eine Coupé-Version an. Basis-Ausstattung war der 60-PS-Motor des Rallye-Kadett, gegen Mehrpreis konnten die Rekord-Triebwerke mit 75 und 90 PS geordert werden. Einen CarAVan gab es hingegen nicht. Mit seinem Grundpreis von rund 7200 Mark konkurrierte der Olympia speziell mit dem populären VW 1600, erreichte auf dem Markt aber nur Außenseiter-Status. Viel erfolgreicher wurde der Ascona, der den Nobel-Kadett 1970 ablöste.

Ein Auto zwischen den Stühlen: Opel Olympia

Motor/Antrieb	
Bauart	Vierzylinder (Reihe)
Lage/Antrieb	Front/Heck
Hubraum in cm³	1078, 1698, 1897
Leistung in PS bei U/min	60 bei 5200 bis 90 bei 5100
Vmax in km/h	140 bis 165
Karosserie	
Bauart	Limousine (2-türig), Limousine (4-türig), Coupé
Tragstruktur	selbsttragend
Material	Stahlblech
Stückzahl und Marktsituation	
Produktionszahl	80.637 (inkl. 1500)
Verfügbarkeit	schlecht
Teilesituation	ausreichend
Unterhaltskosten	mittel

Preise in Euro	1	2	3	4	5
Olympia (Kadett B) 1100 SR, L2t	8.500	5.200	3.000	750	100
Olympia (Kadett B) 1700 S, L4t	9.300	5.800	3.200	1.100	250
Olympia 1900 SR (Kadett B), Cpe	11.000	7.000	3.900	1.500	300

Opel GT, GT/J   1968–1973

Der erste GT-Prototyp stand auf der IAA 1965 und sollte – so das offizielle Opel-Statement – nur ein rollendes Experimentallabor sein. Das flache Zweisitzer-Sportcoupé mit den Klappscheinwerfern entfachte aber solche Begeisterungsstürme, dass Opel nicht daran vorbeikam, den GT ins Programm zu hieven. Der GT wurde optisch verfeinert und begeisterte ab 1968 als preiswerter Volks-Sportwagen im Stil der US-Corvette. Sein Fahrwerk kam aus dem Kadett wie der 1,1-Liter-Basismotor mit 60 PS. Souveränere Fahrleistungen sicherte allerdings das gefragtere 1,9-Liter-Triebwerk des Rekord. Ab März 1971 war das preiswerte Basismodell GT/J erhältlich. Obwohl sich der Opel GT gut verkaufte, endete seine Karriere schon 1973. Wichtigster Grund dafür waren verschärfte Sicherheits-Bestimmungen in den USA, dem größten Absatzmarkt des GT.

Ein Meilenstein mit kurzem Leben: Opel GT

Motor/Antrieb	
Bauart	Vierzylinder (Reihe)
Lage/Antrieb	Front/Heck
Hubraum in cm³	1078, 1897
Leistung in PS bei U/min	60 bei 5200 bis 90 bei 5100
Vmax in km/h	155 bis 190
Karosserie	
Bauart	Coupé
Tragstruktur	selbsttragend
Material	Stahlblech
Stückzahl und Marktsituation	
Produktionszahl	103.373
Verfügbarkeit	gut
Teilesituation	gut
Unterhaltskosten	mittel

Preise in Euro	1	2	3	4	5
GT-J, Cpe	15.100	10.900	7.500	3.200	900
GT/AL 1100, Cpe	13.000	9.300	6.700	2.400	700
GT/AL 1900, Cpe	16.400	12.000	8.300	3.900	1.000

Opel Kapitän, Admiral, Diplomat, Diplomat V8 (Serie B)   1969–1977

Sie waren hervorragende Autos, aber kaum jemand hat es bemerkt: Das unglückselige Billig-Image stand wie eine Mauer zwischen den Oberklasse-Käufern und den großen Drei von Opel. Ihre Karosserie wirkte repräsentativ, aber auch sehr amerikanisch; Prunkstück ihres kultivierten Fahrwerks war die neu entwickelte DeDion-Hinterachse. Speziell das Topmodell Diplomat V8 war ein reizvolles Automobil, das viel Raum und Leistung für sein Geld bot. Ab Mai 1973 gab es sogar eine V8-Version mit 15 Zentimeter verlängertem Radstand! Gekauft wurde aber meist der Admiral mit 2,8-Liter-Triebwerk, während der mager ausgestattete Kapitän bereits 1970 aus dem Programm fiel. Die frühen großen Opel-Modelle sind H-Kennzeichen-tauglich, trotzdem gelten sie bis heute als echte Geheimtipps.

Er wird bis heute unterschätzt: Opel Diplomat V8

Motor/Antrieb	
Bauart	Sechszylinder (Reihe), V8
Lage/Antrieb	Front/Heck
Hubraum in cm³	2784, 5354
Leistung in PS bei U/min	129 bei 5000 bis 230 bei 4700
Vmax in km/h	170 bis 190
Karosserie	
Bauart	Limousine (4-türig)
Tragstruktur	selbsttragend
Material	Stahlblech
Stückzahl und Marktsituation	
Produktionszahl	51.000
Verfügbarkeit	ausreichend
Teilesituation	ausreichend
Unterhaltskosten	hoch

Preise in Euro	1	2	3	4	5
Kapitän B 2.8 S, L4t	9.300	6.300	4.000	2.000	700
Admiral B 2.8 E, L4t	11.200	7.400	4.600	2.200	800
Diplomat B V8, L4t	12.600	8.900	6.000	2.700	1.000

Opel (D)

Opel Ascona (Serie A) — 1970-1975

Zwischen den Rekord und den Kadett passte 1970 eine weitere Modellreihe. Als Ablösung für den auf dem Kadett basierenden Olympia kam der Ascona: Mit der vom Kadett abgeleiteten Fahrwerkstechnik und Motoren, die vom Rekord abstammten, machte er eine gute Figur. Der dreitürige Kombi und die zwei- und viertürige Limousine waren 4,12 Meter lang. Zunächst gibt es den Ascona nur als 1600er mit 68 und 80 PS. Ab 1971 vergrößerte der 1,9 Liter das Angebot, der 1,2 Liter folgte 1972. Der Ascona Voyage ist ein Luxus-Kombi, der um den normal ausgestatteten Ascona Caravan ab März 1974 ergänzt wird. Im Juli 1975 endet die Produktion des 7365 bis 11.935 Mark teuren Ascona A.

Er schrieb auch Rallyesport-Geschichte: Opel Ascona A

Motor/Antrieb	
Bauart	Vierzylinder (Reihe)
Lage/Antrieb	Front/Heck
Hubraum in cm³	1196, 1584, 1897
Leistung in PS bei U/min	60 bei 5400 bis 90 bei 5100
Vmax in km/h	135 bis 160
Karosserie	
Bauart	Limousine (2-/4-türig), Kombi (3-türig)
Tragstruktur	selbsttragend
Material	Stahlblech
Stückzahl und Marktsituation	
Produktionszahl	691.438
Verfügbarkeit	ausreichend
Teilesituation	ausreichend
Unterhaltskosten	mittel

Preise in Euro	1	2	3	4	5
Ascona A 1200, L2t	4.300	2.400	1.200	400	50
Ascona A 1900 S, L4t	4.900	2.800	1.700	400	50
Ascona A Voyage 1900 S, Kom	6.000	4.100	2.100	600	150

Opel Manta (Serie A) — 1970-1975

Mitte September 1970, noch kurz vor dem Ascona, geht der Opel Manta in den Verkauf. Das attraktiv gestaltete Coupé hatte den Ford Capri als Gegner und eroberte sich ein respektables Stück des Marktes. Der Verkauf startet mit den gleichen Motoren wie beim Ascona, zusätzlich gibt es den 1,9 Liter von Anfang an. 1972 folgen die gehobenen Ausstattungsvarianten Berlinetta und der 1,2 Liter-Motor. Ab 1974 macht der Manta GT/E auf der Autobahn Jagd: mit 105 PS starkem Einspritzmotor. Doch wie beim Ascona ist im Juli 1975 nach fast einer halben Million gebauter Wagen Schluss. Die Preise lagen zwischen knapp 8000 Mark (1970: Manta 1600) und knapp 14.000 Mark (1975: Manta GT/E).

Die Melange aus Faszination und Vernunft: Opel Manta A

Motor/Antrieb	
Bauart	Vierzylinder (Reihe)
Lage/Antrieb	Front/Heck
Hubraum in cm³	1196, 1584, 1897
Leistung in PS bei U/min	60 bei 5200 bis 105 bei 5400
Vmax in km/h	145 bis 185
Karosserie	
Bauart	Coupé
Tragstruktur	selbsttragend
Material	Stahlblech
Stückzahl und Marktsituation	
Produktionszahl	498.553
Verfügbarkeit	gut
Teilesituation	gut
Unterhaltskosten	mittel

Preise in Euro	1	2	3	4	5
Manta A 1200 S, Cpe	9.200	5.500	3.200	1.500	300
Manta A 1900S, Cpe	10.400	6.400	4.300	2.000	500
Manta A GT/E, Cpe	11.000	6.900	4.500	2.100	500

Opel Rekord II (Serie D) — 1971-1977

Als zwei- und viertürige Limousine, als drei- und fünftüriger Kombi und als Coupé war dieser intern Rekord D genannte Mittelklassewagen von Opel lieferbar. Benzinmotoren mit 1,7, 1,9 und 2,0 Liter Hubraum wurden eingebaut, im September 1972 folgte ein 2,1 Liter großer Diesel mit Wirbelkammer und 60 PS. Die Einbauhöhe des Motors verlangte nach einem Buckel auf der Motorhaube. Der Rekord Sprint zeichnete sich nicht mehr durch einen stärkeren Motor aus, sondern nur noch durch eine sportliche Ausstattung. Berlina hießen die opulent aufgewerteten Rekord. Vom 73.987 mal gebauten Coupé ist der 1,9 N mit 3082 Stück am seltensten (abgesehen vom nur einmal gebauten 1,7 N), das Sprint Coupé kam auf 4242 Einheiten.

Er galt als bester BMW, der je aus Hessen kam: Opel Rekord D

Motor/Antrieb	
Bauart	Vierzylinder (Reihe)
Lage/Antrieb	Front/Heck
Hubraum in cm³	1698, 1897, 1979, 2068
Leistung in PS bei U/min	60 bei 4400 bis 100 bei 5200
Vmax in km/h	130 bis 170
Karosserie	
Bauart	Limousine (2-/4-türig), Kombi (3-/5-türig), Coupé
Tragstruktur	selbsttragend
Material	Stahlblech
Stückzahl und Marktsituation	
Produktionszahl	1.128.196
Verfügbarkeit	gut
Teilesituation	ausreichend
Unterhaltskosten	mittel

Preise in Euro	1	2	3	4	5
Rekord II 1700 (1971-1977), L2t	4.400	2.800	1.600	400	50
Rekord II 1900 (Ser. 1971-1977), L4t	4.700	2.900	1.700	500	50
Rekord II 2000 S (Ser. 1971-1977), Cpe	6.200	4.000	2.400	650	100
Rekord II 2000 S (Ser. 1971-1977), Kom	5.600	3.600	2.200	600	100

Opel Commodore (Serie B) — 1972-1977

Parallel zum Rekord D baute Opel wieder den in Karosserie und Fahrwerkstechnik weitgehend gleichen Commodore. Ihm waren wie bisher ausschließlich Sechszylindermotoren vorbehalten, die vom Vorgänger übernommen wurden. Stärker und schneller als der Vorgänger war der GS/E, doch der Biss fehlte und die Ausstrahlung. Neben der viertürigen Limousine war auch die Coupé-form lieferbar. Die Preise lagen zwischen knapp 13.000 Mark für den 2500 S zu Verkaufsbeginn und knapp 23.000 für das GS/E-Coupé im April 1977. Im Juli 1977 endete die Produktion nach knapp 100.000 gebauten Limousinen und gut 40.000 Coupés.

Die Ölkrise stoppte den großen Erfolg: Opel Commodore B GS/E

Motor/Antrieb	
Bauart	Sechszylinder (Reihe)
Lage/Antrieb	Front/Heck
Hubraum in cm³	2490, 2784
Leistung in PS bei U/min	115 bei 5200 bis 160 bei 5400
Vmax in km/h	170 bis 200
Karosserie	
Bauart	Limousine (2-/4-türig), Coupé
Tragstruktur	selbsttragend
Material	Stahlblech
Stückzahl und Marktsituation	
Produktionszahl	140.827
Verfügbarkeit	ausreichend
Teilesituation	ausreichend
Unterhaltskosten	hoch

Preise in Euro	1	2	3	4	5
Commodore B 2.5 S, L2t	5.000	3.100	2.000	500	100
Commodore B GS, L4t	5.800	3.700	2.300	600	100
Commodore B GS/E, Cpe	9.000	5.800	3.600	1.200	350

Opel (D)

Opel Kadett (Serie C) — 1973-1979

Erfolg hatte Opel mit der dritten Nachkriegsversion des Kadett. Den Hecktriebler gab es als zwei- und viertürige Stufenhecklimousine, als Coupé und als Kombi in vielen Versionen. Ab Mai 1975 ergänzt der um 20 Zentimeter verkürzte, mit einer großen Heckklappe versehene Kadett City das Angebot. Sportliches Topmodell ist der Kadett GT/E 2000 EH mit 115 PS starkem Zweiliter-Einspritzmotor. Von diesem 16.850 bis 18.210 Mark teuren Flitzer werden nur 2234 Wagen gebaut. Auch der 2000 E mit 8548 Stück und der 1900 E mit 8660 Stück sind die Exoten im sonst so populären Kadett-Programm. Sie alle müssen nicht mehr um den Status der Sammelwürdigkeit ringen, sondern sind schon längst gesuchte Stücke der Youngtimer-Szene.

Auch er ist inzwischen eine bedrohte Art: Opel Kadett C Limousine

Motor/Antrieb					
Bauart				Vierzylinder (Reihe)	
Lage/Antrieb				Front/Heck	
Hubraum in cm³				933, 1196, 1584, 1979	
Leistung in PS bei U/min				40 bei 5400 bis 115 bei 5600	
Vmax in km/h				120 bis 190	
Karosserie					
Bauart				Limousine (2-/4-türig), Kombi-Coupé, Coupé	
Tragstruktur				selbsttragend	
Material				Stahlblech	
Stückzahl und Marktsituation					
Produktionszahl				1.701.076	
Verfügbarkeit				üppig	
Teilesituation				sehr gut	
Unterhaltskosten				mittel	
Preise in Euro	1	2	3	4	5
Kadett C 1000 (1974-1979), L2t	2.700	1.400	550	200	–
Kadett C 1200 (Ser. 1973-1979), L4t	3.000	1.600	700	300	–
Kadett C 1200 S (Ser. 1973-1979), Cpe	4.500	2.800	1.300	550	50
Kadett C 1200 (Ser. 1973-1979), Kom	3.100	1.900	1.000	350	50

Opel Manta (Serie B) — 1975-1988

Über Manta-Witze lacht schon lange niemand mehr. Doch das heißt nicht, dass der Manta B heute ernst genommen werden würde – selbst in der Youngtimer-Szene kämpft er um Rehabilitation. Zu sehr schreckt das dumpfe Manni-Klischee noch ernsthafte Sammler, obwohl dieses typische Sportcoupé im Stil der Siebziger fast restlos aus dem Alltagsverkehr verschwunden ist – gute Originale der ersten Baureihe bis 1982 sind heute bereits sehr selten. Die Karriere des Breitensportlers begann im August 1975; als zweite Variante neben dem Coupé kam 1978 das Fließheck-Coupé CC mit großer Heckklappe dazu. Im März 1982 erhielten alle Manta eine modernisierte Front mit auffälligem Plastik-Spoiler; im Juni 1988 endete die Produktion. Eine Gesamtproduktion von über 534.000 Exemplaren dokumentierte die große Popularität des Coupés bei seiner später so verspotteten Klientel.

Nur original und unverspoilert hat er eine Zukunft: Opel Manta B

Motor/Antrieb					
Bauart				Vierzylinder (Reihe)	
Lage/Antrieb				Front/Heck	
Hubraum in cm³				1196, 1279, 1584, 1796, 1897, 1979, 2410	
Leistung in PS bei U/min				55 bei 5400 bis 144 bei 5200	
Vmax in km/h				138 bis 210	
Karosserie					
Bauart				Coupé	
Tragstruktur				selbsttragend	
Material				Stahlblech	
Stückzahl und Marktsituation					
Produktionszahl				534.634	
Verfügbarkeit				gut	
Teilesituation				sehr gut	
Unterhaltskosten				mittel	
Preise in Euro	1	2	3	4	5
Manta B 1.9, Cpe	5.600	2.800	1.300	500	100
Manta B 2.0 GT/J, Cpe	6.400	3.100	1.600	600	100
Manta B GSI, Cpe	6.600	3.400	1.700	650	100

Opel Kadett Aero — 1976-1978

Karosseriespezialist Baur aus Stuttgart verwandelte den kleinen Opel in ein luftiges Gefährt, das im März 1976 in Genf vorgestellt wurde. Der Zweitürer war mit 1200er- und 1600er-Motor lieferbar, doch niemand wollte ihn. Nur 1242 Käufer waren bereit, für doch nicht richtiges Offen-Fahrvergnügen stolze 15.000 Mark zu zahlen. Im März 1978 endete die Bauzeit daher schon wieder. Wie viele Klassiker, die in ihrer Jugend nicht richtig gut verkäuflich waren, erfreut sich der Aero sehr reger Nachfrage in Liebhaber-Kreisen.

Preis und Image passen nicht so recht: Opel Kadett C Aero

Motor/Antrieb					
Bauart				Vierzylinder (Reihe)	
Lage/Antrieb				Front/Heck	
Hubraum in cm³				1196, 1584	
Leistung in PS bei U/min				60 bei 5400 bis 75 bei 5200	
Vmax in km/h				145 bis 160	
Karosserie					
Bauart				Coupé (Dachteil entfernbar)	
Tragstruktur				selbsttragend	
Material				Stahlblech	
Stückzahl und Marktsituation					
Produktionszahl				1242	
Verfügbarkeit				ausreichend	
Teilesituation				sehr gut	
Unterhaltskosten				niedrig	
Preise in Euro	1	2	3	4	5
Kadett C Aero, HD	10.500	7.000	4.500	2.000	500

Opel Monza — 1978-1986

Als mustergültig wurde bei der Premiere im Mai 1978 speziell das Fahrwerk der beiden großen Opel namens Monza und Senator gewertet: Die Marke hatte ihre starren Hinterachsen ins Museum gerollt und setzte nun auf eine hochmoderne Schräglenker-Konstruktion. Überzeugen konnten auch die kraftvollen, kultivierten Motoren und die gediegene Ausstattung, während der Karosserie ihre Abstammung vom Rekord etwas zu deutlich anzusehen war. Bis zum Herbst 1982 war das Urmodell mit seinen Chromstoßstangen (intern: Monza A1) im Angebot. Abgelöst wurde es durch eine gründlich modernisierte Version (A2), die bis zum Juni 1986 in den Opel-Preislisten blieb. Die interessantesten dieser späten Modelle hießen Monza GSE und verbanden ihre besonders umfangreiche Ausstattung mit einem Sportfahrwerk.

Noch ist er richtig billig: Opel Monza

Motor/Antrieb					
Bauart				Vierzylinder (Reihe), Sechszylinder (Reihe)	
Lage/Antrieb				Front/Heck	
Hubraum in cm³				1979, 2197, 2490, 2968	
Leistung in PS bei U/min				110 bei 5400 bis 180 bei 5800	
Vmax in km/h				180 bis 200	
Karosserie					
Bauart				Coupé	
Tragstruktur				selbsttragend	
Material				Stahlblech	
Stückzahl und Marktsituation					
Produktionszahl				43.812	
Verfügbarkeit				gut	
Teilesituation				gut	
Unterhaltskosten				hoch	
Preise in Euro	1	2	3	4	5
Monza A 2.0 E, Cpe	5.100	2.800	1.600	600	100
Monza A 3.0 E, Cpe	6.100	3.500	2.000	700	100

Opel Senator (Serie A) — 1978-1986

Opels Oberklasse-Limousine stirbt gegenwärtig aus: Die Zahl der Überlebenden in gutem Zustand hat sich bereits auf wenige hundert Wagen reduziert. Die Karriere von Monza und Senator verlief seit der Vorstellung auf der IAA 1977 praktisch parallel. Einziger Unterschied: Es gab den Senator A auch als besonders großzügig ausgestattete CD-Version, zu der ohne Aufpreis auch eine Klimaanlage gehörte. Ab 1983 erhielt der Senator CD auch ABS, das bei Mercedes-Benz noch jahrelang auf der Mehrpreis-Liste stand, und im Februar 1984 ersetzten LCD-Anzeigen die Rundinstrumente im Armaturenbrett. Gleichzeitig kam eine verlängerte Senator-Version ins Programm, die es sogar in schusssicherer Ausführung gab. Späte Modelle waren auch mit G-Kat lieferbar, zudem legte Opel 1985 eine Sonderserie von 700 Senator Turbodiesel mit BBC-Comprex-Druckwellenlader auf.

Verkannte Größe: Opel Senator A

Motor/Antrieb	
Bauart	Vierzylinder (Reihe), Sechszylinder (Reihe)
Lage/Antrieb	Front/Heck
Hubraum in cm³	1979, 2197, 2260, 2490, 2968
Leistung in PS bei U/min	110 bei 5400 bis 180 bei 5800
Vmax in km/h	170 bis 200
Karosserie	
Bauart	Limousine (4-türig)
Tragstruktur	selbsttragend
Material	Stahlblech
Stückzahl und Marktsituation	
Produktionszahl	129.644
Verfügbarkeit	gut
Teilesituation	gut
Unterhaltskosten	hoch

Preise in Euro	1	2	3	4	5
Senator A 2.8 S, L4t	4.600	2.500	1.100	400	–
Senator A 3.0 E, L4t	4.800	2.600	1.100	400	–

Packard (USA) • 1899 - 1959

Diese Marke zählt zu den ältesten Amerikas, gleichzeitig genoss sie weltweit höchstes Ansehen als Hersteller von Luxusautos. Packard war in Detroit beheimatet und brachte 1946 aktualisierte Vorkriegsmodelle auf den Markt. 1947 feierte man eine Million produzierter Packard-Wagen und hielt auch danach noch einige Jahre an längst überholten, seitengesteuerten Reihen-Achtzylindermotoren fest.
1954 schloss sich Packard mit Studebaker zusammen, die Luft war für kleine Hersteller dünn geworden. 1956 ging Studebaker-Packard an den Curtiss-Wright-Konzern über. Die neuen Besitzer rationalisierten mit Nachdruck: Der Packard Clipper von 1957 war in Wahrheit ein Studebaker, die großen Packard wurden eingestellt. 1959 erlosch der klangvolle Name.

Packard 200 — 1951-1952

Der klangvolle Name Packard sicherte den Verkaufserfolg nicht von allein, und die wirtschaftlichen Sorgen der Nobelmarke führten zu dem schlicht 200 getauften Sparmodell. Er wurde als zwei- und viertürige Limousine ausschließlich mit dem ältlichen Reihenachtzylindermotor angeboten. Das langsam drehende Aggregat versprach neben höchster Laufkultur auch große Zuverlässigkeit, herausragende Spitzenleistungen blieben dem 4,7 Liter aber versagt. Die gefälligen Rundungen der auf einem Kastenrahmen ruhenden Pontonkarosserie zeigten an der Front den typisch reichhaltigen Chromschmuck. Mit mehr als 18.000 verkauften Wagen war der Packard 200 der letzte nennenswerte Verkaufserfolg der großen Marke.

Großer Name, zu kleine Stückzahlen: Packard 200

Motor/Antrieb	
Bauart	Achtzylinder (Reihe)
Lage/Antrieb	Front/Heck
Hubraum in cm³	4719
Leistung in PS bei U/min	139 bei 3600
Vmax in km/h	145
Karosserie	
Bauart	Limousine (2-/4-türig)
Tragstruktur	Kastenrahmen
Material	Stahlblech
Stückzahl und Marktsituation	
Produktionszahl	18.082
Verfügbarkeit	schlecht
Teilesituation	schwierig
Unterhaltskosten	hoch

Preise in Euro	1	2	3	4	5
200 Club, L2t	13.500	10.000	6.200	3.200	1.500
200, L4t	14.000	10.300	6.400	3.300	1.500

Packard Caribbean — 1953-1956

Den Übergang vom Reihenmotor zu V-förmig angeordneten Zylindern machte das Modell Caribbean mit. Nachdem es 1953 noch mit dem alten Triebwerk auf den Markt kam, gab es das Topmodell der Marke ab 1955 schließlich auch mit dem leistungsstärkeren V-Motor. Das Edel-Cabriolet war damit immerhin bis zu 310 PS stark, doch die Konkurrenz verkaufte besser. Angesichts der nur knapp 2200 verkauften Fahrzeuge können sich heutige Besitzer aber ansehnlich hoher Preise erfreuen. Vergnüglich stimmt jedoch nicht nur diese Tatsache, sondern auch der sehr weit gefasste Ausstattungsluxus des dinosauriergroßen Dampfers mit der eindrucksvollen Chrommaske.

Ein moderner V8 machte ihm Beine: Packard Caribbean

Motor/Antrieb	
Bauart	Achtzylinder (Reihe), V8
Lage/Antrieb	Front/Heck
Hubraum in cm³	5358, 5883, 5773, 6096
Leistung in PS bei U/min	183 bei 4000 bis 310 bei 4600
Vmax in km/h	155 bis 190
Karosserie	
Bauart	Cabriolet, Hardtop
Tragstruktur	Kastenrahmen
Material	Stahlblech
Stückzahl und Marktsituation	
Produktionszahl	2189
Verfügbarkeit	gegen null
Teilesituation	sehr schwierig
Unterhaltskosten	hoch

Preise in Euro	1	2	3	4	5
Caribbean (Ser. 1953-1954), Cab	40.000	29.700	18.000	9.500	4.800
Caribbean V8 (Ser. 1955-1956), Cab	49.000	37.700	22.900	12.000	6.100

Packard (F) • Panhard (F)

Packard Hawk 1958

Die Ehe von Packard und Studebaker führte kurz vor dem Ende der Renommiermarke zu dem Modell Packard Hawk. Dem eigenwillig gestalteten Coupé wuchsen am Heck recht üppige Flossen, die Front dominierte der über die ganze Breite reichende, flache Grill. Die Gestaltung war vom Studebaker Golden Hawk bekannt, Raymond Loewy zeichnete dafür verantwortlich. Als Packard zeigte der auf einem Kastenrahmen basierende Wagen eine luxuriöse Ausstattung, die sich indes nur 588 Käufer leisteten. Der 4,7 Liter große V-Achtzylinder leistete in der Grundversion 210 PS, konnte aber als Kompressorversion auch 275 PS stark sein. Das sorgte für sehr ansehnliche Fahrleistungen, minderte aber die Lebensdauer.

Nur wenige hörten den Schwanengesang: Packard Hawk

Motor/Antrieb	
Bauart	V8
Lage/Antrieb	Front/Heck
Hubraum in cm³	4738
Leistung in PS bei U/min	210 bei 4500 bis 275 bei 4800
Vmax in km/h	175 bis 200
Karosserie	
Bauart	Hardtop
Tragstruktur	Kastenrahmen
Material	Stahlblech
Stückzahl und Marktsituation	
Produktionszahl	588
Verfügbarkeit	gegen null
Teilesituation	schwierig
Unterhaltskosten	hoch

Preise in Euro	1	2	3	4	5
Hawk, Cpe			keine Notierung		

Panhard (F) • 1889 - 1967

Bereits 1889 gab es die Marke Panhard, sie ist damit neben Peugeot die älteste der Welt. Panhard & Levassor bauten vor allem Luxusfahrzeuge und Rennwagen, die sehr erfolgreich waren und Maßstäbe setzten. Nach dem Zweiten Weltkrieg gab Panhard die Herstellung von Prestigemodellen zugunsten wirtschaftlicher Kleinwagen auf.
Konstrukteur und Frontantriebsspezialist J. A. Gregoire entwickelte die technische Basis des Panhard Dyna. Stromlinienförmige, windschlüpfige Karosserien, niedriges Gewicht und gute Bremsen waren seine Markenzeichen. Die Chassisgestaltung ermöglichte es vielen Spezialisten, eigene Karosserien auf Panhard-Fahrgestellen zu schaffen – Ghia-Aigle, Allemano, Callista, Drews, Wendler und andere schufen Aufbauten auf Panhard-Basis.
1955 hatte Citroën Teile des Panhard & Levassor-Kapitals übernommen, die Produktionskapazitäten waren geschätzt. Im Frühjahr 1965 übernahm Citroën die Marke Panhard komplett. 1967 lief die Produktion endgültig aus: Das Ende einer der legendärsten Automarken. Was blieb, war das Rüstungsgeschäft.

Panhard Dyna 110, 120, 120 Sprint, 120 Junior, Dyna 130 1946-1954

Das Flair des Besonderen umgab die Fahrzeuge des Automobilbau-Pioniers Panhard stets – das war auch beim ersten Nachkriegsmodell nicht anders. Der Dyna zeigte sich mit aufwändigen, luftgekühlten Zweizylinder-Viertaktboxermotoren, Frontantrieb und einem Leichtbaukonzept mit Aluminium-Karosserieteilen als anspruchsvolle und richtungsweisende Konstruktion. Dank des niedrigen Gewichts reichten die kleinvolumigen Triebwerke für gute Fahrleistungen völlig aus. Die gute Wirtschaftlichkeit war der Nachkriegssituation bestens angepasst. Das eigenwillige Karosserie-Styling stand dem ungewöhnlichen Dyna nicht schlecht. Sein Rohrrahmenchassis war eine willkommene Basis für eine Vielfalt von Aufbauvarianten.

Leichtgewichts-Boxer mit schrulligem Styling: Panhard Dyna

Motor/Antrieb	
Bauart	Zweizylinder (Boxer)
Lage/Antrieb	Front/Front
Hubraum in cm³	610, 745, 850
Leistung in PS bei U/min	24 bei 4000 bis 40 bei 5000
Vmax in km/h	100 bis 130
Karosserie	
Bauart	Limousine (4-türig), Kombi (3-türig), Cabriolet
Tragstruktur	Rohrrahmen
Material	Stahlblech
Stückzahl und Marktsituation	
Produktionszahl	55.000
Verfügbarkeit	schlecht
Teilesituation	sehr schwierig
Unterhaltskosten	niedrig

Preise in Euro	1	2	3	4	5
Dyna 120, L4t	12.600	8.000	4.400	2.000	800

Panhard 54, 55, 56, 57, 58 1954-1959

Konzeptionell unterschied sich der im Juni 1954 weiterentwickelte Dyna 54 kaum vom Vorgänger. Das eigenwillige, charaktervolle Design machte ihn zu einer gelungenen Erscheinung, der Wagen war halb ponton-, halb stromlinienförmig gezeichnet. Bei einem Gesamtgewicht von nur 640 Kilogramm reichten dem von 3,82 auf 4,50 Meter gewachsenen Wagen weiterhin die kleinen Zweizylinder-Viertakt-Boxer für ordentliche Fahrleistungen. Sie wurden in verschiedenen Leistungsstufen angeboten. Der 50 PS starke Tigre-Motor hatte wie die anderen nur 850 cm³, sparsam und flott waren alle. Die Namensgebung folgte dem Kalenderjahr. Das zweitürige Cabriolet blieb sehr rar und ist daher heute nur schwer zu finden.

Ein Avantgardist mit Alltags-Qualitäten: Panhard 54

Motor/Antrieb	
Bauart	Zweizylinder (Boxer)
Lage/Antrieb	Front/Front
Hubraum in cm³	850
Leistung in PS bei U/min	35 bei 5000 bis 50 bei 6300
Vmax in km/h	110 bis 145
Karosserie	
Bauart	Limousine (4-türig), Cabriolet
Tragstruktur	Plattformrahmen
Material	Stahlblech
Stückzahl und Marktsituation	
Produktionszahl	k.A.
Verfügbarkeit	gegen null
Teilesituation	schwierig
Unterhaltskosten	mittel

Preise in Euro	1	2	3	4	5
54, L4t			keine Notierung		

Panhard (F) • Panther (GB)

Panhard PL 17, PL 17 B, PL 17 Tigre 1959-1964

Mit leichten Retuschen an Front und Heck profitierte der PL 17 gegenüber dem Dyna auch von den 1957 eingeführten federnden Stoßdämpfern und einem Kühlgebläse sowie ab 1958 besserer Geräuschdämpfung. Auch der Innenraum des PL 17 war größer, doch Kostenersparnis und Rationalisierungsdruck des Mutterhauses Citroën machten sich immer stärker bemerkbar. Panhard verlor an Profil, der Zweizylindermotor schien nicht mehr zeitgemäß. Dennoch hat dieses Modell bis heute eine erstaunlich starke Ausstrahlung, nicht zuletzt aufgrund des potenten Tigre-Motors. Ab 1960 waren die vorderen Türen vorn angeschlagen, das Cabriolet kam jetzt auch offiziell ins Angebot. 1963 erschien noch ein PL 17 unter der Marke Panauto als fünftüriger Kombi auf dem Markt.

Die späten Jahre eines Charakter-Typen: Panhard PL

Motor/Antrieb	
Bauart	Zweizylinder (Boxer)
Lage/Antrieb	Front/Front
Hubraum in cm³	850
Leistung in PS bei U/min	42 bei 5300 bis 50 bei 6300
Vmax in km/h	130 bis 150
Karosserie	
Bauart	Limousine (4-türig), Cabriolet
Tragstruktur	Plattformrahmen
Material	Stahlblech
Stückzahl und Marktsituation	
Produktionszahl	k.A.
Verfügbarkeit	schlecht
Teilesituation	schwierig
Unterhaltskosten	mittel

Preise in Euro	1	2	3	4	5
PL 17, L4t	12.000	7.700	4.200	1.900	600
PL 17 B, L4t	11.500	7.100	4.000	1.800	600

Panhard 24 C, CT, B, BT 1963-1967

Mit den 1963 eingeführten Modellen 24 C und CT verblasste das Licht der französischen Traditionsmarke. Gegen die vierzylindrige Konkurrenz halfen auch einige optische Retuschen an Front und Heck nicht mehr, obwohl sie den Wagen sehr modern und elegant aussehen ließen. Der 24 C war ein viersitziges Coupé, der CT galt als 2+2-Sitzer. Beide hatten einen wie beim PL 17 halbselbsttragenden Aufbau, der mit einer kräftigen Stahlträgerstruktur gestützt wurde. 1964 kamen zusätzlich die Modelle B und BT mit auf 2,55 Meter verlängertem Radstand auf den Markt, die Außenlänge wuchs von 4,26 auf 4,49 Meter. 1965 ersetzte der 24 BA den Panhard 17. Der Rost hat diese interessanten Fahrzeuge ebenso wie die meisten 17er unwiederbringbar dahingerafft, selbst in Frankreich sind sie inzwischen selten.

Er sah schneller aus, als er war: Panhard 24 CT

Motor/Antrieb	
Bauart	Zweizylinder (Boxer)
Lage/Antrieb	Front/Front
Hubraum in cm³	848
Leistung in PS bei U/min	42 bei 5250 bis 50 bei 5750
Vmax in km/h	130 bis 160
Karosserie	
Bauart	Limousine (2-türig), Coupé
Tragstruktur	Plattformrahmen
Material	Stahlblech
Stückzahl und Marktsituation	
Produktionszahl	ca. 27.000
Verfügbarkeit	schlecht
Teilesituation	schwierig
Unterhaltskosten	mittel

Preise in Euro	1	2	3	4	5
24 CT, Cpe	15.500	10.100	5.500	2.800	1.000
24 BT, Cpe	14.300	9.200	5.000	2.300	900

Panther (GB) • 1971 - 1994

Die Modelle der englischen Marke Panther sind die Realisation des persönlichen Autotraums eines vermögenden Briten. Robert „Bob" Jankel, Ingenieur und Motorsport-Fan, hatte mit Mode Geld gemacht. 1972 gründete er die Panther Westwinds Ltd. in Walton-on-Thames (Surrey) und präsentiert noch im gleichen Jahr den Panther J 72: Das Konzept, klassische Jaguar-Formen mit moderner Technik zu verbinden, erwies sich als tragfähig und erfolgreich. Handarbeit war bei den geringen Stückzahlen selbstverständlich. Insgesamt sollen 13 verschiedene Modelle gebaut worden sein, die allerdings nicht alle Serienreife erlangten.
Finanzielle Probleme machten 1980 einen Verkauf der Firma nötig. Die Jindo-Group, ein koreanischer Konzern, produzierte Rohkarossen und Fahrgestelle in Asien weiter, die Qualität der Panther stieg dabei merklich – eine britische, spleenige Idee, standfeste Technik und asiatische Fertigungstechnik verbanden sich zu einem durchaus guten Ergebnis.
Die Ssangyong Motor Company, die Panther schließlich von der Jindo-Group übernommen hatte, besaß allerdings kein großes Interesse am Kallista, dem zuletzt und am häufigsten gefertigten Modell. 1994 wurde die Einstellung der Produktion gemeldet, von einer Wiederaufnahme ist nichts bekannt, obwohl Robert Jankel 1998 die Panther-Markenrechte zurückgekauft hat.

Panther J 72 1972-1980

Sie sehen aus wie Vorkriegsklassiker – aber nur auf den ersten Blick. Bei genauerer Betrachtung sind moderne Elemente sichtbar. Als Youngtimer gehen die Nachempfindungen des Jaguar SS 100 inzwischen durch. Der Panther J 72 hat tatsächlich etwas von einem Jaguar – den 4,2-Liter-Sechszylinder-Motor aus dem XJ. Die klassisch anmutende Karosserie wurde aus Aluminium gefertigt. Obwohl die Form nicht eigenständig ist, kombiniert der J 72 eine hochwertige und handwerkliche Bauweise. Zwölf Exemplare des J 72 erhielten den 5,3-Liter-V12 von Jaguar, die ersten 25 produzierten J 72 besaßen den klassischen 3,8-Liter-Motor. Inzwischen sind die ersten J 72 mit H-Kennzeichen unterwegs – ganz zu Recht. Denn schließlich kam Bob Jankel die Idee der klassischen Hülle um moderne Technik bereits Ende der 1960er Jahre.

Die Klassiker-Kopie wird selbst zum Klassiker: Panther J 72

Motor/Antrieb	
Bauart	Sechszylinder (Reihe), V12
Lage/Antrieb	Front/Heck
Hubraum in cm³	4235, 5343
Leistung in PS bei U/min	186 bei 5100 bis 270 bei 5750
Vmax in km/h	190 bis 220
Karosserie	
Bauart	Roadster
Tragstruktur	Kastenrahmen
Material	Aluminium
Stückzahl und Marktsituation	
Produktionszahl	368
Verfügbarkeit	schlecht
Teilesituation	ausreichend
Unterhaltskosten	hoch

Preise in Euro	1	2	3	4	5
J 72 (Sechszylinder), Rds	30.000	22.800	13.200	7.800	2.400

Panther (GB)

Panther De Ville   1974-1980

Panthers größter Entwurf war der De Ville, der dem Stil schwerer Repräsentationslimousinen aus dem Amerika der 1930er Jahre folgte. Details wie die Kühlermaske in Hufeisenform zeigten dagegen Ähnlichkeiten mit den damaligen Kreationen Ettore Bugattis. Unter der langgezogenen Haube des De Ville waltete ausnahmslos Jaguar-Technik, bevorzugt kam die V12-Maschine zum Einsatz. Von der geschlossenen Variante, dem De Ville Saloon, sind nur 46 Exemplare entstanden, dazu kamen elf Convertible, ein Coupé und ein Sechstürer. Die meisten großen Panther fanden Kunden in den USA, aber auch in den Golf-Staaten und im heimischen England befindet sich heute so mancher De Ville in – oft prominenter – Liebhaberhand. Die üppigen Preise beweisen, wie hoch Skurrilität im Kurs stehen kann.

Im Stil der 1930er Jahre: Panther De Ville

Motor/Antrieb	
Bauart	V12
Lage/Antrieb	Front/Heck
Hubraum in cm³	5343
Leistung in PS bei U/min	272 bei 5850 bis 299 bei 5500
Vmax in km/h	ca. 200 bis 220
Karosserie	
Bauart	Limousine (4- und 6-türig), Coupé, Cabriolet
Tragstruktur	selbsttragend
Material	Stahlblech
Stückzahl und Marktsituation	
Produktionszahl	59
Verfügbarkeit	schlecht
Teilesituation	ausreichend
Unterhaltskosten	hoch

Preise in Euro	1	2	3	4	5
De Ville, L4t	65000	46000	30000	–	–

Panther Lima   1974-1980

In populäreren Preis- und Leistungsregionen war auch der Lima ein ansehnlicher Erfolg. Firmenboss Jankel ließ sich auch bei der Formgebung dieses Modells von klassischen Linien inspirieren und verwendete preiswerte Technik – der 2,3 Liter große Vierzylinder stammte beispielsweise von Bedford. Schade, dass er ausgerechnet zu Vauxhall griff, die damals noch Eigenständiges bauten: Heute ist die Ersatzteilversorgung schwierig geworden. Der Markterfolg gab Jankel und seiner Konstruktion recht. Unter den größeren Stückzahlen litt jedoch die Verarbeitungsqualität zunehmend, was aber angesichts relativ günstiger Preise akzeptiert wurde.

Kind der ersten großen Nostalgiewelle: Panther Lima

Motor/Antrieb	
Bauart	Vierzylinder (Reihe)
Lage/Antrieb	Front/Heck
Hubraum in cm³	2279
Leistung in PS bei U/min	110 bei 5000
Vmax in km/h	170
Karosserie	
Bauart	Roadster
Tragstruktur	Kastenrahmen
Material	Kunststoff
Stückzahl und Marktsituation	
Produktionszahl	897
Verfügbarkeit	gegen null
Teilesituation	ausreichend
Unterhaltskosten	mittel

Preise in Euro	1	2	3	4	5
Lima, Cab	18.500	10.800	6.000	3.300	900

Panther Kallista   1982-1992

Mit modifizierter Aluminium-Karosserie, die in Südkorea gefertigt wurde, einem neuen Interieur und Ford-Motoren ging der Nachfolger des Lima an den Start. Die Verarbeitungsqualität konnte beim Kallista wieder gesteigert werden, zur Wahl standen Triebwerke mit vier und sechs Zylindern, die zwischen 1,6 und 2,9 Liter Hubraum aufwiesen. 333 Kallista fanden über den hiesigen Generalimporteur den Weg nach Deutschland – sie werden zu recht moderaten Preisen gehandelt und können als Tipp für die Zukunft gelten.

Unproblematische Ford-Technik: Panther Kallista

Motor/Antrieb	
Bauart	Vierzylinder (Reihe), V6
Lage/Antrieb	Front/Heck
Hubraum in cm³	1567 bis 2933
Leistung in PS bei U/min	96 bei 6000, 150 bei 5200
Vmax in km/h	169 bis 195
Karosserie	
Bauart	Roadster
Tragstruktur	Kastenrahmen
Material	Aluminium
Stückzahl und Marktsituation	
Produktionszahl	1741
Verfügbarkeit	gut
Teilesituation	gut
Unterhaltskosten	mittel

Preise in Euro	1	2	3	4	5
Kallista (Vierzylinder), Cab	19.500	11.400	6.400	3.500	1.000
Kallista (V6), Cab	20.500	12.500	7.200	3.800	1.200

Peerless (GB) • 1957 - 1960

Einziges Modell der Peerless Motors Ltd mit Sitz in Slough – nicht zu verwechseln mit der amerikanischen Marke Peerless – war das Coupé Gran Turismo 2 Litre. Es wurde zwischen 1957 und 1960 mit dem eingekreisten P als Markenzeichen gebaut, der Prototyp zunächst mit Aluminium-, das Serienmodell später mit Kunststoff-Karosserie. Die Technik kam von Triumph.
Mangelnde finanzielle Mittel und der ausbleibende Verkaufserfolg ließen das von ehemaligen Rennfahrern gegründete Unternehmen im Laufe des Jahres 1960 scheitern. Das Modell wurde von der Marke Warwick kurze Zeit weitergebaut.

Peerless GT *1957-1960*

Ambitioniert zeigte sich das Konzept dieses Sportcoupés: Dem Zeitgeschmack entsprachen die kleinen Heckflossen der leichten Kunststoff-Karosserie, unter der sich feine Technik verbarg. Der Gitterrohrrahmen, eine DeDion-Hinterachse und die Motor-/-Getriebeeinheit samt Vorderachse und Bremsanlage vom Triumph TR 3 garantierten ein gelungenes Gesamtpaket. Es gab einen respektabel abgeschlossenen Le-Mans-Start im Jahr 1958, doch aus der Planung, 20 bis 25 Wagen pro Woche zu bauen, wurde mangels Nachfrage nichts. Und finanzielle Engpässe verhinderten – wie bei so vielen britischen Kleinstmarken – die Weiterentwicklung – schade drum.

Darunter steckt haltbare Triumph TR3-Technik: Peerless GT

Motor/Antrieb	
Bauart	Vierzylinder (Reihe)
Lage/Antrieb	Front/Heck
Hubraum in cm³	2138
Leistung in PS bei U/min	100 bei 5000
Vmax in km/h	170
Karosserie	
Bauart	Coupé
Tragstruktur	Kastenrahmen
Material	Kunststoff
Stückzahl und Marktsituation	
Produktionszahl	325
Verfügbarkeit	gegen null
Teilesituation	ausreichend
Unterhaltskosten	mittel

Preise in Euro	1	2	3	4	5
2 Litre GT, Cpe	19.000	13.500	7.000	3.500	1.500

Pegaso (E) • 1951 - 1958

Die zwischen 1951 und 1958 gebauten Pegaso-Sportwagen waren Produkte der Lastwagenfabrik ENASA in Barcelona. ENASA hatte nach dem Zweiten Weltkrieg die berühmte Marke Hispano-Suiza übernommen. Dennoch war der Pegaso Z-102 eine Überraschung, die der Ingenieur Wilfredo Ricart, früher in Diensten von Alfa Romeo, entwickelt hatte. Technische Leckerbissen bis hin zu aufgeladenen V-Achtzylindermotoren lockten verschiedene Karossiers zu Pegaso, eine Art Standard-Pegaso stammte aus der Feder von Touring. 1958 lief die Sportwagenproduktion der Spanier aus, doch die insgesamt 86 gebauten Fahrzeuge hatten den Namen Pegaso sehr populär gemacht.

Pegaso Z 102 *1951-1956*

Kleinvolumige V8-Motoren aus Aluminium mit zwei oben liegenden Nockenwellen pro Zylinderbank beflügelten das spanische Renommierprojekt Pegaso, in dessen Markenemblem sich ein geflügeltes Pferd fand. Parallelen zu italienischen Spitzensportlern sind nicht rein zufällig zu sehen, doch der Zuspruch zu diesem ambitionierten, die Belegschaft des Lastwagenherstellers motivierenden Fahrzeug blieb weit hinter den Erwartungen zurück. Dabei hatte man keinen Aufwand gescheut, um potenziellen Kunden den Sportwagen schmackhaft zu machen – so gab es neben der exquisiten Technik verschiedene Karosserien aus Aluminium. Als schnellster Straßensportwagen der Welt durfte sich lange Zeit die mit zwei Roots-Kompressoren auf 360 PS gebrachte Spitzenversion des Pegaso Z 102 bezeichnen.

Er zeigte sogar dem 300 SL die Zähne: Pegaso Z 102

Motor/Antrieb	
Bauart	V8
Lage/Antrieb	Front/Heck
Hubraum in cm³	2472, 2810, 3178
Leistung in PS bei U/min	160 bei 6800 bis 360 bei 6600
Vmax in km/h	200 bis 250
Karosserie	
Bauart	Coupé, Cabriolet, Sonderkarosserie
Tragstruktur	Plattformrahmen
Material	Aluminium
Stückzahl und Marktsituation	
Produktionszahl	k.A.
Verfügbarkeit	gegen null
Teilesituation	ausreichend
Unterhaltskosten	mittel

Preise in Euro	1	2	3	4	5
Z 102, Cpe			keine Notierung		

Pegaso (E) • Peugeot (F)

Pegaso Z 103   1955-1958

Mit mehr Hubraum und nur noch bis zu 300 PS versuchte der Z 103 von Pegaso, eine erfolgreichere Rolle im Sportwagensegment zu spielen. Doch auch das 1955 vorgestellte und auf mehr Alltagstauglichkeit ausgelegte Produkt konnte nicht überzeugen. Die Verarbeitungsqualität des in winzigen Stückzahlen gefertigten Modells stand in keinem guten Verhältnis zum Verkaufspreis. Die Achtzylinder-V-Motoren zeigten hier einen deutlich geringeren Bauaufwand, mit ohv-Technik anstelle obenliegender Nockenwellen waren sie kultivierter und leiser. 1958 endete die Bauzeit des als Cabriolet und Coupé angebotenen Spaniers sang- und klanglos.

Spaniens Stolz leistete 300 PS: Pegaso Z 103

Motor/Antrieb					
Bauart					V8
Lage/Antrieb					Front/Heck
Hubraum in cm³					3988, 4450, 4681
Leistung in PS bei U/min					230 bei 6000 bis 300 bei 5500
Vmax in km/h					220 bis 250
Karosserie					
Bauart				Coupé, Cabriolet, Sonderkarosserie
Tragstruktur					Plattformrahmen
Material					Aluminium
Stückzahl und Marktsituation					
Produktionszahl					k.A.
Verfügbarkeit					gegen null
Teilesituation					sehr schwierig
Unterhaltskosten					hoch
Preise in Euro	1	2	3	4	5
Z 103, Cpe			keine Notierung		

Peugeot (F) • seit 1889

Peugeot gilt heute als die älteste noch existierende Automarke der Welt. Als Unternehmer war die Familie Peugeot indes schon Jahrzehnte aktiv, bevor sie das erste Auto anbot. Ab 1810 fertigte die Marke mit dem Löwen – seit 1850 geschützt! – Sägeblätter, und 1885 kamen Fahrräder hinzu.

Das erste Peugeot-Fahrzeug, ein dreirädriger Dampfwagen, hatte die Firma schon 1889 auf der Pariser Messe vorgestellt. Die Antriebsform erwies sich als ungeeignet, und Armand Peugeot sah sich nach passenderer Technik um – er fand sie in dem von Gottlieb Daimler produzierten und von Panhard & Levassor verkauften Verbrennungsmotor.

Schon ein Jahr später hatte Peugeot die nächste Entwicklungsstufe erreicht – einen Benzinmotor im Heck, der Rahmen, analog zum Fahrradbau, aus Stahlrohr gefertigt. Die Experimente liefen weiter, durchaus erfolgreich. Während 1912 Peugeot mit dem kleinen Bébé, einer Bugatti-Konstruktion, einen ersten Verkaufsschlager erzielte, feierten Peugeot-Rennwagen mit zwei oben liegenden Nockenwellen große Erfolge beim Grand Prix von Frankreich und selbst bei den 500 Meilen Indianapolis.

Der gute Ruf der Marke reichte bis Deutschland: Peugeot, so hieß es, sei der französische Mercedes-Benz. Dank ihrer Erfolge konnte die Marke auf Expansionskurs gehen: Peugeot schluckte Bellanger und de Dion-Bouton, später auch Chenard-Walker und Hotchkiss.

Steter Wandel, nur der Löwe blieb: Peugeot-Markenzeichen

Nach dem Zweiten Weltkrieg lagen die Peugeot-Fabriken in Schutt und Asche. Mit dem Vorkriegstyp 202 konnten die Franzosen die Serienfertigung langsam wieder aufnehmen. 1948 stellte Peugeot den komplett neuen 203 vor, der bis 1960 produziert wurde.

1967 vereinbarte Peugeot eine technische Zusammenarbeit mit Renault. Das Ergebnis war der Euro-Motor, der zusammen mit Volvo entstand. Das Unternehmen verleibte sich 1976 den Konkurrenten Citroën ein, ohne jedoch die Marke aufzugeben.

1969 galt Peugeot als der zweitgrößte Automobilhersteller Frankreichs, nach dem Kauf der europäischen Chrysler-Filialen war Peugeot sogar ab 1978 größter Auto-Konzern Europas. Aus Chrysler entstand Talbot, doch die aufwändig wiederbelebte Marke blieb ohne Fortune: Bereits 1983 wurde die Verbindung mit Chrysler wieder gelöst. 1980 übernahm Peugeot die Talbot-Organisation, um sie 1984 wieder auszugliedern.

Nebenbei bauten die Franzosen weiter Autos, blieben mit dem erfolgreichen 504 und nicht minder beliebten 205 über die Jahre gut im Geschäft – und heute ist der Löwe bissiger denn je.

Er initiierte die französische Automobilproduktion: Armand Peugeot (1849 - 1915)

Peugeot 202   1938-1948

Ab 1945 wurde die Herstellung des populären Modells 202 aus der Vorkriegszeit wieder aufgenommen. Besonderes Kennzeichen dieser Modellreihe waren die hinter dem Kühlergitter platzierten, eng zusammen stehenden Scheinwerfer – jahrelang das typische Gesicht für Modelle dieser Marke. Die elegante Karosserie mit verkleideten Hinterrädern saß auf einem Kastenrahmenchassis, Einzelradaufhängung vorn und Starrachse hinten waren eher moderne Konstruktionsmerkmale. Der gut 1,1 Liter große Vierzylinder leistete solide 30 PS. Neben der Limousine befanden sich auch eine Cabriolimousine und ein charmantes Cabriolet im Angebot.

Leuchten hinter Gittern: Peugeot 202

Motor/Antrieb					
Bauart					Vierzylinder (Reihe)
Lage/Antrieb					Front/Heck
Hubraum in cm³					1133
Leistung in PS bei U/min					30 bei 4000
Vmax in km/h					100
Karosserie					
Bauart				Limousine (2-/4-türig), Cabrio-Limousine, Cabriolet
Tragstruktur					Kastenrahmen
Material					Stahlblech
Stückzahl und Marktsituation					
Produktionszahl					122.878
Verfügbarkeit					schlecht
Teilesituation					schwierig
Unterhaltskosten					niedrig
Preise in Euro	1	2	3	4	5
202 (Ser. 1938-1942), L4t	14.500	10.300	7.500	3.200	1.600
202 (Ser.L593 1945-1948), L4t	12.400	8.800	6.300	2.700	1.400

Peugeot (F)

Peugeot 203 — 1948-1960

Allein die Bauzeit gibt einen zuverlässigen Hinweis auf grundsolide Merkmale damaliger Peugeot-Konstruktionen. Stolze zwölf Jahre war die Nummer 203 im Angebot. Futuristische Merkmale gingen dem Fahrzeug zwar ab, doch immerhin konnte das Fahrwerk mit Einzelradaufhängung vorn ebenso überzeugen wie der robuste ohv-Vierzylindermotor mit Leichtmetallzylinderkopf oder das Viergetriebe. Zahlreiche moderne Konstruktionselemente ließen die Nachfrage nach dem 203 jedenfalls lange anhalten. Mit etlichen verschiedenen Karosserievarianten befriedigte Peugeot unterschiedlichste Kundenwünsche. Während die Limousinen heute noch relativ einfach zu finden sind – manche stehen gar noch täglich im Einsatz –, zählt das Cabrio zu den begehrten Raritäten.

Ein sanfter Löwe: Peugeot 203

Motor/Antrieb	
Bauart	Vierzylinder (Reihe)
Lage/Antrieb	Front/Heck
Hubraum in cm³	1290
Leistung in PS bei U/min	42 bei 4500 bis 45 bei 4500
Vmax in km/h	105 bis 120
Karosserie	
Bauart	Limousine (2-/4-türig), Cabrio-Limousine, Cabriolet, Coupé, Kombi (5-türig)
Tragstruktur	selbsttragend
Material	Stahlblech
Stückzahl und Marktsituation	
Produktionszahl	685.828
Verfügbarkeit	ausreichend
Teilesituation	ausreichend
Unterhaltskosten	mittel

Preise in Euro	1	2	3	4	5
203 (Ser. 1948-1954), L4t	12.800	9.100	6.500	2.800	1.500
203 (Ser. 1951-1956), Cab	26.800	20.300	13.500	8.100	4.500

Peugeot 403 — 1956-1966

Peugeots Mittelklassemodell war ab 1955 unter der Nummer 403 zu erreichen. Das Grundkonzept entsprach dem Vorgänger 203, doch die optisch modernisierte Karosserie und ein auf 1,5 Liter Hubraum vergrößerter Motor kündeten vom Fortschritt. Die glattflächige Ponton-Karosserie zeigte die Handschrift des Meisters Pinin Farina. Ab 1960 gab es als Nachfolger für den ausrangierten 203 auch eine 1,3-Liter-Motorisierung. Schon ab Herbst 1959 bot Peugeot auch ein 1,8 Liter großes Dieseltriebwerk an, gleichzeitig wurde auch das formal gelungene Cabriolet vorgestellt. Als technische Pionierleistung hatten die 403 einen thermostatisch geregelten Kühlerventilator, der Kraftstoff sparen half. Besonders begehrt sind die raren und selten guterhaltenen 403 Cabriolets.

Als Cabriolet in der Luxusklasse unterwegs: Peugeot 403

Motor/Antrieb	
Bauart	Vierzylinder (Reihe)
Lage/Antrieb	Front/Heck
Hubraum in cm³	1290, 1468, 1816
Leistung in PS bei U/min	48 bei 4000 bis 65 bei 4750
Vmax in km/h	120 bis 135
Karosserie	
Bauart	Limousine (4-türig), Kombi (5-türig), Cabriolet
Tragstruktur	selbsttragend
Material	Stahlblech
Stückzahl und Marktsituation	
Produktionszahl	1.214.130
Verfügbarkeit	ausreichend
Teilesituation	ausreichend
Unterhaltskosten	mittel

Preise in Euro	1	2	3	4	5
403 (Ser. 1956-1962), L4t	9.700	6.900	5.000	2.100	800
403 Diesel (Ser. 1960-1965), L4t	9.200	6.600	4.600	2.000	800
403 C, Cab	25.000	18.000	12.500	6.000	2.900

Peugeot 404 — 1960-1975

Als moderner und eleganter Wurf präsentierte sich der Peugeot 404, der ab 1960 in den Verkauf gelangte. Dieses Modell wurde, wie der Vorgänger 403 zum 203, eine Weile parallel zum 403 gebaut und setzte die Markenphilosophie ungebrochen fort. Zeitgemäß hatten seine Konstrukteure die Eigenschaften Komfort, Geräumigkeit, Langlebigkeit und Zuverlässigkeit weiterentwickelt. Optisch modische Flossen zierten das Heck des Pinin Farina-Entwurfes der, Dank nach rechts geneigtem Motor, eine gute Sicht über die zwischen den Scheinwerfern abfallende Motorhaube nach vorn gewährte. Die Maschine selbst war auf gut 1,6 Liter vergrößert worden, erst ab 1962 im Commerciale-Kombi und ab 1967 im 404 Berline war auch der 1468 cm³ große Antrieb wieder zu haben. Den Diesel offerierte Peugeot in zwei Versionen, den 1,6-Benziner auch als noch etwas defektanfälligen Einspritzer.

Seine ruhige Eleganz blieb unübertroffen: Peugeot 404

Motor/Antrieb	
Bauart	Vierzylinder (Reihe)
Lage/Antrieb	Front/Heck
Hubraum in cm³	1469, 1618, 1816, 1948
Leistung in PS bei U/min	53 bei 5000 bis 88 bei 5700
Vmax in km/h	110 bis 160
Karosserie	
Bauart	Limousine (4-türig), Kombi (5-türig)
Tragstruktur	selbsttragend
Material	Stahlblech
Stückzahl und Marktsituation	
Produktionszahl	2.769.361
Verfügbarkeit	gut
Teilesituation	gut
Unterhaltskosten	mittel

Preise in Euro	1	2	3	4	5
404/8 Confort (Ser. 1967-1968), L4t	7.900	5.700	3.800	1.800	550
404 Super Luxe, L4t	8.700	6.300	4.200	2.100	600

Peugeot 404 Cabriolet und Coupé — 1963-1968

Die Coupé- und Cabriolet-Varianten des 404 erhielten, anders als die Vorgänger mit identischer Formgebung, eine weitgehend eigenständige Karosserie. Sie waren von Pinin Farina in Anlehnung an die Limousinen- und Kombilinien gezeichnet worden. Unter dem Blech dieser geräumigen Zweitürer mit komfortorientiertem, kultiviertem Charakter hatte sich dagegen nichts getan. Auch für diese Modelle war auf Wunsch der stärkere Einspritzmotor zu haben, doch selbst damit erreichten die Wagen bestenfalls als flott zu bezeichnende Fahrleistungen. Komfortables Reisen in gepflegter Atmosphäre war hier angesagt. Für das häufiger gebaute Cabrio werden stattliche Preise verlangt, die selteneren Coupés sind dagegen noch relativ preiswert zu bekommen.

Kultiviertheit ging vor Rasanz: Peugeot 404 Cabriolet

Motor/Antrieb	
Bauart	Vierzylinder (Reihe)
Lage/Antrieb	Front/Heck
Hubraum in cm³	1468, 1618
Leistung in PS bei U/min	65 bei 5000 bis 88 bei 5700
Vmax in km/h	155 bis 165
Karosserie	
Bauart	Cabriolet, Coupé
Tragstruktur	selbsttragend
Material	Stahlblech
Stückzahl und Marktsituation	
Produktionszahl	10.387, 6837
Verfügbarkeit	ausreichend
Teilesituation	ausreichend
Unterhaltskosten	mittel

Preise in Euro	1	2	3	4	5
404, Cpe	15.000	11.100	7.600	3.800	1.500
404, Cab	21.500	15.800	10.900	5.400	2.800

Peugeot (F)

Peugeot 204 Limousine, Break, Cabriolet und Coupé 1964-1976

Der erste Peugeot mit Vorderradantrieb: Im April 1965 präsentierte Peugeot den gefälligen Stufenheck-Viertürer 204 – auch hier hatte Pininfarina mitgewirkt. Der quer eingebaute Motor trieb die Vorderräder an, ein zukunftsweisendes Konzept. Einzelradaufhängung rundum und Scheibenbremsen vorn waren weitere Technik-Highlights in dieser Wagenklasse. Im Oktober 1965 stellte Peugeot auch den 204 Break mit fünf Türen vor. Ab Herbst 1967 sorgte ein 1,2-Liter-Dieselmotor für Furore. Die Neukonstruktion mit Leichtmetallblock und oben liegender Nockenwelle drehte bis 6000/min – ungewöhnlich hoch. Das zweisitzige Cabriolet und das 2+2-sitzige Coupé standen auf einem um 29 Zentimeter verkürzten Fahrgestell. Besonders die offene Version, für die es ab Herbst 1967 auch ein Hardtop gab, ist heute stark gefragt.

Preiswerteste Frankreich-Klassik: Peugeot 204

Motor/Antrieb	
Bauart	Vierzylinder (Reihe)
Lage/Antrieb	Front/Front
Hubraum in cm³	1130, 1255
Leistung in PS bei U/min	35 bei 5000 bis 59 bei 6250
Vmax in km/h	125 bis 140
Karosserie	
Bauart	Limousine (4-/5-türig), Cabriolet, Coupé
Tragstruktur	selbsttragend
Material	Stahlblech
Stückzahl und Marktsituation	
Produktionszahl	1.604.296
Verfügbarkeit	gegen null
Teilesituation	schwierig
Unterhaltskosten	mittel

Preise in Euro	1	2	3	4	5
204 (Ser. 1964-1969), L4t	5.600	3.000	2.100	950	250
204 Break (Ser. 1965-1976), Kom	5.400	3.200	2.200	1.000	300
204, Cpe	7.000	4.700	3.300	1.600	600
204, Cab	12.500	8.100	5.600	2.700	1.500

Peugeot 504 1968-1983 (heute)

Als Abrundung des Modellprogramms nach oben angekündigt, erschien der Peugeot 504 im Jahr 1968. Wiederum hatte Pininfarina für ein typisches Familiengesicht gesorgt, besonders chrakteristisch war sein Knick im Heck. Einzelradaufhängung statt hinterer Starrachse und Scheibenbremsen rundum gab es schon zum Start. Als Motor kam zunächst eine überarbeitete 404-Maschine mit 1,8 Liter Hubraum unter die Haube, wahlweise als Vergaser oder Einspritzer. Knautschzonen vorn und hinten sowie Sitze mit ausziehbaren Kopfstützen zeugten vom Sicherheitsbewusstsein des Konstrukteurs. Unzählige Modellpflegemaßnahmen während der 14-jährigen (europäischen) Produktionszeit ließen den 504 zu einem echten Konkurrenten für deutsche Produkte heranreifen. Heute läuft er noch in Kenia und Nigeria vom Band.

Kein Löwen-Wagen war damals in Deutschland populärer: Peugeot 504

Motor/Antrieb	
Bauart	Vierzylinder (Reihe)
Lage/Antrieb	Front/Heck
Hubraum in cm³	1795, 1971, 1948, 2112
Leistung in PS bei U/min	50 bei 4500 bis 104 bei 5200
Vmax in km/h	130 bis 175
Karosserie	
Bauart	Limousine (4-türig), Kombi (5-türig), Pick-Up
Tragstruktur	selbsttragend
Material	Stahlblech
Stückzahl und Marktsituation	
Produktionszahl	3.348.198
Verfügbarkeit	üppig
Teilesituation	sehr gut
Unterhaltskosten	mittel

Preise in Euro	1	2	3	4	5
504 1,8 (Ser. 1968-1970), L4t	6.200	4.100	2.900	1.300	300
504 2,0 (Ser. 1976-1979), L4t	5.700	3.700	2.500	1.200	300

Peugeot 304, 304 S 1969-1980

Der 1969 eingeführte Peugeot 304 komplettierte das Modellprogramm und ersetzte gewissermaßen den 1966 entfallenen 403. Technisch basierte er auf dem 204, er hatte den gleichen Radstand, war aber durch ein modifiziertes, steil abgeschnittenes Heck 16 Zentimeter länger, also 4,14 Meter lang. Die Wagenfront erinnerte an den 504. Neben dem aus dem 204 bekannten 1,2 Liter gab es vor allem einen neukonstruierten 1,3-Liter-ohc-Triebsatz, der 65 PS leistete. Im 304 S wurden sogar 80 PS geboten. Der fünftürige Kombi folgte 1970 ins Angebot, den Selbstzünder gab es im 304 erst ab 1976.

Der Rost reduzierte den Bestand rigoros: Peugeot 304

Motor/Antrieb	
Bauart	Vierzylinder (Reihe)
Lage/Antrieb	Front/Front
Hubraum in cm³	1127, 1288, 1290, 1357, 1548
Leistung in PS bei U/min	45 bei 5000 bis 80 bei 6100
Vmax in km/h	130 bis 160
Karosserie	
Bauart	Limousine (4-türig), Kombi (5-türig)
Tragstruktur	selbsttragend
Material	Stahlblech
Stückzahl und Marktsituation	
Produktionszahl	1.178.423
Verfügbarkeit	schlecht
Teilesituation	ausreichend
Unterhaltskosten	niedrig

Preise in Euro	1	2	3	4	5
304 (Ser. 1969-1972), L4t	5.100	3.500	2.400	1.100	250
304 S (Ser. 1972-1975), L4t	5.000	3.300	2.300	1.000	250

Peugeot 504 Cabriolet und Coupé 1969-1983

1969 gab es – analog zum Vorgänger 404 – wieder offene und geschlossene Zweitürer-Varianten zur großen Limousine. Auch hier hatte Pininfarina beim Design mitgearbeitet, die Karosserien wirken heute besonders harmonisch und gelungen. Der Radstand war gegenüber der Limousine um 19 Zentimeter auf 2,55 Meter verkürzt. Zunächst fanden die Vierzylinder-Einspritzer den Weg unter die Motorhaube, ab 1974 sorgte auch der Euro-V6-Motor mit knapp 2,7 Liter Hubraum für mehr Antriebskomfort. Ab 1981 war das Cabrio wieder nur noch mit dem Vierzylinder erhältlich, während das Coupé bis 1983 weiterhin mit dem Sechszylinder zu haben war. Rundinstrumente verschönerten bei dieser späteren Serie das Interieur, unschön wirkten die voluminöseren (und lackierten) Plastikstoßfänger.

Harmonischer Auftritt: Peugeot 504 Cabriolet

Motor/Antrieb	
Bauart	Vierzylinder (Reihe), V6
Lage/Antrieb	Front/Heck
Hubraum in cm³	1971, 2664
Leistung in PS bei U/min	100 bei 5000 bis 144 bei 5500
Vmax in km/h	170 bis 190
Karosserie	
Bauart	Cabriolet, Coupé
Tragstruktur	selbsttragend
Material	Stahlblech
Stückzahl und Marktsituation	
Produktionszahl	8135, 26.629
Verfügbarkeit	üppig
Teilesituation	gut
Unterhaltskosten	hoch

Preise in Euro	1	2	3	4	5
504 (Ser. 1971-1974), Cpe	14.300	10.000	5.900	2.700	800
504 V6 (Ser. 1975-1977), Cpe	14.800	10.400	6.100	2.900	900
504 Serie (69 - 71), Cab	21.900	16.500	11.000	5.800	2.000
504 V6 (Ser. 1975-1977), Cab	23.800	18.000	11.600	6.100	2.20

Peugeot (F)

Peugeot 304, 304 S Cabriolet und Coupé 1970-1975

Der Übergang zum 304 beendet die Bauzeit von 204 Cabriolet und Coupé. Das wenig tiefgreifende Facelift lässt sich an den eckigen statt ovalen Frontscheinwerfern leicht identifizieren und brachte stärkere Motoren, besonders die leistungsfähige S-Variante war sehr attraktiv. Mit einer großen Heckklappe ausgestattet, konnte das Coupé über das Formale hinaus auch mit guten Tugenden in der Praxis überzeugen. Bedauerlicherweise hat der Rost eine Vielzahl dieser interessanten 304-Versionen wegradiert. Von den meist als Sommerfahrzeug eingesetzten Cabrios haben bis heute mehr überlebt als vom Coupé, das weniger geschont wurde.

Nouvelle Cuisine in der Coupé-Klasse: Peugeot 304

Motor/Antrieb					
Bauart					Vierzylinder (Reihe)
Lage/Antrieb					Front/Front
Hubraum in cm³					1288
Leistung in PS bei U/min					65 bei 6000 bis 75 bei 6000
Vmax in km/h					150 bis 160
Karosserie					
Bauart					Coupé, Cabriolet
Tragstruktur					selbsttragend
Material					Stahlblech
Stückzahl und Marktsituation					
Produktionszahl					60.186, 18.647
Verfügbarkeit					schlecht
Teilesituation					ausreichend
Unterhaltskosten					mittel
Preise in Euro	1	2	3	4	5
304, Cpe	7.100	5.100	3.600	1.600	700
304 S, Cpe	7.300	5.300	3.700	1.700	700
304, Cab	13.000	8.500	5.800	2.800	1.700
304 S, Cab	14.000	9.200	6.200	3.000	1.700

Peugeot 104, 104 C 1972-1988

1972 stellte Peugeot den kürzesten Viertürer Europas vor: Der kleine 104, ganze 3,58 Meter lang, erschien im typischen Pininfarina-Design und ergänzte das Markenprogramm nach unten. Benzinmotoren mit knapp einem bis 1,4 Liter wurden eingesetzt. Ab 1974 kam der nur 3,30 Meter lange 104 C mit Heckklappe neu in das Angebot. Das Facelift im Jahr 1982 bekamen auch die deutschen Kunden noch mit, doch wurde der Import des Wagens 1983 eingestellt. 1986 kam ein weiteres Facelift, doch 1988 endet die Bauzeit endgültig – nach über 1,6 Millionen Exemplaren.

Polo auf Französisch: Peugeot 104

Motor/Antrieb					
Bauart					Vierzylinder (Reihe)
Lage/Antrieb					Front/Front
Hubraum in cm³					954, 1124, 1219, 1361
Leistung in PS bei U/min					45 bei 6000 bis 72 bei 6000
Vmax in km/h					130 bis 160
Karosserie					
Bauart					Limousine (4-türig), Limousine (2-türig)
Tragstruktur					selbsttragend
Material					Stahlblech
Stückzahl und Marktsituation					
Produktionszahl					1.619.787
Verfügbarkeit					ausreichend
Teilesituation					ausreichend
Unterhaltskosten					niedrig
Preise in Euro	1	2	3	4	5
104 Ser. (1975-1979), L2t	4.200	2.700	1.500	450	50
104 Ser. (79 - 83), L4t	3.800	2.600	1.400	350	50

Peugeot 604 (604 SL V6, 604 V6 TI, 604 GTI, 604 D turbo, 604 GTD turbo) 1975-1985

Nach fast 40 Jahren Abstinenz im Sechszylinder-Limousinensegment erschien 1975 der Peugeot 604. Wie im 504 Cabrio/Coupé kam der V6-Euromotor zum Einsatz. Markentypisch war der hohe Fahrkomfort der stattlichen Limousine mit Einzelradaufhängung rundum. Auch die serienmäßige Ausstattung bot eine Menge Luxus. Die etwas strengere Linienführung entstand gleichwohl unter Pininfarina-Mithilfe und passte gut in dieses Segment. Obwohl es an sachlichen Qualitäten dieses Wagens nicht mangelte, konnte er sich wegen fehlenden Prestiges auf dem deutschen Markt nicht durchsetzen. Der GTi mit 2849 cm³ großem und 150 PS starkem Motor erschien 1983. Ein Turbodiesel mit 80 PS war schon 1979 ins Angebot genommen worden. Doch auch mit der Vielzahl der Varianten kam der Hecktriebler in zehn Jahren Bauzeit nur auf gut 150.000 Stück.

Nur als Turbodiesel war er ohne Konkurrenz: Peugeot 604

Motor/Antrieb					
Bauart					Vierzylinder (Reihe), Sechszylinder (Reihe)
Lage/Antrieb					Front/Heck
Hubraum in cm³					2304, 2664, 2849
Leistung in PS bei U/min					80 bei 4150 bis 150 bei 5650
Vmax in km/h					150 bis 190
Karosserie					
Bauart					Limousine (4-türig)
Tragstruktur					selbsttragend
Material					Stahlblech
Stückzahl und Marktsituation					
Produktionszahl					153.266
Verfügbarkeit					ausreichend
Teilesituation					ausreichend
Unterhaltskosten					hoch
Preise in Euro	1	2	3	4	5
604 SL V6, L4t	6.800	4.600	3.200	1.400	400
604 V6 TI, L4t	7.100	4.800	3.400	1.500	500
604 D Turbo, L4t	6.500	4.400	3.100	1.300	400

Plymouth (USA) • Pontiac (USA)

Plymouth (USA) • 1928 bis heute

1928 wurde die Marke Plymouth gegründet, Chrysler ließ sie in der populären Klasse gegen die Konkurrenten von Ford und Chevrolet antreten. Erst 1949 erschienen neue Modelle, die sich jedoch technisch nicht wesentlich von den Vorkriegsbaureihen abhoben.
1957 feierte die Marke das zehnmillionste Auto, 1960 ging man endlich zur selbsttragenden Karosseriebauweise über. Wie bei den anderen amerikanischen Marken fanden die Modellwechsel in jährlichem oder zweijährlichem Rhythmus statt. Am Hubraum- und PS-Wettrennen, das sich ab Mitte der fünfziger Jahre amerikanische Hersteller leisteten, nahm Plymouth mit Erfolg teil. Bis heute ist Plymouth in Amerika eine populäre Marke.

Plymouth Barracuda — 1964-1966

Den Namen des gefährlichen Raubfisches Barracuda trug dieser Plymouth nicht zu Unrecht: In seiner potentesten Fassung leistete das 2+2-sitzige Coupé immerhin 288 PS aus 4,5 Liter großem Achtzylindermotor. Das für amerikanische Verhältnisse erstaunlich klar gezeichnete Auto hatte nur dezente Ansätze von Heckflossen und ein großzügig verglastes Schrägheck. Die Basisversion kam dagegen mit einem recht zahmen, nur 102 PS starken 2,8-Liter-Sechszylindermotor daher. Die Modellentwicklung sah in den Jahren nach 1964 diverse Karosserieretuschen und auch noch kraftvollere Maschinen, die ihn zum würdigen Vertreter der aufblühenden Muscle-Car-Mode machten.

In der schärfsten Ausführung ein Kult-Auto: Plymouth Barracuda

Motor/Antrieb					
Bauart					Sechszylinder (Reihe), V8
Lage/Antrieb					Front/Heck
Hubraum in cm³					2790, 3682, 4490
Leistung in PS bei U/min					102 bei 4400 bis 288 bei 5200
Vmax in km/h					140 bis 190
Karosserie					
Bauart					Hardtop
Tragstruktur					selbsttragend
Material					Stahlblech
Stückzahl und Marktsituation					
Produktionszahl					126.068
Verfügbarkeit					schlecht
Teilesituation					schwierig
Unterhaltskosten					hoch
Preise in Euro	1	2	3	4	5
Barracuda V8, Cpe	27.000	18.500	10.000	5.500	2.000

Pontiac (USA) • 1926 bis heute

Die Marke übernahm den Namen des großen Indianerhäuptlings der Ottawa. Pontiac trägt den Indianerkopf im Wappen und ist die Jüngste der fünf General-Motors-Marken. Sie war 1926 aus der Marke Oakland hervorgegangen.
Im Konzern übernahm Pontiac die Rolle individualisierter Chevrolets. 1961 fand sich im Pontiac-Programm der einzige Vierzylindermotor amerikanischer Produktion mit rekordverdächtigen 3,2 Litern Hubraum. Anfang 1967 folgte das Modell Firebird, technisch und formal auf dem Chevrolet Camaro basierend.

Pontiac Tempest — 1961-1962

Der Sturm, den Pontiac mit dem Modell Tempest gern entfacht hätte, entwickelte sich zum lauen Lüftchen: Trotz großer innovativer Kraft, die mit selbsttragender Bauweise der zurückhaltend gezeichneten Karosserie, Transaxle-Anordnung des Getriebes und rekordverdächtigem 3,2 Liter großem Vierzylindermotor dokumentiert wurde, verhielt sich die Kundschaft recht zurückhaltend. Ergänzend war auch ein V-Achtzylinder aus Aluminium in der Motorenpalette, ein Triebwerk, das aber bald an Rover verkauft wurde und von dort aus in viele verschiedene Fahrzeuge gelangte. Als Karosserievarianten wurden zwei- und viertürige Limousinen, ein Kombi und ein Cabriolet angeboten.

Amerika honorierte keine Innovationen: Pontiac Tempest

Motor/Antrieb					
Bauart					Vierzylinder (Reihe), V8
Lage/Antrieb					Front/Heck
Hubraum in cm³					3185, 3535
Leistung in PS bei U/min					112 bei 3800 bis 157 bei 4600
Vmax in km/h					140 bis 160
Karosserie					
Bauart					Limousine (2-/A0737 4-türig), Coupé, Kombi (5-türig), Cabriolet
Tragstruktur					selbsttragend
Material					Stahlblech
Stückzahl und Marktsituation					
Produktionszahl					243.976
Verfügbarkeit					gegen null
Teilesituation					schwierig
Unterhaltskosten					hoch
Preise in Euro	1	2	3	4	5
Tempest, Cpe	9.500	6.800	4.100	2.000	900
Tempest, L4t	9.000	6.400	3.800	1.900	900
Tempest (1962), Cab	18.000	13.300	7.900	4.200	1.800

Porsche (D) • seit 1948

Als Konstrukteur hatte sich der charismatische wie cholerische Ferdinand Porsche längst einen guten Namen geschaffen, bevor er sich 1929 mit einem eigenen Büro in Stuttgart selbständig machte. Mit dem legendären Volkswagen Käfer entwickelte Porsche in dieser Zeit eines der wichtigsten Modelle der Automobilgeschichte. Sportwagen, die den Namen Porsche trugen, entstanden erst ab 1948. Unter der Konstruktionsnummer 356 hatte Ferdinands Sohn Ferry im österreichischen Gmünd aus Käfer-Bauteilen einen Sportwagen konstruiert, der in abgewandelter Form ab 1950 in Serie gefertigt wurde. Frühe Sporterfolge machten aus dem kleinen Hersteller innerhalb weniger Jahre eine Firma von Weltruf.

Mit dem Porsche 911, der 1963 vorgestellt wurde, entstand ein Klassiker, der durch konstante Weiterentwicklung (und treue Fans) bis heute eine tragende Säule des Porsche-Geschäfts ist. Neben eigenen Automobilen gilt das Entwicklungszentrum in Weissach als Kernstück des Unternehmens: Hier werden unter anderem Fahrwerke und Motoren für verschiedene Hersteller entwickelt und verfeinert.

Ende der Achtziger schlitterte Porsche knapp am Abgrund vorbei, Gerüchte von einer Übernahme eines der kleinsten Automobilhersteller weltweit kursierten ohne Unterlass. Der 928 mit seinem V8 und die Vierzylindermodelle 924 und 944 waren ausrangiert, doch allein mit dem immer noch in handwerklicher Manier gefertigten 911 war eine Rückkehr in die Gewinnzone unmöglich.

Die überraschende Kehrtwende gelang unter der Führung von Porsche-Chef Wendelin Wiedeking, der 1992 mit gerade 39 Jahren das Ruder in Zuffenhausen übernommen hatte. Er brachte die Produktion auf modernen Industriestandard, schmerzliche Maßnahmen wie die Entlassung zahlloser treuer Porsche-Werker eingeschlossen. Heftiger Protest war die Folge, doch der mutige Coup gelang: Porsche schaffte – dank verschlankter Produktion und des vom Markt akzeptierten neuen Boxster – die Rückkehr zu schwarzen Zahlen. Der Erfolg sorgte auch für neue Fantasien: Seit 2002 gibt es mit dem Cayenne den ersten Geländewagen mit Porsche-Wappen.

Prägte über Jahrzehnte die charismatischen Heckmotor-Boxer: Ferdinand „Ferry" Porsche (1909-1998)

Er schuf den Käfer, dessen Gene bis heute in jedem Porsche zu finden sind: Ferdinand Porsche (1875 - 1951)

Porsche 356, 356 Super — 1949-1955

Noch vor der Serienherstellung des im März 1949 offiziell vorgestellten Porsche 356 entstanden in Gmünd/Österreich 23 Aluminium-Coupés und 23 Fahrgestelle für Cabrio-Karosserien. Ab April 1950 wurde in Stuttgart-Zuffenhausen das 1100 Coupé, wenig später auch das Cabriolet gefertigt. Sie kosteten 10.200 und 12.200 Mark. Im nächsten Jahr folgte der stärkere 1300-cm³-Motor – zum gleichen Preis. Mitte 1952 ging die ungeteilte, geknickte Frontscheibe in Serie, ab Oktober sind die Wagen acht Zentimeter länger und haben größere Bremsen. Der Zusatz Super bei den Modellen der Jahre 1953 bis 55 kennzeichnet Motoren mit mehr Leistung. Die erste Speedster-Generation ab September 1954 kostete 13.300 Mark.

Mit 40 PS zum Auto-Mythos: Porsche 356 Cabriolet

Motor/Antrieb	
Bauart	Vierzylinder (Boxer)
Lage/Antrieb	Heck/Heck
Hubraum in cm³	1086, 1286, 1290, 1488
Leistung in PS bei U/min	40 bei 4000 bis 70 bei 5000
Vmax in km/h	140 bis 175
Karosserie	
Bauart	Coupé, Cabriolet, Speedster
Tragstruktur	Kastenrahmen
Material	Stahlblech
Stückzahl und Marktsituation	
Produktionszahl	7627
Verfügbarkeit	schlecht
Teilesituation	ausreichend
Unterhaltskosten	mittel

Preise in Euro	1	2	3	4	5
356 (Ser. 1950-1952), Cpe	50.000	35.000	25.000	15.000	10.000
356 (Ser. 1950-1952), Cab	70.000	50.000	35.000	25.000	15.000

Porsche Spyder 550, Spyder 550 A — 1955-1957

Ist er nur ein Auto? Der knackige Porsche Spyder schrieb an so vielen Legenden und Geschichten mit, dass er als eine der ganz großen Ikonen der Automobilgeschichte gilt. Konzentrieren wir uns auf die Fakten: Das rundum gründlich optimierte 356-Derivat erhielt ab Werk einen 1,5 Liter großen, luftgekühlten Boxer, der zwischen Passagieren und Hinterachse platziert wurde. Seine Besonderheit: Zwei Königswellen trieben die beiden oben liegenden Nockenwellen pro Zylinderbank an. Damit stellte der extrem flach gezeichnete Spyder 110 PS zur Verfügung, gut für rund 220 km/h Höchstgeschwindigkeit. Auch die leichte Alu-Karosserie von Wendler trug zu den guten Leistungsdaten bei. Der kleine Porsche meinte es also ernst, und viele Käufer setzten den Spyder erfolgreich im Motorsport ein. Unter anderem Kino-Rebell James Dean, der im September 1955 auf dem Weg zu einem Rennen tödlich verunglückte.

100% Legende: Porsche 550 Spyder

Motor/Antrieb	
Bauart	Vierzylinder (Boxer)
Lage/Antrieb	Heck/Heck
Hubraum in cm³	1498
Leistung in PS bei U/min	110 bei 6200, 135 bei 7200
Vmax in km/h	220, 240
Karosserie	
Bauart	Speedster
Tragstruktur	Kastenrahmen
Material	Stahlblech
Stückzahl und Marktsituation	
Produktionszahl	90
Verfügbarkeit	schlecht
Teilesituation	ausreichend
Unterhaltskosten	hoch

Preise in Euro	1	2	3	4	5
550/550 A	je nach Originalität und Historie bis zu 600.000 Euro				

Porsche (D)

Porsche 1500/1600 GS Carrera 1955-1959

Als extremer Kurzhub-Motor brauchte die Carrera-Maschine keine Scheu vor hohen Drehzahlen zu haben. Seine Maximalleistung erreichte er bei über 6000 Umdrehungen und erst wenig vorher (bei 5000 bis 5500/min) lag auch das höchste Drehmoment an. Der Sportmotor machte die 835 bis 900 Kilogramm schweren Speedster, Coupés und Cabriolets aber rund 200 km/h schnell. Technisch aufwändig, mit Doppelzündung und Nockenwellenantrieb über Königswellen, blieben diese Carrera-Modelle, die als de Luxe- und Gran Turismo-Versionen lieferbar waren, denkbar selten.

Sein Motor macht ihn zum Technik-Denkmal: Porsche Carrera

Motor/Antrieb					
Bauart					Vierzylinder (Boxer)
Lage/Antrieb					Heck/Heck
Hubraum in cm³					1498, 1588
Leistung in PS bei U/min					100 bei 6200 bis 115 bei 6500
Vmax in km/h					200
Karosserie					
Bauart					Coupé, Cabriolet, Speedster
Tragstruktur					Kastenrahmen
Material					Stahlblech
Stückzahl und Marktsituation					
Produktionszahl					ca. 700
Verfügbarkeit					gegen null
Teilesituation					schwierig
Unterhaltskosten					hoch
Preise in Euro	1	2	3	4	5
356 A Carrera GS, Cpe			keine Notierung		
356 A Carrera GS, Cab			keine Notierung		

Porsche 356 A 1955-1959

Nach außen ist die Weiterentwicklung des ersten Porsche 356 an der gewölbten Frontscheibe zu erkennen. Bei dieser Baureihe war der 1100er-Motor nicht mehr lieferbar, doch schon der aufgebohrte 1500er-Motor zeigt im 356 A 1600 Super mit 75 PS, wohin die Richtung geht: Leistung. Der legendäre Fuhrmann-Motor mit vier Nockenwellen wurde im Carrera kommerzialisiert. Der 1300er-Motor lief im Sommer 1957 nach einigen hundert gebauten Wagen aus, im Folgejahr ersetzte der Convertible D mit Drauz-Karosserie den Speedster. Die Preise lagen bei 11.400 Mark für das 1300 Coupé und 15.750 Mark für den 1600 Super mit Hardtop oder als Cabriolet.

Evolution nach Revolution: Porsche 356 A

Motor/Antrieb					
Bauart					Vierzylinder (Boxer)
Lage/Antrieb					Heck/Heck
Hubraum in cm³					1290, 1582
Leistung in PS bei U/min					44 bei 4200 bis 75 bei 5000
Vmax in km/h					145 bis 175
Karosserie					
Bauart					Coupé, Cabriolet, Speedster
Tragstruktur					Kastenrahmen
Material					Stahlblech
Stückzahl und Marktsituation					
Produktionszahl					21.045
Verfügbarkeit					ausreichend
Teilesituation					ausreichend
Unterhaltskosten					mittel
Preise in Euro	1	2	3	4	5
356 A 1600 (Ser. 1955-1957), Cpe	45.400	36.000	23.100	12.000	7.200
356 A 1600 (Ser. 1955-1957), Cab	61.100	47.600	31.200	16.200	10.500
356 A 1600 Conv. D (Ser. 1958-1959), Cab	71.900	57.300	36.400	18.300	12.000

Porsche 356 Speedster 1955-1958

Kennzeichnend für diese 356-Variation ist die flache Frontscheibe, die die Bauhöhe von 1,31 auf 1,22 Meter sinken lässt. Dank reduzierter Ausstattung war der Speedster auch leichter als die anderen 35: 40 bis 65 Kilogramm weniger Gewicht als das Convertible oder Cabriolet brachte er auf die Waage. Lieferbar mit 60 und 75 PS (im Super), aber auch mit dem 100 bis 110 PS starken 1500er Carrera-Motor, kostete die Legende zwischen 1955 und 1958 11.900 bis 17.700 Mark. Noch im September 1957 hatte er an der Modellpflege teilhaben dürfen, die beispielsweise den Umstieg von der Spindel- auf eine Schneckenlenkung brachte. James Dean war einer der populärsten Speedster-Kunden, bei seinem tragischen Unfall jedoch saß er im Typ 550.

Amerikas junge Wilde liebten ihn: Porsche 356 Speedster

Motor/Antrieb					
Bauart					Vierzylinder (Boxer)
Lage/Antrieb					Heck/Heck
Hubraum in cm³					1498, 1582
Leistung in PS bei U/min					60 bei 4500 bis 110 bei 6400
Vmax in km/h					160 bis 200
Karosserie					
Bauart					Speedster
Tragstruktur					Kastenrahmen
Material					Stahlblech
Stückzahl und Marktsituation					
Produktionszahl					k.A.
Verfügbarkeit					gut
Teilesituation					ausreichend
Unterhaltskosten					hoch
Preise in Euro	1	2	3	4	5
356 A Speedster 1600 S, Rds	95.000	77.000	49.000	33.000	22.000
356 1500 Speedster, Rds	95.000	77.000	49.000	33.000	20.000

Porsche 356 B 1959-1963

Ab September 1959 bot Porsche den Typ 356 mit sprichwörtlichem Facelift an: Stoßstangen und Scheinwerfer lagen nun rund 10 Zentimeter höher als beim Vorgänger. Der 1300er-Motor wurde nicht mehr angeboten, doch den 1600er gab es auch als stärkere Super 90-Variante. Die Karosserielänge war auf 4,01 Meter gewachsen. Modelle ab Herbst 1961 fallen durch größere Fenster auf und den Motorhaubendeckel mit zwei Lüftungsgittern. Die Hardtop-Cabriolets fertigte Karmann. Der für den Motorsport 1960/61 gefertigte 1600 GS Carrera GT wurde in Leichtbauweise hergestellt und kam auf etwa 40 Exemplare.

Die Cabrio-Nachfrage übersteigt das Angebot: Porsche 356 B

Motor/Antrieb					
Bauart					Vierzylinder (Boxer)
Lage/Antrieb					Heck/Heck
Hubraum in cm³					1582, 1588
Leistung in PS bei U/min					60 bei 4500 bis 115 bei 6500
Vmax in km/h					160 bis 200
Karosserie					
Bauart					Coupé, Cabriolet, Roadster, Hardtop
Tragstruktur					Kastenrahmen
Material					Stahlblech
Stückzahl und Marktsituation					
Produktionszahl					30.963
Verfügbarkeit					ausreichend
Teilesituation					ausreichend
Unterhaltskosten					mittel
Preise in Euro	1	2	3	4	5
356 B 1600 N, Cpe	41.700	30.700	20.300	11.200	6.000
356 B 1600 N, Cab	55.200	43.500	28.200	15.400	9.800
356 B S 90, cab	74.800	59.500	37.400	20.200	14.700

Porsche (D)

Porsche 356 B und C 2000 GS Carrera 2 — 1961-1964

Anders als der Leichtbau-1600 GS Carrera GT hatte der 2000 GS Carrera 2 eine normale, reichhaltige Ausstattung. Ein neuer Motor mit vollen zwei Litern Hubraum, aber ebenfalls vier Nockenwellen und der aufwändigen Doppelzündung sorgte für stolze 130 PS und, bei 1020 Kilogramm Leergewicht, für ebenso stolze Fahrleistungen. Neun Sekunden reichten für den Sprint von null auf 100 km/h. Die Carrera 2 kostete als Coupé, Cabriolet und Hardtop/Cabriolet 23.700, 24.850 und 25.750 Mark.

Mehr Hubraum für ein Halleluja: Porsche 356 B 2000 GS Carrera 2

Motor/Antrieb	
Bauart	Vierzylinder (Boxer)
Lage/Antrieb	Heck/Heck
Hubraum in cm³	1966
Leistung in PS bei U/min	130 bei 6200
Vmax in km/h	200
Karosserie	
Bauart	Coupé, Cabriolet, Hardtop
Tragstruktur	Kastenrahmen
Material	Stahlblech
Stückzahl und Marktsituation	
Produktionszahl	436
Verfügbarkeit	gegen null
Teilesituation	schwierig
Unterhaltskosten	hoch

Preise in Euro	1	2	3	4	5
2000 GS Carrera, Cpe			keine Notierung		

Porsche 356 C — 1963-1965

Die letzte Serie der 356-Baureihe versteckt ihre wesentlichen Änderungen unterm Blech: Wie beim Carrera 2 seit 1962 werden alle vier Räder mit Scheibenbremsen verzögert. Das Motorenangebot ist um die 60-PS-Version verkürzt worden. Die 75-PS-Ausführung (1600 C) ist ebenso überarbeitet wie der 1600 SC, der auf 95 PS kommt. Und zur Wahl stehen nur noch Coupé-, Cabriolet- und Hardtop/Cabriolet-Karosserie, sie kosten zwischen 15.000 und 16.900 Mark. In Zuffenhausen sind indes die Weichen in Richtung Zukunft gestellt. Schon im Herbst 1963 wird der Porsche 911 (zunächst als 901) vorgestellt.

Der Alltagstaugliche seiner Zunft: Porsche 356 C

Motor/Antrieb	
Bauart	Vierzylinder (Boxer)
Lage/Antrieb	Heck/Heck
Hubraum in cm³	1582
Leistung in PS bei U/min	75 bei 5200 bis 95 bei 5800
Vmax in km/h	175 bis 185
Karosserie	
Bauart	Coupé, Cabriolet, Hardtop
Tragstruktur	Kastenrahmen
Material	Stahlblech
Stückzahl und Marktsituation	
Produktionszahl	16.668
Verfügbarkeit	ausreichend
Teilesituation	ausreichend
Unterhaltskosten	mittel

Preise in Euro	1	2	3	4	5
356 C 1600, Cpe	51.000	39.900	25.100	14.000	6.600
356 C 1600, Cab	68.400	53.100	34.500	18.800	10.200
356 C 1600 SC, Cpe	54.000	42.700	28.100	15.000	7.500
356 C 1600 SC, Cab	73.100	57.900	37.800	20.300	10.800

Porsche 911, 911 L, 911 T, 911 S (ab 1967: A-Serie) — 1964-1969

Rund ein Jahr nach seiner ersten offiziellen Vorstellung wurde der Porsche 911 ab September 1964 regulär produziert. Für das erste Sechszylindermodell, das aus einem zwei Liter großen luftgekühlten Boxermotor im Heck 130 PS leistete, verlangten die Händler 21.900 Mark. Ab 1966 ergänzte der 911S mit höher verdichtetem Motor und 160 PS das Angebot. Die anfänglichen Verarbeitungsprobleme und technischen Schwierigkeiten waren überwunden. Ab 1967 rundete der 2000 Mark billigere 911 T mit 110 PS die Sechszylinderpalette nach unten ab. Der weiterhin 130 PS starke Ur-911 hieß jetzt 911 L. Die Getriebe gab es mit vier und fünf Gangstufen. Kennzeichen der ersten 911-Generation ist der kurze Radstand von nur 2,21 Meter. Die ab August 1967 gebaute A-Serie gab es auch mit Halbautomatik, die 1.000 Mark Aufpreis kostete.

Der Start einer Sportwagenlegende: Porsche 911

Motor/Antrieb	
Bauart	Sechszylinder (Boxer)
Lage/Antrieb	Heck/Heck
Hubraum in cm³	1991
Leistung in PS bei U/min	110 bei 5800 bis 160 bei 6600
Vmax in km/h	195 bis 220
Karosserie	
Bauart	Coupé (auch mit entfernbarem Dachteil)
Tragstruktur	selbsttragend
Material	Stahlblech
Stückzahl und Marktsituation	
Produktionszahl	k.A.
Verfügbarkeit	ausreichend
Teilesituation	gut
Unterhaltskosten	hoch

Preise in Euro	1	2	3	4	5
911 2,0 (Ser. 1964-1967), Cpe	41.600	28.500	19.000	11.800	5.600
911 L 2,0 (Ser. 1968-1969), Cpe	34.800	23.600	16.000	9.900	4.700
911 S 2,0 (1966-1968), Cpe	45.900	31.800	21.800	14.100	6.400

Porsche 912 — 1965-1969

Den Vierzylindermotor, den bislang der 356 1600 SC im Heck getragen hatte, bot Porsche ab 1965 auch in der 911-Karosserie an. Der abgemagerte Sportwagen erhielt das Kürzel 912 und war 16.250 Mark teuer. Die sonstige Technik stammte jedoch vom schnelleren und stärkeren 911. Dank reduzierter Ausstattung wog der 1,6-Liter-Boxer rund 100 Kilogramm weniger als die Sechszylindermodelle. Bis 1968 gab es den 912 wahlweise mit Vier- und Fünfganggetriebe, bei der B-Serie, die einen auf 2,27 Meter verlängerten Radstand erhalten hatte, nur noch mit vier Gängen. Im August 1969 wurde die Produktion dieses Zwischentyps jedoch eingestellt, der zuletzt für 17.540 Mark zu haben war.

Der echte 356-Erbe: Porsche 912

Motor/Antrieb	
Bauart	Vierzylinder (Boxer)
Lage/Antrieb	Heck/Heck
Hubraum in cm³	1582
Leistung in PS bei U/min	90 bei 5800
Vmax in km/h	185
Karosserie	
Bauart	Coupé (auch mit entfernbarem Dachteil)
Tragstruktur	selbsttragend
Material	Stahlblech
Stückzahl und Marktsituation	
Produktionszahl	30.745
Verfügbarkeit	schlecht
Teilesituation	ausreichend
Unterhaltskosten	mittel

Preise in Euro	1	2	3	4	5
912, Cpe	24.600	16.200	11.300	5.900	2.300
912, HD	27.500	17.800	12.400	6.500	2.700

Porsche (D)

Porsche 911 E, 911 T, 911 S (B-Serie) — 1968-1971

Ab August 1968 lief die B-Serie des 911 vom Band: Sein Radstand war um 57 Millimeter gewachsen – Porsche hatte die Hinterachslenker verlängert. Von der Modellpflege kündeten außerdem größere Radausschnitte und breitere Kotflügel. Der Nachfolger des 911 L hieß 911 E und war wie der 911 S mittels einer mechanischen Saugrohr-Einspritzung an amerikanische Abgasvorschriften angepasst worden. Die C-Serie, die es ab 1969 gab, besaß wie die im Jahr darauf erschienene D-Serie mehr Hubraum: Statt aus 2,0 schöpfte der Boxer seine Kraft jetzt aus 2,2 Litern Volumen. Damit war auch die Leistung gestiegen: Bis zu 180 PS leistete der Elfer, was ihn zu Geschwindigkeiten von bis zu 225 Stundenkilometer beflügelte. Die Preise, die Porsche Ende der sechziger Jahre aufrief, zeugten von Selbstbewusstsein: Zwischen 19.970 Mark für das neue Basismodel 911 T, das mit Weber-Vergasern ausgerüstet war, und rund 27.000 Mark für den potenten 911 S mussten die Interessenten investieren.

Mit längerem Radstand: Porsche 911, B-Serie

Motor/Antrieb					
Bauart					Sechszylinder (Boxer)
Lage/Antrieb					Heck/Heck
Hubraum in cm³					1991, 2195
Leistung in PS bei U/min					110 bei 5800 bis 180 bei 6500
Vmax in km/h					195 bis 225
Karosserie					
Bauart					Coupé (auch mit entfernbarem Dachteil)
Tragstruktur					selbsttragend
Material					Stahlblech
Stückzahl und Marktsituation					
Produktionszahl					k.A.
Verfügbarkeit					ausreichend
Teilesituation					gut
Unterhaltskosten					hoch
Preise in Euro	1	2	3	4	5
911 T 2,0 (Ser. 1969-1970), Cpe	28.800	19.700	13.100	8.200	3.900
911 T 2,0 (Ser. 1969-1970), HD	32.200	21.900	14.600	9.100	4.300
911 S 2,2 (1970-1971), Cpe	37.600	25.700	17.200	10.600	5.100
911 S 2,2 (Ser. 1970-1971), HD	42.000	28.600	19.200	11.800	5.700

Porsche 911 T, 911 E, 911 S (E- und F-Serie) — 1971-1973

Ab August 1971 fertigte Porsche die E-Serie des 911: Mit ihrem verlängerten Kolbenhub verfügten die Motoren nun über 2,4 Liter Hubraum. Der Leistungszuwachs war bescheiden, denn man hatte die Verdichtung für die Umstellung auf Normalbenzin bewusst niedrig gehalten. Drei Millimeter mehr Radstand und ab August 1972 (F-Serie) auf 80 Liter Fassungsvermögen vergrößerte Tanks sind neben der 16 Millimeter kürzeren Gesamtlänge Kennzeichen dieser Modelle, die etwas höhere Verbräuche aufwiesen. Die Preise lagen mittlerweile zwischen 23.000 und 32.500 Mark.

Sanfter Zuwachs an Hubraum und Leistung: Porsche 911, E-Serie

Motor/Antrieb					
Bauart					Sechszylinder (Boxer)
Lage/Antrieb					Heck/Heck
Hubraum in cm³					2341
Leistung in PS bei U/min					130 bei 5600 bis 190 bei 6500
Vmax in km/h					200 bis 230
Karosserie					
Bauart					Coupé (auch mit entfernbarem Dachteil)
Tragstruktur					selbsttragend
Material					Stahlblech
Stückzahl und Marktsituation					
Produktionszahl					k.A.
Verfügbarkeit					ausreichend
Teilesituation					gut
Unterhaltskosten					mittel
Preise in Euro	1	2	3	4	5
911 S 2,4, Cpe	38.500	26.100	17.600	10.900	5.200
911 S 2,4, HD	43.000	29.200	19.600	12.100	5.800
911 T 2,4, Cpe	30.400	20.100	13.200	8.300	3.900
911 T 2,4, HD	34.000	22.700	15.100	9.300	4.400

Porsche 911 Carrera RS — 1972-1975

Im Oktober 1972 wird der Name Carrera für das sportliche Topmodell aus dem Hause Porsche wiederbelebt. Der Carrera RS besitzt ein aufgebohrtes Elferaggregat: Sein Hubraum beträgt 2,7 Liter. Den Leistungszuwachs dokumentierte Porsche ganz unbescheiden: Der Spoiler auf der hinteren Haube, der schnell den etwas despektierlichen Spitznamen „Entenbürzel" erhielt, und der auf der Flanke aufgebrachte, schwungvolle Carrera-Schriftzug zeugten vom Geist des agilen Sportlers. Mit der Modellpflege zum G-Modell war der Carrera ab August 1973 auch als Targa lieferbar. Der prestigeträchtige Heckspoiler, über den damals viel diskutiert wurde, konnte auch als Zubehör für die schwächeren Modelle geordert werden. Heute sind viele Fälschungen des Carrera RS im Umlauf.

Jetzt wuchsen ihm Flügel: Porsche 911 Carrera RS

Motor/Antrieb					
Bauart					Sechszylinder (Boxer)
Lage/Antrieb					Heck/Heck
Hubraum in cm³					2687
Leistung in PS bei U/min					210 bei 6300
Vmax in km/h					240
Karosserie					
Bauart					Coupé (auch mit entfernbarem Dachteil)
Tragstruktur					selbsttragend
Material					Stahlblech
Stückzahl und Marktsituation					
Produktionszahl					1590
Verfügbarkeit					schlecht
Teilesituation					sehr gut
Unterhaltskosten					hoch
Preise in Euro	1	2	3	4	5
911 Carrera RS (Ser. 1973), Cpe	Für Spitzenfahrzeuge bis 120.000 Euro				

Porsche 911, 911 S, Carrera (G- und I-Modell) — 1973-1977

Das erste prägende Facelift ließ Porsche seinem 911 im Jahr 1973 angedeihen, nicht unbedingt zur Freude aller Fans: Die aufpralldämpfenden Stoßstangen und Faltenbälge sahen im Vergleich zum schlichten Ur-Modell gewöhnungsbedürftig aus, zudem hatte sich das Maß von 4,15 auf 4,29 Meter verlängert. Auch das durchgehende, rote Leuchtenband am Heck veränderte die Optik des Elfers. Mit der Bosch K-Jetronic leistete das Einstiegsmodell bereits 150 PS, das höher verdichtete S-Modell erreichte 175 PS. Die I-Serie ab 1975 brachte dann erhebliche Vorteile: Es wurden feuerverzinkte Bleche verwendet, die den definitiven Rostschutz garantierten. Das S-Modell entfiel zugunsten des neuen Carrera, der volle drei Liter Hubraum hatte. Vom Carrera RS 3.0 entstanden 58 Autos.

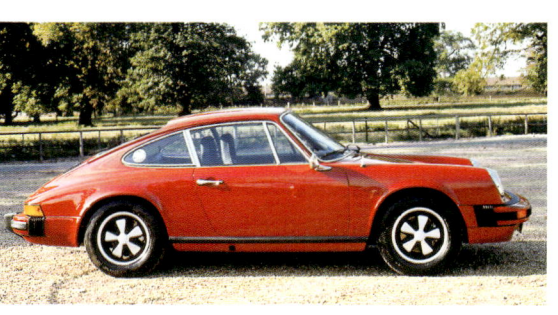

Verrat an der Form? Porsche 911, G-Modell

Motor/Antrieb					
Bauart					Sechszylinder (Boxer)
Lage/Antrieb					Heck/Heck
Hubraum in cm³					2687, 2993
Leistung in PS bei U/min					150 bei 5700 bis 200 bei 6000
Vmax in km/h					205 bis 235
Karosserie					
Bauart					Coupé (auch mit entfernbarem Dachteil)
Tragstruktur					selbsttragend
Material					Stahlblech
Stückzahl und Marktsituation					
Produktionszahl					k.A.
Verfügbarkeit					gut
Teilesituation					sehr gut
Unterhaltskosten					hoch
Preise in Euro	1	2	3	4	5
911 2,7, Cpe	29.600	17.300	13.400	7.000	3.000
911 Carrera 2,7, Cpe	32.000	21.400	15.100	8.600	4.500
911 Carrera 3,0, Cpe	29.000	16.800	12.900	6.900	3.000

Informationen unter www.porsche.de.

**Zur Vervollständigung eines Puzzles
suchen Sie doch auch nicht in einem fremden Karton.**

**Porsche Classic.
Originalteile, Rat und Tat.**

Porsche (D)

Porsche 912 E — 1975-1976

Nur für den Export nach Nordamerika legte Porsche 1975 nochmals einen Vierzylinder-911 auf. Der nur als Coupé lieferbare 912 E trug unter der Haube den von VW stammenden und auch im 914 verwendeten Zweiliter-Einspritzmotor, der allerdings auf 87 PS gedrosselt war. Trotz der geringen Leistung konsumierte er nicht wenig: Der Verbrauch lag bei 13 Litern pro 100 Kilometer. Das Fahrwerk des 912 E glich zwar der in diesen Jahren 165 PS starken Sechszylinder-Modellen, rollte allerdings auf schmalen 165 R 15-Reifen. Die 912-Neuauflage erreichte nur kleinste Stückzahlen und spielt auf dem deutschen Markt keine Rolle.

Schwächling mit Seltenheitswert: Porsche 912 E

Motor/Antrieb					
Bauart					Vierzylinder (Boxer)
Lage/Antrieb					Heck/Heck
Hubraum in cm³					1971
Leistung in PS bei U/min					87 bei 4900
Vmax in km/h					175
Karosserie					
Bauart					Coupé
Tragstruktur					selbsttragend
Material					Stahlblech
Stückzahl und Marktsituation					
Produktionszahl					2100
Verfügbarkeit					schlecht
Teilesituation					sehr gut
Unterhaltskosten					mittel
Preise in Euro	1	2	3	4	5
912 E, Cpe	22.100	14.400	10.300	5.400	2.200

Porsche turbo — 1975-1989

Auf dem Pariser Salon 1974 zündet Porsche einen neuen Knaller: den Turbo. Seine Kraft schöpfte er aus drei Litern Hubraum, und der Abgasturbolader blies ihn in neue Leistungsdimensionen vor. Allerdings kostete er aber auch satte 21.000 Mark mehr als der Carrera 2.7. Ab März 1975 wird der Turbo ausgeliefert, es gibt ihn zunächst nur als Coupé. Im Juli 1977 erhielt der Turbo einen Ladeluftkühler. Sein verlängerter Hub erhöhte den Hubraum auf 3,3 Liter, seine Leistung wuchs in gleichem Zug auf beeindruckende 300 PS. Es dauerte weitere zehn Jahre, bis 1987 auch die Cabriolet- und Targa-Variante mit Turbomotor lieferbar waren — heute ganz besondere Spezialitäten. Erst 1989 führte Porsche das Fünfganggetriebe ein. Stolze Summen standen damals in den Preislisten: Das Coupé kostete zuletzt knapp 139.000 Mark, für die offene Version waren fast 161.000 Mark anzulegen.

Neue Horizonte: Porsche turbo

Motor/Antrieb					
Bauart					Sechszylinder (Boxer)
Lage/Antrieb					Heck/Heck
Hubraum in cm³					2993, 3299
Leistung in PS bei U/min					260 bei 5500 bis 300 bei 5500
Vmax in km/h					220 bis 270
Karosserie					
Bauart					Coupé (auch mit entfernbarem Dachteil), Cabriolet
Tragstruktur					selbsttragend
Material					Stahlblech
Stückzahl und Marktsituation					
Produktionszahl					20.652
Verfügbarkeit					üppig
Teilesituation					sehr gut
Unterhaltskosten					hoch
Preise in Euro	1	2	3	4	5
911 Turbo I, Cpe	36.000	26.000	19.000	–	–
911 Turbo II, Cpe	38.000	29.000	21.000	–	–

Porsche 924, 924 Turbo — 1976-1985

Auf große Begeisterung stieß Porsche bei den Fans nicht, als die Sportwagenmanufaktur mit dem 924 den Nachfolger des glücklosen VW-Porsche 914 lanciert hatte. Auch er war in Zusammenarbeit mit VW entstanden, doch wurde er als reiner Porsche vermarktet. Der vorn längs installierte Vierzylinder stammte ursprünglich aus dem Audi 100, war aber von Porsche überarbeitet worden. Besonders mit der ab 1978 angebotenen Turbo-Auflagung — sein Kennzeichen: Schlitze in der Haube — erwies er sich als kurzlebig. Das 4,21 Meter lange Coupé mit der großen Glas-Heckklappe verkaufte sich im Ausland besser als in Deutschland, obwohl das Konzept des Transaxle-Sportlers interessant ist und viel Nutzwert bot. Die Preise begannen 1976 bei gut 23.000 Mark, der bis 1982 verkaufte Turbo stand anfangs für knapp 40.000 bei den Händlern.

Mit Leistung, doch ohne Glück: Porsche 924 Turbo

Motor/Antrieb					
Bauart					Vierzylinder (Reihe)
Lage/Antrieb					Heck/Heck
Hubraum in cm³					1984
Leistung in PS bei U/min					125 bei 5800 bis 177 bei 5500
Vmax in km/h					195 bis 230
Karosserie					
Bauart					Coupé
Tragstruktur					selbsttragend
Material					Stahlblech
Stückzahl und Marktsituation					
Produktionszahl					k.A.
Verfügbarkeit					gut
Teilesituation					sehr gut
Unterhaltskosten					hoch
Preise in Euro	1	2	3	4	5
924 (Ser. 1979-1985), HD	7.300	3.700	2.000	700	200
924 (Ser. 1979-1985), Cpe	6.700	3.500	1.800	600	150
924 Turbo (1978-1980), Cpe	13.200	8.300	4.900	1.900	600

Porsche 911 SC (K-Modell) — 1977-1983

Mit dem neuen Kürzel SC startete ein neuer Abschnitt im Leben der Porsche-Legende, die letzte, wie viele Fans und Journalisten damals befürchteten. Der Sport Carrera schien ein Auslaufmodell zu sein, sein designierter Nachfolger der 928 — die Zeit bewies, dass es anders kommen sollte. Dabei konnte der erste SC nicht sonderlich überzeugen: Im Heck einer nahezu unveränderten Karosserie saß weiterhin der drei Liter große Boxer, der allerdings mit 180 PS um zehn PS schwächer ausgefallen war und mit 225 km/h auch nicht mehr so flott unterwegs war wie sein Vorgänger. Und das bei einem Verbrauch von rund 17 l/100 km! Eine Vielfalt an Abgasvorschriften — besonders im wichtigen Exportmarkt USA — hatten Eingriffe nötig gemacht. Doch Porsche bekam den SC in den Griff: Über 188 PS stieg die Leistung ab Modelljahr 1981 auf 204 PS, gleichzeitig war er deutlich sparsamer geworden.

Youngtimer mit starkem Antritt: Porsche 911 SC

Motor/Antrieb					
Bauart					Sechszylinder (Boxer)
Lage/Antrieb					Heck/Heck
Hubraum in cm³					2994
Leistung in PS bei U/min					180 bei 5500 bis 204 bei 5900
Vmax in km/h					225 bis 235
Karosserie					
Bauart					Coupé (auch mit entfernbarem Dachteil), Cabriolet
Tragstruktur					selbsttragend
Material					Stahlblech
Stückzahl und Marktsituation					
Produktionszahl					57972,0
Verfügbarkeit					gut
Teilesituation					sehr gut
Unterhaltskosten					hoch
Preise in Euro	1	2	3	4	5
911 SC, Cpe	34.000	22.300	15.400	10.300	4.200
911 SC, HD	36.900	23.800	16.500	11.000	4.400

Porsche (D)

Porsche 928, 928 S — 1977-1986

In Verkennung der wirklichen Kundenwünsche glaubte Porsche, mit dem Modell 928 den betagten 911 ablösen zu können. Mit dem Transaxle-Konzept und seiner bulligen Coupé-Karosserie mit großer Heckklappe ähnelte er dem Layout des 924. Doch unter seiner Haube wummerte ein anfangs 4,5 Liter großer V-Achtzylinder. Im März 1977 feierte der Porsche 928 Premiere, er stand mit üppigen 55.000 Mark in den Preislisten. 1978 kürte ihn – als ersten Sportwagen – eine Jury zum „Auto des Jahres". Ab 1979 gab es den 928 S, dessen 4,7 Liter großer Achtzylinder sogar 73.000 Mark teuer war. Die fast 4,45 Meter langen Luxusfahrzeuge wogen gut 1,5 Tonnen, obwohl die vorderen Kotflügel und Türen aus Aluminium gefertigt wurden. Ein großer Erfolg wurde der 928 nicht – der Elfer, den er ursprünglich beerben sollte, hat ihn überlebt. Längst ist der 928 als Youngtimer eine interessante, wenn auch teure Wahl.

Sport in Hülle und Fülle: Porsche 928

Motor/Antrieb	
Bauart	V8
Lage/Antrieb	Heck/Heck
Hubraum in cm³	4474, 4664
Leistung in PS bei U/min	240 bei 5250 bis 310 bei 5900
Vmax in km/h	225 bis 255
Karosserie	
Bauart	Coupé
Tragstruktur	selbsttragend
Material	Stahlblech
Stückzahl und Marktsituation	
Produktionszahl	k.A.
Verfügbarkeit	gut
Teilesituation	sehr gut
Unterhaltskosten	hoch

Preise in Euro	1	2	3	4	5
928 (Ser. 1977-1982), Cpe	14.000	7.200	3.900	1.900	700
928 S (Ser. 1979-1983), Cpe	16.100	8.400	4.600	2.300	900

Porsche 924 Carrera GT, 924 Carrera GTS, 924 Carrera GTR — 1980-1981

In einer Sonderserie baute Porsche gegen Ende 1980 den 924 Carrera GT, der dank Ladeluftkühlung seinen Turbomotor immerhin 210 PS freisetzen lässt. Als reine Wettbewerbsfahrzeuge dienen die 245 PS starken Carrera GTS und die üppige 280 PS starken Carrera GTR, von denen insgesamt nur 50 Autos entstehen. Die folgenden Sporterfolge sorgen zwar für einen Imagegewinn, helfen aber nicht, den deutschen Markt zu beleben. Erst die Einführung des Porsche 944 im Herbst 1981 bringt etwas Bewegung. Seine bullige Erscheinung ist an die Optik des 924 Carrera angelehnt.

Rares Vierzylinder-Derivat: Porsche 924 Carrera GT

Motor/Antrieb	
Bauart	Vierzylinder (Reihe)
Lage/Antrieb	Heck/Heck
Hubraum in cm³	1984
Leistung in PS bei U/min	210 bei 6000 bis 280 bei k.A.
Vmax in km/h	240 bis 270
Karosserie	
Bauart	Coupé
Tragstruktur	selbsttragend
Material	Stahlblech
Stückzahl und Marktsituation	
Produktionszahl	450
Verfügbarkeit	gut
Teilesituation	sehr gut
Unterhaltskosten	hoch

Preise in Euro	1	2	3	4	5
924 Carrera GT, Cpe	–	6.000	3.900	1.300	–

Porsche 944, 944 Turbo, 944 S2 — 1981-1991

Wie so oft hatte Porsche kein ideales Gespür für gutes Marketing. Oder waren die Zuffenhausener aus Not zu bescheiden? Als im September 1981 der neue Porsche 944 auf der IAA stand, sah er aus wie ein aufgeplusterter 924. Das Geld für eine neue Karosserieentwicklung hatte gefehlt. Dabei trug der 944 unter der Haube kein Audi 100-Derivat wie der kleine Bruder, sondern einen reinen Porsche-Motor – im Prinzip das halbierte V8-Triebwerk aus dem 928. 1982 begann die Produktion, drei Jahre später kam die Turbo-Variante dazu. Mit einem Vierventilmotor befeuert, steigerte der 944 in der S-Variante ab 1986 den Fahrspaß nochmals beträchtlich. Ab 1989 kamen auch Cabrio-Fans auf ihre Kosten.

Mit halbiertem V8 des 928: Porsche 944

Motor/Antrieb	
Bauart	Vierzylinder (Reihe)
Lage/Antrieb	Front/Heck
Hubraum in cm³	2479, 2681, 2990
Leistung in PS bei U/min	163 bei 5800 bis 250 bei 6000
Vmax in km/h	233 bis 240
Karosserie	
Bauart	Coupé, Cabriolet
Tragstruktur	selbsttragend
Material	Stahlblech
Stückzahl und Marktsituation	
Produktionszahl	k.A.
Verfügbarkeit	gut
Teilesituation	sehr gut
Unterhaltskosten	hoch

Preise in Euro	1	2	3	4	5
944 (1982-1987), Cpe	–	12.000	8.000	–	–

Porsche 911 Carrera (3,2 Liter) — 1983-1989

Kaum ein Fahrzeug aus den Achtzigern hat in den letzten Jahren einen derartigen Run ausgelöst wie der Carrera, mit dem Porsche 1983 die letzte Runde des Faltenbalg-911 einläutete: Klassisch genug für viele, dabei zuverlässig und sparsam – und das alles kombiniert mit den Qualitäten eines wahren Supersportwagens. Abgesehen von den verschiedenen Kat-Versionen, die – damals üblich – leistungsschwächer ausfielen, konnte der auf 3,2 Liter Hubraum aufgestockte Boxer mit stolzen 231 PS überzeugen. Mit ihm setzte eine erste 911-Renaissance ein, die Porsche kongenial (wenn auch wirtschaftlich nicht erfolgreich) mit zahllosen Varianten unterstützte: Es gab ein Cabrio, das noch als SC sein Debüt gefeiert hatte, zwei Speedster-Versionen, den Targa sowieso – und alle konnten Fans auch mit turbobreiter Karosserie ordern.

Der rarste seiner Art: Porsche 911 Carrera Speedster

Motor/Antrieb	
Bauart	Sechszylinder (Boxer)
Lage/Antrieb	Heck/Heck
Hubraum in cm³	3164
Leistung in PS bei U/min	231 bei 5900 (mit Kat: 207 bei 5900 und 217 bei 5900)
Vmax in km/h	235 bis 245
Karosserie	
Bauart	Coupé (auch mit entfernbarem Dachteil), Cabriolet
Tragstruktur	selbsttragend
Material	Stahlblech
Stückzahl und Marktsituation	
Produktionszahl	49.629
Verfügbarkeit	gut
Teilesituation	sehr gut
Unterhaltskosten	hoch

Preise in Euro	1	2	3	4	5
911 Carrera, Cpe	35.800	23.900	16.800	9.600	6.000

Porsche (D) • Rambler (USA)

Porsche 959 — 1986-1988

Ein Über-Porsche stand auf der IAA 1983: Der „Gruppe B" sah dem späteren 959 bereits sehr ähnlich. 1985 war der 959 marktreif, ab 1986 wurde er für stolze 420.000 Mark abgegeben – nicht kostendeckend, so kolportete die Presse damals: Porsche habe mit dem 959 das teuerste Werbegeschenk aller Zeiten gebaut. Gigantisch war alles an ihm: Sein Motor leistete mit zwei Turboladern und zwei Ladeluftkühlern gewaltige 450 PS. Permanenter Allradantrieb ermöglichte es, die Kraft gesittet auf die Straße zu bringen. Ein Sechsganggetriebe und die Luftdruckanlage für die Sicherheits- und Notlaufreifen gehörten ebenso zur Serienausrüstung des Technologieträgers wie Magnesium-Gussräder mit Zentralverschluss. Der Run blieb nicht aus: Zwischenzeitlich lagen gebrauchte 959 über einer Million Mark.

Rundum vom Feinsten: Porsche 959

Motor/Antrieb	
Bauart	Sechszylinder (Boxer)
Lage/Antrieb	Heck/4x4
Hubraum in cm³	2850
Leistung in PS bei U/min	450 bei 6500
Vmax in km/h	315
Karosserie	
Bauart	Coupé
Tragstruktur	selbsttragend
Material	Stahlblech
Stückzahl und Marktsituation	
Produktionszahl	283
Verfügbarkeit	schlecht
Teilesituation	ausreichend
Unterhaltskosten	hoch

Preise in Euro	1	2	3	4	5
959, Cpe	250.000	190.000	130.000	–	–

Porsche 968 Coupé, 968 CS Coupé, 968 Cabriolet, 968 Turbo S — 1991-1994

Im Windschatten des aktuellen 911-Hypes segelt heute der Porsche 968 recht unbeobachtet durch den Gebrauchtwagenmarkt. Er hatte in den schwersten Zeiten, die der Stuttgarter Sportwagenbauer zu überstehen hatte, die Nachfolge des gut konstruierten, aber glücklos gebliebenen 944 antreten müssen. Keine leichte Aufgabe, weil die Fans auch in ihm zu sehr nach 911-Genen suchten und sie nicht fanden. Der drei Liter große Vierzylinder war bereits aus seinem 944-Einsatz bekannt und kam überarbeitet zum Einsatz. Mit 305 Nm bei 4100/min stellte der Saugmotor ein gewaltiges Drehmoment zur Verfügung – der Wert galt seinerzeit als Weltrekord. Die Verarbeitung auf gewohnt hohem Niveau sichert auch heute noch viel Fahrspaß, besonders in der Clubsport-Variante. Hinter den Kulissen haben sich Porsche-Fans längst die besten Fahrzeuge gesichert. Er war nie preiswert, bietet dafür aber maximales Understatement.

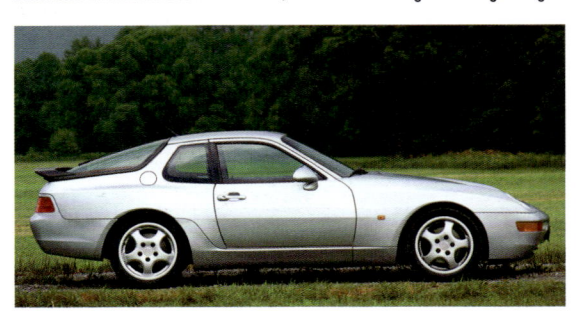

Agiler Sportler: Porsche 968

Motor/Antrieb	
Bauart	Vierzylinder (Reihe)
Lage/Antrieb	Front/Heck
Hubraum in cm³	2990
Leistung in PS bei U/min	240 bei 6200
Vmax in km/h	252
Karosserie	
Bauart	Coupé, Cabrio
Tragstruktur	selbsttragend
Material	Stahlblech
Stückzahl und Marktsituation	
Produktionszahl	k.A.
Verfügbarkeit	üppig
Teilesituation	sehr gut
Unterhaltskosten	hoch

Preise in Euro	1	2	3	4	5
968 CS, Cpe	–	18000	13500	–	–

Rambler (USA) • 1901 bis 1971

In Kenosha, Wisconsin, gründete Thomas B. Jeffery 1901 die Automobilfabrik Rambler. Das erste Fahrzeug war bereits im Vorjahr entstanden, und mit leichten und preiswerten Zweisitzern stieg der Geschäftsmann in den boomenden Automobilmarkt ein. Mit ihren Einzylindermotoren gaben sich die Rambler genügsam und stießen auf große Resonanz.
Bereits 1911 hatte Rambler eine verstellbare Lenksäule entwickelt und angeboten. Nach 1914 wurden die Rambler unter dem Namen Jeffery angeboten, und schon 1916 übernahm Nash die Firma, deren ursprünglicher Name keine Rolle mehr spielte – bis 1950, als Nash ein Mittelklassemodell erfolgreich als Rambler platzierte. Aus der Fusion von Nash, Hudson und Rambler entstand 1954 die American Motors Corporation (AMC), die zwei Jahre später die Marken Hudson und Nash auslaufen ließ. Nachdem die Verkaufszahlen in den sechziger Jahren eingebrochen waren, lief 1971 der letzte Rambler vom Band.

Rambler American — 1958-1969

1958 brachte Rambler das Modell American auf den Markt. Er stieß auf großes Interesse und verkaufte sich auch wegen seines günstigen Preises sehr gut. Technisch bot der Rambler American keine besonderen Goodies: Zwar verzichtete Rambler auf einen Rahmen und bot den American mit selbsttragender Karosserie an, die es zunächst nur als zweitürige Limousine und Kombi gab, doch der zunächst eingesetzte seitengesteuerte Reihensechszylinder bot mit seinen 91 PS eine eher asthmatische Leistungsentfaltung. Nach verschiedenen Modernisierungsschritten bot Rambler die American-Modelle Ende der sechziger Jahre in drei Serien an. Lieferbar war sogar ein 5,6-Liter-V8, der 225 PS leistete – besonders reizvoll als Antrieb der Coupé-Variante.

Überaus erfolgreich: Rambler American

Motor/Antrieb	
Bauart	Sechszylinder (Reihe), V8
Lage/Antrieb	Front/Heck
Hubraum in cm³	3205 bis 5622
Leistung in PS bei U/min	91 bei 3800 bis 228 bei 4700
Vmax in km/h	130 bis 190
Karosserie	
Bauart	Limousine, Coupé, Kombi
Tragstruktur	selbsttragend
Material	Stahlblech
Stückzahl und Marktsituation	
Produktionszahl	k.A.
Verfügbarkeit	gut
Teilesituation	gut
Unterhaltskosten	hoch

Preise in Euro	1	2	3	4	5
American (Ser. 1961-1963), Cab	14.300	9.000	5.300	2.500	1.100

Reliant (GB) • 1935 bis 1997

Dreiradfahrzeuge bot die Reliant Engineering Co. ab 1952 an. Das in Tamworth, Staffordshire, ansässige Unternehmen stellte 1960 den ersten Prototyp eines vierrädrigen Sportwagens vor, der ab 1962 in Israel als Sabra Sport in Lizenz gebaut wurde. 1964 gab es mit dem Kleinwagen Rebel und dem Scimitar zwei bedeutende Neuheiten, mit denen der Hersteller einigen Erfolg hatte. 1969 konnte Reliant nach zweieinhalbjährigen Verhandlungen die Konkurrenzfirma Bond übernehmen. Neben der Fahrzeugproduktion in Israel lief inzwischen auch in der Türkei das Modell Anadol vom Band.

Reliant Sabre — 1962-1964

Der erste Versuch von Reliant, ein Fahrzeug mit vier Rädern zu vermarkten, geriet nicht eben zum durchschlagenden Erfolg: Gerade 160 dieser etwas skurril gestalteten Cabriolets und Coupés konnte die bisher nur als Hersteller von Dreirädern bekannte Firma Reliant absetzen. Das Modell Sabre war solide konstruiert und gebaut, zeigte jedoch unausgewogene Fahreigenschaften. Zu der sportlichen Erscheinung passte auch der träge 1,7-Liter-Ford-Zephyr-Motor wenig. Als Sabra Sport lief dieser Reliant auch in Israel vom Band. In Deutschland dürfte kaum eines dieser Fahrzeuge existieren.

Ein erster Versuch: Reliant Sabre

Motor/Antrieb	
Bauart	Vierzylinder (Reihe)
Lage/Antrieb	Front/Heck
Hubraum in cm³	1703
Leistung in PS bei U/min	91 bei 4600
Vmax in km/h	165
Karosserie	
Bauart	Coupé, Cabriolet
Tragstruktur	Kastenrahmen
Material	Kunststoff
Stückzahl und Marktsituation	
Produktionszahl	160
Verfügbarkeit	schlecht
Teilesituation	sehr schwierig
Unterhaltskosten	mittel

Preise in Euro	1	2	3	4	5
Sabre, Cab			keine Notierung		

Reliant Sabre Six — 1962-1965

Wie ein vorweggenommener Triumph GT 6 sah die zweite vierrädrige Konstruktion von Reliant aus. Das gefällige Coupé Sabre Six, das 1962 auf den Markt kam, zeigte eine überzeugende, viel harmonischer gestaltete Frontpartie und runde Radausschnitte unter dem kecken Hüftschwung. Zusammen mit dem gut 2,5 Liter großen Ford Zephyr Six-Motor war der Reliant Sabre Six ein gelungenes Angebot. Ab 1963 gab es das Viergetriebe auch mit Schnellgang. Zum Modelljahr 1964 stieg die Leistung auf 110 PS. Die 4,10 Meter langen Sabre blieben in der Sechszylinderversion sehr selten: Nur 77 Exemplare hat Reliant gebaut.

Flotter Sechser: Reliant Sabre Six

Motor/Antrieb	
Bauart	Sechszylinder (Reihe)
Lage/Antrieb	Front/Heck
Hubraum in cm³	2553
Leistung in PS bei U/min	106 bei 4750 bis 110 bei 4800
Vmax in km/h	180
Karosserie	
Bauart	Coupé
Tragstruktur	Kastenrahmen
Material	Kunststoff
Stückzahl und Marktsituation	
Produktionszahl	77
Verfügbarkeit	schlecht
Teilesituation	ausreichend
Unterhaltskosten	hoch

Preise in Euro	1	2	3	4	5
Sabre Six, Cpe	keine Notierung				

Reliant Scimitar GT — 1964-1970

Das erste Modell mit der später berühmten Bezeichnung Scimitar, zu deutsch: Türkensäbel, wurde 1964 vorgestellt. Der Karosserie-Entwurf der David Ogle Associates überzeugte durch seine sportlich-glattflächigen Gran-Turismo-Linien in klassischer Stufenheckausführung. Attraktiv sah auch das Interieur aus. Reliant vertraute zunächst weiter auf den Zephyr Six-Motor, der mit drei Vergasern auf 120 SAE-PS kam, später auch 120 DIN-PS leistete. Anfang 1966 stellte die Firma den Scimitar mit Drei-Liter-Ford-V6 aus dem Zodiac Mk IV vor. Das Scimitar Coupé mit seiner erwachsenen Optik gilt als robustes Fahrzeug, von dem trotz geringer Produktionszahlen in drei Bauserien noch einige Exemplare am Markt zu finden sind. Erstaunlicherweise erschließen sich seine Qualitäten nur einem kleinen Fankreis.

Türkensäbel aus England: Reliant Scimitar GT

Motor/Antrieb	
Bauart	Sechszylinder (Reihe), V6
Lage/Antrieb	Front/Heck
Hubraum in cm³	2553, 2495, 2994
Leistung in PS bei U/min	120 bei 5000 bis 146 bei 4750
Vmax in km/h	180 bis 210
Karosserie	
Bauart	Coupé
Tragstruktur	Kastenrahmen
Material	Kunststoff
Stückzahl und Marktsituation	
Produktionszahl	296, 590, 117
Verfügbarkeit	schlecht
Teilesituation	ausreichend
Unterhaltskosten	hoch

Preise in Euro	1	2	3	4	5
Scimitar GT (SE4), Cpe	11.000	7.500	5.000	2.500	1.000
Scimitar GT (SE4 a/b), Cpe	12.000	8.000	5.500	2.500	1.000

Reliant (GB)

Reliant Scimitar GTE — 1968-1975

Mit dem Modell GTE hatte Scimitar seine Linie gefunden. Zudem brachte die Firma damit einen der ersten Sportkombis auf den Markt. Neben guten Fahrleistungen wurden hier eben auch praktische Talente geboten. Scimitar galt als einer der größten Verarbeiter von Glasfibermaterial für Autokarosserien und verpasste dem GTE eine ausgereifte Kunststoffhülle. Mit ihrer sportlichen Kombiheck-Gestaltung, einem großen, zu öffnenden Heckfenster und den die Keilform betonenden hochgezogenen hinteren Seitenscheiben setzte die Form neue Akzente. Zwar wurde das Styling durch leichte Dimensionsveränderungen im Laufe der Jahre bei verschiedenen Modellpflegemaßnahmen etwas verwässert, doch das tat der Attraktivität kaum Abbruch. Nur 1968/69 kam der 2,5-Liter-V6 zum Einsatz, der Dreiliter hielt sich bis zum Jahr 1975. Trotz professioneller Herstellungsmethoden litt der GTE etwas unter fehlendem Feinschliff.

Einer der ersten Sportkombis: Reliant Scimitar GTE

Motor/Antrieb					
Bauart					V6
Lage/Antrieb					Front/Heck
Hubraum in cm³					2495, 2994
Leistung in PS bei U/min					121 bei 4750 bis 136 bei 4750
Vmax in km/h					175 bis 195
Karosserie					
Bauart					Kombi-Coupé
Tragstruktur					Kastenrahmen
Material					Kunststoff
Stückzahl und Marktsituation					
Produktionszahl					5927
Verfügbarkeit					gut
Teilesituation					gut
Unterhaltskosten					hoch
Preise in Euro	1	2	3	4	5
Scimitar GTE (SE5), Cpe	7.000	5.000	3.000	1.500	500
Scimitar GTE (SE5a), Cpe	7.500	5.500	3.500	1.500	500

Reliant Scimitar (SE6a/b) — 1979-1985

Spätestens ab 1979 waren etliche Mängel des Vorgängers aus der Welt geschafft. Viel Detailarbeit an Fahrwerk, Ausstattung und Technik ließ den GTE zu einem konkurrenzfähigen Produkt reifen. Daran hatte auch der nun aus Kölner Ford-Produktion stammende 2,8-Liter-Sechszylinder seinen Anteil – er ersetzte den betulichen Dreiliter-Essex-V6. Zwar glänzte der neue Motor in Sachen Drehmoment weniger, doch dafür entschädigte das Aggregat mit günstigerem Benzinverbrauch und vor allem höherer Zuverlässigkeit. Statt der aufwändigen Laycock-de-Normanville-Overdrive-Lösung stand nun ein Fünfganggetriebe zur Verfügung. Der solcherart verfeinerte GTE wurde bis Ende 1985 gebaut, um dann Platz für einen völlig neuen Nachfolger gleichen Namens zu machen.

Ebenfalls mit Kunststoff-Karosserie: Reliant Scimitar

Motor/Antrieb					
Bauart					V6
Lage/Antrieb					Front/Heck
Hubraum in cm³					2792
Leistung in PS bei U/min					135 bei 5200
Vmax in km/h					190
Karosserie					
Bauart					Kombi-Coupé
Tragstruktur					Kastenrahmen
Material					Kunststoff
Stückzahl und Marktsituation					
Produktionszahl					4311
Verfügbarkeit					üppig
Teilesituation					gut
Unterhaltskosten					mittel
Preise in Euro	1	2	3	4	5
Scimitar (SE6a/b), Cpe	9.000	6.000	4.000	2.000	800

Reliant Scimitar GTC — 1980-1986

Mit einem die Karosserie stabilisierenden T-Roof suchte der Scimitar auch im Segment der offenen Sportler eine Chance. Man vertraute auf die bewährte und inzwischen ausgereifte Technik des Sportkombis, war aber nicht in der Lage, das Gesamtpaket zu einem für die Kunden attraktiven Preis anzubieten. Das verhinderte im wirtschaftlich gebeutelten Großbritannien einen besseren Absatz ebenso wie die fehlenden Aktivitäten im Bereich des Exportmarketings. Daran änderten auch die prinzipiellen Qualitäten des GTC nichts, für den auch ein Hardtop angeboten wurde. Die niedrigen Stückzahlen verhelfen dem Scimitar heute zu einem Raritäten-Status, der die Preise auf ein relativ hohes Niveau treibt.

Auch ohne Dach lieferbar: Reliant Scimitar GTC

Motor/Antrieb					
Bauart					V6
Lage/Antrieb					Front/Heck
Hubraum in cm³					2792
Leistung in PS bei U/min					135 bei 5200
Vmax in km/h					190
Karosserie					
Bauart					Cabriolet
Tragstruktur					Kastenrahmen
Material					Kunststoff
Stückzahl und Marktsituation					
Produktionszahl					443
Verfügbarkeit					ausreichend
Teilesituation					gut
Unterhaltskosten					mittel
Preise in Euro	1	2	3	4	5
Scimitar GTC, Cab	13.000	8.500	5.000	2.500	1.000

Renault (F) • seit 1898

Mit nur 21 Jahren baute der technikbegeisterte Louis Renault 1898 sein erstes Automobil in einem Schuppen auf dem Grundstück seiner Eltern. Als starke Nachfrage einsetzte, gründete er mit seinen beiden Brüdern Marcel und Fernand das Unternehmen Renault Frères. In Billancourt entstand in kurzer Zeit eine der wichtigsten industriellen Anlagen Frankreichs. Schon 1911 hatte Louis Renault den amerikanischen Automobilpionier Henry Ford getroffen und viele seiner neuen Ideen mit nach Europa gebracht.

Um Effizienz und technische Neuerungen unter Beweis zu stellen, nahmen Renault-Wagen an vielen Motorsportveranstaltungen teil. Die krisengeschüttelten dreißiger Jahre überstand die Marke dank ihrer vielfältigen Modellpalette, doch im Zweiten Weltkrieg musste Renault für die deutschen Besatzer Automobile bauen – unweigerlich fielen daher alliierte Bomben auf die Werke. Louis Renault wurde inhaftiert und der Kollaboration angeklagt – er starb unter ungeklärten Umständen im Gefängnis. Im Januar 1945 wurden die Renault-Werke verstaatlicht, die Régie Nationale entstand.

Noch während des Krieges hatte Renault einen Volks-Wagen entwickelt, der rationell zu fertigen war und daher besonders preiswert angeboten werden konnte. 1946 lief die Personenwagen-Produktion wieder an, und der kleine 4 CV entwickelte sich zum Publikumsliebling. In den folgenden Jahren bot Renault auch größere Modelle an. Praktische Autos, Autos zum Leben – nicht nur das war und ist Renault-typisch. Bereits gegen Ende der siebziger Jahre war die Marke mit Turbomotoren in der höchsten Motorsport-Klasse erfolgreich, eine Technik, die erfolgreich in die Großserie übernommen werden konnte.

Heute weitgehend unbekannt ist Renaults grandiose Frühzeit: Renault 20/30 PS Roi de Belges, 1910

Renault 4 CV („Cremeschnittchen")   1947-1961

Der französische Volkswagen wurde von Renault gebaut und erschien 1947 auf dem Markt. Liebevoll taufte ihn das Volk „Cremeschnittchen", und er war der Beginn einer ganzen Serie höchst erfolgreicher Heckmotor-Kleinwagen. Die Ausführung war dabei erstaunlich fortschrittlich und modern: selbsttragende Karosserie, Einzelradaufhängung rundum, hydraulische Bremsen, Zahnstangenlenkung und lebhafte ohv-Vierzylindermotoren. Stolze 14 Jahre lang blieb er im Programm, die Kundschaft liebte ihn. Renault offerierte auch eine feine Sportversion mit 42 PS, die es bis auf 140 km/h Höchstgeschwindigkeit brachte. Wenig gebaut und daher heute selten sind die inzwischen sehr gesuchten Rolldach-Limousinen. 1996 stellte Renault eine Studie mit dem Namen Fiftie vor, die an den schmackhaften 4 CV erinnerte.

Käfer à la France: Renault 4 CV

Motor/Antrieb	
Bauart	Vierzylinder (Reihe)
Lage/Antrieb	Heck/Heck
Hubraum in cm³	760, 747
Leistung in PS bei U/min	18 bei 4000 bis 42 bei 6000
Vmax in km/h	95 bis 140
Karosserie	
Bauart	Limousine (4-türig), Cabrio-Limousine
Tragstruktur	selbsttragend
Material	Stahlblech
Stückzahl und Marktsituation	
Produktionszahl	1.105.543
Verfügbarkeit	schlecht
Teilesituation	ausreichend
Unterhaltskosten	niedrig

Preise in Euro	1	2	3	4	5
4 CV (Ser. 1947-1961), L4t	9.000	6.300	4.200	1.900	600
4 CV (Ser. 1950-1961), Cal	11.000	8.000	5.500	2.500	900

Renault Frégate, Amiral, Domaine   1951-1960

Der große Renault hieß zu Beginn der fünfziger Jahre Frégate und war wie eine Mischung aus Peugeot- und Opelmodellen der Zeit gestaltet. Unter der langen Motorhaube steckten konventionelle Vierzylindertriebwerke mit 2,0 und 2,1 Liter Hubraum und ansehnlicher Leistungsausbeute. Trotz eines modernen Fahrwerks mit rundum einzeln aufgehängten Rädern und einer guten Zuverlässigkeit ist das Modell der gehobenen Mittelklasse nur rund 200.000 mal gebaut worden. Im Vergleich zu seinen zeitgenössischen Konkurrenten Citroën Traction Avant, DS und ID ist es heute nahezu vergessen. Die Luxusversion des Frégate hieß Amiral, die fünftürige Kombiversion erhielt den Beinamen Domaine. 1957 überraschte Renault mit einem halbautomatischen Getriebe, das erste seiner Art bei einem französischen Automobil.

Längst vergessen: Renault Frégate Grand Pavois

Motor/Antrieb	
Bauart	Vierzylinder (Reihe)
Lage/Antrieb	Front/Heck
Hubraum in cm³	1997, 2141
Leistung in PS bei U/min	56 bei 3800 bis 80 bei 4000
Vmax in km/h	115 bis 140
Karosserie	
Bauart	Limousine (4-türig), Kombi (5-türig)
Tragstruktur	selbsttragend
Material	Stahlblech
Stückzahl und Marktsituation	
Produktionszahl	ca. 200.000
Verfügbarkeit	gegen null
Teilesituation	schwierig
Unterhaltskosten	hoch

Preise in Euro	1	2	3	4	5
Fregate (Ser. 1951-1957), L4t	10.700	6.500	4.800	1.900	700
Amiral (Ser. 1955-1958), L4t	11.500	7.100	5.100	2.000	800
Domaine (Ser. 1956-1960), Kom	11.300	6.900	4.900	2.000	800

Renault (F)

Renault Dauphine (Dauphine, Dauphine Gordini, Dauphine 1093) 1956–1968

Renault setzte den Erfolg des Cremeschnittchens ab 1956 mit der Dauphine fort. Dieses Modell entsprach in der Konzeption dem 4 CV: Heckmotor, hintere Pendelachse, selbsttragende Karosserie. Die rund 35 Zentimeter längere, dem Zeitgeschmack angepasste Karosserie konnte bei 17 Zentimeter mehr Radstand entsprechend mehr Platz aufweisen. Auch die Motoren waren etwas größer und stärker geworden. Die Dauphine wurde im Rahmen einer Kooperation übrigens auch bei Alfa Romeo gebaut. 1957 präsentierte die Régie den Dauphine Gordini, der in Zusammenarbeit mit Amédée Gordini entstanden war – äußerlich nahezu unverändert, aber der Vierzylinder war mit fast 40 PS kräftiger geworden und mit einem Vierganggetriebe gekoppelt. Noch mehr leistete das sportlich ausstaffierte Homologationsmodell 1093: rund 47 PS gab der stärkste Dauphine-Motor an die Hinterräder ab.

Rundlicher Viertürer: Renault Dauphine

Motor/Antrieb					
Bauart				Vierzylinder (Reihe)	
Lage/Antrieb				Heck/Heck	
Hubraum in cm³				845	
Leistung in PS bei U/min			27 bei 4250 bis 47 bei 5600		
Vmax in km/h				115 bis 145	
Karosserie					
Bauart				Limousine (4-türig)	
Tragstruktur				selbsttragend	
Material				Stahlblech	
Stückzahl und Marktsituation					
Produktionszahl				2.120.220	
Verfügbarkeit				schlecht	
Teilesituation				ausreichend	
Unterhaltskosten				niedrig	
Preise in Euro	1	2	3	4	5
Dauphine (Ser. 1956-1965), L4t	6.600	4.600	2.800	950	300
Dauphine 1093 (Ser. 1962-1963), L4t	8.900	6.300	4.300	2.000	700
Dauphine Gordini (Ser. 1958-1968), L4t	8.400	5.800	4.000	1.900	600

Renault Floride S und Caravelle 1959–1968

Als solide und bis heute elegant wirkende Entwürfe gelten die bei Pietro Frua gezeichneten Karosserien von Renault Floride und Caravelle – Modelle, die technisch von der Dauphine abgeleitet waren: mit Heckmotor, Einzelradaufhängung vorn und hinten. Das von Brissoneaux & Lotz bei Paris montierte Auto zeigte im Innenraum eine modische Gestaltung und war als Cabrio und Coupé erhältlich. In Amerika hieß es stets Caravelle. Ab Ende 1962 hörte das nunmehr allein verfügbare Coupé auch in Europa auf diesen Namen. Der Floride S von 1962/63 hatte einen um gut 100 cm³ vergrößerten Motor, Caravelle und Caravelle S wiesen ab 1963 nochmals mehr Hubraum auf: 1108 cm³. Damit stiegen auch Leistung und Fahrwerte.

Italienischer Chic aus Frankreich: Renault Floride S

Motor/Antrieb					
Bauart				Vierzylinder (Reihe)	
Lage/Antrieb				Heck/Heck	
Hubraum in cm³				845, 956, 1108	
Leistung in PS bei U/min			35 bei 5000 bis 51 bei 5100		
Vmax in km/h				125 bis 145	
Karosserie					
Bauart				Cabriolet, Coupé	
Tragstruktur				selbsttragend	
Material				Stahlblech	
Stückzahl und Marktsituation					
Produktionszahl				k.A.	
Verfügbarkeit				schlecht	
Teilesituation				ausreichend	
Unterhaltskosten				mittel	
Preise in Euro	1	2	3	4	5
Floride (Ser. 1959-1962), Cpe	11.000	7.500	4.900	1.800	800
Floride (Ser. 1959-1962), Cab	17.200	12.000	7.900	3.600	1.400
Floride S (Ser. 1962-1963), Cab	18.900	12.900	8.500	3.900	1.500

Renault 4 1961–1992

Anfangs als Kiste geschmäht, konnte der Renault 4 doch als epochale Konstruktion in die Automobilhistorie eingehen. Sein Konzept setzte neue Maßstäbe bei den Kleinwagen: Frontmotor und Vorderradantrieb, kompakte Abmessungen der Karosserie, dabei sehr guter Nutzwert mit vier Türen und großer Heckklappe, herausnehmbare Rücksitzbank. Die Karosserie ruhte auf einem Plattformrahmen, was dem Wagen viel Bauhöhe verlieh, aber einen sehr bequemen Zugang ermöglichte. Der aus dem Armaturenbrett ragende Schalthebel wurde nicht von allen geliebt, seine günstigen Betriebskosten hingegen schon. Mit vier unabhängig gefederten Rädern fuhr sich der R 4 sehr komfortabel, und er war auch nicht so spartanisch wie die Ente ausgestattet. Erst 1992 endete die Bauzeit nach über 30 Jahren und rund acht Millionen gebauten Exemplaren.

Epochale Konstruktion: Renault 4

Motor/Antrieb					
Bauart				Vierzylinder (Reihe)	
Lage/Antrieb				Front/Front	
Hubraum in cm³				747, 845, 956	
Leistung in PS bei U/min			24 bei 4500 bis 34 bei 5000		
Vmax in km/h				105 bis 120	
Karosserie					
Bauart				Limousine (5-türig)	
Tragstruktur				Plattformrahmen	
Material				Stahlblech	
Stückzahl und Marktsituation					
Produktionszahl				ca. 8 Mio	
Verfügbarkeit				gut	
Teilesituation				sehr gut	
Unterhaltskosten				niedrig	
Preise in Euro	1	2	3	4	5
R 4 (Ser. 1961-1962), L5t	5.000	3.100	1.900	750	200
R 4 Super (Ser. 1962), L5t	5.400	3.500	2.100	900	300
R 4 (Ser. 1972-1974), L5t	4.300	2.800	1.600	550	150
R 4 GTL (Ser. 1975-1983), L5t	4.700	3.100	1.700	650	200

Renault 8 (R 8, R 8 Major 1100, R 8 S, R 8 Gordini) 1962–1973

Renault versuchte das erfolgreiche Heckmotorkonzept auch in größere Klassen zu übertragen: Der Renault 8 entsprach der Dauphine in der technischen Auslegung. Immerhin konnte sich die kantige Heckschleuder zehn Jahre lang am Markt halten. Nur anfangs blieb die Leistung auf 40 SAE-PS beschränkt, doch schon 1964 erschien der stärkere R 8 Major mit 1,1 Liter Hubraum. Enthusiasten begeistert bis heute die Gordini-Version mit satten 95 PS, die ebenfalls ab 1964 angeboten wurde. Renn- und Rallyeerfolge stellten sich bald ein. Der Renault 8 Gordini war an weißen Streifen auf der Karosserie und Zusatzscheinwerfern vorn zu erkennen. Gerade diese Versionen sind heute natürlich teuer und gesucht, weil sie im historischen Motorsport einsatz- und wettbewerbsfähig sind.

Trug weiterhin den Motor im Heck: Renault 8

Motor/Antrieb					
Bauart				Vierzylinder (Reihe)	
Lage/Antrieb				Heck/Heck	
Hubraum in cm³				956, 1108, 1255	
Leistung in PS bei U/min			40 bei 5200 bis 95 bei 6500		
Vmax in km/h				125 bis 175	
Karosserie					
Bauart				Limousine (4-türig)	
Tragstruktur				selbsttragend	
Material				Stahlblech	
Stückzahl und Marktsituation					
Produktionszahl				1.329.372	
Verfügbarkeit				schlecht	
Teilesituation				ausreichend	
Unterhaltskosten				niedrig	
Preise in Euro	1	2	3	4	5
R 8 (Ser. 1962-1967), L4t	5.000	3.300	1.900	700	100
R 8 Major (Ser. 1964-1973), L4t	5.900	3.800	2.400	900	200
R 8 S (Ser. 1968-1971), L4t	6.000	4.000	2.400	900	200
R 8 Gordini (Ser. 1964-1970), L4t	13.000	9.500	6.000	3.000	1.000

Renault (F)

Renault 10 (R10, R 10 Major) 1965-1973

Ab 1965 ergänzte der Renault 10 das Markenprogramm. Technisch gleich konzipiert, unterschied sich auch die Form im Vergleich zum kompakteren Renault 8 nur geringfügig. So war der Radstand gleich geblieben, die Überhänge an Front und Heck jedoch um insgesamt 20 Zentimeter verlängert. Detailänderungen gab es nicht nur äußerlich, auch der Innenraum erfuhr Überarbeitung. 1968 wurden Holzimitationen im Cockpit angebracht, neue Rechteckscheinwerfer gaben ein anderes Gesicht. Ab 1969 kam ein neuer 1,3-Liter-Vierzylindermotor zum Einsatz. Eine Umwandlung in attraktive Sportvarianten machte hier kaum Sinn.

Der große Bruder: Renault 10

Motor/Antrieb	
Bauart	Vierzylinder (Reihe)
Lage/Antrieb	Heck/Heck
Hubraum in cm³	1108, 1289
Leistung in PS bei U/min	43 bei 4600 bis 48 bei 4800
Vmax in km/h	130 bis 140
Karosserie	
Bauart	Limousine (4-türig)
Tragstruktur	selbsttragend
Material	Stahlblech
Stückzahl und Marktsituation	
Produktionszahl	k.A.
Verfügbarkeit	schlecht
Teilesituation	ausreichend
Unterhaltskosten	niedrig

Preise in Euro	1	2	3	4	5
R 10 Major (Ser. 1965-1969), L4t	5.200	3.300	1.700	500	150
R 10 Major (Ser. 1969-1971), L4t	5.300	3.400	1.800	500	150

Renault 16 (R 16 TL, R 16 TS, R 16 TX) 1965-1979

Als weiteren automobilen Meilenstein schickte Renault ab 1965 das Modell 16 ins Rennen um die Käufergunst. Der großzügige Viertürer mit Frontantrieb ist Vorbild für eine Vielzahl moderner Mittelklassefahrzeuge. Leider ist der Renault 16 aus dem Straßenbild nicht nur hierzulande fast völlig verschwunden. Es gibt in Deutschland kaum noch guterhaltene Exemplare, obwohl der R 16 immerhin bis 1979 im Verkaufsprogramm war. Besonders überzeugen konnte der variable Innenraum: Die umlegbaren Rücksitze und die große Heckklappe waren überaus praktisch. Zudem glänzten die sicheren Fahrwerke mit gutem Federungskomfort. In den Varianten TS und TX mit ihren leistungsgesteigerten Vierzylindermotoren und aufgewerteter Innenausstattung wirken die R 16 heute besonders reizvoll.

Im Konzept seiner Zeit voraus: Renault 16

Motor/Antrieb	
Bauart	Vierzylinder (Reihe)
Lage/Antrieb	Front/Front
Hubraum in cm³	1470, 1565, 1647
Leistung in PS bei U/min	55 bei 5000 bis 94 bei 6000
Vmax in km/h	140 bis 165
Karosserie	
Bauart	Limousine (5-türig)
Tragstruktur	selbsttragend
Material	Stahlblech
Stückzahl und Marktsituation	
Produktionszahl	1.846.000
Verfügbarkeit	ausreichend
Teilesituation	gut
Unterhaltskosten	mittel

Preise in Euro	1	2	3	4	5
R 16 (Ser. 1965-1970), L5t	5.400	3.500	1.900	800	300
R 16 TL (Ser. 1970-1979), L5t	5.200	3.200	1.700	750	250
R 16 TS (Ser. 1968-1976), L5t	5.800	3.700	2.000	800	300
R 16 TX (Ser. 1973-1979), L5t	6.000	4.200	2.200	900	350

Renault 6 (R 6, R 6 TL) 1968-1980

Im Herbst 1968 stellte Renault, noch schwer gebeutelt von ausgiebigen Streiks, ein neues Modell vor: den Renault 6. Konzeptionell glich er dem kleineren R 4, dessen Radstand er auch übernommen hatte. Die etwas kantigere Karosserie war anders als beim R 4 mit dem Plattformrahmen verschweißt, die Bauteile ließen sich deswegen nicht so problemlos demontieren und tauschen. Das Heck fiel nicht so steil ab wie beim R 4, sondern zeigte etwas mehr Eleganz, der Innenraum war zudem komfortabler ausgestattet. Der TL mit mehr Leistung debütierte im Herbst 1970. Ein Facelift für die gesamte Baureihe wurde 1974 vorgestellt. 1980 endet die Bauzeit der Limousine.

Die größere Variante: Renault 6

Motor/Antrieb	
Bauart	Vierzylinder (Reihe)
Lage/Antrieb	Front/Front
Hubraum in cm³	845, 1108
Leistung in PS bei U/min	34 bei 5000 bis 48 bei 5000
Vmax in km/h	120 bis 140
Karosserie	
Bauart	Limousine (4-türig)
Tragstruktur	Plattformrahmen
Material	Stahlblech
Stückzahl und Marktsituation	
Produktionszahl	k.A.
Verfügbarkeit	ausreichend
Teilesituation	ausreichend
Unterhaltskosten	niedrig

Preise in Euro	1	2	3	4	5
R 6 (Ser. 1968-1975), L5t	4.200	2.300	1.200	450	100
R 12 TS (Ser. 1974-1975), Kom	4.400	2.500	1.300	500	100

Renault 12 R 12 L, (R 12 TL, R 12 TS, R 12 Gordini) 1969-1979

Ein völlig neues Modell brachte Renault mit dem R 12 im Jahr 1969 auf den Markt. Die Zahl wies ihm seinen Platz zwischen R 6 und R 16 zu, zudem hatte er die Modelle R 8 und R 10 mit ihrem nicht mehr zeitgemäßen Heckmotorkonzept abzulösen. Etwas gewöhnungsbedürftig zeigte sich die Linie der Stufenhecklimousine mit ihrer leichten Keilform und einem Hüftknick, mit der sie dem Peugeot 504 etwas ähnelte. Mit angetriebenen Vorderrädern und Frontmotor war der R 12 eine moderne Konstruktion. Anfangs hatte der Wagen einen 1,3 Liter großen Motor, der als Weiterentwicklung der im R 8 eingeführten 950 cm³-Baureihe auf 54 PS kam. Im Juli 1972 legte Renault den R 12 TS mit 60 PS nach. Als weitere Version kam ein fünftüriger Kombi namens Variable ins Programm, und sogar mit Allradantrieb war der R 12 lieferbar. Als Gordini gab es den R 12 nur in Frankreich – mit 113 PS war er ein echter Underdog.

Der Schwenk zum Frontmotor: Renault 12

Motor/Antrieb	
Bauart	Vierzylinder (Reihe)
Lage/Antrieb	Front/Front
Hubraum in cm³	1289, 1565
Leistung in PS bei U/min	50 bei 5000 bis 113 bei 6250
Vmax in km/h	135 bis 185
Karosserie	
Bauart	Limousine (4-türig), Kombi (5-türig)
Tragstruktur	selbsttragend
Material	Stahlblech
Stückzahl und Marktsituation	
Produktionszahl	über vier Millionen
Verfügbarkeit	ausreichend
Teilesituation	ausreichend
Unterhaltskosten	niedrig

Preise in Euro	1	2	3	4	5
R 12 TL (Ser. 1969-1975), L4t	4.300	2.600	1.300	400	100
R 6 TL (Ser. 1968-1975), L5t	5.300	3.200	1.600	600	150

Renault (F)

Renault 6 Rodeo — 1969-1981

Der Renault 6 Rodeo war die französische Antwort auf Mini Moke und Buggy, die meist mit VW-Käfer-Fahrgestellen und zum Teil skurrilen Kunststoffkarosserien angeboten wurden. Die Rodeo-Technik stammte weitgehend vom R 6. Als reines Freizeitauto für die wärmeren Gefilde und das Cruisen an den Strandpromenaden der Cote d'Azur gedacht, wurde der Rodeo mit dünnem und fummeligem Verdeck bis 1981 gebaut — auf Wunsch sogar mit Allradantrieb.

Beach Party: Renault 6 Rodeo

Motor/Antrieb					
Bauart					Vierzylinder (Reihe)
Lage/Antrieb					Front/Front
Hubraum in cm³					845, 1108
Leistung in PS bei U/min					34 bei 5000 bis 48 bei 5000
Vmax in km/h					120 bis 140
Karosserie					
Bauart					Cabriolet
Tragstruktur					Plattformrahmen
Material					Kunststoff
Stückzahl und Marktsituation					
Produktionszahl					k.A.
Verfügbarkeit					ausreichend
Teilesituation					ausreichend
Unterhaltskosten					niedrig
Preise in Euro	1	2	3	4	5
R 6 Rodeo (Ser. 1977-1981), Tou	6.000	3.600	1.700	600	200

Renault 15 (R 15 TL, R 15 TS), Renault 17 (R 17 TL, R 17 TS) — 1971-1979

Schicke Coupés auf der Basis von Großserientechnik waren zu Beginn der siebziger Jahre durchaus Renner im Programm der Marken Ford, Opel und Volkswagen. Renault durfte nicht zurückstehen und stellte auf der Basis des R 12 ebenfalls ein zweitüriges Modell vor. Der Misserfolg von R 15 und R 17 hatte mehrere Gründe: Einerseits hatten diese komfortabel gefederten Renault-Modelle keine sportliche Ausstrahlung, andererseits fehlte es an Motorversionen und die Produktqualität der Fahrzeuge konnte in keiner Weise überzeugen. Rostfraß und liederliche Verarbeitung sorgten alsbald für einen schlechten Ruf. Dabei war der R 17 TS kein schlechtes Angebot: Die schicke, jalousieartige Verkleidung des seitlichen Fensters, das elektrische Faltdach und 108 PS unter der Haube sorgten für Freude. Im Hauptabsatzmarkt Frankreich wurde der schwächere R 15 bevorzugt.

Manta aus Billancourt: Renault 15

Motor/Antrieb					
Bauart					Vierzylinder (Reihe)
Lage/Antrieb					Front/Front
Hubraum in cm³					1289, 1565
Leistung in PS bei U/min					60 bei 5500 bis 108 bei 6000
Vmax in km/h					150 bis 175
Karosserie					
Bauart					Coupé
Tragstruktur					selbsttragend
Material					Stahlblech
Stückzahl und Marktsituation					
Produktionszahl					207.854, 92.589
Verfügbarkeit					schlecht
Teilesituation					ausreichend
Unterhaltskosten					mittel
Preise in Euro	1	2	3	4	5
R 15 TL (Ser. 1971-1979), Cpe	5.200	2.900	1.500	600	150
R 15 TS (Ser. 1971-1976), Cpe	5.500	3.200	1.700	700	200
R 17 TL (Ser. 1971-1976), Cpe	5.600	3.400	1.700	700	200
R 17 TS (Ser. 1976-1979), Cpe	5.900	3.700	1.900	800	250

Renault 20, Renault 30 — 1975-1984

Einen glücklosen Vorstoß in die Oberklasse startet Renault im Februar 1975. Der Renault 30 folgte dem Konzept des R 16 mit einer besonders praktisch veranlagten Karosserieform mit Schrägheck. Mit vier Türen und großer Heckklappe hatte das neue Topmodell alle Vorzüge der kleineren Renaults geerbt. Im November folgte eine Vierzylinderversion mit leichten Änderungen an der Front als R 20. Diese Version wurde vom Publikum recht gut angenommen. Beim R 30 kam der Euro-V6 mit 2,7 Liter Hubraum zum Einsatz, doch als Oberklasse-Limousine fiel der R 30 vor allem in Deutschland glatt durch. Die zu enge Verwandtschaft zum R 20 ließ erst gar kein Prestige aufkommen. Die weniger imagebesessenen Kunden konnten jedoch mit dem Wagen durchaus zufrieden werden, sofern sie das Glück hatten, nicht von den unzähligen Qualitätsmängeln geplagt zu werden.

Kein Glück im Oberhaus: Renault 30

Motor/Antrieb					
Bauart					Vierzylinder (Reihe), V6
Lage/Antrieb					Front/Front
Hubraum in cm³					1647 bis 2664
Leistung in PS bei U/min					90 bei 5750 bis 143 bei 5800
Vmax in km/h					165 bis 190
Karosserie					
Bauart					Limousine (4-türig)
Tragstruktur					selbsttragend
Material					Stahlblech
Stückzahl und Marktsituation					
Produktionszahl					k.A.
Verfügbarkeit					gut
Teilesituation					gut
Unterhaltskosten					hoch
Preise in Euro	1	2	3	4	5
R 20 (Ser. 1975-1984), L4t	4.100	2.500	1.100	400	100
R 30 (Ser. 1975-1984), L4t	4.400	2.800	1.200	500	100

Renault 14 (R 14 LS, R 14 TL, R 14 GTL, R 14 TS) — 1976-1982

Eine Überraschung war der R 14 nicht, als Renault mit ihm ab 1976 im Segment der unteren Mittelklasse Fuß fassen wollte. Er sollte die Lücke zwischen R 12 und R 16 schließen und trat gegen Golf und Kollegen an. Sein Layout folgte der Mode jener Zeit, die mit vier Türen, Schrägheck und großer Heckklappe durch und durch pragmatischen Werten verpflichtet war. Unaufgeregt und nur mit einem Hauch französischem Chic war das Design geraten. Den modernen Vierzylinder entlieh sich Renault aus dem Peugeot-Regal, er hatte schon im kleinen 104 seine Tauglichkeit bewiesen: Mit einem Querstromkopf, von einer Kette angetriebenen obenliegenden Nockenwelle und fünffach gelagerter Kurbelwelle erhielten die R 14-Käufer einen laufruhigen, leidlich agilen Motor. Das einstige Massenprodukt R 14 dürfte nur in geringen Stückzahlen überlebt haben: Rost und restriktive Neuwagen-Politik haben auch ihn zur Rarität werden lassen.

Golf auf französisch: Renault 14

Motor/Antrieb					
Bauart					Vierzylinder (Reihe)
Lage/Antrieb					Front/Front
Hubraum in cm³					1218, 1360
Leistung in PS bei U/min					57 bei 6000 bis 71 bei 6000
Vmax in km/h					143 bis 156
Karosserie					
Bauart					Limousine (5-türig)
Tragstruktur					selbsttragend
Material					Stahlblech
Stückzahl und Marktsituation					
Produktionszahl					k.A.
Verfügbarkeit					gut
Teilesituation					gut
Unterhaltskosten					mittel
Preise in Euro	1	2	3	4	5
R 14 TL 1.2, L5t	–	1900	900	200	–
R 14 TS 1.3, L5t	–	2000	1000	200	–

Renault (F)

Renault 5 Alpine, Alpine Turbo — 1976-1984

Nach dem Schema des Mini Cooper waren Mitte der siebziger Jahre stramm motorisierte Kleinwagen mit guten Erfolgsaussichten am Markt gesegnet. Der ansonsten 34 bis 65 PS starke Renault 5 wurde nach bewährtem Alpine-Muster einer Kraftkur unterzogen, bei der dem 1,4-Liter-Motor ein Doppelvergaser verpasst und die Verdichtung erhöht wurde. Ein Fünfganggetriebe rundete die Maßnahmen ab. Mit daraus resultierenden 93 PS wandelte sich der Einkaufswagen in einen kompakten Sportler, der Begeisterung wecken konnte. Zusätzlich sorgte der R 5-Cup für mehr sportliches Image. Aus Renaults Erfahrung mit Turbomotoren entstand 1980 die nächste Stufe der Gewalt. Der Lader blies dem kleinen Triebwerk immerhin 110 PS ein, aber nicht alle Motoren widerstanden dem dauernden Druck durch schwere Gasfüße.

Kraftkur für den Kurzen: Renault 5 Alpine

Motor/Antrieb	
Bauart	Vierzylinder (Reihe)
Lage/Antrieb	Front/Front
Hubraum in cm³	1397
Leistung in PS bei U/min	93 bei 6400 bis 110 bei 6000
Vmax in km/h	175 bis 185
Karosserie	
Bauart	Limousine (3-türig)
Tragstruktur	selbsttragend
Material	Stahlblech
Stückzahl und Marktsituation	
Produktionszahl	ca. 59.000
Verfügbarkeit	gut
Teilesituation	gut
Unterhaltskosten	mittel

Preise in Euro	1	2	3	4	5
R 5 Alpine (Ser. 1976-1979), L3t	4.800	2.900	1.200	500	50
R 5 Alpine Turbo (Ser. 1981-1984), L3t	6.500	3.700	2.000	900	100

Renault Fuego TS, GTS, TX, GTX, Turbo — 1980-1986

Fuego heißt Feuer, auf spanisch. Das stellten sich die Marketing-Strategen bei Renault so vor: Heißblütige Familienväter stürzen sich voll Leidenschaft auf das verwegene Coupé, um dann mit Frau und Sprösslingen zum Einkaufen zu fahren. Dabei war der Fuego hübsch geraten: Die aerodynamisch günstige Karosserie weist viele Styling-Elemente auf, die dem Geschmack jener Jahre entsprechen. Heute gilt er als typischer Vertreter der damaligen Familien-Coupé-Mode. Als Basis für den Fuego griff Renault zur Mittelklassen-Limousine R 18. Mit dem zwei Liter großen Leichtmetallmotor aus dem R 20 kratzte die schnellste Fuego-Variante sogar an der 200 km/h-Marke, und das galt Anfang der 1980er Jahre als durchaus respektabler Wert. In der GTX-Ausstattung bot der Fuego mit Goodies wie elektrischen Fensterhebern, Zentralverriegelung und Leichtmetallrädern ein für die Zeit außergewöhnlich luxuriöses Ambiente.

Folgte der Coupé-Mode: Renault Fuego

Motor/Antrieb	
Bauart	Vierzylinder (Reihe)
Lage/Antrieb	Front/Front
Hubraum in cm³	1565, 1647, 1995
Leistung in PS bei U/min	96 bei 5750 bei 132 bei 5500
Vmax in km/h	180 bis 198
Karosserie	
Bauart	Coupé
Tragstruktur	selbsttragend
Material	Stahlblech
Stückzahl und Marktsituation	
Produktionszahl	k.A.
Verfügbarkeit	ausreichend
Teilesituation	gut
Unterhaltskosten	mittel

Preise in Euro	1	2	3	4	5
Fuego 1.7, Cpe	–	3000	1500	700	–

Renault 5 Turbo I, II — 1980-1986

Nur eine optische Verwandtschaft zum Großserienmodell verbindet den Renault 5 Turbo mit dem Kompaktmodell. Er wurde vielmehr als Homologations-Special für die Rallye-Weltmeisterschaft zum Modelljahr 1980 vorgestellt. Speziell für die Beteiligung an dieser Sportveranstaltung wandelte die Régie das Auto dramatisch um: Anstelle der Rücksitzbank hatte man einen per Turbolader mächtig aufgeblasenen Motor eingebaut, der seine Gewalt an die Hinterräder abließ. Als Zweisitzer hatte er auch ein komplett neues Fahrwerk mit üppigen Kotflügelausbuchtungen für die fetten Reifen. Nicht wenige Turbo-5er sind abgebrannt und alle zeigten mangelnde Alltagstauglichkeit. Nach knapp zwei Jahren brachte Renault eine überarbeitete, etwas zivilisiertere Fassung auf den Markt, die deutlich zuverlässiger war. Beide Versionen sind heute rar und teuer.

Hitziger Querulant: Renault 5 Turbo

Motor/Antrieb	
Bauart	Vierzylinder (Reihe)
Lage/Antrieb	Mitte/Heck
Hubraum in cm³	1397
Leistung in PS bei U/min	160 bei 6000
Vmax in km/h	200
Karosserie	
Bauart	Limousine (2-türig)
Tragstruktur	selbsttragend
Material	Stahlblech
Stückzahl und Marktsituation	
Produktionszahl	ca. 4000
Verfügbarkeit	ausreichend
Teilesituation	ausreichend
Unterhaltskosten	hoch

Preise in Euro	1	2	3	4	5
R 5 Turbo I, L3t	18.000	13.000	9.000	–	–
R 5 Turbo II, L3t	16.000	11.000	8.000	–	–

Riley (GB) • 1898 bis 1969

Schon 1898 gab es das erste Riley-Automobil. Der in Coventry beheimatete Hersteller hatte mit Fahrrädern begonnen und spezialisierte sich nach der Jahrhundertwende zunächst auf Kleinwagen. Trotz hohen Ansehens musste Riley die Eigenständigkeit aufgrund finanzieller Schwierigkeiten 1938 aufgeben, die Marke kam zum Nuffield-Konzern (als weitere Marke neben Morris, MG und Wolseley).
Nach dem Zweiten Weltkrieg hatte Riley schnell eine komplette Neukonstruktion parat, typisches Detail: kunstlederbezogene Dächer. 1949 wurde die Riley-Produktion nach Abingdon (MG) verlegt. Ab 1952 gehörte Riley zur BMC, die Eigenständigkeit nahm immer weiter ab. 1969 ordnete British-Leyland-Chef Lord Stokes das Ende der Marke Riley an. Heute besitzt BMW die Markenrechte, ein Überbleibsel des Rover-Kaufs.

Ein querliegender Rhombus in Blau: Riley-Logo

Zwischen 1896 und 1898 baute Percy Riley sein erstes Automobil, eine Voiturette. Es ging noch nicht in Serie

Riley 1.5 Litre, 2.4 Litre — 1946-1955

Mit elegant-klassischen Linien brachte Riley schon 1946 eine sportlich orientierte und technisch anspruchsvoll konzipierte Neuheit auf den Markt. Neben der viertürigen Limousine waren auch ein Cabriolet und ein Roadster im Angebot, die im Innenraum mit Behaglichkeit durch Holz und Leder überzeugten. Unverändert vom Vorkriegsmodell übernommen wurde der berühmte obengesteuerte Riley-Motor mit zwei hochliegenden Nockenwellen — eine echte Sportmaschine. Ende 1946 ergänzte der 2,4 Litre das Angebot, sein Kennzeichen: längere Motorhaube. Dieser Motor, eine Weiterentwicklung des Vorkriegsaggregates, galt als weltgrößter Vierzylinder und hatte zunächst 90 PS.

Sportlicher Motor, elegantes Auftreten: Riley 1.5 und 2.4 Litre

Motor/Antrieb					
Bauart					Vierzylinder (Reihe)
Lage/Antrieb					Front/Heck
Hubraum in cm³					1496, 2443
Leistung in PS bei U/min					56 bei 4500 bis 101 bei 4500
Vmax in km/h					125 bis 160
Karosserie					
Bauart					Limousine (4-türig), Roadster, Cabriolet
Tragstruktur					Kastenrahmen
Material					Stahlblech
Stückzahl und Marktsituation					
Produktionszahl					22.909
Verfügbarkeit					schlecht
Teilesituation					schwierig
Unterhaltskosten					hoch
Preise in Euro	1	2	3	4	5
1,5 Liter RMA/RME, L4t	15.600	11.200	7.700	3.900	1.700
2,5 Liter RMB, L4t	18.400	13.200	9.100	4.500	2.000
2,5 Liter RMC, Rds	38.300	27.400	17.000	8.300	3.500
2,5 Liter RMD, Cab	34.900	25.000	15.400	7.600	3.000

Riley Pathfinder — 1953-1959

Mit einem tiefen Einschnitt beendete Riley 1953 mit der Einführung des Modells Pathfinder die klassische Formgebung ihrer Produkte. Die Karosserie zeigte zwar vorn den typischen Grill, statt geschwungener Kotflügel präsentierte sich die Karosserie jedoch im modernen, glattflächigen Ponton-Look mit einem hinten sanft gerundeten Heck. Den Übergang zur selbsttragenden Bauweise hatte man trotz komplett neuen Rahmens nicht geschafft, immerhin wurde jetzt in Ganzstahl-Bauweise vorgegangen. Die Fahrgastzelle war erheblich größer geworden und bot bei durchgehender vorderer Sitzbank bis zu sechs Personen Platz. Riley bot sowohl bei Links- wie bei Rechtslenkung den Schalthebel außen neben dem Sitz. Ab 1957 kam ein langhubiger 2,6-Liter-Sechszylindermotor aus dem BMC-Programm zum Einsatz — mit einer seitlichen Nockenwelle bereits antiquiert, doch immerhin gab er sich elastisch.

Pfadfinder in Pontonform: Riley Pathfinder

Motor/Antrieb					
Bauart					Vierzylinder (Reihe), Sechszylinder (Reihe)
Lage/Antrieb					Front/Heck
Hubraum in cm³					2443, 2639
Leistung in PS bei U/min					103 bei 4500, 110 bei 4500, 102 bei 4500
Vmax in km/h					155 bis 160
Karosserie					
Bauart					Limousine (4-türig)
Tragstruktur					Kastenrahmen
Material					Stahlblech
Stückzahl und Marktsituation					
Produktionszahl					5152
Verfügbarkeit					schlecht
Teilesituation					schwierig
Unterhaltskosten					hoch
Preise in Euro	1	2	3	4	5
Pathfinder (Ser. 1953-1957), L4t	12.400	8.900	6.100	2.000	1.100
2,6 Liter (Ser. 1957-1959), L4t	11.400	8.200	5.700	2.800	1.000

Riley 1.5 („One Point Five") — 1957-1965

Rileys Wiedereinstieg in die Kleinwagenklasse erfolgte 1957 mit dem Modell One Point Five, der im Wesentlichen auf dem Morris Minor basierte: Bodengruppe samt Radaufhängungen sowie die Lenkung stammten vom Morris-Erfolgsmodell. Motorisiert war der Riley mit einem vom MG Magnette abgeleiteten 1,5-Liter-Vierzylinder, der stattliche 69 PS bei 5400/min ablieferte. Die Bremsen waren dem Leistungspotenzial angepasst. Im Innenraum setzte man markentypisches und auf der Insel verbreitetes Edelholzfurnier und Lederbezüge zur Steigerung der Wohnqualität ein. Die 3,89 Meter langen 1.5er wurden gut 40.000 mal gebaut und gelten inzwischen als nahezu ausgestorben.

Auf Morris-Minor-Basis: Riley 1.5

Motor/Antrieb					
Bauart					Vierzylinder (Reihe)
Lage/Antrieb					Front/Heck
Hubraum in cm³					1489
Leistung in PS bei U/min					69 bei 5400
Vmax in km/h					140
Karosserie					
Bauart					Limousine (4-türig)
Tragstruktur					selbsttragend
Material					Stahlblech
Stückzahl und Marktsituation					
Produktionszahl					40.577
Verfügbarkeit					schlecht
Teilesituation					schwierig
Unterhaltskosten					mittel
Preise in Euro	1	2	3	4	5
1.5 (Ser. 1957-1965), L4t	10.000	7.100	4.900	2.300	1.000

Riley Elf — 1961-1969

Nicht eben viele Kunden fanden sich für dieses Mini-Derivat, das den chromschwelgenden, markentypischen Kühlergrill an der Front trug. Modifiziert war auch das Heck, denn hier sorgten zusätzliche 22 Zentimeter für Zuwachs an Gepäckraum. Bei der Technik blieb es hingegen bei bewährten Komponenten, die den Umgang mit diesem exotischen Gefährt bis heute recht einfach gestalten: Unter der Haube kam der 850er-Motor zum Einsatz, ab 1964 auch der Einliter aus dem Mini Cooper, wenn auch mit nur 39 PS. Innenraum und Ausstattung des Riley waren auf höherwertiges Niveau gebracht worden. Die wenigen überlebenden Exemplare des technisch mit dem Basis-Mini identischen Elf erzielen heute recht hohe Preise.

Nobel Mini: Riley Elf

Motor/Antrieb	
Bauart	Vierzylinder (Reihe)
Lage/Antrieb	Front/Front
Hubraum in cm³	848, 998
Leistung in PS bei U/min	35 bei 5500, 39 bei 5250
Vmax in km/h	115 bis 125
Karosserie	
Bauart	Limousine (2-türig)
Tragstruktur	selbsttragend
Material	Stahlblech
Stückzahl und Marktsituation	
Produktionszahl	30912,0
Verfügbarkeit	schlecht
Teilesituation	ausreichend
Unterhaltskosten	niedrig

Preise in Euro	1	2	3	4	5
Elf Mk I, L2t	7.800	5.500	3.900	1.600	700
Elf Mk II/III, L2t	7.400	5.100	3.500	1.400	600

Rolls-Royce (GB) • 1904 bis heute

Es war 1903, als sich ein gewisser Frederick Henry Royce verärgert über die Unzuverlässigkeit seines französischen Decauville zeigte. Der Elektroingenieur und Unternehmer entschloss sich, es besser zu machen – und baute auf der vorhandenen Basis sein eigenes Auto. Dessen Ausführung begeisterte wiederum Charles Rolls, Rennfahrer und adliger Autofan aus London, so sehr, dass er sich entschloss, das Projekt zu finanzieren.

Aus dieser Kooperation entstand 1904 die Marke Rolls-Royce. Ihr erster Auftritt war auf dem Pariser Salon, das Portfolio war bereits umfangreich: vier Modelle konnten präsentiert werden. Zudem sah die Welt das erste Mal den charakteristischen Kühler, der von einem griechischen Tempel inspiriert wurde und bis heute ein Rolls-Royce-Merkmal geblieben ist.

Die Nachfrage stimmte. Auf der Motor Show im Londoner Olympia offerierte Rolls-Royce 1906 ein neues Modell, den 40/50 HP, der als Silver Ghost bekannt wurde. Für rund zwei Jahrzehnte blieb er erfolgreich und als einziges Modell des Unternehmens im Programm. Qualität und Zuverlässigkeit der Fahrzeuge als unangreifbares Dogma standen hinter den Produkten.

Zunächst war Rolls-Royce in Derby zu Hause, 1946 zog das Unternehmen nach Crewe um. 1931 wurde der gestrauchelte Hersteller Bentley geschluckt, gönnte ihm aber nicht mehr als die Rolle des eleganten Sportlers im Haus. Konservativ blieben beide Marken, was die Modellpolitik über Jahrzehnte konsequent bewies. Erst mit dem Silver Shadow, der 1965 kam, verabschiedeten sich Rolls-Royce und Bentley vom Kastenrahmen und setzten auf selbsttragende Pontonkarosserien.

Typisch britisch sind auch die zahllosen Legenden, die sich um die Marke ranken. Das Ticken der mechanischen Uhr im Armaturenbrett sei einst lauter gewesen als der Motor, lautet eine der vielen Anekdoten. Zu den Eigenarten gehörte über Jahrzehnte auch, dass das Werk sich zur Leistung der Motoren nicht konkret äußerte. Genügend, lautete stets die diskrete Aussage. Bis heute hat keine zweite Marke das Renommee von Rolls-Royce erreichen können: Jahrzehnte stand die Marke in aller Welt als unantastbares Symbol für Perfektion im Automobilbau.

Inzwischen sitzen die Herren über Rolls-Royce allerdings in München. BMW hat die Oberhoheit in dem britischen Haus und führt die Marke strategisch weiter: Das neue Modell Phantom soll Rolls-Royce wieder Selbstbewusstsein und alten Glanz verleihen.

Konstruierte aus Unzufriedenheit sein eigenes Automobil: Frederick Henry Royce (1863 - 1933)

Abenteurer, Rennfahrer und Aeronaut: Charles Stewart Rolls (1877 - 1910)

40/50 H.P. („Silver Ghost") — 1906-1925

„The best Car in the World" lautete der Anspruch an das neue Modell, das Rolls-Royce im November 1906 auf der London Motor Show präsentiert hatte. Konservativ, aus besten Materialien sorgfältig konstruiert präsentierte sich der 40/50 H.P. als zuverlässiges, langlebiges Automobil. Zum Namen Silver Ghost kam es 1907: Mit poliertem Chassis und versilberten Blechteilen glänzte ein von Barker karossierter 40/50 H.P., der nicht nur auf Messen ausgestellt wurde, sondern sich zudem auf langen Zuverlässigkeitsfahrten einen hervorragenden Ruf erarbeitete – nach einem 15.000 Meilen-Trip mussten Mechaniker lediglich Ersatzteile für zwei Pfund einbauen. Erst ab 1911 bot Rolls-Royce übrigens die „Spirit of Ecstasy" als Kühlerfigur an, die der Bildhauer Charles Sykes nach der Geliebten des Lord Montagu of Beaulieu geschaffen hatte.

Der Beginn einer Legende: Rolls-Royce „Silver Ghost"

Motor/Antrieb	
Bauart	Sechszylinder (Reihe)
Lage/Antrieb	Front/Heck
Hubraum in cm³	7036, 7428
Leistung in PS bei U/min	48 bei 1250 bis 80 bei 2250
Vmax in km/h	max. 135
Karosserie	
Bauart	Limousine (4-türig), Cabriolet, Sonderkarosserie
Tragstruktur	Kastenrahmen
Material	Stahlblech
Stückzahl und Marktsituation	
Produktionszahl	6173
Verfügbarkeit	schlecht
Teilesituation	sehr schwierig
Unterhaltskosten	hoch

Preise in Euro	1	2	3	4	5
Silver Ghost,	bis zu 270.000, in Ausnahmen (Karosserie, Historie) auch mehr				

Rolls-Royce (GB)

Rolls-Royce Phantom I, II 1925-1935

Edelhersteller Rolls-Royce weist immer wieder gerne darauf hin, dass von ihren seit 1904 gebauten Fahrzeugen wahrscheinlich heute noch mehr als 50 Prozent erhalten sind. Das spricht für die Qualität dieser stets teuren Wagen. Phantom I und II waren noch mit Sechszylindermotoren bestückt, deren üppiger Hubraum von 7668 cm³ für etwa 95 bis 120 PS gereicht haben dürfte. Die Karosserien wurden zwischen 1925 und 1935 noch nicht in Serie gefertigt, sondern auf speziellen Kundenwunsch konfektioniert. Das war nicht anders beim Phantom II, der aber einen nochmals größeren, 7340-cm³-V-Zwölfzylinder unter der Haube hatte. Dessen Leistung lag bei rund 165 PS.

Mit entspanntem Langhuber: Rolls-Royce Phantom I und II

Motor/Antrieb					
Bauart					Sechszylinder (Reihe)
Lage/Antrieb					Front/Heck
Hubraum in cm³					7672, 7668
Leistung in PS bei U/min					k.A.
Vmax in km/h					140 bis 147
Karosserie					
Bauart					Limousine, Cabriolet, Coupé
Tragstruktur					Kastenrahmen
Material					Stahlblech
Stückzahl und Marktsituation					
Produktionszahl					2916
Verfügbarkeit					gegen null
Teilesituation					sehr schwierig
Unterhaltskosten					hoch
Preise in Euro	1	2	3	4	5
Phantom I, L4t	100.000	75.000	48.000	35.000	20.000
Phantom II, L4t	90.000	65.000	44.000	32.000	18.000

Rolls-Royce Phantom III 1936-1939

Mit einem Leichtmetall-V12, zu dem ein Rolls-Royce ein Flugmotor aus eigener Fertigung inspiriert hatte, erschien die dritte Serie des Phantom auf dem Markt. Der Motor verfügte über einen Hubraum von 7,3 Litern und überzeugte mit seinem seidenweichen Lauf. Selbst mit schweren Karosserien beschleunigte er den Phantom III noch auf rund 160 Stundenkilometer. Unabhängig aufgehängte vordere Räder, ein System, das Rolls-Royce als Lizenz von General Motors übernommen hatte, garantierte jetzt mehr Fahrkomfort und Sicherheit. Leider hielten viele Motoren Volllasteinsätzen nicht stand, und erst der später eingeführte lange vierte Gang verringerte diese Gefahr. Rund 500 der 727 gebauten Phantom III sollen heute noch existieren.

Jetzt mit voluminösem V12: Rolls-Royce Phantom III

Motor/Antrieb					
Bauart					V12
Lage/Antrieb					Front/Heck
Hubraum in cm³					7338
Leistung in PS bei U/min					k.A.
Vmax in km/h					150 bis 164
Karosserie					
Bauart					Limousine, Coupé, Cabriolet
Tragstruktur					Kastenrahmen
Material					Stahlblech
Stückzahl und Marktsituation					
Produktionszahl					727
Verfügbarkeit					gegen null
Teilesituation					sehr schwierig
Unterhaltskosten					hoch
Preise in Euro	1	2	3	4	5
Phantom III, L4t	80.000	59.000	40.000	25.000	15.000

Rolls-Royce Wraith 1938-1939

1938 bot Rolls-Royce ein neues Modell in der sogenannten „kleinen Serie" an. Es war das erste, das mit „Wraith" einen offiziellen Namen erhielt, statt nur den Leistungscode zu tragen. Den 4,2 Liter großen Motor hatte Rolls-Royce völlig neu konstruiert, auch wenn sich seine Abmessungen mit dem Vorgängermodell deckten. Rund 120 PS leistete das Sechszylinder-Reihentriebwerk, das weiterhin aus Stahlguss bestand. Ein wichtiges Entwicklungsziel war die Vollgasfestigkeit gewesen. Wie schon im Phantom III erhielt der Wraith unabhängig aufgehängte Vorderräder, allerdings diesmal nach einem Packard-Entwurf, der der Lösung im größeren Phantom überlegen war – dieses System hatte Rolls-Royce von General Motors übernommen. Die Karosserien orderten die Kunden nach Wunsch, Spezialisten übernahmen das Einkleiden. Als Basis diente ein stabiler Stahlleiterrahmen, der erste von Rolls-Royce übrigens, der verschweißt war.

Der Zweite Weltkrieg bremste die Produktion: Rolls-Royce Wraith

Motor/Antrieb					
Bauart					Sechszylinder (Reihe)
Lage/Antrieb					Front/Heck
Hubraum in cm³					4257
Leistung in PS bei U/min					120
Vmax in km/h					139
Karosserie					
Bauart					Limousine, Coupé, Cabriolet
Tragstruktur					Kastenrahmen
Material					Stahlblech
Stückzahl und Marktsituation					
Produktionszahl					491
Verfügbarkeit					gegen null
Teilesituation					sehr schwierig
Unterhaltskosten					hoch
Preise in Euro	1	2	3	4	5
Wraith, L4t	45.000	33.000	24.000	13.000	8.000

Rolls-Royce Silver Wraith 1946-1959

Keinen Anlass zu einem radikalen Bruch mit den bewährten Vorkriegstraditionen sah Rolls-Royce bei der Entwicklung seines ersten Nachkriegsmodells. Wie gewohnt saßen auch hier auf einem solide dimensionierten Kastenrahmen mit kreuzförmigen Verstrebungen offene und geschlossene Aufbauten bekannter Karosserieschneider. Prestige, Komfort und vorbildliche Qualität zählten für Rolls-Royce-Fahrer weiterhin als vorrangiges Kaufargument. So störte es auch nicht, dass die nach wie vor wechselgesteuerten Motoren nicht gerade durch lebhafte Leistungsabgabe glänzten – sie überzeugten vielmehr durch Laufkultur und Dauerhaltbarkeit. 1951 wurde der Hubraum des Reihensechszylinders von 4257 auf 4566 cm³ erhöht, 1955 sogar auf 4887 cm³. Rolls-Royce hielt sich weiterhin mit Angaben zur Motorleistung dezent zurück.

Fürstlich fahren: Rolls-Royce Silver Wraith

Motor/Antrieb					
Bauart					Sechszylinder (Reihe)
Lage/Antrieb					Front/Heck
Hubraum in cm³					4257, 4566, 4887
Leistung in PS bei U/min					k.A.
Vmax in km/h					130 bis 150
Karosserie					
Bauart					Limousine (4-türig), Sonderkarosserie
Tragstruktur					Kastenrahmen
Material					Stahlblech
Stückzahl und Marktsituation					
Produktionszahl					1783
Verfügbarkeit					schlecht
Teilesituation					schwierig
Unterhaltskosten					hoch
Preise in Euro	1	2	3	4	5
Silver Wraith (Ser. 1951-1955), L4t	80.000	60.000	43.000	25.000	15.000

Rolls-Royce (GB)

Rolls-Royce Silver Dawn — 1949-1959

Nur langsam trug Rolls-Royce den sich wandelnden gesellschaftlichen Strömungen Rechnung. Viele Käufer waren nicht mehr adelig von Familienstand, sondern hatten oft einfach nur genügend Geld. Der Silver Wraith-Nachfolger diente mit seiner Serienkarosserie somit weniger zum Repräsentieren, sondern wies merklich kompaktere und schlichtere Linien auf, auch der Radstand war im Vergleich zum Silver Wraith um 17 Zentimeter kürzer. Doch weiterhin waren diverse Spezialisten mit der Herstellung von Karosserien betraut. Besonderen Hang zu profaner Rostanfälligkeit zeigten die Werkskarosserien, sie wurden allerdings weit seltener als beim Vorgänger geordert. Antriebsseitig blieb es bei Bewährtem: Die 4,3 und 4,6 Liter großen Sechszylinder fanden weiterhin ihren Platz unter der immer noch voluminösen vorderen Haube.

Etwas kompakter: Rolls-Royce Silver Dawn

Motor/Antrieb	
Bauart	Sechszylinder (Reihe)
Lage/Antrieb	Front/Heck
Hubraum in cm³	4257, 4566, 4887
Leistung in PS bei U/min	k.A.
Vmax in km/h	130 bis 150
Karosserie	
Bauart	Limousine (4-türig), Sonderkarosserie
Tragstruktur	Plattformrahmen
Material	Stahlblech
Stückzahl und Marktsituation	
Produktionszahl	760
Verfügbarkeit	ausreichend
Teilesituation	ausreichend
Unterhaltskosten	hoch

Preise in Euro	1	2	3	4	5
Silver Dawn, L4t	59.000	42.000	28.000	15.000	9.000

Rolls-Royce Silver Cloud I, II, III — 1955-1966

Auf dem Weg zur Pontonkarosserie markieren die Modelle Silver Cloud I bis III weitere Zwischenschritte. Im Vergleich zum Silver Dawn war die Silberwolke nun wieder deutlich üppiger dimensioniert. Unter der serienmäßig hergestellten Stahlblechkarosserie hatte ein neuer Rahmen Platz gefunden. Bei der ersten Version des Silver Cloud musste unter der Motorhaube immer noch der antiquierte, wechselgesteuerte Reihensechszylinder Schwerstarbeit leisten, um dem gewichtigen Gesamtpaket den nötigen Schwung zu verleihen. Aber auch moderne Technik hielt unaufhaltsam Einzug bei Rolls-Royce: Die Serien II und III bekamen endlich einen modernen Vollaluminium-Achtzylinder-V-Motor, der kultiviert und stark genug für die Ansprüche der Klientel war. Äußere Kennzeichen der Achtzylinder-Modelle sind die Doppelscheinwerfer und ein etwas flacherer Kühlergrill.

Auf dem Weg zur Moderne: Rolls-Royce Silver Cloud

Motor/Antrieb	
Bauart	Sechszylinder (Reihe), V8
Lage/Antrieb	Front/Heck
Hubraum in cm³	4887, 6230
Leistung in PS bei U/min	k.A.
Vmax in km/h	160 bis 180
Karosserie	
Bauart	Limousine (4-türig), Cabriolet, Sonderkarosserie
Tragstruktur	Kastenrahmen
Material	Stahlblech
Stückzahl und Marktsituation	
Produktionszahl	7365
Verfügbarkeit	ausreichend
Teilesituation	ausreichend
Unterhaltskosten	hoch

Preise in Euro	1	2	3	4	5
Cloud I, L4t	48.600	32.700	24.500	12.800	5.800
Cloud II, L4t	46.500	32.200	24.000	12.300	5.200
Cloud III, L4t	61.400	43.500	32.200	17.400	7.700

Rolls-Royce Silver Shadow I und II — 1965-1980

Ausschließlich mit dem modernen Aluminium-Achtzylindermotor wurde das Modell Silver Shadow ausgeliefert. Aber nicht nur deshalb war dieser Rolls-Royce ein zeitgemäßes Luxusfahrzeug: Mit der Abkehr vom Kastenrahmen verschwanden auch die schwülstigen Karosserielinien, die einer glattflächigen, modernen Pontonform mit nur leicht angedeuteten Heckflossen Platz machen mussten. Unter der selbsttragenden Hülle kam der 6,2 Liter große Alu-V8 gut zur Geltung, sein Hubraum wurde im Jahr 1970 auf 6,7 Liter vergrößert. Fahrwerkseitig sorgte die neue Einzelradaufhängung hinten für Komfort und Fahrsicherheit, eine standfeste Vierrad-Scheibenbremse für zuverlässige Verzögerung. Der renovierte Silver Shadow II stand ab 1977 in den Verkaufsräumen und zeigte sich weiter verfeinert.

Die Neuzeit hat begonnen: Rolls-Royce Silver Shadow

Motor/Antrieb	
Bauart	V8
Lage/Antrieb	Front/Heck
Hubraum in cm³	6230, 6750
Leistung in PS bei U/min	k.A.
Vmax in km/h	180 bis 195
Karosserie	
Bauart	Limousine (4-türig), Coupé, Sonderkarosserie
Tragstruktur	selbsttragend
Material	Stahlblech
Stückzahl und Marktsituation	
Produktionszahl	29.025
Verfügbarkeit	gut
Teilesituation	gut
Unterhaltskosten	hoch

Preise in Euro	1	2	3	4	5
Silver Shadow I 6,3, L4t	44.000	28.700	18.300	8.600	4.800
Silver Shadow I 6,8 Litre, L4t	41.400	26.800	16.900	7.600	4.800
Silver Shadow II, L4t	42.400	27.800	18.000	8.400	4.800

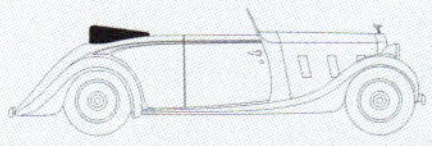

Heaven's Gate Garage

Claus F. Erbrecht · Zum Bahnhof 10 · 21698 Brest · zw. HH u. HB

Der RR- & Bentley-Spezialist
Teile neu – gebraucht – Austausch – Blech

Scheiben, grün getönt, Cloud o. Shadow, ab Lager lieferbar
Ölfilter, original, Cloud/S-Type bis Shadow I   14,73
Bremsklötze, Shadow oder Spirit, je Achse   106,72
Freundl. Beratung, Hilfe, Unterlagen · Ankauf/Kommission
Ein-/Umbau: Linkslenkung, Klima, Kat

**Tel. 0700-BENTLEY1 oder
04762-2930 Fax -8022
Fahrzeugangebot:
www.rolls-royce-teile.de**

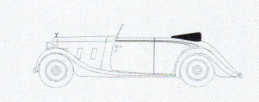

Rolls-Royce Corniche — 1971-1995

Als Ablösung für die zweitürigen und als Cabriolet erhältlichen Silver Shadow-Varianten wurde schon 1971 der neue Corniche auf den Markt gebracht. In der optischen Anmutung glichen sie sich zwar weitgehend, doch der Wagen wirkte durch den leichten Hüftknick, eine deutlich flachere Dachlinie und die schräger gestellte C-Säule sportlicher. Der kleinere Achtzylindermotor wurde hier nicht angeboten, es kam nur eine leistungsgesteigerte Variante des 6,7-Liter-V8 zum Einsatz. Two Door Saloon und Drophead Coupé fanden guten Kundenzuspruch und hielten sich auch nach Erscheinen des Silver Spirit im Jahr 1981 noch lange im Markenprogramm. Die schon damals sehr teuren Wagen sind auch heute keine Sonderangebote, doch die lange Marktpräsenz sorgt für gute Chancen, einen Youngtimer dieser Nobelklasse zu finden.

Einen Tick sportlicher: Rolls-Royce Corniche

Motor/Antrieb	
Bauart	V8
Lage/Antrieb	Front/Heck
Hubraum in cm³	6750
Leistung in PS bei U/min	k.A.
Vmax in km/h	180 bis 185
Karosserie	
Bauart	Coupé, Cabriolet
Tragstruktur	selbsttragend
Material	Stahlblech
Stückzahl und Marktsituation	
Produktionszahl	k.A.
Verfügbarkeit	ausreichend
Teilesituation	gut
Unterhaltskosten	hoch

Preise in Euro	1	2	3	4	5
Corniche, Cpe	52.100	33.800	22.000	10.800	5.900
Corniche, Cab	64.500	49.400	33.300	21.500	9.700

Rolls-Royce Camargue — 1975-1986

Altmeister Sergio Pininfarina zeichnete die ruhigen, gestreckten Linien des Camargue, der ab 1975 die kleine Modellpalette des britischen Nobelherstellers anführen sollte. Der Silver Shadow steuerte die Bodengruppe bei, der Motor stammte aus dem Corniche. Sportlichen Ambitionen hatte der Zweitürer nicht zu folgen, im Gegenteil: Luxus stand im Mittelpunkt, und selbst im Fond konnten zwei Personen mit Anstand reisen. Rolls-Royce stattete den Camargue zudem mit einer Klimaanlage aus, die Kopf- und Fußraum getrennt temperierte — das war weltweit ein Novum. Mit rund 400.000 Mark kostete er den Gegenwert von immerhin fast fünf Mercedes 500 SEC, die damals bereits als sündhaft teuer galten. Rolls-Royce nannte die Karosserieform übrigens nie Coupé, sondern adelte sie als „Owner Driven Two Door Saloon".

Exklusivstes Nischenmodell der Welt: Rolls-Royce Camargue

Motor/Antrieb	
Bauart	V8
Lage/Antrieb	Front/Heck
Hubraum in cm³	6750
Leistung in PS bei U/min	95 bis 165
Vmax in km/h	195
Karosserie	
Bauart	Coupé
Tragstruktur	selbsttragend
Material	Stahlblech
Stückzahl und Marktsituation	
Produktionszahl	525
Verfügbarkeit	schlecht
Teilesituation	gut
Unterhaltskosten	hoch

Preise in Euro	1	2	3	4	5
Camargue, Cpe	–	55.000	35.000	–	–

Rometsch (D) • 1950 bis 1961

Der Volkswagen Käfer bot dank abschraubbarer Karosserie stets eine gute Basis für Sonderkarosserien. Die renommierte Berliner Karosseriebaufirma Rometsch zeigte 1950 eine solche Version, das Modell Beeskow. Die politische Entwicklung in Berlin beendete den Erfolg: Nach dem Bau der Mauer in Berlin konnte die Hälfte der Belegschaft nicht mehr zum Dienst antreten, und ein adäquater Ersatz ließ sich in der umzingelten Stadt nicht finden. Rometsch stellte 1961 die Produktion ein.

Rometsch-VW — 1950-1961

Bekannt als „Rometsch-Banane" ist der Karosserie-Entwurf von Johannes Beeskow, der zwischen 1950 und 1957 aus Aluminium gefertigt und auf ein Käfer-Fahrgestell geschraubt wurde. In Handarbeit von unglaublichen 1200 Stunden pro Fahrzeug entstanden rund 9500 Mark teure, elegante Coupés und Cabriolets, die als Besonderheit einen dritten Sitz quer zur Fahrtrichtung aufwiesen. Die zweite Karosserie-Version, die ab 1957 die „Banane" ersetzte, ist weit seltener und zeigt amerikanische Design-Merkmale. Schon 1954 ersetzte eine gewölbte, durchgehende Frontscheibe das Split-Window.

Hoher handwerklicher Aufwand: Rometsch-VW

Motor/Antrieb	
Bauart	Vierzylinder (Boxer)
Lage/Antrieb	Heck/Heck
Hubraum in cm³	1192
Leistung in PS bei U/min	30 bei 3400
Vmax in km/h	120
Karosserie	
Bauart	Coupé, Cabriolet
Tragstruktur	Plattformrahmen
Material	Stahlblech/Aluminium
Stückzahl und Marktsituation	
Produktionszahl	ca. 500
Verfügbarkeit	gegen null
Teilesituation	ausreichend
Unterhaltskosten	mittel

Preise in Euro	1	2	3	4	5
VW-Cabrio, Cab	keine Notierung				

Rover (GB) • 1904 bis heute

Automobile mit dem Namen Rover gibt es seit 1904. Die Firma hatte zuvor Fahrräder gebaut. Hochwertige Mittelklassewagen kennzeichneten das Programm zwischen den Weltkriegen. 1945 lag das Werk in Coventry in Schutt und Asche, neue Produktionsanlagen wurden in Solihull eingerichtet.

Mit neuen Modellen eroberte sich die Marke ab 1949 einen feinen Kundenkreis, dem urigen Land Rover kam wachsende Bedeutung zu. 1965 übernahm Rover die Marke Alvis, und 1966 einigten sich Leyland und Rover auf eine Übernahme. Rover wurde damit die zweite Pkw-Marke (neben Triumph) im Leyland-Konzern. 1968 folgte die große Fusion von Leyland mit der BMH (Austin, Morris, MG, Wolseley, Riley, Jaguar und Daimler) zur BLMC. Anschließend stieg Honda ein, und zwischen 1994 und 2000 gab es eine unglückliche Liaison mit BMW. Seither arbeitet Rover mit erfreulich eigenständigen, britischen Modellen zusammen mit MG an einer unabhängigen Zukunft.

Land Rover (Series I, II, III, Tdi, Defender) 1948-heute

Kurz nach dem Zweiten Weltkrieg, 1948, stellt Rover einen Geländewagen mit Allradantrieb vor. Als Vorbild hatten sich die Rover-Konstrukteure den amerikanischen Jeep ausgesucht. Robustheit, Geländegängigkeit und Variabilität standen von Beginn an im Vordergrund. Dazu eignete sich ein stabiles Kastenchassis mit zwei angetriebenen Starrachsen am besten. Um Benzin zu sparen, kann der Antrieb der Vorderachse abgeschaltet werden. Die simple, kastige Form ist unempfindlich, geräumig und leicht zu reparieren. Überhaupt ist die simple Wartung einer der größten Vorteile des Land Rover: Über 80 Prozent der Produktion gingen in den Export, und in vielen Ländern standen oft nur wenig qualifizierte Mechaniker zur Verfügung. Noch heute sind in den Commonwealth-Staaten rund um die Erde zahllose Land Rover im täglichen, harten Einsatz.

Robustes Arbeitstier: Land Rover 88

Motor/Antrieb					
Bauart			Vierzylinder (Reihe), Fünfzylinder (Reihe), V8		
Lage/Antrieb					Front/4x4
Hubraum in cm³					1595 bis 3500
Leistung in PS bei U/min				51 bei 4000 bis 122 bei 4200	
Vmax in km/h					90 bis 130
Karosserie					
Bauart				Kombi (2-türig), Cabriolet	
Tragstruktur					Kastenrahmen
Material					Stahlblech/Aluminium
Stückzahl und Marktsituation					
Produktionszahl					k.A.
Verfügbarkeit					üppig
Teilesituation					gut
Unterhaltskosten					mittel
Preise in Euro	1	2	3	4	5
Land Rover 86 (Ser. I), Glw	14.000	10.000	6.800	3.600	2.000
Land Rover 107 (Ser. I), Glw	15.700	11.000	7.300	3.800	2.100
Land Rover Serie II A 88, Glw	13.100	9.000	5.700	3.000	900
Land Rover Serie III 109, Glw	13.700	9.500	5.900	3.000	900

Rover 60, 75, 80, 90, 95, 100, 105, 105 S, 105 R, 110 (Werkscode P4, „Tantchen", „Auntie") 1949-1964

Lange vierzehn Jahre blieb Rover diesem Tantchen treu. Schon 1949 startete die im Volksmund Auntie getaufte P4-Serie mit eher antiquierter Technik, die aber Grundsolides bot. Ein stabiler Kastenrahmen trug die bis Anfang 1963 teilweise aus Aluminium bestehende Karosserie, die tatsächlich etwas von einer gestreng dreinblickenden, älteren Dame hatte. Motorisiert wurden die P4-Modelle von zehn verschiedenen Triebwerken, davon zwei Vierzylinder und acht Sechszylinder, als Rover 60, 75, 80, 90, 95, 100, 105 und 110 standen sie in den Preislisten. Erst 1955 wurde der bis dahin stets verwendete Freilauf aufgegeben. Die Modelle 105 S und 105 R erhielten leistungsgesteigerte 2,6-Liter-Motoren, sie vergrößerten die Rover-Palette ab Oktober 1956.

Unterwegs mit dem Tantchen: Rover P 4

Motor/Antrieb					
Bauart				Vierzylinder (Reihe), Sechszylinder (Reihe)	
Lage/Antrieb					Front/Heck
Hubraum in cm³					1997 bis 2638
Leistung in PS bei U/min				61 bei 4000 bis 125 bei 5000	
Vmax in km/h					125 bis 165
Karosserie					
Bauart				Limousine (4-türig), Coupé, Cabriolet	
Tragstruktur					Kastenrahmen
Material					Stahlblech/Aluminium
Stückzahl und Marktsituation					
Produktionszahl					130.342
Verfügbarkeit					ausreichend
Teilesituation					ausreichend
Unterhaltskosten					hoch
Preise in Euro	1	2	3	4	5
75 (P4, Cyclop, Ser. 1949-1952), L4t	13.800	9.800	6.100	2.800	1.500
75 (P4, Ser. 1955-1959), L4t	10.300	6.600	4.100	1.700	900
100 (P4, Ser. 1960-1962), L4t	12.300	7.800	4.900	2.000	900

Rover 3 Litre, Mk II, Mk III, 3 Litre Coupé (Werkscode P5) 1959-1967

Größer und eleganter kam der Sechszylinder-Rover ab 1959 daher. Das Blechkleid folgte der bewährten Linie, war aber nun nicht mehr auf einem Kastenrahmen montiert, sondern in selbsttragender Bauweise ausgeführt. Unter dem Blech blieb jedoch vieles beim Alten, vor allem triebwerksseitig musste sich unverändert ein wechselgesteuerter Sechszylinder mühen, der allerdings durch drei Liter Hubraum angemessenes Drehmoment bereitstellte. Ab 1963 kam der Motor nach Änderungen des Zylinderkopfes (von Weslake) und am Ansaugtrakt auf 136 PS. Das 3 Litre Coupé hatte wie die Limousine vier Türen, aber eine um fünf Zentimeter abgesenkte Dachlinie mit vergrößerter Frontscheibe. Diese Version, „Elefant" genannt, ist heute selten zu finden.

Mit Drehmoment: Rover 3 Litre

Motor/Antrieb					
Bauart					Sechszylinder (Reihe)
Lage/Antrieb					Front/Heck
Hubraum in cm³					2995
Leistung in PS bei U/min				117 bei 4250 bis 136 bei 5000	
Vmax in km/h					160 bis 185
Karosserie					
Bauart				Limousine (4-türig), Coupé (4-türig)	
Tragstruktur					selbsttragend
Material					Stahlblech
Stückzahl und Marktsituation					
Produktionszahl					48.541
Verfügbarkeit					ausreichend
Teilesituation					ausreichend
Unterhaltskosten					hoch
Preise in Euro	1	2	3	4	5
3 Litre (P5), L4t	12.800	8.100	5.100	2.000	950
3 Litre (P5, Ser. 1963-1967), Cpe	14.100	9.000	5.600	2.300	1.100

Rover (GB)

Rover 2000, SC, TC, 2200 SC, TC, 3500 und 3500 S (Werkscode P6) 1963-1977

Die Ablösung für den technisch veralteten P4 brach mit alten Rover-Traditionen. Die völlig neue, selbsttragende Karosserie mit angeschraubten Außenblechen, Scheibenbremsen rundum oder der DeDion-Hinterachse bezeugen den Entwicklungsaufwand, den Rover betrieben hatte. Als Motoren kamen zunächst ohc-Vierzylinder zum Einsatz, das Kürzel TC deutete auf den Doppelvergaser (Twin Carburettor) hin. Der Popularität zuträglich war 1968 die Einführung des 3,5-Liter-Achtzylinders, dessen Mehrleistung verstärkte Bremsen und Radaufhängungen Rechnung trugen. Als skurrile Idee ging die Platzierung der Reserveräder in die Automobilgeschichte ein: Rover hatte sie bei einigen Modellen auf dem Heckdeckel montiert. Auch eine Kombiversion gab es: Der Rover 2000 Crayford Estate blieb allerdings selten.

Kantiger geworden: Rover 2000 und 3500 Mk II (1971-1977)

Motor/Antrieb					
Bauart				Vierzylinder (Reihe), V8	
Lage/Antrieb					Front/Heck
Hubraum in cm³					1978, 2205, 3532
Leistung in PS bei U/min					81 bei 5000 bis 161 bei 5200
Vmax in km/h					160 bis 195
Karosserie					
Bauart				Limousine (4-türig), Kombi (5-türig)	
Tragstruktur					selbsttragend
Material					Stahlblech
Stückzahl und Marktsituation					
Produktionszahl					439.135
Verfügbarkeit					gut
Teilesituation					ausreichend
Unterhaltskosten					hoch
Preise in Euro	1	2	3	4	5
2000 SC (P6, Ser. 1964-1973), L4t	8.000	4.600	2.800	1.200	300
2200 TC (P6), L4t	8.700	5.000	3.000	1.400	400
3500 P6, L4t	9.700	5.600	3.300	1.600	500

Rover 3.5 Litre (Werkscode P5B) 1968-1973

Im September 1967 war die Ära der gegengesteuerten Pkw-Motoren vorbei. Rover modifizierte einen Buick/Oldsmobile-V8 für die eigenen Zwecke: Dieser Achtzylinder wog rund 60 Kilogramm (!) weniger als der altbackene Reihensechszylinder, wurde auf europäische Anforderungen neu ausgelegt und ausschließlich mit Borg-Warner-Getriebeautomatik kombiniert – ein manuelles Schaltgetriebe gab es nicht. Äußerlich änderte sich indes wenig: Der geringfügig modifizierte Kühlergrill wurde von Nebelleuchten flankiert, neue Radkappen und Gummistreifen auf den Stoßstangenhörnern sind seine Kennzeichen. Mit 161 PS schaffte der P5B genannte, 4,74 Meter lange Wagen stolze 190 Stundenkilometer Spitze. Auch mit dieser Motorisierung entstanden wieder viertürige Coupés mit flacherer Dachlinie.

Mit einem modifizierten US-V8: Rover 3.5 Litre

Motor/Antrieb					
Bauart					V8
Lage/Antrieb					Front/Heck
Hubraum in cm³					3532
Leistung in PS bei U/min					161 bei 5200
Vmax in km/h					190
Karosserie					
Bauart				Limousine (4-türig), Coupé (4-türig)	
Tragstruktur					selbsttragend
Material					Stahlblech
Stückzahl und Marktsituation					
Produktionszahl					20.600
Verfügbarkeit					ausreichend
Teilesituation					ausreichend
Unterhaltskosten					hoch
Preise in Euro	1	2	3	4	5
3.5 Litre Coupé (P5B), L4t	18.000	11.500	7.200	2.900	–

Range Rover 1970-1993

Es war ein Blick in die ferne Zukunft. Eine Art Über-Land Rover hatten sich die Geländewagenexperten vorgestellt, mit mehr Leistung, mehr Pkw-Charakter und somit geeignet für ein Publikum, das nicht ständig in der Sahara oder dem Himalaya unterwegs war. 1967 war bereits ein Prototyp gelungen, der die wesentlichen Merkmale des späteren Range Rover vorwegnahm, unter anderem seine zeitlose Form, die noch heute seinen Auftritt prägt. Mit einem kräftigen V8, einem soliden Kastenrahmen und zwei Starrachsen trat der Range Rover einst an, seine gute Geländegängigkeit kombinierte er mit einer Spitze von bereits fast 150 km/h – das schuf eine neue Fahrzeuggattung. Mit den Jahren zog dann zunehmend auch Luxus in den einst kargen Innenraum.

Ziehvater der Großstadt-Allradler: Range Rover

Motor/Antrieb					
Bauart				V8, Diesel: Vierzylinder	
Lage/Antrieb					Front/4x4
Hubraum in cm³				3582, 3947, 4273; Diesel: 2393, 2500	
Leistung in PS bei U/min	135 bei 4750 bis 202 bei 4850; Diesel: 112 bei 4200 bis 121 bei 4200				
Vmax in km/h					148 bis 180
Karosserie					
Bauart				Kombi (3-türig), Kombi (5-türig)	
Tragstruktur					selbsttragend
Material					Stahlblech
Stückzahl und Marktsituation					
Produktionszahl					k.A.
Verfügbarkeit					gut
Teilesituation					gut
Unterhaltskosten					hoch
Preise in Euro	1	2	3	4	5
V8 (Ser. 1979-1984), L2t	–	8.500	5.800	3.000	–

Rover 2600, 3500, Vanden Plas (Werkscode P6) 1976-1987

Nichts mehr war vom traditionellen Rover-Stil geblieben, als 1976 der P6 vom Modell 2600/3500 abgelöst wurde. Der neue Viertürer zeigte ein völlig verändertes Aussehen mit seiner modischen, leicht keilförmigen Schrägheckkarosserie. Vereinfachte Technik in den Bereichen Fahrwerk und Karosseriebau sorgte für die gewünschte Rationalisierung, Zweifel an der Produktqualität konnten sie indes nicht ausräumen. Neben deutlicher Rostanfälligkeit und etlichen Detailmängeln nagte besonders der unausgereifte Triumph-Motor mit 2,6 Litern Hubraum am soliden Ruf der Marke. Er war ab 1979 eingesetzt worden. Mit dem Aluminium-Achtzylinder hingegen harmonierten das elegante Erscheinungsbild und die Fahrleistungen besser. Unter der Bezeichnung Vanden Plas wurde eine opulent ausgestattete Luxusvariante angeboten.

Eine Form am Puls der Zeit: Rover 2600 und 3500

Motor/Antrieb					
Bauart				Sechszylinder (Reihe), V8	
Lage/Antrieb					Front/Heck
Hubraum in cm³					2597, 3532
Leistung in PS bei U/min				126 bei 5000 bis 157 bei 5250	
Vmax in km/h					175 bis 190
Karosserie					
Bauart					Limousine (4-türig)
Tragstruktur					selbsttragend
Material					Stahlblech
Stückzahl und Marktsituation					
Produktionszahl					k.A.
Verfügbarkeit					üppig
Teilesituation					gut
Unterhaltskosten					hoch
Preise in Euro	1	2	3	4	5
2600 (SD1), L4t	6.700	4.000	2.400	1.000	100
3500 (SD1), L4t	7.400	4.700	2.800	1.100	200

Rover Vitesse   1983-1987

Die erste Ausgabe der Deutschen Tourenwagenmeisterschaft gewann Rover mit einer Ableitung der Vitesse. Dieser Erfolg reichte jedoch nicht, den von Qualitätsmängeln beeinträchtigten Ruf der Marke in Deutschland zu regenerieren. Es war die letzte vollständig britische Konstruktion vor dem Einfluss von Honda. Die Vitesse sollte die sportliche Speerspitze im Rover-Programm sein: Frontspoiler, Leichtmetallräder, ein betont sportliches Ambiente auch im Innenraum und ein nicht ganz harmonischer Spoiler unterhalb der Heckscheibe komplettierten das Outfit. Wichtigeres hatte sich unter dem Blech getan: Der 3,5-Liter-Achtzylinder leistete dank erhöhter Verdichtung und einer elektronischen Einspritzanlage fast 200 PS, wobei der Verbrauch in der Relation zur Leistung erfreulich gering blieb.

Motor/Antrieb					
Bauart					V8
Lage/Antrieb					Front/Heck
Hubraum in cm³					3532
Leistung in PS bei U/min					193 bei 5250
Vmax in km/h					215
Karosserie					
Bauart					Limousine (4-türig)
Tragstruktur					selbsttragend
Material					Stahlblech
Stückzahl und Marktsituation					
Produktionszahl					k.A.
Verfügbarkeit					üppig
Teilesituation					gut
Unterhaltskosten					hoch
Preise in Euro	1	2	3	4	5
3500 Vitesse, L4t	8.100	5.000	3.000	1.200	300

Der Name war Programm: Rover Vitesse

Saab (S) • Automobilbau seit 1949

Die Svenska Aeroplan Aktie Bolaget, kurz Saab, wurde 1937 gegründet. Ein Vorgängerunternehmen reicht sogar bis 1891 zurück.

Saab war ein im Bau von Flugzeugen überaus erfolgreiches Unternehmen. Doch nach dem Ende des Zweiten Weltkriegs war mit Jagdbombern kein Geschäft mehr zu machen, und so versuchten die Verantwortlichen, das vorhandene Know-how auf den Automobilbau zu transferieren. Gunnar Ljungström gilt als Vater des Saab-Automobilbaus, zudem wurde der junge, talentierte Ingenieur Rolf Mellde für die Entwicklung eingestellt.

Ab 1946 entwickelte Saab nach DKW-Vorbild einen interessanten Fronttriebler mit Zweizylinder-Zweitaktmotor und vier unabhängig aufgehängten Rädern. Sein Name entsprach der Projektnummer: 92. Ende 1949 lief die Serienfertigung des optisch radikal neuen, aerodynamischen Modells, dessen Profil an eine Tragfläche erinnerte – der erfolgreiche Versuch, einen Technologietransfer zu leisten. Der Entwurf stammt von Sixten Sason, der zuvor für Saab schon Flugzeuge entworfen hatte.

Brachte die Saab-Automobile ins Rollen: Ingenieur Rolf Mellde

Starke Auftritte in der internationalen Motorsport-Szene – Saab siegte unter anderem bei der Rallye Monte Carlo 1962 und 1963 – machten den schnellen Zweitakter weithin bekannt, und entsprechend positiv entwickelte sich auch das Export-Geschäft. Leider nicht mit langem Atem waren die Rennsport-Projekte gesegnet: Die Sonett-Modelle entwickelten sich zwar nach Stückzahlen nicht zum Verkaufsschlager, beweisen aber bis heute die großen Ambitionen des kleinen Herstellers aus Göteborg.

Saab bemühte sich, ähnlich wie Volvo, um ein Höchstmaß an Sicherheit für die Insassen. Auch Rostvorsorge war früh ein Thema. Dass sie stilistisch stets Außenseiter blieben, schadete dem Erfolg nicht. Auf die eigensinnige Zweitakt-Technik verzichtete Saab erst spät: Der Umstieg auf Viertaktmotoren folgte 1966. Die Vierzylinder lieferten dann Ford und Standard-Triumph.

Heute ist Saab in gemeinsamem Besitz von Saab-Scania und General Motors Corporation Europe. Die aktuellen Modelle bauen deswegen auf Opel-Technik auf.

Eine frühe Skizze des ersten Saab: 1946 zeichnete Sixten Sason den Saab 92001

Sehr ambitioniert, beinahe futuristisch: der Saab 92 aus dem Jahr 1947

Saab 93, 93 B, GT 750   1955-1962

Nach gut 20.000 Exemplaren der Modelle Saab 92 und 92 B, die zwischen 1950 und 1956 gebaut wurden, stellte die schwedische Marke 1955 das überarbeitete Modell 93 vor. Es wirkte nicht mehr so futuristisch, hatte aber seine typisch rundliche Form behalten. Weiterhin sorgten Motoren nach dem Zweitaktprinzip für Vortrieb, die jetzt über drei statt zwei Zylinder und mehr Leistung verfügten. Dem gestiegenen Fahrleistungspotenzial war auch das Fahrwerk mit einer schraubengefederten Starrachse hinten angepasst worden. Durch beachtliche Erfolge im Rallyesport animiert, ergänzte ab 1958 der GT 750 das Modellprogramm: Diese sportlicher ausgestattete Version holte aus knapp 750 cm³ immerhin bis zu 55 PS. Damit war der Fronttriebler ein erstaunlich munteres Fahrzeug.

Motor/Antrieb					
Bauart					Dreizylinder-Zweitaktmotor
Lage/Antrieb					Front/Front
Hubraum in cm³					748
Leistung in PS bei U/min					33 bei 4200 bis 55 bei 4800
Vmax in km/h					120 bis 160
Karosserie					
Bauart					Limousine (2-türig)
Tragstruktur					selbsttragend
Material					Stahlblech
Stückzahl und Marktsituation					
Produktionszahl					52.731
Verfügbarkeit					schlecht
Teilesituation					schwierig
Unterhaltskosten					mittel
Preise in Euro	1	2	3	4	5
93 (Ser. 1955-1957), L2t	10.500	7.000	4.200	1.600	500
93 B (Ser. 1957-1960), L2t	10.800	7.300	4.500	1.700	500

Wie der Vorgänger in aerodynamischer Verpackung: Saab 93

Saab (S)

Saab 95, 96 und GT 850 — 1960-1980

Ein moderneres Aussehen mit klareren Linien brachte dem 1960 eingeführten Saab 96 ein deutlich verbessertes Innenraumangebot, ohne mit der typischen Form des Vorgängermodells zu brechen. So machte der Schwede weiterhin mit einem Dreizylinder-Zweitaktmotor Karriere, dessen Hubraum allerdings auf knapp 850 cm³ angewachsen war. Neben dem 38 PS starken Grundmodell sprach der ab 1962 angebotene 96 Sport oder 96 GT genannte Rallye-Ableger mit 52 PS die leistungshungrige Klientel an. Der Zweitakter war jedoch in die Jahre gekommen, und für die Umstellung auf Viertaktmotoren einigte man sich mit Ford auf den Bezug von V-Vierzylindertriebwerken für den Modelljahrgang 1967, die aus dem Modell 12 M stammten. Dem bereits etwas antiquierten 1,5-Liter-Triebwerk wurden bis zu 68 PS entlockt, seine etwas unkultivierten Eigenschaften nahmen die Kunden in Kauf.

Abschied vom Zweitakter: Saab 95 und 96

Motor/Antrieb					
Bauart			Dreizylinder-Zweitaktmotor, V4		
Lage/Antrieb					Front/Front
Hubraum in cm³					841, 1498
Leistung in PS bei U/min			38 bei 4250 bis 68 bei 5500		
Vmax in km/h					125 bis 145
Karosserie					
Bauart			Limousine (2-türig), Kombi (3-türig)		
Tragstruktur					selbsttragend
Material					Stahlblech
Stückzahl und Marktsituation					
Produktionszahl					547.221
Verfügbarkeit					ausreichend
Teilesituation					ausreichend
Unterhaltskosten					mittel
Preise in Euro	1	2	3	4	5
95, Kom	9.600	6.500	3.800	1.500	500
96 Langnase, L2t	9.300	6.300	3.700	1.400	400
96 Rundnase, L2t	10.000	6.700	4.000	1.500	500
96 V4 (Ser. 1966-1969), L2t	8.800	5.900	3.500	1.300	300

Saab Sonett II — 1966-1970

Das erste Sonett-Kapitel, das Saab geschrieben hatte, hatte einen kleinen Roadster hervorgebracht, der leider nie Serienreife erreicht hatte. Beim zweiten Sonett, der ab 1966 mit Zweitaktmotor in geringen Stückzahlen verkauft wurde, überzeugte vor allem die eigenständige Kunststoffkarosserie mit langer Haube, schwungvollem Hüftknick und großzügig verglastem Heck. Mit dem Einbau des Ford-Viertaktmotors stiegen die Verkaufszahlen etwas an, doch die etwas mehr als 1500 abgesetzten Wagen entsprachen bei weitem nicht den Vorstellungen der Verantwortlichen, die den Erfolg vor allem in Amerika gesucht hatten. Schade, dass der sympathische, wieder von Saab-Chefkonstrukteur Rolf Mellde initiierte Sonett heute so selten und teuer ist.

Rar und teuer: Saab Sonett II

Motor/Antrieb					
Bauart			Dreizylinder-Zweitaktmotor, V4		
Lage/Antrieb					Front/Front
Hubraum in cm³					841, 1498
Leistung in PS bei U/min			60 bei 5200 bis 65 bei 5000		
Vmax in km/h					155 bis 160
Karosserie					
Bauart					Coupé
Tragstruktur					Plattformrahmen
Material					Kunststoff
Stückzahl und Marktsituation					
Produktionszahl					258, 1510
Verfügbarkeit					schlecht
Teilesituation					ausreichend
Unterhaltskosten					mittel
Preise in Euro	1	2	3	4	5
Sonett II, Cpe	21.500	14.700	8.800	4.000	1.400
Sonett II V4, Cpe	18.600	12.700	7.500	3.400	1.100

Saab 99 — 1968-1977

Die Affinität zum amerikanischen Markt brachte Saab frühzeitig zum Thema Sicherheit. So war das neue, 1968 eingeführte Modell mit der Typbezeichnung 99 ein entscheidender und richtiger Schritt. Das Thema passive Sicherheit, beim 99 erfolgreich in Angriff genommen, wurde vom amerikanischen Markt gefordert. Neben vielen durchdachten Details ließ sich die Kundschaft auch von der soliden Verarbeitung, dem sicheren Fahrwerk mit vier Scheibenbremsen und der Absenz von Zweitaktmotoren überzeugen. Saab hatte bei Triumph einen modernen Reihenvierzylinder mit 1,7 Litern Hubraum und einer obenliegenden Nockenwelle gekauft, der mit seinen 80 PS zwar kein überschäumendes Temperament an den Tag legte, aber doch für ausreichende Dynamik sorgte. Noch lange, bis 1987, blieb das Modell im Angebot, zuletzt mit 100 PS starkem Zweilitermotor.

Sicherheit ist Trumpf: Saab 99

Motor/Antrieb					
Bauart					Vierzylinder (Reihe)
Lage/Antrieb					Front/Front
Hubraum in cm³					1709
Leistung in PS bei U/min			80 bei 5200 bis 87 bei 5500		
Vmax in km/h					155
Karosserie					
Bauart					Limousine (2-/4-türig)
Tragstruktur					selbsttragend
Material					Stahlblech
Stückzahl und Marktsituation					
Produktionszahl					k.A.
Verfügbarkeit					gut
Teilesituation					gut
Unterhaltskosten					mittel
Preise in Euro	1	2	3	4	5
99, L2t	7.000	4.000	2.400	850	100
99, L4t	7.400	4.200	2.600	900	100

Saab Sonett III — 1970-1974

Das Scheitern des Sonett II ließ Saab nicht ruhen, und so wurde das Modell einem kräftigen Facelift unterzogen. Dabei erhielt der Sonett III einen längeren Vorbau mit stabilen Stoßstangen und in den Kühlergrill integrierten Scheinwerfern. Sergio Coggiola aus Italien hatte die Kunststoffkarosserie auch am Heck überarbeitet, technisch blieb jedoch vieles beim Bewährten. Der Zweitakter hatte ausgedient, weiterhin in Ehren gehalten wurde der V4-Motor, der nun über eine Knüppelschaltung stilgerechter in Schwung gehalten wurde. Damit machte das kleine Coupé seinen Weg weit erfolgreicher als der Vorgänger und ließ sich in vier Produktionsjahren immerhin mehr als 8300 mal verkaufen. Leider hat Saab bis heute keinen Nachfolger gebaut – aber vielleicht greifen die Schweden in Zukunft die Idee wieder auf.

Fand deutlich mehr Anhänger als sein Vorgänger: Saab Sonett III

Motor/Antrieb					
Bauart					V4
Lage/Antrieb					Front/Front
Hubraum in cm³					1498
Leistung in PS bei U/min					65 bei 5000
Vmax in km/h					160
Karosserie					
Bauart					Coupé
Tragstruktur					Plattformrahmen
Material					Kunststoff
Stückzahl und Marktsituation					
Produktionszahl					8368
Verfügbarkeit					ausreichend
Teilesituation					ausreichend
Unterhaltskosten					mittel
Preise in Euro	1	2	3	4	5
Sonett III, Cpe	16.300	11.200	6.600	3.100	1.000

Saab (S)

Saab 99 Turbo — 1977–1982

Gegen Ende der siebziger Jahre war der Wunsch nach hoher Motorleistung gestiegen. Der Zweiliter-Vierzylinder kam zwar mit Einspritzung auf bis zu 118 PS, doch Saab bot ab 1978 noch mehr. Dank eines Garrett-Turboladers, der mit 0,7 bar Druck arbeitete, entlockte Saab dem Triebwerk 145 PS. Das Ganze radierte auf schmalen 175/70er Reifen über den Asphalt – bis zu 235 Nm Drehmoment wirkten auf die Gummis. Dieses Paket war reichlich publicityträchtig, nicht nur weil das Auto in weniger als neun Sekunden auf 100 Stundenkilometer beschleunigte, sondern auch weil die Turbotechnik im Serien-Pkw bisher noch kaum eingesetzt worden war. Äußeres und Inneres des 99 Turbo zeigten sich dem sportlich orientierten Leistungsniveau angepasst: Spoiler vorn, Aluräder, Lederlenkrad rundeten die Erscheinung ab.

Sehr flott mit Turbo: Saab 99 Turbo

Motor/Antrieb					
Bauart					Vierzylinder (Reihe)
Lage/Antrieb					Front/Front
Hubraum in cm³					1985
Leistung in PS bei U/min					145 bei 5000
Vmax in km/h					195
Karosserie					
Bauart					Limousine (2-türig)
Tragstruktur					selbsttragend
Material					Stahlblech
Stückzahl und Marktsituation					
Produktionszahl					k.A.
Verfügbarkeit					ausreichend
Teilesituation					gut
Unterhaltskosten					hoch
Preise in Euro	1	2	3	4	5
99 Turbo, L2t	7.600	4.300	2.600	900	200

Saab 900, 900 Turbo — 1978–1993

Mit dem neuen 900 sicherte sich Saab einen Platz in der oberen Mittelklasse, einem Segment, das Volvo bereits seit langem bediente und in vielen Märkten sehr gefragt war. Basis des 900 war der Saab 99, der in den sechziger Jahren entwickelt worden war und noch in den Preislisten stand. Zunächst boten die Schweden den neuen 900 mit einer großen Heckklappe, die den Saab mit den praktischen Eigenschaften eines Kombis ausstattete. Später legte der Hersteller eine Stufenheck-Karosserie nach, deren Kofferraum sehr hoch angesetzt war und die durch ihre schräge Linie auffällt – beinahe ein Fließheck. Neben den umfangreichen Sicherheitsmerkmalen lieferte Saab damals schon eine Sitzheizung. Als Motor wählten die Schweden ein englisches Leyland-Aggregat, das sie gründlich überarbeitet hatten und, als Variante, mit einem Turbo aufluden.

Neu in der oberen Mittelklasse: Saab 900

Motor/Antrieb					
Bauart					Vierzylinder (Reihe)
Lage/Antrieb					Front/Front
Hubraum in cm³					1985
Leistung in PS bei U/min					108 bei 5200 bis 145 bei 5000
Vmax in km/h					169 bis 195
Karosserie					
Bauart					Limousine (2-/4-türig)+A0797
Tragstruktur					selbsttragend
Material					Stahlblech
Stückzahl und Marktsituation					
Produktionszahl					k.A.
Verfügbarkeit					üppig
Teilesituation					gut
Unterhaltskosten					mittel
Preise in Euro	1	2	3	4	5
900 (Ser. 1979-1984), L2t	5.300	3.000	1.400	650	150
900 (Ser. 1979-1984), L4t	5.000	2.800	1.300	600	150
900 Turbo (Ser. 1980-1985), L4t	5.800	3.500	1.700	700	200

Saab 900 Cabriolet — 1986–1993

Mit einem Cabriolet auf der Basis des Saab 900 überraschte der schwedische Hersteller 1986. Es war der erste offene Saab seit dem Ur-Sonett – die Skandinavier erwarteten von ihrem Wetter jetzt wohl nicht mehr Sonne als früher, hatten aber erkannt, wie wichtig die Exportmärkte sind: Besonders in Deutschland, Italien und Amerika fanden die 900 Cabriolets Liebhaber. Die offene Version des 900 war als Yuppie-Auto über Jahre beliebt, und selbst heute haben die 900 Cabriolets kaum an Image-Wirkung verloren – ganz im Gegenteil zu den BMW Dreier-Cabriolets, die damals zur Konkurrenz zählten. Mit dem zwei Liter großen 16-Ventil-Turbo Aggregat war die Frischluft-Variante sehr agil.

Yuppie-Express der späten Achtziger: Saab 900 Cabriolet

Motor/Antrieb					
Bauart					Vierzylinder (Reihe)
Lage/Antrieb					Front/Front
Hubraum in cm³					1985
Leistung in PS bei U/min					160 bei 5500
Vmax in km/h					200
Karosserie					
Bauart					Cabriolet
Tragstruktur					selbsttragend
Material					Stahlblech
Stückzahl und Marktsituation					
Produktionszahl					k.A.
Verfügbarkeit					üppig
Teilesituation					sehr gut
Unterhaltskosten					mittel
Preise in Euro	1	2	3	4	5
900 Cabrio, Cab	–	9.900	7.500	4.500	–

Shelby (USA) • 1962 bis 1970

Shelby ist keine Marke im eigentlichen Sinn, aber Carroll Shelby hat einen eigenen Eintrag schon aufgrund des AC Cobra redlich verdient. Als Manager zahlreicher Ford-Siege machte sich der ehemalige Hühnerzüchter verdient, und die ganz heißen Versionen des Ford Mustang durften seinen Namen tragen.

Shelby GT 350 und GT 500   1965-1970

Ein ganz spezielles Aufbautraining führte Shelby mit dem Pony Car Ford Mustang durch: Neben leichten Modifikationen der Karosserie zeichneten sich seine Kreationen durch einen erheblichen Leistungszuwachs aus, der im sieben Liter großen und 406 PS starken Achtzylinder gipfelte. Dabei wurde nicht nur das Coupé umgerüstet, sondern auch das Cabriolet. Nach einer Weile der selbständigen Fertigung in eigenen Räumlichkeiten übernahm Ford die Regie wieder. Nicht nur der mit zahlreichen Siegen verbundene Name Shelby macht die Fahrzeuge gesucht und teuer: mit weniger als 15.000 gebauten Shelby GT's blieben die Tuning-Mustangs recht selten.

Kraft, Kraft, Kraft: Shelby GT 350 und GT 500

Motor/Antrieb					
Bauart					V8
Lage/Antrieb					Front/Heck
Hubraum in cm³					4728 bis 6989
Leistung in PS bei U/min					253 bei 4800 bis 406 bei 5600
Vmax in km/h					190 bis 220
Karosserie					
Bauart					Coupé, Cabriolet
Tragstruktur					selbsttragend
Material					Stahlblech
Stückzahl und Marktsituation					
Produktionszahl					14.366
Verfügbarkeit					schlecht
Teilesituation					ausreichend
Unterhaltskosten					hoch
Preise in Euro	1	2	3	4	5
GT 350 Fastback (1965), Cpe		Für Spitzenfahrzeuge bis 120.000 Euro			
GT 500 Fastback (1967), Cpe		Für Spitzenfahrzeuge bis 100.000 Euro			
GT 500 (Ser. 1969-1970), Cab	77.000	58.000	40.000	25.000	15.000

Siata (I) • 1926 bis 1970

Schon 1926 wurde die Società Italiana Applicazioni Trasformazioni Automobilistiche von Giorgio Ambrosini gegründet. Daseinszweck war vor allem das Frisieren von Fiat-Serienwagen. Nach dem Zweiten Weltkrieg entstand eine Flut von Modellvariationen, etliche Prototypen und Salonlöwen. 1959 verbündete man sich mit Abarth, doch diese Liaison dauerte nur zwei Jahre. Anfang der sechziger Jahre wurde ein spanischer Ableger gegründet, der aber 1971 an den Nutzfahrzeughersteller Ebro ging. Einen beachtlichen Erfolg landete Siata 1967 mit dem Spider 850 Spring, einer grobgeschnitzten Replica auf Fiat-850-Basis. Doch 1970 schloss Siata die Tore.

Siata 850 Spring   1967-1970

Siata war ein großer Name für Fiat-Modelle mit Spezialkarosserien. Dennoch erstaunte es, als 1967 der 850 Spring eingeführt wurde. Er basierte technisch auf dem Fiat 850, kam aber optisch ein wenig als MG-TD-Plagiat daher. Kein Wunder also, dass der große Kühlergrill nur eine Attrappe vor dem Gepäckraum war, denn der Motor saß im Heck und trieb die Hinterräder von dort aus an. Die Kundschaft sah das nicht so eng und fand Gefallen an dem Spaßgerät, das mit 37 bis 47 PS ausreichend bis munter motorisiert war. Besonders das Frischluftvergnügen kam bei dem skurrilen Wägelchen nicht zu kurz.

Als Repliken Mode wurden: Siata 850 Spring

Motor/Antrieb					
Bauart					Vierzylinder (Reihe)
Lage/Antrieb					Heck/Heck
Hubraum in cm³					843
Leistung in PS bei U/min					37 bei 5200 bis 47 bei 6400
Vmax in km/h					130 bis 140
Karosserie					
Bauart					Roadster
Tragstruktur					selbsttragend
Material					Stahlblech
Stückzahl und Marktsituation					
Produktionszahl					k.A.
Verfügbarkeit					gegen null
Teilesituation					ausreichend
Unterhaltskosten					niedrig
Preise in Euro	1	2	3	4	5
850 Spring, Rds	13.000	8.500	5.200	2.700	800

Simca (F) • 1935 bis 1978

1935 gründete der Importeur Theodore Pigozzi die Société Industrielle de Mecanique et Carosserie Automobile (SIMCA) für die Lizenzmontage von Fiat-Automobilen. Ab 1936 wurde in Poissy gefertigt. 1942 wurde Simca in die GFA-Gruppe mit Delage und Delahaye integriert, doch nach 1946 war die Marke wieder eigenständig. 1954 hatte Simca die französischen Ford-Werke übernommen, Ende 1958 kam Talbot dazu. Ab 1958 bis 1969 wurde Simca wiederum schrittweise vom amerikanischen Hersteller Chrysler übernommen. Unter dem Markenzeichen Talbot kam Simca dann 1978 zur PSA (Peugeot-Citroën).

Simca 5 und 6 — 1946-1951

Die Ähnlichkeiten dieser Modelle zum Fiat Topolino sind nicht zufällig. Als Lizenzbau zeigten sich der Simca 5 bis auf die Markenembleme und der Simca 6 zusätzlich bis auf Front- und Heckgestaltung als nur wenig modifizierte Italiener. Der Simca 5 entsprach dem Topolino B mit freistehenden Scheinwerfern auf den Kotflügeln und der Simca 6 dem Topolino C mit integrierten Lampen und mehr pontonförmiger Karosserie. Bis 1951 wurde die Fertigung der französischen Mäuschen fortgesetzt. Erst dann besann sich der französische Hersteller auf eine selbständige Markenidentität und zeigte eigene Konstruktionen. Das Original von Fiat blieb übrigens noch bis 1955 in Produktion.

Motor/Antrieb	
Bauart	Vierzylinder (Reihe)
Lage/Antrieb	Front/Front
Hubraum in cm³	569
Leistung in PS bei U/min	14 bei 4000 bis 16 bei 4400
Vmax in km/h	85 bis 95
Karosserie	
Bauart	Cabrio-Limousine, Kombi (3-türig)
Tragstruktur	Kastenrahmen
Material	Stahlblech
Stückzahl und Marktsituation	
Produktionszahl	k.A.
Verfügbarkeit	gegen null
Teilesituation	schwierig
Unterhaltskosten	niedrig

Preise in Euro	1	2	3	4	5
Simca 5, Cal	13.200	9.700	6.600	3.400	1.200
Simca 6, Cal	12.000	8.800	6.000	3.100	1.000

Im Prinzip ein Topolino: Simca 5 und 6

Simca Aronde — 1951-1963

Mit Erfolg präsentierte Simca zu Beginn der fünfziger Jahre die erste eigene Konstruktion: den Mittelklasse-Viertürer Aronde. Das gelungene, zeitgemäße Styling der Limousine konnte zahlreiche Kunden überzeugen. Sie wurden auch von der Technik nicht enttäuscht. Zwar verzichtete Simca auf extravagante Lösungen, dafür sorgten standfeste Triebwerke und eine zuverlässige Konstruktion für Langlebigkeit. Mit gezielten Modellpflegemaßnahmen und mittels eines großen Facelifts im Jahr 1961 wurde die Baureihe zu höchster Reife geführt. Die 13-jährige Produktionsdauer steht auch für die Qualität der Simca-Konstruktion. Mit einem dreitürigen Kombi sowie dem Cabrio Océane und dem Hardtop-Coupé Plein Ciel wurde die Baureihe abgerundet und Simca stieg auf in den Kreis vollwertiger Automobilhersteller.

Motor/Antrieb	
Bauart	Vierzylinder (Reihe)
Lage/Antrieb	Front/Heck
Hubraum in cm³	1090, 1221, 1290
Leistung in PS bei U/min	40 bei 4600 bis 70 bei 5200
Vmax in km/h	110 bis 140
Karosserie	
Bauart	Limousine (4-türig), Limousine (2-türig), Kombi (3-türig)
Tragstruktur	selbsttragend
Material	Stahlblech
Stückzahl und Marktsituation	
Produktionszahl	1.274.859
Verfügbarkeit	schlecht
Teilesituation	ausreichend
Unterhaltskosten	mittel

Preise in Euro	1	2	3	4	5
Aronde 1300 (Ser. 1955-1959), L4t	7.100	4.900	3.300	1.600	500
Aronde P60 (Ser. 1960-1962), Kom	7.900	5.600	3.600	1.900	600

Die erste Simca-Konstruktion: Simca Aronde

Simca Vedette und Ariane — 1954-1963

Durch die Übernahme von Ford France kam diese große Limousine ins Markenprogramm. Der modern wirkenden Linienführung stand ein altbackener Seitenventil-V8 mit nicht eben üppigem Hubraum gegenüber, der bereits rund zwanzig Jahre vor Erscheinen des Modells konstruiert worden war. Viel Leistung produzierte die Maschine nicht, doch sie gewährte immerhin eine überzeugende Laufkultur. Das Modellprogramm war nicht gerade von großer Übersichtlichkeit geprägt: Als Ariane werden die Modelle bezeichnet, die in der Vedette-Karosserie mit dem Aronde-Vierzylindermotor aufwarteten. Es gab auch die Vedette-Versionen Beaulieu und deren Luxusausführung Chambord sowie den reichhaltigen Kombi namens Marly.

Motor/Antrieb	
Bauart	Vierzylinder (Reihe), V8
Lage/Antrieb	Front/Heck
Hubraum in cm³	1290, 2351
Leistung in PS bei U/min	52 bei 4900 bis 84 bei 4800
Vmax in km/h	130 bis 150
Karosserie	
Bauart	Limousine (4-türig), Kombi (5-türig)
Tragstruktur	teilw. Selbsttragend
Material	Stahlblech
Stückzahl und Marktsituation	
Produktionszahl	k.A.
Verfügbarkeit	schlecht
Teilesituation	schwierig
Unterhaltskosten	hoch

Preise in Euro	1	2	3	4	5
Vedette V 8, L4t	13.900	9.700	7.400	4.500	1.500
Ariane, L4t	10.300	7.100	5.600	3.200	1.000

Ursprünglich von Ford: Simca Vedette und Ariane

Simca (F)

Simca Plein Ciel und Océane 1956-1963

Klare Linien und modische Panoramascheiben kennzeichnen die beiden zweisitzigen Aronde-Ableger. Als Hardtop-Coupé trug er den Beinamen Plein Ciel, als Cabrio hörte er auf die Bezeichnung Océane. Schicke Weißwandreifen gehörten zur Serienausstattung. Die geringen Stückzahlen sorgen heute für ein stolzes Preisniveau bei überaus geringem Angebot. Diese Simca-Modelle überzeugten wie das Limousinen-Pendant mit robusten Motoren, die allerdings nicht mit überschäumendem Temperament glänzten. Den 1,3-Liter-Motor gab es mit 57 und 70 PS, die kleineren Versionen waren im Plein Ciel und im Océane nicht erhältlich. Die schlanken Karosserien fertigte Nobelhersteller Facel.

Kaum bekannt: Simca Océane

Motor/Antrieb					
Bauart				Vierzylinder (Reihe)	
Lage/Antrieb				Front/Heck	
Hubraum in cm³				1290	
Leistung in PS bei U/min			57 bei 5200 bis 70 bei 5200		
Vmax in km/h				135 bis 145	
Karosserie					
Bauart				Coupé, Cabriolet	
Tragstruktur				selbsttragend	
Material				Stahlblech	
Stückzahl und Marktsituation					
Produktionszahl				11.540	
Verfügbarkeit				gegen null	
Teilesituation				schwierig	
Unterhaltskosten				mittel	
Preise in Euro	1	2	3	4	5
Plein Ciel (Ser. 1959-1963), Cpe	15.000	11.000	6.700	4.000	1.500
Oceane (Ser. 1959-1963), Cab	18.000	13.000	9.300	6.000	2.500

Simca 1000, Rallye 1, Rallye 2, Rallye 3 1961-1978

Obwohl sich die Ära der Heckmotor-Kleinwagen ihrem Ende zuneigte, brachte Simca 1961 einen kompakten Viertürer nach diesem populären Strickmuster in den Markt. Der Erfolg gab Simca recht. In der Praxis überzeugte das Angebot durch gute Raumausnutzung, bequemen Zugang und einen großzügig dimensionierten Gepäckraum unter der vorderen Haube. Mit vier einzeln aufgehängten Rädern war der technische Aufwand beim Fahrwerk zwar groß, doch das Fahrverhalten im Grenzbereich blieb tückisch und der Geradeauslauf unruhig. Als Vorläufer der GTI-Welle können die sportlich profilierten Ausführungen des kleinen Franzosen gelten, die als optisch auffällig gestaltete Rallye 1-, Rallye 2- und Rallye 3-Versionen bei jungen Käufern in der Gunst ganz oben standen. Diese Priorität hat sich bis heute bei den Klassiker-Freunden nicht geändert.

Klein, stark und manchmal auch schnell: Simca 1000

Motor/Antrieb					
Bauart				Vierzylinder (Reihe)	
Lage/Antrieb				Heck/Heck	
Hubraum in cm³				944, 1294	
Leistung in PS bei U/min			32 bei 5000 bis 103 bei 6200		
Vmax in km/h				115 bis 180	
Karosserie					
Bauart				Limousine (4-türig)	
Tragstruktur				selbsttragend	
Material				Stahlblech	
Stückzahl und Marktsituation					
Produktionszahl				1.642.091	
Verfügbarkeit				gut	
Teilesituation				gut	
Unterhaltskosten				mittel	
Preise in Euro	1	2	3	4	5
1000 GLS (Ser. 1965-1976), L4t	4.500	2.800	1.700	800	200
Rallye 1 (Ser. 1972-1976), L4t	5.400	3.400	2.100	300	300
Rallye 2 (Ser. 1973-1976), L4t	6.800	4.300	2.700	1.200	400
Rallye 3 (1978), L4t	8.500	6.100	3.900	1.500	500

Simca Sportcoupé 1000, 1200 S 1962-1971

Hübsch und hierzulande nahezu unbekannt ist das Simca Coupé, das 1962 auf dem Genfer Salon als Konkurrent zur Renault Caravelle vorgestellt worden war. Bertone hatte das klassisch-dezente Layout zu Papier gebracht, im Innenraum sorgten Holz, schwarzes Kunstleder und Jaeger-Instrumente für ein sportliches Flair. Der wassergekühlte Reihenvierzylinder saß im Heck und stammte aus der kleinen Simca 1000-Limousine. Mit nur 944 cm³ und knapp 50 PS gestaltete sich der Vortrieb zunächst verhalten, doch das änderte sich ab 1967: das Coupé 1200 S mit 80 PS (und später 85 PS) überzeugte durch einen fulminanten Antritt. Zwei Solex-Doppelvergaser und ein Zylinderkopf aus Leichtmetall unterstrichen den Sport-Appeal. Knappe 180 Stundenkilometer Spitze lief das Coupé, das seinen Wasserkühler hinter einem Grill in der Wagenfront trug.

Ein Entwurf Bertones: Simca Coupé

Motor/Antrieb					
Bauart				Vierzylinder (Reihe)	
Lage/Antrieb				Heck/Heck	
Hubraum in cm³				944, 1204	
Leistung in PS bei U/min			46 bei 5400 bis 80/85 bei 6200		
Vmax in km/h				145 bis 180	
Karosserie					
Bauart				Coupé	
Tragstruktur				selbsttragend	
Material				Stahlblech	
Stückzahl und Marktsituation					
Produktionszahl				ca. 10.000, 14.741	
Verfügbarkeit				schlecht	
Teilesituation				schwierig	
Unterhaltskosten				mittel	
Preise in Euro	1	2	3	4	5
1000 Coupé (Ser. 1962-1967), Cpe	7.700	5.800	3.800	1.900	900
1200 S Coupé (Ser. 1969-1971), Cpe	8.800	6.500	4.300	2.200	1.000

Simca 1300/1500, 1301/1501 1963-1975

Von überzeugender Klarheit künden auch die Designlinien des Aronde-Nachfolgers, der unter der simplen nummerischen Bezeichnung 1300/1500 im Jahr 1963 ins Modellprogramm aufgenommen wurde. Mit seinem ausreichenden Platzangebot sprach das Modell besonders Familien an. Unter dem schnörkellosen Aufbau tat eine unverändert robuste Technik Dienst. Die Fahrleistungen lagen auf dem Stand des damals Üblichen, der neukonstruierte Motor mit 1,5 Litern Hubraum knüpfte an die Tugenden des 1300ers nahtlos an. Das Käuferpotenzial fand sich nicht nur in Frankreich, zumal das Angebot ab Herbst 1966 durch die bei gleichem Radstand 21 Zentimeter verlängerten Versionen 1301 und 1501 ergänzt wurde.

Klare Linie: Simca 1300 und 1500

Motor/Antrieb					
Bauart				Vierzylinder (Reihe)	
Lage/Antrieb				Front/Heck	
Hubraum in cm³				1290, 1475	
Leistung in PS bei U/min			54 bei 5200 bis 84 bei 5400		
Vmax in km/h				130 bis 160	
Karosserie					
Bauart			Limousine (4-türig), Kombi (5-türig)		
Tragstruktur				selbsttragend	
Material				Stahlblech	
Stückzahl und Marktsituation					
Produktionszahl				275.626, 162.183	
Verfügbarkeit				schlecht	
Teilesituation				schwierig	
Unterhaltskosten				mittel	
Preise in Euro	1	2	3	4	5
1300 (Ser. 1963-1967), L4t	5.000	3.200	1.500	750	200
1500 (Ser. 1964-1966), L4t	5.300	3.300	1.600	800	200
1301 (Ser. 1970-1975), L4t	4.800	2.900	1.300	650	150
1501 (Ser. 1966-1975), L4t	4.900	3.000	1.400	700	150

Simca (F)

Simca 1100 — 1967-1982

Eine überaus moderne Neukonstruktion stellte Simca 1967 vor: den Simca 1100. Dieser Fronttriebler mit quer installiertem Motor und Einzelradaufhängung war 3,9 Meter lang und mit seiner richtungsweisenden Heckklappe sehr praktisch ausgerüstet. Neben der drei- und fünftürigen Limousine gab es auch einen dreitürigen Kombi, der fünftürige Kombi folgte später, ebenso ein City-Laster mit hohem Kastenaufbau. Auch an den Insassenschutz hatte man bei der Gestaltung gedacht, beispielsweise mit einer abgewinkelten Lenksäule und Polsterungen am Armaturenbrett. Auch nach der Übernahme durch Peugeot wurde der Wagen noch weitergebaut: als Talbot 1100 und 1200 bis 1983.

Sehr modern zu seiner Zeit: Simca 1100 und 1200

Motor/Antrieb	
Bauart	Vierzylinder (Reihe)
Lage/Antrieb	Front/Front
Hubraum in cm³	944, 1118, 1204, 1294
Leistung in PS bei U/min	45 bei 6000 bis 82 bei 6000
Vmax in km/h	130 bis 160

Karosserie	
Bauart	Limousine (2-türig), Limousine (4-türig), Kombi (3-türig), Kombi (5-türig)
Tragstruktur	selbsttragend
Material	Stahlblech

Stückzahl und Marktsituation	
Produktionszahl	k.A.
Verfügbarkeit	schlecht
Teilesituation	ausreichend
Unterhaltskosten	niedrig

Preise in Euro	1	2	3	4	5
1100 LS, L3t	4.300	2.600	1.200	650	150
1100 TI, L5t	4.900	3.100	1.900	850	200

Simca 1307 S, GLS, 1308 S, GLS, GT — 1975-1979

Mit dem 1307 und 1308 versuchte Simca, in den zunehmend wichtigen Markt der Mittelklasse einzudringen. Als einer der Hauptkonkurrenten galt beispielsweise der VW Passat. Diesem Layout folgte der Simca rein äußerlich mit seinem langen Fließheck, aber auch unter dem Blech: quer eingebaute Vierzylindermotoren und Frontantrieb hatten sich in den 1970er Jahren in der Mittelklasse als Standard durchgesetzt. Komfort schrieben die Franzosen groß, die allerdings längst nicht mehr unabhängig agieren konnten, seitdem sie zum amerikanischen Chrysler-Konzern gehörten. Technisch überzeugten die Simca 1307 und 1308 weniger durch große Innovationen als durch zeitgemäße Details wie einer hinteren Längslenkerachse und Querstabilisatoren. Komfort und Fahrsicherheit waren demnach gewährleistet, dazu kamen gute Noten in der Wirtschaftlichkeit – all das führte zur Auszeichnung zum „Auto des Jahres" 1976. Immerhin.

Zeitgemäß, doch ohne Innovationen: Simca 1307

Motor/Antrieb	
Bauart	Vierzylinder (Reihe)
Lage/Antrieb	Front/Front
Hubraum in cm³	1294, 1442
Leistung in PS bei U/min	55 bei 5200 bis 85 bei 5800
Vmax in km/h	140 bis 165

Karosserie	
Bauart	Limousine (5-türig)
Tragstruktur	selbsttragend
Material	Stahlblech

Stückzahl und Marktsituation	
Produktionszahl	k.A.
Verfügbarkeit	ausreichend
Teilesituation	ausreichend
Unterhaltskosten	mittel

Preise in Euro	1	2	3	4	5
1307, L5t	–	1900	900	200	–

Simca (Talbot Simca) Horizon LD, LS, GL, GLS, EX, SX — 1977-1986

Am 26. November 1977 präsentierte Simca eine kompakte Limousine, die im Golf-Revier wildern sollte. Der kleine Fünftürer nahm in der eigenen Modellpalette den freien Platz zwischen dem längst antiquierten 1100 und den modernen 1307 ein. Die große Heckklappe entsprach dem damals bereits üblichen Standard, ebenso die quer und geneigt eingebauten Vierzylindermotoren, die ihre Kraft an der Vorderachse abgaben. Typisch französisch war die reichhaltige Serienausstattung, die in der Golf-Klasse noch ungewöhnlich war. Sogar ein Automatik-Getriebe konnten Kunden für ihren Horizon ordern. Den klangvollen Namenszusatz Talbot trugen die Horizon wie die restliche Modellpalette nach dem Zusammenschluss der Marken Chrysler – allerdings nur die französische und englische Dependance –, Matra, Simca und Sunbeam. Das Konglomerat hatte unter dem Dach des PSA-Konzerns (Peugeot und Citroën) Zuschlupf gefunden.

Simcas Beitrag zum Golf-Segment: Horizon

Motor/Antrieb	
Bauart	Vierzylinder (Reihe)
Lage/Antrieb	Front/Front
Hubraum in cm³	1118, 1294, 1442, 1592, 1905
Leistung in PS bei U/min	55 bei 5200 bis 90 bei 5400
Vmax in km/h	140 bis 170

Karosserie	
Bauart	Limousine (5-türig)
Tragstruktur	selbsttragend
Material	Stahlblech

Stückzahl und Marktsituation	
Produktionszahl	k.A.
Verfügbarkeit	ausreichend
Teilesituation	ausreichend
Unterhaltskosten	niedrig

Preise in Euro	1	2	3	4	5
Horizon		keine Notierung			

Singer (GB) • 1905 bis 1970

Auch Singer kam vom Fahrradbau zu Beginn des letzten Jahrhunderts aufs Automobil, ab 1905 entstanden Fahrzeuge nach Lea-Francis-Lizenz. Auf dem englischen Pkw-Markt war die Marke recht erfolgreich.

Die Fertigung konzentrierte sich ab 1945 auf den Standort Birmingham, der Neustart gelang mit verbesserten Vorkriegsmodellen. 1956 kam die Singer Motors Ltd. zum Rootes-Konzern, zusammen mit den Marken Hillman, Sunbeam und Humber. Singer verlor damit die Eigenständigkeit, und die Modelle entsprachen bald modifizierten Hillman-Versionen. 1967 übernahm Chrysler die Rootes-Gruppe, bis 1970 waren Singer-Modelle noch als Luxusversionen des Hillman im Angebot.

Singer Nine Roadster, SM Roadster — 1946-1956

Als Alternative zu den T-Modellen von MG können Enthusiasten auch dem Singer 9 Roadster verfallen. Allerdings ist die Auswahl nicht mehr sehr groß, denn Rost hat von den nur 3440 hergestellten Wagen die meisten verzehrt. Noch 1951 erschien er als behutsam aufgewertetes Vorkriegsauto. Highlight in diesem Fahrzeug mit klassischer Linienführung und traditionellem Konzept war der kleine ohc-Vierzylinder, zunächst mit 1,1 Liter, ab 1950 mit 1,5 Liter Hubraum. Fahrzeuge mit dem größeren Aggregat verfügten zudem über eine vordere Einzelradaufhängung. Mit knapp 40 und 60 PS waren die SM-motorisierten Singer recht flott unterwegs.

Im Look der Dreißiger: Singer Nine Roadster

Motor/Antrieb	
Bauart	Vierzylinder (Reihe)
Lage/Antrieb	Front/Heck
Hubraum in cm³	1074, 1497
Leistung in PS bei U/min	36 bei 5000 bis 59 bei 4800
Vmax in km/h	115 bis 130
Karosserie	
Bauart	Roadster
Tragstruktur	Kastenrahmen
Material	Stahlblech
Stückzahl und Marktsituation	
Produktionszahl	3440
Verfügbarkeit	gegen null
Teilesituation	schwierig
Unterhaltskosten	mittel

Preise in Euro	1	2	3	4	5
Nine (Ser. 1946-1950), Rds	21.700	16.500	10.000	3.900	1.600
Nine (UAD), Rds	23.400	17.200	10.900	4.200	1.800

Singer Gazelle — 1956-1967

Das Modell Gazelle wurde 1956 präsentiert, kurz nachdem die Firma im Rootes-Konzern aufging. Technisch ist er mit dem Hillman Hunter identisch, mit einem anderen Kühlergrill, unterschiedlichen Schmuckelementen und einem aufgewerteten Interieur wurde daraus das neue Singer-Modell — badge-engineering gab es damals wie heute. Die Gazelle war weder schlecht noch hässlich, als aber 1958 der Singer-eigene ohc-Vierzylinder aus Rationalisierungsgründen dem Hillman-ohv-Aggregat weichen musste, sprach kaum mehr etwas für diesen Außenseiter der britischen Automobilszene. Der Gazelle Kombi mit vier Türen und horizontal geteilter Heckklappe erschien 1957.

Nobel-Hillman: Singer Gazelle

Motor/Antrieb	
Bauart	Vierzylinder (Reihe)
Lage/Antrieb	Front/Heck
Hubraum in cm³	1497, 1494, 1592
Leistung in PS bei U/min	50 bei 4500 bis 65 bei 4600
Vmax in km/h	125 bis 140
Karosserie	
Bauart	Limousine (4-türig), Kombi (5-türig), Cabriolet
Tragstruktur	selbsttragend
Material	Stahlblech
Stückzahl und Marktsituation	
Produktionszahl	86.000
Verfügbarkeit	schlecht
Teilesituation	schwierig
Unterhaltskosten	mittel

Preise in Euro	1	2	3	4	5
Gazelle, L4t	9.100	5.800	3.300	1.200	400
Gazelle, Cab	13.000	9.100	5.200	2.300	800

Skoda (CS) • Automobilbau seit 1923

Skoda ist eine überaus traditionsreiche Automobilfabrik. 1925 übernahm das tschechoslowakische Unternehmen, das Waffen, Maschinen und Lokomotiven fertigte, den renommierten, aber unter einer dünnen Kapitaldecke leidenden Hersteller Laurin & Klement. Dessen Wurzeln wiederum reichten ins Jahr 1906 zurück, während sich Skoda ab 1923 mit dem Automobilbau beschäftigte – mit einer gescheiterten Lizenzfertigung von Ballot-Modellen und einer erfolgreicheren Kooperation mit dem Luxushersteller Hispano-Suiza.

Erst in den dreißiger Jahren besann sich Skoda auf eine Ausweitung des Marktes nach unten. Mit dem 4 R, einem Vierzylinder mit 32 PS, und dem 6 R, einem Dreiliter-Sechzylinder mit 50 PS, stiegen die Produktionszahlen allerdings nur langsam. Es waren die ersten Modelle, die nicht mehr den Namen Laurin & Klement als Zusatz trugen. 1933 erschien der Typ 420, ein Vierzylinder mit 20 PS und Vorläufer des später erfolgreichen Popular. Als Mittelklassemodell kam 1935 der Skoda Rapid hinzu, der das 1934 erschienene Luxusmodell Superb ergänzte.

Ab 1936 bot Skoda den Favorit an, der zwischen Rapid und Superb platziert war. 1946 wurde Skoda verstaatlicht und nahm die Produktion mit überarbeiteten Vorkriegsmodellen wieder auf. Nach der Machtübernahme der Kommunisten hieß das Unternehmen Volkseigener Betrieb Automobilwerke (auf Tschechisch: Automobilové Zavody Narodni Podnik, kurz AZNP), ohne auf das Skoda-Logo zu verzichten. Das erste Modell mit Pontonkarosserie, der Typ 1201, erschien 1956. Konstante Weiterentwicklung stützte den Markenruf anspruchsloser Robustheit. Als Skoda beschloss, sich auf einen Heckmotorwagen zu konzentrieren, lieferte Renault Planungen und Einrichtungen, doch die Entwicklung zog sich so lange hin, dass dieses Konzept zur Einführung 1964 schon veraltet war. Heute ist Skoda eine erfolgreiche Marke im Volkswagen-Konzern.

Skoda Octavia, Octavia Super, Felicia — 1959-1965

Die Octavia genannte Limousine und das Felicia getaufte Cabriolet waren unter dem Blech weitgehend baugleich. Das wenig Komfort bietende Fahrwerk hatte eine gegenüber dem Vorgänger verbesserte Vorderradaufhängung, und die hintere Pendelachse erhielt eine progressive Federkennung. Die Felicia bot den gegenüber dem Octavia um 11 PS stärkeren 1089-cm³-Motor, der Leistungszuwachs wurde mit einem zweiten Vergaser und erhöhter Verdichtung realisiert. Für die robuste Konstruktion konnte auch ein Hardtop geordert werden. Dank stabilem Rahmen und schier unverwüstlichen Motoren zeigte die Felicia beachtliche Nehmerqualitäten, doch der westliche Massengeschmack akzeptierte sie dennoch nicht.

Im Westen blieb der Erfolg aus: Skoda Octavia

Motor/Antrieb	
Bauart	Vierzylinder (Reihe)
Lage/Antrieb	Front/Heck
Hubraum in cm³	1089, 1221
Leistung in PS bei U/min	38 bei 4600 bis 49 bei 5750
Vmax in km/h	125 bis 140
Karosserie	
Bauart	Limousine (2-türig), Kombi (3-türig), Cabriolet
Tragstruktur	Rohrrahmen
Material	Stahlblech
Stückzahl und Marktsituation	
Produktionszahl	15.864
Verfügbarkeit	schlecht
Teilesituation	schwierig
Unterhaltskosten	mittel

Preise in Euro	1	2	3	4	5
Octavia, L2t	5.300	3.300	1.900	700	200
Octavia Super, L2t	5.600	3.500	2.100	750	200
Felicia (Ser. 1962-1965), Cab	13.900	10.300	6.400	2.900	1.000

Standard (GB) • 1903 bis 1964

Die englische Traditionsmarke Standard, 1903 von Reginald Walter Maudslay gegründet, lag 1945 nach den Luftangriffen des Zweiten Weltkriegs in Trümmern. Triumph übernahm den Hersteller.

Die überarbeiteten Vorkriegsmodelle boten wenig Revolutionäres, erst das Modell Vanguard hob sich vom Durchschnitt deutlich ab. 1954 geriet mit 86.000 hergestellten Fahrzeugen zum Rekordjahr. Trotz vieler Neuerungen rutschte die Standard-Gruppe 1959 in wirtschaftliche Schieflage. 1961 kam Standard-Triumph unter den Einfluss des Leyland-Konzerns. Die neuen Besitzer favorisierten die Marke Triumph, und so kamen die letzten Modelle unter dem Namen Standard 1964 auf den Markt.

Standard Vanguard Phase I und II — 1948-1956

In seinem Erscheinungsjahr konnte der Vanguard durchaus überzeugen: Die Neukonstruktion basierte zwar noch auf einem traditionellen Kastenrahmen, zeigte aber besonders als Fließheckmodell recht moderne Linien. Als Kombiversion fehlte von der Eleganz einiges, doch dafür überzeugten die praktischen Talente. Neben einem robusten 2,1-Liter-Vierzylinder-Benziner, der später in leicht veränderter Form auch die Triumph-TR-Sportwagen bis 1967 mit großem Erfolg antrieb, kam auch ein Dieselmotor zum Einsatz. Nach heutigen Begriffen war das Fahrverhalten der Limousinen mit hohem Schwerpunkt allerdings recht träge. Ab 1950 gab es auch eine Cabrioversion, und im Frühjahr 1953 erschien der Vanguard II mit Stufenheck. Die anfänglichen Mängel wurden bei dieser weniger eleganten Serie abgestellt.

Robustes Pontonmodell: Standard Vanguard Phase I

Motor/Antrieb	
Bauart	Vierzylinder (Reihe)
Lage/Antrieb	Front/Heck
Hubraum in cm³	2088, 2092
Leistung in PS bei U/min	40 bei 3000 bis 69 bei 4200
Vmax in km/h	95 bis 130
Karosserie	
Bauart	Limousine (4-türig), Kombi (5-türig), Cabriolet
Tragstruktur	Kastenrahmen
Material	Stahlblech
Stückzahl und Marktsituation	
Produktionszahl	267.846
Verfügbarkeit	gegen null
Teilesituation	schwierig
Unterhaltskosten	mittel

Preise in Euro	1	2	3	4	5
Vanguard Phase I (Ser. 1948-1952), L4t	10.000	6.100	3.900	1.600	500
Vanguard Phase II (Ser. 1953-1956), L4t	9.700	5.900	3.800	1.500	500

Standard (GB) • Steyr-Puch (A)

Standard Eight, Ten, Pennant — 1953-1959

Im Herbst 1953 antwortete die Standard-Triumph-Gruppe auf den Morris Minor und die Austin A30/35-Serie mit dem Modell Eight. Bei den Modellen Ten und Pennant ging Standard über zur Bauweise mit selbsttragender Karosserie, die freilich ein recht eigenwilliges Styling aufwies. Für den Vortrieb der als Viertürer und Kombi lieferbaren Baureihe sorgten 800 und 950 cm³ große ohv-Vierzylinder mit maximal 38 PS Leistung. Für ein wenig mehr Leistung sorgte auf Wunsch und gegen Mehrpreis eine Zweivergaser-Anlage. Neben den karg ausstaffierten Modellen Eight und Ten avancierte der Pennant zum Spitzenmodell, das 1957 auf den Markt kam und mit viel Chrom und auffälliger Lackierung an der leicht vergrößerten Karosserie bestach. Im Innenraum zeugte ein geändertes Armaturenbrett vom Top-Status.

Antwort auf den Minor: Standard Pennant

Motor/Antrieb					
Bauart				Vierzylinder (Reihe)	
Lage/Antrieb					Front/Heck
Hubraum in cm³					803, 948
Leistung in PS bei U/min				26 bei 4500 bis 42 bei 5500	
Vmax in km/h					100 bis 120
Karosserie					
Bauart		Limousine (4-türig), Kombi (3-türig), Kombi (5-türig)			
Tragstruktur					selbsttragend
Material					Stahlblech
Stückzahl und Marktsituation					
Produktionszahl					351.727
Verfügbarkeit					schlecht
Teilesituation					schwierig
Unterhaltskosten					niedrig
Preise in Euro	1	2	3	4	5
Eight (Ser. 1953-1959), L4t	6.500	4.300	2.200	1.200	300
Pennant (Ser. 1957-1960), L4t	7.500	4.900	2.500	1.200	300

Standard Vanguard III, Sportsman, Vignale, Luxury Six — 1956-1963

Standard verließ den erfolgreich eingeschlagenen Weg der früheren Vanguard-Modelle und kehrte 1956 zu weit konventionelleren Formen zurück. Dem Beinamen Sportsman sollte eine leistungsgesteigerte Variante des 2,1-Liter-Motors gerecht werden, doch mit seiner durchschnittlichen Karosseriegestaltung und dem viel zu weich abgestimmten Fahrwerk war das eine ebenso wenig harmonische wie erfolgreiche Lösung. 1960 kam ein Zweiliter-Sechszylinder mit 81 DIN-PS dazu, der Vorläufer der Triumph 2000- und GT 6-Maschine. Der Sportsman floppte und wurde nach nur zweijähriger Bauzeit wieder aus dem Programm genommen. Von 1958 bis 1961 war eine von Vignale überarbeitete Version als Limousine und als Kombi zu haben.

Konservative Form: Standard Vanguard III

Motor/Antrieb					
Bauart				Vierzylinder (Reihe), Sechszylinder (Reihe)	
Lage/Antrieb					Front/Heck
Hubraum in cm³					1998, 2088
Leistung in PS bei U/min				69 bei 4200 bis 81 bei 4500	
Vmax in km/h					135 bis 150
Karosserie					
Bauart				Limousine (4-türig), Kombi (5-türig)	
Tragstruktur					selbsttragend
Material					Stahlblech
Stückzahl und Marktsituation					
Produktionszahl					k.A.
Verfügbarkeit					gegen null
Teilesituation					schwierig
Unterhaltskosten					mittel
Preise in Euro	1	2	3	4	5
Vanguard Vignale (Ser. 1958-1961), L4t	8.900	5.500	3.500	1.400	500
Vanguard III (Ser. 1955-1958), L4t	9.200	5.600	3.600	1.500	500

Steyr-Puch (A) • 1920 bis heute

Das Ende des Ersten Weltkrieges brachte für die Österreichische Waffenfabriksgesellschaft das Aus. Eine Ausweichmöglichkeit sah die in Steyr angesiedelte Firma in der Produktion von Automobilen. Erster Konstrukteur war Hans Ledwinka, der nach einigen Entwürfen für Steyr 1921 zu Tatra wechselte und dort Weltruhm erlangte. 1926 kam mit Ferdinand Porsche ein weiterer berühmter Konstrukteur zu Steyr.

Seit 1929 kooperierte Steyr mit Puch, 1935 kam es zwischen Steyr und Austro-Daimler zu einer Fusion. In den dreißiger Jahren glänzte Steyr mit fortschrittlichen und soliden Produkten. Nach dem Zweiten Weltkrieg montierte Steyr-Puch Fiat-Modelle für den österreichischen Markt, ab 1953 wurde ein weiterentwickelter Fiat 1900 mit einem selbstkonstruierten Zweilitermotor angeboten.

1957 folgte der Fiat 500, er erhielt ebenfalls einen eigenen Motor. Die Fiat-126-Version von Steyr-Puch, die 1974 auf den Markt gekommen war, konnte an den Erfolg des Vorgängers nicht anschließen. Mit dem Haflinger war in den sechziger Jahren ein kleiner Allrad-Frontlenker ins Programm gekommen, der für den Einsatz in unwegsamen Berggegenden ideal geeignet war. Aus ihm entstand später der Pinzgauer, der über sechs Antriebsräder verfügte. Bis heute ist Steyr-Puch Spezialist für Allradantrieb.

Steyr-Puch 500, 500 D/DL, 500 S, 650 T und TR, 700 C — 1956-1971

Richtig wild waren die kleinen Österreicher, die unter dem arglosen Kleid des Fiat 500 bis zu 40 PS bereithielten. Das reichte, um die kompakten Wagen bis auf 140 Stundenkilometer zu beschleunigen. Neben dem eigens entwickelten Zweizylinder-Boxermotor stammten auch die Aufhängungsteile von Steyr-Puch-Ingenieuren. Optisch unterscheiden sich die österreichischen 500 in den entsprechenden Emblemen von der italienischen Serie, ab 1959 erhielt das Dach, das im Original stets mit einem Klappverdeck ausgerüstet war, eine feste Verkleidung. Die Giardinetta-Version (Kombi) nannte Steyr-Puch 700, und der 650 T löste Ende 1962 den 500 ab. Als 650 TR markierte er die Leistungsspitze der 500-Derivate – ein ideales Fahrzeug für den historischen Motorsport.

Wilde Österreicher: Steyr-Puch 500

Motor/Antrieb					
Bauart					Zweizylinder (Boxer)
Lage/Antrieb					Heck/Heck
Hubraum in cm³					493, 643, 660
Leistung in PS bei U/min				16 bei 4600 bis 40 bei 5800	
Vmax in km/h					95 bis 140
Karosserie					
Bauart				Limousine (2-türig), Kombi (3-türig)	
Tragstruktur					selbsttragend
Material					Stahlblech
Stückzahl und Marktsituation					
Produktionszahl					k.A.
Verfügbarkeit					schlecht
Teilesituation					schwierig
Unterhaltskosten					niedrig
Preise in Euro	1	2	3	4	5
500 D/DL, L2t	9.000	6.300	3.500	1.700	800
500 S, L2t	8.100	5.600	3.100	1.500	600
650 T, L2t	10.500	7.300	4.100	2.000	900
650 TR, L2t	18.100	12.700	7.200	4.100	2.000

Studebaker (USA) • 1902 bis 1966

Studebaker wurde bereits 1902 gegründet und war in South Bend, Indiana, angesiedelt. 1945 wurde das 1939 eingeführte Modell Champion wieder weitergebaut, für eine Sensation sorgte man dann 1946: Der von Raymond Loewy, der heute als bedeutendster Industriedesigner der Geschichte gilt, gezeichnete Wagen war aerodynamisch ausgefeilt und zeigte ungewöhnliche Stilelemente.
Schon 1950 konnte Studebaker die Produktion des millionsten Nachkriegswagen feiern. Das Unternehmen blieb in den Karosserieabmessungen auf europäischem Format, im Vergleich zur US-Konkurrenz waren die Wagen auffällig niedrig gebaut. 1954 vereinten sich Studebaker und Packard im Kampf gegen die großen Drei (Ford, GM, Chrysler).
Im Dezember 1963 stellte Studebaker die Autoproduktion in South Bend ein, bis Anfang 1966 wurde noch im kanadischen Werk weiter produziert.

Studebaker Champion und Commander — 1950-1951

Anders als die anderen sahen Studebaker-Autos schon aus: Für das außergewöhnliche und originelle Erscheinungsbild der Champion- und Commander-Modelle sorgte Raymond Loewy. Es gab sie in der üblichen Vielfalt, von der zwei- und viertürigen Limousine über ein Coupé bis hin zum Cabriolet. Jedenfalls war Studebaker zu Anfang der fünfziger Jahre noch so erfolgreich, dass über 600.000 dieser Modelle verkauft werden konnten. Die Motoren mit sechs und acht Zylindern hatten mit rund 2,8 Liter und 3,8 bis vier Litern Hubraum vernünftige Ausmaße und zeigten sich mit 86 bis 121 PS in der Leistung sehr zurückhaltend. So war von den Fahrleistungen niemand überfordert, denn auf fahrwerksseitige Revolutionen hatte Studebaker verzichtet.

Ein Entwurf von Raymond Loewy: Studebaker Champion

Motor/Antrieb	
Bauart	Sechszylinder (Reihe), V8
Lage/Antrieb	Front/Heck
Hubraum in cm³	2779, 2786, 3811, 4024
Leistung in PS bei U/min	86 bei 4400 bis 121 bei 4000
Vmax in km/h	130 bis 140
Karosserie	
Bauart	Limousine (2-türig), Limousine (4-türig), Coupé, Cabriolet
Tragstruktur	Kastenrahmen
Material	Stahlblech
Stückzahl und Marktsituation	
Produktionszahl	343.166 (1950), 268.566
Verfügbarkeit	gegen null
Teilesituation	schwierig
Unterhaltskosten	hoch

Preise in Euro	1	2	3	4	5
Champion, L4t	16.900	12.000	7.400	3.900	2.400
Champion Starlight, Cpe	20.500	14.600	8.800	4.500	2.600
Commander, Cab	30.000	21.700	13.400	7.000	3.600
Commander V8, Cab	32.000	23.300	14.300	7.600	3.900

Studebaker Champion und Commander — 1953-1954

Immer weiter sanken die Verkaufszahlen von Studebaker, obwohl das neue Modell wiederum mit einer sehr attraktiven Karosserielinie zu überzeugen wusste. Der Durchschnittskäufer war vielleicht damit überfordert, denn Auffallen ist nicht jedermanns Sache, und auch das Motorenangebot überzeugte mit Blick auf die Konkurrenz nicht ganz. Die hatte nämlich schon weitaus komfortablere Triebwerke mit deutlich mehr Leistung zu bieten. Die neuen Modelle wirkten recht europäisch, sie waren viel flacher und schlanker als die Vorgänger, im Innenraum boten sie allerdings auch entsprechend weniger Platz. Die drastisch eingebrochenen Verkaufszahlen und die unzureichende Produktivität der Studebaker-Werke sorgte für nachdenkliche Gesichter bei den Verantwortlichen.

Nach europäischem Geschmack: Studebaker Commander

Motor/Antrieb	
Bauart	Sechszylinder (Reihe), V8
Lage/Antrieb	Front/Heck
Hubraum in cm³	2779, 3811
Leistung in PS bei U/min	86 bei 4000 bis 121 bei 4000
Vmax in km/h	135 bis 145
Karosserie	
Bauart	Limousine (2-/AO8184-türig), Hardtop, Kombi (3-türig)
Tragstruktur	Kastenrahmen
Material	Stahlblech
Stückzahl und Marktsituation	
Produktionszahl	169.899 (1953), 81.922
Verfügbarkeit	schlecht
Teilesituation	schwierig
Unterhaltskosten	hoch

Preise in Euro	1	2	3	4	5
Champion, L4t	15.600	10.900	6.600	3.500	1.900
Commander Starliner, Cpe	24.700	17.600	10.700	5.400	3.200

Studebaker Golden Hawk — 1957-1958

Oberhalb der inzwischen in Silver Hawk umbenannten Champion- und Commander-Baureihe platzierte Studebaker das Topmodell Golden Hawk, das dem Packard Hawk sowohl technisch als auch formal sehr nahe steht. Die Linien der kleineren Modelle griff der Golden Hawk auf, mit nicht zu knapp bemessenen Heckflossen und einem großen Kühlergrill gaben sie sich aber dramatischer. Mit 210 PS stand im Top-of-the-Line-Modell von Studebaker ausreichend Kraft zur Verfügung; zudem gab es eine stärkere Version, die mittels Kompressor aus ebenfalls 4,7 Liter immerhin 275 PS zauberte. Doch weder davon noch von der gehobeneren Ausstattung waren die Kunden wirklich begeistert – sie blieben, wenn überhaupt, dem Silver Hawk treu.

Als Variante mit Heckflossen: Studebaker Golden Hawk

Motor/Antrieb	
Bauart	V8
Lage/Antrieb	Front/Heck
Hubraum in cm³	4738
Leistung in PS bei U/min	210 bei 4500 bis 275 bei 4800
Vmax in km/h	175 bis 200
Karosserie	
Bauart	Coupé
Tragstruktur	Kastenrahmen
Material	Stahlblech
Stückzahl und Marktsituation	
Produktionszahl	5234
Verfügbarkeit	gegen null
Teilesituation	schwierig
Unterhaltskosten	hoch

Preise in Euro	1	2	3	4	5
Golden Hawk, Cpe	31.200	22.800	13.900	7.300	3.800

Studebaker (USA) • Subaru (JAP)

Studebaker Avanti 1962-1964

Studebaker profilierte sich zu Beginn der sechziger Jahre in einer Art letztem Kraftakt: Bevor in South Bend alle Lichter ausgingen, sorgte das überragend von Loewy gestylte Kunststoff-Coupé Avanti für Aufsehen. Unter der modernen Hülle, die mit eckigen Scheinwerfern ab 1969 unter der Marke Avanti wieder aufleben sollte, steckten freilich ein althergebrachter Kastenrahmen und die üblichen Fahrwerkselemente mit blattgefederter Starrachse. Immerhin gab man dem angeblich bis zu 575 PS gewaltigen Kompressormodell ein paar Scheibenbremsen mit auf den schnellen Weg, das der Fünfliter-V8 auf bis zu 260 Stundenkilometer beschleunigte. Nach Europa gelangten nur sehr wenige der insgesamt gut 4600 gebauten Studebaker-Coupés.

Angeblich bis zu 575 PS stark: Studebaker Avanti

Motor/Antrieb					
Bauart					V8
Lage/Antrieb					Front/Heck
Hubraum in cm³					4736, 4973
Leistung in PS bei U/min					240 bei 4600 bis 575 bei n.a.
Vmax in km/h					210 bis 260
Karosserie					
Bauart					Coupé
Tragstruktur					Kastenrahmen
Material					Kunststoff
Stückzahl und Marktsituation					
Produktionszahl					4643
Verfügbarkeit					gegen null
Teilesituation					ausreichend
Unterhaltskosten					hoch
Preise in Euro	1	2	3	4	5
Avanti, Cpe	26.100	17.800	10.000	4.600	2.000

Subaru (JAP) • seit 1958

Die Wurzeln des Autoherstellers Subaru liegen im japanischen Ota, wo der Ingenieur Chikuhei Nakajima 1917 ein Versuchslabor für Flugzeugtechnik einrichtete. Die daraus enstandene Nakajima Aircraft Company belieferte die japanische Luftwaffe mit Kampfflugzeugen und Motoren, die sich im Zweiten Weltkrieg bewährten. Der Konzern wurde nach 1945 zunächst aufgelöst, dann in zwölf Einzelunternehmen aufgeteilt. Sechs davon schlossen sich als Fuji Sanyo (ab 1953: Fuji Heavy Industries) zusammen und produzierten Zulieferteile für die zivile Verkehrsindustrie und Fertigprodukte – vom Motorroller über Omnibuskarosserien bis zu Flugmotoren.
Erst 1958 stellten die Fuji Heavy Industries ihr erstes Automobil vor, den Kleinwagen Typ 360 – und lieferten auch einen neuen Markennamen mit: Subaru. Ab den 1970er Jahren machte sich Subaru mit Allrad-Pkw einen Namen, damals noch eine ungewöhnliche Mischung. Besonders in der Schweiz feierte Subaru damit frühe Erfolge. Typisches Merkmal sind zudem die exotischen Boxer-Motoren, an denen Subaru weiterhin festhält.

Subaru 360, 360 de Luxe, 360 Cabrio 1959-1971

Der Kleinwagen Subaru 360 kam 1959 als automobiles Erstlingswerk der Fuji Heavy Industries auf den Markt. Der Winzling mit dem Teddy-Blick entsprach in den Abmessungen in etwa dem Fiat 500. Er verkaufte sich von Beginn an gut, doch dass er eine Art japanischer Volkswagen würde und als Dauerbrenner die siebziger Jahre noch erleben sollte, ahnte anfangs freilich niemand. Technisch gesehen war der Kleine mit Hydraulikbremse, vorderen Schraubenfedern, Teilsynchro-Getriebe mit drei (ab 1969 vier) Gängen durchaus erwachsen und mit seinem luftgekühlten Zweizylinder-Zweitaktmotor zeitgemäß motorisiert: 16 PS, später 25 PS traten gegen 420 kg Leergewicht an. Hierzulande ist der 360 weitgehend unbekannt – schade eigentlich!

Wirklich drollig: Subaru 360

Motor/Antrieb					
Bauart					Zweizylinder (Reihe)
Lage/Antrieb					Heck/Heck
Hubraum in cm³					356
Leistung in PS bei U/min					16 bei 4500 bis 25 bei 5500
Vmax in km/h					85 bis 110
Karosserie					
Bauart					Limousine (2-türig), Cabrio, Kombi
Tragstruktur					selbsttragend
Material					Stahlblech
Stückzahl und Marktsituation					
Produktionszahl					k.A.
Verfügbarkeit					schlecht
Teilesituation					sehr schwierig
Unterhaltskosten					mittel
Preise in Euro	1	2	3	4	5
360			keine Notierung		

Sunbeam (GB) • 1899 bis 1937, 1938 bis 1981

Sunbeam ist ein alter, großer Name der Automobilgeschichte. Und ein vergessener, denn in der Nachkriegszeit konnten die per „badge engineering" als Sunbeam ausgezeichneten Standard Vanguard-, Humber- und Hillman-Modelle nicht an die großen Ambitionen der 1899 in Wolverhampton gegründeten Marke anknüpfen.

Sunbeam machte in den zwanziger Jahren mit erfolgreichen Renn- und Rekordfahrzeugen auf sich aufmerksam. Der Ex-Fiat-Ingenieur Bertarione hatte an den Erfolgen großen Anteil. Zwischen 1920 und 1927 konnte Sunbeam sogar sieben Mal den Geschwindigkeitsweltrekord für sich verbuchen, und auch den erste Gran-Prix-Sieg einer britischen Firma verbuchte Sunbeam für sich.

Von 1920 und 1935 bildete Sunbeam einen Teil der Sunbeam-Talbot-Darracq-Gruppe; sie wurde 1935 vom Rootes-Konzern übernommen. Die letzten Sunbeam-Modelle alter Güte entstanden bis 1937.

Rootes schuf 1938 die Sunbeam-Talbot Ltd. und fertigte unter dem Label Talbot die Luxuswagen der Gruppe. Chrysler übernahm schließlich die Aktienmehrheit des Rootes-Konzerns, doch die Amerikaner stiegen bald wieder aus und überließen neben Simca auch die Markenrechte für Sunbeam dem französischen Hersteller Peugeot. Halbherzige Wiederbelebungsversuche – siehe Talbot Sunbeam Lotus – waren zum Scheitern verurteilt, und so verschwand der große Name 1981. Diesmal wohl endgültig.

Sunbeam-Talbot 80 Mark I, 90 Mark I, 90 Mark II, 90 Mark IIA   1948-1954

Weit weniger erfolgreich als beim Standard Vanguard verlief die Karriere des Sunbeam-Talbot 80 und seiner Verwandten. Als eines von vielen Angeboten in der britischen Limousinen-Mittelklasse fiel es in der Publikumsgunst trotz sportlichen Appeals weitgehend durch. Da half auch der prestigeträchtige Namenszusatz Talbot nicht, selbst die gelungene Cabrioversion brachte keinen Wandel. Für Vortrieb sorgten drei recht unterschiedliche Motoren, der kleinste mit bescheidenen 1,2 Litern Hubraum. Technisch unzulänglich war die starre Vorderachse, die bis zum Herbst 1950 verwendet wurde. Weitere Motorisierung war ein Humber-Vierzylinder mit knapp zwei Litern Hubraum, der 1951 bei Einführung der Mk II-Serie auf knapp 2,3 Liter vergrößert wurde. Die sportlichen Talente des Wagens erstaunten, immerhin brachte er es 1955 sogar zum Sieg bei der Rallye Monte Carlo.

Barocke Form, solide Verarbeitung: Sunbeam-Talbot 80, 90

Motor/Antrieb	
Bauart	Vierzylinder (Reihe)
Lage/Antrieb	Front/Heck
Hubraum in cm³	1184, 1944, 2267
Leistung in PS bei U/min	48 bei 4800 bis 78 bei 4100
Vmax in km/h	115 bis 140
Karosserie	
Bauart	Limousine (4-türig), Cabriolet
Tragstruktur	Kastenrahmen
Material	Stahlblech
Stückzahl und Marktsituation	
Produktionszahl	17.000
Verfügbarkeit	schlecht
Teilesituation	schwierig
Unterhaltskosten	mittel

Preise in Euro	1	2	3	4	5
Sunbeam-Talbot 90 Mk II, L4t	15.800	11.500	7.100	3.500	1.400
Sunbeam-Talbot 90 Mk II/IIA, Cab	23.000	16.900	10.500	5.200	2.200

Sunbeam Mark II A, Alpine Mk III   1953-1955

Sunbeam bediente sich bei der Herstellung des eleganten Alpine-Zweisitzers der vorhandenen Technik aus dem Modell 90. Der neue Roadster verwendete dessen Kastenrahmen-Chassis in zusätzlich stabilisierter Form, übernahm die komplette Front des Viertürers sowie dessen Motorisierung. Mit 80 oder später 96 PS verhalf der knapp 2,3 Liter große Reihenvierzylinder zu attraktiven Fahrleistungen, die dem stattlich wirkenden Fahrzeug kaum zugetraut wurden. Unter den kundigen Händen eines Stirling Moss zeigte der Alpine sogar hervorragende Rallye-Eignung.

Mit Stirling Moss zu Rallye-Erfolgen: Sunbeam Alpine

Motor/Antrieb	
Bauart	Vierzylinder (Reihe)
Lage/Antrieb	Front/Heck
Hubraum in cm³	2267
Leistung in PS bei U/min	80 bei 4200 bis 96 bei 4500
Vmax in km/h	150 bis 175
Karosserie	
Bauart	Roadster
Tragstruktur	Kastenrahmen
Material	Stahlblech
Stückzahl und Marktsituation	
Produktionszahl	3000
Verfügbarkeit	schlecht
Teilesituation	schwierig
Unterhaltskosten	mittel

Preise in Euro	1	2	3	4	5
Alpine Mk IIA/III (Ser. 1953-1955), Cab	36.000	27.000	18.000	9.000	4.000

Sunbeam Rapier, Rapier Mk II, Rapier Mk III, Rapier Mk IV   1955-1967

Auf eine deutlich längere Laufzeit brachte es das Sunbeam-Modell Rapier, das immerhin zwölf Jahre im Verkaufsprogramm der Marke zu finden war. Mit leistungsfähigen Motoren bestückt, gab es den Rapier nur als zweitüriges Hardtop-Coupé und als Cabriolet. In mehreren Evolutionsschritten wuchsen Hubraum und Motorleistung dieses Mittelklassewagens, der über eine gute, interessante Ausstattung verfügte. Spezielle Unterschiede zu den in vielen Bauteilen gleichen Hillman-Minx-Modellen zeigten sich an anderen Vergasern und modifizierten Zylinderköpfen, die für mehr Leistung sorgten. Das Image wurde durch gezielte Rallye-Einsätze gepflegt. Der Version Mk II von 1958 waren kleine Heckflossen gewachsen, und eine etwas größere Maschine steigerte hier die Fahrleistungen. Ab 1959 gab es Scheibenbremsen vorn.

Zwölf Jahre lang gebaut: Sunbeam Rapier

Motor/Antrieb	
Bauart	Vierzylinder (Reihe)
Lage/Antrieb	Front/Heck
Hubraum in cm³	1390, 1494, 1592, 1725
Leistung in PS bei U/min	62 bei 5000 bis 94 bei 5200
Vmax in km/h	140 bis 160
Karosserie	
Bauart	Hardtop, Cabriolet
Tragstruktur	selbsttragend
Material	Stahlblech
Stückzahl und Marktsituation	
Produktionszahl	k.A.
Verfügbarkeit	schlecht
Teilesituation	ausreichend
Unterhaltskosten	mittel

Preise in Euro	1	2	3	4	5
Rapier Mk V (Ser. 1965-1967), Cpe	9.500	6.300	3.500	1.500	500
Rapier Mk III A (Ser. 1961-1963), Cab	14.300	9.900	5.400	2.300	1.000

Sunbeam (GB)

Sunbeam Alpine (Alpine, Alpine Mk II bis Alpine Mk V) 1959-1968

Eine gute Alternative zu den rauen, etwas harten und dennoch so beliebten MG- und Triumph-Modellen bot Sunbeam ab 1959 mit dem zweisitzigen Sportcabriolet Alpine. Dessen sanfterer Charakter zeigte sich bereits im charmanten Auftritt, der Alpine war der einzige britische Roadster mit Kurbelfenstern und großzügigem Cockpit. Zudem war die hübsche Karosserie auch fahrwerksseitig komfortabler abgestimmt als die seiner Konkurrenten. Die konservative Technik galt als solide, ambitionierte Experimente hatte Sunbeam nicht gewagt. Trotz intensiver Bemühungen, mit Sporteinsätzen das wahre Potenzial der Konstruktion aufzuzeigen, blieb das Interesse verhalten. Vielleicht mussten (und müssen) englische Roadster gewisse Härten zeigen? Noch heute ist die Nachfrage nach diesem ehrlichen Entwurf schwächer als bei der erwähnten Konkurrenz.

Einen Schritt hinter MG und Triumph: Sunbeam Alpine

Motor/Antrieb					
Bauart				Vierzylinder (Reihe)	
Lage/Antrieb				Front/Heck	
Hubraum in cm³				1494, 1592, 1725	
Leistung in PS bei U/min				78 bei 5300 bis 94 bei 5500	
Vmax in km/h				150 bis 165	
Karosserie					
Bauart				Roadster	
Tragstruktur				selbsttragend	
Material				Stahlblech	
Stückzahl und Marktsituation					
Produktionszahl				69.251	
Verfügbarkeit				ausreichend	
Teilesituation				ausreichend	
Unterhaltskosten				mittel	
Preise in Euro	1	2	3	4	5
Alpine Mk II/III (Ser. 1960-1964), Cab	16.000	11.000	6.500	3.100	1.400
Alpine Mk V (Ser. 1965-1968), Cab	17.500	12.100	7.400	3.500	1.500

Sunbeam Venezia 1963-1964

Speziell für den italienischen Markt hat Sunbeam das Modell Venezia geschaffen. Die ruhig gezeichnete, zweitürige Karosserie stammte von Touring und war in der patentierten Superleggera-Bauweise mit Alubeplankung auf Stahlrohrrahmen gefertigt. Unter dem Blech kam die Rootes-Technik der Modelle Hillman Super Minx oder Humber Sceptre zum Einsatz. Mit leicht getuntem Motor konnten sich die Fahrleistungen des leichten Coupés durchaus sehen lassen. Der Venezia wurde ansonsten aus italienischen Teilen zusammengebaut, doch nach nur gut einem Jahr endete die Bauzeit. Sein hoher Preis und die vielleicht allzu zurückhaltende Karosserie hinterließen bei der potenziellen Käuferschaft wohl zu wenig Eindruck. Vielleicht hätte auch ein potenterer, dennoch kompakter Sechs- oder Achtzylinder, der die Fahrleistungen nachhaltig verbessert hätte, mehr Erfolg gebracht.

Mit Superleggera-Karosserie: Sunbeam Venezia

Motor/Antrieb					
Bauart				Vierzylinder (Reihe)	
Lage/Antrieb				Front/Heck	
Hubraum in cm³				1592	
Leistung in PS bei U/min				85 bei 5800	
Vmax in km/h				160	
Karosserie					
Bauart				Coupé	
Tragstruktur				Rohrrahmen	
Material				Aluminium	
Stückzahl und Marktsituation					
Produktionszahl				k.A.	
Verfügbarkeit				gegen null	
Teilesituation				ausreichend	
Unterhaltskosten				mittel	
Preise in Euro	1	2	3	4	5
Venezia Superleggera, Cpe	17.000	12.000	7.000	3.500	1.500

Sunbeam Tiger I und II 1964-1967

Mit nur geringen äußerlichen Modifikationen ergänzte Sunbeam das Alpine-Angebot um den Tiger. Seine Krallen zeigten sich in Form von kraftvollen V8-Motoren, die für beeindruckende Fahrleistungen sorgten. Sunbeam montierte eine Zahnstangenlenkung und ein Vierganggetriebe, womit — in Verbindung mit einem V8 — ein völlig neues Fahrerlebnis garantiert war. Das Fahrwerk erschien jedoch im Tiger ein wenig zu weich — für amerikanische Bedürfnisse mag es jedoch gepasst haben. Der Tiger II erschien 1967, sein 4,7 Liter großer Motor bot noch mehr Kraft. Neue Zierelemente und ein modifizierter Kühler kennzeichnen diese Modelle, die entsprechend der doch recht schwachen Verkaufszahlen heute zu recht stattlichen Preisen gehandelt werden — und nicht wenig reizvoll sind.

Zeigt jetzt Krallen: Sunbeam Tiger

Motor/Antrieb					
Bauart				V8	
Lage/Antrieb				Front/Heck	
Hubraum in cm³				4260, 4737	
Leistung in PS bei U/min				164 bei 4400 bis 200 bei 4400	
Vmax in km/h				190 bis 215	
Karosserie					
Bauart				Roadster	
Tragstruktur				selbsttragend	
Material				Stahlblech	
Stückzahl und Marktsituation					
Produktionszahl				7067	
Verfügbarkeit				ausreichend	
Teilesituation				ausreichend	
Unterhaltskosten				hoch	
Preise in Euro	1	2	3	4	5
Tiger I, Cab	32.500	25.000	15.900	8.800	4.100
Tiger II, Cab	36.500	27.800	18.100	1.000	4.500

Sunbeam Rapier, Rapier H 120 1967-1976

Nur den Namen des Vorgängers behielt Sunbeam bei, ansonsten war der Rapier von 1967 ein komplett neues Auto, das technisch auf dem Hunter und dem Sceptre basierte. Die moderne Karosserie zeigte sich weniger konventionell als bei den übrigen Modellen der Marke. Neben der 85 PS starken Normalversion gab es ab 1968 einen H 120 mit 100 PS, dessen Motor durch die Firma Holbay Racing Engineers getrimmt worden war. Diverse sportliche Accessoires kennzeichnen den H 120: mattschwarze Zierstreifen, spezielle Felgen, Abrisskante am Gepäckraumdeckel. Auch das Interieur erfuhr eine Aufwertung. Noch sind die Rapier enorm preisgünstig zu bekommen.

Mit modischer Schrägheckkarosserie: Sunbeam Rapier

Motor/Antrieb					
Bauart				Vierzylinder (Reihe)	
Lage/Antrieb				Front/Heck	
Hubraum in cm³				1725	
Leistung in PS bei U/min				85 bei 5200 bis 100 bei 5200	
Vmax in km/h				165 bis 170	
Karosserie					
Bauart				Coupé	
Tragstruktur				selbsttragend	
Material				Stahlblech	
Stückzahl und Marktsituation					
Produktionszahl				k.A.	
Verfügbarkeit				schlecht	
Teilesituation				ausreichend	
Unterhaltskosten				mittel	
Preise in Euro	1	2	3	4	5
Rapier, Cpe	6.900	4.600	2.500	900	250

Suzuki (JAP) • Automobilbau seit 1961

Seit 1909 gibt es Suzuki bereits. In der ersten Hälfte dieses Jahrhunderts machte sich der japanische Konzern hauptsächlich mit Textilverarbeitungsmaschinen einen Namen. Ein zweisitziger Prototyp war zwar schon 1936 entstanden, doch mit der Produktion von Automobilen begann Suzuki erst 1961: Der Suzulite 360 war nur knapp drei Meter lang und wurde von einem Zweizylinder-Zweitakt-Motor angetrieben. Ein größerer Viertürer blieb damals im Vorserienstadium stecken.
Mit dem Fronte 360, der später auch 500 und 800 ccm große Motoren erhielt, blieb Suzuki auch nach 1967 dem Kleinwagensektor treu. Der weltweite Durchbruch auf dem Automobilmarkt gelang dem als Motorradhersteller längst etablierten Werk in den frühen achtziger Jahren mit dem kompakten Geländewagen LJ 80 und dessen Nachfolgern.

Suzuki eljot, Jimny (Jipsy) LJ 55, LJ 80 — 1979-1981

Der kleine Suzuki läutete 1979 die Ära der Geländefahrzeuge ein, die fortan mehr auf den Boulevards der Großstädte denn im unwegsamen Terrain zu Hause waren. Dabei galt der kleine Kletterer als „Mehrzweckfahrzeug mit Vierradantrieb" und wühlte sich vortrefflich durch Wald und Wiese. Sein uriges Äußeres entsprach dem robusten Einsatz, für den er gebaut war. Suzuki lieferte den Jimny mit geschlossenem Stahldach und als Cabrio, zudem gab es zwei Motorversionen, von denen nur die stärkere nach Deutschland kam. Wegen des Kürzels LJ, ausgesprochen Elliot, gab es sogar noch Ärger mit Walt Disney, die ein Fabelwesen auf diesen Namen getauft hatten. 1982 löste bereits der SJ mit einer größeren und geglätteten Karosserie den knuffigen Jimny ab. Gut erhaltene Originale, die nicht im Geländeeinsatz verschlissen wurden, sind heute bereits schwer zu finden.

Gut im Gelände, schick vor Cafés: Suzuki LJ 80

Motor/Antrieb	
Bauart	Dreizylinder (Reihe), Vierzylinder (Reihe)
Lage/Antrieb	Front/4x4
Hubraum in cm³	539, 797
Leistung in PS bei U/min	28 bei 5000 bis 41 bei 5500
Vmax in km/h	100 bis 105
Karosserie	
Bauart	Kombi (3-türig), Cabriolet
Tragstruktur	Kastenrahmen
Material	Stahlblech
Stückzahl und Marktsituation	
Produktionszahl	k.A.
Verfügbarkeit	gut
Teilesituation	ausreichend
Unterhaltskosten	niedrig

Preise in Euro	1	2	3	4	5
LJ 80, Glw	8.500	5.200	2.900	1.000	200

Swallow (GB) • 1954 bis 1955

Die 1935 gegründete Firma Swallow Coachbuilding Company baute zwischen 1954 und 1955 einen sportlichen Zweisitzer, den es auch als Coupé gegeben haben soll. Das in Walsall/Staffordshire ansässige Unternehmen baute den Doretti für den amerikanischen Markt als komfortablere Alternative zum Triumph TR 2, von dem er auch die Mechanik geerbt hatte. Von einem Markterfolg kann indes bei rund 276 gebauten Wagen keine Rede sein.

Swallow Doretti — 1954-1955

Trotz seinem formal wie technisch überzeugenden Auftritt blieb dem Swallow Doretti der Erfolg versagt. Vor allem in Amerika sollte er den Sportwagenmarkt aufmischen. Ein massiver Rohrrahmen trug hier ein Stahlblechgerippe, an dem die Aluminium-Außenbleche befestigt wurden. Große Teile der Technik stammten vom Triumph TR 2: Motor, Getriebe und Vorderradaufhängung. Das Antriebsaggregat war aber weiter nach hinten gerückt eingebaut, was die Platzverhältnisse stark einschränkte, gleichzeitig aber wohltuend auf die Fahreigenschaften wirkte. Die solide Auslegung und Bauweise jedoch trieben das Gewicht in die Höhe, die Fahrleistungen litten darunter. So machte die namhafte Konkurrenz mit ihren preiswerteren Angeboten das Geschäft. Der größte Teil der vermutlich 276 gebauten Doretti trug eine Roadster-Karosserie, nur einige wenige sind als Coupé ausgeliefert worden.

Ziel verfehlt: Swallow Doretti

Motor/Antrieb	
Bauart	Vierzylinder (Reihe)
Lage/Antrieb	Front/Heck
Hubraum in cm³	1991
Leistung in PS bei U/min	90 bei 4800
Vmax in km/h	165
Karosserie	
Bauart	Roadster, Coupé
Tragstruktur	Rohrrahmen
Material	Aluminium
Stückzahl und Marktsituation	
Produktionszahl	276
Verfügbarkeit	gegen null
Teilesituation	schwierig
Unterhaltskosten	mittel

Preise in Euro	1	2	3	4	5
Doretti, Rds	28.000	19.000	10.000	5.500	2.500

Talbot (F) • 1902 bis 1938, 1979 bis 1986

Überaus wechselvoll war der Werdegang der Marke Talbot. Er beginnt mit einem Montagewerk in London, das Fahrzeuge der französischen Marke Clément allerdings zunächst nur importierte und unter dem Namen Clément-Talbot anbot – der Graf von Shrewsbury and Talbot war der Finanzier der Unternehmung. Zug um Zug baute Talbot jedoch eine eigene Automobilfertigung auf. Nach dem Ersten Weltkrieg verlor der Graf Interesse an seinem Werk, das in der Folge vom französischen Autopionier Darracq übernommen wurde. Die STD-Gruppe aus Sunbeam, Talbot und Darracq entstand.

Mitte der Dreißiger übernahm Anthony Lago die Societé des Automobiles Talbot, den französischen Zweig von Talbot. Nach dem Krieg hießen die Wagen Talbot Lago, sportlich-luxuriös knüpfte man an Vorkriegskonstruktionen an. Die Zeiten waren allerdings für solche Produkte nicht eben günstig. Wirtschaftliche Schwierigkeiten zeichneten sich bereits 1951 ab, die Produktionszahlen sanken von jährlich rund 400 Wagen im Jahr 1950 stetig. Zum 31. Dezember 1958 ging Talbot an Simca über.

Das Revival ab 1979 im PSA-Konzern blieb mit dem Talbot Samba ebenfalls nur von kurzer Dauer. Heute besitzt Peugeot den Markennamen Talbot, nutzt ihn allerdings nicht.

Talbot Tagora (GL, GLS, DT, SX) 1980-1983

Aus den frühen siebziger Jahren stammen Idee und Konzept des Talbot Tagora, einer Limousine, die der Marke den Weg in die obere Mittelklasse ebnen sollte. Talbot war damals mit dem Markennamen Simca im Chrysler-Konzern integriert. Die modern gestylte Limousine, die Talbot auf dem Pariser Salon 1980 präsentiert hatte, überzeugte mit ihren ruhigen Linien und Flächen. Den Antrieb übernahm neben dem PRV-V6 ein 2,2-Liter-Vierzylinder, der mit obenliegender Nockenwelle und verlängertem Hub aus der Chrysler-Limousine übernommen worden war. Der insgesamt sehr durchschnittlich ausgefallene Tagora konnte die Kunden nur mit bescheidenem Erfolg umwerben. Heute ist er ein Nischen-Youngtimer für Liebhaber skurril-exzentrischer Fortbewegungsmittel, die unerkannt bleiben – kaum ein Betrachter erkannte sie als solche.

Ein Versuch: Talbot Tagora

Motor/Antrieb	
Bauart	Vierzylinder (Reihe), V6
Lage/Antrieb	Front/Heck
Hubraum in cm³	2156 bis 2664
Leistung in PS bei U/min	115 bei 5400 bis 165 bei 6000
Vmax in km/h	171 bis 195
Karosserie	
Bauart	Limousine (4-türig)
Tragstruktur	selbsttragend
Material	Stahlblech
Stückzahl und Marktsituation	
Produktionszahl	k.A.
Verfügbarkeit	schlecht
Teilesituation	schwierig
Unterhaltskosten	mittel

Preise in Euro	1	2	3	4	5
Tagora (2,2 Liter), L4t	7.500	1.800	1.000	400	50

Talbot Samba Cabrio 1982-1986

Der 1981 lancierte Samba sollte bei der Neustrukturierung des Talbot-Angebots die Rolle des Kleinsten übernehmen – dabei war er aber nichts Anderes als ein facegelifteter zweitüriger Peugeot 104. Gleichwohl erwies sich das ein Jahr später auf den Markt gekommene Bügel-bewehrte Cabriolet als durchaus attraktives Angebot: Es war in den achtziger Jahren das billigste Cabrio auf dem Markt. Die Endmontage übernahm Pininfarina in Italien, wo auch die Gestaltung entstanden war. Das kompakte Fahrzeug überzeugte mit einer komfortablen Federung und war mit dem zunächst 72 PS, später sogar 79 PS starken, knapp 1,4 Liter großen Vierzylindermotor recht lebhaft motorisiert.

Jetzt kaufen: Talbot Samba Cabrio

Motor/Antrieb	
Bauart	Vierzylinder (Reihe)
Lage/Antrieb	Front/Front
Hubraum in cm³	1360
Leistung in PS bei U/min	72 bei 5000 bis 79 bei 5800
Vmax in km/h	170
Karosserie	
Bauart	Cabriolet
Tragstruktur	selbsttragend
Material	Stahlblech
Stückzahl und Marktsituation	
Produktionszahl	k.A.
Verfügbarkeit	ausreichend
Teilesituation	ausreichend
Unterhaltskosten	mittel

Preise in Euro	1	2	3	4	5
Samba, Cab	5.000	3.200	1.400	500	100

Talbot Sunbeam Lotus (GB) • 1979 bis 1981

Eine kurze Blüte erlebte Talbot, die große französische Marke, die 1958 an Simca gegangen war, unter der Führung des Peugeot-Konzerns in den späten siebziger Jahren. Das Modell Sunbeam Lotus ist ein Kleinwagen aus der Erbmasse von Chrysler Europe, der mit einem Lotus-Motor 1981 sogar Rallye-Weltmeister wurde.

Talbot Sunbeam Lotus 1979-1981

Ein Youngtimer mit hohem Potenzial zu außergewöhnlicher Wertsteigerung ist dieses Fahrzeug mit den drei Markennamen. Höchste Sportlichkeit ist garantiert, denn unter der Haube macht ein knapp 2,2 Liter großer Lotus-Vierzylinder mit 150 PS dem Kompaktwagen Dampf. Damit wurde der üblicherweise so arglose Kleinwagen zum wahren Tier. Dank Heckantrieb, dem Kenner zergeht es auf der Zunge, eignete sich der Talbot für den Rallye-Sport, was auch deutlich am Weltmeistertitel des Jahres 1981 (Guy Frequelin und Jean Todt) zu erkennen ist.

Kraft unter biederem Blech: Talbot Sunbeam Lotus

Motor/Antrieb					
Bauart					Vierzylinder (Reihe)
Lage/Antrieb					Front/Heck
Hubraum in cm³					2172
Leistung in PS bei U/min					150 bei 5750
Vmax in km/h					205
Karosserie					
Bauart					Limousine (2-türig)
Tragstruktur					selbsttragend
Material					Stahlblech
Stückzahl und Marktsituation					
Produktionszahl					2298
Verfügbarkeit					ausreichend
Teilesituation					schwierig
Unterhaltskosten					mittel
Preise in Euro	1	2	3	4	5
Talbot Sunbeam Lotus, L3t	13.000	8.500	5.500	2.000	800

Tatra (CS) • 1923 bis 1999

Die lange Geschichte der Marke Tatra geht auf die Nesselsdorfer Wagenfabrik zurück, das erste Auto wurde dort bereits 1897 gebaut. Doch erst nach dem Ende des Ersten Weltkriegs, als das Gebiet tschechisch geworden war, wandelte das Unternehmen den Markennamen in Tatra. Hans Ledwinka war von 1897 an Konstrukteur, unterbrochen allerdings von 1902 bis 1905 und von 1916 bis 1921. In diesen Phasen war er für andere Unternehmen, unter anderem Steyr, tätig. Der fortschrittliche Ingenieur setzte schon in den 1920er Jahren auf Zentralrohrrahmen, luftgekühlte Heckmotoren, Stromlinienform und Einzelradaufhängung.
Ab 1953 legte Tatra eine Verschnaufpause beim Automobilbau ein, das Unternehmen konzentrierte sich auf Nutzfahrzeuge. Der neue Tatra 603 war das Topmodell für die sozialistischen Würdenträger. Mit Detailverbesserungen hielt es sich fast zwanzig Jahre im Programm. Ab 1969 gab es den neuen Tatra 613 mit einer Karosserie von Vignale. 1999 zog sich Tatra aus dem Personenwagenbau zurück. Lastwagen werden allerdings weiterhin gebaut.

Tatra 77, 87 1937-1950

Die schon 1937 als Tatra 77 vorgestellte Heckmotorlimousine wurde nur in Details verändert, um zehn Jahre später als Modell 87 weiterzuleben. Damals war man der Zeit so weit voraus gewesen, dass dies kein Manko darstellte: Tatra baute überaus stromlinienförmige Karosserien mit einem Cw-Wert von bereits 0,38 – auffällig war der dritte Frontscheinwerfer. Mit Einzelradaufhängung vorn und Pendelachse hinten zeigte sich das Fahrwerk durchaus auf der Höhe seiner Zeit. Allerdings gab sich der Wagen im Grenzbereich schwer berechenbar bis heimtückisch, zumal der luftgekühlte ohc-Achtzylinder die Heckschleudertendenz nachhaltig förderte. Die interessante Konstruktion fand ihre Liebhaber auch jenseits der östlichen Prominenz.

Mit Stromlinienkarosserie und Heckmotor: Tatra 87

Motor/Antrieb					
Bauart					Vierzylinder (Reihe), V8
Lage/Antrieb					Heck/Heck
Hubraum in cm³					1089, 1221, 2958
Leistung in PS bei U/min					38 bei 4600 bis 49 bei 5750
Vmax in km/h					125 bis 140
Karosserie					
Bauart					Limousine (4-türig), Kombi (3-türig), Cabriolet
Tragstruktur					Rohrrahmen
Material					Stahlblech
Stückzahl und Marktsituation					
Produktionszahl					15.864
Verfügbarkeit					schlecht
Teilesituation					schwierig
Unterhaltskosten					mittel
Preise in Euro	1	2	3	4	5
Typ 87 , L4t	45.000	32.000	20.000	15.000	10.000

Tatra (CS) • Thurner (D)

Tatra 603 und 2-603 — 1955-1975

Das Konzept des urigen Typ 87 fand seine Fortsetzung fünf Jahre nach dessen Bauende mit dem Typ 603. Lange diente er als Staatslimousine, hatte aber einen gegenüber dem Vorgänger um rund einen halben Liter kleineren Motor, der nach wie vor im Heck platziert und luftgekühlt war. Die eindrucksvolle Front mit zwei Doppelscheinwerfern und die zur Motorbeatmung notwendigen Kiemen an den hinteren Wagenseiten sind Teil der überaus charakteristischen Optik. Zwar hatte Tatra die halbselbsttragende Bauweise durch eine selbsttragende Karosserie ersetzt, doch für laufende Modellpflege reichten die Finanzmittel nicht, vielleicht fehlte auch der Anreiz des Wettbewerbes eines offenen Marktes. So war schon der 1962 eingeführte 2-603 im Grunde technisch veraltet, was um so mehr gegen Ende der Bauzeit galt.

Üppiges Design mit Heckmotor: Tatra 603

Motor/Antrieb	
Bauart	V8
Lage/Antrieb	Heck/Heck
Hubraum in cm³	2545, 2472
Leistung in PS bei U/min	95 bei 4800 bis 105 bei 4800
Vmax in km/h	160 bis 165
Karosserie	
Bauart	Limousine (4-türig)
Tragstruktur	selbsttragend
Material	Stahlblech
Stückzahl und Marktsituation	
Produktionszahl	k.A.
Verfügbarkeit	ausreichend
Teilesituation	ausreichend
Unterhaltskosten	hoch

Preise in Euro	1	2	3	4	5
603, L4t	12.500	8.300	5.500	2.300	1.000
2-603, L4t	11.700	7.900	5.000	2.100	900

Tatra T 613 — 1969-1983

Mit Hilfe aus Italien gelang Tatra 1969 die Renovierung des angejahrten Modells 603, das dennoch bis 1975 gebaut wurde. Die neue, von Vignale geradlinig gezeichnete Karosserie mit ihrem Schrägheck zeigte Klasse und bot der Marke weiterhin einen höchst eigenständigen Auftritt. Die Technik zeigte konstruktive Parallelen zum Vorgänger, denn auch hier saß ein V8-Motor im Heck. Mit deutlich mehr Hubraum, jetzt 3,5 Liter, stieg die Leistung auf immerhin 165 PS. Der damit erreichbaren Fahrdynamik trug ein wesentlich modernisiertes Fahrwerk Rechnung: Die hintere Schräglenkerachse verbesserte das Fahrverhalten, auch der Komfort war merklich gestiegen. Preislich liegt der T 613 heute zwischen 2000 und 3000 Euro unter seinem Vorgänger 603, ist allerdings schwerer zu finden. Ebenso sind Ersatzteile für den T 613 rarer.

Mit Vignale-Karosserie: Tatra T 613

Motor/Antrieb	
Bauart	V8
Lage/Antrieb	Heck/Heck
Hubraum in cm³	3495
Leistung in PS bei U/min	165 bei 5200
Vmax in km/h	195
Karosserie	
Bauart	Limousine (4-türig)
Tragstruktur	selbsttragend
Material	Stahlblech
Stückzahl und Marktsituation	
Produktionszahl	k.A.
Verfügbarkeit	schlecht
Teilesituation	schwierig
Unterhaltskosten	hoch

Preise in Euro	1	2	3	4	5
T 613, L4t	8.500	5.600	2.700	1.000	250

Thurner (D) • 1969 bis 1974

Versicherungskaufmann Rudolf Thurner realisierte seinen Traum vom eigenen Sportwagen im Allgäu. Auf der Basis des NSU 1200 mit NSU-Motorentechnik fertigte er einen an den legendären Porsche 904 erinnernden Zweisitzer mit Kunststoffkarosserie und Flügeltüren auf einem Stahlrohrrahmen. Das Leichtgewicht war recht ordentlich verarbeitet. Die Idee eines weiteren Wagens gab es nur auf dem Papier: Mit abgewandeltem VW 1303-Fahrgestell und Zweiliter-Einspritzmotor sollte es den RS noch übertreffen …

Thurner RS — 1969-1974

Doppelscheinwerfer hinter Plexiglas und Flügeltüren machten den Thurner RS zur Attraktion. Das 3,95 Meter lange Auto war auf der um zehn Zentimeter verkürzten Basis des NSU 1200 C entstanden. Die niedrige Karosserie duckte sich 1,10 Meter flach über den Asphalt und kostete 13.500 bis 15.600 Mark. Im Angebot war auch eine Rennausführung mit 135 PS starkem Abt-Tuningmotor für stolze 30.000 Mark. Das 640 Kilogramm schwere Straßenmodell kam mit dem 65 PS starken 1,2-Liter-Motor auf eine Spitze von 180 km/h.

Aufsehen erregende Flügeltüren: Thurner RS

Motor/Antrieb	
Bauart	Vierzylinder (Reihe)
Lage/Antrieb	Heck/Heck
Hubraum in cm³	1177
Leistung in PS bei U/min	65 bei 5500, 135
Vmax in km/h	180
Karosserie	
Bauart	Coupé
Tragstruktur	Rohrrahmen
Material	Kunststoff
Stückzahl und Marktsituation	
Produktionszahl	ca. 120
Verfügbarkeit	schlecht
Teilesituation	ausreichend
Unterhaltskosten	mittel

Preise in Euro	1	2	3	4	5
RS, Cpe	31.000	23.000	15.500	8.000	5.000

Toyota (JAP) • 1938 bis heute

Kiichiro Toyoda, Besitzer einer der großen Hersteller von Webereimaschinen in Japan, entwickelte ab September 1932 einen ersten Prototyp, der allerdings noch wenig Erfolg brachte. Immerhin gründete man 1937 die Firma Toyota Motor Co, die erste, von Packard inspirierte Fabrik nahm 1938 den Betrieb auf. Nach dem Krieg rettete ein Bankenkonsortium Toyota vor dem Konkurs, das Unternehmen nahm dann schnell am Aufschwung teil.

1957 begann der Export nach Amerika, zunächst erfolglos, nach dem Neustart 1965 allerdings mit guter Resonanz. Als Nutzfahrzeugmarke erwarb Toyota 1966 den Marktführer Hino, 1967 kamen Teile der Firma Daihatsu dazu. In Deutschland wurden Toyota ab 1971 verkauft. Als zusätzliche Luxusmarke gründete Toyota die Firma Lexus, der vor allem in Amerika viel Zuspruch zuteil wird. Zukäufe anderer Unternehmen lehnt Toyota aus Prinzip ab: Die Japaner besinnen sich lieber auf die eigene Kraft bei der Umsetzung ihrer Ziele. Und das funktioniert, wie man sehen kann, auch in einem globalisierten Markt bestens.

Konzentration auf die eigene Kraft: Toyota

Toyota Land Cruiser J4 — 1965-1984

In zahlreichen Ausführungen lieferte Japans größte Automobilfabrik einen Geländewagen eigener Konstruktion. Es gab drei verschiedene Radstände, nach Deutschland kamen die schon länger gebauten Fahrzeuge ab 1975 mit zwei Motoren: als 4,2 Liter großer Benziner mit 122 PS oder als Dreiliter-Diesel mit 76 PS. Mit überlegenen Eigenschaften im Gelände und einer sprichwörtlichen Robustheit konnte er sich vor allem in der dritten Welt durchsetzen. Der Allradantrieb kam ohne Differenzialsperren aus, die Kraftübertragung übernahmen je nach Wahl ein Dreigang- oder Viergangetriebe mit zusätzlicher Geländeübersetzung.

Motor/Antrieb	
Bauart	Vierzylinder (Reihe), Sechszylinder (Reihe)
Lage/Antrieb	Front/4x4
Hubraum in cm³	2977 bis 4230
Leistung in PS bei U/min	76 bei 4000 bis 122 bei 3600
Vmax in km/h	110 bis 155
Karosserie	
Bauart	Kombi (3-türig)
Tragstruktur	Kastenrahmen
Material	Stahlblech
Stückzahl und Marktsituation	
Produktionszahl	k.A.
Verfügbarkeit	gut
Teilesituation	gut
Unterhaltskosten	hoch

Preise in Euro	1	2	3	4	5
Land Cruiser J4 (Ser. 1977-1984), Glw	12.500	7.200	4.600	1.900	400

Der Land Rover Asiens: Toyota Land Cruiser

Toyota 2000 GT — 1967-1970

Um die eigene Kompetenz zu beweisen, stellte Toyota 1967 ein Supermodell auf die Räder. Völlig unerwartet zeigten die Japaner in einer Zeit, als ihre Serienmodelle in verchromtem Barock auftraten, mit dem 2000 GT eine Ausnahmeerscheinung. Die dynamisch-elegante Karosserie mit langer Schnauze und kurzem Heck hatte Graf Albrecht von Goertz gezeichnet. Unter der Haube wirkte ein filigraner Reihensechszylindermotor, den Yamaha konstruiert hatte. Mit zwei obenliegenden Nockenwellen holte er aus zwei Litern Hubraum 150 PS. Damit erreichte der Wagen sehr gute Fahrleistungen und konnte als Imageträger den Boden für profanere Exportmodelle vorbereiten. Mit nur 337 gebauten Fahrzeugen, die vornehmlich für den Heimatmarkt bestimmt waren, blieb der Ausstoß denkbar gering. Die heute gezahlten Sammlerpreise sind durchaus auf Ferrari-Niveau.

Motor/Antrieb	
Bauart	Sechszylinder (Reihe)
Lage/Antrieb	Front/Heck
Hubraum in cm³	1988
Leistung in PS bei U/min	150 bei 6600
Vmax in km/h	220
Karosserie	
Bauart	Coupé
Tragstruktur	Zentralträgerrahmen
Material	Stahlblech
Stückzahl und Marktsituation	
Produktionszahl	337
Verfügbarkeit	gegen null
Teilesituation	sehr schwierig
Unterhaltskosten	hoch

Preise in Euro	1	2	3	4	5
2000 GT, Cpe	Für Spitzenfahrzeuge bis zu 160.000 Euro				

Graf Goertz hat ihn gezeichnet: Toyota 2000 GT

Toyota Land Cruiser Station FJ 55 — 1967-1981

Technisch unterschied sich der Station genannte lange Land Cruiser vom kurzen Modell nur geringfügig. Auffällig ist die andere Gestaltung mit der eigenwilligen Front und den angedeuteten Kotflügeln. Als äußerst robustes Fahrzeug – vorne wie hinten führten blattgefederte Starrachsen die Räder – mussten die Passagiere mit einem Minimum an Komfort zufrieden sein. Das Design folgt konsequent der Funktion, Sinn für Gags und Spielereien hatte Toyota damals nicht. In Deutschland wurde der FJ 55 ab 1977 angeboten, allerdings nur mit dem großen Benzinmotor, der Diesel war hierzulande nicht im Programm.

Motor/Antrieb	
Bauart	Sechszylinder (Reihe)
Lage/Antrieb	Front/4x4
Hubraum in cm³	3878 bis 4230
Leistung in PS bei U/min	122 bei 3600 bis 135 bei 3800
Vmax in km/h	125 bis 155
Karosserie	
Bauart	Kombi (3-türig), Kombi (5-türig)
Tragstruktur	Kastenrahmen
Material	Stahlblech
Stückzahl und Marktsituation	
Produktionszahl	k.A.
Verfügbarkeit	ausreichend
Teilesituation	gut
Unterhaltskosten	mittel

Preise in Euro	1	2	3	4	5
Land Cruiser J5 (Ser. 1977-1981), Kom	20.000	14.500	8.000	4.200	1.700

Langer Radstand und geänderte Front: Toyota Land Cruiser Station

Toyota (JAP)

Toyota Corona Mark II 1900 — 1968-1972

1968 startete der Händler Walter Hagen in Krefeld mit dem Verkauf von Toyota-Modellen, offiziell importierten die Japaner erst 1971 nach Deutschland. Zunächst versuchte der Corona 1900 als viertürige Stufenheck-Limousine sowie als Hardtop – in diesem Fall ein Coupé – Fuß zu fassen. Mit 4,3 Meter Länge wog der Wagen 1060 Kilogramm, seine 87 PS beschleunigten ihn auf immerhin 160 km/h. Das Fahrwerk besaß vorn einzeln geführte Räder, hinten kam eine Starrachse mit Halbelliptikfedern zum Einsatz. Das Viergangetriebe leitete die Kraft an die Hinterräder. Ein Jahr Garantie über 20.000 Kilometer waren ein viel versprechendes Wort, doch der Fahrkomfort und die Lenkung des 8900 Mark (Limousine) teuren Wagens (Coupé 9700 Mark) standen in der Kritik. Das Facelift vom Herbst 1971 hatte nur ein Jahr lang Bestand: Dann stand der Corona 2000 zur Ablösung in den Startlöchern.

Damit startete Toyota in Europa: Toyota Corona Mark II 1900

Motor/Antrieb	
Bauart	Vierzylinder (Reihe)
Lage/Antrieb	Front/Heck
Hubraum in cm³	1858
Leistung in PS bei U/min	87 bei 5500
Vmax in km/h	160
Karosserie	
Bauart	Limousine (4-türig), Coupé
Tragstruktur	selbsttragend
Material	Stahlblech
Stückzahl und Marktsituation	
Produktionszahl	k.A.
Verfügbarkeit	gegen null
Teilesituation	schwierig
Unterhaltskosten	mittel

Preise in Euro	1	2	3	4	5
Corona MkII, L4t	7.400	5.400	3.200	1.000	300

Toyota Celica (Celica LT, ST, GT, TA 22, TA 23) — 1970-1978

Ursprünglich war der Celica nur eine Coupé-Ausführung des Toyota Carina. Mit etwas barockem Kleid zielte der 1970 in Tokio präsentierte Celica auf das populäre Marktsegment sportlicher Mittelklasse-Coupés. Besonders überzeugend war das ausgezeichnete Preis/Leistungsverhältnis und die herausragende Produktqualität des Celica, der technisch dem Carina entsprach. Einstiegsmodell war der LT mit 79 PS, serienmäßig mit Fünfganggetriebe und vorderen Scheibenbremsen bestückt. Ab 1972 ergänzt der stärkere Celica ST das Angebot, die Baureihe erhielt ein leichtes Facelift: Entlüftungsschlitze auf der Motorhaube, neuer Kühlergrill, neue Schriftzüge. Topmodell der Baureihe wurde 1973 der Celica GT mit 108 PS, das am schwarzen Kühlergrill und chromgefassten Radläufen zu erkennen war. Die zweite Serie Celicas wurde zwischen 1976 und 1978 angeboten, sie war äußerlich kaum zu unterscheiden.

Barock-Coupé aus Japan: Toyota Celica

Motor/Antrieb	
Bauart	Vierzylinder (Reihe)
Lage/Antrieb	Front/Heck
Hubraum in cm³	1588, 1968
Leistung in PS bei U/min	79 bei 5400 bis 120 bei 5800
Vmax in km/h	165 bis 195
Karosserie	
Bauart	Coupé, Kombi-Coupé
Tragstruktur	selbsttragend
Material	Stahlblech
Stückzahl und Marktsituation	
Produktionszahl	k.A.
Verfügbarkeit	gut
Teilesituation	ausreichend
Unterhaltskosten	mittel

Preise in Euro	1	2	3	4	5
Celica TA 22, Cpe	7.500	5.500	3.300	1.000	300
Celica TA 23, Cpe	7.800	5.700	3.500	1.100	350

Toyota Carina 1600 — 1971-1978

Der Limousinenableger der Celica kam mit der gleichen Technik als geräumiger Mittelklasse-Viertürer nach Deutschland und konnte auf Anhieb überzeugen. Das Design wurde in der siebenjährigen Bauzeit mehrfach modifiziert, die Technik wurde jeweils übernommen. Mit solider Technik zu günstigen Preisen (ab 9350 Mark) wurden auch flotte Fahrleistungen geboten: Die knapp 80 PS aus 1,6 Litern Hubraum trieben die weniger als 1000 Kilogramm schwere Limousine auf rund 150 Stundenkilometer Spitze. Selbst das Fahrwerk konnte mit McPherson-Federbeinen vorn und der Starrachse mit Schraubenfedern den Anforderungen gerecht werden. Hinterradantrieb und Vierganggetriebe waren damals noch Selbstverständlichkeiten – getönte Scheiben, Drehzahlmesser und verschließbarer Tankdeckel in Serie waren dagegen durchaus erwähnenswert.

Gut ausgestattet, solide Qualität, günstige Preise: Toyota Carina

Motor/Antrieb	
Bauart	Vierzylinder (Reihe)
Lage/Antrieb	Front/Heck
Hubraum in cm³	1588
Leistung in PS bei U/min	75 bei 5400 bis 86 bei 5600
Vmax in km/h	150 bis 170
Karosserie	
Bauart	Limousine (4-türig)
Tragstruktur	selbsttragend
Material	Stahlblech
Stückzahl und Marktsituation	
Produktionszahl	k.A.
Verfügbarkeit	schlecht
Teilesituation	schwierig
Unterhaltskosten	mittel

Preise in Euro	1	2	3	4	5
Carina 1,6 (Ser. 1971-1978), L4t	4.700	3.000	1.400	500	50

Toyota Corolla 1200 — 1971-1975

Seit 1966 hatte Toyota den Corolla im Programm, ein Kleinwagen mit 1,1 Litern Hubraum. Ablösung für ihn kam nach vier Jahren im Mai 1970. Mit etwas Zeitverzögerung war dieses Modell dann auch bei den ersten nach Deutschland exportierten Wagen. Das simple Starrachsfahrwerk war zwar etwas unkomfortabel, doch der robuste Motor mit 1166 cm³ und 58 PS sorgte für muntere Fahrleistungen, die bei höheren Geschwindigkeiten lautstark von der Mechanik und Windgeräuschen kommentiert wurden. Gute Ausstattung und solide Verarbeitung für rund 6900 bis 7650 Mark (Coupé) bot die Kadett/Escort-Alternative aus Fernost. Das Facelift im Herbst bringt einen geänderten Grill, ab Frühjahr 1972 ist auch ein dreitüriger Kombi zusätzlich im Angebot. Im Herbst 1974 endet der Import von Coupé und Kombi wieder, die Motorleistung der Limousine sinkt auf 55 PS. Ab März 1975 kommt der neue Corolla nach Deutschland.

So simpel wie solide: Toyota Corolla

Motor/Antrieb	
Bauart	Vierzylinder (Reihe)
Lage/Antrieb	Front/Heck
Hubraum in cm³	1166
Leistung in PS bei U/min	55 bei 5600 bis 58 bei 6300
Vmax in km/h	145
Karosserie	
Bauart	Limousine (2-/4-türig), Coupé, Kombi (3-türig)
Tragstruktur	selbsttragend
Material	Stahlblech
Stückzahl und Marktsituation	
Produktionszahl	k.A.
Verfügbarkeit	schlecht
Teilesituation	schwierig
Unterhaltskosten	mittel

Preise in Euro	1	2	3	4	5
Corolla 1200, Cpe	7.500	5.400	3.200	1.100	400

Toyota (JAP)

Toyota Corona Mark II 2000 — 1972-1977

Die Japaner suchten nach einem geeigneten Erscheinungsbild ihrer Fahrzeuge und lehnten sich an den amerikanischen Zeitgeschmack an. Dass dies den europäischen Nerv nicht unbedingt traf, zeigte sich an den anfangs recht bescheidenen Stückzahlen. Der Corona 2000 zeigte ein leicht überarbeitetes Fahrwerk mit Schraubenfedern und Längslenkern statt Blattfedern, der Motor war auf knapp zwei Liter vergrößert und leistete nun 89 PS bei moderaten 4900/min. Im Juli 1975 bringt eine Modellpflege mehr Gepäckraum, Automatik-Sicherheitsgurte, 14-Zoll-Räder und allerlei optische Änderungen. Die vollständige Ausstattung bis hin zu Sitzen beim Zweitürer, die beim Einstieg in den Fond vorrutschen und anschließend wieder in ihre alte Position zurückfanden, überzeugte über die Bauzeit auch zunehmend deutsche Käufer.

Orientierung am US-Geschmack: Toyota Corona Mark II

Motor/Antrieb					
Bauart					Vierzylinder (Reihe)
Lage/Antrieb					Front/Heck
Hubraum in cm³					1968
Leistung in PS bei U/min					89 bei 4900
Vmax in km/h					165
Karosserie					
Bauart					Limousine (4-türig), Coupé
Tragstruktur					selbsttragend
Material					Stahlblech
Stückzahl und Marktsituation					
Produktionszahl					k.A.
Verfügbarkeit					gegen null
Teilesituation					schwierig
Unterhaltskosten					mittel
Preise in Euro	1	2	3	4	5
Corona Mk II 2000, Cpe	8.300	6.200	3.700	1.200	400

Toyota Crown — 1973-1983

Toyotas Crown erreicht 1973 eine neue Stufe seiner Evolution. Das Topmodell des japanischen Konzerns ist eine geräumige Limousine, die von einem Sechszylinder-Motor angetrieben wird. Das Äußere folgt zunächst den barocken Tendenzen der frühen siebziger Jahre: Viel Chromschmuck umgibt die Karosserie, besonders auffällig sind die hochgezogenen Stoßstangen und die in die Motorhaube integrierten Blinker. Insgesamt gibt sich das Styling sehr dem amerikanischen Geschmack hin und fand in Europa deswegen nur wenig Anhänger – mit der Ausnahme der Schweiz, in der sich heute noch große Toyotas eher finden lassen als in Deutschland. Die zwischen zwei und 2,6 Liter großen Vier- und Sechszylinder trieben drei Karosserievarianten an: Neben der viertürigen Limousine bot Toyota eine Hardtop genannte Coupé-Version und einen Kombi an.

Asiatische Krönung: Toyota Crown, hier ein spätes Modell

Motor/Antrieb					
Bauart					Vierzylinder (Reihe), Sechszylinder (Reihe)
Lage/Antrieb					Front/Heck
Hubraum in cm³					1988, 2563
Leistung in PS bei U/min					98 bei 5200, 140 bei 5400
Vmax in km/h					140 bis 180
Karosserie					
Bauart					Limousine (4-türig), Coupé, Kombi (5-türig)
Tragstruktur					Kastenrahmen
Material					Stahlblech
Stückzahl und Marktsituation					
Produktionszahl					k.A.
Verfügbarkeit					gegen null
Teilesituation					sehr schwierig
Unterhaltskosten					hoch
Preise in Euro	1	2	3	4	5
Crown 2,6, L4t	5.100	3.200	1.500	600	100

Toyota Celica (TA/RA 40) — 1977-1982

Auch die Nachfolge-Generation des Celica basierte wieder auf dem Carina, doch stilistisch hatte sich das Coupé der Zeit angepasst und präsentierte sich mit wohltuend gestrafften Linien. Klare Formen ohne übertriebenen Schnickschnack prägten die Erscheinung, die aber schon zwei Jahre später mit Rechteck-Doppelscheinwerfern modifiziert wurde. Die komplette Ausstattung sorgte weiterhin für ein gutes Preis/Leistungsverhältnis, doch trotz vergrößerter Innenraumabmessungen blieb der Wagen ein 2+2-Sitzer. Vom versicherungsgerechten 75-PS-Modell bis zum sportlichen Zweiliter mit 123 PS wurden alltagstaugliche, robuste Triebwerke offeriert. Schon 1980 wurde dem Celica eine umfassende Modellpflege zuteil. PR-trächtige Aktionen gelangen auch: Achim Warmbold konnte die Deutsche Rallye-Meisterschaft auf einem Celica GT gewinnen.

Gestraffte Linien: Toyota Celica

Motor/Antrieb					
Bauart					Vierzylinder (Reihe)
Lage/Antrieb					Front/Heck
Hubraum in cm³					1588, 1968
Leistung in PS bei U/min					75 bei 5200 bis 123 bei 5800
Vmax in km/h					165 bis 195
Karosserie					
Bauart					Coupé, Kombi-Coupé
Tragstruktur					selbsttragend
Material					Stahlblech
Stückzahl und Marktsituation					
Produktionszahl					k.A.
Verfügbarkeit					gut
Teilesituation					sehr gut
Unterhaltskosten					mittel
Preise in Euro	1	2	3	4	5
Celica TA, Cpe	5.500	4.000	2.200	800	100

Toyota Cressida — 1977-1981

Als neues Spitzenmodell der Marke wurde 1977 der Cressida eingeführt. Die 4,53 Meter lange Limousine hatte ein einfaches Fahrwerk mit Starrachse hinten, die mit Schraubenfedern und Längslenkern bestückt war. Die Kombiversion musste sich mit Blattfedern begnügen. Als weitere Alternative bot Toyota auch ein Coupé an, allen drei Versionen ist der Zweiliter-Reihenmotor gemeinsam, der mit seinen 90 PS die Cressida-Varianten auf rund 160 km/h beschleunigte. Mit dem Facelift 1979 erhielt die GL-Ausstattung nicht nur ein Fünfganggetriebe, sondern auch eine verstellbare Lenksäule, Warnton für nicht abgeschaltetes Licht und fernentriegelbare Heck- und Tankklappe. Der Grundpreis war von knapp 14.500 Mark auf inzwischen knapp 17.000 Mark geklettert. Auch der 1981 eingeführte Nachfolger gleichen Namens bot die identische, konservative Technik.

Simple Technik auch für das Spitzenmodell: Toyota Cressida

Motor/Antrieb					
Bauart					Vierzylinder (Reihe)
Lage/Antrieb					Front/Heck
Hubraum in cm³					1967
Leistung in PS bei U/min					90 bei 5000
Vmax in km/h					160
Karosserie					
Bauart					Limousine (4-türig), Kombi (5-türig), Coupé
Tragstruktur					selbsttragend
Material					Stahlblech
Stückzahl und Marktsituation					
Produktionszahl					k.A.
Verfügbarkeit					ausreichend
Teilesituation					ausreichend
Unterhaltskosten					mittel
Preise in Euro	1	2	3	4	5
Cressida, Cpe	6.500	4.900	2.900	1.000	200

Trident (GB) • 1965 bis 1978

Englische Autohändler gründeten 1965 hoffnungsvoll die Marke Trident Cars Ltd in Woodbridge/Suffolk. Sie übernahmen eine für TVR gedachte Konstruktion, die TVR mangels finanzieller Mittel nicht realisieren konnte. Neue Modelle kamen 1969 aus neuer Heimat, Trident war nun in Ipswich angesiedelt. Bis zum endgültigen Produktionsende der Firma blieben die Stückzahlen allerdings erheblich hinter den Erwartungen zurück, an Wirtschaftlichkeit fehlte es.

Trident Clipper, Clipper Super — 1966-1978

Erfolgversprechend war das Konzept des Trident Clipper nicht nur aufgrund seiner Eckdaten: Die sahen neben der leichten Kunststoffkarosserie leistungsstarke Achtzylindermotoren vor. Diese Kombination hatte schon mehrfach für atemberaubende Fahrleistungen gesorgt, und auch die Form des Clipper wusste wohl zu überzeugen. Die Beziehungen der Hersteller zu TVR – für den dieses Modell anfangs mit Alu-Karosserie geplant war – sind nicht zu übersehen. Zunächst sollte ein TVR Grantura-Chassis die Basis bilden, es wurde dann später abgelöst durch das vom Austin-Healey 3000. Es gab neben dem Coupé auch eine Cabriolet-Ausführung. Nicht so überzeugend waren jedoch die Handlingeigenschaften. Mit der Einführung des abgeänderten Triumph TR 6-Rahmens sollte sich das bessern, wurde jedoch durch nochmals stärkere V8-Triebwerke von Chrysler und Ford wieder etwas relativiert.

Viel Power unter leichter Kunststoffhaut: Trident Clipper

Motor/Antrieb	
Bauart	V8
Lage/Antrieb	Front/Heck
Hubraum in cm³	4727, 4950, 5562, 5898
Leistung in PS bei U/min	140 bei 3600 bis 250 bei 6000
Vmax in km/h	225 bis 260
Karosserie	
Bauart	Coupé, Cabriolet
Tragstruktur	Plattformrahmen
Material	Kunststoff
Stückzahl und Marktsituation	
Produktionszahl	225
Verfügbarkeit	gegen null
Teilesituation	ausreichend
Unterhaltskosten	hoch
Preise in Euro	1 2 3 4 5
Clipper, Cpe	keine Notierung

Trident Venturer und Tycoon — 1969-1978

Einige optische und technische Retuschen machten aus dem Clipper die Modelle Venturer und Tycoon. Sie entstanden auf dem Chassis des Triumph TR 6. Anstelle der großvolumigen und krafttrotzenden Achtzylindertriebwerke kamen Sechszylindermotoren zum Einsatz. Man bediente sich bei Ford und wählte den Dreiliter aus dem Zodiac mit 146 PS für den Venturer, der Tycoon wurde mit dem 2,5-Liter-Einspritzer des TR 6 ausgerüstet. Über Mangel an Temperament war auch bei diesen Modellen nicht zu klagen. Für die kurzlebige Neuauflage ab 1976 – nach dem vorläufigen Produktionsstopp im Jahr 1975 – wechselte man die fortschrittliche hintere Einzelradaufhängung wieder gegen eine banale Starrachse aus. 1978 waren Clipper und Venturer am Ende ihrer Bauzeit angelangt.

Mit Ford- und TR 6-Motoren: Trident Venturer

Motor/Antrieb	
Bauart	Sechszylinder (Reihe), V6
Lage/Antrieb	Front/Heck
Hubraum in cm³	2498, 2994
Leistung in PS bei U/min	146 bei 5500, 138 bei 4750
Vmax in km/h	200
Karosserie	
Bauart	Coupé
Tragstruktur	Plattformrahmen
Material	Kunststoff
Stückzahl und Marktsituation	
Produktionszahl	s.o.
Verfügbarkeit	gegen null
Teilesituation	ausreichend
Unterhaltskosten	hoch
Preise in Euro	1 2 3 4 5
Venturer, Cpe	keine Notierung
Tycoon, Cpe	keine Notierung

Triumph (GB) • 1923 bis 1980

1901 begann die von einem Deutschen in Coventry gegründete Firma mit der Produktion von Motorrädern. 1923 erschien mit dem 10/20 das erste Triumph-Automobil. Die Marke machte sich in Sportkreisen schnell einen guten Namen.
Donald Healey übernahm in den Dreißigern die Entwicklungsabteilung. Zu jener Zeit entstanden auch ambitionierte Achtzylinder mit zwei Nockenwellen. Die Finanzprobleme, die Triumph bis zuletzt beutelten, hatten schon früh eingesetzt. Bereits 1939 fand sich das Werk einem Konkursverwalter unterstellt. Trotz des großen Erfolgs der TR- und Spitfire-Baureihen überlebte Triumph nicht die Wirren der britischen Automobilwirtschaft. Zuletzt wurde bis 1984 unter dem Triumph-Logo eine englische Version des Honda Accord angeboten – ein trauriges Ende für diese große Marke, über die heute BMW verfügt. Triumph ist, als Überbleibsel des Rover-Packages, heute in München gestrandet.

Triumph 1800 und 2000 Roadster — 1946-1949

Der Vorläufer der erfolgreichen TR-Modelle hieß zwar Roadster, ist im Gegensatz zu seinen Erben aber keiner, denn die Triumph-Verantwortlichen hatten ihm Kurbelfenster und ein Verdeck gegönnt. Mehr elegant und luxuriös denn sportlich gab sich auch sein Äußeres: Voluminöse, freistehende Kotflügel und eine lange Motorhaube erinnerten an das Design aus der Vorkriegszeit, auch die Aluminium-Karosserie, die über einen Rohrrahmen mit Eschenholzgerippe gestülpt war, erinnerte an traditionelle Auffassungen vom Automobilbau. Leicht war die Konstruktion nicht geworden, so dass die 65 PS (später 68 PS) für eher moderate Beschleunigung sorgten. Für viele Interessenten blieb das noble Sportcabriolet ein Traum: Ganze 4500 Kunden orderten den frühen Triumph.

TR-Urahn: Triumph 1800 und 2000 Roadster

Motor/Antrieb					
Bauart				Vierzylinder (Reihe)	
Lage/Antrieb				Front/Heck	
Hubraum in cm³				1176, 2088	
Leistung in PS bei U/min				65 bei 4400 bis 68 bei 4200	
Vmax in km/h				120 bis 125	
Karosserie					
Bauart				Cabriolet	
Tragstruktur				Rohrrahmen	
Material				Aluminium	
Stückzahl und Marktsituation					
Produktionszahl				2501, 2000	
Verfügbarkeit				schlecht	
Teilesituation				schwierig	
Unterhaltskosten				hoch	
Preise in Euro	1	2	3	4	5
1800 Roadster (1946-1948), Cab	33.000	23.500	14.700	7.200	3.000
2000 Roadster (Ser. 1948-1949), Cab	35.500	25.500	16.000	7.800	3.400

Triumph Mayflower — 1950-1953

Als adlige Nobel-Limousine im Kleinformat sollte er – Columbus' namensgleichem Schiff folgend – Amerika erobern. Schon bei der Konstruktion hatte man auf den US-Export geschielt. Doch die Rechnung ging nicht auf: die Amis verschmähten den Taschen-Rolls-Royce, dessen Razor-Edged-Karosse nicht recht zu den kompakten Abmessungen passen wollte; zudem stand das altehrwürdige Design auch für altbackene britische Automobilproduktion. Für beides hatten die Kunden im Autowunderland USA nichts übrig. Ihr Geschmack spiegelte sich in den schwülstigen Detroiter Boliden wider, mit denen Triumphs konservativ-kubisches Mauerblümchen so gar nichts gemein hatte. So konnten nur rund 500 Mayflower an der US-Küste anlegen. Heute weckt der skurrile Charme des Mayflower Sympathie; Technik und Ausstattung bieten zwar keine Leckerbissen, faszinieren aber durch Komfort und Solidität – ein ehrwürdiger Brite eben.

Luxus für alle: Triumph Mayflower

Motor/Antrieb					
Bauart				Vierzylinder (Reihe)	
Lage/Antrieb				Front/Heck	
Hubraum in cm³				1247	
Leistung in PS bei U/min				38 bei 4200	
Vmax in km/h				105	
Karosserie					
Bauart				Limousine (2-türig), Cabrio-Limousine, (2-türig)	
Tragstruktur				selbsttragend	
Material				Stahlblech	
Stückzahl und Marktsituation					
Produktionszahl				ca. 32.000	
Verfügbarkeit				schlecht	
Teilesituation				schwierig	
Unterhaltskosten				mittel	
Preise in Euro	1	2	3	4	5
Mayflower,			keine Notierung		

Triumph TR 2, TR 3, TR 3A — 1953-1961

Die frühen TR sehen aus, wie man sich Legenden vorstellt: eine Karosserie voll spannender Schwünge, eine knappe Scheibe und tief ausgeschnittene Türen, so dass der Fahrer fast auf die Straße greifen kann. Über 80.000 Roadster-Fans begeisterten sich weltweit für die urtümliche Art der Fortbewegung. Die Technik versprach keine Spannung, robuste Reihenvierzylinder mit zwei und 2,2 Litern Hubraum sorgten mit 90, 95 und 100 PS für sportwagenmäßige Fahrleistungen. Dabei gaben sich die Triebwerke recht sparsam, die Bremsen waren wirkungsvoll und die Schaltung exakt. Heute profitieren die Fans nicht nur von dem reichhaltigen Angebot, auch die Teileversorgung ist rundum gesichert – und der stabile Kastenrahmen macht Restaurierungen überschaubar.

Knackiger Roadster in Reinkultur: Triumph TR 3A

Motor/Antrieb					
Bauart				Vierzylinder (Reihe)	
Lage/Antrieb				Front/Heck	
Hubraum in cm³				1991, 2138	
Leistung in PS bei U/min				90 bei 4800 bis 100 bei 5000	
Vmax in km/h				160 bis 165	
Karosserie					
Bauart				Roadster	
Tragstruktur				Kastenrahmen	
Material				Stahlblech	
Stückzahl und Marktsituation					
Produktionszahl				80.241	
Verfügbarkeit				gut	
Teilesituation				gut	
Unterhaltskosten				mittel	
Preise in Euro	1	2	3	4	5
TR 2, Rds	31.500	23.600	16.700	9.700	4.500
TR 3, Rds	29.400	21.900	15.200	8.900	4.000
TR 3A, Rds	32.800	24.700	17.100	9.900	4.500

Triumph (GB)

Triumph Herald (Herald, Herald 1200, 12/50, 13/60) — 1959-1971

Ganz im traditionellen Layout erschien 1959 der Herald auf dem Markt. Die eigenwillige Karosserie, die aus der Feder Giovanni Michelottis stammte, saß auf einem stabilen Kastenrahmen. Dadurch war es für Triumph leicht, unterschiedlichste Bauformen anzubieten: Den Herald gab es als zweitürige Limousine, als Kombi und Coupé, sogar ein viersitziges Cabrio konnte geordert werden. Wie beim Spitfire (für den der Herald die Basis lieferte) klappt die gesamte Vorderfront des Herald nach oben, wenn die Motorhaube geöffnet wird. Sein kleiner Wendekreis von nur 7,6 Meter ist noch heute legendär. Seine unspektakuläre und robuste Technik sorgte für niedrige Unterhaltskosten, die Motorenpalette spannte zwischen 950 und 1300 cm³. Sportlich bewegen ließ sich allein der Coventry-Climax-motorisierte Herald, der es 1961/62 mit seinem 1220 cm³-Aggregat auf 83 SAE-PS brachte — ausreichend für 165 Stundenkilometer Spitze.

Schrullig und typisch britisch: Triumph Herald

Motor/Antrieb					
Bauart				Vierzylinder (Reihe)	
Lage/Antrieb				Front/Heck	
Hubraum in cm³				948, 1147, 1220, 1296	
Leistung in PS bei U/min				35 bei 4500 bis 83	
Vmax in km/h				110 bis 165	
Karosserie					
Bauart			Limousine (2-türig), Kombi (3-türig), Coupé, Cabriolet		
Tragstruktur				Kastenrahmen	
Material				Stahlblech	
Stückzahl und Marktsituation					
Produktionszahl				482.502	
Verfügbarkeit				ausreichend	
Teilesituation				ausreichend	
Unterhaltskosten				niedrig	
Preise in Euro	1	2	3	4	5
Herald, L2t	7.500	4.400	2.600	1.100	400
Herald 1200 Cabrio, Cab	11.500	8.100	4.800	2.100	1.000
Herald 13/60 Cabrio, Cab	12.000	8.400	5.000	2.300	1.000

Triumph TR 4, TR 4 IRS — 1961-1967

Die britisch-italienische Allianz findet im TR 4 einen ihrer größten Erfolge. Der vom Turiner Karossier Michelotti gezeichnete Roadster löste 1961 die TR3-Reihe ab. Seine ruhigeren Karosserielinien verzichteten auf tiefausgeschnittene Türen, die jetzt sogar Kurbelfenster trugen. Ein besonders charakteristisches Merkmal der neuen TR-Modelle waren die in die Motorhaube ragenden Hutzen über den Scheinwerfern. Neben dem Zweiliter-Aggregat war ein 2,2 Liter großer Vierzylinder erhältlich, der zusammen mit dem vollsynchronisierten Getriebe bald zur serienmäßigen Ausrüstung zählte. 1965 ersetzte Triumph die solide, aber trampelnde hintere Starrachse durch einzeln aufgehängte Räder. Stolz trugen diese Modelle ein IRS (Independent Rear Suspension) am Heck, doch die Konstruktion war noch nicht ausgereift.

Ein großer Erfolg: Triumph TR 4

Motor/Antrieb					
Bauart				Vierzylinder (Reihe)	
Lage/Antrieb				Front/Heck	
Hubraum in cm³				1991, 2138	
Leistung in PS bei U/min				100 bei 4600 bis 104 bei 4700	
Vmax in km/h				175	
Karosserie					
Bauart				Roadster	
Tragstruktur				Kastenrahmen	
Material				Stahlblech	
Stückzahl und Marktsituation					
Produktionszahl				71.665	
Verfügbarkeit				gut	
Teilesituation				gut	
Unterhaltskosten				mittel	
Preise in Euro	1	2	3	4	5
TR 4, Cab	25.200	18.900	13.100	7.700	3.500
TR 4 A IRS, Cab	26.800	20.000	13.900	8.100	3.900

Triumph Spitfire 4 und MkII — 1962-1967

Wie bei den im Jahr zuvor erschienenen TR 4 stammt auch die Spitfire-Linie aus der Hand des italienischen Karosseriedesigners Giovanni Michelotti. Der kompakte Roadster basiert auf dem Rahmen des Triumph Herald, der die Karosserie mit der riesigen Haube trägt, die in einem Teil nach vorne geklappt wird. Dadurch werden Arbeiten am Motor und an der Vorderachse sehr vereinfacht. Im Heck entschied sich Triumph gegen eine Starrachse, doch die einzeln aufgehängten Hinterräder sind so nachlässig geführt, dass sie bei schneller Kurvenfahrt zum Einknicken neigen — das Heck reagiert tückisch. Der 1,1 Liter große Vierzylinder leistete nach einer Kur mit schärferen Nockenwellen, höherer Verdichtung und zwei Vergasern 63 PS. Der 1965 vorgestellte Mk II erhielt nur Detailänderungen an der Karosserie, profitierte aber von einer auf 67 PS leicht angehobenen Leistung.

Ebenfalls im Michelotti-Design: Triumph Spitfire 4

Motor/Antrieb					
Bauart				Vierzylinder (Reihe)	
Lage/Antrieb				Front/Heck	
Hubraum in cm³				1147	
Leistung in PS bei U/min				63 bei 5750 bis 67 bei 6000	
Vmax in km/h				150 bis 155	
Karosserie					
Bauart				Roadster	
Tragstruktur				Kastenrahmen	
Material				Stahlblech	
Stückzahl und Marktsituation					
Produktionszahl				45.753, 37.409	
Verfügbarkeit				ausreichend	
Teilesituation				ausreichend	
Unterhaltskosten				mittel	
Preise in Euro	1	2	3	4	5
Spitfire 4 (Mk I), Cab	14.100	10.500	6.800	3.500	1.600
Spitfire Mk II, Cab	13.700	10.000	6.500	3.300	1.400

Triumph Vitesse (Vitesse, Vitesse 2 Litre, Mk II) — 1962-1971

Viel frecher als der Herald sieht die Vitesse aus — die Scheinwerfer waren leicht schräg angeordnet, das galt in den Sechzigern als letzter Schrei. Mit verstärktem Chassis erhielt die viersitzige Vitesse, die auch als Cabrio angeboten wurde, einen Sechszylinder-Motor unter die vordere Haube, die wie beim Herald und Spitfire aus dem gesamten Vorderwagen besteht. Vordere Scheibenbremsen unterstrichen einen sportlichen Anspruch, mit dem sich der zunächst nur 1,6 Liter große Reihensechser etwas schwer tat. 1966 montierte Triumph das hauseigene Zweiliter-Aggregat mit 95 und 105 PS. Die Agilität stieg, leider auch die Angst der Piloten: die labile hintere Pendelachse tanzte auf kurvigen Strecken ungebührlich. Abhilfe kam 1969 mit einer neu konstruierten Einzelradaufhängung, die mit der Dynamik des Motors nicht mehr überfordert war.

Ein frecher Blick: Triumph Vitesse

Motor/Antrieb					
Bauart				Sechszylinder (Reihe)	
Lage/Antrieb				Front/Heck	
Hubraum in cm³				1596, 1998	
Leistung in PS bei U/min				70 bei 5000 bis 105 bei 5300	
Vmax in km/h				145 bis 165	
Karosserie					
Bauart				Limousine (2-türig), Cabriolet	
Tragstruktur				Kastenrahmen	
Material				Stahlblech	
Stückzahl und Marktsituation					
Produktionszahl				51.182	
Verfügbarkeit				ausreichend	
Teilesituation				ausreichend	
Unterhaltskosten				hoch	
Preise in Euro	1	2	3	4	5
Vitesse 1600, L2t	7.500	4.700	2.600	1.200	500
Vitesse 2 Litre Mk II, Cab	14.500	10.100	5.400	2.100	1.000

Triumph GT 6 (Mk I, Mk II, Mk III) 1966-1973

Seitdem der erste Spitfire verkauft worden war, hofften die Fans auf eine stärkere Sechszylinder-Version. 1966 präsentierte Triumph den GT 6, der auf Spitfire-Basis entstanden war, aber ein hübsches Blechdach trug und mit einem mächtigen Buckel in der Motorhaube Platz für den zwei Liter großen, rund 100 PS starken Motor einräumte. Der sorgte für flottes Vorankommen, das feste Dach für ein akzeptables Maß an Komfort – ein echter Gran Turismo also. Seine Fahreigenschaften waren etwas gewöhnungsbedürftig: der große Motor wog schwer in der Front. Allerdings profitierte der GT 6 zunächst von einer modifizierten und spurtreueren Hinterachskonstruktion, die ihn vom Spitfire abhob. Die Modellwechsel machte das Coupé mit: Der Mk III entsprach dem Spitfire Mk IV.

Jetzt mit sechs Zylindern: Triumph GT 6

Motor/Antrieb	
Bauart	Sechszylinder (Reihe)
Lage/Antrieb	Front/Heck
Hubraum in cm³	1998
Leistung in PS bei U/min	95 bei 5000 bis 105 bei 5300
Vmax in km/h	175 bis 180
Karosserie	
Bauart	Coupé
Tragstruktur	Kastenrahmen
Material	Stahlblech
Stückzahl und Marktsituation	
Produktionszahl	40.926
Verfügbarkeit	gut
Teilesituation	gut
Unterhaltskosten	hoch

Preise in Euro	1	2	3	4	5
GT 6 MkI, Cpe	15.000	10.800	6.800	3.300	1.500
GT 6 MkII, Cpe	14.700	10.300	6.500	3.200	1.400
GT 6 Mk III, Cpe	13.500	9.400	5.800	2.800	1.200

Triumph Spitfire Mk III 1967-1970

Nach erfolgreichen fünf Jahren debütierte die überarbeitete Version des Spitfire. Ein komfortables Klappverdeck ersetzte die Zeltdachkonstruktion, und vorne war die Stoßstange entsprechend den US-Bestimmungen auf eine Mindesthöhe gerückt und saß jetzt direkt vor dem Kühlergrill. Glücklicher fiel die Wahl bei der neuen Technik aus: Der potente 1300er Motor produzierte 76 PS, die für echte 100 Meilen ausreichten – der Spitfire knackte damit die 160-km/h-Marke. Gegen Aufpreis lieferte Triumph einen drehzahlsenkenden Overdrive und sportliche Speichenräder ab Werk.

Mit höhergelegten Stoßstangen: Triumph Spitfire MkIII

Motor/Antrieb	
Bauart	Vierzylinder (Reihe)
Lage/Antrieb	Front/Heck
Hubraum in cm³	1296
Leistung in PS bei U/min	76 bei 6000
Vmax in km/h	160
Karosserie	
Bauart	Roadster
Tragstruktur	Kastenrahmen
Material	Stahlblech
Stückzahl und Marktsituation	
Produktionszahl	65.320
Verfügbarkeit	ausreichend
Teilesituation	gut
Unterhaltskosten	mittel

Preise in Euro	1	2	3	4	5
Spitfire Mk III, Cab	13.200	9.700	6.200	3.100	1.300

Marke & Ertel
Ersatzteile für Spitfire, TR 6, 5 und 250
Tel. (0 21 62) 1 77 72 + 1 88 31 Fax (0 21 62) 3 25 19
E-Mail: Triumph@Marke-Ertel.de
Internet: www.Marke-Ertel.de

K. Marke & Ertel
En de Mett 40-42
D-41748 Viersen

BRITISH MOTOR HERITAGE APPROVED

Mo.-Fr. 09.00 - 12.00 Uhr
14.00 - 17.00 Uhr
Sa. 10.00 - 14.00 Uhr

Bitte kostenlosen Katalog (Spitfire) bzw. prov. Preisliste (TR) anfordern (unbedingt Fahrzeugtyp angeben)

Triumph (GB)

Triumph TR 5 PI, TR 250 — 1967-1969

Innerhalb der TR-Reihe zählt der TR 5 zu den Raritäten. Die Karosserie hatte er von seinem Vorgänger geerbt. Unter ihr fand sich jetzt der auf 2,5 Liter vergrößerte Reihensechszylinder aus dem Triumph 2000 wieder, der sein Gemisch erstmalig von einer Lucas-Benzineinspritzung erhielt. Dieses imageträchtige Feature erreichte sein Ziel nicht ganz: Die chronische Defektanfälligkeit machte es zum ungeliebten Extra der TR 5-Reihe. Mit der um rund 40 Prozent gesteigerten Leistung zeigte sich zudem das Fahrwerk überfordert, das die Triumph-Ingenieure ebenfalls aus dem TR 4 entlehnt hatten. Die Amerikaner hatten ganz andere Sorgen: Sie litten, wie meist in jenen Jahren, unter speziell konfigurierten Exportmodellen mit erheblichen Leistungseinbußen. Doch der TR 250, wie die US-Version hieß, besaß dafür Vergaser und gilt bis heute als weitaus zuverlässiger.

Probleme mit der Einspritzung: Triumph TR 5 PI

Motor/Antrieb					
Bauart					Sechszylinder (Reihe)
Lage/Antrieb					Front/Heck
Hubraum in cm³					2498
Leistung in PS bei U/min					143 bei 5500, 123 bei 5100
Vmax in km/h					185 bis 200
Karosserie					
Bauart					Roadster
Tragstruktur					Kastenrahmen
Material					Stahlblech
Stückzahl und Marktsituation					
Produktionszahl					2947, 8484
Verfügbarkeit					gut
Teilesituation					sehr gut
Unterhaltskosten					hoch
Preise in Euro	1	2	3	4	5
TR 5 PI, Cab	33.000	25.000	17.500	10.400	5.000
TR 250, Cab	28.500	21.200	15.000	8.800	4.500

Triumph 2.5 P.I., Mk II — 1968-1975

Hierzulande kaum bekannt ist das Spitzenprodukt der frühen Siebziger von Triumph. Dabei verkörpert die von Michelotti gezeichnete viertürige Limousine durchaus britische Werte – trotz der selbsttragenden Karosserie mit ihren modernen Linien. Angetrieben wurde der auch als Kombi angebotene 2.5 P.I. vom 2,5 Liter großen Sechszylinder des TR 5, der ursprünglich aus dem Triumph 2000 stammte. Der in der Limousine auf 135 PS gedrosselte Motor beschleunigte den komfortablen Triumph immerhin auf sportliche 180 Stundenkilometer, für jene Zeit eine respektable Geschwindigkeit für einen Viertürer dieser Größe. Das Cockpit verführt mit reichhaltiger Bestückung zum aktiven Fahrgenuss. Schon 1969 erschien der Mk II mit leichtem Facelift, während 1974 die stets problembehaftete Benzineinspritzung durch eine Vergaser-Version abgelöst wurde.

Heute fast unbekannt: Triumph 2.5 P.I.

Motor/Antrieb					
Bauart					Sechszylinder (Reihe)
Lage/Antrieb					Front/Heck
Hubraum in cm³					2498
Leistung in PS bei U/min					135 bei 5450
Vmax in km/h					180
Karosserie					
Bauart					Limousine (4-türig), Kombi (5-türig)
Tragstruktur					selbsttragend
Material					Stahlblech
Stückzahl und Marktsituation					
Produktionszahl					56.484
Verfügbarkeit					ausreichend
Teilesituation					ausreichend
Unterhaltskosten					hoch
Preise in Euro	1	2	3	4	5
2,5 PI Mk II, L4t	7.100	4.500	2.500	1.100	300
2,5 Mk II, Kom	7.600	4.900	2.700	1.200	400

Triumph TR 6 — 1969-1976

Das Design des TR 6 stammt aus Deutschland: Triumph hatte Karmann mit der Überarbeitung des Michelotti-Entwurfs beauftragt. Unter dem geglätteten und dem Zeitgeschmack angepassten Blech blieb weitgehend alles beim alten – eine Folge der chronischen Geldknappheit bei Triumph. Doch die zunächst 143 PS des wild röhrenden 2,5 Liter großen Sechszylinders reichten für beeindruckende Fahrleistungen des britischen Roadsters, der weiterhin über einen Kastenrahmen mit aufgesetzter Karosserie verfügte – beim Restaurieren ein unschätzbarer Vorteil. Die US-Versionen wurden stets auf rund 104 PS gedrosselt ausgeliefert, und ab 1973 müssen sich auch die Europäer mit emissionsbedingten 124 PS begnügen. Fast 95.000 Exemplare verkaufte Triumph vom TR 6 in alle Welt – nur in England dürfte die Suche schwieriger sein: Über 90 Prozent der Produktion ging ins Ausland.

Von Karmann überarbeitet: Triumph TR 6

Motor/Antrieb					
Bauart					Sechszylinder (Reihe)
Lage/Antrieb					Front/Heck
Hubraum in cm³					2498
Leistung in PS bei U/min					143 bei 5500, USA: 104 bei 4500
Vmax in km/h					170 bis 200
Karosserie					
Bauart					Roadster
Tragstruktur					Kastenrahmen
Material					Stahlblech
Stückzahl und Marktsituation					
Produktionszahl					94.619
Verfügbarkeit					üppig
Teilesituation					sehr gut
Unterhaltskosten					hoch
Preise in Euro	1	2	3	4	5
TR 6 PI, Cab	24.600	18.400	12.700	7.300	3.500
TR 6 (USA), Cab	23.000	17.300	12.400	6.800	3.200

Triumph Spitfire Mk IV, 1500 — 1970-1980

Die einzige gründliche Überarbeitung des Spitfire-Entwurfs stammt vom Meister selbst: Giovanni Michelotti zeichnete die flachere Front mit den integrierten Stoßfängern und das neue Heck mit dem charakteristischen Schwalbenschwanz-Einschnitt. Doch auch die Technik hat Triumph entrümpelt: Eine überarbeitete Hinterachse sorgt beim Mk IV für stabilere Kurvenfahrt, und das Getriebe besitzt nun auch im ersten Gang eine Synchronisierung. 1974 wandelte sich der Mk IV zum 1500: Die nötige Hubraumerweiterung für den stetig schwerer gewordenen Spitfire war gut gemeint, doch der aufgebohrte Motor litt in der Praxis unter eingeschränkter Standfestigkeit. Seine nur drei Lagerstellen reagieren empfindlich auf hohe Drehzahlen. Für Triumph war die Spitfire-Modellreihe ein großer Erfolg – rund 160.000 Exemplare ließen sich absetzen.

Gelungene Überarbeitung: Triumph Spitfire Mk IV

Motor/Antrieb					
Bauart					Vierzylinder (Reihe)
Lage/Antrieb					Front/Heck
Hubraum in cm³					1296, 1474
Leistung in PS bei U/min					62 bei 5500 bis 69 bei 5250
Vmax in km/h					150 bis 160
Karosserie					
Bauart					Roadster
Tragstruktur					Kastenrahmen
Material					Stahlblech
Stückzahl und Marktsituation					
Produktionszahl					70.021, 95.829
Verfügbarkeit					üppig
Teilesituation					gut
Unterhaltskosten					mittel
Preise in Euro	1	2	3	4	5
Spitfire Mk IV, Cab	11.800	8.600	5.200	2.500	1.000
Spitfire 1500, Cab	12.300	8.900	5.400	2.600	1.100

Triumph (GB)

Triumph Stag — 1970-1977

Der Versuch, in der Klasse der Luxuscabriolets mitzumischen, gelang Triumph nur ansatzweise. Dabei waren die Voraussetzungen gut: eine elegante Karosserie, von Triumph-Hofdesigner Giovanni Michelotti gezeichnet (und der zwei Jahre zuvor vorgestellten Limousine 2.5 P.I. wie aus dem Gesicht geschnitten), die als besonderen Gimmick einen Überrollbügel erhielt. Das entsprach dem Sicherheitsdenken der Siebziger, speziell in den USA herrschte damals Angst vor einem generellen Cabrio-Verbot. Nicht überzeugen konnte das hastig aus zwei Vierzylindern zusammengeschraubte V8-Aggregat: Der exklusiv im Stag verbaute Motor litt enorm unter Hitzeproblemen und mangelnder Standfestigkeit. Schnell war der anfangs gute Ruf ruiniert, und der für Triumph so wichtige US-Markt orderte immer weniger der sensiblen Stag, bis die Produktion nach nur knapp 26.000 Exemplaren eingestellt wurde.

Eine neue Dimension: Triumph Stag

Motor/Antrieb	
Bauart	V8
Lage/Antrieb	Front/Heck
Hubraum in cm³	2997
Leistung in PS bei U/min	145 bei 5500 bis 147 bei 5750
Vmax in km/h	190
Karosserie	
Bauart	Cabriolet
Tragstruktur	selbsttragend
Material	Stahlblech
Stückzahl und Marktsituation	
Produktionszahl	25.877
Verfügbarkeit	ausreichend
Teilesituation	schwierig
Unterhaltskosten	hoch

Preise in Euro	1	2	3	4	5
Stag, Cab	18.800	13.900	8.600	4.500	2.100

Triumph Dolomite Sprint — 1973-1980

Im Jahr 1973, als Triumph mit dem Sprint die sportliche Variante der Mittelklasse-Limousine Dolomite präsentierte, galt dessen Vierventiltechnik als atemberaubend modern. Die überragenden Fahrleistungen – er lief stramme 185 Stundenkilometer – prädestinierten den Viertürer zum Einsatz auf der Rennpiste, wo er für viel Aufsehen sorgte. Auf der Straße war er seltener zu sehen, denn trotz der siebenjährigen Bauzeit verkaufte Triumph nur knapp 23.000 Exemplare des Sprint. Vielleicht lag das auch an der Nonchalance, mit der das chronisch finanzschwache Werk auch hier die technische Entwicklung betrieb: Der Ruf der Unzuverlässigkeit eilte der sportlichen Limousine mit den Leichtmetallrädern und den modischen schwarzen Zierstreifen voraus. Vielleicht wäre aus ihr sonst ein ernstzunehmender BMW-Konkurrent geworden.

Sportlicher Viertürer: Triumph Dolomite Sprint

Motor/Antrieb	
Bauart	Vierzylinder (Reihe)
Lage/Antrieb	Front/Heck
Hubraum in cm³	1998
Leistung in PS bei U/min	129 bei 5700
Vmax in km/h	185
Karosserie	
Bauart	Limousine (4-türig)
Tragstruktur	selbsttragend
Material	Stahlblech
Stückzahl und Marktsituation	
Produktionszahl	22.941
Verfügbarkeit	ausreichend
Teilesituation	schwierig
Unterhaltskosten	hoch

Preise in Euro	1	2	3	4	5
Dolomite Sprint, L4t	9.500	6.100	3.600	1.700	900

Triumph TR 7 Coupé — 1975-1981

Bis heute ungeliebt und missverstanden blieb Triumphs Antwort auf die neue Zeit. Der Roadster ist tot, dachten sich die Konzernbosse und platzierten ein Coupé, das auch im Aufbau seiner Karosserie mit ur-britischen Traditionen brach: Seine Karosserie war selbsttragend und von prägnanter Keilform. Triumphs verzweifelter wie mutiger Schritt nach vorne fand Ende der siebziger Jahre durchaus Resonanz: Trotz schlechter Verarbeitungsqualität und reizlosem Zwei-Liter-Vierzylinder entschieden sich über 110.000 Triumph-Freunde für den modischen Faustkeil mit Klappscheinwerfern. Niedrige Unterhaltskosten, ordentliche Fahrleistungen und – im Vergleich zu den Vorgängern – akzeptabler Komfort trösteten etwas über den Verlust der Frischluft hinweg.

War das der richtige Roadster-Erbe? Triumph TR 7 Coupé

Motor/Antrieb	
Bauart	Vierzylinder (Reihe)
Lage/Antrieb	Front/Heck
Hubraum in cm³	1998
Leistung in PS bei U/min	105 bei 5000
Vmax in km/h	175
Karosserie	
Bauart	Coupé
Tragstruktur	selbsttragend
Material	Stahlblech
Stückzahl und Marktsituation	
Produktionszahl	112.368
Verfügbarkeit	üppig
Teilesituation	ausreichend
Unterhaltskosten	mittel

Preise in Euro	1	2	3	4	5
TR 7, Cpe	8.400	5.500	3.100	1.600	500

Sie suchen   Sie verkaufen
Wir präsentieren im Internet und vermitteln

www.OLDIE-DATA.de

Für 20,- € mit 3 Fotos oder 10,- € (ohne Foto) präsentiert **OLDIE-DATA** Fahrzeuge/Ersatzteile als Verkaufs-/Suchangebote im Internet für 4 Monate. Schreiben oder faxen Sie uns folgende Angaben:

FAHRZEUGE	ERSATZTEILE
- Fahrzeug-Hersteller	- Fahrzeug-Hersteller
- Fahrzeug-Typ/Modell	- Fahrzeug-Typ/Modell
- Karosserie/Baujahr	- Baugruppe (Ersatzteil)
- TÜV/ASU	- Ersatzteil-Nr. (evtl.)
- Note/Zustand	- Baujahr
- Km-Stand	- Zustand
- Preisvorstellung	- Preisvorstellung
- Sonderausstattung	- Zusatzinfos

Inh. Dipl. Ing. W. Bartl • Tel. 08061/342 748, Fax: 08061/342 749
e-Mail: oldie.data@T-online.de • Internet http://www.oldie-data.de
OLDIE-DATA • Ganghofer Str. 46 • D-83043 Bad Aibling

Triumph (GB) • Tucker (USA)

Triumph TR 7 Cabrio — 1979-1981

1979 wollte es Triumph dann doch noch wissen. Auf der Basis des TR 7-Coupés präsentierten die Briten eine neue Roadster-Version in sehr eigenständigem, hochmodernem Design, das die knochigen Traditionen weitgehend ignorierte. Sie konnte freilich nicht mehr den wilden Sechszylindern früherer Ausgaben das Wasser reichen. Für komfortverwöhnte Amerikaner bot Triumph wahlweise ein Automatikgetriebe an, mit dem der lediglich 105 PS starke TR7 nur noch müde agiert. Doch auch mit dem serienmäßigen Fünfganggetriebe bleibt das Zweiliter-Aggregat farblos. Ärgerlich war auch, dass die roadstererprobten Briten für den TR 7 keine zeitgemäße Verdeckkonstruktion anbieten konnten.

Jetzt kam die offene Version: Triumph TR 7 Cabrio

Motor/Antrieb					
Bauart					Vierzylinder (Reihe)
Lage/Antrieb					Front/Heck
Hubraum in cm³					1998
Leistung in PS bei U/min					105 bei 5500
Vmax in km/h					175
Karosserie					
Bauart					Cabriolet
Tragstruktur					selbsttragend
Material					Stahlblech
Stückzahl und Marktsituation					
Produktionszahl					28.864
Verfügbarkeit					gut
Teilesituation					ausreichend
Unterhaltskosten					mittel
Preise in Euro	1	2	3	4	5
TR 7 Cabrio, Cab	12.700	8.200	5.100	2.300	1.000

Triumph TR 8 — 1980-1981

Futuristische Form, Leistung satt und keine 2500 Exemplare gebaut: Der TR 8 ist auf dem besten Weg zum raren Klassiker. Triumph hatte den schwachbrüstigen TR 7 mit dem 3,5 Liter großen Aluminium-V8 von Rover kombiniert und so dem Roadster bei den leistungshungrigen Amerikanern eine gewisse Akzeptanz verschafft. Nicht überarbeitet hatten die Briten leider das Chassis und die Bremsen: Ein Versäumnis, das heute den Fahrspaß trotz der souveränen Kraftentfaltung nicht so entspannt genießen lässt, wie es eigentlich wünschenswert wäre.

Power für die Staaten: Triumph TR 8

Motor/Antrieb					
Bauart					V8
Lage/Antrieb					Front/Heck
Hubraum in cm³					3532
Leistung in PS bei U/min					157 bei 5250
Vmax in km/h					205
Karosserie					
Bauart					Cabriolet
Tragstruktur					selbsttragend
Material					Stahlblech
Stückzahl und Marktsituation					
Produktionszahl					2497
Verfügbarkeit					gut
Teilesituation					gut
Unterhaltskosten					hoch
Preise in Euro	1	2	3	4	5
TR 8 Cabrio, Cab	17.000	13.500	8.200	4.200	1.800

Tucker (USA) • 1946 - 1948

The car of tomorow – today! – So der Plan des cleveren US-Geschäftsmannes Preston Tucker, mit dem er ab 1946 für sein Großprojekt warb. Er wollte ein Auto bauen, dass in punkto Sicherheit, Fahrleistungen und Komfort seiner Zeit – und den Flotten der Detroiter Automobilgiganten – weit voraus war. Durch großspurige Kampagnen und Versprechungen gelang es dem Charismatiker in kürzester Zeit, namhafte Designer, Techniker und Branchenkenner an Bord zu holen. Dutzende Geschäftsleute und hunderte Autohändler gaben Kredite, Tucker gab Aktien aus und spülte so 26 Millionen Dollar als Vorfinanzierung in seine Kasse. Ende 1946 mietete er das Dodge-Flugmotorenwerk in Chicago – die Arbeiten konnten beginnen.

Der im Folgejahr vorgestellte Prototyp des Torpedo genannten Wunderautos enttäuschte als eilig improvisiertes Flickwerk. Eine wesentlich bessere Figur machte der im März 1948 präsentierte fertige Tucker. Zwar hatten sich manche der angekündigten Features wie Benzineinspritzung oder Scheibenbremsen als nicht realisierbar erwiesen, doch der Tucker (der Name Torpedo war inzwischen entfallen) war ein außerordentlicher Wagen. Seine Gegner aus Detroit hatte Tucker allerdings unterschätzt: Sie schickten ihm die Finanzkontrollbehörde ins Haus, die sich für die windige Vorfinanzierung interessierte. Tatsächlich waren etliche Millionen unbekannt versickert. Bereits im Juli 1948 fuhr das eilig aufgebaute und hemdsärmelig geführte Unternehmen in die Pleite, 2000 Mitarbeiter standen auf der Straße. Preston Tucker wurde der Bilanzfälschung angeklagt, jedoch freigesprochen. Ein amerikanischer Traum war nach 51 handgefertigten Automobilen geplatzt.

Tucker (Torpedo) — 1948

Preston Tuckers „Auto der Zukunft" war tatsächlich seiner Zeit voraus. Das rassige, ungewohnt aerodynamische Design (cw-Wert 0,3) erregte berechtigtes Aufsehen, neuartig war auch der zentrale dritte Scheinwerfer. Die verstärkte Fahrgastzelle folgte mit einem weichen Armaturenbrett und einer lösbaren Frontscheibe konsequent Sicherheitsaspekten, war zugleich aber auch komfortabel gestaltet – bis hin zu den in die Dachlinie gezogenen Türen. Ursprünglich war – unter der Prämisse großer Hubraum gleich große Lebensdauer – ein 9,6-Liter-Sechszylindermotor im Heck des Tucker vorgesehen. Zum Einsatz kam aber aus Termingründen ein Hubschraubermotor von Franklin. Der 5,4 Liter große Sechszylinder-Boxer beschleunigte den Boliden in weniger als zehn Sekunden auf 100 km/h und trieb ihn auf über 200 km/h. Der Plan, später einen Caproni-Turbinenmotor einzusetzen, ging im Trubel des jähen Endes unter.

Hoch ambitioniert: Tucker

Motor/Antrieb					
Bauart					Sechszylinder (Boxer)
Lage/Antrieb					Heck/Front
Hubraum in cm³					5500
Leistung in PS bei U/min					166 bei 2700
Vmax in km/h					220
Karosserie					
Bauart					Limousine (4-türig)
Tragstruktur					Kastenrahmen
Material					Stahlblech
Stückzahl und Marktsituation					
Produktionszahl					51
Verfügbarkeit					gegen null
Teilesituation					sehr schwierig
Unterhaltskosten					hoch
Preise in Euro	1	2	3	4	5
Torpedo			keine Notierung		

© Tucker Automobile Club of America

Turner (GB) • 1951 bis 1966

Zunächst befasste sich Firmengründer J.H. Turner mit Rennwagen, doch ab 1956 stieg die 1951 gegründete Marke immer mehr in den Serienbau ein. Die enge Zusammenarbeit mit der Tuningfirma Alexander aus Haddenham rechtfertigt auch den seit 1960 verwendeten Markennamen Alexander-Turner. Mitte der sechziger Jahre endete die Bauzeit der Wolverhamptoner Marke, die Triebwerke von Coventry-Climax, BMC und Ford verwendete.

Turner Mk I, Mk II, Mk III Sports — 1959-1966

In der bunten britischen Motorsportszene mischten die von Jack Turner gebauten Fahrzeuge schon einige Zeit recht erfolgreich mit, als 1959 auch ein Straßenmodell faszinierte Blicke auf sich zog. Die gesammelte Kompetenz aus bereits rund 250 gefertigten Wagen steckte in diesem nur 3,5 Meter langen Roadster, der seine leichte Kunststoffkarosserie von einem Rohrrahmen getragen sah. Motor- und Getriebeeinheiten verschiedener Hersteller kamen zum Einsatz, die Tuningfirma Alexander sorgte ab 1960 für mehr Kraft. Das Mk II-Modell bekam Fahrwerkskomponenten vom Triumph Herald, der Mk III konnte ab 1962 schließlich auch mit Ford-Motoren ausgerüstet werden, die bis zu 1,5 Liter Hubraum hatten. Als leichte und schnelle Fahrzeuge mit bestechendem Handling konnten die Turner auf zahlreichen Rennpisten siegen.

Bestechendes Handling: Turner

Motor/Antrieb					
Bauart					Vierzylinder (Reihe)
Lage/Antrieb					Front/Heck
Hubraum in cm³					948, 1097, 1340, 1498
Leistung in PS bei U/min					43 bei 5000 bis 95 bei 6000
Vmax in km/h					140 bis 175
Karosserie					
Bauart					Roadster, Coupé
Tragstruktur					Rohrrahmen
Material					Kunststoff
Stückzahl und Marktsituation					
Produktionszahl					ca. 700
Verfügbarkeit					gegen null
Teilesituation					ausreichend
Unterhaltskosten					mittel
Preise in Euro	1	2	3	4	5
Mk 1-3, Rds	21.000	14.000	9.000	4.500	2.000

TVR (GB) • 1954 bis heute

1948 gründete Trevor Wilkinson die Marke TVR. Die Buchstaben entnahm er seinem Vornamen. Zunächst baute Wilkinson Rennfahrzeuge, doch als das Geld für eine Kleinserienfertigung zusammen war, startete er mit dem Bau des TVR Jomar. Die Herstellerfirma des TVR nannte sich Layton Sports Cars, der Jomar hieß ab 1960 Grantura.
1965 übernahmen Vater und Sohn Lilley TVR. Sie machten aus TVR eine angesehene Liebhabermarke, die sich mit potenten Sportwagen erfolgreich am Markt behaupten konnte – als größte unabhängige Automobilmarke in britischem Besitz. Das hätte sich einst Trevor Wilkinson so wenig träumen lassen wie der gesamte Rest der einst potenten Automobilindustrie des Vereinigten Königreichs.

TVR Jomar, Grantura — 1958-1967

Auch die ersten TVR-Modelle wurden mit den Zutaten typisch britischer Kleinserientechnik zubereitet. Über einen Rohrrahmen stülpte man eine kompakte, leichte Kunststoffkarosserie und organisierte sich die technischen Komponenten bei Großserienherstellern und den üblichen Zulieferern. Treffsicher hatte TVR gelungene Karosserielinien mit aggressiven Elementen gefunden, die bis 1980 typisch für die Marke blieben. Die Motoren kamen von den Anbietern MG, Coventry Climax und Ford. Die recht wechselhafte Fertigungsqualität verlangte vom TVR-Fahrer allerhand Arbeitsaufwand. Ab 1962 wurde beim Grantura Mk III der Rohrrahmen durch einen steiferen Fachwerkrahmen ersetzt, der Radstand wuchs um vier Zentimeter, Änderungen am Fahrwerk und Detailmodifikationen an der Karosserie bezeugen die Modellpflege.

Mit Rohrrahmen und Kunststoffkarosserie: TVR Jomar und Grantura

Motor/Antrieb					
Bauart					Vierzylinder (Reihe)
Lage/Antrieb					Front/Heck
Hubraum in cm³					997 bis 1798
Leistung in PS bei U/min					38 bei 4500 bis 98 bei 5200
Vmax in km/h					150 bis 195
Karosserie					
Bauart					Coupé
Tragstruktur					Rohrrahmen
Material					Kunststoff
Stückzahl und Marktsituation					
Produktionszahl					680
Verfügbarkeit					schlecht
Teilesituation					ausreichend
Unterhaltskosten					mittel
Preise in Euro	1	2	3	4	5
Jomar, Cpe			keine Notierung		
Grantura Mk I/Mk II, Cpe	23.800	16.500	11.000	5.900	3.000

TVR (GB)

TVR Griffith
1964-1965

Der amerikanische Rennfahrer Jack Griffith empfand den Vierzylinder-Reihenmotor des Grantura doch als etwas schwach auf der Brust. Nach einem bereits mehrfach erfolgreich praktizierten Rezept implantierte er in das filigrane Fahrzeug einen Achtzylinder von Ford, der mit seinen 4,7 Litern Hubraum und anfangs 195 PS dem kompakten TVR zu neuen Fahrleistungsdimensionen verhalf. Schwachbrüstigkeit konnte dieser Rakete keiner mehr vorwerfen, aber es gab andere Probleme, beispielsweise die unzureichende Kühlung. Spitzengeschwindigkeiten von bis zu 260 km/h und äußerst druckvolle Beschleunigung machten solche Mängel für Fans entschuldbar. Spätere Modelle basierten auf der am höchsten entwickelten Grantura-Generation und erhielten meist die auf 275 PS getunte Motorversion. Auch damit kam das Fahrwerk zurecht.

Mit V8 eine Rakete: TVR Griffith

Motor/Antrieb	
Bauart	V8
Lage/Antrieb	Front/Heck
Hubraum in cm³	4728
Leistung in PS bei U/min	195 bei 4400 bis 275 bei 6000
Vmax in km/h	225 bis 260
Karosserie	
Bauart	Coupé
Tragstruktur	Rohrrahmen
Material	Kunststoff
Stückzahl und Marktsituation	
Produktionszahl	310
Verfügbarkeit	gegen null
Teilesituation	ausreichend
Unterhaltskosten	hoch

Preise in Euro	1	2	3	4	5
Griffith 400, Cpe	45.000	37.000	29.000	17.000	9.000

TVR Vixen 1600, 1800, S 2, S 3, S 4
1967-1973

TVR blieb der markanten Karosserielinie treu, bot weiterhin nur Coupés an und verzichtete auf offene Versionen. Das tat der Idee keinen Abbruch. Mit verbesserter Fertigungsqualität und Feinschliff im Detail überzeugten die Vixen-Modelle, die als Ablösung des Grantura 1967 auf den Markt kamen. Zunächst sorgten 1,8-Liter-Motoren von MG für Vortrieb, doch nach rund einem Dutzend dieser Versionen wurden ausschließlich Ford-1600er eingebaut. Für mehr Innenraum sorgte die Radstandsverlängerung, die beim Modell S 2 parallel mit einigen Retuschen am Aussehen eingeführt wurde. Neben einer breiteren Spur hatte sich vor allem am Aufbau etwas getan, was Restaurierer von heute erfreut: Karosserie und Rahmen lassen sich einfacher trennen. Modellpflege betraf schließlich auch die Gestaltung des Interieurs. Der letzte Vixen, das Modell S 4, war ein in nur 23 Exemplaren hergestellter Interimstyp mit dem neuen M-Series-Chassis.

Nur als Coupé: TVR Vixen

Motor/Antrieb	
Bauart	Vierzylinder (Reihe)
Lage/Antrieb	Front/Heck
Hubraum in cm³	1599, 1798
Leistung in PS bei U/min	95 bei 5400 bis 117 bei 5000
Vmax in km/h	185 bis 200
Karosserie	
Bauart	Coupé
Tragstruktur	Rohrrahmen
Material	Kunststoff
Stückzahl und Marktsituation	
Produktionszahl	756
Verfügbarkeit	schlecht
Teilesituation	ausreichend
Unterhaltskosten	mittel

Preise in Euro	1	2	3	4	5
Vixen S1-S4, Cpe	17.500	12.300	7.900	4.200	1.500

TVR Tuscan V6, V8, SE
1969-1971

Parallel zum Vixen mit Vierzylindermotoren offerierte TVR in Blackpool auch die deutlich potentere Tuscan-Baureihe. Mit Sechs- und Achtzylindermotoren bestückt war für hohe Fahrleistungen reichlich Reserve vorhanden. In der Kombination mit dem Dreiliter Ford-Zodiac-Motor zeigte sich das Fahrwerk dem Potenzial noch gewachsen. Anders sah es beim Achtzylinder aus, dessen Power von 203 bis 275 Pferdchen selbst bei verlängertem Radstand und breiterer Spur des M-Serie-Chassis eindeutig zuviel für den zierlichen Unterbau war. Zum rechten Erfolg wurde der Tuscan nicht, nur 174 Exemplare wurden abgesetzt.

Power! TVR Tuscan

Motor/Antrieb	
Bauart	V6, V8
Lage/Antrieb	Front/Heck
Hubraum in cm³	2994, 4728
Leistung in PS bei U/min	146 bei 4750 bis 275 bei 6500
Vmax in km/h	210 bis 270
Karosserie	
Bauart	Coupé
Tragstruktur	Rohrrahmen
Material	Kunststoff
Stückzahl und Marktsituation	
Produktionszahl	174
Verfügbarkeit	schlecht
Teilesituation	ausreichend
Unterhaltskosten	hoch

Preise in Euro	1	2	3	4	5
Tuscan V6, Cpe	23.300	15.800	10.100	5.800	2.900
Tuscan V8, Cpe	31.600	21.300	13.800	7.500	3.700

TVR 2500 M
1972-1977

Deutlich bessere Verkaufszahlen konnte der Tuscan-V6-Nachfolger aufweisen: Mit knapp 950 Exemplaren erreichte dieses Modell der M-Serie neue Bestwerte beim Verkauf. Die Amerikaner erhielten den nach strengen US-Vorschriften entsprechend entgifteten Triumph-TR-6-Motor, der mit seinen nur 106 PS nicht gerade durch überschäumendes Temperament auffiel und die Höchstgeschwindigkeit auf bescheidene 175 km/h begrenzte. Aber die kraftvollen Achtzylinder, die TVR im Tuscan angeboten hatte, waren ja nicht auf größeren Zuspruch gestoßen. Die leicht modifizierte Karosserie zeigte noch die typischen Linien des Vorgängers. Gelohnt hat sich die Detailarbeit, denn viele Details gerieten praktischer, was dem TVR-Eigner den Alltag erleichterte.

Schwächer, dafür zuverlässiger: TVR 2500 M

Motor/Antrieb	
Bauart	Sechszylinder (Reihe)
Lage/Antrieb	Front/Heck
Hubraum in cm³	2498
Leistung in PS bei U/min	106 bei 4900
Vmax in km/h	175
Karosserie	
Bauart	Coupé
Tragstruktur	Rohrrahmen
Material	Kunststoff
Stückzahl und Marktsituation	
Produktionszahl	947
Verfügbarkeit	schlecht
Teilesituation	ausreichend
Unterhaltskosten	hoch

Preise in Euro	1	2	3	4	5
2500 M, Cpe	17.500	11.900	6.800	3.600	1.100

TVR (GB)

TVR 3000 M — 1972-1979

Das M-Modell für die europäische Kundschaft von TVR wies drei Liter Hubraum auf. Dieser Ford-Motor in V-Bauart erreichte immerhin 138 PS und sorgte für bekömmliche 195 km/h Spitzentempo. Mehr Vielfalt bot die Firma nun bei den Ausstattungen an, darunter auch eine Version mit serienmäßigem Vinyldach, in das ein simpel konstruiertes Faltschiebedach eingelassen war. Neues Design gab es bei den Leichtmetallrädern, die das gefällige Erscheinungsbild des inzwischen nicht mehr als Bausatz lieferbaren Wagens abrundeten. Der 3000 M sicherte sich auch in Deutschland während der späten siebziger Jahre einen treuen Freundeskreis, weshalb trotz nur 654 gebauter Fahrzeuge immer wieder Exemplare zu angemessenen Preisen angeboten werden.

Mit Drei-Liter-V6 von Ford: TVR 3000 M

Motor/Antrieb					
Bauart					V6
Lage/Antrieb					Front/Heck
Hubraum in cm³					2994
Leistung in PS bei U/min					138 bei 5000
Vmax in km/h					195
Karosserie					
Bauart					Coupé
Tragstruktur					Rohrrahmen
Material					Kunststoff
Stückzahl und Marktsituation					
Produktionszahl					654
Verfügbarkeit					üppig
Teilesituation					gut
Unterhaltskosten					hoch
Preise in Euro	1	2	3	4	5
3000 M, Cpe	19.500	13.400	7.600	4.100	1.200

TVR Taimar — 1976-1979

Neben dem Zierstreifen an der Flanke ist die große Heckklappe das wichtigste Unterscheidungsmerkmal zum TVR 3000 M. Der Taimar konnte entstehen, weil die Firma aufgrund ihres Erfolgs über ausreichend Mittel zur Umsetzung dieser praktischen Lösung bereithielt. Es verbarg sich zwar nicht besonders viel Stauvolumen unter der Haube, doch sie betonte die Praxistauglichkeit dieser englischen Sportcoupés. Motorseitig kam allein der leicht überarbeitete Ford-Essex-V6 mit 142 PS zum Einsatz, bei einigen wenigen Modellen half zudem ein Turbolader leistungsmäßig auf die Sprünge.

Mit großer Heckklappe: TVR Taimar

Motor/Antrieb					
Bauart					V6
Lage/Antrieb					Front/Heck
Hubraum in cm³					2994
Leistung in PS bei U/min					142 bei 5000
Vmax in km/h					195
Karosserie					
Bauart					Coupé
Tragstruktur					Rohrrahmen
Material					Kunststoff
Stückzahl und Marktsituation					
Produktionszahl					395
Verfügbarkeit					gut
Teilesituation					gut
Unterhaltskosten					hoch
Preise in Euro	1	2	3	4	5
Taimar, Cpe	21.100	15.200	10.000	5.800	2.600

TVR 3000 S — 1978-1979

Stolze 20 Jahre ließ sich der Hersteller in Blackpool Zeit, eines der gelungensten Coupés auch ohne Dach anzubieten. Dabei hatte die Roadster-Tradition ihre tiefsten Wurzeln gerade bei Kleinserienherstellern... 1978 war es bei TVR soweit: Als offene Version bot der 3000 S nun auch die Freuden des Frischluftfahrens. Ein etwas kompliziertes Kunststoffdach und seitliche Steckscheiben machten ihn zum echten Roadster. Nicht alle Betrachter konnten an der neuen Linie Gefallen finden, mit 258 gebauten Exemplaren ist der 3000 S eher selten geblieben und erzielt, angesichts des Cabriobooms der letzten Jahre, inzwischen beachtliche Preise. Weiteres Merkmal: die veränderte Armaturenbrettgestaltung mit zentral angeordneten Instrumenten.

Jetzt auch offen: TVR 3000 S

Motor/Antrieb					
Bauart					V6
Lage/Antrieb					Front/Heck
Hubraum in cm³					2994
Leistung in PS bei U/min					142 bei 5000
Vmax in km/h					195
Karosserie					
Bauart					Roadster
Tragstruktur					Rohrrahmen
Material					Kunststoff
Stückzahl und Marktsituation					
Produktionszahl					258
Verfügbarkeit					ausreichend
Teilesituation					gut
Unterhaltskosten					hoch
Preise in Euro	1	2	3	4	5
3000 S, Cab	27.600	19.400	12.300	7.200	3.600

TVR Tasmin S1 — 1980-1981

Klare Kanten waren in den achtziger Jahren modern, als TVR versuchte, sein Sportcoupé neu zu interpretieren. Wer sich an den sanften Rundungen bisheriger Modelle ergötzen konnte, musste radikal umdenken. Technisch basierte der Tasmin S1 auf einem modifizierten M-Rahmen mit neuem Fahrwerk. Unter der nach wie vor ellenlangen Motorhaube sorgte der 2,8 Liter große Ford-Motor aus Köln mit 160 PS für mehr Dampf und eine Spitze von 200 km/h. Der 160 PS starke Einspritzer wurde zunächst nur als Coupé angeboten, binnen Jahresfrist stießen aber eine nicht sehr beliebte 2+2-sitzige Version sowie ein Cabrio mit zeitgemäßer, komfortabler Verdecktechnik dazu.

Mit Ecken und Kanten: TVR Tasmin S1

Motor/Antrieb					
Bauart					V6
Lage/Antrieb					Front/Heck
Hubraum in cm³					2792
Leistung in PS bei U/min					160 bei 5700
Vmax in km/h					200
Karosserie					
Bauart					Coupé, Cabriolet
Tragstruktur					Rohrrahmen
Material					Kunststoff
Stückzahl und Marktsituation					
Produktionszahl					k.A.
Verfügbarkeit					ausreichend
Teilesituation					gut
Unterhaltskosten					hoch
Preise in Euro	1	2	3	4	5
Tasmin S1, Cpe	11.800	8.200	4.600	2.600	800

Vanden Plas (GB) • 1960 bis 1980

Aus dem Modell Austin Princess wurde 1958 eine eigene Marke Princess, die aus konzernstrategischen Gründen 1960 in Vanden Plas umgetauft wurde. BMC wollte damit das Karosseriewerk Vanden Plas stützen, deren Mutterfirma sich bis ins Jahr 1880 zurückverfolgen lässt. 1946 war das britische Zweigwerk des ursprünglich belgischen Wagenbauers Van den Plas von Austin übernommen worden. 1960 begann Vanden Plas, Austin-Modelle besonders luxuriös auszustatten und unter eigenem Namen anzubieten.

Als 1968 die große Fusion zur BLMC stattfand, erübrigte sich diese Luxusmarke, denn bei Jaguar und Daimler gab es genügend Modelle in dieser Kategorie. Nur der Vanden Plas 1300, ein modifizierter Austin/Morris 1300, lief für einige Zeit weiter. 1980 verschwand Vanden Plas als Marke.

Vanden Plas Princess 3 Litre Mk II und 4 Litre R — 1959-1969

Als Princess 3 Litre erschien 1959 ein luxuriöses, mit viel Handarbeit hergestelltes Automobil, das als Chauffeurslimousine gedacht war. Ende 1961 erschien der 3 Litre Mk II mit höherer Motorleistung und fünf Zentimeter verlängertem Radstand – die Technik entsprach dem Austin A 110 Westminster. 1964 wurde der 3 Litre durch den 4 Litre R abgelöst (nicht zu verwechseln mit dem pompösen Modell 4 Litre), der etwas rundlichere hintere Kotflügel bekam. Der Motor des 4 Litre R war eine Neukonstruktion von Rolls-Royce: Dieses kultiviert laufende Aggregat aus Aluminium zeigte mit wechselgesteuerten Ventilen traditionelle Handschrift. Der Innenraum präsentierte sich hier von der nobelsten Sorte: Reichlich Leder, Walnussholz und dicke Wollteppiche schufen ein einmaliges Ambiente im äußerlich eher schlichten, von Pinin Farina gezeichneten Wagen.

Am besten mit Chauffeur: Vanden Plas Princess 3 Litre und 4 Litre R

Motor/Antrieb					
Bauart					Sechszylinder (Reihe)
Lage/Antrieb					Front/Heck
Hubraum in cm³					2912, 3909
Leistung in PS bei U/min					100 bei 4750 bis 175 bei 4800
Vmax in km/h					160 bis 180
Karosserie					
Bauart					Limousine (4-türig)
Tragstruktur					Kastenrahmen
Material					Stahlblech
Stückzahl und Marktsituation					
Produktionszahl					7000
Verfügbarkeit					schlecht
Teilesituation					sehr schwierig
Unterhaltskosten					hoch
Preise in Euro	1	2	3	4	5
Princess 3 Litre, L4t	18.000	11.500	7.400	3.100	1.000
Princess 4 Litre R, L4t	19.500	13.000	8.200	3.600	1.500

Vanden Plas Princess 1100 und 1300 — 1964-1974

Badge engineering in Richtung Luxus musste der Austin 1100 über sich ergehen lassen. Dazu verpasste ihm Vanden Plas unter anderem einen chromglänzenden, wuchtigen Kühlergrill. Besonders im Innenraum erinnerte keine Spur mehr an die profane Abstammung: Holzapplikationen hier und dort, verstellbare Ledersitze, reichhaltige Instrumentierung und bessere Teppiche nahmen den Insassen das Gefühl, in einem Kleinwagen zu sitzen. Wegen seines höheren Gewichts hatte die Motorisierung MG-Spezifikation erhalten, ein zweiter Vergaser sorgte für besseren Füllungsgrad und damit Leistung. Besser als der 1100er konnte das noch die 1300er-Maschine mit 66 PS, die ab 1967 verwendet wurde. Individualisten und Freunde kleiner Luxuswagen können mit dem speziellen Konzept durchaus glücklich werden.

Luxus im Kleinformat: Vanden Plas Princess 1100 und 1300

Motor/Antrieb					
Bauart					Vierzylinder (Reihe)
Lage/Antrieb					Front/Heck
Hubraum in cm³					1098, 1275
Leistung in PS bei U/min					55 bei 5500 bis 66 bei 5750
Vmax in km/h					130 bis 145
Karosserie					
Bauart					Limousine (4-türig)
Tragstruktur					selbsttragend
Material					Stahlblech
Stückzahl und Marktsituation					
Produktionszahl					39.732
Verfügbarkeit					ausreichend
Teilesituation					ausreichend
Unterhaltskosten					mittel
Preise in Euro	1	2	3	4	5
Princess 1100, L4t	8.700	5.600	3.100	1.500	400
Princess 1300, L4t	9.400	6.000	3.300	1.600	500

Vauxhall (GB) • Automobilbau seit 1903

Als Automarke gibt es Vauxhall seit 1903. Gegründet hatte das Unternehmen, das unter anderem als Schiffsmotorenbauer einen guten Ruf genoss, Alexander Wilson allerdings schon 1857. 1896 gab es die ersten Versuche mit Verbrennungsmotoren. Sportlich startete Vauxhall seine Karriere: Die Modelle waren von Beginn an leistungsorientiert. Erfolgreiche Teilnahmen bei Bergrennen führten zum Versuch, sich für die Tourist Trophy 1905 zu qualifizieren – vergeblich allerdings. Dafür gewann Vauxhall 1908 den Reliability Trail über immerhin 2000 Meilen und glänzte auf der Prinz-Heinrich-Fahrt 1910. Bekannt wurde Vauxhall mit seinem Modell 30/98, das ab 1914 gebaut wurde und nach dem Ersten Weltkrieg als Type E weiterproduziert wurde.
1925 übernahm General Motors die kleine britische Firma. Wie Opel behielt Vauxhall zunächst weitreichende Eigenständigkeit. Neben sportlichen Modellen erschien der luxuriöse Type S sogar mit Schiebermotor. Bekannt wurde 1931 der leichte und preiswerte Cadet wegen seines im Folgejahr eingeführten synchronisierten Getriebes. Der Type D überraschte ab 1935 mit vorderer Einzelradaufhängung, und ab 1938 baute Vauxhall mit dem Type H das erste englische Automobil mit selbsttragender Karosserie.

Der vergebliche Versuch zu mehr Eigenständigkeit und Dynamik: der XRV war 1966 das erste Concept car

Nach der Rüstungsproduktion im Zweiten Weltkrieg nahm Vauxhall schnell die Automobilproduktion wieder auf. 1948 folgte mit dem Wyvern das erste neue Modell, 1955 erschien der Cresta auf dem Markt. Mit dem 1963 eingeführten Modell Viva wurden erstmals Synergieeffekte zwischen Opel und Vauxhall mit gemeinsamer Entwicklungsarbeit offensichtlich. Bis Ende der 1970er-Jahre konnte Vauxhall noch weitgehend eigenständig konstruieren. Dann nahm der Einfluss von Opel immer weiter zu.

Aus dem Vollen schöpfen: Vauxhall-Gestalter in den späten 1940er Jahren

Vauxhall Velox und Cresta — 1957-1962

Unter der Regie von General Motors zeigte sich auch bei den britischen Produkten von Vauxhall der unverkennbare Einfluss aus Amerika. Mit den beliebten Panoramascheiben vorn und hinten sowie den ausgeprägten Heckflossen ist der Velox ebenso wie der Cresta ein Kind des Zeitgeistes. Weniger intensiv als dem Äußeren widmeten sich die Vauxhall-Ingenieure der Technik: Die Motoren stammten aus dem Vormodell. Immerhin ersparte die Vollsynchronisierung des Dreiganggetriebes das lästige Zwischengas. Im Laufe der Produktionszeit gab es eine Menge kleinerer Modifikationen, wichtiger war jedoch die Einführung des knapp 2,7 Liter großen Motors im Jahr 1961. Für deutsche Klassiker-Fans mag das Angebot aus Preisgründen reizvoll erscheinen, zu beachten ist jedoch die kritische Lage bei der Ersatzteilversorgung.

Motor/Antrieb					
Bauart					Sechszylinder (Reihe)
Lage/Antrieb					Front/Heck
Hubraum in cm³					2262, 2651
Leistung in PS bei U/min					72 bei 4400, 104 bei 4800
Vmax in km/h					140 bis 150
Karosserie					
Bauart					Limousine (4-türig)
Tragstruktur					selbsttragend
Material					Stahlblech
Stückzahl und Marktsituation					
Produktionszahl					81.841, 91.923
Verfügbarkeit					schlecht
Teilesituation					sehr schwierig
Unterhaltskosten					hoch
Preise in Euro	1	2	3	4	5
Velox/Cresta (2.3), L4t	9.700	6.200	3.300	1.300	400
Velox/Cresta (2.7), L4t	10.200	6.500	3.500	1.400	500

Unter US-Einfluss: Vauxhall Velox und Cresta

Vauxhall Viva, Magnum — 1970-1979

Bis Ende der siebziger Jahre spielten Überlegungen zu wirksamen Sparkonzepten nur eine Nebenrolle. So entwickelte Vauxhall ohne große Rücksicht auf Synergieeffekte parallel zu dem deutschen Opel Ascona die Modelle Viva und Magnum. Dieses simpel gemachte Großserienprodukt mit einer großen Anzahl möglicher Ausstattungs- und Motorisierungsvarianten machte als Alltagsauto eine durchaus gute Figur. Ihre technische Basis war noch weitgehend eigenständig. Den Viva gab es als zwei- und viertürige Limousine sowie als dreitürigen Kombi mit 1,3- oder gegen Aufpreis mit 1,8-Liter-Motor. Ende 1978 wurden die Magnum-Modelle wie auch die Viva mit Luxusausstattung aus dem Programm gestrichen, obwohl speziell ein mit dem 2,3-Liter-Vierzylinder angetriebenes Magnum-Coupé seine Reize hatte. In Deutschland gab es kaum Resonanz auf die Vauxhall-Modelle.

Motor/Antrieb					
Bauart					Vierzylinder (Reihe)
Lage/Antrieb					Front/Heck
Hubraum in cm³					1256, 1759, 2279
Leistung in PS bei U/min					60 bei 5600 bis 106 bei 5600
Vmax in km/h					140 bis 170
Karosserie					
Bauart					Limousine (2-/AO8804-türig), Kombi (3-türig), Coupé
Tragstruktur					selbsttragend
Material					Stahlblech
Stückzahl und Marktsituation					
Produktionszahl					k.A.
Verfügbarkeit					üppig
Teilesituation					gut
Unterhaltskosten					mittel
Preise in Euro	1	2	3	4	5
Viva, L4t	3.700	1.800	800	300	50
Magnum (2.3), Cpe	5.900	3.100	1.300	400	100

Ascona-Parallele: Vauxhall Viva und Magnum

Vauxhall (GB)

Vauxhall Ventora — 1972-1976

Optisch aufgewertete VX 4/90 machten diesen Vauxhall zum Ventora: an reichlich Chrom, dem Vinyldach und seiner reichhaltigen Ausstattung ist die Sechszylinder-Variante leicht zu identifizieren. Die Motoren zeichneten sich nicht durch besonders fortschrittliche Merkmale aus. Zur Wahl standen ein 2,8 Liter und ein 3,3-Liter-Reihenmotor mit jeweils sehr moderater Literleistung. 118 und 123 PS beeindruckten das unveränderte Fahrwerk kaum, die hintere, schraubengefederte Starrachse genügte nur bescheidenen Komfortansprüchen. Insgesamt blieben auch die Ventora-Modelle der alten Vauxhall-Tradition treu, sie waren grundsolide, bequeme, aber auch etwas schwerfällige Fahrzeuge. Als letzte Vauxhall-eigene Konstruktion der Oberklasse genießt der Ventora langsam steigende Wertschätzung.

Solide und etwas schwerfällig: Vauxhall Ventora

Motor/Antrieb					
Bauart					Sechszylinder (Reihe)
Lage/Antrieb					Front/Heck
Hubraum in cm³					2793, 3294
Leistung in PS bei U/min					118 bei 5000 bis 123 bei 4600
Vmax in km/h					165
Karosserie					
Bauart					Limousine (4-türig)
Tragstruktur					selbsttragend
Material					Stahlblech
Stückzahl und Marktsituation					
Produktionszahl					k.A.
Verfügbarkeit					gut
Teilesituation					gut
Unterhaltskosten					hoch
Preise in Euro	1	2	3	4	5
Ventora, L4t	5.400	2.900	1.200	400	100

Vauxhall VX 4/90 — 1972-1979

Erst ab 1975 bekam Vauxhall ernstzunehmende Konkurrenz — aus dem eigenen Haus. Die Konzernfiliale in Rüsselsheim schickte den Opel Rekord als Vauxhall Carlton über den Kanal. Bis dahin übernahm der VX 4/90 die Rolle des sportlich angehauchten Mittelklasse-Viertürers. Mit ansehnlichem Styling und ausschließlich mit dem 2,3 Liter großen, 116 PS starken Vierzylinder lieferbar, bestach der Wagen nicht zuletzt durch seine sportlich-elegante Innenausstattung. In Großbritannien war der VX 4/90 ein guter Erfolg, als solides Gesamtpaket hatte er auf dem Binnenmarkt weder von British Leyland noch von Ford viel Konkurrenz zu fürchten. Die Karriere der selbst konstruierten Modelle der Traditionsmarke wurde mit der Einführung der Opel-Modelle allerdings schon vor vielen Jahren gestoppt.

Der britische Opel Rekord: Vauxhall VX 4/90

Motor/Antrieb					
Bauart					Vierzylinder (Reihe)
Lage/Antrieb					Front/Heck
Hubraum in cm³					2279
Leistung in PS bei U/min					116 bei 5000
Vmax in km/h					170
Karosserie					
Bauart					Limousine (4-türig)
Tragstruktur					selbsttragend
Material					Stahlblech
Stückzahl und Marktsituation					
Produktionszahl					k.A.
Verfügbarkeit					gut
Teilesituation					gut
Unterhaltskosten					mittel
Preise in Euro	1	2	3	4	5
VX 4/90, L4t	4.400	2.100	900	300	50

Vauxhall Firenza Droopsnoot — 1973-1975

Zur Rarität wurde der Vauxhall Firenza, der dem Leistungsbewusstsein der siebziger Jahre Rechnung trug. Der Vorgänger des sportlichen Coupés war zwar recht attraktiv, ließ aber eine markante Ausstrahlung vermissen. Also verpasste man ihm 1973 eine neue, schräggestellte Front mit hinter Glas versteckten Scheinwerfern, schwärzte alle vormals in Chrom gehaltenen Teile und montierte neu gestylte Leichtmetallräder. Sportlich aufgepeppt wurde auch der Innenraum. Um diesem Outfit wirklich gerecht zu werden, wählte man eine kraftvolle Motorisierung: Ein auf stattliche 132 PS frisierter 2,3-Liter-Vierzylinder sorgte im Zusammenspiel mit einem ZF-Fünfganggetriebe für echte Sportwagen-Fahrleistungen. Der Droopsnoot blieb eine Rarität, nur 200 Exemplare ließen sich in den vom Ölschock geprägten Jahren absetzen.

Sportlicher Auftritt: Vauxhall Firenza Droopsnoot

Motor/Antrieb					
Bauart					Vierzylinder (Reihe)
Lage/Antrieb					Front/Heck
Hubraum in cm³					2279
Leistung in PS bei U/min					132 bei 5500
Vmax in km/h					195
Karosserie					
Bauart					Coupé
Tragstruktur					selbsttragend
Material					Stahlblech
Stückzahl und Marktsituation					
Produktionszahl					200
Verfügbarkeit					schlecht
Teilesituation					schwierig
Unterhaltskosten					hoch
Preise in Euro	1	2	3	4	5
Firenza Droopsnoot, Cpe			keine Notierung		

Vauxhall Chevette HS 2300 — 1976-1979

Auf der Basis des simplen Chevette entstand dieser dreitürige Kleinwagen, der mit dem Opel Kadett C City bis auf die Front im Wesentlichen baugleich war. Um ihn zum Wolf im Schafspelz zu machen, die GTI-Welle schwappte gerade hoch, erhielt er den hauseigenen, 2,3 Liter großen Vierzylindermotor mit satten 135 PS. Darauf pflanzte Vauxhall einen Vierventil-Zylinderkopf und quetschte das ganze Paket mühsam unter die Haube. Ein großer Spoiler vorn und Leichtmetallräder komplettierten das sportliche Outfit des Kompaktrenners mit Hinterradantrieb, der in der britischen Rallyemeisterschaft eine durchaus gute Figur machte. Für Freunde des gekonnten Heckschwenks ist der kompakte HS 2300 ein sicherer Quell der Freude.

Ganz heiß: Vauxhall Chevette HS 2300

Motor/Antrieb					
Bauart					Vierzylinder (Reihe)
Lage/Antrieb					Front/Heck
Hubraum in cm³					2279
Leistung in PS bei U/min					135 bei 5500
Vmax in km/h					195
Karosserie					
Bauart					Kombi-Coupé
Tragstruktur					selbsttragend
Material					Stahlblech
Stückzahl und Marktsituation					
Produktionszahl					k.A.
Verfügbarkeit					schlecht
Teilesituation					schwierig
Unterhaltskosten					hoch
Preise in Euro	1	2	3	4	5
Chevette HS 2300, L3t			keine Notierung		

Veritas (D) • 1946 bis 1952

Schon 1946 bauten die ehemaligen BMW-Mitarbeiter Ernst Loof, Schorsch Meier und Lorenz Dietrich alte BMW 328 in BMW-Veritas-Rennsportwagen um. Offiziell wurde die Firma im März 1948 in Messkirch/Baden gegründet. 1950 siedelte sie nach Muggensturm um, wo rund 70 Autos mit 100 PS starken Zweiliter Veritas-Heinkel-Motoren und Spohn-Karosserie entstanden: das Coupé Saturn, das Cabriolet Scorpion, der Sportwagen Comet und der Rennwagen Comet S.

Ernst Loof baute nach dem finanziellen Zusammenbruch der Veritas GmbH am Nürburgring etwa 20 weitere Autos – zwischen Herbst 1951 und August 1953. Lorenz Dietrich gründete die Firma Dyna und fertigte in Zusammenarbeit mit Panhard den Dyna-Veritas in Baden-Baden, bis auch hier nach kurzer Zeit das Geld ausging.

Dyna-Veritas 1950-1952

Die Karosserien für den hübschen Dyna-Veritas wurden bei Baur in Stuttgart bezogen. Komplettierung und Vertrieb hatte Lorenz Dietrich in seinen Händen. Die Technik steuerte die fortschrittliche Firma Panhard aus Frankreich bei. Das 2+2-sitzige Cabriolet war mit dem Zweizylinder-Boxermotor recht munter motorisiert und brachte, bei einer Länge von 3,90 Meter, nur 720 Kilogramm auf die Waage. Der Fronttriebler begnügte sich mit 7,5 Litern Benzin auf 100 Kilometer. Allerdings war das Modell mit 8300 Mark sehr teuer. So musste das Verkaufsergebnis – ganze 176 Exemplare sind entstanden – enttäuschen.

Motor/Antrieb	
Bauart	Zweizylinder (Boxer)
Lage/Antrieb	Front/Front
Hubraum in cm³	744
Leistung in PS bei U/min	32 bei 5000
Vmax in km/h	115
Karosserie	
Bauart	Cabriolet
Tragstruktur	Kastenrahmen
Material	Stahlblech
Stückzahl und Marktsituation	
Produktionszahl	176
Verfügbarkeit	gegen null
Teilesituation	sehr schwierig
Unterhaltskosten	mittel
Preise in Euro 1 2 3 4 5	
Dyna, Cab	keine Notierung

Hübsch und teuer: Dyna-Veritas

Veritas Saturn, Scorpion, Comet und Comet S 1950

BMW-Veritas waren mit 1,5-Liter- und Zweiliter-Motoren des öfteren siegreiche Rennsportwagen, und diesen guten Ruf gedachte man bei Veritas umzumünzen. Brauchbare BMW-Motoren gab es aber nicht mehr. So ersetzte Veritas den Langhuber durch einen quadratisch ausgelegten Leichtmetall-Reihensechszylinder von Heinkel mit obenliegender Nockenwelle. Die Hecktriebler trugen bereits ein Fünfganggetriebe. Karosserievarianten gab es reichlich: Veritas lieferte 2+2-sitzige Coupés und Cabriolets (Saturn, Scorpion) und zweisitzige Sport- und Rennsportwagen. Die Straßenmodelle waren mit Preisen zwischen gut 17.000 und knapp 20.000 Mark enorm teuer, technisch aber anspruchsvoll und aufwändig.

Motor/Antrieb	
Bauart	Sechszylinder (Reihe)
Lage/Antrieb	Front/Heck
Hubraum in cm³	1988
Leistung in PS bei U/min	100 bei 5000
Vmax in km/h	165
Karosserie	
Bauart	Coupé, Cabriolet
Tragstruktur	Plattformrahmen
Material	Aluminium
Stückzahl und Marktsituation	
Produktionszahl	k.A.
Verfügbarkeit	schlecht
Teilesituation	schwierig
Unterhaltskosten	hoch
Preise in Euro 1 2 3 4 5	
Saturn, Cpe	keine Notierung
Scorpion, Cab	keine Notierung

Aufwändiges Reisecoupé: Veritas Saturn

Victoria (Bayerische Autowerke, Spatz) (D) • 1956 bis 1959

Im Jahr 1956 hatte sich hoffnungsvoll die Bayerische Autowerke GmbH mit Sitz in Nürnberg-Traunreut gegründet. Beteiligte waren Harald Friedrich und die Victoria-Werke, die zuletzt rund 50 Jahre lang nur Zweiräder gebaut hatten. Mit einer Konstruktion von Egon Brütsch versuchte man noch auf den Zug zum Kleinwagen aufzuspringen. Ende 1956 schied Friedrich als Teilhaber aus, Victoria fertigte in Eigenregie weiter, schickte das erfolglose Vehikel aber im Februar 1958 aufs Altenteil.

1959 übernahm die Regensburger Firma Burgfalke Materialien, Ersatzteile und Werkzeuge. Das Abenteuer überforderte den neuen Besitzer jedoch finanziell, und nach nur wenigen Exemplaren musste er die Produktion endgültig einstellen.

Herzig: Spatz-Logo

Nüchtern: Späterer Victoria-Schriftzug

Victoria Spatz 200, Victoria 250 — 1956-1958

Als Dreisitzer sollte der minimal motorisierte Spatz 200 den Umstieg vom Roller schmackhaft machen. Als „Traumwagen des kleinen Sportfahrers" sollte er Geschichte machen. Es sei ein „gleichspuriges, betont sportliches Fahrzeug", lasen Interessenten im Prospekt. Bevor die Konstruktion in Serie ging, griff Hans Ledwinka noch verfeinernd ein. Mit 3350 Mark war das aus Fiberglas karossierte Wägelchen allerdings zu teuer geraten. Ab 1957 kam ein Victoria-Motor mit 250 cm³ zum Einsatz, mehr Erfolg war dem kleinen Vogel damit allerdings nicht beschieden. Nach nur 859 Exemplaren des Spatz 200 und 729 Exemplaren des Victoria 250 sowie einigen Burgfalke-Wagen entschlief das leicht brennbare Heckmotor-Projekt, ohne selbst das erhoffte Wirtschaftswunder zu werden.

Brandgefährlich: Victoria Spatz 200

Motor/Antrieb	
Bauart	Einzylinder-Zweitaktmotor
Lage/Antrieb	Heck/Heck
Hubraum in cm³	191, 248
Leistung in PS bei U/min	10,2 bei 5250 bis 14,0 bei 5200
Vmax in km/h	75 bis 95
Karosserie	
Bauart	Roadster
Tragstruktur	Rohrrahmen
Material	Kunststoff
Stückzahl und Marktsituation	
Produktionszahl	1588
Verfügbarkeit	schlecht
Teilesituation	schwierig
Unterhaltskosten	niedrig

Preise in Euro	1	2	3	4	5
Spatz 200, Rds	11.000	7.900	5.600	2.800	1.000
Victoria 250, Rds	11.500	8.100	5.800	2.900	1.000

Vignale (I) • 1967 bis 1970

Der 1913 geborene Alfredo Vignale arbeitete bereits als 17-Jähriger bei Pinin Farina; 1946 gründete er mit seinen Brüdern und einem Teilhaber in Turin ein Karosseriewerk. Es wurde für Fiat, Ferrari, Maserati, Lancia und andere Marken gezeichnet und geformt.

1969 starb Vignale bei einem Verkehrsunfall, kurz nach dem Verkauf seines Werks an De Tomaso. Ende 1974 wurde Vignale vom neuen Eigentümer Ford liquidiert, 400 Mitarbeiter standen auf der Straße. Das Modell Gamine von 1967 wurde durch seinen eigentümlichen Vertriebsweg bekannt – man konnte es im Versandhauskatalog bestellen.

Vignale Gamine — 1967-1970

Für knapp 4000 Mark wurde dieses Freizeitfahrzeug damals im Versandhauskatalog offeriert. Seine Basis bezog der Roadster vom Fiat 500, weshalb auch hier naturgemäß hinter der Kühlerattrappe kein Motor zu finden ist. Der sitzt nämlich im Heck, und seine 18 bollernden Zweizylinder-PS lassen das Gefährt bis zu 100 Stundenkilometer schnell werden. Heute tauchen sie noch ganz selten auf, die Preise sind deftig. Der Gamine zeigte, dass der Karossier nicht nur in der Lage war, Maseratis oder andere blaublütige Fahrmaschinen einzukleiden. Die Ausgewogenheit der Proportionen lässt keine Schwächen erkennen, was bei dieser Miniaturisierung gar keine leichte Aufgabe war. Sportliche Naturen bestiegen den Gamine auch ohne Öffnen der weit ausgeschnittenen Türen, indem sie einfach darüber kletterten.

Aus dem Katalog: Vignale Gamine

Motor/Antrieb	
Bauart	Zweizylinder (Reihe)
Lage/Antrieb	Heck/Heck
Hubraum in cm³	499
Leistung in PS bei U/min	18 bei 4600
Vmax in km/h	100
Karosserie	
Bauart	Roadster
Tragstruktur	selbsttragend
Material	Stahlblech
Stückzahl und Marktsituation	
Produktionszahl	k.A.
Verfügbarkeit	gegen null
Teilesituation	ausreichend
Unterhaltskosten	niedrig

Preise in Euro	1	2	3	4	5
Gamine, Rds	15.500	10.500	7.100	4.000	1.600

Volkswagen (D) • 1936 bis heute

Die Idee seines Volkswagens ließ Ferdinand Porsche nach den gescheiterten Versuchen bei Zündapp und NSU nicht los. 1934 schließlich fand Porsche Unterstützung bei Adolf Hitler. Damit begann die Entwicklung des Käfers, der bis 2003 gebaut worden ist: Ein Baustopp fast siebzig Jahre nach seiner Entwicklung ...
Bis 1945 warteten die vielen KdF-Sparer vergeblich auf die Auslieferung ihres Volkswagens. Nur wenige zivile Fahrzeuge wurden gebaut, dafür um so mehr Kübelwagen. Nach dem Ende des Zweiten Weltkriegs ging es unter britischer Besatzung zunächst provisorisch weiter. Unter Generaldirektor Heinrich Nordhoff trat der Käfer jedoch schon bald einen unvergleichlichen Siegeszug an, der erst gegen Ende der sechziger Jahre langsam enden sollte.
Nach und nach wurde das bundeseigene Unternehmen privatisiert. Von Daimler-Benz übernahm Volkswagen 1965 die Auto Union in Ingolstadt, vier Jahre später kam NSU dazu. Trotz des Einkaufs neuer Technologien hielt VW zunächst am System luftgekühlter Boxermotoren im Heck fest – beinahe zu lange. Die Verkaufszahlen sanken immer weiter, denn die Konkurrenz bot zeitgemäßere Technik.
Erst mit dem radikal neuen Golf – dank Hilfe der Konzerntochter Audi, die mit den Modellen Audi 80, 100 und 50 moderne Lösungen entwickelt hatte – schaffte es Volkswagen ab Mitte der siebziger Jahre, an den Käfer-Erfolg anzuschließen. Der Passat folgte diesem Weg.
Heute ist Volkswagen mit Audi, Seat und Skoda der größte Automobilkonzern Europas. Auch Bentley, Bugatti und Lamborghini gehören zum Konzern.

Vater des Käfers: Ferdinand Porsche (1875 - 1951)

30 Exemplare des Typ 30 genannten Vorserienwagens gingen auf umfangreiche Testfahrten

Volkswagen Standard und Export   1945-1953

Unter dem Begriff Brezelfenster-Käfer sind die Volkswagen aus den Jahren 1945 bis 1953 zusammengefasst. Es gab von diesem Typ 11 die Varianten Standard und Export (Typ 11a). Dieses ab 1949 ins Programm genommene Modell Export unterschied sich vom Standard durch seine bessere Ausstattung und verchromte Außendetails. Da sich die Materialversorgung immer weiter verbesserte, konnte der Käfer weiter optimiert werden. Ab Mai 1950 war ein Faltschiebedach lieferbar, ab April 1951 zierte das Wolfsburger Wappen die vordere Haube. Größere Änderungen kamen im Oktober 1952. Da erhielt der Export-Käfer ein teilsynchronisiertes Getriebe, es gab unter anderem ein neues Armaturenbrett, ausstellbare Dreiecksfenster und größere Stoßstangen. Das anfangs 5300 Mark teure Standard-Modell kostete ab September 1952 nur noch 4400 Mark.

Er stellte Deutschland auf Räder: Volkswagen Export

Motor/Antrieb	
Bauart	Vierzylinder (Boxer)
Lage/Antrieb	Heck/Heck
Hubraum in cm³	1131
Leistung in PS bei U/min	25 bei 3300
Vmax in km/h	105
Karosserie	
Bauart	Limousine (2-türig)
Tragstruktur	Plattformrahmen
Material	Stahlblech
Stückzahl und Marktsituation	
Produktionszahl	ca. 400.000
Verfügbarkeit	schlecht
Teilesituation	ausreichend
Unterhaltskosten	mittel

Preise in Euro	1	2	3	4	5
Käfer Standard (Ser. 1945-1953), L2t	17.500	11.800	7.300	3.900	1.500
Käfer Export (Ser. 1945-1953), L2t	17.200	12.300	7.600	4.000	1.500

Hebmüller Cabriolet   1949-1953

Ob offen oder geschlossen, das Hebmüller Cabriolet überzeugt seit über 50 Jahren mit einer Extraportion Schick. Ein Vorläufer dieses Zweisitzers war schon 1946 entstanden. Ab März 1949 begann eine auf zunächst 2000 Stück begrenzte Serie. Im Sommer jenen Jahres wurde die Wülfrather Firma durch einen Großbrand weitgehend zerstört, doch die Produktion konnte weitergeführt werden. Trotz der guten Auftragslage konnte Hebmüller die eigenen finanziellen Schwierigkeiten nicht bewältigen, der Konkurs war unvermeidlich. Bis 1953 wurde zwar noch heftig geschraubt, doch nach 696 Wagen kam das Aus. Karmann hätte den hübschen Wagen gerne weitergebaut; der geplante Karmann-Ghia veranlasste VW jedoch, die Produktion des schicken offenen Käfers einzustellen.

Heute der teuerste Frühzeit-Käfer: Hebmüller Cabriolet

Motor/Antrieb	
Bauart	Vierzylinder (Boxer)
Lage/Antrieb	Heck/Heck
Hubraum in cm³	1131, 1192
Leistung in PS bei U/min	25 bei 3300 bis 30 bei 3400
Vmax in km/h	105 bis 115
Karosserie	
Bauart	Cabriolet
Tragstruktur	Plattformrahmen
Material	Stahlblech
Stückzahl und Marktsituation	
Produktionszahl	696
Verfügbarkeit	schlecht
Teilesituation	schwierig
Unterhaltskosten	mittel

Preise in Euro	1	2	3	4	5
Hebmüller, Cab	Für Spitzenfahrzeuge bis zu 40.000 Euro				

Volkswagen (D)

Volkswagen Cabriolet — 1949-1980

Schon unter den ersten drei Versuchswagen befand sich eine offene Version. Ab September 1949 baute Karmann den Typ 15, das viersitzige Cabriolet. Der Osnabrücker Karosseriebauer blieb über die Jahrzehnte der Produzent für die offene Käfer-Version. Die Änderungen in Technik und Ausstattung übernahm das Cabrio von der Export-Limousine. Ab 1965 bestand das voluminöse und dick gefütterte Verdeck aus Kunststoff statt aus Baumwolle. Senkrecht stehende Scheinwerfer-Streuscheiben führte VW 1967 ein. Auch heute noch ist ein frühes Käfer Cabriolet eine besonders reizvolle Variante des deutschen Nachkriegsangebots. Nicht schnell, aber reizvoll lässt es sich mit dem zuverlässigen Boxer reisen.

Die Früchte des ersten Wohlstandes: VW Cabriolet

Motor/Antrieb					
Bauart					Vierzylinder (Boxer)
Lage/Antrieb					Heck/Heck
Hubraum in cm³					1131, 1192, 1285, 1584
Leistung in PS bei U/min					25 bei 3300 bis 50 bei 4000
Vmax in km/h					105 bis 135
Karosserie					
Bauart					Cabriolet
Tragstruktur					Plattformrahmen
Material					Stahlblech
Stückzahl und Marktsituation					
Produktionszahl					331.847
Verfügbarkeit					üppig
Teilesituation					sehr gut
Unterhaltskosten					mittel
Preise in Euro	1	2	3	4	5
Käfer 1200 (Ser. 1954-1960), Cab	21.600	13.900	8.600	3.800	1.500
Käfer 1300 (Ser. 1965-1966), Cab	16.900	10.600	6.500	2.900	1.500
Käfer 1500 (Ser. 1966-1970), Cab	14.700	9.200	5.900	2.600	1.500

Volkswagen Bus T1 („Bulli") — 1950-1967

Vom Start weg entwickelte sich der VW Bus – offiziell hieß er auch Transporter – zum erfolgreichsten Nutzfahrzeug des deutschen Marktes. Es gab ihn während der 17-jährigen Bauzeit in einer unübersehbaren Vielfalt von Ausführungen: vom Pritschenwagen bis zum Tiefkühl-Transporter, vom Sanka bis zur neunsitzigen Luxusversion namens „Samba". Sie erfreut sich unter heutigen VW-Liebhabern besonderer Popularität und steigender Preise. Es verging im Leben des VW Bus, den seine Fans zärtlich „Bulli" nennen, kein Jahr ohne Modellpflege-Maßnahmen: So wurde 1955 die Lüftungsanlage verbessert, 1960 entfielen die Winker, 1966 kam eine Zwölf-Volt-Anlage, und die Motorleistung stieg von anfangs 24,5 auf zuletzt 44 PS. Am gesuchtesten sind heute freilich die etwas rauen Ur-Modelle aus den frühen Fünfzigern.

Ein Held des Wiederaufbaus im schmucken Samba-Dress: VW Bus T1, Serie II

Motor/Antrieb					
Bauart					Vierzylinder (Boxer)
Lage/Antrieb					Heck/Heck
Hubraum in cm³					1131, 1192
Leistung in PS bei U/min					25 bei 3300 bis 44 bei 4000
Vmax in km/h					80 bis 100
Karosserie					
Bauart					Kleinbus
Tragstruktur					teilw. selbsttragend
Material					Stahlblech
Stückzahl und Marktsituation					
Produktionszahl					1,85 Mio
Verfügbarkeit					gut
Teilesituation					gut
Unterhaltskosten					mittel
Preise in Euro	1	2	3	4	5
Bulli T 1 (1960-1963), Bus	15.500	10.000	5.700	2.900	1.100
Bulli T 1 (63 - 67), Kom	11.600	6.800	4.000	2.100	900
Bulli T 1 (63 - 67), Kast	10.200	6.400	3.800	1.900	800

Volkswagen 1200 — 1953-1957

Ab März 1953 wird der Käfer mit ovalem Rückfenster geliefert. Den Ovali gibt es in der Export- und Standard-Ausstattung mit leicht aufgebohrtem und stärkerem Motor bis 1957. Der Standard muss noch bis 1964 mit unsynchronisiertem Getriebe und Seilzugbremsen auskommen. Zahlreiche Detailverbesserungen, sei es mehr Platz unter der vorderen Haube durch einen anders geformten Tank und zwei Auspuffrohre (ab 1955) oder schlauchlose Reifen (ab 1956), kennzeichnen das Bemühen der Wolfsburger mit ihrem Einheitsprodukt. Bis zum größeren Facelift ab August 1957 sinkt der Preis für den Standard auf 3790 Mark, der Export kostet 4600 Mark. Damit wird er – verbunden mit steigenden Einkommen – für immer mehr Bundesbürger zum erfüllbaren Traum der Unabhängigkeit.

Freie Sicht zum Mittelmeer: Volkswagen 1200 mit Ovalfenster

Motor/Antrieb					
Bauart					Vierzylinder (Boxer)
Lage/Antrieb					Heck/Heck
Hubraum in cm³					1192
Leistung in PS bei U/min					30 bei 3400
Vmax in km/h					110
Karosserie					
Bauart					Limousine (2-türig)
Tragstruktur					Plattformrahmen
Material					Stahlblech
Stückzahl und Marktsituation					
Produktionszahl					ca. 1,2 Mio
Verfügbarkeit					schlecht
Teilesituation					schwierig
Unterhaltskosten					mittel
Preise in Euro	1	2	3	4	5
Käfer 1200 Exp. (Ser. 1953-57; „Ovali"), L2t	13.900	9.900	6.100	3.300	1.200

Volkswagen Karmann-Ghia Coupé und Cabrio (Typ 14) — 1955-1974

Als schickes Coupé wurde 1955 der Karmann-Ghia auf den Markt gebracht: Karmann baute das vom Italiener Ghia entworfene Auto. Die Technik entsprach weitgehend dem Export-Käfer, mit 4,14 Meter war es aber sieben Zentimeter länger, dazu 17 Zentimeter flacher und gut neun Zentimeter breiter. Ab September 1957 ist zusätzlich das Cabriolet im Angebot. Modelle ab August 1959 haben größere Lufteinlässe vorn und größere Scheinwerfer. Das Armaturenbrett im Holz-Appeal ist ab 1971 mattschwarz, gleichzeitig brachte die Modellpflege größere Rückleuchten und wuchtige, gummibelegte Stoßstangen. Im Juli 1974 endet die Produktion. Insgesamt wurden 80.897 Karmann-Ghia-Cabrios gebaut. Die Preise lagen zwischen 7500 und 10.780 Mark.

Leider ziemlich rostanfällig: VW Karmann-Ghia Cabriolet

Motor/Antrieb					
Bauart					Vierzylinder (Boxer)
Lage/Antrieb					Heck/Heck
Hubraum in cm³					1192, 1285, 1493, 1584
Leistung in PS bei U/min					30 bei 3400 bis 50 bei 4000
Vmax in km/h					118 bis 140
Karosserie					
Bauart					Coupé, Cabriolet
Tragstruktur					Plattformrahmen
Material					Stahlblech
Stückzahl und Marktsituation					
Produktionszahl					443.482
Verfügbarkeit					gut
Teilesituation					gut
Unterhaltskosten					mittel
Preise in Euro	1	2	3	4	5
Karmann Ghia 1200 (1955-1960), Cpe	14.200	10.500	6.800	3.700	1.500
Karmann Ghia 1600 (1970-1971), Cpe	12.600	8.900	5.900	3.000	1.200
Karmann Ghia 1600 (1971-1974), Cpe	11.600	8.100	5.300	2.600	1.000
Karmann Ghia 1600 (1971-1974), Cab	17.000	12.400	6.500	3.700	1.500

Volkswagen (D)

Volkswagen 1200 — 1957-1973

Nach den Werksferien 1957 zeigte sich der Käfer mit vergrößertem, rechteckigen Rückfenster und größerer Frontscheibe. Im Inneren hat die Gasrolle ausgedient, es gibt ein richtiges Pedal, die neue Armaturentafel fällt ins Auge. Viele Verbesserungen bleiben zunächst dem Export-Modell vorbehalten, beispielsweise die ab 1957 vergrößerten Bremsen oder der Stabilisator an der Vorderachse ab Oktober 1959. Während der Export schon ab 1960 mit 34-PS-Motor und vollsynchronisiertem Getriebe unterwegs ist, bleiben diese Neuerungen dem Standard noch vorenthalten. Erst 1964 kommt die komfortablere Schaltung zum Einsatz, der 34-PS-Motor und eine neue Vorderachse werden ab 1965 im 1200 A eingebaut.

Bis 1960 mit Winkern und kleinen Rückleuchten: Volkswagen 1200

Motor/Antrieb	
Bauart	Vierzylinder (Boxer)
Lage/Antrieb	Heck/Heck
Hubraum in cm³	1192
Leistung in PS bei U/min	30 bei 3400 bis 34 bei 3600
Vmax in km/h	110 bis 115
Karosserie	
Bauart	Limousine (2-türig)
Tragstruktur	Plattformrahmen
Material	Stahlblech
Stückzahl und Marktsituation	
Produktionszahl	k.A.
Verfügbarkeit	gut
Teilesituation	gut
Unterhaltskosten	mittel

Preise in Euro	1	2	3	4	5
Käfer 1200 Export (Ser. 1957-1960), L2t	11.500	8.100	5.000	2.600	600
Käfer 1200 Export (Ser. 1960-1965), L2t	10.400	7.500	4.600	2.400	600
Käfer 1200A (Ser. 1964-1965), L2t	7.900	5.500	3.500	1.800	500
Käfer 1200A (Ser. 1965-1966), L2t	8.100	5.700	3.600	1.800	500

Volkswagen 1500, 1500 S, (Typ 3) — 1961-1965

Den steigenden Ansprüchen ihrer Kundschaft hatte Volkswagen Ende der 1950er Jahre nichts entgegenzusetzen. Um das Abwandern der Käfer-Aufsteiger zu stopppen, entwickelten die Wolfsburger eine Mittelklasse-Limousine, die zwar mehr Raum, Komfort und Prestige bot, aber unverkennbar ein Volkswagen sein musste: So folgte der im September 1961 präsentierte VW 1500 strikt den Käfer-Konventionen. Ungewohnt und praktisch die neue Vielfalt: der intern Typ 3 genannte VW 1500 war als klassische Stufenheck-Limousine und als Variant (Kombi) erhältlich. Damit erschloss VW den Käuferkreis der Großfamilien und Handwerker. Beide Versionen waren vom IAA-Stand weg ein Erfolg. Ein ebenfalls vorgestelltes viersitziges Cabriolet ging leider nicht in Serie. Wen die etwas magere 45 PS-Motorisierung störte, bediente VW ab 1963 mit dem VW 1500 S, dessen zweiter Vergaser den 1500er auf 54 PS brachte.

Ein großer Käfer mit Ponton-Karosserie: VW Typ 3

Motor/Antrieb	
Bauart	Vierzylinder (Boxer)
Lage/Antrieb	Heck/Heck
Hubraum in cm³	1493, 1584
Leistung in PS bei U/min	45 bei 3800 bis 54 bei 4000
Vmax in km/h	130 bis 140
Karosserie	
Bauart	Limousine (2-türig), Kombi (3-türig)
Tragstruktur	Plattformrahmen
Material	Stahlblech
Stückzahl und Marktsituation	
Produktionszahl	2.542.059
Verfügbarkeit	ausreichend
Teilesituation	ausreichend
Unterhaltskosten	mittel

Preise in Euro	1	2	3	4	5
1500 N (Ser. 1963-1965), L2t	5.000	3.000	1.900	700	100
1500 N Variant (Ser. 1963-1965), Kom	6.500	4.000	2.400	900	200
1600 (Ser. 1965-1969), L2t	5.100	3.100	2.000	700	100
1600 TL (Ser. 1965-1969), L2t	5.400	3.200	2.100	800	150

Volkswagen Karmann Ghia Coupé (Typ 34) — 1961-1969

Auf der Basis des VW Typ 3 zeigte Volkswagen im September auch ein schickes Coupé. Dieser zweite Karmann-Ghia wurde ab November 1961 gebaut und entwickelte sich technisch analog zur Limousine. Das 4,28 Meter lange und 910 Kilogramm schwere Auto wurde als Typ 353 zwar auch als Cabriolet entwickelt, doch ging diese Version nie in Serie. Das kantige Coupé mit vier runden Scheinwerfern bot VW als 1500, 1500 S und 1600 L an. Die Preise lagen zwischen 8750 und 9145 Mark. Im August 1969 wurde er aus dem Programm gestrichen. Als Ersatz hatte Volkswagen – laut offiziellem Statement! – den VW-Porsche 914 parat.

Nicht wirklich schön, aber längst sehr selten: Volkswagen Typ 34

Motor/Antrieb	
Bauart	Vierzylinder (Boxer)
Lage/Antrieb	Heck/Heck
Hubraum in cm³	1493, 1584
Leistung in PS bei U/min	45 bei 3800 bis 54 bei 4000
Vmax in km/h	135 bis 150
Karosserie	
Bauart	Coupé
Tragstruktur	Plattformrahmen
Material	Stahlblech
Stückzahl und Marktsituation	
Produktionszahl	42.505
Verfügbarkeit	schlecht
Teilesituation	schwierig
Unterhaltskosten	mittel

Preise in Euro	1	2	3	4	5
Karmann Ghia 1500 (Typ 34), Cpe	14.300	9.900	5.800	2.400	1.000
Karmann Ghia 1500 S (Typ 34), Cpe	15.300	10.700	6.200	2.500	1.000

VERDECKE Teppiche Lederinterieur
P & P 07348/6662 FAX: 6616
Postfach - D - 89179 Beimerstetten

Volkswagen (D)

Volkswagen 1600 A, L/LE, TL/TLE, Variant (Typ 3) 1965-1973

Eine Hubraumerhöhung beim Typ 3 machte im August 1965 den VW 1500 zum 1600, der 1500 S entfiel dafür. Mit diesem Motor erschien auch die Fließheck-Karosserie VW 1600 TL. Die Chance, den TL mit einer Heckklappe zu versehen, wurde jedoch vertan: Es blieb beim Kofferraumdeckel, und der Heckmotor verwehrte weiterhin die Aufnahme größerer Gepäckstücke. Die letzte große Modellpflege im August 1969 brachte einen zwölf Zentimeter längeren Vorderwagen („Langschnauzer"), größere Heckleuchten und Frontblinker sowie neue Stoßstangen. Der Typ 3 polarisierte von Beginn an: er galt als solide, aber altbacken. Enorm beliebt war er jedenfalls, selbst in den USA. Im Juli 1973 endete nach zwölf Jahren und über zweieinhalb Millionen Exemplaren die Produktion. Bis in die 1980er Jahre gehörte er fest zum deutschen Straßenbild.

Seinerzeit populärster deutscher Volks-Kombi: VW 1600 Variant

Motor/Antrieb					
Bauart					Vierzylinder (Boxer)
Lage/Antrieb					Heck/Heck
Hubraum in cm³					1493, 1584
Leistung in PS bei U/min					45 bei 3800 bis 54 bei 4000
Vmax in km/h					125 bis 135
Karosserie					
Bauart					Limousine (2-türig), Kombi (3-türig)
Tragstruktur					Plattformrahmen
Material					Stahlblech
Stückzahl und Marktsituation					
Produktionszahl					k.A.
Verfügbarkeit					ausreichend
Teilesituation					ausreichend
Unterhaltskosten					mittel
Preise in Euro	1	2	3	4	5
1600 (65-69), L2t	5.100	3.100	2.000	700	100
1600 TL (65-69),	5.900	3.500	2.300	800	150
1600 Variant (65-69), Kom	7.100	4.200	2.600	900	200

Volkswagen 1300 und 1500 1965-1973

Mit mehr Leistung versuchte Volkswagen den stetig steigenden Ansprüchen der immer noch zahlreichen Käuferschaft nachzukommen. Der 1300er als Ablösung für das Exportmodell kam 1965 auf den Markt, er zeigte sich fahrwerksseitig überarbeitet und wurde im Folgejahr mit breiterer Spur nochmals geändert. Der 67er Jahrgang ist an stärkeren Stoßstangen zu identifizieren. Sicherheit wurde langsam größer geschrieben: Zweikreis-Bremsanlage, 12-Volt-Elektrik, zwei Scheibenwischer-Geschwindigkeiten, Sicherheitslenksäule. Ab 1968 waren auch vordere Scheibenbremsen lieferbar. Ab 1970 betrug die Motorleistung 44 PS wie beim 1500, ab 1971 gab es eine größere Heckscheibe und einen Diagnose-Stecker im Motorraum. Der Super-Käfer 1500 hatte diese Details teilweise schon früher erhalten.

Als der Käfer in die Jahre kam: VW 1500

Motor/Antrieb					
Bauart					Vierzylinder (Boxer)
Lage/Antrieb					Heck/Heck
Hubraum in cm³					1285, 1584
Leistung in PS bei U/min					40 bei 4000 bis 44 bei 4000
Vmax in km/h					120 bis 130
Karosserie					
Bauart					Limousine (2-türig)
Tragstruktur					Plattformrahmen
Material					Stahlblech
Stückzahl und Marktsituation					
Produktionszahl					k.A.
Verfügbarkeit					gut
Teilesituation					sehr gut
Unterhaltskosten					mittel
Preise in Euro	1	2	3	4	5
Käfer 1300 (Ser. 1965-1967), L2t	8.600	6.100	3.900	2.000	500
Käfer 1500 (Ser. 1966-1967), L2t	9.100	6.500	4.100	2.000	500
Käfer 1500 (Ser. 1967-1970), L2t	7.500	5.100	3.300	1.400	400

Volkswagen Bus T2 1967-1979

Im August 1967 erschien die zweite VW-Transporter-Generation mit durchgehender Frontscheibe und stärkerem 1,6-Liter-Motor, der anfangs 47 PS leistete. Schon 1970 erstarkte er auf 50 PS, im Jahr darauf debütierte eine 1,7-Liter-Variante mit 66 PS. Weitere Kraftkuren brachten 1973 ein 1,8-Liter-Triebwerk (68 PS) und 1975 die Zwei-Liter-Variante mit 70 PS. VW-Kenner unterscheiden die Modellreihen allerdings nicht nur nach ihrer Leistung: Die wichtigste Modellpflege griff im August 1970 und bescherte dem Transporter vordere Scheibenbremsen sowie höher gerückte Blinker und viele Optimierungen im Detail. Begehrte Varianten sind heute das sogenannte „Sondermodell" mit acht Sitzen und großem Stahlschiebedach sowie die Sonderserie der Baujahre 1978/79, vom Volksmund wegen der auffälligen Metalliclackierung „Silberfisch" getauft.

Jedes Jahr eine neue Evolutionsstufe: VW Bus T2

Motor/Antrieb					
Bauart					Vierzylinder (Boxer)
Lage/Antrieb					Heck/Heck
Hubraum in cm³					1584, 1679, 1795, 1970
Leistung in PS bei U/min					47 bei 4000 bis 70 bei 4200
Vmax in km/h					100 bis 130
Karosserie					
Bauart					Kleinbus
Tragstruktur					teilw. selbsttragend
Material					Stahlblech
Stückzahl und Marktsituation					
Produktionszahl					ca. 3 Mio
Verfügbarkeit					gut
Teilesituation					sehr gut
Unterhaltskosten					mittel
Preise in Euro	1	2	3	4	5
Bulli T2 (Ser. 1970-1972), Kast	9.600	5.500	2.600	1.000	400
Bulli T2 (Ser. 1970-1972), Bus	10.900	7.100	3.400	1.100	500
Bulli T2 Doka, Pts	8.300	4.800	2.300	800	300

Volkswagen 411 und 412 1968-1974

Mit einer komplett neuen Konstruktion ergänzte Volkswagen ab 1968 das Programm: Der 4,52 Meter lange VW 411 hatte zwar auch einen luftgekühlten Boxermotor im Heck, doch erstmals verwendete man eine selbsttragende Karosserie. Die war formal wenig gelungen, der glupschäugige Wagen hatte bald den Spitznamen „Nasenbär" weg. Besser sah der im Folgejahr nachgeschobene 411 E mit seinen Doppelscheinwerfern aus, der dank elektronischer Benzineinspritzung stärker war. Besonders gut verkaufte sich der Variant. Ab August 1972 kommt der 412 E mit umgestalteter Frontpartie und Armaturenbrett im Holz-Look auf den Markt. Im Folgejahr ersetzen Vergasermodelle mit mehr Hubraum die Einspritzversionen. Im Mai 1974 endete die Produktion.

Super-Käfer ohne Fortune VW 411

Motor/Antrieb					
Bauart					Vierzylinder (Boxer)
Lage/Antrieb					Heck/Heck
Hubraum in cm³					1679, 1795
Leistung in PS bei U/min					68 bei 4500 bis 85 bei 5000
Vmax in km/h					140 bis 160
Karosserie					
Bauart					Limousine (2-/4-türig), Kombi (3-türig)
Tragstruktur					selbsttragend
Material					Stahlblech
Stückzahl und Marktsituation					
Produktionszahl					355.087
Verfügbarkeit					ausreichend
Teilesituation					ausreichend
Unterhaltskosten					mittel
Preise in Euro	1	2	3	4	5
411 (Ser. 1968-1969), L2t	5.500	3.400	2.100	800	150
411 E Variant (Ser. 1969-1972), Kom	7.200	4.600	2.500	1.000	200
412 E (Ser. 1972-1972), L2t	5.400	3.300	2.000	800	150
412 LS Variant (Ser. 1973-1974), Kom	7.000	4.400	2.400	1.000	200

Volkswagen (D)

VW Kübel (Typ 181) — 1969-1979

Als Mehrzweck- und Kurierwagen, als VW Safari oder Kübel wird der Typ 181 bezeichnet. Die Entwicklung fand für den militärischen Bereich statt, doch der größte Teil wurde an zivile Nutzer geliefert. Technisch war der Wagen eine Mischung aus Typ 15, Typ 1 und Typ 2, also Karmann-Ghia, Käfer und Transporter. Große Räder und eine Vorgelege-Übersetzung sollten eine gewisse Geländetauglichkeit erzeugen, damit ist er im Grunde ein Vorläufer der Geländewagen-Mode im Alltagsverkehr. Mit simpler und robuster Ausstattung, grenzenlos offen bis zur umlegbaren Frontscheibe, konnte der 181 vor allem Frischluftfreunde überzeugen, Fahrspaß war Nebensache. Der Kübel wurde auch in Mexiko gebaut.

In Zivil-Version eine Seltenheit: VW 181

Motor/Antrieb					
Bauart					Vierzylinder (Boxer)
Lage/Antrieb					Heck/Heck
Hubraum in cm³					1493, 1584
Leistung in PS bei U/min					44 bei 3800 bis 48 bei 4000
Vmax in km/h					115 bis 120
Karosserie					
Bauart					Cabriolet (4-türig)
Tragstruktur					Plattformrahmen
Material					Stahlblech
Stückzahl und Marktsituation					
Produktionszahl					90.883
Verfügbarkeit					gut
Teilesituation					ausreichend
Unterhaltskosten					mittel
Preise in Euro	1	2	3	4	5
181 (Ser. 1974-1979), Glw	7.500	5.000	3.300	1.700	600

1302 L, S, LS und 1303, A, L, S, LS — 1970-1975

Ab August 1970 sollte eine neue Käfer-Generation der immer stärkeren — weil moderneren — Konkurrenz Paroli bieten, doch das gelang nur teilweise. Vom 20 Millimeter längeren Radstand profitierte vor allem der Gepäckraum mit fast doppelter Größe, die Vorderachse mit McPherson-Federbeinen und die Doppelgelenk-Hinterachse versprachen bessere Fahreigenschaften des apostrophierten „Super-Käfers". Die Motoren des 1302 mit 44 und 50 PS waren oft Säufer, die zudem schnell verschlissen. 1972 kam der 1303 mit gewölbter Frontscheibe auf den Markt, mit 9060 Mark trug er das teuerste Preisschild aller Käfer-Limousinen. Mit ihm endete zudem eine Ära: Im August 1975 übernahm der Golf die Rolle des zukünftigen Volks-Wagens. Überlebt hat der Käfer dennoch: Als VW 1200 und 1200 L blieb er in Mexiko aktiv. Private Importeure kümmern sich seither um die Versorgung deutscher Käfer-Fans.

Der Käfer wird modern: VW 1303

Motor/Antrieb					
Bauart					Vierzylinder (Boxer)
Lage/Antrieb					Heck/Heck
Hubraum in cm³					1192, 1285, 1584
Leistung in PS bei U/min					34 bei 3800, 44 bei 4100, 50 bei 4000
Vmax in km/h					115 bis 135
Karosserie					
Bauart					Limousine (2-türig)
Tragstruktur					Plattformrahmen
Material					Stahlblech
Stückzahl und Marktsituation					
Produktionszahl					k.A.
Verfügbarkeit					üppig
Teilesituation					sehr gut
Unterhaltskosten					mittel
Preise in Euro	1	2	3	4	5
Käfer 1302 S (Ser. 1970-1972), L2t	7.200	4.700	3.000	1.200	400
Käfer 1303 (Ser. 1972-1975), L2t	6.700	4.500	2.800	1.100	400

Volkswagen 1302/1303 Cabriolet — 1970-1980

In den Siebzigern entwickelte sich das VW Käfer Cabriolet zum ab Werk lieferbaren Liebhaberstück, das gegen Ende seiner Karriere sogar noch einen immensen Anstieg der Nachfrage erlebte. Selbst nachdem am 10. Januar 1980 die Produktion ausgelaufen war, hielt das Interesse an und sorgte für Preise, die über dem einstigen Neuwert lagen. Die besten Jahre des Open-Air-Evergreens hatten 1970 begonnen, als das 1302 Cabriolet mit wahlweise 44 oder 50 PS auf den Markt gekommen war, und setzten sich 1972 mit dem Debüt des 1303 Cabriolets fort, das ohne wesentliche Retuschen acht Jahre lang in Produktion blieb. VW-Gourmets schätzen heute den selteneren VW 1302, während das Gros im aktuellen Angebot den Schriftzug 1303 trägt. Insider der Käfer-Szene warnen vor der hohen Anzahl von verkaufslackierten Blendern, die auf neue, nicht allzu kompetente Besitzer warten.

Schon zu Lebzeiten Kult: VW 1303 Cabriolet

Motor/Antrieb					
Bauart					Vierzylinder (Reihe)
Lage/Antrieb					Heck/Heck
Hubraum in cm³					1285, 1584
Leistung in PS bei U/min					44 bei 4100 bis 50 bei 4000
Vmax in km/h					125 bis 132
Karosserie					
Bauart					Cabriolet
Tragstruktur					Plattformrahmen
Material					Stahlblech
Stückzahl und Marktsituation					
Produktionszahl					155.000
Verfügbarkeit					gut
Teilesituation					gut
Unterhaltskosten					mittel
Preise in Euro	1	2	3	4	5
Käfer 1302 Cabriolet, Cab	16.900	10.700	6.700	3.000	1.100
Käfer 1303 Cabrio, Cab	17.800	11.400	6.900	3.200	1.200

VW-Teile
Käfer, Bus -79, Typ 3 und 181
Täglicher Versand (In- und Ausland)
Firma Dieter Schmidt-Lorenz
Havighorster Weg 14 · 21031 Hamburg
Tel.: 040/738 50 00 · Fax: 040/739 77 33
www.vw-teile.com

Volkswagen (D)

Volkswagen K 70 — 1970-1975

Durch die Vereinigung von VW und NSU Anfang 1969 kam der fertig entwickelte NSU K 70 als VW auf den Markt. Im neuen Werk in Salzgitter wurde der modern gestaltete Fronttriebler dann ab September 1970 gebaut. Langer Radstand und ein mit McPherson-Federbeinen vorn und Schräglenkern hinten modernes Fahrwerk verhalfen zu guten Fahreigenschaften. 1972 wurden die vorderen Kotflügel etwas modifiziert, um den Luftwiderstand zu senken, und Doppelscheinwerfer ersetzen die Rechteckleuchten. Ab Mai 1973 löst ein aufgebohrter 1,8-Liter-Motor die stärkere K 70-Version ab. Im Dezember 1974 endet die Bauzeit des 9450 bis 12.480 Mark teuren Viertürers.

Ein Kuckucksei im Wolfsburger Nest: VW K 70

Motor/Antrieb					
Bauart					Vierzylinder (Reihe)
Lage/Antrieb					Front/Front
Hubraum in cm³					1605, 1807
Leistung in PS bei U/min				75 bei 5200 bis 100 bei 5300	
Vmax in km/h					148 bis 165
Karosserie					
Bauart					Limousine (4-türig)
Tragstruktur					selbsttragend
Material					Stahlblech
Stückzahl und Marktsituation					
Produktionszahl					211.127
Verfügbarkeit					schlecht
Teilesituation					schwierig
Unterhaltskosten					mittel
Preise in Euro	1	2	3	4	5
K 70 (75 PS, Ser. 1970-1974), L4t	5.100	2.900	1.900	600	100
K 70 S (100 PS, Ser. 1973-1974), L4t	5.500	3.300	2.000	800	100

Volkswagen Passat — 1973-1980

VW hatte endlich begriffen, dass neue Zeiten angebrochen waren. Heckmotoren à la Käfer waren keine zukunftsfähigen Konzepte mehr, darüber konnte auch eine treue wie konservative Klientel nicht mehr hinwegtäuschen. In Zusammenarbeit mit Giorgetto Giugiaro war ein radikal neuer VW entstanden, der Passat — er sollte den Typ 3 beerben. Der Passat, eine zwei- und viertürige Schrägheck-Limousine, war allerdings keine eigenständige Entwicklung, sondern basierte auf dem Audi 80. Mit vorn quer installierten Motoren und Frontantrieb erwies sich das Konzept als zeitgemäß. Beim Publikum besonders beliebt waren die Variant, zwei- und viertürige Kombis. Die verchromten Stoßstangen wurden 1977 durch Kunststoffbauteile ersetzt. Modellpflege und Motorvarianten hielten den Passat, zwischen 9060 und knapp 18.000 Mark teuer, bis zum Produktionsende 1980 in der Kundengunst hoch.

Mit ihm begann eine neue, glänzende Ära: VW Passat

Motor/Antrieb					
Bauart					Vierzylinder (Reihe)
Lage/Antrieb					Front/Front
Hubraum in cm³					1297, 1471, 1588
Leistung in PS bei U/min				55 bei 5500 bis 110 bei 6100	
Vmax in km/h					140 bis 175
Karosserie					
Bauart				Limousine (2-/4-türig), Kombi (3-/5-türig)	
Tragstruktur					selbsttragend
Material					Stahlblech
Stückzahl und Marktsituation					
Produktionszahl					ca. 2 Mio
Verfügbarkeit					gut
Teilesituation					sehr gut
Unterhaltskosten					mittel
Preise in Euro	1	2	3	4	5
Passat (75 PS, Ser. 1973-1975), L4t	3.900	1.900	1.000	400	
Passat (75 PS, Ser. 1973-1975), Kom	4.600	2.400	1.300	600	
Passat (55 PS, Ser. 1973-1977), L2t	3.600	1.600	900	400	
Passat (55 PS, Ser. 1973-1977), Kom	4.400	2.300	1.200	500	

Volkswagen Golf (Baureihe I) — 1974-1983

Im Mai 1974 führte VW den Typ 17 ein, dem die Wolfsburger den Namen Golf gaben. Der Kompakte, der die schwierige Aufgabe hatte, die Klientel des charismatischen Käfers zu bedienen, wurde ein durchschlagender Erfolg. Der Fronttriebler, anfangs nur 3,70 Meter lang, kam dank praktischer Talente und dem gelungenen Styling von Giorgetto Giugiaro gut an. Der Zwei- und Viertürer mit Heckklappe war zunächst nur mit 70 PS, bald aber auch mit 50 PS lieferbar. Aber auch die sparsamen Dieselmotoren, ab 1976 angeboten, Turbodiesel ab 1982, kamen sehr gut an. Der billigste Golf kostete 8000 Mark, zum Modellwechsel 1983 lag der Preis für das Topmodell der Baureihe — der GTI 1,8 Liter — bereits über 20.000 Mark.

Quadratisch, praktisch, gut: VW Golf

Motor/Antrieb					
Bauart					Vierzylinder (Reihe)
Lage/Antrieb					Front/Front
Hubraum in cm³				1093, 1272, 1457, 1471, 1588, 1781	
Leistung in PS bei U/min				50 bei 5000 bis 112 bei 5800	
Vmax in km/h					135 bis 190
Karosserie					
Bauart					Limousine (2-/5-türig)
Tragstruktur					selbsttragend
Material					Stahlblech
Stückzahl und Marktsituation					
Produktionszahl					ca. 6 Mio
Verfügbarkeit					üppig
Teilesituation					sehr gut
Unterhaltskosten					mittel
Preise in Euro	1	2	3	4	5
Golf 1.1 (Ser. I, 1974-1978), L3t	4.600	2.900	1.500	600	—
Golf I 1.6 (Ser. 1975-1977), L5t	5.000	3.100	1.600	600	—

Volkswagen Scirocco — 1974-1980

Krasser hätte der Modellwechsel nicht ausfallen können: Vom rundlichen Karmann Ghia unterschied sich der knapp 3,9 Meter lange Scirocco durch seinen markanten, kantigen Auftritt. Auch diesen neuen 2+2-Sitzer baute wieder Karmann. Seine Basis ist der Golf, obwohl er schon im März 1974 vorgestellt wurde. Ab Juni 1976 gab es den Scirocco GTI, modellgepflegt wurde er mit neu geformten Stoßstangen und geändertem Grill ab August 1977 gebaut. Ende 1980 liefen die letzten der zwischen 10.040 und 19.430 Mark teuren Coupés vom Band.

Kraft und Kanten waren der Trend: VW Scirocco

Motor/Antrieb					
Bauart					Vierzylinder (Reihe)
Lage/Antrieb					Front/Front
Hubraum in cm³				1093, 1272, 1457, 1471, 1588	
Leistung in PS bei U/min				50 bei 6000 bis 110 bei 6100	
Vmax in km/h					145 bis 190
Karosserie					
Bauart					Coupé
Tragstruktur					selbsttragend
Material					Stahlblech
Stückzahl und Marktsituation					
Produktionszahl					ca. 495.000
Verfügbarkeit					ausreichend
Teilesituation					sehr gut
Unterhaltskosten					mittel
Preise in Euro	1	2	3	4	5
Scirocco 1.1 (Ser. I, 50 PS, 1974-1977), Cpe	5.800	3.500	1.800	700	
Scirocco 1.6 (Ser. I, 85 PS, 1975-1976), Cpe	6.100	3.700	2.000	800	
Scirocco GTI (110 PS, Ser. I, 1976-1977), Cpe	9.300	6.000	3.300	1.300	200

Volkswagen (D)

Volkswagen 1200 (bis 1978), 1200 L — 1975-1985

1985 war Schluss. Offiziell jedenfalls: Denn seit Ende Juli 1985 führten deutsche Volkswagen-Händler keine Käfer mehr im Sortiment. Damit neigte sich eine große Epoche ihrem Ende zu. 1981 hatte der Käfer Jubiläum gefeiert, als das zwanzigmillionste Exemplar von den Bändern rollte. Das geschah freilich nicht mehr in Deutschland, sondern bereits im mexikanischen Puebla, das vor Ort gerne „Castillo de los lobos" genannt wurde – Wolfsburg. Dabei waren die letzten deutschen Käfer nicht im Stammwerk, sondern in Emden produziert worden, wo am 19. Januar 1978 die VW-Werker die Fertigung einstellten. Alle Käfer, die hier zu Lande geordert wurden, kamen fortan aus mexikanischer Produktion. 1984, im letzten kompletten Käfer-Jahr, hielten immerhin noch 11.000 deutsche Käufer dem Käfer die Treue. Nach 1985 kümmerten sich bis zur endgültigen Produktionseinstellung im Juli 2003 private Importeure um die Versorgung der Käfer-Freunde.

Er läuft und läuft und läuft: VW 1200

Motor/Antrieb	
Bauart	Vierzylinder (Boxer)
Lage/Antrieb	Heck/Heck
Hubraum in cm³	1192
Leistung in PS bei U/min	34 bei 3800
Vmax in km/h	115
Karosserie	
Bauart	Limousine (2-türig)
Tragstruktur	Plattformrahmen
Material	Stahlblech
Stückzahl und Marktsituation	
Produktionszahl	k. A.
Verfügbarkeit	gut
Teilesituation	sehr gut
Unterhaltskosten	mittel

Preise in Euro	1	2	3	4	5
Käfer 1200A (65-66), L2t	8.100	5.800	3.600	1.800	500
Käfer 1200 (73-75), L2t	5.300	3.700	2.200	800	200

Volkswagen Golf GTI (Baureihe I) — 1975-1983

Ursprünglich war er eine Feierabend- und Mittagspausen-Spielerei einiger VW-Ingenieure, dann sollte er ein Kleinserien-Sondermodell werden — am Ende aber entwickelte sich der VW Golf GTI der ersten Generation zum bejubelten Lifestyle-Produkt der späten siebziger Jahre. Er war leicht, wog nur 870 Kilogramm, leistete aber 110 PS und sicherte Sportwagen-Fahrleistungen im nüchternen Kleid des Mainstream-Autos. Das alles war mit 13.850 Mark (März 1976) konkurrenzlos günstig. Heute ist der Golf GTI ein gesuchter Youngtimer, dessen Freunde nur eine Tatsache betrauern: Die meisten Exemplare wurden in der Provinz verheizt und zuschande getunt; nur wenige gute Originale sind noch am Leben.

Das Bild verrät, warum so wenige übrig blieben: VW Golf GTI

Motor/Antrieb	
Bauart	Vierzylinder (Reihe)
Lage/Antrieb	Front/Front
Hubraum in cm³	1588, 1781
Leistung in PS bei U/min	110 bei 6100 bis 112 bei 5800
Vmax in km/h	183 bis 187
Karosserie	
Bauart	Limousine (2-türig)
Tragstruktur	selbsttragend
Material	Stahlblech
Stückzahl und Marktsituation	
Produktionszahl	350.000
Verfügbarkeit	schlecht
Teilesituation	sehr gut
Unterhaltskosten	mittel

Preise in Euro	1	2	3	4	5
Golf GTI (Ser. I, 1976-1978), L3t	7.200	4.600	2.700	1.100	200
Golf GTI (Ser. I, 1978-1982), L3t	4.100	2.100	1.200	500	50
Golf 1 GTI Pirelli (Ser. 1982-1983), L3t	5.000	2.600	1.400	600	100

Volkswagen Polo — 1975-1981

Im März 1975 bringt VW den bis dahin kleinsten Wagen auf den Markt. Der Polo mit 3,51 Meter Länge stammt direkt vom Audi 50 ab, ist aber einfacher ausgestattet. Schon ab Juli 1975 ist er in dieser Hinsicht aber verbessert. 1976 ergänzen drei Motorvarianten das 40 PS starke Einheitsmodell: Neben dem 34-PS-Einstiegs-Polo mit knapp 0,8 Liter Hubraum verstärken die 50 und 60 PS starken 1,1 Liter den Druck auf den erfolgreichen Audi 50. Ab Februar 1977 startet der VW Derby, eine 3,83 Meter lange Stufenheck-Limousine, mit Polo-Technik — nur der 34-PS-Motor wird nicht offeriert. Modellpflege ab Anfang 1979 verlängert die Modelle um rund acht Zentimeter. Ab September gibt es den Polo auch als GT in sportlicher Aufmachung.

Auch er wird langsam selten: VW Polo

Motor/Antrieb	
Bauart	Vierzylinder (Reihe)
Lage/Antrieb	Front/Front
Hubraum in cm³	771, 895, 1093
Leistung in PS bei U/min	34 bei 6000 bis 60 bei 6000
Vmax in km/h	125 bis 152
Karosserie	
Bauart	Limousine (3-türig)
Tragstruktur	selbsttragend
Material	Stahlblech
Stückzahl und Marktsituation	
Produktionszahl	ca. 1,05 Mio
Verfügbarkeit	üppig
Teilesituation	sehr gut
Unterhaltskosten	mittel

Preise in Euro	1	2	3	4	5
Polo (Ser. I, 40 PS, 1975-1979), L3t	3.300	2.100	1.000	300	100
Polo (Ser. I, 50 PS, 1975-1979), L3t	3.400	2.200	1.000	400	100

Volkswagen Golf Cabriolet — 1980-1992

Er trat ein schweres Erbe an, der Golf. Der Käfer war in allen Herzen, das Cabriolet besonders. Keiner traute dem offenen Golf die Nachfolge zu, und dennoch wurde er über seine lange Bauzeit hinweg zum Trendsetter und ersten Yuppie-Mobil. Mit ihm überlebte das klassische Cabriolet seine schwersten Zeiten, trotz des gewöhnungsbedürftigen Golf-Stummelhecks und des Überrollbügels, der ihm den despektierlichen Beinamen „Erdbeerkörbchen" einbrachte. 1979 in Genf präsentiert, stellte Karmann im Januar 1980 die Produktion von Käfer auf Golf Cabriolet um. Volkswagen baute sich mit dem Neuen eine unangreifbare Position aus: Der offene Golf war steif, dicht und gut verarbeitet. Wo zogen da noch logische Argumente gegen das Offenfahren?

Neue Offenheit mit Bügel: Golf Cabriolet

Motor/Antrieb	
Bauart	Vierzylinder (Reihe)
Lage/Antrieb	Front/Front
Hubraum in cm³	1457, 1781
Leistung in PS bei U/min	70 bei 5600, 112 bei 5800
Vmax in km/h	150 bis 180
Karosserie	
Bauart	Cabriolet
Tragstruktur	selbsttragend
Material	Stahlblech
Stückzahl und Marktsituation	
Produktionszahl	ca. 80.000
Verfügbarkeit	gut
Teilesituation	sehr gut
Unterhaltskosten	niedrig

Preise in Euro	1	2	3	4	5
Golf 1 Cabrio (1980-1983), Cab	–	3.500	2.100	800	–

Volvo (S) • 1927 bis heute

„Ich rolle" heißt das lateinische Wort Volvo auf deutsch. Die 1927 gegründete Marke wurde erst nach 1945 mit ihren Personenwagen über die schwedischen Landesgrenzen hinaus bekannt.

Der Zweite Weltkrieg hatte die Werksanlagen unbeschädigt hinterlassen. So konnte Volvo schon 1944 mit dem Bau des PV 444 beginnen. Ab 1966 setzte die Marke verstärkt auf passive Sicherheit und überdurchschnittliche Rostvorsorge. Der Ruf unerschütterlicher Haltbarkeit hielt über Jahrzehnte.

Ein Großteil der Produktion ging stets in das wichtigste Exportland, nach Amerika. Mit der Beteiligung an der holländischen Firma DAF rundeten die Schweden das Modellprogramm nach unten ab. Heute ist Volvo unter dem Dach der weltweit agierenden Ford Motor Corporation zu Hause.

Volvo PV 444 („Buckelvolvo") 1944-1958

Formal nicht eben die eleganteste Erscheinung, sprach das schon 1944 vorgestellte neue Volvo-Modell doch ein breites Publikum an. Die robuste Konstruktion war hochmodern mit selbsttragender Karosserie ausgeführt, und auch beim Thema Sicherheit zeigten die Schweden frühzeitig Flagge. Als Buckelvolvo fand der PV 444 in 14 Produktionsjahren viele Freunde. Langlebige Reihenvierzylindermotoren mit zunächst 1,4 Litern Hubraum, später auch 1,6 Litern und 40 bis 85 PS stark, sorgten für ausreichend Vortrieb des anfangs nur 900 Kilogramm schweren Wagens. Amerika entwickelte sich rasch zu einem der wichtigsten Exportziele für Volvo.

Selbst die Amis liebten den Buckel aus Schwedenstahl: Volvo PV 444

Motor/Antrieb	
Bauart	Vierzylinder (Reihe)
Lage/Antrieb	Front/Heck
Hubraum in cm³	1414, 1585
Leistung in PS bei U/min	40 bei 3800, 85 bei 5500
Vmax in km/h	110 bis 150
Karosserie	
Bauart	Limousine (2-türig)
Tragstruktur	selbsttragend
Material	Stahlblech
Stückzahl und Marktsituation	
Produktionszahl	196.005
Verfügbarkeit	schlecht
Teilesituation	schwierig
Unterhaltskosten	mittel

Preise in Euro	1	2	3	4	5
PV 444 (A), L2t	18.700	13.300	8.700	4.300	1.700
PV 444 (B-E), L2t	16.900	11.900	7.800	3.700	1.400
PV 444 (L), L2t	14.300	10.100	6.600	3.300	1.000

Volvo PV 445 und P 210 Duett 1953-1969

Anders als die Limousine war der Kombi nicht mit einer selbsttragenden Karosserie versehen worden. Sein Einsatz als Lastesel legte ein separates Fahrgestell in Form eines stabilen Kastenrahmens nahe, das dem ladefreundlichen Schweden eine außergewöhnliche Robustheit verlieh. Eine zweiflügelige Hecktür machte den Zugang zur Ladefläche einfach. 1960 wurde der 445 einfach in 210 umgetauft, der Beiname Duett sollte den zweifachen Einsatz als beruflich und privat nutzbares Vehikel unterstreichen. 1962 erhielt auch der Duett den soliden B-18-Motor, den auch das parallel angebotene, zweite Kombimodell der Marke unter der Haube trug.

Klassiker mit unschlagbarem Nutzwert: Volvo PV 445

Motor/Antrieb	
Bauart	Vierzylinder (Reihe)
Lage/Antrieb	Front/Heck
Hubraum in cm³	1414, 1585
Leistung in PS bei U/min	44 bei 3800 bis 60 bei 4600
Vmax in km/h	125 bis 135
Karosserie	
Bauart	Kombi (3-türig)
Tragstruktur	Kastenrahmen
Material	Stahlblech
Stückzahl und Marktsituation	
Produktionszahl	85.000
Verfügbarkeit	schlecht
Teilesituation	ausreichend
Unterhaltskosten	mittel

Preise in Euro	1	2	3	4	5
PV 445, Kom	15.500	11.100	7.300	3.600	1.400
P 210 (B18), Kom	14.600	10.400	6.700	3.300	1.200

Volvo P 1900 Cabriolet 1956-1957

Doppel-Überraschung im Januar 1955: Volvo präsentiert seinen ersten Sportwagen – und dazu mit Kunststoffkarosserie! Mit Blick auf den US-Markt hatten die Schweden vom kalifornischen Karossier Glasspar einen eleganten Roadster im modernen, zukunftsträchtigen Werkstoff schneidern lassen. Darunter fand sich Göteborger Wertarbeit: Die Mechanik kam vom PV 444, das Fahrgestell ebenso, jedoch kürzer und modifiziert. Neu war der Sportmotor B 14 A mit 70 PS. Die Auslieferung begann nach zahllosen technischen Problemen erst im Frühjahr 1956. Es kam noch schlimmer: Niemand wollte den schönen Schweden. Zahllose Kinderkrankheiten ruinierten den Ruf, und Volvo bekam die labile Kunststoff-Konstruktion nicht in den Griff. Nur ein Jahr später kam das Aus, weil der P 1900 mit den Ansprüchen an die Volvo-Qualität unvereinbar sei, so der Vorstand. Ganze 67 Exemplare des teuren Schweden waren verkauft worden.

Rare Diva aus modernem Kunststoff: Volvo P 1900 Cabriolet

Motor/Antrieb	
Bauart	Vierzylinder (Reihe)
Lage/Antrieb	Front/Heck
Hubraum in cm³	1414
Leistung in PS bei U/min	70
Vmax in km/h	k.A.
Karosserie	
Bauart	Roadster
Tragstruktur	Stahlrahmen
Material	Kunststoff
Stückzahl und Marktsituation	
Produktionszahl	67
Verfügbarkeit	schlecht
Teilesituation	ausreichend
Unterhaltskosten	mittel

Preise in Euro	1	2	3	4	5
P 1900, Cab			keine Notierung		

© Ivar Engerud

Volvo (S)

Volvo 121 — 1956-1970

Wer sich mit dem rundlichen Buckel der Modelle PV 444 und 544 nicht anfreunden konnte, dem bot Volvo ab 1957 eine klassische Stufenhecklimousine an, die zunächst nur mit vier Türen verkauft wurde. Erst 1961 folgte auch eine zweitürige Ausführung, die 1962 um den fünftürigen Kombi mit der Bezeichnung P 220 ergänzt wurde. Die eigentlich gewählte Bezeichnung Amazon erwies sich als von Mopedhersteller Kreidler geschützt, hielt sich aber im Volksmund bis heute. Technisch unterschieden sich die Volvo 121 nur geringfügig vom Buckelmodell. Es blieb bis zum Ende der bis 1970 andauernden Fertigung bei grundsolider Fahrwerks- und Motorentechnik. Der anhaltende Erfolg gab dem Konzept recht.

Fans sagen natürlich „Amazon": Volvo 121

Motor/Antrieb	
Bauart	Vierzylinder (Reihe)
Lage/Antrieb	Front/Heck
Hubraum in cm³	1585, 1780
Leistung in PS bei U/min	60 bei 4500 bis 82 bei 4700
Vmax in km/h	135 bis 160
Karosserie	
Bauart	Limousine (2-/4-türig), Kombi (5-türig)
Tragstruktur	selbsttragend
Material	Stahlblech
Stückzahl und Marktsituation	
Produktionszahl	644.716
Verfügbarkeit	ausreichend
Teilesituation	ausreichend
Unterhaltskosten	mittel

Preise in Euro	1	2	3	4	5
P 121 (A-F), L2t	12.000	8.400	5.900	2.800	1.000
P 121 (E-M), L4t	11.500	8.000	5.900	2.800	1.000

Volvo 122 S — 1958-1970

Um dem Ruf von Sportlichkeit besser gerecht zu werden, ergänzte Volvo das Amazon-Angebot ab 1958 um eine leistungsfähigere Ausführung, die unter der Bezeichnung 122 S angeboten wurde. Mit zunächst 80 PS starkem B-18-Motor stand allerdings eher eine moderate Leistung parat, selbst der 1968 eingeführte Zweilitermotor vom Typ B 20 kam mit 100 PS nicht auf überragende Werte. Beide Motoren verfügten über zwei SU-Vergaser. Die Fahrleistungen waren jedoch ganz ansehnlich, als Manko des B-20-Triebwerks erschien jedoch die reduzierte Langlebigkeit, die Ausdauerqualitäten des kleineren Motors erreichte es nicht. Für die Konstruktion spricht, dass ein restaurierter 122 S auch heute noch, 35 Jahre nach Produktionsende, zu den beliebtesten, weil alltagstauglichen Klassikern zählt.

Die schnellere Schwester: Volvo 122 S

Motor/Antrieb	
Bauart	Vierzylinder (Reihe)
Lage/Antrieb	Front/Heck
Hubraum in cm³	1778, 1986
Leistung in PS bei U/min	80 bei 5500 bis 100 bei 5500
Vmax in km/h	150 bis 170
Karosserie	
Bauart	Limousine (2-/4-türig)
Tragstruktur	selbsttragend
Material	Stahlblech
Stückzahl und Marktsituation	
Produktionszahl	k.A.
Verfügbarkeit	gut
Teilesituation	gut
Unterhaltskosten	mittel

Preise in Euro	1	2	3	4	5
P 122 S (D-F), L2t	13.100	9.300	6.400	3.200	1.200
P 122 S (E-K), L4t	14.200	10.000	7.000	3.400	1.300

Volvo PV 544 — 1958-1965

Mehr Platz im Innenraum, ein völlig neu gestaltetes Armaturenbrett und einige Karosserieretuschen machten aus dem PV 444 den PV 544. Er ist an der ungeteilten Frontscheibe, die weiterhin aus zukunftsweisendem Verbundglas bestand, leicht zu identifizieren. Das Auto sah zwar nicht unbedingt agil aus, doch stellte es seine sportlichen Talente bei zahlreichen Rallye-Einsätzen eindrucksvoll unter Beweis. In der langen Bauzeit wurden viele technische Verbesserungen eingeführt, beispielsweise die Umstellung der Bordelektrik von 6 auf 12 Volt im Jahre 1961. Das 1,6-Liter-Triebwerk wich im gleichen Jahr einer stärkeren Version mit 1,8 Liter, die sich als äußerst robust und praktisch unzerstörbar an der Legendenbildung nachhaltig beteiligte.

In den Fünfzigern ein Rallye-Favorit: Volvo PV 544

Motor/Antrieb	
Bauart	Vierzylinder (Reihe)
Lage/Antrieb	Front/Heck
Hubraum in cm³	1585, 1778
Leistung in PS bei U/min	66 bei 4500 bis 95 bei 5600
Vmax in km/h	140 bis 160
Karosserie	
Bauart	Limousine (2-/4-türig), Kombi (3-türig)
Tragstruktur	selbsttragend
Material	Stahlblech
Stückzahl und Marktsituation	
Produktionszahl	246.995
Verfügbarkeit	ausreichend
Teilesituation	ausreichend
Unterhaltskosten	mittel

Preise in Euro	1	2	3	4	5
PV 544 (A-B), L2t	14.300	10.100	6.600	3.300	1.100
PV 544 (C-G), L2t	15.500	10.900	7.300	3.500	1.200

Volvo P 1800 (P 1800, P 1800 S, P 1800 E) — 1961-1972

Im Vergleich zu den urigen PV 544 mutet die 1961 vorgestellte Volvo-Kreation P 1800 außergewöhnlich an. Ihre Karosserie zeigte viele verspielte Elemente, die in kleinen Flossen am Heck gipfelten. Der 2+2-Sitzer mit dem kompakten Dachaufbau war anfangs mit einer 90 PS starken Version des B-18-Motors bestückt und wurde bei Jensen in England montiert. Die Verarbeitung war nicht überzeugend, weshalb das Modell 1800 S dann wieder in seiner schwedischen Heimat gebaut wurde. Ab 1966 entstanden die Versionen mit 106 PS, die dem Zweilitermotor entlockt wurden. Ende 1969 folgte der P 1800 E mit 124 PS starkem Einspritzer, der sich optisch durch einen modernisierten Kühlergrill und im Innenraum durch ein überarbeitetes Cockpit auszeichnete. Aber auch damit war der Wagen eher ein komfortabler GT als ein Sportler.

In Amerika noch günstig zu finden: Volvo P 1800 S

Motor/Antrieb	
Bauart	Vierzylinder (Reihe)
Lage/Antrieb	Front/Heck
Hubraum in cm³	1780, 1986
Leistung in PS bei U/min	90 bei 5500 bis 124 bei 6000
Vmax in km/h	165 bis 180
Karosserie	
Bauart	Coupé
Tragstruktur	selbsttragend
Material	Stahlblech
Stückzahl und Marktsituation	
Produktionszahl	39.407
Verfügbarkeit	ausreichend
Teilesituation	ausreichend
Unterhaltskosten	mittel

Preise in Euro	1	2	3	4	5
P 1800, Cpe	17.200	12.500	7.400	4.000	1.900
P 1800 S (M-P), Cpe	16.200	11.600	6.600	3.700	1.700
P 1800 E (U-W), Cpe	16.800	12.200	7.100	3.800	1.800

Volvo (S)

Volvo P 221 (Amazon Kombi) — 1962-1969

Die Nachfrage der ohnehin begehrten Amazon- Modellreihe kurbelte Volvo 1962 weiter an: Im Februar erschien mit dem P221 ein sehr eleganter fünftüriger Kombi. Als praktische Besonderheit erwies sich seine horizontal zweigeteilte Heckklappe. Technisch entsprach der Kombi der Limousine, lediglich die Hinterachsübersetzung wurde im Hinblick auf seine Lastentransportfunktion verkürzt. Ein Lastesel war der Amazon-Kombi jedoch nicht, mit seiner komfortablen Ausstattung wirkte er oft als gediegenes Großfamilien-Mobil. 1964 erhielt der Kombi als erster Volvo Servobremsen ab Werk. Für ein Jahr erhielt der Kombi im August 1968 noch den Zwei-Liter-Motor B 20. Im August 1969 lief dann der letzte P 221 vom Band.

Kultiger Kombi: Volvo Amazon P 221

Motor/Antrieb					
Bauart					Vierzylinder (Reihe)
Lage/Antrieb					Front/Heck
Hubraum in cm³					1778, 1990
Leistung in PS bei U/min					68 bei 4500 bis 82 bei 5500
Vmax in km/h					143 bis 160
Karosserie					
Bauart					Kombi (5-türig)
Tragstruktur					selbsttragend
Material					Stahlblech
Stückzahl und Marktsituation					
Produktionszahl					73.196
Verfügbarkeit					ausreichend
Teilesituation					ausreichend
Unterhaltskosten					mittel
Preise in Euro	1	2	3	4	5
P 221 (M-P), Kom	14.000	9.200	5.800	2.800	1.100
P 221 (S), Kom	15.500	10.100	6.500	3.200	1.300

Volvo 123 GT — 1966-1969

Noch mehr Sportlichkeit als beim „S"-Modell versprach der Volvo 123 GT, der 1966 mit der stärksten Ausführung des B-18-Motors auf den Markt kam. Mit 96 PS übertraf er den 122 S zunächst deutlich, mit der Einführung des Zweilitermotors war die Leistung auf dem gleichen Niveau. Äußerlich ließen sich die beiden Modelle durch einen anderen Kühlergrill und die beim GT verwendeten Zusatzscheinwerfer vorn unterscheiden. Im Innenraum zeigte sich der heute besonders gefragte GT durch ein Sportlenkrad und einen zusätzlichen Drehzahlmesser für flottere Gangart gewappnet. Das Vierganggetriebe hielt durch einen Overdrive auch bei höheren Geschwindigkeiten die Drehzahlen in einem gesunden Bereich.

Die Begehrteste aller Amazonen: Volvo 123 GT

Motor/Antrieb					
Bauart					Vierzylinder (Reihe)
Lage/Antrieb					Front/Heck
Hubraum in cm³					1778, 1986
Leistung in PS bei U/min					96 bei 5600 bis 100 bei 5500
Vmax in km/h					165 bis 170
Karosserie					
Bauart					Limousine (2-türig)
Tragstruktur					selbsttragend
Material					Stahlblech
Stückzahl und Marktsituation					
Produktionszahl					k.A.
Verfügbarkeit					schlecht
Teilesituation					gut
Unterhaltskosten					mittel
Preise in Euro	1	2	3	4	5
123 GT, L2t	15.000	11.000	7.500	4.000	2.000

Volvo 142, 144, 145 und S — 1966-1974

Mit einem weiteren Angebot lockte Volvo ab 1966 noch mehr Kunden. Die vier Jahre lang parallel zum Amazon angebotene 140er-Baureihe ließ allerdings die sportlichen Ambitionen der Marke in Vergessenheit geraten. Sicherheit und Komfort waren die Akzente, die Volvo mit der neuen Baureihe in den Vordergrund schob. Neben den zwei- und viertürigen Limousinen erreichten die Kombis eine größere Bedeutung als bei den Vorgängern. Erst ab 1970 verfolgte die Marke wieder mehr die Leistungsschiene und legte einen 124 PS starken Einspritzer nach. Die Kraftkur kombinierte Volvo mit einer üppigen GL-Ausstattung.

Der ideale Familien-Youngtimer: Volvo 145

Motor/Antrieb					
Bauart					Vierzylinder (Reihe)
Lage/Antrieb					Front/Heck
Hubraum in cm³					1780, 1986
Leistung in PS bei U/min					75 bei 4700 bis 124 bei 6000
Vmax in km/h					145 bis 180
Karosserie					
Bauart					Limousine (2-/4-türig), Kombi (5-türig)+A0925
Tragstruktur					selbsttragend
Material					Stahlblech
Stückzahl und Marktsituation					
Produktionszahl					1.205.111
Verfügbarkeit					ausreichend
Teilesituation					gut
Unterhaltskosten					hoch
Preise in Euro	1	2	3	4	5
142 2,0, L2t	7.800	5.000	2.600	1.100	200
144 2,0, L4t	8.200	5.200	2.900	1.300	300
145 S 2,0, Kom	9.100	5.900	3.300	1.300	200

Volvo 164, 164 E — 1968-1975

Als neues Spitzenmodell legte Volvo 1968 den 164 auf Kiel, der von der Seite betrachtet die praktisch unveränderten Linien des 140ers zeigte, sich aber durch die komplett neue Gestaltung der Front doch deutlich abhob. Neu war der Sechszylinder-Reihenmotor, der mit anfangs 130 PS nicht ganz die inzwischen in der Oberklasse geforderten Fahrleistungen bringen konnte. Mit der Einführung der Einspritzversion, die auf solide 160 PS kam, änderte sich das. Die größere Gesamtlänge gegenüber dem 140er zeigte sich in einem klar verbesserten Platzangebot im Innenraum. Entsprechend dem angepeilten Segment bot Volvo eine komplette Ausstattung. Durch weiterhin große Zuverlässigkeit konnte der Volvo-Ruf gefestigt werden.

Mit sechs Zylindern gegen Mercedes-Benz: Volvo 164

Motor/Antrieb					
Bauart					Sechszylinder (Reihe)
Lage/Antrieb					Front/Heck
Hubraum in cm³					2978
Leistung in PS bei U/min					130 bei 5000 bis 160 bei 5500
Vmax in km/h					170 bis 190
Karosserie					
Bauart					Limousine (4-türig)
Tragstruktur					selbsttragend
Material					Stahlblech
Stückzahl und Marktsituation					
Produktionszahl					155.068
Verfügbarkeit					ausreichend
Teilesituation					ausreichend
Unterhaltskosten					hoch
Preise in Euro	1	2	3	4	5
164, L4t	9.500	5.800	3.500	1.300	300
164 E, L4t	10.200	6.200	3.700	1.400	300

Volvo (S)

Volvo P 1800 ES — 1971-1973

Es bedurfte nicht vieler Schritte, um das P 1800 Coupé zu einem im Alltag weit praktischeren Modell umzubauen. Als sportlicher Kombi mit auffälliger, großzügig verglaster Heckklappe zeigte er weiterhin eine elegante Linienführung, doch der Nutzwert konnte erheblich gesteigert werden. Nach dem Messerschmitt Kabinenroller bekam auch dieser Volvo den Spitznamen „Schneewittchensarg". Technisch unterschied sich der ES nicht vom Coupé, es blieb bei bewährten Fahrwerkskomponenten und dem Zweiliter-Triebwerk, dessen Einspritzanlage allerdings nicht immer fehlerfrei arbeitete. Mit über 8000 gebauten Fahrzeugen blieb der Sportkombi weitaus seltener als das fast 40.000 mal gebaute Coupé.

Archetyp des Sport-Kombis: Volvo P 1800 ES

Motor/Antrieb					
Bauart					Vierzylinder (Reihe)
Lage/Antrieb					Front/Heck
Hubraum in cm³					1986
Leistung in PS bei U/min					124 bei 6000
Vmax in km/h					185
Karosserie					
Bauart					Kombi-Coupé
Tragstruktur					selbsttragend
Material					Stahlblech
Stückzahl und Marktsituation					
Produktionszahl					8078
Verfügbarkeit					ausreichend
Teilesituation					ausreichend
Unterhaltskosten					hoch
Preise in Euro	1	2	3	4	5
P 1800 ES, Kom	20.500	14.800	8.600	4.300	2.000

Volvo 264, 265 — 1974-1985

An der leicht herausgezogenen Kühlernase unterschied sich der üppiger motorisierte Volvo vom Schwestermodell, beide zeigten jedoch nahe optische Verwandtschaft zum bereits 1966 erschienenen Erfolgsmodell mit der Modellnummer 144. Als 264 steckte unter seiner Haube der von Peugeot, Renault und Volvo gemeinsam entwickelte Euro-V6. Dieses durstige Triebwerk erreichte moderate Leistungswerte und trieb den schweren Wagen in seiner stärksten Ausführung auf über 180 km/h Spitzentempo. 265 hieß die Kombiversion, die ein Maximum an Platz und Leistung kombinierten. Die meisten Volvo-Kunden jedoch verkniffen sich den Luxus und griffen lieber zum ebenso geräumigen, aber preiswerteren Vierzylindermodell.

Fast immer mit Vollausstattung im Angebot: Volvo 264

Motor/Antrieb					
Bauart					V6
Lage/Antrieb					Front/Heck
Hubraum in cm³					2664, 2849
Leistung in PS bei U/min					125 bei 5250 bis 155 bei 5500
Vmax in km/h					170 bis 185
Karosserie					
Bauart					Limousine (4-türig), Kombi (5-türig)
Tragstruktur					selbsttragend
Material					Stahlblech
Stückzahl und Marktsituation					
Produktionszahl					16.424
Verfügbarkeit					gut
Teilesituation					gut
Unterhaltskosten					hoch
Preise in Euro	1	2	3	4	5
264 (Ser. 1980-1982), L4t	keine Notierung	3.600	2.000	800	-
265 (Ser. 1980-1982), Kom	7.000	4.000	2.200	900	100

Volvo 66 DL, 66 GL — 1975-1980

Nun, ein richtiger Volvo ist der Kleine nicht. 1975 hatten die Schweden die komplette Personenwagen-Produktion des holländischen Herstellers DAF übernommen. Im Portfolio befand sich der DAF 66, der fortan nach kleineren Retuschen unter Volvo Logo weiter im Marktsegment der Kleinwagen um Käufer buhlte. Damals, Mitte der 1970er-Jahre, sprach Volvo noch von einem „Fünfsitzer der unteren Mittelklasse", ein etwas hochgegriffener Anspruch an das 3,9 Meter lange Auto. Die 1,1 und 1,3 Liter großen Vierzylinder boten 45 PS und 57 PS, dazu kam die noch von Daf bekannte vollautomatische Variomatic – sicher eines der stärksten Kaufargumente für den neuen kleinen Volvo.

Adoptivkind aus der Daf-Ehe: Volvo 66

Motor/Antrieb					
Bauart					Vierzylinder (Reihe)
Lage/Antrieb					Front/Heck
Hubraum in cm³					1108, 1289
Leistung in PS bei U/min					45 bei 5000 bis 57 bei 5200
Vmax in km/h					133 bis 145
Karosserie					
Bauart					Limousine (2-/3-türig)
Tragstruktur					selbsttragend
Material					Stahlblech
Stückzahl und Marktsituation					
Produktionszahl					ca. 106.000
Verfügbarkeit					gut
Teilesituation					gut
Unterhaltskosten					niedrig
Preise in Euro	1	2	3	4	5
66, L2t	3300	1600	900	300	0

Volvo 343 L, 343 DL, 343 GL, 345 GL, 345 GLS — 1976-1982

Mit dem 343 sorgte Volvo 1976 für eine Überraschung, denn mit ihm besetzten die Schweden erstmals seit den vierziger Jahren wieder die Kompaktklasse. Gebaut wurde der 343 in den Niederlanden im ehemaligen DAF-Werk, wo der kompakte Dreitürer – fünftürig war erst der 1979 präsentierte 345 – bereits vor der Übernahme durch Volvo als DAF 77 geplant war – so erhielt auch der Volvo die Variomatic. Positiv fiel das Fahrwerk mit De Dion-Hinterachse auf, allein der zunächst ausschließlich angebotene, etwas schwächliche 1,4-Liter-Motor von Renault passte nicht zum durchaus agilen Gesamtbild. Erst 1980 kam im 343/345 DLS ein hauseigenes 2-Liter-Aggregat mit 95 PS hinzu. Allerdings gab es dieses nicht mit Variomatic, und im Folgejahr verschwand sie auch aus der 1,4-Liter-Version. 1982 erfuhr die Reihe ein Facelift und lief fortan unter den neuen Namen 340/360.

Vorstoß in die Kompaktklasse: Volvo 343

Motor/Antrieb					
Bauart					Vierzylinder (Reihe)
Lage/Antrieb					Front/Heck
Hubraum in cm³					1397, 1986
Leistung in PS bei U/min					70 bei 5500 bis 95 bei 5400
Vmax in km/h					145 bis 165
Karosserie					
Bauart					Limousine (3-/5-türig)
Tragstruktur					selbsttragend
Material					Stahlblech
Stückzahl und Marktsituation					
Produktionszahl					ca. 374.000
Verfügbarkeit					gut
Teilesituation					gut
Unterhaltskosten					niedrig
Preise in Euro	1	2	3	4	5
343 1.4, L3t	–	2300	1100	200	–

Volvo (S)

Volvo 262 Coupé 1977-1981

Es konnte im Grunde nicht gutgehen: Nuccio Bertone versuchte sich daran, aus dem kantig-massiven Volvo 264 ein Coupé zu schneidern. Das Ergebnis sah eigentümlich unproportioniert aus, denn der unveränderte Karosseriekörper trug nun ein flaches Hardtop-Dach. Als Topmodell der Marke gedacht, sprach das Coupé nur wenige Käufer an und wurde nach nur vierjähriger Bauzeit wieder gestrichen. Nur wenig mehr als 6600 Exemplare des 262 C waren bis 1981 entstanden, ein Grund, weshalb er sich als Rarität heute wieder steigender Wertschätzung in Liebhaberkreisen erfreut. Sie bekommen ein mit allem erdenklichen Luxus ausstaffiertes Fahrzeug, das in typischer Volvo-Manier solide war und nur wenig Neigung zur Sportlichkeit aufwies.

Eine herbe Schönheit: Volvo 262 Coupé

Motor/Antrieb	
Bauart	Sechszylinder (Reihe)
Lage/Antrieb	Front/Heck
Hubraum in cm³	2664, 2849
Leistung in PS bei U/min	140 bei 6000 bis 155 bei 5500
Vmax in km/h	185 bis 190
Karosserie	
Bauart	Coupé
Tragstruktur	selbsttragend
Material	Stahlblech
Stückzahl und Marktsituation	
Produktionszahl	6622
Verfügbarkeit	ausreichend
Teilesituation	gut
Unterhaltskosten	hoch

Preise in Euro	1	2	3	4	5
262 Coupé, Cpe	15.000	10.200	6.400	2.700	1.200

Volvo 244 GLT 1979-1980

Sicherheit aus Schwedenstahl wurde den Volvo-Limousinen vorbehaltlos zugestanden, doch fand sich Ende der siebziger Jahre auch wieder ein sportlicheres Modell im Programm der Marke. Als 244 GLT wies der kantige Viertürer einen auf 2,3 Liter Hubraum gebrachten Vierzylindermotor auf, der mit seinen 133 PS sogar das Niveau der Sechszylinderversion erreichte und eine sehr bullige Leistungscharakteristik zeigte. Leichtmetallräder und der Verzicht auf Chromschmuck dokumentierten den sportlichen Anspruch nach außen, Niederquerschnittsreifen verbesserten die Straßenlage. Die Kundschaft goutierte das Paket auch als geräumigen Kombi.

Panzer mit Pep: Volvo 244 GLT

Motor/Antrieb	
Bauart	Vierzylinder (Reihe)
Lage/Antrieb	Front/Heck
Hubraum in cm³	2316
Leistung in PS bei U/min	133 bei 5400
Vmax in km/h	185
Karosserie	
Bauart	Limousine (4-türig), Kombi (5-türig)
Tragstruktur	selbsttragend
Material	Stahlblech
Stückzahl und Marktsituation	
Produktionszahl	k.A.
Verfügbarkeit	gut
Teilesituation	sehr gut
Unterhaltskosten	hoch

Preise in Euro	1	2	3	4	5
244 GLT (Ser. 1979-1980), L4t	–	3.500	1.900	700	–

Volvo 780 1985-1990

Selbst Raritäten bekommen manchmal einen Nachfolger. So blieb der schrullig-elegante 262 C kein Unikat in der Volvo-Geschichte, sondern bekam einen Erben: Nuccio Bertone schuf auf der Basis der 760-Limousine einen Zweitürer, der mit ruhigen Linien eine verhaltene Eleganz verströmt – ganz Volvo, vom italienischen Standpunkt betrachtet. Kein Blechteil teilt er mit dem Viertürer. Bertone ist keine Kompromisse eingegangen, alle Proportionen stimmen. Kritiker vermissten jedoch Spannung, Fans sahen dagegen in seinem zurückhaltenden Auftritt wahre Noblesse. Die schlug sich auch im Preis nieder: Da der 780 mit mehr als 90.000 Mark kalkuliert war, bot ihn Volvo in Deutschland erst gar nicht an. Skurril bleibt der kantige Italo-Schwede auch unter dem Blech: Neben einem Euro-V6 konnten Individualisten auch zu einem 129 PS starken Sechszylinder-Diesel greifen, der immerhin für 185 km/h gut war.

Bertones Griff zum Lineal: Volvo 780

Motor/Antrieb	
Bauart	V6; Diesel: Sechszylinder (Reihe)
Lage/Antrieb	Front/Heck
Hubraum in cm³	2849; Diesel: 2383
Leistung in PS bei U/min	147 bei 5100; Diesel: 129 bei 4800
Vmax in km/h	177 bis 185
Karosserie	
Bauart	Coupé
Tragstruktur	selbsttragend
Material	Stahlblech
Stückzahl und Marktsituation	
Produktionszahl	8518
Verfügbarkeit	gut
Teilesituation	gut
Unterhaltskosten	mittel

Preise in Euro	1	2	3	4	5
780, Cpe	–	10.000	6.300	–	–

Volvo 244 Turbo 1980-1986

Leistungssteigerung per Turbolader hatten die Saab-Techniker dem schwedischen Konkurrenten bereits vorgemacht. Die Extraportion Kraft steigerte die Attraktion des 155 PS starken Volvo 244 Turbo: Optisch unauffällig wie seine leistungsschwächeren Brüder ermöglichte das 2,1 Liter große Triebwerk stolze Fahrleistungen, trieb allerdings den Spritkonsum in zweifelhafte Höhen. Das solide Mittelklasse-Modell gab damit sogar eine gute Basis für den Motorsport: Der 244 Turbo erzielte einige Erfolge auf der Rundstrecke. Dennoch blieb er in seiner Straßenversion ein typischer Vertreter der Marke Volvo: Mit solider Mechanik, gutem Platzangebot, vortrefflicher Verarbeitung und Richtung weisender passiver Sicherheit überzeugte er auch leistungsbewusste Käufer.

Schwedische Trinksitten sind gern deftig: Volvo 244 Turbo

Motor/Antrieb	
Bauart	Vierzylinder (Reihe)
Lage/Antrieb	Front/Heck
Hubraum in cm³	2127
Leistung in PS bei U/min	155 bei 5500
Vmax in km/h	195
Karosserie	
Bauart	Limousine (4-türig), Kombi (5-türig)
Tragstruktur	selbsttragend
Material	Stahlblech
Stückzahl und Marktsituation	
Produktionszahl	k.A.
Verfügbarkeit	ausreichend
Teilesituation	sehr gut
Unterhaltskosten	hoch

Preise in Euro	1	2	3	4	5
244 Turbo (Ser. 1982-1984), L4t			keine Notierung		

VW-Porsche (D) • 1969 bis 1975

Zur eigenen Marke mit ausgegliederter Vertriebsgesellschaft in Ludwigsburg bei Stuttgart wurde VW-Porsche, als der gleichnamige Volkssportler mit VW 411-Mittelmotor auf den Markt kam. Der Erfolg des Projekts war auf dem Inlandsmarkt nicht allzu berauschend, weil es dem an sich gelungenen Auto am Image fehlte; in Amerika dagegen verkaufte sich der VW-Porsche in ordentlichen Stückzahlen. 1975 lief die Produktion aus, der Nachfolger trug das Porsche-Wappen und hieß 924.

VW-Porsche 914, 914 1.7, 914 1.8, 914 2.0 — 1969-1975

Für 12.560 Mark bot Porsche ab August 1969 eine Neukonstruktion mit Mittelmotor und herausnehmbarem Dachteil an. Der 914 entstand unter Zuhilfenahme von VW-Teilen. Der 1,7 Liter große Boxermotor aus dem VW 411 E brachte den 940 Kilogramm schweren Hecktriebler ordentlich in Fahrt. Ab 1972 wurde er auch als Zweiliter angeboten (14.400 Mark). Dieses Triebwerk ersetzte den nicht akzeptierten, weil mit rund 20.000 Mark zu teuren 914/6 mit dem Sechszylinder des 911 T. Ab 1973 wurde der 412 S-Vergasermotor mit 1,8 Liter Hubraum verwendet. Der knapp vier Meter lange 914 mit Vierzylinder wurde bei Karmann montiert, wo auch die Karosserien entstanden.

Die Form befremdete Porsche-Puristen: VW-Porsche 914

Motor/Antrieb					
Bauart					Vierzylinder (Boxer)
Lage/Antrieb					Mitte/Heck
Hubraum in cm³					1679, 1795, 1971
Leistung in PS bei U/min					80 bei 4900 bis 100 bei 5000
Vmax in km/h					170 bis 190
Karosserie					
Bauart					Coupé (Dachteil entfernbar)
Tragstruktur					selbsttragend
Material					Stahlblech
Stückzahl und Marktsituation					
Produktionszahl					115.646
Verfügbarkeit					gut
Teilesituation					ausreichend
Unterhaltskosten					mittel
Preise in Euro	1	2	3	4	5
914 1,7, HD	16.600	9.700	6.700	2.600	1.100
914 1,8, HD	15.800	9.300	6.500	2.500	100
914 2,0, HD	17.900	10.300	7.100	3.000	2.000

VW-Porsche 914/6 — 1969-1972

Über 200 km/h schnell rannte der 914 mit dem Sechszylinderboxer aus dem 911 T. Der bei Porsche in Zuffenhausen zusammen mit den 911-Modellen montierte Mittelmotor-Sportler bot begeisternde Fahrleistung, stieß aber dennoch nur auf wenige Interessenten – er war mit rund 20.000 Mark fast so teuer wie der preiswerteste 911, litt aber unter dem Stigma des billigen VW-Images. Insgesamt konnte Porsche bis 1972 nur 3351 Exemplare absetzen, darunter eine kleine Zahl an wettbewerbsmäßig aufgebauten GT-Exemplaren für den Sporteinsatz und zwei Stück mit Porsche 908-Motor. Einen erhielt Ferry Porsche zu seinem 60. Geburtstag geschenkt. In den letzten Jahren hat das Interesse deutlich angezogen, und gute 914/6 sind vergleichbaren 911-Modellen preislich bereits davongelaufen.

Understatement-Auto ohne Erfolg: VW-Porsche 914/6

Motor/Antrieb					
Bauart					Sechszylinder (Boxer)
Lage/Antrieb					Mitte/Heck
Hubraum in cm³					1991
Leistung in PS bei U/min					110 bei 5800
Vmax in km/h					201
Karosserie					
Bauart					Coupé (Dachteil entfernbar)
Tragstruktur					selbsttragend
Material					Stahlblech
Stückzahl und Marktsituation					
Produktionszahl					3332
Verfügbarkeit					schlecht
Teilesituation					ausreichend
Unterhaltskosten					hoch
Preise in Euro	1	2	3	4	5
914/6, HD	28.000	19.900	13.500	7.000	4.100

Warwick (GB) • 1960 bis 1962

Kaum 20 Exemplare des Warwick GT entstanden zwischen 1960 und 1962. Warwick, als Nachfolger der Firma Peerless, bot das schmucke Kunststoff-Coupé, dessen Karosserie von James Whitson & Co. gebaut wurde, zuletzt mit Buick-V8 und Jaguar-Getriebe an. Doch auch diese Implantate verbesserten den Markterfolg des von Bernhard Rodger konstruierten Fahrzeugs nicht.

Warwick GT — 1960-1962

Vielleicht hätte schon Peerless das eindrucksvolle Coupé mit stärkeren Motoren anbieten sollen. So aber konnte auch Warwick den Abgesang des Fahrzeugs nicht mehr verhindern. Nach dem Vierzylindertriebwerk mit knapp 2,2 Litern Hubraum folgte die Buick-V8-motorisierte Version mit 3,5 Litern Hubraum zu spät in den 2+2-sitzigen GT. Mit einigen leichten Retuschen an der Karosserie und im Innenraum waren die eigentlichen Krankheiten beileibe nicht beseitigt. Der verstärkte Rohrrahmen war noch schwerer, die Antriebstechnik blieb zunächst gleich. Das Hauptproblem jedoch war die schwankende Verarbeitungsqualität, die in der Finanzschwäche des Herstellers begründet war. Das Rohrrahmenchassis besaß ein Fahrwerk mit DeDion-Hinterachse.

Hierzulande ein unbekanntes Wesen: Warwick GT

Motor/Antrieb					
Bauart				Vierzylinder (Reihe), V8	
Lage/Antrieb				Front/Heck	
Hubraum in cm³				1991, 3532	
Leistung in PS bei U/min				101 bei 5000 bis 157 bei 4600	
Vmax in km/h				180 bis 200	
Karosserie					
Bauart				Coupé	
Tragstruktur				Rohrrahmen	
Material				Kunststoff	
Stückzahl und Marktsituation					
Produktionszahl				ca. 20	
Verfügbarkeit				gegen null	
Teilesituation				schwierig	
Unterhaltskosten				hoch	
Preise in Euro	1	2	3	4	5
GT, Cpe			keine Notierung		

Wolseley (GB) • 1895 bis 1976

Auf das Jahr 1895 geht der erste Wolseley zurück. Entwickelt hatte diesen Wagen ein gewisser Herbert Austin, der zehn Jahre später mit seiner eigenen Marke Karriere machte. 1926 ging Wolseley bankrott, William Morris übernahm sie und kam daher in den Besitz auch einer kompetenten Motorenentwicklung.
Wolseley gehörte später zum Nuffield-Konzern mit den Marken Morris, MG und Riley, die 1952 mit Austin zur BMC zusammengeschlossen wurden. Die Markenidentität verlor sich mehr und mehr, als weiterer Beschleuniger für diese Entwicklung sollte der 1968 erfolgte Übergang zur BLMC dienen. 1976 endete die Existenz von Wolseley schließlich – trauriges Ende für einen großen Namen.

Wolseley 4/44 und 15/50 — 1952-1958

Als Marke unter einem Konzerndach wollte und konnte Wolseley keine eigenen Entwicklungen betreiben. Für ein passendes Mittelklassemodell griff man daher auf den von Garry Palmer entworfenen MG Magnette zurück, der mit entsprechenden, markentypischen Garnierungen versehen wurde und nur wenig später auf dem Markt erschien. Neben den unterschiedlichen Zierelementen sorgte anfangs die etwas schwächere Motorisierung des Wolseley für geringe Unterschiede. 1956 löste der 15/50 den 4/44 ab. Als neuer Motor kam ein BMC-Triebwerk mit 1,5 Liter Hubraum und mehr Leistung zum Einsatz, er ersetzte die fast 20 Jahre vorher eingeführte MG-Konstruktion mit 1250 cm³. Ledersitze und das holzgetäfelte Armaturenbrett unterstrichen den Wolseley-Stil. Die Lenkradschaltung wich einer Mittelschaltung.

Typischer Fall von Badge Engineering: Wolseley 4/44

Motor/Antrieb					
Bauart				Vierzylinder (Reihe)	
Lage/Antrieb				Front/Heck	
Hubraum in cm³				1250, 1489	
Leistung in PS bei U/min				47 bei 4800 bis 56 bei 4400	
Vmax in km/h				120 bis 125	
Karosserie					
Bauart				Limousine (4-türig)	
Tragstruktur				selbsttragend	
Material				Stahlblech	
Stückzahl und Marktsituation					
Produktionszahl				29.845, 12.353	
Verfügbarkeit				schlecht	
Teilesituation				schwierig	
Unterhaltskosten				mittel	
Preise in Euro	1	2	3	4	5
4/44, L4t	14.500	8.400	5.200	1.700	400
15/50, L4t	14.800	9.000	5.800	2.000	500

Wolseley 6/99
1959-1961

Die von Pinin Farina gestylte BMC-Limousine wurde zur Einheitskarosserie im Konzern. Also gab es auch ein entsprechendes Modell mit dem Wolseley-Signet. Den Luxus-Appeal unterstrichen dabei üppiger Chromschmuck, der typische Kühlergrill, attraktive Zweifarben-Lackierungen und, wie üblich bei Wolseley, verschwenderisch ausgestattete Interieurs. Der große 6/99 konnte mit 4,78 Metern Länge und 2,74 Meter Radstand im Innenraum reichlich Platz zur Verfügung stellen. Zwar erreichten die 6/99-Modelle mit ihren Dreilitermotoren durchaus ansehnliche Fahrleistungen, doch Fahrdynamik war nicht ihre Stärke. Besser waren die Voraussetzungen für komfortables Dahingleiten: Die weiche Fahrwerksabstimmung mit einer sehr indirekten Lenkung vereitelte sportliche Ambitionen nachhaltig.

Britischer Hochbarock der Sechziger: Wolseley 6/99

Motor/Antrieb					
Bauart					Sechszylinder (Reihe)
Lage/Antrieb					Front/Heck
Hubraum in cm³					2912
Leistung in PS bei U/min					114 bei 4750
Vmax in km/h					165
Karosserie					
Bauart					Limousine (4-türig)
Tragstruktur					selbsttragend
Material					Stahlblech
Stückzahl und Marktsituation					
Produktionszahl					13.108
Verfügbarkeit					schlecht
Teilesituation					schwierig
Unterhaltskosten					hoch
Preise in Euro	1	2	3	4	5
6/99, L4t	16.000	10.800	6.700	2.900	800

Zündapp (D) • 1957 bis 1958

Die Zündapp-Werke gehörten Fritz Neumeyer, in den zwanziger Jahren war die Marke eine der größten Motorradfabriken in Europa. Für Zündapp hatte Ferdinand Porsche einen Volkswagen-Vorläufer konstruiert, der jedoch nicht in Serie ging.
Neumeyer war von Autos begeistert, zu einer eigenen Fertigung kam es, abgesehen von einigen Lieferwagen, jedoch nicht. 1957 versuchte Zündapp am Kleinwagen-Boom zu partizipieren. Dazu adaptierte man den von Claudius Dornier konstruierten Janus-Wagen und versah ihn mit einem Zündapp-Motor. Nach nur einem Jahr war das Abenteuer bereits zu Ende, die Nürnberger Werke wurden verkauft.
Roller, Mopeds und Bootsmotoren entstanden unter dem Namen Zündapp bis 1984 in München, dann übernahm eine chinesische Gruppe für 16 Millionen Mark sämtliche Anlagen
und exportierte sie – bis zur letzten Schraube, wie Zeugen berichteten.

Zündapp Janus
1957-1958

„Hier euer Janus! Bitte sehr!/Ihr überblickt – ganz ohne Frage –/von ihm aus bestens jede Lage!/Man schuf, da der Verkehr jetzt dichter,/ihn gleich für 2x2 Gesichter:/Zwei blicken vorwärts – zwei zurück!/Das Ganze ist ein Meisterstück!", dichteten die Zündapp-Werbetexter. Diese verblüffendste Version des Kabinenrollers hatte Claudius Dornier entwickelt. Sie ging als Zündapp Janus im Juni 1957 in Serie. Die vier Sitzplätze waren Rücken an Rücken angeordnet, unter der Bank pochte der Einzylinder-Zweitaktmotor. Er wurde als zu schwach und zu laut kritisiert, Fahreigenschaften und Federung jedoch sehr gut beurteilt. Vorn und hinten gab es eine Tür, Gepäck musste in den Fußraum. Der 2,89 Meter lange Janus wog 440 Kilogramm und kostete 3470 Mark.

Seine Skurrilität macht ihn heute interessant: Zündapp Janus

Motor/Antrieb					
Bauart					Einzylinder-Zweitaktmotor
Lage/Antrieb					Mitte/Heck
Hubraum in cm³					248
Leistung in PS bei U/min					14 bei 5000
Vmax in km/h					80
Karosserie					
Bauart					Limousine (2-türig)
Tragstruktur					selbsttragend
Material					Stahlblech
Stückzahl und Marktsituation					
Produktionszahl					6902
Verfügbarkeit					schlecht
Teilesituation					schwierig
Unterhaltskosten					niedrig
Preise in Euro	1	2	3	4	5
Janus (Ser. 1957-1958), Klw	10.400	7.700	5.000	2.600	1.000

DAS SCHNELLSTE ABO...

PROVA: Der neue F430
DOSSIER: Daytona Competition
IN PISTA: DINO 246 S 1960
MONDO FERRARI:
- Portfolio Superamerica
- Finali Mondiali in Monza
- alle Termine 2005

FERRARI WORLD ABONNEMENT

Erstklassige Informationen zum Mythos Ferrari, spannende Reportagen, nationale und internationale Ferrari-Szene für 18 Monate zum Preis von € 33,30!

FÜR ECHTE SAMMLER

unentbehrlich die Ferrari World Kollektion I (vergriffen), II, III, IV und V im handgefertigten Leinenschuber, jeweils zum Sonderpreis von € 49,90 (Einzelheftpreis € 6,50 + Schuber € 14,95)

Ferrari World Kollektion II: Ausgabe 11-20
Ferrari World Kollektion III: Ausgabe 21-30
Ferrari World Kollektion IV: Ausgabe 31-40
Ferrari World Kollektion V: Ausgabe 41-50

ABO-COUPON

Bitte einsenden oder faxen an:

FERRARI-WORLD Leserservice
Gut Pottscheidt
53639 Königswinter
Fax: 0 22 23/92 30-13

☐ **FERRARI WORLD Abo** Hiermit abonniere ich FERRARI WORLD für 6 Hefte (18 Monate). Der Preis für das Abo beträgt € 33,30 inkl. Versand, bei Auslandsabonnement zzgl. Versand. Das Abonnement verlängert sich um jeweils 18 Monate, wenn nicht 6 Wochen vor Ablauf gekündigt wird.

☐ **KOLLEKTION II** Hiermit bestelle ich die FERRARI WORLD KOLLEKTION II zum Sonderpreis von jeweils € 49,90 zzgl. Porto u. Verpackung.

☐ **KOLLEKTION III** Hiermit bestelle ich die FERRARI WORLD KOLLEKTION III zum Sonderpreis von jeweils € 49,90 zzgl. Porto u. Verpackung.

☐ **KOLLEKTION IV** Hiermit bestelle ich die FERRARI WORLD KOLLEKTION IV zum Sonderpreis von jeweils € 49,90 zzgl. Porto u. Verpackung.

☐ **KOLLEKTION V** Hiermit bestelle ich die FERRARI WORLD KOLLEKTION V zum Sonderpreis von jeweils € 49,90 zzgl. Porto u. Verpackung.

OK19

Name
Vorname
Straße / Hausnummer
PLZ / Wohnort

☐ Bankeinzug   ☐ Rechnung

Bankleitzahl
Kontonummer
Geldinstitut
Datum / Unterschrift